成渝地区双城经济圈城市概览 编委会
CHENGYU DIQU SHUANGCHENG JINGJIQUAN
CHENGSHI GAILAN

主 任：李华强　祝 云

副主任：金 鸿　唐润明　欧阳文
　　　　张辉华　林 红　王学群　蒋希霖

主 编：祝 云　李华强

副主编：张辉华　欧阳文

编 辑：张晓芳　米晓燕　张 飞　张 蔷
　　　　葛 勇　邓素芳　杨书懿
　　　　高 阳　罗永华　周永圣　胡 懿
　　　　周苏华　温长松

成渝地区

双城经济圈城市概览

CHENGYU DIQU SHUANGCHENG JINGJIQUAN
CHENGSHI GAILAN

编辑说明

为深入贯彻党的二十大精神和习近平总书记关于推动成渝地区双城经济圈建设的重要指示精神，服务成渝地区双城经济圈建设，重庆市档案馆、四川省档案馆认真落实《"十四五"全国档案事业发展规划》关于"推出一批主题鲜明、内容丰富、形式多样的编研成果"要求，联合编纂《成渝地区双城经济圈城市概览》。

中共中央、国务院印发的《成渝地区双城经济圈建设规划纲要》明确了成渝地区双城经济圈的规划范围。《成渝地区双城经济圈城市概览》依照此范围，对重庆市中心城区及万州、涪陵、綦江、大足、黔江、长寿、江津、合川、永川、南川、璧山、铜梁、潼南、荣昌、开州、梁平、丰都、垫江、忠县、云阳等29个区、县，四川省的成都、自贡、泸州、德阳、绵阳、遂宁、内江、乐山、南充、眉山、宜宾、广安、达州、雅安、资阳等15个市及其下辖115个县（市、区）的情况进行了记述，并对重庆市和四川省整体情况进行了简要介绍，集中展示这些地方的历史发展脉络、风土文化、城乡资源、建设成就和发展前景等情况，生动反映成渝地区双城经济圈新时代取得的历史性成就，展现中国力量、中国精神、中国效率。

《成渝地区双城经济圈城市概览》共3册，重庆市、四川省以及成渝地区双城经济圈中各个市、区、县均独立成篇，每篇主要设基本情况、历史沿革、重要资源、基础设施、主要产业、文旅品牌、风味美食、发展定位、发展目标9个部分。

书稿内容由成渝地区双城经济圈中各级国家综合档案馆提供，原始资料主要收集自各地最新一届中国共产党代表大会报告、2023年政府工作报告、"'十四五'发展规划""2022年年鉴""2022年经济年鉴""2022年统计年鉴""2022年国民经济和社会发展统计公报"、各地政府网站公开发布的资料等，数据大部分统计至2022年底。

《成渝地区双城经济圈城市概览》编纂委员会

2023年5月

成渝地区 双城经济圈城市概览
CHENGYU DIQU SHUANGCHENG JINGJIQUAN CHENGSHI GAILAN

前　言

巴山蜀水紧相连，川渝两地一家亲。川渝两地山水相依、往来密切，自秦朝统一中国后，共同融入大一统的中华文明之中，历史轨迹彼此环绕、交错并进、无法分割。在长期交流和融合中，川渝两地人文相亲、经济相融的局面不断加深。成都和重庆作为中国西南地区的两个核心城市，长期以来发挥着引领、辐射、带动周边的作用。成渝地区生态禀赋优良、能源矿产丰富、区位优势明显，城镇密布、风物多样，是中国西部人口最密集、产业基础最雄厚、创新能力最强、市场空间最广阔、开放程度最高的区域，在国家发展大局中具有独特而重要的战略地位。

中共中央、国务院历来高度重视成渝地区发展。2007年，国务院批复实施《西部大开发"十一五"规划》，指出依托重庆和成都两个特大城市，重点发展重大装备制造、高技术、水电、特色农副产品生产加工、天然气化工、特色旅游产业，加快建设长江上游生态屏障，进一步发挥重庆直辖市的功能和作用。2011年，国务院正式批复实施《成渝经济区区域规划》，将成渝地区建成西部地区重要的经济中心、全国重要的现代产业基地、深化内陆开放的试验区、统筹城乡发展的示范区和长江上游生态安全的保障区。2016年，国务院批复实施《成渝城市群发展规划》，提出成渝城市群要建设引领西部开发开放的国家级城市群。2020年1月3日，习近平总书记主持召开中央财经委员会第六次会议，作出推动成渝地区双城经济圈建设的重大决策部署。2021年10月，中共中央、国务院印发《成渝地区双城经济圈建设规划纲要》，明确了要把成渝地区双城经济圈建设成为具有全国影响力的重要经济中心、科技创新中心、改革开放新高地、高品质生活宜居地的定位。中国共产党第二十次全国代表大会将成渝地区双城经济圈建设作为国家区域重大战略写入报告，将成渝地区双城经济圈建设提到了新的高度。成渝地区凭借强劲东风，全方位飞速发展，成为中华大地上一颗璀璨耀眼的明珠，散发出无尽魅力。

魅力成渝日新月著。在过去几十年里，成渝地区人民克服了种种困难，通过艰苦卓绝的努力，实现了经济社会又好又快发展。特别是成渝地区双城经济圈建设启动以来，成渝两地积极发挥中心城市极核作用，勠力同心、相向而行，唱好"双城记"，建好经济圈，在协同共进、互利共赢中，把成渝地区双城经济圈建设从规划蓝图变为现实。如今的成渝地区双城经济圈如旭日东升，项目建设现场热火朝天、企业车间满负荷运转、西部陆海新通道班列川流不息、"双城生活"便捷幸福……截至2022年底,成渝地区双城经济圈实施成渝中线高铁等160个重大项目,完成投资3916亿元,建设万达开川渝统筹发展示范区等10个毗邻地区功能平台,出台科技创新中心、金融中心、生态环境保护等规划方案,实施311项"川渝通办"事项、43项便捷生活举措。2023年4月,四川省统计局和重庆市统计局联合发布的《2022年成渝地区双城经济圈经济发展监测报告》显示,2022年,成渝地区双城经济圈实现地区生产总值77587.99亿元,占全国的比重为6.4%,占西部地区的比重为30.2%,地区生产总值比上年增长3.0%。成渝地区双城经济圈总面积18.5万平方千米,用1.9%的国土面积创造了全国约6.4%的GDP。

魅力成渝山明水秀。成渝地区双城经济圈处于四川盆地,属亚热带季风性湿润气候,雨量充沛、土地肥沃、物产丰饶、资源丰富。这里有千里天府、绵亘沃土,也有巴蜀山水、巍峨浃决。如果说"窗含西岭千秋雪"是幸运者独有的浪漫风光,那"晓看红湿处,花重锦官城"就是每个人都触手可及的诗情画意。青城山中峰峦叠嶂、古树参天、寺院幽静、香烟缭绕,最能感受"苔铺翠点仙桥滑,松织香梢古道寒"的静谧。攀上峨眉山巅,看山川之壮美、品造物之神秀、听禅音之袅袅。乘船沿岷江出发,可直下渝州,邂逅一座山环水绕的"站立着的城市",城在山中、山在水中,山中有城、城中有山,既是"山城",又是"江城",更是名扬四海的"雾都""桥都",没有人能抵挡重庆的独特诱惑!成渝地区双城经济圈,就是一幅缓缓铺展的壮美画卷,让人流连忘返、陶醉其中,这里的人早已将城市与自然的和谐共生浸透血脉、融入灵魂。

魅力成渝人文荟萃。川渝地区自古以来就是中华文化的重要发源地之一,在历史长河中逐渐形成了统一的区域文化,《史记》和《汉书》将巴蜀列为同风同俗的文化区。孕育于四川盆地并不断发展创新的区域文化通称为"巴蜀文化"。巴蜀文化绵长久远、神秘灿烂。举世闻名的广汉三星堆遗址和成都金沙遗址,是巴蜀文化早期的集中体现,证明了巴蜀大地在5000年前至3000年前里,有着辉煌的古文明;涪陵小田溪、九龙坡冬笋坝、江津梧桐土等考古遗址仍在不断增强巴蜀文化的历史厚度。这里地灵人杰,英才辈出。从大禹离家治水到巴蔓子刎颈护国,从邹容甘当"革命军中马前卒",到车耀先大义赴死,川渝大地镌刻下了无数英雄故事;从古代的司马相如、陈子昂、苏轼,到现代的巴金、郭沫若,无数文人墨客在这里写下了不朽篇章。这里的非物质文化遗产历久弥新,有中国四大名绣之一的蜀绣、技惊四座的川剧、震撼人心的川江号子、璀璨夺目的铜梁舞龙……生长在这片文化土壤上的川渝人民对巴蜀文化的高度认同,是一种终其一生都难以释怀的深情和自豪。

魅力成渝佳肴美味。川渝美食同根同源、风味独特,以"复合"调味见长、麻辣鲜香闻名,其调味多变、取材广泛、适应性强的特点,在中国餐饮界独树一帜。宫保鸡丁、麻婆豆腐、鱼香肉丝、蒜泥白肉、毛血旺、辣子鸡、冷吃兔……让人回味无穷。唐朝诗人陆游晚年回到家乡,仍难忘蜀中美食,感叹"还吴此味那复有,日饭脱粟焚枯鱼"。在众多美食中,火锅无疑是川渝人民的心头好。每当夜幕降临,城镇的街头巷道便弥漫着麻辣的火锅香味,在此起彼伏的吆喝声中、流光溢彩的夜市中,绽放出最抚慰人心的人间烟火。在巴渝美食中,小吃占有重要席位。龙抄手、担担面、豆花、酸辣粉、陈麻花、蛋烘糕……流传了千百年的民间小吃如今已走向世界各地,盛名远播。品过美食,漫步到市井街旁寻个茶馆，躺坐在竹椅上，来一碗极具川渝特色的"三件头"盖碗茶，一边品着清幽的香茗，一边"摆龙门阵"，生活就如同盖碗里的茶水一样，香气怡人、热气腾腾。

魅力成渝精神富足。川渝人民志存高远，血脉中流淌着以伟大建党精神为核心的宝贵精神基因。抗日战争时期，四川征兵占全国总额的五分之一，居全国第一，川军足迹几乎遍布全国抗日战场；四川作为抗战大后方，面对日军的狂轰滥炸，坚持为抗战贡献了三分之一的粮赋，也是国内最大的武器弹药等战争物资生产地，深刻诠释了川渝人民的伟大抗战精神。全国抗战时期和解放战争时期，在党中央领导下，以毛泽东、周恩来为代表的老一辈无产阶级革命家、共产党人和革命志士，在以重庆为中心的国民党统治区，在为争取民族独立和人民解放的革命斗争实践中培育形成了伟大的红岩精神。1964年，中共中央部署成立了西南、西北、中南三线建设委员会，火热的三线建设浪潮在巴蜀大地渐次拉开序幕，带动和促进了川渝科学技术水平的发展，奠定了川渝工业发展的基本格局，也让"艰苦创业、无私奉献、团结协作、勇于创新"的三线精神融入了川渝人的血液中。此外，还有长征精神、"两路"精神、抗美援朝精神、"两弹一星"精神、三峡移民精神、抗震救灾精神、下庄精神和脱贫攻坚精神等一系列宝贵精神在川渝大地上迸发出绚烂夺目的光彩。这些宝贵的精神财富跨越时空、历久弥新，是川渝人民永恒的精神动力。

魅力成渝未来可期。成渝地区双城经济圈位于"一带一路"和长江经济带交汇处，是西部陆海新通道的起点，具有连接西南西北，沟通东亚与东南亚、南亚的独特优势，在国家区域协调发展战略大局中扮演着重要角色，现已成为中国最有潜力、活力、魅力的地区之一。在中国共产党第二十次全国代表大会精神指引下，重庆市将成渝地区双城经济圈建设作为市委"一号工程"和全市工作总抓手总牵引，四川省将其作为全面建设社会主义现代化四川的总牵引，两地正携手推动成渝地区双城经济圈建设全面提速。

心之所向，序启新章。为了把成渝地区双城经济圈建设成为具有全国影响力的重要经济中心、科技创新中心、改革开放新高地、高品质生活宜居地，自信乐观、勤劳勇敢、聪慧坚毅的川渝人民，正在这18.5万平方千米的土地上，踔厉奋发，赓续前行。

为了让更多人走进成渝地区双城经济圈，了解成渝地区双城经济圈中各个地方的历史发展脉络、文化底蕴、城乡风貌、建设成就和发展前景，《成渝地区双城经济圈城市概览》一书应运而生。

《成渝地区双城经济圈城市概览》中的介绍虽然是浮光掠影，却对成渝地区双城经济圈进行了全景式、立体式的呈现；将中国共产党团结带领全国各族人民全面建成社会主义现代化强国、实现第二个百年奋斗目标，以中国式现代化全面推进中华民族伟大复兴的恢宏画卷揭开了小小一角。

《成渝地区双城经济圈城市概览》编纂委员会
2023年5月

成渝地区 双城经济圈城市概览

CHENGYU DIQU SHUANGCHENG JINGJIQUAN CHENGSHI GAILAN

目 录

前　言 ········· 1

重庆卷

重庆市 ········· 001
万州区 ········· 021
黔江区 ········· 032
涪陵区 ········· 044
渝中区 ········· 058
大渡口区 ········· 070
江北区 ········· 083
沙坪坝区 ········· 095
九龙坡区 ········· 112
南岸区 ········· 125
北碚区 ········· 138
渝北区 ········· 150
巴南区 ········· 163
长寿区 ········· 179
江津区 ········· 191
合川区 ········· 206
永川区 ········· 220
南川区 ········· 233
綦江区 ········· 248

大足区 ········· 262
璧山区 ········· 281
铜梁区 ········· 294
潼南区 ········· 308
荣昌区 ········· 321
开州区 ········· 334
梁平区 ········· 349
丰都县 ········· 362
垫江县 ········· 372
忠　县 ········· 384
云阳县 ········· 396

四川卷（上）

四川省 ········· 001
成都市 ········· 021
01 天府新区 ········· 031
02 成都高新技术产业开发区 ········· 037
03 锦江区 ········· 043
04 青羊区 ········· 050
05 金牛区 ········· 056
06 武侯区 ········· 062
07 成华区 ········· 067

08 龙泉驿区 …… 072	02 罗江区 …… 275
09 青白江区 …… 078	03 广汉市 …… 281
10 新都区 …… 084	04 什邡市 …… 287
11 温江区 …… 090	05 绵竹市 …… 293
12 双流区 …… 096	06 中江县 …… 299
13 郫都区 …… 102	绵阳市 …… 304
14 新津区 …… 108	01 涪城区 …… 312
15 简阳市 …… 115	02 游仙区 …… 317
16 都江堰市 …… 121	03 安州区 …… 323
17 彭州市 …… 127	04 江油市 …… 328
18 邛崃市 …… 133	05 三台县 …… 333
19 崇州市 …… 139	06 梓潼县 …… 339
20 金堂县 …… 146	07 盐亭县 …… 344
21 大邑县 …… 152	遂宁市 …… 351
22 蒲江县 …… 159	01 船山区 …… 361
自贡市 …… 165	02 安居区 …… 367
01 自流井区 …… 174	03 射洪市 …… 373
02 贡井区 …… 180	04 蓬溪县 …… 379
03 大安区 …… 186	05 大英县 …… 385
04 沿滩区 …… 191	内江市 …… 391
05 富顺县 …… 196	01 市中区 …… 402
06 荣　县 …… 202	02 东兴区 …… 407
泸州市 …… 207	03 隆昌市 …… 413
01 江阳区 …… 216	04 资中县 …… 418
02 龙马潭区 …… 222	05 威远县 …… 425
03 纳溪区 …… 228	
04 泸　县 …… 235	**四川卷（下）**
05 合江县 …… 241	乐山市 …… 001
06 叙永县 …… 247	01 市中区 …… 011
07 古蔺县 …… 254	02 五通桥区 …… 016
德阳市 …… 260	03 沙湾区 …… 021
01 旌阳区 …… 269	04 金口河区 …… 027

05 峨眉山市	034	08 珙　县	239
06 犍为县	041	09 兴文县	245
07 井研县	047	10 屏山县	251
08 夹江县	052	广安市	257
09 沐川县	057	01 广安区	265
10 峨边彝族自治县	064	02 前锋区	270
11 马边彝族自治县	070	03 华蓥市	276
南充市	076	04 岳池县	281
01 顺庆区	086	05 武胜县	287
02 高坪区	093	06 邻水县	294
03 嘉陵区	099	达州市	301
04 阆中市	105	01 通川区	309
05 南部县	111	02 达川区	315
06 西充县	117	03 宣汉县	321
07 营山县	123	04 大竹县	328
08 蓬安县	129	05 渠　县	334
09 仪陇县	135	06 开江县	340
眉山市	142	雅安市	346
01 东坡区	151	01 雨城区	355
02 彭山区	157	02 名山区	362
03 仁寿县	163	03 荥经县	368
04 洪雅县	169	04 汉源县	373
05 丹棱县	175	05 石棉县	380
06 青神县	181	06 芦山县	386
宜宾市	186	资阳市	392
01 翠屏区	197	01 雁江区	398
02 南溪区	203	02 安岳县	404
03 叙州区	210	03 乐至县	410
04 江安县	215		
05 长宁县	221	后　记	415
06 高　县	227		
07 筠连县	232		

成渝地区
双城经济圈城市概览
CHENGYU DIQU SHUANGCHENG JINGJIQUAN
CHENGSHI GAILAN

成渝地区
双城经济圈城市概览
CHENGYU DIQU SHUANGCHENG JINGJIQUAN CHENGSHI GAILAN

重庆市

基本情况

重庆地处中国内陆西南部、长江上游地区，位于东经105°11′~110°11′，北纬28°10′~32°13′之间，面积8.24万平方千米，辖38个区县（26区、8县、4自治县），截至2022年末，常住人口3213.34万人，城镇化率70.96%，人口以汉族为主，少数民族主要有土家族、苗族。重庆是一座独具特色的"山城、江城"，地貌以丘陵、山地为主，其中山地约占75.8%；长江横贯全境，流程691千米，有嘉陵江、乌江等河流汇入。旅游资源丰富，有长江三峡、世界文化遗产大足石刻、世界自然遗产武隆喀斯特旅游区和南川金佛山等壮丽景观。

党中央对重庆发展高度重视、寄予厚望。习近平总书记2016年1月视察重庆，2018年3月参加十三届全国人大一次会议重庆代表团审议，2019年4月再次亲临重庆视察指导，多次对重庆发展工作作出重要指示批示，对重庆提出营造良好政治生态，坚持"两点"定位、"两地""两高"目标，发挥"三个作用"和推动成渝地区双城经济圈建设等重要指示要求，为新时代重庆改革发展导航定向。"两点"定位，即重庆是西部大开发的重要战略支点，且处在"一带一路"和长江经济带的联结点上，在国家区域发展和对外开放格局中具有独特而重要的作用。"两地""两高"目标，即加快建设内陆开放高地、山清水秀美丽之地，努力推动高质量发展、创造高品质生活。发挥"三个作用"，即在推进新时代西部大开发中发挥支撑作用、在共建"一带一路"中发挥带动作用、在推进长江经济带绿色发展中发挥示范作用。

重庆全面贯彻落实习近平新时代中国特色社会主义思想，认真贯彻落实党中央决策部署，紧扣把习近平总书记殷殷嘱托全面落实在重庆大地上这条

● 重庆市"朝天扬帆"地标（刘万明 拍摄）

主线，立足新发展阶段、贯彻新发展理念、融入新发展格局，聚焦国家重要中心城市、长江上游地区经济中心、国家重要先进制造业中心、西部金融中心、西部国际综合交通枢纽和国际门户枢纽等国家赋予的定位，充分发挥区位优势、生态优势、产业优势、体制优势，谋划和推动高质量发展，努力建设国际化、绿色化、智能化、人文化现代大都市。

经济结构加快转型升级，老工业基地焕发生机活力，形成全球重要电子信息产业集群和国内重要汽车产业集群，装备制造、生物医药、新材料等战略性新兴产业蓬勃发展，两江新区、西部（重庆）科学城建设高标准实施，以大数据智能化为引领的创新驱动发展战略深入推进，"智造重镇""智慧名城"建设取得突破，高质量发展的引擎动力更加强劲。

社会事业全面进步,如期打赢脱贫攻坚战,如期全面建成小康社会,人民群众获得感、幸福感、安全感持续提升。

内陆开放高地加快崛起,以中欧班列、长江黄金水道等为支撑的开放通道全面形成,中新第三个政府间合作项目以重庆为中心运营,对接"一带一路"的西部陆海新通道建设上升为国家战略,中国(重庆)自由贸易试验区建设务实推进,内陆国际物流枢纽和口岸高地正在形成。

乡村振兴和城市提升统筹推进,农业农村现代化步伐加快,"两江四岸"国际山水都市风貌日益彰显,渝东北三峡库区城镇群加快推进生态优先、绿色发展,渝东南武陵山区城镇群加快推动文旅融合、城乡协同发展。

长江上游重要生态屏障加快建设,长江、嘉陵江、乌江干流水质总体为优。2022年,空气质量优良天数达332天,全市森林覆盖率达55%。

成渝地区双城经济圈建设扎实推进,滚动推动重大项目建设,协同推出"川渝通办"事项311项,加快建设具有全国影响力的重要经济中心、科技创新中心、改革开放新高地、高品质生活宜居地。

重庆政治生态持续向好、干部群众精神面貌持续向上、经济高质量发展动能持续增强、社会和谐稳定局面持续巩固。2022年,地区生产总值2.91万亿元,增长2.6%,规上工业增加值增长3.2%,固定资产投资增长0.7%,社会消费品零售总额下降0.3%,进出口总值增长2%,一般公共预算收入下降2.5%,全体居民人均可支配收入增长5.5%。

重庆市地图
(行政区划1)

审图号：渝S(2020)071号

中国共产党第二十次全国代表大会擘画了全面建设社会主义现代化国家、以中国式现代化全面推进中华民族伟大复兴的宏伟蓝图。全市上下更加紧密地团结在以习近平同志为核心的党中央周围，全面贯彻落实习近平新时代中国特色社会主义思想，深入学习贯彻党的二十大精神，坚决拥护"两个确立"、坚决做到"两个维护"，确保"总书记有号令、党中央有部署，重庆见行动"，推动成渝地区双城经济圈建设走深走实，强化稳进增效、除险清患、改革求变、惠民有感的工作导向，团结奋斗、唯实争先，在新时代新征程全面建设社会主义现代化新重庆，为实现中华民族伟大复兴的中国梦贡献力量。

历史沿革

重庆是中国著名历史文化名城，有文字记载的历史有3000多年，是巴渝文化的发祥地。早在200万年前，重庆地区就有人类活动，出现了巫山猿人；距今3万至2万年的旧石器时代末期，产生了"铜梁文化"；新石器时代产生了"大溪文化"。公元前11世纪，巴人迁徙到江州（今重庆市）一带，建立巴国。公元前316年，秦灭巴国后设巴郡，为36郡之一。隋开皇三年（583年），设渝州，州治为巴县。北宋崇宁元年（1102年），改渝州为恭州。

南宋淳熙十六年（1189年），宋光宗赵惇先封恭王，后即帝位，升恭州为重庆府，重

● 重庆市地图（行政区划）
（重庆市规划和自然资源局　2023年2月）

庆由此得名。1363年，元末农民起义将领明玉珍在重庆建立大夏国，1371年归于明朝。1891年，重庆成为中国最早对外开埠的内陆通商口岸。

1929年，重庆正式建市。1937年至1946年，国民政府移驻重庆，重庆成为中国战时首都和世界反法西斯战争远东指挥中心，也是中国抗战大后方的政治、经济、军事、文化中心。抗日战争时期和解放战争初期，以周恩来同志为代表的中共中央南方局在重庆负责领导国统区、港澳及海外地区的党组织和统一战线工作，培育形成的"红岩精神"，是我们国家和民族的宝贵精神财富。民盟、民建、九三学社和民革前身之一的"三民主义同志联合会"均在重庆成立。

新中国建立初期，重庆为中央直辖市，是中共中央西南局、西南军政委员会驻地和西南地区政治、经济、文化中心。1954年，西南大区撤销后改为四川省辖市。1983年，成为全国第一个城市经济体制综合改革试点的大城市，实行计划单列，赋予省级经济管理权限。1992年，成为中国沿江开放城市。1996年9月，中央批准重庆市代管四川省万县市、涪陵市和黔江地区。1997年3月14日，第八届全国人民代表大会第五次会议批准设立重庆直辖市，是中西部地区唯一的直辖市。直辖之后，重庆圆满完成三峡百万移民搬迁安置任务，经济社会发展各项事业取得显著成就。

进入21世纪，重庆先后被确定为"国家统筹城乡综合配套改革试验区"、国家中心城市，两江新区、中国（重庆）自由贸易试验区相继成立。

重要资源

*土地资源。*重庆市辖区面积8.24万平方千米，地势由南北向长江河谷逐级降低，西北部和中部以丘陵、低山为主，东南部靠大巴山和武陵山两座大山脉。山地类型地貌约占市域面积的75.8%，丘陵（类型包括缓丘、浅丘、深丘）面积占18.2%，台地和平原类型的土地资源占3.6%和2.4%。《重庆市第三次国土调查主要数据公报》显示：全市耕地保有量2805.25万亩，15度坡度以上的耕地面积占39.14%，45.15%的耕地分布在主城都市区，35.09%的耕地分布在渝东北三峡库区城镇群，19.76%的耕地分布在渝东南武陵山区城镇群；园地420.88万亩，主要分布在主城都市区，占全市园地的57.32%；林地7033.54万亩，主要分布在渝东北三峡库区城镇群，占全市林地的46.55%；草地35.46万亩，主要分布在渝东北三峡库区城镇群，占全市草地的49.43%；湿地22.49万亩，主要分布在渝东北三峡库区城镇群，占全市湿地的53.18%。

*生物资源。*重庆是中国生物多样性较为丰富的地区，重庆市共设立各级各类自然保护地218个（其中自然保护区58个、风景名胜区36个、地质公园10个、森林公园83个、湿地公园26个、生态公园2个、世界自然遗产地3个），占全市辖区面积的15.4%。重庆市林业局公开发布数据显示：重庆市域内分布有野生维管植物227科1302属6000余种，其中由林业部门管理的天然原生国家重点保护野生植物84种，一级8种，包括崖柏、银杉、水杉、银杏、红豆杉等；二级76种，包括穗花杉、秦岭冷杉、鹅掌楸、油樟、润楠、花榈木等。重庆市动物资源种类较多，分布的陆生野生脊椎动物有800余种，无脊椎动物4300余种，其中国家重点保护陆生野生动物112种，一级14种，包括黑叶猴、大灵猫、小灵猫、林麝、青头潜鸭、中华秋沙鸭等；二级98种，包括猕猴、黑熊、豹猫、毛冠鹿、中华鬣羚等。

*矿产资源。*重庆市矿产资源极具特色，以页岩

气为代表的能源资源丰富，非金属矿产多。截至2021年底，重庆已发现矿种70种。其中，页岩气、天然气、锰、铝土矿等战略性矿产资源较为丰富，地热、锶、毒重石、岩盐等是优势矿产，石灰岩、砂岩、页岩等建材类矿产资源分布广泛。煤矿资源量43.6亿吨、铁矿资源量3.01亿吨、锰矿资源量1.26亿吨、铝土矿资源量1.54亿吨、锶矿资源量0.22亿吨、熔剂用灰岩3.96亿吨、毒重石资源量1.23亿吨、盐矿118.13亿吨。

水资源。重庆市水资源丰富，水资源量多年均值为567.8亿立方米，多年平均入境水量为3837亿立方米，出境水量为4386亿立方米，对外来水源的依赖程度较低。受降水特征的影响，地区分布不均匀，呈现由东到西逐渐减少的趋势，渝西地区普遍偏低；年内分配多集中在5—9月，相对集中，对水资源的利用不利，而且易发生洪涝灾害；年际变化较大。重庆地区水系发达，河流纵横，境内流域面积大于100平方千米的河流有274

● 南川区金佛山国家自然保护区的黑叶猴（瞿明斌 拍摄）

● 我国首个大型页岩气田——涪陵页岩气田（黄朝福 拍摄）

条，其中流域面积大于1000平方千米的河流42条，包括长江、嘉陵江、渠江、涪江、乌江、芙蓉江、阿蓬江、綦江、酉水等。这些河流除任河注入汉江、酉水注入北河汇入沅江（洞庭湖）、濑溪河和清流河注入沱江外，其余均在境内注入长江汇进三峡水库。长江自西南向东北横贯全境，乌江、嘉陵江为南北两大支流，形成不对称的、向心的网状水系。通过全面落实河长制，滚动实施"碧水行动"，长江干流重庆段水质为优，纳入国家考核的42个断面水质优良比例达到100%，城市集中式饮用水水源地水质达标率常年保持100%。

基础设施

交通。重庆是交通强国建设首批试点省(区、市)，是全国唯一的陆港型、空港型、港口型和生产服务型"四型"国家物流枢纽承载城市。2021年，重庆获国家公交都市建设示范城市称号。作为典型的山地城市，重庆城市空间尺度大，呈现组团式城市布局，曾经是全国市民平均出行距离最长的城市之一。为破解市民出行难问题，重庆成为西部地区最早启动轨道交通建设的城市。架桥挖隧，穿楼绕市……自2004年首条轨道交通线路——2号线建成后，重庆的轨道交通网线路不断延伸，形成"环射＋纵横"的运营网络，运营线路达到12条，总里程实现500千米大跨越，284座轨道交通站点高效串联起机场、高铁站、各大商圈、大型居住区等重要功能节点，已建成世界规模最大的山地城市轨道交通运营网络。2022年，轨道交通客运量9.1亿人次，占公共交通出行比例42%。重庆的轨道交通，已经超越交通工具的属性，成为城市的名片和符号，成为给城市增色添彩的民生线、风景线、发展线。

重庆是世界最大的山水城市之一，其特殊地形地貌，促使桥梁建设快速发展。截至2022年底，建成各类桥梁突破15000座，长江、嘉陵江和乌江上建成的特大桥已有128座，包括梁桥、拱桥、斜拉桥、悬索桥等多种桥梁结构形式，其中有4座桥梁结构形式的技术指标世界领先。因桥梁数量多、规模大、技术水平高、影响力强，2005年，重庆被茅以升桥梁委员会年会认定为中国"桥都"。将建筑之美和高

● 果园港——国内最大的内河水、铁、公联运枢纽港（张锦辉　拍摄）

超的建造技术合二为一,让每一座桥都拥有独特的魅力。重庆的桥梁不仅为市民出行带来便利,也给城市增添别样风采,还向世界展示重庆人"逢山开路,遇水搭桥"的顽强意志和拼搏精神。

城市骨架交通路网日趋完善,主城都市区同城化道路体系逐步健全,中心城区道路里程达6250千米,路网密度7.1千米/平方千米,进入全国前十名。发布全国首个智慧高速公路地方标准暨川渝首个区域地方标准。高速公路通车里程达到4000千米,省际出口通道27个,主城都市区进入"三环"时代,渝东北与渝东南实现高速直连,重庆高速路网密度达到4.86千米/百平方千米,居西部地区第一,"三环十四射多联线"高速公路网全面形成。电动汽车充电基础设施建设覆盖全部区县,中心城区充电服务平均半径达到1千米,公共"车桩比"达3.5∶1,处于西部领先水平。建成"一枢纽十干线"铁路网,"米"字形高铁网加快建设,全线开工成渝中线、西渝等6条高铁,全线开通运营郑渝高铁,完成渝万城际铁路提质改造,在建高铁规模接近1000千米、营业里程突破1000千米,重庆西站枢纽二期基本建成,重庆迈入高铁时代。

全市货运船舶平均吨位突破4000吨,居全国内河第一;总运力突破900万吨,船型标准化率达86%,居全国内河前列;航运交易服务突破10亿元,成为长江上游最大船舶交易中心,果园港、重庆国际物流枢纽园区入选国家物流枢纽清单。

国际航空枢纽功能近年来得到大幅增强,"双枢纽"机场格局已经拉开,江北国际机场T3B航站楼钢结构主体工程基本完成,重庆新机场选址取得重大进展,万州机场改扩建工程完工,黔江机场完

● 重庆江北国际机场全景(许可 拍摄)

成改扩建。江北国际机场通航城市总数达到216个，国际及地区航线达109条；全市民航运输机场旅客、货邮年吞吐能力分别达到4650万人次、110万吨，年旅客吞吐量保持在全国前十强。

重庆对外开放国际物流大通道通达东西南北，以铁路、公路、水路构建的物流通道，辐射联动中亚、西亚、东南亚、亚太、欧洲、非洲等地区。西部陆海新通道运输网络覆盖全球119个国家和地区的393个港口。中欧班列（成渝）运营水平全国领先，长江"黄金水道"在渝运输潜能进一步提升，航空运输规模快速增长，有效推动"一带一路"和长江经济带在重庆实现无缝衔接。

● 轨道2号线列车从立交桥上驶过，展现重庆独有的魔幻立体交通景观（郑宇 拍摄）

● 天蓝地绿、山清水秀的重庆（谢智强 拍摄）

城市环境。城市排水设施建设稳步推进，城镇污水管道13600千米，污水处理厂集中处理率98.66%，处理总量超162306万立方米，城市污水收集率、人均污水处理量、污水处理厂平均进水BOD浓度均排西部城市第一。重庆是全国城市黑臭水体百分之百消除的9个城市之一。实现生活垃圾无害化处理体系全覆盖，处理率保持100%。海绵城市"1+3"试点工作全部通过考核验收，全市达标建设面积421平方千米，占建成区面积的24.2%。城市绿化水平较高，绿化覆盖率超42.9%，基本实现"300米见绿、500米见园"。

能源。全市推行能源低碳转型，淘汰低效落后的煤电机组，优化能源消费结构，全市发电装机容量持续增加，可再生能源在电力消费中占比达到51.4%，风光新能源发电量全额消纳。通过建成奉节金凤山风电，巫溪、巫山农光互补光伏发电等项目，带动贫困地区增加收入、扩大就业。完善"两横三纵"500千伏电网主网架结构，形成以500千伏站点为支撑的220千伏"网格""环形"分层分区供电格局。建成投运川渝第三输电通道、铜梁SVG（动态无功补偿装置）站及渝鄂背靠背工程，川渝、渝鄂电网输电通道综合最大输送能力约750万千瓦。

国家级能源交易平台重庆石油天然气交易中心落户重庆，开展常态化交易，发布川渝天然气现货价格、区域LNG厂站价格。城镇天然气管网设施完善，供气总量60.9亿立方米，普及率达98.5%。

农村人居环境。2021年，重庆人民与全国人民一道，告别延续千年的绝对贫困，脱贫攻坚战取得全面胜利，乡村面貌发生显著变化。重庆持续把农村危房改造纳入重点民生工程，截至2022年，共实施农村危房改造32.09万户，有效解决农村贫困群众住房安全问题。重庆以农村生活污水垃圾治理、农村黑臭水体整治等为重点领域，强化减污降碳、

● 重庆万盛经济技术开发区黑山镇八角高山生态扶贫搬迁新村（曹永龙 拍摄）

生态修复，进一步提升农村人居环境质量，对全市9177个涉农村社的15.6万条河、塘、沟渠3类农村水体开展全面排查，全面治理黑臭水体，建立起"镇街申报、区县核实、市级确认"的动态更新机制，实行"拉条挂账、逐一销号"，完成58条农村黑臭水体整治。通过保护传统村落、传统民居和历史文化名村名镇，以特色村、精品村为支点，以景观带为轴线，形成"连点成线、连线成片"的保护发展格局，让巴蜀乡村实现"近悦远来"，留住巴渝乡愁。结合农村人居环境整治，全市许多乡村立足自身优势，打造产业村、艺术村、旅游村等特色村，走出了一条农村人居环境整治与全面推进乡村振兴有效融合的路子，真正把美丽环境变成了"美丽经济"。农业农村部等六部门联合发布的"第二批全国乡村治理示范村镇名单"显示，重庆22个村获评全国乡村治理示范村镇，成为乡村治理的全国样板。全市所有乡镇和行政村通畅率、通客车率均达到100%，行政村直接通邮率、快递服务乡镇覆盖率均达到100%。全市具备条件的村民小组公路通达率达到100%。

新型基础设施建设。重庆锚定全国领先的新型基础设施建设标杆城市目标，不断丰富政策制度供给，完善新型基础设施体系架构，筑牢数字经济创新发展底座。围绕建成国际一流的信息通信枢纽城市，加速推进5G网络、超高速光纤宽带网络等实现城乡广覆盖。累计建成开通5G（第五代移动通信）基站4.9万余个，建成全国首个5G新型基础设施大数据平台。光纤网络建设成效显著，建成千兆示范小区10284个、覆盖约310万户。重庆国家级互联网骨干直联点功能持续优化，建成中新（重庆）国际互联网数据专用通道。加速数据中心建设和改造升级,建成西部地区起步最早、集中度最高、规模最大的两江云计算产业园区,全国一体化算力网络成渝国家枢纽节点正式获批,数据中心集群起步区建设提速,中科曙光先进计算中心、中新(重庆)国际超算中心等一批重大项目落地。全面推行"云长制",集聚"云联数算用"要素支撑,形成一批智慧政务、智慧交通等应用场景。

主要产业

重庆全面贯彻新发展理念,积极服务和融入新发展格局,以大数据智能化为引领,坚持制造业高端化、智能化、绿色化发展方向,一手抓传统产业转型升级,一手抓战略性新兴产业发展壮大,着力推动数字经济和实体经济深度融合,推动先进制造业与现代服务业深度融合,构建起市场竞争力强、可持续的现代化产业体系。

制造业。从重庆城市的发展历史来看,发展的基石在制造业,发展的后劲也在制造业。重庆始终坚持工业立市、制造强市,把制造业高质量发展放到突出位置。《中共重庆市委 重庆市人民政府关于进一步推动制造业高质量发展加快建设国家重要先进制造业中心的意见》指出,制造业是实体经济的主体,是重庆的立市之本、强市之基。2022年,重庆制定实施世界级智能网联新能源汽车产业集群发展规划,深蓝 SL03、问界 M7 等高端新能源车型上市,龙兴智能网联新能源汽车产业基地、赣锋锂电等重大项目开工建设,比亚迪动力电池全球总部、长安渝北新工厂等重大项目有序推进。

电子信息产业。电子信息产业加快发展,惠普

● 长安汽车智能生产车间(陈仕川 拍摄)

PC研发中心、信息通信技术中俄创新中心、百信服务器西南国际总部基地相继落地，华润微电子12英寸功率半导体晶圆产线投产、京东方第6代柔性显示面板产线等投产上量。制定支持卫星互联网产业发展的指导意见。累计培育专精特新中小企业2484家，其中国家级专精特新"小巨人"企业255家。新增质量强镇38个、质量强园34个、质量强企367个，建成质量基础设施"一站式"服务平台241个。

数字经济。重庆持续加快建设国家数字经济创新发展试验区和新一代人工智能创新发展试验区。软件和信息服务业"满天星"行动计划顺利实施，新增软件企业3500余家，盘活存量楼宇超100万平方米，软件业务收入增长10.5%。新实施智能化改造项目1407个，新认定智能工厂22个、数字化车间160个。实施"一链一网一平台"试点示范工程，川仪、宗申、青山等3个示范项目有序推进。共有15个国家级"跨行业、跨领域工业互联网平台"在渝布局，工业互联网转型促进中心建成投用。推动建设131个工业互联网新模式、新应用，工业互联网标识解析顶级节点（重庆）接入9省市、34个二级节点。5G基站数量达到每万人19个，位居全国第一梯队。智博会永久落址重庆，已经成为世界观察重庆的一个窗口，重庆走向世界的一座桥梁。2018年首届智博会举行以来，累计举办各类论坛160余场次，举行发布活动433场次，发布33项新技术、164项新产品、136项新场景、65项新成果。

借智博会平台，重庆集中签约项目323个，已到位资金1310.6亿元，158个大数据智能化项目落地实施，数字经济增加值占全市生产总值比重提升为27.2%。

现代服务业。重庆作为中西部地区唯一获批开展服务业扩大开放综合试点的省份，率先探索积累可复制可推广经验，着力打造内陆现

● 重庆市新型智慧城市运行管理中心（罗斌 拍摄）

● 解放碑步行街——2020年7月，被商务部列入首批"全国示范步行街"（唐安冰 拍摄）

代服务业发展先行区。2022年中国服务业开放合作论坛上，市商务委对示范建设进行了一次集中授牌，渝中区、江北区、西部（重庆）科学城重庆高新区成为重庆服务业扩大开放首批3个示范区，解放碑中央商务区等5个园区获评示范园，新加坡航空（重庆）保税航材分拨中心等10个项目成为首批示范项目。截至2022年，全市86项试点任务已落地75项，出台试点配套政策文件60余个，开展首创性差异化改革探索50余项。加快建设国际消费中心城市，出台23条支持政策，储备重大项目127个，统筹推进"五大名城""十大工程"建设。大力建设西部金融中心，累计实现跨境融资192亿美元。

现代农业。重庆奋力推动乡村全面振兴，着力解决农业农村发展最迫切、农民反映最强烈的实际问题，以城带乡加快推进农业农村现代化。2022年，重庆粮食播种面积3070万亩，增长1.7%，生猪、蔬菜、水产品等"菜篮子"产品稳步增产。新建高标准农田255万亩，启动建设57.8万亩丘陵山区高标准农田改造提升示范项目。创建全国农业现代化示范区4个、国家农村产业融合发展示范园2个、国家现代农业产业园2个、国家农业绿色发展先行区2个，国家生猪技术创新中心建设取得重要进展。成功创

● 2023年1月21日，除夕夜，"新时代 新征程 新重庆"光影无人机焰火表演（周永富 拍摄）

建潼南、垫江2个国家级制种大县。规上农产品加工企业达1293家，梁平预制菜、綦江健康食品、合川火锅食材、长寿有机鱼等新产业快速成长。农业农村部公布的"2022年农业现代化示范区创建名单"中，重庆秀山、垫江、江津、潼南4个区县入围。

文旅品牌

重庆创新推出"晒文化·晒风景""晒旅游精品·晒文创产品"大型文旅推介活动，突出三峡、山城、人文、温泉和乡村品牌特色，加快建设巴蜀文化旅游走廊，着力打造大都市、大三峡、大武陵旅游目的地，打造"主客共享，近悦远来"的国际旅游枢纽城市，城市文旅知名度和美誉度不断上升。2022年春节期间，重庆给游客让桥让路，"创造"一座"世界上最大的人行天桥"，凭借"实力宠粉"屡次登上热搜。

旅游品牌影响力不断提升。重庆重点围绕都市旅游、长江三峡旅游、民俗生态旅游、温泉旅游、红色旅游、乡村旅游、康养及休闲度假旅游等旅游产品，深度挖掘人文资源，大力实施旅游精品工程，打造一批具有标志性、引领性、带动性的国际旅游品牌。全市拥有国家A级景区269个，其中5A级旅游景区11个、4A级景区130个；拥有市级以上旅游度假区25个，含国家级旅游度假区2个（武隆仙女山旅游度假区、丰都南天湖旅游度假区）；拥有国家级全域旅游示范区4个（武隆区、巫山县、万盛经开区和渝中区），国家级全域旅游示范区创建单位4个（南川区、大足区、奉节县和石柱县）；创建国家文化和旅游消费示范城市1个（渝中区）、试点

● 2018年，川剧《江姐》首演（熊明 拍摄）

城市5个（沙坪坝区、北碚区、江北区、南岸区、九龙坡区）；拥有国家级旅游休闲街区5个（江北区大九街旅游休闲街区、南岸区弹子石老街、沙坪坝区磁器口街区、渝中区贰厂文创街区、酉阳土家族苗族自治县酉州古城步行街）；拥有全国乡村旅游重点村35个、重点镇3个（武隆区仙女山街道、铜梁区土桥镇、梁平区竹山镇），全国休闲农业和乡村旅游示范县（区）12个、示范点23个，酉阳车田乡入选《2021世界旅游联盟——旅游助力乡村振兴案例》。武隆荆竹村入选联合国世界旅游组织"最佳旅游乡村"，截至2022年，我国仅有4个乡村获此世界级殊荣。大足石刻、武隆喀斯特旅游区（天生三桥·仙女山·芙蓉洞）、巫山小三峡·小小三峡、万盛经开区黑山谷、酉阳桃花源、南川金佛山、江津四面山、云阳龙缸、彭水阿依河、奉节白帝城·瞿塘峡等旅游景区闻名全国乃至全世界。2022年，中国旅游研究院调查数据显示，后疫情时代中国人最想去的城市旅游目的地第一位是重庆；发布的"非凡十年·魅力二十城"榜单中，重庆游客满意度综合排名居全国第一。搜狐旅游发布的《2022年全国旅游城市品牌影响力报告》中，重庆以104.8的总分，在全国城市旅游影响力百强榜单中位居第一，同时还获得"2022年度城市旅游网络人气奖""2022年度心动夜游城市""2022年度吃货福音城市"等多个单项奖。

文化艺术影视创作成果丰硕。电视剧《共产党人刘少奇》等5部影视作品获中央宣传部"五个一工程"奖，网络电影《士兵的荣耀》纳入国家广电总局"庆祝新中国成立70周年精品网络视听节目上线仪式"首推精品节目。舞剧《杜甫》荣获第十届中国舞蹈"荷花奖"舞剧奖,魔术《幻影飞鸽》荣获第十届中国杂技金菊奖魔术节目奖,歌剧《尘埃落定》、川剧《江姐》等8部作品入选"庆祝中国共产党成立100周年舞台艺术精品创作工程",雕塑《烈焰青春》荣获第三届"中国美术奖"金奖。川剧《江姐》获第十七届"文华大奖",这是重庆时隔22年再次获得国家舞台艺术最高政府奖项。大型红色舞台剧《重庆·1949》为全国观众多维度呈现红岩精神,展现重庆的红色底蕴与城市品格。

非物质文化遗产保护传承不断完善。武陵山区(渝东南)国家级文化生态保护实验区建设工作稳步推进,蜀绣、夏布、梁平竹帘、土家楼吊脚楼、梁平木版年画、荣昌陶器、重庆漆器、荣昌折扇等8个项目入选首批国家传统工艺振兴目录,全市国家级、市级非遗项目分别达到44项、707项,国家级、市级代表性传承人命名数量分别达到60人、711人。

风味美食

重庆以巴渝文化为底蕴,以地方美食、特色餐饮为主题,不断发展壮大美食产业,以重庆火锅、小面、江湖菜为代表的美食名片享誉全国。全市已建成中国美食之乡10个、中华美食街17条、市级美食街52条、市级夜市33个,培育形成了一大批影响力大、带动性强的餐饮品牌,拥有小天鹅、陶然居、德庄、骑龙、秦妈5个"中国驰名商标",老四川、桥头火锅、颐之时、小洞天、张鸭子等餐饮类"中华老字号"得以进一步发展。

重庆是"中国火锅之都"。传统的重庆火锅,又称为毛肚火锅或麻辣火锅,起源于民间,历史悠久。随着饮食习惯的不断改善,人们更加注重现代健康营养理念,在毛肚火锅的基础上,逐渐发展出清汤火锅、鸳鸯火锅、肥牛火锅、辣子鸡火锅等,火锅味型更加丰富。2007年,重庆被中国烹饪协会授予"中国火锅之都"称号。

● 重庆火锅(刘嵩 拍摄)

● 重庆小面(张锦辉 拍摄)

2006年、2016年，重庆火锅先后获得吉尼斯世界纪录，享誉全球；2016年，重庆火锅被评为"重庆十大文化符号"之首；2019年，直径达10米的"天下第一大火锅"参加第二届中国国际进口博览会，反响良好；由商务部批准的重庆火锅节已连续举办七届，被全国节庆办评为国家级杰出节庆活动，是国内火锅行业的专业品牌节会。截至2022年，全市火锅从业单位达到1.66万家，火锅门店近3万个，全年营业收入近600亿元，火锅全产业链已达到千亿级，为60万人民群众提供了就业岗位，遍布全国的重庆火锅店已超过15万家。刘一手、德庄、小天鹅和秦妈等品牌企业已累计在美国、新加坡、俄罗斯、澳大利亚、加拿大、老挝及中国香港、中国澳门、中国台湾等20多个国家和地区开店200多家，营业面积2.8万平方米，年产值达2.28亿美元。火锅底料出口20余个国家和地区，重庆已成为名副其实的"中国火锅之都"。

重庆小面全国知名。在中国博大精深的美食文化中，重庆小面无疑是最有草根文化气息和烟火气的美食之一，有着数百年的历史。重庆小面是重庆四大特色美食之一，也是重庆市民的主食之一，因其独特口感而闻名全国。重庆小面富于变化，佐料是它的灵魂，在面店，可以要求店家制作个人定制口味，如要求"干熘"（拌面）、"提黄"（偏生硬）、"加青"（多加蔬菜）、"重辣"（多加油辣子）等。2016年1月，地方标准《重庆小面烹饪技术指南》审批通过，并开始实施；2021年8月，重庆首个小面博览馆正式开馆，该博览馆也是重庆首个以重庆小面为主题的特色产业展馆。以一碗面征服众多"吃货"的重庆小面，如今已经发展为具备相当市场规模的"舌尖上的产业"。全市现有小面门店8.5万个，每店每天平均卖出150碗面，年产值近300亿元。

重庆江湖菜麻辣鲜香。江湖菜是重庆的特色美食，具有浓厚的乡土风味。江湖菜是相对于正宗菜而言的菜式，最大的特点是"土""粗""杂"，味道上"麻""辣"更厚重，更"鲜香"。重庆传统的江湖名菜主要包括"毛血旺""水煮鱼""辣子鸡""酸菜鱼""啤酒鸭""豆花鱼""黔江鸡杂""万州烤鱼""来凤鱼"等，"江湖菜"豪情、热烈、大气、亲民的传统菜式风格，具有鲜明的重庆文化烙印。

重庆小吃风味独特。重庆风味小吃种类超过150种，遍布所有重庆美食街。比较出名的小吃精品有：重庆酸辣粉、山城小汤圆、重庆豆花饭、涪陵油醪糟、涪陵老麻抄手、磁器口陈昌银麻花、九园包子、怪味胡豆、江津米花糖、合川桃片、荣昌卤鹅、梁平张鸭子、丰都麻辣鸡块、万州格格、垫江石磨豆花、武隆羊角豆干、铜梁泡椒凤爪、南川糯米油粽等，每个区县至少有一味特色小吃，与当地的文化、旅游、美食深度融合，成为各地的一张美食名片。

发展定位

重庆市是西部大开发的重要战略支点、"一带一路"和长江经济带的联结点，在国家区域发展和对外开放格局中具有独特而重要的作用。

2021年《成渝地区双城经济圈建设规划纲要》《国家综合立体交通网规划纲要》《西部陆海新通道高质量建设实施方案》等重大规划公开发布，明确成渝地区为全国交通四极之一，赋予重庆国家重要中心城市、长江上游地区经济中心、国家重要先进制造业中心、西部金融中心、西部国际综合交通枢纽和国际门户枢纽等新定位。

发展目标

2022年12月召开的中国共产党重庆市第六届

委员会第二次全体会议提出重庆市现代化建设总的目标安排：到2035年，在高质量发展中基本实现社会主义现代化目标，共同富裕取得更多实质性进展；从2035年到本世纪中叶，全面建成社会主义现代化强市，全面建设共同富裕美好社会。未来五年的主要目标任务：全面落实党中央确定的各项战略部署，经济实力显著提升，科教实力显著提升，城市综合实力显著提升，生态文明建设水平显著提升，社会治理水平显著提升，人民生活水平显著提升，全面建设社会主义现代化新重庆。

五年推动六个方面显著提升：

——经济实力显著提升。经济发展质量效益达到更高水平，地区生产总值迈上4万亿元台阶，人均地区生产总值达到12万元左右。现代产业体系加快构建，支柱产业转型升级取得新突破，战略性新兴产业达到万亿级，现代服务业优势明显增强，现代农业特色更加鲜明。实体经济持续壮大，数字经济、绿色经济、开放型经济成为高质量发展新动能，各类市场主体蓬勃发展。国家重要先进制造业中心、西部金融中心、国际消费中心城市、国际性综合交通枢纽城市建设迈出重大步伐。

——科教实力显著提升。区域协同创新体系基本建成，全社会研发经费投入年均增长10%以上，大数据智能化创新能力持续增强，应用研究和产业创新形成鲜明特色，全市创新创造活力竞相进发，西部（重庆）科学城建设加快推进，"智造重镇""智慧名城"名片更加响亮，科技创新中心建设在全国的影响力不断提升。高质量教育体系加快完善，高水平大学建设取得新的突破，产学研协同创新形成更多成果，高素质创新人才和各领域人才竞相涌现。

——城市综合实力显著提升。新型城镇化水平迈上新台阶，城市硬实力和文化软实力同步增强。"一区两群"发展日趋协调，主城都市区发展能级进一步提高，对"两群"的带动能力更加强劲。城乡融合发展步伐加快，城市对乡村的带动作用更加彰显。现代化基础设施体系全面构建，营商环境持续优化，国际化、绿色化、智能化、人文化现代大都市格局基本形成，国家中心城市集聚辐射能力明显提高。

——生态文明建设水平显著提升。国土空间开发保护格局进一步优化，生态系统质量和稳定性持续改善，环境突出问题得到有效治理，长江上游重要生态屏障更加巩固。生产生活方式绿色转型成效显著，绿色产业发展、绿色家园建设、绿色制度完善、绿色文化培育取得重大进展，单位地区生产总值能耗、碳排放降幅实现国家下达的目标，碳达峰、碳中和实现阶段性目标，山水之城、美丽之地焕发新的时代风采。

——社会治理水平显著提升。党建引领基层治理机制全面完善，共建共治共享的社会治理格局不断优化，基层治理体系和治理能力现代化水平明显提高。社会主义民主法治更加健全，社会公平正义更加彰显，发展安全保障更加巩固，平安重庆建设更加有效，社会既充满活力又和谐有序。

——人民生活水平显著提升。兜底性民生保障进一步加强，脱贫攻坚成果不断巩固拓展。普惠性民生建设扎实有力，就业、教育、社保、医疗、住房、养老、托幼等社会事业全面进步，公共服务体系和社会保障体系日益完善。以社会主义核心价值观为引领的社会主义精神文明建设取得新进展，人民文明素养和社会文明程度得到新提高，文化强市建设实现新突破。全体居民人均可支配收入达到全国平均水平，中等收入群体稳步扩大，共同富裕迈出坚实步伐。

（撰稿：周永圣 周苏华 温长松 审稿：高阳 罗永华 胡懿）

万州区

基本情况

万州区位于重庆市东北部、三峡库区腹心，因"万川毕汇"而得名，因"万商云集"而闻名，因"万客来游"而扬名。辖区面积3457平方千米。2022年，万州区年末常住人口156.43万人，同比减少0.44万人。其中城镇常住人口109.50万人，占常住人口比重（常住人口城镇化率）为70.00%，同比提高0.36个百分点。年末户籍总人口170.82万人，其中，城镇人口71.10万人，乡村人口99.72万人。城区面积110平方千米，累计搬迁安置三峡移民26.3万人，是重庆市移民任务最重、管理单元最多的区县。

万州区地处四川盆地东缘，位于东经107°52′~108°53′，北纬30°23′~31°0′之间。东与云阳县相连，南与石柱土家族自治县和湖北省利川市接壤，西与忠县、梁平区毗邻，北与开州区和四川省开江县交界。东西广97.25千米，南北袤67.25千米，城市建成区面积77.42平方千米，与重庆市区的直线距离为228千米。区内山丘起伏，最高点普子乡沙坪峰，海拔1762米，最低点位于黄柏乡境内长江边，海拔随长江蓄水水位变化而变化。低山丘陵面积约占四分之一，低中山和山间平地面积约占四分之一，极少平坝和台地，且零星散布。

境内河流纵横，河流、溪涧切割深，落差大，高低悬殊，呈枝状分布，均属长江水系。长江自西南石柱、忠县交界的长坪乡石槽溪（海拔118米）入境，向东北横贯腹地，经黄柏乡白水滩（海拔约106米）流入云阳县，流程80.4千米。境内流域面积在100平方千米以上的河流有江北的苎溪河、瀼渡河、石桥河、汝溪河、浦里河，江南的泥溪河、五桥河、新田河共八条，溪沟93条，总水域面积为108.67平方千米。

境内出露地层的地质年代多见于中生代三叠纪和侏罗纪，形成时间距今2.3亿~1.37亿年，以侏罗纪分布最广，三叠纪次之，局部地方有距今2.85亿~2.3亿年的古生代二叠纪地层，也有距今250万年的新生代第四纪地层，境内地质构造线，属新华夏系第三巨型隆起带武陵山褶皱带西缘与大巴山弧形褶皱带控制的四川菱形构造盆地的北东方向延伸出境外，消失于七曜山背斜构造的北西侧。

境内属亚热带季风湿润带，气候四季分明。冬暖，多雾；夏热，多伏旱；春早，气温回升快而不稳定；秋长，阴雨绵绵，以及日照充足，雨量充沛，天气温和，无霜期长，霜雪稀少。2022年，万州区平均气温18.2℃，年降水量1155.8毫米，年日照时数1584.9小时。

历史沿革

早在旧石器时代，万州地区即有人类活动遗迹。大周镇渣子门遗址出土一批打制磨制石器；新石器时代有涪溪口、麻柳沱、密溪沟、苏和坪、大地嘴、黄柏溪、聚鱼沱等众多遗址。夏属梁州之地，商周时期为庸国境域。周匡王二年（公元前611年），楚、秦、巴三国联合灭庸，三分其地，区境归属巴国。在巴国由清江流域沿长江流域西迁过程中，曾驻万州区武陵镇"巴子故城"。秦昭王三十年（公元前277年），秦夺取楚国西部地区后，置巴郡朐忍县（治万户驿，今云阳县双江镇建民村）管辖。

东汉建安二十一年（216年），刘备分朐忍西南地界置羊渠县（因"羊飞山下有盐渠"），治今万州区长滩镇，为区境行政建置之始。蜀汉建兴八年（230年），省羊渠置南浦县。西魏废帝元钦二年（553年），改南浦县为鱼泉县（得名于"地土多泉，民赖鱼罟"），徙治江北（原环城路）。在鱼泉县置安乡郡，辖鱼泉、梁山（今梁平）2县。北周时期，改鱼泉县为安乡县，改安乡郡为万川郡（取"大江至此，万川毕汇"之意），与南州同治；分临江地置南都郡，领源阳1县（治今万州区武陵镇），北周建德四年（575年）分别改名为怀德郡和武宁县（"取威武以宁斯地为名"）。隋开皇十八年（598年），废万川郡，改万川县为南浦县。炀帝大业三年（607年），废南州，南浦、武宁隶属巴东郡。

唐武德二年（619年），分南浦、武宁、梁山3县置南浦州（治南浦县），隶属信州。武德八年（625年），废南浦州。武德九年（626年），复立浦州，仍领南浦、武宁、梁山3县，隶属夔州。贞观八年（634年），改浦州为万州。天宝元年（742年），改万州为南浦郡。乾元元年（758年）复名万州，仍领南浦、武宁、梁山3县。

五代十国时期，万州境域先后为前蜀、后唐、后蜀占据，行政建置仍沿袭唐制，领南浦、武宁、梁山3县。北宋开宝三年（970年），以万州石氏屯田务置梁山军（亦名高梁郡），领梁山1县，划归夔州路管辖。元朝至元二十年（1283年），省南浦县入万州，领武宁1县。明洪武四年（1371年），并武宁县入万州；洪武六年（1373年），降万州为万县。

清末，许多外省工商业者，尤其是南方各省的，都迁来万县开业。万县逐渐成为川、鄂、陕、湘、黔边区30余县的进出口商品集散中心，可谓"商贾云集，桅樯缘岸二里无隙处"，故有"万商之城"的美誉。1902年9月5日，英帝国主义强迫清政府签订《中英续议通商行船条约》，增辟万县为通商口岸。日、美、英、法、德、意、丹麦等国商人接踵而至，纷纷在万县开洋行、设公司，掠夺原料，倾销商品。

清宣统三年十月五日（1911年11月25日），清廷驻万县巡防军第三营管带刘汉卿宣布反正，十月十八日（12月8日）在万县成立四川省下川东蜀军政府。辛亥革命失败后，万县成为下川东地区军阀混战争夺的焦点。万县逐步发展成为下川东地区经济、军事、政治及文化中心，1917年设海关，1925年开商埠。1928年11月15日，驻万军阀杨森以万县城区设置万县市。1935年6月，四川省第九行政督察区在万县市设立，辖万县市（同年10月并入万县）、万县、开县、忠县、云阳、奉节、巫山、巫溪、城口1市8县。

1949年12月8日，万县解放。15日，设置川东行署区万县专区，代管万县市（12月15日设置，1952年12月20日经政务院批准改由万县专区管辖），辖万县、开县、忠县、云阳、奉节、巫山、巫溪、城口、石砫（1950年1月划归涪陵专区）9县。1952年9月，改隶四川省。1953年3月，梁平县划归万县专区管辖。1968年5月，改称万县地区。1992年12月，国务院发文撤销万县地区，设立地级万县市。1993年4月，万县市正式设立，辖龙宝区、天城区、五桥区和开县、梁平、忠县、云阳、奉节、巫山、巫溪、城口3区8县。

1997年12月20日，中共中央办公厅、国务院办公厅批复，撤销万县市及所辖龙宝、天城、五桥3区，设重庆市万县移民开发区和万县区（未正式设立）。1998年5月，国务院办公厅批复，万县移民开发区和万县区更名为万州移民开发区和万州区。6月，万州移民开发区和万州区正式设立，实行两块牌子、一套班子的运行体制，万州移民开发区代管有移民任务的开县、忠县、云阳、奉节、巫山、巫溪6县。

2000年6月，国务院批复，撤销万州移民开发区，其代管6县由重庆市直接管辖。7月，万州区下辖龙宝、天城、五桥管委会分别改称龙宝、天城、五桥移民开发区管委会，共辖32个镇、45个乡、16个街道。2004年区划调整，镇乡街道合并为53个。2005年4月，撤销龙宝、天城、五桥移民开发区；9月，凤仪乡并入恒合土家族乡。

至2022年末，万州区辖29个镇、12个乡、11个街道，196个社区居民委员会、1406个居民小组，439个村、3109个村民小组。

重要资源

土地资源。万州区有耕地10563公顷。主要分为丘陵、低山区和高山区三种类型。丘陵主要集中在海拔800米以下的平行岭谷区，是农业耕作重点区；低山区主要在海拔500～1000米山区，是万州区主要地貌形态，也是产粮和经济作物地区；中山区主要集中在海拔1000米以上的七曜山等地，主要适宜种植林果木、药材和牧草等。

矿产资源。万州区探明矿产资源10多种，主要有煤、天然气、铁、钛、金、镍、铀、白云石、石灰石等。矿产储量丰富，其中有煤1278万吨、天然气2400亿立方米、岩盐2800亿吨。

生物资源。万州区植物有99科255属505种，其中裸子植物7科15属24种，被子植物92科240属481种，主要树种为马尾松、杜鹃、黄荆等。有野生动物312种，其中兽类69种、鸟类124种、爬行类15种、两栖类12种、鱼类92种。保护动物有金猫、金钱豹、旱獭、水獭、锦鸡、大灵猫、小灵猫、林麝、毛冠鹿、白冠长尾雉、大鲵等。

水能资源。万州区水能资源可开发量有32.32万千瓦，年发电量可达4.8亿千瓦时以上。

生态资源。2022年，万州区有市级自然保护区1个，国家级、省市级森林公园各1个。实施天然林保护12.50万公顷，造林533.3公顷。建成区绿地达31.76平方千米。实施"两岸青山·千里林带"和国土绿化营造林27.5万亩、消落带中山杉生态修复治理1192亩，全区和长江两岸森林覆盖率分别达到56%、70%，21条次级河流水质稳步提升，长江干流万州段水质稳定保持Ⅱ类。城区、镇乡饮用水源地水质达标率分别为100%、92.3%。城区空气质量优良天数340天，空气质量优良率93.2%。

基础设施

交通。万州区位突出，交通便捷，是通江达海之地，历为渝东、川东、鄂西、黔北、陕南、湘西综合交通枢纽和物资集散中心，素有"川东门户"之称，是成渝经济区东向开放门户，是"一带一路"和长江经济带重要节点。长江黄金水道穿境而过，新田港是重庆四大枢纽港之一，是三峡库区最大深水良港。通车和在建高速铁路4条、普通铁路4条、高速公路6条，开通机场航线32条，水陆空铁多式联运的区域性综合交通枢纽初步形成。

自来水。万州城市水电气等基础设施完善，规划区内现有市政公用自来水厂8座，供水总规模44.3万立方米/天，平均日供水量18.6万立方米，用户约23万户，服务人口近90万人。主力水厂杨柳水厂、江北水厂日均供水17万立方米，牌楼水厂为应急水厂，日供水规模6万立方米。现有镇乡水厂43座，均按标准完成技改，水源地主要为各中小型水库，供水能力4.9万立方米/天，平均日供水量1.5万立方米，用户约9万户，服务人口近33万人。

电力。万州区现有供电企业2家，分别为国网重庆市电力公司万州供电分公司和重庆三峡水利（电力）集团股份有限公司。电源主要来源于电力主干网络，多为三峡电站、四川二滩、神华神东万州港电公司电源。全区现有并网集中式发电站、水电站92座，装机容量约240万千瓦。现有35千伏及以上变电站48座，变电容量486.05万千伏安。全区共有供电用户87.79万户，其中农村用户46.45万户。我区电网属典型的受端电网，主网已形成以500千伏电源为支撑、220千伏双环网为骨干、110千伏双辐射为主、单环网为辅的坚强电网结构。

天然气。现有城镇天然气经营企业8家，加气站经营企业5家（下辖CNG压缩天然气加气站5座、LNG液化天然气加气站1座），液化石油气充装企业1家（下辖充装站点3个、经营网点70家），醇基燃料经营企业4家。全区现有天然气总用户数47.5万户，镇乡街道天然气通气率100%。全区中压及以上城镇天然气管道1612千米，输储配站场16个，其中门站8个、储配站1个、输配站7个。全区现有储气能力32万立方米，日最大供应能力160万立方米。

科技新领域。2022年底，全区累计建成5G基站3354个，实现城区主要区域和镇乡中心场镇5G信号全覆盖，全区5G手机用户达90.5万户；累计建成互联网小镇11个，互联网村144个；建成启迪生态产业孵化器、重庆政务云（异地）灾备中心、渝东北联通云数据中心、渝东北CDN数据中心、三峡库区健康医疗大数据应用研发中心、"智慧万州"云数据中心、三峡超算中心、腾讯云数字经济人才创新中心。

文教科卫。拥有川剧、曲艺、歌舞剧、杂技等专业艺术表演团体4个，博物馆2个，文化馆1个，公共图书馆1个，剧场影剧院7个，档案馆1个，省(市)级重点文物保护单位15家。12个非物质文化遗产项目列入万州区第六批非物质文化遗产代表性项目名录。万州区获"中国曲艺之乡"称号。三峡移民纪念馆入选全国爱国主义教育示范基地，西山钟楼、瀼渡电厂获评全国重点文物保护单位。2022年，万州区有科研机构19个，实施科技项目264项，全年获授权专利1228件。有学校443所，普通高等学校7所，普通中等职业学校6所，普通中学63所，小学90所，幼儿园276所，特殊学校1所。高中、初中各阶段毛入学率分别为122.85%、105.26%，小学学龄儿童入学率100%。有各级各类医疗卫生机构(含村卫生室)1279个，其中医院38个。医疗卫生机构床位12716张。卫生技术人员13375人，其中，执业医师和执业助理医师5169人，注册护士5971人。区妇幼保健院新院区建成投用，三峡公共卫生应急医院、重庆全域肿瘤医院基本建成。

主要产业

2022年，万州区地区生产总值1118.44亿元，比上年增长3.5%。第一产业增加值114.97亿元，比上年增长5.9%；第二产业增加值325.31亿元，比上年增长7.3%；第三产业增加值678.16亿元，比上年增长1.5%。居民人均可支配收入40718元，同比增长7.7%。全区居民消费价格同比上涨2.1%。

农业。2022年，万州区农林牧渔总产值169.81亿元。全年粮食播种面积150.96万亩，比上年增长1.5%。蔬菜播种面积75.47万亩，比上年增长1.8%。水果种植面积52.15万亩，比上年增长3%。生猪年末存栏69.88万头，比上年增长5.5%。家禽年末存栏398.39万只，比上年增长4.1%。

全年粮食总产量49.01万吨，比上年下降1.5%。蔬菜产量131.03万吨，比上年增长5.3%。水果产量61.83万吨，比上年增长9.7%。出栏生猪110.84万头，比上年增长7.4%。出栏家禽809.03万只，比上年增长1.0%。

工业。2022年，万州区规模以上工业企业总产值500.33亿元，同比增长30.0%。其中，经开区完成产值416.25亿元，同比增长35.4%。分三大门类看，采矿业完成产值7.47亿元，同比增长16.0%；制造业完成产值408.34亿元，同比增长30.9%；电力、热力、燃气及水生产和供应业完成产值84.52亿元，同比增长27.1%。

围绕构建"5+10"现代化工业体系，加快推进工业强区建设，规上工业增加值增长17.3%。完成工业投资64.8亿元，增长10.7%，金龙高端装备线材线缆等22个重点项目开工建设，特铝新材料等15个重点项目竣工投产；新培育规上工业企业21家，新创建国家两化融合贯标体系认定企业5家、国家级专精特新"小巨人"企业2家、市级"专精特新"中小企业35家，规上工业企业利润总额增长19%，税收过亿元工业企业达到3家。

建筑业。2022年，万州区商品房施工面积627.71万平方米，同比下降22.8%；商品房新开工面积81.63万平方米，同比下降30.3%；商品房销售面积92.98万平方米，同比下降30.2%。

财税金融。2022年，万州区一般公共预算收入71.54亿元，同比增长0.1%。其中，税收收入38.07亿元，同比下降9.4%。万州区一般公共预算支出152.14亿元，同比增长3.6%。其中，一般公共服务支出12.83亿元，同比增长2.4%；教育支出27.87亿元，同比增长1.4%；社保和就业支出21.67亿元，同比增长0.2%；卫生和健康支出13.72亿元，同比下降0.1%。

12月末，万州区金融机构本外币存款余额1749.18亿元，同比增长14.2%，其中，人民币存款余额1747.86亿元，同比增长14.4%。本外币贷款余额931.05亿元，同比下降2.6%，其中，人民币贷款余额930.84亿元，同比下降2.6%。获批全市绿色金融改革创新试验区核心区、普惠金融发展示范区，建成金融服务港湾21个。

商务商贸。2022年，万州区围绕构建"4+4+2"现代化服务业体系，出台支持服务业高质量发展若干措施，新培育限上商贸单位50家。全年全区社会消费品零售总额438.01亿元，同比下降0.9%。其中，限上单位社会消费品零售额111.80亿元，同比下降4.4%。贸易销售方面，万州区批发业商品销售额1549.56亿元，同比增长10.3%；零售业商品销售额187.82亿元，同比增长5.9%；住宿业营业额17.66亿元，同比增长4.3%；餐饮业营业额

51.75亿元，同比增长2.3%。鸿鸥广场商业综合体、百安港农产品批发市场、京东城市旗舰店开业运营，"2022三峡柑橘国际交易会"等展会活动实现交易额46亿元。

文旅品牌

万州历史悠久、文化厚重，是源远流长之地。已有1800多年建城历史，是三峡文明大通道的重要节点，巴渝文化、三峡文化、抗战文化、移民文化交融发展，李白、黄庭坚等历史名人曾在这里驻足流连。万州是一座英雄之城，朱德、陈毅、刘伯承三大元帅在这里领导过革命活动，川东游击队在这里进行了英雄斗争，江竹筠、彭咏梧等红岩先烈在这里留下了战斗足迹，本土原创文艺作品《"事儿妈"宋小娥》获全国精神文明建设"五个一工程"奖，万州表演艺术家谭继琼摘得梅花奖，何菊芳摘得牡丹奖。

万州旅游资源丰富，有国家4A级景区3处（万州大瀑布群旅游景区、三峡移民纪念馆、三峡平湖旅游区），国家3A级景区6处（西游洞、凤凰花果山、石桥水乡湿地公园、同鑫蔬菜大观园、七星谷、奇芳花谷景区），2A级景区4处（古红橘主题公园、万县"九五"惨案纪念馆、铁峰山国家森林公园、弥陀禅院），还有蕴藏深厚人文积淀的太白岩、天生城、都枥山；具有独特民俗民风的罗田古镇、悦君山寨堡文化景区、恒合高山土家族乡村旅游区等等。

万州大瀑布群旅游景区。 位于甘宁镇，国家4A级旅游景区，正在创建5A级旅游景区。核心景点万州大瀑布宽151米，高64.5米，面积9739.5平方米，

● 万州大瀑布（重庆市万州区档案馆 提供）

● 重庆三峡移民纪念馆（重庆市万州区档案馆 提供）

是亚洲瀑布面积最大的单挂瀑布，被誉为"亚洲第一瀑"。景区内可体验360度观瀑，乘坐风驰电掣的丛林飞车，踏步蜿蜒惊险的天风栈道。乘竹筏与瀑布来个亲密接触，登陆安古桥感受历史沧桑，瞻仰东吴第一猛将的英姿，破解神秘诗刻的玄谜，在梵音袅袅的观音古洞祈福，饮一口不老泉的神奇泉水，品尝太白楼的特色美食。晴天能赏瀑间彩虹，雨天同沐瀑布水雾与缠绵雨丝。

重庆三峡移民纪念馆。是全国唯一为纪念三峡百万大移民而修建的专题性纪念馆，也是三峡库区重要的历史文化和移民文化收藏、保护研究和展示中心，建筑面积15062平方米，展区面积7000平方米，馆藏文物2.32万件（套）。现为全国爱国主义教育基地、全国首批中小学研学教育实践基地、中国华侨国际文化交流基地、国家一级博物馆、国家4A级旅游景区、重庆市青少年教育基地、中华民族文化基因库（一期）红色基因库建设首批单位之一。

三峡移民纪念馆解答了破解百万移民难题的艰辛历程，彰显了"舍小家、顾大家、为国家"的三峡移民精神，展示了全国对口支援库区建设的辉煌成就，是万州城市的新地标。三峡移民纪念馆主体建筑由棱角分明的体块组成，墙面直接用现浇混凝土的自然表面作饰面，就像从三峡大坝取出的一块混凝土，按照三峡的自然风貌雕琢成长江边耸立的岩石，显示出最质朴的美感。内部建筑的共同空间里，一条通透的玻璃地面，象征滔滔江水，两侧拔地而起的倾斜墙体，形成一条"崖壁"，直观凸显了"陡壁长峡"这一典型的三峡地理地貌。三峡移民纪念馆既有展现三峡移民精神的《伟大壮举辉煌历程》，又有使游客了解从旧石器时期到民国时期的万州社会发展脉络的《万川汇流》。《盐井沟古象》展示了100万年前万州古生物群的物种演变，华南大熊猫——东方剑齿象古生物化石遗址，又用别样的方式向游客们展示着万州的亘古沧桑。新石器时代的《苏和坪人的一天》的场景为人们展示了当时万州人狩猎、捕鱼、劳作的生活状态，吊脚楼、独篷船又可使人看到万州独特的地域文化。

三峡平湖旅游区。位于万州城区，国家4A级景区。万州城依水而生，靠水而兴，临水而发，形成了"城在山中、水在城中、人在山水中"的独特城市风貌，三峡平湖旅游区被中央电视台评为新三峡"十大旅游新景观"之一，是典型的山水相依、湖城相融的城市型旅游区。旅游区内有西山钟楼、西山公园、十七码头、南门口广场、音乐广场、红砂碛、南滨公园、三生有幸广场、樱花渡体育公园

● 三峡平湖旅游区（重庆市万州区档案馆 提供）

等重要景观，这些景观集旅游休闲、音乐艺术、餐饮娱乐、体育健身等为一体，承载着万州厚重的历史文化和现代人文风情。

风味美食

重庆万州是一座火热的城市，有独具特色的饮食文化。万州菜属于川菜，以"麻辣鲜嫩烫"为重点，万州菜是由老渝菜和江湖菜等组成的独立菜系。万州有很多的特色小吃，其中烤鱼、格格、炸酱面被称为万州美食三绝。

万州烤鱼。万州烤鱼全国闻名，是重庆特色传统名菜，属于渝菜系。万州烤鱼极具特色，把鱼剖开洗净后平放在铁夹中，放在炉上用木炭烧烤，盛到专用铁盘中，浇上牛油、红油、白糖、花椒、辣椒等调味品炒出底料，放上西芹、豆芽等爽口菜，将腌、烤、炖三种烹饪方法有机结合，采用独特配方又集合了重庆火锅的用料精华，调制出麻辣、酱香、泡椒、椒香、尖椒、蚝油、香辣等十余种口味，充分借鉴了传统渝菜和火锅的用料特点，鲜嫩焦香，让人回味无穷。

万州格格。万州格格是万州区的一种传统小吃，久负盛名。万州"格格"很有特色，色、香、味俱佳，属于川菜渝菜系下河帮菜，主要是将肉类和土豆一起蒸，味道偏辣。万州格格其实就是一种蒸菜，蒸菜放在一格一格的小笼里，就叫格格了。主要有羊肉格格、肥肠格格、排骨格格等品种。在蒸格格的过程中，格格里的肉中间留有一个圆孔，蒸汽从中间圆孔通过，使肉均匀受热，肉质更加鲜嫩通透，

融合竹的清香，十分可口。

炸酱面。万州炸酱面不同于老北京的炸酱面，其灵魂在于炸酱（也叫酱汁）。万州的炸酱，主要不是酱而是肉，肉多酱少，每一粒炸酱都是一颗小小的肉粒，利用独特的配方，精细炒制而成。万州炸酱面色泽红亮，辣而不燥，香味醇厚，主要有汤炸、干炸、牛肉炸酱面、豌豆炸酱面等品种。

发展定位

万州将建设成"一区一枢纽两中心"，即生态优先绿色发展示范区，全国性综合交通物流枢纽，区域中心城市，三峡库区经济中心。

发展目标

"十四五"时期，要在全面建成小康社会基础上实现新的更大发展，着力抓好"生态篇""流通篇""城市篇""产业篇"四个篇章，加快建设"一区一枢纽两中心"，即生态优先绿色发展示范区基本建成，全国性综合交通物流枢纽基本建成，区域中心城市功能更加完善，三峡库区经济中心地位更加凸显，经济发展取得新成效。在质量效益明显提升的基础上实现经济持续健康发展，地区生产总值年均增长6%左右。生态经济体系不断完善，"六型"产业规模质量大幅提升，工业总产值实现翻番，农业"双百亿"工程全面达产达效，现代服务业占比保持50%以上，临港经济、数字经济发展取得明显成效。科技创新支撑能力显著提高，研发经费投入强度达到2%。与周边地区合理分工、良性互动的经济合作进一步深化，影响力、竞争力和综合实力进一步增强，三峡库区经济中心地位更加凸显。

● 万州烤鱼（重庆市万州区档案馆 提供）

● 万州格格（重庆市万州区档案馆 提供）

● 炸酱面（重庆市万州区档案馆 提供）

改革开放迈出新步伐。高标准市场体系加快构建，市场主体更加充满活力，产权制度改革和要素市场化配置改革取得重大进展，公平竞争制度更加健全，营商环境达到国内一流水平。重大开放平台建设取得突破，开放型经济发展水平显著提高，进出口总额达到100亿元。对外开放大通道体系更加完善，新增铁路营业里程120千米、高速公路通车里程70千米，机场旅客吞吐量达到200万人次，万州港货物年吞吐能力达到5300万吨，全国性综合交通物流枢纽基本建成。

生态文明建设实现新进步。全域水质持续提升，长江干流水质总体保持Ⅱ类，18条次级河流水质稳定达到Ⅲ类及以上。能源资源利用效率大幅提升，主要污染物排放总量持续减少，生态环境持续改善，城乡人居环境更加优美，森林覆盖率达到60%，城区空气优良天数保持320天以上。国土空间开发保护格局得到优化，生产生活方式绿色转型成效显著，绿水青山转化为金山银山的机制不断健全，生态环境区域协同治理加快推进，长江上游重要生态屏障进一步筑牢，生态优先绿色发展示范区基本建成。

民生福祉达到新水平。城市空间持续拓展优化，人口集聚能力显著提高，江城特色充分彰显，宜居宜业环境持续提升，建成区面积达到115平方千米，城区人口达到140万人，中心城市承载能力进一步增强。脱贫攻坚成果巩固拓展，乡村振兴战略全面推进。"一大四院多专"高等教育发展格局构建形成，覆盖城乡、辐射周边的医疗卫生服务体系建立完善。居民收入增长与经济增长基本同步，多层次社会保障体系更加健全，基本公共服务供给更加优质均衡，区域性公共服务能力进一步增强，区域中心城市功能更加完善。

社会文明程度得到新提高。社会主义核心价值观深入人心，人民思想道德素质、科学文化素质和身心健康素质明显提高，公共文化服务体系和文化产业体系更加健全，扎实推进新时代文明实践中心建设工作。人民精神文化生活日益丰富，历史文化保护传承利用进一步加强，城市人文内涵更加丰富，文旅融合发展深入推进，三峡文化品牌影响力进一步扩大，全国文明城市（区）创建扎实推进。

社会治理开创新局面。社会主义民主政治更加健全，社会公平正义进一步彰显，政府作用更好发挥，行政效率和公信力显著提升，社会治理特别是基层治理水平明显提高，重大风险预警预防能力显著增强，自然灾害防御能力大幅提升，平安万州建设持续加强，区域性应急救援能力持续提升，共建共治共享社会治理格局进一步巩固。

2035年远景目标。基本实现社会主义现代化，在发展大局中体现更大担当、实现更大作为。以生态优先、绿色发展为导向的高质量发展之路行稳致远，经济总量和城乡居民人均收入较2020年翻一番以上，新型工业化、信息化、城镇化、农业现代化基本实现。200平方千米、200万人口的"双两百"大城市高质量建成，城市影响力、竞争力和综合实力大幅提升。开放程度进一步提升，基础设施互联互通达到更高水平，全面深度融入新发展格局。长江上游重要生态屏障全面筑牢，山水与人文共生共荣、融合发展的生态之美全面彰显。教育、医疗、文化、体育等公共事业蓬勃发展，市民素质和社会文明程度达到新高度。发展成果更加公平普惠，中等收入群体显著扩大，全体人民共同富裕取得更为明显的实质性进展。治理体系和治理能力现代化基本实现，各方面体制机制更加完善，法治政府、法治社会和平安万州建设达到更高水平。

（撰稿：周方谋 审稿：刘继梅）

黔江区

基本情况

黔江区地处武陵山腹地和重庆市东南部中心，介于东经 108°28′～108°56′，北纬 29°04′～29°52′之间，东西宽 45 千米、南北长 90 千米，辖区面积 2402 平方千米，东北、西北与湖北省咸丰县、利川市相邻，南及重庆市酉阳土家族苗族自治县，西抵重庆市彭水苗族土家族自治县。黔江向为"巴楚要冲"，素称"渝鄂咽喉"，是渝东南通江达海的陆空走廊，国、市定位的渝东南中心城市和武陵山地区六大中心城市之一，成渝地区双城经济圈东南桥头堡。截至 2021 年，全区户籍人口 56 万人，常住人口 49 万人，下辖 9 个乡、15 个镇、6 个街道办事处，219 个行政村（社区）。黔江老城位于区境中偏东北部 G319、S202 公路交点上，以大众广场为轴心，东为黔江区委、区政协办公楼（城西街道行署街 365 号），西为区人大常委会、区政府办公楼（城西街道行署街 363 号），西北距重庆主城 270 千米，东距湖北省恩施市 162 千米，南距湖南省吉首市 367 千米。

历史沿革

黔江，夏商时期为"梁州巴方"，西周为"雍州巴国"，东周为"巴楚秦地"（春秋属巴国，战国先楚后秦之黔中郡），秦朝为"巴（郡）之南鄙"，西汉沿袭。至西汉建元元年（公元前 140 年），在巴郡置涪陵县（县治今彭水自治县郁山镇），黔江地属涪陵，隶益州。

● 黔江老城全景（田鹏 拍摄）

东汉建安六年（201年），益州牧刘璋接受涪陵县令谢本的建议，析涪陵县置丹兴县，为黔江单独建县之始，迄今已有1820年的单独建置史，"山出名丹"，故名。晋武帝太康元年（280年），汉葭地并入黔阳郡（旋改黔阳县），县地入黔阳。

北周保定四年（564年），涪陵少数民族首领田思鹤"以地内附"，归属中原王朝，因而在丹兴地设庸州（治石城），黔江地属庸州。隋开皇五年（585年），析黔阳县置石城县，属庸州。隋大业三年（607年），废庸州，石城县隶属巴东郡，旋改黔州为黔安郡，石城县入彭水县，属黔安郡。唐武德元年（618年），黔安郡复为黔州，复置石城县，属黔州。

唐天宝元年（742年），因境内有黔江（今乌江）而将石城县改名黔江县，属黔州，历五代十国。宋、元之际，黔江"半没于夷"，宋南渡后属绍庆府。元至元二十二年（1285年），明玉珍据蜀，建立大夏国，黔江县为其属地。明洪武五年（1372年）蓝玉征黔，省黔江入彭水县。明洪武十一年（1378年），蓝玉再征黔江，置黔江守御千户所，隶四川都司所属的重庆卫，持续275年。明洪武十四年（1381年），复置黔江县，所、县并存。清初，黔江县属重庆府。清康熙元年（1662年），改黔江守御千户所为黔彭营。清雍正四年（1726年），改黔江县为黔江厅；十二年（1734年），合彭水县升为黔彭直隶厅，厅治黔江；十三年（1735年）酉阳土司"改土归流"后，废黔彭直隶厅，复置黔江县，属酉阳直隶州。宣统三年（1911年）11月13日，黔江"辛亥起义"，成立军政府。

民国元年（1912年）废府、州、厅，黔江隶属川东道，民国十六年（1927年）改隶四川省省长公署，属刘湘防区。民国二十四年（1935年）统一川政，

黔江属四川省第八行政督察专员公署（即酉阳专署）。民国三十五年（1946年），川黔湘鄂边区绥靖公署（辖五十六军）设于黔江县城。

1949年11月12日，中国人民解放军第二野战军解放黔江。11月25日，成立黔江县人民政府，隶属川东行署区涪陵专区，1950年1月23日改隶酉阳专区，1952年9月复归涪陵专区。1983年11月14日，国务院批准撤销黔江县，设立黔江土家族苗族自治县（以下简称黔江自治县）。1988年5月18日，国务院批准设立四川省黔江地区，行政公署驻黔江自治县联合镇。1997年12月20日，国务院批准撤销黔江地区设立重庆市黔江开发区，黔江自治县由黔江开发区代管。2000年6月25日，国务院批准撤销重庆市黔江开发区、黔江自治县，设立重庆市黔江区，管辖原黔江自治县的区域范围，行政级别为地厅（局）级。

重要资源

国土资源。黔江区地处武陵山脉西翼，介于巫山、大娄山之间，地形多样。区境域面积2402平方千米，建设用地占全域面积4.03%；非建设用地约占全域面积95.97%（其中：农林用地占全域面积88.72%；未利用地占全域面积6.31%）。

水资源。黔江区属一般山丘区，水资源总量等于河川径流量，包括当地水和过境水，当地水又分为地表水和地下水两部分。辖区内地表水资源主要由阿蓬江、郁江、诸佛江等三大流域构成，全区多年平均降水量约1225毫米，多年平均地表水径流深657.55毫米，多年平均地表径流量约15.79亿立方米，地表水资源量年际年内变化较大、分布不均，

● 黔江国家森林公园（重庆市黔江区档案馆 提供）

其中年际径流变化 Cv 值为 0.24，年内主要集中在5—9月，受季风气候影响，水资源季节分布不平衡。黔江地形以中、低山为主，地下水为降水入渗补给，地下水资源量为河川基流量，多年平均地下水资源量约3.14亿立方米，可开采量约0.7亿立方米，开采率约为22%。地下水资源呈东南多、西北少分布。过境水主要来自阿蓬江上游的客水，集雨面积为2566.7平方千米，在区境内流程90千米，多年平均径流总量23.19亿立方米。

森林资源。"十三五"期间，黔江成功创建中国森林氧吧、黔江国家森林公园、重庆阿蓬江国家湿地公园、18个市级绿色示范村等一系列生态品牌。林木资源类主要有乔木49科98属147种。栎类、枫香以及毛竹、斑竹、金竹、慈竹广泛分布于境内。银杏、红豆杉、三尖杉、黄杉、水杉、鹅掌楸、楠木、润楠、榉木、香樟、檫木等21种珍稀树种分布全区。其他植物如大树杜鹃、猕猴桃、脆红李等是黔江区旅游及经济特色植物资源。截至2022年底，黔江区林地面积206858.86公顷，森林覆盖率稳定在65%，全区活立木蓄积量为1450万立方米。全国第二次古树名木普查结果显示：全区普查登记在册古树名木1037株。杉岭乡尖山子村四组的古柏木被评为重庆市十大树王之一。杉岭乡尖山子村三组的千年红豆树等被评为"黔江十大最美树王"。区境内分布野生动物204种，隶属28目78科。其中：哺乳动物41种（7目18科）；鸟类111种（16目45科）；爬行动物31种（3目7科）；两栖动物21种（2目8科）。属国家保护动物有：黑金丝猴、毛冠鹿、红腹角雉、鸳鸯、大鲵、猕猴、黔江灰金丝猴、穿山甲、大灵猫、林麝、云豹、金鸡等。

矿产资源。截至2022年底，全区已查明矿产有煤、铝土矿、萤石（普通）、重晶石、建筑石料用灰岩、水泥用灰岩、饰面用灰岩、铁、铅、锌、石英砂岩、铁矾土、硫铁矿、页岩气等14种。查明并有一定储量的矿产资源9种（详见主要矿产资源储量现状表）。已开发利用矿产7种：煤、萤石（普通）、重晶石、饰面用灰岩、水泥用灰岩、石英砂岩、建筑石料用灰岩。

主要矿产资源储量现状表

序号	矿产名称	资源储量单位	保有资源储量
1	煤	万吨	3301.70
2	铝土矿	万吨	1898.79
3	萤石（普通）	万吨	33.05
4	铁矾土	万吨	378.80
5	重晶石	万吨	79.94
6	建筑石料用灰岩	万立方米	1884.82
7	水泥用灰岩	万吨	11400.00
8	石英砂岩	万吨	861.67
9	饰面用灰岩	万立方米	209.10

医疗资源。全区共有医疗卫生机构312个，其中：三甲公立医院1个（渝东南地区唯一三甲医院），二甲公立医院2个；民营医院18个；基层医疗卫生机构30个，村卫生室181个；其他卫生健康单位7个；厂（校）医务室、诊所共73个。卫生系统专业人才4031名。房屋建筑面积45.06万平方米，业务用房面积34.04万平方米，万元以上设备3959台。每千常住人口实有床位数9.19张，全区每千常住人口卫生技术人员数、执业（助理）医师数、注册护士数分别为8.13人、2.8人、3.87人。已建成国家级特色专科1个，市级重点学科、专科共计25个，区级临床重点专科41个、医疗特色专科1个。建成市级医疗质量中心渝东南分中心7个，17个区级医疗质

● 重庆旅游职业学院（重庆市黔江区档案馆 提供）

量控制中心。截至2022年，全区共有村级卫生人员（含从事公共卫生人员）389人，卫生专业技术人员参加各级各类培训3100余人次，继续医学教育覆盖率99%以上，达标率98%以上。培训培养高级人才237名，目前全区副高级以上卫生人才384名。

人力资源。截至2022年，全区劳动适龄人口29.376万人，占户籍人口的59.97%。已建成重庆旅游职业学院、重庆经贸职业学院2所大专院校，培养高素质人力资源后劲充足。全区人才资源总量13万余人。其中党政人才0.35万人；企业经营管理人才2.14万人（公有制经济企业0.03万人、非公有制企业等2.11万人）；专业技术人才1.72万人（其中教育领域0.56万人、医疗领域0.36万人）；技能人才7.8万人（高技能人才占比27%以上）；农村实用人才0.89万人；社会工作专业人才0.1万人。硕士学历以上、中级职称以上、技师或参保缴费基数超过社会平均工资2倍的人才达到2.2万人。

文化资源。黔江是全国一类革命老区，贺龙、关向应率领的红三军曾在这里浴血奋战开辟革命根据地，养育了大成丞相范长生、成汉末代皇帝范贲、土家诗人陈景星、铁血英雄温朝钟、红三军政委万涛、红军游击大队长龚昌荣等仁人志士。黔江是以土家族、苗族为主的少数民族聚居区，土家吊脚楼、摆手舞、西兰卡普和苗族的蜡染、甩碗酒等民族文化独具特色。创作了《幺妹住在十三寨》《向往黔江》《神龟峡》《大美黔江等你来》等一批文艺作品，《范长生范贲史料辑录》《黔江民俗礼仪》《黔江方言俚语》《土家族冉土司别苑——黔江草圭堂建筑研究》《献中黔江》《叠岫楼诗草校注》《黔江文物研究》等一批地方历史文化研究文献相继出版，在黔江拍摄的《侯天明的梦》《西兰姑娘》《辅警威龙》《撼山瑶》等影视相继上映，《侯天明的梦》荣获第28届电视金鹰奖提名奖和重庆市精神文明建设"五个一工程"奖。诗集《无言的爱》、长篇小说《诗和远方》获中国土家族文学奖。创作民族音乐歌舞诗剧《濯水谣》进京赴渝演出深受好评，赴保加利亚参加第46届国际民俗节活动。散文《永远的完美》荣获全国第七届"冰心散文奖"。南溪号子入选国家级非遗项目，拥有市级非遗项目马喇号子、帅氏莽号、石城情歌、谢家锣鼓等33项，评选区级非遗项目197项。

旅游资源。全区共有旅游资源单体338处，涵盖了8大主类、20个亚类、59个基本类型。截至2021年，成功创建国家森林公园1个、国家湿地公园1个、国家地质公园1个、国家特色小镇1个、国家历史文化名镇1个、国家传统村落5个、国家少数民族文化特色村寨1个、国家乡村旅游重点村1个,全区拥有1个5A级景区、7个4A级景区。自然景观主要有蒲花暗河天生三桥、城市大峡谷、小南海、神龟峡、官渡峡、武陵仙山、三塘盖、八面山、国画山、五里峡等；人文景观主要有濯水古镇、爱莉丝婚庆园、观音寺、万涛故居、土家十三寨、沧浪桥、官河苗家水寨等。

基础设施

道路交通。黔江区初步建成"铁空公水"武陵山区综合交通枢纽。铁路运营里程148千米（含渝怀铁路、渝怀铁路二线、黔张常铁路），设黔江火车站等6个站点，在建渝湘高铁28千米；黔江武陵山机场现有航线15条，已完成主体工程改扩建;高速公路运营里程125千米（含渝湘高速、黔恩高速、黔石高速），在建黔江过境高速公路21千米；普通公路总里程7350千米；水域通航里程88千米。专业客运企业3家，货运企业139家，出租车运输公司8家，驾校11所，客运车辆1064辆（其中班线客运车370辆、线路186条，公交车

● 蒲花暗河"苍天有眼"（陈安全 拍摄）

156辆、线路29条，巡游出租车286辆，网约出租车252辆），货运车3120辆。全区专业水运企业2家，登记在册管理船舶800余艘，登记管理船员297名。

城市建设。黔江城市建成区面积25.43平方千米，城区人口29.45万，常住人口城镇化率60.27%。黔江老城位于区境中偏东北部G319、S202公路交点上。册山河、城北河在城西沙坝交汇注入黔江河，将老城区分割为东、南、西3个片区。由正阳山和城市大峡谷缀联新城正阳、舟白片区，经新黔大道、阿蓬江延展到青杠、冯家片区，形成"一城五组团"的格局。全区现有城市道路163条、211.5千米，城市桥梁29座，城市隧道11座。照明路灯20989盏，景观灯饰45859盏。城市公厕97座，水厂3座，停车场（库）328个，停车位39797个。全区共有建成区绿地面积1112.95万平方米，其中公园绿地481.84万平方米，附属绿地365.79万平方米，防护绿地和区域绿地265.36万平方米。截至2022年底，建成区绿地率达40%，绿化覆盖率达42.6%，人均公园绿地面积达19.8平方米。现有城市公园及郊野公园共11个，总占地面积149万平方米，另有多个城市小游园和广场分布于各个交通节点及其他公共空间。城市道路基本实现绿化全覆盖，道路成荫率92%。市街绿化管护全面采用市场化机制，管护优良率95%；优化环卫作业模式，道路清扫率达100%、保洁率达96%，机械化作业率达85%。

环境保护。全区现有生活垃圾填埋场1座，垃圾中转站27座，污水处理厂1座；设有地表水监测断面18个，城市集中式饮用水源地监测设置3个点位，乡镇饮用水源地监测设置37个点位；设置区域环境噪声监测网格100个，道路交通噪声监测路段20个，功能区噪声监测点位7个；设置5个农村土壤环境质量采样点。2022年，黔江开工建设青杠、冯家污水管网，濯水镇农村黑臭水体完成整治，金溪镇、金洞乡生活污水治理工程完工投用，农村生活污水有效治理率达85%。稳步推进"无废城市"建设，城乡医疗废物集中处置率、污泥无害化处置率、农村生活垃圾治理率稳定在100%。2022年环境监测报告显示，城区空气质量自动监测365天，优良天数354天；辖区地表水监测河流水质均保持在Ⅲ类及以上，均满足水域功能要求，城镇饮用水源地水质稳定；区域环境噪声监测点位显示，城区声环境质量总体保持优良水平。

水利。2022年，完成水利投资2.12亿元，完成引资4500万元，罗家堡水库、瓦窑堡水库枢纽工程基本完工，李家坪水库、白沙塘水库、长莲池水库、阿蓬江二期防洪治理工程、太极河濯水龙洞河综合治理工程全面完工。全区共有水利工程5881处，其中，水库、山坪塘等蓄水工程1547处，引水工程564处，地下水及其他工程3770处。蓄引提水能力达1.23亿立方米，中型水库4座，小（Ⅰ）型水库3座，小（Ⅱ）型水库13座。引提水工程564处，其中规模以上引提水工程12处，规模以下微型引提水工程552处。地下水及其他工程3770处，其中规模以上地下水工程10处；其他水源工程主要为窖池，共3760处。截至2021年底，全区蓄引提水能力达到1.7亿立方米，有效灌溉面积为20.76万亩，节水灌溉面积10.4万亩，水利化程度达到47.5%，农田灌溉水有效利用系数达到0.539。

电力。全区现有电力供应企业2家，截至2022年底，并入黔江电网的发电总装机容量为196.54兆瓦，其中水电16.54兆瓦，占总装机容量8.41%；集中式光伏发电100兆瓦，占总装机容量50.88%，风力发电站80兆瓦，占总装机容量40.71%。拥有变电总容量998.65兆伏安。

● 水市乡大山村烤烟基地（段利明　拍摄）

天然气。截至2022年，全区现有天然气企业3家，年供气量超过5亿立方米，天然气用户累计突破10万户，其中居民用户96224户、乡村居民用户6296户、工业用户55户、商业集体用户1628户，新、老城区覆盖率88%。2022年，新建管网89.38千米，储配气站场2座，CNG加气站1座。

邮电。邮政建设。全区现有邮政企业1家，快递品牌9个。邮政快递网点197处，其中快递分支机构11个、备案快递服务末端网点154个、邮政普遍服务营业网点32个；邮政企业建成邮乐购站点223个、邮快超市80个。截至2022年底，全区共有各品牌快递企业共设立分支机构11个、备案快递服务末端网点154个，日均收发快递量约6.8万件。电信建设。截至2022年，黔江区城域网上链带宽总数超过1000Gbps，光纤到户覆盖家庭数达37万户，行政村光纤覆盖率100%，固定宽带平均接入速率达100M。已建物理通信站超1200余座，2G、3G、4G基站总数5200余个（含室内分布系统），实现城区及乡镇4G信号深度覆盖，移动宽带用户普及率超过90%。累计建成5G基站1156个，实现了5G非独立组网和室外分布。

主要产业

农业。黔江区连续15年获得"全国生猪调出大县"称号，建成重庆地区单体最大的猕猴桃基地，是全国整区推进现代烟草农业示范区、全国首批农村产业融合发展试点示范区、国家蚕桑生物产业基地，培育了渝东南地区首家国家级农业产业化龙头企业。2022年农业总产值87.1亿元，农业经济增速高于地区生产总值2.3个百分点。

烤烟产业。黔江是重庆市烤烟产业传统种植大区，2009年被国家烟草专卖局列为全国31个整区推进现代烟草农业试点单位。2022年种植烤烟3.4万亩、产烟8万担。

畜牧产业。黔江是全国首批畜牧业绿色发展示范区，是重庆市生猪优势产区，国家现代畜牧业示范先行区。2022年，开工建设500头以上肉牛养殖场24个、3000头奶牛场1个，出栏生猪、牛分别增长

7.2%、7.6%，肉制品全产业链产值达22亿元；建成2000头～10000头生猪规模场50个，出栏生猪71.9万头，同比增加21%；肉牛2.6万头，同比增加1.8%；山羊3.3万只，同比降低7.4%；家禽202.6万羽，同比增加11.3%；猪肉产量5.7万吨，同比增加26.2%；首牧4000头奶牛等重点项目落地建设。

蚕桑产业。2011年以来蚕茧产量连续位居重庆市区县第一，是重庆市茧丝绸产业发展链条最为完善、且发展态势良好的区县之一，获得"黔江国家蚕桑生物产业基地""黔江桑蚕茧中国特色农产品优势区""中国蚕桑之乡"等多个国家级品牌的称号，"桑蚕茧国家地理标志"通过农业部专家级评审。2022年，在地桑园9.4万亩、产茧7.4万担。

蔬菜产业。黔江蔬菜产业品种丰富，以高山蔬菜、食用菌、加工辣椒、青菜头为主。获得"黔江地牯牛""黔江肾豆"农产品地理标志证明商标2个，获证绿色食品13个，无公害农产品16个。

水果产业。黔江以猕猴桃、李子、柑橘、桃子、枇杷、梨等水果种植为主。建成重庆地区规模最大猕猴桃基地。2018年，获得"黔江脆红李"地理标志证明商标和中国果品流通协会命名的"中国脆红李之乡"称号。现有46家水果种植公司和专业合作社，其中猕猴桃龙头企业2家，脆红李种植企业8家、专业合作社29家、家庭农场9个。2022年水果种植面积9920公顷，总产量2.5万吨。

茶叶产业。黔江茶叶品种不仅有四川中小叶种和云南大叶种，还有老鹰茶、巴渝特早、福鼎大白茶、龙井43、安吉白茶、黄金芽等优质高产良种。现有市级产业化龙头企业1家，区级龙头企业1家，产品主要以名优绿茶、珍珠兰花茶为主。2014年珍珠兰花茶通过"绿色食品"认证，2015年珍珠兰花茶被评选为"重庆十大名茶"。2022年黔江区茶园总面积达1446.67公顷，春茶产量700吨。

特色种植业。马喇贡米：源于黔江区马喇镇，主要产地分布在区内马喇镇、金洞乡、五里乡、邻鄂镇、水市乡、黑溪镇等地。2022年种植优质品种5个，绿色认证面积2500亩，荣膺"全国十大稻米潜力品牌"。种植羊肚菌5770亩、产量1100吨。

工业。近年来，黔江区加速推进"工业强区"战略，坚持差异发展、联动发展、协调发展，走产业发展与生态保护并重之路，聚力推进工业经济提质增效，主导产业稳步发展，卷烟及配套、新材料、消费品、生物医药、新能源产值分别增长8%、17.8%、3.9%、9.2%、2.5%。重点企业运行良好，13家企业产值增长超过10%、占比25%，新增规上工业企业4家、市级"专精特新"企业9家。产业结构持续优化，战略性新兴产业产值占规上工业总产值比重达7.3%，较上年提高0.6个百分点。产业项目加快推进，三磊玻纤一期二线、生活垃圾焚烧发电等21个项目投产运行，烟厂易地技改、麒麟风电等9个项目开工建设，完成工业投资19亿元、增长18.7%。实施10大"金链条"培育，累计引进和培育企业近30家，玻纤产业"1+10"、蚕桑丝绸产业"2+17"等"链主＋上下游配套企业"链式发展格局初步形成。

商贸服务业。2022年全区服务行业承压前行。金融机构本外币存贷款余额751.1亿元、增长6.1%，保费收入12.8亿元、增长2.4%。乡村基通过港交所上市聆讯，六九畜牧、三磊玻纤完成上市辅导备案，重庆OTC挂牌企业51家，居渝东南第一位。业务辐射渝东南的浦发银行黔江支行开业运营。房地产业持续低迷，完成房地产开发投资15.7亿元、下降6.5%，销售商品房36.7万平方米、下降9.2%。交通运输业低位运行，公路运输总周转量下降12.3%，空港客、货运吞吐量分别下降65%、93.2%。文旅融合稳步发展，推出特色旅游线路 10 条，A 级景区实现购票 117.3 万人次、门票及二销收入 1.6 亿元，分别增长 80.5%、130.8%。其他服务业增速放缓，规上服务业营业收入 19.3 亿元，下降 2.8%，规上文化体育和娱乐业、居民服务修理和其他服务业、租赁和商务服务业、科学研究和技术服务业营业收入分别增长 62.9%、20.3%、14.7%、5.8%。

文旅品牌

濯水景区成功创建国家 5A 级旅游区，创建神龟峡、土家十三寨、爱莉丝庄园、水车坪等国家 4A 级旅游景区 7 个，形成了"1+7"旅游景区精品方阵。摘取"中国最佳文化旅游名区""中国最具魅力宜居宜业宜游城市""中国最佳绿色生态旅游名区""中国最美休闲度假胜地"桂冠，打造了武陵山国际民俗文化旅游节、中国"黔江鸡杂"美食文化节、中国山马越野系列赛、中国第一鹊桥会、原创大型民族歌舞诗剧《濯水谣》"两节一赛一会一剧"知名文化旅游节会品牌，成功创建首批市级全域旅游示范区。

风味美食

黔江鸡杂。黔江鸡杂是运用土家烹饪方法，以鸡的内脏即鸡心、鸡胗、鸡肠和鸡肝之类为原料，将其与辣椒、泡椒和葱姜蒜同炒的一道美食，是黔江区乃至武陵山片区地域美食的代表，也是黔江区在全国餐饮市场的一张名片。2015 年，黔江鸡杂被授予"重庆名菜"称号。2016 年，黔江鸡杂传统制作技艺入选重庆市第五批非物质文化遗产代表性项目目录。2017 年，黔江鸡杂入选"重庆十大特产名片"。黔江区加快黔江鸡杂产业发展，现有龙头企业 2 家，

● 重庆市（黔江）民族歌舞团大型民族歌舞《云上太阳》演出剧照（陈彤 拍摄）

● 黔江鸡杂（重庆市黔江区档案馆　提供）

原料基地 10 个，在全国各地建设黔江鸡杂加盟店铺、连锁店铺 500 余家，建成黔江鸡杂产业技术研究院和黔江鸡杂博物馆。

斑鸠蛋豆腐。斑鸠蛋豆腐是一种出自黔江区深山中的绿色食品，当地人也称为神仙豆腐，是人们在长期劳动生活中发现的一道特色美食。它来源于深山峡谷、悬崖峭壁中的一种小灌木长出的叶片，因其叶形如斑鸠形状，经过加工制成豆腐状故而得名。斑鸠蛋豆腐味道鲜嫩爽滑，是独特的休闲食品和季节菜。2011 年，黔江"斑鸠蛋树叶绿豆腐制作技艺"被收入重庆市第三批市级非物质文化遗产名录中。

土家地牯牛。土家地牯牛又名草食蚕、宝塔菜，属多年生草本植物，是武陵山区和黄土高原绝无污染的特有品种。此菜用制泡菜的方法做成，晶莹剔透，香脆可口，酸酸甜甜，风味独特，不仅是良好的食物而且还有较高的药用价值。饭后食用能帮助消化，酒后食用还有助于解酒。

濯水绿豆粉。绿豆粉是土家少数民族的美食，自古以来被当地人称为"养生美食粉"。濯水绿豆粉是以优质绿豆、黄豆、大米（黏米）为原料，经"泡、磨、烙、烫"四道传统工序精心制作而成。

发展定位

对标习近平总书记对重庆提出的重要指示要求，聚焦渝东南区域中心城市和武陵山片区中心城市的定位，以建成高质量发展高品质生活新范例为统领，在全面建成小康社会基础上实现新的更大发展，加快建设具有区域辐射带动力的重要经济中心及文旅融合发展先行区、特色产业发展集聚区、区域协作发展示范区、公共服务高地、对外开放高地、高品质生活宜居地"一中心一枢纽三区三地"，努力把黔江建成渝东南区域中心城市和武陵山区综合交通枢纽，高水平打造"中国峡谷城·武陵会客厅"，在支撑渝东南、联动武陵山中发挥更大作用，为成渝地区双城经济圈建设和市域"一区两群"协调发展作出新的贡献。

发展目标

到 2025 年，黔江在"十四五"时期经济社会发展主要发展目标是：

辐射带动作用更加凸显。经济首位度、人口聚集辐射能力领先渝东南，现代产业体系支撑有力，产城景人文路融合发展不断深化，经济总量、发展质量和综合竞争力、区域带动力、环境吸引力、城市承载能力整体提升，渝东南中心城市、渝东南重要经济中心全面建成，成为渝东南武陵山区城镇群高质量发展牵引城市。

综合交通枢纽更加完善。基础设施联通水平大幅提升，大通道拓展、主动脉畅通、微循环完善，区域性物流设施配套完善，形成区域性交通辐射圈，人口集聚和产业引入能力持续增强，建成区域铁路及公路运输枢纽、武陵山区重要空中门户，西部陆海新通道东南向"桥头堡"功能进一步提升，武陵山区综合交通枢纽基本建成。

文旅融合发展更加深入。全域旅游、全景黔江加快构建，濯水国家5A景区、中国城市大峡谷景区、三塘盖国际旅游康养度假区等一批龙头景区渐次引爆，推动旅游大区向旅游强区、旅游美区阔步迈进。国家全域旅游示范区成功创建，武陵山旅游集散中心基本建成，在乌江画廊旅游示范带、武陵山区民俗风情生态旅游示范区、大武陵国际旅游目的地大放异彩，在建设国家文化产业和旅游产业融合发展示范区中走在前列。

现代产业体系更加健全。经济结构不断优化，资金、技术、人才、信息等要素实现高效集聚和优化配置，承接东部产业转移示范区加快建设。大数据智能化创新深入推进，创新能力显著提升，市级高新区成功创建，国家级高新区加快创建。支柱产业转型升级取得重大突破，战略性新兴产业规模大幅提升，农业骨干产业实力大幅增强，"布局科学、特色鲜明、集群壮大"的现代产业体系进一步构建，产业带动能力全面增强。

区域协作联动更加高效。与四川、湖北、湖南、贵州等地协作联动不断加强，在基础设施建设、产业协作配套、生态文明建设、公共服务共享等领域合作持续深化，生态型国家级开发区加快共建，武陵山绿色生态科技银行成功组建，区域协作共同体全面构建。渝区内外校地合作持续深化，黔江—恩施区域协作发展示范区加快建设，推动武陵山片区4省市71县市区优势互补、协调共促、差异发展。

公共服务供给更加有力。设施短板、人才短板加快补齐，基本公共服务供给更加优质均衡，多层次社会保障体系更加健全，公共文化服务体系和文化产业体系更加健全，各类公共服务供给水平持续提升，吸纳外来就学、就医和消费能力全面提升，在渝东南乃至武陵山区的优势地位进一步巩固，渝东南教育中心、渝东南医疗中心和文化体育高地全面建成。

对外开放格局更加优化。区域性综合交通枢纽优势不断扩大，黔江海关功能升级拓展，航空口岸、铁路口岸加快建设，航空物流、铁路集装箱甩挂业务有序发展，重庆黔江综合保税区和出口加工区加快落地，"海关+口岸+通道+保税区"综合开放平台全面构建。高标准市场体系基本建成，营商环境持续提升，开放性经济水平显著提高，区域影响力明显提升。

高品质生活更加多彩。生态环境质量持续改善，天然林业资源全面保护，建成长江经济带绿色发展示范高地。产业生态化、生态产业化加快推进，生态之美、生活之美、人文之美全面彰显。高品质中心城市初步建成，脱贫攻坚成果巩固拓展，乡村振兴全面推进，城乡生产配套更完善、生活条件更舒适、生态环境更优美、人文氛围更和谐。实现更加充分更高质量就业，居民收入和经济增长基本同步，人民群众的获得感、幸福感、安全感更加充实。

治理效能和社会文明程度更加彰显。社会主义民主法治更加健全，社会公平正义进一步彰显，政府作用更好发挥，行政效率和公信力显著提升，精细化治理能力显著增强，防范化解重大风险体制机制不断健全，突发公共事件应急能力显著增强，自然灾害防御水平明显提升，发展安全保障更加有力，平安建设迈出重大步伐。社会主义核心价值观深入人心，人民群众思想道德素质、科学文化素质和身心健康素质明显提高，人民群众精神文化生活日益丰富，历史文化保护传承利用进一步加强，城市人文内涵更加丰富，全国文明城区成功创建。

(撰稿：蒋湘渝 审稿：华梦辉 曾昭凯 况万华 王牧 向渠)

涪陵区

基本情况

涪陵地处重庆市中部、三峡库区腹心，介于东经106°56′~107°43′，北纬29°21′~30°01′之间，辖区面积2942.4平方千米，以"榨菜之乡""水下碑林"白鹤梁、816工程和国家级页岩气示范区而闻名。伴随长江经济带、成渝地区双城经济圈、西部陆海新通道等多重战略机遇叠加，正在加快建设成渝地区双城经济圈重要战略支点城市。涪陵区下辖11个街道、14个镇和2个乡，120个社区，303个村，户籍人口112.48万人，常住人口111.52万人，截至2022年底，城镇化率73.36%。最东点焦石镇白鸡堡，最西点增福乡大茶园，最南点同乐镇金家店，最北点珍溪镇红墙院，东西宽74.5千米，南北长70.8千米。境东邻丰都县，南接武隆区、南川区，西连巴南区，北靠长寿区、垫江县。涪陵城区位于乌江与长江汇合处，历来是川东南水上交通枢纽和乌江流域最大的物资集散地，沿高速路西行110千米左右或顺长江西上120千米即达重庆市主城区，东下通联华中、华东各省，逆乌江而上可达鄂湘边界及黔东各地。区委驻地为荔枝街道太极大道71号，区政府驻地为马鞍街道鹤凤大道38号。

历史沿革

早在5000年前，涪陵区境即已有人类居住。夏商至春秋前期，为濮人居住区。春秋中后期至战国中期为巴国地（曾为巴国国都，巴先王陵墓所在地）。战国中后期为楚国地。战国后期为秦国巴郡地。秦昭王三十年（公元前277年）置枳县，为区境置县之始。东汉时，分枳县置平都县。三国蜀汉时，增置汉平县，隶涪陵郡（郡治彭水郁山镇）。东晋永和三年（347年）置涪郡（又名枳城郡），为今区境置郡之始。南北朝时，仍置枳县，北周时改置涪陵镇，为今区境称涪陵之始。

隋置涪陵县。唐置涪州，辖涪陵县等6县。宋代涪州仍置，辖涪陵等5县。元置涪州，辖武龙县。明置涪州，辖武龙、彭水二县。清置涪州，不领县。民国二年（1913年），改涪州为涪陵县，先后隶属川东道（1914年改名为东川道）、四川省和四川省第八区。

1950年初，置川东涪陵区，辖涪陵、南川、丰都、石砫、武隆、长寿、彭水7县，隶川东行署区。1952年，川东酉阳区并入川东涪陵区，增辖垫江、黔江、酉阳、秀山4县，隶四川省。1958年，长寿县划入重庆市。1968年改称涪陵地区。1983年撤涪陵县设涪陵市。

1988年，分黔江、酉阳、秀山、彭水、石柱（1959年由石砫更名）5县设黔江地区后，涪陵地区辖涪陵市、南川县、丰都县（1958年由酆都县更名）、垫江县和武隆县。1994年，撤南川县，设南川市。1995年11月5日，经国务院批准（国函〔1995〕106号），撤销涪陵地区，设地级涪陵市，下辖枳城区、李渡区，代管南川市、垫江县、丰都县、武隆县。1996年9月15日，经中共中央、国务院批复同意，涪陵市划归重庆市代管。

1997年3月14日，全国人民代表大会八届五次会议审议通过国务院关于提请审议设立重庆直辖市的议案，涪陵市正式改隶重庆直辖市。1997年12月20日，经中共中央办公厅和国务院办公厅批准，撤销原地级涪陵市和枳城区、李渡区，设立重庆市涪陵区，重庆市涪陵区辖原枳城区、李渡区的行政区域。原涪陵市所辖（代管）的南川市、武隆县、丰都县、垫江县归重庆市直接管辖。

重要资源

矿产资源。全区已发现各类矿产地53处，其中，能源矿产11处，金属矿产5处，非金属矿产36处，水气矿产1处，非金属矿产种类较多，页岩气、建筑材料类矿产储量丰富。全区共发现矿产资源18种，页岩气、水泥用灰岩、建筑石料用灰岩、砖瓦用页岩等11种主要矿产已在全区广泛利用。根据全区矿产资源赋存状况和开发现状，结合城乡规划建设和重大基础设施工程布局需要，在珍溪、百胜和罗云等地集中布设建筑用灰岩（碎石）采矿权；荔枝、清溪、珍溪、龙桥和增福等地点状布设建筑用砂岩和砖瓦用页岩采矿权。截至2022年，全区共有注册矿山27个，其中大型矿山8个，占比30%。

植物资源。区境自然环境复杂，植物种类丰富，类型多样，据粗略统计，孢子植物和种子植物共有330余科1500余属4000多种。其中粮食作物有水稻、玉米、红苕、洋芋、胡豆、豌豆、黄豆、高粱等10多种，有300余个品种；经济作物有油菜、花生、芝麻、青菜头、萝卜、白菜、西红柿、茄子、四季豆、豇豆、芋头、莲藕、高笋、烟草、苎麻、西瓜、荸荠等数十种；用材林树种主要有马尾松、杉木、柏木、桉树、泡桐等42科78属104种；经济林木中有柑、橘、梨、苹果、李子、桃子、樱桃、龙眼、荔枝、枇杷、杏、石榴、枣、柿、核桃、板栗等水果、干果10余科30余种100余品种；其他经济林木有茶、桑、油桐、油茶等共43科160多种；还有藻类、菌类、蕨类等。

动物资源。区境动物在地理区划上，属东洋界中印亚界华中区盆地东部平行岭谷农田动物群和盆地南缘中低山地带亚热带森林农田动物群的过渡地区，故动物兼有南北方种类。饲养动物主要有：猪、牛（水牛、黄牛、奶牛）、羊、马、驴、骡、兔（毛兔、肉兔）、狗、猫等兽类，鸡、鸭、鹅、鹌鹑、鸽等禽类，鲢鱼、鳙鱼、草鱼、鲫鱼、乌鳢、鲶、翘嘴红、马口鱼、黑尾鱼等鱼类，其余的还有龟、团鱼、河蟹、毛虾、蜂、蚕等20余种。野生动物主要有：金钱豹、云豹（狗豹子）、野猪、松鼠等8目19科36种；鸟类有苍鹭（青庄）、白鹭（白鹤）、雀鹰、雉鸡（野鸡）、山斑鸠、大杜鹃（布谷鸟）、鸳鸯、啄木鸟等计13目35科136种。还有大鲵（娃娃鱼）、乌梢蛇、中华鲟、长江鲟、泥鳅、黄鳝等。

水资源。区境内河流属雨源补给型，多夏洪秋汛，暴涨暴落，水位变幅较大，径流量在时间分配上不均衡，大部分集中在4—10月的丰水期。主要河流有：长江及其支流梨香溪、油江河、同乐河、清溪沟、上桥河、碧溪河，乌江及其支流小溪、后溪、麻溪河等。长江在长寿区东黄草峡瓦罐窑流入区境，自西向东

横贯区境北部，略成 W 形，于龙驹场东的朱家嘴入丰都县境，流长 86 千米。乌江在武隆区北的边滩峡尾部白沙沱流入区境，由南向北，在涪陵城东汇入长江。长江乌江涪陵段水质保持优质，主要次级河流满足水域功能要求。城区和乡镇级集中式饮用水源水质达标率 100%。城市、乡镇生活污水集中处理率分别达到 98%、86%，全区农村生活污水得到治理的农户覆盖率达到 92%，农村生活污水治理率达到 43.6%。涪陵区农村生活污水治理技术模式入选全国示范案例，为全市唯一，被生态环境部在全国推广借鉴。

基础设施

涪陵区是长江流域首批开放的 14 个沿江城市之一，涪陵解放至今 70 多年来，区境交通运输、能源利用、城乡建设、文教卫生及科技创新等方面有了很大改善，尤其是改革开放以来改变最大。

交通运输。涪陵是主城都市区连接渝东北三峡库区城镇群和渝东南武陵山区城镇群的枢纽城市，是长江经济带的重要节点、乌江流域通江达海的中转站、重庆推进西部陆海新通道建设的两大辅枢纽之一，已基本形成"铁公水"多式联运的立体交通格局。铁路：已建成的有渝怀（含二线）、渝利、南涪 3 条铁路。正在推进渝万高铁、渝宜高铁、广涪铁路、涪陵至武隆高铁相关工作。高速公路：已建成的有长涪、石渝、南涪、南两、梓白 5 条高速公路，正实施高速公路成环"三步走"规划，"十四五"末建成城市内环，"十五五"期间建成城市中环，到 2035 年建成城市外环。水运：辖区长江干流约 77 千米，乌江干流约 33 千米。截至 2022 年底，全区共有水运企业 46 家，占全市的 13.7%；船舶 338 艘，占全市的 12.3%；总运力达 160.28 万吨，占全市的 15%，居全市区县第三。危化品运力占全市 76.7%，居全市区县第一。

能源利用。2022 年，城市供水综合生产能力达到 27.75 万吨/日，全年供水总量 5386.9 万吨，供水管道总长达到 573.53 千米；全区供电量总计为 1242050.91 万千瓦时，同比增长 7.79%。其中，工业供电量为 843994.14 万千瓦时，同比增长 8.6%。全区供气量总计为 188436.7 万立方米，同比增长 0.97%。其中，工业供气量为 175077.27 万立方米，同比增长 0.96%；民用、集体、商业用气 11544.66 万立方米，同比增长 4.57%；天然气用气总计 1814.77 万立方米，同比下降 16.27%；液化石油气销售 1632 吨。近年来，涪陵区调整优化能源结构，重点抓好页岩气全产业链发展，发挥好"头气效应"，积极推广生物能源、清洁绿色能源、可再生能源等技术应用，探索碳捕获利用与封存等技术应用，新建绿色建筑占新建建筑比例达 69.69%。

城乡建设。至 2022 年底，涪陵城市建成区面积 78.89 平方千米，城区立体过街设施总量达到 34 座，配建停车泊位 83140 个，路内停车泊位 2208 个。共有跨长江大桥 5 座（铁路桥 1 座：韩家沱长江大桥，高速公路桥 1 座：青草背长江大桥，普通公路桥 3 座：李渡长江大桥、涪陵长江大桥、石板沟长江大桥）；跨乌江大桥 7 座（铁路桥 2 座：周家码头桥、渝怀二线桥，高速公路桥 1 座：荔枝乌江大桥，普通公路桥 4 座：涪陵乌江二桥、乌江大桥、乌江大桥复线桥、建峰乌江大桥）。城市建成区绿地面积 3234.12 公顷，其中公园绿地面积 1364.8 公顷。建成区绿化覆盖率 44.43%，人均公园绿化面积 18.94 平方米，公园绿地服务半径覆盖率 94.88%。全年建成城市雨水、污水管网 10.3 千米，城区市政排水管道总长达到 565 千米。城区生活垃圾无害化处置率达100%，建成城市综合管廊3千米，城市建成区30.15%面积基本满足海绵城市要求。全区新增农村"三变"改革试点村109个，累计达196个，占全区涉农村（社区）的53%。全区369个涉农村（社区）实现经营性收入13638.39万元，村均实现经营收入36.96万元，集体经济"空壳村"实现动态清零。村庄清洁行动覆盖率达到100%；农村生活污水得到治理的农户覆盖率达86.31%；农村卫生厕所普及率达89%；农村生活垃圾有效治理行政村比例、有效治理人口覆盖率分别达100%、98.78%。市级绿色示范村累计达53个，市级美丽宜居村庄累计达46个，美丽庭院累计达4048个。涪陵区白武路被评为2021年度全国"十大最美农村路"，蔺市街道连二村道被评为2022年全市七条"最美农村路"之一。全区拥有5G基站3266座，每万人拥有5G基站数高于全市平均水平，涪陵区新型智慧城市综合服务平台（一期）已完成初步建设，大数据资源中心、核心能力平台、多云管控平台、信息化项目管理系统上线启用，全区共有市级智慧校园18个、智慧医院1家，市级示范智能小区27个，建成区数字化城管覆盖率达93%，成功打造南沱市级"互联网小镇"。

教育。全区现有各级各类学校（幼儿园）294所，其中高校3所（长江师范学院、重庆工贸职业技术学院和涪陵电大）。在校（在园）学生（幼儿）20.8万人，其中幼儿园2.6万人、小学5.6万人、初中3.1万人、普高3.4万人、中职2.1万人、高校4万人。全区在编在职教职工9733人。2022年，一般公共预算教育经费27.19亿元、增长3.8%。多年来，涪陵教育事业始终保持良好发展势头，普惠性幼儿园实现全覆盖，义务教育"双减"工作入选全市"我为群众办实事"案例集，高中教育教学质量连续6年位居全市区县前列，成功入选国家义务教育发展基本均衡区、课改实验区。

医疗卫生。全区有各级各类医疗卫生机构666个，其中：医院46个（三级甲等2个、三级乙等1个、二级甲等3个、二级乙等2个、二级专科医院管理1个、一级综合医院和专科医院37个）、基层医疗卫生机构614个（社区卫生服务中心及卫生院27个、社区卫生服务站及村卫生室381个、医务室及卫生所13个、门诊部及诊所193个），其他专业公共卫生机构4个、其他医疗卫生机构2个。在岗从业人员10129人，卫生技术人员8196人，卫生技术人员中执业（助理）医师3147人、注册护士3549人，病床7604张。每千人口拥有床位数、执业（助理）医师数、注册护士数分别为6.82张、2.82人、3.18人；每万人口拥有全科医生3.41人。重庆大学附属涪陵医院正式挂牌；区人民政府与重庆中医药学院筹备组签订《战略合作协议》。区疾控中心列为全市首批4家"三甲"疾控机构创建单位之一。

社保、养老。2022年，全区养老、失业、工伤保险参保人数分别为88.5万人、13.6万人、20.8万人，合计参保122.9万人（次）；征收养老、失业、工伤保险费39.7亿元、0.8亿元、0.9亿元，合计41.4亿元；发放养老、失业、工伤保险待遇56.4亿元、0.5亿元、0.9亿元，合计57.8亿元。成功创建全市第一批市级社会保险公共服务标准化基地。全区现有实际运营养老机构和设施48家，养老床位4854张，从业人员418人。

科技创新。全区现有国家、市级技术创新机构127个，规上工业企业内设研发机构190个，国家重点实验室2个、市级重点实验室7个，市级技术创新战略联盟2个。高水平构建"1+2+3"科技创新和产业创新体系，"1"即推动涪陵高新区升级建设国家高新区，"2"即提质建设白涛新材料科技城、高质量建设慧谷湖科创小镇"一城一镇","3"即紧扣绿色低碳及新材料、生命健康、智能科技三大产业方向,集聚建设一批具有影响力的产业科创基地和新型研发机构。

——涪陵高新区。加快建设长江软件园、长江生命科技城、人工智能与数字经济产业园,加快打造科创CBD,已集聚科创型企业105家。建成市级以上研发机构83个、院士专家工作站4个、博士后科研工作站3个、独立法人化研发机构12个。拥有孵化器2家,众创空间19家,有效期内已培育高新技术企业127家,市级专精特新企业41家、国家专精特新"小巨人"5家。建成智能工厂6家、数字化车间28个、绿色工厂8家。2022年涪陵高新区实现规上工业产值1225亿元。

——白涛新材料科技城。依托华峰、建峰、博赛等新材料链主企业,打造"国家火炬聚氨酯新材料特色产业基地"和"国际尼龙城",构建"千亿华峰、百亿建峰、百亿博赛"产业格局。华峰集团攻克"己二腈"制备"卡脖子"技术和核心装备,通汇能源建成投用西南地区首个年产高纯氦气提纯装置等一批科创项目。累计培育高新技术企业19家,科技型企业37家,市级企业技术中心15家,独立法人资格的研发机构2家,专项工程技术研究中心2家,重庆市十大智能制造标杆企业3家,智能化工厂8家,数字化车间16个,建成国家级绿色工厂5家。

——慧谷湖科创小镇。首开区一期白鹭湾建成亮相。已签约集聚中科大量子信息、北京理工先进材料、卡涞科技先进复合新材料、香港科大智能建造、华峰新材料、重庆页岩油气及新能源产业等15个高端科创研究院,长江师范学院慧谷湖科创实验班成功揭牌,重庆智能建造研究院授牌、科创中心开工。这里将成为涪陵科创团队、创新人才、科创企业和新型研发机构的首选地。

主要产业

第一产业

2022年,实现农林牧渔业总产值142.55亿元、增长3.8%;实现农业增加值92.45亿元、总量占全市的4.6%,居全市第五、主城都市区第三、主城新区第三,增速3.7%,居全市第18、主城都市区第七、主城新区第四;城乡居民收入比从2.36∶1缩小至2.34∶1。

——特色产业。重点围绕"一主两辅"产业,构建具有涪陵辨识度、在成渝地区双城经济圈有重要影响力的"1+2+X"农业特色产业体系。"1"即做强榨菜一个主导产业,在全市三百亿级榨菜产业集群中当好主力军,助力成渝地区双城经济圈建设全球泡(榨)菜出口基地。"2"即做大中药材、生态畜牧两大辅助产业,加快推进大顺中药材、增福土鸡、涪陵黑猪、同乐羊肉等产业差异化发展,加快打造全国道地中药材之乡和重庆主城都市区重要畜牧产品供应基地。"X"即因地制宜发展优质粮油、蔬菜、水果、蚕桑、烤烟、油茶等若干特色产业。

榨菜。2022年,全区青菜头种植面积73.08万亩、增长0.18%,总产量176.72万吨、增长3.5%。产销成品榨菜55.35万吨,榨菜产业实现总产值132.87亿元。其中,一产以青菜头外运鲜销、收购加工、菜农自食、菜叶绿肥还田为主,产值19.66亿元、占14.79%;二产以加工半成品、成品盐菜块为主,产值78.31亿元、占58.94%;三产以青菜头外运鲜销、收购加工劳务费、物流配送仓储等费用为主,产值34.9亿元、占26.27%。总产值净增2.82亿元、增长2.2%;利税35.23亿元,比上年增长4.7%;人均榨菜纯收入2872.96元,比上年减少9.6%。常年半成品原料加工户1700余户，榨菜生产企业41家（其中，榨菜产业国家级农业龙头企业2家，为太极集团和榨菜集团）。"涪陵榨菜"品牌价值达147亿元，居中国农产品区域公用品牌价值排行榜第2位。

中药材。2022年全区中药材种植面积达10.36万亩，较2021年增加1万亩，以大顺镇为种植核心，辐射全区除敦仁街道和崇义街道以外的乡镇街道，主要种植品种有厚朴、金荞麦、前胡、紫苏、黄精、四季青、黄柏、百合、白及、淫羊藿、灵芝等。截至2022年底，累计带动25个涉农乡镇街道6万多农户种植中药材、人均增收2000元以上。

生态畜牧。涪陵黑猪、增福土鸡等畜产品稳步发展，2022年全年出栏涪陵黑猪6万头、增福土鸡310万只、渝东黑山羊4.5万只。全年水产品总产量1.81万吨，增长4.95%。2022年，生猪出栏72.6万头、增长6.7%，猪肉产量5.67万吨、增长6.7%。出栏家禽1006万只、牛1.9万头、羊11.4万只。

——农业品牌。全区现有农业产业化龙头企业总数达78家，其中国家级农业产业化龙头企业5家（榨菜集团、太极集团、泰升生态、桂楼集团、南方金山谷）、市级以上农业产业化龙头企业32家、区级农业产业化龙头企业46家。截至2022年，全区有效期内"两品一标"总数110个，其中绿色食品105个，国家地理标志证明商标13件（涪陵水牛、渝东黑山羊、涪陵红心萝卜、涪陵榨菜、涪陵青菜头、涪陵黑猪、增福土鸡、涪陵潞酒等）。

第二产业

——工业。2022年，实现工业增加值698.34亿元，占本区GDP的46.4%，总量居全市区县第2、占全市总量的8.4%，规上工业增加值增长2%，实现工业利润总额181.01亿元、居全市区县第2，规上工业产值2295.31亿元、增长1.1%。

2022年，六大支柱产业实现产值2218.77亿元，增长1.4%，占比达96.7%。其中材料产业实现产值1137.79亿元，增长16.8%；清洁能源产业实现产值371.86亿元，增长22.5%；消费品产业实现产值310.38亿元，增长2.5%；电子信息产业实现产值62.72亿元，下降8.6%；装备制造产业实现产值268.99亿元，下降38.6%；生物医药产业实现产值67.03亿元，下降49.7%。

截至2022年底，全区共有规上工业企业296家；亿元以上企业共137户，其中：100亿元级以上企业6户（华峰化工108.6亿元、万达薄板244.7亿元、攀华板材232.6亿元、华晨鑫源108.4亿元、页岩气123.8亿元、万凯新材料106.8亿元），50—100亿企业5户（涪陵卷烟厂78.5亿元、华峰氨纶75.6亿元、华峰铝业57.2亿元、川东船舶50.4亿元、建峰68.9亿元），20亿~50亿企业12户，10~20亿企业23户；战略性新兴产业规上企业52户；获评工业"双百企业"31户、领军企业和"链主"企业10户，均居全市区县第1；国家级两化融合贯标企业累计达26家。

培育形成新时代涪陵工业18朵金花："一碟菜"榨菜集团，"一包烟"涪陵卷烟厂，"一盒药"太极制药和葵花药业，"一瓶水"娃哈哈，"一袋肥"中化涪陵和建峰化工，"一锭铝"国丰实业，"一个件"三爱海陵、万丰奥威和美心翼申，"一股气"中石化涪陵页岩气，"一辆车"华晨鑫源，"一艘船"川东船舶和泽胜船务，"一袋新材料"华峰新材料和万凯新材料，"一桶油"重庆一德和中粮油脂，"一卷薄板"攀华板材和万达薄板，"一个结构件"新铝时代和卡涞科技，"一块动力电池"吉利电池、赣锋锂电和青山瑞浦，"一张电路板"华通电脑，"一支生物制剂"华兰生物，"一套玩具"重庆凯高。

——建筑业。2022年全区注册地建筑业企业总产值525亿元、居全市区县第四，增加值172亿元、占本区GDP的11.4%、占全市总量的5%；累计发展装配式建筑60余万立方米，全力打造全国"新建造试点示范城市"。

第三产业

——商贸流通业。2022年，全区实现社会消费品零售总额580亿元，总量占全市的4.2%，增长0.7%，分别高于全国、全市0.9和1个百分点。总额列主城都市区第6位、主城新区第1位。实现批发和零售业商品销售额1091.2亿元、增长3.3%。实现住宿和餐饮业营业额73.7亿元，同比增长0.2%。截至2022年底，全区限上商贸企业295户，其中亿元以上83户、10亿元级13户。

——文化旅游业。2022年，全区文化产业增加值45亿元、增长4.2%，总量占GDP比重3%；全区旅游产业增加值33亿元、增长4.6%，占GDP的2.2%。其中，全区规上文化企业达42家，全年营业收入总额126.47亿元，规上旅游企业达6家，全年营业收入总额1.46亿元。全区A级旅游景区12家，其中：4A级景区5家（白鹤梁水下博物馆、武陵山大裂谷、武陵山国家森林公园、涪陵816工程、大木花谷·林下花园），3A级景区2家（古今花海、美心红酒小镇），2A级5家（沙溪温泉、李蔚如故里、巴山夜雨景区、罗云四川红军第二路游击队烈士陵园、方坪茶舍），市级旅游度假区1个（武陵山旅游度假区）。拥有三星级以上饭店3家，有国内旅行社13家。美心红酒小镇、816小镇等景区成为全市网红打卡新地标。

——交通运输、仓储和邮政业。2022年，交通运输、仓储和邮政业增加值47.68亿元，总量占全区GDP的3.2%。公路、水上运输实现货运量8359万吨；实现货运周转量614.5亿吨千米；完成公路客运量710.2万人次；完成客运周转量22677.6万人千米。全年港口货物吞吐3539万吨。已建成铁路货运站场2个（白涛站、涪陵西站）、企业专线1条（涪通专用线，涪化专用线停用），年设计到发货能力125万吨。现有生产经营性码头29个，泊位48个，最大靠泊能力5000吨，年设计货物综合通过能力4000万吨、集装箱年50万标箱、旅客综合通过能力50万人次。

全区现有物流企业1198家，规上物流企业60家，2022年主营业务收入亿元以上物流企业14家；2022年物流业总收入148.3亿元、增长4.5%，社会物流总额2521.5亿元，增长3.6%，社会物流总费用占全区GDP比重由14.5%下降至14.2%。

——金融保险业。截至2022年底，全区社会融资规模存量达1977.52亿元、年内新增76.08亿

● 白鹤梁（重庆市涪陵区档案馆 提供）

元；银行本外币各项存款余额1130.92亿元、增长11.34%，本外币各项贷款余额916.72亿元、增长12.05%，存贷比81.06%，不良贷款率0.61%；制造业贷款余额143.35亿元、增长31.32%。2022年，保险机构实现保费收入46.11亿元，列全市区县第五，增长3.6%。

——房地产业。2022年，完成房地产投资103.1亿元，增幅较全市平均数高20.4个百分点；商品房销售面积89.5万平方米，增幅较全市平均数高3.9个百分点；房地产增加值实现68.3亿元，占全区GDP比重4.5%。

文旅品牌

白鹤梁水下博物馆。白鹤梁，系长江中一块长约1600米、宽约15米的天然巨型石梁，因早年常有白鹤群集而得名。白鹤梁上，现存有题刻约165段、石鱼18尾，其中，最早的双鲤石鱼始刻于唐广德元年（763年）以前。古人以石鱼为水标，以鱼眼作为测量水位的零标准，记载了长江1200余年间72个年份的水位变化枯水资料，这种长期在江中石梁上镌刻枯水位记录的做法，是一种独特的技术文明；而当地民众每年来观看水文记录以判断来年农作物丰稔状况，也是一种独特的文化传统，极具科学价值、历史价值和艺术价值，被联合国教科文组织誉为"世界第一古代水文站"。2006年，白鹤梁题刻被国家文物局列入中国申报世界文化遗产预备清单；2008年，白鹤梁题刻被联合国教科文组织列入世界文化遗产预备名录。

长江三峡大坝建成后，白鹤梁被长江淹没，为保护这一人类珍贵文化遗产，经过十年研究论证，

● 武陵山大裂谷（重庆市涪陵区档案馆 提供）

最终采用了葛修润院士提出的"无压容器"方案，对白鹤梁题刻进行原址水下保护，耗资2.1亿元建成中国第一个水下博物馆。白鹤梁水下博物馆为国家4A级旅游景区。如今，游客可以乘坐长达91米的电梯深入江底，通过水下廊道参观的方式，领略白鹤梁一千多年的历史人文和民俗风情。

武陵山大裂谷。武陵山大裂谷旅游景区位于重庆市涪陵城东南约45千米的武陵山乡境内，地处武陵山脉西北尾端，以地球上古老的"伤痕"——剧烈地壳运动所致绝壁裂缝称奇，为国家4A级旅游景区。景区森林覆盖率达95%以上，动植物种类超过2000种，其中有楠木、水杉、南方红豆杉、鹅掌楸等珍稀植物和金钱豹、云豹、红腹锦鸡、林麝、猕猴、麂子、刺猬、野猪、大鲵、棘皮蛙、苦恶鸟等珍禽异兽。空气清新宜人，生态环境极其优良，负氧离子含量极高，被游客称为"天然氧吧"，夏季平均气温19℃，是避暑纳凉的绝佳胜地。

大裂谷核心区为一条长约10千米的喀斯特地貌原生态峡谷。景区内山势层叠，一座座山岭如刀砍斧削，陡峭壁立、层层叠叠，把大裂谷紧紧搂在怀中，瀑布飞泻，河谷婉转，溪流淙淙。群岭起伏蟒蛇山，薄如剑锋薄刀岭，纵横群山天门桥，云雾缭绕云雾阁……展臂山顶，天空蔚蓝如镜，用心去聆听、去触摸，让你忘却尘世烦恼；漫步于狭长的绝壁栈道上，神摄气敛，抬头望去，雄伟古奇之感顿生。神奇的武陵山大裂谷中，绝壁、奇石、险峰、悬崖层出不穷，移步换景，风光无限。

816工程。涪陵816工程是世界上已知最大的

● 涪陵816工程（重庆市涪陵区档案馆 提供）

人工洞体建筑群，为国家4A级旅游景区。作为中国第二个核原料工业基地，该工程于1966年由中央批准建设，时计划总投资7.46亿元。1984年因国家战略调整，工程停建。至工程停建时，已完成85%的建筑工程，65%的安装工程。该工程完全隐藏于金子山中，整个工程洞体轴向线长20余千米，主洞室高达79.6米，拱顶跨高31.2米，洞内共有大型洞室18个，道路、导洞、支洞、隧道及竖井130多条，洞体施工挖出的土石方量有151万立方米，如果将这些石渣筑成一米见方的石墙，可长达1500千米。洞体周围共有大小19个洞口，根据不同规划，人员出入口、汽车通行洞、排风洞、排水沟、仓库等应有尽有。建筑布局宛如迷宫，体量庞大，洞中有洞，洞中有楼，楼中有洞，具有独特的结构之美，其设计和建设当时荣获国家科技大会奖集体奖。2002年国防科工委对工程解密，称其是聚合了三线建设、国防军事、核能利用等诸多元素，集神秘、神奇、神圣于一体的特色景区。

武陵山国家森林公园。武陵山国家森林公园位于武陵山旅游度假区的核心地段，距重庆主城区130千米，距涪陵55千米，为国家4A级旅游景区。拥有十万亩原始森林，森林覆盖率达95.2%，最高海拔1980米，公园主要景区面积25000亩，园内森林茂密，峰峦叠嶂，呈现出浩瀚而幽静，神秘而险峻的自然风光。最热月（8月）平均气温仅19.7℃，非常适宜避暑。冬季有40天的积雪期，适合赏雪、戏雪、滑雪。是市民休闲避暑、度假养生的天堂。漫步园中，徜徉通天路健身步道，与大自然融为一体。在森林树屋凭窗远眺，令人神清气爽；夕阳西下，朵朵残云围绕在天际，丝丝金光穿透层层云雾，渐隐群峰，美轮美奂；在大草坪露营，仰望满天星斗。

大木花谷·林下花园。大木花谷·林下花园景区位于重庆市涪陵区大木乡，距涪陵城区57千米，平均海拔1000米，被誉为重庆第一高山花乡，号称中国的"普罗旺斯"，为国家4A级旅游景区。景区内每一个季节都有属于它的独特浪漫，珍奇花卉竞相开放。抑或是绣球花的永恒与希望，抑或是郁金香的优雅与坚贞，抑或是薰衣草的承诺与等待，抑或是花团锦簇、百花争艳，抑或孤傲坚强、独自绽放……置身其中，凉风拂面，花香阵阵，美不胜收。除了大木花谷四季繁花，还有林下花园和岩上花园两个主题公园，各有千秋。景区集花卉观光、主题度假、婚庆旅游、休闲疗养等多功能于一体，森林、奇石、鲜花、草地，诠释浪漫，漫游幸福，让人流连忘返。

此外，涪陵还有许多远近知名的文旅品牌。四川红军第二路游击队烈士陵园（国家2A级旅游景区），位于涪陵罗云镇，是涪陵区重要革命遗址，具有重大革命历史纪念意义，是广大群众接受爱国主义和革命传统教育的重要场所；李蔚如故里（国家2A级旅游景区），位于重庆市涪陵区大顺镇，是市级爱国主义教育基地、市级党风廉政教育基地；美心红酒小镇（国家3A级旅游景区），位于涪陵城西部蔺市街道大桥村"涪陵区美心统筹城乡发展示范区"内；古今花海（国家3A级旅游景区），位于涪陵区马武镇方碑村；巴山夜雨休闲旅游区（国家2A级旅游景区），位于涪陵区义和街道；沙溪温泉（国

● 武陵山国家森林公园（重庆市涪陵区档案馆 提供）

● 大木花谷·林下花园（重庆市涪陵区档案馆 提供）

家 2A 级旅游景区），位于涪陵城西聚云山脚下，距涪陵城区 5 千米左右；816 小镇，位于涪陵白涛镇，是 816 工程原堆工机械加工厂遗址，集军工文化体验、文旅文创、乡村振兴和自然生态体验于一体的文创综合体，成为"三线文化"的传承地。

风味美食

涪陵榨菜。茎瘤芥（涪陵俗名"青菜头""包包菜"）是芥菜的一个奇特变种，是人们在特殊的自然环境中经上千年优选而培植出来的，营养价值和利用价值极高的中国名特产蔬菜，在蔬菜史上具有重要价值。涪陵榨菜在未商品化以前，只是涪陵平常人家佐餐下饭的一碟家常咸菜，但在商品化后，很快驰誉中外，发展成为一大特色产业，传播到全国各地。涪陵榨菜成为中国榨菜的发源地、正宗产品的典型代表。涪陵榨菜历经百余年不衰而传承至今，进而步入现代化产业，这在中国农业史和农副产品加工史上是少见的，具有重要的个案价值和永久历史价值。2008年6月，涪陵榨菜传统制作技艺被国务院列入第二批国家级非物质文化遗产名录。

榨菜水煮鱼。以涪陵本地清水鱼为主料，加入涪陵风脱水榨菜，秘制麻辣调料，通过精心烹制，融为一锅，有麻辣鲜嫩的特点，其风味独特，富养丰富，深受食客青睐。

涪陵油醪糟。涪陵油醪糟始创于清嘉庆四年（1799年），距今已有两百余年传承历史。其传统手工制作技艺极其讲究精致，它以醪糟为基本原料，加入猪油、核桃、花生、芝麻等营养材料煎制而成，营养丰富、油而不腻、入口即化。除香甜、爽口外，更有补气养血、润燥化痰、温肺润肠、乌须黑发、养心静心、醒脾开胃、理气通乳等较高的滋补功效，是一项具有较高历史价值、文化价值、工艺价值、经济价值的非物质文化遗产。2011年被重庆市人民政府列入第三批市级非物质文化遗产代表性项目名录。

李渡芋儿鸡。选用涪陵增福土鸡，拌以芋头，秘制麻辣调料，高压锅压制而成，有微辣鲜香、软糯可口、营养丰富等特点。

同乐羊肉。选用涪陵同乐本地土山羊，切成大块，余水，加入麻辣香料，烧制而成，羊肉粑糯、麻辣鲜香，富有本土特色。

发展定位

《成渝地区双城经济圈建设规划纲要》明确提出"强化涪陵对渝东北、渝东南带动功能"。《重庆都市圈发展规划》支持涪陵区"打造中心城区向外辐射的战略支

● 涪陵榨菜（重庆市涪陵区档案馆 提供）

● 涪陵油醪糟（重庆市涪陵区档案馆 提供）

● 李渡芋儿鸡（重庆市涪陵区档案馆　提供）

● 同乐羊肉（重庆市涪陵区档案馆　提供）

● 榨菜水煮鱼（重庆市涪陵区档案馆　提供）

点，建设区域交通枢纽、商贸物流中心和公共服务中心，提升产业发展、科技创新和对外开放能级，打造辐射周边的活跃增长极"。在推动全市"一区两群"协调发展中，市委、市政府赋予了涪陵彰显"三个重要"的百万人口战略支点城市的发展定位，明确涪陵是主城都市区发展的重要支撑，是"一区"连接"两群"的重要节点，在全市发展格局中具有重要地位，推动涪陵建设重要战略支点城市，支持涪陵建设百万人口规模大城市，给涪陵发展提供了重大机遇。涪陵将围绕成渝地区双城经济圈建设这一市委"一号工程"和全市工作总抓手总牵引，切实担负起在成渝地区双城经济圈建设中走在前列作出示范的使命任务，在现代化新重庆建设中勇挑重担、争当排头兵。

发展目标

中共涪陵区委六届五次全会确定了"坚持'科创+''绿色+'双驱发力，加快建设'三高地三示范区'，奋力实现'十个新提升'，为谱写社会主义现代化建设涪陵新篇章而努力奋斗，力争到2027年实现'十百千'产业和经济量级"的目标任务。三高地：具有重要影响力的先进制造业高地、科技创新和产业创新高地、开放合作高地。三示范区：城乡融合发展示范区、全面绿色转型示范区、高品质生活示范区。十个新提升：奋力实现现代产业体系、创新驱动发展、乡村振兴、城市品质、全面深化改革和更高水平开放、招商引资和招才引智、生态文明建设、社会治理效能、民生福祉改善、党的建设水平新提升。十百千：百亿企业超10户、上市企业10户，100亿元一般公共预算收入，2100亿元GDP，1000亿元工业增加值、4000亿元工业产值。

（撰稿：刘丽琼　周冰洁　审稿：文琳　夏超）

渝中区

基本情况

渝中区地处长江、嘉陵江交汇处，位于东经106°28′~106°35′，北纬29°31′~29°34′之间，两江环抱、形似半岛。全区水陆域面积23.24平方千米，辖11个街道办事处、79个社区居委会，全区常住人口58.8万人。相继荣获"全国文明城区""国家服务业综合改革试点区""全国首批公共文化服务体系示范区""全国和谐社区建设示范城区""全国科技进步示范城区""全国双拥模范城"等荣誉称号。

渝中是重庆的母城。3000年江州城、800年重庆府、100年解放碑，积淀了巴渝文化、抗战文化、红岩精神等厚重的人文底蕴，孕育了重庆的"根"和"源"，浓缩了山城、江城、不夜城的精华，展现着"老重庆底片、新重庆客厅"的魅力神韵。依托中国西部第一条商业步行街解放碑、亚洲最大的单体商业龙湖时代天街，形成了解放碑、大坪两大"百亿级"商圈，各种消费新地标、新空间形成合力，进一步激发了母城的商业活力。

渝中还是重庆唯一集自贸试验区、中新项目承载区、服务业扩大开放综合试点先行示范区、中央商务区于一体的中心城区，是重庆开放发展的前沿高地。这里汇聚了13家外国驻渝领事机构，以及10余家国际机构和组织，世界500强企业数量占全市的二分之一，是重庆建设中西部国际交往中心的核心区、"重庆的世界窗口"，展示着"世界的重庆形象"。

西南首善、重庆母城、都市中心，今天的渝中，继续融合和发扬着开放包容、勇于奋斗、敢于创新的山城性格与精神，在新时代新征程勇立潮头，敢做新重庆的建设者和弄潮儿。

历史沿革

公元前1027年，周武王灭殷，封姬姓宗族于巴地，建立巴子国，区境曾较长时间为巴国国都所在地。

战国后期，周慎靓王五年（公元前316年），秦灭巴，两年后，以巴国地置巴郡，以江州城为首府，置江州县，区境为巴郡、江州县治所所在地。汉元封五年（公元前106年），置十三州刺史部，巴郡隶属于益州刺史部，郡治仍在江州县（今区境）。汉兴平元年（194年），益州牧刘璋将巴郡分为巴郡、永宁郡、固陵郡，永宁郡辖江州县，永宁郡治、江州县治均在区境。汉建安六年（201年），永宁郡复称巴郡。西晋，巴郡隶属于梁州，郡治仍在江州县。

南齐永明五年（487年），将江州县地分置为垫江县、江州县，区境为垫江县治所。

北周武帝五年（561年），改垫江县为巴县，区境为巴县治所。隋开皇三年（583年），废郡，实行州、县两级制，改楚州为渝州，辖巴县，州治在区境。

宋淳熙十六年（1189年）正月，宋孝宗封赵惇于恭州为恭王；同年二月，孝宗禅位于赵惇（宋光宗），赵惇称帝后，将恭州改名为重庆府。此为"重庆"这一地名的由来。自此，巴县县城（今区境）即习惯称为"重庆城"。

宋嘉熙三年（1239年），置川峡四路制置副使于重庆。宋淳祐二年（1242年），川峡四路制置使移驻重庆府（今区境），重庆首次成为四川地区的行政军事中心。

元代，全国建中书省，其下设路、府、州、县。元至元十六年（1279年），置重庆路，隶属于四川行中书省（简称四川行省），重庆设四川南道宣慰司，掌管军民事务，作为四川行省与四川东南路、府之间的承转，四川南道宣慰司、重庆路总管府，均在巴县治所所在地的今渝中区区境。

元至正二十三年（1363年），农民起义军领袖明玉珍称帝，建大夏国，国号天统，定都重庆，驻今渝中区长安寺。

明代，区境设8坊2厢。城中8坊为太平坊、仁寿坊、照仙坊、安静坊、通远坊、龙台坊、忠孝坊、宣化坊，附廓2厢为内江厢（沿嘉陵江一带）、外江厢（沿长江一带）。

清代，康熙四十六年（1707年），区境城中改编为29坊，近城改编为15厢（均在区境）。

清宣统三年（1911年）八月十九日（10月10日），辛亥革命爆发。同年十月初二（11月22日），重庆独立，随即成立蜀军政府，撤销重庆府，设民事厅。川东南57州县先后独立，接受蜀军政府领导，蜀军政府驻巴县（今区境）。1912年3月，重庆蜀军政府与成都大汉四川军政府合并，成立四川军政府，在重庆设重庆镇抚府。同月，撤销民事厅，仍称重庆府，驻巴县（今区境）。1916年8月，在重庆设立四川省长公署，治所驻今区境。1917年8月，在重庆设立四川督军公署，治所驻今区境。1920年10月，再次在重庆设立督军公署，治所驻今区境。1921年，四川各路军总司令兼四川省省长刘湘驻重庆，在重庆设立四川省政府，治所驻今区境。1924年6月，在重庆设立四川省长公署，治所驻今区境。1929年，建立重庆市，区境为重庆市政府驻地及巴县治所。

1937年，抗日战争全面爆发。同年11月20日，国民政府发表宣言，正式宣布移驻重庆。重庆成为中华民国战时首都，1940年被定为陪都，其时国民政府驻今渝中区人民路。

1949年11月30日，重庆解放，区境曾为中共中央西南局、西南军政委员会、西南军区驻地，并一直是重庆市党、政、军领导机关驻地。1950年6月1日，合并原重庆市第一至第七区7个区公所，成立第一区人民政府（地厅级）。1955年11月，重庆市第一区人民政府改称重庆市市中区人民委员会，市中区由此得名。1980年12月，召开重庆市市中区第九届人民代表大会第一次会议，产生重庆市市中区人民政府。1995年3月，重庆市行政区划调整，市中区更名为渝中区，至今未变。

重要资源

土地资源。经第三次全国土地调查，全区总面积23.24平方千米，其中陆域面积18.19平方千米。全区共有商服用地2.18平方千米，工矿用地0.04

平方千米，城镇住宅用地6.06平方千米，公共管理与公共服务用地4.99平方千米，特殊用地0.86平方千米，交通运输用地3.76平方千米，水域及水利设施用地5.04平方千米。渝中区下辖11个街道办事处，属于城市建设完成区，全区无农用地，城市化进程达到100%。

动物资源。长江、嘉陵江两江水域中，有中华鲟鱼（又称大腊子）、圆口铜鱼（又称水密子）等天然鱼类百余种，此外，还有人工饲养的猴子、鹦鹉、画眉等观赏动物。

植物资源。渝中区有园林植物105科181属285种。其中，乔木89个品种（常绿乔木47种，落叶乔木42种）；灌木75个品种（常绿灌木68种，落叶灌木7种）；常用花卉91个品种（宿根花卉32种，一、二年生草花59种）；地被植物9个品种；竹类5个品种；蕨类1个品种；藤本及攀缘植物14个品种；水生植物1个品种。根据2021年普查结果，区内古树名木和古树后备资源352株，分别是：黄葛树240株、小叶榕9株、银杏10株、苏铁2株、罗汉松43株、印度榕1株、梧桐1株、三角槭1株、蒲桃1株、秋枫2株、红豆木1株、粗糠1株、香樟1株、油橄榄3株、蓝花楹2株、九重葛2株、鱼木14株、日本五针松2株、乌柿2株、重阳木6株、红花天料木2株、菩提树2株、广玉兰3株、川滇无患子1株。渝中区市街常用开花植物有紫薇、黄花槐、红叶桃、紫荆、美人梅、紫玉兰、广玉兰、锦叶白兰、羊蹄甲、木权、红叶李、九重葛、照寿桃、碧桃、樱花、红继木、茶花、黄桷兰、白玉兰、桂花、北美海棠、树状月季。行道树有黄葛树、小叶榕、法国梧桐、银杏、桂花、香樟、天竺桂、榉树、朴树、栾树、刺桐。护坡堡坎常用藤蔓植物有血藤、油麻藤、藤本月季、迎春、九重葛、七姐妹、连翘、爬山虎。

水资源。年降水量丰富，多集中在5—9月。区内长江、嘉陵江过境，水资源丰沛。渝中段嘉陵江水域现有2个取水口，分别是重庆瑞安天地房地产发展有限公司、重庆市自来水有限公司（渝中区水厂）。化龙桥片区瑞安公司取水口主要用于水源热泵、环境绿化用水；渝中区水厂取水口主要用于居民生活用水及工、商、企、事业等其他日常用水。

基础设施

渝中区聚力深耕精耕、强化有机更新，全力打造宜居宜业宜游的生产空间、生活空间、生态空间，全力推进基础设施建设，城市功能更加完善。

交通。水路运输方面，渝中区有取得经营许可的生产性码头13个，均为客运码头。沿江停靠趸船40艘，其中港作趸船17艘、公务趸船9艘、其余工作趸船14艘。有民生轮船股份有限公司、重庆轮船（集团）有限公司等港航企业13家（规模以上企业9家），有船只67艘，货运吨位29万吨，客位数9784位。轨道交通方面，渝中区轨道交通有1号线、2号线、3号线、6号线四条线路，有15个轨道站点，其中换乘站5个。

邮政。中国邮政重庆渝中分公司，下设主城支局3个，寄递营业部10个，网点27个（其中金融网点22个）。

通信。2021年总投资8506万元，新建5G基站（含室分）600个，建成5G基站1974个，完成市对区考核建设任务。有4G基站15个，4G室分50套，专线1919条，驻地网FTTH建设13168户，光纤到户用户数29.3万户，协调通信运营商对中山四路、山城巷、民权路、解放碑至朝天门、上清寺沿线等区域的通信管线或占道箱体进行迁改。

供水。渝中区水厂有取水系统1套、净配水系统 2 套，日供水设计能力 10 万立方米，管网总长度 700 多千米，其中 DN75 毫米及以上的管道 500 多千米，水表总户数 16 万户，担负渝中半岛、九龙坡黄沙溪等地区近 15 平方千米 60 余万人口的公共供水任务。2021 年全年售水量 3169 万立方米。

供电。渝中区电网营业网点位于渝中区人民路 26 号的国网大溪沟供电营业厅。2021 年，渝中区最高负荷约 59 万千瓦，较 2020 年增长 5.37%。2021 年，渝中区售电量 23.31 亿千瓦时，同比增长 13.34%。其中，第二产业用电 0.95 亿千瓦时，同比增长 5.96%；第三产业用电 16.58 亿千瓦时，同比增长 15.22%；城镇居民生活用电 5.78 亿千瓦时，同比增长 9.47%。

供气。重庆燃气集团渝中分公司主要负责渝中区全区及九龙坡区、沙坪坝区部分地区的天然气规划、设计、安装、维修、抄表、收费等客户服务，供气保障及安全管理。服务区域东至朝天门，西至石桥铺白马凼，南至黄沙溪，北至化龙桥红岩村一线。年均供气 1.6314 亿立方米，负责辖区 4000 余台调压设备、274 座阀门（井）、7 座 CNG 加气站（供气）、587 处特殊用气场所及 729 千米中低压埋地管道的巡护管理。

大数据应用。2021 年，"重庆市数字经济（区块链）产业园"入选亚洲开发区（园区）竞争力百强、营商环境百强。"浪潮云链""趣链科技"等一批区块链技术应用产业行业落户渝中。在第四届中国产业区块链峰会上，渝中获评"2020 年度中国区块链核心聚集区"。

主要产业

金融业。2022 年末，金融机构人民币存贷款余额 12711.0 亿元、增长 4.1%，其中存款余额 5874.6 亿元、增长 0.7%，贷款余额为 6836.4 亿元，增长 7.3%；保费收入 204.7 亿元。

商贸业。批发业销售额 2211.2 亿元，零售业销售额 1597.6 亿元，住宿业营业额 29.7 亿元，餐饮业营业额 100.3 亿元。社会消费品零售总额 1309.6 亿元。限额以上批发零售业通过公共网络实现的商品销售额增长 12.2%，通过公共网络实现的商品零售额增长 7.6%。

房地产业。商品房施工面积 387.4 万平方米，其中住宅 150.4 万平方米、办公楼 59.3 万平方米、商业营业用房 60.2 万平方米。商品房销售面积 42.6 万平方米，其中住宅 14.7 万平方米、办公楼 10.0 万平方米、商业营业用房 8.6 万平方米。商品房销售额 78.2 亿元，其中住宅 38.8 亿元。

旅游业。全年旅游业总收入 379.7 亿元，其中国内旅游收入 379.7 亿元。接待旅游者人数 4370.2 万人次，其中国内旅游者 4370.2 万人次。旅行社 246 家，其中国际旅行社 40 家。4A、3A、2A 级景区分别为 8 个、1 个、2 个，两江游船 8 艘。

2022 年金融业增加值 380.0 亿元，商贸业增加值 307.7 亿元，专业服务业增加值 210.4 亿元，文化旅游业增加值 137.0 亿元，科创服务业增加值 142.2 亿元，健康产业增加值 162.8 亿元。

文旅品牌

渝中区是重庆市历史文化的摇篮，巴渝文化、抗战文化和红岩精神的发源地。区内拥有众多的历史文化遗址和遗迹、文化街区、文化业态，集中体现了重庆市的古、近、现代文化，是区域文化对外展示的窗口，文化旅游品牌的中心。

红岩革命纪念馆。红岩革命纪念馆位于重庆市渝中区红岩村 52 号，占地面积 70000 余平方米。主要包括中共中央南方局暨八路军重庆办事处旧址、曾家岩50号、《双十协定》签字处桂园、中共代表团驻地旧址、饶国模故居、《新华日报》总馆旧址、《新华日报》营业部旧址、红岩革命纪念馆陈列馆等25处革命遗址。毛泽东、周恩来、董必武、叶剑英、秦邦宪、凯丰、吴克坚、吴玉章、王若飞、邓颖超、宋平等老一辈无产阶级革命家曾先后在此办公或住宿。1958年5月1日，红岩革命纪念馆在红岩村原八路军驻重庆办事处旧址建成开放；1959年董必武题写"红岩革命纪念馆"馆名；1961年被国务院公布为第一批全国重点文物保护单位。2007年与重庆歌乐山革命纪念馆合并成立重庆红岩联线文化发展管理中心（重庆红岩革命历史博物馆）。

红岩革命纪念馆是全国爱国主义教育基地、全国地方特色党性教育基地、全国廉政教育基地、国家国防教育示范基地、全国首批抗战纪念遗址、全国研学旅游示范基地、全国中小学生研学实践教育基地、全国机要系统革命传统教育基地，是全国十大红色旅游景区、全国红色旅游经典景区，是国家一级博物馆、国家4A级旅游景区。

重庆市人民大礼堂。重庆市人民大礼堂位于重庆渝中区人民路中段，于1951年动工，1954年竣工，是以近代建筑技术为基础结合中西新古典主义建筑风格的大型综合性建筑，是老一辈革命家刘伯承、邓小平、贺龙留给重庆市的宝贵财富，是重庆市的象征和最具影响力的标志性建筑。大礼堂占地66000平方米，建筑面积33600平方米，总高65米，主体高55米。建筑外观采用中国传统民族形式，主

● 红岩革命纪念馆（王静 拍摄）

●重庆市人民大礼堂（王静 拍摄）

体部分仿古重檐圆攒尖顶和重檐歇山屋顶造型艺术，南北两翼配以廊柱式长楼，利用山坡地形分层筑台。气势雄伟，金碧辉煌，是中国传统宫殿建筑风格与西方建筑的大跨度结构巧妙结合的杰作，已载入世界建筑史册。由中心大礼堂、东楼、南北配楼、人民广场构成人民大礼堂仿古建筑群。2004年人民广场被评为"全国文化广场"，2010年人民大礼堂被评为"中国民族优秀建筑"，2013年人民大礼堂被国家文物局认定为"全国重点文物保护单位"。

重庆湖广会馆。重庆湖广会馆位于重庆市渝中区长滨路芭蕉园1号，会馆占地面积为18418平方米，系禹王宫、齐安公所、广东公所等清代古建筑群及仿古建筑的统称，始建于康熙年间，距今已有300余年历史，是目前中国现存规模最大的古会馆建筑群，是全国重点文物保护单位，国家4A级旅游景区，第四批全国青少年教育基地。

会馆坐落在高差近40米的坡地上，建筑布局因地制宜，分层筑台、层层跌落，与自然地形充分结合，具有浓厚的山地特色。会馆建筑大多沿袭明清时期的四合院布局，采用不同的屋顶结构，如悬山、卷棚、歇山等形式，既承袭了广东、广西、湖南、湖北以及江南一带的典型建筑风格，又融汇了重庆传统建筑特色，因时间不同，三大会馆建筑风格又各有差异。会馆建筑浮雕、镂雕十分精湛，栩栩如生，其题材主要为西游记、西厢记、封神榜和二十四孝等作品中的人物和故事，还有龙凤等各种动物图案及奇花异草等植物图案。整个古建筑群雕栏画栋，雕刻精美，是中国明清时期南方建筑艺术的代表，具有很高的

● 湖广会馆内的禹王宫（王静 拍摄）

建筑艺术价值。

会馆为明清时"湖广填四川"大移民潮的产物，具有浓郁的历史文化底蕴，它是移民历史的见证者，其所表现的重庆历史文化、移民文化、会馆文化以及巴渝文化是重庆发展旅游的重要一环，具有很高的历史文化价值。会馆利用节假日开展传统文化活动，延续会馆文化传承和城市精品舞台的功能。如在各个节日，会馆均响应"传承中国历史文化，让文化遗产'活'起来"的号召，开展各类文化活动，分别举行了春节禹王庙会、清明节禹王祭祀、五一节听江民谣歌会、端午节诗歌朗诵活动、暑假期间"金榜题名"高考学子游会馆活动……真正实现了群众与历史文化"零距离"接触，创造了很好的社会效益。

重庆中国三峡博物馆（重庆博物馆）。 重庆中国三峡博物馆（重庆博物馆）是中央地方共建国家级博物馆、首批国家一级博物馆、全国最具创新力博物馆、国家文化和科技融合示范基地、国家文物局重点科研基地、海峡两岸文化交流基地、全国爱国主义教育示范基地、全国科普教育基地、全国青少年教育基地、全国中小学生研学实践教育基地、国家4A级旅游景区。

重庆中国三峡博物馆（重庆博物馆）是一座集巴渝文化、三峡文化、抗战文化、移民文化和城市文化等于一体的历史艺术类综合性博物馆。前身为1951年创建的西南博物院。1955年因西南大区撤销，更名为重庆市博物馆。2000年为承担三峡文物保护工程的大量珍贵文物抢救、展示和研究工作，经国

● 重庆中国三峡博物馆（王静 拍摄）

务院办公厅批准设立重庆中国三峡博物馆，与重庆市博物馆合并共建。2005年6月18日正式对外开放，位于重庆市渝中区人民路236号，占地面积5万平方米，建筑面积7.17万平方米，包括主馆、白鹤梁水下博物馆、宋庆龄纪念馆（双"国保"单位）、涂山窑遗址、三峡文物科技保护基地五个场馆。现有藏品119772件/套(28万余件)，常设《壮丽三峡》《远古巴渝》《重庆·城市之路》《抗战岁月》等展览15个，年均推出临时展览20~30个。

洪崖洞民俗风貌区。洪崖洞民俗风貌区是国家4A级旅游景区，地处重庆市核心商圈解放碑和朝天门地区的连接点，长江、嘉陵江两江交汇的滨江地带，坐拥城市旅游景观，是结合巴渝文化特色，融民俗、民风、民情于一体的大型休闲购物场所。洪崖洞以最具巴渝传统建筑特色的"吊脚楼"风貌为主体，依山就势，沿江而建。在这里，观古色古香吊脚群楼、逛山城风情老街、赏传统巴渝文化、烫麻辣鲜香山城火锅、看两江江水激情汇流……洪崖洞民俗风貌区既是解放碑的宴会客厅，重庆人的休闲胜地，又是老重庆的真实生活写照。

洪崖洞民俗风貌区分为纸盐河精品古玩街、天成巷百业工坊老街、洪崖洞巴渝民俗美食街、洪崖洞异域美食街，重点引入特色餐饮、休闲娱乐、巴渝民间工艺品、特色旅游商品及精品古玩等业态。洪崖洞民俗风貌区为世人展示了一种不同于以往的时尚潮流，它以2300年前的巴渝盛景为载体，展示出当时盛行于世的青砖、石瓦、石板路的古典民居，吊脚楼以其精雕垂花、木质斜撑、观景廊道等民间建筑元素展现了老重庆吊脚楼的原始风貌。万家灯火之时，洪崖洞又以其璀璨的屋顶灯饰及外墙泛光，在两江环抱的渝中展现出它更加迷人的风姿，临江而望，洪崖洞犹如水上金色浮宫，令人叹为观止、流连忘返。主要景观有：洪崖滴翠、洪崖汉阕、洪崖洞"吊脚楼"、铜雕——新巴渝十二景、辛亥丰碑、城市主雕——记忆山城。

长江索道。长江索道位于渝中区新华路151号和南岸区上新街龙门路之间，横跨长江，始建于1986年3月20日，1987年10月24日竣工投入运营，有"万里长江第一条空中走廊"之称，被誉为"万里长江第一索"，是中国唯一以索道命名的国家4A旅游景区。2009年12月15日被列为重庆市市级文物保护单位，是目前国内唯一一条文物索道。

长江索道是中国自行设计制造的单跨双承载双牵引往复式索道，全长1166米，运行速度6米／秒，

● 长江索道（王静　拍摄）

● 洪崖洞（王静　拍摄）

单程运行时间为 4 分 30 秒。设有防摆装置和风速仪，在雾天、大雨及 7 级风力以下均能安全运行。

风味美食

渝中自古多美食，重吃、会吃，是这个区域民众生活习俗中的特殊文化元素，多年来，这种传统饮食文化，随着社会的发展呈现出更大的进步。改革开放把渝中餐饮经济推入高速发展的快车道，在这 20 平方千米的半岛上，荟萃了上万家餐馆，几乎囊括了重庆所有上档次的餐饮企业。正餐、快餐、休闲餐、小吃、火锅，业态齐全，各有所长，各臻其妙。

德元酸梅汤。1930 年，江苏人朱元章、重庆人陈德合伙开店，在两人名字中各取一字为店招——"德元"。德元酸梅汤制作工艺非常独到，梅子发酵、制调料都有一定的讲究，是德元甜品店经销的小吃品种，是重庆及周边地区传承已久的特色风味饮料之一，因其风味独特，深受大众喜爱。德元酸梅汤于 1958 年、1964 年、1984 年分别被评为特殊风味、名小吃、风味小吃。其相关技艺一直传承至今。2013 年德元被重庆市商务委员会认为定第二批"重庆老字号"。德元酸梅汤传统制作技艺于 2014 年被重庆市文化委认定为第四批"重庆市级非遗项目"。

丘二馆鸡汤。丘二馆鸡汤技艺源于 300 多年前的清宫"御制铜炉炖鸡法"，在重庆地方传承已有 100 余年。"御制铜炉炖鸡法"的传承人李劳三原为清宫御膳房专事制作汤品的厨师。1949 年，李旭东、赵绍武等人在邹容路国泰电影院旁经营"炖鸡汤"

● 炖鸡汤（重庆渝中商业发展有限公司　提供）

● 清汤金钩抄手（重庆渝中商业发展有限公司　提供）

● 王鸭子烟熏鸭（重庆渝中商业发展有限公司　提供）

和"炖鸡面"，最初摆摊供应，后在青年路设店，取名"丘二馆"。丘二馆鸡汤的传统制作技艺可用28个字概括：配方独特、选料严谨、加工认真、烹制精细、火候严格、定量制作、盛器专选。鸡汤特点：汤汁清澈，鸡油黄亮，鸡肉酥软滋糯，汤味鲜香醇浓，营养滋补。2009年丘二馆鸡汤炖制技艺被重庆市文化委认定为第二批"重庆市级非遗项目"，2013年丘二馆被重庆市商务委员会认定为第二批"重庆老字号"。

吴抄手金钩抄手。"吴抄手"创建于1952年，是重庆市著名餐饮企业，其经销的金钩抄手、鸡汁锅贴、怪味鸡等是重庆及周边地区传承已久的特色风味饮食。吴抄手在经营中坚持"五十年不变的口味"（五十年不变，是指永远不变，不是具体时间概念）的理念，以货真价实、诚信经商为宗旨。产品以口味新奇、制作精妙而名扬遐迩。"吴抄手"从开业到现在，几十年一直在中华路经营，从未间断，是主城区唯一没"挪窝"的餐饮老字号。吴抄手传统技艺可用"绝在选料，精在加工，妙在调味"来概括，具有深厚的历史沉积，是凝聚了几代庖厨智慧的民间技艺结晶。2001年吴抄手被重庆市政府、中国商业联合会命名为"重庆餐饮名店"，2011年9月，吴抄手被评为"重庆老字号"，2011年吴抄手传统技艺被重庆市政府纳入"重庆市第三批市级非物质文化遗产名录"。

王鸭子。"王鸭子"是重庆王鸭子烤鸭店制作的"烟熏鸭",以其独特的风味享誉全国。王鸭子与白市驿板鸭、熊汉江烧鸭、颐之时樟茶鸭共称"重庆四大名鸭"。王鸭子创制于20世纪30年代,是在传统名吃樟茶鸭、卤鸭、烤鸭等基础上发展而来。1984年被评为"重庆市名特小吃",1988年获商业部名优食品"金鼎奖",1997年获"中华名小吃"证书,2000年被国内贸易局评为"中国名菜"。2013年被重庆市商务委员会认为定第二批"重庆老字号",2014年王鸭子传统制作技艺被重庆市政府认定为第四批"重庆市级非遗项目"。

小洞天干烧江团。小洞天中餐店创立于1924年,荣获商务部颁发的中华老字号餐厅,该店始终坚持"创品牌店,烹精品菜"而闻名全国。小洞天干烧江团是小洞天的招牌菜和传店之宝。小洞天干烧江团是一道工夫菜,在选料、配方、制作工艺上都非常独到,有着严格而又特殊的标准。先把鱼码味,再下锅炸制,用豆瓣、泡辣椒、葱、姜、料酒、盐和水制成汤汁;将江团放入,加入火腿丁、肥肉丁、姜粒、蒜粒等慢烧;起锅装盘,洁白的盘中,一条圆润莹洁、体型完整的江团卧在金黄色的汤汁中,在红色火腿丁、晶莹肥肉丁、绿色葱花的陪衬下,赏心悦目,尝之质地细嫩,咸鲜微辣。2011年被中国商务部认定为第二批"中华老字号",2019年小洞天干烧江团制作技艺被重庆市政府认定为第六批"重庆市级非遗项目"。

发展定位和目标

2023年1月5日,中共渝中区委十三届二次全会明确了未来五年的主要目标任务:全面落实党中央战略部署和市委工作要求,奋力谱写新时代新征程新重庆渝中发展新篇章,国际化、绿色化、智能化、人文化现代都市建设取得重要进展,基本建成现代服务业引领区、历史文化传承区、创新开放窗口区、美好城市示范区。经济实力显著提升,地区生产总值迈上2100亿元台阶,地均生产总值突破100亿元,楼均生产总值保持全市前列,人均地区生产总值达到33万元左右,现代服务业增加值占GDP比重提高到75%以上。固定资产投资五年超过1000亿元。开放广度和深度不断拓展,实际利用外资保持在全市前列,开放能力和水平保持西部领先。科教实力显著提升,全国一流基础教育强区建设取得显著成效,科创中心特色功能区的基本框架和核心功能初步形成,全社会研发经费投入年均增长15%以上、研发投入强度超过全市平均水平;深入推进产业数字化、数字产业化,数字经济核心产业营业收入年增长20%以上,增加值总量突破200亿元。城市综合实力显著提升,城市硬实力和文化软实力同步增强,西部金融中心主承载区、国际消费中心城市核心区建设迈出重大步伐。生态文明建设水平显著提升,全区空气质量优良天数每年达到305天以上,全域"无废城市"建设全国领先,"碳达峰""碳中和"实现阶段性目标。社会治理水平显著提升,党建引领基层治理机制全面完善,法治政府、法治社会建设走在全市前列。人民生活水平显著提升,每年新增就业4万人以上,多层次社会保障体系更加健全,全体居民人均可支配收入保持在全市前列,居民收入增长高于经济增长,共同富裕迈出坚实步伐。

(撰稿:邹莉 审稿:苏晓兵)

大渡口区

基本情况

大渡口区位于重庆市中心城区西南部,东、南面濒临长江,与巴南区、江津区隔江相望,西、北面与九龙坡区接壤,面积103平方千米。地理坐标为东经106°31′~106°23′,北纬29°20′~29°30′,南北长17.25千米,东西宽13.75千米。区人民政府驻新山村街道文体路126号,距重庆市人民政府所在地14.25千米。区辖五街三镇(即新山村街道、跃进村街道、九宫庙街道、春晖路街道、茄子溪街道、八桥镇、建胜镇、跳磴镇),2022年户籍人口29.14万,人口出生率6.62‰,人口死亡率5.66‰,人口自然增长率0.96‰。区位优势明显,基础设施完善,有铁路、桥梁、国道、内环高速路、城市快速干道、轨道交通等交通线路,长江过境,"八纵八横"骨架路网基本形成,贯穿全境。辖区气候温和,地势平坦,山水城市特色显著,旅游资源、非物质文化遗产丰富。

历史沿革

据清嘉庆庚辰年(1820年)王尔鉴等纂修的《巴县志》记载:"大渡口,县西四十里为智二甲米口。"1936年编写的《巴县志》记载:"大渡口河渡,清道光时马王乡士绅捐购田业一股,年租二十余石,置船二艘,雇人推渡。"九宫庙一处残碑载:九宫庙因设庙会,修桥补路所余金银租米,屡生弊端,巴

● 大渡口城区(大渡口区融媒体中心 提供)

县正堂张判将所剩财物，购船一只，雇船夫一人，以食米一斗五、工钱六十文，于光绪二十五年（1899年）3月12日正式义渡。据一些耄耋老人谈，清末长江以南为南大渡口，长江以北为北大渡口，此处江宽水缓，行船平稳安全，且有大路经杨家坪至重庆府。江南方圆十里的农民在此渡江，将农副产品运往市区出售，日久天长，北大渡口人烟聚集，饮食、旅栈之类的服务行业应运而生，成为乡民渡江休憩和食宿之地，为沿江数十里渡口之首，故名大渡口，村落为大渡村。大渡口地区原属巴县，清康熙四十六年（1707年），巴县改编乡村为十二里。大渡口隶属智里二甲。清末属巴县人和乡。

辛亥革命后，仍沿袭旧乡、镇，改属马王乡。1935年，马王乡设团总，下辖7个团正，大渡口地区为文兴团正（马王场一带）和灵岩团正（九宫庙及新山村一带）。1935年10月马王乡归巴县第二区，改为联保。下辖23个保，大渡口地区为一、二、三保（马王场、九宫庙、大渡村一带）。1938年钢铁厂迁建委员会迁来后，切断了渡口出入要道，渡口迁至鱼跳岩。1941年马王乡辖11个保，大渡口地区马王街为第一保；黄金庵、大堰村一带为第二保，新山村、九宫庙一带为第三保；兵工署第二十九工厂区为特编保，归市直辖；老大渡口街、观文岩、新街市场为临时保。当时的马桑溪为人和乡第七保，车家坪、庹家坳、刘家坝属第八保。

1952年重庆市人民政府调整行政区划，马王乡划归市第四区（1956年更名为九龙坡区）。1959年因新街失火，又溯江迁至马桑溪。随着钢铁厂的兴

大渡口区 | 071

建繁荣，大渡口成了北大渡口的代名。1964年3月中共重庆市委、重庆市人委遵照全国第二次城市工作会议精神，派出工作组到重钢进行社会分工试点，由九龙坡区划出跃进村、新山村、九宫庙3个街道办事处，归"重庆市人民委员会大渡口办事处筹备处"管辖。1965年4月2日，四川省人民委员会批准，同意设置重庆市大渡口工业区建制，成立重庆市大渡口工业区人民委员会，驻地新山村。

1968年10月14日，经批准成立"重庆市大渡口区革命委员会"。从此大渡口工业区改称大渡口区。1995年2月、3月，分别经国务院批准将原巴县的跳磴镇，九龙坡区的茄子溪街道、八桥镇、建胜镇划归大渡口区人民政府管辖。2002年1月重庆市人民政府批准设立了春晖路街道办事处。至此形成今天的大渡口区。

重要资源

土地资源。大渡口地区有耕地、园地、林地、交通用地、水域占地和居民点及工矿用地等土地资源，土壤类型多样，主要有水稻土、冲积土、紫色土、黄壤、潮土、石灰土等。

矿产资源。已查明的有石灰石、白云石、页岩、砂岩、河沙、地热、煤等十余种。石灰石主要分布在跳磴镇的蜂窝坝、拱桥、新合、红胜、石林、双河、沟口等村，地处中梁山余脉，储量为5亿吨以上。白云石属白沙沱矿床，储量为1938万吨以上。页岩、砂岩广泛露于辖区各镇，储量为8亿吨以上。河沙分布于长江沿岸，广泛用于建筑。大渡口区已基本探明地热水的分布情况，水质富含硫、钙、镁、锶、氟等多种微量元素，已利用的是位于跳磴镇红胜村

● 大渡口公园（大渡口区融媒体中心 提供）

的南海风情温泉娱乐园。煤，在跳磴镇部分山村有煤层出露，分布广、煤层薄、含煤层数少，可开采煤层不丰富。

水资源。大渡口地区的地下水资源相对贫乏，可利用水资源主要是地表径流和过境水资源。

动植物资源。大渡口区地处城市近郊，人为活动频繁，因此，珍稀动物少见，只有些常见的鸟类、爬行动物。境内原生植被已遭破坏，现有森林植被是多年封育而成的散生萌芽残次林，马尾松、柏木群系。

自然地理和气候状况。大渡口辖区属亚热带季风性湿润气候，具有春早、夏热、秋晚、冬暖、四季分明、气温高、热量丰富、无霜期长、雨量充沛、冰雪少见、风力小、湿度大、云雾多等特点。平均气温为18.7℃，冬季最低气温平均在6℃～8℃，夏季平均气温在27℃～29℃，日照总时数1000～1200小时，降雨量1000～1400毫米。5月开始桃花汛，进入梅雨季节，7月、8月、9月为洪水期，即伏汛。

基础设施

大渡口区的基础设施建设日新月异，交通网络密集，通信便捷。区域内成渝、川黔、襄渝3条铁路干线交会，有6个火车站，7条铁路专线；有210国道、城市快速干道西城大道、重庆市内环上界高速路；有马桑溪长江大桥、鱼洞长江大桥、白居寺长江大桥、新白沙沱长江大桥；轨道交通2号线纵贯全境，轨道交通5号线一期南端和江跳线开通运营，轨道交通18号线施工建设进展顺利，"八纵八横"骨架路网基本成型；水运条件良好，有长江岸线34千米及6个水运码头。

● 重庆（大渡口）台湾中小企业产业园（大渡口区招商投资局 提供）

2022年实现公路旅客周转量1844万人千米，比上年增长74.7%；实现公路货物周转量126382万吨千米，比上年下降6.7%。全区共有移动电话基站4373个，其中5G基站1685个，2022年新开通525个。全年全区完成邮政业务总量7130万元，比上年增长15.8%。

2022年获得授权专利1544项，其中发明174项，实用新型1196项，外观设计174项，每万人发明专利拥有量22.77件。国家高新技术企业134家。

"三馆一站"公共文化设施建设面积6.7万平方米，公共图书馆藏书38.91万册。养老机构32家，提供床位2218张，入住老人1374人。医院（卫生院）24个。

生活及生产用水的供水企业主要有市自来水公司丰收坝水厂、和尚山水厂与重庆茄子溪水厂。2011年6月1日起，重庆茄子溪水厂生产经营权转让给重庆市自来水有限公司经营。1965—2005年，大渡口区电力供应主要依靠重钢转供，2005年开始，重钢将大渡口区转供用户移交给市电力公司杨家坪供电局，2022年全区电力使用量205988万千瓦时，比上年增长3.5%。1965—2007年，大渡口区天然气供应主要依靠重钢转供，2007年大渡口区天然气用户全部移交给市燃气集团渝西分公司，2022年全区天然气使用量15354万立方米。

主要产业

大渡口区坚持错位发展、差异竞争，在推动成渝地区双城经济圈建设和"一区两群"协调发展中加快产业培育，着力聚焦发展大数据智能化、大健康生物医药、生态环保、新材料、重庆小面产业五

● 大渡口区金鳌田园（大渡口区融媒体中心　提供）

● 重庆环保科技产业园（大渡口区招商投资局 提供）

大百亿级产业，提升现代服务业能级，加快构建城乡融合发展新格局，优化城市功能布局，完善城市交通体系，推动城市有机更新，全面推进乡村振兴。

2022年，全年实现地区生产总值338.89亿元。其中，第一产业增加值1.23亿元，第二产业增加值181.81亿元，第三产业增加值155.85亿元。全年人均地区生产总值78831元。

2022年全区农林牧渔业总产值17977万元，比上年增长6.6%。其中，农业产值11749万元，增长7.3%；林业产值3254万元，增长9.7%；牧业产值1014万元，增长3.0%；渔业产值467万元，增长12.0%；农林牧渔服务业产值1494万元，增长2.6%。

农特产品——石盘春见。 位于大渡口跳磴镇石盘村的柑橘"春见"品种优良，种植面积2000余亩，11月中下旬完全着色，果实成熟期12月中旬，果皮薄，有光泽，果肉脆嫩多汁，风味浓郁，深受消费者喜爱。出售时间从12月下旬到次年2—3月结束。2010年10月，跳磴镇石盘柑橘被国家农业部农产品质量安全中心认定为无公害农产品。2016年石盘水果种植股份合作社成功注册"石猿"商标，建设合作社观光果园。2017年石盘村"春见"成功申报"绿色食品"认证，2018年成功申报"重庆名牌农产品"认证，2019年成功申请"巴味渝珍"区域公用品牌授权认证。2021年"三峡杯"中熟柑橘评选中荣获日系杂柑"金奖"。石盘村"春见"以其汁水饱满风味独特口感爽利在大渡口区乃至重庆市都享有一定的知名度和美誉度。

农特产品——跳磴火葱。种葱是跳磴镇的传统农业，种植基地在沙沱、山溪、石盘、金鳌等村，种葱历史可追溯到20世纪70年代。当地农户靠着祖辈传下来的种植技术，加上当地沙泥土壤优良、地下水丰富、海拔高以及气温偏低等特点的助力，再配以农家肥，种出的葱具有葱头颜色鲜红、辛香可口、个头圆大均匀、卖相好的特点，进入重庆市的沃尔玛、新世纪、中百、永辉、重百等200余家超市售卖。2010年，跳磴火葱被国家农业部农产品质量安全中心认定为无公害农产品。2013年5月，"跳磴火葱"地理标志证明商标获得国家工商总局正式下发的商标证书。2014年9月4日，被中国绿色产品发展中心认定为绿色食品A级产品，许可使用绿色食品标志。

农特产品——九叶青花椒。位于大渡口跳磴镇，主要分布在新合村、双河村、石林村、山溪村及金鳌村等，种植面积达到2000多亩。花椒种植地的平均海拔为280米，日照充分，气候温润，特别适应花椒生长，主要种植优质品种——九叶青花椒，具有颗粒大、产量及价值高、麻浓味香、麻味醇正的特点，又因为产出的花椒皮厚且香油多，无论鲜花椒还是干花椒均以独特的麻香味占领市场，成为人们喜欢的食用调料、香料和油料。2009年11月正式挂牌成立大渡口区强联花椒专业合作社。年产378余吨，主要销往重庆市内主城区大型农贸批发市场和市外各地。

2022年，全区工业增加值125.3亿元，比上年增长14.6%。规模以上工业增加值增长17.5%，规模以上工业总产值增长22.0%，出口交货值比上年下降14.5%，营业收入比上年增长20.5%，营业成本增长15.8%。建筑业增加值56.51亿元，比上年增长5.8%；建筑业企业完成总产值301.48亿元，增长12.4%；建筑企业签订合同额1116.73亿元，增长9.8%。

2022年，全区批发和零售业增加值22.97亿元，比上年增长2.3%；交通运输、仓储和邮政业增加值5.71亿元，比上年下降2.1%；住宿和餐饮业增加值4.07亿元，下降0.6%；金融业增加值35.82亿元，下降2.6%；房地产业增加值22.66亿元，下降12.4%；其他服务业增加值64.53亿元，下降1.1%。全年规模以上服务业企业实现营业收入74.81亿元，增长4.8%。

文旅品牌

重庆工业博物馆。重庆工业博物馆是重庆工业文化博览园的核心组成部分，2011年列入重庆市四大博物馆之一，担负着"记载重庆工业历史，丰富城市文化内涵"的光荣使命。2015年，重庆工业博物馆正式启动工程建设，2019年9月竣工，献礼新中国成立70周年。

重庆工业博物馆位于重庆市大渡口区重钢李子林片区，依托重钢原型钢厂部分工业遗存建设而成，

● 重庆工业文化博览园（大渡口区融媒体中心 提供）

由主展馆、"钢魂"馆以及工业遗址公园等构成，着力打造具有创新创意、有互动体验功能、主题场景式的泛博物馆。主展馆总面积约8000平方米，围绕近代以来重庆工业120多年的发展历程，全面展示了重庆对外开埠后民族工业的振兴，以及重庆工业为中国抗战、国民经济恢复、重庆城市化进程、中国工业化进程做出的巨大贡献。"钢魂"馆总面积约5000平方米，是在全国第七批重点文物保护单位"重庆抗战兵器工业旧址群——钢迁会生产车间"旧址上进行活化利用、专题陈列、科普体验，呈现了"钢迁会"成立、西迁并支持抗战的恢宏历史。工业遗址公园约42亩，场地内有1905年英国谢菲尔德公司生产的8000匹马力双缸卧式蒸汽原动机等珍贵工业设备展品，多座主题雕塑、装置艺术和工业先驱人物雕像，体现了工业文化与公共艺术的完美结合。

义渡古镇。义渡古镇位于重庆市大渡口区九宫庙街道，建于明清时期，民风淳朴，历来有免费摆渡的习俗，来往群众、商客又惯称其为"义渡口"，至光绪年间正式设立官方义渡，成为重庆中上游码头繁荣的象征。据考证，渡口位置就在马桑溪长江大桥北桥头。如今的义渡古镇面向长江，背靠义渡公园，上跨马桑溪长江大桥，紧邻成渝铁路线，山光街景水色错落有致。古镇占地约47亩（其中建筑、绿化约35亩，游乐园约12亩），总建筑面积约1.8万平方米，整个街区为典型的长江中上游码头山地街镇地貌，依江而上至成渝铁路，共有三街九巷二十一院落，呈四级阶梯分布。展现渡口人文复兴的商业集群，涵盖人文体验、休闲娱乐、旅游观光、

● 义渡古镇（大渡口区融媒体中心 提供）

综合服务四大功能。

华生园金色蛋糕梦幻王国。"华生园金色蛋糕梦幻王国"位于重庆市大渡口区凤翔路123号，是重庆华生园食品有限公司倾心打造的"工业旅游"项目。华生园以其烘焙工业为核心主题，风格独具的城堡建筑群为特色，突破传统旅游模式，创新打造个性化、差异化的梦幻城堡烘焙文化旅游基地。

华生园梦幻城堡建筑群拥有五座风格各异的大型欧式城堡建筑，占地170亩，森林环绕，是重庆最大的欧式城堡建筑群，是培养儿童动脑、动手的理想场所。2011年，华生园金色蛋糕梦幻王国被教育部与国家质检总局授予首批"全国中小学质量教育社会实践基地"称号，2011年被重庆市少工委授予"重庆市留守儿童城市体验基地"称号，2012年被重庆市文化广播电视局授予"重庆市非物质文化

遗产生产性保护示范基地（重庆华生园食品有限公司华生园传统糕点制作技艺）"称号，2015年被评为"重庆新地标"，2016年被重庆市青少年社会教育协会授予"重庆市青少年社会实践体验基地"称号，2017—2021年被重庆市青少年社会教育协会授予"会员单位"。

南海温泉中心。南海温泉中心位于重庆市大渡口区跳磴镇红胜村，占地面积280亩。景区距重庆市区30千米，背靠中梁山山脉，空气清新，景色宜人。南海温泉拥有被国家卫生部门命名为"医疗热矿泉"的57℃地下活水，是重庆仅有的57℃地下活水温泉。温泉水来自地层深处，含偏硅酸、偏硼酸的氟、锶医疗热矿泉。景区除泡池及桑拿外，还有大型儿童游戏池、循环游泳池、激情滑梯、人造冲浪区、DJ冲浪池等，是大渡口区重点打造的中心旅游景区。

重钢崖线山城步道。重钢崖线山城步道是市政府规划的60条重点特色山城步道之一，位于老重钢崖线附近，西临钢花路、东临长江、南起建桥大道、北至南大干道，跨越重钢厂区旧址崖线区域，占地面积约80万平方米，全长约22千米。重钢崖线山城步道设计结合了崖线地形和片区规划，依托"一带三环"的交通系统，串联崖线历史人文资源。"一带"北起南大干道，南接建桥大道，连通义渡公园、义渡古镇、思源公园、重庆工业博物馆。"三环"是在"一带"的基础上向外辐射，连通九宫庙商圈、葛老溪、刘家坝片区和"两江四岸"的滨江沿线。重钢崖线山城步道将城市与散布的旅游资源衔接，将老工业区与山城的特色相结合，将骑行、步行结合在一起，充分体现了重庆立体的交通特色，是重庆中心城区首条"崖线上的有氧跑道"，该步道荣获2022

● 重庆华生园金色蛋糕梦幻王国（大渡口区融媒体中心 提供）

● 大渡口重钢崖线山城步道（大渡口区融媒体中心 提供）

年巴黎设计奖国际环境艺术类别金奖。

大渡口区博物馆。重庆市大渡口区博物馆位于大渡口区钢花路302号附5号，是大渡口区第一家展示地方历史的区级博物馆，也是重庆市文物局重点推进的"6+1"新建博物馆项目之一。博物馆于2017年5月18日开馆并免费开放，总建筑面积2099.1平方米，其中陈列展览厅面积1100平方米，由基本陈列、临时展览组成。基本陈列"义渡千秋—大渡口历史文化陈列"，由"探源溯踪 巴地撷珍""水埠流韵 义渡扬名""壮烈西迁 十里钢城""设区建制 蝶变新生"四个部分组成。设有场景复原、160度环幕影院、幻影成像、虚拟解说等多个亮点展项。馆藏文物1000余件（套），馆内陈列文物200余件（套），从旧石器时代直至近现代，展品包括化石、陶器、铜器等13个类别。2018年5月9日，大渡口区博物馆成功入选"2017年重庆市科普基地"名单；2018年5月14日，大渡口区博物馆基本陈列"义渡千秋—大渡口历史文化陈列"荣获重庆市博物馆协会"2017年重庆市博物馆优秀展览奖"；2019年6月被评为大渡口区级爱国主义教育基地。

风味美食

重庆小面。重庆小面属于川渝菜系面食类，是重庆两大美食名片之一。而重庆市小面产业园就位于大渡口区建桥园C区，以发展本土特色美食重庆小面预包装食品为核心，打造销售、品牌、生产、电商一体的食品加工消费产业。截至2022年，重庆市小面产业园入驻重庆小面上下游产业链企业40余家，其中20家是重庆小面品牌，如已申报为大渡口区级非物质文化遗产的王氏（辣来主义）麻辣小面调料制作技艺、"金牌干溜"油辣子制作技艺、呼啦豌炸面传统制作技艺。王氏（辣来主义）麻辣小面祖传调料配方，精选近20种原生态植物，经过多道烹饪工序激发植物天然香气，"麻""辣""鲜""香"层次感鲜明，麻辣味不刺激，面条劲道顺滑，汤料香气扑鼻，味道浓厚。"金牌干溜"油辣子集麻、辣、鲜、香于一体，辣椒炒制过程十分考究，火候把握精准，炒料后先冷却，再由人工舂制，用油回锅酥制出香味，再进行冷却，后倒入红油加入几种香辛料一同炒制，红油和香辛料的比例要适当，这样制作出来的红油才颜色红亮，香而不燥。呼啦豌炸面作为一项独特民间传统技艺，具有完整性和独特性，选材、配料搭配、制作油辣子、蒸煮豌豆等工序复杂精细，用高筋面粉、土猪夹子肉，严选大品牌，通过明档操作台展示给顾客，在顾客心中留下"干净卫生、吃面放心"的印象。

华生园传统糕点。华生园传统糕点主要有麻饼、花生块、怪味胡豆这三个品种。川味麻饼是历史悠久的正宗川点中的名品，皮薄馅多，有甜、咸、微麻、鲜香的特殊风味。怪味胡豆成品为茶色，颗粒完整，碎瓣在20%以下，上糖均匀，颗粒上糖率在95%以上，且无粘连，颗粒表面近似桑葚，酥脆、无杂质，具有香甜麻辣咸的独特风味。花生块主要是由花生仁和糖制成，口感又香又甜又脆。

点京红厨香肠。点京红厨香肠，口味分本味、广味、川味、麻辣味、牛肉味、糯米味等九种，被列入了大渡口区非物质文化遗产。要想做出最正统的点京红厨香肠，必须选用牛或猪身上的臀肉和腿肉，这两个部位肉质紧实，是最佳的食材原料。首先将瘦肉和肥膘分开，严格按照2∶8的肥瘦配比，切成利于腌制的小方块，然后辅以色白、粒细、无杂质的精盐，酒精浓度50%的白酒或米酒，再加入枸杞、山奈、茯苓、桂圆等温补食材。最关键的是腌制方法，采用干腌法，提高香肠的渗透性和肉质的保水性，使肉质软糯有弹性。随着生活节奏加快，越来越多的香肠都是机器制作，传统的味道早已淡了。点京红厨香肠却始终坚持纯手工制作，经过特殊工艺腌制后，香肠外形饱满，色泽自然，香气浓郁，肉质鲜美，口感不柴不腻。

谢氏烧烤。谢氏烧烤注册商标为中巴谢氏烧烤，传承非遗文化，通过四代人的传承对烧烤制作技艺不断改良创新，融合了"生态、环保、绿色"的先进理念来制作美食。独创"谢氏五常法"，提出了"一生三专业"的生态烧烤方式，"一生"指原材料鲜活，"三专业"指宰杀专业、烤制专业和调味专业。形成标准化、流程化体系，提出生态烧烤概念，参与起草重庆生态烧烤技术规范标准，将传统非遗文化与新的烧烤制作标准融合，开创出生态烧烤的新品类。

谢氏烧烤覆盖常见的各类菜品烧烤，其中烤全牛、烤全羊、烤全猪远近闻名，被称为谢氏三宝。谢氏烧烤具有三大特色：食材严选，按照生态烧烤技术规范标准程序制作；使用独有的国家专利设备，有炭烤香味而无烧烤的油烟污染；不加孜然，使用秘制的非遗调料，不易上火。谢氏烧烤总部位于大渡口区的重庆非遗烧烤文化博览园，也是重庆生态烧烤生产保护性示范基地。

"红九九"牌浓缩火锅底料。"红九九"牌浓缩火锅底料在深入挖掘民间配方的基础上，融入了现代火锅文化之精髓，采用精选优质原料，用传统与现代相结合的生产工艺将重庆火锅的麻、辣、鲜、香、浓缩为一体。产品制作精良，口味舒适，味道醇厚，风味独特，用途广泛，是家庭、餐厅、火锅餐馆、酒店选择的方便型调味料，也是馈赠亲友之佳品。

发展定位

大渡口区立足重庆南部人文之城发展定位，全力推动国家老工业基地产业转型升级示范区、重庆南部人文之城核心区建设，重点发展大数据智能化、大健康生物医药、生态环保、新材料、重庆小面产业五大百亿级产业，努力推动"公园大渡口、多彩艺术湾"的实现。

发展目标

2023年1月5日,中共大渡口区委十三届五次全会报告指出,今后五年,全面落实党中央决策部署和市委工作要求,围绕"公园大渡口、多彩艺术湾"愿景,奋力谱写全面建设社会主义现代化新重庆的大渡口篇章。

经济实力实现新突破,地区生产总值超过500亿元,地区人均生产总值超过12万元,进入全市第一梯队;工业总产值突破700亿元,战略性新兴产业占规上工业总产值比重达到70%,高技术制造业增加值增速高于工业增加值增速,产业投资增速高于固定资产投资增速,实际利用外资保持在全市前列。

科教实力显著提升,全社会研发经费投入年均增长10%以上,研发投入强度保持在全市前列;高新技术企业超过300家、科技型企业突破1000家;数字经济增加值占GDP比重超过50%;基本实现教育现代化,基础教育质量跻身全市前列。

城市综合实力显著提升,茄子溪·长江音悦港、万吨冷储转型完成,重庆(国际)小球赛事中心、宝武西南总部建成投用,老重钢片区工业文创城初具规模,钓鱼嘴半岛保护开发取得突破,一批重大公共设施落地建设,国际消费中心城市核心区建设迈出重大步伐,公园城市建设基本成型;都市型乡村振兴全面推进,耕地保有量稳定在8000亩以上,村级集体经济组织年经营性收入10万元以上实现全覆盖、50万元以上村占比达到50%,"金鳌田园""中梁康养"项目形成全市知名品牌。

生态文明建设水平显著提升,成功创建国家生态园林城市,公园绿地服务半径覆盖率达到90%,空气质量优良天数达到320天以上,长江干流水质稳定保持Ⅱ类,建设全域"无废城市","碳达峰""碳中和"实现阶段性目标。

社会治理水平显著提升,党建引领基层治理机制全面完善,创建平安中国建设示范区、全国文明城区、全国双拥模范城,法治政府、法治社会建设走在全市前列。

人民生活水平显著提升,每年新增就业1万人以上,人均预期寿命达到79.7岁,多层次社会保障体系更加健全,新建、创建三甲医院3所,居民收入增长高于经济增长,共同富裕迈出坚实步伐。

到2035年,与全国全市一道在高质量发展中基本实现社会主义现代化目标,共同富裕取得更多实质性进展。届时,大渡口综合实力、科技能力将大幅提升,经济总量和城乡居民人均收入迈上新的大台阶,新型工业化、信息化、城镇化、农业现代化基本实现,建成现代化产业体系;各方面体制机制更加完善,基本实现治理体系和治理能力现代化,法治政府、法治社会和平安建设达到更高水平;融入全市内陆开放高地建设取得更大成效,内畅外联交通网络更加发达;实现社会主义物质文明和精神文明全面协调发展,科技强区、质量强区、文化强区、教育强区、人才强区、体育强区和健康大渡口基本建成,公民素质和社会文明程度达到新高度;实现人与自然和谐共生,生态环境更加优美;人的全面发展、全体人民共同富裕取得更为明显的实质性进展,基本公共服务实现均等化,高品质生活充分彰显。从2035年到21世纪中叶,全面建成社会主义现代化新城区,全面建设共同富裕美好社会。届时,一个产业兴、百姓富、生态美、文化强的现代化新城基本建成,将在全面建设社会主义现代化国家大局中呈现新的面貌、展现更大作为!

(撰稿:雷蕾 刘洪君 刘芳 审核:曾健)

江北区

基本情况

重庆市江北区是重庆市主城区之一，位于东经106°26′~106°53′,北纬29°33′~29°40′之间，地处重庆市中部，长江、嘉陵江北岸，东、南、西三面分别与巴南区、南岸、渝中区、沙坪坝区隔江相望，北与渝北区接壤。自西向东呈长条形带状分布，东西长42.9千米，南北宽1.49~14.38千米，辖区面积220.77平方千米，其中陆地约194.3平方千米、水域约26.5平方千米，分别约占88%、12%。区人民政府驻寸滩街道金港新区16号，距市政府驻地7.5千米。

江北区是"一带一路"和长江经济带交会点，中新（重庆）战略性互联互通示范项目、重庆自贸试验区主要承载地，拥有西南地区首条"中国著名商业街"观音桥商圈、全国第一个内陆保税港寸滩保税港、首批国家物流枢纽果园港等。辖9街、3镇，常住人口92.95万人。城镇常住人口92.29万人，城镇化率99.3%。2022年，全区提速推进"一带双核五片区"建设，实现GDP总量1603亿元、增长3.7%。荣膺"全国文明城区""全国双拥模范城"，蝉联平安中国建设最高奖"长安杯"。

历史沿革

公元前11世纪，周武王封宗姬于巴，江北区境即系巴国属地。若以此算起，江北区境有文字记载的历史，至今已有3000年之久。《华阳国志》载："汉世，郡治江州巴水北，有甘橘宫，今北府城是也。"东汉时巴郡和江州县治所曾移住巴水北，即今江北城或刘家台一带，史称为北府城。北周保定元年（561年），江北区境为巴县属地。明洪武四年（1371年），重庆府在巴县县境置江北镇。

清乾隆十九年（1754年），江北镇从巴县分出，改由重庆府直辖，并升格建置为江北厅，实行"江巴分治"，厅址即今江北城。清乾隆二十四年（1759年），江北厅扩大厅域，其时地域较广，相当于今江北、渝北和北碚区嘉陵江北岸区域。江北厅分驻初期无城，清嘉庆三年（1798年）筑4门土城（嘉陵、镇安、问津、岷江），道光十三年（1833年）改修为8门石城（汇川、觐阳、问津、文星、镇安、金沙、保定、东升），谓之江北城。

1913年3月，江北厅改为江北县。1935年下半年，重庆市区编设为6个区，江北城区被编为第五区。1939年5月，江北城区被重编为第九、十两个区。1946年6月,江北区境分属重庆市第九区、十区、十六区。1950年6月,第九区、十区合并为第二区;第十六区改名为第七区。1955年10月,第二区更名为江北区。

重要资源

矿产温泉资源丰沛。境内已探明矿产有砖瓦用页岩、建筑石料用灰岩、天然气、地热和矿泉水等。其中,砖瓦用页岩储量103.2万立方米,可采储量88.8万立方米;建筑石料用灰岩439.4万立方米,可采储量133.8万立方米,仅分布在明月峡—义学大山一线山岭区。由于位于峡谷碳酸盐型地热异常区,地热水资源丰富,拥有大型地热水矿点2个,未受污染,呈中性酸碱度、中等矿化度,属天然优质医疗中温热矿水;有望江温泉、铜锣温泉、五宝温泉等。辖区东部出露须家河组储矿地层冷矿泉水储量巨大,日出水量120立方米,矿泉水以偏硅酸锶元素组分为主,未受污染,口感好,酸碱度中性,水质为重碳酸钙型。

山水景观资源丰富。江北被长江、嘉陵江104千米江岸环抱,自西向东呈长条形带状分布,江、水、岸此起彼伏,寺、桥、街阡陌交错,镶嵌出一幅天然的"两江三山四景五河"风景图。北滨路,处处是花,满眼是绿。有"重庆十大新名片"铁山坪森林公园、"2017重庆最美公园"鸿恩寺森林公园、石子山森林公园、中央公园、塔子山公园,其中铁山坪森林公园占地1492.6公顷,森林覆盖率90%,被誉为主城"绿肺"。五宝生态主题小镇,有明月山、明月湖、寿竹园、特色水果园,青山绿水环绕,蕴含着田园牧歌之美。唐郭地区有万里长江入渝第一

● 北滨路夜景(陈勇 拍摄)

● 夜幕下的江北嘴（孙云惠 拍摄）

峡的"铜锣峡"，地势险要，江流湍急，风景壮丽。

人文景观资源厚重。辖区文物古迹星罗云布，有盘溪无铭阙、黑院墙、明玉珍睿陵、徐悲鸿故居、"三三一"惨案死难志士群葬墓地、文峰塔、兵工署第十工厂旧址、兵工署第五十工厂旧址、绿川英子及刘仁旧居等重要历史遗迹54处，其中国家级1处、市级9处。民情风俗多姿多彩，有川江号子、壹秋堂夏布、江北评书、吴赖子传说、熊鸭子传统制作技艺、江北蜀绣、江北竹壳雕、陈氏锣鼓套打、江北烙画、版画、剪纸等活态文化遗产23项，其中国家级2项、市级7项。有石马河、石门、来鹿寺、猫儿石、观音桥、红土地、"一灯照三台"等重要传说故事12个。巴渝文化、抗战文化、兵工文化、开埠文化在此交融，茅盾、陶行知、徐悲鸿、马思聪、劳君展、何鲁、税西恒等曾寓居于此。大剧院、科技馆、明玉珍睿陵、基督教堂、猫儿石、北仓、天怡、鲤鱼池42号文创园串联成文化旅游珍珠链，令城市文态形神兼备，文化魅力历久弥新。

基础设施

城乡基础设施不断完善。至2020年末，全区已基本形成"三横七纵三联络"地区路网体系，轨道交通、城市道路、乡村公路等里程391千米，公共交通城乡全覆盖。"十三五"期间，建成城市道路40千米、乡村"四好"公路41千米、过境轨道交通线路5条、跨江大桥4座、立交桥5座。在全市率先完成违法建筑整治任务246万平方米，完成土地征收933.33公顷、房屋征收1.6万户，改造棚户区80万平方米，清理低效土地2066.67公顷，利用边角地建设社区体育文化公园4座，成功创建第三届全国国土资源节约集约模范县（市）。

完成城市综合管理"七大工程"重点项目13项，建成全市首个智慧城市运营管理中心，在全国率先编制完成智慧城管顶层设计方案，数字城管技术规范上升为国家标准。新建改建公厕119座，建成社区公园、综合性公园55个，绿化美化坡坎崖近200万平方米，善水北滨公园、石家花园等上榜重庆最美坡坎崖、最美街巷，长江上游城市花博会、江北嘴"十屏联动"灯饰展播等成为重庆"近悦远来"亮丽名片。投入2亿元实施农村人居环境整治和农村公共设施建设，明月湖水库建成蓄水，五宝镇获评第六届全国文明村镇。

数字经济发展迅速。保利中心大数据产业基地

● 五里店立交（彭伟 拍摄）

● 五宝御临河（张清善 拍摄）

建成投用，"云长制"全面设施，大数据的商用、民用、政用价值不断释放，拥有智能工厂、数字化车间、工业互联网试点示范项目、企业技术中心83个，建成5G基站近3000个。

2022年，北滨路东延伸段生态综合修复工程、观北路一期、黄观路春森彼岸段正式开工。畅通城市"主动脉"，完善人行道152千米，新增山城步道35.4千米，小微停车位1003个。扮靓城市"高颜值"，江北嘴江滩公园、香国寺滨江公园、盘溪河滨江公园三大公共空间向市民开放。

主要产业

金融业集聚发展。聚焦打造西部金融中心核心承载区，突出金融机构、金融功能、金融人才"三个集聚"，落户国家金融科技认证中心，引进南洋商业银行、国宝人寿、华西证券等区域性总部，其中南洋商业银行是近三年唯一获准进入重庆的外资银行。创新打造集公共法律服务、诉讼服务、检察服务、警务服务"四大功能"于一体的西部金融法律服务中心，高规格举办江北嘴新金融峰会，高水平谋划西部金融广场，高质量建成办好西部金融培训学院。出台"江北嘴金十条"，实施"金种子"人才计划，集聚金融机构近500家、占全市约1/4，本外币存贷款余额1.9万亿元、占全市约1/5，金融资产规模约3.5万亿元、占全市约1/2，境内外上市企业达14家、总市值近5000亿元、约占全市1/2。

商贸业升级发展。聚焦打造国际消费中心城市首选区，启动中环万象城等总投资达700亿元的13

个重大项目，举办首届中国（重庆）国际消费节、2022不夜重庆生活节等重要活动，繁荣发展"四首"经济，集聚国际高端品牌达150余个，鎏嘉码头获评市级夜间文旅消费集聚区，鸿恩寺公园创成国家4A级旅游景区，观音桥商圈日均人流量突破80万人次，观音桥商圈面积、人流量、销售额"三个翻番"目标稳步推进，江北嘴国际高端购物目的地、北滨路国际"慢生活"经济带、寸滩国际消费新地标等消费场景支撑有力。2022年社会消费品零售总额增长4%，商品销售总额6258.9亿元。

制造业提质发展。实施"工业倍增"计划，立足港城、鱼复两大平台，巩固汽车、电子电器两大支柱，先进产业集群梯次已逐步形成，港城、鱼复两大园区入选全市首批试点智慧园区，汽车、电子电器等传统产业和新能源汽车、生物医药、高端装备、新材料等战略性新兴产业齐头并进，长安全球研发中心建成投用，长安汽车入选国家智能制造示范工厂，100万台产能的海尔洗碗机生态工厂6个月建成、10个月投用，奥特斯半导体封装载板技术国际领先，润际远东高熔点金属低温熔化技术享誉海内外，迈基诺成长为国内遗传疾病诊断领域龙头，赛力斯、登康口腔入选市级智能制造标杆企业。2022年全区工业总产值突破1300亿元、增长26%，规模以上工业增加值增长19.5%。

数字经济加速发展。深入实施"满天星"计划，聚力打造科金中心、港城科创园等优质平台，正式投用西部数据交易中心，引进蚂蚁金服旗下的万塘科技、字节跳动旗下的懂车帝全国总部、"渝快办"

● 长安汽车制造基地（林丽江 拍摄）

● 夜色下的寸滩保税港（平凡 拍摄）

等重大项目，稳步推进金融科技、数字零售、数据服务等场景落地，获评"2022年千兆城市"，全区规上信息服务业营业收入超300亿元，电子商务交易额、规上互联网营收增速均居全市前列。

文旅品牌

观音桥商圈都市旅游区。国家4A级旅游景区，位于重庆市渝中半岛与北部地区的几何中心，是江北区经济、文化中心，核心面积1.5平方千米，规划面积6.8平方千米，日均人流量35万人次，过境轨道交通线路4条、公交线路116条，到达重庆江北国际机场、龙头寺火车站、重庆港、江北嘴中央商务区、寸滩保税港区等地方便快捷。商圈始建于2003年4月，2005年2月3日正式开街，有世纪新都、重百江北商场、茂业百货、远东百货、新世界百货"五大"主力百货和星光68、龙湖北城天街、大融城"三大"购物中心；拥有Gucci、Armani、Cartier等90余个国际知名品牌。2022年，商圈实现社零总额572亿元，商品销售总额超3000亿元。商圈先后获西南地区首条"中国著名商业街""全国百城万店无假货示范街""中国最具竞争力商圈""中国重点示范都市商圈"等荣誉称号，成功创建西部首条"国家4A级旅游景区"商业步行街、全国首个服务业标准化试点示范商圈，观音桥商圈管理办公室被党中央、国务院授予全国"人民满意的公务员集体"荣誉称号。

● 北城天街（刘华民 拍摄）

鎏嘉码头。国家4A级旅游景区，位于北滨一路东端，占地0.1平方千米，具有得天独厚的滨江资源和区位优势。从"莺花渡"到刘家台，曾是嘉陵江北岸重要的水陆枢纽和重庆美食文化发源地，在传承与保留老码头文化中注入创意、文化与艺术，胡桃里、音乐房子、城市书房、布达拉酒店（藏式风格酒店）等特色文旅商户汇聚于此，构成了集文化娱乐、旅游观光、酒店住宿、餐饮美食、购物休闲于一体的城市特色滨江文化旅游集群带。夜间客流量达1.9万至2.1万人次。先后获"市级特色夜市街区""最具人气夜市街区"、最"辣"夜市街区、市级"五夜潮玩"街区殊荣，2022年获评市级夜间文旅消费集聚区。

重庆科技馆。国家4A级旅游景区，位于江北城文星门街7号，景区面积4.5万平方千米，由主楼和副楼2部分组成，为面向公众的现代化、综合性、多功能的大型科普教育活动场馆。有生活科技、防灾科技、交通科技、国防科技、宇航科技、基础科学6个主题展厅和儿童科学乐园、工业之光2个专题展厅。通过科教展览、科学实验、科技培训、科普影片等形式和途径，面向公众开展科普教育活动，展现智慧城市魅力。

重庆铁山坪森林公园生态区。国家4A级旅游景区，地处铜锣山脉中段、两江新区腹地，生态区面积14.93平方千米，最高海拔583.9米，森林覆盖率90%以上，是重庆主城四大绿色屏障之一。公园自然景观独特，人文历史丰富。高坪林海苍翠秀丽、峡江风光壮美雄奇，有全国唯一的僧官古刹、历史悠远的古战遗址，铜锣朝天、僧官远钟、幽谷锣鸣、禅园听雨、铁山圣泉、锁江遗址、花田觅香、爱心庄园、

草野星空、松影江月等"铁山十景",充分显现自然与人文的水乳交融,令人心旷神怡。

鸿恩寺森林公园。国家4A级旅游景区,位于嘉陵江北岸龙脊山上,东眺观音桥商圈,南临北滨路,西望石门大桥,北接花卉园,占地面积73.33公顷。公园广植桂花、银杏、紫薇、桃树等观赏乔木3万余棵,以桂花为主,聚集金桂、银桂、丹桂、四季桂4个大类60多个桂花品种共1万余棵,为全国桂花园林之最。有滚雪听桂、建文感天、翠涌云崖、金桂溢香、鸿恩春晓、琴台结缘、鸿雁留影、清风幽篁、桂憩绿野、鸿恩思泉、鸿顶云霞、江风恋桂等十二大园林景观。"鸿恩坊"配套服务区集餐饮、娱乐、休闲于一体,以弘扬天恩、国恩、民恩、师恩、亲恩、友恩为主题打造的"鸿恩阁",为公园最高观景点,海拔418米,可鸟瞰"两江四岸"和"六区胜景",尽享重庆山城、

● 鸿恩寺鸿恩阁(贺终荣 拍摄)

● 重庆庆祝新中国成立70周年主题灯光秀在江北嘴上演（江北报社 供稿）

江城、灯城神韵。

重庆抗战兵器工业旧址群——兵工署第十工厂抗战生产洞、兵工署第五十工厂山洞车间。国家级重点文物保护单位，入选"首批中国20世纪建筑遗产"名录。其中，第十兵工厂旧址位于大石坝街道瓦场嘴社区、前卫社区。1938年3月至1945年，国民政府兵工署将第十兵工厂迁入区境，征地108.98公顷，建成厂房、住宅、射击场、公路。现存校官楼、职员楼、职员住宅、百货公司、双环餐厅、保卫处、江陵1—114幢（粮店）、商贸区（肉店）、图书馆俱乐部、山洞车间等10栋建筑。第五十兵工厂山洞车间，位于郭家沱街道铜锣峡社区望江铜锣峡峡口。第五十兵工厂解放后改名为望江机器厂，前身为广东第二兵器制造厂，1938年迁至郭家沱，1938年5月1日更名为军政兵工署第五十工厂。为躲避日机轰炸，生产车间设于人工开凿的隧道中。山洞车间占地面积约5000平方米，22个洞口，洞内隧道互通，地面上约两尺高的排水渠纵横交错，洞壁为抗爆、防炸的钢筋水泥墙体，始修于1939年，1943年完工，是抗战期间国内修建的最大洞穴建筑，主要生产炮的核心部件、迫击炮、战防炮、炮弹等。

徐悲鸿旧居（石家花园）。位于大石坝街道石门社区9村94号，为著名画家徐悲鸿在抗战时期的居所。分居室和画室，居室坐南朝北，一楼一底共两层，砖柱结构，悬山式屋顶。楼下面阔19米，进深7.7米，通高5.8米。画室坐西向东，位于居室左侧坝下，砂石结构，拱顶，面阔三间 14 米，进深 5.7 米，通高 5.1 米。总建筑面积 333.6 平方米。石家花园位于大石坝街道石门社区渝江村 1 号，是重庆名人石荣廷的公馆，系民国时期集书法、石刻、园林艺术和建筑艺术于一体的中西结合式建筑。占地面积 2000 平方米，分为正屋、用人房、地下石屋（徐悲鸿画室）三部分，总建筑面积 1912 平方米。正屋建筑面积 1162 平方米，屋内房间高大宽敞，四面开窗，房内有通顶壁炉，门窗采用彩色雕花玻璃装饰。面阔 24.8 米，进深 17.9 米，通高 8.62 米。正屋前有 600 平方米的院坝 1 个。用人房建筑面积 140 平方米，一楼一底，砖木结构。地下石屋建筑面积 130 平方米，建在院坝底下，供藏书作画之用。正屋一楼内通道左侧有 24 级石梯通往地下石屋，石屋系砂石结构，面阔三间，门柱、门额均刻有名人诗词题刻。中间一间正中石壁上方刻有孙中山先生遗像和遗嘱。2010 年，市政府公布石家花园并入徐悲鸿旧居，为重庆市文物重点保护单位。

风味美食

江北熊鸭子。始于清宣统元年（1909 年），时有重庆江北小商贩熊汉江，常在街头巷尾出售熏鸭。其制作的鸭子色泽金黄，肉质软嫩，很受食者欢迎。至 20 世纪 40 年代，不少酒馆、餐厅竞相订货。江北熊鸭子因此名噪一时，生意兴隆，商贩仿制者众。熊汉江为维护自己的信誉，遂用金纸剪成"熊汉江"三字，贴于玻璃柜内，故又有"金字熊鸭"之称。此鸭外形美观，呈椭圆形，表面为深棕色或茶色，皮脆肉嫩；切开后，内肉淡红，脂肪为淡黄色，层次分明；吃起来，清香爽口，回味浓郁，具有川味烤鸭的独特风味。1980 年 11 月 4 日，经国家工商总局批准，定名为"双江"牌熊鸭子，曾先后被评为重庆市、四川省"优良产品"。1988 年 12 月，"江北熊鸭子"获首届中国食品博览会银质奖；1992 年 9 月，获四川省首届巴蜀食品节银奖产品称号；2000 年 1 月，获重庆市经济委员会、重庆市商业委员会共同颁发的重庆第二届名特优新产品迎春展销会"消费者最喜爱产品"称号。2011 年 4 月被纳入重庆市第三批市级非物质文化遗产。

铁山坪花椒鸡。铁山坪森林公园的一大特色美食，以肉质紧实鲜嫩的农家跑山鸡作为主材，配以当季新鲜青花椒和鲜辣椒，鸡肉渗透着浓浓的花椒清香，鲜香麻辣入口，嚼劲滋味十足。其制作方法简单，将宰杀制净的公鸡，剁掉鸡头、鸡脚，剔去脊骨，剁成指甲盖大小的鸡丁；加盐、花雕酒、葱段、姜片拌匀，腌渍入味，放入生粉抓匀后加入菜油 50 克再次拌匀；热锅放入混合油烧至七成热，将用于腌渍的葱姜去掉，沥去汁水后下锅，爆炒至鸡肉收缩变色，捞出沥净；热锅内重新倒入混合油，放姜蒜、干青红花椒、鲜花椒、青红鲜辣椒煸出香味，倒入鸡丁，加入其余调味料，爆炒入味即可装盘。制作铁山坪花椒鸡，选用花椒非常有讲究，要用到四川金阳干青花椒、四川茂县大红袍干花椒、重庆江津四面山鲜花椒等三种花椒，每种花椒的用量都有明确标准。

巴江水毛肚火锅。由重庆市巴江水饮食文化有限公司打造。其特色为麻、辣、烫、鲜、便、乐、养，味重麻辣、回味悠长、风味独到。毛肚选材均为水牛毛肚，着重体现一个"鲜"字，从屠宰场到端上餐桌，全程不超过 2 个小时。

鱼嘴黄豆花。因制作人姓黄而得名，已传承百余年。1958 年公私合营为"三八食店"，1963 年体改更名为随园食店。因制作的豆花"白""嫩""绵""烫""延久不老"，豆花搭在碗口上不裂，筷子拈起来挂线不断，豆花吃完后余下的窖水清澈透亮等特点，声名远播。

发展定位

围绕科技兴业之区、开放时尚之地、美丽幸福之城的发展定位，在新时代新征程为全面建设社会主义现代化新重庆谱写江北篇章。

打造科技兴业之区。打通科技与产业的双向融合渠道，推动创新基础设施和重大平台不断完善，实现高新技术企业、研发机构、研发投入、发明专利、人才数量"五个倍增"。至2027年，全社会研发经费投入年均增长10%以上，研发投入强度超过3.6%，处于全市前列；现代产业体系更加完善，金融发展指标位居西部前列，商贸体量占全市比重稳步上升，规上工业总产值实现"倍增"，数字经济增加值占GDP比重超过55%。

打造开放时尚之地。全面开放向更高层次更高水平迈进，国际交往、经贸合作实现新突破；时尚引领和品牌效应相得益彰，加速形成时尚文化、时尚街区、时尚旅游的"时尚生态群"。至2027年，三资企业数量增至1000家以上，进出口总额突破1200亿元，实际利用外资和对外投资总额在全市领跑。首店数量突破700个，打造百亿级商业综合体2个、有全国影响的会展品牌2个，夜间经济拉动消费超1000亿元，加速形成集时尚文旅、时尚街区、时尚消费于一体的"时尚生态群"。

打造美丽幸福之城。把以人民为中心的发展思想落实到各方面、全过程，让优质的公共服务、民生供给触手可及，文明美德蔚然成风，美丽家园更富魅力、更有温度。至2027年，山水城市气质更加彰显，空气质量优良天数保持在300天以上，长江干流江北段水质保持Ⅱ类，"无废城市"建设全市领先，"碳达峰""碳中和"实现阶段性目标；民生改善，人民获得感更强，每年新增就业3.5万人以上，城镇调查失业率控制在5.5%以内，多层次社会保障体系更加健全，共同富裕迈出坚实步伐。

发展目标

推动"两高"示范区建设，到2035年，在高质量发展中基本实现社会主义现代化目标，共同富裕取得更多实质性进展；从2035年到21世纪中叶，全面建成社会主义现代化强区，全面建设共同富裕美好社会。

建设高质量发展示范区。经济发展总量、质量、结构、动能、效益实现大跃升，现代产业高度集聚，创新动能更加强劲，全要素生产率明显提高，成为高端产业、企业和人才的聚集高地。至2027年，地区生产总值超2300亿元，全口径税收突破330亿元，全员劳动生产率提升至35万元／人，单位地区生产总值能耗年均下降3%以上，金融机构存贷款余额、资产规模和经济证券化水平继续领跑全市，商品销售总额超7500亿元，规上工业总产值实现"倍增"，营商环境竞争力、市场活跃度全市领先。

建设高品质生活示范区。近悦远来的效应全面彰显，绿水青山美景常在，公共服务优质均衡，社会保障全面覆盖，基层治理日趋完善，全国文明城区建设深化巩固，成为国际化、绿色化、智能化、人文化现代城市的展示窗口。至2027年，常住人口突破100万人，"碳达峰""碳中和"迈出坚实步伐，空气质量不断改善，城镇调查失业率控制在5.5%以内，居民人均可支配收入超7.5万元，基本公共服务满意度、群众安全感指数全市领先，共同富裕取得更为明显的实质性进展。

（撰稿：石车 审稿：李升泉）

沙坪坝区

基本情况

沙坪坝区地处重庆市主城区西部、嘉陵江畔，因江水侵蚀、泥沙沉积形成平坦开阔的沙坝而得名；位于东经106°31′~106°14′，北纬29°46′~29°27′；南北相距29千米，东西相距24.3千米，面积395.8平方千米；辖26个镇（街道）（含高新区4镇街），城镇化率96%，常住人口148万人；区政府位于凤天大道8号。境内中部歌乐山纵贯南北，东为沙坪坝，是重庆市科教文化中心；西为梁滩坝，原为以农业、乡镇工业为主的地区，随着重庆大学城、西永微电园、重庆国际物流枢纽园区、西永综合保税区的兴建，逐步形成了规划面积为100平方千米的西部新城；中部歌乐山是国家4A级旅游景区、国家森林公园，有"渝西第一峰""山城绿宝石"之称。

沙坪坝区处于主城核心区域、成渝地区双城经济圈的战略联结点上，辖区创新资源富集。2021年，全区R＆D投入强度3.81%，创新活跃指数居重庆市前列，双创综合指数居全市第二，万人有效发明专利拥有量51.67件，居全市第一，公民科学素质水平持续保持全市第一，获国家级科学技术奖4项，重庆科学技术奖64项。区内开放平台众多，集聚自贸区、铁路口岸、铁路保税区和西永保税区等国家级开放平台，形成东向渝甬、西进渝新欧、南下渝黔桂新、北上渝满俄四向齐发、陆海联动的对外开放格局；产业底蕴深厚，有规模以上工业企业211户，孕育了小康、力帆、嘉陵等知名品牌，产业门类涉及电子信息、汽车、通用设备、生物医药等26个行业；文旅资源丰富，是红岩精神的重要发祥地，融巴渝文化、沙磁文化、抗战文化于一炉，有4A级旅游景区4个、3A级旅游景区2个；名校名医集聚，有重庆大学、西南政法大学、陆军军医大学等高校16所，西南医院、新桥医院等三级医院7家；生态环境优美，植被总覆盖率75.82%。

历史沿革

沙坪坝区历史上长期隶属于巴县。清康熙、乾隆年间分属巴县直里、智里、正里、祥里。1935年10月，划入巴县第三区。1935年11月8日，巴县重新划为五区，定龙隐镇为第一区治所，区署驻磁器口，辖1镇、17乡，今沙坪坝区属第一区。1938年2月6日，"重庆沙坪文化区自治委员会"成立；1939年1月30日，更名为"巴县沙坪文化区社会事业促进会"，协助巴县政府管理文化区社会事务，形

● 沙坪坝全景（沙坪坝区档案馆　供稿）

成重庆沙磁文化区。1939年8月，沙坪坝、磁器口、小龙坎等原属四川省巴县管辖区域划归重庆市建制。8月16日，"重庆市政府沙磁区临时办事处"成立，办公地点设于小龙坎树人小学。1940年9月，重庆市政府正式办理省市划界事宜，以巴县第一区高店乡、新丰乡辖区建置重庆市第十三区，下设高店子、歌乐山、山洞、新桥、上桥5个镇；以巴县第一区龙隐实验乡（即龙隐镇）辖区建置重庆市第十四区，下设小龙坎、红槽房、沙坪坝、磁器口、金沙街、童家桥6个镇，相应撤销重庆市政府沙磁区临时办事处（沙磁区名沿用至1949年），并将以上两区定为甲种区。

1949年11月30日，沙坪坝解放。1950年4月，重庆市人民政府将接管的原第十三、第十四区合并组成重庆市第三区，定为一等区（地专级）。5月5日，重庆市第三区人民政府正式成立。1951年全区辖7个乡、7个街道。1952年10月，第四区（今九龙坡区）佛图关、化龙桥、歇台子、石桥铺4个街道和黄泥、歇台、石桥3个乡划归第三区。1953年，第六区（今北碚区）井口乡划归第三区。

1955年10月24日，重庆市第三区定名为重庆市沙坪坝区，第三区人民政府改称沙坪坝区人民委员会，全区有9个乡、7个街道办事处、3个厂区办事处、4个街道民政室。1958年，北碚区同兴乡划归沙坪坝区管辖。是年，全区农村实行人民公社化，合并组成4个人民公社。1959年撤销各街道办事处，建立街道人民委员会。是年，全区有4个农村人民公社、6个街道、1个镇、1个厂区办事处、4个民政室。1963年5月，同兴农村人民公社、同兴街道民政室划归北碚区管辖。1968年10月，沙坪坝区人民委员会被"革命委员会"取代。到1978年，全区有4个农村人民公社、16个街道办事处。1980年8月，沙坪坝区革命委员会更名为沙坪坝区人民政府。1984年，成立石桥、覃家岗、歌乐山、井口4

个乡人民政府。1993年撤乡建镇。1995年1月,重庆市实施行政区划调整,将沙坪坝区所辖大坪、化龙桥2个街道和石桥镇红岩村划归渝中区,石桥铺街道、石桥镇(联芳村保留)划归九龙坡区,将原巴县所辖青木关、陈家桥、虎溪、西永、土主、曾家、回龙坝、凤凰等8个镇及中梁乡划归沙坪坝区。3月,设立重庆沙坪坝联芳经济园区。7月,中梁乡撤乡建镇。9月,新划入9个镇,原有的154个行政村调整为72个行政村。全区共辖13个街道、12个镇、1个园区,设173个居民委员会、87个村民委员会。2009年2月,撤销覃家岗镇,设立覃家岗街道。2011年9月,撤销陈家桥、虎溪和西永3个镇,调整小龙坎街道行政管辖范围,设立陈家桥、虎溪、西永和联芳4个街道。2015年1月,詹家溪街道更名为双碑街道。2016年6月,增设丰文街道、香炉山街道。2019年8月,撤销歌乐山镇、井口镇,保留歌乐山街道、井口街道。12月,西永微电园全域,曾家镇、西永街道、虎溪街道、香炉山街道全域正式纳入重庆高新区直管园范围,凤凰镇、青木关镇、回龙坝镇全域和丰文街道、陈家桥街道、土主镇部分区域正式纳入高新区拓展园范围。2020年1月,重庆高新区管委会对直管园实行经济社会一体化管理,行使区级行政管理权,统筹拓展园的发展规划、产业布局、政策制定、经济统计等有关经济管理事务。12月,撤销土主镇,设立土主街道。调整后,全区辖21个街道、5个镇。

重要资源

土地资源。全区土地总面积39583.65公顷,其中耕地面积5763.94公顷,占土地总面积的14.56%;湿地面积72.87公顷,占土地总面积的0.18%;种植园用地面积1350.58公顷,占土地总面积的3.41%;林地面积12094.51公顷,占土地总面积的30.55%;草地面积366.66公顷,占土地总面积的0.93%;城镇村及工矿用地面积14831.61公顷，占土地总面积的37.47%；交通运输用地面积2370.26公顷，占土地总面积的5.99%；水工建筑用地面积101.06公顷，占土地总面积的0.26%；水域及水利设施用地面积1375.16公顷，占土地总面积的3.47%；其他土地面积1257.00公顷，占土地总面积的3.18%。

矿产资源。沙坪坝区内共发现矿产14种。其中，查明资源储量的矿产10种，矿产地21处。观音峡背斜（中梁山）和温塘峡背斜（缙云山）是矿产资源富集区。区内优势矿产资源为石灰岩、砖瓦用页岩和地热水，石英砂岩、耐火黏土等具有较大的资源潜力。此外，区内有含钾凝灰岩、建筑用石料砂岩、建筑用砂等矿产。

动物资源。沙坪坝区动物区系主要由亚热带农田动物群组成。动物分布特点是鸟类数量占比较大，在68%以上。共有陆生野生动物两栖纲2种、爬行纲15种、哺乳纲45种、鸟纲131种。

植物资源。沙坪坝区森林植被属亚热带常绿阔叶林区，现有森林植被类型主要有常绿阔叶林、针叶林、竹林、灌木林等。其中常绿阔叶林主要分布在歌乐山和缙云山背斜低山两翼的山地黄壤地带，林内有马尾松、杉木等树种伴生；针叶林主要有马尾松、杉木群系；竹林主要有慈竹林。共有维管植物164科557属834种。

全区森林面积9181.88公顷。全区有自然保护区1个，分布在2个镇，面积1361.96公顷；市级及以上森林公园2个（国家级1个、市级1个），面积1778.38公顷；国有林场1个。

● 红岭溪谷（沙坪坝区档案馆 供稿）

水资源。沙坪坝区水资源相对比较丰富。其中，地表水资源主要由降雨产生，总量为 20996 万立方米；地下水资源量为 4140 万立方米；全区的过境水主要来自嘉陵江和梁滩河。全区多年平均年径流量 21025 万立方米。

旅游资源。沙坪坝域内自西向东分布缙云山、中梁山两列背斜低山，中梁山脉纵贯南北，将辖区内平坝和丘陵地带分作东西两部。东部老城濒临嘉陵江，是体现重庆山水风貌特征的现代化城区，正在加快嘉陵湾区、磁器口古镇、三峡广场商圈等重点板块提档升级。西部新城背靠歌乐山，是重庆主城地势最平坦、区位最突出、空间最广阔的地区，作为重庆当前战略西进的主战场，重庆高新区、西部科学城、重庆大学城、西永微电园、重庆国际物流枢纽园区、青凤科创城等已战略布局。中部歌乐山脉有郁郁葱葱的森林公园，是重庆都市区重要肺叶，有动人的湖光山色，是都市里的诗意田园。

区域内分布常年性河流 13 条，是名副其实的"依山傍水"之地，也是传承巴渝历史文脉的"文化名城"。形成了到爱国主义教育基地——原"中美合作所"集中营旧址修筑的歌乐山烈士陵园、红岩魂陈列馆向革命先烈致敬的红色之旅；以抗战重要阵地和沙磁文化发源地重庆大学、铸就沙坪坝一个时代记忆和精神符号的南开中学等为代表的校园文化之旅；秉持打造更有调性、更有档次、更具生命力的融合产品——红岭溪谷生态产业园、萤火谷农场、海石公园、太寺垭森林公园等休闲度假、研学观光为主"诗意田园"的绿色生态之旅；在沙磁文化发

● 重庆大学校园（沙坪坝区档案馆　供稿）

源地磁器口古镇探寻明清时期转运物资的古渡码头，建于宋真宗咸平年间的宝轮寺、钟家院、翰林院、宝善宫和小重庆碑、鑫记杂货铺等众多遗址的文化寻根之旅；体现沙坪坝开放包容气质的被赋予"丝绸之路"新的时代内涵的中欧班列（渝新欧）、重庆首个特大型文化旅游综合地标——重庆融创文旅城，及全国首个商圈高铁TOD城市综合体、重庆唯一"五轨合一"购物中心龙湖金沙天街的主题新地标之旅等富有文化内涵的旅游品牌。全区有星级酒店5家，3A级以上旅游景区6个，获评首批全国文化旅游胜地，年接待游客超3000万人次。

人文资源。沙坪坝人文底蕴厚重。自周朝巴国属地起，已有3000多年历史，作为重庆母城的重要组成部分，是巴渝文化核心发源地、抗战文化重要发源地和红岩精神重要发祥地。拥有重庆谈判旧址"林园"、郭沫若故居、国立中央大学"七七抗战"礼堂等抗战遗址86处。白公馆、渣滓洞等遗址，是全国十大红色旅游景区和全国爱国主义教育基地。江竹筠、王朴、陈然等革命烈士在此用血的教训提出了"狱中八条"，持续警醒世人。1938年成立的沙磁文化区，是抗战时期全国最具活力的文化区，全国八分之一的高校师生汇聚于此，形成文化盛景"沙坪学灯"。徐悲鸿、张伯苓、冰心、巴金等名人曾云集于此，留下了《巴人汲水图》《小橘灯》等众多传世精品。千年古镇磁器口是大城市中唯一一个位于城区中心内的古镇，历来有"小重庆"美誉。位于磁器口金碧正街的大剧院，演出的《重庆·1949》是以展示红岩精神为主题的大型沉浸式舞台剧演艺

● 《重庆·1949》首演（沙坪坝区档案馆　供稿）

项目，采用定制舞台演绎手法，结合国际最先进的舞美技术，极具震撼力，具有世界一流水平，形象地集中展现了红岩英烈对共产主义坚定的理想信念，用一座城的记忆，致敬一座城的精神。

基础设施

教育科技。沙坪坝区是重庆市的科教文化中心，2022年全社会研发经费投入强度达到4.44%，比全市高2.28个百分点，排名第二。是全市教育资源最集聚、最优质的区域，拥有重庆大学、陆军军医大学等高校16所，重庆一中、南开中学、重庆八中、树人小学等中小学108所，在校师生约30万人。集聚机械传动国家重点实验室等省部级及以上研发平台348个，培育国家高新技术企业119家、重庆市科技型企业2286家，中国西部1491国际创意谷、器官智能制造工程研究中心等加快建设，环大学创新生态圈实现产值超40亿元。

交通运输。沙坪坝区是重庆市重要交通枢纽。布局重庆西站、成渝高铁沙坪坝站、成渝中线高铁科学城站(在建)三大高铁枢纽，区域正线铁路6条(成渝高铁、遂渝铁路、兰渝铁路、渝怀铁路、渝襄铁路、渝贵铁路)，高速公路4条(成渝高速、渝蓉高速、渝遂高速、绕城高速)，4条轨道线路穿城而过。建成空铁联运城市候机楼2座(位于重庆西站、沙坪坝站)、长途客运站2座(重庆西站汽车站、西部新城客运站)，直管区公路总里程989千米，路网密度471千米／百平方千米，现有公交线路158条，公交站点1018个，建成公交站场13座，开行5条都

● 重庆西站（沙坪坝区档案馆　供稿）

● 中欧班列（成渝）首列发车（沙坪坝区档案馆　供稿）

市旅游休闲观光公交、2条区域性乡村旅游观光公交，全区各种运输方式一体化衔接日趋紧密。2011年开通全国第一列中欧班列（渝新欧），2017年探索开通全国首趟陆海新通道班列，形成了"四向齐发"国际通道格局。重庆国际物流枢纽园区是全市铁公水空"四式联运"铁路港所在地，有西南地区最大铁路编组站和团结村铁路集装箱中心站，以及自贸试验区、中新互联互通项目、铁路口岸、铁路保税物流中心（B型）等国家级开放平台，集聚新加坡丰树、美国安博等物流企业600家，整车进口数量保持全国内陆口岸第一。率先开展陆上贸易规则探索，开出全球第一单"铁路提单国际信用证"并全国推广，形成多式联运"一单制"、国际铁路运邮等创新案例13个，核发全市首张"跨省通办"营业执照。

商务商贸。沙坪坝区是重庆都市圈核心、成渝经济圈纽带。现有商贸项目总体量约331.8万平方米，有金沙天街、佛罗伦萨小镇等购物中心7个，王府井百货、凯瑞商都等大型百货店3个，重铁巨龙钢材市场、临江装饰城等专业市场11个，磁器口老重庆风俗街、融汇温泉老字号集聚区、融汇美食街等特色商业街3条。2022年，全区社会消费品零售总额553亿元；进出口总值全市第一，2022年全区实现进出口总值3488.5亿元，占全市比重达42.8%；吸引外资稳定增长，全区2022年新设外资企业24家，实际使用外资2.63亿美元，同比增长0.4%；服务外包稳步发展，2022年全区离岸服务外包执行额1.49亿美元；2022年共签约项目203个。全区服务业营业收入平均增速超过25%。

医疗卫生。沙坪坝区卫生资源丰富，有陆军军医大学、重庆医药高等

专科学校 2 所医学院校，西南医院、新桥医院等三级医院 7 家，各类医疗机构 652 家，是"国家卫生城区"、全国健康城市建设样板城市、社区卫生服务示范区、卫生应急综合示范区、慢性病综合防控示范区、基层中医药工作先进单位、重精管理试点区、医养结合试点区。

邮政通信与技术服务。沙坪坝区夯实智慧城市基础设施，扩大覆盖 5G 网络，全区累计 5G 基站建成 4426 个，每万人 5G 基站数量达到 47.38 个，远超全国平均水平，实现城市和农村场镇等区域 5G 网络全覆盖；推进建设"数字乡村"，农村区域 4G 网络覆盖率达到 99%，5G 网络覆盖率达到 95%，行政村光纤入户率 100%；建设智慧城市典型应用场景，建成"沙坪坝区智慧教育云平台"，开通师、生、家长网络空间 10 余万个，建成市级智慧校园示范学校 15 所；实施基层医疗机构信息系统网络安全统筹管理，完成区属 7 家医疗单位 16 个信息系统网络安全统筹管理；持续优化提升"数字城管"综合平台，共享接入区级公共安全摄像头超过 3 万路；建设"一窗受理""一件事一次办""7×24 小时"受理平台，

● 龙湖重庆金沙天街（沙坪坝区档案馆　供稿）

全市率先上线"营商环境智慧监管平台",率先创设沙磁"二维码",率先实现全流程线上"跨省通办"。

2021年,沙坪坝区有邮政营业网点32个(其中,城市网点27个,农村网点5个;综合营业网点21个、纯邮政营业网点11个)。完成邮政业务总收入21177万元,同比增长10.5%。

广播、电视综合人口覆盖率100%,有线电视入户率100%。2021年年末,公共图书馆总藏书99.7万册,年读者流通量80.0万人次,年书刊借阅55万册次,开展"星期日讲座"特色服务4次。举办大型群众文化活动93场次、街镇文化站群众文化活动550场次、广场故事活动28场次,观众98万人次。群众文化创作获国家级奖项10个、省(市)级奖项53个(统计范围未包含高新区直管区四镇街)。

主要产业

沙坪坝区是西南地区重要老工业基地,孕育了嘉陵工业、力帆汽车、东风小康等知名品牌。坚持深耕先进制造业、发展现代服务业,推动产业高端化、智能化、绿色化。打造智能网联汽车、生物医药两大产业集群,赛力斯问界M7投产上市,推动西南药业扩能升级,集聚阿斯利康、罗氏诊断、鼎晶生物等医药企业12家,抢占合成药物、体外诊断、医疗器械等黄金赛道。全区规上工业总产值约2600亿元,约占全市十分之一。打造西部消费新地标,有全国首个高铁TOD综合体"龙湖光年",三峡广场商圈获批"国家级夜间文化和旅游消费集聚区"。建设西部未来设计之都,有全市首个工业设计平台重

● 赛力斯凤凰智慧工厂(沙坪坝区档案馆 供稿)

庆工业设计城,全区集聚建筑设计、工业设计、软件设计、创意设计等企业103家。构建供应链金融生态圈,引进美团金融、携程小贷等金融、类金融企业28家,积极推动设立物流交易中心。

《重庆市沙坪坝区统计年鉴—2022》显示:2021年,沙坪坝区地区生产总值1058.3亿元,按可比价格计算,比上年增长7.5%。分产业看,第一产业增加值5.2亿元,比上年增长6.6%;第二产业增加值329.3亿元,比上年增长6.3%;第三产业增加值723.8亿元,比上年增长8.1%。一般公共预算收入40.2亿元,下降3.8%;一般公共预算支出92.1亿元,减少1.9%。金融业增加值145.5亿元,增长1.7%。年末,金融机构人民币存贷款余额3988.2亿元,增长7.6%;贷款余额1906.3亿元,增长6.6%。

农林牧渔业增加值5.2亿元,增长6.6%。粮食作物播种面积2596.6公顷,比上年增长4.38%。主要农产品产量:粮食作物1.1万吨,增长6.1%;蔬菜4.1万吨,增长7.2%;生猪出栏3859头,增长20.6%;家禽出栏12.2万只,增长12.4%。

工业增加值234.3亿元,增长10%。规模以上工业企业211家,总产值2662.8亿元,增长6.9%。分行业看,电子信息制造业产值2320.8亿元,增长5.7%;传统制造业产值342亿元,比上年增长16%。分区域看,高新区部分完成产值2388.8亿元,增长6.1%;其他区域完成产值274亿元,增长14.9%。规模以上工业销售产值2657.4亿元,增长6.8%;出口交货值2284.9亿元,增长5.4%;利润总额49.9亿元,减少29.2%。

● 重庆工业设计产业城(沙坪坝区档案馆 供稿)

建筑业增加值95亿元，下降2.5%。有资质等级建筑企业176户，产值318.2亿元，增长8.3%，其中一级资质建筑企业产值237.9亿元，增长13%。施工面积1397.6万平方米，增长2.6%；竣工面积321.6万平方米，增长6.8%。

交通运输、仓储和邮政业增加值56.4亿元，增长8.2%。全社会公路客运量360.7万人次，减少1%；旅客运输周转量20822.8万人千米，增长7.5%；货物运输量3474.3万吨，增长21.9%；货物周转量476645.8万吨千米，增长14.7%（统计范围未包含高新区直管区四镇街）。

中欧班列新开芬兰等国际线路7条。陆海新通道中老铁路（成渝—万象）国际货运班列通车，开行国际班列4200班、增长16%、货值1100亿元。进出口贸易额比上年增长13%。整车进口6700辆，居全国内陆口岸第一。铁路货物提单凭证改革经验全国推广。保障中国—东盟特别外长会议顺利在区召开。

全社会固定资产投资551.3亿元，增长16.9%。建筑安装工程完成投资300.9亿元，同比增长7.1%。分产业看，第二产业投资57.9亿元，增长20%；第三产业投资493.4亿元，增长16.6%。房地产开发投资325.5亿元，增长9%。

年末全区有市场主体113166户，较去年下降6.01%，其中内资企业44643户，外商投资企业302户，个体工商户68097户，农民专业合作社124户。

外贸进出口总额3516.3亿元,增长17.5%。其中，出口额2490.3亿元，增长22.6%；进口额1026亿元，增长6.5%。实际利用外资11.6亿美元，增长6.3%。

社会消费品零售总额571.9亿元，增长17.6%。批发商品销售额1162.4亿元，增长21.9%，零售业商品销售总额395.7亿元，增长14.1%，住宿业营业收入6亿元，增长32.7%。餐饮业营业收入106.3亿元，增长35.8%。

规模以上服务业营业收入285.8亿元，增长10.2%。其中，交通运输、仓储和邮政业营业收入163.2亿元，增长21%；文化、体育和娱乐业营业收入6.4亿元，增长50.6%。接待游客3252.3万人次，增长37.3%；旅游营业收入157.1亿元，增长85%。

2021年，沙坪坝区获专利授权6585件，比上年增长26.8%，其中发明专利授权1640件，增长5.5%。新增强耦合体系微观物理重庆市重点实验室等10家高校研发机构，环大学创新生态圈累计建成创新平台58个、入驻项目团队941个。黄金湾·智谷、中电光谷·智创园入驻创新主体72家，11.3万平方米的青凤高科创新孵化中心项目（二期）主体

● 融创文旅城（沙坪坝区档案馆　供稿）

工程竣工；创客港、未来科技园建成投用，入驻企业80家。"荟萃金沙·磁聚英才"品牌引才515人，成功举办中国高校（成渝）校友经济高峰论坛、科学城创新创业大赛等活动。组建创投基金2支，200余家科技型企业获贷款4.6亿元。组建西部（重庆）地质科技创新研究院、金康动力等企业创新联合体5家，引进小康新能源全球研发总部、西部区块链研究院等研发机构31家，新培育国家高新技术企业38家、科技型企业680家。

文旅品牌

歌乐山烈士陵园。歌乐山烈士陵园位于重庆市沙坪坝区歌乐山麓，占地2.14平方千米，主要由烈士墓、白公馆、渣滓洞集中营旧址、烈士群雕、烈士诗文碑林、大型浮雕、陈列总馆等几部分组成。1939年，国民党特务机关进驻歌乐山。国民党统治时期，这里是关押和杀害革命志士的人间地狱。1949年11月27日，国民党撤离大陆前夕，对囚禁在这里的300多位革命志士实行集体大屠杀，制造了震惊中外的"一一二七"大屠杀。歌乐山烈士陵园于1988年被国务院列为全国重点文物保护单位，1993年增挂重庆歌乐山革命纪念馆，1996年被中央六部委局授予"全国中小学爱国主义教育基地"称号，1997年被中宣部列为全国百个爱国主义教育示范基地。

歌乐山国家森林公园。歌乐山国家森林公园素

有"渝西第一峰""山城绿宝石""天然氧吧"之美誉。公园位于沙坪坝中部,主峰云顶海拔 678 米,为重庆近郊群峰之冠。自然风光秀丽,集山、水、林、泉、洞、云、雾于一体,历来为巴渝游览胜地。歌乐山属中梁山的一支余脉,因"大禹治水,功成,召众宾歌乐于此"而得名,其风光名声悠久,早在明代就已成为古渝都的名山胜地,乾隆年间,更以"歌乐灵音"之胜景列为"巴渝十二景"。这里汇聚了红岩文化、陪都文化、巴渝文化和宗教文化,众多历史景点和神话传说赋予歌乐山无限灵气。歌乐山国家森林公园于 1987 年被评为国家森林公园,2002 年被评为国家 4A 级旅游景区,2003 年被评为国家森林公园、重庆市体育主题公园,2005 年被评为"全国十二个优秀体育公园",是一个集体育健身、休闲度假、会议服务等三大功能于一体的综合性景区。

磁器口古镇。磁器口古镇位于重庆市沙坪坝区东北部,前面临江,后面靠山,拥有"一江两溪三山"的地貌。"一江"即嘉陵江;"两溪"是凤凰溪和清水溪;"三山"由北向南分别是金碧山、马鞍山、凤凰山。磁器口古镇是重庆主城区内规模最大,最具巴渝传统民居、民俗、民风特色的古镇,是国务院批准重点保护的首批"中国历史文化街区",是国家 4A 级旅游景区,并荣获"首批国民休闲旅游胜地"称号。

坐落于磁器口片区的重庆 1949 大剧院,通过大型红色舞台剧《重庆·1949》,以 1949 年重庆解放前夕为历史背景,讲述了众多被关押在渣滓洞、白公馆

● 磁器口灯饰(沙坪坝区档案馆 供稿)

● 融汇温泉城（沙坪坝区档案馆 供稿）

的中国共产党人，经受住种种酷刑折磨，不折不挠、宁死不屈的故事，再现了中国人民解放军解放重庆，并与重庆人民一起保卫城市的宏大场景。整场剧目以黎明到来之前的中共地下党、各界爱国民主人士乃至普通重庆市民为人物主体，从更大的时空维度、更广阔的历史视角，全新演绎"红岩经典"，再现那段波澜壮阔、感人至深的红色革命史诗。

重庆融汇温泉城。重庆融汇温泉城位于重庆市沙坪坝区，项目总营业面积38000平方米，日出水量约5000吨，出水温度54℃，富含十多种对人体有益的天然矿物质，极具医疗、保健及美容价值。重庆融汇温泉城包括融汇39°健身中心、德式健康水疗保养馆、露天温泉区、动感水乐园区及室内休闲区。温泉中心配备特色泉景自助餐厅、阳光SPA房、能量房、VIP会员专属区、大型休息厅、棋牌室、亲子园等休闲娱乐设施，满足游客旅游、休闲、餐饮、娱乐等多种生活所需。2013年12月，重庆融汇温泉城斩获首届中国温泉金汤奖"最佳温泉综合体"称号；2015年11月，重庆融汇温泉被评为"五星级温泉"，成为国内首批、重庆首家"五星级温泉"企业。

海石公园。海石公园是国家3A级旅游景区，位于重庆市沙坪坝区中梁镇，是由重庆华生园食品有限公司投资打造的以休闲度假、研学观光为主的生态型、科普型公园。公园分布在中梁山一带，海拔最高处约为690米，山中植被茂盛，比城区气温通常要低4℃～5℃，成为夏季一处理想的纳凉胜地。景区内还建有不少欧式古典城堡，掩映在满墙的爬山虎绿叶中，显现出神秘莫测的气息，一如格林童话般梦幻。

抗战名人旧居。抗战名人旧居位于重庆市沙坪坝区，包括冯玉祥纪念馆、郭沫若纪念馆和张治中纪念馆三处景点。同为抗战名人旧居，三个纪念馆从不同的角度展现了这三位历史名人在重庆的生活。

冯玉祥旧居位于重庆市沙坪坝区陈家桥街道白鹤村。1939年初，冯玉祥将军购买该院，命名为"抗倭庐"。抗战期间，冯玉祥偕夫人李德全及子女在此工作、生活了七年。

郭沫若旧居位于重庆市沙坪坝区西永街道香蕉园村（全家院子）。抗战时期，国民政府军事委员会政治部第三厅暨文化工作委员会在此设立乡间办事处，时任"三厅"厅长（后"文工会"主任）郭沫若曾寓居于此。

张治中旧居位于重庆市沙坪坝区土主镇三圣宫村三圣宫。1940年，张治中任政治部部长一职，在此居住和办公，直至抗战胜利。

巴蜀古代建筑博物馆。巴蜀古代建筑博物馆位于重庆市沙坪坝区陈家桥街道，地处重庆大学城、西部科学城的中心区域，是依托重庆市级文物保护单位复兴寺建设的一座以川渝地区古代建筑文化为主题的专题博物馆，是川渝地区首座国有古代建筑类专题博物馆。博物馆馆藏文物400余件／套（1000余件），以木质、石质、灰塑、砖雕等建筑构件为主，古建筑文化相关的出土文物，涉及大量描金、彩绘、嵌瓷、雕刻等装饰手法，充分反映了川渝地区传统建筑的发展演变与文化内涵。

风味美食

陈昌银麻花。俗称陈麻花，凭借口感酥软、口味独特等特点，成为重庆的地标性美食，深受人们喜爱。陈昌银麻花创立于1937年，是重庆市非物质文化遗产、重庆老字号，先后获得了"中国名小吃""重庆特产""重庆名点"等称号。

歌乐山辣子鸡。著名的重庆特色菜，因源于沙坪坝歌乐山三百梯而得名。选用家养土仔公鸡现杀现烹，加上川产上等干辣椒、大红袍花椒、葱、盐、胡椒等多种材料精制而成，成菜色泽棕红油亮，质地酥软，鲜嫩化渣，麻辣味浓，香气四溢。

磁器口毛血旺。重庆著名的特色美食，也是渝菜江湖菜的鼻祖之一。毛血旺以鸭血或猪血为主料，烹饪技巧以煮为主，其汤汁红亮、麻辣鲜香，汁浓味足，开胃下饭促进食欲。其起源于20世纪40年代沙坪坝嘉陵江畔的磁器口，是古镇最早的美食"三宝"之一。

磁器口老地方猫儿面。俗称猫儿面，源于1945年。居住在此处的龙姓人家常为小憩于家门口的过客煮面条充饥，这家人养有一只猫。食客赞其面条麻辣醇香、酥软筋道，口口相传"就是养猫儿那家人的面条最好吃"，"猫儿面"由此得名。磁器口老地方猫儿面荣获"重庆地标菜""沙坪坝区最佳人气餐饮店"等多种称号。

雷家酸辣粉。重庆特色小吃，选用地道的土家红薯粉，讲究"酸、辣、鲜、香"，非常有嚼劲，荣获"沙坪坝区非物质文化遗产""重庆老字号""重庆地标菜""沙坪坝区餐饮名菜（小吃）"等多种称号。

发展定位

以创新驱动示范区、开放引领示范区、文化传承示范区、人民城市示范区"四个示范区"建设为载体，加快建设成渝地区双城经济圈主阵地，争当高质量发展、高品质生活、高效能治理示范区，争当创新驱动排头兵、内陆开放领头雁。

发展目标

结合贯彻党中央部署和市委要求，沙坪坝区现代化建设总的目标安排：到2035年，在高质量发展中基本实现社会主义现代化目标，共同富裕取得更多实质性进展；从2035年到21世纪中叶，全面建成社会主义现代化强区，全面建设共同富裕美好社会。

2022年12月召开的中国共产党重庆市沙坪坝区第十三届委员会第二次全体会议提出未来五年的主要目标任务：全面落实党中央、市委确定的各项战略部署，扎实推进"四个示范区"建设，全面建设社会主义现代化新沙坪坝。地区生产总值迈上1500亿元台阶，全区经济实力、科教实力、城市综合实力、生态文明建设、社会治理水平、人民生活水平显著提升。

创新驱动示范区建设取得显著成效，成为西部重要科技创新中心。研发经费投入强度达到5.1%，科技成果转化率提高5个百分点，环大学创新生态圈实现营收超过150亿元，新增创新空间280万平方米，国家高新技术企业达到150家，创新型企业超过3000家；制造业增加值占GDP比重达到25%，数字经济增加值占GDP比重超过50%，高技术制造业增加值增速高于工业增加值增速，产业投资增速高于固定资产投资增速；基本实现教育现代化，人才自主培养质量和教育综合实力处于中西部前列。

开放引领示范区建设取得显著成效，成为内陆开放高地的重要门户。在全面融入服务成渝地区双城经济圈创新实践中，城市能级和辐射带动作用显著增强。西部陆海新通道建设实现重大突破，货运量、货运值年均保持15%以上增速，重庆国际物流枢纽园区进出口贸易额和服务贸易额年均增长20%。全区进出口总额突破4800亿元，实际使用外资保持在中心城区前列，基本建成陆港型国家物流枢纽。

文化传承示范区建设取得显著成效，形成更具影响力的文化品牌和城市名片。"冠红岩之名、铸红岩之魂"实践活动广泛持续深入开展，以红岩精神为核心的城市精神更加昂扬，文化软实力全面提升，历史文脉延续传承，社会文明程度得到新提高。成功创建歌乐山·磁器口国家4A级旅游景区，创成国家级文旅品牌5个，文化旅游产业增加值年均增长8%，旅游总收入超过300亿元，精品力作推陈出新。

人民城市示范区建设取得显著成效，共同富裕迈出坚实步伐。全域空间优化、全域品质提升、全域产业升级、全域城乡融合取得重大成效，梁滩河"百里生态画廊"、井双片区提升"两大作业面"形态基本显现，城镇化率达到98%。空气质量优良天数稳定在310天以上，"碳达峰""碳中和"实现阶段性目标。党建引领基层治理机制全面完善，城市管理向城市治理转变取得重大突破。"诗意田园"魅力显现，村级集体经济组织年经营性收入高于50万元的村占比达到80%。每年新增就业3万人以上，多层次社会保障体系更加健全，人均预期寿命达到79.8岁，居民收入增长高于经济增长，城乡收入差距缩小到1.75∶1。

（撰稿：陈永红　审稿：张俊彪　薛峰）

九龙坡区

基本情况

重庆市九龙坡区位于东经106°14′~106°32′，北纬29°29′~29°33′之间，依长江、拥中梁、靠缙云，一水相依，两山峙立，辖区面积432平方千米，辖9个街道、10个镇，常住人口153万人，城镇化率94%，是国家自主创新示范区、全国小微企业创业创新基地城市示范、全国首批城市更新试点城区、国家知识产权示范城市、国家级外贸转型升级基地（有色金属材料、摩托车及零部件）。2022年地区生产总值1763.94亿元、总量居全市第二。

区位独特。高新区发源地、科学城主战场。中梁山纵贯南北，把九龙坡分为东、西两大区域。东部紧邻渝中半岛，面积88平方千米，已基本实现城镇化，其中石桥铺、渝州路、二郎三个街道是重庆高新区发源地，石桥铺商圈曾被誉为重庆的"中关村"。西部344平方千米，其中6个镇、近200平方千米纳入重庆高新区直管园，另外3个镇为科学城"一核五区"的重要组成部分，是成渝地区双城经济圈"双城""双核"相向发展的"主通道"、西部（重庆）科学城建设的"主战场"。

史脉悠远。缘伟人而成名、因艺术而扬名。九龙坡秦汉属巴郡，南北朝以来属巴县。明朝年间，以"境内江中有滩、九石翘首若龙"取名"九龙滩"，后建九龙铺码头。1945年毛泽东赴重庆谈判，乘机降落九龙坡机场，九龙坡因而传名天下。九龙坡文

● 九龙坡区万象城（九龙坡区档案馆 提供）

脉厚重,玉龙石器旧址见证史前文明,战国巴人船棺、汉陶砖画传承千年,抗战兵工旧址博物馆聚落、中共四川省临委会会址、刘伯承六店旧居等传承历史文脉。九龙坡人杰地灵,古有明正德年间文渊阁大学士刘春、清乾嘉时期书画名士龙为霖和龚有融,近有革命家周贡植等名人大家,明"三大才子"之首杨慎曾在此留下壮美诗篇。九龙坡艺脉深植,四川美院扎根60余年,美术大师罗中立经典作品《父亲》成画于此,千余名"黄漂"在此醉心艺术创作,重庆美术公园初见雏形,九龙坡美术半岛呼之欲出,已成为重庆打造"人文之城"的重要支撑。

产业厚实。 百年工业大区、科技创新重镇。工业奠基于抗战时期,始于20世纪30年代汉阳兵工厂西迁落户,兴于"三线建设"和乡镇企业、园区经济蓬勃发展,区内现有1个国家级高新区和2个市级特色工业园区,拥有中铝高端制造、西南铝、庆铃汽车、隆鑫集团等一批龙头企业,集聚博世庆铃、国鸿氢能、润泽科技等一批高新技术产业项目,构建起汽摩、智能产业、新材料、新能源、高端装备和现代服务业六大产业集群,2022年规上工业总产值1438.25亿元、增长4.9%。近年来,九龙坡全面融入西部(重庆)科学城建设,大力实施科技创新"六大工程",高标准建设重庆数字大厦、数字经济产业园,成功引进中国联通5G融合创新中心、红马科技等重大产业创新项目,累计打造市级以上创新平台370个,引育高新技术企业591家、科技型企业3120家,集聚以李兰娟、梅宏等为代表的高端人才752人,全社会研发投入占比达3.3%,数字经

济规模年增长20%以上，均居全市前列。

商贾云集。市场主体第一、民营经济活跃。成功创建全国小微企业创业创新基地城市示范，4.75平方千米区域纳入重庆自贸区范围，获批国家级外贸转型示范基地，成功入选首批重庆市跨境电子商务示范区，拥有九龙新商圈、盘龙商圈、万象城、西城天街、山姆会员店等一批亿元商业综合体加速崛起，现代服务业增加值占GDP比重达64.6%；连续3年营商环境评价排名全市前二。截至2022年底，全区市场主体达24.34万户，居全市第一，其中优质民营企业9.04万家，全区民营经济市场主体经济总量突破千亿大关，居全市第一，对经济增长的贡献率达65%。

城乡共美。城市更新提质、乡村振兴添彩。2021年成功入选全国首批城市更新试点城区，正按照每年完成200万平方米以上的目标任务大力实施城市更新行动，其中红育坡片区老旧小区改造提升项目PPP模式和规划师、建筑师、工程师"三师"进社区行动经验做法全国推广，"两江四岸"治理项目九龙滩滨江广场获世界滨水设计大奖，昔日老工业区正焕发现代都市新气象。深入推进美丽都市乡村建设，优化"一环一廊四片六村"乡村振兴空间布局，提档升级大英雄湾村、真武宫村等乡村振兴示范点，成功建成乡村振兴学院，先后获得全国美丽乡村创建先进区、全国农村人居环境整治成效明显区等殊荣，呈现出生态美、产业兴、百姓富的良好发展态势。

历史沿革

《华阳国志·巴志》载："武王既克殷，以其宗姬封于巴，爵之以子。""巴子"是史料记载最早国家形态下的正式封谓。若以此为始，重庆古代最早行政建置距今已有3000余年。区境属巴子国江州地，其历史有3000年之久。

1949年11月30日，重庆解放。1950年10月，第八区和第十七区合并为重庆市第四区，区人民政府驻大坪，区其余地方仍属巴县。1952年10月，重庆市调整行政区划，同年11月，区人民政府驻李家沱，九龙坡区全境属重庆市第四区。

1955年10月24日，第四区定名九龙坡区。1988年11月，区人民政府迁驻杨家坪。1995年3月，重庆市调整行政区划，九龙坡辖九龙、华岩、白市驿、含谷、走马、金凤、陶家、巴福、西彭、铜罐驿、石桥11个镇和石板乡，以及杨家坪、谢家湾、石坪桥、黄桷坪、中梁山、石桥铺6个街道。1998年2月，区委、区政府委托重庆高新技术产业开发区管理石桥铺街道、石桥镇。2004年8月13日，撤石桥镇建渝州路街道。2010年8月1日，石桥铺、渝州路街道正式随重庆高新技术产业开发区移交复归九龙坡区管理。2019年12月24日，重庆市五届人大常委会第十四次会议表决通过《关于重庆市高新技术产业开发区行政管理事项的决定》。明确九龙坡区金凤镇、含谷镇、白市驿镇、巴福镇、石板镇、走马镇全域以及市人民政府依法明确的其他区域划入重庆高新技术产业开发区直管园。2020年9月，撤九龙镇设九龙街道。至此，九龙坡区辖杨家坪、谢家湾、石坪桥、黄桷坪、石桥铺、二郎、九龙、渝州路、中梁山9个街道和华岩、西彭、铜罐驿、陶家、白市驿、走马、含谷、巴福、金凤、石板10个镇。

重要资源

土地资源。九龙坡区总土地面积430.79平方千米，其中耕地69.17平方千米、园地72.16平方千米、林地面积62.09平方千米、草地0.8平方千米、城镇村及工矿用地164.77平方千米、交通运输用地25.01平方千米、水域及水利设施用地23.47平方千米、其他土地13.32平方千米。

水资源。区内水资源主要分为地表水、地下水和过境水。水资源总量为71430.65万立方米。地表水径流量为16839万立方米，平均每平方千米产水38万立方米。地下水总储量为1619.87万立方米，可利用总量为1052.91万立方米。过境水总量为2775.5716亿立方米，长江为主要的过境水来源，年平均水量为2775.5亿立方米。

矿产资源。主要矿产资源有煤、石灰岩、页岩、砂岩、矿泉水和地热。煤和石灰岩赋存于中梁山背斜轴部。矿泉水、地热赋存于中梁山背斜两翼、缙云山背斜东翼。页岩、砂岩赋存于中梁山以东、以西向斜腹部。煤矿探明储量为1.087亿吨，保有储量4762万吨，为中型矿床。石灰岩基础储量30.5亿吨，资源量7亿吨，为重庆市主城区主要的工业原料石和建材供应基地。矿泉水1处，即中梁山矿泉水，流量80~100立方米每日。有采矿权的地热有5处，其中天赐温泉和贝迪温泉为重庆市打造的"五方十泉"之二泉。

植物资源。区内植物有国家保护的珍稀濒危植物苏铁、银杏、水杉、胡桃、金荞麦、莲、楠木、樟、喜树、绞股蓝10种，用材树种18种、园林植物282种、药用植物40种、经济林木27种、粮食作物7种、短期经济作物11种。

动物资源。辖区内野生动物有白鹭、夜鹭、池鹭、岩鸡、野兔、野猪、獐子、松鼠、竹鸡、杜鹃、斑鸠、画眉、黄鼠狼、蛇类、江团鱼等30余种。重庆动物园展出的动物有260余种4000余只（尾）。园内展出的动物中，以大熊猫、东北虎、金丝猴为代表的珍稀保护动物占80%以上。

基础设施

交通基础设施。全区"四横五纵"交通网络基本形成，建成"半小时通勤圈"。九永高速、华岩隧道、轨道5号线、轨道环线、重庆西站、红岩村桥隧、快速路二纵线、四纵线嘉南线三期等建成通车，黄磏港、渝昆高铁、黄桷坪长江大桥、江泸北线高速、科学城大道九龙坡段等对外通道快速推进，轨道18号线、27号线、陶家隧道、大九滨路连接道等市级重点项目加快建设。

新型基础设施。新建5G基站570个，累计4638个，建成忽米网动摩行业、科源能源行业工业互联网标识解析二级节点2个，建立西部唯一一家跨行业跨领域工业互联网平台"忽米H-IIP平台"。培育国家级工业互联网试点示范项目3个、两化融合贯标企业64家，市级工业互联网试点示范项目26个。建成智能工厂5家，生产数字化车间32个。"九龙坡云医院"平台接入区内外各类医疗机构69家，用户达6.54万人，获评"智博五年"重庆数智十大标杆案例。数字治理不断深入，升级智慧九龙公安平台，智慧城管系统实现"一网统管、一屏通览、一键联动"的建设目标，创新开发的"九龙智慧流调系统"初步达到流调处置全流程信息化、全链条可视化。

科研与技术服务。成功创建全国科普示范区，启迪科技园获评国家级孵化器，市级新型研发机构增至15家，市级以上创新平台达370个、高新技术企业达591家、科技型企业达3120家，均位居全市前列。引进联通5G融合创新中心、极狐全球运营总部等项目。百亿级国改科技基金完成交割项目11个。2022年，万人发明拥有量达28.5件，全社会研发经费投入63.9亿元。

商业服务。已竣工备案和初步投用且商业商务面积达5000平方米以上楼宇项目共174个，商业商务面积共841.38万平方米；仓储项目共30个，商业商务面积共182.87万平方米。实现电子商务集聚发展，电商网站达51个，网店达1386个，市级电子商务示范企业3家，阿里巴巴重庆产业带、行采家等电商平台集聚效应突显，钢棒棒现货钢材交易平台业务规模快速增长。

乡村振兴基础设施。推动建设长江花果山·四季花果乡农旅综合体等20个乡村振兴特色项目，铜罐驿镇英雄湾村入选全国乡村旅游重点村，成功推广"美丽乡村精品线路"10余条。建成农村散户生活污水净化槽76座，美丽庭院60户、村庄亮化工程120个，2个村获评重庆市美丽宜居乡村，实现国家级卫生镇全覆盖，成功创建"四好农村路"市级示范区，生活垃圾有效治理率稳定保持100%。区交通与邮政快递实现融合发展，已形成"县乡村"农村三级物流节点体系，行政村通客车率达到100%，末端行政村公交覆盖率100%，"快递进村"覆盖率100%。扎实开展数字乡村建设试点，农村互联网普及率超过65%，重庆英雄湾乡村振兴学院云平台3.0正式上线，入选中国教育在线优秀案例奖，获教育部表彰。

主要产业

新材料产业。初步建成从电解铝到铝加工终端产品的铝加工产业链，形成了"军品高强合金材"和"民品高精板带材"两大产品线，产品涵盖航空

● 中国铝业集团高端制造股份有限公司（九龙坡区档案馆 提供）

航天、交通运输、包装、电子家电、印刷、建筑装饰用铝材等6个方面，铝基新材料产业集群成功入选国家中小企业特色产业集群，国创轻合金研究院成功创建重庆市高端轻合金制造业创新中心，西南铝荣获2项中国有色金属工业科学技术奖一等奖和1项国家科学技术进步奖一等奖，并被国务院国资委授予"1025工程突出贡献团队"荣誉称号。2022年，全区新材料企业达126家。

汽车摩托车产业。汽车产业形成了以庆铃、鑫源、长安跨越等整车企业为龙头，吉利、迪科、新航达等改装车企业为骨干，秦安、戴卡捷力等近百家配套企业为支撑的优势产业集群供应链。特别是以博世氢动力系统为龙头的氢燃料电池汽车加快发展，成功创建重庆市智能网联新能源汽车特色产业园。摩托车产业形成了以隆鑫通用、建设雅马哈为龙头，包含志成机械等50多家规模以上零部件企业配套的协作体系，涵盖整车制造、零部件配套的全产业链条。2022年，全区汽摩行业规上工业企业达128家。

高端装备产业。在隆鑫通用、中煤科工等龙头企业的带动下，通机农机、安全环保、水电设备等产品已具备较强的市场竞争力。通机农机产品已在全球30多个国家和地区实现批量销售，年产量超400万台。安全环保设备服务对象拓展到东南亚、东欧等国际市场。水电设备产品遍布全国以及东南亚、非洲、南美洲、欧洲。2022年，全区装备制造业规上工业企业达93家。

智能产业。以格力为龙头的智能家电产品涉及普通定频及直流变频34个系列、137个品种，全部为高效节能产品；以臻宝实业为龙头的集成电路和液晶显示材料，在高纯硅、石英、陶瓷等设备核心零部件制造以及上、下电极制造、等离子涂层保护工艺等方面处于国内领先地位；以航天火箭为龙头的无人机和电子医疗器械产业，正谋划打造航天城，拟建设无人机航空发动机及航空电子设备生产制造中心、联试中心、保障中心和技术中心，以及电子医疗器产品研发中心及电子医疗器械物流中心。2022年，全区智能产业规上工业企业达48家。

现代服务业。深入推进国际消费中心城市核心承载区建设，建立10大攻坚项目、50项重点项目库，以"品牌首店"和"亿元品牌店"为引领，大力发展"四首经济"，拥有全市最大的商圈——九龙新商圈，全市年销售额唯一突破50亿元的商业综合体——重庆华润万象城，西南地区最大的山姆会员店开业运营，全区国际知名品牌首店达109家，位居全市前列。税收亿元楼栋达11栋，34栋重点楼宇实现营收500亿元。入选全市旅游服务质量提升试点区，博物文创产品获中国旅游大赛金奖第一名，巴国城成功创建国家级夜间经济文旅消费集聚区，打造中华美食街区、夜间消费街区等10余条特色街区。引进RCEP渝澳数字经济贸易产业项目、巨延集团等，打造"新外贸商品展销+数字贸易电商"特色街区、面向西部的ACGN动漫二次元乐享基地。2022年，全区服务业对GDP增长贡献率超过60%。

数字经济产业。强化顶层设计，明确"构建大数据产业聚集区的核心定位、'新型算力中心''产业数字化赋能中心'的双中心建设和N个大数据特色产业协同发展"的工作思路，制定支持数字经济发展若干政策，着力优化数字经济产业发展生态。提升载体承载能力，构建"1栋数字大厦+1条数字街区+3块数字广场+N个卫星基地"的空间布局，重庆数字大厦获批重庆市产业数字化赋能中心、重庆数字经济（人工智能）产业园区。打造产业集群，以万科023为核心，大力发展工业互联网，忽米网入选工业和信息化部工业互联网双跨平台。依托润泽项目打造西南地区集超算、存储等功能于一体的绿色先进大数据中心，"西彭—陶家"片区纳入全市数据中心集群范围。引进落地中国联通5G融合创新中心、蓝卓工业互联网创新中心等重大项目，全区27家企业入围全市重点软件企业130强，微客巴巴、医事通2个品牌入选全市十大线上服务品牌。2022年，全区"四上"数字经济核心产业企业达249家。

战略性新兴产业。新材料产业纵深拓展，围绕航天航空、轨道交通、船舶、特种铝合金熔铸、汽车轻量化等重点方向，推动中铝高端制造、航空薄板及汽车板生产设备等项目加快建设，倾力打造"中国铝加工之都"。氢能产业集聚培育，在西彭组团规划3平方千米，计划投资超过200亿元，集聚德国博世、庆铃汽车、国鸿氢能、鸿基创能等头部企业，涵盖氢能源商用整车及燃料电池8大关键核心产品，形成较为完整的氢燃料电池汽车配套体系，重点打造"中国西部氢谷"。新能源汽车提质发展，支持国鸿氢能及关联企业并购中车恒通等具有新能源汽车生产资质的车企落户，加快推动氢燃料电池商用车产业化，布局纯电动、插电混合动力整车技术创新链，全力引进集聚新能源整车及配套企业，提升汽车产业综合竞争力。电子信息产业持续壮大，着力完善电子制造产业零部件本地配套体系，强化与品牌企业合作关系，吸引更多电子制造领域企业落户，加快智能终端产品种类拓展和档次提升，延展完善关

● 重庆美术公园远眺图（九龙坡区档案馆 提供）

● 中梁山风景区（九龙坡区档案馆 提供）

键电子零部件产业链，补齐集成电路领域短板，持续壮大产业规模。2022年，全区规上战新制造业企业达80家。

文旅品牌

辖区有重庆动物园、重庆建川博物馆聚落、重庆华岩旅游区等4A级旅游景区7个；重庆抗战兵器工业旧址群——兵工署第一工厂旧址等国家、市、区级文物保护单位19处；有走马故事等国家、市、区级非遗传承项目97个；有巴国城、京渝国际文创园、黄桷坪艺术园区等国家级、市级文化产业示范园区（基地）13个；有星级旅游饭店10家；有重庆建川博物馆、重庆巴人博物馆、九龙沉香博物馆等博物馆、纪念馆、陈列馆、陈列室13座。

大城中梁——中梁山风景区。中梁山风景区森林覆盖率超90%，集聚了奇峰、奇洞、奇泉、奇寺、奇闻等十大独特自然和人文资源。正按照城市生态

●重庆动物园中的熊猫（九龙坡区档案馆　提供）

文明典范、国内知名旅游目的地的目标，打造"山水之城、美丽之地"的九龙坡样板。

美术半岛——重庆美术公园。重庆美术公园作为长江文化艺术湾区的一部分，拥有世界最大规模的涂鸦街，是四川美术学院的发祥地、中国的当代艺术圣地和原创基地。如今，正以四川美术学院黄桷坪校区为核心、电厂工业文化区域为链、九龙滨江生态区域为极，打造一个市民可广泛参与的、无边界的重庆美术公园。

万象商汇——杨家坪商圈及万象城。杨家坪商圈系重庆五大商圈之一，经改造升级后，九龙门、九龙印等成为新晋打卡地，与之融为一体的重庆万象城是西部规模最大的万象城，也是重庆奢侈品牌云集、购物环境最优的商业综合体，为重庆仅有的三大国家五星级购物中心之一。

动物乐园——重庆动物园。作为新巴渝十二景之一的重庆动物园，原名"西区公园"，是一代代重庆人的童年记忆。公园占地45公顷，辟有动物馆30多处，展出动物260余种、4000余只（尾），是全国城市大型动物园之一，为国家4A级旅游景区。

博物洞天——重庆建川博物馆聚落。重庆建川博物馆聚落利用全国重点文物保护单位——重庆抗战兵器工业旧址群（兵工署第一工厂旧址）建馆，是全国首个洞穴抗战博物馆，由9个主题博物馆、

● 重庆建川博物馆聚落（九龙坡区档案馆 提供）

● 周贡植故居（九龙坡区档案馆 提供）

1个临展馆组成。博物馆内文物藏品 40000 余件，其中国家一级文物 116 件，是一座大型非国有博物馆，为国家 4A 级旅游景区。166 号导弹驱逐舰位于重庆市九龙坡区建设码头，博物馆通过运用文字、图片、多媒体等多种形式，回顾 166 舰自建造之初直至光荣退役的历史，使观众重温 166 舰光辉岁月。

英雄故居——周贡植故居。周贡植故居位于铜罐驿镇英雄湾村，是中共四川省临委会扩大会议旧址。周贡植是中共四川省委的早期领导人，1928 年 4 月在重庆英勇就义，年仅 29 岁。经修缮后的周贡植故居，已成为九龙坡红色旅游、乡村旅游名片。

华岩禅林——华岩旅游区。华岩旅游区面积 1600 余亩，集山、水、林、洞、寺于一体，为西南十大丛林之一，有"巴山灵境"之称，为国家 4A 级旅游景区。景区内的川东名刹——华岩

● 走马古镇（九龙坡区档案馆　提供）

● 华岩旅游区（九龙坡区档案馆　提供）

寺，为重庆新巴渝十二景之一。

走马古镇。走马古镇是中国历史文化名镇、中国传统村落、成渝古驿站。驿道上的马帮蹄痕、名人题刻等保存完整。商贾来往，把各地山歌故事、野史趣闻也带到了古镇，形成了独具一格的国家级非物质文化遗产——走马故事，造就了重庆唯一的"中国曲艺之乡"。

风味美食

"允丰正"黄酒。"允丰正"在重庆已有200余年的生产历史，最初由浙江入川做官并精通"绍酒"酿造技术的"韩四大人"引入重庆，名为"渝酒"，厂名"允丰正"。其黄酒采用糯米为原料，通过特殊的制曲工艺发酵，精酿而成，色泽金黄透明，其味清香醇甜，饮后余香满口，并具有开胃健脾、舒筋活络等功效，亦常为药引以助药力，也是烹饪调味的高级佐料。允丰正黄酒在1985—1987年度酒类质量评比中，均被重庆市乡镇企业管理局认定为"优秀产品"。

黄花园酱油。黄花园酱油酿造技艺起源于浙江商人汤志轩在浙江创办的"老同兴"酱园，其工艺配方可以追溯到清朝同治年间。1940年由于抗日战争爆发，汤志轩将同兴酱园厂迁到重庆渝中区黄花园，创办了黄花园酱油厂。2004年改制组建为重庆黄花园酿造调味品有限责任公司，同时将企业迁到重庆市九龙坡区石坪桥。黄花园酱油产品从原来的几个发展到目前的有机食品酱油、绿色食品酱油、小面酱油、红烧酱油、凉拌酱油等118个规格的系列产品，已销售到全国二十几个省、自治区、直辖市，出口日本等国家。近年来，黄花园酱油先后荣获重庆市著名商标、重庆市名牌产品、中华老字号等称号，并获国家绿色食品、有机食品认证。2019年6月18日，黄花园酱油酿造技艺经重庆市人民政府批准列入重庆市第六批市级非物质文化遗产代表性项目名录。

秦云老太婆摊摊面。"秦云老太婆摊摊面"属于重庆小面，发源于晚清（1908年）的重庆陶家（现九龙坡区陶家镇），以麻辣鲜香为主要特点。2009年，"老太婆摊摊面"被《重庆商报》和"天涯重庆社区"网站评为"重庆小面50强"第一名；2013年，受央视九套纪录片《嘿小面》报道；2014年，受《舌尖上的中国2》报道；2015年，受央视四套"城市一对一"栏目"重庆对话西雅图"报道。现在，老太婆摊摊面已逐渐成为重庆的一张美食名片。2019年6月18日，秦云老太婆摊摊面制作技艺经重庆市人民政府批准列入重庆市第六批市级非物质文化遗产代表性项目名录。

白市驿板鸭。重庆白市驿板鸭食品有限责任公司位于重庆九龙坡区白市驿镇，是一家集畜禽屠宰加工、生鲜熟肉制品、休闲食品、餐饮服务为一体的综合性食品生产企业。公司主导产品"白市驿板鸭"历史悠久，从创始、行销、再规模流出，已走过200年左右时光，是重庆市著名特产，在巴渝大地久负盛名。曾荣获"中商部优质名特产品""重庆名牌产品""中华老字号""重庆市非物质文化遗产"等荣誉。

重庆周君记火锅食品有限公司。"周君记"品牌系列产品，经历三代传承技艺及特色文化，让属于重庆人自己的调料品牌畅销世界各地。主打传承产品有："麻辣香水鱼底料"系列、"拌菜香佐料"系列等。重庆周君记火锅食品工业旅游体验园，是国家4A级旅游景区，位于九龙坡区九龙工业园区内，是集生产研发、旅游观光、体验互动、科普教育等功能于一体的"全国工业旅游示范点"。

发展定位

"三高三宜三率先"，即坚持不懈发展高新技术产业、推进高质量城市建设管理、创造高品质人民生活，努力把九龙坡建成成渝"双城""双核"重要的现代产业新高地、科技创新新高地、改革开放新高地和宜居宜业宜游品质之城，在全市率先基本实现社会主义现代化、率先基本实现全域城市化、率先基本实现全社会智能化。

发展目标

到"十四五"末，实现"六个迈上新台阶"，即经济发展迈上新台阶、改革开放迈上新台阶、社会文明程度迈上新台阶、生态文明建设迈上新台阶、民生福祉迈上新台阶和治理效能迈上新台阶。

到2025年，实现创新、协调、绿色、开放、共享发展指标"五个显著提升"，全社会研发经费支出占比达4%以上，规上工业全员劳动生产率达每人每年50万元以上；高技术制造业增加值占规上工业比重达20%以上，现代服务业增加值占服务业比重达70%以上；森林覆盖率达41%以上，城市建成区绿化率达46%以上；年度实际利用外资总额达20亿美元以上，年度进出口总额达50亿美元以上；一般公共预算收入达60亿元以上，全体居民人均可支配收入达7万元以上。

到2035年，实现"三高三宜三率先"发展愿景。

（撰稿：肖强　审稿：黄仁强）

南岸区

基本情况

南岸区位于东经106°03′~106°47′，北纬29°27′~29°37′之间，辖区面积262.43平方千米，下辖8个街道、7个镇，常住人口120.8万人，城镇化率96.93%，每10万人中有32336人为大学受教育水平，为全市最高。已建城镇建设用地约81.40平方千米，规划实施率约75%，至2035年规划城镇建设用地规模132.68平方千米。西部首个国家级开发区——重庆经开区、中国智谷（重庆）科技园、自贸试验区南岸板块、中新合作示范项目等联动发展，荣获全国文明城区、国家卫生区、全国双拥模范城、国家科技进步示范区等众多国家级荣誉。在全市"一区两群"协调发展中，南岸地处重庆"两江四岸"核心区，作为主城都市区历史母城的重要组成部分、东部生态城的主体部分，独占全市六张城市"新名片"中其二——长嘉汇、广阳岛。

历史沿革

重庆建市以前，今南岸区地域属巴县。1929年重庆建市，在玄坛庙设南岸市政管理处，管理由巴县划入的南坪城、海棠溪、龙门浩、弹子石四坊。1935年2月，撤销市政管理处，正式设立重庆市第四区，下半年改为第六区。区公署驻玄坛庙。1939年6月，第六区分为第十一、十二两个区。十一区区公署驻玄坛庙，辖玄坛庙、龙门浩、弹子石、窍角沱等4镇；十二区区公署驻海棠溪。1941年崇文、大兴两乡从巴县划入市区，增设重庆市第十五区，区公署驻黄桷垭（崇文）。1944年7月，改区公署为区公所，撤销镇一级建制，区直辖保；第十一区一分为二，划出弹子石、窍角沱、鸡冠石一带，增设重庆市第十八区，十八区区公所驻弹子石。其时，重庆市长江南岸今区境并设4个区，均以序号代名，为重庆市第十一区、十二区、十五区、十八区。

1950年6月，长江南岸4个区合并建立为重庆市第五区、第六区。各建区人民政府，区辖乡。第五区人民政府驻海棠溪，次年3月迁罗家坝；第六区人民政府入驻弹子石。次年，郭家沱地区由江北县划入第六区。1952年10月，第五、第六两区合并为重庆市第五区，区政府驻弹子石，12月迁龙门浩，即后来的上新街。

1955年10月，第五区因地处重庆长江南岸而更名为重庆市南岸区。其后辖地虽有增减，区名无变。

1993年4月，经国务院批准，在南坪地区设立重庆经济技术开发区，实施沿海开放城市经济技术开发区政策，重庆经开区面积9.6平方千米，是西部第一个国家级经济技术开发区。

1994年4月，区政府自上新街马鞍山迁至南坪南城大道199号。

1995年3月，原巴县所属的长生桥、迎龙、广阳三镇和原九龙坡区花溪镇所属的二塘村划入，南岸区所属的郭家沱街道和郭家沱村划归江北区，辖区面积由129.69平方千米增至262.43平方千米。

2001年4月，重庆市经济技术开发区奉命向长江以北拓展，在重庆市渝北区的鸳鸯、礼嘉二镇规划83.7平方千米面积，建设重庆经开区（北区）。

2010年6月，重庆两江新区挂牌成立，重庆经济技术开发区（北区）划入两江新区，经开区（南区）保留重庆经济技术开发区牌子，并移交南岸区管理。11月，原经开区下辖的9.6平方千米移交南岸区管理，同时将茶园地区约50平方千米的可建设用地交经开区管辖。

2013年6月，区政府自南坪南城大道199号搬迁至长生桥镇广福大道1号。

2022年底，南岸区下辖南坪、涂山、鸡冠石、峡口、长生桥、迎龙、广阳7个镇，南坪、铜元局、花园路、海棠溪、龙门浩、弹子石、南山、天文8个街道，共有105个社区，48个行政村。

重要资源

水资源。过境长江多年平均径流量3447亿立方米，是全区生产生活用水的主要水源；全区多年

● 南山植物园（南岸区文旅委 提供）

平均地表径流量11635.8万立方米；地下水资源量1232万立方米／年。在地下水资源中，热矿泉水丰富，现开采慈母山、海棠溪、铜锣峡和六千米热矿泉。

矿产资源。区内优势矿产为地热水，有地热钻井1口，井口水温51.5℃～52℃，允许开采量800立方米／日。

林业资源。全区有林地9251.46公顷，其中林地7905.68公顷，灌木林地1151.29公顷，疏林地12.93公顷，未成造林地30.53公顷，无立木林地89.58公顷，苗圃地47.28公顷，其他林地14.17公顷。森林覆盖率44.6%。

动植物资源。南岸区植物资源丰富，植物品种1632种。经济作物和观赏花卉资源占有突出优势，其中茶花、杜鹃、罗汉松、蜡梅、樱花、桂花、海棠等享誉国内外，与苏铁、雪松、广玉兰、塔柏、兰花等构成观赏植物主体。在南山植物园中兴建的三峡库区珍稀植物保护园中，名贵、稀有、濒危植物品种尚在不断增加。水果主要有柑橘、葡萄、枇杷、樱桃、苹果等。马尾松林、黑松林、竹林、香樟林、灌木草丛、草坡等构成南山绿化植被的主体。由于人类活动的影响，野生动物已日益减少，动物资源以家畜、家禽为主。

基础设施

供水。南岸区共5家水厂，分别为黄桷渡水厂、白洋滩水厂、朱家岩水厂、观景口水厂及明月沱水厂，供水总能力60.5万立方米／日，供水管网总长1844.6千米，市政消火栓共2673具，二次供水设施共800套。

供电。2022年，南岸电网共有用电客户69.6万户，同比增长4.5%，2022年售电总量45.88亿千瓦时，同比增长6.13%。

供气。2022年，南岸区总用户数64.92万户，同比增长2.32%，供气总量3.35亿立方米，同比减少5.3%。

交通。南岸区铁路运营里程20千米，在建39千米；轨道运营里程36千米，在建40千米；公路总里程573千米，新建10千米，续建13千米；道路总里程616千米，在建72千米；航道通航里程48.1千米；建成投用生产性泊位14个，港口客、货运吞吐能力5万人、825万吨左右。

南岸区规划城市道路网结构为"三纵三横三联络"的高、快速路网，"九纵三横"的城市主干路网和按照"小街区、密路网"的原则规划布局的次支路网。全区规划有轨道线路12条，设轨道站81个，总里程约150千米，占中心城区规划总里程的11.9%，截至2022年底，全区建成运营轨道线3条，在建轨道线4条，正在开展前期研究轨道线5条。

南岸区规划山城步道里程346千米，截至2022年底，步道里程达到96.2千米，完成7个站点轨道便捷提升，全区过街设施达到71座，舒适、便捷的慢行体系已逐步成型。我区规划公共停车场163个，截至2022年底，已有31个公共停车场、94个临时停车场，提供公共停车位13614个。

2022年，重庆东站项目整体按年度计划有序推进，站房主体工程249标高以下主体结构完成90%，承轨层258标高完成30%；综合换乘中心及轨道结构全部完成，4栋综合开发楼基础完成80%，238标高以下主体结构完成30%，轨道交通6号线东延段、24号线、27号线等周边配套路网初步成形。

教育。幼儿园196所、小学45所、九年一贯制学校8所、初级中学11所、完全中学8所，另有特殊教育学校1所、中职学校2所、教师进修学院1所。共有在校（园）学生167399人，教职工14836

人。学校占地面积2214224.3平方米，校舍建筑面积1637540.48平方米。

医疗。截至2022年底，南岸区共有医疗机构682所，其中，三级医院5所（市五院、重医附二院、武警医院、市六院、重庆爱尔麦格眼科医院），二级医院14所，镇卫生院6所，社区卫生服务中心6所，公共卫生中心4所，村卫生室33所，社区卫生服务站39个，民营医疗机构、个体诊所等575所。全区医疗机构床位7208张，每千人拥有床位5.99张。卫生技术人员10856人，每千人注册医师2.78人、注册护士3.39人。2022年出生10122人，政策性生育率99.84%，自然增长率为1.45‰。

养老。南岸区有养老机构34家，城乡社区养老服务设施121个，覆盖91.0%的城镇社区和83.3%的行政村，8家养老服务机构开展医养结合服务，其余养老服务机构均与就近医疗服务机构签订合作协议。全区共有养老床位6592张，其中护理型床位4054张，占比61.5%；入住老人2070人，从业人员702人，护理人员406人，护理员持证率达80%以上。

通信。截至2022年，累计建成5G基站5741个，5G通信网建设投资和5G基站建成数均位列全市前列，已实现中心城区、重点工业园区、景区、车站等重要区域的5G网络全覆盖。基站建成数量已达到千兆城市指标标准。

工业互联网。2022年，由中国电子信息产业发展研究院、阿里云计算有限公司与重庆市南岸区政府三方共同建立的重庆飞象工业互联网有限公司被纳入软件和信息服务业规模以上统计，成为重庆市"专精特新"中小企业。飞象工业互联网平台现累计接入企业23113家，服务企业数量超过4400家，聚集生态伙伴超过300家，集成工业App超过100个，建成行业级平台8个，合作智能制造项目超过100个，累计签约金额近1.4亿元，帮助企业用户平均提升生产运营效率10%~15%，平均提升良品率3%以上，平均提高能源利用效率20%以上。发挥信通院顶级节点优势，推动区内企业与工业互联网应用模式结合，建设标识解析二级节点。沄析工业互联网打造的首个国内动摩行业标识解析二级节点于2020年4月上线运行后，注册量已达24亿次，解析总量为10.79亿次，日均注册量达1300万次，日均解析量达290万次，为西部地区行业节点排行第一。

数据中心。中国移动（重庆）江南数据中心项目由中国移动重庆分公司出资20亿元在重庆经开区建设，该项目占地面积约72亩，总建筑面积约7.5万平方米，机架总数约10500架，用电容量最高可达21万千伏安（主、备电源比例为1:1）。该数据中心位于全国算力网络一体化成渝枢纽节点重庆集群起步区，提供大规模集中数据存储、大型新型计算的算力及全面覆盖的多种接入方式的网络服务，以成渝地区双城经济圈内国家算力网络一体化枢纽节点及覆盖各区县的边缘算力节点为依托，面向西南地区为各行业提供大数据存储分析、大数据温备、冷备、内容缓存分发运营（2BCDN）、超级运算能力（超算）、云游戏加速等算网能力，促进区域内社会数智化转型发展。目前已获得项目规划许可。

京东探索研究院超算中心是重庆首个超算中心，一期占地面积约20亩，建筑面积约1.1万平方米，已建成4千瓦机柜1600架，于2021年4月正式投入使用，有效支撑人工智能、量子计算、数据科学工程与管理、去中心化计算、技术伦理道德以及科学与艺术六大研究方向的算力需求。

商汤人工智能算力中心首期拟建设峰值算力为100PFlops的人工智能基础设施，在市场需求支持的前提下，中长期规划将上述峰值算力提升至

1000PFlops，首创性开拓人工智能数据服务，为南岸区的人工智能产业发展提供有力支撑。

重庆数据湖产业园项目：占地面积约42亩，总建筑面积5万平方米，拟建设数据中心机柜约2200个，构建光磁一体存储平台、云平台、安全平台等基础服务平台，助力南岸区积极融入国家"东数西算"工程。

主要产业

2022年，南岸区GDP总量922.13亿元。第一产业、第二产业、第三产业结构比为0.5：36：63.5。

特色农业产业。南岸区乡村面积占半，以发展都市近郊型现代农业为主，以广阳枇杷、猕猴桃为代表的经果产业，以"渝湖"牌生态鱼为龙头的渔业养殖产业，以南山盆景为支撑的花卉苗木产业是三大特色农业产业。经果产业集中在明月山片区，品种为枇杷、青桃、猕猴桃、柑橘、葡萄、藏梨等；渔业养殖产业集中在迎龙湖水库和周边养殖池塘，养殖水面约2000余亩，年产量近1000吨，建成智慧渔业养殖示范农场1个；花卉（盆景）产业集中在大南山片区，以盆景产业为支柱，辐射带动杜鹃、蜡梅等花木种植面积约3000余亩，其中南山蜡梅被评为地理标志性农产品。

工业。2022年，南岸区186户规上工业企业实现总产值866.6亿元，全区工业增加值226.9亿元。初步形成电子、消费品、装备、汽车、摩托车、材料、医药、能源等八大产业为支柱的工业体系，形成产业群，做大做强主导产业和龙头企业，引进培育配套产业和配套企业，搭建完善的创新创业平台和服务体系，构建与产业方向相适应的产业生态系统。推动产业结构优化升级，加大传统产业智能化改造力度，发展壮大智能产业，累计实施美的制冷"5G+智能制造"、双环传动智能工厂等智能化改造项目139个，累计建成4个智能工厂、28个数字化车间。打造一批领军企业，培育一批"专精特新"企业。2022年全区186户规上工业企业中2户市级领军（链主）企业，10户市级双百企业，69户"专精特新"企业和"小巨人"企业。

数字经济产业。南岸区制定印发《南岸区重庆经开区数字经济"十四五"发展规划》，完善数字产业规划。做大做强"芯屏器核网"优势产业，重庆芯讯通成功研发出全球体积最小的5G车载通信模组，重庆信通院5G终端、基站设备性能成功通过CNAS/CMA资质评审，"成渝双城经济圈产业数字化赋能基地"建成投用，维沃、中移物联网、商汤科技、台达电子、美的制冷等龙头企业在区发展，龙头效应逐步显现。在全市率先制定印发《南岸区重庆经开区培育数字技术新赛道行动方案（2022—2025年）》，围绕元宇宙、数字资产商品、数字内容、机器人流程自动化（RPA）、低代码、云原生、云网边端融合、数据安全、扩展现实、人工智能与类脑智能等10个数字技术新赛道，开展数字基础设施建设、关键核心技术攻关、企业引培发展、城市元宇宙建设、产业生态构建、数字技术应用监管创新等6大专项行动，打造创新主体活跃、产业优势突出、赋能效应显著的数字技术应用生态，努力建成行业领先的数字产业集群。

2022年，全区软件业务收入实现278亿元，同比增长10.3%，新增软信企业552家、新增从业人员突破5500人。南岸区、重庆经开区聚焦打造重庆软件园，推动软件产业特色化、集聚化发展。依托重庆信通院、网易、力合科创、京东、圣塔克拉等产业平台的引领作用，着力打造"数字内容·渝""物联地带·渝"等特色专业园区，目前已聚集中移物联网公司芯讯通、科大讯飞、紫光汇智等一大批重点企业,"龙头带动、骨干跟进、小微发展"的良好发展态势已初步形成。

服务业。2022年服务业占全区GDP比重63.5%,其中批、零、住、餐四行业2022年增加值总量为118.9亿元,平均增速3.5%。南岸区为进一步聚集商气人气,刺激消费,以"新时代 新征程 新重庆"光影无人机、焰火表演为契机,通过"消费季"活动,住宿、餐饮、购物、出行、休闲玩乐等多板块线上线下消费快速回暖。据监测,2022年春节期间南滨路沿线销售总额达5300万元,同比增长近104%。全区社会消费品零售额实现总量同比增长3%。

健康产业。南岸区(重庆经开区)是重庆医药商贸物流中心,是全市重要的医疗中心,有西部最大的医药批发市场,拥有完善的服务平台,有全市唯一认定的重庆市医疗器械产业园。拥有5家三甲医院,居全市第二位,有14家二级医院,是服务重庆东部和南部地区的医疗中心。是重庆大健康产业的聚集示范区,是西部现代医药发源地,有桐君阁制药厂、科瑞制药集团(原重庆制药厂)等百年老字号企业,有陪都药业、莱美药业等知名企业。过去3年规模大健康产业连续突破500亿元、600亿元和700亿元大关。力争到2025年,全区大健康产业规模企业营业收入突破1000亿元,形成千亿级大健康产业集群。

金融业。南岸区抢抓成渝地区双城经济圈和西部金融中心建设历史机遇,按照《重庆市金融改革发展"十四五"规划(2021—2025年)》,成立长嘉汇基业有限公司,高标准打造长嘉汇金融中心,全区金融业呈现快速发展的良好态势。重庆蚂蚁消费金融有限公司增资获批,注册资本达到185亿元,成为全国注册资本最大的消费金融公司。重庆征信有限责任公司完成企业征信备案,是我市唯一一家省级国有征信机构。西南证券重庆第二分公司、悦天云诚科技公司等重点项目成功落地。依托"长江绿融通"绿色金融大数据综合服务系统,促进金融机构与绿色项目精准对接。"碳惠通"生态产品价值实现平台成功搭建,包括绿色交通、低碳社区、资源节约等多个领域的应用场景,平台正在快速形成覆盖居民生活全领域的碳普惠生态体系。2022年,全区金融机构本外币存贷款余额4252.64亿元,增长7.4%。其中:存款2024.4亿元,增长7.3%;贷款2228.24亿元,增长7.4%。

旅游产业。南岸区已成功创建国家文化和旅游消费试点城市,国家级夜间文化和旅游消费集聚区、国家级旅游休闲街区、全国乡村旅游重点镇(乡)、国家级文化产业示范园区、全国版权示范园区(基地)、市级旅游度假区、市级全域旅游示范区、市级文化产业示范园区(基地)等多个国家级、市级平台,推动文化旅游产业高质量发展。

积极助推文旅商体融合发展,建成迎龙湖国家湿地公园、南滨路长嘉汇弹子石购物公园、杜莎夫人蜡像馆、重庆海洋探索中心、重庆国际马戏城,有机串联故宫文物南迁纪念馆、长江有声记忆博物馆、市规划展览馆,推进国瑞龙门里、融创阳光100、国瑞长嘉外滩等文旅商综合体建设,打造黄桷垭老街、弹子石老街、龙门浩老街、开埠遗址公园等一批文旅商体标杆项目。举办高能级赛事活动,坚持市场化运作模式,着力提高品牌赛事、节会活动的策划创意、宣传营销和资源整合水平。发展都市乡村旅游,深化南山、明月山"两山"生态资源保护,充分挖掘原乡文化,依托二环区域山水相连的自然生态资源、特色农产品等优势,大力发展集采摘、体验、休闲、度假、观光于一体的乡村旅游模式，初步形成长迎广及迎龙湖城郊旅游休憩带、南山度假休闲区和江南新城生态养生休闲区。

文旅品牌

南岸区仰拥"山城花冠"南山，俯临长江、嘉陵江两江，与艺术湾、枢纽港隔江相望，拥有重庆市六张城市新名片中排名第一、第二的长嘉汇、广阳岛。全区旅游资源现已达到452个，其中，五级资源有广阳岛、南滨路滨江休闲带、南岸老街群、南山观景台群、南山抗战遗址群、重庆国际马拉松等6个，四级旅游资源20个，三级旅游资源116个，二级旅游资源144个，一级旅游资源166个，总数在全市位居前五。"山、水、林、田、湖、草"自然资源一应俱全；"江、滩、岸、坡、山"立体景观错落有致；"大禹文化、宋窑文化、开埠历史、抗战文化、红色文化、宗教文化"等人文历史底蕴深厚；"温泉、立交、索道、轮渡、老街、步道"等网红地标各美其美。

重庆国际马戏城。重庆国际马戏城位于重庆市南滨路弹子石，以驻场演出与引进剧目相结合，依托重庆杂技团的传统优势，打造原创性的剧目，同时，引进国际上有分量的优秀剧目，常常座无虚席，热闹非凡。

长嘉汇弹子石老街。长嘉汇弹子石老街位于重庆市南岸区弹子石CBD，建筑面积3万平方米，由长嘉汇弹子石老街国家4A级旅游景区和时尚坊商业配套两部分组成，是集商贸、旅游、休闲、居住于一体的大型国际化滨江生态社区。长嘉汇弹子石老街以"一街两埠四院十景"著称，集历史人文、时

● 重庆国际马戏城（南岸区文旅委 提供）

● 长嘉汇弹子石老街（南岸区文旅委 提供）

● 重庆市规划展览馆（南岸区文旅委 提供）

尚风貌、巴渝特色于一体，已成为重庆城市旅游、夜景观光、夜间经济的全新名片，并于2021年获评国家级旅游休闲街区及国家级夜间文化和消费集散地称号。

重庆市规划展览馆。重庆市规划展览馆位于南滨路弹子石段，采用平面展板、多媒体屏幕、互动平台、大小模型、复原场景等方式来布展。观众可以通过多种展陈形式，了解重庆的山川河岳、历史过往、风土人情、发展成就、未来规划等，深度体验重庆的城市魅力。

龙门浩老街。龙门浩老街地处南滨路中段，在重庆开埠时期繁华一时。街区内散布着多个国家级、市级和区级文物点和文物保护单位，曾是意大利、比利时等许多国家使领馆的所在地。龙门浩老街成功入选第二批国家级夜间文化和旅游消费集聚区，集美景、美食、艺术展览及剧场演出于一体，加快丰富夜间娱乐业态和特色文旅活动，成为南岸

● 重庆国际马拉松（南岸区文旅委 提供）

● 重庆抗战遗址博物馆（南岸区文旅委 提供）

区又一新晋旅游地标。

重庆国际马拉松赛。重庆国际马拉松赛是中国西部第一个全程马拉松赛，赛道横跨南滨路、巴滨路，从朝天门到李家沱大桥，途经重庆主城7座长江大桥，被全球跑友誉为"中国马拉松最美赛道"，每年报名人数超过10万人。重庆国际马拉松已连续成功举办10届，连续8年被中国田径协会授予中国马拉松金牌赛事，于2018年成功跻身国际田联路跑金标赛事，是全国14个国际金标、中国"双金赛事"之一，与北京、武汉、广州并列成为中国马拉松四大满贯创始成员，成为国家体育总局打造的马拉松"国家样板，中国名片"，并成为中国马拉松大满贯2019年赛季首任轮值主席，在目前全国每年近2000场马拉松赛事中，排名均位居前10强，是重庆的体育名片和城市名片。

重庆抗战遗址博物馆。重庆抗战遗址博物馆位于南山生态带黄山风景区，古树名木繁多，有抗战文物建筑15处，是重庆乃至整个西部地区保护最完好、规模最宏大的一处抗战文物遗址群。这里每一处遗址都是一处特色景观，现保存有云岫楼、松厅、莲青楼、松籁阁、云峰楼、防空洞、望江亭等文物建筑遗址，均为20世纪三四十年代建造的官邸式别墅，具有典型的折中主义风格和浓郁的山地特色，是民国时期官邸式建筑的典型代表，简朴素雅，风格独特。重庆抗战遗址博物馆是重庆市爱国主义教育基地，是重庆市首批和国家第七批重点文物保护单位、首批国家级"海峡两岸交流基地"、全国中小学生研学实践教育基地，入选"首批中国20世纪建筑遗产"名录。

风味美食

龙汋花椒鸭。龙汋花椒鸭属于民间私房菜，成功入选非物质文化遗产名录，获得重庆江湖菜大典特色菜、重庆私房名菜的殊荣。龙汋花椒鸭只选我国唯一具有药用滋补和保健作用且必须放养176天至182天的连城白鸭，要求重量必须达到4.2斤到4.5斤之间，既确保鸭子源头生态，又确保鸭子的品质优良，使得成菜肉质香醇、麻香浓郁，食后齿留余香、印记深刻。

利元粉蒸肉。利元粉蒸肉与市面上其他同类型的产品相比，更加注重色、香、味的协调，主辅料的搭配和产品的最终呈现形式。由于在制作过程中对肉类脱脂、排酸及用家传秘方处理，利元粉蒸肉软糯清香、咸甜适口、肥而不腻，明显有别于市场上同类产品。2014年，利元粉蒸肉作为渝菜粉蒸肉制作标准，收录进入渝菜烹饪技术规范，为渝菜的粉蒸肉提供依据和技术支持。

龙记山城汤圆。龙记山城汤圆始于1947年，是一

● 龙汋花椒鸭（南岸区商务委 提供）

● 利元粉蒸肉（南岸区商务委 提供）

● 龙记山城汤圆系列甜品之手工冰粉（南岸区商务委 提供）

● 鲜龙井火锅（南岸区商务委 提供）

● 八嬢白砍鸡（南岸区商务委 提供）

● 泉水鸡（南岸区商务委 提供）

道重庆特色传统小吃。以其外形圆润饱满、皮薄馅大、香甜滑糯而著名。龙记山城汤圆坚守传统独有技艺，结合市场推出的冰汤圆系列甜品、手工大汤圆、小汤圆、手工冰粉、凉虾等十余种甜品小吃深受市场广泛好评及认可，历经73年，获评重庆老字号，已发展成重庆标志性地域美食。

鲜龙井火锅。鲜龙井火锅底料制作技艺历经四代传承，列入非遗名录。鲜龙井火锅开创大型户外园林景观火锅公园先河，建造了拥有600多张桌子的200余亩火锅公园，并配有实景剧《恋·山城味道》、舞蹈、歌唱、舞狮、杂技、书画等精彩演出，打造了一个休闲放松之所。

八嬢白砍鸡。八嬢白砍鸡是一道百年传承的家常名菜，按唐家家传秘方调制各料，风味特别突出，掌厨者称"底味厚重，香味难调"。此菜品入选"首批重庆地标菜"。

泉水鸡。泉水鸡是重庆流行的新派菜之一，因此菜而发展出了美食一条街，是被评为"中国名菜"的重庆江湖菜。泉水鸡自20世纪90年代初开始风行，出自号称"山城花冠"的南山，因此又有人称其为南山泉水鸡。正宗的泉水鸡，采用的方法是活鸡快杀，然后加入泉水急火猛烧。由于菜品用料独特、麻辣味足、鲜酥爽口，深受食客青睐追捧。

发展定位及发展目标

2023年1月召开的中国共产党重庆市南岸区第十三届委员会第四次全体会议提出：未来五年，南岸区将全面落实党中央决策部署、市委工作要求，全面建设社会主义现代化新南岸。

经济实力显著提升，地区生产总值迈上1500亿元台阶，地区人均生产总值达到12万元，经济增速高于全市平均水平，高技术制造业增加值增速高于工业增加值增速，固定资产投资增速高于经济增速，产业投资增速高于固定资产投资增速；产业转型升级实现重大突破，形成智能终端、软件信息、大健康3个千亿级支柱产业，节能环保、汽车电子2个五百亿元级特色产业，金融业增加值占GDP比重达到25%左右，基本形成先进制造业、现代服务业多元支撑的产业格局。

重庆经开区开发开放平台能级和引领带动作用显著提升，GDP占全区比重达到60%以上、年均保持10%以上增速，工业亩产强度超过1500万／亩，规上工业企业数量实现翻番、"专精特新"覆盖率超过60%，重庆东站、重庆自贸试验区、中央商务区、中新互联互通项目等开放资源优势有效发挥，开放型经济水平进一步提高，外贸进出口总额突破100亿元大关，实际使用外资保持在全市前列。

科教实力显著提升，广阳湾智创生态城创新高地建设取得重大进展，科技创新能力保持全市第一方阵，全社会研发经费投入年均增长10%、研发投入强度达到4%，高新技术企业、科技型企业数量实现双倍增；深入推进产业数字化、数字产业化，数字经济增加值占GDP比重超过50%；基本实现教育现代化，成功创建全国义务教育优质均衡发展区，人才自主培养质量和教育综合实力处于全市前列。

城市综合实力显著提升，城镇化率保持在95%以上，西部金融中心核心区、国际消费中心城市核心区建设取得重大进展，在成渝地区双城经济圈和西部陆海新通道建设中显示度更加突出；乡村振兴全面推进，城乡融合发展先行示范区基本建成，19个永久保留村村级集体经济组织平均经营性收益超15万元。

生态文明建设水平显著提升，广阳岛片区长江经济带绿色发展示范作用更加彰显，全区空气质量优良天数稳定在338天左右，长江干流南岸段水质稳定保持Ⅱ类，"无废城市"建设全市领先，"碳达峰""碳中和"实现阶段性目标。

社会治理水平显著提升，党建引领基层治理现代化体制机制更加完善，全国市域社会治理现代化试点区建设取得更大成果，法治南岸、平安南岸建设走在全市前列。

人民生活水平显著提升，每年新增就业3.3万人以上，多层次社会保障体系更加健全，人均预期寿命达到79.7岁，税收占财政收入比重力争保持在80%以上，全体居民人均可支配收入保持在全市前列，居民收入增长高于经济增长，城乡收入差距进一步缩小，共同富裕基础更加坚实。

到2035年，在高质量发展中基本实现社会主义现代化目标，共同富裕取得更多实质性进展；从2035年到21世纪中叶，全面建成社会主义现代化强区，全面建设共同富裕美好社会。

（撰稿：马玉凤 审稿：刘定久）

北碚区

基本情况

北碚区位于重庆主城西北部，东经106°18′~106°40′，北纬29°37′~30°05′之间，地处缙云山麓、嘉陵江畔，是主城都市区中心城区，辖区面积755平方千米，辖9个街道、8个镇，常住人口84万人。

区位条件优越、交通方便快捷。处于重庆西部科学之城和北部智慧之城相向发展的交会区域，是两江新区、西部（重庆）科学城、中国（重庆）自由贸易试验区的重要板块，嘉陵江黄金水道纵贯南北，襄渝、遂渝等11条铁路横穿东西，绕城高速、渝武高速、渝广高速和轨道交通6号线穿境而过，区间干道连接四面八方。

历史底蕴深厚、生态环境优良。抗战文化、巴渝文化、乡建文化交融发展，有中共中央西南局缙云山办公地旧址、王朴烈士陵园、卢作孚纪念馆等自然人文景观和抗战遗址104处，森林覆盖率达53.16%，成功创建国家"绿水青山就是金山银山"实践创新基地、国家生态文明建设示范区。

科教文化发达、创新活力迸发。建成西部（重庆）科学城北碚园区首开区，拥有高等院校4所、市级及以上科技创新平台314个、"两院"院士5名、各类专业技术人才4.47万余人，市级科技型企业2366家、国家高新技术企业267家，全社会研发经费投入强度连续五年全市第一，环西南大学创新创业生态圈形成全市示范。

产业发展兴盛、工业基础雄厚。是全市唯一的民营经济综合改革示范试点区，获批授牌市级重点关键产业园（传感器），汇聚中国工业互联网研究院重庆分院等国家级平台，京东方等一批世界500强、中国500强企业，以新一代信息技术、高端装备制造为代表的战略性新兴产业不断发展壮大。

2022年，实现地区生产总值742.01亿元、下降0.9%，规上工业增加值290亿元，固定资产投资470亿元，一般公共预算收入25.3亿元，社会消费品零售总额201亿元，全体居民人均可支配收入46347元。

历史沿革

北碚原名白碚，其名始于清初。因场镇建于嘉陵江畔，有白石自江岸横亘江心称"碚石"而得名。清康熙年间设巴县白碚镇，清乾隆年间因白碚地处巴县县境之北，改名北碚镇。

北碚自清初建镇后发展甚微。20世纪初，军阀割据，江北、巴县、璧山、合川4县交界之嘉陵江小三峡地区，匪患猖獗，各地纷纷举办团练自卫，防匪驱匪。

民国五年（1916年），川东道尹王陵基组建峡防营，营部设在北碚乡。后改称峡防司令部。民国十二年（1923年），改为江（北）巴（县）璧（山）合（川）4县特组峡防团练局，负责上起合川县沙溪庙，下至巴县磁器口嘉陵江两岸约50千米内48个乡镇的治安清匪任务。之后，改名为江（北）巴（县）璧（山）合（川）4县特组峡防团务局。民国二十五年（1936年）前，均为嘉陵江三峡地区治安联防机构，不具有地方政权的性质，时任峡防团务局局长的著名爱国实业家卢作孚，为推行乡村建设计划，经四川省政府报请国民政府行政院批准，撤销峡防局。同年4月1日划江北县黄桷镇、文星乡、二岩乡、巴县北碚乡、璧山县澄江镇，设置嘉陵江三峡乡村建设实验区，由单纯的峡防机构变为具有除财政、司法两权以外的地方政区，区署设北碚场。

民国三十一年（1942年），经四川省政府转报国民政府行政院批准，改实验区署为北碚管理局，使北碚成为完全的县一级地方政府。

1949年12月2日，北碚解放。10日，成立中国人民解放军重庆市军事管制委员会北碚分会，接管旧政权。1950年2月1日，根据西南军政委员会刘伯承主席令，成立重庆市人民政府北碚行政管理处。4月，北碚改为重庆市第八区，为一等区，相当于地专一级。1951年1月，川东人民行政公署移驻北碚，北碚划归川东区，改名为川东人民行政公署北碚行政管理处。7月5日，中央人民政府批准设立川东区北碚市。11月1日，成立北碚市人民政府，为川东行署所在地，下设6个区。1952年9月，中央人民政府设立四川省，川东区撤销，北碚划归重庆市管理。1953年3月，北碚市及所辖区建制撤销，改为重庆市第六区。

1955年10月，重庆市第六区改名为重庆市北碚区，重庆市第六区人民政府改名为重庆市北碚区人民委员会。1968年10月，北碚区革命委员会成立，取代北碚区人民委员会行使地方政府的职能。1980年12月，取消区革命委员会，成立北碚区人民政府，2004年9月，为推动城南新区建设，区委区政府等党政机关从老城迁至城南新区状元碑行政中心大楼。

重要资源

北碚区位于重庆核心区的西北面。东邻渝北区，西接璧山区，南连沙坪坝区，北接合川区。东西相距最宽24千米，南北相距最长33.2千米，辖区面积755平方千米，其中耕地面积146平方千米，林地面积249平方千米，水域面积23平方千米。区内气候属东南亚季风环流控制的亚热带湿润气候，具有冬暖、春早、夏热多伏旱、秋迟多绵雨、热量丰富、雨量充沛、风力小、湿度大、云雾多、日照少、冰雪极少等特点。年平均气温18.3℃、年平均降水量1105.4毫米。

水资源。北碚境内水系以嘉陵江为骨干，嘉陵江干流由北向南穿北碚区而过，在北碚境内主要有12条一级支流。嘉陵江属于长江上游左岸一级支流。东发源于陕西省凤县秦岭代王山东峪沟；西发源出于甘肃天水市南，两源汇于陕西略阳两河沟。向南流经陕西阳平关、四川广元市，在昭化右纳白龙江，再向南流经苍溪、阆中、南部、蓬安、南充、武胜入合川，纳渠江、涪江再向南流经草街航电枢纽入北碚区境内，横截华蓥山南段三支脉，形成壮丽的嘉陵江小三峡，即闻名遐迩的沥鼻峡、温塘峡、观音峡。北碚区属嘉陵江流域，面积为735.2平方千米，境内长45.1千米。嘉陵江多年平均流量2212立方米／秒。

植物资源。北碚处于中亚热带的四川盆地内，受秦岭、大巴山南下寒潮阻击和温暖湿润的东南季风孕育，冬暖春早，夏秋热而多雨，适宜很多动、植物生长。植物有常绿阔叶林、暖性针叶林、针阔混交林、竹林、常绿阔叶灌丛、亚热带草坡和水生植物等类型。区内已发现植物246科992属1966种。在两三公顷的黛湖，淡水藻类就有105种，超过全国淡水藻类的80%。在这些众多的植物中，有许多是珍稀濒危植物：与恐龙同时代的桫椤、仅中国独有的银杉、"中国鸽子树"珙桐、开花瑞祥的铁树、"癌症克星"红豆杉、金黄艳丽的金花茶、三峡库区特有的荷叶铁线蕨等。北碚槭、缙云四照花等38种植物也是在缙云山第一次被科学界发现、认识的。

1985年，在缙云山保护区内建立植物园，利用缙云山气候温和、雨量充沛、土壤肥沃的优越自然条件，引进植物200余种，充实了缙云山植物基因库。三峡水库建设期间，对库区的金钱松、银鹊树、花桐木、木瓜红等19种珍稀濒危植物进行抢救性的迁地保护。

动物资源。北碚辖区境内已发现野生动物10门23纲1073种，其中，脊椎动物326种（鱼类119种、两栖类7种、爬行类23种、鸟类145种、哺乳类32种），珍稀名贵动物有中华鲟、达氏鲟、白鲟、江团鱼、岩原鲤、胭脂鱼等。

基础设施

城市交通。北碚距重庆市中心24千米，距重庆江北国际机场27千米，是重庆进出川北的咽喉要地，交通极为便捷。襄渝铁路横穿东西，嘉陵江黄金水道纵贯南北，区间干道连接四面八方。截至2022年底，全年货物运输总量2196万吨，货物周转量242035万吨千米，旅客运输总量78.7万人，旅客运输周转量5016万人千米。

公交营运线路网长度达到713.81千米，年末公共汽车数达1173辆。全区公路里程达1835.32千米（含农村道路）。其中，高速公路94千米，一级公路56.52千米，二级公路154.33千米。

铁路方面，目前有襄渝、遂渝、渝怀、渝利、兰渝等11条铁路途经北碚区。西渝高铁于2021年开工，2026年建成。成渝中线客专于2021年开工，2024年建成。

水路方面，境内嘉陵江航道里程44.5千米，航电枢纽1座，港口（码头）6个，渡口1处，水运企业4家，客运船舶2艘，货运船舶8艘。

轨道交通方面，现有轨道交通线1条，即轨道交通6号线（规划待建的有7号、11号、13号、14号、15号、16号、19号、21号、28号线），北碚境内通车里程21.9千米，跨嘉陵江大桥1座，设有曹家湾、蔡家、向家岗、龙凤溪、状元碑、西南大学、北碚7个站点，龙凤溪车辆基地1处。

城乡供水。北碚水厂分为老厂及红工水厂2个供水系统。老厂系统于1984年经改造后投入使用，承担着北碚老城区的供水任务，供水人口约12万人；红工水厂于1978年投入运行，承担着城北、城南、西南大学、歇马片区的供水任务，供水人口约18万人。2013年6月，新建红工新厂供水系统投入运行，服务于北碚老城区，城北、城南及歇马、澄江片区，一期扩建工程供水能力为5万立方米／日。两套供水系统的管网均能通过联络闸阀进行连通，供水覆盖人口30万人左右，取水地周围共设饮用水水源保护区标牌4处，出厂水水质指标全部严格按照国家《生活饮用水卫生标准》要求执行，出厂水合格率达100%。2022年全年供水总量1.53亿立方米。

城乡供电。国网重庆市电力公司北碚供电分公司（简称国网重庆北碚供电公司）承担着北碚区全部17个镇街的供电服务，供电面积730平方千米，供电服务人口约83万，客户51.67万户。2022年，供电总量59.07亿千瓦时。

城乡供气。重庆燃气集团股份有限公司北碚分公司始建于1983年12月，是重庆燃气集团股份有限公司的下属企业，下设13个科、室、站，统筹天然气规划、设计、安装、输配，以及燃气供应销售等服务工作，技术力量雄厚。截至2021年末，分公司供应范围覆盖北碚全区17个街镇及两江新区、西部（重庆）科学城、重庆自贸区北碚片区。天然气供应总量2.16亿立方米，服务客户36万户。

网络通信。区年末固定电话用户15.69万户，移动电话用户107.96万户，其中5G移动电话用户60.67万户。数据及互联网业务用户37.68万户，增长9.2%。移动互联网累计流量5.84亿GB。

医疗服务。全区医疗卫生资源丰富，医疗服务体系完善，是国家卫生区、国家慢性病综合防控示范区、全国基层中医药工作先进单位。北碚区拥有重庆市第九人民医院、北碚区中医院2个三级甲等医院，是全市首批同时拥有西医、中医三甲医院的区县。2022年末全区共拥有卫生机构435家。其中，医院25家，卫生院9家，门诊部8家，疾病预防控制中心1家，妇幼保健院1家，卫生监督所1家，社区卫生服务中心（站）14家，村卫生室109家，个体诊所233家。卫生机构床位5239张，其中医院床位4465张，卫生院床位319张。拥有卫生机构人员7304人，其中执业医师和执业助理医师2336人，注册护士2669人。

教育事业。全年4所普通高校本专科招生1.77万人，在校6.30万人，毕业1.56万人。研究生招生0.48万人，在校1.32万人，毕业0.36万人。8所中等职业学校招生0.93万人，在校2.54万人，毕业0.67万人。18所普通中学招生1.22万人，在校3.78万人，毕业1.25万人。55所小学招生0.79万人，在校4.15万人，毕业0.59万人。146个幼儿园入园0.47万人，在园2.12万人，离园0.67万人。

主要产业

2022年，北碚实现农林牧渔业总产值26.03亿元，比上年增长2.0%。其中，种植业22.03亿元，增长2.0%；林业0.42亿元，增长2.3%；牧业2.00亿元，增长0.3%；渔业0.77亿元，增长6.0%；农林牧渔服务业0.81亿元，增长2.5%。2022年318家规模以上工业法人及产业活动单位工业总产值比上年下降11.5%。其中，汽车产业增长37.6%，电子产业下降17.7%，医药产业下降1.9%，装备产业下降6.7%，摩托车产业下降20.9%，材料产业下降30.7%。分经济类型看，国有独资公司增长13.7%；其他有限责任公司下降18.1%；外商及港澳台商投资企业下降0.4%；私营企业下降9.9%。全年规模以上工业企业液晶显示屏产量22417.66万片；工业自动调节仪表与控制系统110.66万台；光学仪器109.48万台；灯具及照明装置28.28万套；工业机器人2875套；化学试剂3.48万吨；摩托车整车23.75万辆；发动机562.47万千瓦；水泥160.99万吨。全年实现服务业增加值329.47亿元，比上年增长9.5%。

重点发展先进制造业。把制造业高质量发展放到更加突出的位置，巩固壮大实体经济根基。大力发展新一代信息技术、高端装备、新材料、生物医药、新能源汽车等产业，加快形成一批战略性新兴产业集群，大幅提高战略性新兴产业在规上工业中的比重。积极发展电子核心部件、信息安全产业，超前布局发展人工智能、生物工程、第三代半导体、前沿新材料等未来产业。深入推进传统制造业改造提升，推动传统产业高端化、智能化、绿色化，升级发展汽车摩托车、仪器仪表、装备制造、材料等支柱产业，发展服务型制造。突出创新链顶端、产业链前端、价值链高端，提升产业链供应链现代化水平，开展质量提升行动，实施产业基础再造工程，分行业做好供应链战略设计和精准施策，形成具有更强创新力、更高附加值、更安全可靠的产业供应链。

加快发展现代服务业。大力发展高端化、专业化生产性服务业，加快工业互联网产业发展，吸引聚集更多优质企业、平台，打造国家级工业互联网产业示范基地；加快发展云计算、大数据、5G、物联网等信息服务业，推动现代服务业同先进制造业、现代农业等深度融合，推进服务业数字化；积极发展研发设计、现代物流、法律服务等服务业，发展壮大金融服务业，提升金融服务实体经济能力。推动生活性服务业向高品质和多样化升级，大力发展大健康、大旅游产业，加快发展健康、养老、育幼、文化、旅游、体育、家政、物业、地域性特色餐饮等服务业，加强公益性、基础性服务业供给。支持各类市场主体参与服务供给，推进服务业标准化、品牌化建设，提升服务业对经济增长的贡献率。

积极发展都市现代农业。以保障国家粮食安全为底线，落实农业支持保护制度。坚持最严格的耕地保护制度，实施高标准农田建设工程，加强水利基础设施建设，提高灾害防御能力。持续深化农业供给侧结构性改革，重点发展花卉苗木、有机蔬菜、特色经果等特色效益农业，推动向适度规模化、标准化、品牌化和绿色化方向发展。加强农业科技创新和人才建设，发展智慧农业。推动农村一、二、三产业融合发展，培育发展农业龙头企业和新型经营主体，加快发展休闲农业、创意农业等新业态新模式，拓展农民增收空间。

推动数字经济和实体经济深度融合。发展数字经济，推进数字产业化和产业数字化。紧盯全市打造"智造重镇""智慧名城"，加快推进智能制造，打造智能工厂、数字化车间和工业互联网平台。大力发展大数据产业，加快发展线上业态、线上服务、线上管理，积极培育智能化新产品新模式。重点依

● 缙云山（陈远鸿 拍摄）

托两江新区水土高新技术产业园、蔡家智慧新城、重庆高新区歇马拓展园等载体平台，优化完善"芯屏器核网"产业链、"云联数算用"要素群、"住业游乐购"场景集。加强两江新区水土高新技术产业园、蔡家智慧新城与仙桃数据谷、悦来国博城、礼嘉智慧公园、两江协同创新区等联动发展，打造智慧之城。加强数字社会、数字政府建设，挖掘大数据资源的商用、民用、政用价值，拓展智慧政务、智慧交通、智慧医疗、智慧教育、智慧旅游等智能化应用，加快建设智慧北碚。完善数据安全保障体系，加强个人信息保护。提升全民数字技能。

文旅品牌

缙云山。缙云山是重庆人文名山，古名巴山，是国家重点风景名胜区、国家级自然保护区、国家4A级旅游景区，海拔350～951米，面积7600公顷，森林覆盖率达96.6%，有植物246科992属1966种，有长江流域保存较好的典型亚热带常绿阔叶林景观和相对稳定的生态系统，被联合国教科文组织授予"植物基因库"称号。其山间白云缭绕，似雾非雾，似烟非烟，磅礴郁积，气象万千。早晚霞云，姹紫嫣红，五彩缤纷。古人称"赤多白少"为"缙"，故名缙云

● 缙云山云霞（秦廷富 拍摄）

山。缙云山与峨眉山同为巴蜀佛道胜地。852年，李商隐过渝州之巴山（缙云山），作《夜雨寄北》，"君问归期未有期，巴山夜雨涨秋池。何当共剪西窗烛，却话巴山夜雨时"。"巴山夜雨"因此天下闻名。山上奇峰耸翠，林海苍茫，有风景迷人的黛湖、狮子峰、香炉峰、佛光岩、舍身岩、相思岩、白云竹海等自然景观，有始建于南朝宋景平元年（423年）的缙云古寺，有晚唐石照壁、宋代牌坊、清代那伽窟等古石刻，有太虚大师在此创建的"世界佛学苑汉藏教理院"遗址，有道教圣地绍龙观、白云观，是远近闻名的佛教、道教圣地和旅游度假、休闲避暑的理想之地。

北温泉。北温泉位于风光秀丽的嘉陵江小三峡之温汤峡畔，是国家4A级旅游景区，也是重庆山水的代表和精品。传说4700年前，华夏始祖轩辕黄帝在缙云山修道炼丹，合药之水取自于峡谷之口，史称"温汤合药"，取水之口便成温汤峡。景区内创建于南朝宋景平元年（423年）的温泉寺，有近1600年历史，故称温泉故里。北温泉名胜古迹众多，文化内涵丰富。北温泉素有"巴渝五泉之冠"之美誉，泉水水质绝佳，水无色，无异味，味苦涩，富含氡气。

金刀峡。金刀峡位于重庆市北碚区金刀峡镇，华蓥山西南麓，是国家4A级旅游景区。传说峡中有一把金刀，每当夜晚时分，金光闪闪照耀峡谷，元朝末年，华蓥山下有一壮士张昆，此人早年靠采薪伐木为生，时常出没于华蓥山的深山老林之中。一日，张昆迷失于一峡谷之中。当夜正值月圆，柔柔的月光轻轻地泻进峡中，张昆正陶醉于此情此景，却见峡中深处有一事物在月光映照之下发出金灿灿的光辉。张昆近一看,原来是一把插入峡壁岩石的金刀。遂上前拔刀,不想纹丝不动嵌在石缝中的金刀竟被轻轻抽出。张昆大喜:天赐金刀,定是降大任于我也!张昆凭此刀披荆斩棘,终得以出峡,金刀峡也因此而得名。金刀峡全长约10千米,分上峡、下峡两段,其中峡谷内栈道全长近7千米。上峡由于喀斯特地质作用,地面切割强烈,形成独特的峡谷沟壑,两岸石壁如削,山势岈合,垂直高度超过百米,上有古藤倒挂,下有潺潺流水;下峡由于流水侵蚀作用,有众多洞穴群,潭潭相连,碧玉串珠,飞泉瀑布层层叠叠,古钟乳、石笋、石柱千姿百态。主要有惊魂台、藏刀洞、悬天飞瀑、天犬洞、神鹰峡、狮头峡、一线天、沙溪湖、中峡天然浴场、千幻古岩、弥勒佛、心形潭等四十多个景点。

重庆自然博物馆。

● 金刀峡—缕阳光透山涧(赵魁 拍摄)

重庆自然博物馆是一所综合性自然科学博物馆，为国家 4A 级旅游景区、国家一级博物馆，占地 216 亩。前身为 1930 年卢作孚先生创办的"中国西部科学院"，以及 1944 年由十余家全国性学术机构联合建立的"中国西部博物馆"。1949 年以后，先后改建为西南人民科学馆、西南博物院自然博物馆、重庆市博物馆自然部。重庆自然博物馆基本陈列由"地球奥秘""生命激流""恐龙世界""生物万象""生态家园""西部富源""山水都市"7 大板块组成，现有藏品 11 万余件，涵盖动物、植物、古生物、古人类、旧石器、地质矿产、岩石、土壤等八大学科，以系统收藏中生代各类恐龙化石和西部地区丰富多样的脊椎动物标本为主要特色。

风味美食

三溪口豆腐鱼。三溪口豆腐鱼是重庆的一张美食名片，以爽滑可口、麻辣鲜香著称，产业自 20 世纪 80 年代开始沿原国道 G212 线两边布局，逐渐自发形成。开始，不少三溪口本地居民在路边摆起了小吃摊，或将公路边的自家房屋改成了简陋的餐厅，供应给货车司机。随着过往司机增多，部分餐馆便开始就地取材做麻辣鱼，吃完一份麻辣鱼要剩下许多调料，司机们觉得可惜，就要求老板在调料里煮份豆腐。渐渐地，越来越多的人要求在麻辣鱼里加豆腐，这就是豆腐鱼的雏形。后来，聪明的店主们便主动将豆腐和麻辣鱼煮在一起上桌，这就成了后

● 重庆自然博物馆（北碚区档案馆　提供）

来的三溪口豆腐鱼，三溪口豆腐鱼的名声逐渐声名远播。2020年，重庆市餐饮行业协会授予北碚三溪口豆腐鱼"重庆地标美食名录"的称号。

缙云醉鸡。缙云山良好的森林植被环境，为山上农家放养土鸡提供了良好的条件。鸡的品种丰富，肉质鲜嫩肥美，嚼劲滋味十足，是缙云山一大特色美味。相传轩辕黄帝巡视到巴山时天色已晚，只得到时任巴山夏官缙云氏家歇脚，缙云氏得知黄帝驾到，赶紧杀了自家饲养的几只土鸡，在烧鸡的过程中缙云氏不小心把米酒错当作佐料，顿时米酒飘出的酒味和鸡肉中飘出的香味融合在一起，异香四溢，起锅后鸡肉透着一股诱人的清香，使人食欲大振。轩辕黄帝品尝后，也大声称赞："米酒烧鸡，味道妙。"就此，一道具有"辣、鲜、香、嫩、烫、糯、甜"的菜品——"缙云醉鸡"问世了。后人在缙云氏烹鸡的基础上加以改进，缙云醉鸡的香气方才绵延千年，流传至今。

此菜用料特别讲究，主料选用缙云山家养六月龄土仔鸡现杀现烹，以保持鲜嫩肥美，辅料非川产上等辣椒不用，这样烹出的菜品，香气四溢，诱人食欲，甜辣酥香，鲜嫩化渣。这道菜非常考验厨师的功力，尤其是对火候的把握，上乘的缙云醉鸡必须色泽鲜艳，与辣椒交相辉映，不能发黑，鸡块必须入口酥嫩、带有干辣椒过油的清香，甜辣适口。火候非常难掌握，可以说是"多一分则暗黑，少一分则不熟"。

北泉手工面。北泉手工面始创于北碚缙云山北温泉古寺，距今有500年历史，是重庆老字号产品、重庆市非物质文化遗产。采用北温泉水磨面，称为"水磨面"或"温泉面"，以"细如丝、白如雪，中心空通、入口滑嫩、回锅不泥"的特点而闻名。原料以精面粉为主，配以麻油、鸡蛋、味精、胡椒、精盐等，经过合面、拌条、上棍、扯卜、静置、挂晒、切面等18道工序，精工细作，用料讲究，细如银丝，中心空通，为北碚名特风味食品。1930年，北泉手工面在重庆市农产品展览会上获得银奖，教育家黄炎培就曾赞誉"香面条条韭叶抽"。50年代远销新加坡、印度尼西亚等东南亚国家，辗转至英国、挪威等国家，享有盛誉。1960年，中央特邀请北泉面厂技师（何树清）在北京怀仁堂向中央领导表演制面绝技，深受周恩来、邓小平、刘伯承等党和国家领导人喜爱，贺龙副总理题词，"北泉手工面生产要扩大，这是我国的民族遗产"。1983年获四川省手工挂面质量第一。

北泉手工面精工细作，用料讲究，细如银丝却中心空通，远销海外。由于面条细滑，自带咸味，最适合做成鲜汤面。吃面时只需准备一勺油，一撮

● 豆腐鱼（北碚区档案馆 提供）

● 缙云醉鸡（北碚区档案馆 提供）

● 北泉面（北碚区档案馆 提供）

葱花，用温水冲成面汤，将煮好的面条挑进去即可食用。北泉手工面选用精制小麦粉和缙云山清泉手工制作，经酵母纯天然发酵二十余小时，通过酶的水解作用生成氨基酸，合成人体所必需的维生素和生长素，提高营养素的生物利用率。同时还含有可抑制体内合成胆固醇还原酶的活性物质，能抑制肠道腐败菌的生长，刺激人体免疫系统，有效地预防疾病。北泉手工面是绿色生态养生面，长期食用对身体有益。

发展定位

北碚拥有"两城并进""三区共融"的独特优势，迎来成渝地区双城经济圈、西部（重庆）科学城建设等重大机遇。北碚将聚焦生态田园都市区、人文科教创新城"两大定位"，做好生态人文、科技创新、民营经济、城乡融合"四篇文章"，实现综合实力、改革开放、环境质量、民生安康、治理效能、党建引领"六个上台阶"，建设社会主义现代化美丽北碚，在承接落实"三个作用"、服务全市建设高质量发展高品质生活新范例中体现新担当、展现新作为。此外，北碚将紧紧围绕奋斗目标，着力抓好"八个新"任务，奋力开创各项事业发展新局面，其中包括：深入推动科技创新，打造高端创新平台，培育优质创新主体，集聚各类创新人才，营造一流创新生态，形成区域竞争新优势。加快产业优化升级，巩固提升支柱产业，持续壮大新兴产业，优化升级现代服务业，培育发展数字产业，构筑现代产业新高地。着力深化改革开放，加快重点领域改革突破，提高开放合作深度广度，打造民营经济示范样板，激发转型发展新动能。促进区域协调发展，全面推进乡村振兴，提升城市综合功能，促进产城融合发展，绘就城乡融合新画卷。推进文化繁荣发展，提高社会文明程度，保护传承历史文脉，激发文化创造活力，展现人文城市新魅力。加强生态文明建设，筑牢绿色生态屏障，健全环境治理体系，厚植生态产品价值，塑造绿色发展新样板。切实保障改善民生，促进居民就业增收，办好人民满意教育，守护人民生命健康，提升社会保障水平，满足人民群众新期待。健全民主法治体系，不断发展全过程人民民主，扎实推进全面依法治区，提高社会治理现代化水平，助推治理能力新提升。

发展目标

锚定2035年远景目标，认真落实市委赋予主城都市区"产业升级引领区、科技创新策源地、改革开放试验田、高品质生活宜居区"的发展要求，着力打造生态人文名城、科技创新高地、高新产业基地、民营经济示范地、休闲度假目的地，加快建设社会主义现代化北碚，在承接落实"三个作用"、深入推动成渝地区双城经济圈建设、支撑全市建成高质量发展高品质生活新范例中体现新担当、展现新作为。

——*经济发展取得新成效*。在质量效益明显提升的基础上实现经济持续健康发展，经济结构更加优化，大生态、大旅游、大健康等特色产业蓬勃发展，高新产业基地建设成效明显，综合实力迈上新台阶。区域创新能力显著提升，初步建成具有一定影响力的科技创新高地，对全市科技创新中心建设的支撑作用更加凸显。基础设施互联互通水平大幅提升，城乡区域发展协调性明显增强，现代化经济体系基本形成。数字经济与实体经济深度融合，产业基础高级化、产业链高端化水平明显提高。

——*改革开放迈出新步伐*。重点领域改革取得重大进展，民营经济综合改革示范试点深入推进，形成一批可复制可推广的政策措施和试点经验，营商环境达到全国一流水平，示范作用充分体现。自贸试验区建设取得明显成效，开放能级大幅提升。

——*社会文明程度得到新提高*。社会主义核心价值观深入人心，人民思想道德素质、科学文化素质和身心健康素质明显提高，公共文化服务体系和文化产业体系更加健全，人民群众精神文化生活日益丰富，历史文化保护传承利用进一步加强，"百馆之城"建设成效初显，全国文明城区创建稳步推进，城市人文内涵更加丰富，文旅融合发展深入推进，文化强区建设取得新进展。

——*生态文明建设实现新进步*。国土空间开发保护格局得到优化，生态文明制度体系更加健全，生产生活方式绿色转型成效显著，山水林田湖草系统治理水平不断提高，生态环境持续改善，城乡人居环境更加优化，成功创建国家"绿水青山就是金山银山"实践创新基地，主城都市区中心城区重要生态屏障更加巩固。

——*民生福祉达到新水平*。实现更加充分更高质量的就业，居民收入增长和经济增长基本同步，分配结构明显改善，基本公共服务供给更加优质均衡，多层次社会保障体系更加健全。脱贫攻坚成果巩固拓展，乡村振兴全面推进，城市品质不断提升，休闲度假目的地建设取得新成效，高品质生活宜居区初步建成。

——*社会治理效能得到新提升*。社会主义民主法治更加健全，社会公平正义进一步彰显，共建共治共享的社会治理体系更加完善，政府作用更好发挥，基层基础更加稳固，重大突发公共事件应急能力和防灾减灾抗灾救灾能力明显增强，防范化解重大风险和安全发展体制机制不断完善，发展安全保障更加有力，平安建设迈出稳健步伐。

（撰稿：张永 审稿：陈小飞）

渝北区

基本情况

渝北区位于重庆主城东北部，地跨东经106°27′~106°57′，北纬29°34′~30°07′，辖区面积1452平方千米，含11个镇19个街道（含两江新区直管区8个街道），建成区面积拓展到202平方千米，常住人口超220万人、城镇化率达到89.7%，是全市首个"双两百"城区。相继荣获西部首个全国文明城区、国家卫生城区、国家生态文明建设示范区、国家"两山"实践创新基地、全国质量强市示范城市、全国首批武术之乡等30余项国家级殊荣。区境东邻长寿区、南与江北区毗邻，同巴南区、南岸区、沙坪坝区隔长江、嘉陵江相望，西连北碚区、合川区，北接四川省华蓥市和邻水县。区政府驻两路街道义学路32号，距市中心22千米。

区境地处华蓥山主峰以南的川东平行岭谷地带，地势从西北向东南缓缓倾斜。境内为自西向东由华蓥山脉、铜锣山脉、明月山脉三条西北至东南走向的条状山脉和宽谷丘陵交互组成的平行岭谷。北部为中山，海拔800~1460米；中部为低山，海拔450~800米；南部多浅丘，海拔155~450米。区域地质属沉积岩广泛发育区，地质形态为华蓥山帚状褶皱束和宣汉—重庆平行褶皱束，褶皱带呈北北东向展布，狭长而不对称，褶皱紧密，向斜宽，背斜窄，断裂少。地貌多呈垄岗状，山体雄厚，长岭岗、馒头山、桌状山错落于岭谷间，地势起伏较大。喀

● 渝北区城市鸟瞰图（渝北区档案馆 提供）

斯特地貌分布较广，谷坡河岸多溶洞。过境主要河流有长江和嘉陵江，长江沿区境东南边境流过，区境中东部有寸滩河、朝阳河、长堰溪、御临河注入；嘉陵江沿区境西南边境流过，有后河注入。

气候属亚热带湿润气候区，大陆性季风气候特点显著。具有冬暖春早、秋短夏长、初夏多雨、无霜期长、湿度大、风力小、云雾多、日照少的气候特点。常年平均气温17.3℃。极端最高气温40℃，极端最低气温零下2℃左右。常年平均降雨量1100毫米左右，平均日照1340小时左右，平均无霜期319天。

历史沿革

约在公元前11世纪的商周之际，渝北区境为巴国辖地。公元前314年，区境属巴郡之江州县，历春秋、战国、秦、汉无变化。东晋永和三年（347年），原在涪陵的枳县迁治于乐碛（今洛碛镇），区境东部遂归枳县，而西部仍属江州县。南齐永明五年（487年）起，区境属垫江县。北周保定元年（561年）并入巴县。历隋、唐一直到清代前期，俱为巴县辖地。清初为巴县江北镇，清乾隆十九年（1754年）析巴县江北镇建置江北厅，由重庆府同知统摄。清乾隆二十四年（1759年）扩大厅域，将巴县义里、礼里和仁里的上六甲划归江北厅，隶属于四川省川东道重庆府。民国二年（1913年），废江北厅设江北县。

1949年11月30日，江北县解放，相继隶属于川东行署璧山专区、四川省江津专区、重庆市、永川地区。1976年，从永川地区划归重庆市。1994年12月，撤江北县建渝北区，渝北区辖原江北县的两

路等21个镇和古路等14个乡，区政府驻两路镇。

重要资源

区境内自然资源丰富。植被属亚热带湿润常绿阔叶林区，原生植被破坏后逐渐生成次生林，分布在各山脉。有野生植物97科219属326种，其中可作中草药的123种。用材林木主要有松、柏、杉、栗、青杠、枫、樟、竹、楠和其他阔叶林木。经济林木主要有柑橘、柚、梨、桃、李、苹果、樱桃、枇杷、核桃、桑、茶、银杏、榕树、铁树、桂花、罗汉松、山茶花等。近年来引进不少热带观赏植物品种。有野生脊椎动物87种，其中哺乳动物19种，鳞介类21种，禽类40种，爬行类7种。被列为国家重点保护的动物有锦鸡、鲟鱼、水獭等。水资源除长江、嘉陵江过境水外，尚有御临河常年过境地表水量约17亿立方米。区境内年平均降雨量10亿立方米，地下水流出地表总量约1.1亿立方米。矿产资源主要有煤、天然气、硫铁矿、沙金、含钾凝灰岩、石灰岩、石英、陶瓷土、耐火黏土等10余种，均有不同程度开采。

基础设施

渝北区境内拥有全国排名前十的江北国际机场和全国铁路枢纽之一的重庆火车北站，紧邻长江上游最大的外贸集装箱枢纽港——寸滩港，功能要件齐全。渝怀铁路、渝利铁路、渝万铁路、铁路枢纽东环线正线及机场支线贯穿区境，渝邻高速公路、兰州—海口高速公路（渝武高速，渝黔高速）、渝长高速公路、重庆—宜昌高速公路、机场快速路、重庆内环快速公路、重庆三环高速公路、210国道、

● 重庆江北国际机场（渝北区档案馆　提供）

319国道贯通渝北区全境。轨道10号线、3号线、6号线等8条轨道线路开通运营，形成了水陆空立体交通网络。

2022年全年完成旅客运输量1390.35万人次，比上年下降44.0%，其中公路客运222.60万人次，下降61.5%。货物运输量3067.13万吨，下降2.7%，其中公路货运1923.80万吨，下降6.7%。空港旅客吞吐量2167万人次，下降39.4%；货物吞吐量41.5万吨，下降13.0%。T3B航站楼及第四跑道正在建设当中。铁路线路增至5条，通车里程达114千米；建成通车长合、南两、渝广、渝长高速扩能大通道4条，贯穿渝北全境的高速公路增至8条，通车里程达181千米，密度12.5千米／百平方千米；全区公路通车里程3403千米（不含城市道路、两江新区在渝北区范围内的直管区域道路和机场专用道），其中高速公路145千米，一级公路31千米，二级公路162千米，三级公路98千米，四级公路2967千米。其中新改建普通干线公路461千米，"四好农村路"2184千米，在全市率先实现村民小组通畅率100%；成功创建"四好农村路"市级示范县，全面推行区、镇、村三级"路长制"；连通城乡、贯通川渝的主动脉G210南北大道段长24.8千米，助力渝北东部片区发展的S101两江大道北延伸段全长约12.8千米，两条大道均按一级公路标准建设，实现了渝北区国省干线高等级公路"零"的突破。2022年，全区在建的轨道里程有34.5千米，开展前期研究的线路还有5条，约46千米，区内通车里程达到91.21千米。

2022年持续推进了交通缓堵促畅，全面推动142个城市交通基础设施建设。城南立交二期、红土地立交改造工程已完工，椿萱大道一期已完成竣工验收，甘悦大道渝北段正在收尾。次支路网方面，紫兴路延伸段等14个道路已完工，空港新城Z5道路工程等21个项目开工建设。深入推动盘溪河、肖家河、镜湖、溉澜溪等"清水绿岸"治理和效果评估。在城区实施了21个绿地提质项目，包括余松路小游园、李家花园隧道护坡等，已全面完成。在绿地更新提质中，渝北去年已累计美化绿化坡坎崖约21.4万平方米，提质绿地面积9.47万平方米，补栽地被灌木66.3万余平方米，新增城市绿地面积120余万平方米。

2022年实现邮电业务收入18.49亿元，比上年增长5.2%。年末全区电话用户总数279.61万户，其中移动电话用户186.63万户。

渝北持续推动"双千兆"网络建设和用户发展方面，推动电信企业加快进行10G-PON光网络设备及端口的规模部署，加快推进小区光纤到户光分配网网络建设，确保"最后一公里"覆盖到位。截至2022年10月，区域内已部署25454个10G-PON端口，占所有PON端口的43%，500M及以上用户占比25%。城区每万人拥有50.1个5G基站，5G用户占比40%。

渝北已围绕汽车、电子信息、软件等产业链集聚起一大批科技创新人才，大大提高了科技创新能力和成果转化能力。

主要产业

渝北区是重庆内陆开放高地建设的重要阵地，国家首批临空经济示范区，重庆自贸试验区、中新互联互通项目重要承载地。截至2022年底，全年实现地区总产值2297.12亿元，按可比价格计算比上年增长0.3%。按产业划分，第一产业增加值31.59亿元，增长4.8%；第二产业增加值821.64亿元，同比下降2.5%；第三产业增加值1443.89亿元，增长1.9%。三次产业结构比为1.4:35.8:62.8。全区地区生产总值、规模以上工业总产值、工业增加值、固定资产投资总额稳居全市第一，经济发展韧性显著增强，高质量发展态势良好。

渝北区"三农"工作以乡村振兴为统领，重点推进农村经济社会发展，农村改革，农村扶贫，同步协调推进农业结构调整，农产品绿色行动，民生实事，智能农业和乡村旅游业发展等工作。进一步调整优化农业产业结构。全区建成设施大棚 7 万平方米，新增冷藏保鲜库 1.2 万立方米，建成年处理量 3 万吨柑橘分选线 1 条。建成"上古农耕""宿于·龙槐山院"等精品旅游民宿，大盛天险洞村获评 2022 年中国美丽休闲乡村。建成高标准农田 6.5 万亩，建设高效节水灌溉 0.35 万亩，完成粮油基地宜机化改造 1000 亩。

渝北区工业紧紧围绕"加快建设国家临空经济示范区"奋斗目标、"加快智能制造基地建设"工作任务，实施"渝北区以先进制造业为重点的智能制造基地建设行动计划"，系统采取多种措施推动企业加快转型扩能，坚持"增量促发展、存量促转型"工作思路，稳中求进、积极作为。全年实现工业增加值 711.45 亿元，按可比价值计算比上年下降 1.3%。规模以上工业总产值比上年增长 0.6%。两江影视城、际华园成功创建 4A 级旅游景区，旅游综合收入年均增长 16%。渝北区商务工作以习近平新时代中国特色社会主义思想为指导，大力推动商贸服务业转型升级，商务经济呈稳中有进的良好态势。

全力打造"五个千亿级"产业集群。持续推进数字产业化、产业数字化发展，培育壮大战略性新兴产业，加快推动全区产业迈向产业链价值链中高端。依托前沿科技城、仙桃数据谷等五大平台，打造千亿级智能终端产业、软件和信息服务业、两江国际商务中心、现代消费走廊、航空物流园。强化龙头企业引领、目标企业带动作用，加快补链成群，狠抓招商引资和促建达产，"五个千亿级"产业集群全面建成显效，推动现代产业集群化、融合化、智能化发展，提升全区产业基础高级化、产业链现代化水平，形成多点支撑的产业格局。

文旅品牌

渝北区旅游工作全面落实习近平总书记对重庆提出的"两点"定位、"两地""两高"目标要求，紧紧抓住全区旅游发展大会重大机遇，以全域旅游发展为主线，按照"一城两区三级示范"的产业发展布局，积极打造"六大旅游升级版"，旅游品牌创建和行业监管进一步加强，旅游基础设施进一步提升，"主城周边游，渝北好地方"进一步强化同其他区县内在联系，"山水渝北、临空之城"旅游品牌进

● 悦来国际博览中心（渝北区档案馆 提供）

一步彰显，全区旅游经济呈现快速发展态势。

渝北区旅游资源丰富，有闻名遐迩、集山水林泉洞峡瀑为一体的中国最佳温泉度假胜地、国家4A级景区——统景温泉风景区，有中国历史文化名镇、国家3A级旅游景区——龙兴古镇，有玉峰山、华蓥山、南天门三大森林公园；有梨树种植面积达1.5万亩的放牛坪观光度假区、印盒李花生态旅游区、温塘河万亩红枫基地、兴隆杨梅基地、农业园区拓展区西部农谷四季田园、木耳金刚葵花基地、华蓥山休闲避暑区等生态旅游景区，荟萃了重庆中央公园、重庆园博园、重庆国际博览中心及张关水溶洞、碧津公园、重庆鳄鱼中心、御临排花洞等独具特色、广受群众喜爱的景区景点；有五洲、金科、戴斯、奥蓝、犀牛、新华等一批星级酒店（宾馆）等。

区内重要的古代遗址有：洛碛新石器发掘遗址、分布于御临河上段山崖的汉代崖墓群、翠云南宋抗元名城多功城、洛碛宋代著名状元冯时行寓所"缙云故里"及"状元井"、大竹林明代吏部尚书蹇义墓葬（当地称"天官坟"）、清初白莲教据点辜坪等。爱国主义教育基地有位于回兴街道黄桷坪黄炎培中学校内的中华职业学校（渝校）旧址暨于学忠将军故居，还有位于碧津公园内的王朴烈士塑像等。

依托丰富的旅游资源和古代遗址，渝北区集中打造5条精品文化旅游线路。

嘉悦线。依托轨道10号线、3号线、9号线、6号线沿线的景点和资源，打造以休闲购物、养生公园、寓教于乐为主题的渝北临空都市旅游线路，主要包括石头房子文创园、新光天地、三亚湾海鲜美食城、碧津公园、重庆创意公园、圣名游乐城、中央公园、仙桃数据谷、鳄鱼养殖中心。

● 碧津公园（渝北区档案馆 提供）

● 统景温泉（渝北区档案馆 提供）

统龙线。依托统景温泉、龙兴古镇、两江影视城、际华园等 A 级旅游景区，打造以温泉康养、民俗体验、极限运动为主题的渝北特色体验旅游线路，主要包括统景温泉风景区、排花洞、际华园、两江国际影视城、龙兴古镇。

古洛线。贯穿古路、统景、大盛、洛碛沿线，以网红打卡、巴渝乡情、果蔬采摘为主题的渝北乡村休闲旅游线路。主要包括周家山大桥、印盒李花、江口渔村、廖家湾、云龟山、青龙村、张关水溶洞、洛碛古镇、沐丰园生态农场。

茨兴线。以休闲度假、农事体验、果蔬采摘为主题的渝北民俗风情旅游线路。主要包括十里荷花走廊、放牛坪景区、华蓥山宝鼎、七彩大庄园、巴渝乡愁博物院、武印峡蓝莓、礼朝屋基。

● 统景小三峡（渝北区档案馆 提供）

● 龙兴古镇（渝北区档案馆 提供）

● 铜锣山矿山公园（渝北区档案馆 提供）

● 茨竹镇放牛坪（渝北区档案馆 提供）

玉矿线。以美食休闲、网红打卡、果蔬采摘为主题的渝北生态康养旅游线路。主要包括铜锣山矿山公园，位于渝北区石船镇。矿坑积水长时期对岩石的溶解作用，水的颜色逐渐变成了翡翠色、湛蓝色，造就了碧水、峭壁、深潭的奇妙景色。昔日满目疮痍的矿坑蜕变为独具特色的海子，成了新的网红打卡点。有大小41个矿坑，其中一个被称为"最美心水"的形似爱心的矿坑，是情侣拍照绝佳去处。

风味美食

水煮鱼。又称江水煮江鱼、水煮鱼片，最早流行于重庆市渝北区翠云乡。水煮鱼通常由新鲜草鱼、豆芽、辣椒等食材制作而成。"油而不腻、辣而不燥、麻而不苦、肉质滑嫩"是其特色。

土沱麻饼。清光绪末年土沱老街上的"振江斋馆"，开始生产酥皮麻饼，江湖人称"土沱麻饼"。土沱麻饼最鼎盛的时期是在抗战时期，当时老百姓流传有"土沱麻饼静观醋"的赞誉。

刘记永吉盐水鸭。刘记永吉盐水鸭清香扑鼻，口感鲜美、肥而不腻、皮白、嫩滑。其特有工艺"炒盐渍、清卤复"，增加鸭的香醇，"烘得干"减少鸭脂肪，皮薄且收得紧，"煮得足"食之有嫩香口感。

白岩山老腊肉。产地渝北白岩山，老腊肉选料的精纯，分割的精细，腌制的精准，熏制的火候，使得白岩山老腊肉具有独特风味。

茨竹青椒兔。青椒兔是茨竹镇的特色菜肴，其制作技艺距今已有一百多年的历史，兔子选用茨竹镇本地产5斤左右健康优质的农家兔，青椒选用茨竹镇特产二荆条、微辣青椒。茨竹青椒兔颜色碧绿，味道清香，兔肉鲜嫩可口、滑而不腻，表现出独树一帜的特色，青尖椒和青花椒更让人辣得痛快，麻得过瘾，食后回味无穷。

龙氏机场豌豆面。"飞机都要刹一脚"的龙氏机场豌豆面在两路几乎是家喻户晓，豌豆软硬适度，炸酱香而有嚼头，炸酱和豌豆融合在面汤里，将面条搅拌一下，裹得浓浓的汤汁于一身。

龙兴龙筋豆干。咖啡色的外表，切面洁白的豆干伴着星星点点花椒末的鲜明，不断激活你的味蕾，咬一口，回荡在唇齿间的咸香与甘甜，将心中的爱意缓缓升华。

统景石磨米粉。手工现做的米粉，需要经过浸泡大米、磨浆发酵、煮熟、晾干、收粉、切粉、煮粉等程序，才有一碗热腾腾的米粉呈现在人们面前。看似薄薄的米皮却有着柔韧的口感和原汁原味的米香，吃起来唇齿留香，回味无穷。

于氏老红糖。这块红糖，许多老人吃了，说这就是久违的老味道。而大多数年轻人对于氏老红糖

● 茨竹青椒兔（渝北区档案馆 提供）

● 统景石磨米粉（渝北区档案馆 提供）

● 玉峰山花椒鸡（渝北区档案馆 提供）

里甘蔗的清甜念念不忘，觉得红糖不甜不腻，开袋就能闻到浓郁的甘蔗香、溶于水后没有杂质。"凝结如石、破之如沙"就是对"于氏老红糖"的真实写照。

玉峰山花椒鸡。玉峰山土壤肥沃，由于气候及地理条件，使得土鸡肥、鸡肉嫩，最终体现在花椒鸡的独特风味上。花椒鸡味道麻辣咸香，鸡肉嫩，味浓香，带有花椒麻辣，具有跌打骨折调理、活血化瘀调理和高血压调理的作用。

发展定位

建设高质量发展的经济大区，持续巩固支柱产业、发展优势产业、布局未来产业，形成具有国际竞争力、全国影响力的现代产业体系；建设高水平开放的临空大区，构建以机场为核心的"空铁公水"多式联运交通集疏体系，建设空港型国家物流枢纽；建设高能级策源的科创大区，构建产业链、创新链、供应链、要素链、政策链、价值链深度融合的创新生态系统，建设人工智能、数据中心、算力枢纽等新型基础设施，让更多科技成果在渝北诞生、在渝北转化。

发展目标

"十四五"时期，以建成高质量发展高品质生活新范例为统领，在全面建成小康社会基础上实现新的更大发展，努力在推进新时代西部大开发中发挥支撑作用，在共建"一带一路"中发挥带动作用，在推进长江经济带绿色发展中发挥示范作用。成渝地区双城经济圈经济实力、发展活力、国际影响力大幅提升，支撑全国高质量发展的作用显著增强。

在发展实体经济上构筑新优势。坚持把发展经济的着力点放在实体经济上，以智能化、集群化、特色化促进产业转型和产能升级，推动制造业与数字经济、现代服务业深度融合，加快形成高质量发展新的增长点。

坚持把制造业作为高质量发展的"压舱石"，深入实施"链长制"，着力打造先进制造业集聚区，战略性新兴制造业产值增长13%。围绕OPPO、传音两大整机企业，持续引进一批核心零部件配套项目。推动中科智远、天箭惯性等项目加快建设，建成投产莱斯、优琥等项目9个，工业投资增长15%以上。实施智能化改造项目40个，新增市级数字化车间、智能工厂7个，数字经济增加值增长10%以上。推动统景温泉风景区招商引资项目落地建设，加快矿山公园、云龟山4A级旅游景区创建。做大做强"银证保"传统金融，培育发展普惠金融、绿色金融、科技金融，金融机构存贷款余额达到1.6万亿元。深入实施"满天星"行动计划，推动名园、名楼、名品创建，软件和信息服务业营收达到380亿元。深入开展抓项目促投资专项行动，统筹实施207个市、区重点项目，确保开工率、投资完成率分别达到90%、85%以上。

在推动科技创新上迈出新步伐。科技是第一生产力、人才是第一资源、创新是第一动力。坚持以平台载体拓展为保障，以创新生态完善为路径，以创新人才引育为核心，以科技成果转化为关键，持续打造西部创新高地。

强化高端创新平台支撑。加快仙桃数据谷"二次创业"，聚企业、聚资源、聚活力，新引进高科技项目15个以上，深化与中国农科院、中国科学院微生物研究所、西南大学等高校院所合作，推动种植土壤修复与改良科研中心等3个科创平台落地。加快培育优质创新主体。强化企业科技创新主体地位，大力实施高新技术企业和科技型企业"双倍增"行动计划，新增市级科技型企业200家、国家高新技术企业100家以上。实施科技计划项目30个以上。全社会研发经费投入强度保持在4.8%以上。

持续营造良好创新生态。按照"一核多园"布局，着力打造一批高能级创新孵化载体，持续推动存量孵化载体提档升级，聚集在孵企业和创业团队1000个以上，孵化面积达到15万平方米。新增发放知识价值信用贷1.5亿元以上，推动"科技—产业—金融"良性循环。弘扬科学家精神，积极举办科普宣传和高水平科创活动，营造全民创新创造浓厚氛围。

在深化改革开放上开拓新局面。坚持向改革要动力、向开放要活力，充分发挥独特优势，持续推进开放发展，增强高质量发展活力动力。

不断深化重点领域改革。推动更多项目纳入专项债、政策性开发性金融工具项目清单，争取专项资金40亿元以上。深化证照分离改革，推动"一照多址""一址多照"等改革扩面，新增市场主体3.7万家。深化"三社"融合、"三变"改革，激活"人""地""钱"等资源要素，培养农村致富带头人，做实做大新型农村集体经济。持续扩大对外开放合作。协调推进江北国际机场T3B航站楼及第四跑道建设，引资建设百亿级洛碛物流城。鼓励企业"组团出海"，积极开拓"一带一路"、RCEP等国际市场，实现进出口总额2000亿元。确保招商到位资金230亿元以上。务实推进与云阳县对口协同发展。

加快重点片区开发。推动国土空间分区规划获批，有序实施城市空间拓展，完成土地征收5000亩。持续完善基础设施。加快轨道15号线一期、4号线西延伸段建设，推动轨道3号线支线北延伸段、18号线三期前期工作。提速建设12条城市主干道，建成悦港北路、兴盛大道拓宽等4条主干道项目，加快打通27条断头路，新增城市道路15千米。持续完善公共停车场、人行通道等配套设施，建设城市立交3座，新增公共停车位1000个以上。开工建设百亿级疆电入渝项目，加快中广核燃气发电、铜锣峡地下储气库二期、中航油输油管道等项目建设，建成投用望乡110千伏变电站、空港新城配气站。新建5G基站1000个，布局建设充换电设施1万个以上。提升精细化管理水平。实施老旧小区改造100万平方米，完成房屋征收1万平方米，整治违法建筑11万平方米。做靓山城步道、山城公园、山城花境品牌，新增城市绿地100万平方米。持续开展路平桥安专项整治，改造提升人行道8万平方米、城市道路17万平方米。

在推进乡村振兴上绘就新画卷。坚持农业农村优先发展，扎实推动"五个振兴"，加快建设国家乡村振兴示范县（区）、全市乡村振兴先行示范区，促进农业高质高效、乡村宜居宜业、农民富裕富足，打造绿色田园、美丽家园、幸福乐园。

坚决守住"三条底线"。实施耕地恢复补充5000亩、撂荒地复耕3000亩。开展丘陵山区高标准农田改造提升示范工程，新建高标准农田1.5万亩、改造提升5000亩。确保粮食、蔬菜等重要农产品种植面积和产量分别稳定在50万亩、40万吨以上。大力发展特色高效农业。推进落实"四千行动"，改造提升现代化水果基地5000亩，发展高山绿色蔬菜2万亩、生态渔业1000亩。加快南北大道沿线现代都市农业示范带建设，新建智慧设施农业1万平方米，建设日产30吨食用菌智能化生产基地，促进双孢菇智能化项目量产销售。

加快建设和美乡村。全线贯通两江大道、渝邻快速通道，完成新统大路等道路改造15千米，改造提升县乡道58千米，建成"四好农村路"100千米。完成碑口水库主体建设，实施农村供水保障项目10个，新建改建供水管网176千米。提速推进10个居民新村续建项目。实施10个建制村生活污水治理，完成农村改厕500户。创建市级美丽宜居乡村10个，争创国家级美丽宜居示范村庄5个。强化党建引领、"三治"融合、智治赋能，加快打造全国乡村治理体系建设试点示范区。

在生态文明建设上取得新成效。持续打好污染防治攻坚战。新建城镇雨污管网35千米、更新改造36千米，实施雨污混流点改造350处。推动悦来、肖家河污水处理厂升级扩容，实施平滩河综合整治、木鱼石湖库水体修复。推进245条次级河流入河排污口排查整治，确保国考、市考断面及地表水质稳定达标。打好净土保卫战，加强固废治理和农业面源污染防治，实施30个地块污染调查，加快华牧等企业环保搬迁，完成520亩污染地块修复治理。加快推进绿色低碳发展。新建生活垃圾分类示范村9个，巩固"无废城市"建设成果。推进国土绿化提升行动、"两岸青山·千里林带"工程，实施营造林6400亩、公益性育苗50万株，建设国家储备林5000亩。

在增进民生福祉上展现新作为。繁荣发展社会事业。建成投用空港实验中学、金石小学等4所学校，新增学位9000个以上。持续推动学前教育普惠优质发展，新增公办幼儿园3所。推进区人民医院4号楼建设，开工建设双凤桥、龙塔社区卫生服务中心，推动树兰医院落地建设，切实加强社会保障。落实就业优先政策，城镇新增就业5万人以上。推动全民参保扩面提质，城乡养老、医保参保率稳定在96%以上。新建改建村（社区）便民服务中心10个，开展完整社区建设试点，打造社区综合服务"渝北邻聚"品牌。筹集保障性租赁住房6000套，推动前沿科技城安置房项目建设，建成安置房26万平方米。

（撰稿：赵佳豪　审稿：张国安）

巴南区

基本情况

巴南区位于重庆中心城区南部，介于东经106°26′~106°59′，北纬29°7′~29°45′之间，是重庆生态之城、人文之城的重要组成部分，前身是千年历史名邑巴县，1994年12月经国务院批准撤县建区，东与涪陵区、南川区接壤，南与綦江区相连，西与江津区、九龙坡区、大渡口区毗邻，北与南岸区、江北区、渝北区、长寿区交界。辖区面积1824.6平方千米，辖9个街道、14个镇。区政府驻龙洲湾街道龙海大道6号。2022年末，全区户籍人口976059人，其中城镇人口621312人；常住人口119.55万人，其中城镇人口100.79万人，人口城镇化率84.31%。

巴南区历史文化悠久，早在5000年前，就有先民在此繁衍生息，先后涌现出"革命军中马前卒"邹容、新中国首任女大使丁雪松等杰出人物，巴渝文化、抗战文化、古镇文化、茶文化等异彩纷呈。自然资源丰富，巴南沿江、傍泉、依山、靠林、临湖、环岛，拥有60千米长江岸线、主城近50%的森林面积和全市近50%的温泉资源。区位优势突出，巴南是"重庆—东盟南向国际物流大通道"的起点，8条高速公路在辖区内交会，铁路东环线贯通南北，佛耳岩码头连通长江黄金水道，共同构建起公、铁、水多式联运的综合物流枢纽。城乡均衡发展，巴南是重庆首批国家城乡融合发展试验区之一，拥有西南地区首个大型城市体育文化综合体——华熙国际文体中心，巴滨路绿色亲水岸线成为市民"打卡"胜地。农业农村加快发展，拥有美亨柚子股份合作社等国家级示范社，巴南银针茶叶等全国名特优农产品享誉国内外。产业基础雄厚，巴南生物医药产业集群是全市唯一由国家发改委确定的首批"国家战略性新兴产业集群"，南彭公路物流基地是国家《西部陆海新通道总体规划》明确建设的重点物流园区之一，"数智"、军民融合、生态创新等产业集群不断发展壮大。2022年，巴南区实现地区生产总值1022亿元，增长2.0%。其中第一产业增加值57.8亿元，第二产业增加值459.0亿元，第三产业增加值505.2亿元。社会消费品零售总额473.5亿元，一般公共预算收入40.4亿元，金融机构存贷款余额2357.7亿元。

2020年5月，巴南区与成都市温江区签订了推动成渝地区双城经济圈建设战略合作协议，缔结友好城市关系，开展全方位、多领域、深层次的交流合作。

历史沿革

巴南区前身巴县是全国建县最早的地区之一，

迄今已有2300多年历史，素与郡、州、府、路同城而治，并为附廓大县，有重庆母县之称。公元前314年，秦置江州县，为建县之始。北周武成三年（561年）废垫江、枳二县，以其地置巴县，为巴县得名之始。民国以前，今重庆市主城区等均为巴县辖地，渝中区即为巴县县城故地。1929年2月，重庆正式建市。1932年冬，正式勘划市区界，巴县县城全部及两路口、姚公场、南城坪、海棠溪、弹子石等场镇划入市区。1939年，国民政府令巴县政府迁到市外办公，先后辗转于人和场（今九龙坡区华岩镇）、李家沱马王坪、南泉等地。1954年1月巴县人民政府迁驻鱼洞。

中华人民共和国成立初期，巴县隶属关系及辖地时有调整。1958年后隶属四川省重庆市管辖。1975年后，巴县边界基本稳定，辖区总面积2550平方千米。1994年12月，国务院批准重庆市行政区划调整，撤销巴县建立巴南区，划出原巴县所辖长江以北的22个乡镇，划入原九龙坡区所辖长江以南的李家沱、土桥2个街道，南泉、花溪2个镇（除二塘村外），巴南区辖区面积较巴县减少725.4平方千米。1997年6月重庆市直辖后，巴南区逐渐转型成为重庆市主城区之一。

2009年，区人民政府驻地由鱼洞街道迁至新成立的龙洲湾街道，使龙洲湾逐渐成为巴南区新的政治、经济、文化中心。根据经济社会发展需要，2001年、2009年两次对乡镇、街道行政区划进行较大规模调整，对行政村进行大规模合并调整，新建街道、社区，后又有零星调整，截至2022年，巴南区辖龙洲湾、鱼洞、莲花、李家沱、花溪、南泉、南彭、惠民、

● 龙洲湾（巴南区档案馆 提供）

一品等9个街道，界石、木洞、双河口、麻柳嘴、丰盛、二圣、东温泉、姜家、天星寺、接龙、石滩、石龙、圣灯山、安澜等14个镇。

重要资源

巴南区地处四川盆地东部平行岭谷向南倾斜与盆地南缘山地交接地带，地势东高西低、南北起伏，山、丘、坝、阶地、河谷皆具，以丘陵为主，山峦连绵起伏，沟壑纵横交错，土壤类别多样，养分充足，植被繁茂。区内最高海拔为石滩镇方斗山（1132.6米），最低至三峡库区175米水位线。巴南区属亚热带季风性湿润气候，多年平均降水1081.7毫米，长江自西向东流经北部边境，区内有大小河流100余条，其中五布河、一品河、花溪河为区内三大主要河流。有南湖、滩子口水库、观景口水库、下涧口水库（金龙湖）等众多景色优美的湖泊水库。地下水甚丰，补给量达1.05亿立方米。全区共发现矿产20种（含亚矿种），查明矿产资源储量17种，其中石灰岩为优势矿产。地热资源丰富，在南泉、东泉、桥口坝、丰盛等地有许多出露点，因地热而形成的温泉更是闻名久远，还有世界罕见常年保持40℃水温的喀斯特温泉热洞。全区生态环境良好，森林覆盖率47.6%，是主城重要的"肺叶"，也是长江上游重要的生态屏障。全区有植物近4000种，其中有水杉、银杉、红豆杉等国家保护植物50余种，有大量的花卉和药材，植被类型以阔叶林、针叶林、灌木林、竹林为主。区内有动物数百种，包括白鹭、猫头鹰、穿山甲、林麝、獐子、金鸡等保护动物。

区内人文资源富集，传统风貌保护较好。拥有"接龙吹打""木洞山歌"国家级非物质文化遗产。拥有中国历史文化名镇——丰盛古镇。拥有巴南银针、巴山银牙等传统优质茗茶。巴渝文化、抗战文化、古镇文化、茶文化等异彩纷呈，留下大量人文景观，一系列古建筑、古村寨、古遗址、近现代遗迹，以其丰富的文化内涵和厚重的历史载入史册。

基础设施

公用事业设施

巴南区交通便捷。重庆内环快速路、绕城高速、渝黔、渝湘、沿江高速、南两高速、渝黔扩能高速和在建的渝湘高速复线在辖区内交会，是"重庆—东盟南向国际物流大通道"的起点。拥有60余千米长江黄金水道，李家沱、马桑溪、鱼洞、白居寺4座长江大桥架通南北，渝南大道、龙洲大道、巴滨路，轨道交通2号线和3号线，铁路枢纽东环线，以及在建和规划的轨道交通18号线、24号线、

27号线、渝湘高铁等构筑起"内外畅通、东西贯通、多式联通、产业接通、公交外通"的综合交通网络。截至2022年末，全区县道以上公路通车里程685千米，其中高速公路里程208千米，乡道里程312千米、村道里程3556千米。行政村主要道路通达、通畅率100%，入选2022年"四好农村路"全国示范县创建单位。实现巴南全域公交化，二环外常规公交让群众和主城区居民同等享受公交优惠政策。佛耳岩码头一期、二期形成重庆港主城港区佛耳岩作业区，成为巴南水上运输主要港口，依托龙洲湾隧道实现公路物流基地与佛耳岩码头的快速衔接。

巴南区电力、供水、电信保障有力，全社会用电量平稳增长，2022年全区售电量达到463546万千瓦时，其中居民售电量119219万千瓦时。天然气供应城乡全覆盖。

新型基础设施建设

"重庆市大数据成果转移转化中心"落户巴南区，入选市区共建重庆市"BT+IT"创新发展示范区。先进技术创新中心获评全市首批"满天星"示范楼宇。发展数据中心产业集群，腾龙5G数据中心一期建成运行，并成功纳入全市政务数据中心"两地三中心"布局和东数西算成渝枢纽节点重庆数据中心集群。农业领域，数字乡村与智慧城市协调推进。工业领域，大力实施智能化改造，惠科金渝揭榜创建"灯塔工厂"，建设工业智能工厂等12个项目获批全市智能化赋能工程项目，新增百亚卫生等13个市级数字化车间。生物医药领域，数字化赋能生物医药产业作用显著，形成涵盖研发、生产、销售等环节的数字医药产业链。商贸服务业领域，打造公路物流信息港，吸引京东、申通等一批"重量级"企业，数字物流

● 重庆南彭保税物流中心（巴南区档案馆　提供）

● 重庆国际生物城宸安研发中心（巴南区档案馆 提供）

提档升级。人才领域，依托华为ICT学院、淘宝大学西南学院等基地培训数字经济相关人才，促成校企合作，年均输送数字经济人才2000余名，招收数字经济相关专业师生10000余人。截至2022年末，全区累计建成5G基站3600个。

城乡融合发展

城市形象逐年提升。成功创建国家卫生区，水清岸绿、城靓景美。建成区面积达到105.38平方千米，建成区绿化覆盖率42.4%。龙洲湾、李家沱、鱼洞城区由点及面，焕然一新，成功转型为服务功能更强的新城区。重庆国际生物城、环樵坪山数智城、滨江人文城、大江科创城、重庆高职城建设提速推进，人口集聚作用显现。国际顶级智能化体育馆华熙LIVE·鱼洞文体中心成为城市形象新地标，高水平承办中国杯世界花样滑冰大奖赛等多项国际性赛事。巴南万达、西流沱小镇、首创奥特莱斯成为城市消费新热点，汉海海洋公园、丰盛古镇、木洞古镇、南温泉焕发假日经济新活力，成为周末休闲度假好去处。

农业农村持续发展。巴南被确定为国家城乡融合发展试验区，涉及9个行政村79.6平方千米的农村产业融合发展示范园入选第三批国家农村产业融合发展示范园创建名单。现代特色效益农业"3+5"产业体系加快构建，一二三产融合发展，培育了"定心茶""接龙美亨蜜柚"、五洲园、乡村印象等一批标志性产品和休闲旅游品牌。大力推进农村人居环境整治三年行动，获评全国村庄清洁行动先进区。

生态环境明显改善。持续开展环保"五大行动"，

● 华熙LIVE·鱼洞文体中心（巴南区档案馆　提供）

水更清，天更蓝，地更绿，土更洁，声更静。污染防治攻坚战全面推进，生态保护修复力度加大，绿色低碳转型步伐加快，严格落实长江禁渔，全面实行河（库）长制，河流水质全面达标。2022年空气质量优良天数313天，无重度及以上污染天气。

社会事业保障

建成义务教育均衡区。全区有重庆理工大学、重庆工程学院、重庆财经学院、重庆文化艺术职业学院等普通高校4所，普通高中12所（其中，重庆市实验中学、重庆市清华中学、重庆市巴南中学、重庆市木洞中学为市级重点中学），职业中学、中专、技校13所，初中28所，小学70余所，特殊教育学校1所，幼儿园近200所。全区教育支出持续增加，学前教育普惠率、公办幼儿园占比稳步提升。义务教育发展从基本均衡向优质均衡迈进，成功创建"全国中小学责任督学挂牌督导创新区""全国首批义务教育教师队伍县管校聘管理改革示范区"。

区域创新能力持续提升。全社会研发投入保持高增长，高技术产业产值不断创新高，重庆国际免疫研究院等一批有实力的研发机构先后落地，九价宫颈癌疫苗、长效胰岛素等一批产品填补国内外空白。2022年，全区全社会研发投入33亿元、居全市第六位。宗申集团名列全市民营企业研发投入第四位。7家企业入围全市民营企业科技创新指数100强。惠科金渝被认定为国家企业技术中心。市级科技型企业4501家，国家高新技术企业241家。国际生物城全力建设生物科技成果转移转化示范地，智翔金泰建成投用全市首家抗体药物研发平台，宸安生物建成西南地区规模最大胰岛素中试研发中心和产业化基地，国际免疫研究院成功创建国家级博士后科

研工作站。重庆工程学院工创空间获批国家级众创空间，欣巴智联双创基地获批市级科技企业孵化器。环理工大双创生态圈促进科技成果转化149项。累计为187家科技型企业助贷知识价值信用贷款3.2亿元。

医疗卫生服务能力显著提升。全区有卫生机构799个，其中医院24个、基层医疗卫生机构767个、其他卫生机构8个，总床位数7654张。区人民医院完成迁建，并成功创建三甲医院。市七院综合楼、中医院三期工程建成投用。市七院、区人民医院分别挂牌重庆市理工大学附属中心医院、重庆医科大学附属巴南医院，区中医院与四川省骨科医院达成"重庆南部城区运动医学中心"战略合作。建成市级健康促进医院6所，获评市级优秀健康单位1个，甲级乡镇卫生院8家，村卫生室标准化建设率

● 巴南区人民医院（巴南区档案馆 提供）

100%。成功创建国家卫生城区,市级卫生镇覆盖率100%。社会保障体系更加健全,成功创建"助你启航"创业引领、"巴南工匠"技能提升和"雪中炭火"就业援助三大品牌。城乡养老、医疗保险参保率保持在95%以上,长护保险试点经验在全市推广。全区养老机构床位增至1.07万张,千名老人床位数45.2张,医疗机构与养老机构签约率100%。

文化体育事业繁荣发展。区文化艺术中心、博物馆建成投用,图书馆全新开放,基层公共文化阵地实现镇街、村(社区)全覆盖。培育市级非遗保护示范基地、传承教育基地8个,非物质文化遗产代表性项目75个,成功举办"我在重庆学非遗""老外@Chongqing体验非遗"等主题活动,招收"洋弟子"成为巴南非遗文化传承特色亮点,唱响了"老巴县、最重庆"推广语,塑造了巴巴虎IP文旅品牌,文化产业增加值占地区生产总值比重达到4.3%。群众体育广泛开展,竞技体育屡获佳绩。

社会治理效能大幅提升。花溪派出所获公安部首批"枫桥式公安派出所"认定,"德法相伴"基层社会治理创新品牌被纳入全国"不忘初心、牢记使命"主题教育先进案例,社会稳定水平和居民安全感进一步提升,城市信用监测连续3年综合排名位列全市第一,社会和谐稳定局面持续巩固。

主要产业

第一产业。2022年,全区实现农业总产值79.3亿元。全区有茶叶、果蔬、渔业、粮油四大支柱产业20余万亩。巴南银针、鱼洞乌皮樱桃、接龙蜜柚、二圣梨、南彭草莓等为巴南区传统特色农产品。围绕品牌茶叶、精品果蔬、优质粮油、生态渔业、特

● 接龙吹打走进台湾进行文化交流(巴南区档案馆 提供)

色畜牧等产业,不断延伸完善"产加销"产业链。以"农业4.0"为标准,投入资金3500万元,在不同产业核心区成功打造14个智慧农业示范基地。建成南彭水稻市级创新基地、重庆大学石龙水稻育种基地。红柠檬入选全国名特优新农产品名录,巴南银针入选全国特质农品名录,接龙蜜柚纳入农产品地理标志保护工程项目。巴南区有效期内农业品牌累计达到185个,有效期内绿色食品121个,有机农产品1个,地理标志农产品3个。

第二产业。2022年,全区实现工业总产值1103.9亿元,其中规模以上工业总产值941.2亿元。巴南区以创新驱动为引领,优化升级传统产业,培育壮大新兴产业,加速推动智能产业,做优做强军民产业。辖区工业企业主要集中在重庆数智产业园、重庆大江科创城、重庆国际生物城。

重庆数智产业园是国家级绿色工业园区、重庆市新型显示特色产业示范基地、重庆市5G特色产业建设基地、重庆市加工贸易示范园区,总体规划面积25平方千米。园区已形成三百亿级"数智"产业集群,产业定位以数智经济(新型显示、大数据、5G)、智能装备制造、消费品工业三大产业与线上大数据园区、线下总部楼宇工业两大平台为主。具体包括以惠科金渝光电液晶面板第8.6代线项目、惠科千万台液晶显示器、汉朗光电混晶液晶新材料、晶朗光电高液晶精密光电器件、惠科显示模组为代表的新型显示产业集群;以腾龙5G产业园为代表的大数据产业集群;以思睿创、图源物联网、联叁盛光电、桴之科为代表的5G产业集群;以众恒电器、耐德环境、界石仪表、飞渡医疗为代表的智能装备制造产业集群;以恒安纸业、蓝月亮、玛格家居为

● 惠科液晶面板智能工厂(巴南区档案馆 提供)

代表的消费品工业产业集群。园区依托腾龙大数据中心、智慧园区平台等线上平台推动园区企业"上云"率100%，建设重庆市5G智慧示范园区；依托华雄智慧城、联东U谷、曙光等楼宇工业以及园区自建标准厂房等线下平台，打造总部经济产业，推动生产性服务业与制造业融合发展。

重庆大江科创城系重庆市首批军民融合创新示范基地、高新技术转化应用示范基地之一，规划控制面积约10平方千米，主要发展汽车摩托车整车及零部件、高端装备制造等产业。截至2022年，大江科创城已有各类创新平台62个（含国家工业设计中心1个，企业技术中心1个，博士后工作站3个），聚集各类企业653家，其中百亿级企业2家，规上工业企业82家（约占全区规上企业总量三成），军民融合关联企业25家，科技型企业200余家，高新技术企业39家，大数据智能制造企业10家，"专精特新"企业45家，智能工厂5家，形成了以铃耀汽车、宗申机车、航天巴山、光宇摩托等为代表的汽车、摩托车整车及零部件产业集群，以宗申动力、宗申航发、宗申通机、美利信科技等为代表的高端装备制造产业集群，以大江智防、大江国立为代表的公共安全、新能源与新材料产业集群。

重庆国际生物城是全市生物医药产业聚集地，纳入首批国家战略性新兴产业集群发展工程。其所在地木洞镇、麻柳嘴镇全域纳入重庆高新区拓展园范围。园区总体规划面积约35平方千米，重点发展生物制药、化学药制剂、现代中药和医疗器械等产业。截至2022年，生物城已聚集项目108个，协议产值超1000亿元，包括投资130亿元的国内生物制药龙头企业智睿生物、全球最大眼药水企业日本参

● 宗申集团绿色智能化车间（巴南区档案馆　提供）

天、全球抗癌药巨头美国雅培克公司、国内重组疫苗领先企业博唯生物、国内抗体药物领先企业智翔金泰等龙头项目，初步实现生物制药、化学药制剂、现代中药、医疗器械集群化发展；园区引进了中试生产、动物实验、一致性评价、检验检测等要素平台，构建"5平台3中心"研发体系；国产九价宫颈癌疫苗、紫杉醇口服剂、长效胰岛素等一批新药取得临床批件，填补全市及国内空白。

2022年，全区实现建筑业增加值175.4亿元，实现注册地建筑业总产值432.3亿元。房屋施工面积2078万平方米，房屋竣工面积645万平方米。

第三产业。2022年，全区社会消费品零售总额473.5亿元，其中限上社会消费品零售总额246.1亿元。批发业销售总额681.6亿元，零售业销售总额392.6亿元，住宿业营业额12.9亿元，餐饮业营业额42.7亿元。全年交通运输、仓储和邮政业营业收入25.9亿元。邮电业务总量44.9亿元，其中电信业务总量42.4亿元。年末全区金融机构人民币存款余额1243.4亿元，金融机构人民币贷款余额1114.3亿元。全年商品房销售面积282.1万平方米，销售额157.3亿元。其中住宅销售面积87.0万平方米，销售额90.6亿元。商品房施工面积1931.3万平方米，竣工面积177.4万平方米，空置面积229.9万平方米。

巴南区商贸业发达。重庆渝南汽车市场、重庆铠恩国际家居名都、重庆西部国际汽车城、重庆协信汽车公园、重庆华南城食品交易市场、重庆华南城五金机电交易市场、重庆华南城酒店用品交易市场、重庆盈福铁公鸡物流港等特色专业市场实现商品成交额占全区社会消费品零售总额近四成，占全区批发零售销售总额约六成。商社汇购物中心、巴

● 重庆公路物流基地京东电商产业园（巴南区档案馆 提供）

南万达广场、首创奥特莱斯、华盛奥莱、新世纪百货巴南商都、永辉超市、国美电器、苏宁电器、重百李家沱商场等为主力的卖场商品丰富，基本满足城乡居民生活需要，整个市场呈现出繁荣景象。乘用车汽车4S店大量落户辖区红光大道、渝南大道、龙洲大道，达到30余家，成为巴南区重要工业品销售品类。

巴南区对外开放持续深化。内陆开放高地建设取得新突破，保税物流、跨境电商等新兴产业增长较快。重庆公路物流基地纳入国家《西部陆海新通道总体规划》并成为全市"1+3"内陆国际物流分拨中心之一，已实现规划覆盖约12平方千米，招商引入京东、华南城、顺丰、申通、公运等70余家商贸物流龙头企业，形成专业市场、电子商务、综合物流、国际贸易四大集群。东盟商品集采城和重庆国际分拨（公路）海关监管中心建成投用，重庆南彭公路保税物流中心（B型）实现常态化运行，重庆跨境公路班车辐射范围逐年扩大，形成联动欧洲、中亚、南亚，覆盖东盟的跨境运输网络。2022年，公路物流基地实现市场交易额1040亿元，南彭B保实现进出区货值60亿元，东盟商品集采城实现交易额12亿元，跨境班车发车3366车次、总货值22亿元。

巴南区旅游业发展提质。打造乡村旅游品牌，二圣镇集体村被评为全国乡村旅游重点村，丰盛镇油房村被评为全市乡村旅游重点村。提升旅游品质，拥有中泰天心佛文化旅游区、丰盛古镇、羊鹿山景区、汉海海洋馆、南温泉、西流沱滨江旅游区、云林天乡7个国家4A级旅游景区，东温泉—南温泉旅游度假区被列为重庆首批市级旅游度假区。南温泉景区环境品质全面提档升级，展现了南泉新形象。2022年，"巴实游"智慧文旅平台拉动消费11亿元。全年接待游客3627万人次，实现旅游综合收入149亿元。国际生物城入选国家工业旅游示范基地。云林天乡获评4A级旅游景区，融汇滨江旅游区、华熙LIVE·鱼洞文体中心获评市级夜间文化旅游消费集聚区。

文旅品牌

南温泉风景区。南温泉风景区位于花溪河畔，是重庆著名风景名胜区、市级旅游度假区。南温泉历史悠久，温泉资源发现于明朝万历年间。核心景区4.8平方千米，群山蜿蜒，峰峦叠翠，有山、水、林、泉、峡、洞、瀑等，国民政府主席林森曾亲自题写"南泉十二景"（仙女幽岩、五湖占雨、滟滪归舟、三峡奔雷、花溪垂钓、弓桥泛月、小塘水滑、虎啸悬流、建文遗迹、石洞探奇、南塘温泳、峭壁飞泉）。这里曾是郭沫若、江竹筠等革命志士活动之处，也是打响解放重庆城区第一枪的主战场，建有解放重庆主战场遗址纪念碑、烈士陵园等爱国主义教育基地。陪都时期南温泉是国民政府要员的活动场地，现存有蒋介石官邸、陈立夫陈果夫别墅、孔园（孔祥熙官邸）、听泉楼（林森别墅）等全国重点文物保护单位，以及建文宫、基督教堂等景点。南温泉也是众多文化名人驻留之地，文学家张恨水曾在此旅居6年，写下了《巴山夜雨》《山窗小品》等名作。

东温泉风景区。东温泉风景区地处东温泉镇境内，坐落于五布河畔，距重庆主城40千米，环境优美、气候宜人、资源丰富、人文厚重，山、水、泉、林、洞、峰、峡、瀑等自然景观俱全，楼、台、亭、阁、寺等历史遗迹遍布，是全国第一个省级温泉旅游度假区、巴南第一个国家4A级旅游景区和重庆市级风景名胜区。东温泉景区因温泉而得名，景区温泉以流量大（总储量45亿立方米）、温度高（年保持在38℃~53℃）、泉眼分布广（已开采的温泉井4口）而著称，同时具有冷泉和热泉，拥有近百个造

● 南温泉（巴南区档案馆　提供）

型丰富、特色各异的养生温泉泡池及别致的温泉汤屋，四季均可泡汤沐浴。泉水清澈透明，富含氡、氟、锂、锶、锌等对人体有益的多种微量元素，系硫酸钙镁型优质医疗矿泉水，对人体健康有医疗保健作用。保持恒温43℃的东泉喀斯特热洞具有洞穴理疗与温泉理疗双重疗养价值。在国土资源部开展的"中国温泉之乡"复核中，以东温泉秀泉映月温泉水的抽样获得94.1分，位居全国第一名。

丰盛古镇。丰盛古镇始建于宋代，兴于明清，明末至民国初，是重庆通往贵州陆路交通的中转站，是涪陵、南川、洛碛、木洞等周边城镇物资交流的集散地，是"一脚踏三县"的要冲，素有"长江第一旱码头"之称。回字街、中轴线、四场口构筑起丰盛古镇的空间结构特色；青瓦、粉墙、栗色门窗、穿斗式木结构构筑起丰盛古镇的建筑风貌特色；石板路、台阶、放大的空间节点、转折流线、复合功能构筑起丰盛古镇的街巷空间特色。镇内旅游资源非常丰富，尤其是"一镇一石一湖一林"等自然景观、地质地貌也独具特色。生态环境极佳，长寿老人多，是著名的长寿之乡。丰盛镇先后获得"中国历史文化名镇""中国传统建筑文化旅游目的地""中国传统村落""国家4A级旅游景区""国家卫生镇"等五个国家级荣誉和"重庆市历史文化名镇""市级中心镇""重庆市最美小巷十强""重庆十大最美古镇""重庆市最美小城""重庆市十大最宜居乡镇""新重庆·巴渝十二景""重庆市十大最美小镇""重庆市乡村文明旅游示范镇"等九个市级殊荣。

木洞古镇。木洞古镇位于长江边，始于唐宋，

● 天坪山景区（巴南区档案馆 提供）

兴于明清，是连接川渝的重要水码头，是长江水运中转站和商贸集散地，拥有2个著名的长江江心岛，即桃花岛、木洞中坝岛。辛亥革命先驱杨沧白、新中国第一位女大使丁雪松等出生于此。木洞山歌2006年被列入第一批国家级非物质文化遗产名录，木洞镇2008年被文化和旅游部授予"中国民间文化艺术之乡"的称号，2022年入选国家级"非遗旅游小镇"。木洞老街现有全长3千米的石宝街、解放路、水沟街、前进路4条主街和大巷子、新建路、新街、五层坎等巷道，现存400余处建（构）筑物，多为土木和砖木结构建筑，有杨沧白旧居、丁雪松旧居、黄启璪旧居、徐家院子、苏家院子、李华飞旧居、樊绍桢旧居、海军修械所等历史建筑。

天坪山景区。天坪山景区是巴南区乡村振兴示范区、农旅融合示范区。天坪山海拔650米左右，方圆约10平方千米，山顶平坦开阔，山边悬崖峭壁，是一座典型的倒置低山，拥有云林天乡、万亩梨园、万亩茶山等景区。其中云林天乡景区是国家3A级旅游景区，其春天的格桑花海最为出名。万亩梨园是主城赏梨花的最佳去处，每年定期举办梨花节、采梨节。梨园主要种植翠冠梨等品种，其特点是成熟早、果皮薄、核小肉嫩、口味香甜等。万亩茶园主要位于明月山脉白象山，种植茶树40余种，尤以"巴南银针""定心"品牌享誉业界。巴南银针制茶技艺又有考古发掘品，还有一部分来源于社会征集及捐赠。青铜、陶瓷、书画、玉石、金银器皿、碑刻造像等文物品类齐全。巴南博物馆常设陈列有"巴之根本——巴南历史文化陈列""书生仗剑起西陲——杨沧白生平事迹展"等。每年还举办历史、艺术、科技、民俗等方面的临时展览。

风味美食

木洞蜜枣。木洞蜜枣亦称"晒枣"，2007年被列入巴南区第一批区级非物质文化遗产保护名录，现有区级传承人1名。木洞蜜枣相传始于明代后期，制作流程为原料选择、分级、清洗、切缝、漂洗、浸泡、预煮、糖煮、回锅、收锅、晒干或烘干、清洗消毒、分级、包装、成品，最终色、香、味、形全优。1942年，木洞"信成永""德记""祥源"三家商号的蜜枣在全国农产品展览会上荣获一等奖。木洞蜜饯1970年荣获全国农产品展销会第一名，1991年荣获首届中国食品博览会铜牌奖，2004年在全国农运会上被评为全国百佳食品。

木洞豆花。2007年，木洞豆花被列入巴南区第一批区级非物质文化遗产保护名录，现有区级传承人1名。20世纪80年代末，木洞一何姓居民，利用家传秘方，开起何记豆花馆，他做的豆花色泽白嫩而绵实，味香而麻辣，锅里一半是豆浆一半是豆花，达到边吃边点边窖的技术水平。木洞豆花基本原料是黄豆，用冷水浸泡，用清水淘洗干净，用石磨推成浆。煮豆浆必须保持90℃～100℃高温。点豆花是最关键环节，不能用"胆巴"（盐卤）之外的凝结剂，而且对胆水配制、胆水用量多少、胆水放入豆浆时的手法、搅动豆浆速度都有严格的要求。

木洞油酥鸭。2008年，木洞油酥鸭被列入巴南区第二批区级非物质文化遗产保护名录，现有区级

被列入重庆市级非遗项目，曾获得中国名牌农产品、中国鼎尖名茶、亚太城市市长峰会指定用茶、上海世博会指定用茶等殊荣。

巴南博物馆。巴南博物馆总占地1万余平方米，为"一中心多分馆"格局，即巴南博物馆主馆、杨沧白故居陈列馆、听泉楼陈列馆、孔园陈列馆、中央政治学校研究部旧址陈列馆，分别位于重庆市巴南区公园北路18号、木洞镇前进路46号、南泉街道虎啸村和白鹤村。截至2020年，巴南博物馆拥有各类藏品2989件（套），实际数量12550件。已定级藏品210件（套）。馆藏文物最早可追溯到旧石器时代，既有全国性的，又有地域性的；既有传世品，

传承人2名。1935年，邱永制鸭出售，1948年在木洞老街"柳春园"打出"邱记鸭子"招牌，顾客都称"邱鸭子"。20世纪60年代易名"木洞油酥鸭"。制作木洞油酥鸭须选用本地土麻鸭，宰杀后一般用盐腌制5~6小时，然后将20多种名贵香料按一定比例调和制成卤水进行卤制，捞起沥干水分，即进行油酥，出锅后的鸭子体形丰盈饱满，全身呈均匀的枣红色，油光润泽，具有香、酥、嫩特点。

丰盛火烤豆干。丰盛火烤豆干系巴南区非物质文化遗产项目，相传是清朝光绪年间丰盛场上一位民间手艺人根据烟熏腊肉的制作工艺研究发明的。火烤豆干制作方法区别于传统的卤制豆干和烟熏豆干，将农村常用的苞谷须用作燃料进行明火烤制而成，烤制好的豆干劲道，有嚼劲，味道香浓，共有传统原味、麻辣味、五香味、老豆干、腊肉味、香菇味等8种味型，可作日常零食，也可伴酒、伴茶，或切片（颗粒）用来炒菜炒肉。

丰盛刘家四合胡豆。丰盛刘家四合胡豆原名"肖氏斋馆"，起源于四川内江。肖氏传人因明末清初躲避战乱，携家眷迁至涪州廖坪场，开始制作糖制品向过往客商销售。20世纪60年代，肖氏后人迁居丰盛，后将技艺传给女儿和女婿，因女婿姓刘，而肖氏的祖籍在四川内江四合乡，因此将"肖家斋馆"更名为"刘家四合胡豆"。刘家四合胡豆杂糖制作技艺，是包括手工胡豆、芝麻酥、怪味花生、花生蘸、鱼皮花生等在内多种杂糖的传统手工制作技艺，2018年被列入巴南区非物质文化遗产。

丰盛十全糖。利用花生、瓜子、黑芝麻、白芝麻、青豆、南瓜子、核桃、枸杞、红枣、葡萄干等十种食材，通过淘、洗、晒、选、炒、熬、铲、压、切九道工序制作而成的杂糖小吃，蕴含十全九美之义，故名十全糖。十全糖制作技艺系巴南区非物质文化遗产，距今已有100余年历史。

发展定位

"一区五城"和"五大产业集群"：全面建设国家城乡融合发展试验区，加快建设重庆国际生物城、环樵坪山数智城、滨江人文城、大江科创城和重庆高职城。聚力打造生物医药大健康产业集群、商贸物流产业集群、高端装备制造产业集群、"数智"经济产业集群、生态创新产业集群。

发展目标

《重庆市巴南区国民经济和社会发展第十四个五年规划和二〇三五年远景目标纲要》和中共巴南区委十四届四次全会提出："十四五"时期，以建成高质量发展高品质生活新范例为统领，在全面建成小康社会基础上实现新的更大的发展，遵循主城都市区中心城区东部生态之城、南部人文之城的发展方向，着力推进"一区五城"和"五大产业集群"建设，提升巴南发展战略地位和区域发展能级，形成重庆南部新的重要增长极。努力实现高质量发展取得新成效、创造高品质生活取得新进展、改革开放迈出新步伐、山清水秀美丽巴南建设实现新进步、社会文明程度得到新提高、治理效能得到新提升等"六个新"发展目标。

展望2035年，巴南区将与全市一道基本实现社会主义现代化，人均地区生产总值较2020年翻一番以上，城乡居民收入达到更高水平，综合经济实力、科技实力大幅提升，建成生态优美、人文厚重的现代化国际都市区，高质量发展在全市领先，高品质生活充分彰显。

（撰稿：白刚 审稿：黄平）

长寿区

基本情况

长寿，是全国唯一以"长寿"命名的区（市、县）。长寿区隶属重庆市，位于东经106°49′~107°27′，北纬29°43′~30°12′，之间。地处重庆市主城区东北隅，属地跨长江南北，东北邻垫江县，东南接涪陵区，西南与渝北区、巴南区接壤，西北毗邻四川省邻水县。辖区面积1421.44平方千米，共辖7个街道、12个镇。下设49个社区、221个村。户籍人口87.48万人，常住人口69.22万人，城镇化率70.64%。

2022年，长寿区认真贯彻落实上级决策部署，按照"疫情要防住、经济要稳住、发展要安全"的要求，聚力推进"两地一城"建设，大力实施"3113"项目攻坚行动计划，高效统筹疫情防控和经济社会发展，有力实施稳经济一揽子政策措施，有效应对各种超预期因素冲击，经济运行总体平稳。全年实现地区生产总值918.6亿元，增速与全市持平。其中，第一产业增加值64.4亿元，增长3%；第二产业增加值565.1亿元，增长2.4%；第三产业增加值289.1亿元，增长2.9%；三次产业对经济增长的贡献率分别为9.1%、53.5%、37.4%，分别拉动经济增长0.2、1.4、1个百分点。

重庆市长寿区人民政府驻菩提街道桃源大道11号。

历史沿革

长寿是古老的文明之地。约2万年前，长寿地区就有人类活动，4000年前进入渔猎和原始农耕阶段。《尚书·禹贡》记载，长寿属梁州，春秋属巴国枳邑，战国、秦汉至北朝西魏属巴国（郡）枳县（邑）之地，其间蜀汉章武年间首置常安县，北周至隋朝时期，县地划入巴县。

唐武德二年（619年）分巴县地置乐温县，以"县东北有乐温山，其地常温，禾稼早熟，民亦乐之"而得名。同时又置永安县、温山县，后永安、温山二县分别于唐开元二十二年（734年）、宋熙宁三年（1070年）撤并入乐温。元至元二十年（1283年），乐温撤县并入涪州，置为涪陵巡检司。在县历史常安30余年、永安115年、温山451年、乐温664年。

元至正二十三年（1363年），西系红巾军将领明玉珍建大夏国定都重庆，置长寿县，以"县东北有长寿山，居其下者，人多寿者"而得名，明、清、民国前期皆属重庆府所辖。民国二十四年（1935年），

● 长寿城区美景（长寿区档案馆 提供）

划属大竹专区。

1950年3月，划属涪陵专区。1952年9月，长寿县由涪陵专区划属重庆市。1953年1月，长寿县由重庆市划归涪陵专区辖。1959年4月，长寿县由涪陵专区划归重庆市辖。1997年6月，重庆直辖，隶属不变。2001年12月25日，经国务院批准撤县设区，结束了638年（1363—2001年）长寿县历史，揭开重庆市长寿区历史新篇章。

重要资源

土地资源。2021年，长寿区土地总面积142144.54公顷，其中耕地面积51934.98公顷，占土地总面积的36.53%；种植园用地面积11669.18公顷，占8.21%；林地面积47076.26公顷，占33.12%；草地面积393.63公顷，占0.28%；湿地面积566.82公顷，占0.40%；城镇村居民及工矿用地面积12809.15公顷，占9.01%；交通运输用地面积4815.79公顷，占3.39%；水域及水利设施用地面积12489.22公顷，占8.79%；其他土地面积389.51公顷，占0.27%；全区集体土地面积114476.98公顷，占80.54%；国有土地面积27667.56公顷，占19.46%。

矿产资源。2021年，长寿区境内主要矿产资源有天然气、岩盐、煤、石灰岩、页岩、砂岩、白云岩、矿泉水、铁矿、地热等。天然气主要分布在卧龙河气田，黄草峡背斜。岩盐主要分布在双龙构造，已探明资源储量21.4亿吨，已设采矿权2个。煤炭资源主要分布在明月峡背斜和黄草峡背斜，探明储量3083.4万吨，保有资源量2100万吨，区内所有煤矿均按照相关规定于2016年年底前关闭，停止开发利用。石灰岩主要分布在明月山背麓嘉陵江组一段、三段、飞仙关组三段，已探明资源储量20亿吨；白云岩主要分布在葛兰镇大坝，已探明资源储量8000万吨。根据相关规定，该区域内所有石灰岩、白云岩采矿均于2018年12月全部关闭退出，停止开发利用。铁矿主要分布于江南、葛兰、东山、云台，品位较低，未开发利用。矿泉水主要分布在石堰镇干坝村，设采矿权1个。页岩矿分布于沙溪庙组、遂宁组。砂岩矿主要分布于沙溪庙组。境内地热资源较丰富，设探矿权2个，分别位于洪湖镇和云台镇境内。

水资源。长寿区有"一江、两湖、三河、十三溪"，均属长江水系。其中，流域面积1000平方千米以上的河流有长江、龙溪河、御临河、大洪河4条；100～1000平方千米的河流有桃花溪、打渔溪2条；50～100平方千米的河流有晏家河、焦家河、高洞河、双龙河、干滩河5条；20～50平方千米的河流有沙溪河、张巴河、但渡河、古佛河、万顺河、龙河6条。多年平均径流量为6.96亿立方米，地表水资源量7.5亿立方米，地下水资源量1.18亿立方米。2021年全年降水量1165.1毫米，空气质量优良天数达321天。

植物资源。2021年，长寿区森林面积达到6.3万公顷，森林覆盖率49%。乔木林主要分布在东山、西山、五堡山，主要树种为马尾松、柏木和杉木；灌木林主要分布在龙河、双龙、邻封、云集等镇，主要树种为杂柑、血脐、沙田柚、花椒等；竹林主要分布在凤城、晏家、江南、八颗、但渡、葛兰等街镇，主要为楠竹、白荚竹、大叶麻竹、慈竹等。植被分为5个植被型，18个植被群系，植物有182科249属619种、148个变种，其中绝大多数为乡土

● 长寿桃花河（长寿区档案馆 提供）

物种，珍稀保护树种有水杉、银杏、润楠等。

动物资源。长寿动物资源以农区动物和湿地水域鸟类为主，野生动物有219种，其中两栖类7种、爬行类13种、鸟类160种、兽类39种。有大灵猫、小灵猫、猕猴、鸳鸯、松鼠、白鹭、麻雀、画眉等国家级重点保护动物19种。有黄鼬、绿鹭、灰胸竹鸡、蓝翡翠等重庆市重点保护动物20种。

旅游资源。长寿旅游资源禀赋得天独厚，有许多独特的自然和人文景观，有3个国家4A级旅游景区。旅游资源分8个主类、23个亚类、117个基本类型。旅游资源单体有371个，其中地文景观类28个、水域景观类44个、生物景观类11个、天象与气候景观类9个、建筑与设施类151个、历史遗迹类57个、旅游导品类31个和人文活动类40个。集合型旅游资源单体32个，包括四级4个、三级15个、二级13个。"长寿新八景"远近闻名，分别是长湖浪屿、凤山春色、菩提胜景、桃源仙洞、黄峡塔影、罗围寿山、五华云峰、钢城溅花。

基础设施

交通。长寿区交通便利，境内"三高三铁"交织交会，拥有沪渝、沪渝南线、长涪三条高速，拥有渝万、渝怀、渝利三条铁路运输大动脉，渝长高速复线通车，石堰立交建成投用，沿江高速长寿支线二期已完成项目前期工作。公路总里程3958千米，其中高速公路108千米，国道198千米，省道235千米，农村公路3417千米。新能源纯电动公交车拥有250台。现有可使用客运站5个、港口（码头）11个。

邮电。2021年，长寿区拥有邮政所49个，邮路条数10条。通信业持续发展，截至2021年，建

● 西部陆海新通道长寿直达班列首发（长寿区档案馆 提供）

成 4G 基站 3889 个、5G 基站 1742 个。实现全区人口聚居区 4G 网络全覆盖，区政府、车站、商圈、工业园区、乡镇等重点区域 5G 网络全覆盖。

科学技术与教育。长寿区实施创新驱动发展战略，拥有科研机构数 131 个，科技成果认定登记 118 件，完成全国技术认定登记 1081 件。2022 年，新增科技型企业 108 家、市级企业技术中心 13 个。累计培育科技型企业 760 家、高新技术企业 179 家、高成长型企业 34 家、市级研发机构 69 家，国家科技成果登记 778 件。新授权专利 1453 件，万人有效发明专利 20.73 件。

全区有各级各类教育机构 203 所（含化工职业学院、民办学校）、教职工 9241 人，在校学生 96885 人。其中基础教育机构 199 所，教职工 8426 人，在校学生 79753 人；职业教育机构（含化工职业学院）4 所，教职工 815 人，在校学生 17132 人。基础教育中，学前教育机构 118 所，教职工 2162 人，在校学生 16053 人。

市政园林设施。"十三五"以来，城市建设成果丰硕，城市功能不断完善，绿色城市、海绵城市建设取得明显成绩，年均新增城市绿地面积 50 万平方米以上，城市基础设施条件不断完善。城市建成区面积达 75 平方千米，高品质城市公园 4000 余亩，休闲步道 235 千米，城区绿地率达 45.6%。构筑生产、生活、生态、宜居、宜业、宜游城市空间，打造城景相融城市形态，实施城市疏通工程，智慧交通引领车流人流有序"脉动"。2020 年完成智慧城市规划方案，智慧交通、智慧城管等平台广泛应用。

文化事业。长寿区大力推进基层综合文化服务中心、体育公园、社会足球场等文体基础设施建设，

● 长寿经济技术开发区宏源汽车数字化车间（长寿区档案馆 提供）

● 智博会长寿展台（长寿区档案馆 提供）

全区人均体育设施面积达 2.1 平方米。建成"农村半小时、城市十五分钟"文化健身圈，常态化举办广场舞、文艺调演等文艺活动。长寿湖龙舟赛、铁人三项赛、半程马拉松赛和菩提登山赛"四大品牌"赛事盛况连年。2022 年，全区共有博物馆 2 个，文化馆（站）20 个，公共图书馆 1 个。广播覆盖率和电视综合覆盖率达到 100%。全区共有市级历史文化街区 1 处、市级历史文化名镇 1 处，市级历史文化名村 1 处，市级历史建筑 11 处。市级非遗项目 12 项、区级非遗项目 72 项。市级非遗传承人 8 名、区级非遗传承人 76 名。市级文物保护单位 8 处、市级革命文物 3 处、区级文物保护单位 31 处。馆藏国有可移动文物 860 件（套），其中国家二级文物 7 件、三级文物 95 件。

医疗事业。2022 年，全区共有医疗机构 467 家，其中，公立医院 6 所（三甲医院 1 所，三级医院 1 所，二级医院 4 所），社区卫生服务中心 5 所，镇卫生院

● 重庆钢铁股份有限公司（长寿区档案馆 提供）

12 所，社区卫生服务站 5 所，村卫生室 199 个。全区拥有医院病床位总数 5529 张，每千人口编制床位数 7.97 张，注册执业（助理）医师 2346 人，注册护士 3736 人，每千人口执业（助理）医师 3.38 人，每千人注册护士 5.01 人，每万人口全科医师人数达到 5 人。

供电。长寿区供电面积 1418 平方千米，范围覆盖长寿区 7 个街道、12 个镇，供电客户 49.49 万户，还承担涪陵、垫江、丰都、石柱等 9 家供电单位 110 千伏电网的规划、建设、调度职责，以及涪陵 3 座 220 千伏变电站、220 千伏设备的区域检修职责。

供水供气。城区内供水主要由重庆渝长燃气自来水有限责任公司负责，供气主要由重庆渝长燃气自来水有限责任公司、重庆凯源石油天然气有限责任公司长寿分公司负责，涉及长寿城区及晏家、渡舟、菩提、江南等地区。拥有处理能力 10 万吨／日水厂 1 座，自来水加压泵站 3 个，输水管网 430 千米。

主要产业

2022 年，长寿区地区生产总值 918.6 亿元。社会消费品零售总额 310 亿元。居民人均可支配收入 37795 元。

农业。2022 年，实现农业增加值 64.4 亿元，增长 3%。粮食产量 32.4 万吨；蔬菜产量 39 万吨；园林水果产量 20.2 万吨；生猪出栏 58.7 万头；家禽出栏 1076.4 万只；禽蛋产量 6.5 万吨。

工业。2022年，规上工业总产值1471.5亿元，增长3.7%。从园区看，全年经开区规上工业总产值增长9.7%，增速比全区高6个百分点；高新区产值同比减少53亿元。从主导产业看，医药、化工行业较快增长，产值分别增长57.8%、9.5%；钢铁行业增长缓慢，产值增长0.8%；家居行业下降较快，产值下降25.6%。

全年规上高技术制造业实现产值161.7亿元，占比比去年提高2.8个百分点，对规上工业总产值增长贡献率86.2%；规上战略性新兴制造业实现产值303.7亿元，占规上工业总产值比重20.6%，比去年同期提高4.2个百分点，对规上工业总产值增长贡献率41.5%；限上零售业中通过公共网络实现的销售额增长33.2%，比社会消费品零售总额增速高32.6个百分点。

服务业。2022年，全区批发和零售业增加值76.8亿元，增长0.7%；交通运输、仓储和邮政业增加值25.3亿元，下降5.2%；住宿和餐饮业增加值11.6亿元，下降0.9%。全年规上服务业营业收入59.4亿元，增长1.5%。全区旅游及相关产业实现增加值19.6亿元，增长4.1%。全年接待游客1125万人次，增长9.7%；旅游接待收入94.3亿元，增长4.7%。

文旅品牌

长寿区有长寿湖旅游景区、长寿菩提古镇文化旅游区、长寿菩提山文化旅游区3个国家4A级旅游景区。

● 长寿湖景区（长寿区档案馆　提供）

● 长寿湖游乐场（长寿区档案馆 提供）

长寿湖旅游景区。长寿湖位于重庆市长寿区东部，是国家"一五"期间狮子滩水电站拦河大坝建成后形成的人工淡水湖，因地处长寿区境内而得名。长寿湖水域面积65平方千米，是西南地区最大的人工湖，有岛屿200多个，建有野生动物自然保护区，栖息着42种鸟类、28种水禽，是国家级生态旅游休闲度假区，省级风景名胜区，也是重庆市最大的湖泊旅游风景区。主要景点有百寿园、东海寺、情人坡、浪漫花田、浪漫鹊桥、浴滨岛、寿岛、高峰岛等。

长寿菩提古镇文化旅游区。长寿菩提古镇位于重庆市长寿城区桃西路。菩提古镇以中国西部传统建筑艺术为载体，集中展示几千年来的巴渝文化及华夏寿文化，万寿广场、万寿阁、御龙潭公园、万寿公园等巴渝民俗建筑错落有致，特色祝寿仪式、万寿千叟宴、端午长街宴、春节赏花灯等民俗活动异彩纷呈，啤酒节、泼水节、柚

● 长寿菩提古镇（长寿区档案馆 提供）

● 菩提山（长寿区档案馆 提供）

子节、长寿火锅节等节庆活动动感时尚，使古镇成为集"吃、住、行、游、购、娱"于一体的特色旅游综合体，成为长江黄金旅游带的明星旅游景点。

长寿菩提山文化旅游区。菩提山文化旅游区总面积约 15 平方千米，旅游区以秀拔苍雄的菩提山为依托，以博大精深的佛教文化为核心，以悠远厚重的长寿文化为灵魂，是集禅修礼佛、祝寿祈寿、休闲度假、健身养生于一体的国家级大型文化旅游景区。景区以菩提寺、菩提圣灯、菩提古镇为三大景点。菩提寺坐西向东，寨门牌坊、山门殿、天王殿、钟楼、鼓楼、观音殿、地藏殿、大雄宝殿、藏经楼、祖师殿等错落有致，更有世间珍宝，天下罕见。

风味美食

长寿柚。长寿柚素有"天然罐头"之称，由广西容县沙田村引进，在长寿栽培历史已有百余年。2001 年被评为中国国际农业博览会名牌产品。2006 年荣获中华名果荣誉称号。2009 年成功注册长寿沙田柚地理标志商标。

长寿血豆腐。血豆腐内嵌猪肉、外裹精制豆腐，以其色泽红润而得名，外形椭圆，色金黄，味咸鲜、腊香、麻辣爽口，令人回味无穷，且含丰富的蛋白质及多种微量元素，经常食用有增强免疫抵抗能力、增强食欲等多种益处。

长寿鱼面。长寿鱼面所用的鲜鱼是长寿湖中最名贵的翘壳鱼，去骨取肉后，将鱼肉打成鱼糜，做成像普通面条般粗细的鱼面条，经特殊烹制而成，爽滑柔韧，鲜香嫩细，全无腥味。

长寿米粉。长寿米粉是长寿民间的传统食品，以优质大米为原料，用传统工艺加工制作而成，倒入开水中煮开即可食用，可依个人喜好配菜。米粉色白如玉、口感细腻、滑爽筋道，深受市民喜爱。

长寿薄脆。长寿薄脆薄如纸，纯甜芳香，酥而化渣，脆而不碎，益气和血，为长寿独有的特产，在清朝咸丰年间风行长寿及长江沿岸，是绿色、保健的休闲食品。

长寿夏橙。长寿是全国发展最早、面积最大的夏橙生产基地，种植区域主要分布在长寿湖周边的云集、长寿湖、双龙、龙河、石堰等5个镇。长寿夏橙颜色深橙，甜酸适度，汁多味浓，被农业部授予"绿色食品"称号，被国家工商总局评为名优产品地理商标。

长寿鲜鱼。长寿区渔业发达，水产品产量位居重庆市前列。长寿湖翘嘴红滑嫩爽口，营养丰富，口味独特。大洪湖产的白鲢、花鲢、翘嘴红、甲鱼4个品种先后获得国家有机食品认证，成功注册"渔缘"牌商标。

发展定位

巩固提升全市工业主战场地位，全力建设具有全球影响力的新材料高地。协同推动全域人文农旅产城深度融合，全力建设世界级运动康养旅游目的地。加快打造高品质生活宜居区，全力建设中国长寿生

● 长寿柚（长寿区档案馆 提供）

● 长寿血脐（长寿区档案馆 提供）

命科学城。

发展目标

2025年目标。到2025年，"两地一城"建设初见成效，基本实现与重庆中心城区同城化发展，成为重庆主城都市区发展的有生力量和成渝地区双城经济圈建设的重要动力源。

——经济实力迈上新台阶。综合经济实力不断增强，地区生产总值达到1100亿元，力争达到1200亿元。在质量效益明显提升的基础上实现经济持续健康发展，增长潜力充分发挥，经济结构更加优化，支柱产业转型升级

取得重大突破，战略性新兴产业规模大幅提升，数字经济发展走在全市前列，大数据智能化创新深入推进，创新能力显著提升，基础设施互联互通水平大幅提升，现代化经济体系初步形成。

——改革开放取得新进展。高标准市场体系基本建成，产权制度改革和要素市场化配置改革取得重大进展，开放型经济发展水平显著提高。重大开放平台建设取得突破，长寿经开区、长寿高新区平台集聚辐射带动功能进一步增强。长寿港功能更加完善，铁公水管道多式联运体系更加健全，国家生产型物流枢纽建设取得重大成就。营商环境达到国内一流水平，市场主体发展更加充满活力。

——生态环境绘就新画卷。国土空间开发保护格局得到进一步优化，生产生活方式绿色转型成效显著，能源资源利用效率大幅提高，主要污染物排放总量持续减少，环境突出问题得到有效治理，生态文明制度体系不断健全，生态环境持续改善，城乡人居环境更加优美宜居，生态文明形象得到根本性改变，长江上游重要生态屏障更加巩固。

——社会文明程度得到新提高。社会主义核心价值观深入人心，人民群众思想道德素质、科学文化素质和身心健康素质明显提高，公共文化服务体系和文化产业体系更加健全，人民群众精神文化生活日益丰富，长寿本土文化深度挖掘，历史文化遗产保护传承进一步加强，城市人文内涵更加丰富，农旅融合、文旅融合发展深入推进，文化强区、体育强区建设迈出新步伐。

——美好生活增添新内涵。实现更充分更高质量就业，居民收入增长和经济增长基本同步，教育、医疗、养老等基本公共服务供给更加优质均衡，多层次社会保障和救助体系更加健全完善。脱贫攻坚成果巩固拓展，乡村振兴战略全面推进，新型城镇化建设取得突破性成就，高品质生活宜居地初步建成。

——治理效能达到新水平。社会主义民主法治更加健全，社会公平正义进一步彰显，政府作用更好发挥，行政效率和公信力显著提升，现代化社会治理体系和治理能力不断提升，防范化解重大风险体制机制不断健全，突发公共事件应急能力显著增强，自然灾害防御水平明显提升，发展安全保障更加有力，平安建设迈出重大步伐。

2035年目标。率先与重庆中心城区同城化发展水平显著提升，成为"一区两群"的活跃增长极和强劲动力源，在重庆发挥"三个作用"和推动成渝地区双城经济圈建设中主力军作用更加突出。综合经济实力大幅提升，经济总量和城乡居民人均收入将再迈上新的大台阶，创新体系更加健全，新型工业化、信息化、城镇化、农业现代化基本实现，建成现代化经济体系；基本实现治理体系和治理能力现代化，各方面体制机制更加完善，法治政府、法治社会和平安建设达到更高水平；全面建成区域开放新高地，基础设施互联互通基本实现，开放型经济体系基本建成，开放程度和国际化水平在主城都市区领先；实现社会主义物质文明和精神文明全面协调发展，科技强区、文化强区、教育强区、人才强区、体育强区和健康长寿基本建成，公民素质和社会文明程度达到新高度；实现人与自然和谐共生，长江上游重要生态屏障全面筑牢，山清水秀美丽长寿基本建成；全体人民共同富裕取得更为明显的实质性进展，中等收入群体显著扩大，基本公共服务实现均等化，城乡区域发展差距和居民生活水平差距显著缩小，高品质生活充分彰显。

（撰稿：李勇军　审稿：陈红　邓健　操千秋）

江津区

基本情况

江津区位于重庆西南，东经105°49′~106°36′，北纬28°31′~29°27′之间，东西宽76.4千米，南北长102.8千米。东邻巴南区、綦江区，南靠贵州省习水县，西依永川区、四川省合江县，北界璧山区、九龙坡区、大渡口区，形似一只展翅的凤凰。辖区面积3218平方千米，辖5街25镇。区政府驻圣泉街道。2022年末，全区户籍人口146.39万人。其中，城镇人口70.2万人，乡村人口76.19万人。常住人口135.38万人，常住人口城镇化率为62%。2022年实现地区生产总值1330亿元，增长3.2%。

江津历史悠久、人文荟萃，以地处长江要津而得名，雄踞长江上游咽喉、三峡库区尾端、渝川黔三省（市）交会接壤地带，扼泸渝、控涪合、接滇黔、通藏卫，具有重要战略地位。是聂荣臻元帅的故乡、陈独秀晚年寓居地，是中国武术之乡、楹联之乡、花椒之乡、柑橘之乡、生态硒城。重庆23个中国历史文化名镇，江津占5个，是全国历史文化名镇最多的区县。名人文化、爱情文化、长寿文化、诗联文化、古镇文化、抗战文化等特色文化相互交融，先后被评为全国优秀旅游城市、中华诗词城市、重庆首个市级历史文化名城。江津资源丰富，境内90.21%的土壤中硒元素含量达到中硒或高硒标准，益于长寿。截至2022年底，有百岁老人175人，是全国面积最大、重庆唯一的"中国长寿之乡"。江津花椒、柑橘、花生、米花糖、"江小白"等特产享誉全国。

历史沿革

江津，古巴国地。《尚书·禹贡》记载，江津地为梁州域，周并入雍州。位于支坪境内的綦河口，原名僰溪口，是可考的江津最古老的地名。南齐永明五年（487年），江州县自郡城江州移治僰溪口，地域县份自此设立，其时县域包括今区域全部及今綦江区、璧山区、永川区之各一部分。北朝西魏改江州县为江阳县，置七门郡，郡治江阳，领江阳一县。北周孝闵帝元年（557年）县治迁至今几江。

隋开皇十八年（598年），因县城地处长江之要津而改江阳县为江津县。唐武德三年（620年），划江津县西部部分地域设置万春县（今朱沱，后改为万寿县）。宋乾德五年（967年），撤销万寿县并入江津县，又分置鼎山县，不久即撤销，一直到宋末，江津县建置未再动。元至元十六年（1279年），江津县属四川省重庆路总督府自辖的录事司。明朝建立

● 江津区几江半岛全景图（江津区档案馆 提供）

后，1376 年，四川省设置重庆府，江津仍属重庆。清朝江津县属四川省。康熙七年（1668 年）改设川湖总督，康熙十九年（1680 年）又改为川陕甘总督治下的"川东分巡道（行省派出机构）重庆府"。民国元年（1912 年）3 月，重庆蜀军政府与四川军政府合并，设重庆抚府，后改为川东观察使，辖川东南 54 个州、厅、县，后改川东观察使为川东道，辖 36 个县，江津均在其中。1929 年 2 月 15 日，重庆市政厅改为重庆市，重庆正式建市。1935 年川政统一，省下设行政督查区，同年 2 月，四川省政府在重庆成立，江津属四川省第三行政督查区。

1949 年 11 月 28 日，江津解放，属四川璧山专区。1951 年 4 月，璧山专区由璧山县迁至江津县，改称江津专区，同时，县政府迁至白沙；1956 年 1 月，县政府迁回几江。1960 年，江津专区驻地迁至永川，仍称江津专区，1968 年改为江津地区，1981 年以其治所更名为永川地区。1983 年 4 月，撤销永川地区并入重庆市，江津县属重庆市辖。1992 年 11 月，江津撤县设市，为省辖县级市，四川省政府委托重庆市政府代管。1997 年，中央设立重庆直辖市，江津划归重庆直辖市管辖。2006 年 10 月 22 日，国务院同意重庆市撤销江津市设立江津区。同年 11 月 24 日，重庆市二届人大常委会第二十七次会议表决通过了《重庆市人民代表大会常务委员会关于江津市、合川市、永川市、南川市撤市设区有关问题的决定》。江津撤市设区后，行政管辖范围不变。

重要资源

江津区位于四川盆地东南边缘，地跨盆东平行岭谷、盆南丘陵、盆周山地3个地貌区。地形以山地和丘陵为主，地势南高北低，长江以北、以南地势均向长江河谷地带缓缓倾斜。境内最高点四面山蜈蚣坝海拔1709.4米，最低点珞璜镇中坝海拔178.5米，相对高差1530.9米。气候温暖湿润，河流水量充沛，土壤深厚肥沃，自然条件优越。

矿产资源。江津区主要矿产资源保有储量有煤211万吨，铁143万吨，水泥用灰岩3474.9万吨，建筑石料用灰岩65.2万吨，砂岩675.6万吨，水泥配料用砂岩398.4万吨，砖瓦用页岩779.39万吨，地热54.68万立方米。

土地资源。全区土地总面积为321782.11公顷。根据国家第三次全国国土调查，全区主要地类数据如下：耕地74711.99公顷（水田37172.5公顷，旱地37539.49公顷）；园地43132.15公顷（果园5518公顷，茶园529.02公顷，其他园地37085.13公顷）；林地129550.02公顷（乔木林地104905.64公顷，竹林地13562.36公顷，灌木林地8107.57公顷，其他林地2974.45公顷）；草地243.99公顷；湿地396.09公顷（涉及1个湿地二级地类，内陆滩涂396.09公顷）；城镇村及工矿用地36107.66公顷（城市用地5557.42公顷，建制镇用地3903.48公顷，村庄用地25991.04公顷，采矿用地461.7公顷，风景名胜及特殊用地194.02公顷）；交通运输用地6785.95公顷（铁路用地430.46公顷，轨道交通用地39.36公顷，公路用地2919.11公顷，农村道路3302.18公顷，港口码头用地92.92公顷，管道运输用地1.92公顷）；水域及水利设施用地18389.55公顷（河流水面8679.75公顷，水库水面3291.57公顷，坑塘水面6004.88公顷，沟渠290.83公顷，水工建筑用地122.52公顷）。

水资源。江津区地域内水资源分为地表水和地下水两大类。全区多年平均水资源总量为25.2亿立方米，其中地表水资源量为17.855亿立方米，地下水资源量为1.05亿立方米，可开采地下水资源为0.74亿立方米，江津区过境水资源量为2713亿立方米，过境水资源已利用量6.62亿立方米。

林业资源。江津属中亚热带常绿阔叶林地带，截至2022年底，全区林地面积17.6万公顷，森林面积16.67万公顷，森林覆盖率52.0%，林木蓄积量850万立方米。辖区林木种类丰富，有本地树种250余种，引进树种100余种，主要有杉木、马尾松、柳杉、丝栗、花椒、龙眼、青果、楠竹、慈竹等。

动物资源。江津野生动物资源主要集中在四面山林区，林区内有兽、爬行、两栖、鸟等野生脊椎动物31目88科195属261种，包括兽类7目18科24属27种、鸟类16目45科107属154种、爬行类1目6科21属20种、两栖类2目7科15属28种、鱼类5目12科28属32种。其中有猕猴、大灵猫、小灵猫、雀鹰、红隼、白鹇、红翅绿鸠等国家重点保护动物16种、市级重点保护野生动物22种。长江上游珍稀特有鱼类国家级自然保护区内有9目22科98属166种，其中长江上游珍稀特有鱼类共50种，包括国家一级重点保护野生动物2种，即白鲟、达氏鲟（长江鲟）。国家二级重点保护野生动物12种，即胭脂鱼、圆口铜鱼、岩原鲤、长薄鳅、红唇薄鳅、细鳞裂腹鱼、长鳍吻鮈、多鳞白甲鱼、四川白甲鱼、青石爬鮡、重口裂腹鱼、鯮。

基础设施

交通。江津区位优越、交通便捷、物流畅通。江津是重庆辐射川南黔北的重要门户，是"一区两群"重要支点，是串联"一带一路"与长江经济带的重要口岸，是渝昆泛亚铁路大通道、西部陆海新通道连接21世纪海上丝绸之路的重要节点。江津具有"水公铁"立体交通优势，127千米长江黄金水道在境内蜿蜒而过，占全市近1/5的面积，拥有珞璜港、兰家沱港等5个国家级深水良港；西部陆海新通道江津班列常态化开行，珞璜港和珞璜铁路综合物流枢纽年吞吐能力均达2000万吨；九永高速、江习高速、渝泸高速、合璧津高速（在建）等7条高速公路在境内纵横交错；成渝、渝黔、渝贵铁路等5条

● 市郊铁路江跳线（江津区档案馆 提供）

● 重庆江津几江长江大桥（江津区档案馆 提供）

铁路联动周边；轨道交通5号线跳磴至江津段2022年8月正式通车，大大缩短江津与重庆主城的往来时间。2022年，全区公路里程累计6660.6千米，其中，一级公路71.5千米，二级公路455.8千米，三级公路199.9千米，四级公路5431.3千米，等外级公路502.1千米。境内高速公路190.8千米。其中，绕城高速25.3千米，江合高速47.7千米，江永高速17千米，江綦高速26千米，九永高速4.3千米，江习高速70.5千米。行政村公路通畅率为100%。

邮电。2022年，江津区共有邮政营业网点109个，快递法人企业6家，分支机构16家，已备案快递末端网点507个；邮政行业业务总量累计完成6.16亿元(居全市第9)，业务收入累计完成7.03亿元。其中，全区快递服务企业业务量累计完成2467.72万件，业务收入累计完成3.21亿元。邮政快递业务量日均投递19.48万件；农村地区快递业务量完成198.09万件。

能源。电力供应充足，供区面积3218平方千米，供区涵盖全区30个乡镇街道，供电人口约150万人，供电客户81.74万户。2022年，江津区共有成品油储存企业3家，总储存能力达62780立方米，共有加油站79座。

医疗机构。2022年全区共有医疗卫生机构628个。其中医院28个，有公立医院6个、民营医院22个；基层医疗卫生机构593个，其中社区卫生服务中心（站）3个，卫生院27个，行政村卫生室235个，诊所、卫生室、医务室315个，门诊部13个；专业公共卫生机构4个；其他3个。医疗卫生机构床位9933张，其中区级以上医院3600张，镇街卫生院2691张。全区共有卫生技术人员8570人，其中执业医师和执业助理医师3489人，注册护士3938人。全年总诊疗人次595.42万人次，出院人数27.21万人。

教育。2022年，全区有各级各类学校（幼儿园）373所，在校学生超30万人。区教委所属公办学校（幼儿园）共191所：完全中学11所（其中市级重点中学5所）、中等职业学校2所（国家级示范中职和市级首批示范中职各1所）、初级中学19所、九年一贯制学校13所、完全小学99所、独立建制幼儿园46所、特殊教育学校1所，在校学生21.16万人，在职在编教职工10321人，退休教职工6633人。其他部门和社会力量办学175所：中等职业学校2所、初中1所、九年一贯制学校1所、十二年一贯制学校1所，小学2所、幼儿园168所，在校学生34952人，在职教职工3999人。在津高校7所，在校学生9.77万人，在职教职工4839人。

商贸。爱琴海购物公园、万达广场、吾悦广场等大型品牌购物中心建成开业。商圈及周边街区、米兰小镇、祥瑞时光道等夜间经济聚集区消费氛围浓厚。2022年，江津区批发业销售额829.21亿元，同比增长11.3%；零售业销售额278.7亿元，增长6.3%。餐饮业营业额71亿元，增长2.9%；住宿业营业额3.9亿元，增长5.6%。实现社会消费品零售总额416.1亿元，增长1.9%。全区电子商务交易额达202亿元，同比增长16.7%，网络零售额达69.6亿元，同比增长19%。建成江津区消费品工业源产地平台，平台入驻消费品工业企业202家，实现销售额3.32亿元。落户全市首家阿里巴巴1688直播基地。成功创建全市电子商务示范区、市级食品电商产业、市级农产品直播电商基地等，珞璜镇连续2年被评为"全国淘宝镇"。

科技。江津区有科技型企业146家，高新技术企业285家，市级以上平台总量达到173家，其中国家级创新平台12家；晋级国家级科技企业孵化器1家，新增市级创新平台10家。成立江津区高新技术企业协会，吸纳会员单位70余家。西部食谷科技企业孵化器获评国家级科技企业孵化器，华崛嘉业新获评市级科技企业孵化器，重庆梯联智能技术有限公司、重庆西部食品产业技术研究院有限公司获批重庆市新型研发机构，中冶赛迪装备有限公司的冶金智能装备实验室获批重庆市重点实验室。

集聚科技人才1.18万人，培育市级创新创业示范团队8个、市级创新创业领军人才5人，柔性引进院士专家团队7个、海外专家团队1个，建成博士后科研工作站10家，出台《江津区科技人才队伍"十四五"发展规划（2021—2025年）》及其解读。

全区技术合同认定登记20项，成交额47155.11万元，全市排名第10位。全区科技成果登记83项。全区有3家企业、2所高校的17个科技成果被评为重庆市科学技术奖，其中自然科学奖三等奖2项、技术发明奖二等奖1项、科技进步奖14项。

主要产业

工业。江津工业坚持走新型工业化道路，坚持集群工业发展方向，经过多年的持续健康发展，已基本形成消费品产业、装备产业、汽摩产业、材料产业、电子产业五大百亿级产业集群。2022年全年工业增加值585亿元，同比增长4.1%，占全区生产总值的44%。规模以上工业增加值同比增长4.6%。全区共有规模以上工业企业540家。全年实现规模以上工业总产值1797.44亿元。全年规模以上工业企业实现营业收入1749.10亿元，同比增长3.4%；实现利税总额205.28亿元，下降3.8%；实现利润总额143.83亿元，下降0.2%。

江津工业园区是2002年重庆市政府批准设立的首批16个特色工业园区之一，实行"一区四园"建设管理模式，由双福、德感、珞璜、白沙四个组团构成。江津工业园区继获批国家新型工业化（装备制造）、国家新型工业化（粮油加工）产业基地后，联合两江新区、北碚区、南岸区共同成功创建国家新型工业化产业示范基地（工业互联网），加快建设工业互联网标识解析综合型二级节点消费品行业（江津）运营中心（成渝地区首个），成为全市唯一拥有三个国家级产业示范基地的工业园区。同时还是国家绿色装备制造高新技术产业化基地、国家大中小企业融通型创新创业特色载体、国家农产品加工基地、全国农村创业创新园区、重庆市汽车产业示范基地、重庆市军民融合产业示范基地、重庆市粮油食品产业示范基地、重庆市农产品加工示范园区。

双福工业园重点培育发展新能源和智能网联汽车、电子信息、智能传感、智能设备和人工智能等新兴产业，打造高新技术研发制造示范园。2022年实现规模工业产值461.60亿元，同比增长7.0%，完成工业投资33.81亿元。

德感工业园重点发展高端智能装备和粮油食品加工等，打造国家级装备制造和粮油食品加工基地。2022年实现规模工业产值596.99亿元，同比增长8.2%，完成工业投资49.01亿元。

珞璜工业园重点发展装备制造、消费品工业、新材料产业等，打造西南纸制品包装基地、智能家居小镇。2022年实现规模工业产值585.73亿元，同比增长7.2%，完成工业投资60.50亿元。

白沙工业园重点发展酒水饮料、农副产品加工、新材料产业等，打造重庆重要产业转移承接地。2022年实现规模工业产值111.36亿元，同比增长16.3%，完成工业投资38.23亿元。

农业。江津持续推进"粮食、蔬菜、畜牧、花椒、柑橘、茶叶、中药材、生态渔业"八大特色产业发展。整体打造"一江津彩"农产品区域公用品牌，培育"江津花椒""四面绿针""江津广柑""乌皮樱桃"等4个单品区域公用品牌。培育富硒特色品牌40个，富硒商标112件，地理标志产品2个，有效期内"二品一标"产品475个、重庆名牌农产品48个，农业品牌位居全市第一。

2022年全年实现农林牧渔业增加值135.40亿元，比上年增长3.9%；实现农林牧渔业总产值189.74亿元，增长4.0%。2022年全年粮食播种面积145.93万亩，粮食产量62.76万吨，生猪出栏81.46万头。鹤山坪农业公园、郎家红色美丽村庄初显形象，建成市级美丽宜居乡村14个、绿色示范村16个。全国首创"花椒银行"推动椒农增收4.5亿元，成功创建国家地理标志产品保护示范区、江津国家花椒现代农业产业园，现代农业产业园获评国家农业科技园区，白沙工业园获评全国农村创业创新园区。

服务业。2022年批发和零售业增加值117.97亿元，比上年增长3.2%；交通运输、仓储和邮政业增加值34.19亿元，下降0.4%；住宿和餐饮业增加值17.59亿元，增长0.1%；金融业增加值57.42亿元，增长4.5%；房地产业增加值54.72亿元，下降4.6%；其他服务业增加值160.26亿元，增长2.1%；农林牧渔服务业增加值1.89亿元，增长7.2%。年末全区电话用户191.79万户，比上年增长2.3%。其中，移动电话用户169.04万户，增长2.9%；固定电话用户22.74万户，下降2.1%。固定互联网宽带接入用户58.27万户，增长6.6%。

文旅品牌

江津区地处长江要津，依山傍水，历史悠久，风光旖旎，人文荟萃，是国家公共文化服务体系示范区、重庆市首个历史文化名城。全区共有13个A级旅游景区，其中，1个国家5A级旅游景区（四面山景区），6个国家4A级旅游景区（聂荣臻元帅陈列馆、陈独秀旧居陈列馆、会龙庄景区、石笋山景区、聂荣臻故里景区、中山古镇旅游景区），5个国家3A级旅游景区（黑石山风景区、石门大佛景区、塘河古镇、骆骒山景区、江津科技馆），1个国家2A级旅游景区（清源宫）。

四面山景区。四面山景区是第三批国家级风景名胜区、重庆市级自然保护区、国家5A级旅游景区，被评为中国森林氧吧、中国最美的十大森林公园，四面山镇洪洞村获"全国特色景观旅游名村"称号，四面村获"全国休闲农业与乡村旅游示范点"称号。景区位于重庆西南部，江津南部，距离重庆市中心100千米，距江津城区60余千米，面积213.37平方千米，海拔560～1709.4米，夏季气温在22℃～25℃，年平均气温约13.7℃。景区集山、水、林、瀑、石于一身，融幽、险、雄、奇、秀于一体，自然景观独特、生态环境优美、旅游资源丰富，由八大景区128个景点构成，拥有"奇山""异水""红石""厚文"四大景观资源，"原始森林""千瀑千姿""赤壁丹霞""厚重人文""浪漫爱情"特色明显。景区有华夏第一高瀑、中国最大的心形景观——望乡台瀑布，中国当代十大经典爱情故事之一"爱情天梯"等著名景点；有地质遗迹景点107个，拥有完整的"丹霞赤壁—瓮形围谷—高山瀑布"组合的罕见地质遗迹。四面山景区是地球北纬28°仅存的面积最大、保护最完好的亚热带原始森林。有动植物约2600种，珍稀濒危和国家重点保护植物有桫椤、中华双扇蕨、福建柏、楠木、秃杉、峨眉含笑、红豆杉等19种，

● 四面山景区（江津区档案馆 提供）

● 塘河古镇（江津区档案馆 提供）

● 石门大佛景区（江津区档案馆 提供）

国家重点保护动物有中华秋沙鸭、猕猴、中华大鲵等 15 种。森林中有八大高山湖泊，数十条溪流、上百挂瀑布镶嵌其间，使森林的生态圈更加丰富，物种更加多样。四面山属高硒地区，水中富含硒元素，"双胞胎村"青堰村 367 户人家中有 43 对双胞胎，双胞胎出生率达到 11%。

四面山景区文化底蕴厚重，有距今 5000 多年的巴人文化遗迹——灰千岩摩崖壁画，有集"儒、释、道"三教文化于一体的朝源观遗址和历史悠久的飞龙庙，有西南剿匪的最后战场——文家寨等。

聂荣臻元帅陈列馆。聂荣臻元帅陈列馆是全国爱国主义教育示范基地、全国科普教育基地、国家国防教育示范基地、全国优秀社会科学普及教育基地，为国家二级博物馆和国家 4A 级旅游景区。陈列馆位于重庆市江津城区，距重庆市中心城区 43 千米，占地约 23 公顷，年接待游客 150 万人次。馆名由江泽民亲笔题写。馆内展出文物、图片共 3000 余件(张)，展览采用雕塑、油画等艺术形式和声光电技术，再现聂荣臻元帅的一生。馆内藏品含石质、木质、金属、纸质、皮革、纺织品等七大类，以纸类和纺织类文物为主。收藏有求学、立志、土地革命、抗日战争、解放战争、"两弹一星"研制等主题的藏品超过 1 万件，珍藏照片 2374 张、文物 378 件、字画 550 幅以及聂荣臻生前藏书 8000 册和文献资料 46 本，其中二级文物 11 件、三级文物 120 件。

陈独秀旧居陈列馆。陈独秀旧居陈列馆是全国社会科学普及基地、重庆市人文社会科学普及基地、重庆市级文物保护单位，是国家 4A 级旅游景区。陈列馆位于重庆市江津区几江街道，距离江津城区 15 千米，占地面积 1.75 万平方米，原为清光绪三十三

● 聂荣臻元帅故居（江津区档案馆　提供）

年(1907年)的特科贡士、江津人杨鲁丞故居,俗称"杨家大院",又因四周以条石圈砌成丈余高的石墙,也称为"石墙院"。建筑为复四合院布局,共24间房屋,土木石结构,青瓦土墙,古朴庄重,极具川东民居特色。抗日战争时期,陈独秀来到江津,应杨家后人邀请到石墙院帮忙整理杨鲁丞遗著,之后,潜心著述语言学著作《小学识字教本》,并发表大量关于抗战和民主思想的文章及诗词,于1942年5月27日在石墙院的东厢房内辞世。

陈独秀旧居陈列馆是陈独秀最后寓居地,也是全国保存最完好的陈独秀生前居住地,保存有陈独秀寓居时使用过的生活用品数百件,其中珍贵文物42件,珍贵图片资料数百张。分7个部分陈列展出陈独秀一生的主要功绩和成就,用二分之一长的展线介绍陈独秀寓居江津鹤山坪石墙院时深居简出、清苦自持、潜心著述的生活境况,通过声光电、场景复原、幻影成像、电子翻书还原客观真实的陈独秀,对于研究陈独秀的晚年思想和生活,具有重要的参考价值。

距离陈独秀旧居陈列馆1千米处有上万亩的现代农业园,是集农业生产、科普教育、休闲观光、会议接待、婚纱摄影、养生养老于一体的农业综合园,形成名人旧居、历史文化遗迹和乡村旅游相辅相成的综合旅游资源。

会龙庄景区。会龙庄景区是国家4A级旅游景区,位于重庆市江津区四面山镇双凤场,有保存完好的多院落组合的合院式古建筑,在功用上集民居、宗祠、防御于一体,是清代川东地区典型的城堡式庄园建筑,享有"西南第一庄"和"深山中的紫禁城"的美誉。庄园坐西南朝东北,复式四合院布局,总占地面积20468平方米,建筑面积约5300平方米,是由328

● 会龙庄景区(江津区档案馆 提供)

● 中山古镇（江津区档案馆 提供）

根石柱擎起的石木结构建筑群，共16所院落、2座碉楼、18口天井、202间房、308道门、899个窗户，虽多而不乱，满园亭台楼阁曾经全是雕梁画栋、绘彩描金。建筑材料选择上遵循贴近自然、就地取材的原则。建筑工艺上对土、木、石三种材料的组合运用普遍，建筑结构为夯土墙、石柱、木屋架相结合，施工工艺达到极高的水平，历经百年依然保持稳定。主体构架用材多为当地楠木、香樟，屋面椽、檩和装饰构件多用柏木、杉木等材质轻、容易加工的木材。内院层层递进，门庭幽深，规模宏大，巍巍三重堂沿中轴线贯穿。主体建筑以悬山式屋顶为主，有戏楼、水亭等建筑。雕楼和水亭多采用歇山式屋顶，梁架为抬梁式构架；现存的石料雕刻构件，雕工非常精湛，内容丰富。1990年被评为江津县文物保护单位，2009年被评为重庆市文物保护单位，2019年被授予重庆国学学会传统文化传承发展基地、重庆国学书画院创作基地。

石笋山景区。石笋山景区是国家4A级旅游景区，位于江津区西南部，距江津城区30千米，景区峰顶地势平坦开阔，四周是悬崖峭壁，总面积约23.4平方千米，平均海拔约700米，森林覆盖率83%。景区属云雾山脉，伫立观景台上可远眺对面的男女石笋山，亦可俯瞰山下碧蓝的孔雀湖。景区内峰青岭翠，白云缭绕，雾霭袅袅，奇峰异石，鸟语花香，有大自然鬼斧神工雕刻出的鳄鱼石、大圣石、乌龟石、老鹰岩等生动形象的石雕像，有孔雀台、孔雀湖、男女石笋山、大地之母、鹊桥相会、汇天桥、汇仙楼、云朋桥、霞友台、紫云台、云雾坪日出等景观。石笋山景区以其雄奇险峻、俯瞰长江及地处江津、永川要道的优势，历来为兵家必争之地。古时的云雾坪筑有

高大寨墙，以抵御匪患，寨内有街道、商铺、私塾、农户、良田等。传说汉伏波将军马援征讨武陵蛮曾在云雾坪驻兵，修筑简易工事；唐代，官府为抵御安禄山叛军，在云雾坪古寨旧址上筑城；南宋末年，为抵抗蒙古大军，云雾坪古寨重新修建。在民间，流传着张献忠折戟沉沙云雾坪的故事。现古寨仍保留着城墙、部分寨门、古水井、屯兵遗迹、脚板坟、霸王坟、云峰寺等遗迹。

景区有133.33公顷有机生态红心猕猴桃（情人果）示范园区，2公顷花卉园（爱情花），另有蓝莓、杨梅、油桃、柚子等10个水果品种的四季果园，可供游客垂钓的鱼池10个。

中山古镇旅游景区。中山古镇是第二批中国历史文化名镇、第三届中国最美小镇，是重庆市十大历史文化名镇、重庆市楹联之镇，是国家4A级旅游景区。古镇位于重庆市江津区南部笋溪河畔，原名三合场，古称龙洞场，处于渝川黔生态旅游"金三角"的核心区域，距江津城区56千米，距重庆市中心96千米，南临四面山景区。

中山古镇老街原长1586米，尚存1132米，沿笋溪河岸而建，呈龙形，共分8段，由北往南依次为江家码头、观音阁、万寿宫、水巷子、一人巷、卷洞桥、月亮坝和盐店头八段街道。街道以青石铺设，街面宽3～5米，建筑为穿斗式木结构，中为骑廊式过街凉亭建筑，整条老街雨不湿鞋、晴不漏光、冬暖夏凉，是西南地区规模最大、保存最完好、最具有民族特色的山地民居群。古镇的"禁卖发水米碑""吴蜀均沾碑""木帮公罚"等碑刻遗迹体现了古镇"与人方便、诚信经营、利益均沾"的商德文化。古镇现存以木结构为主的店铺307间，均保持着古镇最初的古朴风格，保留有老茶馆、老酒馆、老药房、老槽房、剃头铺、打铁铺、针绣坊等传统作坊，并且大部分传统制作技艺得以继承和发扬。

古镇的码头文化、楹联文化、行帮文化和巴人文化历史久远。古镇居民仍然延续着传统的生活习俗，每逢农历节日，古镇都会举办各种丰富多彩的传统民俗活动。传承至今的传统民俗有川剧座唱、婚俗表演、打道琴、赛龙舟、烧火龙、唱山歌、漂河灯、打铁水、爬杆杆、舞龙灯等，有"千米长宴""七夕东方爱情节""石板糍粑节"等活动。

聂荣臻故里景区。聂荣臻故里景区是国家4A级旅游景区、重庆市爱国主义教育示范基地。景区位于重庆市江津区吴滩镇郎家村，距江津城区32千米，距重庆主城区68千米。1899年，聂荣臻元帅诞生在郎家村石院子，1919年，离开家乡赴法勤工俭学，这里保留了聂荣臻故居、冲口私墅、聂氏染房、插旗寺小学、吴滩古镇等聂荣臻童年及青少年时期学习生活的场所。景区所在的郎家村是国家森林乡村、全国文明村、全国红色美丽村庄，以浅丘平坝为主，气候温和，降雨充沛，土壤肥沃，适宜发展农业，形成了蔬菜、水果、花椒、蚕桑、水产、畜牧六大特色产业，打造特色富硒田园。景区将红色资源和绿色蔬菜融合发展，打造集红色教育、农耕文化、农业科普、亲子研学、旅游观光等于一体的"聂帅故里、绿色吴滩"红色美丽村庄。

风味美食

江津是"中国富硒美食之乡"，食用农产品不同程度达到富硒水平。有中华餐饮名店3家，绿色饭店5家，钻级酒家5家，星级饭店4家，星级农家乐39家，"重庆老字号"餐饮单位3家。限额以上餐饮企业34家。

酸菜鱼。食客选称活鱼，现剖现烹，以保证原料的绝对新鲜，而酸菜则以当年腌制的青菜为主，色泽金黄，酸味纯正，再辅以泡姜、大蒜、熟猪油、花椒等佐料，成品味浓鲜香，酸辣适口，回味无穷。

芝麻圆子。芝麻圆子，也叫作"芝麻丸子"，是江津久负盛名的传统小吃。它作为江津"三蒸九扣碗"的其中一道甜菜，在当地的节日喜宴上必不可少。圆子以肥膘猪肉、芝麻、豆沙、核桃仁、瓜片、红糖等为馅料，粘裹上糯米皮料，经过制馅、制皮、调色等十二道工序成形上桌，风靡至今，被选入《四川菜谱》。

尖椒鸡。江津尖椒鸡是江津区非物质文化遗产。采用江津本地富硒土仔鸡为主料，这种鸡在富硒环境下放养，以富硒五谷杂粮和青草虫子为饲料，是肉质鲜美细嫩，硒元素、蛋白质和维生素含量高，脂肪含量极低的优质天然食品。配以江津九叶青花椒、青红尖椒，快刀乱剁、爆炒而成尖椒鸡，具有健脾强胃、祛风除湿的作用。吃尖椒鸡时，食客们不停地在青尖椒里挑选那小块的鸡丁，越辣越麻吃得越欢。

米花糖。江津米花糖以优质糯米、核桃仁、花生仁、芝麻、白糖、动植物油、饴糖、玫瑰糖等为原料，经10余道工序精工制成。产品洁白晶莹，香甜酥脆，爽口化渣，甜而不腻，营养丰富，有滋阴补肾、开胃健脾等功效。同时具有形式精巧、物美价廉、携带方便等优点，可作茶点、野餐、馈赠亲友的佳品。江津米花糖品牌有："玫瑰"牌、"荷花"牌、"几江"

● 芝麻圆子（江津区档案馆 提供）

● 江津肉片（江津区档案馆 提供）

牌、"芝麻官"牌。玫瑰米花糖2006年获中华老字号，荷花米花糖、几江米花糖2019年获重庆老字号。

芝麻杆。芝麻杆的做法历史悠久，以芝麻为主要材料，经过多道工序精工制成。芝麻杆里含有丰富的芝麻，而芝麻有显著的医疗保健作用。芝麻中的维生素E非常丰富，可延缓衰老，有润五脏、强筋骨、益气力等作用。可强壮身体，益寿延年，滋补肝肾，润养脾肺。江津芝麻杆从原辅材料取料到整个制作过程，均选用纯天然配方按最传统、最严格的工艺流程和管理程序生产，无论品牌、品质、产销量均为该行业和国内消费市场的领袖和标杆。"芝麻官"牌为江津芝麻杆的名牌产品，2017年获重庆老字号。

江津肉片。江津肉片，是一道具有悠久历史的江津传统地方菜，它以江津富硒生态黑猪夹心肉或二刀腿肉为主料，以口感香脆细腻的富硒笋竹和木耳为辅料制作而成。肉片厚薄均匀，色泽金黄，外酥内嫩，呈鱼香味。后来这种"酸、甜、咸、香、辣"的味道顺着长江流向川东，飘香川西、影响川北、叫响川南，成为雅俗共赏的一道经典川渝名菜。1974年，江津肉片分别选入《四川菜谱》和《重庆菜谱》。

发展定位

围绕高质量建设同城化发展先行区，建设"五地一城"："五地"，即科技创新基地、内陆开放前沿和陆港型综合物流基地、先进制造业基地、乡村振兴示范地、休闲旅游胜地；"一城"，即宜居城市。努力成为成渝地区双城经济圈重要战略支点。

发展目标

2023年1月召开的中国共产党重庆市江津区第十五届委员会第四次全体会议对今后五年的发展提出具体目标。地区生产总值超过1800亿元，人均地区生产总值达13万元，"五地一城"建设要取得突破性进展、形成标志性成果、实现整体性跃升。科技创新基地建设要实现新突破，区域协同创新体系基本建成，全社会研发经费投入年均增长10%以上，高新技术企业数量和科技型企业数量实现双倍增。内陆开放前沿和陆港型综合物流基地建设要跃上新台阶，西部陆海新通道重庆主枢纽建设实现重大突破，进出口总额年均增速10%以上，江津综合保税区竞争力达到全市一流、全国前列。先进制造业基地建设要取得新成效，现代产业体系加快构建，规上工业总产值超过2500亿元，力争战略性新兴产业占GDP比重达35%，建成千亿级消费品工业集聚区。乡村振兴示范地建设要迈出新步伐，农业体系现代化、乡村建设现代化、乡村治理现代化、农村改革全面深化和城乡全面融合发展的框架体系基本形成，村集体经济组织年经营性收入全部达5万元以上，高于10万元的占80%，乡村振兴示范带动走在全市前列。休闲旅游胜地建设要展现新气象，新增国家级旅游度假区1个，A级旅游景区智慧化率达100%，重庆主城"后花园"特色彰显，成功创建全域旅游示范区、国家历史文化名城。宜居城市建设要开创新局面，率先实现与重庆中心城区一体化融合发展，城镇化率达70%，新建公园20个以上，基本实现"15分钟可达城市公园"目标，成功创建国家森林城市、全国文明城区，现代化高品质宜居城市格局基本形成。

到2035年，在高质量发展中基本实现社会主义现代化目标，共同富裕取得更多实质性进展；从2035年到21世纪中叶，全面建成社会主义现代化强区，全面建设共同富裕美好社会。

（撰稿：匡勇　审稿：余勇）

合川区

基本情况

合川区地处重庆市西北部，是嘉陵江、涪江、渠江三江汇合之处。位于东经105°58′~106°40′，北纬29°51′~30°22′之间。东北连四川省华蓥市、重庆市渝北区，东南邻北碚区、璧山区，西接铜梁区、潼南区，北接四川省蓬溪县、武胜县、岳池县。面积2344平方千米，辖23个镇、7个街道。区人民政府驻南津街街道希尔安大道222号。

全区户籍登记576881户，户籍人口1479214人，户均人口为2.56人。城镇常住人口79.9万人，城镇化率65%。

境内最大河流为嘉陵江，长89.5千米，流域面积1040.6平方千米，主要支流有涪江、渠江、南溪河、柏水溪、大蟠溪、玉龙河等。已探明地下矿藏有26种，主要开采的矿种有煤、岩盐、建筑用石灰岩、水泥用石灰岩、化工用石灰岩、天然石英砂、水泥配料用砂、建筑石材、页岩、矿泉水10种。

合川区是通向四川北部、陕西、甘肃等大西北省区的交通要道和"经济走廊"，成渝经济区的交通枢纽，与成渝地区9个区、市、县接壤，辐射人口总量1800多万人，是重庆市主城区都市圈发展的重要支撑，成渝城市群建设的重要节点，也是渝新欧铁路大通道重庆第一站。是国家卫生城区、全国文明城区、全国首批长江经济带国家级转型升级示范开发区和国家循环经济示范城市、全国首批创建生态文明典范城市、国家知识产权试点城市、全国科普示范区、中国休闲垂钓之乡、全国儿童画之乡和重庆市级森林城市，同时也被评为中国西部最具投资潜力100强区县、中国商品市场最佳投资城市、中国最具海外影响力城市。

历史沿革

古代合川地域，最早是濮人的主要聚集地。西周时期开始，为巴国领地。巴国时期，地方无正规行政建置，其都城也多次迁徙。境内盐井街道糖坝村（原沙溪乡）沙梁子商周遗址，经专家鉴定为先巴文化；据历史文献记载，南津街街道铜梁山下的巴子城，曾为巴国别都。

战国时期，周慎靓王五年（公元前316年）秦灭巴国，于周赧王元年、秦惠文王后元十一年（公元前314年）置垫江县，属巴郡管辖。垫江县是合川历史上最早所置县名，辖区包括今合川、武胜、铜梁、安岳、岳池等县地，治所在原巴子城区域。

古时，垫江县之"垫"原为"䝿"。《说文解字》："䝿，重衣也，从衣执声，巴郡有䝿江县。"《汉书·地理志》作垫江。约定俗成，误传至今。

汉平帝元始二年（2年），垫江县辖今合川、铜梁、大足、武胜县地及潼南、安岳县之部分地域，县治仍在合川，属巴郡。三国魏景元四年（263年），属魏国梁州。西晋太安二年（303年），属益州巴郡；成汉汉兴元年（338年），属荆州。前秦建元九年（373年）至太安元年（385年）间，属宁州巴郡。东晋义熙元年（405年），属巴州；义熙八年（412年）属巴郡。

南朝宋元嘉年期，宋文帝升垫江县置东宕渠郡，属梁州辖，郡治在今合阳城街道。宕渠郡名，源于宕渠水（今渠江）。南朝齐时，齐高帝因贵州的僚人迁徙进入嘉陵江、渠江流域，故改名为东宕渠僚郡，属梁州，治所在今合川。东宕渠僚郡辖宕渠县（今合川区）、平州县（今南充市南及岳池县北）、汉初县（治今武胜县西关乡）3县。南朝大同时期，东宕渠僚郡分出置新兴郡，平州、汉初两县划出。东宕渠僚郡只辖宕渠1县。梁武帝太清四年（550年），复名东宕渠郡，属楚州，辖宕渠县。

西魏恭帝三年（556年），始置合州。合州之名因涪江自梓州、遂州来，在今合川城区与嘉陵江合流而故名。北周孝闵帝元年（557年），合州所辖东遂宁郡和怀化郡分出置遂州。合州辖宕渠（后周时垫江更名）、清居2郡及郡属石镜、汉初、清居3县。

隋开皇三年（583年），废垫江郡，属合州；开皇八年（588年），分石镜县置赤水县，治今合川区龙凤镇龙多村；开皇十八年（598年），合州更名涪州；大业三年（607年），涪州又名涪陵郡。唐武德元年

● 合川城区美景（尹世琪 拍摄）

(618年），涪陵郡复名合州，属剑南道；开元二十一年（733年），属山南西道；天宝元年（742年），合州改名巴川郡；乾元元年（758年），复名合州。北宋乾德三年（965年），合州属梓州路，石镜县更名石照县；重和元年（1118年），合州属潼川府路。

南宋淳祐三年（1243年），合州军民为抵抗蒙古兵南下，在今合川城区东5千米处的钓鱼山筑新城，迁合州、石照县治于钓鱼城。宝祐年间，汉初县因兵乱废。元至元二十年（1283年），合州及石照县治由钓鱼城迁回原址，合州属重庆府路。大夏政权时期，石照县建置撤销，其地由合州直辖，属重庆府。合州辖铜梁、定远、大足3县。洪武六年（1373年），分大足县地置永川县。洪武七年（1374年），大足县从合州划出归重庆府直辖。合州隶属重庆府，辖铜梁、定远2县。

清康熙元年（1662年），撤销重庆府直辖的安居县及合州辖地铜梁县，其地并入合州。康熙八年（1669年），撤销定远县，其地并入合州。康熙六十年（1721年），以原铜梁县、安居县地复置铜梁县，归重庆府辖。雍正六年（1728年），析合州复置定远县，归重庆府辖。自此合州为单州，不再辖县，属重庆府辖。宣统三年（1911年），革命党人夏之时率起义部队由遂宁前往重庆途经合州时，推翻了清朝在合州的统治机构，随后重庆独立，成立蜀军政府，合州由蜀军政府辖。原合州知州衙门，于是年12月20日改称合州知事公署。

民国元年（1912年）4月，四川军政府成立，合州属中华民国四川都督府重庆镇抚府；同年6月，属川东宣慰使按临所。民国二年（1913年）2月，合州废州改县，成立合川县行政公署，隶属川东道（原重庆府）。民国十三年（1924年），推行县、区、乡三级建制，区设区公所，乡设乡公所。民国二十四年（1935年）1月，合川县隶属四川省第三行政督察区（专员公署驻永川），为一等县。

1949年12月3日，合川县解放。12月18日，合川县人民政府成立，县内行政区划重新调整，将原4区5镇68乡增划为10个区、5个镇、68个乡，区、乡、镇公所改称区、乡、镇人民政府，隶属璧山专员公署。1950年，属川东行署区璧山专区。1951年4月，属川东行署区江津专区。

1952年4月，析城关区的西南镇、东北镇大部，南津镇的7个村，沙坪乡的5个村，及东津镇，设合川市，为丁等市，属江津专区，驻营盘街。1958年2月，撤合川市并入合川县；9月，撤并乡镇成立公社，乡（镇）人民委员会改称人民公社。1960年，江津专署由江津县迁驻永川县，合川县仍隶属之。

● 嘉陵江合川段夜景（刘安宁 拍摄）

1981年，江津地区行署改称永川地区行署。1983年4月，永川地区行署与重庆市合并，合川县隶属重庆市。

1992年8月，经国务院批准撤销合川县，设立合川市（县级），由四川省直辖，重庆市代管。1997年3月，重庆市直辖，合川隶属重庆市。

2006年10月，经国务院批准，撤销合川市设立合川区。2020年年底，合川区辖23个镇、7个街道，有322个村、97个社区。

重要资源

土地资源。 合川大地构造区域在新华夏构造体系中，位于第三条沉降带，即四川沉降带。出露地层从老至新有古生界二叠系、中生界三叠系和侏罗系、新生界第四系，缺失白垩系及第三系。其中，以侏罗系分布面积最大，占全辖区面积四分之三以上。在侏罗系中，又以沙溪庙组岩层面积最大，达1664.03平方千米，占辖区面积的70.62%。

矿产资源。 合川区矿种有铁、金、锶、耐火黏土、砚石（工艺石）、磨石等26种。主要分布于盐井、草街、双凤、狮滩、清平、小沔、三汇、土场等华蓥山脉沿线区域。

水资源。 合川区属嘉陵江水系，境内除嘉陵江、渠江、涪江外，还有大小溪河263条（总流长2千米以上且集雨面积1平方千米以上的），其中集雨面积1000平方千米以上的有4条，为嘉陵江、渠江、涪江和小安溪，50～1000平方千米以上溪河15条，为柏水溪、玉龙河、大蟠溪、建梁桥河、南溪河、

三庙河、大沥溪、代峨溪、上马桥溪、大鳌溪、石岸溪、新民河、莲花石溪、打柴沟溪、赤水河。

嘉陵江、渠江、涪江多年平均过境水量710.73亿立方米，其中嘉陵江320亿立方米、涪江172.73亿立方米、渠江218亿立方米，有水资源富甲西部之誉。境内可利用的水力发电理论蕴藏量为57.19万千瓦，可开发量37.45万千瓦；有水电站18座，总装机容量59.45万千瓦。

旅游资源。合川区境内旅游景点主要有钓鱼城古战场遗址、涞滩古镇、二佛寺石刻、龙多山、九峰山、双龙湖、白鹤湖等自然景观；有陶行知先生纪念馆、育才学校旧址（古圣寺）、卢作孚故居、刘文学故里、战时儿童保育会直属第三保育院、金子沱武装起义纪念碑等一系列红色旅游景点；还有友缘山庄、友军生态园、嘉隆西海、天子摇金生态农业公园、龙井湖生态景观区、鹫峰峡漂流等独具风情、特色各异的乡村旅游景点。其中，涞滩古镇是中国首批历史文化名镇、首批"中国最美的村镇"。钓鱼城古战场遗址、涞滩二佛寺摩崖造像、育才学校旧址古圣寺被确定为国家级重点文物保护单位。每年举办以钓鱼城文化旅游节为龙头的双凤李花、官渡桃花、太和桃花、古楼枇杷等各类旅游节会。

野生动物资源。兽类有野猫、野兔、黄鼠狼、老鼠、水獭、大灵猫、蝙蝠、果子狸、松鼠、彪鼠等10种。禽类有喜鹊、董鸡、秧鸡、野鸡、金鸡、鸲鹆等41种。鱼类有胭脂鱼、鲤鱼、鲫鱼、草鱼、青鱼、中华细鲫、南方马口鱼、岩原鲤、鳜鱼等64种。昆虫类有蜂、蝴蝶、蝉、蛙、蚁、萤火虫、蝇、蚊、蝎等27种。

野生植物资源。合川属川东盆地偏湿性常绿阔叶林亚带、盆地底部丘陵低山植被地区、川中方山

● 远眺合川钓鱼城（刘勇　拍摄）

丘陵植被小区。植被的基本类型有阔叶林、针叶林、竹林和灌丛4个群系纲、5个群系组、13个群系。植被的种类虽然繁多，但自然组合比较单纯。其分布情况是：在华蓥山区主要是马尾松纯林、次生灌丛和亚热带低山禾草草丛，其余地区则以柏木、疏残林为主，其次是散生的桉树和竹林，以及主要植被破坏后形成的黄荆、马桑、芭茅、茅草组成的草丛和油桐、果树、桑树等经济林木。

浮游生物资源。浮游植物：小兰藻门有平列藻、兰纤维藻、鱼腥藻等6种；绿藻门有衣藻、盘星藻、十字藻等22种；裸藻门有裸藻、扁裸藻、柄裸藻等10种；金藻门有单鞭金藻、鱼鳞藻、拟黄团藻、锥囊藻；黄藻门有黄丝藻、蛇胞藻、顶刺藻；硅藻门有小环藻、针杆藻、舟形藻等17种。浮游动物：原生动物类有表壳虫、砂壳虫、变形虫等12种；轮虫类有须足轮虫、晶囊轮虫、臂尾轮虫等12种；枝角类有裸腹蚤、仙达蚤、秀体蚤等9种；桡足类有温剑蚤、剑水蚤、荡镖水蚤等8种。

基础设施

交通运输。合川区交通运输以公路、铁路、水路为主。截至2022年底，全区公路总里程6378.29千米，其中高速公路194.04千米，路网密度为268.89千米／百平方千米。村民小组通达、通畅率均达到100%。全区客货运输车辆8292台，客运线路268条，城区公交线路27条，城市公交车243辆，出租车503辆，营运客车1773辆，公交站点355个，客运等级站6个，全年完成公路客运周转量81172.8万人千米，公路货运周转量579056.7万吨千米。合川境内铁路里程140千米，其中遂渝铁路一、二线50千米，襄渝铁路33千米，兰渝铁路57千米。区内河航道里程248千米，客渡运码头137座，货运码头3座，客货码头生产性泊位8个，水运运力90904总吨，港口货物吞吐量451.11万吨，客运吞吐量91.12万人次，水路客运周转量179.492万人千米，水路货运周转量183892.85万吨千米。

桥梁。截至2022年，合川共有大小桥梁306座，桥梁总长11835.8米。其中国道、省道、县道桥梁有146座，全长7534.5米；乡、村道及专用公路桥梁有160座，全长4301.3米。

水、电、气。合川区共有自来水厂2个，日供水量13万吨，至"十四五"期末，全区城镇供水厂供水总量达到18万立方米／日，城市供水管道达到550千米。管网基本漏损率均控制在10%以下，供水普及率均达到100%，集中式饮用水水质达标率达到100%。

合川区有电力供应企业1家，火力发电厂1个，水力发电厂3个，有变电站34座，变电容量301.66万千伏安。2022年合川区用电总量为33.81亿千瓦时。

合川区有天然气经营企业6家，分别是重庆合川燃气有限责任公司、重庆正能燃气有限责任公司、重庆川港燃气有限公司合川分公司、重庆市陵川天然气有限公司、重庆市合川区龙胜天然气有限责任公司、重庆世鑫天然气有限公司。有配气站、调压站、储备站合计15座，中压及以上城镇天然气管道总里程1290.92千米、阀井阀室511个、调压装置5090个。

市政基础设施。合川区共有垃圾处理厂1个，年垃圾处理量为26.08万吨，垃圾处理率为100%。投资3200万元，建成蒲家沟生活垃圾填埋场渗滤液处理厂；投资1.48亿元，建成合川餐厨垃圾处理厂；投资1300万元，建成合川树烂湾建筑垃圾消纳场。有农村垃圾转运站9座,完善农村垃圾后端收运系统。

● 合川赵家渡公园一角（刘勇 拍摄）

投资5.89亿元建成合川生活垃圾焚烧发电厂，项目于2021年底实现并网发电，2022年7月转入正式运营。五大垃圾处置系统的建设，形成区内垃圾收运处理的闭环管理。

截至2022年底，合川区建成区绿地率42.91%；建成区绿化覆盖率46.92%；人均公园绿地面积15.12平方米；城区绿地面积3066.14公顷，建成区绿地面积2189.48公顷；城区绿化覆盖面积3327.13公顷，建成区绿化覆盖面积2393.80公顷；城区公园面积271.78公顷，公园16个。

合川区城区照明路灯有16890盏，LED灯具普及率达到90%以上，主次干道照明设施完好率和亮灯率均达到98%以上，节电比例90%以上，有效保障了市民安全出行的问题。

文化旅游、卫生健康和体育。截至2022年底，合川区共有博物馆4个，烈士墓园、纪念馆3个，图书馆43个，文化馆1个。广播覆盖率99.3%，电视覆盖率99.3%，有线电视覆盖率98.0%。合川区拥有国家A级旅游景区3个。其中，4A级旅游景区2个。2022年接待国内游客1923.75万人次。其中，钓鱼城接待游客52.44万人次；涞滩古镇接待游客33.09万人次。实现国内旅游收入83.43亿元。

合川区有各级各类卫生机构848个。其中，三级甲等医院1个，二级甲等医院3个，疾病预防控制中心1个，卫生院23个。医疗卫生机构实有床位数7896张，每千人拥有医疗床位数6.35张。全区共有卫生技术人员8137人，每千人拥有卫生技术人员6.55人。其中，执业医师（含助理）3213人，执业护士3741人。

合川区有体育场地3680个，其中体育馆8个（含学校体育馆），室内外游泳池13个（含学校和健身房游泳池），有固定看台的灯光球场12个，举办运动会或比赛次数32次。有一级运动员15人，二级运动员103人；国际裁判2人，国家级裁判1人，一级裁判36人，二级裁判100人。全年完成体育彩票销售额1.24亿元。

科技和教育。2022年，合川区全年新增高新技术企业30家，有效期内高新技术企业累计达到154家，新增科技型企业110家，累计达到1010家。市级企业工程技术研究中心8家，市级科技型众创空间8家。2022年全年专利授权1383件，其中发明专利授权126件。每万人发明专利拥有量9.38件。全区驰名商标10件，地理商标15件。

各级各类学校312所，其中普通高等学校6所，普通中学34所，职业中学4所，小学106所，学前教育160所，特殊教育学校2所。小学学龄儿童毛入学率100%，初中毛入学率100%，初中毕业生升学率99.6%，高考上线率99.9%。

主要产业

合川区是全市重要的粮食、生猪、水产品生产基地，粮食总产量、生猪出栏量、水产品产量保持全市第一。网络安全、医药健康、装备制造是合川区的三大主导产业。

农业。2022年，合川区全年实现农林牧渔业总产值169.13亿元。其中，农业产值91.02亿元；林业产值6.05亿元；牧业产值56.38亿元；渔业产值12.95亿元；农林牧渔专业及辅助性活动产值2.73亿元。

2022年，合川区粮食播种面积170.58万亩，比上年增加0.61万亩。其中，稻谷种植面积67.52万亩；小麦种植面积1.73万亩；玉米种植面积37.10万亩。全年粮食总产量68.40万吨。全年谷物产量51.00万吨。其中，稻谷产量33.98万吨；小麦产量0.38万吨；玉米产量16.52万吨。全年生猪出栏114.81万头。

工业和建筑业。2022年，合川区全年实现工业增加值211.43亿元，同比增长2.1%，占地区生产总值的21.1%。

2022年，合川区规模以上工业总产值451.45亿元，同比增长10.6%；产品销售率93.9%，主营业务利润率4.0%。按规模分，大中型企业产值同比增长15.2%。按登记注册类型分，股份制经济产值同比增长12.7%，外商及中国港澳台经济产值同比下降23.9%，其他经济产值同比增长285.1%。按六大支柱产业分，装备制造业产值同比增长14.0%，医药健康产业同比增长18.5%，信息安全产业同比下降23.1%，消费品产业同比增长21.1%，建材产业同比下降23.6%，新材料产业同比增长43.0%。分轻重工业看，轻工业总产值同比增长17.5%，重工业产值同比增长8.5%。

2022年，合川区全年完成建筑业增加值112.29亿元，占GDP比重11.3%。全区总承包和专业承包建筑业企业总产值315.57亿元。全区共有资质以内建筑企业156家。其中，一级资质企业7家、二级资质企业23家、三级及以下资质企业126家。

服务业。2022年，合川区批发和零售业增加值84.88亿元；交通运输、仓储和邮政业增加值32.18亿元；住宿和餐饮业增加值4.03亿元；金融业增加值36.74亿元；房地产业增加值113.11亿元；其他服务业增加值271.61亿元。全年规模以上服务业企业营业收入22.80亿元。

● 合川钓鱼城护国门（合川区档案馆 提供）

文旅品牌

钓鱼城。钓鱼城原为钓鱼山，位于合川区城东北的钓鱼山上，距合川城5千米，主景区2.5平方千米，传说有一巨神在这钓嘉陵江中的鱼，以解一方百姓饥馑，山由此得名。钓鱼城峭壁千寻，古城门、城墙雄伟坚固，嘉陵江、涪江、渠江三面环绕，俨然兵家雄关，自古为"巴蜀要冲"。

钓鱼城是国家4A级旅游景区，迄今我国保存最完好的古战场遗址、国家考古遗址公园，重庆市唯一同时拥有国家级风景名胜区、全国重点文物保护单位殊荣的景区。1982年，被国务院列为国家重点风景名胜区——缙云山风景区的组成部分。1996年，钓鱼城古战场遗址被国务院公布为全国重点文物保护单位。2016年5月，合川钓鱼城被评选为重庆十大文化符号。2020年11月18日，钓鱼城当选"巴蜀文化旅游走廊新地标"。目前，钓鱼城已列入世界

● 涞滩古镇全貌（熊良伟 拍摄）

文化遗产预备名录，正积极创建国家 5A 旅游景区和申报世界文化遗产。

钓鱼城三面据江，危崖拔地，是迄今国家保存最完好的古战场遗址，世界古史上的英雄名城。1243—1279 年，南宋军民在钓鱼城守城抗战 36 年，于 1259 年击伤蒙哥，使其崩于温塘峡，使得蒙古帝国从欧亚战场全面撤军。钓鱼城保卫战是南宋王朝与蒙古之间的生死决战，更是中国历史和世界历史上的一场具有重大意义之战，创下了中外战争史上罕见的以弱胜强的战例，钓鱼城因此被誉为"上帝折鞭处"。

钓鱼城主景区存有城垣、城门、炮台、水军码头、兵工作坊、帅府、军营等宋、元军事及生活设施遗址；有护国寺、忠义祠、唐代悬空卧佛、千佛石窟、三圣岩等宗教遗存；有钓鱼台、插竿石等远古遗迹；还有 800 年古桂树、薄刀岭、三龟石、鱼城烟雨等自然奇观。保存有文天祥、刘克庄、陈毅、郭沫若、张爱萍、刘白羽等历代名家吟咏及蒋介石、何应钦、张治中等国民党军政要人的摩崖题记。

涞滩古镇。涞滩古镇位于合川区城东北，距离合川城区约 32 千米。涞滩于北宋乾德三年（965 年）建镇，拥有代表着川东特有建筑风格的古街巷，拥有全国唯一的禅宗石刻道场和代表中国第三次石刻艺术巅峰之作的二佛寺摩崖石刻。古镇三面悬崖峭壁，具有"一夫当关，万夫莫开"的险要之势，有"长岩巨洞""双塔迎舟""独树东门""水月交辉""断崖观鹭"等自然奇景，还有双龙湖等自然景观与之呼应。古镇内有古瓮城、明清老街、二佛寺摩崖石刻、二佛寺上殿、文昌宫、舍利塔、石刻睡狮、明代石

● 合川文峰古街（刘勇 拍摄）

坊以及下殿外的高僧岩墓、石刻字碑等人文景观。1995 年，涞滩镇被四川省命名为省级历史文化名镇；2002 年，涞滩镇被重庆市政府命名为第一批重庆市历史文化名镇；2003 年，涞滩镇被建设部、国家文物局命名为首批中国历史文化名镇。

涞滩古镇的著名景点二佛寺始建于唐，兴盛于宋，重建于清，分上下两殿，占地 9150 平方米，规模宏大、气势磅礴。二佛寺下殿的摩崖造像石刻堪称一绝，为我国第三石刻艺术高潮的代表作，总计有 42 龛窟，1700 余尊造像。其主佛像释迦牟尼佛（即二佛）通高 12.5 米，不仅为全寺造像之冠，而且也是国内著名的大佛之一。2006 年，涞滩二佛寺摩崖造像被国务院公布为第六批国家重点文物保护单位。

文峰古街。文峰古街始建于西周，繁盛于唐宋，闻达于明清。古街地处合川南屏片区北部滨江带，位于涪江、渠江与嘉陵江三江交汇处，总占地面积约 33.33 公顷，总建筑面积约 25 万平方米，绿地率 33.7%，其中仿古商业街区 5 万平方米。2014 年合川区文峰古街正式被国家旅游局批准为国家 3A 级旅游景区。

风味美食

合川桃片。合川桃片历史悠久，色、香、味、形俱全，营养丰富，还颇具保健食疗之功效，是中

●合川桃片（合川区档案馆 提供）

●合川肉片（合川区档案馆 提供）

●合川羊肉米粉（合川区档案馆 提供）

国名小吃、消费者最喜爱的重庆商业品牌。始创于1898年的百年老字号同德福是合川桃片现存的最早制造商，是重庆屈指可数、合川唯一的百年老字号。其生产的合川桃片曾荣获1920年成都花卉物展会优质奖章、1925年四川省第五次劝业会特等金奖、1926年美国费城世博会金质奖章，被誉为"世界第一桃片"，有关信息载入《重庆百科全书》《重庆掌故》《合川县志》《合川文史资料选辑》《合川胜概》《天下合川》等文献资料。

合川肉片。合川肉片是重庆合川区的传统名菜，烹饪技巧是荤菜素做，颜色金黄、口味咸鲜、外酥里嫩、回味甘甜，其主要味型是椒盐味。据合川政协之《合川胜概》和《合川文史资料》等史料记载，合川肉片史创于南宋淳祐三年（1243年），距今有近800年历史。南宋淳祐三年，合州知州考察钓鱼城，到护城门下一家小吃店吃饭，小店徒弟炒鱼香肉片，将过多的豆粉鸡蛋拌肉下入油锅，由于操作不熟练，油炒肉片变煎烙，待发觉肉片色泽茶黄时，他忙将花椒油当醋倒入锅内，不料这道菜竟得到了知州的好评，于是命名为合川肉片。1913年，合州改为合川县，合州肉片也改为合川肉片。

经过合川餐饮烹饪技艺人不断改良提升，合川肉片成为中国八大菜系之川菜系的代表名菜之一，并入选《中国烹饪词典》《中国菜肴大典》《中国名菜谱—川菜》《中国川菜大观》《川菜烹饪事典》等专业权威典籍，且冠以地名的名菜，编入烹饪权威典籍，更为鲜见。合川肉片现已获评重庆市非物质文化遗产。

合川米粉。合川米粉选用当地优质稻米，采用传统工艺加工做成宽粉、细粉、水粉、干粉、银丝粉等米制品。合川米粉做法考究，采用大骨久熬的鲜汤，制作羊肉、肥肠、鸡杂、牛肉、羊杂、三鲜等丰富多样的臊子，红汤油而不腻、清汤爽口鲜香，粉条细嫩、入口即化，是每一个合川人心中的乡情和乡愁。

鸡肉抄手。合川鸡肉抄手有百年历史，是中国名小吃、重庆非物质文化遗产。合川鸡肉抄手将鸡肉与猪肉合理搭配，并配以各种辅料制成馅，用面皮包制成抄手，煮熟后馅心细嫩爽口，肉质鲜嫩而有弹性、晶莹剔透、汤味鲜美、油而不腻，是人们喜欢的日常快餐小吃。鸡肉抄手属巴渝饮食行业一绝。在传统制作手艺中，要求高、程序复杂，现后继乏人。目前，会此技艺的仅有3人，此技艺已到了濒危的程度。

● 重庆市级非遗项目合川鸡肉抄手传承人吕登华"庖丁解鸡"（合川区档案馆　提供）

发展定位

党中央、国务院出台的《成渝地区双城经济圈建设规划纲要》对合川未来发展给予了系列重要定位，市委、市政府赋予合川"重庆主城都市区发展的重要支撑、成渝地区双城经济圈建设的重要节点"的战略使命，提出了"加快融合发展、增强综合实力"的新要求，为全区未来经济社会发展描绘了新蓝图、指明了方向路径。

全面融入成渝地区双城经济圈建设和重庆"一区两群"协调发展布局，合广长协同发展示范区建设有序推进，川渝合作生物医药产业园项目顺利推进，渭沱物流园获评川渝首批"成渝地区双城经济圈协同共建重点物流园"。

发展目标

"十四五"时期，合川区将在全面建成小康社会基础上，围绕加快建设"双百"区域中心城市，加快融合发展、增强综合实力，打造多元化融合发展示范区、网络安全产业和先进制造业基地、综合性物流基地、区域性公共服务中心、具有国际影响力的历史文化名城、成渝"后花园"，重庆中心城区辐射带动周边的战略支点作用充分发挥。

经济发展取得新成效。在质量效益明显提升的基础上实现经济持续健康发展，增长潜力充分发挥，经济结构更加优化，传统产业转型升级取得重大突破，战略性新兴产业规模大幅提升。科技创新能力显著提高，数字经济与实体经济融合发展，产业竞争力显著增强，初步形成以战略性新兴产业为引领、先进制造业为支撑的现代化产业体系。"十四五"期间，地区生产总值年均增长7%左右。一般公共预算收入、全社会固定资产投资、社会消费品零售总额保持平稳增长。到2025年，高新技术产业产值占规模以上工业总产值比重达到30%，研发经费投入强度达到2.2%，万人发明专利拥有量突破10件。

改革开放迈出新步伐。高标准市场体系基本建成，市场主体更加充满活力，产权制度改革和要素市场化配置改革取得重大进展，公平竞争制度更加健全，市场化法治化国际化营商环境持续改善。社会治理能力不断增强，行政服务能力显著提升。区域融合发展、城乡融合发展取得重大进展，农村发展活力持续增强。基础设施互联互通水平稳步提升，重大开放平台建设取得突破，开放型经济发展水平显著提高。"十四五"期间，实现进出口总额和实际利用外资年均增长10%以上，招商引资合同额年均600亿元以上。

社会文明程度实现新提高。社会主义核心价值观深入人心，人民群众思想道德素质、科学文化素质和身心健康素质明显提高，公共文化服务体系和文化产业体系更加健全，人民群众精神文化生活日益丰富，历史文化保护传承利用进一步加强，城市人文内涵更加丰富，全国文明城区成果进一步巩固拓展，文化强区建设迈出新步伐。

生态文明建设取得新突破。"绿水青山就是金山银山"理念更加深入人心，国土空间开发保护格局得到优化，"三江六岸"水生态体系更加完善。产城景融合发展取得重大进展，西部江城特色凸显，城市承载力显著增强。生产生活方式绿色低碳水平显著提高，能源资源利用效率大幅提高，主要污染物排放总量持续减少，突出环境问题得到有效治理，生态环境持续改善，城乡人居环境更加优美，长江上游重要生态屏障更加巩固。到2025年，全面完成主要污染物排放总量控制任务，空气质量优良天数比率保持在88%以上。

民生福祉达到新水平。实现更加充分更高质量就业，居民收入增长和经济增长基本同步，中等收入人口比重上升。公共服务能力大幅提升。基本公共服务体系、多层次社会保障体系更加健全。城乡教育一体化发展达到更高水平。等级医院和特色专科建设取得新突破。脱贫攻坚成果巩固拓展，乡村振兴战略全面推进。"十四五"期间，城乡居民人均可支配收入年均增长7%左右，人民群众幸福感和获得感全面增强。

治理效能得到新提升。社会主义民主法治更加健全，社会公平正义进一步彰显，政府作用更好发挥，行政效率和公信力显著提升，区域治理水平明显提高，防范化解重大风险机制不断健全，突发公共事件应急能力显著增强，自然灾害防御能力明显提升，发展安全保障更加有力，平安建设迈出新的重大步伐。

（撰稿：王思进　审核：刘洁）

永川区

基本情况

重庆市永川区位于长江上游北岸、重庆西部，东经 105°38′~106°05′，北纬 28°56′~29°34′之间，因"城区三河汇碧形如篆文'永'字"、山形如"川"字而得名，东距重庆中心城区 55 千米，西离成都 276 千米，是成渝地区双城经济圈枢纽节点、重庆主城都市区战略支点。776 年置县，1992 年建市，2006 年成区。全区辖区面积 1576 平方千米，辖 7 个街道、16 个镇。全区常住人口 114.68 万人。其中，城镇常住人口 82.16 万人，常住人口城镇化率为 71.64%，比上年提高 0.5 个百分点。户籍人口 113.55 万人。其中，男性 57.09 万人，女性 56.46 万人，城镇人口 52.31 万人。2022 年，人口自然增长率 −2.83‰。人口出生率 5.15‰，出生人数 5914 人。死亡率 7.98‰，死亡人数 9162 人。出生婴儿男女性别比 112。

永川是主城都市区发展新区。区位优越、交通便利，城区距离规划建设中的重庆第二机场仅 8 千米，已建在建对外通道有"四高三铁一港区一机场"，是重庆主城新区首个拥有高速环线、唯一同时具备"公铁水空"多式联运条件的城市。未来将加快建设市域快线、快速物流通道，推动与重庆中心城区无缝连接，更好融入主城都市区同城化发展。气候宜人、地势平坦，地形地貌多为浅丘，人居环境优良，是

● 永川城市美景（刘洪兵 拍摄）

全市新型工业化、城镇化主战场，坚持以产聚人兴城、以城留人促产、以校育人优产，加快提升综合承载力和城市功能，打造产业强区、品质之城。

永川是区域性中心城市。地处成渝发展主轴，拥有金融保险、能源电力、海关监管等一批片区机构，国际学校、国际医院、三甲医院、星级酒店、城市商圈一应俱全，规划馆、博物馆、图书馆、体育馆等公共服务设施完善，正加快建设区域性综合交通枢纽，打造集商贸物流、金融商务、文旅消费、科教创新、医疗健康、开放保税功能于一体的区域性综合服务中心。城区"三面青山、六水绕城、九湖美景"，基本形成"十字轴线、六大片区"的空间格局，是国家卫生城市、全国森林城市、全国绿化模范城市，2018年成为人口净流入城市，正加快建设营商环境最优区，打造成渝主轴宜居宜业宜乐宜游宜投资的现代田园城市。

永川是国家高新区、国家新型工业化产业示范基地、国家城乡融合发展试验区，是《成渝地区双城经济圈建设规划纲要》明确的现代制造业基地、西部职教基地和川南渝西融合发展试验区。2022年，全区地区生产总值1202.8亿元，按可比价计算，比上年增长3.5%。第一产业增加值87.8亿元，比上年增长3.7%。第二产业增加值649.4亿元，比上年增长5.4%。其中，工业增加值496.5亿元，比上年增长4.9%。第三产业增加值465.6亿元，比上年增长0.8%。

历史沿革

永川历史悠久,早在新石器时代人们就在这片土地上繁衍生息。夏商属梁州,周属巴国,秦属巴郡。据《元和郡县志》记载:唐大历十一年(776年)置县,隶属昌州。五代州县设置,仍沿唐制。永川县隶属剑南道东川昌州。北宋时,永川县仍属昌州。宋咸平四年(1001年),四川分设益州路、利州路、梓州路、夔州路,永川县隶梓州路。宋重和元年(1118年)改梓州路为潼川府路,永川县隶属潼川府路。南宋因之。元朝在全国各地置行中书省,下辖路、府、州、县,开创中国地方置行省之制。元至元十五年(1278年),宋钓鱼城守将王立以城降元,重设合州。元至元二十年(1283年),昌州废,永川县并入合州。元至元二十二年(1285年),合州改隶重庆路,永川隶属重庆路合州。元末,明玉珍起义,至正二十三年(1363年)建都重庆,国号"夏",设置大足县辖永川县地。明洪武六年(1373年)复置永川县,属重庆路。清康熙元年(1662年),璧山县入永川县。清雍正七年(1729年)复置璧山县,永川仍专治。清嘉庆七年(1802年)以后,再于府、厅、州、县之上增设道。永川县属四川省川东道重庆府。

民国元年(1912年),成渝两军政府合并成立四川都督府,设重庆镇抚府,永川县隶属四川都督府重庆镇抚府。同年6月,重庆镇抚府撤销,永川县直属四川都督府。民国二年(1913年),废府设道,永川县属四川省川东道行政公署。民国三年(1914年),改为四川省东川道行政公署,后更名为东川道道尹公署,永川县均属之。民国十八年(1929年)撤道,永川县直属四川省政府。民国二十四年(1935年),四川省划为18个行政督察区,四川省第三行政督察区专员公署设在永川县。民国三十年(1941年),专员公署迁巴县,永川县仍属之,直至解放。

1949年12月4日,永川和平解放。1950年,永川县隶属川东行署区。1952年8月,川东行署区撤销。同年9月1日,四川省人民政府成立,永川县隶属四川省人民政府江津区专员公署。1969年9月,成立四川省江津地区革命委员会。1978年5月,改为四川省江津地区行政公署。1981年7月,更名为四川省永川地区行政公署。直至1983年3月,永川县均分属之。1983年3月3日,国务院批复撤销永川地区行政公署,原永川地区所辖县并入重庆市,永川县隶属重庆市人民政府。

1992年3月9日,民政部批复撤销永川县,设置重庆市永川市(县级),原永川县的行政区域为永川市的行政区域。1997年3月14日,八届全国人大五次会议通过《关于批准设立重庆直辖市的决定》,批准设立重庆直辖市,撤销原重庆市,永川市(县级)隶属重庆直辖市。

2006年10月22日,国务院批准,撤销重庆市永川市,设立重庆市永川区,原永川市的行政区域为永川区的行政区域。

重要资源

矿产资源。2021年,永川境内已发现矿种有25种,开发利用有建筑石料用灰岩、水泥用灰岩、建筑石料用白云岩、玻璃用砂岩、建筑用砂岩、陶瓷用砂岩、耐火用砂岩、水泥配料用砂岩、伊利石黏土、砖石用页岩、页岩气和天然气12种,共设采矿权32个。

生物资源。2021年,永川区植物共有101科263种。主要森林植被类型有:常绿阔叶林,主要组成树种为巨尾桉;常绿落叶阔叶混交林,主要组成树种有樟、栲、青冈、栎属、枫香、槭、楷木、光皮桦、合欢、野樱桃、山胡椒、木姜子等;常绿落

叶针阔混交林，主要组成树种有樟、栲、青冈、木荷、光皮桦、栎类、枫香、马尾松、杉木等；以马尾松、杉木、湿地松、柳杉、柏木等单一或混交树种组成的暖性针叶林；以楠竹、麻竹、慈竹、苦竹、硬头黄、撑绿竹、刺楠竹、斑竹等为主的单一或混交竹林。就分布范围和面积而论，以马尾松、巨尾桉和竹林最广最宽。林下植物常见种和指示种有里白、华里白、鳞毛蕨、紫箕、金粉蕨、海金沙、荚蒾、八爪金龙、杜鹃、芒、南烛、悬钩子等。林区内有鸟类23科39种，兽类9科16种。主要野生动物有鸳鸯、画眉、野兔、野猪、山羊、松鼠、鹌鹑、百灵鸟、蛇、黄鼠狼、竹鸡、猫头鹰、鹄子、斑鸠、啄木鸟、白头翁、白鹤、白鹭、秧鸡、八哥、刺猬等。

水资源。永川区有大小河流233条，各类水利工程8363座（处、口），多年平均过境水资源量2710亿立方米，全区人均水资源占有量为640立方米，全年70%的降雨集中在5—9月。渝西水资源配置工程完成后，将为永川的生产、生活用水提供更好保障。

基础设施

交通运输。永川区推进高铁双通道建设，加强"一环十一射"高速公路建设，全力打通水路出海通道。通过陆水联运、港企合作，成功实现集装箱从永川直达英国、阿根廷、巴拉圭等国家。2022年，全区公路水路客货运总周转量68.7亿吨千米，比上年下降7.2%。其中，货运周转量68.5亿吨千米，客运周转量2.3亿人千米。公路里程5162.5千米，行政村通客车率100%，公交线路31条，拥有客车638

● 茶山竹海景区公路（陈科儒 拍摄）

辆、出租车540辆、公交车345辆。公路客运量达527.5万人次，公路货运量3718.8万吨，水运货运量373.5万吨。

城市建设。2022年，全区商品房施工面积505.4万平方米，比上年下降21.2%。竣工面积45.3万平方米，比上年下降48.0%。商品房销售面积235.2万平方米，比上年下降5.8%。其中，住宅销售面积211.0万平方米，比上年下降8.5%。商品房销售额124.9亿元，比上年下降15.0%。其中，住宅销售额116.3亿元，比上年下降15.9%。新增建成区绿化覆盖面积150.2万平方米，城区绿地率39.9%，绿化覆盖率41.6%，人均公共绿地面积24.7平方米。新建车行道6.2千米，新建人行道6.2万平方米。

教育科技。2022年，全区幼儿园147所，小学111所，初中27所，普通高中8所，特殊教育学校1所，高等院校8所，中等职业学校8所。幼儿园招生0.7万人，在校生2.9万人，小学招生1.1万人，在校生7.1万人，初中招生1.3万人，在校生4.2万人，普通高中招生0.7万人，在校生2.2万人，特殊教育学校招生20人，在校生205人，高等院校招生5.1万人，在校生11.7万人，中等职业学校招生2.0万人，在校生4.5万人。幼儿园入园率93.4%，小学入学率100.0%，普通初中入学率97.7%。

高新技术企业228家。成功申报市级以上科技项目130个，科技项目投入资金2060万元，全年申请有效发明专利1309个，授权2027件，市场主体11.1万个，登记科技成果50件，获得市科技奖项7项。

卫生事业。医疗卫生机构759个。其中，医院

● 三河汇碧街区（永川区住房城乡建委 提供）

●永川区智慧城市数字指挥大厅（袁卿予 拍摄）

31个，乡镇卫生院16个，卫生健康综合行政执法支队1个，疾病预防控制中心1个，村卫生室288个，社区卫生服务中心18个，诊所（卫生所、医务室）374个。医疗卫生机构床位数9878张，医疗卫生机构各类人员10362人。卫生技术人员8566人，其中，执业（助理）医师2997人，注册护士4137人。

主要产业

农业。2022年，农林牧渔业总产值128.4亿元，按可比价计算，比上年增长3.8%。其中，农业产值76.0亿元，比上年增长3.1%；林业产值5.5亿元，比上年增长9.1%；牧业产值35.1亿元，比上年增长3.7%；渔业产值10.0亿元，比上年增长6.8%；农林牧渔专业及辅助性活动产值1.8亿元，比上年增长2.9%。特色农产品有永川秀芽、永川豆豉、永川松花皮蛋、松溉盐白菜、松溉健康醋、黄瓜山梨、五间西瓜、朱沱龙眼、永川水花、永川香珍、永川高粱酒、松溉盐花生、临江儿菜等。截至2021年底，全区有农产品地理标志2个，全国名特优新农产品3个，即五间西瓜、黄瓜山梨、永川莲藕，重庆名牌农产品11个。

工业。2022年，全区规模以上工业企业355家，产值1645.1亿元，比上年增长5.2%；规上工业增加值比上年增长5.5%。产值1亿~5亿元的企业116家，产值286.0亿元；5亿~10亿元的企业51家，产值377.4亿元；10亿元以上的企业38家，产值916.6亿元。产业园区规模以上工业企业产值1461.9亿元，比上年增长6.1%。规模以上工业企业营业收入比上年增长6.5%。利润总额比上年增长2.8%。产品销售率98.7%。

建筑业。 2022年，全区建筑业联网直报企业150家。其中，施工总承包一级资质企业9家，施工总承包二级资质企业32家，施工总承包三级资质企业85家。建筑业注册地总产值比上年增长5.3%。建筑业税收收入5.7亿元，比上年下降9.6%。

商贸服务业。 2022年，全区社会消费品零售总额509.0亿元，比上年增长0.7%。批发业销售额974.2亿元，比上年下降16.7%。零售业销售额294.9亿元，比上年增长6.0%。住宿业营业额10.6亿元，比上年增长3.2%。餐饮业营业额61.3亿元，比上年下降2.0%。全区规模以上服务业企业81家，营业收入132.3亿元，比上年增长11.1%。重庆云谷·永川大数据产业园规模以上服务业企业营业收入46.3亿元，比上年增长12.6%。规模以上交通运输、仓储和邮政业企业营业收入47.6亿元，比上年增长21.7%。规模以上营利性服务业企业营业收入44.5亿元，比上年增长2.8%。规模以上非营利性服务业企业营业收入38.7亿元，比上年增长10.3%。

交通邮电业。 2022年，全区公路水路客货运总周转量68.7亿吨千米，比上年下降7.2%。其中，货运周转量68.5亿吨千米，客运周转量2.3亿人千米。公路里程5162.5千米，行政村通客车率100%，公交线路31条，拥有客车638辆、出租车540辆、公交车345辆。公路客运量达527.5万人次，公路货运量3718.8万吨，水运货运量373.5万吨。全区邮电主营业务收入13.0亿元，比上年增长7.4%。其中，永川区邮政主营业务收入3.8亿元，比上年增长10.6%。移动电话用户147.1万户，比上年增长3.0%；固定电话用户19.6万户，比上年下降4.1%。互联网用户46.6万户，比上年下降0.9%。

金融保险业。 2022年年末，全区有银行20家，小额贷款公司5家，担保公司3家，证券机构3家。金融机构人民币存款余额1049.2亿元，比上年增长14.4%。其中，住户存款748.2亿元，比上年增长14.1%。金融机构人民币贷款余额835.4亿元，比上年增长16.7%。其中，个人贷款346.6亿元，比上年下降1.0%。人民币存贷比79.6%。全区保险公司30家，保险业保费收入56.5亿元，比上年增长2.1%。其中，财产险保费收入8.4亿元，比上年增长10.2%，人身险保费收入48.1亿元，比上年增长0.9%。

特色产业——大数据产业。 与华为、百度、中国电子、中睿信、光控特斯联等企业对接，探索建立"政府主导、企业主体、市场运营"的智慧城市建设新模式。重庆云谷·永川大数据产业园已成为重庆单体规模最大的大数据产业园，形成服务外包、数字文创、云计算、人工智能及物联网和新型电商5大产业集群。2022年，重庆云谷·永川大数据产业园规模以上服务业企业营业收入46.3亿元，比上年增长12.6%。规模以上交通运输、仓储和邮政业企业营业收入47.6亿元，比上年增长21.7%。规模以上营利性服务业企业营业收入44.5亿元，比上年增长2.8%。规模以上非营利性服务业企业营业收入38.7亿元，比上年增长10.3%。

建成服务外包和数据处理座席1万个，成为西南最大数据处理交付基地。牵头与30余所市内高校、10所区内院校、70余家知名企业，联合成立重庆大数据产业人才培育联盟，围绕大数据、人工智能、物联网等新兴产业，开展学术研究、教育培训、创新创业等工作，促进高等院校和大数据智能化等行业企业资源有效整合，形成产教融合体系。携手百度智行、重庆车检院联手打造国内首个支持L4级自动驾驶的"百度西部自动驾驶开放测试基地"，通过

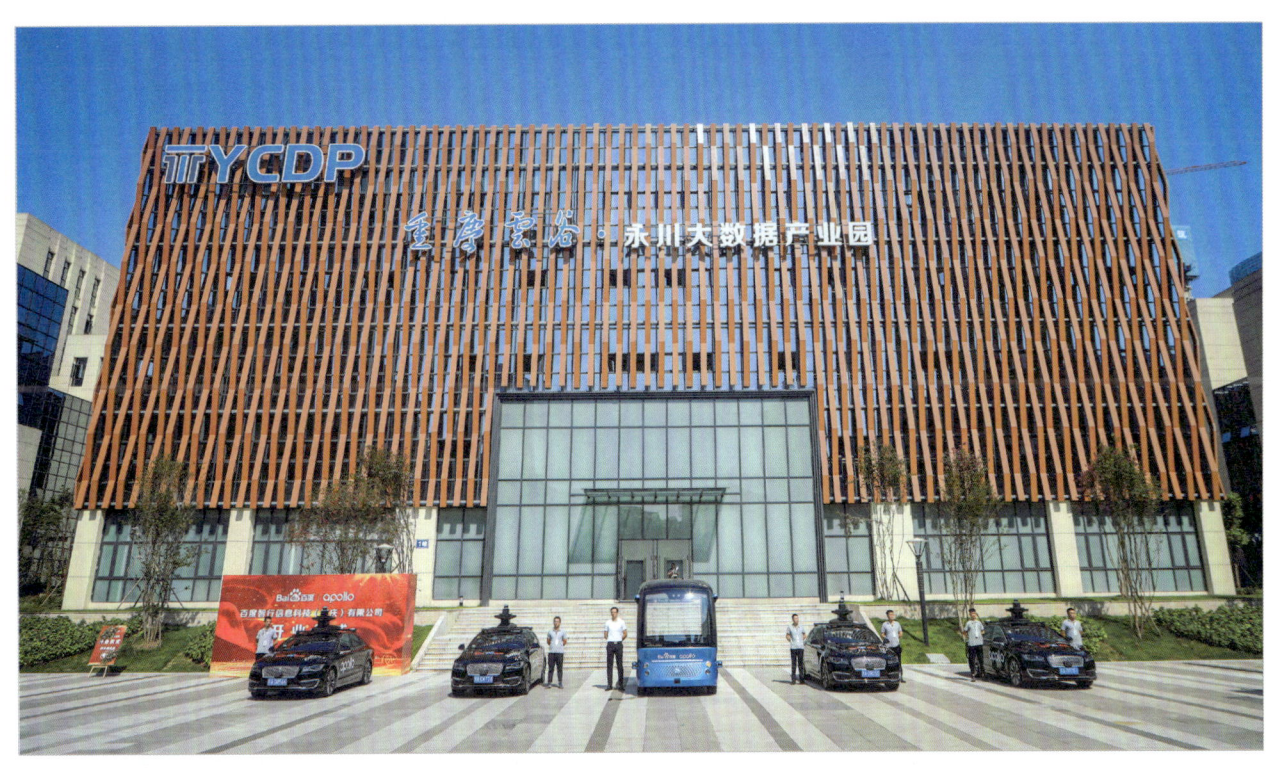

● 永川大数据产业园中的百度L4级自动驾驶汽车整装出行（陈科儒 拍摄）

● 2021中国国际智能产业博览会永川展台（陈科儒 拍摄）

360度全息感知、虚拟仿真、人工智能、边缘计算等核心技术，整合百度和重庆车检院核心优势，构建具备"虚拟仿真+封闭试验+开放测试"功能的全链条试验检测服务能力，成为重庆市最具规模的大数据产业园。被重庆市经济信息化委员会授予"重庆市软件产业园（特色型）"，荣获"2021年中国国际数字和软件服务突出贡献奖"。

文旅品牌

永川旅游资源丰富，古有"永川八景"，即"三河汇碧""桂山秋月""竹溪夜雨""铁岭夏莲""八角攒青""石松百尺""圣水双清""龙洞朝霞"。全区有4A级旅游景区3个（茶山竹海、乐和乐都、石笋山），3A级旅游景区3个（松溉古镇、桃花源、永川博物馆）。2022年，全区接待游客2738万人次，旅游总收入195.2亿元。其中，乐和乐都门票收入5822万元。

茶山竹海景区。茶山竹海景区位于永川区茶山竹海街道，是国家4A级旅游景区。占地面积117平方千米，森林覆盖率97%。景区内3万亩连片茶园和5万亩浩瀚竹海交相辉映，形成独特的茶竹共生景观，有桂山茶园、青龙茶园、大山坪茶园3大片茶园，拥有犀牛竹海、金盆竹海、扇子湾竹海、白云湾竹海、大岚垭竹海、九龙竹海6大片竹海。主要景点有桂山茶园、金盆竹海、朱德楼、宝吉寺、十面埋伏外景地、翡翠长廊、天子殿、薄刀岭等。景区内有金盆湖度假别墅酒店、中华茶艺山庄，重庆市级旅游商贸特色街区——茶竹天街，全国农业旅游示范点——"永川秀芽"茶叶科技观光示范基地，"中国杯"国际定向越野巡回赛事重庆示范基地。先后接待过朱德、温家宝、贺国强等党和国家领导人。这里是著名导演张艺谋执导的武侠巨片《十面埋伏》的国内唯一外景地，也是中国国际象棋队集训基地和中国美术家协会创作基地。

乐和乐都主题公园。乐和乐都主题公园位于永川区卫星湖街道，是国家4A级旅游景区，是集动物世界、器械游乐、文化风情演艺、湖滨休闲、科普教育、餐饮住宿于一体的综合性主题乐园。分为地球村、欢乐世界（娱乐天堂）、野生动物世界、度假酒店、水上乐园、熔岩之城6大板块。地球村占地面积261.28亩，由流金堡、流金广场、世界广场、主题酒店、出口商业等6个部分组成，汇聚来自世界各地的特色风味美食和旅游商品。在以器械游乐为主题的娱乐天堂，游客可以体验创造了吉尼斯世界纪录的十环云霄飞车、全球第四套金刚等30余套大中型机动游乐设备带来的独特感官刺激。乐和乐都动物世界，有300余种、1000余只珍禽异兽在此云集、出没，动物规模和种类位居全国前列。游客可以体验与非洲狮、猛虎、黑熊擦身而过的惊心动魄，以及慢生活庄园的闲暇时光。水上乐园拥有千人造浪池、竞速滑道、塔西提水寨、儿童精灵戏水池等大型设备，配以异域风情的特色演艺。在以动物演艺为主题的综合剧场，游客可以观看皇家大马戏表演、海豚剧场等演艺节目。

石笋山景区。石笋山景区位于永川区何埂镇，是国家4A级旅游景区。景区属一级林区，多马尾松、松树、油桐，间植茶树、桃、李、梨等生态林、经济林，是市级森林公园。景区里有3000亩绿色有机茶生产加工基地，栽种1000亩优质猕猴桃、高山西瓜等水果。景区以"情山"和"仙缘"为文化主题，自然风光资源以"峰"多、"林"茂、"湖"蓝、"石"奇为特色，主景观男女石笋峰为牛郎"钟林奇"和富家女"玉秀英"爱情幻化的石峰仙境。历史人文资源以"寨""寺""庙"等仙踪道场为主。最具代表性的是

海拔 700 米以上的仿古"云雾长城"。长城中穿插着鹊桥汇、一见钟情、山盟海誓、永结同心、孔雀台、汇天桥、汇仙楼、云朋桥、霞友台、紫云台等景观小品，古寨内保留有脚板坟、霸王坟、甘露井、云峰寺等历史遗迹。景区山崖上密布鳄鱼石、大圣石、乌龟石、大地之母、老鹰岩等天然石雕像。

松溉古镇景区。永川松溉古镇是国家 3A 级旅游景区。古镇濒临长江，明清两朝曾两度设置县衙，入选第四批中国历史文化名镇，有"一品古镇，十里老街，百年风云，千载文脉，万里长江"的美誉。古镇地势起伏大，面积 1 平方千米，有纵横交错的街巷 26 条，青石板路蜿蜒长 6000 米。有明清时期的四合院、碉楼、吊脚楼、古县衙、皇帝御批祠堂——罗家祠堂、夫子坟、陈公堰等一批历史文化遗迹，承载着百年风云，千年遗韵。主要景点有古县衙、玉皇观、魁星阁、紫云宫、罗家祠堂、樊家祠堂、陈家大院、陈少南故居、新运纺纱厂等。石梯上还可窥到历史留下的痕迹，见证着当年"白日千人拱手，入夜万盏明灯"的辉煌。

永川博物馆景区。永川博物馆景区位于永川区文昌路 801 号，是国家 3A 级旅游景区。主体建筑是仿古式框架结构，建筑面积 12535 平方米，配套建有长 600 米的景观河道以及 3 座跨河拱桥。馆藏可移动文物 1700 余套、5000 余件，其中国家二级文物 12 件，国家三级文物 119 件，包括石器、陶器、瓷器、玉器、铜器、铁器、木器等十几个类别，文物年代横跨新石器时代至近现代，明清文物占多数。展馆共分三层，涵盖自然、历史和人文领域，主要展区

● 松溉古镇玉皇观（永川区松溉镇 提供）

● 2021年7月26日，中华梨村开园（陈科儒 拍摄）

有秀美永川、沧海桑田、恐龙故园、自然宝物、远古追踪、汉风醇厚、兴盛永川等。

黄瓜山乡村旅游区。黄瓜山乡村旅游区位于南大街街道黄瓜山村。黄瓜山山势雄伟，地貌奇特，因其山形如黄瓜而得名，平均海拔高度550米，年平均气温18℃～22℃，森林覆盖率80%。景区内乡村自然风光宜人，农业产业化基础态势良好，乡村旅游基础设施完善，是永川旅游的一大名片。在景区可欣赏森林景观大道、游客接待中心、中华梨村、桃花源、重野等景点，可品尝狩猎场、怡秀静园、建工农庄、野猪林等乡村特色美食园的餐饮，可游览6万亩连片的梨、蓝莓、枇杷、向日葵等农业园区，领略现代农业规模景观化。黄瓜山乡村旅游区先后被评定为全国休闲农业与乡村旅游示范区、全国农业旅游示范区、重庆市统筹城乡改革试点示范区、重庆市现代农业示范区。

风味美食

永川区特色农产品有永川秀芽、永川豆豉、永川松花皮蛋、松溉盐白菜、松溉健康醋、黄瓜山梨、五间西瓜、朱沱龙眼、永川水花、永川香珍、永川高粱酒、松溉盐花生、临江儿菜等。

永川秀芽。永川秀芽属绿茶类，针形，是重庆市茶叶研究所1959年创制的名茶。秀芽象征着秀丽幽静的巴山蜀水，表现出色翠形秀的茶叶特色。永川秀芽的鲜叶，以"早白尖""南江茶"等良种为优等，以一芽一叶为标准，芽叶完整、新鲜、洁净。鲜叶原料经过杀青、揉捻、抖水、做条、烘干等工序，生产为半成品，再拣梗，提高净度，包装为成品。该茶具有外形紧直、细秀，色泽鲜润翠绿，芽叶批毫露锋，汤色碧绿澄清，香气馥郁高长，滋味鲜醇回甘，叶底嫩黄明亮的特点。经化学测定，永川秀芽的氨基酸含量较高。

2021年5月，在杭州举行的"第四届中国国际茶叶博览会"上，永川秀芽被评为"第四届中国国际茶业博览会推荐产品"。"永川秀芽"创建为重庆市优质气候生态品牌——巴蜀气候好产品。"永川秀芽"品牌价值评估24.91亿元。全区茶叶种植面积10.89万亩，总产量8300吨，总产值10.1亿元。其中，名茶产量880吨，产值4.84亿元；优质茶产量3600吨，产值3.96亿元；大宗茶3820吨，产值1.3亿元。永川秀芽荣获2021年中国特色旅游产品大赛金奖。

永川豆豉。永川豆豉富含蛋白质和18种人体所需氨基酸，营养价值高。主要品牌有永川豆豉、外祖母、嘉泰、傻儿、崔婆婆等，产品畅销全国各大省份，远销日本、加拿大、新西兰等国家。2008年"永川豆豉酿制技艺"被列入第二批国家级非物质文化遗产名录。2021年，永川区豆豉生产企业有重庆永川豆豉食品公司、重庆市永川区君意食品厂、永川嘉泰实业公司等11家，分布在凤凰湖园区、三教园区、大安街道、胜利路街道、青峰镇等地，其中规模以上企业6家。全年规模以上工业产值16.96亿元，比上年增长5.5%。永川豆豉荣获2021年中国特色旅游产品大赛金奖。

杨大爷汤肉。"杨大爷汤肉"鲜香味美，汤底由正宗猪大骨精心熬制而成，用猪鲜格子肉、猪黄喉、猪脊水、猪肝、猪粉肠、猪血、盐白菜及长江水等作原料，将原材料用苕粉、盐拌均匀分别放入汤中煮，根据材料多少掌握好时间起锅即可。本菜汤鲜爽口，咸淡适中，在川渝地区有美名。

罗家祠堂九大碗。"九大碗"，是指宴席由九大碗主菜组成。首先上席的是头碗，头碗是用瘦肉油酥后切片拌好香料，放入竹制蒸笼蒸好而成，是宾客吃而不厌的蒸菜。然后陆续上席的有鱼、鸡、鸭、带骨酥肉、糯米丸子、糯米夹沙肉、蛋类制品、烧白、肘子等，所有菜肴都经过细心调味，然后用竹蒸笼蒸制而成。

晓秧锅鲜货火锅。永川特色自创火锅品牌，创始于2016年，以中餐的产品至上的理念重新定义火锅，开创鲜货火锅模式。在川渝地区及全国拥有超过30家门店。以新鲜至上经营理念，用心加工，用心服务，让每一位顾客宾至如归。

汤香耗儿鱼。汤香耗儿鱼选用深海耗儿鱼，辅以精盐、胡椒粉、去皮芝麻、味精、干海椒、干花椒、白糖、自制底料等，善用三椒，一菜一格，百菜百味，口味多变，包含鱼香、家常、麻辣、红油、蒜泥、姜汁、陈皮、芥末、纯甜、怪味等多种口味。用盐、姜、葱、白酒把耗儿鱼腌制1小时。锅中加入大骨汤，放入自制底料，依次放盐、味精、胡椒面、白糖、耗儿鱼煮开5~7分钟，倒入盆中。锅中放菜籽油，加入干海椒、花椒、芝麻炸香淋入盆中即可。

发展定位

现代制造业基地。依托国家高新区、综合保税区，着力构建"5+3"产业体系，发展壮大汽车摩托车、电子信息、高端装备、智能家居及材料、消费品5大支柱产业，创新培育新能源材料、生物制药及大健康、民用航空3大新兴产业，现已集聚长城汽车、东鹏陶瓷、雅迪电动车等一批百亿级龙头企业，建成全国最大中高端皮卡生产基地、全国最大单体生活用纸生产基地、西部最大新能源摩托车产业基地，助推成渝地区双城经济圈世界级先进制造业集群建设。

西部职教基地。2021年有职业院校17所，在校学生17.6万人。"产城职创"融合发展是中国职业教育第四种发展模式，永川形成"学技能到永川、选人才到永川、兴产业到永川"的品牌效应，被誉为"成就工程师的城市"。着力构建产学研用金创新生态，成为全国首批"科创中国"试点城市、国家知识产权试点城市。坚持品牌化、体系化、网络化、国际化方向，升级打造职教模式4.0版本，加快构建互联网时代现代学徒制、贯穿全生命周期、服务全产业链职教体系，推动教育链、人才链与产业链、创新链有机衔接、无缝对接，大力培养符合现代产业发展需要的巴渝工匠、大国工匠，加快建设中国职教名城。

西部数字经济高地。重庆云谷·永川大数据产业园是全市单体规模最大的大数据产业基地，大力培育数字文创、自动驾驶、服务外包等产业，入驻百度、阿里巴巴、航天科工、达瓦科技等企业477家，从业人员超过1.9万人，建成全国最大先进影像制作中心、西南最大数据处理交付基地和西南服务外包示范基地，获批中国最具活力软件园，2022年产值实现350亿元，增长7.4%。发展壮大数字文创产业，建成亚洲最大的科技影视棚、科技影视基地，加快打造元宇宙示范城、科技影视名城。自动驾驶路网、场景、车辆规模全国第一、全球领先，是中国首个自动驾驶无人化示范运营城市，获批重庆智能网联汽车政策先行区，加快建设西部智能网联新能源汽车城。提档升级服务外包产业，实现呼叫中心向"智能客服""数据审核"转型。创新数字应用，加快国家新型智慧城市试点建设，智慧交通、智慧医疗走在全市前列。

西部欢乐城。拥有西南地区首家国家级主题公园乐和乐都、国家级森林公园茶山竹海、全国乡村旅游示范区黄瓜山，永川秀芽、永川豆豉、永川香珍等特色产品全国驰名。巴蜀文化交融，茶竹文化共生，积淀了"亿年恐龙、万年石松、千年古镇、百年茶竹"的地域特色文化，形成了"开放包容、永创一流"的文化基因，铸就了"永立潮头、海纳百川"的永川精神，是亚洲足球展望城市、中国优秀旅游城市、中国书法之乡、中国最具幸福感城市。

发展目标

"十四五"时期主要目标是：永川区高质量发展先行区、高品质生活示范区建设取得重要进展，成渝地区双城经济圈枢纽节点、重庆主城都市区战略支点功能更加突出，产城景融合发展初见成效。基本建成"双百"区域性中心城市，基本建成成渝地区双城经济圈现代制造业基地和区域性现代服务业高地，基本建成西部职教基地，基本建成区域性综合交通物流枢纽，基本建成城乡融合发展示范区，基本建成山清水秀美丽之地，基本建成市域社会治理现代化示范区。

到2035年，永川区"高质量发展先行区、高品质生活示范区"将全面建成，成渝地区双城经济圈枢纽节点、重庆主城都市区战略支点功能全面彰显，产城景实现高度融合，区域性中心城市的辐射带动、集聚发展作用更大。综合经济实力大幅提升，改革开放创新活力充分迸发，基础设施互联互通全面实现，建成产业强区、文化强区、教育强区、人才强区、体育强区和健康永川，人均地区生产总值达到中等发达国家水平，基本公共服务实现均等化，城乡区域发展差距和居民生活水平差距显著缩小。人民生活更加美好，人的全面发展、全体人民共同富裕取得更为明显的实质性进展。

（撰稿：陈红云　审稿：吕东海　李治碧）

南川区

基本情况

南川区位于重庆南部,北纬东经106°54′~107°27′,28°46′~29°30′之间,属于重庆主城都市区,是全市四个同城化发展先行区之一,辖区面积2602平方千米,辖34个乡镇(街道),户籍人口68.47万人,具有区位条件优越、生态环境优良、文旅资源优厚"三优禀赋",是国际大都市中的一片世遗净土、康养胜地。

南川人文厚重,是一座历史文化城。春秋时为巴国属地,唐贞观十一年(637年)设县,1994年撤县设市,2006年撤市设区,1300多年的建制史留下了尹子祠、龙岩城等丰富历史文化遗存。境内金佛山被誉为"南方如初佛地,巴蜀第一名山",素有"北有峨眉、南有金佛、东朝普陀、西拜金佛"之说。涌现出韦奚成、古承铄等仁人志士,培育了陆石、郑洪流、鄢国培、王鼎盛等名人大家。中医药文化、茶文化、竹文化、"三线"文化、佛文化等相互交融、多姿多彩,是全国文化先进区。

南川区位优越,是一座开明开放城。处于重庆主城都市区与渝东南武陵山区城镇群、黔北地区的连接带,是东向、南向出渝大通道的重要节点,距离重庆解放碑CBD仅88千米,境内"五高两铁"内畅外联,渝湘高铁开通后半小时可通达中心城区,规划建设市域铁路、城市快线,构建"快进、畅行、慢游"综合交通体系,打造"一日生活圈""一小时通勤圈"。依托良好的区位交通,积极融入"一带一路"、西部陆海新通道建设,与奥地利、新加坡、马来西亚等开展国际项目合作,与巴基斯坦海德拉巴市缔结友好城市,与西安、遵义、都江堰、广元等地开展合作交流,以海纳百川、开放包容的姿态面向世界。

南川山川秀美,是一座旅游度假城。全区3A级以上景区7个,拥有金佛山、山王坪、"十二金钗大观园"、神龙峡、黎香湖、龙岩城、东街等众多国家级、世界级文旅资源,是首批国家全域旅游示范区、国家中医药健康旅游示范区创建区县,荣膺《魅力中国城》"十佳魅力城市"。金佛山是重庆主城都市区唯一的世界自然遗产地,面积1300平方千米,享有"天下第一桌山""地球生物基因库""中华药库""南国雪原"等诸多美誉,银杉、古银杏、杜鹃花、方竹笋、古树茶等"金佛山五绝"惊艳神奇,春赏花、夏避暑、秋观叶、冬玩雪,四季缤纷、美不胜收。

南川宜居宜养,是一座绿色生态城。全域森林覆盖率56%，城区空气质量优良天数达342天、居重庆主城都市区第一，80%左右区域海拔在800米以上，空气负氧离子含量高，年平均气温16.6℃，荣膺联合国"杰出绿色生态城市奖"，是中国最具生态竞争力城市、国家卫生城市，是国家大都市中的"避暑天堂""天然氧吧""生态屏障"。

南川产业集聚，是一座创新创业城。工业园区"一园四组团"竞相发展，建成区13平方千米，入园企业204家，全市唯一的中医药科技产业园落地南川，已形成3平方千米框架，引进落地药企43家；氧化铝年产能达到160万吨，大力发展铝精深加工；页岩气预测储量5000亿方以上、日产510万方，着力培育页岩气加工利用等关联产业；引进全国钢结构龙头鸿路钢构等装配式建筑及关联企业63家，加快培育装配式建筑设计、生产、施工及设备制造等全产业链。高标准建设重庆市实施乡村振兴战略综合试验示范区，中药材、古树茶、方竹笋和南川米"3+1"特色产业蓬勃发展，是国家现代农业示范区、全国农村一二三产业融合发展先导区、全国农村人居环境整治成效明显激励县。

历史沿革

春秋战国时，区境属巴国枳邑，曾一度属楚国枳邑。秦灭巴后属巴郡枳县。汉朝时属益州刺史部枳县。三国时期，属益州。西晋，分益州设梁州，市境属梁州巴郡枳县，成汉时属荆州巴郡枳县。东晋时，巴郡改属梁州，区境复属梁州巴郡枳县。隋，区境属渝州巴郡涪陵县。

● 南川城区（南川区档案馆 提供）

唐贞观十一年（637年），置隆化县，隶山南东道涪州。712年，避唐玄宗李隆基讳，改名为宾化县，808年改隶黔州，848年复隶涪州。五代十国时期属涪州宾化县。1053年，宾化县改名为宾化寨。1070年，复名隆化县，隶夔州路南平军涪州。1239年，南平军治迁隆化县。1256年，南平军奉旨在海拔1784米的龙岩山［又名马嘴（脑）山］筑龙岩城，扼守川黔咽喉，被誉为"南方第一屏障"。1259年，南平军守将茆世雄率部两次击溃蒙古军名将兀良合台部对龙岩城的进攻。是年7月，在龙岩城下磨崖刻字记其战事，名曰抗蒙记功碑。1279年，隶四川南道宣慰司重庆路总管府。

1285年，隆化县改名为南川县。1363年，明玉珍据蜀称帝，建立大夏国，南川县隶属大夏国。明代，南川县隶四川布政使司重庆府。1377年至1379年，南川县划入綦江县。1380年，复设南川县。清代至民国，南川县隶属重庆府管辖。1861年至1862年间，太平天国翼王石达开两次率军经过南川县境。1911年，熊兆飞、谈毅等率领国民革命军，推翻封建王朝在南川两千多年的统治，建立南川国民革命军政府。1926年3月，中国共产党南川支部成立。

1949年11月25日，南川和平解放。1950年，南川县隶西南军政委员会川东行署区涪陵专区，1952年，复行省制，隶四川省涪陵专区。1968年，改专区为地区，隶四川省涪陵地区。1994年，撤销南川县，设立南川市（县级），以原南川县的行政区域为南川市的行政区域。1995年11月，涪陵地区改为地级涪陵市，四川省委托涪陵市代管。1997年3月14日，重庆成为直辖市。是年12月，南川隶重庆市。2006年10月，撤销南川市，设立南川区，行政范围不变。

重要资源

土地资源。南川区土地总面积为258957.84公顷。全区有农用地233924.15公顷，建设用地14673.95公顷，其他土地（未利用地）10359.74公顷。农用地中，耕地69412.2公顷，园地4891.65公顷，林地143953.7公顷，牧草地247.9公顷，其他农用地15418.7公顷。建设用地中，城乡建设用地11565.69公顷（城镇用地2828.67公顷，农村居民点用地8163.78公顷，采矿用地573.24公顷），交通水利用地2942.46公顷（包括水库水面积1078.10公顷），其他建设用地165.80公顷。其他土地（未利用地）中，水域2257.84公顷，自然保留地8101.90公顷。

矿产资源。南川区矿产资源丰富，已发现矿产有煤、铁、铝土矿、水泥用灰岩、建筑石料用灰岩、地热、矿泉水等20余种，已开发利用的有9种。铝土矿主要有娄家山铝土矿、柏梓山铝土矿、菜竹坝铝土矿、孙家山铝土矿、肖家沟5处矿产地，累计查明储量约1.72亿吨，目前全区保有储量约1.24亿吨。煤炭资源查明矿产地15处，累计探明储量达3.05亿吨（其中深部煤炭资源探明0.95亿吨），区内各矿山累计消耗储量1.15亿吨，井田保有储量约1.9亿吨。页岩气目前处于勘查开发阶段，探明储量615亿立方米，预测储量5000亿立方米以上。

植物资源。 南川区属中亚热带常绿阔叶林区，植物资源丰富，种类繁多。据调查，全区有野生植物5099种，受金佛山特殊气候环境影响，富集古老、特有、珍稀、濒危植物，其中国家重点保护野生植物292种，如银杉、珙桐、银杏、杜鹃、红豆杉、金佛山兰等。

动物资源。 南川区陆生野生动物资源丰富，共有523种，其中鸟类228种、哺乳动物80种、两栖类32种、爬行类41种，国家重点保护的陆生野生动物55种（如林麝、金钱豹、金丝猴等），主要分布在金佛山、山王坪喀斯特国家生态公园、黎香湖国家湿地公园、乐村森林公园等4个重点区域内。

水资源。 南川区水系均属长江流域，境内河流众多，有大小溪河176条，其中：境内集雨面积50平方千米及以上河流27条。全区水资源总量14.98亿立方米，人均水资源量2303立方米。水能资源理论蕴藏量17.96万千瓦，经济可开发量11.44万千瓦。

旅游资源。 南川生态优良，旅游资源量丰质优。核心资源优势得天独厚。现有5A级旅游景区1个，3A级旅游景区5个，国家喀斯特生态公园1个，国家湿地公园1个，国家现代农业与乡村旅游示范区1个。神龙峡、山王坪、黎香湖、大观园等景区与金佛山景区优势互补，呈众星拱月之势。森林覆盖率达到51%，其中金佛山森林覆盖率95%以上，负离子最高10万个／立方厘米。辖区海拔高差1900余米，夏季温差12℃，是重庆一小时经济圈内海拔最高、生态最优、气候最宜人的旅游度假目的地。

基础设施

交通。 2022年，全区通乡、通村公路通畅率达100%。公路通车里程达到5563千米，其中高速公路180千米，一级公路4千米，二级公路548千米，三级公路183千米，四级公路4501千米，其他公路147千米。初步形成"外联内畅互通成网"体系，已成为东向、南向出渝大通道的门户枢纽和建设成渝地区双城经济圈"1小时交通圈"的重要组成部分。渝湘高铁开通后1刻钟可通达中心城区，已成为"4向3轴6廊"重庆综合立体交通网对外运输大通道中的关键构成节点，和"1带1圈2射4联"市域交通主骨架中的主要路径节点。规划形成"2高3快2普1轨"铁路网。

教育。 2022年，全区共有学校193所，其中：普通中等专业学校1所，普通中学17所，职业中学1所，小学57所，特殊教育学校1所，幼儿园116所。全区共有专任教师6252人，在校学生93577人。高考上线人数2938人，全区学龄儿童入学率达到100%。

文化。 2022年，全区共有文化事业机构3个，文化馆36个，文物保护区（点）31个。拥有公共图书馆建筑面积2.8万平方米，藏书达43.9万册。全区有电视台、广播电台各1座，卫星地面接收站48327座，电视节目1套，有线电视用户9.9万户，广播人口覆盖率达98.4%，电视人口覆盖率达97.5%，有线广播电视入户率达48.0%。

卫生。2022年，全区拥有各类医疗卫生机构465个，其中医院、卫生院48所，门诊部129所，卫生防疫站（疾控中心）1所，妇幼保健站1所，其他卫生机构286所。卫生机构拥有病床4745张，其中医院、卫生院4333张。有卫生专业技术人员4562人，其中执业（助理执业）医师1603人，注册护士2193人。

主要产业

南川区立足特色化、面向同城化，培育工业产业集群、发展大健康产业、做好现代农业特色文章，产业能级加速跃升。

聚新培优推动工业提质。加快引领传统制造业转型升级，培育壮大铝材料、页岩气、现代建筑、机械制造等四大产业集群，全力推进产业强链补链延链，推动工业经济高质量发展。规划构筑起15平方千米"一园四组团"，推动产业集群化发展。截至2022年，入驻企业253家，投产企

● 重庆铝器时代科技有限公司车间（南川区档案馆 提供）

● 重庆鸿路钢结构有限公司车间（南川区档案馆 提供）

业210户。引入铝器时代、超群工业等企业，延伸铝产业链条，由单纯卖铝原料升级为出售环境友好、附加值高的铝材料、铝产品；打造南平现代建筑产业园，引进鸿路钢构、隆富远大等行业龙头企业。高新区创建全面启动，2022全区高新企业62家，鼓励和引导恒亚铝业等5家企业成功创建市级数字化车间。南川区目前已探明页岩气地质资源储量3300亿立方米。工业园区入列全市首批智能网联新能源汽车特色产业园区。

发展大健康产业。依托金佛山"中华药库"之优势，南川在全市率先建立中医药产业科技园，加快实施中医药产教融合示范区、中国生命健康科学城等重大项目，构建"种、加、销、医、养、研"中医药全产业链。截至2022年，中医药产业科技园区落地企业40余家，华润三九等开工建设，上药慧远等企业投产在即，预计新增产值10亿元。

● 御本堂药业（南川区档案馆 提供）

● 慧远药业（南川区档案馆 提供）

大力发展森林康养、文旅康养、运动康养、中医康养4种业态,"世遗净土·康养胜地"引人瞩目。南川区规划建设良瑜、兴茂、黎香湖等八大康养旅游综合体,逐步构建了八大康养组团,推出养老、温泉、运动等产品体系,打造重庆四季康养"第一居所"。南川连续2年获评"中国康养产业可持续发展能力100强区(县)","重庆康养看南川"的态势正在加快形成。

现代农业加快富民兴村。2018年以来,南川蓝莓种植面积已达1万亩,成为重庆最大的蓝莓标准化、规模化种植区县,南川蓝莓已形成育苗栽种、精深加工、冷链储存、旅游观光、科普教育等环节的全产业链,建成了全市首个蓝莓科技产业园。大力发展现代化山地特色高效农业、都市休闲农业,培育形成以中药材、古树茶、方竹笋和南川米、蓝莓为主的"3+2"特色优势产业,2022年综合产值达到40亿元,农村人均可支配收入达到19208元,已成为农业经济发展的新支撑。国家级农业产业化龙头企业实现"零的突破",入选首批国家农业现代化示范区创建区县。农产品精深加工快速发展,建成投用特珍食品方竹笋速冻、金山红古树红茶、大观茶业紧压茶、嘉蓝悦霖蓝莓、庆酒等农产品精深加工生产线;乡村游、体验游、生态游成为农业发展的新业态,创建市级休闲农业和乡村旅游示范镇4个、示范村12个、示范点15个。

文旅品牌

"重庆城里金佛山,金佛山下南川城,南川城里有东街,东街之外是原乡"。南川拥有世界自然遗产、国家5A级旅游景区、国家风景名胜区金佛山,中国

● 金佛山杜鹃 (凌云霄 拍摄)

● 金佛山（凌云霄 拍摄）

首个喀斯特国家生态公园山王坪，重庆漂流胜地神龙峡，重庆乡村旅游一朵金花"十二金钗大观园"，收纳时代青春记忆的小镇东街等众多世界级、国家级旅游资源。南川是全国优秀旅游城市、国家生态旅游示范区、中国十佳魅力城市。

金佛山。金佛山位于南川区南部，金佛山又名金山，古称九递山，系大娄山脉主峰，被称为"南方如初佛地，巴蜀第一名山"，面积1300平方千米，景区面积441平方千米，最高峰海拔2238米。金佛山形成于2.6亿年前，与珠穆朗玛、玛雅文明、古埃及金字塔同处于神秘北纬30度附近，有喀斯特世界自然遗产、生物多样性、佛教文化三大奇观。银杉、方竹、杜鹃、古银杏、大叶茶被称为"金山五绝"。

"金佛何崔嵬，飘渺云霞间"，每当夏秋晚晴，落日斜晖把层层山崖映染得金碧辉煌，如一尊金身大佛交射出万道霞光，异常壮观而美丽。景区具有原始独特的自然风貌，雄险怪奇的岩体造型，神秘幽深的洞宫地府，变幻莫测的气象景观，惊险刺激的绝壁栈道，历史悠久的唐寺庙群，融山、水、林、泉、洞为一体，集雄、奇、险、秀于一身，春赏高山杜鹃、夏享避暑天堂、秋观层林尽染、冬品南国雪原，是四季皆宜的旅游精品，参禅拜佛的佛教圣地。金佛山景区先后被评为国家级风景名胜区、国家自然保护区、国家森林公园、国家自然遗产、国家科普教育基地，国家5A级旅游景区，全国文明风景区，并于2014年6月成功荣列世界自然遗产。

山王坪。山王坪位于南川区山王坪镇境内，平均海拔1300余米，是国内首个喀斯特生态公园。景区占地524亩，是国内探明面积最大、特色最显著的生态石林。山王坪生态石林形成年代久远，生物

资源丰富，这里喀斯特地貌非常显著，石林、林海、溶洞构成了一座山王坪自然博物馆，其间尤以国内少有的生态石林最为独特。景区内石林遍布，奇峰异石，千姿百态，鳄鱼嘴、情侣峰、海豹、石龟、飞来峰、葫芦门等景观天然成趣，形态各异、造型奇特的各种树木、藤蔓丛生，构成了一幅幅天然的图画，"树抱石""石抱树"成为其特色奇观，是全国植被发育和保存最好的生态石林。2015 年获首批"中国森林氧吧"称号。

山王坪的春夏，从嫩绿到翠绿，养眼养心。夏天去山王坪避暑，一定要去露营一次，白天可以感受林间的清凉，夜晚可以看繁星点点。秋天，大片的水杉林和柳杉林十分养眼，其间有一条蜿蜒的公路穿过，将这一整片森林划分为两个季节：一边是翠绿之夏，一边是金黄之秋，美得像一幅幅斑斓油画，

● 俯瞰山王坪（汪新 拍摄）

吸引众多游客前来打卡。到了冬天，山王坪积雪期最长有 3 个多月，雪的厚度最深 60 厘米，整片森林被茫茫大雪覆盖，可以看到大面积的雾凇，阳光穿过树林，脚下厚厚的积雪，行走其中吱嘎作响，恍惚间仿若走进浪漫的童话世界。

神龙峡。神龙峡位于西南部南川区南平镇内，全长 7.7 千米，距离南川 27 千米，面积约 13 平方千米。因地形像是一条横卧的巨龙，峡谷内处处有关于龙的传说，得名神龙峡。神龙峡地处金佛山以西，境内山地属大娄山余脉，是经过上亿的地壳运动挤压出来的原生态峡谷，山体多在海拔 1300 米以上，其中最高峰豹子岭海拔 1380 米，是距离重庆主城区延伸最近、最原始的一条生态峡谷。

神龙峡谷全长约 4.2 千米。谷底平均宽度约 50 米，最宽处 90 米，最窄处仅 10 米，森林覆盖率达

● 神龙峡里隐湖（汪新　拍摄）

● 黎香湖瑞士风情小镇（汪新 拍摄）

90%以上，有植物种类1700余种。景区内群峰耸立、千姿百态、林海苍郁、汇集了诸多的飞瀑流泉，栖息着多种珍禽异兽。飞龙瀑布是神龙峡中最大最壮观的一个瀑布，落差有60余米，游人置身此景之中，不能不被大自然的神奇造化所动容。神龙峡是夏季泉水漂流的胜地，漂流道总长约3千米，总落差达80米，共有15个惊险刺激体验段，是重庆市内总落差最大、刺激超强的双人自助漂流道。漂流水来自地底深层的纯天然泉水，冰爽沁人，水温低至20度左右。

黎香湖国家湿地公园。南川黎香湖国家湿地公园位于南川区西北部，总面积484.7公顷。2019年12月25日，通过国家林业和草原局2019年试点国家湿地公园验收，正式成为"国家湿地公园"。湿地面积239.3公顷，有半岛和岛屿30余个，岸线长达60余千米，公园保留了浓郁的自然风貌和民风民俗。

东街文旅商业综合体。东街文旅商业综合体项目是东街片区旧城改造的重要部分。项目分两期建设，占地约120亩，总建筑面积12万平方米，计划投资13亿元。东街文旅商业综合体项目旅游要素齐全，互动性、娱乐性、体验性极强，目前已签约贰麻酒馆、VT COMUS、杨丽萍艺术学校等知名品牌57家，开业47家，完成招租2.06万平方米，招租率约87%。东街文旅商业综合体平台的建成，一改过去金佛山游客"不进城、不过夜"的状况。如今，白天游山上、晚上游（宿）东街的南川全城深度游的趋势和格局已经日益明朗，南川的旅游空间得到有效拓展，有力助推了南川城市品质提升和城乡融合发展。

尹子祠文化公园。南川尹子祠始建于清光绪五年（1879年）。时南川县令黄际飞和举人徐大昌为纪念汉儒尹珍的贡献，在其设馆讲学处倡修尹子祠。

● 尹子祠四季美景（南川区档案馆 提供）

南川对尹子祠进行修缮保护后，打造了尹子祠文化公园。公园位于西城街道东方红社区3组，总建筑面积3121平方米，由国学艺术培训中心、文化展示厅及办公用房、茶艺室、戏台、回廊等构成，配套打造景观绿化15亩，建设漫游步道、生态停车场等基础设施，集国学艺术培训、文化艺术展示、文艺演出等功能于一体。公园古朴典雅，三面环水，保留了原"小桥、流水、人家"的江南水乡风格，已成为南川城市文化新地标。

风味美食

金佛山方竹笋宴。进入秋天，方竹笋上市，家家户户上山采笋。走最险的路，采最嫩的笋。取自然精华烹制，演绎舌尖味蕾之舞。金佛山方竹笋宴已成为南川人世代相传的记忆。

金佛山方竹笋生长在重庆南川海拔1200至2200米金佛山上，每年只有8月、9月出产。它肉质丰厚、细脆化渣、味道鲜美，含有丰富的氨基酸钙、铁、锡、锌等多种微量元素，水解氨基酸总量高达3.88%，被有关专家称为"人类肠道清洁工""铁笤帚""肠道卫士"，可促进胃肠蠕动，预防消化道、心脑血管等疾病的发生。南川大厨们将金佛山方竹笋融入多种辅料，运用重庆菜中的烩、爆、炒、焖、炖、炸等10余种烹饪方法，做出近百道菜式，形成风味奇特的金佛山方竹笋宴，因其营养价值高，被烹饪行家誉为"天下第一素食"。金佛山方竹笋宴荣获"中国名宴"称号、央视《魅力中国城》"2018年度魅力特色美食"称号，被列入重庆市级非物质文化遗产名录。

灰粑。灰粑属于碱水类食物，主要由稻草灰过滤的水和大米等制成，属于南川区水江镇的特产。最出名的是"热灰粑"，将刚蒸好新鲜出炉的灰粑浇上油辣子，深受人们喜爱。每年过年的时候，家家户户都会蒸灰粑，其形状为椭圆形，寓意团团圆圆。

灰粑的制作方法独特，细节讲究，尤其是在蒸煮时要准确把握火候，否则吃起来或酸或黏稠。选择极优质的糯谷草用火烧成灰，冷却后放在用细白纱布垫好的簸箕里，下面放上干净的盆，用开水淋在稻草灰上，灰水漏入木盆备用。将上等大米淘好沥干水后放入灰水中浸泡大约一小时，再用石磨磨成浆，将米浆放在大铁锅里煮，煮到半熟后舀起来装入盆内冷却，至不烫手时捏成10厘米大小的粑团。灰粑好吃的关键就在于做粑团时的工序，每捏成一个就均匀地放在用篾条编成的"粑折"上，将放满"粑团"的"粑折"抬到大铁锅内，盖好"毛盖"（篾条编织的锅盖），用大火蒸约半小时，就可以起锅了。

"灰粑"的保质期大多在一个星期左右，大多用来与腊猪肉片同炒。制作时把灰粑切成薄片，放在油锅里，待切口都煎黄时起锅再炒腊肉片，当肉片炒至手窝状时放下炒好的灰粑块，然后放适量的大蒜、辣椒、食盐、葱、花椒等佐料，即可上桌。这道独特的菜肴，是仡佬族招待客人的一道名菜。逢

● 方竹笋宴（南川区档案馆 提供）

● 灰粑（南川区档案馆 提供）

年过节或遇红白喜事时，家族中近亲或好友会专门制作一盆半成品灰粑送去，作为馈赠的礼品。

干劲汤。在南川，油茶汤又被称为"干劲汤"，在当地农村是家家饭后必饮的茶品，类似于藏族人的酥油茶，喝干劲汤是金佛山人招待客人的最高规格。无论去哪家干公事或串门做客，只要稍坐片刻，便会给你送上一碗热腾腾、香喷喷的干劲汤。那热情的话语，扑鼻的茶香，情深味浓。当地人出远门都要带去这种饮食习惯，热气腾腾的干劲汤，捧碗浅啜，咸中又夹着一丝腊肉的鲜美，加上茶叶和新鲜土鸡蛋的清香，无比美味。

油茶制作大致有以下步骤：选本地自产茶叶用油炒黄，加少量水煮15分钟后，用勺压成糊状待用；肥腊肉切丁下锅煸炒至出油，加入先前制作好的茶羹；注水盖上锅盖使茶羹与腊肉油渣同煮至沸腾；加入适量盐，也可加搅散的鸡蛋液，待锅内茶汤再次烧开用勺盛出即可食用。

金佛山药羊汤锅。冬季到金佛山，除了赏雾凇

● 街坊邻居聚在一起喝干劲汤（南川区档案馆 提供）

● 金佛山药羊汤锅（南川区档案馆 提供）

景致、玩雪以外，还可品尝金佛山独有的金山药羊肉汤。金佛山高山散养的黄羊，以山中丰富的百药草为食，成为金佛山特有的"药羊"。以药羊为主食材，配以特产野生天麻、玄参、野生菌类等为辅料，既祛除羊肉的膻味，又保证药羊汤的营养和口感，肉质鲜美，味甘不腻，具有补肾壮阳、暖中祛寒、温补气血、开胃健脾的功效。

发展定位

南川积极建设同城化发展先行区，牢牢把握立足特色化、面向同城化"两化路径"，紧紧围绕建设山清水秀旅游名城、大健康产业集聚区、先进制造业基地、景城乡融合发展示范区、主城都市区后花园"五大定位"，奋力实现全区综合实力、开放水平、生态品质、民生福祉、治理效能、党的建设"六个提升"，推动全区跃升进入一个更加开放、更高平台、更大能级的发展阶段。

发展目标

到2027年，南川重点实现"六个新跨越"。

一是综合实力新跨越。地区生产总值实现翻番，人均地区生产总值超过12万元，常住人口达到60万人、城镇化率达到75%，集聚康养度假人口30万以上，创成国家级高新区，基本建成产城融合、职住平衡、生态宜居、交通便利的现代化郊区新城。

二是基础设施建设新跨越。开通渝湘高铁，建成市域铁路C6线，铁路、高速公路通车总里程分别突破200千米、270千米，农村公路5000千米以上，风电装机容量达50万千瓦以上，新增年供水能力1.2亿立方米以上，现代化基础设施网络基本形成。

三是产业能级新跨越。实现制造业、文旅康养、农业主导产业产值和现代服务业增加值"四个倍增"，分别达到630亿元、260亿元、100亿元、200亿元，制造业、数字经济增加值占GDP比重分别达到25%、35%，高新技术企业和科技型企业分别达到120家、1000家以上，基本建成商文旅体融合发展示范城市。

四是改革开放新跨越。营商环境达到全市一流水平，建成西部陆海新通道节点城市、中新（重庆）国际绿色发展示范基地，实际使用外资年均增长10%以上，外贸进出口总额达到30亿元。

五是生态宜居水平新跨越。森林覆盖率达到60%，空气质量优良天数稳定在340天左右，出境断面水质稳定保持Ⅱ类，"无废城市"建设领先主城都市区，各项生态环境质量主要指标领跑主城都市区，"碳达峰""碳中和"实现阶段性目标。

六是生活品质新跨越。全体居民人均可支配收入高于全市平均水平，建成学前教育、公共卫生、养老照料、体育健身等"15分钟生活圈"，亿元地区生产总值安全事故死亡率下降37.5%以上，形成共建共享的社会治理新格局，群众安全感保持在98%以上，居全市前列。 （撰稿：相武 审稿：胡雪岚）

綦江区

基本情况

綦江区位于东经 106°23′~107°03′，北纬 38°27′~29°11′之间，重庆主城都市区重要战略支点城市、重庆人口和产业发展重要承载地、西部陆海新通道"重庆南大门"、成渝地区双城经济圈和渝黔战略合作连接点，区境东、北、西面分别与重庆市南川、巴南、江津三区接壤，南面与贵州省习水、桐梓两县相邻，辖区面积 2747 平方千米。辖 31 个街镇、常住人口 120 万，城镇化率 50.6%。区人民政府驻地古南街道中山路 1 号。

綦江人文厚重。綦江是邓小平同志定位的重庆"卫星城"。1926 年重庆最早的党支部之一诞生于此，是中央主力红军长征转战重庆的唯一地方，为中央主力红军完成伟大历史转折提供了重要保障和支撑，孕育了习近平总书记称赞"英勇善战、屡建功绩"的原红四军军长王良等革命先贤。"中国农民版画之乡"蜚声中外。

綦江景色秀美。巍峨古剑山、雄奇老瀛山、秀美綦河水、咫尺横山巅，国家历史文化名镇东溪古镇、恐龙足迹化石国家地质公园等闻名遐迩，处处皆景、步步入画，是重庆"后花园"、主城市民避暑度假首选地。

綦江交通便捷。长江一级支流綦江河贯穿南北，渝黔、渝筑、綦万、江綦高速，G210、S303 国省道，渝黔、三南铁路通达四方，半小时抵达主城都市核心区，1 小时直达江北机场，6 小时高铁可到全国重

● 綦江城区全景（中共綦江区委宣传部 提供）

要城市，四海宾朋往来自如、身随心至。

綦江生机勃发。高新技术开发区强势崛起，以卫星制造和大数据应用为核心的新一代信息技术、装备制造、新材料、节能环保、消费品工业（大健康产业）等五大产业集群发展，汽摩整车及零部件、铝铜材料、高端复合材料、电子信息制造、信息安全、绿色食品、节能环保、新型建筑材料（装配式建筑）等八大产业链条发展，1.2万亿立方米页岩气整体连片开发，成为保障国家能源安全新的重要力量，国家区域医疗中心扎实推进，重庆移通学院、德国埃森大学等高等院校强势入驻，潜力巨大、前景广阔。

綦江区全面融入成渝地区双城经济圈建设，与自贡携手入围首批20个川渝合作示范园，参与共建川南渝西融合发展试验区。围绕西部陆海新通道渝黔综合服务区建设，推动重庆炙焱动力制造有限公司通过跨境电商出口玻利维亚汽摩整车90210美元，跨境电商实现"零的突破"。成功引进总投资20亿元的存储芯片生产基地、年产2800万平方米防火保温材料等61个项目，正式合同额达362亿元。市场主体新增1.1万户、增长13.9%。2022年，实现地区生产总值770.79亿元，增长3.0%。其中，第一产业增加值83.66亿元，增长3.0%；第二产业增加值348.75亿元，增长4.8%，第三产业增加值338.38亿元，增长1.3%。

历史沿革

"綦江"之名来源于"古綦市"，江以綦名"綦江"，区以江名为"綦江区"。永城镇发现的石斧证明，早

在新石器时代（约1万年至4000年前），綦江境内就有人类繁衍生息。夏、商、周，綦江境地属巴子国。秦、汉、晋至南朝为巴郡江州县地。西魏、北周时，属七门郡江阳县地。隋朝，为渝州江津县地。

唐武德二年（619年），分江津县地置南州，并置隆阳县，州治、县治均在今古南街道内，是綦江建置之始。唐先天元年（712年），改隆阳县为南川县。北宋初，南州、溱州皆羁縻州，南川、三溪两县皆不存在。宋皇 五年（1053年），废南州为南川县，归渝州管辖。宋熙宁七年（1074年），熊本平木斗之乱，于铜佛坝（今赶水火车站北岸）置南平军，南川县划归其管辖。宋元丰元年（1078年），复置南川县。元至元二十二年（1285年），撤销南平军，在赶水铜佛坝置南平綦江长官司，隶播州安抚司。南川县仍置，隶重庆路总管府。

元至正二十三年（1363年），农民起义军首领明玉珍据蜀称帝，在重庆建立大夏国。夏天统元年（1363年），改南平綦江长官司为綦江县，綦江县之名自此始。明洪武四年（1371年），灭大夏国，綦江县改隶四川行省重庆府。明、清朝，綦江县仍置，均属重庆府。民国初年，綦江县先后隶属重庆蜀军政府、重庆镇抚府和川东道（后改为东川道）。民国八年（1919年），防区制形成，綦江县先后为川军、黔军、川东边防军、川黔边防军统辖。民国十六年（1927年），綦江县为国民革命军第二十一军的防地。民国二十四年（1935年），川政统一后，綦江县属四川省第三行政督察区。

1949年11月27日，中国人民解放军解放綦江县，綦江县属川东行政区璧山专区。1951年，璧山专区改为江津专区，綦江县属江津专区。1952年9月，綦江县划归重庆市管辖。1953年，撤销行政区，恢复四川省建置后，綦江县仍属江津专区。1955年1月21日，国务院批准，将贵州省桐梓县第十区的17个乡，四川省南川县第十区的1个镇6个乡，綦江县的青年乡、建设乡、金灵乡（包括南桐、东林等煤矿区），建立重庆市南桐矿区，属重庆市管辖，区人民政府驻地在万盛。1958年11月，綦江县划归重庆市管辖。1993年2月16日，经国务院批准，重庆市南桐矿区改名为重庆市万盛区。1997年3月，设立重庆直辖市，綦江县、万盛区归其管辖。

2011年10月22日，经国务院批准撤销万盛区、綦江县，设立重庆市綦江区。12月26日，重庆市綦江区正式挂牌成立，全区设5个街道、25个镇、365个行政村、90个社区居委会。2012年，綦江区委托万盛经开区代管万盛等10个街镇。2019年12月12日，重庆市人民政府同意撤销新盛镇，设立新盛街道；同意调整文龙街道管辖范围，增设通惠街道。调整后，綦江区辖7个街道、24个镇。

重要资源

土地资源。綦江区地处云贵高原与四川盆地接合部，全区地势南高北低，有中山、低山、深丘、浅丘和槽谷五大类地形，以低山丘陵为主。山地占全区总面积的67.6%，丘陵占32.4%。全区总面积218568.43公顷，其中耕地面积64373.33公顷，园地面积4430.3公顷，林地面积111935.77公顷，草地面积365.71公顷，城镇村及工矿用地16697.52公顷，交通运输用地2121.55公顷，水工建筑用地160.22公顷，水域用地4513.24公顷，湿地73.87公顷，其他土地13896.92公顷。

动物资源。綦江区野生动物有110多种，其中兽类20余种、鸟类40余种、蛇虫类50余种。重点保护野生动物有黑叶猴、云豹、林麝、猕猴、穿山甲、豺、青鼬、大灵猫、小灵猫、果子狸等10余种。

植物资源。綦江区有2000多种植物资源，其中

● 綦江迎来红嘴鸥（綦江区融媒体中心 提供）

栽培植物近1000种。粮食作物以水稻、小麦、玉米、薯类为主。经济作物有桑、果、茶、橘子、木瓜等长经品种110多个，油菜、烟叶、海椒、花生、西瓜、甘蔗等短经品种450多个。特色农产品有綦江木瓜、东溪辣椒、赶水草蔸萝卜、横山大米、石壕糯玉米、东溪花生、东溪米黄瓜、风岩沟大米、石角花椒、永新梨子等。林木以针叶树、阔叶树为主。针叶树有8科19属34种，主要有马尾松、杉树、柏树、柳杉、侧柏；阔叶树有103科400属1034种。全区珍稀濒危树种15个，即银杏、红豆杉、楠木、香樟、铁树、喜树、杜仲、厚朴、润楠、水杉、海南五针松、福建柏、仁豆树、红豆杉、鹅掌楸。其中红豆杉、银杏、水杉为国家一级保护植物。南川木波罗2004年被《中国物种红色名录》定为"极危"树种，为中国特有、珍稀植物之一。全区一级古树1株、二级古树47株、三级古树483株。

矿产资源。綦江区境内矿产资源丰富，全区已发现矿产资源20种：煤、煤层气、天然气、页岩气、铁、铜、硫铁矿、石膏、萤石、方解石、水泥用灰岩、建筑石料用灰岩、玻璃用砂岩、建筑用砂岩、砖瓦用页岩、耐火黏土、饰面用灰岩、含钾岩石、地热、矿泉水。优势矿产为煤、页岩气和石灰岩等。綦江区南部四镇设置3个集中开采区，潜在资源约22亿吨。已勘查评价矿床40处，其中大型矿床7处，中型矿床7处，小型矿床26处。已调查评价矿区36个。其中煤炭资源量15.09亿吨、铁矿资源量0.89亿吨、石灰岩资源量19.48亿吨、页岩气资源量1567.8亿立方米。

水资源。綦江区境内水资源丰富，较大的河流有綦江河、藻渡河、羊渡河等。多年平均降雨量1048.8毫米，年内降雨多集中在5—10月，约占全年的76%～80%。綦江区多年平均水资源总量为10.38亿立方米，2022年降水量1000.3毫米，水资源总量为8.9028亿立方米，其中地表水资源量8.9028亿立方米，地下水资源量1.90亿立方米，地下水资源量是地表水资源量的重复计算量。总供用水量为1.7658亿立方米，万元工业增加值用水量15.78立方米，万元工业增加值用水量较2020年下降22.56%。万元国内生产总值用水量33.23立方米，万元国内生产总值用水量较2020年下降17.82%。农田灌溉水有效利用系数达到0.5094，"三条红线"和"双控"行动控制指标均达到年度目标要求。

旅游资源。綦江区属亚热带湿润气候区，境内海拔800米以上高山536平方千米，森林覆盖率在85%以上，负氧离子含量3000个每立方厘米，夏季平均气温25℃。境内拥有老瀛山、古剑山、清溪河、丁山湖、大罗红花湖、郭扶高庙坝、永城地热温泉等自然生态类资源，拥有石壕红军烈士墓、红军桥、南州红色文化主题公园、红四军军长王良故居等红色旅游资源，拥有恐龙足迹群遗址、丹霞地貌等地质科普类旅游资源，拥有东溪古镇、綦江农民版画院、韩国临时政府遗址、国民政府军事参议院遗址、生殖图腾文化遗址、净音寺、白云观等人文景观类资源，拥有永新梨花山、农博园、舒湖乡村生态观光园、中峰玫瑰园、吹角紫薇园等现代生态农业旅游资源。

基础设施

交通设施。綦江区境内公路、铁路、水路交通设施兼备，已形成渝南地区交通运输网络。境内铁路总里程232.4千米，每百平方千米已有铁路10.65千米，形成以川黔铁路、渝贵铁路、三万南铁路为主骨架的Y字形铁路运输网络。2022年，綦江区发挥渝黔合作先行示范区"桥头堡"作用，渝黔高速公路扩能项目建成通车，全区高速公路出口通道增至16个，高速公路总里程达170千米，形成"两纵一横"高速公路骨架。认真落实市委、市政府"一区两群"区域协调发展战略，投资15亿元的綦江北互通及其连接线工程投入使用，綦城向北拓展12千米，加快了与主城都市区国土空间融合。全区公路里程（不含高速）5696千米。全区拥有客运汽车（不含公交车）346辆，城市公交车233辆，出租汽车409辆（包含巡游出租车260辆，网络预约出租汽车149辆），民用货车33767辆。水运里程181千米，拥有船舶14艘，水运码头26个。全区行政村通客车率100%。綦江区已形成"20分钟重庆市中心、1小时机场、2小时成都和贵阳"的通勤圈。

电力供应。綦江区境内有松藻煤电公司与新加坡联合建设的重庆松藻电力有限公司，总装机容量1620万千瓦，是重庆市第四大主力发电公司，也是重庆与新加坡合资的首个能源项目。重庆旗能电铝有限公司有2台330兆瓦热电联产发电机组，年发电38.5亿度。西南地区第一座抽水蓄能电站——重庆蟠龙蓄能电站有限公司，位于綦江区中峰镇，总装机容量1200兆瓦，设计年发电量20.04亿千瓦时，将于2023年建成发电。2022年，綦江区发电量100.47亿千瓦时。

信息数据。截至2022年底，綦江区共编制政务目录2009条，汇聚数据2000万余条，形成有效人口数据4000万余条。收集綦江区政务部门数据资源目录182条。全年对接市级各部门数据资源35条，有效协助区公安局开展全民反诈工作、协助区交通局开展道路运输管理工作。与市、区市场监管局对接，共同实施"证照分离"改革，实现"证照分离"市级数据下沉，已有变更登记信息、涉企经营许可信息等下沉数据17万余条，涉及市场主体4.8万家，覆盖率达100%。加强陆海传薪智慧数据谷和铜锣湾数字产业园企业运营服务，陆海传薪智慧数据谷累计入驻企业54家，进入重庆市科技型企业信息管理系统的企业17家；綦江数字经济产业园已入驻大唐融合（重庆）数据科技有限公司、安恒信息、麻辣食品研究院等6家企业。陆海传薪市级科技孵化器和铜锣湾数字经济产业园实现产值1.7亿元、税收近400万元。

邮电业务。2022年，綦江区完成邮电业务收入8.13亿元，增长22.0%。其中，邮政业务收入1.78亿元，增长9.7%；电信业务收入6.35亿元，增长26.0%。

城乡供水。綦江区现有供水管道长度800.35千米，增长0.5%。全年供水总量2547.03万吨，增长6.8%，其中生活用水1315.47万吨，用水户数15.71万户，用水人口26.42万人。城区3个水厂供水面积48平方千米，综合生产能力8.2万立方米/日，供水总量2385.36万立方米，供水人口37万人。

燃气供应。2022年，綦江区天然气用户12.06万户，下降13.9%。液化气供应量423.5吨，下降21.0%，其中，生活用气181吨，下降14.6%；液化气用户1500户，下降5.2%。

市政建设。2022年，綦江区市政道路长度133.7千米，道路面积229万平方米。其中，车行道面积149万平方米，人行道面积80万平方米。全区园林绿地面积1335.5公顷，比上年增长6.1%，其中，公园绿地面积533.2公顷；公园16个，面积295.39公顷；建成区绿化覆盖率46.41%；人均公园绿地面积20.18平方米。城市路灯年末总数25026盏，年末拥有环卫专用车37辆，其中洒水车18辆，洗扫车3辆。拥有城区公共厕所150座，其中公园内公共厕所22座。公共垃圾站32座，其中街镇压缩式垃圾中转站30座。城市生活垃圾粪便处理量16.07万吨，城镇生活垃圾处理率达100%。

主要产业

工业。2022年，全区规模以上工业企业210户，规上工业总产值增长11.1%。工业增加值171.59亿元，增长4.3%，占全区地区生产总值的32.3%。从园区看，桥河、食品、铝工业园区共有规模以上工业企业129家，总产值增长14.2%，其中铝产业园增长19.7%、桥河工业园增长7.7%、食品园区增长8.8%。三大支柱产业，铝及铝精深加工增长19.5%，装配式建筑增长8.5%，汽摩整车及零部件下降9.7%，支柱产业产值占全区规上工业总产值的78.6%。主要产品产量，发电量100.47亿千瓦时，增长18.4%；铝合金16.00万吨，增长16.8%；铝材62.63万吨，增长26.4%；十种有色金属31.11万吨，增长0.1%。

2022年，綦江区新增国家高新技术企业22家、累计144家。新增国家级"专精特新小巨人"企业3家、市级"专精特新"中小企业39家。重庆OTC新挂牌企业4家、累计42家。获批国家备案众创空间2家，国家级孵化载体实现零的突破。获批市级博士后科研工作站1个，技术中心、中小企业技术研发中心12个。聘请潘复生院士为区政府首席专家顾问，入选"重庆英才计划"3人、"鸿雁计划"人才1人，引进急需紧缺人才35人，认定区级重点产业人才73名。获批市级科研项目立项12个，区级科研项目立项202个。全区专利授权1029件、发明专利授权50项。登记科技成果70项，增长16%；技术合同交易达7亿元、增长40%。新引进工业项目48个，备案实施技改项目70个。在建工业项目174个，全年累计完成工业投资66.2亿元，同比增长30.3%。

农业。2022年，全区农林牧渔业总产值108.54亿元，增长3.3%。其中，农业78.25亿元，增长4.3%；林业5.55亿元，增长9.0%；牧业20.82亿元，下降2.7%；渔业2.35亿元，增长3.1%；农林牧渔服务业1.57亿元，增长4.4%。农林牧渔业增加值71.14亿元，增长3.2%。粮食作物种植面积59046.67公顷，增长2.2%。主要农产品量：粮食34.73万吨，减少2.4%；蔬菜64.18万吨，增长4.1%；油菜产量1.15万吨，增长2.2%；猪牛羊禽肉产量5.39万吨，下降0.6%。划定永久基本农田47733.33公顷，完成高标准农田建设1万公顷。获批国家农村产业融合发展示范园，带动发展萝卜6666.67公顷、辣椒4666.67公顷，安稳山羊全产业链综合产值突破2亿元。

特色农产品——赶水草蔸萝卜。迄今已有300多年历史，綦江赶水地区种植的萝卜，因其形似当地一种用稻草编织的手工艺品"草兜"而得名，个大形圆，具有清热消毒等保健功效。早在清代就是朝廷贡品，素有"头戴翡翠冠，外披彩霞衣，身如洁白玉，根似人参须"而得名为"草根人参"的美誉。赶水草兜萝卜多次销往北京国务院机关事务局，成为国宴佳肴。1959年，被四川省列为地方土特产。2000年，赶水草兜萝卜开始向产业化和品牌化方向发展。2005年在第十二届中国杨凌农业高新科技成果博览展会上获"后稷奖"。目前，綦江区种植赶水草兜萝卜面积达到5333.33公顷，无公害示范区域1333.33公顷，年上市量15万吨。

特色农产品——横山贡米。主产于綦江区横山镇高山地区，种植的历史悠久，据清道光年间《綦江县志》："横山在治东三十里，山势绵亘，上多平田，出嘉谷。"横山大米粒实饱满，色泽油润，晶莹剔透，味美可口，早在清康熙年间就是綦江地方官吏向朝廷进献的贡米，因此，横山也被誉为"贡米之乡"。20世纪80年代，横山镇在农业产业化调整中，将横山大米种植作为主要产业。目前，全镇6个村62个社，种植"横山大米"水稻1066公顷，年产横山大米8000余吨。相继成立綦江横山优质稻产销协会和綦江横山优质稻股份合作社，注册"横巨"商标，取得QS质量认证，产品畅销区内外各地。

商贸流通业。2022年，全区限额以上单位669家，其中企业246家。社会消费品零售总额234.81亿元，增长0.8%。批发业销售额200.32亿元，增长10.5%；零售业销售额130.60亿元，增长6.2%；住宿业营业额14.56亿元，增长3.8%；餐饮业营业额40.89亿元，增长2.5%。2022年，全区共签约投资项目76个，正式合同额458.46亿元，到位资金155.37亿元。组织筹办綦江区一季度招商引资项目"集中签约、集中开工、集中投产"活动，签约项目19个，总投资273.27亿元。组团参加第四届"西洽会"，携近40件产品亮相展会，签约重大招商项目2个，正式合同额90亿元。会同綦万创新经济走廊建设指挥部办公室赴九龙坡区含谷镇参加"外迁企业动员会"，与部分拟外迁企业进行现场招商洽谈。

建筑业。2022年，綦江区有资质以上建筑业企业145家，其中，一级企业12家，二级企业35家，三级和未评级企业98家。全年注册地建筑业总产值119.28亿元，增长11.3%。全年建筑业增加值61.74亿元，增加6.3%，占地区生产总值的11.6%。建成公租房5886套，面积30.94万平方米，已配租5435套，面积26.37万平方米。

文旅品牌

东溪古镇——川黔古道"明珠"。地处四川盆地东南边缘、贵州大娄山脉北端，位于綦江区南部。东溪古镇原名万寿场，建场2200多年，建镇1300多年，因"紫气东来，溪水长流"而得名，曾是川盐济黔、川米外销的重要通道和綦江境内第一大镇，是中国历史文化名镇、中国特色旅游新干线示范镇、重庆市十大旅游名镇。古镇布局以自然山水为基础，依山就势，疏密有序，人工环境与自然山水环境相结合，古镇、人、自然融为一体，具有古镇山水园林特色。石刻木雕、川剧评书、龙灯舞狮多姿多彩，盐马文化、抗战文化、移民文化辉煌灿烂。特色美食如市级"非遗"东溪腐乳、东溪花生、东溪黑鸭以及镇紫米黄瓜、黄荆豆花等独特风味。主要景点有麻乡约民信局、綦岸盐运文化博物馆、东溪古镇历史文化陈列馆、盐马古道版画街、"非遗"文化一条街、南华宫、万天宫、龙华寺、观音阁、上平桥、太平桥、太平峡谷、琵琶古寨、南平僚碑、"抚我孑遗"碑、原国民党军事参议院旧址等。

古剑山——川东小峨眉。地处四川盆地与云贵高原接合部，位于綦江区西北部，国家4A级旅游度假区、省级森林公园、重庆市首批十大市级旅游景区、重庆十佳休闲避暑目的地、重庆十大最美森林氧吧。海拔均处于800米以上的黄金养生线，最高峰鸡公嘴山峰海拔1300米，森林总面积666.67公顷，森林覆盖率85%以上，以丹霞地貌、奇峰怪石、万顷林海闻名于世，素有"川东小峨眉"之称。古剑云海是"新巴渝十二景"之一。创建于北宋时期的净音古寺有着"渝南黔北第一寺"美誉，是体验佛教

● 东溪古镇南华宫文艺演出（罗毅 拍摄）

● 古剑山（罗玉平　拍摄）

文化、礼佛参禅之圣地。主要景点有古剑云海、丹霞奇观、丹崖映月、长田林海、石径通天、三境湖、三佛岩、撑腰岩、舍生岩、摸儿洞、净音寺、古镜亭、古剑亭、禅洞、佛塔、菩提园、如意台、古剑山国家标准示范帐篷露营地等。

老瀛山——国家地质公园。地处四川盆地向南部云贵高原的过渡地带，位于綦江城区东部，是国家4A级旅游度假区、国家地质公园、省级森林生态自然保护区、第二届重庆文旅新地标之一，是集古生物化石遗迹、地质地貌遗迹和人文历史遗迹于一体的科普教育、研学旅游基地。公园地质遗迹丰富独特，其中，丹霞地貌以赤壁丹霞为特色，孤峰长墙为常态，集山、水、洞、林于一体，融雄、奇、险、秀于一身；恐龙足迹化石群最具特色，在9处岩石层位中，已发现古脊椎动物足迹656个，有国内保存最完美的鸭嘴龙足迹、国内保存数量最多的翼龙足迹等。公园内有修建于南宋理宗宝祐四年（1256年）的莲花保寨，建于明嘉靖三十一年（1552年）的西南三大道教圣地之一的白云观，建于清嘉庆十五年（1810年）的朝音洞，还有有二百多年历史的綦江三大书院之一的芙蓉书院等。主要景点有恐龙足迹化石、老瀛如来、莲花堡寨、虎山丹崖、瀛山老姆、老猴远眺、望夫石、山轿石、穿风洞、莲花湖、白云观、天成庙、朝音洞、三教寺、芙蓉书院等。

横山——康养小镇·长寿之乡。位于綦江区东北部，是距离重庆主城最近的千米高山度假小镇，世界健康养生十佳示范美镇、市级旅游度假区，有重庆"天然空调"小镇和"百岁之乡"的美称。景区自然环境得天独厚，森林茂密，空气清新，山泉甘甜，土壤富硒，核心景区森林覆盖率超过85%，

负氧离子含量达35000个/立方厘米，环境空气质量优良以上的天数为360天以上，夏季平均气温25℃。民风民俗淳朴，传统文化深厚，长寿村赶寿节弘扬"寿"文化，中坝村泡菜技独树一帜，重庆市"非遗"——横山昆词粗犷豪放。横山原乡农旅小镇打造为集避暑休闲、生态养生、亲子游乐于一体的高品质农旅小镇，花仙谷打造集观光、郊游、亲子体验、休闲度假、研学游学于一体的重庆首家复合式休闲度假区。主要景点有花仙谷、天台山公园、横山一舍、蓝莓酒庄、九颐庄园、观云庄、巨龙度假村、清风场、牌坊石刻、寨门遗址等。特色美食有横山贡米、横山铁杆鳝鱼焖红烧肉、横山大刀扣肉、天台山茶叶、养生蓝莓酒等。

石壕——民间文化艺术之乡·红色文化重镇。 位于綦江区最南端，是重庆市爱国主义教育基地和

● 老瀛山云海（罗玉平 拍摄）

●老瀛如来（綦江区文旅委 提供）

●红一军团司令部旧址（綦江旅游度假区管委会 提供）

国防教育基地、重庆市民间文化艺术之乡、重庆市"十大最美小镇"。自然风光迷人,有世外桃源李公坝、万亩高山大草甸花坝,还有仙景纷呈的仙渡河溶洞、柏果龙宫等。文化底蕴厚重,有被誉为"民间戏曲活化石"的重庆市首批"非遗"——石壕杨戏,口授相传上千年,演出内容以巫祭傩仪活动为主,以驱鬼逐疫、了愿纳吉、祈求平安为目的,具有浓厚的地方特色。石壕是中央红军长征在重庆的过境地之一,长征国家文化公园将打造为重庆一流、全国知名的红色文化旅游精品项目,成为重庆红色文化高地重要支撑。主要景点有神鹰山、李公坝、仙渡河溶洞、柏果龙宫、石壕红军烈士墓、红军桥、红军洞、红军街、红一军团司令部旧址等。

王良故居——重庆市干部教育培训现场教学基地。王良故居位于綦江区永城镇中华村三槐坝,建

● 王良同志纪念馆(陈星宇 拍摄)

筑面积1108.7平方米，穿斗式结构，坐北朝南，四合院布局，一楼一底，始建于清末，维修于20世纪70年代，是典型的川东民居。王良（1905—1932），原名化赅，字傅良，号与春，綦江永城人。1905年8月生，先后在綦江县立高等小学、重庆华英中学、上海持志大学读书。1926年9月考入广州黄埔军校，1927年8月加入中国共产党，同年9月参加湘赣边界秋收起义。在创建和保卫井冈山革命根据地和第一、二、三次反"围剿"等作战中屡建奇功，是中国工农红军创建初期著名的军事指挥员。1932年6月在率红四军回师赣南根据地途中不幸壮烈牺牲，时年27岁。毛泽东同志高度赞扬"王良是一个好干部"，习近平同志高度称赞王良"英勇善战，屡建功绩"。故居以王良同志的生平事迹为主线，通过文字、图片、实物等多种形式，分故居主体、红色綦江、王良事迹三个展厅进行陈列布展。2008年，王良故居被评为重庆优秀近现代建筑。2010年，被列为重庆市文物保护单位。2018年，被确定为重庆市干部教育培训现场教学基地。

风味美食

綦江北渡鱼。发源于綦江原北渡乡。綦江河经綦江城区向北5千米，在北渡场与清溪河交汇。20世纪80年代，渔民打鱼上岸，交付北渡场对岸国道210线公路旁鱼馆做水煮鱼。其做法：活鱼去鳞入沸水锅内，加入辣椒、花椒、大蒜和特有调料，起锅淋上沸油。快煮让北渡鱼嫩如豆腐，麻辣可口。过往的司机、綦江城区居民均喜欢到北渡去吃鱼，人们就将其取名为"綦江北渡鱼"。20世纪90年代，经营北渡鱼的餐馆多达几十家，有的还在綦江城区开设了大型餐厅。随后，北渡鱼的做法得到改进，升级为"一鱼三吃"，即一条鱼分别做成麻辣鱼排、酸菜鱼头、番茄鱼片，并形成现在北渡鱼固定做法。"綦江北渡鱼"不仅进入綦城，还在国内一些大中城市开设分店。中央电视台《欢乐中国行》《味道》等栏目予以专题报道，"綦江北渡鱼"成为綦江的名片。

东溪刘氏黑鸭。系中国历史文化名镇东溪镇的传统特色产品。民国16年（1927年）8月刘德全始创，1948年6月其子刘泽兴经营，1954年并入东溪餐饮店后，仍由刘泽兴主制黑鸭。改革开放后，刘泽兴之子刘远国、刘远明、刘远强又重新经营祖传黑鸭，取名为刘氏黑鸭。刘氏黑鸭，选天然饲养优质鸭子，生长周期6至12个月，

● 綦江北渡鱼（綦江区档案馆 提供）

重1.5～2千克，宰杀洗净加食盐，配30多种中药材2小时炮制，辅以酒、糖、味精等，低温清油炸制而成。该鸭为绿色传统食品，色泽黑而微红，入口外酥内嫩，鲜香味美，有强身健体、美容养颜之功效。

安稳羊肉。起源于明末清初，距今约380年历史。民国年间，号称羊肉大王的文奇刚，凭借高超的羊肉烹饪技艺和独特的配方享誉川黔地区。据《本草纲目》记载，羊肉能暖中补虚，补中益气，开胃健身，益肾气，养胆明目，治虚劳寒冷，五劳七伤。安稳羊肉的独特，与安稳喀斯特地貌、溶洞水质、独特烹饪技巧密不可分。安稳山羊常年放养，具有野生山羊的肉质，营养价值高，含有丰富的蛋白质和适量的脂肪，以及维生素、钙、磷、铁等微量元素，尤其钙、铁含量明显超过牛肉和猪肉，胆固醇含量低，热量大，是高蛋白、低脂肪、低胆固醇的肉类，兼具营养性和保健性。经过秘制加工，配以多年熬制的老汤，羊肉鲜香细嫩，色香味美，成为安稳第一特色餐饮品牌。为了让更多的人能品尝安稳羊肉，安稳镇在保持传统烹饪基础上，进行浓缩加工包装，使安稳羊肉成为孝敬亲人、馈赠亲友的滋补佳品。

"金角"牌老四川牛肉干。重庆金星公司生产的"金角"牌老四川牛肉干，选料精、无盘头、无脂肪，用桂皮等多种名贵中药材，辅以白糖等五香原料，经过名师十余道工序精工制作而成。食后有祛风、开胃健脾、除湿御寒的功效，长期食用，益于延年益寿，乃居家、旅游、馈赠之佳品。先后荣获中国质量协会评国际名牌食品、重庆市著名产品、第二届中国国际展品博览会国际名牌食品、重庆市首届旅游商品新产品设计开发大奖赛优胜奖等称号。2020年，公司旗下"老四川LaoSiChuan"商标被评为中国驰名商标。目前，"金角"牌老四川牛肉干年产量530多吨，畅销全国30多个省市。

发展定位

綦江区统筹推进"五位一体"总体布局，协调推进"四个全面"战略布局，深入贯彻习近平总书记对重庆提出的营造良好政治生态，坚持"两点"定位、"两地""两高"目标，发挥"三个作用"和推动成渝地区双城经济圈建设等重要指示要求，完整、准确、全面贯彻新发展理念，统筹发展和安全，以打造主城都市区重要战略支点为牵引，加快綦江—万盛一体化同城化融合化发展步伐，推动西部陆海新通道渝黔综合服务区、渝黔合作先行示范区、资源型城市转型升级试验区、全市先进制造业基地、知名康养休闲目的地、重庆重要红色文化高地建设，加速形成重庆最具影响力、竞争力和带动力的区域性增长极。

发展目标

到2026年，全区地区生产总值超800亿元，工业增加值超300亿元，工业总产值稳定保持1000亿元以上，新增上规企业100家、上云企业50家、上市企业3家，"百平方千米、百万人口"现代化大城市建设取得重大突破，全体居民人均可支配收入超过全市平均水平，创新驱动发展成果丰硕，社会文明程度大幅提升，支点城市支撑、承载、辐射功能切实增强，全面建成"如来·如愿"、美丽富饶的"多彩綦江·创新之城"。

到2035年，力争经济总量较2025年翻一番，经济发展速度高于全市平均水平，人均地区生产总值达到全市平均水平。全面实现綦万一体化同城化融合发展，建成百万人口的主城都市重要战略支点城市，成为主城都市区辐射带动渝南黔北地区高质量发展的重要增长极和动力源，与全国、全市一道基本实现社会主义现代化。　　（撰稿：陈平　晏梅　审稿：肖春）

大足区

基本情况

大足区位于重庆西部，介于东经 105°28′～106°02′，北纬 29°23′～29°52′之间，距重庆中心城区 55 千米、成都 155 千米，处于成渝相向发展的战略腹地。始建于 758 年，取"大丰大足、丰衣足食"之意。辖区面积 1436 平方千米，辖 6 个街道、21 个镇，总人口 107 万人。

大足文化底蕴深厚。大足石刻是人类石窟艺术史上的丰碑，1999 年 12 月在中国石窟序列中继敦煌莫高窟之后被列入世界遗产名录，联合国教科文组织评价"大足石刻是天才的艺术杰作，具有极高的历史、艺术、科学价值"。2019 年 4 月，习近平总书记视察重庆时，亲切关怀大足石刻，嘱咐"一定要把大足石刻保护好"。大足石刻在吸收、融合前期石窟艺术精华的基础上，以"开山化石、励志图新"的精神推陈出新、穷工极变，实现了石窟艺术的中国化，具有鲜明的民族化、世俗化、生活化特点，蕴含"慈、善、孝、义、廉"等中华优秀传统文化，与社会主义核心价值观深度契合，是坚定中国文化自信、弘扬中华优秀传统文化的生动载体。2021 年 3 月，大足石刻入选人民教育出版社七年级历史教材。

大足五金历史悠久。大足五金与大足石刻相伴相生，距今已有上千年历史，以刀、剪、锁闻名中外。大足五金在千年发展中传承"千锤百炼、精益求精"的工匠精神，产品涵盖日用五金、工具五金、

● 大足城区全景（大足区档案馆 提供）

建筑五金等 12 大门类、200 多个品种、2000 多个花色，畅销国内外市场，出口欧盟、俄罗斯、东南亚等 20 多个国家和地区。2005 年国家日用品五金行业生产力促进中心（现为中国五金联盟）授予大足"中国西部五金之都"称号。2022 年，重庆市大足龙水五金市场获批国家级市场采购贸易方式试点。

大足是中国军用重型汽车的摇篮。20 世纪 60 年代，为响应党中央"三线建设"号召，来自五湖四海的各类精英人才汇聚大足，发扬"爱岗敬业、无私奉献"的重汽精神，建成了被誉为"共和国独生子"的四川汽车制造厂，诞生了新中国第一辆重型军用越野车，见证了中国军用重汽从无到有、乘风破浪的峥嵘岁月。依托重汽发展，大足汽摩现已形成了年产能 7 万辆专用车、1000 万辆摩托车的产业集群，建成了国内首个大型智能网联汽车综合试验基地。

大足山川秀美、交通便捷、宜居宜业。晚唐至两宋近 400 年间，大足一直是昌州府治所在地，因"天下海棠无香，惟大足治中海棠独香"而享有"海棠香国"的盛誉，目前境内有西府海棠、垂丝海棠、贴梗海棠等 52 个品种。大足属四川盆地丘陵地区，地形呈"六丘三山一分坝"特点。属亚热带季风气候，气候温和湿润，年均降雨量在 900～1100 毫米。水系属长江水系的沱江、涪江水系，有濑溪河、窟窿河、淮远河等流域。空气优良天数常年保持在 325 天以上，国市控断面水质全面达标，森林覆盖率 40.6%，建成区绿地率达到 45.4%，是国家级生态示范区、国家园林城市、全国绿化模范城市、国家卫生区、国

家森林城市。成渝高铁和渝蓉高速、成渝高速、重庆三环高速、南（充）大（足）泸（州）高速、大（足）内（江）高速5条高速公路纵横成网，高速公路密度是全市平均水平的1.9倍。成渝中线高铁设大足石刻站，建成后将实现"15分钟重庆、半小时成都、6小时北上广深"。

历史沿革

大足建县于唐乾元元年（758年），与昌州同置，隶昌州(州治昌元)，唐景福元年(892年)州治迁大足。历五代、两宋至元初，大足仍置，隶属无变。元至元二十二年（1285年）撤昌州，所属昌元、永川二县并入大足，旋撤大足入合州。元至正十七年（1357年）红巾军将领明玉珍攻占重庆，建国号夏，分蜀地为八道，复置大足（含昌元、永川二县地），隶合州。明洪武四年（1371年）灭夏国占有四川，大足仍旧。洪武六年析大足地复置荣昌（原昌元）、永川县，隶重庆府，次年大足也改隶重庆府。清康熙元年（1662年）设荣昌知县兼摄大足县事、隶重庆府。清康熙十七年（1678年）吴三桂称帝，国号大周，"全川悉陷"，其间大足曾为吴周辖地。清雍正八年（1730年）复设大足县署，停止荣昌知县兼摄，仍隶重庆府。清宣统三年(1911年)蜀军政府于重庆成立，大足宣告独立。民国元年（1912年）大足设行政公署，隶重庆镇抚府，次年以道辖县，大足隶川东道。民国十九年废道、府、厅，以省辖县，改行政公署

● 棠香街道惜字阁村（棠香人家）（大足区档案馆 提供）

为县政府，大足为三等县（共分为五等），隶四川省。民国二十四年川政统一，全川划18个行政督察区，大足隶第三行政督察区（先后驻璧山、永川）。民国二十七年划为二等县。

1949年12月13日，大足解放，隶川东行署区巴县专区。1950年5月定为甲等县。1952年撤川东、川西、川南、川北四个行署，恢复四川省制，由省管辖专县。1974年10月，大足县划出部分区域，设置重庆市双桥区。1983年4月撤永川地区，所属各县隶重庆市。1997年重庆成为直辖市，大足仍为重庆属县。2011年10月，经国务院批准撤销重庆市双桥区、大足县，设立重庆市大足区，同时设立重庆市双桥经济技术开发区。

大足建区以来，辖龙水、邮亭、宝顶、万古、珠溪、中敖、三驱、石马、雍溪、玉龙、宝兴、拾万、铁山、回龙、国梁、金山、高升、季家、龙石、高坪、古龙21个镇和棠香、龙岗、龙滩子、双路、通桥、智凤6个街道，203个行政村、106个社区。至今无变。

重要资源

土地资源。土壤有水稻土、冲积土、黄壤土、紫色土四大类，全区耕地面积882490亩，人均耕地0.82亩。

动物资源。大足区动物资源较为丰富。有鱼类46种，属5目12科；两栖动物11种，属1目5科；爬行动物22种，属2目11科；鸟类184种，属18目54科；哺乳类有6目13科26种；国家级重点保护野生脊椎动物25种，如白肩雕、小鸦鹃、画眉等，有重庆市级重点保护动物18种，如黄鼬、灰胸竹鸡、凤头鹃鹩、噪鹛等。

植物资源。大足区属亚热带常绿阔叶林区，植物种类较多，维管植物共计205科863属1983种（含变种及变型）。区内有珍稀濒危和国家重点保护野生植物13科18属21种，其中国家Ⅰ级重点保护植物1种，即南方红豆杉；国家Ⅱ级重点保护植物20种，如桫椤、金毛狗、金荞麦、油樟、楠木、润楠、红豆树、香果树等；稀有种1种；渐危种5种。

水利资源。大足区地处长江水系涪江、沱江分水岭上，为濑溪河发源地，境内河网纵横，共有溪河288条，总长1309千米，河网密度0.9千米／平方千米，其中跨区县河流21条、区境内总长258千米，区内河流267条、总长1051千米。2022年，全区多年平均地表水资源总量59230万立方米，其中地下水资源量4200万立方米，人均水资源量553立方米。

矿产资源。大足区内已发现矿产19种，矿产地、矿化点共计 86 处。已查明的资源储量规模达到小型及以上的矿种主要有煤、锶矿、镓矿、石膏、建筑石料用灰岩、建筑用砂岩、玻璃用砂岩、砖瓦用页岩等共 8 种。锶矿是重庆市的优势矿产、特色矿产；地热、石灰岩、砂岩为区内优势矿种。已探明煤的保有储量为 6400 万吨；锶矿探明储量 3800 万吨，约占全国 1/2、全球 1/4，属亚洲第一特大矿床，平均品位在 60% 左右，为国内碳酸锶生产企业首选矿石；镓矿保有储量为 1631 吨；石膏矿石 4500 万吨。

旅游资源。大足区是驰名中外的"石刻之乡"，人文自然景观十分丰富，有被列为世界文化遗产的大足石刻、国家级森林公园玉龙山森林公园、国家级水利风景名胜区龙水湖景区、如梦荷棠·山湾时光、隆平五彩田园、黄花岗 72 烈士之一的饶国梁故居、雍溪里、香国公园、昌州古城、棠香人家、老家观音岩等一大批景观。先后荣获中国人居范例城市、中国优秀旅游城市、全国文明示范景区、重庆市最佳旅游景区、市级全域旅游示范区等殊荣。

基础设施

供水。截至 2022 年底，全区建成各类蓄、引、提水工程 4900 余处，多年平均可供水量达到 2.1 亿立方米；建成各类配套渠（管）道 1000 余千米，有效灌溉面积 49.22 万亩；建成城市供水工程 3 处，供水能力 11 万吨/天，实现双桥龙水组团与龙岗棠香组团互联；建成农村集中供水水厂 38 处，供水能力 5.6 万吨/天，基本实现农村供水全覆盖；建成各类中小河流防洪护岸 120 千米，区域防洪能力稳步提升。渝西水资源配置工程建成后，将形成以江河提水＋区内水源互补互济的供水保障格局。

供电。全区目前已拥有公用变电站 220 千伏 3 座、110 千伏 10 座、35 千伏 12 座，另有企业专用变电站 6 座。全区电力最大负荷能力 662.2 万千瓦，电力供应得到较好保障。

供气。全区有大足燃气公司、胜邦燃气公司 2 个燃气供应公司，邮亭调压计量站、邮亭调压调峰站、龙水调压调峰站、茅店加气站、城南加气站 5 个功能站，蜀南气矿包 37 井、邮亭东输阀室、页岩气足 201、206、208 井、中石油永双线、中石化永双复线 5 个下载气源。胜邦公司现有各种输气管道 4922 千米，大足燃气公司各类管网总长度约 390 余千米。全区日供气能力达 180 万立方米。

交通。截至 2022 年底，全区铁路运营里程 16 千米。成渝铁路 11 千米，设大足站、长河碥站；成渝高铁过境大足 5 千米，设大足南站。成渝中线高铁动工建设，过境大足 40 千米，设大足石刻站。全区高速公路通车里程 124.3 千米。普通公路通车里程达到 3775.645 千米。拥有班线客车 365 辆，载重汽车 7227 辆，出租汽车 300 辆，公共汽车 201 辆。

通信。截至 2022 年底，全区运营商 FTTH 端口数量达到约 73 万户，接入端口数达 42.38 万户；固定电话户数达到 14.02 万户，宽带用户数达到 31.13 万户，基本实现光纤全覆盖，宽带平均接入能力达到 300M；千兆示范小区 230 个，覆盖龙岗、龙水、双桥、万古城区等区域；建成通信基站 5547 个（含 5G 基站 2859 个），基站信号覆盖率 98.5%，实现全区 4G 网络全覆盖，城区、园区、景区、高速公路等区域基本覆盖。初步建成覆盖城区及重点镇街 5G 通信网络组网，满足 5G 通信网络商用服务要求。

市政。大足区城市功能不断完善，管理水平持续提升，建成城区面积由 36 平方千米扩大到 55 平方千米，常住人口城镇化率达到 63%。乡村振兴战略深入实施，农村基础设施不断完善，乡村面貌明显改观，成功纳入国家城乡融合发展试验区。

城区建有公园21个，口袋公园22个。城区绿地面积1610.62公顷，绿化覆盖面积1715.80公顷，绿地率47.27%，绿化覆盖率50.37%，人均公园绿地面积21.49平方米。城区城市管理局管理标准公厕63座，移动公厕5座，社会单位开放公厕65座。垃圾站31座，固定垃圾收集点225个、流动垃圾收集点41个，镇街垃圾中转站24座。农村生活垃圾收运车84辆、垃圾桶25825个，垃圾箱4218个，"户投放、村收集、镇转运、区处理"的城乡一体化收运处置体系实现全域覆盖，有效治理的行政村比例为100%。城区道路总长115.14千米。双桥经开区建成14条道路，形成"五纵四横"的路网结构。机动车停车位62474个，自行车、摩托车停放点878组，阻车杆1103个。

数字化城市管理平台覆盖面积为22平方千米，建成区范围普查覆盖率100%。同步畅通重庆市12319民生服务管理系统、大足区12319民生服务热线；建有"城管机器人"视频智能分析系统，实现城市管理问题智能采集。共享区公安局公共安全视频监控资源5300余路，接入城投公司智慧停车系统、区路灯管理所智慧路灯系统；有"南山双向隧洞智能监控全覆盖""建筑工地视频数据综合应用系统""智慧公厕"等智能化场景应用。

教育文化。截至2022年底，全区共有学校271所（不含17所村小、38所小学附属园），其中普通中学33所，小学70所。全区普通中小学校共招生30600人、在校生162918人、毕业生31785人。义务教育阶段适龄儿童入学率为100%。全区共有博物馆1个，档案馆1个，文化馆（站）27个。公共图书馆2个，藏书41.6万册。年末电视覆盖率达到100%，广播覆盖率100%。有线电视用户9.4万户，综合电视入户率达到99.7%，数字电视整体转换工程顺利推进。

市级非物质文化遗产传承教育基地3个，区级非物质文化遗产传承教育基地17个；市级非物质文化遗产生产性保护示范基地1个；市级非物质文化遗产传习所3个，区级非物质文化遗产传习所2个。27个街镇、309个村（社区）基层综合文化服务中心实现全覆盖。全区有被列为各级文物保护单位不可移动文物共计111处。其中国家级8处，市级11处，区级92处。现有国家级非物质文化遗产代表性项目名录2项，市级25项，区级73项。

卫生健康。截至2022年底，全区共有公办医疗卫生机构34个，其中国家三级甲等综合医院1个。全区有编制床位5134张，实际开放床位5885张，卫生技术人员5072人，其中执业医师和执业助理医师2308人。建成国家高级卒中中心1个、国家胸痛中心1个、国家房颤中心1个，柔性引进院士国医大师等专家团队8个，建立"韩德民院士工作站"高层次平台10个。拥有市级"美丽医院"2家、4级"智慧医院"1家，市级"生态文明示范医院"1家、市级"最美基层医疗卫生机构"1家。实现镇街卫生院、行政村卫生室标准化建设全覆盖，"一镇一院、一街一中心""农村30分钟、城市15分钟"医疗服务圈基本形成。

主要产业

截至2022年底，全区实现地区生产总值817.2亿元，同比增长3.3%，增速高于全国0.3个百分点、高于全市0.7个百分点，列全市各区县第19位、主城都市区第6位、桥头堡城市第1位。其中：第一产业实现增加值73.5亿元，同比增长3.6%；第二产业实现增加值384.9亿元，同比增长4.6%；第三产业实现增加值358.8亿元，同比增长1.9%。一般

● 中敖镇观寺村脱贫户养殖的黑山羊（大足区档案馆 提供）

公共预算收入43亿元、同比下降6.5%。全体常住居民人均可支配收入达到36317元、同比增长5.5%。

农业。截至2022年底，全年完成农牧渔业总产值107.1亿元，同比增长3.8%。其中：农业产值61.6亿元，牧业产值29.6亿元。全年粮食种植面积63248公顷，蔬菜种植面积20683公顷，油料种植面积21106公顷。粮食总产量41.2万吨，蔬菜产量49.1万吨，油料产量5.0万吨。肉类总产量6万吨。提质55万亩优质粮油菜基地，伏淡季水果基地14.18万亩（挂果）；建设50万头现代生猪产业基地，建成2.4万余亩稻渔综合种养示范基地。冬菜博物馆、宝顶酿造等项目竣工投用。成功创建"国家水产健康养殖和生态养殖示范区"。区级产业化农业龙头企业145家（其中市级35家），农民专业合作社1211个（其中国家级示范社17个、市级示范社64个、

● 双桥经开区（大足区档案馆 提供）

区级示范合作社63个、农民专业合作社联合社13个），家庭农场1041个（其中市级示范家庭农场16个、区级示范家庭农场134个）。有绿色农产品84个、有机农产品7个。土地规模经营流转率39.4%。下一步将依托西南大学、国家杂交水稻工程技术研究中心重庆分中心等科研机构的技术支持，巩固55万亩优质粮油产业，与资阳、潼南等区市县联合打造100万亩柠檬产业示范带，川渝共建200万只黑山羊产业集群，做强优质粮油菜、大足黑山羊、大足冬菜、生态渔业等优势特色产业。

工业。现有双桥经开区、大足高新区、大足工业园区、大足石刻文创园四个工业集聚平台，总体规划建设面积46.1平方千米，其中规划工业用地面积23.14平方千米。截至2022年底，已建成26.47平方千米，已出让工业用地18.8平方千米。双桥经开区主要布局智能网联新能源专用车及零部件、电子信息、再生资源、锶盐等产业，重点培育信息技术、商贸物流、生产性服务业、智能网联新能源汽车零部件、绿色低碳等产业，全力创建成为国家级经开区；大足高新区主要布局电梯、摩托车、生态环保等产业，重点培育机器人及智能装备、集成电路、生物医药、智能网联新能源汽车零部件等产业，全力创建成为国家高新区；大足工业园区主要布局五金、家居、模具及材料等产业，重点培育消费品工业、现代装备制造等产业，成为全国重要的现代五金产业基地、全市特色消费品产业基地；大足石刻文创园主要布局雕塑艺术、工艺美术、数字文创、高端石材等产业，全力创建成为国家级文化产业示范园区。截至2022年底，已集聚工业企业4800余家，年新增规上工业企业45家，其中新投产企业15家，位居全市第一

● 大足高新区（大足区档案馆 提供）

● 大足高新区重庆大隆宇丰摩托车制造车间（瞿波 拍摄）

位。规上工业企业达到390户,实现规上工业产值926.3亿元、同比增长10.9%,产值上亿元企业200户;工业对经济增长的贡献率38.7%;战略性新兴产业增速达到40.1%、占规上工业产值比重16.3%;大足区工业经济运行综合指数位列重庆市第2位。

已形成五金、汽摩、智能、静脉、锶盐、文创六大产业集群,占全部工业总量的90%以上。截至2022年底,五金产业集群有企业1500余家,形成年产刀具1亿把、农机120万台（套）、工具和建筑五金50万吨的生产能力,产值249亿元。汽摩产业集群有企业1100余家,产值350亿元。智能产业集群有企业200余家,产值200亿元。静脉产业集群产值205亿元。锶盐产业集群中,锶盐新材料产业园已建成投用。文创产业集群引进雕塑、文旅、3D打印等项目17个,大足文创园入驻企业达到150家。

● 重庆红岩重型汽车博物馆（大足区档案馆 提供）

文旅品牌

大足是巴蜀文化旅游走廊上的一颗明珠、成渝双城经济圈中的国际知名旅游地。世界文化遗产、全国首批 5A 级旅游景区——大足石刻闻名于世。玉龙山国家森林公园、龙水湖国家级水利风景区为代表的六山六湖自然资源秀美独特。千年五金文化、宗教文化、影视创意文化、民俗文化及石雕文化等为代表的创意资源丰富多彩。原乡荷花村、海棠人家等生态观光农业为代表的生态资源生机勃勃。圣寿寺、广大寺、石马天主教堂等为代表宗教资源各具特色。中敖火烧龙、万古鲤鱼灯、双桥狮舞、牙齿顶板凳等民间绝技令人叹为观止。龙水小五金、大足石雕、冬菜、竹编等旅游商品颇具地方特色，重庆莱斯五金制造有限公司设计生产的刻花刀具、百世特户外旅游包和复合钢养生炒锅等旅游商品屡获全国旅游商品设计大赛金奖。获评"2020 年度中国文旅融合发展名区"，大足石刻获评"巴蜀文化旅游走廊新地标"，大足石刻景区列入第二批市级智慧旅游示范景区，龙水湖度假区获评"重庆市体育旅游综合体"，香国公园获"重庆最美公园"称号及"市民口碑奖"，"晒旅游精品·晒文创产品"文旅推介活动获全市最佳推广奖。2022 年，全区接待海内外游客 3050.7 万人次、增长 3.6%；旅游总收入 161.9 亿元、增长 5.2%。

大足石刻。大足石刻是重庆市大足区境内所有石窟造像的总称，境内迄今文物保护的石窟多达 75 处，造像 5 万余尊，其中尤以北山、宝顶山、南山、石篆山、石门山五处的石窟摩崖造像最具特色。大足石刻的石窟造像始建于初唐，历经唐末、五代，盛极于两宋，从 9 世纪末开始一直到 13 世纪中叶建成。壮观而精美的石刻塑像展示的是中华民族忠孝、

● 宝顶山景区（大足区档案馆 提供）

● 大足石刻转轮经藏窟（大足区档案馆 提供）

大足区 | 273

● 大足石刻华严三圣（大足区档案馆 提供）

● 龙水湖（大足区档案馆 提供）

● 大足石刻千手观音（大足区档案馆 提供）

仁爱、诚信、礼仪的传统价值理念，造像中蕴含的"慈、善、孝、义、廉"等传统价值理念，彰显了中华民族优秀文化的无穷生命力，充分体现了社会主义核心价值观，是重庆市爱国主义教育基地、青少年教育基地、科普基地。

大足石刻中最精美、最具代表性的石刻造像就是千手观音像，距今八百余年的千手观音像被赞誉为人间一绝、天下奇观，是我国最大的集雕刻、彩绘、贴金于一体的摩崖石刻造像，也是世界文化遗产大足石刻的重要代表作品，更是重庆的一张重要文化名片。2015年6月13日，第十个中国文化遗产日，历时近8年之久的重庆大足宝顶千手观音造像抢救性保护工程正式竣工。此项工程是国家石质文物保护"一号工程"，开创了我国大型贴金彩绘不可移动石质文物修复的先河，在没有国内外经验可借鉴的情况下，探索研究解决了造像石质、贴金、彩绘出现的34种病害，对全世界同类型的石窟文物保护工作具有示范作用，被评为"第三届全国优秀文物维修工程"。

龙水湖景区。龙水湖景区位于重庆市西部、大足区南部，坐落于巴岳山脉分水岭西侧，延绵约10千米，距全国著名的"五金之乡"龙水镇5千米，距大足城区22千米，距成渝高速公路10余千米，区位条件十分明显。龙水湖景区是重庆首个市（省）级湿地公园，常年蓄水量1200多万立方米，水域面积5600余亩，相当于四个杭州西湖。湖畔西山雄峙，倒影半入湖户，其幽雅之情趣油然而生。湖内岛屿星罗棋布，湖区港汊纵横，有姿态各异的108个岛屿点缀其中，湖水清澈、湖光山色、水天一线，西山森林翠绿、风光秀丽，群鹤飞舞、戏水湖心，岛山苍松翠绿，绿树掩映，还有白鹤、野鸭、鸳鸯等20多种珍禽栖息于岛上，一派野趣盎然的天然风光。"松鹤山庄"是龙水湖的主要景区，位于湖心松鹤岛，环境幽古。有高30多米的"松鹤楼"，可将龙水湖全景尽收眼底；有惊险刺激的铁索吊桥和高空速滑；有以宣传龙文化为主题的"龙岛"；各类游船300多艘。景区内还有川渝地区很有特色的水上乐园及滨湖全季节双乐园温泉水世界。

香国公园。香国公园设计总占地1300亩，以培育城市生态绿心、展示健康生活方式、彰显自然人文山水为指导思想，融入大足特色历史文化和海绵城市理念，运用建筑、山石、水体、植物、灯光等景观元素，以"五维景观"手法营建，集文化体验、度假旅游、休闲商业于一体。建有廊桥、阁楼、叠瀑、文化壁展等标志性建筑及香国广场、百姓舞台、儿

● 香国公园（大足区档案馆 提供）

● 重庆隆平五彩田园（大足区档案馆 提供）

童游乐园、灯光水秀等11个特色功能区，有192亩妙善湖和48亩香泉湖两大水体。2020年获评"重庆最美公园"，2022年10月获评国家4A级旅游景区。

重庆隆平五彩田园。重庆隆平五彩田园位于大足区东南部拾万镇，境内交通便利，不仅拥有"十分钟大足城区，二十分钟重庆主城"的地理优势，还与玉龙山国家级森林公园、龙水湖风景度假区、石马教堂、石门山石刻组成旅游环线。这里农畜渔牧林并举，生态种养方兴未艾，为历史悠久的鱼米之乡。重庆隆平五彩田园是由袁隆平院士工作站和大足区人民政府共同投资新建的大型综合性景区，包含院士工作站、现代农业双创基地、隆平五彩田园景区三大板块。其中，五彩田园景区包含了3D地绘墙绘艺术、亲水码头、科普研学园、生态牧场、景区咖啡屋、普洱主题茶艺馆、主题餐厅音乐餐厅、儿童水上游乐区、热气球营地、篝火晚会区、稻草屋民宿、大型主题酒店。该景区依托袁隆平工作站打造学术权威高地，依托当地挂牌大学和袁隆平院士工作站海内外号召力打造农业双创聚集地，依托隆平五彩田园景观及体验游乐设施打造乡村旅游目的地，是重庆地区拥有院士工作站、科普研学、生态景观相结合的综合性景区。

风味美食

大足菜肴。川菜的重要组成部分，由于历史渊源，大足的美味佳肴传承湘鄂黔等地风味，再与巴蜀的麻辣鲜香结合，独创出具有佛文化和五金文化的大足名菜、大足特色菜。大足的美食，加入了绿色和环保的理念，更利于人们的身体健康，为大足的旅游业增添了光彩。

田凉粉。田凉粉历史悠久，现有100余年的历史，可称之为田家几代人共同创造的绝活。田凉粉用祖传秘方调制、搅拌而成，切成细丝，柔而不断，配上香油、椒油、芝麻、蒜泥、荷香、醋、酱油等十多种佐料，吃起来回味无穷。

丁家坡洋芋。丁家坡洋芋是大足独有特色小吃，麻、辣、鲜、香、脆、味美，食之赞不绝口，颇受人们喜欢，网购火爆，畅销全国。来过重庆，没吃过重庆火锅是一种遗憾，来过大足，没吃过大足丁家坡洋芋也是一种遗憾。

邮亭鲫鱼。清朝咸丰年间，南来北往的行人在邮亭铺逗留，喝茶、打牌、吃住，好一片热闹景象。当地一些机灵的渔夫便依托邮亭铺开路边鱼铺，熬鲫鱼汤、煮鲫鱼，方便行人食用。在邮亭鲫鱼的发源地大足区邮亭镇，在大邮公路沿线的邮亭水泥厂

● 大足区珠溪镇的重庆鑫轩冬菜基地（大足区档案馆 提供）

● 田凉粉（大足区档案馆 提供）

● 邮亭鲫鱼（大足区档案馆 提供）

到公铁大桥之间，形成了邮亭鲫鱼一条街，不少外地食客，慕名而来品尝正宗的邮亭鲫鱼。

宝顶冬菜尖。宝顶冬菜尖享有"菜味精"和"十里香"之称，观之呈黑褐色，且油亮有光泽，尝之脆而爽口，香醇而润泽。宝顶冬菜发酵储存三年，开坛即异香飘逸，因其用料考究，工艺独特，口感脆嫩而闻名各地。

大足烤全羊。选用肉质鲜美、营养价值高的大足黑山羊，配制出麻、辣、香的味道，同时，选一部分羊肉，用铁丝串起来烧烤。羊杂碎加上大足绿色食品之一的复隆萝卜，炖出一锅鲜美的清汤来，美味无比。

大足黑山羊是唯一既列入国家级畜禽遗传资源保护名录又被评为中国重要农业文化遗产的山羊。其体格较大，生长发育快，繁殖力强；肉质好，营养价值高，蛋白质含量在19.6%以上，胆固醇含量比猪肉低75%。

发展定位

大足区以习近平新时代中国特色社会主义思想为指导，全面贯彻党的二十大精神，始终牢记习近平总书记"一定要把大足石刻保护好"的重要要求，认真落实市委六届二次全会部署，深度融入成渝地区双城经济圈和西部陆海新通道建设，协同推进渝西地区一体化高质量发展，加快做靓享誉世界的文化会客厅、建强链接成渝的"两高"桥头堡，全力做好"国际文旅名城、特色产业高地、城乡融合示范"三篇大文章，不断提升国际影响力、综合实力、创新活力、辐射能力，奋力建设富裕文明和谐美丽幸福新大足。

发展目标

"十四五"时期，大足区将在全面建成小康社会基础上努力实现加快发展、创新发展、高质量发展，经济发展质量和效益明显提升，基本形成以创新为引领、现代产业为支撑的现代化经济体系，国际知名旅游地建设取得决定性进展，特色产业新高地建设取得重大突破，高品质生活宜居地建设取得显著成效，营商环境优化取得长足进步，社会文明程度明显提高，治理效能达到更高水平。围绕国际化、绿色化、智能化、人文化，扎实推进城市提升，促进经济发展和人口集聚，城镇化率达到70%以上，不断提高城市综合承载力和辐射带动力。围绕特色化、集群化、智能化、高端化、绿色化，持续发展五金、汽摩、智能、静脉、锶盐、文创等特色产业，积极培育战略性新兴产业，全力推动产业转型升级，力争规上工业总产值突破1700亿元，工业总产值突破2100亿元。以城市能级跃升带动产业集聚、人口汇聚，力争城市人口、建成区面积分别达到70万人、70平方千米以上。

综合实力跃上新台阶。全区GDP突破1000亿元。壮大五金、汽摩、智能、静脉、锶盐、文创等特色产业集群，旅游、物流、金融等现代化服务业加速集聚，农业现代化、品牌化不断发展，打造硒锶产品等全国知名品牌。双桥经开区、大足高新区、大足石刻文创园分别创建成为国家级园区。城市空间布局更加优化、功能更加完善，建设独具魅力的"双70"城市，建成城乡融合发展先行示范区。

文旅名城彰显新形象。全面加强大足石刻保护研究利用，大足石刻研究院创建为世界知名研究院；全域建设大足石刻文化公园，巴蜀文化旅游走廊支撑引领作用不断增强，建成国际知名旅游地。

创新能力得到新增强。全社会R&D投入占GDP比重超过全市平均水平，数字经济核心产业增加值占GDP比重超过10%，高新技术企业、科技型企业数量分别达到300家、1600家，建成全市重要的高新技术产业基地。

产业升级实现新突破。统筹推进农业提质增效、工业转型升级、服务业振兴繁荣，聚焦战略重点，提升传统产业，做强优势产业，布局新兴产业，构建多元支撑的现代产业体系，建成全市重要的智能产业基地、中国西部石刻文创产业基地、世界锶盐新材料生产基地，建强中国西部五金之都。

改革开放迈出新步伐。重要领域和关键环节改革取得突破性成果，政府管理智能实现深度转变，制度性交易成本明显降低，营商环境显著优化，企业、群众办事便捷度和满意度明显提升。开放合作取得显著成效，成为主城都市区对外开放新高地。

协同发展开创新局面。深度融入成渝地区双城经济圈建设和全市"一区两群"协调发展，桥头堡城市作用进一步彰显。与重庆中心城区同城化取得重大进展，建成川渝协作示范区。

生态文明展示新进步。环境质量持续提升，推进碳达峰、碳中和取得明显成效，生态文明制度机制更为健全，绿色发展方式和生活方式基本形成，让大足的天更蓝、地更绿、水更清、空气更清新。

民生福祉达到新水平。脱贫攻坚成果巩固拓展，乡村振兴全面推进。居民收入与经济增长基本同步，优质均衡的公共服务体系基本形成，全覆盖可持续社会保障体系更加健全，在更高水平上实现幼有所育、学有所教、劳有所得、病有所医、住有所居、老有所养、弱有所扶。

治理效能获得新提升。社会主义核心价值观深入人心，人民群众思想道德素质、科学文化素质、身心健康素质明显提高，成功创建全国文明城区。基层治理体系和治理能力现代化水平全面提升，民主法治更加健全，群众安全感满意度持续提升。

党的建设取得新成效。全面从严治党深入推进，党内政治生活更加严格规范，高素质干部人才队伍建设全面加强，基层党组织凝聚力战斗力全面提高，党群干群关系更加密切，风清气正的政治生态更加巩固。

（撰稿：何勇　秦甫燕　审稿：蒋世贵）

璧山区

基本情况

璧山位于重庆西部，介于东经106°02′~106°20′，北纬29°17′~29°53′之间，因境内"山出白石，明润如璧"而得名。辖区面积915平方千米，辖6个街道9个镇，常住人口76万人。2022年，全区地区生产总值920.9亿元，增长3.6%；全社会固定资产投资371.3亿元，增长4.9%；一般公共预算收入43.6亿元，其中税收收入19.9亿元；全体居民人均可支配收入42408元；常住人口城镇化率72.75%。

文化底蕴深厚。素有"巴渝名邑"美誉，曾出过北宋冯时行、南宋蒲国宝"双状元"及江朝宗、

● 璧山区人民广场（璧山区融媒体中心 提供）

何增元等翰林。"金剑晴雪、东林晓钟、觉院夜雨、茅莱仙境、圣灯普照、虎峰马迹、凉伞云遮、石泉凝脂"等璧山古八景名载乾隆县志。汉墓石棺、明清石刻碑群质朴生动，正兴露德堂、朝元寺牌坊、何氏百岁牌坊等人文古迹成为重庆直辖后第一批市级文物保护单位，璧山还拥有重庆唯一一座保存完好的文庙。晏阳初先生曾在璧山开展了一场具有典型意义和深远影响的乡村建设实验，建立起以璧山为中心、覆盖重庆周边10县1局的华西实验区。郭沫若、吕凤子、刘雪庵等知名大家抗战期间都曾在璧山生活创作。

区位优势明显。坐拥"同城化发展先行区"和"西部（重庆）科学城重要功能区"定位，正紧扣"两高"发展愿景，倾力建设"五新四城"，积极推动成渝地区双城经济圈建设。交通方便快捷，成渝、渝蓉、渝遂、九永高速穿境而过，地铁一号线大学城至璧山段、云巴示范线开通，合璧津高速、渝遂高速支线、渝昆高铁、成渝中线高铁、兰渝高铁渐次布局，重庆新机场规划落地，成渝高铁55分钟到达成都，多式多向的互联互通网络正逐步完善。

人居环境优美。地处缙云山脉与云雾山脉之间的槽谷地带，生态优美、气候宜人。拥有秀湖公园、东岳体育公园、秀湖汽车露营公园、观音塘湿地公园、枫香湖儿童公园、古道湾公园等30余个城市公园、20余个广场，正积极推进茅莱山都市田园生态公园建设，精心打造国家5A级旅游景区。海绵城市建设稳步推进，河流生态系统及城市中水实现有机平衡。先后荣获国家城市湿地公园、国家园林城市、中国人居环境范例奖、国家生态文明建设示范区、国家卫生区等20张"国字号"名片。

● 璧山区古道湾公园（璧山区融媒体中心 提供）

● 俯瞰璧山区七塘镇将军村（璧山区融媒体中心 提供）

产业支撑强劲。2022年，新增科技型企业159家，总量达1575家，高新技术企业360家，产值占比提高到57%，全社会研发投入占比达到3.3%。依托璧山国家高新区重要平台，加快构建支撑高质量发展的智能制造产业体系，打造"智能网联新能源汽车、电子信息、智能装备、大健康"四大优势产业。2022年，新增"专精特新"企业89家、"小巨人"企业6家，总量分别达到138家和14家。规上工业企业达到443家，增加值增长5.5%，工业总产值突破千亿大关。玉泉湖数字软件产业园启动建设，元宇宙、网络安全、数字文创等新业态不断涌现，数字经济增加值达到97亿元，夜间经济、后备厢经济、数字直播等消费新场景迅速兴起，服务业增加值实现427.6亿元、增长2.1%。正以"一园多点"模式拓展国家农业科技园区范围，实施一批具有较强牵引带动效应的示范项目。加快推动绿色农产品加工产业园建设，力争纳入中国（重庆）国际农产品加工产业园辐射区。规划建设大健康产业生态区，建成三担湖康养小镇、重医一院护养中心等多层次康养服务机构。

历史沿革

璧山历史悠久。上古时期，属梁州地。商周时期，属巴国地。公元前316年，秦将张仪、司马错率兵灭巴，置江州县，今县境为江州县地，属巴郡。汉至两晋，均为江州县地，属巴郡。北朝时为垫江县地，属巴郡。隋代为巴、江津二县地，属渝州。唐至德二年（757年），析巴、江津、万寿三县地置璧山县，属渝州。县域大致为中梁山以西、云雾山以东、长江以北、嘉陵江以南地区，包括今璧山境域及永川北部、九龙坡含谷和白市驿、沙坪坝西永和陈家桥、北碚缙云山北温泉和澄江等地。唐大历十一年（776年），析璧山地置永川县。唐宋时期，璧山县先后属渝州、恭州、重庆府。元至元二十二年（1285年），璧山县因屡遭兵灾，人丁稀少，并入巴县。明成化十九年（1483年），复置璧山县，属重庆府。县域大致为缙云山以西、云雾山以东、小马坊古桥头铺以北、今保家分水岭以南地区。清康熙六年（1667年），璧山县因战乱频仍、户口减少，并入永川县。清雍正七年（1729年），置璧山县，寄治来凤驿，属重庆府。雍正十年（1732年），治璧城，属重庆府。清乾隆二十四年（1759年），巴县祥里之西划入璧山。

1914年属四川省川东道。1928年撤道后，属四川省。1936年，设行政督察区制，璧山县属四川省第三行政督察区。同年，璧山县澄江镇、缙云山、北温泉等地划归四川省嘉陵江三峡乡村建设实验区。1940年，重庆成为陪都，以成渝、川黔公路两侧80千米范围为重庆卫戍区和陪都迁建区，璧山属之。

1949年12月1日，璧山解放，属川东区巴县行政专员公署。同年12月20日，巴县行政专员公署改驻璧山，更名璧山行政专员公署。川东区璧山专署辖巴县、璧山、江津、永川、合川、江北、铜梁、荣昌、大足、綦江、南川、长寿、涪陵13县和北碚管理局。1951年4月，璧山专署迁江津，更名江津专区。1952年，璧山县青木乡划归北碚市第五区。1968年，江津专区更名江津地区。1981年，江津地区更名永川地区。璧山先后属江津专区、江津地区和永川地区。1983年4月1日，永川地区并入重庆市，璧山属重庆市。1997年重庆直辖，璧山县隶属重庆直辖市。

2014年5月2日，经国务院批准，撤销璧山县设立重庆市璧山区。

重要资源

土地资源。璧山区耕地面积27837.32公顷；种植园地面积为12088.88公顷；林地面积为26830.82公顷；草地面积为115.25公顷；城镇村及工矿用地面积为13957.01公顷；交通运输用地面积为1471.83公顷；水域面积为4409.81公顷；水工建筑用地面积为74.88公顷；湿地面积为10.02公顷；其他土地面积为4637.18公顷。

矿产资源。主要矿种为水泥用石灰岩矿、建筑石料用灰岩矿、建筑用砂岩矿、砖瓦用页岩矿、地热水。其中，水泥用石灰岩矿1个，动用储量203万吨，保有储量2530万吨，剩余可采储量2170万吨；建筑石料用灰岩矿3个，动用储量254.4万吨，保有储量3050万吨，剩余可采储量2160万吨；建筑用砂岩矿4个，动用储量4万立方米，保有储量141万立方米，剩余可采储量120万立方米；砖瓦用页岩矿2个，均为来料加工，保有储量31.27万吨，剩余可采储量21.71万吨；地热水2个，动用储量365立方米／天。

水资源。属于典型的丘陵水源区，年人均水资源量560立方米左右。全区1959—2022年多年平均地表水资源量为4.18亿立方米，相应径流深为449毫米。在丰水年（p=25%）情况下全区地表水资源量4.9亿立方米，一般枯水年（p=75%）情况下全区地表水资源量3.22亿立方米，特枯水年（p=95%）情况下全区地表水资源量2.52亿立方米。璧山区水能资源理论蕴藏量为2489千瓦，其中可开发水能资源1535千瓦，年发电量565万千瓦时。现已建成的水电站有7个，总装机容量1435千瓦，年发电量495万千瓦时。

生物资源。全区有高等植物187科741属1636余种。主要树种有马尾松、杉木、甜储栲、槲栎、麻栎、润楠、香樟、木姜子、三角枫等,灌木树种有映山红、展毛野牡丹、杜鹃等,草本植物有铁芒箕、蕨、芭茅、莎草、淡竹叶及禾本科植物。有国家级保护物种11科13属13种,分别是南方红豆杉、水杉、金毛狗、楠木、润楠、七叶一枝花、茶、八角莲、桫椤、罗汉松、银杏、金荞麦、天竺桂。有脊椎动物256种,隶属于5纲27目,其中哺乳纲有4目8科16种,鸟纲有17目47科181种,爬行纲有1目7科19种,两栖纲有1目6科13种,硬骨鱼纲有4目5科27种。

旅游资源。璧山旅游资源丰富,全区有国家4A级旅游景区2个(观音塘湿地公园、秀湖公园),3A级旅游景区1个(体育公园),2A级旅游景区2个(露德堂、三担湖公园),国家级森林公园、市级风景名胜区1个(青龙湖),国家级城市湿地公园1个(观音塘湿地公园);温泉酒店1个(天赐华汤温泉酒店);城市公园35个;国际旅行社1家,国内旅行社3家,国内旅行社分社2家,旅行社网点43个。

基础设施

交通。璧山辖区内公路总里程2791.8千米(不含高速公路),按行政等级划分,国道97.02千米、省道143.86千米、县道583.59千米、乡道527.82千米、村道1439.51千米。公路密度306千米/百平方千米、37千米/万人。全区镇通畅率100%,村通畅率100%,撤并村公路通畅率100%,村(居)民小组通畅率100%。通车高速公路现有5条,通车总里程118千米,分别是成渝高速(23千米)、渝遂高速(15千米)、渝蓉高速(15千米)、九永高速(22

● 成渝高铁璧山站(璧山区融媒体中心 提供)

千米)、合璧津高速(合川城南枢纽至璧山西段)(43千米);在建高速公路3条,合璧津高速(机场绕线段)、永璧高速和渝遂高速复线;另规划建设高速公路2条,分别为合川草街至七塘高速公路和成渝高速扩能项目。璧山区境内高铁线路4条,分别为成渝高铁、成渝中线高铁、渝昆高铁和兰渝高铁。成渝高铁已建成投用,成渝中线高铁、兰渝高铁、渝昆高铁已纳入重庆市高铁建设5年行动工作方案。轨道交通1号线直达璧山,重庆第二国际机场选址落户璧山,璧山全面进入主城时代。

璧山"云巴"是极具特色的交通工具。线路全长15.4千米,起于轨道交通1号线璧山站,止于成渝高铁璧山站,配属列车15列,可实现全程无人驾驶。日均客流5800人次,最高日客运量1.95万人次,运行总里程数254万千米,运行总列次16.7万列次。以立体化交通模式,解决城市拥堵与污染,满足城市交通运输需求,被具象为"行驶在高架上的电动大巴"。

自来水供应。现有自来水厂15座,日供水能力28.39万吨,拥有市政主管道860千米,2条与大学城互联互通的日通水能力6万立方米的备用供水管道,自来水用户27.64万户,服务人口76万人。2022年,城区自来水供水量4136.76万吨,供水有效率91.5%,水质合格率100%;镇街自来水供水量1181.89万吨,供水有效率75%,水质合格率100%。

电力供应。2022年,璧山电网辖区供电人口75.6万人、46.85万户,售电量35.79亿千瓦时,营业收入21.55亿元,综合线损率4.57%。2022年全网最高负荷81.7万千瓦,最大日用电量1626万千瓦时。2022年全网最高负荷81.7万千瓦,最大日用电量1626万千瓦时。

● "云巴"列车行驶在璧山城区(璧山区融媒体中心 提供)

●璧山区俊豪中央大街街景（璧山区融媒体中心 提供）

天然气供应。 璧山天然气供区覆盖全区13个镇街，服务客户23.9万户，拥有气源管线3条，1000立方米储气球罐1个。2022年年供气总量14752万立方米，累计建设中压管道31.12千米、低压管道47.23千米、次高压管道14.1千米。

商业服务。 环秀湖商圈位于璧山绿岛新区核心区，环秀湖公园而建，占地300公顷，建筑面积450万平方米，其中商业面积150万平方米，包含璧山CBD、秀湖商业体、南门唐城、金科秀湖天街、红星美凯龙渝西国际家居广场等项目。

大数据智能化建设。 璧山高新区作为重庆市首批智慧园区的示范标杆，总投资8000万元，构建"1+2+N"管理体系，赋能产业转型升级，在亚太智慧城市评选中获"2020中国领先智慧园区奖"。与市大数据管理局合作，建设西部（重庆）科学城先进数据中心项目，打造国家级先进数据中心。推动产业数字化，青山公司等12家企业纳入市经济信息委2020年第一批工业互联网试点示范项目。成功申报工业互联网标识解析二级节点项目。联合上海电气数字科技成立工业互联网赋能中心，推动企业数字化。上云企业265家，新认定智能化改造项目65个，拥有青山工业、红宇精工等智能工厂4个，康佳光电、蓝黛传动等数字化车间35个。

主要产业

农业。 2022年，全区完成农林牧渔业总产值65.5亿元，同比增长4.0%。其中农业产值34.9亿元，同比增长5.7%；林业产值0.8亿元，同比增长2.7%；牧业产值26.0亿元，同比增长1.8%；渔业产值3.0亿元，同比增长30.0%；农林牧渔业服务业产值0.8

● 鸟瞰西部（重庆）科学城璧山片区（璧山区融媒体中心 提供）

亿元，同比增长5.0%。

全年粮食产量16.6万吨，水果产量18.1万吨，蔬菜及食用菌产量85.1万吨。出栏生猪22.6万头，出栏家禽2780万只。璧北蔬菜基地3133公顷，播种面积9333公顷，蔬菜产量32.3万吨。绿化（花卉）苗木基地面积5200公顷。粮食作物播种面积27697公顷，同比增长1.9%。油料种植面积2823公顷，同比增长3.7%。蔬菜种植面积25010公顷，同比增长5.1%。

璧山高新区成功创建百亿级农产品加工示范园区。启动实施璧北城乡融合发展示范项目，完成前期调研和方案设计工作。农业可持续绿色发展成效显著，接续推进国家农业绿色发展先行区建设，畜禽粪污综合利用率保持在98%以上，废弃农膜回收利用率87.6%。实施乡村建设行动，开展农村人居环境整治提升五年行动，生活污水处理设施覆盖率达到88.6%。

工业。2022年，全区完成工业增加值396.3亿元，同比增长4.6%。占全区地区生产总值的43.0%。工业对全区经济增长的贡献率达57.2%，拉动经济增长2.1个百分点。全区规模以上工业企业443家，从业人员平均人数9.9万人。全年规模以上工业总产值同比增长7.7%，四大产业集群总产值同比增长14.0%，其中新能源汽车产业总产值同比增长36.4%。规模以上工业企业利润总额同比增长8.6%。

璧山信息技术产业主要围绕主城区整机配套，形成重庆笔电核心配套基地，集中布局在重庆璧山高新区内（璧青公路以西、黛山大道以东、璧城永嘉大道以南、聚金大道以北），设置六大功能区，即机构件区、中低端芯片产业区、元器件与电子材料区、

●重庆东盟合作中心（璧山区融媒体中心 提供）

●重庆中医药学院（璧山区融媒体中心 提供）

● 在璧山量产下线的比亚迪磷酸铁锂"刀片电池"（璧山区融媒体中心 提供）

服务业。2022年，璧山区服务业增加值427.62亿元，占地区生产总值的比重为46.5%，同比增长2.1%，对全区经济增长的贡献率达27.3%，拉动地区生产总值1个百分点。全区限上批发业企业销售额402.8亿元，同比增长7.6%，限上零售业企业销售额176.7亿元，同比增长5.8%。生产性服务业重点行业稳步增长，规模以上租赁和商务服务业企业营业收入13亿元，同比增长32.2%；规模以上交通运输、仓储、邮

应用电子产品产业区、软件及服务外包区、综合服务区。重点发展笔记本电脑机构件，即笔记本连接轴、支架、外壳等配套产品及相关的电子类产品；引进和培育发展IP、集成电路、电子元件、汽摩电子、电子材料、信息家电和软件及服务外包产业。

璧山区中新生命健康产业组团规划面积9平方千米，重点发展生命健康、生物技术、康养服务等产业，依托重庆中医药学院，规划建设中医健康小镇，建设具有中医药特色的大健康产业园区，打造康养服务优质高效的"一生之城"。其中，先期启动的生命科学产业园项目提出了5大产业体系，17个细分门类，28个核心项目的"一核四区一园"的空间布局（一核即生命创智中心；四区即国际医疗融合示范区、生命科技转化区、健康生活功能区、智慧健康社区；一园即健康疗愈体验园）。该项目聚焦生命科学高端产业，拟落户干细胞研究与转化应用基地、国际医美抗衰基地、大健康博士科研工作站、绿色有机农产品（中药）产业基地等相关业态，建成后的生命科学产业园将成为引领中国西部生命科学领域发展创新的新高地。

政业企业营业收入9.7亿元,同比增长0.2%；新兴服务业快速成长,规模以上信息传输、软件和信息技术服务业企业营业收入1.7亿元,同比增长32.8%。全年完成升规企业15家,升限企业17家。

2022年,璧山区共建设4G基站4150个,5G基站1935个,行政村通宽带率达到100%,行政村光纤通达率100%,农村地区300米以内20户自然村基本实现光纤和4G全覆盖。璧山区初步建成了以光缆为主、高速率、数字化的通信基础网络,形成了覆盖全区城镇和农村的光纤传输网、数据通信网、移动通信网和有线电视网等多种形式的通信网络。成功接入中新（重庆）国际互联网数据专用通道,并作为全市第8个中新（重庆）国际互联网数据专用通道亮相智博会分论坛。牵头承办全国一体化算力网络成渝国家枢纽节点（重庆）启动活动,获授重庆数据中心集群起步区、重庆市电子政务云平台同城双活中心牌号。依托青山工业为龙头企业代表,在智能网联汽车产业集群积极探索"一链一网一平台"工业互联网发展模式。璧山区成功申报为重庆市政务云同城双活中心、全市8个政务信息资源共享交换平台建设试点示范区县之一。

文旅品牌

观音塘湿地公园。观音塘湿地公园位于璧山城区,占地41.53公顷,是重庆最大的城市湿地公园,于2014年,被批准为国家4A级旅游景区。紧邻的璧南河沿河路2011年被评为重庆"最美大道"。

秀湖公园。秀湖公园位于璧山老城区与绿岛新

● 鸟瞰璧南河（璧山区融媒体中心 提供）

区的接合部，紧邻璧山新商业中心，公园占地100公顷，其中水面33.33公顷，公园建筑全部为仿古建筑，43000平方米，再现璧山建县1200多年的人文景观、名胜古迹、民俗风情，成为演绎璧山厚重文化的优美"画卷"。2021年，被批准为国家4A级旅游景区。

秀湖水街国际非遗小镇。秀湖水街国际非遗小镇是璧山秀湖非遗创新产业园的三大核心之一，主要以秀湖公园为载体、以市场化运营为基础，植入国家级非遗活化体验中心、非遗商品展示中心、非遗产权交易中心、非遗创业孵化基地等复合型业态，推动秀湖公园的景区功能提升，实现非遗产业与秀湖景区相融相生。小镇是以非遗创新为核心的文化创意、文旅融合产业项目，采取前店后坊的运营模式，通过非遗文化传承、体验、创意、生产过程前台化，让非遗文化担当者走出后台的限制，与消费者有更多关于文化创意的思想交流，产生同道中人的共鸣，激发更多创意灵感，提高非遗文化传播的效果。入选2022年"全国非遗与旅游融合发展优选项目名录"。

东岳体育公园。东岳体育公园因地处东岳庙原址而得名，位于璧山绿岛新区核心区，东临黛山大道，西临枫香路，南临永嘉大道，北临文化艺术中心。公园以体育为主题，数百件健身器材分布其中。广植花草树木，绿化率高。错落安放文化石、景观石、假山、雕塑，注入艺术元素，阐释地域故事，传承璧山文脉，体育与山水、历史、艺术融为一体。东岳体育公园是璧山"体旅"融合的匠心之作，既"让体育绿起来，又让公园动起来，更让城市活起来"，成为璧山旅游一大亮点。2018年，被重庆市体育局授予"重庆市2017年市级大型城市体育公园"称号。2021年，被批准为国家3A级旅游景区。

青龙湖风景区。青龙湖风景区位于璧山城区西北29千米处的大路镇云雾山，2000年被评为"市级风景区"，2002年被评为"国家级森林公园"。以青龙湖和两座古寨为中心，有12个景观和72个景点，园林专家誉为"川东小九寨沟"，旅行家誉为"川东小峨眉"。

风味美食

来凤鱼。来凤鱼发源于成渝古道四大名驿之一的"来凤驿"（今来凤街道），被誉为重庆江湖菜鼻祖，其特点为麻、辣、鲜、香、嫩。2016年，来凤鱼烹饪技艺被重庆市政府列入重庆市第五批非物质文化遗产代表性项目名录。

璧山兔。璧山兔是璧山美食的一张重要名片，主要有白砍兔、烧烤兔、火锅兔、汤锅兔、红烧兔、酸汤兔、板兔、烧兔丝、粉蒸兔等数十种菜品，年销售兔子近200万只。其中白砍兔已有数百年历史，传承至今已形成多家知名品牌，如"唐兔""财兔""鲍兔""江兔"等。

水八碗。水八碗是璧山民间办宴席必不可少的菜品，取其数字之意，"八""发"同音，菜品并非仅有八碗，因多数菜品中都是带有汤和汁水，通过上笼蒸制成熟而成，故而将其命名为水八碗。一般包括烧白、拼碗、喜沙、酥肉、扣肉、洋菜、合菜、假参八样。每样菜式看似简单，实则用料讲究，制作工序繁复。

豆花饭。豆花饭是璧山地区的一道传统美食，也是历史比较悠久的中式快餐。豆花饭作为市井饮食，深受璧山人喜爱，包括米饭、豆花、蘸水。豆花鲜嫩，蘸水香辣，清爽可口，开胃下饭。豆浆经过卤水点制，制出来的豆花质地绵密，口感弹滑，有豆制品特有的香气，口感介于豆腐与豆腐脑之间，比豆腐脑略老，却比豆腐鲜嫩，能用筷子夹起而入口绵实。豆花简单的卖相，清爽的口感，是吃肉吃辣后解腻的美食，爽口而又实惠。

发展定位

璧山以建成重庆高质量发展高品质生活新范例为导向，在全面建成小康社会基础上实现新的更大发展，全力打造落实新发展理念的示范区先行区、高新技术产业集群生成示范区、城乡融合发展示范区、大健康产业集聚区、航空门户枢纽、"双碳"社会先导区，最大化发挥主城都市区"迎客厅"的引领、集聚、创新、示范等多样化功能作用，努力在成渝地区双城经济圈建设、重庆发挥"三个作用"中展现新担当、实现新作为。

发展目标

2021年12月召开的中国共产党重庆市璧山区第十五次代表大会提出：未来五年，璧山区加快与中心城区同城化发展，奋力建设高质量发展样板区、打造高品质生活示范区，谱写璧山全面建设社会主义现代化新篇章。

奋力建设高质量发展样板区。综合发展质量和效益显著提升，地区生产总值增速位居全市前列，迈入千亿级经济大区行列，数字经济产业增加值占比提高至35%，全社会研发投入强度提高到3.5%，单位地区生产总值能耗下降14%，传统产业、新兴产业、未来产业协同发力，形成四大引领性产业集群，西部（重庆）科学城璧山片区诞生一批标杆性科创成果，成为全市有影响力和竞争力的创新型经济强区。

倾力打造高品质生活示范区。共同富裕迈出坚实步伐，城镇化率达到80%，城乡居民可支配收入与经济增长基本同步，优质教育医疗资源富集，"一老一小"友好包容，人均预期寿命提高至79.5岁，中新（重庆）科技城扬帆起航，"山水交融、百园千姿"的公园城市品牌塑造成型，城乡融合彰显大美乡村，以党建为统领的社会治理体系更加健全，市民获得感幸福感安全感显著提升，成为重庆人才荟萃活力迸发的生态宜居区。

展望2035年，璧山区经济实力、科技实力和综合实力将大幅提升，经济总量和城乡居民人均收入将再迈上新的大台阶，基本实现新型工业化、信息化、城镇化、农业现代化，建成现代化经济体系，成为推动成渝地区双城经济圈建设、重庆"一区两群"协调发展的重要增长极。基本实现治理体系和治理能力现代化，各方面体制机制更加完善，法治政府、法治社会和平安建设达到更高水平。基础设施互联互通全面实现，在更广范围建成开放型经济体系，开放程度和国际化水平跻身中西部第一方阵、与东部发达地区比肩。实现社会主义物质文明和精神文明全面协调发展，科技强区、文化强区、教育强区、人才强区、体育强区、健康璧山基本建成，市民素质和社会文明程度达到新高度，文化软实力显著增强，社会事业发展处于全市领先水平。生态文明建设取得重大成效，全面建成生产生活生态空间相宜、自然经济社会人文相融、"城人产"高度和谐统一、全面体现新发展理念的田园都市。中等收入群体显著扩大，基本公共服务实现均等化，高品质生活供给更加充分，人的全面发展、全体人民共同富裕取得更为明显的实质性进展，"儒雅温润、如诗如画，隐于田园、归于心安"的美好画卷生动呈现，成为令人向往的幸福美丽之地。到那时，一个经济强、百姓富、生态美、科教兴的现代化新璧山将屹立在巴渝大地上，在融入全面建设社会主义现代化国家大局、服务全市经济社会发展全局中展现更大作为。

（撰稿：马伟 审稿：罗杨）

铜梁区

基本情况

铜梁位于重庆西北，介于东经106°02′~106°20′，北纬29°31′~30°53′之间，西南靠大足区，东北连合川区，南接永川区，西北邻潼南区，东南毗邻璧山区，因"山梁横亘，其色如铜"而得名。周长安三年（703年）建县，2014年撤县设区。辖区面积1340平方千米，辖5个街道23个镇，2022年末全区户籍人口总户数32.4万户，总人口84.2万人。城市建成区面积40余平方千米，城镇化率63%。

近年来，铜梁先后获评国家首批园林城市、国家卫生城市、国家城乡融合发展试验区、全国市域社会治理现代化试点区、全国乡村治理体系建设试点区、全国美丽乡村建设典范区、"中国天然氧吧"、全国文化先进县、全国"双拥"模范县、中国人居环境范例奖等荣誉称号。

区位优势突出。地处成渝地区双城经济圈中轴线上，是重庆主城都市区桥头堡城市。毗邻中国西部（重庆）科学城，距重庆江北国际机场50千米、第二国际机场35千米，距"一带一路"国际物流枢纽渝新欧国际班列始发站15千米，距成都2小时车程。城轨快线璧铜线（璧山—铜梁）、兰渝高铁（兰州—重庆）、成渝中线高铁（成都—重庆），以及渝遂（重庆—遂宁）、渝蓉（重庆—成都）、重庆"三环"等6条高速穿境而过，拥有17个互通口。铜梁正加速融入成渝地区双城经济圈建设和重庆主城都市区

● 远眺铜梁城区全景（唐彬 拍摄）

同城化发展。

文化底蕴深厚。有距今2.5万年的"铜梁文化"，是明代名臣张佳胤、红色将军郭汝瑰、国际主义战士邱少云、著名音乐家刘雪庵和金砂等名人的故里。铜梁龙舞、铜梁龙灯彩扎入选国家级非遗，是中国民间文化艺术之乡、中国龙灯龙舞文化之乡。铜梁龙舞队先后4次进京参加国庆庆典，赴20余个国家和地区交流演出。千年安居古城历史悠久，享誉巴渝。

生态环境优美。地处渝西丘陵与渝东平行岭谷交接地带，东南部有毓青山和巴岳山东西对峙，最高海拔886米；境内有涪江、琼江（又名大安溪）、小安溪、平滩河、久远河和淮远河六条主要河流以及大小支流245条，总属长江水系，嘉陵江流域。2022年全区空气质量优良天数达311天，$PM_{2.5}$年均浓度34微克/立方米。琼江、小安溪地表水断面全部达到地表水Ⅲ类水质要求，城市集中式饮用水水源水质达标率达到100%。气候温和，年均气温18.6℃，年均降水量986.6毫米。2022年全区森林覆盖率达到50.3%，建成区新增绿地面积47.33公顷，建成区累计绿地面积1745.24公顷。

发展态势良好。坚定不移大抓工业、大抓产业、大抓实体经济、大抓开放发展，奋力打造产业高地、文旅胜地、宜居美地、民生福地，加快建设重庆西向发展桥头堡，努力争当成渝中部崛起排头兵。着力构建"3+N"产业体系，大力发展新能源新材料、电子信息配套和装备制造等产业，国家级高新技术产业开发区创建进入批复程序，成功引进厦门海辰、金汇能、中车、爱玛、云丁科技等国内外知名企业，

现有工业企业 600 余家，正加快形成 2000 亿元级工业产业集群。

2022 年实现地区生产总值 733.63 亿元，同比增长 3.0%。其中，第一产业实现增加值 66.88 亿元，同比增长 2.1%；第二产业实现增加值 384.87 亿元，同比增长 4.0%；第三产业实现增加值 281.88 亿元，同比增长 1.8%。三次产业结构比为 9.1:52.5:38.4。

2022 年，全区实现农业增加值（含农林牧渔专业及辅助性活动）68.63 亿元，同比增长 2.2%；农业总产值 102.23 亿元，同比增长 4.5%。粮食作物播种面积 84.52 万亩，同比增长 2.0%；粮食产量 34.75 万吨。蔬菜种植面积 37.23 万亩，同比增长 3.1%；蔬菜产量 79.99 万吨，同比增长 3.5%。生猪出栏 49.88 万头，同比增长 5.9%；生猪存栏 32.30 万头，同比增长 4.5%。水产品产量 4.11 万吨，同比增长 3.9%。

2022 年全体居民人均可支配收入 39030 元，同比增长 6.8%。全体居民人均生活消费支出 23302 元，同比增长 5.1%。其中，城镇常住居民人均可支配收入 47581 元，同比增长 3.5%。城镇常住居民人均生活消费支出 28138 元，同比增长 2.0%。农村常住居民人均可支配收入 24561 元，同比增长 5.4%。农村常住居民人均生活消费支出 15121 元，同比增长 3.4%。

历史沿革

夏商时期，铜梁属梁州之域，周代为巴子国属地。

公元前 316 年，秦灭巴，置垫江县，铜梁为巴郡垫江县辖地。南朝，宋永初元年（420 年），分设东宕渠郡，垫江改名宕渠，铜梁为宕渠县境。西魏恭帝三年（556 年），改东宕渠郡为垫江郡，置合州，改垫江县为石镜县。隋、唐时期，虽郡、州时有更易，但铜梁地域一直为合州石镜县辖地。

铜梁县建置于唐武周长安三年（703 年）。时合州刺史陈靖意以"大足川侨户辐辏"，奏准割石镜县地置铜梁县，隶属合州。其后，铜梁地域在历史上曾有铜梁、巴川、安居三县建置。

唐开元二十三年（735 年），合州刺史孙希庄奏准，割石镜之南、铜梁之东置巴川县，仍隶合州。唐乾元元年（758 年），巴川西南部分划出新置大足县。

元至元十七年（1280 年），巴川县并入铜梁县，原铜梁所属戴场坝一带划归遂宁县。铜梁县治所自戴场坝迁至巴川镇，至此长期为铜梁县城，即今铜梁区城关。

明成化十六年（1480 年）九月，划铜梁、遂宁（废小溪）二县部分新置安居县（治所为今铜梁区安居镇），隶属重庆府。

清康熙元年（1662 年），铜梁、安居两县并入合州（州下无县）。清康熙六十年（1721 年），又以原安居（铜梁原划出的部分地）、铜梁二县地复置铜梁县，属重庆府。清宣统三年（1911 年）清王朝覆灭，民国建立，11 月 24 日铜梁县军政府成立。

1949 年 12 月 2 日，铜梁县解放，当月 22 日成立铜梁县人民政府，隶属川东行署区璧山专区。1997 年 3 月 14 日，重庆直辖市设立，铜梁为重庆市辖县。

2014 年 5 月 2 日，国务院批复铜梁撤县设区，7 月 15 日，铜梁区正式挂牌。

重要资源

土地资源。全区耕地面积 50563.81 公顷，种植园地面积 4582.69 公顷，林地面积 43408.40 公顷，湿地面积 80.93 公顷，草地面积 94.74 公顷。

矿产资源。全区主要有煤、页岩气、锶、石灰岩（水泥用灰岩、建筑石料用灰岩）、砂岩、页岩、石膏和地热等8种矿产资源。锶、石膏主要分布于西山背斜的土桥镇一围龙镇一带，属超大型矿床。煤炭资源集中分布在区东部和南部，石灰岩则呈条带状分布于沥鼻峡背斜和西山背斜轴部一带。

水资源。全区拥有过境水资源180亿立方米，境内多年平均水资源总量6.06亿立方米；地下水资源总量1.45亿立方米；全年实际年用水量1.58亿立方米。

动物资源。全区分布有165种脊椎动物，989种无脊椎动物。野生动物有：拱猪、豪猪、狗獾、黄鼠狼、白鹤、乌鸦、翠鸟及各种鱼类等。传统人工养殖的有：猪、牛、羊、马、犬、猫、兔、鸡、鸭、鹅、鸽、鹌鹑及蜜蜂、丝蚕等。引进养殖的畜禽有：长白猪、大约克猪、杜洛克猪、香猪、竹鼠、孔雀、梅花鹿、鸵鸟、火鸡等。

林业资源。全区森林面积60335.98公顷。据统计有林木资源60科104属168种。主要树种有松、柏、杉、桉、楠竹、慈竹等。国家级保护的濒危品种有桫椤，名贵树种有红豆杉、楠木、香樟、罗汉松等；古老地质年代的树种有银杏、水杉。果木有核桃、板栗、红枣、柑、橙、桃、李、杏等，所产干果、水果丰富，品质优良。

基础设施

交通。2022年，全区公路通车总里程4609千米，公路网密度为335千米／百平方千米，其中，国道52千米，省道257千米，农村公路4300千米。渝遂、重庆三环、成渝复线等高速公路境内总长97.66千米，目前在建的高速公路还有合璧津高速、铜安高速、渝遂复线高速。行政村通畅率100%，村民小组通达率100%，村民小组通畅率100%，行政村通客车率100%，基本实现"村村通硬化公路"目标。围绕巩固脱贫攻坚成果同乡村振兴有效衔接，累计完成乡村公路油路化改造330千米。

全区有一级汽车客运站2个、四级客运站2个。拥有省际县际客运车辆171辆、货运汽车2395辆。区内公交线路31条、城际公交线路2条，公交车辆236辆，出租车245辆；农村客运线路98条，农村客车185辆。开行至重庆中心城区大坪、红旗河沟定制公交"原乡快巴"14辆，每条班线设站点9个；开行至龙头寺公交化班线客车24辆，沿途设站点15个，满足群众多元化出行需求，推动公共交通融入主城中心城区。同时相继开通铜梁城区至合川、潼南、璧山公交线路。2022年完成道路客运周转量31772万人千米，道路货运周转量99905万吨千米，水上货运周转量92万吨千米。

市郊铁路璧山至铜梁线是东西向重庆主城都市圈市域快线，与城市轨道交通1号线尖璧段换乘，与城轨快线27号线（璧山—重庆东站）顺接。该工程是重庆市级重点工程，线路全长37.5千米，估算投资86.42亿元，设车站9座，其中高架站3座（铜梁西站、铜梁站和璧山站），其余6座均为地面站；设铜梁、璧山主变电所2座，铜梁停车场1座。璧铜线采用公交化运营，设计时速140千米，铜梁境内段长约16.93千米，设车站4座。

邮政。中国邮政重庆市铜梁区分公司下辖代理金融网点40个，邮政业务网点3个，累计提供代办20项政务服务；14个网点开通警邮服务；43个网点开通电费、电话费便民缴费和代开税票服务。2022年，全区快递业务量681万件，投递量3294万件，投递报刊、信函等约937.5万份。

商贸。全区营业面积10000平方米以上的商业综合体有5家，营业面积1000平方米以上的大型超

● 龙城天街（唐彬 拍摄）

市18个。其中，龙城天街商圈是重庆市主城以外最大的商圈，总规划用地面积约46.67公顷，总建筑面积130万平方米，其中商业用房70万平方米、酒店15万平方米、办公写字楼20万平方米。商圈内有万达广场、宝莲·协信新光天地、商社汇、财富中心、潜能商都六大商业综合体项目，年均人流达1100万人次，经营面积达45万平方米。

全区有大中型专业市场11个，经营面积35.87万平方米。其中：居然之家建材市场3万平方米；杰民农副产品批发市场4.2万平方米；龙迈家居建材市场约3万平方米；建玛特铜梁商场4.2万平方米；百汇国际建材市场约12万平方米；重长司铜梁汽车北站五金交易市场1.8万平方米；百事达汽车交易市场0.5万平方米；友谊蔬菜批发市场0.2万平方米；杰明商贸农副产品批发市场1.1万平方米；仙鱼塘水果批发市场0.17万平方米；电动车摩托车交易市场0.6万平方米；快递物流市场（城乡共同配送中心）1万平方米。全区有农贸市场共54个，经营面积约18.7万平方米。其中：城区标准化菜市场15个，经营面积约6.2万平方米；各镇规范化农贸市场35个，经营面积12.5万平方米。标准化智慧化菜市场1个，经营面积2700平方米。

全区有规模以上（50辆以上）道路货运企业12家，危化品运输企业4家，快递企业10家，物流企业在全区布局网点61个，仓库面积达194.6万平方米，其中物流及快递仓库面积1.44万平方米。在镇

● 2022年第四季度铜梁区重点招商项目集中签约活动（陈庆 拍摄）

村大量设立商贸物流网点，着力建设三级物流配送体系。商贸物流企业信息化水平不断提升，信息化率达到100%。

2022年底，全区新登记各类市场主体10355户。其中，企业2122户，农民专业合作社53户，个体工商户8180户。全区市场主体总量达62375户。其中，企业14770户，农民专业合作社755户，个体工商户46850户。

教育科技。2022年末，全区共有各级各类学校247所，在编教职工6118人。其中，幼儿园159所，小学61所，初中15所，普通高中1所，完全中学4所，九年一贯制学校1所，职业中学1所，特校1所，专门学校1所，在铜高校3所。教师进修学校1所。全区在校学生13.43万人。其中，幼儿园学生1.82万人，小学学生4.15万人，初中学生2.86万人，普通高中学生1.69万人，职教学生0.7万人，特校学生121人，高校学生2.21万人。

2022年，全区新培育科技型企业181家，总量达到961家；新培育国家高新技术企业44家，有效期内高新技术企业达到174家。累计引进培育各级各类高层次人才160人，团队12个，建成专家人才库72人，选派科技特派员66人；累计建成各级各类创新平台159个。完成科技成果登记64件，技术合同交易额6000万元。累计专利授权1842件，共有16家知识产权贯标企业，国家级知识产权优势企业13家，市级优势企业34家。

全区累计建成5G基站1542个，实现城区5G网络全覆盖，重点镇街热点覆盖；累计铺设光纤网络近4万千米，实现光纤网络城区全覆盖。

财政金融。2022年全区一般公共预算收入40.17亿元，扣除留抵退税因素后增长4.7%。一般公共预算支出81.60亿元，同比增长9.7%。全区共有银行业金融机构12家，人民币存款余额681.05亿元，同比增长12.6%。其中，住户存款余额547.36亿元，同比增长13.7%。银行业金融机构人民币贷款余额458.77亿元，同比增长5.9%。其中，企（事）业单位贷款余额272.52亿元，同比增长12.8%。银行业金融机构人民币存贷比67.4%。全区有证券公司2家，2022年证券交易额383.93亿元，同比下降7.1%；保险分支机构15家，全年保费收入11.25亿元，同比增长0.4%。

医疗卫生。2022年末，全区共有各级各类医疗机构887家。其中，区级医疗机构3家，镇（中心）卫生院23家，社区卫生服务中心5家，村卫生室546家，社会办医疗机构308个。全区医疗卫生机构卫生人员总数（含村卫生室、诊所、门诊部）6039人，执业（助理）医师2402人，注册护士2702人。全区医疗卫生机构编制床位总数3983张。全区组建家庭医生团队198个，开展签约服务22.82万人。婴儿死亡率0.59‰，5岁以下儿童死亡率2.06‰。基础"八苗"接种率99.15%。完成卫生厕所改造3064户。

主要产业

作为重庆主城都市区"桥头堡"城市，近年来，铜梁区认真贯彻落实市委、市政府部署要求，完整、准确、全面贯彻新发展理念，以高质量发展为根本要求，以"一号工程"为总抓手总牵引，深度融入成渝地区双城经济圈建设，坚定不移大抓工业、大抓产业、大抓实体经济、大抓开放发展。坚持现代工业发展方向，全力构建以新能源新材料、装备制造、电子信息为引领"3+N"产业集群体系，加快打造更高能级、更强支撑的产业高地，加快建设成渝地区重要的高新技术产业基地、创新成果转化基地、现代制造业基地。2022年，铜梁397家规上工业企业实现工业总产值764.66亿元，同比增长8.1%；规上工业增加值增速4.4%；完成工业投资170亿元、增长13%。工业经济呈现上升态势。

新型储能产业。截至2022年底，铜梁区新能源新材料产业规上工业企业已达54家，实现产值131.4亿元，占全区规上企业工业总产值17.2%，同比增长20.3%，代表企业有普利特、会通、天齐锂业、新美鱼、和泰润佳、庆龙锶盐等，主要产品含改性

● 铜梁高新区一隅（唐彬 拍摄）

塑料、金属锂、铝材料制品、锶盐等。目前，铜梁正依托海辰"百G"储能项目，建设新型储能应用示范区，规划建设7平方千米的新型储能产业园，构建从电芯生产到材料、光伏、回收等全链条产业集群，全力打造中国西部新型储能产业新高地。

装备制造产业。装备制造产业是铜梁工业的传统优势产业。截至2022年底，铜梁已云集装备制造规上企业153家，其中以庆兰、南雁、新红旗缸盖等为代表的汽车零部件产业产品涵盖车身结构、发动机缸体、制动系统、传动系统、电控系统等多种类型，主要配套于奔驰、宝马、长安、五菱等主机企业；爱玛、颢晨等知名摩托车整车企业引领着产业链的发展；神驰通用、涪柴动力、伊格斯等通用装备整机企业主要生产通用电机、农用机械、微耕机等。欣宇压力、重变电器、威斯特电梯等成套设备及配件制造企业主要生产石油钻采、电力、电梯等设备及配件。2022年，铜梁区装备制造产业实现产值341.4亿元，占全区规上企业工业总产值44.7%，同比增长8.1%。

铜梁正重点推动汽车配套产业转型升级，抢抓新能源汽车零部件产业发展窗口期，实施传统汽车零部件新能源化智能化再造工程，聚焦制动转向等重点方向，加快实施庆兰实业新能源车制动盘、南雁实业新能源汽车配件等一批转型项目，力争全年汽配产能转型比例超过30%，加快建设市级智能网联新能源汽车配套特色产业园。

电子信息产业。铜梁电子信息产业蓬勃发展。截至2022年，铜梁已发展电子信息类规上企业45

家,以智能终端制造、3C配套企业为主,实现产值123.97亿元,占全区规上企业工业总产值16.2%,同比增长6.4%。同时,已有重庆百钰顺科技有限公司等11家单位上榜重庆市智能工厂和数字化车间公示名单。以鹿享家科技、力华亘田、元铂智能、融焕电器、威诺华光电等代表的智能终端企业,主要生产智能门锁、车载多媒体影音设备、LED灯、智能水表等。以精鸿益、百钰顺、英力电子、成田科技、杰尔科技区为代表的笔电及3C产品配套企业37家,产品涵盖外观机构件、精密连接件、柔性电路板等多种类型,与惠普、联想、海康威视等国内外知名厂商形成了配套。

铜梁正持续优化电子信息产业结构,推动笔电配套产业向汽车电子、智能家居配套转型,加快引进小米生态链智能终端和智能家居产品及配套企业,建设全国最大智能门锁产业基地,打造智能安防设备产业园。支持企业智能化、数字化改造升级,实施智能化改造项目50个以上,培育数字化车间、智能工厂5个以上。规划建设数字产业园,支持企业"上云用数赋智",推动10家制造业企业"上云"。引导创祥电源、百钰顺等企业创建绿色工厂。

文化旅游产业。深化农文体商旅融合,用好龙灯龙舞、安居古城、生态原乡、少云故里"四张名片",办好龙灯艺术节、马拉松赛、安居龙舟会等品牌赛会和"一镇一主题"乡村节会,积极构建大文旅工作格局,推进全域旅游资源融合,助推文旅产业驶入发展快车道,让文化美起来、产业强起来。

山地特色高效农业。以国家农业科技园区为引

● 重庆铭利达公司智能化生产车间(唐彬 拍摄)

● 铜梁现代农业设施（唐彬 拍摄）

领，全方位赋权赋能农村集体经济，积极发展大田农业、大棚农业，强化科技成果导入，提档升级都市林果、生态养殖、山地中药材等特色产业。实施品牌强农工程，打造"龙乡水土生"农产品区域性公用品牌，做精做强"铜梁莲藕""铜梁黑鸡""白羊咸菜""龙小艾"等特色农产品品牌，打造绿色生态农业示范区。力争到2026年，农业总产值达到150亿元。截至2022年，全区累计认证"两品一标"农产品280个，获评重庆市名牌农产品21个，成功创建国家农产品质量安全区，入选全国"互联网＋农产品"出村进城工程首批试点区县。建成西郊、淮远、安居3个乡村振兴示范片区。按照"基层组织引领、工商资本进村、公司治理赋能、综合经营增效、整村推进共富"的思路，推进"巴岳农庄"试点建设，壮大新型农村集体经济，"一村一品"发展特色产业。建成西郊、淮远、安居3个乡村振兴示范片区和一批乡村振兴示范村。当前，铜梁正深入推进城乡融合，努力建设全国城乡融合发展示范区。

文旅品牌

铜梁区有自然人文景观63处，其中，一级景观资源5处、二级景观资源22处、三级景观资源24处、四级景观资源12处。全区拥有4A级旅游景区3个、3A级旅游景区3个、2A级旅游景区2个，星级酒店2家。

自然景观奇特。境内"两山环抱、三湖点缀、三河环绕"，有巴岳山和毓青山，玄天湖和小北海，涪江和琼江等得天独厚的山水资源，以及中华龙温

● 安居古城一隅（郭洪 拍摄）

● 荷和原乡景区一隅（唐彬 拍摄）

泉，是人们回归自然、颐养身心的好地方。其中，巴岳山有黄桷门、天灯石、飞来石、棋盘石、玉兔石、龟背石、乳峰石、手爬岩、三丰洞、白鹿洞、玉版泉等景点。其他镇街还有岚峰石林、中华石龙、老虎滩瀑布、安溪竹海等10多处自然景观。

人文景观众多。 城区有全国爱国主义教育基地——邱少云烈士纪念馆，还有距今2万多年前的旧石器文化遗址，以及计都寺、罗睺寺、明月寺等古迹；安居古城现存较好的有天后宫、禹王宫、万寿宫、元天宫、下紫云宫、城隍庙、东岳庙、波仑寺等明清时期的宫庙及黄埔军校驻训遗址；巴岳山有巴岳寺、慧光寺、玄天宫等宫庙。其他镇街还有邱少云烈士故居、西泉抗战遗址、燃灯寺、天星寨、仙隐山石窟、荷和原乡、奇彩梦园、西部农林大世界、西部桂花博览园等10多个特色旅游景区景点。其中，巴岳山—西温泉风景区为市级风景名胜区，是"重庆小十景"之一。

铜梁已初步形成三大片区旅游格局。以安居、少云、高楼为代表的北部"大人文"片区，正加快形成多元文理交融的文化圈；以城区都市时尚休闲、玄天湖巴岳山度假休闲等为代表的中部"大休闲"片区内，小北海农文体商旅试验示范区正从蓝图走向现实；以石鱼、大庙、华兴等南部10镇构筑起的南部"大生态"片区，自然与人文交相辉映，打造"四季南郊"乡村精品游线路。

铜梁区立足自然山水格局和人文资源禀赋，高质量编制度假区规划、完善度假区业态。巴岳山玄天湖景区成功创建为市级旅游度假区；成功打造《追梦·铜梁龙》大型非遗山水实景剧；安居古城、黄家坝国家湿地公园各个基础设施项目全部完工，面貌焕然一新。通过拓展多样化、个性化、定制化旅游产品和服务，大力发展度假休闲旅游，加快建设

● 铜梁火龙演出（唐彬 拍摄）

侣俸镇西岳水龙片区、水口镇大滩村、安溪镇谭洪村等乡村旅游点，推进传统农业与现代旅游业融合发展。坚持以活动促发展、以活动提升知名度，以赛事节会促进旅游消费，提档升级"一镇一主题"乡村节会，持续办好铜梁龙马拉松、中华龙狮大赛、安居端午龙舟会等特色赛事节会活动，聚集人气，拉动市场消费活力。2022年全区累计接待游客1654万人次，同比增长10.3%；实现旅游综合收入101亿元，同比增长18.8%。力争到2026年，全区游客接待量和旅游综合收入分别达到2000万人次、130亿元。

风味美食

三活春。"三活春鸡兔鱼烹制技艺"被列入第六批重庆市非物质文化遗产项目。2019年，"三活春"品牌被认定为第五批"重庆老字号"企业。特色菜品有三活春油烧兔（荣获"中国名菜"称号），以及油烧兔肚、药膳炖土鸡汤、泡姜烹铜梁黑鸡、特色炝炒鱼、老坛酸菜鱼、酸辣粉蒸鱼鳅等。

赵木二羊肉。"赵木二羊肉"全席羊肉烹制技艺被列入第六批重庆市非物质文化遗产项目。2019年，"赵木二羊肉"品牌被认定为第五批"重庆老字号"企业。特色菜品有巴岳羊肉香肠、松花羊肾、连理羊排、羊酥等，均荣获"中国名菜"称号。

叙知香美蛙鱼头火锅。2004年成立的铜梁本土知名餐饮企业，全国连锁30余家。2019年获中国烹饪协会发布的全国餐饮企业98强，荣获"重庆名火锅"称号。

太平头刀菜。太平头刀菜被列入区级非遗项目，

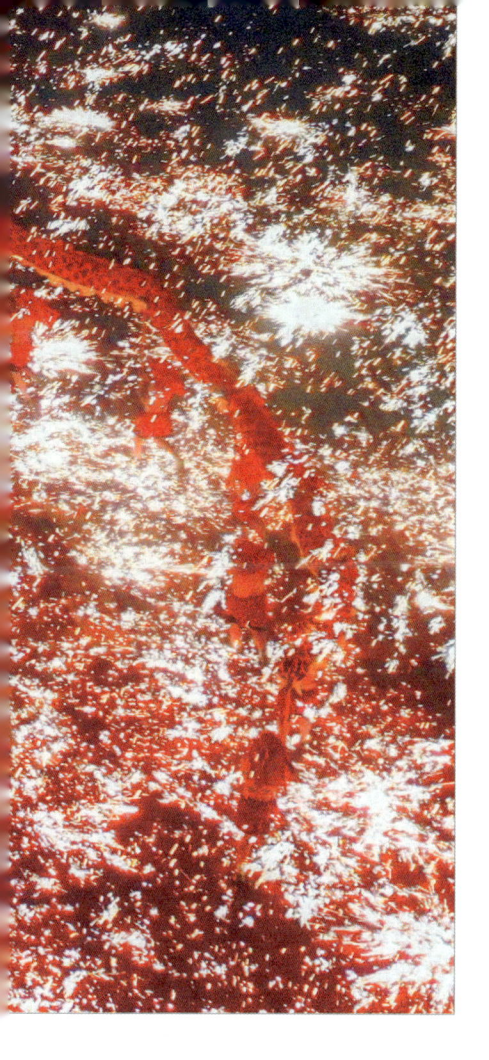

特色菜品有头刀菜、乌鱼花、白果鸡肾汤等。

发展定位

铜梁区以习近平新时代中国特色社会主义思想为指导，全面贯彻党的二十大精神，深入贯彻习近平总书记视察重庆时作出的重要讲话和系列重要指示批示精神，坚决拥护"两个确立"，坚决做到"两个维护"，按照市委市政府决策部署，统筹推进"五位一体"总体布局，协调推进"四个全面"战略布局，立足新发展阶段、贯彻新发展理念、融入新发展格局，抢抓成渝地区双城经济圈建设和重庆主城都市区发展的重大机遇，坚定不移大抓产业，持续强化民生保障，加快建设重庆西向发展桥头堡，争当成渝中部崛起排头兵，以实干实绩谱写铜梁高质量发展、高品质生活新篇章。

发展目标

2021年12月召开的中国共产党重庆市铜梁区第十六次代表大会提出：未来五年，铜梁区将奋力打造更高能级更强支撑的产业高地，打造更有活力更具魅力的文旅胜地，打造更好环境更优生态的宜居美地，打造更有保障更加和谐的民生福地，努力建设产业竞争力更强、文化影响力更广、环境吸引力更大、群众获得感更多的社会主义现代化新铜梁。

打造产业高地。构建两千亿级工业产业集群，全社会研发投入强度、科技进步贡献率超过全国平均水平，成功创建国家级高新技术产业开发区。全面融入成渝现代高效特色农业带，加快建成辐射成渝的特色消费聚集区。铜梁成为成渝地区重要的高新技术产业基地、创新成果转化基地、现代制造业基地、山地特色农业基地和现代服务业发展示范区。

打造文旅胜地。"铜梁龙"品牌影响力进一步提升。安居古城争创国家5A级旅游景区，重现千年古城景韵，重塑滨水城市文明。乡村旅游业态不断丰富，红色文化深入人心。铜梁深入推动农文体商旅融合发展，高品质建设国家全域旅游示范区，着力打造龙文化旅游名城，文旅呈现出全域化推进、全季节体验、全产业发展、全方位服务的业态。"周末到铜梁"品牌享誉巴渝，龙文化旅游名城主客共享、近悦远来。

打造宜居美地。城乡融合发展取得明显成效，"双五十"中等城市全面建成，常住人口城镇化率达到70%，城市温润宜人、场镇面貌一新、乡村处处是景，成功创建全国文明城区。生态文明制度体系更加健全，"碳达峰""碳中和"取得积极进展，绿色低碳发展走在前列，成功创建国家森林城市。铜梁的城市、场镇和乡村各美其美，加快建设国际大都市后花园。

打造民生福地。社会事业全面进步，在更高水平上实现幼有善育、学有优教、病有良医、住有宜居、老有颐养、弱有众扶。脱贫攻坚成果巩固拓展，推动共同富裕取得实质性进展。铜梁人民的获得感、幸福感、安全感更加充实，更有保障，更可持续，龙乡成为人民安居乐业的温馨家园、幸福港湾。

（撰稿：肖体华　审稿：张浩）

潼南区

基本情况

潼南地处重庆西北部，东经105°31′~106°00′，北纬29°33′~30°26′之间，东邻合川区，南接大足区、铜梁区，西连四川安岳县，西北与遂宁船山区、安居区交界，北靠四川省遂宁市蓬溪县。南北长约72千米，东西宽约47千米，面积1584.35平方千米。辖3个街道、20个镇。2022年，全区常住人口68.11万人。其中，城镇41.21万人、农村26.90万人，城镇化率60.51%。

2022年，全区实现地区生产总值558.51亿元，比上年增长3%。按产业分，第一产业增加值91.05亿元、增长5.1%；第二产业增加值233.16亿元、增长4.1%；第三产业增加值234.29亿元、增长1.1%。三次产业结构比由上年的15.6∶43.8∶40.6调整为16.3∶41.7∶42。

历史沿革

夏朝，禹分天下为九州，潼南属梁州地域。商、周两朝，今潼南辖区分属巴国和蜀国领地，其中涪江流域至青石山一带属蜀国，琼江流域属巴国。

公元前316年，秦灭巴、蜀两国后，实行郡县制，潼南分隶巴、蜀两郡。今潼南境域沿涪江流域至青石山为蜀郡地，沿琼江流域为巴郡地。汉高帝六年（公元前201年），分蜀郡置广汉郡。今潼南地区沿涪江流域隶益州广汉郡广汉县。汉建元六年（公元前135年），今潼南地区沿琼江流域由巴郡划归新置的犍为郡资中县。东汉末年，分广汉县置德阳县，今县境沿涪江流域隶益州广汉郡德阳县，沿琼江流域的柏梓、塘坝、小渡、卧佛等地区隶益州犍为郡资中县。

三国蜀汉时，后主延熙年间分广汉郡置东广汉郡。德阳县隶益州东广汉郡，资中县隶犍为郡。今县境仍为德阳、资中二县辖区。西晋太康六年（285年）改蜀汉东广汉郡复置广汉郡，领广汉、德阳、伍城三县。今潼南县境分隶梁州广汉郡德阳县、益州犍为郡资中县。西晋永宁元年（301年），李特分梁州广汉郡的德阳县置德阳郡。今潼南县境仍分隶德阳郡德阳县、益州犍为郡资中县。东晋永和三年（347年），桓温平蜀后，罢德阳郡。东晋隆安二年（398年），于德阳县东南境析置遂宁郡，郡治所在今潼南大佛坝，后迁徙巴兴县（治今四川省大英县回马镇长江坝）。今潼南县境分属梁州遂宁郡德阳县、益州犍为郡资中县。

东晋孝武帝在位（372—396年）时，分德阳县设晋兴县，县治在今县境玉溪镇青石坝，为潼南境内置县之始。今县境涪江一带为晋兴县地，沿琼江一带为益州犍为郡资中县地。南朝刘宋泰始五年（469年），分遂宁郡设东遂宁郡。今县境沿涪江一带为东遂宁郡晋兴县辖地，沿琼江一带为资中县辖地。南齐时期，今潼南县境仍分属晋兴县、资中县。北朝西魏恭帝三年（556年），于宕渠郡置合州，领垫江、清居、东遂宁、怀化四郡。晋兴县更名始兴县，隶怀化郡。北周孝闵帝元年（557年），于东遂宁郡置遂州，领石山、怀化两郡。始兴县隶遂州怀化郡，领今潼南涪江一带。北周建德四年（575年），撤资州置普州（州治在今安岳县城关镇），同置安居郡和柔刚县。今县境沿琼江一带隶普州安居郡柔刚县。至此，今县境分隶始兴、柔刚两县。

隋开皇三年（583年），废怀化郡、安居郡，始兴县直隶遂州，柔刚县直隶普州。今潼南县境分隶遂州始兴县、普州柔刚县。隋开皇十三年（593年），改柔刚县名安居。隋开皇十八年（598年），改始兴县名青石县。至此，今县境分隶普州安居、遂州青石两县。隋大业三年（607年），罢遂州府，改置遂宁郡；罢资州，改置资阳郡。今潼南县境分隶遂宁郡青石县、资阳郡安居县。隋大业十二年（616年），升崇龛镇为隆龛县（县治在今县境崇龛镇瓦子堡），辖今潼南琼江一带，隶资阳郡。今潼南县境分隶资阳郡隆龛县、遂宁郡青石县。唐武德元年（618年），改遂宁郡复置遂州，仍领青石县。唐武德二年（619年），分资阳郡复置普州，隆龛县隶普州。唐景龙二年（708年），分青石县置遂宁县（县治在今梓潼镇下县坝）。至此，今潼南县境分隶遂州青石县、遂宁县，普州隆龛县。唐先天元年（712年），改隆龛县名崇龛县（避玄宗李隆基讳）。唐开元十六年（728年），合州铜梁县移县治于东流溪坝（今小渡镇戴场坝）。今潼南县境为青石、遂宁、崇龛、铜梁四县辖地，治所均在潼南境内。五代前后，四川地方政区建置仍循唐制，州县名仍用旧称，今县境仍为青石、遂宁、崇龛、铜梁四县辖地。

宋代，今潼南境地先后为青石、遂宁、安居、铜梁县辖地。北宋乾德五年（967年）降崇龛县为镇，并入安居县，隶普州安岳郡。北宋熙宁六年（1073年），青石县并入遂宁县，次年，复置青石县（县治仍设在玉溪镇青石坝）。北宋政和五年（1115年），青石县、遂宁县隶梓州路遂州遂宁军。北宋重和元年（1118年），改梓州路为潼川府路。南宋，遂宁、青石两县隶潼川府路遂宁府，安居县隶潼川府路普州安岳郡。

元至元十七年（1280年），铜梁县治自戴场坝迁巴川镇，原铜梁所属戴场坝一带划归遂宁县。元至元十九年（1282年），并遂宁、青石两县入小溪县，隶顺庆路遂宁州。至此，今潼南全境隶顺庆路遂宁州小溪县。

明洪武九年（1376年），降潼川府为州，直隶布政司。降遂宁州为遂宁县，并小溪县入遂宁县，隶潼川州。今潼南全境为潼川州遂宁县辖地。明洪武十年（1377年），并蓬溪县入遂宁县。明洪武十三年（1380年），分遂宁县置蓬溪县。今潼南县境涪江北岸地域属蓬溪，涪江南岸地域留遂宁。

清顺治十年（1653年），并遂宁县入蓬溪县。今县境全隶蓬溪县管辖。清顺治十七年（1660年），分蓬溪县置遂宁县。此次遂、蓬再次分县，仍以涪江为界。今县境涪江左岸为蓬溪县地，涪江右岸为遂宁县地。清康熙六十一年（1722年），清廷分遂宁县丞驻梓潼镇兼管盐业批验。清雍正十二年（1734年），升潼川州为府，隶川北道，领三台、射洪、盐亭、中江、蓬溪、遂宁、安岳、乐至等八县，直至清末。今县境仍隶蓬溪、遂宁两县。

● 潼南城区全景（潼南区档案馆 提供）

民国元年（1912年），分遂宁的上安、下安、中安三里17个场镇和蓬溪县的下东乡11个场镇于梓潼镇置东安县，隶川北道潼川府。当年裁废道制，由省直辖。民国二年（1913年），废省改道，东安县隶川北道潼川府。民国三年（1914年），因东安县与湖南、广东等省内县名重复，取潼川府南之意，更名为潼南县。同年，改川北道为嘉陵道（道治阆中），潼南县隶嘉陵道潼川府。民国十八年（1929年），废道府建制，潼南县由省直辖。民国二十四年（1935年），实行行政督察区制，潼南县隶四川省第十二行政督察区（专署驻遂宁），直至民国三十八年（1949年）潼南解放。

1950年，四川省划分为川东、川南、川西、川北4个行政区，潼南县隶川北行署遂宁专区。1952年9月，4个行政区合并为四川省，潼南县隶四川省遂宁专区。1958年，遂宁专区并入绵阳专区，潼南县隶四川省绵阳专区。1976年1月，潼南县由绵阳地区改隶江津地区。1981年7月，江津地区改名永川地区，潼南隶属永川地区。1983年4月，永川地区撤销，其所辖8个县全部并入重庆市。至此，潼南县归属重庆市管理。1997年3月，重庆直辖，潼南仍隶属重庆市管辖。2015年6月，潼南撤县设区。

重要资源

水资源。境内水源丰富，河流众多，全区共有大小河流136条，境内流域面积50~100平方千米的河流有8条，流域面积大于1000平方千米的河流2条。

土地资源。全区行政区域总面积1584.11平方千米，其中耕地932平方千米、林地202平方千米、园地28.32平方千米、牧草地3平方千米、交通运输用地31.72平方千米、水利设施用地78.59平方千米、城镇村及工矿用地165.2平方千米、其他土地143.28平方千米。

矿产资源。全区已发现矿产资源种类主要有天然气、砖瓦用页岩、建筑用砂岩等，其中天然气及砖瓦用页岩为本区优势矿产。砖瓦用页岩资源蕴藏量巨大，全域均有分布，集中分布在侏罗纪上统遂宁组、中统沙溪庙组紫红色页岩出露区，地貌上主要为浅丘地貌。2021年，砖瓦用页岩实际控制资源量1070万吨，其中可利用控制资源量873万吨。

动物资源。全区有陆生野生动物50种，隶属于12目25科44属。其中两栖类3种，爬行类9种，兽类11种。比较常见的有黄鼠狼、野兔、野猫、狐狸、蝙蝠、松鼠、老鼠、蛇、杜鹃、喜鹊、燕子、猫头鹰、斑鸠、啄木鸟、画眉、麻雀、乌鸦、老鹰、八哥、布谷鸟、野鸭、白鹤、鹭鸶等，其中属国家二类保护动物的有普通鵟，属重庆重点保护动物的有赤狐、黄鼬、果子狸、豹猫等。

植物资源。潼南区属亚热带常绿阔叶林区，森林植被有两个明显类型，即柏木植被类型和马尾松植被类型。柏木植被类型以纯林为主，来源主要是天然次生林和人工造林，其中以人工工程造林恢复为主。柏木林分布在广大丘陵区，是紫色丘陵区较为稳定的建群种，较为稀疏的林有以马桑为主的灌木，形成柏木与马桑混交林，也有柏木、栎类不规则小块混交林。马尾松纯林或"马尾松+栎类"混交林集中分布在涪江沿岸阶地，是黄壤的建群种。此外，涪江、琼江沿岸还有成片种植的麻竹、桉树、桤木、麻柳、千丈、杨树、枸树等，部分乔木林下有铁杆芭茅。村民点周围有小块状竹林。麻竹、桉树是近年来退耕还林工程造林成片造林成果，并形成两江流域成片经济型防护林体系。四旁树及散生乔木树种有柏木、马尾松、苦楝、栎类、桉树、桤木、麻柳、千丈、洋槐、酸枣、黄连木、合欢、银杏等；灌木树种主要有马桑、黄荆等；竹类有麻竹、慈竹、楠竹、黄竹、斑竹等；经济树木以桃、桑树为主，以及茶、柑橘、梨、李、柿、柠檬、枇杷等。潼南区林木种类有63科136种，古树主要树种为榆树、桢楠、紫薇、皂荚、香樟、黄葛树、红豆树、桂圆等。2021年末，全区林地面积5000万平方米，森林面积44893.3万平方米，森林覆盖率41.7%（含四旁树森林资源）。

●欧鹏中央公园小区（陈航　拍摄）

基础设施

城市。 2022年，新增绿地面积43.69万平方米，建成区绿化覆盖率达到45.8%。改造老旧小区99个、棚户区400户，完善提升城区路网7条，建成智慧停车位6000余个。改扩建雨污管网130千米，新建改建天然气管网107千米、电网458千米。

交通。 2022年，公路总里程5381.69千米，密度350千米/百平方千米。其中，渝遂高速29千米，潼荣高速75千米，合安高速47千米；一级公路11.15千米，二级公路299.95千米，三级公路154.42千米，四级公路4906.71千米，等外公路9.46千米。有公路桥梁149座，公路桥梁总延长8178米。有铁路1条，即渝遂铁路潼南段（加复线），长57.3千米。航道总里程224.4千米。其中，涪江潼南段航道里程66.6千米，富金坝至双江段为五级航道，双江至三星大坝段为季节性六级航道；琼江潼南段航道里程69.5千米，均为等级外航道。

通信。 截至2021年，累计建成4G基站2958个、5G基站1071个，26个居委会及278个行政村"光网"实现100%覆盖，年末，全区有宽带用户26万余户、移动终端总数69万余个。

水利。 全区有中型水库3座、小（Ⅰ）型水库16座、小（Ⅱ）型水库56座、山坪塘6216口；各类供水工程35处，其中城区水厂2处、镇街水厂20处、村级水厂13处。

科技。 2022年，全区专利授权637件，其中：发明专利授权33件，实用新型专利授权459件，外观设计专利授权145件。新增科研平台31个，培育高新技术企业47家、科技型企业122家。

● 潼南大道（卜寿林 拍摄）

● 潼南航电枢纽（杨永生 拍摄）

教育。全区共有各类学校214所，其中：普通中学21所（含普通高中3所、普通初中18所）、中等职业学校2所、小学75所、幼儿园115所、特殊学校1所。

体育。全区有体育场地3010个，体育场地面积151.78万平方米，人均体育场地面积2.23平方米。建成体育健身广场5个，投用农体工程10个。获各级各类比赛奖牌35枚，其中金牌9枚。

卫生。2022年，卫生健康支出5.24亿元，比上年增长20.1%。年末共有各级各类医疗卫生机构436个，设置床位3691张，卫生技术人员4400人，其中执业（助理）医师1935人、注册护士2007人。居民健康素养水平28.4%，每千人口拥有3岁以下婴幼儿托位数2.49个。

主要产业

农业。潼南是全国农业科技现代化先行县、中国西部绿色菜都、国际柠檬之都、市级和国家级柠檬特色农产品优势区，建有全国农业科技园区。拥有1个综合类区域公用品牌，4个单一品种类区域公用品牌。"两品一标"累计认证总数168个，其中农产品地理标志认证3个。累计批准注册4个国家地理标志商标。认证重庆市名牌农产品17个、全国名特优新农产品2个、百家合作社百个农产品品牌1个。累计成功申报特级绿色食品17个。

2022年，全区实现农林牧渔及服务业总产值131.47亿元，比上年增长5.2%。其中，农业91.04亿元，增长5.1%；林业8.39亿元，增长7.9%；畜

● 桂林蔬菜基地（田茂培 拍摄）

● 郭坡村柠檬基地（潼南区档案馆 提供）

● 太安镇新农村一角（邓人珲 拍摄）

牧业22.56亿元,增长4.4%;渔业8.05亿元,增长4.2%;农林牧渔服务业1.43亿元,增长2.7%。全年粮食播种面积85.12万亩,粮食产量36.81万吨。谷物播种面积59.23万亩,谷物产量28.14万吨。蔬菜产量228.24万吨。生猪出栏79.15万头。家禽出栏778.81万头。

智能制造业。 潼南区依托"重庆市智能制造示范园区""电子信息产品零部件出口基地"等发展基础,大力发展以电子信息、智能终端、智能装备为主的智能制造产业。截至2021年底,全区有规模以上智能制造企业80家,全年完成产值185.27亿元,同比增长5.84%。

化工新材料产业。 潼南化工新材料产业以天然气综合利用、循环经济为主。近年,潼南区利用天然气资源优势,加快发展天然气脱硫、热电联产、LNG、CNG等清洁能源,建设裂解制特种炭黑和氢气、天然气合成石墨烯生产线等高技术和高附加值项目,推动传统化工产业向精细化工终端产品制造转型,聚焦产业发展、城市建设和国家重大工程实施对原材料的迫切需求,重点发展化工合成新材料等产品。同时,以大庆油田川渝基地、中海油西南油库等项目为带动,形成一定规模的天然气综合利用及精细化工产业集群,成为全国领先的天然气能源化工示范基地。截至2021年底,全区有规模以上化工新材料产业企业20家,全年完成产值51.4亿元,同比增长28.66%。

特色消费品产业。 潼南区围绕"增品种、提品质、创品牌",持续推进柠檬、蔬菜、花椒等农产品精深加工,支持企业研发生产柠檬果胶、蔬菜酵素、即食快餐、调味品等特色产品。同时,提档升级生活用纸和包装用纸等纸制品、医用口罩等纺织品、消毒液等日化用品。截至2021年底,全区有规模以上特色消费品企业65家,实现产值142.5亿元,同比增长23.06%。

节能环保产业。 潼南区立足电镀技术创新、环保技术创新、商业模式创新,大力发展表面工程用水清洁处理、重金属在线回收等环保产业,推动电镀产业集约化、规模化发展。深化"国家火炬重庆潼南节能环保特色产业基地"建设,着力打造全国第一座全产业链环保表面处理产业园。以巨科环保创业园、佰思特表面处理等项目为带动,培育形成表面环保处理产业集群。截至2021年底,全区有规模以上节能环保企业11家,实现产值11.18亿元,同比增长46.59%。

绿色建筑建材产业。 潼南区紧抓重庆市获批国家级装配式建筑示范城市的发展机遇,注重标准化

● 潼南大佛寺景区（何智勇 拍摄）

设计、工厂化生产、装配化施工、信息化管理、智能化应用，促进机制砂石和建筑建材产业转型升级。利用潼南在成渝地区双城经济圈主轴轴心的区位优势，大力发展装配式建筑材料、防水保温材料等绿色建筑材料产业，在川渝地区市政基建、地产开发建设、标准厂房以及园区建设等领域大力推广，得到广泛应用。截至2021年底，全区有规模以上绿色建筑建材企业27家，总产值52.34亿元，同比增长15.83%。

旅游业。潼南区立足打造巴蜀文化旅游走廊知名旅游目的地，推进建设涪江休闲旅游度假区，提档升级大佛寺、双江古镇等核心景区，拓展陈抟故里、太安—柏梓、龙多山等乡村旅游基地建设。2022年，接待游客1320万人次，比上年增长17.4%；实现旅游综合收入85.80亿元，增长17.5%。规模以上文化体育娱乐业企业营业收入4.14亿元，增长6.7%。举办第七届重庆（潼南）文化旅游惠民消费季、"爱尚重庆·乐购潼南"等消费节活动，双江古镇获评"全国非遗旅游小镇"，入选"全国非遗和旅游融合发展优选项目名录"；双江镇金龙社区获评"全国红色美丽乡村"和"重庆市乡村旅游重点村"；涪江旅游度假区被确定为市级旅游度假区。

文旅品牌

杨闇公故里景区。杨闇公故里景区位于双江镇，是国家4A级旅游景区，有杨闇公旧居、陵园，杨尚昆旧居、陵园和杨氏民宅5个景点，是全国爱国主义教育示范基地、全国廉政教育基地、全国红色旅

● 陈抟故里景区（唐安冰 拍摄）

游经典景区、重庆市六个红色旅游景区暨十条红色旅游精品线路之一。

潼南大佛寺景区。大佛寺景区位于潼南城区西郊，背靠定明山，面临涪江，是国家4A级旅游景区、全国重点文物保护单位。景区内保存有始于隋、盛于唐宋，延续时间达1400多年的儒、释、道三教摩崖造像126龛928尊；有世界第一室内饰金大佛、中国最早使用全琉璃顶的古建筑"七檐佛阁"、中国古代四大回音建筑之一的"石磴琴声"、全国最大的顶天"佛"字、罕见的天然回音壁"海潮音"等十八胜景。

双江古镇景区。双江古镇位于潼南区双江镇，始建于明末清初，距今已有400多年历史，是国家4A级旅游景区、全国十大历史文化名镇之一。古镇如今有保存完好的田坝大院、邮政局大院、源泰和大院、静秋大舞台、惠民宫及长滩子大院等24座四合院式的清代民居建筑，总面积3.8万平方米。

陈抟故里景区。陈抟故里景区是国家4A级旅游景区，位于潼南区崇龛镇，距离潼南城区29千米，是五代宋初著名道教至尊陈抟的故里。每年阳春三月，上万亩的油菜花在田野里竞相绽放，形成十里菜花、"黄金铺地"的壮丽景观。景区融入太极文化元素，打造出油菜、小麦等农作物组成的直径达236米的世界最大太极图案。还有陈抟山、陈抟塑像、太极塔、太极古镇、玉佛寺等丰富的自然和人文景观。

风味美食

太安鱼。太安鱼始创于20世纪30年代，发源

● 双江古镇（杨毅 拍摄）

地在潼南区太安镇，属江湖菜特殊味型，麻辣鲜香，肉质细嫩，用本地优质的红苕豆粉、农家泡菜和独特的工艺制作而成。已获"中华名菜"称号。

白酥鱼。白酥鱼是潼南区双江古镇的一道名菜，源于清朝末期，至今已有100多年历史。白酥鱼系由鲫鱼加入秘制辅料煨制而成，其制作方法颇为考究，采撷了全国各菜系鱼肴制作之所长。成品菜具有鱼形整而不烂、刺骨酥化，味道酸、香、甜、可口的特点，具有补钙、润肺、降压等功效，适合东西南北各方食客的口味。

双江陈凉粉。双江陈凉粉起源于双江镇，已有100多年制作历史。陈凉粉以优质白豌豆为主料，以菜油、红辣椒、花椒粉、蒜泥、小葱、芝麻、花生、酱油、醋、香菜等为辅料。将白豌豆用井水浸泡，磨制成浆，用陈家祖传工艺加工成凉粉状，切丝装盘。用菜油和红辣椒制成辣椒油，配以花椒粉、蒜泥、小葱、芝麻、花生、香菜、酱油、醋、味精等制成调料淋入切好的凉粉中而成。陈家后人陈中贵充分继承和发扬了祖传工艺，其制作的凉粉因味道鲜美深受群众和游客喜爱。2004年10月，在中国美食节暨首届重庆国际火锅文化节上，潼南名小吃陈凉粉荣获"消费者最喜爱的特色小吃"称号。

双江五香花生米。双江五香花生米用五香及中草药科学配方，经过剥、选、泡、烤、炒、装等工序密封式精加工而成。表皮鲜艳，籽大粒满，色金黄，香脆，味鲜，老少皆宜。具有开胃健脾、舒气开胸之功效，是宴会之佳肴、旅游之美食、馈赠之精品。物美价廉，深受消费者喜爱。

桂花蒜。桂花蒜是潼南县酿造厂继承和发扬民间传统工艺，吸取同类产品之精华，采用现代科学配方精心研制生产出来的名优土特产品。桂花蒜香甜脆嫩，味美爽口，营养丰富，具有开胃健脾、止咳润肺、解毒杀菌、防治肿瘤和肠胃疾病等多种功效，是理想的保健食品。1984年获县优良产品奖。1985年获县科技成果奖。1987年4月，杨尚昆回故乡视察时，亲自品尝了桂花蒜并给予高度评价。1988年荣获首届中国食品博览会铜奖。1990年作为重庆风味食品被选送至北京第十一届亚运会奉献给海内外的来宾。

潼南涪江大曲。潼南酒厂生产的涪江大曲是重庆老字号酒类。该酒以优质高粱、糯米、小麦等优质粮食为原料，采用"泸型酒"传统工艺，以老窖泥接种繁衍、双轮底发酵、陶瓮储藏等方法生产，具有酒体清澈透明、浓香醇郁、绵甜甘洌、纯净爽口、各味协调、余味悠长的独特风格，属"浓香型"特色的固体发酵酒。

发展定位

潼南积极打造产城景融合发展桥头堡城市，建设成渝中部新兴产业集聚区、全市乡村振兴示范引领区、重庆都市圈人文康养宜居区。

发展目标

到2025年，潼南高质量发展水平和科技创新能力显著提升，主要指标增速高于全市1个百分点以上，经济总量突破800亿元，地方一般公共预算收入达到35亿元以上。城乡面貌实现新变化。新型城镇化全面提速，城镇化率达到65%，乡村振兴走在前列，城乡融合形成新样板。绿色转型成效显著，生态环境更加优美，涪、琼两江水质持续向好，空气质量优良率达到92%以上。社会民生实现新改善。共同富裕迈出坚实步伐，居民人均可支配收入年均增长9%左右。教育医疗、文化体育、养老等基本公共服务更加优质均衡，多层次社会保障体系更加健全，人民生活水平和生活质量大幅提升。改革开放实现新突破。改革的系统性、整体性、协同性持续增强，在重点领域形成一批可推广可复制经验。开放平台通道全面提升，外向型经济实现突破，进出口总额年均增长10%以上。治理效能实现新提升。平安潼南、法治潼南建设深入推进，政府服务持续优化，民主法治更加健全，市场秩序更加规范，基层基础更加稳固，安全保障更加有力。

到2035年，潼南基本实现社会主义现代化，综合经济实力和科技实力大幅提升，经济总量和城乡居民人均可支配收入较2020年翻一番以上，人均地区生产总值突破15万元；创新体系更加健全，基本实现新型工业化、信息化、城镇化和农业现代化，基本建成现代化经济体系，基本建成百平方千米、百万人口"双百城市"；基本实现治理体系和治理能力现代化，成功创建"长安杯"，法治政府、法治社会和平安潼南建设达到更高水平；基本建成文化强区、教育强区、人才强区和健康潼南，市民素质和社会文明程度达到新高度；基本建成山清水秀美丽潼南，涪江、琼江绿色生态廊道全面筑牢，山水与人文共生共荣、融合发展的生态之美全面彰显；基本建成"铁公水空"立体综合对外开放大通道，基础设施互联互通全面实现，开放型经济体系基本建成，开放程度更加深入；中等收入群体显著扩大，基本公共服务实现均等化，高品质生活充分彰显，人民生活更加美好，全体人民共同富裕迈出坚实步伐。

（撰稿：谢继华　审稿：米俨）

荣昌区

基本情况

荣昌号称海棠香国，雅称棠城、昌州。

荣昌区地处四川盆地川中丘陵的川东平行岭谷区交接处，介于东经105°17′~105°44′，北纬29°15′~29°41′之间。地貌以浅丘为主，地势起伏平缓，北高南低，由东北向西南倾斜。境内以螺罐山为界，中北部为丘陵区，南部为岭谷区。全境南北长44.3千米，东西宽39.1千米，辖区面积1077平方千米。荣昌区属亚热带湿润东南季风气候，历年平均气温17.6℃，历年极端最高气温43.7℃，历年极端最低气温零下2.0℃，历年平均降雨量1064.2毫米，历年平均日照时数986.2小时，历年平均无霜期340天。

荣昌区位于重庆市西部，地处成渝主轴黄金联结点上，是成渝地区双城经济圈建设的"桥头堡"，距重庆市主城区90千米，离成都市区240千米，东临重庆市大足区、永川区，西接四川省内江市隆昌市，南邻四川省泸州市泸县，北与四川省内江市东兴区、四川省资阳市安岳县接壤，辖昌元、昌州、广顺、安富、峰高、双河6个街道，直升、万灵、清江、仁义、河包、古昌、吴家、观胜、铜鼓、清流、盘龙、远觉、清升、荣隆、龙集15个镇，共有64个社区、92个村。户籍人口83.96万人，常住人口城镇化率61.84%。

2022年，荣昌区实现地区生产总值817.30亿元，其中，第一产业增加值66.21亿元，第二产业增加值436.76亿元,第三产业增加值314.33亿元，一、二、三产业比重为8.1∶53.4∶38.5。全年固定资产投资增长3.2%，外贸进出口总值22.04亿元，金融机构各项存款余额达562.10亿元，一般公共预算收入26.84亿元。

荣昌区是国家卫生区、国家森林城市、国家畜牧科技城；还是全国金融服务综合改革试点城市、国家外贸转型升级基地、国家城乡融合发展试验区、中国特色农产品优势区、全国农村创新创业典型区、国家数字乡村试点区、国家义务教育发展基本均衡区、中国营商环境十佳示范城市、国家体育消费试点城市、全民运动健身模范市（区）；荣膺"最具增长潜力的新兴城市"。

荣昌区人民政府驻地昌元街道迎宾大道26号。

历史沿革

荣昌历史悠久，以"繁荣昌盛"之意而得名，建县至今已有1265年历史。春秋时期，荣昌为巴国

● 荣昌全景（荣昌区档案馆 提供）

属地。秦朝推行郡县制度以后，荣昌地属巴郡。西汉，县地为江阳和汉安两县属地。汉武帝分全国为十三州郡，荣昌当时即是益州犍为郡的江阳县地，治所在今泸州市。东汉时，荣昌部分地区也是汉安县的属地，治所在今内江市。三国、晋、南北朝、隋，循西汉建制。在三国、蜀汉、东西晋、南北朝时期，荣昌均先后成为蜀汉、齐、梁、西魏、北周的统治区域，仍为江阳、汉安两县属地，隋朝统一全国以后到唐朝初年，荣昌大部分地区都是江阳、汉安的属地，没有单独设县。

唐乾元元年（758年），朝廷批准划出泸州、普州、渝州、合州、荣州、资州六州部分辖地，设置昌州，同时分置昌元、大足、静南3县。昌元县的设置，是今荣昌地区正式建县的开始。建县以来曾两度废置，直到唐大历十年（775年）五月，方复置昌州及昌元等县。元至元二十年（1283年），朝廷撤销昌州，昌元县并入大足，后又随大足撤县并入合州铜梁县。元至正二十三年（1363年），明玉珍在重庆称帝，建国号为大夏，改元天统，在原昌元县部分地新置昌宁县。

明洪武六年（1373年）十二月，朱元璋在原昌元县大部地区改置荣昌县，为重庆府领属的3州17县之一。明洪武七年（1374年），昌宁县并入荣昌县。清朝建立统治以后，仍设置荣昌县，为四川承宣布政使司重庆府的辖县。民国时期，荣昌县先后隶属于川东道（后改东川道）、省长公署、四川省第三行政督察区。

中华人民共和国成立以后，荣昌县先后隶属于四川省璧山专署、川东行署区璧山专区（后改江津专区）。1952年9月，恢复四川省的建制后，荣昌县隶属四川省江津专区（后改江津地区）。1981年7月，江津地区更名永川地区，荣昌县隶属未变，为地区8个辖县之一。1983年4月，撤销永川地区，所辖8

县全部划入重庆市，荣昌县为重庆市属9区12县的郊县之一。1997年3月14日，荣昌县成为重庆直辖市的西部辖县。

2015年4月28日，国务院正式批复荣昌"撤县设区"，5月14日，中共重庆市委、重庆市人民政府撤销荣昌县，设立重庆市荣昌区，6月18日，重庆市荣昌区正式挂牌。

重要资源

人文资源

三大国家级非物质文化遗产。有始于汉代的"荣昌陶"，与建水陶、钦州陶、宜兴陶齐名，并称"中国四大名陶"；有起源于汉代的夏布，经纬间穿梭千年，号称"天然纤维之王"；有始于宋代的荣昌折扇，与苏杭折扇齐名，并称"中国三大名扇"。

喻茂坚（1474—1566），明重庆府荣昌县人。正德六年进士，任刑部尚书等职，1567年，被明穆宗追赠为太子少保。他为官刚正不阿、清廉有为，被明世宗赞誉为"天下清官"。他以国为重、秉公办案、不徇私情，在当时就有"汉庭老吏、当代法家"的美誉。任刑部尚书期间，为防止判罚不公，上书并主持修订《问刑条例》，对明清刑律的完善发展作出了重要贡献。

张培爵（1876—1915），字列五，重庆荣昌人。中国民主革命先驱、辛亥革命元勋。1906年加入同盟会，辛亥光复重庆，被举为蜀军政府都督。成渝合并后，任四川都督府副都督、民政长。1915年2月20日，遭袁世凯诱捕，当年4月17日被害于北京宛平，就义时年仅39岁。

柳乃夫（1910—1939），原名赵宗麟，重庆荣昌人。1930年考入国立中央大学法律系，因从事革命活动，曾以政治犯罪嫌疑人之名被捕入狱。1933年由亲朋营救出狱，1934年加入中国共产党，取笔名柳乃夫。曾主编《永生》《现世界》刊物，发表了不少进步文章，他秘密参加了党的许多活动，撰写了许多宣传抗日救国文章，在上海文化界救亡工作中极为活跃。1939年6月6日，在日军第六次围攻中条山战役中牺牲。1982年12月6日，四川省人民政府追认他为革命烈士。

陈子庄（1913—1976），重庆荣昌人，中国当代著名画家。曾任四川省文史馆研究员、四川省政协委员。他的作品天然机趣，看似平淡无奇，实则返璞归真。他以自己独特的艺术思想体系和"子庄风格"，在画坛独树一帜。1988年陈子庄遗作展在中国美术馆举办，轰动美术界，被誉为东方的凡·高。

自然资源

水资源。荣昌区多年平均水资源总量4.69亿立方米，人均水资源占有量为551立方米；境内有大小河流159条，多属沱江水系；有各类型水库95座。濑溪河是流经区内的最大河流，系沱江左岸一级支流，发源于大足区中敖镇白云村，于泸州市龙马潭区胡市镇汇入沱江，区内干流长55.12千米，流域面积725平方千米，是荣昌的水上大动脉，被视为荣昌的母亲河。大清流河为荣昌与内江的边界河，发源于安岳，经荣昌流向内江注入沱江，干流总长121.74千米，流经区境干流19.3千米，流域面积341平方千米。荣昌区有蓄水工程5348处，蓄水总库容14667.89万立方米，年设计供水能力9222.45万立方米，提水工程459处，设计供水能力9658.53万立方米。其中三奇寺水库是荣昌中型水库之一，建于1958年，之后几经改造建设，库区水面面积1700亩，库容1500万立方米；高升桥水库，建成于2001年，是一座以城区供水为主的中型水库，库容达到1187万立方米，年供水量提升至1756万立方米；黄桷滩水库，建成于2017年，是一座以农村饮水和农业灌溉为主的中型水库，库容1545万立方米。

土地资源。荣昌区低丘宽谷地貌面积最大，占辖区面积的40.6%。土种有水稻土、冲积土、紫色土和黄壤土四大土类及六个亚类。其中水稻土占耕地面积的52.4%，紫色土占耕地面积45.7%，黄壤土占耕地面积的1.4%，冲积土占耕地面积的0.5%。

生物资源。荣昌区生物资源有经济作物、药用植物、园林植物和家畜家禽、淡水鱼类等生物资源160余种。粮食作物盛产水稻、小麦、高粱、玉米等，经济作物盛产茶叶、蚕桑、生姜、麻竹等，畜禽类主要有猪、牛、羊、鸡、鸭、鹅、兔、蜂。

矿藏资源。荣昌区发现的矿产资源有10多种，特别是优质陶土资源非常珍贵。安富街道境内沿鸦屿山、李家寨一带，有一条长20余千米、宽2.5～4.5千米的陶土矿带，现探明地质储量为3亿吨。这些陶土为红、白色，泥料质地细腻，可塑性强，含水率、烧失率低，是生产各种日用陶、工艺美术陶、优质建筑陶等的优质原料。煤炭、天然气、页岩、石灰岩、建材砂岩、石英岩和矿泉水等资源丰富，其中煤炭探明资源储量1.67亿吨，天然气已探明地质储量222.37亿立方米，页岩气已探明储量2721.8亿立方米，石灰岩探明储量为1300万吨。

基础设施

工程性基础设施

荣昌城区已建成北门和黄金坡2个自来水厂，日供水能力达到10万立方米。2022年城区供水3124万吨，日最高供水量11.3万吨，供水水质综合合格率达100%。荣昌城区有污水处理厂1座，实现了准4类水的达标排放。

荣昌区有220千伏变电站1座，总容量54万千伏安。110千伏变电站7座，总容量77.8万千伏安。35千伏变电站7座，总容量14.3万千伏安。国网荣昌区域共管辖10千伏配网线路313条/2677千米。

荣昌区有CNG（L—CNG）加气站4座，有LNG加注站1座。共有7家城镇管道天然气经营企业，全区21个镇街和153个行政村（社区）已实现通天然气主管道。

荣昌区交通便捷，至2022年末，公路总里程达到2848.6千米，其中国道（高速公路）116.19千米，省道215.83千米，县道473.53千米，乡道591.98千米，专用公路8.76千米，村道1442.31千米。铁路总里程达到91.50千米，其中有成渝高铁、成渝铁路、永荣矿业公司铁路专用线等三条铁路，干线铁路总长64千米，专用线铁路总长27.5千米，铁路密度8.5千米/百平方千米。水路通航里程142.43千米，拥有各类渡口、码头81个。

荣昌区有邮政服务网点34个，邮快超市100个，邮运线路3条，邮路总长度411千米，建立了以非遗电商产业园、邮快超市、邮政网点为"骨架"，三级物流体系建设为"经络"，客户资源为"肌肉"，非遗文化为"血脉"的新发展体系，将企业发展融入地方经济。

荣昌区有5G基站1454个，实现城区、场镇、农村5G室外连续覆盖和城区小区深度覆盖。加快应用牵引推动5G发展，深化5G手机与各类5G泛终端合作，建成"智慧政务"综合信息服务平台、"渝快办"移动端荣昌区小程序、"E公证"、新型智慧城市综合运营服务中心、全民健康信息平台、"清江镇5G+智慧农场""秦橙5G智能综合产业园"等十多个领域近百项基础数字平台，实现平台与终端、产品、生态、服务融通，不断推进大数据与社会事业发展深度融合。

社会性基础设施

荣昌城区有城市公园36个、广场15个。拥有数字化城管平台，实现了数字城管向智慧城管转变。建成647个路内临时智能化停车位，安装37处停车诱导屏，实现城区6393余个路内临时停车泊位智能化管理。

荣昌区有图书馆1个、文化馆1个、美术馆1个、图书分馆34个、文化分馆29个。全区共有镇（街道）综合文化服务中心21个、村（社区）综合文化服务中心160个，三级公共文化服务体系基本建成。城区建成城市书房4座及剧场、影剧院5个。有线电视用户132351户，其中数字电视用户97617户。

荣昌区有各类体育场地数量为3387处，体育场地面积为157.83万平方米，人均体育场地面积2.36平方米，其中体育公园5个、体育馆1个、体育场1个，形成了规划合理、种类齐全、衔接配套的体育场地设施体布局。

荣昌区有各级各类学校268所，其中普通中学21所，中等职业学校1所，小学114所，幼儿园131所、特殊教育学校1所。

荣昌区有各级各类医疗卫生机构439个，其中医院15个、乡镇卫生院15个、社区卫生服务中心6个、诊所162个、村卫生室241个，医疗卫生机构实有床位数4684张。

主要产业

传统特色产业

荣昌传统产业，主要是荣昌陶器、荣昌夏布、荣昌折扇三大国家级非物质文化遗产所形成的特色产业及以荣昌猪为代表的畜牧业、以河包粉条为代表的农产品加工业。

荣昌陶器。荣昌陶器因主产地为荣昌安富，又称作"安陶"。荣昌陶器素以工艺精湛细致，体形优美典雅，色彩绚丽光洁，装饰古朴大方而享有"薄如纸、亮如镜、红如枣、声如磬"的美誉。早在汉代，荣昌地区就已经开始制陶，中华人民共和国成立后，荣昌陶器进入新的发展时期。荣昌陶器产品先后获国家、省、市奖150多个，远销世界30多个国家和地区，深受国内外客商喜爱。2011年5月，陶器烧制技艺（荣昌陶器制作技艺）成功申报为国家级非物质文化遗产，同年被评为重庆市首届"巴渝十二品"之一。2014年3月，"荣昌陶器"注册国家地理标志证明商标。2020年11月，荣昌陶器获中国轻工业联合会授牌"中国西部陶瓷之都"称号。目前荣昌有陶瓷企业近100个（含玻陶），其中规上陶瓷生产企业27个。

荣昌夏布。夏布，早在汉代就成为皇室和达官贵族喜爱的珍品。中华人民共和国成立后，荣昌夏布由分散生产转为集体生产。20世纪90年代初，积极发展夏布产业，形成"基地加乡镇、家家织布声"的格局。1998年，荣昌被农业部授予夏布加工基地。2007年，荣昌夏布织造技艺被列入重庆市第一批省级非物质文化遗产名录。2008年6月，荣昌夏布织造技艺成功申报为国家级非物质文化遗产，荣昌区被商务部确定为"国家外贸转型升级专业型示范基地"。2013年3月，"荣昌夏布"注册国家地理标志证明商标。2019年末，荣昌登记注册夏布企业80余个，规模以上企业16个，配套家庭生产作坊3000余户，手工织布机5000余台，从事夏布织造工作人员近万人。2021年，荣昌夏布出口1955万元，总产值近5000万元。

荣昌折扇。荣昌折扇是与苏杭折扇齐名的三大名扇之一。清道光二十二年（1842年）荣昌折扇业成立"颖风公所"（颖风会），标志着荣昌折扇的生产由家庭副业转向专业生产。中华人民共和国成立后，荣昌折扇走向了集体经济，1955年成立了荣昌县折扇手工业合作社。随着时代变迁，荣昌折扇不断推陈出新，工艺折扇渐成新宠，挂扇、夏布扇成为人们珍藏的艺术品。2008年6月，荣昌折扇制扇技艺成功申报为国家级非物质文化遗产。

荣昌畜牧。荣昌畜牧业享誉全国。荣昌是优良地方猪种荣昌猪的发源地和主产区，拥有重庆市畜牧科学院和西南大学荣昌校区两所科研院校，品种资源和科教人才优势突出。经过多年努力，形成了链条比较完整、融合度较深、科技含量较高、富有特色的产业集群。以生猪产业为主导的畜牧产业，

● 荣昌猪（荣昌区档案馆 提供）

已成为荣昌发展战略的第一品牌，拥有国家现代畜牧业示范核心区、国家现代农业示范区、国家生猪交易市场、国家生猪大数据中心、农牧为主的国家高新区、国家生猪技术创新中心等十多个国家级平台，荣昌猪产业上榜全国优势特色产业集群。2022年，全区有规模化标准化养殖场231家，其中生猪117家、牛羊29家、家禽75家、兔10家。生猪存栏44万头，能繁母猪存栏5.1万头，生猪出栏64.4万头；家禽存栏368.3万只，出栏748.3万只；全年肉、蛋、奶总产量8.3万吨；兽药年产值8.6亿元，饲料年产值58亿元，畜牧产品交易市场全年交易额2.6亿元。2022年，"荣昌猪"入选农业农村部首批农业品牌精品培育名单，获选全国农业生产"三品一标"典型案例，重庆十大优异农业种质资源。

河包粉条。河包粉条为荣昌区传统特色产业之一，距今已有上百年的生产历史，烹调时入水即软，久煮不碎不糊，入口爽滑耐嚼。河包粉条成功注册国家地理标志证明商标，其生产工艺获批市级"非遗"。河包粉条工业园被农业部命名为"全国农产品加工示范基地"，河包酸辣粉获批中国名小吃。2021年，产量6万吨，产值7亿元。

新兴主导产业

消费品。消费品产业基本形成以食品、陶瓷、运动服饰为主要支撑的消费品产业体系，着力打造千亿级消费品产业集群，建成陶瓷、轻纺消费品、眼镜、休闲食品等特色消费品产业基地，实现消费品产业细分产业全覆盖，入选工信部消费品工业"三品"战略示范城市公示名单。2022年，231户消费品规上企业实现工业总产值669.29亿元。其中，食品产业形成了以洽洽食品、椿林食品等为代表的休闲食品工业，以紫燕、琪金为代表的肉制品加工业，以黄海食品为代表的农副产品精深加工业，81户食品加工规上企业实现工业总产值279.2亿元；陶瓷产业发展以重庆唯一特色陶瓷产业园——"中国西部陶瓷之都"的广富园为载体，形成了以唯美陶瓷为代表的建筑陶瓷生产企业，以永恒玻陶为代表的日用陶瓷生产企业，以奥福陶瓷为代表的特种陶瓷生产企业，27户陶瓷生产规上企业实现工业总产值87.19亿元；运动服饰产业形成了以无锡尚上、中乔体育为代表的服饰加工企业，35户服饰生产规上企业实现工业总产值62.96亿元；眼镜产业园积极发展时尚眼镜、眼镜保健等产业，形成了以华腾眼镜、睿盟光学为代表的眼镜生产企业，8户眼镜生产规上企业实现总产值7.1亿元。

生物医药。荣昌区是国家生物产业基地拓展区，也是重庆市医药产业"五园七基地"之一。引进华派生物、海尔生物等资本，推动澳龙生物、永健生物、三大伟业等企业重组发展；香港上市公司先锋医药成功落地；主板上市企业华森制药第五期新建GMP生产基地顺利投产，获得国家智能制造示范工厂项目支持，获批国家企业技术中心，国家技术创新示范企业。现有单品种上亿元产品4个（华森：威地美、柑橘冰梅片、都梁软胶囊；澳龙生物：羊包虫疫苗），"威地美"在国内铝碳酸镁片市场占有率超过90%。2022年，28户规上医药（含兽药）企业实现产值155.6亿元。

电子信息。电子信息产业发展聚焦电子电路、计算机外围设备、汽车电子等方向，投资150亿元的成渝地区双城经济圈建设重大项目——重庆电子电路产业园建成投产，成功创建重庆市特色产业基地、重庆市重点培育楼宇产业园。现有弘耀电子、东矩金属制品、展旺塑胶、川捷电子等企业40余家。2022年，28户规上电子信息企业实现产值53.9亿元。

智能装备。智能装备形成了以汽车关键零部件、

专用机械设备、通用机械设备、农牧机械等为主的产业体系，代表企业有烛照实业、鑫仕达包装设备、大鸿农牧机械、都成荣锋机械等。2022年，78户规上企业实现总产值224.9亿元。其中19户汽摩零部件企业实现规模工业总产值54.5亿元，17户专用设备和通用设备生产企业实现规模工业总产值37.1亿元，农牧机械设备生产企业5户规上企业实现产值9.1亿元。

农牧高新。国家畜牧科技城建设成效显著。依托西南大学荣昌校区、重庆市畜牧科学院、重庆市养猪科学研究院等院校优势，聚集了世界500强企业——美国嘉吉饲料、双胞胎饲料、安佑饲料等一批知名饲料研发、加工企业，澳龙生物、永健生物、方通动物药业等一批兽药企业，大鸿农牧、牧尚科技等智能农牧机械装备企业。拥有全国最大的国家生猪交易市场（电子交易平台），全国唯一的国家生猪大数据中心。饲料年生产能力约300万吨，兽药企业数量占全市比重超过80%。形成了集"科研、育种、养殖、加工、饲料、兽药、市场"于一体的农牧高新特色产业体系。2022年，50户规上农牧高新企业实现产值200.4亿元。

文旅品牌

万灵古镇。万灵古镇（原路孔古镇）是著名的移民水乡，国家4A级旅游景区。建制1000多年，建场200多年，系"两湖""两广"填四川集散地，

● 万灵古镇（荣昌区档案馆 提供）

● 安陶小镇（荣昌区档案馆 提供）

以丰厚的历史文化底蕴和淳朴秀美的水乡风光闻名遐迩。2002年4月以来，曾先后被评为"重庆市历史文化名镇""全国特色景观旅游名镇"和"中国历史文化名镇"。古镇青山环抱，濑溪河斜贯全镇，北宋时以水码头著称。整个集镇为开有四城门的城墙环抱，坚固的城墙护卫着一华里长的主街与三条支巷，当地人称主街为明清一条街。现石质狮子门、日月门两处城门和位于码头处的清代"大荣桥""船闸"保存完好，繁华的街居、尔雅书院、"十八梯"、湖广会馆、赵氏宗祠等至今保存着古老建筑特色，镇外万灵山上有佛像雕刻群及东汉岩墓群，"山—水—城"相互衬托、相生相息。

安陶小镇。安陶小镇位于荣昌区安富街道荣昌陶文化创意产业园内。小镇入口便是一个18米高的巨型泡菜坛子的陶瓷，彰显小镇主题。安陶小镇结合荣昌陶文化历史和特性，并依托荣昌境内保存最为完好、规模最大的夏兴古窑而打造，景区内随处可

● 荣昌陶博物馆（荣昌区档案馆 提供）

● 夏布小镇（荣昌区档案馆 提供）

● 古佛山（荣昌区档案馆 提供）

见以荣昌陶器为装饰的特色景点，既有传统文化的古朴，又有现代工艺的美观。整体布局为"古街水巷"，景区内陶宝古街、平筎别墅、天主堂、窑王殿、古驿道、火神庙等景点都极具古镇特色。安陶小镇在陶文化、酒文化、兰草文化、抗战文化、移民文化等要素的熏陶下，成为独具魅力的文化创意之城。

陶宝古街全长438米，总占地3万余平方米。陶宝古街以清代建筑为主，大多是由"湖广填四川"的移民所建。陶宝古街是集观光旅游、文化体验、休闲娱乐、餐饮住宿于一体的独具特色的陶文化商业街区。

荣昌陶博物馆。荣昌陶博物馆位于荣昌区安富街道，国家3A级旅游景区，总占地近1万平方米，其中核心区4000余平方米，以"传承·发展·创新"为展示主题，馆内设有荣昌陶历史文物、生产场景模拟、陶器发展简史、陶艺精品展示、休闲文化长廊、陶艺制作体验、大师工作室、研发中心、陶器加工及烧制等主题展厅，收藏有4000余件自汉代以来的荣昌陶文物和精品，其中常年展出400余件。该博物馆已纳入国家博物馆序列，集收藏、展示、交流、体验、互动、科普以及研发、制作、销售等于一体，是集中展示国家级非物质文化遗产荣昌陶的重要平台。

夏布小镇。夏布小镇位于荣昌城区荣峰河和濑溪河交汇处，国家3A级旅游景区。小镇占地约100余亩，建筑面积约5.3万平方米，整体建筑风格以仿明清风貌四合院落组成，青瓦古院、廊桥艺梦，横纵步道，步步惟妙。建有中国夏布博物馆、夏布书画研究院、夏布研发中心、夏布产品发布中心、加合夏布、壹秋堂夏布坊、艺梦廊桥等景点，在小镇内种植夏布原材料苎麻作为景观植物供游客观赏，是集夏布研发、加工、生产、交易、展示、销售、非遗文化体验于一体的综合性非遗文化旅游景区。

古佛山。古佛山位于荣昌区清升镇，距离城区18千米，主峰海拔711.3米，为荣昌最高，国家3A级旅游景区。山上植被茂盛，景色秀丽，风光宜人，有清泉峭岩之景，飞瀑叠翠之貌。森林覆盖率在80%以上，负氧离子含量高达12000个／立方厘米以上。景区内拥有百佛园、三圣洞、金龙湖、悬崖栈道、玻璃索桥、玻璃水漂、彩色环湖路等景点及生态绿色的采摘基地，是集登山、观景、品茗、尝果、休闲、养生于一体的休闲度假之地。

风味美食

荣昌风味美食众多，独具特色，最为著名的主要有羊肉汤、卤鹅、烤乳猪、黄凉粉、铺盖面。

荣昌羊肉汤。荣昌羊肉汤汤汁乳白，咸鲜味正，香味浓郁，肉质细嫩，无腥臊味及药料味，是四季皆宜特别是冬令时节的滋补佳品。经过几十年的

● 荣昌羊肉汤（荣昌区档案馆 提供）

● 荣昌烤乳猪（荣昌区档案馆 提供）

发展演变，羊肉汤已今非昔比，其系列中最为出色的当为羊杂汤，其他的如蚂蚁上树、粉蒸羊肉、炒羊肝、腊排等菜品味道也很受食客喜爱。

荣昌卤鹅。荣昌卤鹅色泽金黄发亮、五香味浓、粑软适中、骨质松脆、骨髓香滑、肉感香嫩、调料微辣、口感适宜，姜葱味齐备，成了八方宾客最喜爱、最回味的荣昌味道，是最具代表性的地域美食名片之一。荣昌卤鹅至今已有360多年的历史，集粤菜、川菜之所长，形成了独有的卤制烹饪技术，素有"百年美味、千年技艺"之称。全区卤鹅生产销售商家达300余家，2011年，荣昌卤鹅制作技艺成功申报重庆市非物质文化遗产。2019年，荣昌区成功创建"中国卤鹅之乡"。

荣昌烤乳猪。荣昌烤乳猪较瘦，脂肪含量少，皮脆而薄，瘦肉多，又鲜又嫩，入口奇香，具有丰富的营养价值。猪皮含大量胶原蛋白，有养颜健肤功能。烤乳猪是将十几至二十斤重的荣昌国宝小乳猪，放入金银花、贡菊、罗汉果、甘草、罗勒等天然香料用文火慢慢烘烤而成，是荣昌本地特有的一道名菜。

荣昌黄凉粉。黄凉粉是荣昌本地特色小吃之一。黄凉粉细丝，成条不烂，软而不断，调成咸鲜、微辣带麻，姜、葱、蒜香味突出的味道，吃起来有粉质感，且口里有股豌豆的清香味，深受大众喜爱。

荣昌铺盖面。铺盖面原名"鸡婆头"。骨汤乳白，豌豆打底，加炸酱；面块皮薄均匀，块大不烂；再放上油条，形似鸡头，因此得名"鸡婆头"。后依据面块"大、薄，呈长方形，似铺盖"的特点，将其更名为"铺盖面"。铺盖面是荣昌人公认的"地方风味小吃"，被中国饭店协会评为"中国金鼎奖"。

● 荣昌卤鹅（荣昌区档案馆 提供）

● 荣昌黄凉粉（荣昌区档案馆 提供）

● 荣昌铺盖面（荣昌区档案馆 提供）

发展定位

中共荣昌区委十五届四次会议提出：荣昌区按照党的二十大部署要求，对标习近平总书记殷殷嘱托，全面落实党中央确定的各项战略决策和市委的安排部署，勇当重庆主城都市区桥头堡排头兵，建设成渝腹心现代化新兴城市。至2035年，在高质量发展中基本实现社会主义现代化。

发展目标

2021年12月召开的中共荣昌区第十五次代表大会提出未来五年主要目标任务：围绕"两高三新"发展目标，突出大抓制造业、大抓科技创新、大抓民营经济、大抓招商引资、大抓项目建设"五大抓手"，聚集城乡融合、改革开放、文化建设、生态文明、民生事业"五个着力点"，全面建设社会主义现代化新荣昌。

现代产业集聚高地建设取得重大成效。 地区生产总值达到1300亿元，工业总产值突破2000亿元，工业增加值占地区生产总值的比重超过40%，第二产业增加值占地区生产总值的比重超过50%，工业固投占全社会固投的60%以上，工业企业占招商引资比重超过70%以上，高技术制造业增速高于工业增加值增速，固定资产投资增速高于经济增速，产业投资增速高于固定资产投资增速，荣昌高新区进入全国百强行列，构建支撑高质量发展的现代化产业体系，成为工业大区、制造业强区。

农牧特色科创高地建设取得重大突破。 全社会研发经费投入年均增长10%以上，研发投入强度超过全市平均水平，高新技术企业和科技型企业实现双倍增，分别达到350家、2000家以上；万人有效发明专利拥有量达到15件，人才资源总量突破20万人；深入推进产业数字化、数字产业化，数字经济增加值占GDP比重超过10%，国家畜牧科技城建设实现重大进展。

成渝主轴开放新城建设取得重大提升。 市场化法治化国际化营商环境更加优化，年招商引资额保持在600亿元以上，民营经济增加值占GDP比重达到85%，成为民营经济高质量发展区；融入国家对外开放战略通道更加通畅，服务贸易规模突破10亿元，进出口总额达到25亿元，年实际利用外资1亿美元，外贸企业达330家以上，连接东西、贯通南北交通体系更加顺畅，"桥头堡"功能更加完善、作用更加凸显，构建成渝腹心对外开放新高地。

城乡融合魅力新城建设取得重大成果。 城镇化率达到69%，城市功能不断完善，城市品质大幅提升；乡村振兴全面推进，全区耕地保有量稳定在74.28万亩以上，村级集体经济年经营性收入高于10万元以上的村占比达到90%；市域社会治理现代化走在全市前列，多层次社会保障体系更加健全，成为具有川南渝西影响力的教育强区，人均预期寿命达到80岁，每年新增城乡就业1.2万人以上；全体居民人均可支配收入高于全市平均水平，城乡收入差距缩小到1.98∶1，一、二、三产业融合发展取得新成效，国家城乡融合发展试验区建设取得突破，共同富裕迈出坚实步伐。

山清水秀生态新城建设取得重大进展。 "两山两河"生态保护体系全面构建，空气质量优良天数占比达90%，濑溪河、大清流河、马鞍河、渔箭河水质稳定达到Ⅲ类标准，全域"无废城市"建设进入全市先进，建成"绿水青山就是金山银山"实践创新基地，长江上游生态屏障更加牢固，成为绿色发展先行区。

（撰稿：何德智 审稿：廖军）

开州区

基本情况

开州区位于东经107°55′~108°64′，北纬30°49′~31°41′之间，地处渝东北三峡库区与秦巴山脉交会地带，与万州、云阳、巫溪、城口及四川省达州市开江县、宣汉县接壤。辖区面积3963平方千米，辖40个乡镇街道、535个村（社区），总人口167万。

开州历史悠久，源远流长。东汉建安二十一年（216年）建县，唐武德元年（618年）始名开州，

● 雪宝山（傅祖和 拍摄）

2016 年 7 月撤县设区。

开州物华天宝，人杰地灵。秀美山川孕育了自强不息、敢为人先、开明开放、开拓开创的人文精神，素有"金开县""举子之乡"之美誉。因中华人民共和国元帅刘伯承出生于此，因此也有"帅乡"之称。新民主主义革命时期，有 14 名红岩英烈来自开县。这方水土也曾养育出清同治年间两江总督李宗羲、"公车上书"开县六举子等文人志士。

开州山清水秀、物阜民殷。森林覆盖率 55%，雪宝山、铁峰山、南山雄奇秀丽，澎溪河及其支流东河、南河、普里河常年水质良好。境内探明矿藏 24 种，已开发利用 14 种，天然气储量 2650 亿立方米，年产气量 30 亿立方米。开州是全国重要的生猪、粮食、水果、中药材基地；开州是三峡移民重点区县之一，搬迁安置 16.88 万人。三峡工程孕育形成了汉丰湖，造就了"湖在城中、城在山中、人在山水中"的滨湖宜居城市。

历史沿革

开州区历史悠久，古属梁州之域。秦、汉属巴郡朐忍县地。

东汉建安二十一年（216 年）蜀先主划朐忍西部地置汉丰县，以汉土丰盛为名。南朝宋又于汉丰境内增置巴渠、新浦共三县皆属巴东郡；西魏（535 年）平蜀后改汉丰为永宁；北周天和元年（566 年）分巴东郡置万安郡，领永宁（郡治）、万世（巴渠改名）二县；又理置周安郡，领西流（郡治）、新浦二县。天和四年（569 年）移开州于新浦，后又移于永宁，辖永宁、万世、新浦、西流（新置）四县。隋开皇十八年(598 年)改永宁为盛山县，改开州为万州。

唐武德元年（618年）改万州为开州；贞观元年（627年）省西流县并入盛山县；广德元年（763年）改盛山县为开江县，开州辖开江、新浦、万岁（万世改名）三县。宋庆历四年（1044年）省新浦入开江，万岁改名清水，时开州辖二县。元省县入州。

明洪武六年（1373年）降州为县，开县之名自此始。因南河古称开江，州、县由此得名。清代、中华民国、中华人民共和国1997年前开县均属四川省辖。1997年3月重庆市划归为中央直辖后，开县始属重庆市所辖。

2016年6月，国务院正式批准，撤销重庆市开县，设立重庆市开州区。

重要资源

开州区探明矿藏主要有煤、天然气、铁、铜、铅、锌、石膏、大理石等，其中以煤和天然气的储量最为丰富。天然气储量2650亿立方米，属国家大型气田，年采气量超过30亿立方米；2021年年末，开州区煤矿资源储量2亿吨，探明储量0.87亿吨。

开州区境内有5条主要河流（东河、南河、浦里河、桃溪河等），2021年全年水资源总量48.09亿立方米。全年总用水量2.27亿立方米，比2020年下降23.3%。各类蓄水设施2.05万座，蓄水工程总库容3.13亿立方米。全年发电量23.27亿千瓦时，比2020年增长16.8%，用电量18.53亿千瓦时，增长6.9%。

开州区植物种类繁多，拥有高等维管束植物76科302种，其中裸子植物5科23种、被子植物64科269种、蕨类植物7科10种，主要树种有石栎、青冈、小叶青冈、山茶、木荷、樟、桢楠、棕榈等。野生动物有200余种，其中兽类26种、鸟类78种、爬行类11种、两栖类19种、鱼类13种、无脊椎动物75种，主要兽类有獐子、金丝猴、野猪等，鸟类主要有白鹤、画眉、布谷鸟、雉鸡、鹰等。

基础设施

交通邮电。全区公路通车里程8402千米，其中高速公路133千米、一级公路7千米、二级公路324千米、三级公路106千米、四级公路4994千米、等外路2838千米。行政村通畅率、行政村客运班车通达率均达到100%。2022年全年公路客运量511.5万人次，公路旅客周转量2.88亿人千米；公路货运量2690.4万吨，公路货物周转量26.82亿吨千米。

境内现有航道里程157.5千米：Ⅲ级航道5千米（养鹿大桥—白家溪）、Ⅳ级航道17.5千米（白家溪—复洪）、Ⅶ级航道5.5千米（龙安水库4千米、三汇水库1.5千米）、等外级航道129.5千米。通航里程48.5千米：小江养鹿至复洪段22.5千米；浦里河渠口至开竹大桥段15千米；汉丰湖调节坝至宏源大桥段11千米。港口码头1个，即开州港，建有1000吨级（兼顾3000吨级）散货、件杂泊位各1个，设计年通过能力142万吨。客运企业1家，客运船舶14艘、587客位；货运企业5家，货运船舶27艘、128426载重吨；在运渡口6道、渡船6艘。水路货运量152.41万吨，水路货物周转量20亿吨千米；全年水陆运输总周转量46.82亿吨千米。

开州区邮政分公司设置纯邮政网点9个，代理金融业务邮政网点62个。2022年，完成电信业务总量7.44亿元。接入网光缆线路长度5.27万千米；固定电话用户17.55万户，移动电话用户126.69万户；互联网宽带接入用户42.33万户，移动互联网用户112.19万户。

商业服务。建成投用亿丰国际商贸城、西部汽贸城、假日国际、渝东北农副产品商贸城等一批商贸综合设施，引进入驻星巴克、肯德基、麦当劳等一批优质商贸企业，培育形成建材、美食、服装等一批市级特色街区。2022年新投运商业设施面积6万平方米，全区商业面积385万平方米，其中城区商业面积255万平方米，核心商圈商业面积近80万平方米。

科学技术。建成开州区科技创新服务中心，成功上线"开智网"，打造线上线下相融合的"一站式"科技资源共享平台。建立科技成果库、技术需求数据库，收录科技成果94项，提炼科技需求11条。建设完成高新区孵化器，三才数智被评为国家级众创空间，累计培育市级以上众创空间(星创天地)5个、市级科技企业孵化器1个，建成"众创空间＋孵化器＋产业园"全流程孵化体系。引进培育留芳科技、鼎慧峰合等科技服务机构48个，提升知识产权、项目申报、技术转移等科技咨询服务能力。

大数据智能化创新。网络光缆线路达5.3万千米，固定宽带家庭普及率、移动宽带用户普及率均超过80%；5G基站2042个；城区重点区域免费Wi-Fi全覆盖；IPv6活跃用户达33.41万户；互联网小镇7个、互联网村139个。成功争取国家智慧园区5G融合创新运用项目（全国18个、全市2个）落地，部署5G行业终端23552个，创新打造"开心办"平台助企纾困做法成效获国务院办公厅肯定。智慧开州大数据运营中心占地1270平方米，接入22个部门单位30个业务应用系统、2.2万余路视频监控，在经济发展、政务服务、城市管理等10多个领域实现"一键一屏一网"统管目标。

数字经济产业园建成开放，累计链接数字企业281家，大数据、智能硬件、软件信息、数字内容等产业快速成长。围绕民生服务、城市治理、政府管理、产业融合、生态宜居五大领域建成应急指挥调度平台、数字化城市管理平台、停车运营监控平台、新驱动智慧消防管控平台、民政协同救助信息平台、汉丰湖智慧步道等40个融跨平台及典型应用场景，永先智慧社区等7个项目入选重庆市大数据项目库，创新"大数据＋医保监管"模式获得国家级、市级肯定。

主要产业

农业。开州地处渝东北三峡库区与秦巴山脉交会地带，是全国100个产粮大区、生猪大区、水果大区之一，全国"木香之乡""柑橘之乡"、休闲农业与乡村旅游示范县（区）。2022年，全区农林牧渔总产值144.35亿元、同比增长5%。第一产业增加值92.52亿元（全市第四、渝东北第二）；农业加工产值147.45亿元（渝东北第一），农民收入19478元（全市第二十五、渝东北第五），同比增长7.8%（全市第一）。

"一主两辅"产业。蔬菜。播种面积36.6万亩（含复种），产量65.6万吨，产值约15亿元，蔬菜自给率达90%以上。全区按照"调减大宗菜、增种错季菜、补充特色菜"的总体思路，重点布局蔬菜基地、中山特色蔬菜基地、高山错季节基地。建成鲁渝（寿光）蔬菜现代产业园临江孵化园、南门科技园400亩试点示范基地，定植"寿光标准"辣椒、黄瓜、西红柿等蔬菜40万余株。道地中药材。种植面积30万亩，采摘面积13.9万亩，鲜品产量10.9万吨，综合产值10亿元。全区拥有木香、玄胡、黄连、天麻、党参、厚朴等各类中草药180余个品种，常年产药骨干品种30余个，成规模发展品种20余个，是重庆市优质中药材主产区和道地、优势优质药材重点发展区县。2019年、2020年、2022年成功举办"三峡中药材博览会"，开州被确定为木香、玄胡国家级生产基地，杜仲市级生产基地，"开县木香"

成为全国首个木香价格指数发布品牌。柑橘。种植面积31.5万亩，产量32.7万吨，产值17亿元，被列为全国长江上中游重要柑橘产业发展带和重庆市重要晚熟柑橘产业带。拥有"国内一流、西部最大"的大型柑橘橙汁加工龙头企业重庆天邦食品有限公司，年加工柑橘20万吨，年产"NFC"鲜橙汁5万吨，浓缩橙汁1.5万吨，年加工橙皮饲料6000吨。

"三优"产业。优质粮油。2022年，粮食播面174.78万亩、产量56.87万吨，分别居全市第1位、第3位，曾3次被表彰为全国粮食先进生产县。"开州再生稻"曾3次单产创世界同纬度高产纪录，成为全市区域公用品牌。绿色畜牧。常年出栏生猪100万头以上，位居全市第2位，连续14年获得全国生猪调出大县奖励资金，成功创建国家畜牧业绿色发展示范区。生态渔业。养殖面积5.7万亩，产量3.31万吨，产值13.2亿元。建成西南地区养殖规模最大的冷水鱼流水养殖基地。

其他农业产业。茶叶。全区现有种植面积约3万亩，可采茶园2.1万亩，其中现代标准茶园1.3万亩，产量851余吨，产值7000余万元，现有规模以上茶叶企业6家，茶叶种植合作社5家，传统式加工企业10余家。大进茶旅融合园成为全市最大的单体山地有机茶园。乡村旅游。累计培育市级乡村旅游示范镇村点52个，满月镇甘泉村获批中国美丽休闲乡村称号。2022年，全区乡村旅游接待游客716万人次，实现综合收入38.5亿元，同比增长6.1%。

新型农业经营主体。全区种植养殖大户5800余个，家庭农场1089个（区级示范场15个、市级

● 开州乡村风情（开州区文化旅游委　提供）

示范场273个),农民专业合作社1631家(建成农民合作社联合社6个,获批国家级示范社5家、市级示范社39家、区级示范社68家),农村集体经济组织1274个(村级460个、组级814个),农业社会化服务组织185家。区级以上农业龙头企业139家(国家级2家、市级51家、区级86家),市级龙头企业数量居渝东北第1。"一村一品"示范村镇89个(国家级4个,市级38个,区级47个)。

平台载体创建。获批创建国家农业绿色发展先行区、国家农产品质量安全县、国家三峡柑橘产业集群、国家农业产业强镇、国家水稻绿色高质高效示范、国家油菜产业绿色革命科技示范县、国家农业产业强镇等"国字号"平台。全区现有市级产业园6个,即厚坝现代农业示范园区、南门现代农业示范园区、铁桥现代农业示范园区、温泉现代农业示范园区、白鹤现代农业示范园区、鲁渝(寿光)蔬菜

● 开县春橙(开州区文化旅游委 提供)

现代产业园。五十亿级市级农产品加工业示范园区、"开县春橙"市级农业现代产业园、市级农业科技现代化先行区、九龙山(稻米)和关面(木香)市级产业强镇等市级平台加快推进。

农业品牌培育。有开县春橙、开州木香、开州再生稻、南门红糖、紫水豆干等"特字号""老字号""土字号""道地号",开味开州区域品牌影响力不断增强。培育市级及以上农业品牌247个,其中优质绿色农产品131个、"巴味渝珍"授权产品45个、重庆名牌农产品34个。中国驰名商标、巴蜀气候好产品"开县春橙"品牌价值超40亿元,地理标志农产品"开县锦橙"品牌价值8.76亿元,"开州再生稻"成为全市区域公用品牌,"开州木香"成为全国首个木香价格指数发布品牌。

农业农村改革。全面完成农村集体产权制度改革整区推进任务,组建集体经济组织1274个,清理登记农村集体资产57.71亿元,集体土地549.47万亩。上线运行全市首个村级集体经济组织监管平台,全面启用重庆农村"三资"监管系统。集体经济"空壳村"全部消除,448个村级集体经济经营性收入超5万元。新增农村"三变"改革试点村33个,试点范围扩大到全区170个行政村,大进镇、满月镇、竹溪镇、正安街道全域推进"三变"改革试点。

工业。2021年,新入库工业企业26家,企业入库数排全市前5、渝东北

前3，规上企业总数达到168户。全年规上工业实现产值339.3亿元，增长25%，总量排渝东北渝东南第二；规上工业增加值增长14.1%，排渝东北第一；工业投资56.8亿元，增长35.1%，排全市前6、渝东北第四。实现工业税收8.16亿元，增长13.6%，占比达到30.2%；工业用电、用气分别增长14.8%、17.4%。工业对GDP的贡献率为28%，拉动GDP增长2.5%。引进国电投燃机发电等项目111个，合计投资233.5亿元。推动慕多工贸、道致科技、渝发高分子等44个项目新开工；促成万达开管材、植本科技、紫水豆制品、欧华抛釉砖等58个项目新投产；实施千能实业、海通环保等25个智能改造项目。2家企业成功申报工信部重点"小巨人"企业，10家企业获得重庆市"隐形冠军""双百企业""小巨人""专精特新"等称号。紫建电子于2021年8月在深交所创业板IPO过会。组织34家次企业参展智博会。全区新上云企业107家。开展工业领域"三帮一体验"专项行动，124名干部职工脱产蹲点124家工业企业，解决问题近300个。

商务经济。2022年实现社会消费品零售总额387.12亿元，增长1.8%；商品销售总额706.16亿元，增长8.1%；餐住营业额70.19亿元，增长3.4%。全区商贸服务市场主体总数已突破6万户，年新登记注册5000户左右，商贸服务市场主体成为全区最活跃的主体力量。通过各个层面的扶持、指导，全区限额以上商贸主体326户，规模以上服务业近100户，成为促进商贸及服务经济发展的重要支撑。

开放型经济。成立开州区贸促会。积极培育服

● 汉丰湖国家级旅游度假区（赵大华 拍摄）

● 汉丰湖旅游码头（余勇 拍摄）

装、鞋业、中药材、机械电子等10余户出口企业。引导银杏茶、中药材等产品出口到马来西亚、新加坡等"一带一路"共建国家和地区。万州海关（检验检疫局）在开州设立办事处，实现常态化办公。开县春橙、桑叶蛋、星星套装门、开州木香、"馗旭香猪"等7个产品成为国家级生态原产地保护产品，重庆星星套装门（集团）有限责任公司被评为"中国出口质量安全示范企业"。2022年进出口总额33875.84万元，其中出口25820.98万元，进口8054.86万元。

文旅品牌

开州区是刘伯承元帅的故乡，位于长江三峡的腹心地带，是生态优先、绿色发展的重点区域，是青山环抱、绿水环绕、山水交融的美丽滨湖宜居城市。

近年来，开州区坚持"以文塑旅、以旅彰文"，开拓创新、务实作为，扎实推进全区文旅产业高质量发展工作，浓墨汉丰湖、重彩雪宝山、点睛乡村游，高起点抓规划、大手笔抓投入、多方面抓融合、针对性抓营销、精细化抓管理，大力推进文旅产业开发建设，取得了较好的成绩。汉丰湖成功创建市级旅游度假区，刘伯承同志纪念馆（故居）、汉丰湖景区、龙头嘴森林公园、开州博物馆成功创建国家 4A 级旅游景区，马扎营养生旅游区、长生氽奇迹乐园、盛山植物园、童话森林王国成功创建国家 3A 级旅游景区；汉丰湖景区被评为"厕所革命最佳景区"，入选"国家水上（海上）国民休闲运动中心试点单位""新三峡十大旅游景观""重庆市十大旅游新名片"；刘伯承同志故居及纪念馆荣列《全国红色旅游经典景区名录》；汉丰湖景区被市委市政府评为重庆市文明单位；满月镇顶星村、大进镇红旗村、竹溪镇灵泉村

● 汉丰湖国家级湿地公园（谢开成 拍摄）

● 开州举子园文峰塔（龚一权 拍摄）

● 雪宝山秦巴古道（田茂培 拍摄）

● 刘伯承同志纪念馆（开州区文化旅游委 提供）

入选重庆市乡村旅游重点村；开州区红色文化自然科普二日游入选文化和旅游部、国家发展改革委推出的300条"体验脱贫成就·助力乡村振兴"乡村旅游学习体验线路之一；"万州—开州乡村旅游度假之旅"入选国家文旅部113条乡村旅游精品线路之一；重庆古今庭·开州汉绣台灯荣获"2019年中国旅游商品大赛"银奖，开州汉绣山茶花开套组获得"2021中国特色旅游商品大赛"铜奖。

截至2022年底，全区有市级旅游度假区1个、4A级旅游景区4个、3A级旅游景区4个、星级旅游饭店5家、旅游商品企业近20家、旅行社6家、门市部16家；规模以上文化企业38家；2022年，全年共接待游客1100万人次，实现旅游收入78亿元。

风味美食

开州大混蒸。"临江请客一大怪，桌上只上一道菜。"早在湖广填四川时，开州第二大集镇临江就流传"桌上只上一道菜"的混蒸了。临江的抬二哥是出了名的，讲究的是一个粗犷、一个豪爽，工地上干活的抬工号子吼得喉咙冒烟，吃饭时也要大块吃肉、大碗喝酒，大混蒸便成了抬工们的"发明创造"。主人把五禽六畜的肉分别调味拌粉、分区混蒸，不但混多肉为一笼，而且串众味于一体，吃起酣畅淋漓、填肚解馋，好不安逸。开州大混蒸在民国时就盛行，那时吃混蒸是有讲究的，上菜时必须唱临江的抬工号子，将蒸笼抬上桌后，再由食客和着调子揭开蒸笼盖，一起举筷开笼。

开州大混蒸有麻辣适度、软糯爽口的特点，具体做法是：以羊肉、猪排骨、五花肉、肥肠、牛肉等为主料，以红薯、芋头、土豆等为配料，使用泡椒、泡姜、豆瓣酱、生姜粒、大蒜粒、鸡精、味精、花椒面、胡椒面、辣椒面、菜油、香油、红油、少许牛油、豆粉、米粉、白酒、白糖、食盐等调料，待主料与调料腌制6个小时后，配料垫底蒸40分钟即可。

椒麻牛肉。"开州的举子成串串，开州的牛肉盖四川。"开州的牛肉何以盖四川？清代开州举子年年赴京赶考，其亲人为了让学子路上耐饿，精神饱满，有一个好的状态应对大考，特制出了嚼劲十足、麻辣回甘的椒麻牛肉。相传公车上书前夜，开州六举子为饥肠辘辘的热血志士们将囊中椒麻牛肉全部分食之，一时椒麻牛肉香满京城，公车上书激情偾张，举子之乡也由此得名，开州椒麻牛肉从此名扬神州，成了一道特色菜肴。

开州椒麻牛肉具体做法是挑选新鲜的牛腱子肉；分块焯水，去血水，捞出晾凉；切成3毫米左右的薄片，油锅稍微过油收紧一下，增加嚼劲；爆香姜丝后下辣椒花椒；倒入牛肉、水和调料；水量淹没牛肉，小火焖，直到水烧干，炒干成型。

老亲娘牛肉包面。老亲娘是开州人对岳母的一种亲切叫法，开州老亲娘，待婿热心肠，既教女儿女婿生活之道，更教人生之理。一碗肉馅考究，味道鲜美的包面满含着一种特殊的亲情。开州老亲娘包面讲究皮薄、馅适中，有点小抄手的意思。更为不同的是，牛肉包面是以牛肉为馅，比起猪肉为馅的抄手，更有嚼劲。

● 开州大混蒸（开州区商务委 提供）

● 椒麻牛肉（开州区商务委 提供）

● 老亲娘牛肉包面（开州区商务委 提供）

● 欢喜头（开州区商务委 提供）

● 肠粽状元（开州区商务委 提供）

● 紫水豆干（开州区商务委 提供）

开州老亲娘包面好吃的灵魂，不仅在于精瘦牛肉和薄皮组成的鲜美味道，更在于开州人引以为傲的特色香料——山胡椒。开州人习惯将新鲜的山胡椒捣碎，加蒜蓉，淋热油，制成山胡椒油，舀上一大勺做汤汁，再加上熬好的骨头汤，一碗美味的牛肉包面就得以升华，是帅乡老祖先留下的智慧，是开州人民对这山水老城几十载的独家美食记忆。

开州老亲娘包面具体做法是将新鲜的牛里脊、榨菜、葱、姜等切成丁，加上调味料和在一起揉成团，用包面皮包上；将包面用开水煮几分钟，捞出加上大骨汤，加上山胡椒、香菜等佐料即可。

欢喜头。"吃了欢喜头，快乐上心头"。相传，早在唐代设开州时，横街子的文大姐就因为儿媳生了双胞胎，用汤圆面搓成长条下锅油炸，用糖穿衣，做出了红红爽爽、香香甜甜的欢喜头。如今，欢喜头成为开州大街小巷热卖的快餐佳品。最上等的欢喜头还必须标配南门红糖，不但甜度纯，还细腻滑润，香脆与柔糯的感觉在舌尖上相得益彰。

欢喜头的做法是将糯米粉与水按照一定的比例混合，搅拌均匀，揉搓成长条，下锅油炸，待内里熟透，放入融化后的红糖里，反复裹上糖衣。

盛山桂花鸡。张家祖上居住地叫张家院子，院落周围种了很多桂花树，每到八月，丹桂开花，香飘数里，花瓣飘落满地，散养的鸡经常吃树上掉落的桂花和树上的虫子。张家祖上世代行医，且对美食和药膳颇有研究。每逢贵客来临，便杀鸡待客，没想到鸡肉鲜嫩满鼻桂花香，客人都赞不绝口。后来，很多游人慕名而来，张家后人也养成了在桂花树下喂鸡的习惯，并把这种鸡称为"桂花鸡"。2020年，盛山桂花鸡传统制作工艺成功申报为区级非物质文化遗产，2021年张家后人张海生成为非遗文化传承人。

盛山桂花鸡的做法是选取1年以上的散养桂花鸡，将鸡宰杀，用80℃～90℃的水烧烫全身，趁热煺净毛，取出内脏，刮洗干净；把鸡切块，倒入锅中焯水；将处理好的鸡放入锅中翻炒成金黄色，再依顺序放入各种调料，继续翻炒；将水倒入锅中大火烧开，小火焖煮约1个小时后，放入祖传中药秘方包，出锅即可。

肠粽状元。开州人做香肠的历史源远流长。相传，自唐代武德元年，开州设州领县始，开州一时繁华，商户云集。为方便东进中原，北走秦巴，聪明的开州人便利用巴山南麓特别的冬日气候，秘制出香味饱和、存放方便的香肠。开州香肠一经问世，便广受追捧。当时的宰相韦处厚宴请诗和盛山十二景的众位诗人，席间所食就是香遍长安城的开州香肠。开州人守正创新，将糯米和香肠融合在一起，创制了肠粽状元这道符合现代人口味的菜，寓意金榜题名、常中状元、步步高升。而开州又有举子园，而香肠最初便是在这举子园里面晾晒的，因此得名叫"举子香肠"。一直以来，香肠不仅是款待宾客的佳肴，也是开州人饭桌上不可或缺的一道硬菜。

开州香肠灌制过程相当考究，精选肥瘦相间的上好猪肉，或把肉搅碎，或把肉切成块，加上各种调料搅拌均匀，根据各家的口味喜好，做成麻辣、甜鲜、咸鲜、荔枝等口味，最后灌进肠衣里，用线绑成一节一节的，热水余烫，晾晒十天半月，待水分失去，干湿软硬适当，便入室挂晾，晾干取一节蒸制或水煮即可。

紫水豆干。紫水豆腐起源于清朝，距今已有近200年历史。相传在清末民初，紫水当地村民看着没吃完的豆腐，觉得变味了可惜，于是试着将没吃完的豆腐划成小块放到锅盖上面炕干，用来炒着吃，这一吃法就诞生了如今的美食"紫水豆干"。

制作紫水豆腐，需要将黄豆浸泡后经过打浆、烧浆、滤渣、蹲脑、压榨、划块、卤制、自然风干等工序，最后根据不同的口味进行炒制。

发展定位

开州坚持以习近平新时代中国特色社会主义思想为指导，全面贯彻党的二十大精神，围绕"增长极、动力源、贡献度"和"引领、一体化、重要支撑"两组关键词的内核和标准，以双城经济圈建设为总抓手、总牵引，全力推动川渝万达开地区统筹发展走深走实，在融入"经济圈"、推进"一体化"、加快"同城化"上扛起新使命、谱写新篇章，加快建设"一极两大三区"现代化新开州。

一极：渝东北川东北重要增长极。融入"经济圈"，共建"城镇群"，实现经济总量、城市体量、交通流量居于区域第一方阵，经济发展质量、城乡环境质量、人民生活质量处于区域一流水平，高质量发展影响力、带动力、贡献力进一步提升，成为牵引带动渝东北川东北一体化发展的重要引擎。

两大：全国综合交通物流枢纽大节点。抢抓建设万达开全国综合交通物流枢纽重大机遇，加快推动铁公水空成网络，交通运输物流成体系，万达开半小时通勤成一体，东西南北四向直联成枢纽。区域性城镇组群大城市。加快构建"一心两带多组团"空间格局，彰显"湖在城中、城在山中、人在山水中"山水公园城市魅力，建设100平方千米、100万人口的大城市。坚持一体化规划、组团式发展、协同性建设，联动万州云阳共建三峡城市核心区，联动万州达州共建 800 万~1000 万人口的城镇组群。

三区：国家农业绿色发展先行区。坚持以农业农村全域全链绿色发展为引领，推动优良品种引进、绿色技术推广、优质产品供给、特色品牌培育"四个先行"，打造国家农业绿色转型试验地、绿色制度创新标杆地、生态价值转化新高地。全市重要绿色工业集聚区。坚持把制造业高质量发展作为强区之基，推动企业集中布局、产业集群发展、资源集约利用、功能集合构建，加快数字化、网络化、智能化发展步伐，推进绿色低碳循环发展，实现工业总量、升规增量、上市数量、创新能量在"两群"地区"四个领先"。大三峡大秦巴接合部国际旅游度假区。坚持全域旅游理念，打好"红色牌""三峡牌""生态牌""乡愁牌"，全力建设帅乡红色研学、汉丰湖蓝色度假、雪宝山绿色康养、乡村金色体验为主体的"四色旅游胜地"，让"开心开州"成为国际旅游度假区。

发展目标

到 2027 年，开州区重点实现六个跃升。

城市能级大幅跃升。全区 GDP、人均 GDP 分别突破 1000 亿元、8 万元，常住人口达到 125 万人，城镇化率超过 60%，进入中等城市行列并继续朝着"双百"城市目标加速迈进。联动万州云阳共建三峡城市核心区，联动万州达州共建 800—1000 万人口的城镇组群，渝东北川东北重要增长极建设迈出重大步伐。

基础设施能级大幅跃升。在建的 2 条高铁和 3 条高速全面通车，通用机场一期建成投用，开州港扩能提级，形成"两铁六高一空一港"立体交通网络，立起全国综合交通物流枢纽大节点"四梁八柱"。建成和开工 2 座大型水库。电力装机规模超过 180 万千瓦，天然气年产量保持在 30 亿立方米以上。

产业能级大幅跃升。"三区"建设协调并进，三次产业结构优化为 13：40.5：46.5，制造业占比超过 24%。工业总产值突破 1000 亿元，数字经济增加值占 GDP 比重达到 10%，高新技术企业和科技企业实现"双倍增"，力争新增上市企业 2 家、"专精特新"企业 80 家。高水平建好市级高新区并基本达到国家级高新区标准。

改革开放能级大幅跃升。营商环境达到川渝一流水平。国有企业创新能力和服务重大战略能力大幅提升，民营经济增加值占 GDP 比重达到 75%。

生态环境保护能级大幅跃升。空气质量优良天数稳定在 350 天以上，辖区流域水质整体保持或优于Ⅲ类，全区森林覆盖率提升至 58% 以上。"碳达峰""碳中和"实现阶段性目标。

生活品质能级大幅跃升。多层次社保体系更加健全，累计新增就业 3.5 万人以上，居民人均可支配收入增速高于全市平均水平，城乡收入差距缩小到 2.05：1，共同富裕迈出坚实步伐。平安开州、法治开州建设深入推进，形成共建共治共享的大平安大综治新格局。

到 2035 年，"一极两大三区"格局全面形成，经济实力、科技实力、综合实力迈上大台阶，生态优先绿色发展成为主旋律，城乡融合发展呈现新景象，居民素质和社会文明达到新高度，治理体系和治理能力现代化提到新水平，人民生活更加美好，全体人民共同富裕取得更为明显的实质性进展，与全国全市一道基本实现社会主义现代化；从 2035 年到 21 世纪中叶，全面建成社会主义现代化强区，全面建设共同富裕美好社会。

（撰稿：付榆淮 审稿：邱发巍）

梁平区

基本情况

重庆市梁平区位于渝东北,地理坐标东经107°24′~108°05′,北纬30°25′~30°53′。辖区面积1892平方千米,辖33个镇街,总人口91.17万人。梁平区人民政府驻双桂街道桂西路6号。梁平东邻万州区,南连忠县、垫江县,西界四川省大竹县,北接四川省开江县、达川。全区东西长65.35千米,南北宽52.1千米。最低海拔221米,最高海拔1221米。由于地质构造、地层分布、岩性控制以及水文作用的影响,梁平地貌呈现出"三山五岭,两槽一坝,丘陵起伏,六水(六条河流)外流"的自然景观,形成山、丘、坝皆有而以丘陵为主的特殊地貌。境内有东山、西山和中山,均呈"东北—西南"走向,属大巴山脉。东山和西山为"一山两岭一槽型",中山为"一山一岭型"。在东山和西山之间,有一块由湖泊沉积而成的平坝,即川渝东部第一坝——"梁平坝子",面积1000平方千米。

梁平自古为交通南北、东出西进的陆路要道。城区距重庆市主城区180千米,距重庆主城都市区60千米,到万州机场、达州机场、万州新田港、忠县新生港均半小时车程。

梁平处在重庆市"一区两群"和川东北的重要联结点上,是重庆主城都市区东向开放的重要支点,是大三峡绿色发展的纵深地带,是深化川渝东北合作的天然桥头堡。还是国家生态保护与建设典型示范区、国家农村产业融合发展示范区、国家功率半导体封测高新技术产业化基地,也是国家水生态文明示范区、国际湿地提名城市。

历史沿革

西周、春秋,县地属庸国。战国时属巴国、巴郡。秦、西汉,属巴郡朐忍县(治今云阳)。西汉居摄三年(8年),属巴郡临江县(治今忠县)。东汉初,属益州巴郡。东汉兴平元年(194年),刘璋三分巴郡,县地属固陵郡(今奉节)。东汉建安六年(201年),改固陵郡为巴东郡,县地属巴东郡直至晋代。

西魏元钦二年(553年),置梁山县,以境内有高粱山为名(又因"都梁山"而别称"都梁"),治黄土坎(今梁平区聚奎镇)。隋开皇三年(583年),全国撤郡改州,以州统县,梁山县隶南州(治今万州区)。隋大业三年(607年),废州设郡,以郡统县,梁山县隶巴东郡(治民复县今奉节)。唐武德元年(618年),改巴东郡复置信州,梁山县隶信州。武德九年,隶浦州。唐贞观八年（634年），浦州改名万州，天宝元年（742年）改名南浦郡，唐乾元元年（758年）复名万州，梁山县均隶之，直至宋初。

宋开宝三年（970年），以万州石氏屯田务置梁山军（亦名高梁郡），同于下州，隶夔州路，领梁山县（中下县），军治今梁山街道，县治自黄土坎亦徙此。宋元祐元年（1086年），还隶万州。元至元二十年（1283年），升梁山军为梁山州，领梁山县，隶夔州路。明洪武四年（1371年），新宁县（今开江）划入梁山县，洪武六年十二月，裁梁山州，仍置梁山县，隶下川东道夔州府。洪武十年五月，改隶忠州，后还隶夔州府。洪武十四年，新宁县划出。清康熙七年（1668年），裁新宁县入梁山县。清雍正七年（1729年），新宁县划出复置。清雍正十二年（1734年），改隶忠州直隶州。

民国元年（1912年），以道统县、梁山县隶川东道。1916年，全川军阀混战，形成防区制，梁山县成为川军一、二军、国民政府军二十、二十一军的防区。1929年，直隶四川省政府。1935年3月1日，川政统一，全省划为18个行政督察区，梁山县隶第十行政督察区，列为一等县。1940年，列为二等县。

解放初，梁山县隶川东行署区大竹专区。1952年12月3日，因梁山县名与山东省梁山县同名，经中央人民政府政务院批准改为梁平县（取"高梁山下有一平坝"之意）。1953年10月，大竹专区撤销后，梁平县划归四川省万县专区（地区、市）管辖至1997年6月，1997年6月至今由重庆市直辖。2016年12月，国务院批准梁平撤县设区，2017年1月10日，梁平区挂牌。

重要资源

土地资源。梁平有土地资源188877.29公顷，其中耕地面积84043.25公顷，占比44.50%；永久基本农田61673.42公顷，人均耕地0.0906公顷；园地面积3183.81公顷，占比1.69%；林地面积64902.09公顷，占比34.36%；草地面积为2028.80公顷，占比1.07%；城镇村及工矿用地面积16478.16公顷，占比8.72%；交通运输用地面积2841.36公顷，占比1.50%；水域及水利设施用地面积4151.22公顷，占比2.20%；其他土地面积11248.60公顷，占比5.96%。

矿产资源。梁平已发现的矿产资源有煤层气、页岩气、天然气、煤、泥炭、铁、含钾矿石、石膏、石灰岩（水泥用灰岩、建筑石料用灰岩、电石用灰岩）、砂岩（水泥配料用砂岩、建筑用砂岩、建筑用砂）、砖瓦用页岩、陶瓷土、绿豆岩、矿泉水、地热等10多种。已查明矿产资源储量9种（天然气、煤、石膏、水泥用灰岩、建筑石料用灰岩、建筑用砂岩、砖瓦用页岩、陶瓷土、含钾矿石），占全市（查明矿产资源储量60种）的15%。天然气、煤、石膏矿为优势矿种，天然气储量达2000亿立方米，煤的基础储量达5000多万吨，石膏矿的基础储量达2.76亿吨，是重庆市石膏矿的主要产地。已发现各类矿产地24处，其中煤炭8处，石膏矿、石灰岩、石

●梁平区双桂新城（高小华 拍摄）

英砂岩、砖瓦页岩、陶瓷土矿等其他矿产地16处。梁平已开发利用的矿产有天然气、煤、石膏、水泥用灰岩、建筑石料用灰岩、建筑用砂岩、砖瓦用页岩、陶瓷土等8种。各类矿石年产总量约537万吨，产值3亿元。

动物资源。梁平有陆生野生动物157种，隶属于22个目，49个科。其中，野鸭、鸳鸯、红隼、斑头鸺鹠等国家级重点保护动物8种，市级重点保护动物9种。野生动物中爬行类10余种（2目3科），鸟类137种（15目35科），兽类10余种（5目11科），还有大量的森林昆虫。

植物资源。梁平有森林植被3类135科363属492种。其中，蕨类植物18科28属42种；裸子植物7科11属15种；被子植物110科324属435种。主要森林类型为次生天然林，其中，马尾松林是分布最广、面积最大的森林植被；竹林11属33种，主要有白夹竹、寿竹、斑竹和慈竹，主要分布于西山。珍稀濒危树种有13种，其中红豆杉、银杏、巨柏为国家一级保护树，二级保护树种有10种。挂牌保护的名木古树577株。

水资源。梁平地处高台，为溪河发源地，水资源主要取决于大气降水，无外来客水调剂。全区多年平均降水量1247.2毫米，多年平均径流总量10.563亿立方米，径流深557.5毫米。2019年，全区水资源总量100284万立方米。梁平地下水资源比较丰富，含水层面积1855平方千米，年补给量1.24

亿立方米。地下水补给主要靠降水，夏季多、冬季少。全区地下水出露较大的有28处，可开采量为0.19亿立方米。黄泥塘背斜核部是地下水蕴藏量最丰富的地区，有5067万立方米／年，占全区地下水总量40.7%；明月峡背斜核部为1423万立方米／年，占全区地下水总量11.4%。

基础设施

交通。截至2022年底，梁平境内有铁路（达万铁路、渝万高铁）2条81.5千米、高速（渝宜高速、梁忠高速）2条92.6千米、国道（G318、G243）2条154.5千米、省道（S510、S514、S511、S206、S204、S513）6条241.6千米、农村公路3978条4818千米，全区公路总里程约5306.7千米，公路路网密度达280.5千米／百平方千米。其中，国道二级及以上比例达100%，省道三级及以上比例达93%，村民小组通达率100%，村民小组通畅率100%。

截至2022年，全区共有火车站2个（梁平南站、梁平火车站），通用机场1个（常驻航空器22架），汽车客运站37个（一级站2个、便捷车站35个），道路运输从业资格考场1个，驾校7所，驾驶员培训中心1处。共有班线客运企业5家、车辆368辆（省际客运32辆、县际客运42辆、县内客运294辆），公交企业4家、车辆136辆，巡游出租企业2家、车辆174辆，网约出租汽车397辆。共有货运企业56家，个体运输业户2133户，从业人员15687人，货运车辆4217辆。共有维修企业249户（一类2户、二类22户、三类专项及摩托车修理225户）。共开行各类客运班线199条（省际班线7条，县际

● 高铁从梁山街道东山村疾驰而过（熊伟 拍摄）

● 梁平仁和互通（熊伟 拍摄）

班线12条，县内班线162条，公交线路18条）。

水利。"十三五"时期，梁平水利深入践行"节水优先、空间均衡、系统治理、两手发力"治水思路，围绕发展抓项目，聚焦管理提效益，奋力推进水利高质量发展。完成各类水利投资31.4亿元，87个（类）重点项目竣工，成功创建全国生态文明城市。

水源工程。完成了左柏水库（中型）主体工程，猎神水库（小Ⅱ型）建成投入运行，新增蓄水能力59.3万立方米，龙象寺水库开工建设，推进银河桥、中心、七里沟3座小型水库的前期工作，龙溪河PPP项目全面开工。

整治农田水利。修复65座病险水库。整治山坪塘1590口，新增、恢复灌溉面积2480公顷，新增恢复蓄水能力474.03万立方米，7.655万人受益。整治干支渠69千米，新增（改善）灌面3206.67公顷。

抓好龙溪河、新盛河、铜钵河等8个重点流域水污染治理，完成城区、场镇和居民聚集点河道综合整治89千米。

连通河湖库工程。建成盐井口水库至小沙河等4个河湖水系连通工程，连通河库17座（条），安装生态调补水管道118千米，实现新增生态调补水能力2391.3万立方米/年。

城乡饮水安全建设。新建和改造城区87.24千米供水管网；新建和改造"一户一表"18457户，改造率达90%以上，城镇供水水源地水质达标率为100%。完成虎城水厂等8座"千吨万人"水厂新改扩建，新建农村供水工程662处，巩固提升106座村级水厂，改造、延伸供水主管网520余千米，集中供水率85.48%，自来水普及率85.4%，全区78万农村居民实现饮水安全。

商贸。梁平的百货店、超市、专卖店、购物中心、家具建材商店等应有尽有，海韵商业广场、都梁商圈、名豪商圈、亿联商圈、红星美凯龙等重大商业综合体和大型超市的兴起，为梁平商品市场繁荣兴旺增添了活力。

主要产业

党的十八大以来，梁平全面贯彻落实新发展理念，大力实施创新驱动战略行动计划，大数据、智能化快步迈进，特色产业集群成效初显，创建国家高新区工作稳步推进。"十四五"时期，梁平将推进绿色制造业基地建设、加快发展现代服务业、建设梁平新经济活力区，促进新一代信息技术与实体经济深度融合发展，加快建设承接东部沿海地区、成都以及重庆主城都市区的产业转移示范区。

绿色制造业提质升级。坚持生态优先、绿色发展，推进生态产业化、产业生态化和"数字产业化、产业数字化"，加快构建绿色产业体系。实施智能制造、科技创新、引资引智三大行动，培育壮大电子信息、智能家居、绿色食品加工等主导产业，发展集成电路、新材料、通用航空等战略性新兴产业，全力创建国家高新区。以大数据智能化为引领，建设绿色制造业基地和数字经济强区，加快推进新型工业化，打造绿色制造业集群、消费品产业集群。"十三五"时期，新增制造业、信息传输企业729家。规上工业增加值年均增长7.8%，科技进步贡献率达58.0%，高新技术企业、工业投资总量、工业增加值列渝东北第一。工业园区建成区13平方千米、集中度达75.0%，产出强度83亿元／平方千米。咬定"科技强区"不放松，创成"两群"地区首个市级高新技术产业开发区。

● 梁平亮相第十八届西部农交会重庆市国际会议展览中心（熊伟 拍摄）

2022年，实现工业增加值175.8亿元，增长3.3%，占全区地区生产总值的30.5%。规模以上工业企业总产值321.8亿元、增长9.5%，其中高新区产值252.7亿元、增长10.2%；高新区规上工业总产值占全区规上工业总产值比重为78.5%，比上年提高0.4个百分点。高技术制造业总产值59.2亿元，增长10.7%，占规上工业总产值的18.4%。集成电路产业产值53.4亿元，增长10.3%；绿色食品加工业产值77.0亿元，增长14.2%；新材料产业产值70.9亿元，增长7.7%。全年规模以上工业企业利润总额21.8亿元，产品销售率97.3%。

坚持"老树新枝""顺藤摸瓜"，以商招商、补链成群，建设承接产业转移示范区。大力支持平伟实业，以5G射频、6英寸碳化硅芯片、GPP芯片为支撑，打造国家功率半导体封测与应用产业化基地，加快建设千亿级集成电路和电子信息产业集群。以亿联智慧小镇、中铁建竹产业园、海尔少海汇为龙头，加快建设五百亿级新材料和智能家居产业集群。以东方希望、奇爽（闽商）食品园、百年张鸭子为龙头，加快建设500亿级食品工业集群。

现代服务业提档增效。"四面青山下，蜀东鱼米乡；千家竹叶翠，百里柚花香"。梁平优越的条件孕育了诗情画意的田园风光，文脉深厚的人文风景，古韵悠远的非遗文化，生态宜居的休闲都市……让梁平有了"小天府""小成都"之美誉。梁平独特的田园风光和农耕文明，多样的文化旅游资源、优质的旅游体验，为到访的游客完美诠释着诗与远方的融合。

"十三五"时期，培育引进各类专业研发、科技服务等机构77家。金融支小助微超140亿元，银行

● 梁平工业园区（熊伟 拍摄）

贷款余额年均增长20.7%，存贷比增加21.4个百分点，达54.2%。获批国家电子商务进农村综合示范区。2022年，第三产业增加值231.1亿元，增长1.7%。社会消费品零售总额309.9亿元,增长1.9%。其中，城镇实现消费品零售额278.5亿元、增长1.9%，乡村实现消费品零售额31.4亿元、增长2.7%。分行业看，批发零售业实现零售额257.2亿元、增长1.9%，住宿餐饮业实现零售额52.7亿元、增长2.2%。

始终把田园风光作为生态旅游的核心资源，突出农文旅融合，抓好双桂田园、百里竹海等核心景区的建设运营，大力发展周末旅游、周末经济，推进全域旅游发展。新增4A级旅游景区2个，创成百里竹海市级旅游度假区，农文旅融合发展百花齐放，旅游综合收入年均增长50%以上。着力打好"三峡牌""人文牌"，依托明月山丰富的绿色生态资源、自然人文资源，推进明月山旅游一体化发展。保护修缮国家重点文物保护单位、西南禅宗祖庭——双桂堂，规划建设赤牛城宋元文化遗址，恢复重现唐代天宝年间荔枝古驿道，建成三峡竹博园。提质升级明月山·百里竹海、双桂田园·万石耕春、中华·梁平柚海等农旅融合项目，联合川东北、渝东北毗邻区县举办长江三峡（梁平）晒秋节、国际柚博会、明月山民宿消费季等系列主题节会活动，唱响"山水田园·美丽梁平"，彰显"巴蜀粮仓·平坝风光"，共建巴蜀非遗文化产业园和文化旅游走廊。

现代山地特色农业。"一山两水七分田。"梁平沃野千里、碧田万顷，稻田、荷塘、溪流、湖泊交织，自古以来就是巴蜀粮仓。南宋诗人陆游曾赋诗"都梁之民独无苦，须晴得晴雨得雨"赞叹梁平风调雨顺、物阜民丰，素有"梁山熟，川东足"的说法。

● 云龙镇三清村果蔬生态产业园 （高小华 拍摄）

坚持农业农村优先发展,着力用大数据为农业赋能,提升农业产业化绿色化品牌化,"米袋子""菜篮子""肉盘子"量足价稳,农业总产值年均增长6.4%。2022年,农业增加值67.5亿元,增长6.3%;第一产业增加值662467万元,增长6.1%。

做优做强"粮猪菜"三大保供产业、"柚竹渔"三大特色效益产业,做足"稻、竹、柚、鸭、豆"文章,培育百亿级全产业链梁平柚,积极建设国家农业高新技术产业示范区。建成智慧农业园区"重庆数谷农场",创成国家农村产业融合发展示范园,建成川东北、渝东北地区重要的粮食、蔬菜等主要农产品生产基地,建成高标准农田40000公顷,水稻年产量突破7亿斤。培育农业产业化市级以上龙头企业25家,打造绿色食品、有机农产品和农产品地理标志87个,获批国家农村产业融合发展示范园、国家农产品质量安全县。

文旅品牌

明月山·百里竹海。明月山·百里竹海是川渝协作绿色发展示范带、巴蜀文化旅游走廊的重要通道,是西部最大竹海,是国家4A级旅游景区。这里海拔500～1100米,负氧离子平均浓度达9500个/立方厘米,森林覆盖率达94%。景区总面积约110平方千米,拥有成片竹林23333.33公顷,竹类植物21属310种,其中黑水竹和绿杆花黔竹是世界独有,景区被誉为"中国竹类博物馆""中国竹子基因库""中国寿竹之乡""中国绿竹之乡""中国森林氧吧"。2018年7月15日,中央电视台《新闻联播》以"践行新理念 竹山变金山"为题报道了百里竹海猎神村"生态优先、绿色发展"举措;2020年11月

● 双桂湖国家湿地公园南岸稻作耕读区(熊伟 拍摄)

● 双桂湖国家湿地公园（熊伟 拍摄）

21日，经验总结《重庆梁平猎神村：竹海深处的幸福》登载于《光明日报》。

2022年，梁平区认真落实成渝地区双城经济圈建设战略，集中精力办好自己的事情，同心协力办好合作的事情。联合垫江、邻水、达川、大竹、开江等区县，探索跨行政区域践行"两山"理念，依托明月山·百里竹海，共抓大保护，用好竹资源，发展民宿群，创响"东有莫干山、西有明月山"休闲度假旅游品牌，建设国际知名旅游目的地，共建明月山绿色发展示范带，共同打造践行"两山论"样板地。

双桂堂。双桂堂坐落在三峡腹地——重庆市梁平区金带街道境内，是全国重点寺庙，全国重点文物保护单位，也是全国著名的明清文物旅游景点和佛教圣地、4A级旅游景区。

双桂堂因有两株桂花树而得名，又名"福国寺""万竹山"，由破山海明禅师于清顺治十年（1653年）创建，迄今已有近370年历史。双桂堂创建以来，得到清朝历代皇帝的支持，连续不断地修建了200多年。其宏大的明清宫殿式建筑群体现了古代工匠极高的建筑水平，被建筑大师罗哲文评价为"明清建筑的宝库"。到清代末年，双桂堂以它宏伟的规模、庄严的殿堂、丰富的藏经、独特的雕塑被列为"蜀中丛林之首"。

双桂堂开山祖师破山被尊为"古佛出世""小释迦"，其著述被收入《大藏经》。破山衣钵遍布于巴、蜀、滇、黔等近二十个省份以及东南亚一带，尤其对西南地区影响深远，双桂堂也因此享有"西南佛教禅宗祖庭"之美誉。破山还是对后世影响深远的诗人和书法家，留有遗诗1300余首。其书法境界高

远、自成一格，启功有"笔法晋唐元莫二，当机文董不如僧"的评赞。郭沫若曾作诗"丈雪破山人已渺，几行遗墨见薪传"给予称颂。

中华·梁平柚海。中华·梁平柚海位于梁平柚主产区——梁平区合兴街道龙滩村，占地面积133.33余公顷，有优质柚树10万余株，年产优质柚200万个，实现产值400万元。梁平柚海是优质高产无公害精品绿色柚园基地，也是集农业观光、科普休闲、健身娱乐、购物于一体的生态旅游景区。2022年，梁平柚海按照政府配套、企业引资、合作社参与进行项目建设，以"一环四区三中心多节点"（一环：柚海观光漫道；四区：贡柚古道区、名柚世界区、百年柚惑区、龙滩柚区；三中心：柚产业研发中心、产业营销中心、游客服务中心；多节点：七彩柚屋、滑草场、瑞丰亭、刁家院子等。）布局，聚力打造中华·梁平柚海4A级旅游景区，实现生态美、产业兴、百姓富。

梁平柚系乾隆梁山进士引培，与千年夔柚嫁接，经数代择优汰劣培育，与广西沙田柚、福建文旦柚并称中国三大名柚，梁平也成为"中国名柚之乡"。梁平柚果实硕大，芳香浓郁，汁多味甜，营养丰富，被称为"天然水果罐头"。2022年，梁平区成片标准化种植的生态柚园达1万公顷，800余万株。有百年老柚3万多株，年产果9万吨，有的百年老柚树所产柚果能卖上万元。梁平还开发了柚子茶、柚子糖、柚子蜜饯、高中低度柚子酒、柚子香精油、沐浴露、香皂、洗发水等系列产品，年产值近10亿元。

"树树笼烟疑带水，山山照日似悬金"。每年春天，梁平区要举办柚花节，吸引各方游客在柚园寻觅烟笼柚花的一缕馨香；年末果实压枝，市民又参加采柚节品尝柚子的甘甜，分享丰收的喜悦。

双桂湖。双桂湖国家湿地公园，倚巍巍高梁山，映绵延百里竹海，润美丽都梁，清澈碧绿，宛若锦上碧玉，总面积近667公顷，系国家重要湿地、全市最大城中湖、"城市之肾"。公园有207种脊椎动物和623种植物。全球珍稀极危鸟类青头潜鸭在此乐栖，《诗经》中的远古客人荇菜生生不息。

万石耕春。"万石耕春"自古为梁平名胜，展现的既是梁平大坝良田万顷、春播秋收的盛况，更是梁平灿烂辉煌的农耕文明。万石耕春景区位于安胜镇龙印村6组，核心区域有成片绿色稻、有机稻133.33公顷，其他水稻133.33公顷，邻近坡地有成片杨梅、枇杷等经果林133.33公顷，复建了"瑞丰亭"观景平台。龙印村是中国农民丰收节重庆市主会场和长江三峡（梁平）晒秋节主会场，是重庆市乡风文明示范村、重庆最美乡村、市级乡村振兴示范村。

● 安胜镇龙印村万石耕春（熊伟 拍摄）

风味美食

梁平张鸭子。百年张鸭子，四代传承，卤烤妙法，风味独特，为巴渝传统菜式，远销国内外。先后获"中国驰名商标""中华老字号"殊荣，其"卤烤技术"已纳入国家级非物质文化遗产评选。张鸭子食品有限公司占地2.47公顷，直营门店100余家，现有员工近1000人，是一家集养殖、生产、销售、美食、工业旅游于一体的全产业链企业集团，年销售卤烤鸭600余万只，总销售额达8亿元。

竹海"全竹宴"。"全竹宴"以竹笋、竹荪蛋、竹荪菜、竹菌、竹海腊肉、竹筒豆花、竹荪酒、竹泡菜等"竹"菜汇成，可谓满桌皆是竹。"全竹宴"共计十多个大类100多个菜品，每一道菜都与"竹"有直接或间接的联系，从竹的根菌到竹笋、竹竿，再到竹的枝叶，每一部分都得到充分利用。"全竹宴"的各个大类有许多烹饪方法，根据厨师的技艺和消费者需求，可烧、炖、炒、烤、蒸、煲、烩、凉拌等。其中，第一山珍竹荪，除富含各种人体必需的氨基酸外，更是高效抗癌的良好药物，为八方游客所喜好。清蒸的竹燕窝丝滑细腻，用竹根水制成的豆腐花、竹枝叶熏制的老腊肉，每一口都有竹叶的清香。

袁驿豆干。梁平区城西方向，有一座小巧玲珑的古老驿站——袁坝驿（袁驿镇）。镇上总是飘溢着一股浓郁诱人的醇香，那是问世百年不衰的渝东土特产品——袁驿豆干的芬芳。香味不但飘遍全国各大中城市，而且还漂洋过海，横溢国外。

袁驿豆干已有150多年的历史。它通过上榨主压，所以坚韧软绵、厚薄均匀，不易破碎，多味适度，细嚼慢品，其味无穷。相传清朝咸丰年间已作朝廷贡品。袁驿豆干何以能问世百年不衰呢？缘由是"小而有味道"，营养价值极高。据《延年秘录》记载，食豆令人长肌肤，益颜气，填骨髓，加气力，补虚能食。现代营养学研究表明，袁驿豆干含有丰富的蛋白质、脂肪、维生素等成分，可满足人体对各种营养的需求。

现在的袁驿豆干则采用将传统工艺和现代科学相结合的方法配制而成。制作方法非常考究：精选优质黄豆，用水浸泡过滤，上磨粉碎，震动沥浆，煮沸，入锅水，翻锅白煮，再加精盐、红糖、酱油、味精、桂皮、茴香、白冠、肉桂等二十多种香料包装卤制。冷却后使用真空复合防腐包装，常温下可保持风味半年不变。为适应各地人群的不同口味，当地人又研制出麻辣、五香、海鲜、甜咸等不同风味的袁驿豆干，有金黄、酱色、白色、淡黄等色泽和方形、条形、丝形等种类。

发展定位和目标

2022年12月28日，中国共产党重庆市梁平区第十五届委员会第三次全体会议通过的《中国共产党重庆市梁平区第十五届委员会第三次全体会议决议》明确梁平现代化建设总的目标安排：到2035年，在高质量发展中基本实现社会主义现代化目标，共同富裕取得更多实质性进展；从2035年到21世纪中叶，全面建设社会主义现代化强区，全面建设共同富裕美好社会。未来五年的主要目标任务：全面落实党中央确定的各项战略部署，认真落实市委各项决策部署，经济实力显著提升，科教实力显著提升，城市综合实力显著提升，生态文明建设水平显著提升，社会治理水平显著提升，人民生活水平显著提升，为全面建设社会主义现代化新重庆作出梁平贡献。

梁平区紧扣为全面建设社会主义现代化新重庆作出梁平贡献目标，系统谋划重大举措、重大改革、重大政策、工作机制，打造更多具有梁平辨识度的有形载体、有效抓手，取得新的突破性进展，取得更多标志性成果，实现整体性跃升。着力推进新型工业化，推进制造业高质量发展，聚力打造中国西部预制菜之都，构建优质企业梯度培育体系，积极开拓国内外市场，构建优质高效的服务业新体系，更好促进民营经济健康发展。着力推进新型城镇化，优化城镇空间布局，深入推进以县城为重要载体的城镇化建设，大力推进城市提升，加快基础设施建设。着力推进农业农村现代化，坚决守住"三条底线"，推动农业"接二连三"融合发展，加快建设宜居宜业和美乡村。着力推进旅游产业化，发展壮大旅游产业，推动融合发展，繁荣文化事业、振兴文化产业。着力推进明月山绿色发展示范带建设，打造践行"两山"理念新范例，全面提升梁平城市影响力和区域带动力，提升明月山绿色发展示范带区域整体竞争力。着力推进全面深化改革开放，深入推进以数字化变革为引领的全面深化改革，持续优化营商环境，持续推动国资国企高质量发展，不断提高对外开放水平。着力保障和改善民生，深入实施科教兴区、人才强区行动，办好人民满意的教育，落实完善收入分配机制相关要求，促进高质量充分就业，织密织牢社会保障网，落实健康中国重庆行动。着力促进人与自然和谐共生，大力推动发展方式绿色转型，深入打好污染防治攻坚战，全面提升生态系统多样性、稳定性、持续性，积极稳妥推进"碳达峰""碳中和"，全面激发生态文明建设活力。着力推进更高水平的平安梁平建设，增强维护国家安全能力，提升安全生产和自然灾害防御能力，完善社会治理体系，防范化解经济金融风险，推动全面依法治区。着力加强社会主义民主政治建设，加强人民当家作主制度保障，充分发挥人民政协专门协商机构作用，积极发展基层民主，巩固和发展最广泛的爱国统一战线。着力推进以党的自我革命引领社会革命的区域实践，健全党的全面领导体系，提升新时代党建质量，坚定不移推进全面从严治党。

（撰稿：唐静　审稿：郑方军）

丰都县

基本情况

丰都古为巴子别都，90年置县，1958年周恩来总理定名"丰都"，辖30个乡镇（街道），辖区面积2901平方千米，是特色旅游县、重点移民县，成功创建国家首批对外开放县和全国优秀旅游城区、全国十佳生态休闲旅游城市、国家园林县城、国家卫生县城。

地理位置。丰都县位于长江上游地区、重庆东部，地处三峡库区腹心，上距重庆主城水路172千米，下距湖北宜昌476千米。在东经107°28′~108°12′，北纬29°33′~30°16′之间，东依石柱土家族自治县，南接武隆区、彭水县，西靠涪陵区，北邻忠县、垫江县。县境呈西北—东南走向分布，南北长87千米，东西宽54千米。2022年12月，耕地面积7.44万公顷，县城建成区面积15.35平方千米，森林覆盖率52%。全县辖2个街道23个镇5个乡，有78个居民委员会、260个村民委员会。县城濒临长江，与名山风景区隔江相望，是三峡库区建设整体搬迁新建的一座县城，县政府驻地三合街道平都大道53号。

自然环境。丰都地处四川盆地东部边缘，县境内地貌由一系列平行褶皱山系构成，以山地为主（山区约占全县面积的五分之三），丘陵次之，仅在河谷、山间有狭小的平坝。县境山脉呈东北至西南走向，长江以南有七曜山脉和方斗山脉，长江以北有蒋家山和黄草山等。山脉和丘陵、山间平坝（槽谷）相间分布，形成南高北低、"四山夹三槽"的地形。海拔最高2000米，最低175米，多在200~800米之间。

境内河流属雨源补给型，多夏洪秋汛，暴涨暴落，水位变幅较大，平均过境水量为4371.8亿立方米。境内河流主要有长江及其支流龙河、渠溪河、碧溪河。长江从涪陵马颈子入县境，横贯县境47千米，年径流量约4258亿立方米。龙河源于石柱，自江池镇入县境，县内流程59.5千米，流域面积1425平方千米。2020年，丰都龙河成功创建全国首批示范河湖。渠溪河是北岸主要河流，源于忠县白石，自青龙乡大河坝入县境，县内流程50.4千米，流域面积520.5平方千米。碧溪河源头在保合镇蒋家山西北麓和大山一带，流经仁沙、社坛、虎威等镇，县境内流程35.6千米，流域面积150.48平方千米。

丰都县属亚热带湿润季风气候区，气候温和，四季分明，立体气候明显，具有十里不同天的特色。冬季受北方干冷空气影响，形成较冷而少雨天气。夏季主要受西太平洋副热带高压或青藏高压的影响，形成炎热而多伏旱天气。春秋两季为冷暖气流交替过渡时期，形成春早冷暖多变和秋凉多绵雨的气候特征。主要气象灾害有：春季寒潮低温，初夏强对流天气和连阴雨，夏季高温伏旱和暴雨洪涝，秋季低温，冬季霜雪灾害。

人口。2022年末，全县户籍人口79.64万人，城镇人口24.66万人，乡村人口54.98万人；出生人口3938人，人口出生率4.92‰，新生儿男女性别比为107.5。

民族宗教。丰都县以汉族为主，有土家族等31个少数民族，常住2634人。2022年，有县级主要宗教活动场所3个，乡镇活动点13个，宗教教职人员5人，信教群众1万余人。

历史沿革

旧石器时代丰都之地已为古人类聚居区。《尚书·禹贡》记载丰都地属梁州之域。周朝，境属巴国，曾建"巴子别都"。秦朝，属巴郡枳县(今涪陵)。西汉，属益州巴郡枳县。

东汉永元二年（90年），从枳县分置平都县，治所倚平都山（今名山），是为丰都建县之始，隶属益州巴郡。东汉初平元年至建安五年（200年）隶属益州永宁郡。三国蜀延熙十七年（254年），平都县并入临江（治今忠县），隶属益州巴郡。

隋义宁二年（618年），从临江县分置豐都县，隶属临州,治所丰民洲在平都山下。唐贞观八年（634年），豐都县隶属山南道忠州。唐天宝元年（742年），隶属山南东道南滨郡。唐乾元元年（758年），隶属山南东道忠州，至五代前蜀、后蜀，隶属忠州。北宋真宗赵恒时，豐都县隶属夔州路忠州南宾郡。北宋政和元年（1111年），并入临江县。南宋绍兴元年（1131年），复置豐都县。南宋咸淳元年（1265年），隶属夔州路咸淳府。元朝，豐都县隶属四川行省重庆路忠州。

明洪武十年（1377年），豐都县并入涪州（今涪陵），属四川承宣布政使司重庆府。明洪武十三年（1380年），从涪州分出，置酆都县，隶属重庆府忠州。清康熙十三年（1674年），酆都县被吴三桂大周军占领；清康熙十九年（1680年），清军收复。清雍正十二年（1734年），隶属四川省忠州直隶州。清嘉庆七年（1802年），隶属川东道忠州直隶州。

1911年，酆都县隶属重庆蜀军政府。1912年，隶属四川省忠州。1913年，隶属四川行政公署川东道。1914年，隶属四川巡按使公署东川道。1928年，直隶四川省。1935年，隶属四川省第八行政督察区。

1950年，酆都县隶属中央西南局川东行署区涪陵专区。1952年9月，隶属四川省涪陵专区。1958年9月改县名为丰都。1968年至1996年初，丰都县隶属四川省涪陵地区。1996年3月，隶属四川省涪陵市。1997年6月，丰都县隶属重庆直辖市，由涪陵市代管。1997年12月20日，经中共中央办公厅和国务院办公厅批准，丰都县由重庆市直接管理。2001年9月，丰都县城从名山镇南迁至三合镇。

重要资源

丰都县地质结构较为复杂，地貌形态多样，各种自然资源、旅游资源较为丰富。

自然资源。境内植被层次丰富，天然生长的乔木170余种，常见的有马尾松、麻柳、黄连木、柏、青冈、漆树、枫香、榕木、杉木、竹类等10余种；中药材1200种以上，野生药材1015种，常见的有泡参、天麻、麦冬、天冬等。全县有野生哺乳纲兽类8目10余科40种；鸟纲12目15科200余种；鱼纲6目13科54种。珍稀动物兽纲有虎、金钱豹，鸟纲有国家一类保护动物黑颈鹤、二类保护动物红腹角雉，鱼纲有中华倒刺鲃（青波）、鲟鱼等。境内矿产资源主要有天然气、铝土矿、白云石、石灰岩、煤、铁、硫、石膏等。

旅游资源。丰都旅游资源以自然景观和人文景观为主，境内有6类64种100余处旅游资源，其中有名山、雪玉洞、南天湖、九重天4个4A级旅游景区和南天湖1个国家级旅游度假区。海拔1000米以上的生态避暑休闲度假旅游资源超过700平方千米，占重庆市可开发资源的10%以上。有革命遗址和其他遗址85处，不可移动文物点1068处（其中国家级文物保护单位3处、市级文物保护单位10处）。2022年，有国家级非物质文化遗产项目1个即丰都庙会，重庆市级非物质文化遗产项目16个，县级非物质文化遗产项目58个；整体策划3个项目纳入长江国家文化公园项目库，小官山成功创建3A级旅游景区，中元节活动登上央视《航拍中国》栏目，成功举办第三届南天湖冰雪旅游季。

基础设施

交通。截至2022年底，全年公路通车里程7354千米，其中等级公路里程6833千米。营运汽车拥有量1792辆，其中，货车943辆，客车328辆，公交89辆，巡游出租232辆，网约车200辆。运输船舶拥有量147艘。

供水。丰都县城区有水厂4座，总生产能力9.9万立方米/日，供水市政管网总长度约193千米。承担县城南岸王家渡片区、北岸名山街道部分区域、水天坪工业园区及虎威、双路、兴义镇部分村社的供水任务，供区用户近12万户，供水人口约25万人，供水面积约10平方千米。乡镇供水公司有水厂31座，总供水规模为6.6万立方米/日，日供水2.5万立方米/日，承担全县28个乡镇（龙河镇、仙女湖镇除外）的供水任务，供区用户9.4万余户。

供电。丰都县电网以1座220千伏变电站为枢纽，以5座110千伏变电站、9座35千伏变电站为骨架的电网，以开环、辐射式运行方式为主，供区内并网电厂6座、小水电52座、光伏电站64座。

供气。丰都县有峡南溪、镇江、新城、南天湖、水天坪储配气站5座，各类高中低压输气管线约300千米，日供气能力180万立方米，实际日供气量约16万立方米。

邮政通信。丰都县有中国电信股份有限公司丰都分公司、中国移动通信集团重庆有限公司丰都分公司、中国联合网络通信有限公司丰都县分公司和中国邮政集团有限公司重庆市丰都县分公司。其中，县邮政公司下设12个支局、51个邮政所。

主要产业

农业。2022年，农林牧渔业总产值86.9亿元，增长4.6%。其中，农业42.01亿元，增长2.3%；林业10.36亿元，增长10.8%；牧业29.06亿元，增长5.0%；渔业3.63亿元，增长6.8%；农林牧渔服务业及辅助性活动1.84亿元，增长12.5%。

近年来，丰都县构建起以畜禽养殖为重点的"1+4+X"现代山地特色高效农业产业体系。其中，"1"即以肉牛、家禽、生猪为重点的畜禽养殖业，依托恒都农业、光明食品、华裕农科、德青源、温氏集团、农投集团、东方希望等7家国家级农业龙头企业，打造全市畜禽养殖基地、食品加工基地。"4"即榨菜、红心柚、花椒、生态渔业等4大特色产业。"X"即因地制宜发展柑橘、桃李、中药材、龙眼、烤烟等现代山地特色高效农业。

丰都牛肉是特色农产品。20世纪80年代初，丰都在川东地区率先开展黄牛改良并取得显著成效。2000年，丰都已成为重庆市黄牛改良大县，养牛业处于自由散养阶段。21世纪初，三峡移民工程基本结束，为解决库区产业空心化问题，促进移民安稳致富，决定发展肉牛产业。随后大规模开展"院校协作"，引进大批专家教授到丰都从事肉牛科研工作，开展技术培训，建设科技示范园区，基本实现"科研单位得成果、政府部门得经验、养殖农户得实惠"的目标。2007年，丰都肉牛业产值首次突破亿元大关，成为重庆市养牛第一大县。"十三五"期间，丰都围绕"推动高质量发展，创造高品质生活"目标，立足"国家农业科技园区、特色农产品优势区"定位，坚持把肉牛产业作为脱贫攻坚和乡村振兴的主导产业来抓，围绕"总部在丰都、基地在全球、市场在全国"生产布局，不断延伸产业链、提升价值链、完善利益链，建设"中国肉牛之都"。组建市级肉牛技术研发中心，加大牛肉深加工产品研发力度，先后开发出休闲食品、熟食菜品、冷冻调理、西式牛肉等四大类100余种产品，实现牛肉中高端产品全覆盖。同步推进"丰都肉牛"和"恒都牛肉"品牌建设，先后承办"中国牛业发展大会""中国产业扶贫·肉牛发展峰会""中国肉牛之都建设研讨会"等全国性行业盛会，成功承接全国首批澳大利亚活牛进口，同时不断强化央视、高铁等重要媒体和平台宣传推广。"丰都肉牛"荣获中国驰名商标、国家地理标志证明商标等品牌认证，"恒都牛肉"获得中国驰名商标、重庆市著名商标、重庆市名牌农产品等称号，产品通过ISO9001、ISO14001、HACCP、清真食品、绿色食品和有机食品等体系认证和产品认证。

丰都榨菜远近闻名。丰都县围绕打造"全国榨菜出口创汇基地"，基地种植规模逐年扩大，种植面积在666.67公顷以上的乡镇有名山街道、十直镇、社坛镇、兴龙镇、高家镇、虎威镇、兴义镇。培育"乡菇、川王子、邱家、乔什"等企业产品品牌10个，产品出口到东南亚、欧美等十多个国家和地区，榨菜出口量连续多年保持全市第一。丰都榨菜获国家地理标志证明商标、国家外贸转型升级榨菜基地，成功创建榨菜国家级出口食品农产品质量安全示范区、重庆市榨菜产业技术体系推广试验站创新平台。

丰都红心柚风味独特。丰都红心柚原产于丰都县三元镇，经多年选育而成，有果大、皮薄、瓣均匀、易分离、少核、肉质色泽粉红悦目、多汁、细嫩化渣、酸甜适度等特点，可溶性固性物11.2%，每100毫升果汁含糖9.37克，风味浓郁，富含多种营养元素，2014年获得全市柚类唯一出口资格，2015年荣获"中国果业百强品牌"。

丰都栗子大米绿色营养。丰都栗子大米古为宫廷贡米，产品达特等米标准，米质与泰国香米媲美，主要产于丰都县栗子乡。栗子乡海拔在300~1425米之间，地因山脉走势，海拔高低变化突出，光照时间长，昼夜温差大，能加强光合作用，促进植物叶绿素的合成，能很好地提高植物淀粉质量，加之地广人稀，污染较少，是有机农业特别是水稻的适宜发展区。2014年，经农业农村部全国绿色基地管理办公室批准，成功创建"全国有机农业示范基地"。已建成基地400公顷，其中233.33公顷水稻获有机食品认证，创建的"禾汇九亩"品牌连续两年荣获"中国国际有机食品博览会金奖"。

丰都花椒助推经济发展。近年来，丰都以董家镇、树人镇、湛普镇等花椒基地乡镇为中心，结合森林工程建设，做大花椒产业。董家花椒2013年获国家地理标志证明商标。

工业。2022年，规模以上工业总产值156.91亿元、增长5.2%；工业增加值68.2亿元，增长3.4%，占地区生产总值的 17.4%。

丰都围绕农业办工业、依托资源兴工业、招商引资强工业，做强以"低碳、环保、效益"为导向的绿色工业，打造"一基地四集群"。建设 100 亿元级清洁能源基地，重点发展核电、风电、抽水蓄能、生物质发电、改性甲醇燃料；建设 300 亿元级食品加工产业集群，重点发展屠宰及肉类加工、榨菜加工、饲料加工、造纸及纸制品；建设 300 亿元级装配式建筑材料产业集群，重点发展水泥及水泥制品、建筑部品部件、机制砂、石材加工、木材加工；建设 100 元亿级医疗用品产业集群，重点发展医疗器械、中药饮片、卫生材料、生物制药；建设 200 亿元级装备制造产业集群，重点发展机械制造、船舶制造、机器人、智能制造装备、特种电力电缆。

丰都工业园区规划面积 16.5 平方千米（建成面积 9.02 平方千米），已基本形成"一区四组团"发展格局。水天坪组团规划面积 8 平方千米，主要发展新型建材、食品加工、机电、医疗及医药制造等产业；镇江组团规划面积 2.5 平方千米，主要发展生物医药、天然气加工、造纸及纸制品加工等产业；玉溪组团规划面积 4 平方千米，主要发展肉牛全产业链等农副产品精深加工、机械制造、造纸及纸制品等产业；湛普组团规划面积 2 平方千米，主要发展建材和预制构件工厂化生产等现代化建筑特色产业。

文旅品牌

名山景区。名山原名"平都山"，海拔 287.3 米，面积 0.45 平方千米，位于长江北岸，临江而立，有 1900 多年的历史。相传汉代术士阴长生、王方平曾先后在此修道成仙，白日飞升，道家遂把这里列为

● 名山景区（何良树 拍摄）

道教的"洞天福地"之一。唐代，有人误将"阴""王"二姓连缀为"阴王"，于是名山就逐步被传说附会为"阴间之王"所居之地，慢慢就演变成"阴曹地府""鬼国京都"，成为传说中人类亡灵的归宿之地。名山不仅是传说中的鬼城，还是集儒、道、佛为一体的民俗文化艺术宝库，景区内林木苍翠，花香鸟语，建筑古色古香，雕塑、绘画民风质朴，庙宇殿堂神像森罗，楼台亭阁依山而立，名人骚客留墨遗雅，碑刻诗联韵味隽永。

名山景区占地面积 3.86 平方千米，其核心景区 1.98 平方千米，由全国重点风景名胜古迹丰都名山和国家级森林公园双桂山组成。内有众多景观，化顽儆奸、惩恶扬善，传说神奇，其中最著名的莫过于奈何桥、鬼门关、黄泉路、天子殿、十八层地狱等。1982 年，名山景区为国务院批准的首批国家级风景名胜区，2000 年为首批国家 4A 级旅游景区。双桂山 1992 年被林业部批准为国家森林公园。2015 年被评为"新三峡十大新景观"之一。整个景区鬼神文化、宗教文化、文学艺术文化、名人文化、民俗文化 5 大文化相互融合，为中国宗教文化多元化的代表景点之一。江、山、城一体，山水相依，生态宜游，是长江三峡黄金旅游线上的一颗璀璨明珠。

南天湖景区。南天湖景区位于丰都县境内，距丰都县城 45 千米，重庆主城 160 千米，与丰都名山景区、雪玉洞景区、九重天景区、牛牵峡连成旅游环线。平均海拔高度 1800 米，夏季平均气温 20℃，森林覆盖率 86%。景区拥有武陵山区罕见的高山湖泊、广袤的原始森林、珍贵的高山湿地和草坪绿洲，是高山览湖、森林观光、山地运动和春赏花、夏纳凉、秋观叶、冬赏雪的生态休闲旅游度假胜地。南天湖

● 南天湖景区（陈勇 拍摄）

● 雪玉洞景区（登舟 拍摄）

景区集自然观光、主题游乐于一体，已推出环湖小火车、观光车、观光游船、皮划艇、儿童城堡、热气球、骑马等 10 余项文体娱乐项目。有南天湖、天湖草场、天堂谷、滑雪场等核心景点，开发运动健身、休闲娱乐、康体疗养、日常体验、夜游等度假产品 5 大类 57 项。相继荣获"重庆十佳避暑休闲目的地""国家 4A 级旅游景区""全国森林康养基地示范单位""第一批重庆市智慧旅游示范景区（度假区）"等荣誉称号。2020 年，南天湖成功创建国家级旅游度假区。

雪玉洞景区。雪玉洞景区距丰都新县城仅 12 千米，与丰都名山隔江相望。雪玉洞全长 1644 米，开发的旅游路线为 1166 米，2005 年被国家旅游局评为国家 4A 级旅游景区。雪玉洞是目前国内已开发洞穴中最年轻的溶洞，中国洞穴研究会会长朱学稳教授称洞内钟乳石"洁白如雪、质纯似玉"，雪玉洞因此得名。中国洞穴权威、中国科学院院士袁道先教授曾多次莅临雪玉洞开展学术考察活动。国际岩溶自然遗产地权威专家、世界自然遗产保护联盟洞穴特别工作组主席 Elcay Hamilton Smith 教授率团考察雪玉洞后，评价雪玉洞是"世界上真正美丽的洞穴、是我一生中考察过的一万多个洞穴中所罕见的"。由于其极高的观赏价值和科考价值，被中国洞穴会授予"中国地质学会洞穴研究会观测研究站暨洞穴科普基地"的称号。2005 年 10 月被国内权威杂志《中国国家地理》评为"中国最美旅游洞穴"。其中规模最大、数量最多的"塔珊瑚群"，晶莹剔透、最薄最长的"石旗王"，直径 4 米、冰清雪洁的"地盾"，傲雪斗霜、长 2.5 米的"鹅管王"，皆为世界之最、洞穴珍品。2015 年，丰都雪玉洞入选长江三峡 30 个最佳旅游新景观之一。

九重天景区。九重天景区位于方斗山脉尾端的丰都县双路镇莲花洞村，南望南天湖，北眺丰都县城，与雪玉洞景区、牛牵峡漂流毗邻，距丰都高速路出口 18 千米，海拔 1000～1300 米，年均气温 23℃，景区呈北低南高地势、梯级缓坡，景区按照"一环三节点四片区"规划，其中"一环"为环绕制高山

● 九重天景区（曹埕肇 拍摄）

顶形成的山腰游览环线，"三节点"为入口节点、山顶节点和服务区节点；"四片区"为森林休闲区、户外运动区、养生度假区和农场体验区。景区将依托莲花山丰富的森林资源，以淳朴乡野风情为基础，森林茂盛，植被良好，水资源充沛，负氧离子丰富，打造集观光、娱乐、体验、学习、休闲、养生、避暑、纳凉、度假为一体的原生态、纯天然乡村休闲度假区。以龙河刀削绝壁地势环境打造的连天绝壁栈道，惊险刺激。2018年12月，九重天景区被批准为国家4A级旅游景区。

丰都庙会。丰都庙会源于名山香会，始于西晋，是大三峡文化的一种表现形式，被称为人类文化的"活化石"，传说是为纪念阎罗天子和他的妻子天子娘娘卢瑛的结婚纪念日。1988年4月18日，丰都县举办首届丰都庙会，吸引周边地区、全国各地以及海外华人36万人，盛况空前。此后便一年或两年一届不间断举行。2014年11月11日，丰都庙会成功跻身国家级非物质文化遗产名录。丰都庙会在丰都景区和县城举行，每届庙会举办3~5天，丰富多彩的民俗文化活动、民间技艺展示，吸引数十万人参加。其中有以民间传说、鬼神故事为主要内容，伴以民间吹打的街头游乐、戏曲短剧，如"阴天子娶亲""活捉秦桧""城隍出巡""钟馗嫁妹"等；有各种各样原生态的舞蹈表演，如祈福驱邪的神鼓舞、鬼面舞、响篙舞、竹鼓舞，祈求风调雨顺的水龙舞、戏牛舞、狮子舞等；有各具特色的民间技艺展示，如包鸾竹席编织、叶脉画制作、鬼脸谱瓢画绘制等；说唱道白、民间杂耍，也为庙会注入鲜明的文化气息。

风味美食

丰都麻辣鸡。丰都麻辣鸡又称鬼城麻辣鸡，原本为鬼城丰都著名的特色传统小吃，类似白砍鸡，后经加工改造现为重庆家喻户晓的名菜之一。1949年以前，丰都已有多家专做麻辣鸡的老字号店铺，以游贩的方式售卖，俗称打街。做法非常简单，将鸡肉白水煮熟切成小块，再将红油、味精、香油、

● 丰都麻辣鸡块（熊波 拍摄）

● 丰都糊辣壳抄手（黄白杨 拍摄）

● 丰都仙家豆腐乳（黄白杨 拍摄）

白糖、花椒面、酱油调匀，淋在鸡块上即可。而丰都的鸡块煮熟却不煮烂，肉质虽硬却能轻易地用牙撕碎，极易入嘴。色泽红亮鲜艳，质地嫩气，味厚香浓，香辣味鲜，带有回甜，是佐酒下饭的佳肴。通过多年的技术革新，丰都麻辣鸡已成为丰都一大特产，每年销售额约4亿元。最具代表性的是孙记麻辣鸡、富利麻辣鸡等。

糊辣壳抄手。把辣椒用热锅烤焦，然后舂细待用，把水烧开，下入抄手，这时调佐料，加入姜蒜少许，油适量，味精、鸡精少许，葱花适量，加入煮沸的开水少量，然后把煮熟的抄手捞起放入碗中，一碗热腾腾、香喷喷的糊辣壳抄手即可享用。

仙家豆腐乳。豆腐乳的制作最早可追溯到唐代。传说在名山脚下，有位被称为"豆腐王"的王尚智，因得到老者的指点，从庙中取香灰和盐用手拌匀，撒在长毛的豆腐上，便制作成淡黄色、清香扑鼻、味道鲜美的豆腐乳。后来王尚智生意越做越大，发大财，于是就将豆腐乳的酿造工艺传给周围的村民，使豆腐乳成为百姓家中的一道常用菜肴。清代，丰都豆腐乳的名气更大。民国四年（1915年），县城曾鹤仙的"蔬香园"作坊，批量生产"仙都牌豆腐乳"。丰都仙家豆腐乳用大豆、白胡椒、砂仁、白扣做成，是丰都历史最久的名小吃，古法精酿，豆腐通过天然酿造，达到红润香，有着浓郁的酱香及酯香气，味鲜美、醇厚、咸、甜，且富含钙、磷、锌、铁多种维生素，既可佐餐，亦可调味。仙家豆腐乳获重庆市著名商标、重庆市名牌农产品。

发展定位

国际旅游文化名城，全市重要的交通枢纽，全市度假康养基地、现代畜禽养殖基地、绿色工业基地和商贸物流基地，简称"一城一枢纽四基地"。

国际旅游文化名城。城市旅游功能更加突出、民俗文化符号更加凸显，文旅产业"一业带百业"引擎作用和联动效应更加彰显，打造世界级、国家级旅游品牌和文化品牌。

全市重要的交通枢纽。沿江通道作用充分发挥，交通基础设施互联互通水平大幅提升。

全市度假康养基地。突出"休闲度假、文化观光、乡村旅游"三条主线，全力推进旅游业态、旅游结构、旅游品牌、旅游服务提质增效，共同做好大三峡、大武陵精品旅游品牌，推动丰都成为重庆主城都市游、长江三峡游、渝东北东南民俗生态游的重要战略支点。

全市现代畜禽产业基地。坚持质量兴农、绿色兴农、品牌强农，突出国家农产品主产区、全市特色农牧产业基地定位，构建完善以牛、鸡、猪为重点的"1+4+X"现代山地特色高效农业体系，打造综合产值300亿元的现代畜禽产业基地。

全市绿色工业基地。聚焦高端化、智能化、绿色化、服务化，推动产业链、供应链、价值链、创新链深度融合，推动一、二、三产业良性互动，着力构建高效、清洁、低碳、循环的绿色制造体系，到2025年打造"五百亿工业"。

全市商贸物流基地。聚焦标准化、信息化、集约化，着力优平台、育企业、拓市场，构建高效安全、协同共享、融合开放的现代商贸物流体系。

发展目标

"十四五"时期，丰都县将充分发挥沿江通道作用和节点作用，高水平打造"三峡库心"，到2025年，地区生产总值年均增速高于全市平均水平，保持在7%左右，经济总量突破500亿元，为现代化建设打下坚实物质基础，全体人民共同富裕迈出坚实步伐，努力在推动成渝地区双城经济圈建设和全市"一区两群"协调发展中发挥更大作用，作出更大贡献。"一城一枢纽四基地"建设取得重大进展，全市度假康养基地、现代畜禽产业基地、绿色工业基地、商贸物流基地基本建成，旅游综合收入200亿元，农业增加值超过60亿元，工业总产值突破500亿元，社会消费品零售总额300亿元以上；创造高品质生活实现长足进步，力争城市建成区人口达到30万人，城市建成区面积达到30平方千米；深化改革开放取得重大突破，开放型经济发展水平显著提高；生态文明建设实现示范引领，森林覆盖率达到53%以上，空气质量优良天数比率稳定在90%以上；社会文明程度得到明显提高；社会治理效能达到更高水平。

到2035年，丰都县将与全国一道基本实现社会主义现代化。展望2035年，丰都综合经济实力将大幅提升，经济总量和城乡人均收入较2020年翻一番以上，新型工业化、信息化取得重大突破，新型城镇化、农业现代化基本实现。现代化经济体系初步建成，沿江通道作用和节点作用进一步彰显，国际旅游文化名城、全市重要的交通枢纽和全市度假康养基地、现代畜禽产业基地、绿色工业基地、商贸物流基地总体建成。城市品质大幅提升，城市建成区面积达到50平方千米，城市人口达到50万人，"郊区新城"基本成形。基本实现治理体系和治理能力现代化。更高水平建设"三峡库心"，生态优先绿色发展示范区全面建成。

（撰稿：王尔欢 黄淑兰 审稿：杜家强）

垫江县

基本情况

垫江县因辖区溪水夹绕、垫溺不常而得名。全境地势略微北高南低，最高海拔1183米，最低海拔320米。垫江地处重庆市中部，位于东经107°13′~107°40′，北纬29°58′~30°31′。东邻丰都县、忠县，南连涪陵区、长寿区，西靠四川省大竹县、邻水县，北接梁平区。2021年年末，全县总人口95.5万人。其中，城镇人口40.7万人，乡村人口54.8万人。有布依族、苗族、朝鲜族、藏族、傣族、回族等34个少数民族，少数民族人口共4329人。辖区东西最大距离36.3千米，南北最大距离60.4千米，总面积1518平方千米。其中陆地1436.1平方千米，占94.6%；水域81.9平方千米，占5.4%。县人民政府驻桂阳街道天宝社区桂西大道1号。距重庆市政府驻地117千米。

历史沿革

垫江历史悠久、底蕴深厚，早在新石器时期县境内已有人类在此繁衍生息。在《尚书·禹贡》中，今垫江县境属梁州地。商周到战国时期属巴国。秦属巴郡朐忍县。西汉，属临江县。东汉末，属巴郡常安县或临江县。晋泰始二年（266年），属巴郡临江县。

西魏恭帝三年（556年），析临江县地置垫江县，属邻州，治所今桂溪街道。北周孝闵帝元年（557年），

省邻州入渠州，垫江县属渠州容川郡。北周天和二年(567年)，改垫江县名魏安县，隶属治所仍旧。隋开皇三年(583年)，罢容川郡，魏安县直隶渠州。隋开皇十八年(598年)，魏安县复名垫江县。隋大业三年(607年)，罢渠州改置宕渠郡，垫江县属之。唐武德元年(618年)，垫江县改属邻州；次年，析临江县地置清水县，属临州，治所今垫江县高安镇。唐武德八年(625年)，邻州废，垫江县属临州。唐贞观八年(634年)，改临州为忠州，垫江县、清水县皆属之。唐天宝元年(742年)，忠州改为南宾郡，清水县改名桂溪县，垫江、桂溪两县属南宾郡。唐乾元元年(758年)，复改南宾郡为忠州，垫江、桂溪两县属之。五代前蜀，于州外置军，忠州置镇江军，后蜀改名宁西军，垫江、桂溪两县属之。北宋乾德三年(965年)，垫江、桂溪两县属夔州路忠州。北宋熙宁五年(1072年)，省桂溪县入垫江县。北宋熙宁九年(1076年)，垫江县属梁山军。北宋元　元年(1086年)，垫江县属忠州。南宋咸淳元年(1265年)，忠州改咸淳府，垫江县属之。元至元二十一年(1284年)，省垫江县入丰都县(属重庆路忠州)，在垫江置临江巡检司。元至正二十三年(1363年)，农民起义军首领明玉珍据蜀称帝，在重庆建立大夏国，复置垫江县，属重庆府忠州，治所今桂溪镇。明万历年间，置顺庆分府，垫江县属之。清雍正十二年(1734年)，忠州升为直隶州，垫江县属之。清乾隆四十九年(1784年)，复置顺庆分府，垫江县属之。清嘉庆五年(1800年)，分府撤销，垫江属忠州直隶州。1912年中华民国建立后，垫江县属四川省东川道。

● 垫江县城全景（垫江县档案馆　提供）

1935年，属四川省第十行政督察区。

新中国成立后，垫江县属川东行署区大竹专区，治所仍旧，领4区、20乡镇。1953年3月，大竹专区撤销，垫江县属涪陵专区，将全县划分为9个区、48个乡。1953年9月，涪陵县辖的绿柏、云山等31乡划隶垫江县，全县划分为11个区、134个乡镇，治所仍旧。1955年1月，全县划分为10个区、2个直辖乡、31个区辖乡。1958年9月，实行"政社合一"，全县划分为29个人民公社。1968年8月，属涪陵地区。1983年11月，改人民公社为乡镇人民政府，全县领6个区、43个乡镇。1995年12月，属涪陵市。1997年12月，属重庆直辖市，领25个乡镇。2022年，辖2个街道、22个镇、2个乡；下设79个居民委员会、222个村民委员会、502个居民小组、1603个村民小组。

重要资源

自然资源。垫江属亚热带湿润季风气候，气候温和，雨量充沛，四季分明，大陆性季风气候显著。春早冷暖多变，夏热常有干旱发生，秋凉多有连阴雨，冬冷无严寒。垫江属四川盆地东部平行岭谷区，县境东西两山夹峙，中部丘陵绵亘起伏，龙溪河纵贯全境，一系列溪河小冲积坝镶嵌其间，素有"川东小平原"美称。一级河道龙溪河总长97.2千米；二级河有大沙河、回龙河、桂溪河、卧龙河、余马河、三汇河、打渔溪等7条，总长190.7千米；三级河有33条，总长326.4千米；四级河有114条，总长236.7千米。境内已发现煤、天然气、地热、铁、硫

● 垫江县砚台镇泰安村花椒采摘（邱文笃 拍摄）

铁矿、钾盐、水泥用石灰岩、建筑石料用灰岩、建筑用砂岩、砖瓦用页岩、岩盐、矿泉水等矿产12种。境内植被层次丰富，有陆生维管植物186科759属1500种（含变种），其中珍稀濒危植物19种。天然生长的树木有64科160余种，常见的有苏铁、银杏、红豆杉、三类杉、罗汉松、马尾松、雪松、杉木、侧柏、塔柏等10余种；中药材有药用植物450种，主要有淫羊藿、鱼腥草、夏枯草、散寒草、金钱草、麦冬等。境内有动物数百种，包括小灵猫等国家一级保护动物，白鹭、猫头鹰等国家二级保护动物。

旅游资源。2008年3月，联合国地名专家组经过独立评审，授予垫江"千年古县"的称号。据统计，全国上千年的古县有800多个，联合国地名专家组中国分部依据"中国地名文化遗产鉴定标准体系"和"地名文化遗产重点保护对象鉴定标准"，优选出100个历史悠久、文化积淀深厚、地名文化内涵丰富的古县进行重点保护，垫江是首批认定的全国40个"千年古县"之一，也是重庆唯一一个。旅游以"三花"（牡丹花、油菜花、白柚花）为特色。垫江牡丹种植历史悠久，品种多达120多个，有"牡丹源"之称。分布在明月山一带的万亩山水牡丹，具有独特的观赏价值，是重庆市重要旅游品牌之一。拥有国家4A级旅游景区三个，分别是三合湖湿地公园、牡丹樱花世界景区、恺之峰旅游区。2017年成功创建"中国石磨豆花美食之乡"，全市垫江石磨豆花餐饮店3000多家，从业人员2万人以上。特色农产品有垫江晚柚、巴人唧酒、垫记好酒、东印茶叶、赵牛肉、川久蒸鸭。

● 垫江县高峰镇寇家坝乡村美景（垫江县档案馆 提供）

基础设施

交通运输。全县公路通车总里程4433千米。其中，等级公路4410千米。实现村村通公路。有客运站8个，其中一级站1个，四级及以下站7个。运营汽车有客车752辆18068座，货车5319辆43666吨。有城市公交运行线路12条，公交车100辆。全社会客运量741万人次，客运周转量17229万人千米。全社会公路货运量3408万吨，货运周转量210725万吨千米。

邮政电信。有民营快递品牌10个，邮政企业1家。其中独立法人企业7家，快递企业营业网点129个，邮政普遍服务网点47个，快递下乡实现100%全覆盖。乡村通邮率100%。2021年，全县邮政快递业务总量完成20732.06万元，增长11.37%；业务收入完成19445.34万元，增长5.99%。其中，快递业务量完成472.63万件；业务收入完成5329.11万元。有通信企业5家，服务网点131个。全年电信业务收入3.29亿元。

物联网。利用物联网卡与多行业终端连接，实现4G网络和NB网络基本全覆盖。国网垫江供电公司、县市政服务中心、县中医院120平台、广电网络垫江分公司、县税务局等用户物联网卡累计超3000余张，涵盖电力远程抄表、市政路灯控制、120车载监控、应急广播远程控制、税务POSS机等场景。

IDC数据中心。2019年5月挂牌成立中国移动垫江IDC数据中心，2020年建成投入使用，建筑面积达611平方米，机房573平方米，IDC机房30个

● 垫江工业园区（垫江县档案馆 提供）

机柜。

供水。城区自来水厂3座，DN75以上管网长度255.1千米，生产能力11.6万吨／日。年工业用水200.3万吨、生活用水770.15万吨，居民自来水普及率99%，年人均生活用水35吨。有农村集中式供水工程40处，设计供水能力共9.93万立方米／日。供水到户人口79.32万人，农村集中供水率、自来水普及率93.8%。

供电。全县有35千伏及以上高压输电线路33条，总长度447.78千米，用电负荷33万千瓦，是国家电网公司确定的重点县级电网之一。年售电量累计完成12.98亿千瓦时，综合电压合格率99.94%，供电可靠率99.8833%。城区拥有35千伏及以上变电站（所）13座，主变压器27台，总容量932.4兆伏安。

供气。全县天然气（煤气）用户26.1683万户，其中工业用户61户，居民用户26.1243万余户。燃气普及率94%，月天然气（煤气）平均用量2988.9324万立方米。城区天然气（煤气）管线166.07千米，供（加）气站3个，天然气（煤气）用户14.1256万户，其中工业用户13户，居民用户14.1256万户，燃气普及率100%，月天然气（煤气）平均用量518.71万立方米。

市政。垫江县城是国家园林县城。2022年末，全县共有城市道路130.05千米，城市道路面积392.91万平方米。全县建成区绿化覆盖率50.88%，建成区绿地率47.87%。公园绿地面积303.08公顷，人均公园绿地面积15.7平方米。

文化设施。2022年，全县共有公共图书馆3个，藏书19.51万册。年末广播覆盖率100%，电视覆盖率100%，有线电视入户率87%。

医疗卫生。垫江县是重庆市卫生城市，2022年末卫生机构438个。其中医院15个，卫生院24个，妇幼保健院1个，疾病预防控制中心1个。卫生机构床位5188张。其中，医院和卫生院床位5123张。卫生技术人员4399人。执业医师和执业助理医师1727人，注册护师、护士1904人。

养老。2022年，全县60周岁以上老年人口18.32万人，老龄人口占比19.3%。年末全县城镇职工基本养老保险参保人数97225人，城乡居民社会养老保险参保人数38.97万人。全县建成街道养老服务中心2个，乡镇养老服务中心24个，社区养老服务站79个，城镇社区养老服务设施覆盖率100%，农村社区养老服务设施覆盖率100%。全县有乡镇敬老院24个，养老床位1222张。综合性社会福利院1个，养老床位537张。依托村级便民服务中心或腾退的村校、卫生站、村办公室等建立村级互助养老点，累计建成农村互助养老点222个。

水利设施。全县境内河流共155条，总长644.2千米，流域面积1499.63平方千米。已建成各类水利工程11866处，其中水库122座（中型3座、小Ⅰ型22座、小Ⅱ型97座），蓄水工程总库容1.39亿立方米。山坪塘5186处，蓄水池5411处，引水堰390处，提灌站168处，堤防18处，渠沟长1151千米。全县总蓄引提水能力1.58亿立方米，有效灌溉面积2.64万公顷，节水灌溉面积9610公顷。农村小水电站11座。水文测站6座。

主要产业

垫江制造业发展围绕主城都市区产业重要拓展区、重庆重要的工业基地、全市制造业高质量发展承载地三大建设目标；大力发展以"新材料产业、汽摩零部件产业、消费品产业"为主的三大特色产业体系。

● 渝东国际汽贸城（垫江县档案馆 提供）

新材料产业。2022年，有规模以上工业企业46家，实现产值89.6亿元，同比增长18%。骨干企业有民用炸药生产企业葛洲坝易普力重庆力能民爆股份有限公司、合成氨生产企业重庆富源化工股份有限公司、二硫化碳生产企业重庆兴发金冠化工有限公司，2022年分别实现产值7.38亿元、8.04亿元、9.46亿元。

汽摩零部件产业。2022年，有规模以上工业企业27家，实现产值33.38亿元，同比增长1.3%。骨干企业有重庆捷力轮毂制造有限公司、重庆辉虎催化剂有限公司、重庆金龙科技有限公司，2022年分别实现产值9.71亿元、3.62亿元、2.1亿元。

消费品产业。2022年，有规模以上工业企业73家，实现产值70.7亿元，同比增长7.4%。代表企业有天圣制药集团股份有限公司、重庆市垫江县坪山榨菜食品有限公司、重庆江通环保塑业有限公司，2021年分别实现产值6.51亿元、3.23亿元、2.59亿元。

文旅品牌

牡丹樱花世界。牡丹樱花世界位于垫江县新民镇明月村，距县城约8千米，为国家4A级旅游景区，获评全国自驾运动营地和2019重庆最受欢迎旅游目的地。景区春可观花、夏可亲水、秋可赏叶、冬可度假，设有牡丹世界、樱花世界、百花世界、豆花世界、欢乐世界五个核心景区，同时还建有古代科技广场、室内四季植物园、大唐时光小镇等景观景点。景区种植观赏牡丹100余种，名贵樱花40余种，还有郁金香、香水百合、紫薇等大规模种植花卉50余种，是中国西南地区牡丹和樱花品种最全、花色最多、花期最长的观赏基地，并建有樱之花生态餐厅、樱之花酒店、大型停车场等基础配套设施。

恺之峰旅游区。恺之峰旅游区位于垫江县太平镇，距县城8千米，为国家4A级旅游景区，是全国首批农业旅游示范点之一，2012年被评为重庆十大赏花胜地，2013年被评为重庆20大新地标之一，2019年荣获重庆文旅新地标。恺之峰旅游区以山水牡丹为主题，是西南地区最大的"山水牡丹、药用牡丹"核心种植基地，是观赏山水牡丹、体验牡丹文化的首选之地。景区主要有牡丹蕉石谷、恺之峰牡丹文化

● 垫江华夏牡丹园（垫江县档案馆 提供）

● 垫江牡丹樱花世界（垫江县档案馆 提供）

广场、国花亭、百年牡丹园、醉花亭等景点，除观赏牡丹花卉以外还有玻璃观景平台、悬崖秋千、旋转秋千、丛林飞车、丛林穿越、彩虹滑道等 10 余种体验游乐项目，玻璃廊桥等大型体验项目即将开放。未来规划五大主题区——主题游乐区、极致体验区、牡丹观光区、山地运动区、康养度假区，是休闲旅游的好去处。

三合湖湿地公园。三合湖湿地公园位于垫江东部新区，为国家 4A 级旅游景区，占地面积约 2000 亩，于 2018 年 12 月底正式开工建设，总规划面积 2078 亩，其中水域面积 607 亩，绿色面积 841 亩，城市博览中心 130 亩。公园以"和合"文化为主题，体现了"天地人"三合包容的思想，期冀着"和顺、和乐、和美"的生活愿景。公园是集"休闲运动、健康旅游、生态科普"于一体的城市滨水公园，布局了城市博览中心、三合湖文化活动中心、禹王宫等功能建筑和特色景点。公园环湖主路，贯穿"八园""八区"，分别建设了欢乐草坪区、创业智创区、湿地文化区、娱乐休闲区、历史文化区、康养运动区、亲子游乐区、城市观光区等功能区域。公园以三合湖为核心，主要景观由九曲荷塘、贤文书韵、禹宫怀古、水舞流光、廊桥烟雨、西山映月六景、晓风桥、映月桥、烟雨桥、飞霞桥四桥、石磨豆花之乡、铜管乐之乡、书画之乡、寨卡之乡四乡、望月亭、迎风亭、来熏亭、闲云亭、翠屏亭、乐天亭六亭和山河红群雕等组成。

仙草园中医文化旅游区。仙草园中医文化旅游

● 垫江三合湖湿地公园（垫江县档案馆 提供）

● 新民镇铁水火龙"打铁花"表演（垫江县档案馆 提供）

区位于垫江县新民镇城北村，为国家3A级旅游景区。以"传承中华医药，弘扬健康文化"为宗旨，依托名医、名药、名馆为载体精心打造集医、养、药、旅、教融合发展的健康产业园。2018年被评为"重庆市研学旅行示范基地"。仙草园中医文化旅游区已建成300亩铁皮石斛野生繁育基地、50亩灵芝种植基地。仙草园内项目丰富，有中医养生体验馆、国医堂、中医药文化展示馆、乡土文化博物馆、药用植物百草园、DIY体验馆、国际禅养家园及众创空间、中小学生社会综合实践、研学旅行基地等产业平台。

巴谷宿集。巴谷宿集位于垫江县桂阳街道明月山间海拔860米左右的一片梯田中，紧邻荔枝古道、巴蜀古驿站"峰门铺"。巴谷宿集是以山与谷为主题、在地文学与当代生活美学结合的新旅行度假目的地，也是目前西南地区最具创新的民宿所在地。其自然资源禀赋独特，植被良好，气候宜人，夏可纳凉、冬可赏雪，身在此处可清晰远眺垫江全景。民宿于2020年8月18日开集迎客，是全市民宿的标杆、农旅融合的典范、乡村振兴的样板,成为"网红""打卡"地。

翔龙角雕。垫江县翔龙工艺品有限公司主要生产角雕工艺品、牛角保健用品、旅游纪念品和销售垫江土特产系列,是重庆市非物质文化遗产"角雕技艺"名录项目保护单位和重庆市非物质文化遗产生产性保护示范基地、全国旅游产品定点生产企业,是重庆市文化产业示范基地、重庆老字号,重庆特色文化新产品,西部消费者最喜爱产品,重庆特色旅游新产品,消费者最喜爱的重庆商业品牌,消费者喜爱的旅游商品,重庆文化创意活力品牌琅琊榜,最受市民欢迎的非遗50强,重庆市双百佳文化消费新领"创新手艺",重庆文化消费企业联盟成员单位,重庆市优秀微型企业,重庆市工艺美术协会副会长单位,重庆市著名商标等10多项市级以上荣誉。

垫江大石竹编。垫江大石竹编(也称灯塔石竹编)工艺美术制品,系用当地盛产的慈竹为质材,经"伐、刮、破片、蒸、煮、染、洗"等防蛀去甜染色等特殊工艺处理,再按所需图案规格、色泽要求,经破竹丝、排径底,以纯手工精心编织装饰而成的竹编工艺美术品。它做工精良,竹丝细如纱线,编织的工艺品手感柔韧细腻,美观大方。大石竹编工艺精湛,1厘米宽的竹片能划8～10缕或者15缕竹丝。竹丝细腻光洁,成品古朴高雅,手感轻柔舒适,具有丝绸般的美感效果。

● 垫江石磨豆花(垫江县档案馆 提供)

风味美食

石磨豆花。垫江石磨豆花采用传统制作技艺,黄豆经过筛选、浸泡、磨浆、过滤、煮沸、点制而不经压榨,制成直接配以佐料食用的豆制食品。垫江石磨豆花具有色泽乳白、絮状如花、绵而不老、嫩而不溽、入口流香、窖水回甜等特征。垫江石磨豆花的佐料有20～30种,各类佐料又分很多细目。石磨豆花的配菜非常丰富,有凉菜、蒸菜、炖菜、烧菜、炒菜、小吃、汤菜等。垫江石磨豆花以其独有的风味特征已经成为巴渝地区的美食品牌,在中国餐饮文化中占有重要的地位。2017年,在第十四届中国食品餐饮博览会上,中国烹饪协会授予垫江县"中国石磨豆花美食之乡"称号。垫江石磨豆花已成为垫江美食旅游文化的金字招牌和一张闪亮的城市名片。

梅咂酒。咂酒古称筒酒、咂嘛酒、钩藤酒、竿儿酒等,因其用竹管咂饮而得名。梅咂酒是目前垫江县有文字记载传承最早的咂酒。从创始人梅普开始,梅咂酒的传统酿酒工艺已历经十四代 400 余年的传承,并于 2008 年 4 月申请注册了"梅咂酒"商标,是重庆市非物质文化遗产。梅咂酒选用本地盛产的高粱为主要原料,配以精华山甘洌泉水,再采用梅氏独创的"窖中窖"复式发酵酿酒工艺精心酿制而成。由于工艺独特,发酵、酿制时间充足,蛋白质、氨基酸转化充分,梅咂酒会产生人体所需的蛋白质和多种氨基酸及微量元素,具有香味浓郁、滋味鲜美、原汁原味、甘甜爽口、营养丰富的品质,具有清热解渴,舒筋活血,健脾开胃,醒脑提神的功效。

垫江酱瓜。也称李酱瓜,重庆市非物质文化遗产。清乾隆年间李永芳由江西迁来垫江,在县城北门外创办"李酱园"作坊,此后李家世代以生产酱瓜为业,店铺名"永芳恒",已有 300 多年历史。垫江酱瓜以垫江当地优质花瓜和自制麦酱为原料制作而成。首先选取花瓜刺孔,放石灰盐水中腌制成瓜胚,然后将瓜坯、曲黄、精盐同时分批下缸,每日倒缸并捋瓜,使表面呈现蜜枣纹。此时曲黄亦已糊化,经日晒夜露,常温发酵,曲酶分解而成。垫江酱瓜因其香、甜、柔、脆风味享誉中外,先后被评为"重庆市消费者喜爱产品""重庆市优质农产品""中国知名特产"。

发展定位

垫江围绕建设"三区两地一节点、郊区新城'双50'",以建成高质量发展高品质生活新范例为统领,立足渝东北当好标杆,连接都市区跑好首棒,唱响"双城记"建好示范。即在建设"三区两地一节点、郊区新城'双50'"、富民强县升位、社会主义现代化建设上取得重大进展;推动高质量发展实现新跨越、创造高品质生活实现新进步、改革开放新高地建设迈上新台阶、山清水秀美丽之地建设取得新成效、社会文明程度得到新提高、治理效能达到新水平。

发展目标

"十四五"时期,垫江以建成高质量发展高品质生活新范例为统领,立足渝东北当好标杆,连接都市区跑好首棒,唱响"双城记"建好示范。即在建设"三区两地一节点、郊区新城'双50'"、富民强县升位、社会主义现代化建设上取得重大进展;推动高质量发展实现新跨越、创造高品质生活实现新进步、改革开放新高地建设迈上新台阶、山清水秀美丽之地建设取得新成效、社会文明程度得到新提高、治理效能达到新水平;实现地区生产总值增速、固定资产投资增速、一般公共预算收入增速高于全市平均水平;生态环境质量水平、科技进步贡献水平、人民生活水平显著提升;工业园区新增 10 平方千米、工业总产值新增一倍,城市拓展新增 10 平方千米、城市人口新增 10 万人,现代化生猪养殖增至 100 万头、垫江晚柚增至 10 万亩;创成全国"四好农村路"示范县、全国文明城市、国家生态园林城市、国家农业科技园区、国家级数字经济应用示范高地、市级高新技术产业开发区。

展望 2035 年,垫江将建成实力雄厚、特色鲜明、令人向往的"三区两地一节点、郊区新城'双50'",基本实现现代化。即全面建成明月山绿色发展示范带核心区、主城都市区产业重要拓展区、农文旅融合的国家康养文化旅游集聚区、重庆重要的工业基地、区域性商贸物流基地、渝东北连接主城都市区的重要节点,建设产城融合、职住平衡、生态宜居、交通便利的郊区新城,建成"50平方千米、50万人口"中等城市,与全国、全市一道基本实现社会主义现代化,成为带动渝东北、川东北地区一体化发展的活跃增长极和强劲动力源。

(撰稿:唐洁倩 审稿:盛小红)

忠县

基本情况

忠县位于重庆市中部,地跨东经107°32′~108°14′,北纬30°03′~30°53′之间,地处三峡库区腹心地带,是三峡库区8个重点移民搬迁县之一。境内呈"三山两槽"地形,系深丘浅丘夹山脉地貌,海拔117~1680米。境内低山起伏,溪河纵横交错,其地貌由金华山、方斗山、猫耳山三个背斜和其间的拔山、忠州两个向斜构成,属典型的丘陵地貌。浩荡长江,流径88千米。县城距重庆市主城区180千米,沪渝、张南、银百高速公路穿越县境。东临万州区,南连石柱县,西接垫江县、丰都县,北壤梁平区。全县户籍户数34.15万户,户籍人口95.29万人,户籍人口中男性49.67万人,女性45.62万人,男女性别比108.9∶100。全县常住人口71.53万人,其中城镇常住人口36.28万人,占常住人口的50.72%(常住人口城镇化率)。土地面积2182.83平方千米,东西长66.45千米,南北宽60.15千米。政府驻地忠州街道。是全国文明县城、国家园林县城、国家卫生县城。

2022年全县实现地区生产总值508.10亿元,迈上500亿元新台阶,比上年增长4.1%;年固定资产投资总额比上年增长11.5%。其中:基础设施投资82.59亿元,增长25.2%;工业投资49.05亿元,增长2.1%;民间投资149.51亿元,增长16.6%;实现一般公共预算收入22.57亿元,比上年增长14.2%。城乡居民人均可支配收入分别达44618元、21039元,年均增长5.2%、7.3%。坚持"双特"发展思路,高水平打造"三峡库心·长江盆景","一地一城三区"建设加快,县城建成区面积扩大至29平方千米,城市建成区绿化覆盖率43.6%。1.18平方千米的忠州商圈初具雏形,建成美丽乡村示范村23个,海螺水泥、天地药业、特瑞新能源、三一绿色建材、新润星科技等工业企业110家(其中,规上企业60家)入住工业园区。

历史沿革

忠县历史悠久,文化底蕴丰厚,文字记载历史达2300多年。忠县古名临江,西汉置县。周朝为巴国地,秦朝属巴郡。王莽新政,改临江为监江,东汉复名临江县。唐贞观八年(634年),因巴蔓子"刎首留城",严颜、甘宁忠勇,"意怀忠信",御赐临州为忠州(临江县沿旧,属忠州领县)。明洪武年间,并临江县入忠州,州县合一。清初因之,雍正十三年,升忠州为直隶州。1913年废忠州为忠县，隶属东川道。1935年改属四川省第九行政督察区。

1949年12月7日，中国人民解放军第四野战军西湖二支队指战员进城，忠县解放。12月8日，由各界人士组成的忠县临时治安委员会建立。12月12日，以西南服务团干部为主体的忠县人民政府成立。同年12月，忠县隶属川东行署区万县专区。1950年1月，经中共西南局批准，建立中共忠县县委。1951年1月，废除保甲制，改保为村，改甲为邻，建立新的乡镇政权。1953年起，忠县属四川省万县专员公署（后名万县地区行政公署）管理。1997年6月，忠县由四川省转为重庆直辖市管辖，万县市（后改名为万州区）代管。1998年2月，设立重庆市万县移民开发区（后设置万州移民开发区），代管忠县等6县。2000年6月25日，撤销万州移民开发区，忠县由重庆市直接管理。

重要资源

土地资源。全县土地总面积2182.82平方千米，其中耕地706.81平方千米、园地109.94平方千米、林地916.08平方千米、草地0.97平方千米、城镇村及工矿用地161.02平方千米、交通运输用地16.64平方千米、水域及水利设施用地108.68平方千米、其他土地140.35平方千米。全县共有4个土类，7个亚类，19个土属66个土种78个变种，常见的有水稻土、冲积土、紫色土、黄壤土。

矿产资源。全县探明矿产资源有天然气、煤炭、石膏、滑石、岩盐、青矾、磷矿、石灰岩、砂岩、页岩、高岭土、耐火黏土、钾长石、硫黄、铁矿、铜矿、沙金、重晶石、地热水等23种。

● 忠州老街（忠县档案馆　提供）

森林资源。全县活立木蓄积量565万立方米，森林面积（含退耕还林）1143.8平方千米。通过实施"两岸青山·千里林带"、天然林保护工程和退耕还林工程，全县森林覆盖率达49%，森林在保持水土、涵养水源、调节气候的功能逐步增强，生态、经济和社会效益日趋明显。

动物资源。忠县有野生动物237种，其中鸟类173种，兽类43种，爬行类13种，两栖类8种。有豹、金钱豹、中华鲟、白鲟、麂、水獭、大灵猫、毛冠鹿、金猫、金鸡、黄羊、小灵猫等国家级保护动物。有青蛙、蛇、野猪、锦鸡、蟾蜍、野兔等20余种有益、有重要经济价值、有科学研究价值的"三有"动物。

植物资源。忠县属亚热带常绿阔叶林带盆东岭谷植被亚区，适合多种植物生长。按生物学特性划分为乔木、灌木、草木、藤本植物。有高等植物1000种以上，已定名的有716种，隶属161科427属。

水资源。县域内水资源分为地表水和地下水两大类。忠县属长江水系，长江流经忠县6个镇4个街道88千米，境内有28条溪流河汇入长江，流域面积大于50平方千米的河流有8条。

地表水资源。2021年，年降雨量1312.3毫米，年降水总量28.65亿立方米，地表水径流量16.35亿立方米，地表水年平均径流量11.29亿立方米。

地下水资源。全县地下水共分四类，即基岩裂隙水、碳酸盐类岩深水、碎屑岩类裂隙孔隙水、松散岩类孔隙水。主要受大气降水及地表径流补给，常年地下水资源量1.81亿立方米。

基础设施

城市建设。2022年房地产开发投资46.97亿元。其中，住宅投资35.88亿元、办公楼投资0.04亿元、商业营业用房投资9.0亿元。全年商品房施工面积306.85万平方米，竣工面积20.89万平方米，销售面积41.68万平方米。竣工商品房待售面积31.96万平方米，其中住宅待售面积8.07万平方米。建成并投入使用的保障性住房6428套，共40.01万平方米。

忠县鸣玉溪城市棚户区改造项目稳步推进，其中的重点项目鸣玉溪大道建成通车。新生港开港运营，万港红星客运码头、大美红星客运码头改造完成。港城大道、玉溪三桥、鸣玉溪东环路等建成通车，大剧院、游泳馆、科技馆、青少年宫等建成投用。建成白公生态文化公园等城市公园，北滨体育公园获评重庆最美公园，人均城市绿地面积达13.06平方米，绿化覆盖率达43.5%。完成忠州展览馆、皇华岛展示中心陈列布展工作，忠州汉阙广场建成并开放，"三峡留城·忠州老街"一期建设完成并正式运营。城市细管、众管、智管不断深化，"马路办公"解决城市管理问题3万余个，"智慧城管"覆盖8平方千米。

乡村建设。持续优化基础设施，建成农村公路3150千米，具备条件的村民小组公路通达率、通畅率分别达99.9%、92.1%。金鸡水库、杨家坝水库建成投用，农村集中供水率达89.6%、自来水普及率达88.6%。改造农村电网线路200千米，行政村光纤、4G实现全覆盖。建成农业物联网项目14个；持续推进忠县农业信息进村入户项目。建设益农信息服务社站303个，其中，中心站1个，标准站150个，专业站35个，简易站117个；实现益农信息社行政村全覆盖，全县所有益农信息社接入全市统一的信息进村入户综合服务平台。完成农村危房改造3953户、旧房整治提升1.3万户，完成农村改厕4.13万户、卫生厕所普及率达83.57%。创建市级绿色示范村78个、市级美丽宜居乡村39个，建设美丽乡村示范村48个。

主要产业

农业。忠县做精做细现代山地特色高效农业，加快构建"3+2+4"现代农业产业体系，发展"一村一品"经济作物。2022年实现农林牧渔业总产值93.18亿元，比上年增长3.8%。其中：农业、林业、畜牧业、渔业、农林牧渔专业及辅助性活动分别实现总产值53.92亿元、5.28亿元、27.85亿元、4.38亿元、1.75亿元。

不断加强粮食和重要农产品稳定安全供给，2022年粮食种植面积114.70万亩，粮食总产量40.20万吨。忠县地处三峡库区腹地，特殊的土壤和气候条件非常适宜大豆生长，适合种植春、夏、秋、冬大豆，是传统大豆种植大县。在大豆加工企业带动下，大豆种植总面积达到16万亩，年产值1.4亿元。在全县7个重点乡镇、22个试点乡镇推广大豆玉米带状复合种植新技术，成功扩种大豆2000亩。2022年，被农业农村部评为全国大豆科技自强示范县。

大力打造特色品牌，获评重庆名牌农产品14个，忠县蜂糖李被纳入全国名特优新农产品名录，派森百获评农业农村部2022年农业品牌创新发展典型案例。获批省部共建国家级（忠县）柑橘交易市场，成功创建全国绿色食品原料（柑橘）标准化生产基地，规划建设中国（重庆）国际农产品加工产业园，累计培育规上农产品加工企业24家、加工示范企业12家，农产品加工业产值突破40亿元。

"忠州"牌系列优质大米，富含铁、锌、硒、钙等多种重微量元素，具有米色光亮、晶莹饱满、天然清香、口感舒润、营养丰富、回味悠长等特点，深受广大消费者喜爱。2010年6月，龄童大米获国

● 忠县灌湖菜花（忠县档案馆 提供）

家工商行政管理总局商标注册。2013年3月，龄童大米加工通过国家质量管理体系认证。2014年8月，龄童贡米被中国绿色食品发展中心认定为绿色食品A级产品，许可使用"绿色食品"标志。2016年10月，天山雪米经新疆生产建设兵团环境保护科学研究所认证为有机产品；11月，取得国家粮食局颁发的粮食收购许可证。2017年8月，龄童贡米经中国绿色食品发展中心审核，被认定为绿色食品A级产品。

忠县"忠橙"牌柑橘以福本脐橙、纽荷尔脐橙、塔罗科血橙、红美人橘橙、沃柑、W. 默科特、春见橘橙为主推品种，果实橙红、果大汁多、色泽亮丽、无核或少核、肉质脆嫩化渣，风味浓郁，品质极优。2008年，中国果品流通协会授予忠县"中国柑橘城"称号。忠县柑橘被农业部评为"优质农产品"，被认定为中国国际农业博览会名牌产品。2010年，"忠县柑橘"获国家地理标志保护认证。2015年，忠县荣获"中国农产品批发市场行业发展30年中国优质柑橘生产基地"称号。"忠橙"牌柑橘被中国果品流通协会授予"2015年中国果品百强品牌"称号，并通过国家质检总局生态原产地产品保护认证。2019年12月26日，忠县"忠橙"获2019中国农业高质量发展博鳌峰会"2019区域公用品牌活力榜"之渠道精耕榜样奖、"2019区域公用品牌活力榜"之年度超级活力星品牌奖。2021年"忠橙"登上中央广播电视总台财经频道《生财有道》栏目。

"派森百NFC橙汁"又称非浓缩还原橙汁，选用优质加工类甜橙，果实离树24小时内榨取，采用瞬间巴氏杀菌和冷链灌装，最大限度保证橙汁的风味及营养。2009年，重庆市人民政府将其作为对外接待专用饮品，在庆祝中华人民共和国成立60周年和庆祝反法西斯战争胜利70周年时，将其作为指定宴请饮品。先后被评为重庆市著名商标、重庆市名牌农产品。2016年1月15日，被中国绿色食品发展中心认定为绿色食品A级产品，许可使用"绿色食品"标志；2016年被评为中国驰名商标，是我国非浓缩橙汁饮品中第一个自主品牌，填补了我国无高端橙汁饮品的空白。2022年入选农业农村部办公厅农业品牌创新发展典型案例。

工业和建筑业。2022年实现工业增加值107.83亿元，比上年增长4.2%。规模以上工业新能源、生物医药、智能装备、资源加工四大集群产业分别实现产值54.95亿元、50.87亿元、28.60亿元、59.62亿元。规模以上工业企业营业收入190.01亿元，实现利润总额25.06亿元。全年实现建筑业增加值119.32亿元，全县注册资质以上建筑业企业总产值155.57亿元，比上年增长16.5%。

市级高新技术产业开发区提速创建。新能源产业势头强劲，特瑞新能源产值突破30亿元，忠润能源成为西南地区最大LNG加工处理基地。生物医药产业持续壮大，海南海药西部（忠县）医药产业基地试投产，天地药业产品氨曲南国内市场占有率第一。智能装备产业发展迅速，新润星形成5000台高端数控机床产能，宇豪光学医疗设备专用摄像头国内市场占有率超过90%。资源加工产业前景可观，海螺水泥智能工厂生产线完成升级改造，成功入选全市装配式建筑产业链"链主"企业；派森百新增年加工能力12万吨鲜果榨汁生产线，完成双线联动生产线改造。

服务业。2022年批发和零售业增加值48.54亿元，交通运输、仓储和邮政业增加值11.62亿元，住宿和餐饮业增加值10.48亿元，金融业增加值23.11亿元，房地产业增加值11.45亿元，其他服务业增加值114.54亿元。

巴王、中博等特色商业街提档升级，忠义大酒店、陶然国宾酒店、洲际智选酒店等开业运营。依托三峡港湾电竞馆，坚持生态优先、绿色发展，培育发展电竞产业为特色的数字经济新经济、新业态，呈现出有影响、有潜力、有产值、有税收的电竞产业良好态势，探索出一条电竞产业引领数字经济发展新路子。推进全国电子商务进农村综合示范县（升级版）建设，建成"乡村+城市版"超级供应链+直播孵化基地、万商国际电商产业园，完成电子商务公共服务中心搬迁。持续举办"诗意山水·千年忠橙""忠州鲜笋·e路追竹""618电商节"等品牌推广系列活动，推广柑橘、笋竹等忠县优质农特产品。持续打造"忠橙""忠州橙汁"等区域公用品牌，推进"忠橙"上央视、进北京、出口新加坡，"忠橙"品牌估值13.94亿元，"柑橘网"累计交易额突破40亿元，电子商务交易额年均增长37.2%，成功创建全国电子商务进农村综合示范县（升级版）、"互联网+"农产品出村进城工程试点县。成立忠县电商行业联盟，行业创业就业转化率50%以上，助力忠县农特产品上行。

文旅品牌

忠县出台系列支持文旅产业发展政策，加快推进旅游景区建设和提档升级。忠州博物馆、汉阙广场建成开放，白公祠文博景区成功创建国家4A级旅游景区，石宝寨入选"川渝十大人气景区"。《烽烟三国》获评"全市十大特色演出"，长江三峡马拉松荣获中国田协"金牌赛事"。忠县在"第七届文化和旅游融合与创新论坛暨2019文化软实力提升峰会"上，获评文旅融合发展优秀城市。

烽烟三国。烽烟三国是以万里长江为背景、以

● 忠县烽烟三国（忠县档案馆 提供）

三峡港湾为舞台、以三国文化为主题、以忠义精神为灵魂的文化饕餮盛宴，是长江三峡唯一一场以三国历史为背景的大型山水实景演艺。通过35000平方米大场景水上舞台、3200平方米水幕投影和3D全息式投影、300米大跨度高速威亚、"五虎上将石柱"大型舞台机械、180度环形移动观众座椅、惊艳的水火特技，以及300余名演员、50余匹战马，截取桃园结义、下邳劝降、身陷曹营、千里走单骑、单刀赴会、义释曹操、水淹七军等关羽忠义一生重要历史场景，演绎一场惊天动地的忠义壮举，一段流芳百世的兄弟情怀，一幅金戈铁马的征战画卷，一部荡气回肠的英雄史诗。

石宝寨。石宝寨是长江三峡黄金旅游带上集山、水、古建筑于一体的"江上明珠"，是国家4A级旅游景区、全国重点文物保护单位、国家级风景名胜区，被誉为世界八大奇异建筑之一，获评新巴渝十二景、重庆市文明单位、重庆市文明旅游风景区、首届重庆最美历史文化古迹、第二届重庆文旅新地标、中国华侨国际文化交流基地，入选2021年"川渝十大人气景区"、重庆市首批历史名园。石宝寨孤峰拔地，四壁如削，形如玉印，传说是女娲炼石补天留下来的一块五彩石，故称石宝。明末农民首领谭宏起义，据此为寨，故名石宝寨。石宝寨建于明万历年间，距今四百多年。三峡工程蓄水，将石宝寨变成一座

● 江上明珠石宝寨（忠县档案馆 提供）

● 忠县白公祠（忠县档案馆 提供）

美丽的江中孤岛，石宝寨以其"最美的水寨""最大的盆景""最奇的建筑"之美誉而名扬四海。

白公祠。818年至820年，白居易由江州司马升任忠州刺史。其间，他爱民勤政、宽刑均赋、鼓励农桑，留下诗篇130余首。明崇祯三年（1630年），知州马易从为纪念曾任忠州刺史的唐代大诗人白居易而创修白公祠。祠内有白园、乐天堂、四贤亭、龙昌寺荷池、木莲园、乐天诗廊等景点，建筑仿明清风格，依山傍水，清幽静雅，是祀先贤、励后学、赏书画、咏诗文的重要文化旅游地。2019年，白公祠古建筑群被公布为第三批重庆市文物保护单位。

忠州博物馆。忠州博物馆位于白公街道白公路28号，占地面积24000平方米；总建筑面积15000平方米，其中历史文化陈列区6000平方米，文物库房2000平方米，功能用房2000平方米。忠州博物馆是集文物展示、收藏、保护、研究等功能于一体的综合性博物馆，由重庆大学建筑研究设计院设计，风貌为明清仿古建筑。博物馆展陈内容总体分三部分：人文忠州，为主要文物展览陈列区，是忠州博物馆的主要展区；多彩忠州，为忠州非物质文化保护展示区；忠义忠州，主要陈列忠县本土名人及唐代四贤等忠义文化为代表的人物故事及图片。

● 忠县博物馆（忠县档案馆 提供）

● 三峡橘海（忠县档案馆 提供）

三峡橘海。三峡橘海位于忠县涂井乡友谊村，与石宝寨相邻，距县城 18 千米，是革命英烈马秀英、著名作家马识途的故乡，也是世界上山区农业最先进、最科学、景观特色最鲜明的一流果园，面积达 1.3 万亩。三峡橘海重点打造了龙脊观景亭、橘海荷塘、望寨亭、夫妻树、汉墓石屋群等 12 个景点，景区拥有花果同树、父子同堂、挂果期长、三青三黄、果树寿命长五大奇观，尤以花果同树最为奇特，是游客闻香赏花摘果探幽的最佳去处。

花田溪谷。花田溪谷位于忠县黄金镇大山村，距县城约 13 千米，交通便利，依山傍水，景色宜人。"西南地区最长跨江 3D+5D 魔幻玻璃桥"，新增悬崖秋千、网红荡桥、极速滑盆、尖叫喊泉等游乐项目，有桥类组合、爬网组合、六角秋千、翻山越岭、骆驼峰、七巧板等儿童拓展游乐园。

风味美食

"石宝寨"牌忠州豆腐乳。以优质非转基因大豆为原料，采用传统工艺，加入数十味名贵中药材、香辛料、白酒，经自然发酵精酿而成。近年来，通过营销网络的建设，"石宝寨"牌忠州豆腐乳在全国各大中城市设立代理商 16 个，经销商 1500 多户，产品远销英国、加拿大、澳大利亚等国家和地区，并形成配套完善的综合服务系统。

石宝蒸豆腐。石宝蒸豆腐是绵延千年的传统美食，原为忠县石宝寨寺庙的斋菜，后在忠县的石宝镇、县城广泛流传，在忠县素有"席上君主"之称。石宝蒸豆腐创始于唐贞德元年，全手工制作的豆腐采用先炸、后炒料汁浸泡、裹上米面反复淋酱汁蒸制等工序而成，入口清香、色泽红亮，深受广大食客

● 忠州豆腐乳的包装（忠县档案馆 提供）

和来往游客喜爱。央视科教频道《探索·发现》《家乡至味2022》对石宝蒸豆腐进行了介绍。

忠州腐乳鸡。腐乳鸡需采用地道的忠州豆腐乳与各种辅料将土鸡腌制，加香料制作成卤水将土鸡卤至入味，把卤好的土鸡放进油锅炸至金黄，最后斩块或手撕装盘。其色泽亮丽，皮脆肉滑，乳香可口，深受食客青睐。

巴国竹笋鸡。巴国竹笋鸡以优质跑山鸡和新鲜嫩竹笋为原料，将跑山鸡宰杀后清洗干净，加入姜葱、料酒、盐等煮熟，再将煮熟的鸡肉去骨切片，用保鲜膜将鸡肉裹成长条形，放入冰箱里冷藏半个小时。切好的笋丝焯水之后铺在盘中打底，再将鸡肉卷切片依次摆在笋丝之上，淋上调好的酱汁，点缀上葱丝，这样，一道肉质细嫩，鲜香浓郁的竹笋鸡就可以端上餐桌以飨食客了。

乌杨白酒。乌杨白酒引用乌杨镇特有的山泉，以优质高粱基地的上等高粱、大米、小麦等粮食为原料，采用传统固态小曲酒生产工艺精心酿造，封坛窖藏而成，具有醇、甜、香、净、爽之风格，多年来一直享有"沿河上下走、好喝不过乌杨酒"的赞誉。1992年，获首届巴蜀食品节银奖，重庆市酒类行业第一、第二届产品质量行评金奖，名列重庆"十大名酒"之一。多年荣获渝、湘、赣、鄂、闽、桂、滇、粤八省市酒类行业产品质量检评金奖。2012年4月，忠县人民政府命名"乌杨白酒"牌白酒为"忠县地方名特产品"。2013年8月，重庆市商业委员会认定重庆忠县酒业有限公司"乌杨白酒"为"重庆老字号"。

"汉阙将军坊"高粱酒。"汉阙将军坊"高粱酒以乌杨本地小米高粱为原料，用地下泉水人工酿造，其酒色清亮透明，清香扑鼻，酒度高而不辣，醇和甘爽，香气浓郁，回味悠长。2012年，创建为忠县知名产品。2015年，获湘、鄂、赣、闽、渝四省一市白酒最具增值潜力奖。2016年，获湘、鄂、赣、闽、桂、渝五省一市白酒质量检评金奖。2017年，获"重庆老字号"称号。

发展定位

以习近平新时代中国特色社会主义思想为指导，全面贯彻党的二十大精神，深入贯彻习近平总书记对重庆提出的营造良好政治生态，坚持"两点"定位、"两地""两高"目标，发挥"三个作用"和推动成渝地区双城经济圈建设等重要指示要求，增强"四个意识"、坚定"四个自信"、做到"两个维护"，弘扬伟大建党精神，坚持稳中求进工作总基调，统筹推进"五位一体"总体布局，协调推进"四个全面"战略布局，立足新发展阶段，完整、准确、全面贯彻新发展理念，积极融入新发展格局，以推动高质量发展为

● 乌杨白酒（忠县档案馆 提供）

主题，以深化供给侧结构性改革为主线，以改革创新为根本动力，以满足人民日益增长的美好生活需要为根本目的，统筹疫情防控和经济社会发展，统筹发展和安全，坚持生态优先、推动绿色发展，坚持"双特"发展思路，高水平打造"三峡库心·长江盆景"，加快建设"一地一城三区"，奋力谱写全面建设社会主义现代化忠县新篇章！

发展目标

"十四五"时期忠县经济社会发展主要目标：

特色产业基地再上新台阶。 现代产业体系加快构建，四大产业集群、现代山地特色高效农业、现代服务业等特色产业延链强链成群、创新力显著增强，质量效益大幅提升，战略性新兴产业提速壮大，成为成渝地区重要的绿色工业基地、现代商贸物流高地、特色农产品基地、巴蜀文化旅游走廊重要节点和数字经济（电竞）产业示范园，地区生产总值达650亿元以上，全县人均地区生产总值达7.6万元。

山水宜居之城再展新颜值。 城市空间格局更加优化，城市能级逐步提升，城市综合承载能力显著增强，城市治理水平大幅提高，城市人文内涵更加丰富，山水人城和谐相融共生，生态之美、生活之美、人文之美美轮美奂，望得见山、看得见水、记得住乡愁的"诗意山水·忠义之州"颜值更高、气质更佳，初步建成"35平方千米、35万人"的宜居宜业宜游特色中等城市，全县常住人口城镇化率达60%。

生态文明建设再取新进展。 "绿水青山就是金山银山"理念深入人心，国土空间开发保护格局持续优化，能源资源配置更加合理，主要污染物排放总量持续减少，生态文明制度体系不断健全，生态环境持续改善，生产生活方式绿色转型成效显著，城乡人居环境更加优美，长江上游重要生态屏障持续巩固，单位地区生产总值能源消耗较"十三五"末累计下降15%。

城乡融合发展再迈新步伐。 乡村振兴战略全面推进，城乡发展协调性明显增强，城乡要素合理流动机制更加健全。城乡基础设施更加完善，城乡公共服务更加均等化，脱贫攻坚成果巩固拓展，社会治理水平显著提升，城乡融合发展新格局全面构筑，"一兴四美·七彩大地"美丽乡村绘就忠县大地，全体居民人均可支配收入突破4万元，城乡居民收入比缩减至2.1∶1。

"两群"绿色协同发展再翻新篇章。 全面深化改革持续推进，产权制度改革和要素市场化配置改革取得新进展，市场主体更加充满活力。开放通道进一步畅通，开放平台建设取得突破，沿江通道作用进一步发挥，区域协同机制持续完善，产业、企业、科技、人才、资本与国际国内市场深度融合，市场化、法治化、国际化营商环境加快营造，成为"两群"绿色协同发展重要联结点，"三峡库心·长江盆景"文旅综合收入达150亿元，全县港口吞吐量达4000万吨以上。

2035年，忠县将紧紧跟上全面建设社会主义现代化步伐，经济实力大幅跃升，全面构建起创新驱动、特色鲜明、生态绿色的现代产业体系，人均地区生产总值达2.5万美元。基本实现城乡一体化发展，建成"50平方千米、50万人"特色中等城市，城乡区域发展差距和居民生活水平差距显著缩小，全体居民人均收入突破10万元。对外开放水平大幅提升，深度融入区域发展大格局。长江上游生态屏障功能更加凸显，全面实现绿色低碳发展。社会更加和谐安定，人民平等参与、平等发展权利得到充分保障，基本公共服务实现均等化，高品质生活充分彰显，全县人民共同富裕迈出坚实步伐。

（撰稿：王瑰　谢海燕　审稿：彭权）

云阳县

基本情况

云阳位于重庆市东北部的三峡库区腹心，东经108°24′~109°14′，北纬30°25′~31°26′之间，东连奉节县，西接万州区，南与湖北省利川市毗邻，北与开州区、巫溪县接壤，是三峡库区生态经济区沿江走廊承东启西、南引北联的重要枢纽。地势南北高、中部低，由南、北向中间倾斜，长江、澎溪河、汤溪河、磨刀溪、长滩河将县境分成六大块，呈现"一江四河六大块，七山一水二分田"地貌特征。因"四时多云、山水之阳"而得名，是长江上游最早设置的县级行政区之一，有2300多年的建县史。县境南北长99.5千米，东西宽70.2千米，辖区3636平方千米，其中耕地663.33平方千米。辖31个镇、7个乡、4个街道办事处、98个居委会、380个村委会。2021年全县户籍人口132.27万人，其中城镇人口46.51万人、乡村人口85.76万人，常住人口93.09万人。县政府驻地双江街道杏花路60号。这里山清水秀城美业兴文盛，有"万里长江·天生云阳"之美誉。

上古龙乡。2.01亿年~0.65亿年前的侏罗纪时期，云阳地区为古巴蜀湖边沿，类型丰富、分布广泛、数量庞大的恐龙群体在这片土地上繁衍生息。2017年，沉淀亿年的普安云阳龙、磨刀溪三峡龙、普贤峨眉龙和元始巴山龙等恐龙新种被发掘，绵延18.2千米密集分布的世界级恐龙化石群惊艳面世，是西南地区又一个大型恐龙集中埋藏地，被誉为"恐龙化石长城"，是世界上最大的单体侏罗纪恐龙化石墙，填补了恐龙演化关键序列的空白。云阳正依托这一世界级恐龙化石资源，积极融入长江国家文化公园、巴蜀文化旅游走廊，全力创建世界地质公园、全国知名研学营地、国家5A级旅游景区，打造世界恐龙之都。

千年盐都。云阳因盐而兴，是中国井盐文化的重要发祥地，产盐史可追溯至公元前206年，大规模手工业产盐始于秦汉时期，闻名于唐宋，鼎盛于明清。汉武帝元封元年（公元前110年），始设盐官。唐德宗贞元元年（785年），在云安盐场设云安监。唐宋以来，云阳一直是全国重要产盐地之一，因盐质量上乘，在唐代被列为贡品，清康熙中期也有"川盐上品"的美誉。咸丰初年"川盐济楚"，井盐远销湖北、湖南，盐业达到顶峰。现探明岩盐储量6.7亿吨，拥有国内最深水平对接井卤井，原盐生产能力达2400吨/天，"天一井""晶心"系列优质盐畅销国内外。

文藻胜地。东周赧王元年（公元前314年），始置朐忍县，至今已有2300多年建县史，是长江上游最早设置的县级行政区之一。千年张飞庙依山取势、气势巍峨，珍藏着汉唐以来大量碑刻字画，被誉为"巴蜀胜景、文藻胜地"。抗蒙遗址磐石城素有"夔门砥柱、川东屏障"之称。杜甫、王维、苏轼、黄庭坚等唐宋名家在此留下不朽诗篇。唐末辛寅逊写下中国第一副春联——"新年纳余庆，嘉节号长春"。孕育了唐代著名诗人李远、清朝爱国将领程德全、清末书法名家彭聚星等历史文化名人。境内文物古迹数量居三峡库区前列，1197处古建筑、古遗址、石刻造像等列入《全国文物分布图》，出土的东汉景云碑现为重庆中国三峡博物馆镇馆之宝。解放战争时期，云阳是下川东游击纵队主要活动阵地，革命烈士江竹筠（江姐）、彭咏梧曾在此播撒革命星火。

三峡梯城。是三峡移民新城，城内梯坎密布，1999步世界城市最长人字梯被誉为"万里长江第一梯"，有"梯城"之美称，是重庆唯一的4A级旅游景区城市。景城一体、山水共生。3.7平方千米龙脊岭公园横卧城市中央，33千米环湖绿道环绕两江四岸，西南地区最大连片草坪、海沙沙滩镶嵌其中，有超过10平方千米的城市绿肺。市民"10分钟进公园、5分钟观景点""推窗见绿、开门见景、四季见花"，城市干净整洁有序、山清水秀城美、近者悦远者来。

生态明珠。自然生态优美，全县森林面积316.4万亩，森林覆盖率61%，长江两岸森林覆盖率75%，空气质量优良天数长期保持在95%以上，"一江四河"水质满足国家功能区要求。自然资源富集，探明粉石英矿储量5177万吨，天然气储量约1500

● 三峡梯城（云阳县档案馆 提供）

● 云阳县市民文化活动中心（云阳县档案馆　提供）

亿立方米，水资源储量达 23 亿立方米。农旅资源独特，有龙缸国家 5A 级旅游景区，张飞庙、三峡梯城、岐山草原三个国家 4A 级旅游景区，普安世界级恐龙化石群、环湖绿道等知名景点，是全国"中医药先进县"、重庆"晚熟柑橘大县""牛羊大县"。生态产业兴旺，云阳面工遍布大江南北，鲜面产品占领了全国 70% 的市场；绿色消费品、装备制造、清洁能源、绿色建筑等产业蓬勃发展，是西南地区最大的广告材料集中生产地。被评为中国西部百强县、中国县域旅游综合竞争力百强县、重庆市生态文明建设示范县。

云阳坚持以习近平新时代中国特色社会主义思想为指导，全面贯彻习近平总书记对重庆提出的系列重要指示要求，深入学习贯彻市第六次党代会精神，统筹推进"五位一体"总体布局，协调推进"四个全面"战略布局，坚持稳中求进工作总基调，立足新发展阶段，贯彻新发展理念，融入新发展格局，抢抓共建"一带一路"、长江经济带发展、新时代西部大开发等国家重大战略机遇，着力发挥云阳在成渝地区双城经济圈中的"节点作用"，主动融入万达开川渝统筹发展示范区建设，加快推动万开云同城化发展，紧紧围绕"六个显著提升"，突出抓好"十个提能升级"，奋力谱写全面建设"五地一支撑"现代化云阳新篇章。

历史沿革

云阳有 2300 余年建县历史。公元前 314 年至公元前 277 年间，秦灭巴国置巴郡，在云阳地域建县名朐忍，是为建县之始。县治旧县坪（又名"万户驿""万户坝"，今青龙街道建民村二组）。

东汉，兴平二年（195 年）属永宁郡；建安六年（201 年）隶巴东郡；建安二十一年（216 年）改隶固陵郡。三国时期，蜀章武元年（221 年）属巴东郡。北周天和三年（568 年）县治迁汤口（今云阳镇），更县名为云安，隶巴东郡。隋开皇三年（583 年）隶信州；大业三年（607 年）还隶巴东郡。唐代，武德元年（618 年）复隶信州；武德二年（619 年）改隶夔州；天宝元年（742 年）废夔州置云安郡，后废云安郡复夔州，云安复隶；贞元元年（785 年）在云安盐场设云安监。宋代，开宝六年（973 年），云安县升云安军，领云安县、云安监；熙宁四年（1071 年）撤云安监，置安义县；熙宁八年（1075 年），撤安义县，并入云安县；宋末，废云安军、云安县。元朝，至元十五年（1278 年），复置云安军，隶夔州路云安军；至元二十年（1283 年）省县入军，军改为州，名云阳州，属夔州路。

明代，洪武四年（1371 年），州隶夔府；洪武六年（1373 年），州降为县，始为云阳县（以地两山夹江，四时多云，而邑当山水之阳，故名云阳），属夔州；洪武九年（1376 年）隶重庆府；洪武十四（1381 年）属夔州府。清朝，沿袭明制。

民国时期，1917 年起，先为国民革命军 20 军防地，后为国民革命军 21 军防地；1935 年实行新县制，隶四川省第九行政督察区万县专员公署。

● 龙脊岭公园（云阳县档案馆　提供）

1949年12月6日，云阳县和平解放，成立云阳县人民政府，隶属万县地区专员公署。1955年5月，隶万县专员公署。同年9月，更名为"云阳县人民委员会"。1969年10月，更称"云阳县革命委员会"，隶万县地区革命委员会。1981年4月恢复"云阳县人民政府"称谓，属万县地区行政公署。1992年12月，改属万县市人民政府。1998年5月，改由万州移民开发区代管。2000年7月14日，由重庆市人民政府直管。

重要资源

矿藏。云阳县内已探明且具开采价值的主要有岩盐、铁、钼、钒、硫铁、天然气、粉石英、水泥用灰岩等15种。岩盐是云阳的一大资源，地质储量十分丰富，石灰石、石英砂岩和页岩也是云阳富有的矿藏，蕴藏量大、品位高、分布广、开采容易。其中已探明岩盐储量约52.8亿吨；水泥用灰岩1.8亿吨；煤矿累计探明储量8558万吨；粉石英累计探明储量5176万吨，含二氧化硅95%以上，可列为一级品和特级品矿石。

植物。云阳雨量充沛，气候温暖湿润，土壤类型多种多样，立体气候明显，适宜多种植物生长。随气候、土质、海拔高低的差异可分为常绿阔叶林、针阔叶混交林、针阔叶林3个林带。全县林地面积达2442平方千米，森林面积2220平方千米，森林活立木蓄积2350万立方米。野生植物有2000多个品种，其中，林木植物97科、287属、839个树种；珍稀古树有29科、34属、39个品种。草药品种多达1102个。小茴、佛手、杜仲、黄连、党参、厚朴、丹皮、金银花等主要中药材品种达118个。

动物。云阳饲养猪、羊、牛、兔、鸡、鸭、鹅等家畜家禽较为普遍，是全国白山羊基地县和生猪饲养大县之一。境内有野生动物110科240种，珍稀动物68种。其中大鲵、水獭、锦鸡等国家三类保护动物数十种。近年来，随着退耕还林、污染防治、野生动物保护等措施施行，动物生存环境逐年得到修复和改善，自20世纪80年代中期难见踪迹的斑鸠、野鸡、野兔、野猪、猴、獐、鹿相继重现，且数量逐渐增多。

非物质文化遗产。云阳有市级非物质文化遗产项目14项，分别是"瑞兰斋"桃片糕制作技艺、亚亚戏、高阳板凳龙、薅草锣鼓、新津船工号子、打夯号子、抬工号子、五句子歌、竹台孝歌、陶器传统制作技艺、鱼泉酶豆渣传统制作技艺、云阳皮鼓制作传统手工技艺、外郎藤编传统技艺、云阳泥溪土法造纸技艺，县级非物质文化遗产项目84项，包括传统音乐、传统舞蹈、传统曲艺等多类非物质文化遗产项目。

基础设施

交通。"十三五"时期，云阳执行"交通三年行动计划"，推进"一小时云阳、半小时上高速"工程，着力构建"三横一纵两循环"高速公路网，加快建设三峡库区综合交通副枢纽。正在建设的江（口）龙（缸）高速公路和巫（溪）云（阳）开（州）高速相互衔接。规划建设龙缸至利川、万云奉巫南线、黄石楼房沟至双龙、红狮至清水高速，建成后将构筑"北上甘陕、西进渝蓉、东出鄂沪、南达湘广"对外大通道。截至2022年底，全县公路通车总里程12158千米。其中，高速公路74千米。全县支流通航里程达到143千米，长江干线64.8千米，共计206.5千米。乡镇通畅率、行政村公路通畅率、行政村公路通达率均达100%。

"十四五"期间云阳境内将形成"一高一普两货

● 云阳彭溪河大桥（云阳县档案馆 提供）

三环"铁路路网。"一高"即郑万高铁云阳段，设计时速为350千米，路线全长785千米，途经河南、湖北、重庆3个省市，在重庆分别在巫山、奉节、云阳设站，云阳站设在黄石高铁新城。实现2小时重庆，3小时武汉、成都、郑州，6小时北(京)、上(海)、广(州)。"一普"即达州至开州至云阳普速铁路。"两货"即沿江货运铁路、万州至云阳至巫溪至十堰货运铁路；"三环"即万达开云城际铁路、县城外环有轨电车、渝东北旅游铁路环线。

云阳境内河道通航里程206.5千米，其中长江干线69.5千米，支流通航里程137千米。截至2022年底，运输船舶实有数为421艘，其中，货运船舶339艘、普通客船16艘、机动渡船51艘、人力渡船8艘、清水河游览船7艘。

水利。1955年，云阳始兴建小（Ⅱ）型水库，次年竣工2座，蓄水98万立方米。1956年高级农业生产合作化运动，1965年"农业学大寨"，1990年起每年冬春持续开展农田水利基本建设，"十三五"时期实施"1125"骨干水源工程，经过多年的建设，至2022年，云阳有中型、小型水库176个，其中中型水库2个，小（Ⅰ）型水库16个，小（Ⅱ）型水库158个。另有向阳大型水库、幸福水库、青衫水库等部分水库处于建设阶段。

电力。云阳县水力资源理论蕴藏量32.35万千瓦，技术可开发量28.23万千瓦。已开发量25.59万千瓦，占可开发量的90.6%，主要开发途径为修建水电站用于发电。至2022年，全县建成中小水电站68座，在建5座。其中双源电站投产时间为1977年，为全县现存的投产时间最久的水电站。主要电站有盖下坝电站、门坎滩电站、咸盛电站、沙市电站、大河坝电站、余水电站、太平电站、梅峰跌水电站、恒源电站、田垭电站、上坝电站、渠马电站等。

2015年建成云阳境内的首个风力发电场——蒲叶林风电场，总投资4.28亿元，安装2MW×24 1.5WM风力发电机组，总装机4.95万千瓦，年上网电量约12500万千瓦时。

天然气。自1999年10月通气以来，云阳县使用天然气已有23个年头。2022年，全县天然气用气量6225.13万方，同比增长4.24%，其中：工业714.72万方，同比增长8.9%。全县共建成天然气管线1763.7千米，其中高压管线204.7千米，中压管线770.9千米，低压管线788.1千米，调压箱（柜）3072个，阀井264座。

通信。截至2022年底，全县累计建成4G基站3880个，其中，农村累计建成2033个，全县4G网络覆盖率超过98%。借助国家电信普遍服务政策，持续完善农村边缘区域的4G网络覆盖。累计建成5G基站1196个，开通900M基站320个，基本实现城区、景区、园区和镇乡场镇5G覆盖。目前正向农村人口密集区延伸，逐步实现有条件的重点农村区域5G覆盖，助力全县乡村振兴。

主要产业

农业。"十三五"时期，推进农业形成"3+2+X"（即柑橘、牛羊、蔬菜三大主导优势产业，粮油、生猪两大保供基础产业，生态鱼、中药材、特色水果等其他特色产业）重点产业体系和"两廊三带"（即盘龙至龙缸景区生态休闲观光农业走廊、"一江四河"沿线优质晚熟柑橘为主的优质经果林走廊、云巫路特色生态畜禽养殖产业带、云奉路优质粮油蔬菜产业带、云开路水产生态养殖产业带）区域发展格局，形成以柑橘为主的水果，以菊花、天麻为主的中药材，以花椒为主的调味品，以生猪、牛羊为主的生态养殖，以绿色有机为主的优质粮油"五个特色农业产业集群"，特色产业总面积达466.67平方千米。持续推进农业品牌化建设，创新打造"天生云阳"农产品区域公用品牌，为重庆首个全产业、全门类、全品种的农产品区域公用品牌。"天生云阳"区域公用品牌下辖农产品55个，有柑橘、中药材、茶叶、黑木耳、菊花、蜂蜜、大米等农副土特产品，累计实现销售额22亿元。"三品一标"认证农产品达到165个，出口农产品种植基地达到10个，柑橘、菊花等一批优质农产品走出国门。

2022年，全县农林牧渔业总产值达121.8亿元，其中农业、林业、畜牧业、渔业、农林牧渔服务业产值分别为62.9亿元、8.2亿元、39.7亿元、3.3亿元和7.7亿元。全年粮食播种面积9.1万公顷，产量40.33万吨。蔬菜播种面积2.59万公顷，产量60.51万吨。水果产量40.9万吨。

工业。"十三五"时期，云阳着力打造"500亿工业"，继续壮大生态工业集群规模，规划培育新材料、医药化工、机械装备制造三大战略性新兴产业，改造提升绿色食品、轻纺服装、能源电子三大传统产业。优化形成以三峡云海药业、宏霖食品、金田塑业等为主导的绿色消费品，以三木汽车、河牛船务、诚信杭萧钢结构等为主导的装备制造，以云能发电、聚信精密等为主导的能源电子三大产业集群。完善工业园区配套设施，提升返乡创业园，培育乡镇楼宇工业、小微企业集聚区。实施工业技术改造和智能化改造项目55个，总投资10.32亿元，27家工业企业上云上平台。三峡云海药业、晚艳农业、帮豪种业等3家企业获评市级专精特新企业，蜂谷美地、云海药业、云阳盐化3家企业列入重庆市两化融合管理体系贯标试点企业，金田塑业成功创建市级数字车间，云海药业、云能发电获市级工业互联网示范项目。鑫亿桥梁获重庆市科技进步奖一等奖。锦艺硅5项技术纳入全市技术创新指导性推荐目录。三峡云海药业、锦艺硅获评2018年"重庆市优秀创新型企业"。河牛船务建成长江中上游最大浮船坞。

2022年，实现工业增加值99.4亿元，增长3.9%，占全县GDP的17.8%。其中，规模以上工业增加值增长4.7%。全县规模以上工业总产值增长10.6%。年末规模以上工业企业达到131家，主营业务收入增长26.2%，利税总额增长8.7%，利润总额增长13.6%。

商贸服务业。"十三五"时期，以建设渝东北区域商贸中心和物资集散地为目标，推动高端服务业集聚区建设，推动生活性服务业向精细和高品质转变，推进住餐业连锁化、品牌化，加快养老服务、物业管理等规范化、标准化建设，商业设施建设提速推进，亿联建材家居汽车城入住商户475户，成为首个10亿级专业市场，彩云梯步行街初具雏形。利用会展活动拉动消费增长极，巩固全国电子商务进农村综合示范县创建成果，打造农村电商升级版，开发6款县级主导产品和42款乡镇电商主导产品，推出"梯城网市"新平台，线上集中宣传推广云阳农产品，指导超市、农贸市场开设"网上超市"，动员大中型餐馆开通"线上餐饮"，指导商家开展"社区团购"，实现全县乡镇、社区、物流配送全覆盖。开放型企业主体总数67家，其中实绩企业17家，与46个国家（地区）实现经贸往来，其中"一带一路"国家32个。自贸试验区云阳联动创新区建设成功获批，为下一步市上增设自贸试验区新片区奠定了坚实基础。

2022年，完成社会消费品零售总额394.3亿元，增长2%。全年实现批发业、零售业商品销售额215.3亿元、341.6亿元，分别增长11.2%、7.2%。实现住宿、餐饮业营业额35.66亿元、60.4亿元，分别增长6.9%、7.1%。招商引资协议资金450.8亿元，增长94.4%。其中，千万元以上项目85个，增长26.9%。全年货物进出口总额25173.6万元，增长39.3%。

文旅品牌

云阳山川秀美，旅游资源丰富。有国家级文物保护单位2处，市级保护单位9处，县级文物保护单位33处，是三峡库区文物大县。有天下龙缸国家5A级旅游景区，张飞庙、三峡梯城、岐山草场3个国家4A级旅游景区和彭氏宗祠、栖霞宫、南三峡、清水湖等旅游资源。2018—2020年，云阳连续三年登榜全国县域旅游发展潜力百佳县。2021年游客接

● 云端廊桥（云阳县档案馆 提供）

● 龙缸景区（云阳县档案馆 提供）

待量、旅游综合收入分别突破2400万人次、100亿元。

龙缸景区。龙缸景区是国家5A级旅游景区、国家地质公园，被誉为"长江三峡最后的香格里拉"。这里有以"天下第一缸"——龙缸天坑为代表的岩溶天坑，以大安洞为代表的溶洞和以石笋河为代表的峡谷景观，更兼具了以岐山草原为代表的高山草原、矗立在千米之巅的云端廊桥、步步惊心的绝壁栈道、原汁原味的土家老寨、山水交融的清水湖，以及映月洞、石笋河等众多雄、俊、秀、丽的景点。景区有云端彩虹秋千、云端彩桥、云端飞车、云端飞船、3D彩绘等众多奇、险体验项目。

张飞庙景区。张飞庙景区由张飞庙古建筑和"三国印巷"民俗风情街组成，是长江三峡黄金水道上最重要的景点之一。张飞庙又名张桓侯庙，是为纪念三国名将张飞而建，距今约一千八百年的历史，庙内珍藏有数百幅黄庭坚、苏轼、杜甫、岳飞、郑板桥等众多名家的碑刻字画，素有"巴蜀胜境，文藻胜地"的美誉。现为全国重点文物保护单位，国家风景名胜区及国家4A级旅游景区。

"三国印巷"分为东、西两区，由风雨廊连接。城墙上建筑全采用装配式木结构，通过门楼、合院、传统民居等建筑手法将商业街景观化，是一处集文化、餐饮、休闲、观光体验于一体的旅游度假胜地。

三峡梯城景区。云阳县城多年来当"客厅"打造、按景区管理，现已是国内少见的4A级景区城市、公园城市。以"万里长江第一寨"磐石城为制高点，三环大道将城市梯状排布。其间宽30米、长1999级的登云梯纵跨飞跃，从江边直上城巅，被中国世界纪录协会评为"世界城市中央最长人字梯"，彰显云阳"顶天立地、奋勇攀登"的城市精神。3.6

平方千米的"生态绿肺"龙脊岭公园蜿蜒城中,市民 5 分钟可达广场、10 分钟可进公园。成功举办沙排、半马、摩托登梯等文体盛事。著名的"梯城八景",让这座宜居宜业宜游的江城更加瑰丽。

世界级侏罗纪恐龙公园。2017 年,经世界恐龙权威专家组多次现场考证,云阳县长江南岸支流磨刀溪畔 4 个乡镇境内,发现了震惊中外的侏罗纪恐龙化石群。该化石群横跨中侏罗早中晚期,种类多、分布广,新田沟组动物群化石世界唯一,填补了研究世界恐龙演化序列的空白;在同一地层走向上连续 15 千米的化石集中埋藏,堪称恐龙化石长城,埋藏形式世界罕见;发掘形成长 150 米、高 8 米、化石 4000 多处的侏罗纪恐龙化石墙,在单体规模上世界第一。云阳正规划建设集原始生态、高新科技及互动体验型于一体的世界级侏罗纪恐龙公园,推出

● 云阳张飞庙(云阳县档案馆 提供)

● 环湖绿道滨江公园（云阳县档案馆 提供）

● 月光草坪（云阳县档案馆 提供）

恐龙奇幻之旅。

环湖绿道。环湖绿道是云阳县城外沿与长江三峡水库水际线环绕的绿化带，沿长江和彭溪河岸分布，东始复兴黄岭，西至人和街道，南傍张飞庙景区，北达黄石高铁站，全长33千米，面积约500公顷。环湖绿道集园林绿化、休闲观光、健身为一体，按照功能分为自然体验区、健康休闲区、双井风情区、生态活力区、宜居水岸区、文化旅游区等6个魅力分区。主要景点有复兴花海、月光草坪、滨江公园、阳光沙滩、水上花园、石来运转公园等12个重要景点。在环湖绿道中，有一条平均宽度为3米的自行车道和一条平均宽度为2米的跑步道，合理布局了自行车驿站、健身器材、儿童活动场地等服务设施。

月光草坪占地33.33公顷，核心面积20公顷。因形如弯月而得名，是环湖绿道主要景点之一，拥有西南片区最大的人工草坪，是长江三峡最大的草坪公园。

风味美食

云阳面。云阳面的特色在于它的面条就产自本地，从20世纪90年代开始，云阳江口、沙沱一带的人就开始在外开面坊，至2020年，全国从事鲜湿面条加工者75%以上都是重庆云阳人。云阳人制作出新鲜的面条第一时间送进当地餐馆，随即端上食客的餐桌，以其"新鲜、爽滑、柔软、细腻、不浑汤"的特点，再配以或麻辣或鲜香的佐料，造就了一道独具风味的云阳美食。

云安羊脚脚。早在20世纪60年代，云阳就被确定为全国山羊基地县，养殖的白山羊品种肉质细嫩，羊膻味重而不腻。云安羊脚脚可煮汤、香酥、爆炒，羊脚脚脱滑软糯、鲜辣爽口，烹饪方式虽多，但美味醇香始终如一。

● 云阳面（云阳县档案馆 提供）

● 云安羊脚脚（云阳县档案馆 提供）

● 云阳包面（云阳县档案馆 提供）

云阳包面。云阳包面面皮相比北方的馄饨皮更薄，系优质面粉手工加工，多道工序制作而成，大小适度，韧劲十足。薄薄的面皮，包裹新鲜的肉馅儿，煮熟后搭配上等的小磨芝麻油、酱油、香醋、生姜米、大蒜蓉、花椒油、胡椒粉、山胡椒油、油炸辣子、炒芝麻、芫荽、小香葱花、嫩叶菜等调料，味道鲜美，让人食欲大增。

云安老羊杂。云安老羊杂起源于云安，是用羊肚和羊肺等俗称羊下水等，按一定比例混合后切成条状做成红汤或者清汤食用，尤以麻辣味好著称，羊杂酥烂醇香，气味浓鲜，冬日食之可以御寒，是云阳大街小巷广受人们喜爱的美食。

云阳桃片糕。云阳桃片糕始于唐代。清初，宋瑞兰在前人生产桃片糕基础上进一步创新技艺并开设"瑞兰斋"，成为以生产桃片糕为主闻名于县内外的大斋铺。民国《云阳县志》记载，宋瑞兰、左天禄、魏长远制玉带糕尤精，以糯米粉和糖及核桃仁为之，切片如纸，又名桃片，味极醇美，为土特名品，过县门者必购之。邻县仿制，皆不逮也。数百年魏、左易主，宋尚袭其业。桃片糕制作工艺精细，原料配制要求严格，制作工序复杂，用上等糯米，经选筛、淘、炒、夜露、磨粉和糖搓拌、香木甑蒸、切片而成。

发展定位

2020年12月18日，中共云阳县委十四届十次全会审议通过《中共云阳县委关于制定云阳县国民经济和社会发展第十四个五年规划和二〇三五年远景目标的建议》，明确今后五年将加快建成"五地一支撑"。

生态文明建设示范地。生产空间集约高效，生态经济蓬勃发展，生活空间舒适宜居，生态价值充分彰显，人与自然和谐共生，天更蓝、水更清、地更绿、空气更清新，天生云阳充满生机和希望，令人向往。

绿色产业发展集聚地。生态优先、绿色发展导向更加鲜明，"双碳"目标积极有效推进，能源资源利用效率大幅提高，产业结构更加优化，质量效益明显提升，现代产业体系全面构建，经济持续健康发展，"云阳制造"更具吸引力、竞争力。

科技创新承接地。科技与经济深度融合，创新链、产业链、资金链、人才链、政策链融通发展，以创新为主要引领和支撑的经济体系、发展模式基本形成，科学科技科普要素集聚，创新创业创造蔚然成风。

公园城市标杆地。生产、生活、生态"三生共融"，山脉、水系、路网串联城乡，绿化、美化、文化全面呈现，森林拥城、水脉贯城、绿道连城、百园满城，人城境业和谐统一，一步一景、步移景换，游在其中、乐在其中。

城乡融合发展先行地。工农互促、城乡互补、协调发展、共同繁荣，幼有所育、学有所教、劳有所得、病有所医、老有所养、住有所居、弱有所扶，人民精神面貌昂扬向上，共同富裕迈出坚实步伐，城市更加精致、乡村更有温度、幸福更具质感。

三峡城市核心区重要支撑。经济总量、城市体量、科创能力大幅提升，营商环境国际一流，人才生态近悦远来，历史文脉接替延续，文明程度持续提高，人民民主充分发展，社会大局和谐稳定，人民生活更加殷实、更加幸福、更有尊严。

发展目标

"十四五"期间，云阳县将加快实现"六个显著提升"。

综合发展实力显著提升。经济社会发展主要指标增速高于全市平均水平、保持在渝东北前列，经济总量超过800亿元；工业经济总量达到1000亿元，建成重庆重要的绿色工业基地和现代服务业集聚地；

区域总体科技创新水平走在三峡库区前列,建设"科创中国"市级试点城市,创建市级高新区,争创国家级高新区;建设万开云全国性综合交通枢纽东部中心。

人民生活品质显著提升。以人民为中心的发展思想充分体现,公共服务和社会保障体系更加完善,基层治理能力有效提升,公园城市、精致城市建设取得重大进展,常住人口城镇化率达到60%,人均公园绿地面积达到25平方米,创建国家森林城市、国家生态园林城市、全国健康促进示范城市、全国全民运动健身模范县,争创联合国人居奖。

生态环境质量显著提升。国土空间开发保护格局全面优化,生态系统质量和稳定性持续提升,生态文明制度体系不断健全,森林覆盖率达到62%,空气质量优良天数占比稳定在96%以上,"一江四河"水质保持在Ⅱ~Ⅲ类并持续向好,创建国家生态文明建设示范区、农村生活垃圾分类与资源化利用示范县、市级"绿水青山就是金山银山"实践创新基地。

社会文明程度显著提升。习近平新时代中国特色社会主义思想入脑入心,社会主义意识形态凝聚力引领力更加强大,社会主义核心价值观更加彰显,社会主义文化更加自信,全社会正能量更加强劲、主旋律更加高昂,文化事业文化产业更加繁荣,传统文化和现代文明交相辉映,建设文化强县,争创全国文明城市。

共同富裕水平显著提升。乡村振兴全面推进,区域发展更加协调,城乡差距明显缩小,中等收入群体规模显著扩大,基本公共服务均等化水平持续提高,发展的平衡性、协调性、包容性不断增强,城乡居民人均可支配收入达到4万元,云阳成为人民的幸福城市、幸福的人民城市。

基层治理效能显著提升。党的领导和社会主义制度优越性充分彰显,法治云阳、平安云阳建设纵深推进,政府治理、社会调节、居民自治良性互动,应急管理体系和能力现代化加快推进,防范化解重大风险能力切实提高,安全发展底线守得更牢,打造"中国之治"云阳样板,创建平安建设先进县、双拥模范城、国家食品安全示范城市,争创"长安杯"。

到2035年,云阳县将与全国一道基本实现社会主义现代化。届时,全县综合经济实力、科技实力大幅提升,经济总量和城乡居民人均收入将再迈上新的大台阶,到2030年经济总量突破1000亿元大关,到2035年经济总量较2020年翻两番,城乡居民人均可支配收入达到全市平均水平。创新体系更加健全,新型工业化、信息化、城镇化、农业现代化基本实现,建成现代化经济体系,现代绿色产业集聚区全面建成;基本实现社会治理体系和治理能力现代化,各方面体制机制更加完善,法治政府、法治社会和平安建设达到更高水平;成渝地区双城经济圈东向开放桥头堡的辐射带动作用显著增强,基础设施网络互联互通基本实现,区域性交通枢纽基本形成,开放型经济区域领先;实现社会主义物质文明和精神文明全面协调发展,工业强县、科技强县、文化强县、教育强县、人才强县、体育强县和健康云阳基本建成,居民素质和社会文明程度达到新高度;实现人与自然和谐共生,长江上游重要生态屏障全面筑牢,山清水秀美丽云阳基本建成;人的全面发展、全体人民共同富裕取得明显的实质性进展,中等收入群体显著扩大,基本公共服务实现均等化,城乡区域发展差距和居民生活水平差距显著缩小,高品质生活充分彰显。到那时,一个高品质、高颜值、现代化、国际化的大城市将矗立在巴蜀大地,一个经济强、百姓富、生态美、文化兴的现代化新云阳将崛起在长江之滨,在全面建设社会主义现代化国家大局中展现更大作为!

(撰稿:李远权 任勤 审稿:谭兴林 胡泽毅)

成渝地区
双城经济圈城市概览

四川卷·下

重庆市档案馆 四川省档案馆 编

西南大学出版社
国家一级出版社 全国百佳图书出版单位

乐山市

基本情况

乐山市地处四川省中南部。岷江、青衣江、大渡河三江汇流于乐山城东南。市域地理位置介于东经102°15′～104°15′，北纬28°28′～29°56′之间，北与眉山市区接壤，东与自贡市毗邻，东南和西南分别与宜宾市、凉山彝族自治州连接，西与雅安市相连。乐山地处川西盆地向川西南山地过渡带，地形地貌为三江平坝区、丘陵区和山区。乐山是资源丰富地区与相对发达工业区的接合部，也是成都工业技术密集区与川南、川西南资源开发区的接合部。市政府驻市中区滨河路98号。

2022年底，乐山市总面积12720.03平方千米，辖4个区（市中区、五通桥、沙湾、金口河）、4个县（犍为、井研、夹江、沐川），两个彝族自治县（峨边、马边），代管峨眉山市（县级）；18个乡、103个镇、11个街道、1107个村、9202个村民小组、263个社区、2141个居民小组；年末常住人口315.3万人，比上年末增加0.2万人，其中城镇人口172.1万人，乡村人口143.2万人。常住人口城镇化率54.57%，比上年末提高0.5个百分点。年末全市户籍人口345.6万人，比上年末减少1.6万人。

历史沿革

乐山市辖区内有人类活动的历史可以追溯到石器时代。市境在夏、商时属梁州之域，西周为杜宇氏蜀国南郡，春秋时期为"蜀王开明故治"。秦统一中国后，在乐山境内置南安县（今市中区），属蜀郡。西汉建元六年（公元前135年），南安由蜀郡改属犍为郡。西汉末王莽新政时期，南安县属西顺郡。东汉建武十二年（36年），西顺郡复改为犍为郡，南安县仍属犍为郡。北周武帝保定元年（561年），于原南安县地置平羌郡和平羌县，郡、县同治今市中区。北周宣帝大成元年（579年），取"郡土嘉美"之意，置嘉州，治平羌郡（今市中区），领平羌、青城、齐通、隆山4郡。宋改嘉州为嘉定府，元改为嘉定府路，明降为嘉定州。清雍正十二年（1734年），升嘉定州为嘉定府，并在府治置乐山县，取"城西南五里有'至乐山'"为名，"乐山"之名沿用至今。

民国二年（1913年），废嘉定府。民国二十四年（1935年），川政统一，实行行政督察专员制，乐山为第五行政督察区，设乐山行政督察专员公署。中华人民共和国成立后，设川南行政公署乐山专员公署。1950年，设乐山专区。1953年，眉山专区撤

● 乐山市貌（孙乐风 拍摄）

销，大部划归乐山专区。1968年成立乐山地区革命委员会，1978年改为乐山地区行政公署。1985年后，乐山地区撤销，设地级乐山市，设市中区、五通桥区、沙湾区、金口河区，辖仁寿县、眉山县、犍为县、井研县、峨眉县、夹江县、洪雅县、彭山县、沐川县、青神县、丹棱县和峨边、马边彝族自治县。1997年8月，行政区划调整，划出仁寿县、眉山县、彭山县、洪雅县、青神县、丹棱县成立眉山地区。

重要资源

矿产资源。2022年底，全市范围内共发现各类矿产38种，其中查明的有28种，已开发利用的矿产28种。主要优势矿产有磷、岩盐、石灰岩、玄武岩、石膏、建陶原料等矿产。岩盐累计查明资源量117亿吨，是全国岩盐矿的主产地之一；磷矿累计查明资源量8.83亿吨，是全国主要磷矿供应地之一；石灰岩、玄武岩资源丰富，目前已查明石灰岩和玄武岩资源量分别为20.3亿吨和17.5亿吨。

水能资源。岷江、青衣江、大渡河、马边河境内流程510千米，全市大小河流具有河床比降大、落差相对集中、径流模数大等特点，水能资源理论蕴藏量约920.7万千瓦，经济可开发量约750万千瓦。

森林资源。2022年底，全年造林面积5553公顷。森林面积77.75万公顷，森林覆盖率61.03%，比上年提高0.05个百分点。

旅游资源。乐山是拥有世界文化与自然双遗产的城市、中国优秀旅游城市、国家历史文化名城、国家园林城市、首批国家级旅游业改革创新先行区、国家全域旅游示范区创建市、国家服务业综合改革试点市、国家知识产权试点市、全省旅游综合改革试点市、全省消费中心城市。乐山生态良好，景城相融、文化厚重，拥有"名山、名佛、名城、名人"四张名片，被誉为"士大夫之郡"。有1处世界文化与自然遗产（峨眉山—乐山大佛）、1处世界灌溉工程遗产（东风堰）、两处国家级风景名胜区（峨眉山、乐山大佛）、1处省级风景名胜区（五通桥区小西湖—桫椤峡谷）、12处国家级文物保护单位、4个国家级非物质文化遗产、2处国家级自然保护区、1处国家级地质公园、2处国家湿地公园、1处国家矿山公园、4处国家级水利风景区、3处国家级森林公园、6处国家级重点寺庙。全市国家级及以上旅游资源密度达每万平方千米25个，是全省平均值的3.6倍。

基础设施

交通。2022年末全市公路总里程16637.73千米。其中，等级公路16533.23千米。全年新增公路里程221.64千米，其中新建里程167.84千米、改建变更里程53.80千米。年末全市通航总里程612.97千米，其中等级航道410.25千米。

文化教育。2022年末，全市共有普通小学207所，初中136所，高中29所，幼儿园621所，中等职业技术学校18所，特殊教育学校4所，九年义务教育完成率100%。共有国家综合档案馆12个，群众文化馆12个，公共图书馆12个，博物馆14个，乡镇文化站189个，街道文化中心11个。

医疗卫生。2022年末，全市拥有卫生机构3152个（含村卫生室）。其中，医院95个，卫生院129个，妇幼保健院（站、所）12个，疾病预防控制中心12个，卫生监督所9个，血站1个，健康教育所1个，社区卫生服务中心（站）37个，诊所710个，卫生所、医务室35个。

主要产业

第一产业。全年粮食产量122.60万吨，比上年减产2.4%；油料产量10.87万吨，增产4.8%；糖料产量1.70万吨，减产1.9%；蔬菜及食用菌产量150.33万吨，增产3.0%；茶叶产量5.23万吨，增产2.6%；水果产量25.41万吨，增产8.9%。全年肉类总产量28.94万吨，比上年增长3.9%。其中，猪肉产量20.07万吨，增长4.7%，占肉类总产量的69.3%；牛肉产量4666吨，增长4.8%；羊肉产量5612吨，增长2.7%；禽肉产量6.70万吨，增长0.8%。禽蛋产量15.82万吨，增长3.4%。全年出栏肉猪275.81万头，比上年增长4.7%；年末生猪存栏180.68万头，增长3.4%。出售和自宰的肉用兔801.72万只，增长4.8%。

第二产业。全年工业增加值834.53亿元，增长5.5%，占全市GDP的36.1%，拉动经济增长1.8个百分点，对经济增长的贡献率为47.6%。全年规模以上工业企业营业收入2233.9亿元，比上年增长10.8%。实现利润总额528.7亿元，增长73.7%；其中，化学原料和化学制品制造业增长77.3%，非金属矿物制品业增长158.9%，黑色金属冶炼和压延加工业下降72.1%。

第三产业。全年社会消费品零售总额904.29亿元，比上年增长1.5%。按经营地统计，城镇消费品零售额666.33亿元，增长1.3%；乡村消费品零售额237.97亿元，增长2.0%。按消费类型统计，商品零售额812.94亿元，增长1.4%；餐饮收入额91.35亿元，增长1.8%。

文旅品牌

郭沫若故居。国家4A级旅游景区，位于乐山市沙湾区文豪路中段315号，背负绥山，面向沫水（大渡河），故居名由启功先生题写，距成都150千

● 郭沫若纪念馆（孙乐风 拍摄）

● 大佛禅院（孙乐风 拍摄）

米，距乐山市中心35千米、峨眉山市25千米，是一代文豪郭沫若诞生和少年时代生活的地方。故居始建于清嘉庆年间，是一座中式穿斗结构平房，由四进三井和一个后院组成，大小房间36间，建筑面积1108平方米，占地面积2148平方米，至今保留着古朴风貌。2006年5月被国务院批准成为全国重点文物保护单位。

大佛禅院。国家4A级旅游景区，位于峨眉山市东郊，原名大佛寺，俗称大佛殿。明万历年间，由慈圣皇太后赐金，无穷禅师创建，奉千手千眼大悲观音。大佛禅院殿宇轩昂，气势磅礴，是亚洲最宏伟的汉传佛教寺院，也是去峨眉山祈福朝圣的起点。每一座殿堂都堪称一件艺术品，是当代汉传"十方丛林"典范。朝拜区主体建筑坐西向东，十一进院落，沿中轴线依次由牌坊、大光明街、山门、孔雀明王殿、弥勒殿、地藏殿、药师殿、文殊殿、观音殿、普贤殿、大雄宝殿、藏经楼、巨型照壁、光明山等组成，坐十一级平台，前后高差33米，依地势逐级而升，气势磅礴。

大渡河金口大峡谷。国家4A级旅游景区，位于金口河区永和镇境内，总面积93.57平方千米（长河坝、关村坝、大瓦山），长约26千米，峡谷的最大谷深约2600米，比世界著名的美国科罗拉多大峡谷深542米。最窄处两岸仅为10米，比原来公布的世界最窄的大峡谷虎跳峡还窄20米。大峡谷有着极其丰富的人文、自然、地质科考旅游资源，被誉为"地质天书"和"动植物公园"。2001年被国土资源部评为国家级地质公园，2005年10月被《中国国家地理》杂志评为"中国十大最美峡谷"之一，是不可多得的探险旅游胜地。

● 嘉阳小火车（宋道君 拍摄）

嘉阳·桫椤湖景区。国家4A级旅游景区，位于犍为县芭沟镇、双溪镇。依托嘉阳小火车、桫椤湖国家湿地公园等资源，建设特色风情街区、度假酒店、矿山博物馆等，打造集工业遗产传承、生态观光、文化体验为一体的旅游景区。嘉阳小火车是目前国内还在正常运行的客运窄轨蒸汽小火车之一，有"工业革命的活化石""工业革命的绝版景观"之美誉。桫椤湖因生长着许多与恐龙同时代的珍稀树木——桫椤树而得名，成为马边河流域的一颗璀璨明珠，拥有丰富的地貌、水域、生物等自然生态奇观，蕴涵"阔、险、奇、秀"的神韵。

黑竹沟自然风景区。国家4A级旅游景区，位于四川省西南部的小凉山区峨边彝族自治县黑竹沟镇。景区面积575平方千米，外围保护地263平方千米，海拔高度1500～4288米，这里古木参天，箭竹丛生；奇花怒放，异石纵横；山泉奔涌，瀑布轰鸣；岩壁千仞，峰回路转；云雾升腾，气象万千；珍禽异兽，出没其间；猴鸣之声随处可闻，熊猫行踪随处可觅。景区集雄、险、奇、秀、原始、珍稀、神秘、清幽于一体，被喻为"魔沟""恐怖的死亡谷""中国百慕大"，蜚声海内外。黑竹沟是目前国内保存最完整、最原始的生态群落之一，是一处集世所罕见的动植物景观、峰林景观、地质景观、天象景观、水系景观与人文景观之大成于一体的风景绝佳之地。

沐川桃源山居景区。国家4A级旅游景区，位于沐川县沐溪镇三溪村，与城区隔河相望，是四川省环境优美示范村庄。该村地势平缓，山林葱郁，泉鸣溪清，汇集了地域特色文化之精华，保持了农村风貌，体现了田园风光，注重了农家情趣，突出"原

● 黑竹沟（宋道君 拍摄）

● 桃源山居景区（沐川县融媒体中心 提供）

生态",展现"农家味",彰显了文化之美、生态之美、建筑之美、互动之美、思源之美,描绘了一幅新村与产业、城市与乡村融为一体的"山居图"。

东方佛都。国家4A级旅游景区,位于市中区凌云路,与乐山大佛同在乐山市凌云九峰、世界"双遗产"范围内,辖林地面积千余亩,景区现所辖凌云九峰之四峰。凌云九峰,唐代"峰各有寺",抗元战火将四峰寺庙毁去。东方佛都循古迹恢复旧貌,保留唐代原有山林风貌,依山取势,高低错落,林隐千佛,洞中百窟。大小佛像万余尊,其中包括世界最大造型卧佛,全长170米,以摩崖石刻雕像为主。既展示了千年佛文化的神韵,又留下了现代人传承古人石刻雕塑艺术的足迹。

罗城古镇。国家4A级旅游景区,位于犍为县东北部,距犍为县城约25千米。始建于明末,成型于清代,是四川十大古镇之一、全省历史文化名镇、省级文物保护单位。古镇坐落于椭圆形山丘顶上,呈东西向纺锤形布局,全长209米,中间为青石板人行道,街面起伏,街中戏楼高耸,两侧是被称为"凉厅子"的沿街长廊和穿斗木架结构民居,具有典型的西南集镇建筑风格。因其独一无二的船形建筑风格,被誉为"东方诺亚方舟"。

夹江天福茶观光园。国家4A级旅游景区,位于成乐高速夹江服务区,园区面积380亩,是一家集茶叶分级、包装、销售、科研、文化、教育、旅游于一体的茶叶企业,获得"首批全国农业旅游示范点""四川省首批高速公路五星级服务区""四川省中小学生研学实践教育基地"等荣誉。在天福观光茶园,不仅可以参观茶博物馆,了解茶历史、世界茶事、中国茶事、巴蜀茶文化等,还可以参观天

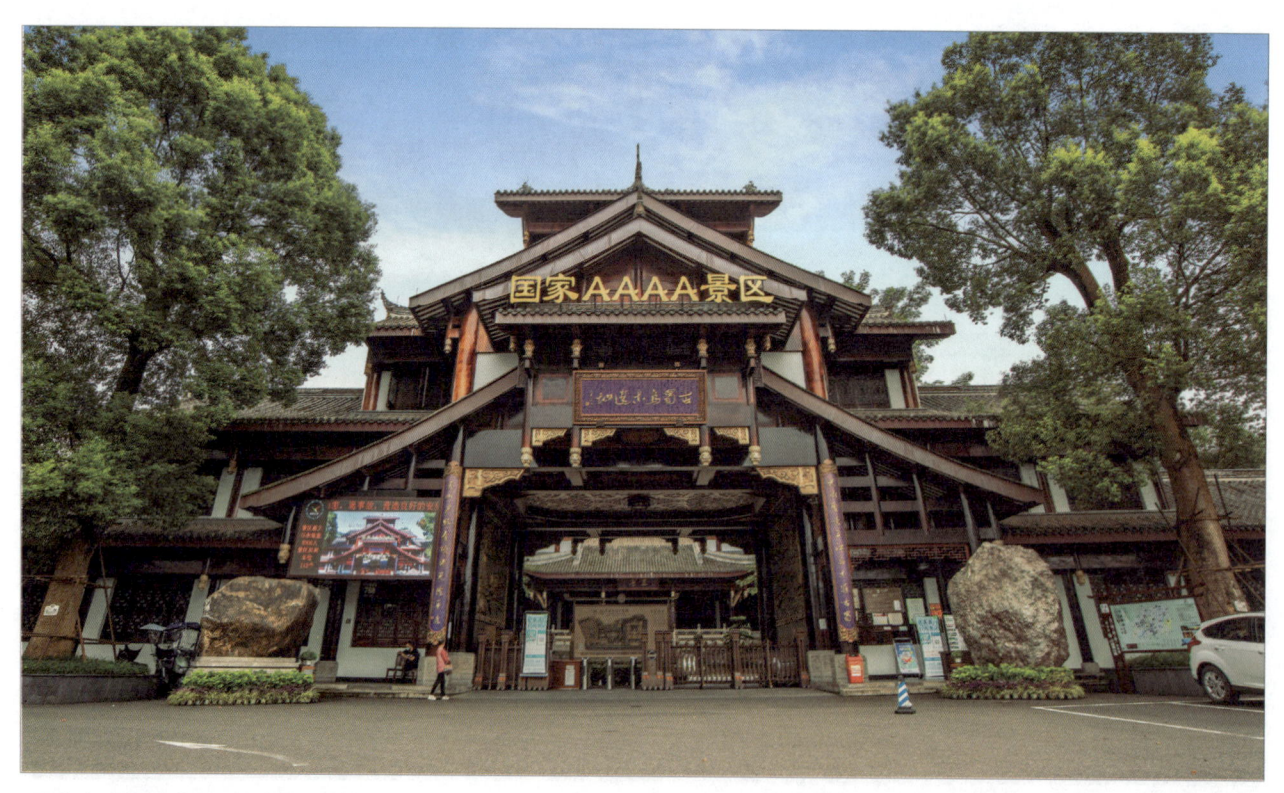

● 乌木文化博览苑(何北星 拍摄)

福茶厂、茶食品厂，了解产品生产流程，欣赏茶艺表演，让游客充分体验"眼观茶色、鼻嗅茶香、耳闻茶乐、口尝茶味"的茶文化之旅。

乌木文化博览苑。国家4A级旅游景区，位于世界文化与自然双遗产峨眉山—乐山大佛绿色旅游通道的苏稽古镇，是一座以乌木雕刻艺术为主要内容，集乌木收藏、雕刻艺术研究、开发生产、展示为一体的全国规模最大的专题性博览苑。荣获"国家文化产业示范基地""全国科普教育基地"等殊荣。乐山乌木文化博览苑借助乌木这种特色资源，将乌木雕刻艺术与中国传统文化、历史文化、古典名著、神话故事、农耕文化相结合，打造出千余件乌木艺术珍品，开发出近200种乌木旅游商品，凸显了我国传统木雕艺术的精美绝伦。

四川旅博天地。国家4A级旅游景区，位于峨眉山市东湖湿地公园附近，是集文化、旅游、会展及城市商业形态于一体的复合型综合体，由旅博中心、旅博广场、旅博购物中心——水晶广场、旅博风情街、旅博公园、东湖湿地公园以及规划中的翡丽湖湾组成。旅博中心现代化而又极具汉唐风格，大气又朴实，是乐山—峨眉地区地标性建筑，作为四川省国际旅游交易博览会永久场馆，也是乐山峨眉地区会展、旅游展览交易以及文化交流的中心。

农夫山泉峨眉山工业旅游区。国家4A级旅游景区，位于峨眉山市高桥镇万佛岭北段1号路省道S306线旁。农夫山泉峨眉山生产基地位于峨眉山后山，占地424亩，主要有参观中心、72000BPH生产线、水源地等景点。

沫若戏剧文创园。国家4A级旅游景区，位于沙湾区，地处"滇川国家旅游风景道"四川首段，紧邻"大渡河国家湿地公园"。由沫若剧院、戏剧主题街区、研学旅中心（绥山山馆）、铜河家风楼4个板块组成，以活化"沫若文化"为切入点，以"戏剧文化＋亲子研学"为主题，是集戏剧研学、亲子休闲、特色美食、文创体验为一体的综合文旅项目。

东风堰—千佛岩景区。国家4A级旅游景区，位于四川盆地西南夹江县城西3千米处青衣江畔，距成都110千米，距乐山市中心25千米。景区有我国首批世界灌溉工程遗产——东风堰、国家级重点文物保护单位千佛岩石窟以及藏羌彝文化产业园（禅意小镇）、聚贤街、古径口、千佛寺、万咏崖、大观顶、水文化陈列馆等景点。

风味美食

乐山麻辣烫。是起源于四川乐山牛华镇的传统特色小吃。做法简单，主料五花八门，不论荤素，皆可混搭，味道又麻、又辣、又鲜、又爽，物美价廉，是广受欢迎的大众美食。

乐山甜皮鸭。乐山人称"卤鸭子"，也称"嘉州甜皮鸭"，起源于夹江县木城古镇，是乐山市著名美食。甜皮鸭改良自卤鸭，故也称甜皮卤鸭。甜皮鸭制作沿用清朝御膳工艺，由民间发掘、改进而成，其卤水别具特色。甜皮鸭具有色泽棕红、皮酥略甜、香气宜人、或脆甜、或肥厚、里肉细嫩等特征。

乐山钵钵鸡。乐山优质名小吃。"钵钵"其实就是乐山方言中的瓦罐，用其作为菜名别致而亲切。红黄相间的瓷质龙纹仿古罐中，密密麻麻插满了竹签，竹签上穿着鸡块、藕片、黑木耳等。吸饱了特制醇香汤汁的鸡块红亮诱人，藕片雪嫩，黑木耳滑而厚实，……，再蘸上店家精心调配的酱料，荤素搭配，别有一番风味。

乐山豆腐脑。乐山特色风味小吃之一。乐山豆腐脑制作方法别具一格，主料并不是豆花，而是秘制汤头。以味精、鸡精、大头菜颗粒、老抽、炒黄豆或炒花生米作底,舀上大半碗用骨头汤勾芡的淀粉浓汁,削几片雪白的豆花漂浮在浓汁之上,再放些许芹菜和适量熟油辣椒,一碗美味可口的乐山豆腐脑就呈现在眼前了。

发展定位

聚焦三大任务

建设全省区域中心城市。全面融入成渝地区双城经济圈建设取得新成效,城市发展能级全面提升,经济实力和综合承载能力、创新发展动能、区域带动作用显著增强,建设全省重要的休闲度假中心、客流物流集散中心和重要制造业基地,争创全省经济副中心迈出新的一大步。

建设"中国绿色硅谷"。实施晶硅光伏产业"头号工程",稳链强链补链延链,一大批领军企业、前沿技术、高端人才汇聚乐山,打造全球晶硅光伏产业投资首选地,力争产值规模达到 2000 亿元,努力建成世界级先进制造业集群。

建设世界重要旅游目的地。巩固再创文旅特色优势,做强核心景区,打造新兴场景,发展高端业态,拓宽游客市场,充分绽放乐山独特的自然生态之美、多彩人文之韵,建设具有国际范、中国味、巴蜀风、嘉州韵的世界重要旅游目的地。

优化四区布局

建设文旅经济核心区。以市中区、峨眉山市为重点,提升文旅产业能级,辐射引领全市文旅发展,争创国家文化和旅游消费示范城市。

建设先进制造集聚区。以乐山高新区为龙头,以五通桥、夹江、沙湾、犍为、峨眉等产业基地为支撑,壮大光电信息、民用核技术、新型建材、绿色化工、食品饮料五大产业集群,建设具有核心竞争力的先进制造业集聚区。

建设现代农业示范区。以峨眉—夹江、犍为—沐川—马边两带为重点壮大"峨眉山茶"产业集群,以井研—市中区—五通桥—犍为为重点做强晚熟柑橘产业集群,以峨眉—沙湾—金口河为重点培育道地中药材产业集群,以沐川—犍为—马边—峨边为重点升级林竹产业集群,建成国内省内有重要影响力的现代农业示范区。

建设生态经济先行区。以金口河、沐川、峨边、马边为重点,统筹生态保护和经济发展,壮大特色农业、清洁能源、康养旅游等生态产业,推动生态产品价值实现,建设"绿水青山就是金山银山"实践创新基地。

发展目标

经济实力明显增强,主要经济指标年均增速高于全国全省平均水平,经济总量力争达到 3200 亿元以上;战略性新兴产业占比 40% 以上,常住人口城镇化率达到 60% 以上,建设全省重要的休闲度假中心、客流物流集散中心和重要制造业基地。

发展活力充分迸发,重点领域和关键环节改革取得重大进展,对外开放水平明显提升,科技创新综合水平指数达到 60% 以上。

绿色转型全面提速,森林覆盖率提高到 62%,绿色低碳循环发展经济体系初步建立。

治理效能显著提升,争创全国文明城市、全国市域社会治理现代化试点合格城市、全国社会治安防控体系建设示范市和国家食品安全示范市。

人民生活更加幸福,就业创业促进服务体系、全覆盖多层次社会保障体系、优质均衡公共服务体系进一步完善,力争城乡居民人均可支配收入增速高于全国、全省平均水平。

(撰稿:吕小东 侯翠容 审稿:孙少辉 丁强 胡万和)

01 市中区

基本情况

乐山市市中区地处四川盆地西南边缘、峨眉山麓，岷江、青衣江、大渡河汇流处。位于东经103°32′~103°59′，北纬29°28′~29°45′之间。东接井研县；东南接五通桥区，与川中丘陵区相连；西靠峨眉山，与沫溪河低山区和峨眉中山区临近；北接青神、夹江两县，与川西平原区衔接。地势总体西南高，东北低，高低悬殊。

市中区面积约837平方千米，属中亚热带湿润季风气候，年平均降水量在1000毫米以上，主要集中于夏、秋两季，7—9月多大雨、暴雨。

2020年乡镇行政区划调整后，辖5个街道、11个乡镇，即海棠街、通江街、绿心街、大佛街、全福街、苏稽镇、水口镇、平兴镇、土主镇、白马镇、牟子镇、茅桥镇、青平镇、棉竹镇、悦来镇、剑峰镇。区政府驻县街116号。

2022年底，市中区常住人口83.2万人，其中城镇人口62.7万人，农村人口20.5万人。常住人口城镇化率75.36%。

历史沿革

区境原为蜀国支封丹犁地。秦武王二年（公元前309年），置县，为蜀郡极南，故名南安县。

汉武帝建元六年（公元前135年），划巴、蜀二郡部分土地置犍为郡，南安县划属犍为郡。

东晋成帝咸康四年（338年）至穆帝永和二年（346年），西南夷别族僚夷入犍为郡，南安县人逃往外地，县境地多荒废。

南北朝时期，因战乱不断，建制屡有变迁。南安县先后隶属犍为郡、青州、眉州。

北周时期，置嘉州，取"郡土嘉美"之意，在乐山设置平羌郡平羌县管理僚人，今市中区为南安县、平羌县地。

隋开皇三年（583年），改平羌县为峨眉县，以境内峨眉山为名，治嘉州城；开皇九年（589年），改峨眉县为青衣县，取青衣水为名；开皇十三年（593年），改青衣县为龙游县。

唐高祖废眉山郡复曰嘉州，元宗时又改曰犍为郡，肃宗时复改为嘉州。市中区属州治龙游县、平羌县地。

五代前后蜀如唐旧。

宋宣和元年（1119年），改龙游县为嘉祥县；绍兴元年（1131年），又改嘉祥县为龙游县。

明洪武八年（1375年），撤销龙游县入嘉定州为州治。

清雍正十二年（1734年），置乐山县，因境内至乐山而得名。

民国元年（1912年），裁县入府。民国二年（1913年）1月，恢复道制，裁嘉定府；同年2月置乐山县。

1949年12月16日，乐山城解放；同月20日，成立乐山县人民政府。

1978年5月25日，撤销乐山县，设立乐山市（县级）。

1985年6月17日，撤销乐山市（县级），建立乐山市市中区。

重要资源

矿产资源。市中区矿产资源种类较少，矿床规模均为小型，分布较为分散，主要矿产为砖瓦用页岩（黏土）、水泥配料用砂岩、陶瓷用砂岩、矿泉水。

林木资源。市中区现有林地面积45.05万亩，其中乔木林地38.16万亩，竹林地2.29万亩，特别规定的灌木林地0.77万亩，未成林造林地2.9万亩，无立木林地0.93万亩。森林蓄积量206万立方米，森林覆盖率38.22%。

水资源。市中区属岷江水系，水网较密。年平均流量在528立方米/秒以上的河流有岷江、青衣江、大渡河。全区共有中小型水库22座，总库容3856.7万立方米。规模以上水电站2座，总装机容量1100千瓦。

基础设施

公路。中心城区交通发达，有着完善的市内公共交通系统。成乐高速、峨汉高速（乐峨高速）、乐雅高速、乐自高速、乐宜高速以及省道S104线、S305线、S306线在此交会，国省干线公路里程45.527千米，市中区境内农村公路总里程654.074千米。

铁路。成绵乐城际铁路和成贵铁路经过市中区。前者在市中区段长30.03千米，途经悦来镇、棉竹镇、绿心街道办事处、水口镇、苏稽镇和平兴镇。后者在市中区段长10.42千米，途经棉竹镇、绿心街道办事处、水口镇。乘坐成绵乐城际铁路和成贵铁路可从市中区通达四面八方。

水运。境内青衣江、大渡河、岷江，通航里程共79.4千米。

主要产业

农业。全区基本形成以白马—青平水产养殖、以牟子水口—苏稽—平兴蔬菜种植、以青平—茅桥粮油种植、以剑峰—土主畜牧养殖、以平兴—全福茶叶种植、以悦来—白马—全福水果种植为主的优势农产品生产区。2022年，市中区水产现代农业园区成功创建四川省四星级园区。

工业。全区初步形成电子信息、机械制造（铸造）、新型建材、现代纺织为主导的工业产业体系。其中无线电、菲尼克斯为龙头电子信息企业，华构科技为龙头先进建材企业，川天然气、中油乐仪为龙头机械制造（铸造）企业，裕川、佳利来为龙头纺织企业。

服务业。全区初步形成以批发、零售、住宿、餐饮业、物流等服务行业稳步推进的服务业发展体系。其中，乐山市烟草公司为龙头批发企业，中石油为龙头零售企业，华星锦业、长宝汽车为龙头汽车零售企业。

文旅品牌

嘉州蛋雕。雕画为珍稀民间艺术，制作者以各种禽鸟（鸽子、鸡、鸭、鹅、鸵鸟）蛋壳作为载体，在其上手工雕刻创作，制成精美艺术品。传统蛋壳雕画表现形式多以民俗、传说、山水、花鸟、鱼虫、仕女等见长，以脸谱最为常见。周桂华研创出"毛发式"雕刻手法，表现花鸟动物毛发的奇特效果，被誉为"嘉州蛋雕"。2017年，嘉州蛋雕被列入乐山市市级非物质文化遗产名录。

贰柒拾。"贰柒拾"为起源于乐山民间的一种益智娱乐活动，是乐山劳动人民智慧的结晶。清代中叶，贰柒拾活动最先在码头搬运工人当中以竹签牌的形式兴起。到了民国时期，竹签牌改进为纸牌进入家庭，逐步发展成为乐山、眉山一带广为普及的大众游艺益智博弈竞技娱乐活动。2006年，贰柒拾被列入乐山市市级非物质文化遗产名录。

嘉州大庙会。嘉州大庙会至今约有两千多年历史，为古嘉定过年主要习俗。随着时代发展，古老的庙会亦增添了不少新内容，愈发富有春节气氛和特色。自2012年起，每逢正月初一至十五，嘉州大庙会就在城东落成的嘉定坊和天街举行，集旅游观光、休闲娱乐、购物餐饮于一体，吸引数万市民前往，热闹非凡，绽放出古韵嘉州的无穷魅力。2017年，嘉州大庙会被列入乐山市市级非物质文化遗产名录。

毛狮子。"毛狮子"是产生于市中区凌云乡的民间传统狮舞表

● 贰柒拾（许郁郁 拍摄）

● 嘉州大庙会（李勇 拍摄）

● 毛狮子（李勇 拍摄）

演，由毛友乐三兄弟自创，至今已历六代人三百多年。毛狮子利用狮子、笑面和尚面具、小脸（猴子）等表演角色，采用"爬高竿""钻刀圈""过火圈""上刀架""飞铁叉"等高难技巧，通过演绎笑面和尚放狮子、放猴子玩乐等情节，丰富狮舞表演内容，提升狮舞观赏价值，从而在市中区众多灯舞表演中自成一派。2008年，毛狮子（民间狮舞）被列入乐山市市级非物质文化遗产名录。

风味美食

跷脚牛肉汤锅。清代中叶，苏稽是乐山到峨眉的交通要道，运输业发达，不少劳动者凭劳力运输为生。乐山五通桥盐业发达，盐商用牛推拉制盐的原料卤水，不少拉卤水的牛老了之后，就被送去宰杀售卖牛肉。苏稽有一个周村，祖祖辈辈以宰牛为业，牛肉绝大多数运销牛华、乐山、沙湾、水口、镇子场（峨眉符溪镇）等地。因牛内脏不便运输，又不能久留，只好就地处理。于是，周村人便在苏稽场峨眉河西岸的河滩上埋锅煮牛杂，摆起汤锅摊售卖。因为苏稽下苦力人很多，牛肉汤锅便宜又下饭，因此很受老百姓欢迎。由于没有凳子，也没有棚户，既不遮风，也不挡雨，百姓们光临时大多一只脚着地，一只脚跷在条桌的横条上，"跷脚牛肉"汤锅也因此得名，并流传至今。2007年，跷脚牛肉汤锅被列入乐山市市级非物质文化遗产名录。

苏稽香油米花糖。苏稽香油米花糖是流传于乐山市的地方名吃，原名"猪油谷花"，1901年首创于峨眉。20世纪初，张吉武在苏稽开设第一家生产米花糖小作坊，以其"香、甜、酥、脆"的特色，逐渐打出名气，成为乐山名特产品。它选用上等糯米、优质花生、白砂糖、芝麻及上等鲜猪边板油作为原料，光润饱满，酥脆香甜，被人们称为"嘉州一绝"。

● 跷脚牛肉汤锅（李勇 拍摄）

● 苏稽香油米花糖（李勇 拍摄）

● 游记肥肠（李勇 拍摄）

2008年，苏稽香油米花糖被列入四川省省级非物质文化遗产名录。

游记肥肠。"游记肥肠"创始于清咸丰年间，是国家商务部认定的百年老店。1939年8月19日，老店毁于日寇对乐山的轰炸。抗战胜利后，"游记肥肠"涅槃重生，1963年朱德总司令来乐山视察，钦点"游记肥肠"，对其赞不绝口。20世纪80年代，"游记肥肠"第四代传人游永丽接过祖宗衣钵，在新研发的多个肥肠菜系基础上，加入多种特色川菜，造就了百年老店的独特风味，深受百姓喜爱和好评。先后荣获"乐山老字号""四川老字号""中华老字号"等多项荣誉，连续多次接受中央电视台《美食栏目》、四川电视台和乐山电视台的专题采访、报道。2018年，被列入乐山市市中区区级非物质文化遗产名录。

发展定位

市中区未来五年将着力打造"一城一极两地两区"。"一城"即建设巴蜀山水文旅城。依托市中区"半城山水半城绿"的特质和历史文化底蕴，全面提升城市承载能力，将中心城区建成"城在水中、景在城中、山水相融、景城一体"的巴蜀文旅走廊上的以文旅为特质的公园城市。"一极"即建设乐山首位增长极。优化形成"1＋1＋6＋N"区域经济总体布局，构建以主城区为发展核心，以县域副中心建设为次级重要着力点，以茅桥镇、平兴镇、白马镇、剑峰镇、悦来镇、青平镇为重要支撑的，以一、二、三产业集聚区为节点的现代产业承载体系，努力将市中区建为经济总量占比高、综合承载能力强、区域带动作用强的乐山市重要增长极。"两地"即建设世界文旅首选地，以成渝地区双城经济圈建设为契机，深度融入巴蜀文化旅游走廊世界重要旅游目的地建设，将嘉州历史文化、佛禅文化等传统文化贯穿旅游产业发展全过程，推动文旅经济成为区域经济社会发展的主引擎，全力建设具有国际范、中国味、嘉州韵的文旅休闲胜地。建设产城融合宜业地，紧扣城市主城区功能定位，依托旅游、文化、生态等优势，优化城市公园绿地布局，构建生态文明新景观，提升中心城市品质和能级。坚持以生态宜居为目标，彰显魅力市中区新风貌，打造山水秀丽之城、历史人文之城、智慧未来之城，全力完善公共服务，优化城市环境，建设成渝地区"后花园"。推动三次产业转型升级，构建以文旅产业为核心，生产性服务业和生活性服务业为重要支撑的现代服务业体系。"两区"即建设区域协同引领区，勇担"市区一体、极核引领"使命，高质量推进市中区与周边区县同城化发展，构建产业协同、交通协同的新发展格局。加快推进新型城镇化，以县域副中心镇、区域中心镇和重点镇、乡村振兴示范走廊建设等为抓手，推进城乡一体化发展。建设基层治理示范区，通过加强县域基层治理系统谋划、健全完善基层治理领导体制和工作机制，深化基层治理制度创新，不断提升基层治理能力和水平，努力争创省级城市基层治理示范区。

发展目标

"十四五"经济社会发展的主要目标，即实现经济发展高质量、改革开放高水平、生态文明高标杆、人民生活高品质、社会治理高效能"五个高"的定性目标；保持全区地区生产总值年均增速高于全国、全省、全市平均水平，到"十四五"末经济总量达到600亿元以上定量目标。到2035年，基本实现社会主义现代化，全面建成开放富强的活力嘉州、山清水秀的美丽嘉州、现代精致的品质嘉州、平安幸福的和谐嘉州"四个嘉州"的远景目标。

（撰稿：曹国强　审稿：刘敏　金雪）

02 五通桥区

基本情况

区域概况。乐山市五通桥区地处四川省中南部、乐山市南部，岷江自北向南穿境。位于东经103°39′～103°56′，北纬29°17′～29°31′之间。东北接井研县，东南连犍为县，西邻沙湾区，北靠乐山市市中区。区域东西距长27.9千米，南北距宽26.2千米，区域总面积465.52平方千米，辖8镇94行政村763个村民小组、25个社区204个社区居民小组，全区总户数113580户，户籍人口28.54万人（其中60岁以上8.04万人）。城市建成区面积（含冠英新区）18.9平方千米，城市绿地面积超过5.45平方千米。是国家公共文化服务体系示范区、国家卫生城市。

地貌气候。区境地貌有平坝、浅丘陵和低山，以丘陵为主。岷江纵贯南北，北高南低高差17米、长27.10千米，将区境分成河东、河西两大片。最高处海拔735米，最低处海拔331米。有47处河心洲坝。2022年平均气温为18.8℃，年总降水量为1028.5毫米。

经济概况。2022年，全区实现地区生产总值361.5亿元，比上年增长34.1%，增速居全市第一。就业、物价保持平稳，城镇登记失业率3.24%，居民消费价格指数（CPI）累计上涨1.6%。第一、第二、第三产业增加值分别为283429万元、2503704万元、827825万元，分别比上年增长1.7%、55.1%、4.4%。全社会固定资产投资增速12.6%，居全市第二位。进出口总额80.82亿元，比上年增长33.81%，进出口业绩连续10年居全市第一，占全市三分之二以上。全区公共财政总收入984391万元，比上年增加233.73%。其中，地方一般公共预算收入247753万元，比上年增加176.8%。城镇、农村居民人均可支配收入分别为44908元、20771元，分别比上年增长5.1%、6.4%。

历史沿革

春秋时期，属蜀国辖地。西魏时，区境隶戎州六同郡僰道县。历经隋、唐、五代、北宋、南宋更迭，到元至大四年（1311年），区境完全隶属四川行中书省嘉定府路犍为县。清乾隆五十八年（1793年），盐商在两河口南行约50米处，捐资修建一座石拱平桥，定名"五通桥"（今称老桥），后逐步由桥名演变为地名。1949年12月，五通桥区境隶于解放军乐山军事管制委员会，并受犍为县领导。1951年10月，以犍为县第八区建制成立五通桥市，隶乐山专区。1959年3月，撤销五通桥市，并入乐山县，为乐山县五通桥区。1985年5月，成立地级乐山市，五通桥区为县级区，隶属乐山市。

重要资源

土地资源。2022年末，耕地11674.98公顷（2021年变更调查成果，不含即可恢复2008.38公顷，工程恢复3550.97公顷）。土质大多为弱酸性或中性，适宜各类作物生长。

矿产资源。区境内共发现主要矿产资源8种，煤、页岩、砂岩、石灰岩、盐卤、河道砂砾石、铝土、页岩气等，非金属和能源矿产资源潜力较大。已探明储量的矿产资源主要为煤，开发利用的矿产资源为煤、页岩、砂岩等。优势矿种为煤，主要分布在金粟镇、石麟镇、西坝镇等镇。截至2022年末，全区煤炭保有资源量约8000万吨，累计查明煤炭资源量约4.3亿吨，分布在区境内犍乐煤田寿保矿区和凤来矿区。现有生产矿井2个，设计生产规模39万吨，2022年生产煤炭10.7万吨；正在停产扩能30万吨矿井4个；在建矿井1个，设计生产规模60万吨；区内煤矿主要为1/3焦煤、肥气煤，发热量17.5兆焦~29.5兆焦，含硫量低于2%，灰分12%~39%，主要为动力煤及民用煤。

水利资源。境内江河纵横，河流总长96.25千米，水域面积约32平方千米。其中，岷江境内流长27.1千米，多年平均流量为2480立方米/秒。地下水资源量3960.60万立方米，水资源总量25718.00万立方米，人均占有水资源量1081立方米。全区共有小型水库12座。水利工程蓄引水能力20万立方米，可控灌溉面积8000公顷。过境容水量年均76.69亿立方米，年均水资源总量769.92亿立方米，已开发沫溪河梯级电站1.26万千瓦。

动植物资源。2022年全区林地保有量20万公顷，森林蓄积比上年增长1万立方米，森林覆盖率36.93%；野生动物60余种。

旅游资源。区境内旅游资源丰富，江河纵横是一大旅游优势。此外还有河西桫椤峡谷、河东牟罗寨、丁佑君纪念馆和新塘沽两大革命传统教育"红色"旅游景区、十大乡村生态旅游点以及闻名世界的名食和民俗文化旅游点等。

基础设施

城市建设。秉持"生态自然"理念，定位"美丽宜居"，山、水、树、桥、人、文、城和谐相融发展。实施"美丽小西湖"政府性投资项目11个，全面拆除沿江（河）21栋吊脚楼，启动总长13.2千米滨水生态走廊建设，完成岷江大道北延线、中心路南延线连通工程、市建会社区老旧小区改造、五通桥区特色花卉生态苗圃等建设工程。全区房地产开发投资比上年增长7.5%。商品房在建24.7万平方米，比上年增长19.9%。城市道路全部绿化、美化和黑化，城市周边河堤全部保坎，城市步道景色优美，居民购物、就医、锻炼和休闲娱乐设施配套，是公认的宜居城市。

固定资产投资。2022年，全区全社会固定资产投资比上年增长12.6%。

重大项目建设。2022年，晶硅光伏产业建成区累计总投资超50亿元，面积突破10.5平方千米，建成西二路、北二路一期两条道路，正在加快建设北一路一期、北二路二期、南三路、龙翔路扩建、会云路等5条道路；投运红云、大观楼2座220千伏和青龙、云台山、红豆、楠木湾4座110千伏变电站，建成工业供水厂一期（3.8万吨/天）；实现晶硅光伏产业产值703.1亿元、同比增长198.2%，税收61.59亿元。已形成24万吨硅料、45GW单晶拉棒切方和16GW硅片生产能力，是全国首个产能超10万吨的高纯晶硅生产基地，高纯晶硅产能位居全球第一方阵。新建涌斯江二号桥。完成农村公路新改建45.3千米，全面完成村道安全防护工程27.465千米。

卫生和教育事业。2022年，全区共有各级各类医疗卫生机构234个，其中区级医疗卫生机构5个，民营医院4个，8个卫生院（其中2个中心卫生院），2个社区卫生服务中心，个体诊所、村卫生室215个。全系统实有工作人员1811人，卫生专业技术人员1398名，其中执业（助理）医师449人。注册护士573人。2022年末，全区共有公办幼儿园14所，小学15所，初中9所，九年一贯制学校1所，十二年一贯制学校1所（东辰外校，民办），普通高中2所，中等职业学校1所，乐山开放大学五通桥分校1所，教师进修学校1所，青少年校外活动中心1个，各级各类民办学校和教育机构61所。全区共有在职教职工1543人。在编在岗教师1524人，其中高级职称408人。

主要产业

工业产业。2022年，区工业产业主要有硅材料、盐磷化工、机电加工、稀土生产和农牧产品加工业5类。多晶硅、草甘膦、稀土加工等规模均居全球全国前列；全区70户规模以上工业增加值增速85.9%，全市排名第一；实现工业产值1042.05亿元，比上年增长103.9%；实现营业收入1002.76亿元，比上年增长99.9%；利润总额441.29亿元，比上年增长155%；实现利税485.3亿元，比上年增长160.5%。

农业产业。2022年，发展壮大5类区域农产业：猪牛羊兔畜禽及水产养殖、茶叶种植加工、油料及蔬菜生产、水果生产、中药材种植及其他经济作物发展。全区粮食播种面积13116公顷，产量7.99万吨；其中大春粮食播种面积12326公顷，产量7.6795万吨；小春粮食播种面积790公顷，产量3137吨。实

● 西坝生姜，是历朝历代的贡姜，也是地理标志产品
（西坝生姜协会　提供）

现粮食总产量"六连增"。

建成高标准农田5.82万亩，其中高效节水灌溉4100亩。整治撂荒地436.94亩，完成大豆、玉米带状种植1500亩，果园套种大豆2000余亩。建成道地中药材、特色果蔬等标准化种植基地8000亩，带动农户亩均增收超4000元，村集体经济收入同比增长46%，创建省级合并村集体经济融合发展试点先进村2个。

培育市级园区2个、区级园区9个，拥有"三品一标"59个。培育农业产业化龙头企业38个，其中国家级产业化龙头企业1个、省级产业化龙头企业3个；农民专合组织196个、工商登记注册家庭农场251个，其中国家级示范社3个、省级专业合作社17个、省级家庭农场14个。

新建成投用规模生猪养殖场4个，打造生猪产能调控基地8个（国家级3个、省级5个），创建省

级畜禽标准化养殖场1个，全年出栏生猪15.2万头，存栏生猪103399头，能繁母猪7358头，猪肉产量10691吨。

五通桥区是国家级出口茶叶示范区。全区良种茶面积3766.66公顷，良种率99.11%；名优茶产量4000余吨，茶叶综合产值4亿元以上。2022年"浙川银龄行动"之"银龄杯"茶叶评比比赛中大全茶厂、贵发茶叶获得金奖和银奖，并组织香雾春、贵发茶叶参加四川省第八届农博会展示展销。

蔬菜及食用菌种植面积5480公顷，比上年增加209公顷，比上年增长3.97%。全区蔬菜经营新型主体（合作社、家庭农场、种植大户）134个（户），蔬菜加工企业10户，蔬菜加工4.5万吨左右，产值超4亿元。

水果种植面积3560余公顷，总产量4.8万余吨。

中药材生产包括黑老虎、泽泻、花椒、砂仁、佛手等品种面积1784公顷，产量6100余吨。

文旅品牌

五通桥区文旅品牌主要有乡村生态旅游、"红色"旅游、特色果蔬采摘游、根书观赏、亿年活化石桫椤观赏游、古迹（张公馆、牟罗寨、同人寨）游、游泳之乡玩水游等品牌。

乡村生态旅游。有全国农业旅游示范点——木鱼人家（20余家农家乐，含国家旅游局生态旅游示范点1个）。五通桥区的农家乐是全国农家乐鼻祖，竹根镇翻身村二组王家花园蜚声海内外，曾吸引美国大使理事会10多位大使组团前来参观考察并就餐（2001年）。

"红色"旅游。区域红色旅游包括参观丁佑君烈士纪念馆（菩提山公园内，该公园占地约3公顷）、拜烈士铜像、游新塘沽等内容。

风味美食

五通桥名食、特色风味美食多达20余种，数种享誉国内外。

牛华麻辣烫。在砂锅、不锈钢锅等容器中用特制汤液煮食竹签串食材，比一般烧炒蒸煮为主的中餐味美、种类多且方便，深受人们喜爱。

牛华豆腐脑。一种由嫩豆腐、鸡汤或猪骨汤、蒸牛肉或肥肠、粉条、大头菜、炒黄豆或炒花生，以及多样调味配料组成的大众美食。

西坝夹丝豆腐干。用油炸豆腐干夹新鲜萝卜丝、黄豆和花生熟粉、调味料后，蘸特制糖醋汁水使用

● 牛华麻辣烫（牛华镇 提供）

● 牛华豆腐脑（牛华镇 提供）

● 西坝夹丝豆腐干（西坝镇 提供）

● 板状待切割出售的西坝豆腐（西坝镇 提供）

的既可作蔬菜和饭食也可作零食的风味美食。

西坝豆腐。有400多年历史，采用西坝特殊泉水磨制豆花，在预制木槽压制而成的绿色高蛋白食品，以营养丰富、口味独特著称，既可直接食用又可卤制或直接作凉拌、炒食、烧菜等的主料或配料。

五通桥豆腐乳。在"五通桥毛霉"的作用下，用西坝豆腐发酵，配以特殊调料特制形成的营养丰富、可单食也可作调料被外国人称为"中国黄油"的美食和调料。

西坝生姜宴。以脆嫩的西坝生姜作主要配料或主食材，凉拌、炒肉丝、烧肉食的多品种宴席菜品。

西坝豆花。与富顺豆花同源。以特殊泉水泡大豆、石磨磨制、柴火烧豆浆、卤水点、筲箕压制豆花，配以特制蘸水，既可作小吃也可作蔬菜和饭食，味美营养，百吃不厌。

西坝豆腐宴。用西坝豆花和豆腐为原料制成的数十个菜品，扬名国内外。

牛华芽菜。用一种青菜经晾制、切丝、发酵、添加香料和调味料精制而成的可直接食用也可作调料的美食。

发展定位

贯彻新发展理念，主动扛起省委"建设世界级晶硅光伏产业基地"重大使命，以及市委赋予的建设"中国绿色硅谷"核心区光荣任务。坚持"工业强区"战略不动摇，深化供给侧结构性改革，落实省委"四化同步、城乡融合、五区共兴"和市委"旅游兴市、产业强市"战略部署，全力培育经济优质增长新动能、开拓城乡互促共生新局面、迈上生态文明建设新台阶、推进治理体系和治理能力现代化，在乐山加快融入成渝地区双城经济圈新征程中走在前列，实现宜居城市建设、智慧城市建设和区域可持续发展。

发展目标

2023年，地区生产总值同比增长10%以上，规模以上工业增加值增长22%以上，全社会固定资产投资增长11%以上，社会消费品零售总额增长2%以上，地方一般公共预算收入增长不低于5%，城镇、农村居民人均可支配收入分别增长6.5%、7%以上。"十四五"期间，地区生产总值增速保持高于全省、全市平均水平，"十四五"末全区经济总量达到800亿元，争创全国百强区。到2035年，与全国、全省、全市同步基本实现社会主义现代化。

（撰稿：陈致全 魏勤聪 审稿：李璐 黄镠钰）

03 沙湾区

基本情况

乐山市沙湾区地处大凉山与四川盆地的过渡地带，位于乐山市西南部的大渡河下游。位于东经103°25′~103°44′，北纬29°11′~29°31′之间。东邻乐山市五通桥区和犍为县，南界沐川县和峨边县，西靠峨眉山市，北连乐山市市中区，辖区面积605.57平方千米，总人口16.67万人。区政府驻地铜河街道（德胜大道95号），距乐山市政府驻地38千米。

历史沿革

建制始设于唐玄宗天宝元年（742年），号"拓林镇兵"。唐僖宗乾符二年（875年），将镇移至姚河坝，改为楠林镇，亦称南陵镇，历来一直为古镇。南宋诗人范成大在淳熙四年（1177年）离任回京前，作诗评"南陵"地处"灵山秀山水，沙岸湾环处"，故名"沙湾"。1978年5月，沙湾为四川省乐山地区乐山市（县级）辖。1985年5月，撤乐山地区建乐山市（地级），原县级乐山市划分为乐山市市中区、五通桥区、沙湾区3个县级区。2019年12月，沙湾区进行乡镇行政区划改革，经省政府批准调整为1街道8镇，分别是铜河街道、沙湾镇、嘉农镇、太平镇、踏水镇、福禄镇、牛石镇、葫芦镇、轸溪镇。

重要资源

矿产资源。沙湾区辖内矿产资源种类多，主要以非金属矿产为主，金属矿产较少。已发现矿产21种（非金属矿产15种，金属矿产和内生矿产6种），矿产地50余处。主要矿产包括煤炭、水泥用灰岩、耐火黏土（陶瓷用硬质黏土矿）、陶瓷用砂岩、伊利石黏土（俗称白泥矿）、石膏、砖瓦用页岩、熔剂白云岩、水泥配料用砂岩、水泥配料用黏土岩、建筑用玄武岩、长石、砖瓦用黏土、铁矿、铜矿、铝土矿、磷矿等。

动物资源。沙湾区有动物400多种，野生动物常见的有300多种，其中鱼类有7目14科80多种；哺乳类50多种，鸟类200多种；两栖类30多种。国家一级保护野生动物有大熊猫，二级保护野生动物有大鲵、兀鹫、红腹锦鸡、岩羊、中胸竹鸡、绿尾虹雉；国家二级保护鱼类——胭脂鱼和31种长江上游特有鱼类；四川重点保护野生动物有乌梢蛇、黑颈水鸭、仙姑弹琴蛙、黑啄木鸟等。

森林资源。林业资源自然植被受地理环境影响，可分为3个植被带谱：海拔1800米以上为灌木草丛、

暖性竹林；海拔1000米至1800米为湿性竹林、亚热带常绿针叶林、亚热带落叶阔叶林、亚热带常绿阔叶林；海拔1000米以下为暖湿带落叶阔叶与常绿阔叶混交林。有植物3000多种。全区林业用地总面积53万亩，活立木蓄积280万立方米，森林覆盖率65.97%；区境内植物有苔藓、草本植物、蕨类植物、禾本科植物、悬钩子、香叶树、柃木、乌泡、巨桉、柳杉、杉木、马尾松、湿地松、光皮桦、桤木、麻栎、香樟、慈竹、水竹、苦竹、麻竹等，区内分布有国家一级保护树种银杏、二级保护树种楠木和桫椤。

基础设施

交通。2022年末，区境内公路总里程758.999千米，乐沙城际生态大道、乐沙大道建成通车，形成了乐山、峨眉、五通桥"一刻钟交通圈"。沙湾区境内拥有5个火车站点，成昆铁路、成昆铁路复线和正在建设的乐西高速、连乐铁路纵贯全境。境内通航里程118千米，为内河5-7级航道，全部位于大渡河水域范围，全区共有航道码头7个，渡口3道，农村客运码头3个。

卫生。2022年末，沙湾区共有各级各类医疗卫生机构212个。其中，二级甲等综合医院1个、专科医院2个，二级乙等疾控机构1个、一级综合医院7个、一级妇幼保健院1个、一级镇卫生院8个；标准化社区卫生服务机构2个。

教育。2022年末，沙湾区境内有公办学校26所，其中义务教育阶段学校20所，非义务教育阶段学校6所（独立公办幼儿园3所）；民办幼儿园16所。

邮政物流。2022年末，沙湾区境内有2个城市网点，4个农村网点，代办网点9个。

主要产业

工业。沙湾工业源于国家三线建设时期，现已形成以德胜钒钛、罡宸不锈钢、嘉华水泥、德胜水泥为主的冶金建材，以龚嘴、铜街子、沙湾电站为主的清洁能源，以天华机械、昆宏机械为主的机械制造三大支柱产业，且不锈钢和钒钛钢形成了完整的产业链条。不锈钢产业园区辐射"一带一路"倡议合作国家不丹、越南、老挝、缅甸、菲律宾、马来西亚、印尼、柬埔寨等，荣获"中国西部不锈钢城"

● 沙湾经济开发区（中共沙湾区委宣传部　提供）

● 百里风光骑行绿廊（沙湾区文体旅游局　提供）

称号。不锈钢产业园区创建为国家新型工业化产业示范基地，沙湾经济开发区创建为省级绿色园区。

农业。大力发展特色农业。中药材以沙湾镇的黄连、太平镇的川佛手创建地理标志产品，走精细化、深加工高端品牌。茶业以玉芽、三峨、御园、龙雾茶叶有限公司为代表，打造提升"峰顶玉芽""金冈茶""御园林尖""铜茨龙雾"等特色品牌，着力推进"机械换人""电商换市"精深加工和全产业链建设。林竹业以"金福纸业"龙头企业为依托，发展林竹产品精加工，开发林竹高端产品。果蔬业依托园区规划建设，强强联合，配套建立冷链物流和农产品产地批发市场。畜牧业依托傲农康瑞、瑞和养殖、生辉养殖、明仕农业等龙头企业，坚持走种、养、加工生态循环发展道路。合理布局农业生产性、经营性服务业。因地制宜发展休闲农业、森林康养、乡村旅游等新业态。

文旅产业。积极发展全域旅游，郭沫若故居纪念馆成功创建为中国华侨国际文化交流基地，沫若戏剧文创园成功创建为国家4A级旅游景区。主动融入大渡河风景道联盟和"大峨眉"文旅发展联盟，加快推进滇川国家旅游风景道沙湾段、美女峰国家森林公园、红房子艺术家村落、铜河银滩、硝斗岩等文旅项目，建成沫若戏剧文创园、沫若书法艺术馆，新发现四川第一瀑布天坑硝斗岩、四川首个寒武纪早期化石库——范店生物群和全国最大天然睡佛——铜河睡佛文旅资源，全面启动四川省全域旅游示范区创建工作，创建为四川省首批全域研学试点区。

文旅品牌

美女峰。著名省级风景名胜区。美女峰又名三峨山，系峨眉山脉的第三峰。地处沙湾区城南6千米处，距成都160千米、乐山大佛41千米、郭沫若故居8千米。最高海拔2027米，因神似仰躺在地的

● 四峨梯田（沙湾区文体旅游局 提供）

● 铜河银滩（沙湾区文体旅游局 提供）

● 美女峰（沙湾区文体旅游局 提供）

美女，故名"美女峰"。大文豪郭沫若曾这样赞叹美女峰："那潇洒飘逸的长发，那端庄匀称的五官，那标志着青春妙龄的丰满乳峰……无不令人诗情万丈，浮想翩翩。"

"山水世界"生态农业文化产业园。位于沙湾区沙湾镇三峨山村，距乐山中心城区25千米，距成都仅需一个半小时车程，属美女峰北坡，是峨沙康养休闲走廊沿线的重要组成部分，占地83.48公顷，总投资3.3亿元，打造以体验性为核心的新旅游模式，以森林康养、山地运动、研学旅游三大板块为主要建设内容，并配套高山观光农业。

红房子艺术家村落。依托水电七局遗留在大渡河畔约12.5万平方米，占地约200亩的105栋旧办公、住宅用房（红房子），由北京金鉴投资有限公司投资打造的涵盖文化、艺术、旅游、康养、运动、酒店、餐饮、精品民宿等内容的艺术风情村落。

世外花乡生态旅游度假区。位于沙湾区轸溪乡双山村，占地20000余亩，拟打造集农业观光体验、旅游康养、乡村旅游于一体的生态旅游度假区，已被列为四川省乡村旅游示范村、省级森林度假康养基地，正在申报国家级现代农业产业园区，是沙湾区农旅融合乡村旅游的重点项目。

醉花谷。位于沙湾区太平镇罗一村，是由沙湾区子规农业发展有限公司投资打造的集科研、生产、科普、休闲旅游于一体的亲子主题乐园。

四峨梯田。位于沙湾区葫芦镇四峨村，始建于汉唐时期，当时官方在现葫芦镇地区屯兵，故发动当地百姓开山造田军需供粮。现有梯田3300多亩，海拔最低处400米，最高处1100米，落差较大，层次分明，周边涉及农户700余户。2017年3月，四峨梯田被评选为四川七大最美梯田之一。

铜河银滩。铜河银滩是大渡河风景道沙湾段的

● 红房子艺术家村落（沙湾区文体旅游局　提供）

第二个驿站，同时也是体量最大、功能最齐全的一个驿站。项目总占地800余亩，已完成区域内3.3千米骑行道、驿站主体、配套停车场的建设，并对区域环境进行了绿化。引入航模、热气球、滑翔伞、摩托艇、儿童无动力车、卡丁车、游戏鬼屋、玩沙戏水等14个项目，将该项目打造成了西部地区具有影响力的滨水亲子主题公园，也是大渡河风景道的精品景点。2021年4月28日对外开放。

风味美食

福禄泉水鱼。在沙湾区境内大渡河中下游福禄古镇一带的数百个水洞中，生长着一种以浮游生物为食，外形肥硕灰黑，全身花纹清晰可见，触之滑润而无鳞片，手指般长短的稀有鱼类。春夏之交，桃花水发时，鱼儿就会从洞中随水而出，当地渔民们因此取名为"泉水鱼"。传说这是郭（沫若）家餐桌上的特色珍贵食品。泉水鱼肉质鲜嫩味美，肥而不腻，清醇爽口，当地传统吃法是清蒸或者跑油蒸制。烹饪此鱼时无须去鳞甲、破肚腹，只需用竹签或牙签使巧力一气呵成将苦胆挑出即可。泉水鱼油炸酥脆爽口，水煮清香味长，红烧鲜香麻辣……在川内享有"沫若故里景色秀，福禄古镇泉鱼美"的美誉。

太平豆腐干。太平豆腐原名茶溪豆腐，因采用茶溪之水、三峨之豆精制形成而得名。三峨者，即美女峰。茶溪者，即美女峰北麓之溪也。郭沫若少年诗歌"闲钓茶溪水，迎风颂我诗"中所说的茶溪，即指此。当时茶溪豆腐就已经名扬嘉州，蜚声三江。太平豆腐干在发酵过程中放入木香、茴香、丁香、百香等多种香料熏浸，晾干后外表脆黄、中间嫩白，是豆制品中之极品。太平豆腐干可以烧吃、炸吃、蒸吃、炖吃，可以做成馅，也可往里装馅，可以热拼，也可凉拌，十百个厨师，千万种做法。

范店老腊肉。范店老腊肉是典型的绿色食品，猪肉选自村民使用优质玉米、红薯等粮食作物喂养的生态猪，利用盐、八角、广姜、料酒等近10种佐料腌制，然后采用柏树枝、丝茅草等富含香味的作物熏制，风味独特，色香味俱全。

光明鳝丝。光明鳝丝是沙湾区特色美食之一，以店老板季光明的名字命名，原料为本地野生鲜活鳝鱼。鲜活宰杀，佐料采用椿尖儿、藿香、香蒜、生姜，配以上等菜油和豆粉等物，具有鲜、香、滑、嫩、脆等特点。季光明还将人们眼中的废料鳝鱼骨用独特配方佐料，煎炒加工，创制了一道知名辅菜——香脆麻辣炸鳝骨，同样受食客欢迎。

发展定位

立足新发展阶段，贯彻新发展理念，融入新发展格局，按照"1145"工作思路，坚定"工旅融合发展示范区"战略定位，紧扣"农旅兴区、工业强区"发展主线，围绕建设"实力沙湾、幸福沙湾、活力沙湾、清朗沙湾"四条路径，打造沫若文化名城、沙湾新城、国家级新型建材产业基地、国家级道地中药材产业基地和国家级研学旅行基地。

发展目标

沙湾区发展目标包含定性、量性和远景三个。定性目标为综合实力迈上新台阶、改革开放书写新篇章、生态建设实现新突破、人民生活得到新改善、社会治理取得新成果。量性目标为"十四五"期间保持地区生产总值年均增速高于全国和全省、全市平均水平，力争"十四五"末经济总量达到300亿元。2035年远景目标为与全国、全省、全市同步基本实现社会主义现代化。

（撰稿：章瑢一辉　董伟　审稿：潘相蓉　杨蓓蕾）

04 金口河区

基本情况

金口河区位于小凉山腹地，距乐山中心城区120千米，地处乐山、雅安、眉山、凉山四市州交界处，位于东经102°50′~103°10′，北纬29°00′~29°00′之间，是三线老区、边远彝区、深度贫困区县，也是全省唯一不对外开放的区县。辖区面积598平方千米，总人口4.8万人，有彝、蒙古、回、藏、苗、满、侗、白、土家、哈尼、傣、羌、锡伯等13个少数民族，其中彝族人口占13.5%。

历史沿革

金口河古为夷人所居，到汉代始被划归属地，隶南安县。后周为平羌县地。隋开皇四年(584年)，

● 金口河区全景（张兵 拍摄）

平羌县更名峨眉县，隶属相随。唐麟德二年（665年）为罗目县，隶属剑南道，后仍改名峨眉县，亦随属。宋乾德四年（966年），为峨眉县之边地，名虚恨部。嘉祐元年到淳祐十二年（1056—1252年），名普雄乡（今金口河区），置归化县（今永和镇），到元代六百多年未变。明万历十五年（1587年）归化县改名归化堡，后名归化汛。清康熙元年（1662年）设千总衙署一员，建置于归化场，俗称"衙门口"。嘉庆十三年（1808年），始于大堡设立厅治，名峨边抚夷厅，次年，将归化汛划归峨边。峨边设厅知事，将所辖9乡划为5个区，金口河为第四区。民国三年（1914年），改厅为县，县城设于大堡，金口河为第二区。民国七年（1918年），峨边县成立团防区，旋又恢复五区制。民国二十四年（1935年），改峨边县公署为县政府，推行保甲（联保）制。全县划为三区五联保，金口河区为二区二联保。民国二十九年（1940年），峨边调整区划，全县划为两个区，第一区为大堡，第二区为金口河。

1949年12月19日，峨边县解放。1950年8月15日成立峨边县人民政府，建立3个区，即第一区（大堡）、第二区（金口河）、第三区（沙坪）。

1978年4月，建立金口河工农示范区。同年11月4日，峨边县与金口河工农示范区办理交接手续。

1979年1月，金口河工农示范区更名为金口河工农区。同年10月5日，金口河工农区划归乐山地区领导，设有和平、金河、建设、永胜、永乐、共安6个公社。1984年2月，撤社建乡，全区6个公社改建为6个乡，其中和平、共安改为彝族乡。1985年2月21日，金口河工农区设为乐山市直辖区，更名为乐山市金口河区。2019年12月，全区乡镇由6个减至5个，即永和镇、金河镇、永胜乡、和平彝族乡、共安彝族乡，村（社区）由45个减至30个。

重要资源

矿产资源。区内已发现矿产有磷、硅石、铁、铜、铅锌、锰、脉石英、水晶、石灰岩、白云岩等14种。

水资源。大渡河自西向东曲折迂回穿金口河区境而过，南北两岸的支流、支沟呈叶脉状纳入大渡河干流，将地表水径流天然划分成两大区。地表水资源流量54564万立方米，过境水资源总量为435亿立方米。区境内主要有过境干流大渡河，一级支流小河、金口河，二级支流野牛河、顺水河以及少量的高山湖泊。

森林植被。金口河区复杂而特有的自然条件，形成了种类繁多、复杂的森林植物群落。植物种类达2000余种，其中种子植物130余科1300余种，常见的林木有40余科100余种。区内分布乔木树种近40科100余种和部分变种，既有大面积天然林，又有人工林。主要植被呈明显垂直分布，中低山主要分布的乔木树种有桢楠、香樟等，主要经济树种有油桐、乌桕、核桃、茶等，灌木树种主要有马桑、悬钩子等。亚高山（海拔2400米以上）暗针叶林带分布植物群落相对单一，主要乔木树种有冷杉、云杉等，林下植物主要是箭竹、杜鹃、三月竹等。全区分布国家重点保护Ⅰ、Ⅱ级珍贵树种主要有珙桐、银杏等10余种。

野生动物资源。金口河区的动物区系复杂，种类丰富，古老、珍稀、濒危、渐危物种多，是天然的动物种子基因库。区内野生动物有200多种，其中兽类30余种，鸟类145种，爬行类13种，两栖类12种，昆虫类300多种，鱼类6种；珍稀特产有50余种，列入国家重点保护Ⅰ、Ⅱ级的有20余种，主要为大熊猫、扭角羚、四川山鹧鸪、穿山甲、枯叶蝶等，对研究世界生物区系具有重要的地位和保护意义。

基础设施

"十三五"时期是金口河决战脱贫攻坚、决胜全面小康取得决定性成就的五年。金口河区累计投入扶贫资金37亿元,实施扶贫项目541个,先后新(改)建住房8577户,建设提升县乡公路、村组道路、联户路、产业路920千米,解决安全饮水3.5万人、提升9000户群众生活用电质量,改造提升中小学和幼儿园19所、乡镇卫生院和村卫生室29所。

峨汉高速、成昆复线全速推进,全面融入"乐山一小时经济圈""成都两小时经济圈"。完成交通道路建设338千米,通村、通组公路实现100%硬化,大瓦山旅游环线、大渡河二桥等项目加快推进,成功评为全省第三批"四好农村路"示范县。

滨河路特色街区、红华老旧小区改造、金韵广场等一批标志性惠民工程建成投用,全区城镇化率达49.6%,城市绿化率达37%。成功打造"花漾安居"顺河村等美丽宜居乡村26个,林丰村等5个村入选"中国少数民族特色村寨",曙光村连续两年被评为全省乡村振兴示范村,胜利村被命名为国家森林乡村并成功入选全省乡村旅游重点村。

主要产业

2022年全年地区生产总值37.7亿元,按可比价计算,比上年增长2.8%。分产业看,第一产业增加值5.0万元,增长4.6%;第二产业增加值19.0亿元,增长2.5%;第三产业增加值13.7亿元,增长2.5%。三次产业比重为13.3∶50.4∶36.3。从拉动力来看,第一产业对经济增长的贡献率为24.8%,拉动经济增长0.7个百分点;第二产业对经

● G245金口河大峡谷段(辜顺刚 提供)

济增长的贡献率为42.5%，拉动经济增长1.2个百分点；第三产业对经济增长的贡献率为32.8%，拉动经济增长0.9个百分点。

工业。工业以绿色水电能源和工业硅冶炼、矿山开采为主。

金口河区水电蕴藏量达180万千瓦，占乐山市的三分之一。现有各类大小水电站66座。枕头坝一级、沙坪二级水电站先后于2016年、2018年建成发电，枕头坝二级、沙坪一级水电站已经开工建设。预计到"十四五"末，金口河水电装机容量达到150万千瓦，跨区域水电装机34.7万千瓦，年发电量突破90亿度。重点企业有国能枕头坝公司、鑫河公司、金洋公司。建成有三角石工业园区。

农业。金口河区农业以道地中药材、茶叶和特色农产品为主。道地中药材品种颇多，有乌天麻、川牛膝、红豆杉、黄连、重楼、白及、黄精、百合、川芎等多类品种。全区已建成红豆杉、乌天麻、川牛膝等中药材种植基地2.6万余亩，年产值8000万元左右。建成国家级药材示范社2家、省级专合社2家、市级龙头企业1家，"三品一标"农产品18个。川牛膝、板厂坪乌天麻等获国家地理标志保护产品认证，金口河被评为全省中药材重点县区。

茶叶主要有大瓦山高山云雾茶、林丰春雨、老鹰茶。全区共有茶叶基地1.2万余亩，其中有机茶园基地5000余亩，年产值800余万元。

特色农产品主要有藤椒、藤椒油、高山食用菌、高山峡谷蜜、牡丹籽油、蓝莓等。建设农业园区2个，分别是东西部扶贫协作现代农业产业园、川牛膝现代农业园区。

文旅产业。金口河区拥有四川大渡河峡谷国家

● 枕头坝一级水电站（张兵 拍摄）

● 川牛膝种植基地（辜顺刚　提供）

地质公园、四川大瓦山国家湿地公园和大瓦山天池、大峡谷国家级水利风景区三个"国"字号资源。目前金口大峡谷成功创建国家4A级旅游景区，大瓦山国家湿地公园4A级旅游景区创建有序推进，总投资30亿元的大瓦山旅游开发项目正在加快建设。

文旅品牌

铁道兵博物馆。 位于四川大渡河峡谷国家地质公园内，展陈面积1000平方米。馆内共收藏各类珍贵历史照片、生产工具、生活用品、书籍、证章、影像资料等铁道兵文物680件，是目前全国唯一一座以革命传统教育为内容，以铁道兵为纪念主题的博物馆。铁道兵博物馆2013年被评为乐山市青少年爱国主义教育基地，命名为"四川省第六批爱国主义教育基地"；2014年被命名为"四川省第三批国防教育基地"；2017年12月，被认定为"四川省民族团结进步教育基地"；2018年12月，被认定为"四川省中共党史教育基地"；2019年被评为"四川省科普教育基地"。

四川大瓦山国家湿地公园。 位于永胜乡境内，园内四季花香不断，景象奇绝，被19世纪美国自然科学家贝伯尔誉为"世间最具魔力的天然公园"。2011年，被评为国家级湿地公园（试点）；2013年，入选四川100个最美观景拍摄点；2014年11月，被评为金口河大瓦山五池水利风景区；2016年7月，被评为国家级湿地公园。

公园内有保存完整的冰川U形谷、刃脊、角峰、冰斗、冰蚀湖、冰碛物等晚更新世古冰川地貌，

● 铁道兵博物馆（张兵 拍摄）

● 四川大瓦山国家湿地公园（辜顺刚 提供）

形成三大天然湖泊和两大泥炭沼泽的"五彩天池"。境内各种珍稀动植物种类丰富，自然生态环境仍然保持了最原始状态，是一座保存最完美的"自然生态博物馆"和"野生动植物基因库"。大瓦山湿地旅游区的主要景点包括大瓦山、五彩天池、凤凰睡佛、史迪威公路北线——抗战乐西公路。大瓦山，是四川大瓦山国家湿地公园的最高峰，系二叠纪火山喷发的玄武岩构成，海拔3236米，山顶部面积1.6平方千米，是世界上最高的孤峰状平顶山，与峨眉山、洪雅瓦屋山呈三足鼎立状，被誉为"蜀中三绝"。

风味美食

永胜腊肉。制作永胜腊肉的生猪原料，由大瓦山周边高海拔村落供给。优渥的自然环境，延续野菜加粮食的农家饲养，摒弃饲料添加剂，纯自然生长，生猪肉质细腻，纤维素丰富，油脂饱满，色彩粉红。沿用传统制作技艺，保证了永胜腊肉肥而不腻、回口鲜香的特点，不仅滋养脾胃，还能滋阴补气。

红薯麻糖。乐山市市级非物质文化遗产。其原料为金口河本地产红心番薯，营养成分高，淀粉和含糖量丰富。红薯麻糖由番薯与麦芽通过柴火熬制，全手工制作，无添加剂，香脆甘糯，养脾健胃，老少咸宜，尤其适合体虚者和幼儿食用。

老鹰茶。乐山市市级非物质文化遗产。老鹰茶是樟科木本植物，属常绿乔木，叶质厚，泽深绿，遍及大渡河金口大峡谷海拔1800米左右的悬崖。采其嫩枝嫩叶，杀青、轻微发酵、晾晒后，可当茶泡饮。老鹰茶含芳香油、多酚类化合物，泡饮时较清香，滋味厚实，回甘快，尤其夏季饮用，消暑解渴、健胃开脾，陈茶消积食，长期饮用能缓解便秘、胸闷等症状。

发展定位

金口河区的发展定位是按照"一个主题、一条主线、六个加快、八大行动"即"1168"发展思路，奋力推进与区位优势相匹配、与省市要求相适应、与人民愿望相契合的高质量发展：紧扣"生态立区、产业强区、旅游兴区"发展主线，加快构建"道地中药材＋高山果蔬"扩面延链、"水电＋硅材＋矿产"重点发展、"一山、一峡、一馆、一街"协同打造的"234"特色产业体系，加快建设世界重要旅游目的地增长极，加快建设四川彝区乡村振兴示范区，加快建设"中国绿色硅谷"上游产业配套基地，加快建设乐山西向开明开放门户区，加快建设乐山特色有机农产品基地，实施全域乡村振兴行动、生态环境提质行动、全域旅游扩容行动、产业转型升级行动、开放门户建设行动、美丽城乡建设行动、创新驱动赋能行动、党建强基固本行动。

发展目标

到2027年，全区地区生产总值突破55亿元，年均增长8.5%；实现生态文明建设明显进步、经济质量效益明显增强、改革开放创新水平明显提升、社会文明程度明显提高、人民生活品质明显改善、安全发展保障明显增强。到2035年，与全国、全省、全市同步基本实现社会主义现代化。全面建成文旅兴盛的魅力金口河、繁荣富强的活力金口河、兼容并蓄的开放金口河、现代精致的宜居金口河、山清水秀的生态金口河、平安幸福的和谐金口河、风清气正的清明金口河。

（撰稿：吕洁　审稿：廖青兰）

05 峨眉山市

基本情况

峨眉山市地处大小凉山与四川盆地的过渡地带，位于乐山市西部。位于东经 103°10′~103°37′，北纬 29°17′~29°43′之间，东邻乐山市中区、沙湾区，南连峨边彝族自治县，西毗洪雅县、金口河区，北接夹江县，辖区面积 1181 平方千米，常住人口 41.91 万人。市政府驻地胜利街道，距乐山市政府驻地 33 千米。

历史沿革

隋开皇十三年（593 年），置峨眉县，属眉山郡。因地处峨眉山东麓，取大峨山与二峨山两山相对如眉得名，简称峨眉。另一说峨眉作蛾眉，谓山"云鬟凝翠，鬓黛遥妆，如蟒首蛾眉，细而长，美而艳也"。于是有"峨眉天下秀"之谚。或谓"峨以名言，状其巍峨；眉以形言，有如秀眉"。隋大业十二年（616年），置绥山县。唐麟德二年（665 年），置沫州罗目县。唐武周久视元年（700 年），析绥山县分置乐都县。宋乾德四年（966 年），废绥山、罗目入峨眉属嘉定府。清嘉庆十四年（1809 年），划出县西南大为以西地区设峨边厅。1949 年 12 月 17 日，峨眉解放；12 月 24 日，成立峨眉县人民政府，属川南行政公署乐山专区。1956 年，划夹江县悦连乡入峨眉县。1958 年，划乐山县符溪乡、平城乡入峨眉县。1984 年，划乐山市新农乡之新农、新和、新沟、新堰 4 村入峨眉县。1988 年 9 月，撤县设市（省辖县级市，由乐山市代管）。

● 峨眉山市概览图（峨眉山市融媒体中心　提供）

重要资源

土壤植被。市境内出露地层较齐全，从老到新，除缺失志留系、泥盆系和石炭系外，从元古界到新生界地层均有出露。

市境内有植物 5000 余种，约占中国植物物种总数的 10%。特有植物 107 种，占中国特有植物总数的 11.56%，属国家首批重点保护的植物有 31 种，其中桫椤和珙桐是全国一级保护植物。

矿藏资源。市境内矿产资源共有 17 类 21 种。矿产资源分布相对集中，主要在两个地区，绥山镇荷叶湾一带，以煤、铁、白云岩矿为主，另有磷、硅石、含钾岩石等矿；龙池镇杨村铺、硫黄厂及龙门场一带，以煤、石膏、硫铁矿、铜矿、铁矿为主，小楔头地带以耐水黏土为主。已经开发的矿产品有煤炭、石膏、水泥用灰岩等，煤炭储量 3200 余万吨，石膏储量 1 亿吨以上，水泥用灰岩 5 亿吨以上。

旅游资源。市境内旅游资源丰富，拥有世界文化与自然遗产峨眉山，自然景观与人文景观交相辉映。有 5 处国家级文物保护单位（峨眉飞来殿、峨眉山万年寺铜铁佛像、峨眉山圣积寺铜塔和铜钟、峨眉山古建筑群）；有国家 5A 级旅游景区峨眉山风景名胜区、4A 级旅游景区大佛禅院佛教文化旅游区和四川旅博天地景区、农夫山泉峨眉山工业旅游基地，以及历史文化名人留下的大量文物和诗词书画等。

基础设施

交通建设。境内拥有 5 个火车站点，2 个高铁站点，成昆铁路和正在建设的乐西高速、成昆铁路复线、连乐铁路纵贯全境。2022 年末，峨眉山市境

内公路总里程1314.605千米，西环线、木太路、青杨路建成通车，成昆复线峨眉至燕岗双线开通，峨汉高速峨眉至峨边段建成通车。境内主要河流有峨眉河和大渡河，水路通航里程35千米，设有2个公益性渡口、2个码头。

城乡建设。创成国家卫生城市、全国文明城市提名城市。深入推进"五清"行动、场镇提升行动，老旧小区改造，改建农贸市场等。2022年末，全市共有各级各类学校99所，医疗卫生机构315个，群众文化馆1个，公共图书馆1个，体育场馆1个，乡镇（街道）综合文化站（中心）13个。

生态建设。深入实施"大气质量提升行动"，统筹推进工业源、移动源和道路扬尘治理，空气质量优良天数达327天。严格落实河（湖）长制，主要河流水质均达到或优于Ⅲ类水质标准。深入实施农村人居环境整治，新（改）建农村厕所，农村生活垃圾、污水得到有效处理村达100%，化肥和农药使用量实现负增长，农村面源污染得到有效控制。完成45座电站清理整改，非法捕捞行为得到全面遏制，水资源配置、水环境综合治理等项目有序推进，获评全国第四批节水型社会建设达标县。深入开展"绿秀峨眉"行动，新增各类营造林、恢复绿化矿山植被，全市森林覆盖率达63.67%。

主要产业

工业。峨眉山市工业以食品饮料、绿色材料和特色轻工产业为主，食品饮料产业主要产品有茶叶、水饮料等，重点企业有竹叶青、农夫山泉、保乐力加；绿色材料主要产品有水泥、陶瓷等，重点企业有峨胜水泥、金陶瓷业；特色轻工产业主要产品有机械加工、旅游装备等，重点企业有登尧机械、金威利等。峨眉山经济开发区获评四川省优秀开发区。

● 保乐力加叠川麦芽威士忌酒厂（峨眉山市文体旅游局 提供）

● 峨眉山茶山（峨眉山市文体旅游局 提供）

农业。大力发展优势特色产业，以茶叶为主导产业，着力打通从"茶园"到"茶杯"的全茶产业链，成功创建国家现代农业产业园。地理标志保护产品"峨眉山茶"品牌价值达38.14亿元，茶产业综合产值达140亿元；培育以竹叶青、峨眉雪芽、仙芝竹尖等茶产业加工集群，现有"竹叶青""论道""峨眉雪芽"等中国驰名商标；打造嘉峨茶谷、寨子茶里等茶旅融合示范点8个，创建市级现代农业园区1个，配套建立冷链物流和农产品产地批发市场。大力推广稻—药轮作种植模式，建成稻—药县级现代农业园区1个，有效提高土地产出。以"万佛藤椒"龙头企业为依托发展藤椒产业，创建地理标志保护产品，开发藤椒油系列调味料。

文旅产业。依托峨眉山5A级旅游景区，积极发展全域旅游，实施峨眉山医养康养城、南山里、高桥里、水谷、医谷、药谷、太阳谷、酒谷、花谷等项目；创建有大佛禅院佛教文化旅游区、四川旅博天地景区、农夫山泉峨眉山工业旅游基地3个国家级4A旅游景区；打造了重大文化旅游项目"只有峨眉山"戏剧幻城；打造四川省"五大"民宿集群之一的"峨眉山居"；入选天府旅游名县，顺利建成全国唯一以茶旅融合为特色的国家现代农业产业园，相继获评首批国家全域旅游示范区、全省县域经济发展强市、实施乡村振兴战略工作先进市、促进服务业发展工作先进市等荣誉；峨眉月南花乡基地、农夫山泉峨眉山4A级工业旅游基地成为全省首批试点研学旅行基地。

文旅品牌

峨秀湖国家级旅游度假区。位于峨眉山市内，坐落于世界文化与自然遗产、国家级风景名胜区、国家5A级旅游景区——峨眉山脚下，总面积10.79平方千米。度假区是以自然生态山水为基底，以大佛禅院、滨湖温泉为主题资源，以禅修养心、温泉

● 峨秀湖国家级旅游度假区（峨眉山市文体旅游局 提供）

养生为主题产品，融合山、水、茶、武等特色资源的温泉禅养旅游度假区。

国家现代农业产业园——嘉峨茶谷。 位于峨眉山市符溪镇，是一处以茶旅融合为特色的，集研学、餐饮、住宿、茶零售、旅游、茶业合作等要素于一体的国家现代农业产业园。园区分为南、北两区。南区以茶树良种繁育中心建设为主，同步建有种质资源圃、游客中心、茶艺培训中心、产品展销中心、传人手工作坊、汽车露营地等。北区以产村融合示范为主，同步建有观景平台、骑游步道、湿地公园等。

国家级乡村旅游重点村——胜利街道月南村。 位于峨眉山市胜利街道，背靠峨眉山景区，拥有百万游客基础。乡村旅游点月南花乡，园区可同时容纳2000多人就餐、上万人游园、3000多人研学游学。园区新优花卉和花药食材达500多种，旅游产品和旅游项目众多，四季鲜花不断，景色宜人，已成为峨眉山市花卉科普示范基地，并获评四川省研学旅行基地。

四川省历史文化名镇——罗目古镇。 又名青龙场，始建于唐高祖武德元年（618年），商周时期已有人居住，相传是明清时期茶马古道从平原进入山区的第一站，至今保持着不少传统手工艺和风味小吃。镇内有旅游资源75处，在建筑、文物、水系、民俗、民宿、美食等方面独具特色，被评为"中国传统村落""四川省历史文化名镇""四川省乡村旅游重点村""四川最美古镇"。

峨眉山戏剧幻城。 位于峨眉山脚下，占地面积约7.8万平方米，以峨眉山最负盛名的云海为创意元素，打造了"云之上""云之中""云之下"三个演出剧场，并在全国首创实景演艺与周边原始村落相融合的演艺方式。是世界文化与自然双遗产峨眉山和著名导演王潮歌艺术水准的完美融合，被誉为中国旅游演艺的一大创新突破之作。2020年11月，荣获"成渝十大文旅新地标"。

● 罗目古镇（峨眉山市文体旅游局 提供）

国家级非物质文化遗产——峨眉武术。发祥于峨眉山，源于春秋，成于南宋，盛于明清，发展至今有 3000 余年的历史，已成为四川武术的代名词，融合了儒、释、道三教文化与民间武术之精髓，涵盖多种拳术、器械、养身功法，拳种上百，门派众多，构成了博大精深的峨眉派武术体系。

风味美食

雪魔芋烧鸭。因取材峨眉山雪魔芋而得名，鸭肉鲜香，汁厚味浓。以本地土仔鸭、峨眉雪魔芋干品（以灰白色无砂为上品）为主原料。雪魔芋用温水涨发两个小时，挤出水分后切成条状备用。锅内下混合油（菜籽油和猪油），五成油温下入桂皮、八角、白蔻、小茴香、汉源花椒，出香味以后下入剁好的鸭块和自制的剁椒胡豆瓣酱，加水大火烧开以后加盖焖煮，最后加入切好的雪魔芋。所有材料中火烧半个小时并收汁。

牛肉汤锅。地方特色美食之一，从有史可查的资料来看，起源于 20 世纪 30 年代末期，距今有 80 余年历史。汤色碧青、香味绵长。食材原料选择讲究，主料选用峨眉山及周边高山放养黄牛的牛骨、牛肉、牛内脏等，辅料选用峨眉山本地生态时令蔬菜，调料选用峨眉山本地紫皮大蒜，二荆条青红辣椒、小

● 雪魔芋烧鸭（峨眉山市商务局 提供）

米椒、香葱、香菜、芹菜等。鲜美汤底是由新鲜的牛骨、牛肉、牛舌等，再辅之以根据24个不同节气精选的近几十味对人体有益的草本香料通过大火煮沸、小火慢煲6个小时精心煲制而成。将牛的躯体、头、尾、蹄、内脏等部位，切制成型后，在滚烫的由20多种中药材熬制而成的底汤里烫制成熟，再配上自制的蘸碟食用。

烟熏卤鸭。起源于清代，从罗目镇的"油烫鸭"演化而来。制作好的烟熏鸭综合了酱卤烟熏的口味，红中透亮、皮酥不腻、肉嫩味鲜，风味独特，深受消费者欢迎。制作地道的烟熏鸭一般选取生长70天左右的本地土鸭，经过腌制、烟熏、卤制三大步骤制作而成。其中烟熏使用的原料一般选用杉木、柏木等树的锯末和玉米外壳，保证其独特的清香。

龙池烤鱼。峨眉山市非物质文化遗产，源于龙池镇。龙池烤鱼外焦里嫩，味道鲜美，吃起来别有一番风味，是四方宾客来到峨眉山必点的地方特色名菜品之一。20世纪二三十年代，当地居民到龙池湖捕鱼，将所捕获的鱼用荷叶、南瓜叶等包上，在火上烤熟。后来，人们将鱼抹上食盐，加上葱、姜等佐料，味道更为鲜美，形成龙池烤鱼技艺的基础。改革开放后，烤鱼技艺得到改进和提升，鱼肚子里装有芽菜，外面撒上椿芽、藿香，鱼的外面烤熟的度恰到好处，自成一派，颇具特色，逐渐被人们熟知。

发展定位

着力推动景城一体、产城一体、城乡一体化发展，加快构建"一核一带四区"新格局。

一核，即确立峨眉山景区作为市域经济发展的核心地位，依山兴市、依市兴产、景城一体、产城互动，打造世界重要旅游目的地核心吸引物。

一带，即举全市之力建设环峨眉山景区世界级生态医（康）养旅游度假带，沿峨眉山麓的双福、绥山、黄湾、峨山、罗目、高桥、龙池等乡镇（街道）"新月形"区域，布局高端医（康）养基地、精品文化民宿群落、世界遗产研学园区，引领全域旅游示范发展，形成世界重要旅游目的地新的支撑。

四区，即在市域北部规划建设中国高山高端绿茶发展示范区，将优质高山绿茶作为"一县一品"特色主导产业，提高茶叶基地品质，壮大茶叶企业规模，提升峨眉山高山高端绿茶品牌，推动茶旅融合发展，形成具有全国影响力的茶产业发展生态链，丰富世界重要旅游目的地内涵特质。在市域中部以城市主城区为中心规划建设中部城镇集聚区，推动中心城区与符溪、双福、黄湾、高桥、桂花桥等集镇一体化发展，完善世界重要旅游目的地功能配套。在市域东部规划建设东部绿色工业园区，充分依托铁路、高速公路便捷运输网络，加快发展食品饮料、绿色材料、特色轻工三大产业，提升世界重要旅游目的地整体产业能级。在市域南部规划建设南部生态发展示范区，严控矿产资源开发，严守生态红线，着力发展绿色有机循环农业和乡村旅游产业，筑牢世界重要旅游目的地生态本底。

发展目标

全面贯彻新发展理念，坚持稳中求进工作总基调，围绕"1238"总体思路，聚焦"建设世界重要旅游目的地"愿景，紧盯"建成世界级旅游景区、争创全国百强县"工作目标，深入实施"生态立市、文旅兴市、产业强市"发展战略，牢牢把握"文旅融合、景城一体、产业创新、乡村振兴、民生改善、改革开放、社会治理、党的领导"八个工作抓手，推动经济社会高质量发展。

（撰稿：李玲　审稿：王敏）

06 犍为县

基本情况

犍为县，因郡得名，历史悠久，文化灿烂，自古就有"金犍为"的美誉，是"中国绿色小康县""中国茉莉之乡""中国茶乡""中国茉莉茶之都""中国名茶之乡""中国桫椤之乡""国家卫生县城""省级生态园林县城""省级文明城市"。

犍为县隶属于乐山市，位于四川盆地边缘浅丘地带，地处岷江中下游，地理坐标为东经103°43′~104°11′，北纬29°01′~29°27′。县东北与荣县交界，东南与宜宾市叙州区为邻，西南与沐川县相交，西北与乐山市沙湾区、五通桥区接壤，北与井研县毗邻。区域面积1375平方千米，辖15个镇、164个行政村、39个社区，县政府驻玉津镇西街。2022年末，户籍总户数190862户，户籍人口539770人，其中城镇人口109277人。

县境内的地质构造，属川中台拱威远穹窿构造西部（威西地区）及沐川—马边弧形褶束，地质构造简单，断裂稀少，以东北向或近东西向的平缓褶皱（背斜、向斜）构造为主，褶皱两翼地层形状平缓。境内山脉主要由乌抛山东系、大凉山北系、大凉山南系三大系脉组成。县境河流多属岷江水系，大小河流溪沟26条，其中汇水面积大于10平方千米的有17条。属亚热带湿润气候，雨量充沛，气候温和。

历史沿革

今犍为县地，秦时属蜀郡。自汉至隋，大部分时间隶于犍为郡。汉建元六年（公元前135年），汉武帝征服"西南夷"，置犍为郡。隋开皇三年（583年），废北周所置沉犀郡，改武阳县为犍为县，属戎州，是今县境称犍为县之始。唐天宝元年（742年）改嘉州为犍为郡。乾元元年（758年），犍为郡复为嘉州。宋乾德四年（966年），废玉津县为镇，并入犍为县。元至元十三年（1276年），嘉定府置总管府，属四川行中书省，领县七，犍为即其一。明洪武九年（1376年），降嘉定府为州，直隶四川布政使司，领县六，犍为即其一。清康熙八年（1669年），置建昌上南道，领嘉定州，犍为县属嘉定州。雍正十二年（1734年），升嘉定州为府，犍为县属嘉定府。民国元年（1912年），废道制，府、州、厅由省直辖。置县公署，设县知事。犍为县仍属嘉定府。民国二十四年（1935年），划全省为18个行政督察区，犍为县属第五行政督察区。

1949年后，犍为县属川南行政公署乐山专区。1953年，撤销行署，成立四川省，省以下仍设专区，

● 犍为县县城全景（犍为县摄影家协会 提供）

犍为县属乐山专区。1968年，乐山专区改称乐山地区，犍为县属乐山地区。1985年5月，撤销乐山地区，改为乐山市，犍为县属乐山市。1992年9月10日，犍为县调整为12个镇、18个乡。2019年12月12日，犍为县调整为15个镇。

重要资源

矿产资源。犍为县境内发现主要矿产16种，其中查明资源量的矿产11种，优势矿种主要为煤矿。地下煤矿和盐矿资源较丰富，截至2022年底，煤炭保有资源储量8053.9万吨，盐矿保有资源储量14059.7万吨。

生物资源。木本植物资源丰富，有96科、501种。用材林以巨桉、杉木为主，经济林木以柑橘、桑树、茶叶等为主，竹类以慈竹、硬头黄为主。其中珍稀树桫椤，是中生代三叠纪和侏罗纪的树种，属国家二级保护植物，有20余万株。哺乳动物有水獭、果子狸、貂、黄鼬等。鸟类有杜鹃、雉鸡、白鹭、白鹤等。爬行动物有蛇、蜥蜴、龟等。两栖动物有蛙、蟾蜍、大鲵等。鱼类有鲫、青波、鳜、鲢、黄辣丁等95个品种。昆虫有蜻蜓、椿象、赤眼蜂等。其他动物还有蜘蛛、虾、蟹、螺等。

水资源。县内山丘地区河流切割较深，浅层地下水少，河川径流基本上为地下水，可将河川天然径流近似地作为水资源总量。地表水全县多年平均水资源总量为10.7亿立方米；河川径流主要靠降水补给，每年平均降雨量为1582.3毫米，变化幅度931.5～1650.5毫米。多年平均地下水资源量2.33亿立方米；过境水资源极为丰富，多年平均入境水量804.72亿立方米，多年平均出境水量815.21亿立方米，其中岷江入境水资源量为755.69亿立方米，出境水资源量为807.9亿立方米，给工业、农业、水上运输业的发展创造了有利条件。全县水力资源有5.88万千瓦，可开发利用2.1万千瓦，占35.8%。

思路，全力打造成都平原经济区南向开放门户。连续实施两轮交通建设大会战，"一航一铁两高速三干线"贯穿全境，初步形成内通外畅、互联互通的综合交通枢纽体系。截至2022年底，全县公路通车里程达到2933.633千米，其中高速公路100.568千米，国道39.443千米，省道97.881千米，县道289.593千米，乡道524.222千米，村道1881.926千米，100%的镇、100%的村通水泥路（油路）。

城乡建设。城区内开展缓堵保畅、绿化维护、道路沉降修复以及岷江、马边河堤防综合治理工程，开工建设老旧小区、城镇危旧房棚户区改造项目，新增文庙广场等。实施农村安全饮水及管网延伸项目、分散供水、农网改造和低电压治理等项目，天然气管网延伸到村。全县共有学校152所、卫生机构（含村卫生室）559个、文化馆1个、公共图书馆1个、电影院3个。

生态建设。实施县城第一污水处理厂提标改造、第二污水处理厂扩容、农村聚居点生活污水治理、农户无害化卫生厕所改造等项目；绿化美化农村公路；落实天然水域禁捕退捕要求，处置退捕渔船，安置退

土地资源。全县土地面积1371.16平方千米，按其利用性质不同分为8类。截至目前，全县耕地面积5.45万公顷，园地面积3316.84公顷，林地面积5.21万公顷，草地面积432.68公顷，城镇村及工矿用地7605.36公顷，交通运输用地1907.73公顷，水域及水利设施用地6660.28公顷，其他土地1.02万公顷。

文化资源。犍为文化底蕴深厚，古迹众多，有子云亭遗址、洪州城遗址、永平窑址、水星寨遗址等古遗址，邵伯温墓、洞子山崖墓、金井战国墓群、李拔夫妇墓等古墓葬，犍为文庙、罗城古建筑群、九井禹王宫、龙孔文峰塔、清溪建新街宁氏宅等古建筑，金井千佛崖摩崖造像、佛耳沟摩崖造像、古天洞题刻、云亭晓烟等石刻。

基础设施

交通建设。占据四川省南北综合交通中轴线重要节点的地缘优势，按照融入成渝、连接川南的发展

● 岷江航电犍为枢纽（犍为县融媒体中心 提供）

● 清溪茉莉花种植区（犍为县融媒体中心　提供）

● 浙江—四川东西协作乐山犍为产业园（犍为县融媒体中心　提供）

捕渔民；革除滥食野生动物陋习，禁止非法野生动物交易，取缔野生动物养殖场。出境断面水质和集中式饮用水水源地水质达标率100%，县城空气质量优良天数率94.3%。

主要产业

2022年，犍为县实现地区生产总值266.42亿元，按可比价格计算，同比增长2.8%。其中，第一产业增加值51.02亿元，增长5.6%；第二产业增加值108.59亿元，增长2.0%；第三产业增加值106.81亿元，增长2.0%，三次产业结构为19.2∶40.8∶40.0。全年规模以上工业增加值下降2.3%；社会消费品零售总额90.47亿元，同比增长0.4%；全社会固定资产投资同比增长11.8%。

农业。坚持以推进乡村振兴为统揽，以现代农业园区创建为抓手，结合片区划分，确立"4+10"农业产业规划布局，布局百里茉莉茶香、百里果蔬长廊、百里姜竹林木、百万生猪粮油四大产业链群；梯次培育十大现代农业园区，推进犍为农业产业高质量发展。完成粮食播种面积66.5万亩、产量28万吨；茉莉花种植面积8.6万亩、茶叶26.5亩，实现综合产值近30亿元；生姜种植面积5万亩；水果种植18.65万亩，其中柑橘总面积10.85万亩。

工业。2022年规模以上工业增加值同比下降2.3%，规模以上工业现价总产值达101.24亿元，下降4.4%，已形成装备制造、竹浆纸、医药等主导产业。其中，装备制造产业，汽摩减震器、阀门、摩托车整车组装等，2022年行业产值为 10.45 亿元；竹浆纸产业，产品涵盖纸浆、生活用纸、特种纸、包装纸等，制浆造纸产能达 76 万吨，2022 年行业产值为 29 亿元；医药产业，覆盖麻醉镇静药物、肠外营养药物、儿科药物等多个领域，2022 年行业产值为 1.67 亿元。

旅游业。已创建嘉阳·桫椤湖、罗城古镇 2 个国家 4A 级旅游景区，犍为文庙、世界茉莉博览园 2 个国家 3A 级旅游景区，以及嘉阳国家矿山公园、嘉阳国家工业遗产、桫椤湖国家湿地公园等，"犍为茉莉茶之恋"入选全国 40 条茶乡旅游精品线路。

文旅品牌

犍为境内有以犍为文庙为代表的儒家文化，以嘉阳小火车为代表的近代工业遗产文化，以罗城古镇建筑为代表的西南民居文化，以桫椤湖为代表的生态自然风光。沉淀千年的古郡文化，是犍为旅游厚积薄发的发展底蕴。

犍为文庙。国家 3A 级旅游景区，位于犍为县玉津镇南街，始建于北宋，重建于明代洪武四年（1371 年），迄今已有 600 多年历史。犍为文庙规模居全国第四、四川第一，是全国重点文物保护单位，被评为省级儒家文化普及基地。文庙建筑布局坐北朝南构成一条中轴线，自南端始，万仞宫墙、灵星门、泮池、大成门、燎台、大成殿、启圣宫依次排列在中轴线上，贤关、圣域、礼门、义路、东庑、西庑等左右对称布局。

世界茉莉博览园。国家 3A 级旅游景区。位于犍为县清溪镇，总投资 5 亿元，规划面积 1.2 万亩，核心区 1300 亩，打造集花、茶、旅于一体的国内独有的茉莉花主题公园。自 2020 年 5 月开园以来，共接待游客 120 万人次，实现景区旅游综合收入 1.5 亿元，荣获省级示范农业主题公园、省级花卉产业园区、"成渝潮流新地标"等，"犍为茉莉茶之恋线路"入围全国 40 条茶乡旅游精品线路。

古郡·花果溪。景区占地 400 余亩，毗邻岷江，与犍为县城仅一江之隔。景区花果四季飘香，瀑布浅唱低吟，亭台古典雅致，小长城延绵起伏，玻璃

● 犍为文庙·儒在犍为（犍为县融媒体中心　提供）

吊桥雄伟壮观，悬崖秋千惊险刺激，已成为声名远播的网红打卡点。

风味美食

犍为盛产"百味之首"的盐及姜等特产，形成了川菜里的"嘉阳菜系"。嘉阳菜系兴于盐、兴于航运，兼具盐帮菜之重味、河帮菜之嗜甜、川菜之麻辣鲜香等特点，风味独特，罗城牛肉、双麻酥、叶儿粑、犍为薄饼、油炸豆腐干、龙孔大头菜、豆腐脑、脆哨面、咔饼、活脱粉等闻名遐迩。

罗城海氏牛肉。由当地回族海姓人家首创，具有100多年的历史，是罗城以及周边地区回族同胞长时期独特开发制作保留的典型传统清真食品。选用当地出产的特级牛肉与多种中药材及天然香辛配料，再经十几道严格细致的加工工序精制而成，在选料、分割、拼割、腌制等方面选材考究、程序严格。

双麻酥。由犍为人彭松发于民国十一年（1922年）发明。双麻酥为烤点，饼圆形、色淡黄、壳酥瓤空、酥香化渣。双麻酥集酥、甜、香于一身，由精选脱壳芝麻贴面，白糖、芝麻酱为馅，皮酥、心酥。

叶儿粑。叶儿粑以糯米粉作皮，内包馅心，以大叶仙茅作粑叶进行包裹，再置于旺火上蒸制，成品色洁如乳，味道香醇可口。叶儿粑选料考究，工艺精细，制作工序复杂，配方原料多达十多种，其中传统叶儿粑分甜、咸两种，甜馅以红糖和芝麻核桃等果仁制成，咸馅以鲜肉或腊肉粒及芽菜制成。

犍为薄饼。犍为薄饼需用一张烙好的、巴掌大小的、薄至几乎透明的饼，将用辣椒面和花椒拌好的细萝卜丝、白糖、炸制好的黄豆末全部包裹好，再配上调好的甜醋，即可享用。萝卜的脆爽、黄豆的酥香、辣椒花椒的麻辣、甜醋的酸甜，成就了犍为薄饼的麻辣酸甜。

龙孔大头菜。巴蜀四大名酱菜之一，是纯天然绿色食品，以优质大头菜为原料，精心选料，精良加工，精制而成，产品色泽自然，香脆爽口，口味可分为麻辣味、鲜香味。

发展定位

围绕乐山市委赋予犍为的"重点发展装备制造、文化旅游，建设市域副中心"定位，结合县情实际，确立建设"一心一地一城"的发展定位。

一心：乐山市域副中心城市；

一地：成渝地区双城经济圈对外开放新高地；

一城：高品质生活宜居城。

发展目标

"十四五"时期犍为经济社会发展的主要目标：经济发展更高质量，改革开放更高水平，生态环境更为优质，人民生活更好品质，社会治理更加高效。

（撰稿：钟丹　审稿：王晶）

● 双麻酥（上）、叶儿粑（下）（犍为县融媒体中心 提供）

07 井研县

基本情况

井研县位于四川盆地西南，岷江东支流茫溪河中上游。地处东经102°52′~104°00′，北纬28°25′~29°55′之间。县境北连仁寿县，东邻荣县，南界犍为县、乐山市五通桥区，西靠乐山市市中区，西北接壤青神县，边界周长260千米，总面积840.6平方千米，户籍人口38.6万人，辖14个镇、1个街道办事处，县政府驻地研城街道民主街58号。

井研县北距成都城区120千米，西至乐山城区28千米，东去自贡118千米，距双流机场125千米，处于成渝、攀西、川南三大经济圈的重要节点。

井研自古为盆中丘陵粮经区，而今是全国产粮大县和无公害农产品基地县，全国瘦肉型商品猪基地县，全国优质柑橘基地，全国柑橘产业30强县（市），全国农村"两权"抵押贷款试点县，全省第一个无公害猪肉生产基地，全省水产产业化示范县和丘区经济示范县，全省培育50个现代畜牧业重点县之一，全省农业产业化经营重点龙头企业集群化发展试点县，全省现代农业示范县，全省农村改革综合试验区。

历史沿革

井研县自古为蜀国领域。汉置武阳县井研镇。东晋置西江阳郡，北朝西魏于今地置蒲亭县，属陵州。隋开皇十一年（591年），立隆山郡，废蒲亭置井研县。宋庆历、皇祐年间，随着"卓筒井"的出现，盐业兴旺，井研县成为陵州大县，"在昔为山中小邑，于今已谓要剧索治之处"。元（世祖）至元二十年（1283年），改隆州为仁寿县，以井研地荒民散，与仁寿县合并，成为仁寿县四乡之一，名来凤乡，属成都路。明洪武六年（1373年），朱元璋下诏，撤仁寿县来凤乡复置井研县。清雍正五年（1727年）后隶属资州。民国三年（1914年），属永宁道，直隶四川省；民国二十四年（1935年），属第二行政督察区。1950年，由资中专区划属乐山专区，归属乐山市。自隋开皇十一年（591年）置县，至今已有1400多年的历史。

重要资源

井研县境内已探明的地下矿藏有岩盐矿、建材页岩、水泥用石灰岩、煤炭及天然气等。其中岩盐矿是省内著名的威西盐田的一部分，位于县域南部及中部广大地域内，矿区面积达600平方千米，探明储量101亿吨。井研县名的来历亦与盐有关，建材页岩分布范围极其广泛，遍及境域。此外，农产品资源以柑橘、粮油、生猪、蚕桑、家禽、鱼为主。

基础设施

井研交通区位优势日益明显。乐自高速、仁沐新高速贯穿全境，G213线、G348线和S213线、S308线、S401线五条干道纵横交错，境内共有里程121千米。乐资高速公路（井研段）控制性工程开工建设，完成连乐铁路井研火车站进站道路工程，连乐铁路正式通车。蒲井资高速、雅眉乐自城际铁路、乐自泸铁路建设正着力推进，配合抓好乐天快速通道等建设，争取实施天府大道乐山延伸线井研段。井乐快速通道直达乐山20分钟，延接仁沐新至天府新区1小时，至简阳芦葭机场89千米，处于乐山半小时经济圈、成都1小时交通圈、重庆2小时时空圈。

主要产业

井研县自古为盆中丘陵粮经区，是以粮油生产为主的农业县，粮食作物以水稻、玉米、小麦为主。畜牧业以生猪、肉兔、家禽养殖为主。柑橘、水产、竹林等农业特色明显，成功打造了柑橘百里产业环线，入选国家级晚熟柑橘优势特色产业集群县。培育有农业产业化国家级龙头企业2家，市级以上龙头企业28家，建成省级农产品加工示范园。

工业以机械铸造、农机制造、盐化工、食品、医药等产业为主。正在实施"优旧""育新"工程，推动农产品加工、纺织服装、盐磷化工、机械制造等产业转型升级；重点承接成都产业转移，推动"井研·中国西部家居特色小镇"项目建设。坚持"培大育强"，培育国家科技型中小企业19家，规模以上工业企业1家。2017年，井研县被中国纺织工业联合会和中国服装协会授予"中国工装面料基地"称号。

文旅品牌

井研马门溪龙。井研马门溪恐龙是考古学家于1995年在井研县三江镇彭家寨西山发现的，1998年被命名为"井研马门溪龙"。井研马门溪龙从头顶到尾尖全长26米，背高近5米，脖子伸直可达12米，有19块颈椎骨，比一般的恐龙多2块，脖子、背部和尾部共有骨头183块，是国内个体最大的恐龙化石骨架，故有"恐龙之父"之称，目前是我国最大的三条马门溪龙之一，现展陈于北京自然博物馆，是其镇馆之宝。

三江白塔。全国文物保护单位，位于井研县三江镇。该塔为密檐式名塔，砖木结构，塔身为须弥座四方形，通高28米，共13层。塔内梯道盘旋，可以至第10层。每层四面均有假窗，有一通光方孔，用青砖斗拱装饰，形式多样。

雷畅故居景区。国家3A级旅游景区，四川省文物保护单位。位于四川省最美古村落之一的井研县千佛镇民建村，总面积100余亩，包括雷畅（清朝内阁侍读学士）故居、随春园、雷氏宗祠等景点。故居为四进四合院，有大小天井12个、房舍120余间，建筑主要为穿斗式结构，整体居高临下，层层递升，融南方之隽秀、优雅、古朴和北方之雄伟、厚重、粗犷为一体，形成了别具特色的建筑风格。故居内分布有雷氏家族文化展示区、作坊生活区、老酒坊、知青生活体验区、农耕文化展示厅、碑林、古围垣和荆棘林、台柚林等。景区内还有汉墓、唐代摩崖千佛造像和恐龙化石露头点。

熊克武故居。位于井研县研经镇，是全国民革前辈纪念场馆之一，四川省文物保护单位，乐山市爱国主义教育基地。熊克武先生是伟大革命先驱孙中山的忠诚战友、著名的民主革命战士、辛亥革命元勋。其故居建于1922年，属典型的中国传统院落式四川民居，砖木结构，硬山式屋顶，整体风格庄重、典雅。故居内设有熊克武生平事迹陈列馆，展示有熊克武先生生平事迹、文献资料及部分遗物。

成都战役首战遗址。位于井研县竹园镇，是四川省爱国主义教育基地和四川省国防教育基地，是井研规划建设中的红色旅游景区，以纪念成都战役首战——竹园铺之战牺牲的人民解放军英烈。景区以乐山竹园烈士纪念园为核心，整合竹园古铺、竹园水库等资源，新建有烈士群雕广场、竹园铺大战纪念馆、民俗风情广场、战争演展区等景点，是一处集瞻仰纪念、追思缅怀、文化传承、爱国主义教育、素质提升拓展于一体的现代化、公园化景区。

大佛湖景区。位于井研县西北面，雍正年间此处建有大佛寺，因此而得名。湖区占地10000亩，湖中孤岛14个、半岛24个，是乐山市第一大人工湖，也是四川省内最长的大坝。湖周绿树成荫，环境优美，景色迷人。湖内有野生水鸟10余种，其中有国家二级保护鸟类灰鹤、黄鸭等。水鸟种群达2万只，每年春、秋、冬季节，栖居着上万只野生水鸟。游客可泛舟于湖，欣赏"落霞与孤鹜齐飞，秋水共长天一色"的独特美景。

研溪湿地公园。乐山市规模最大的湿地公园。公园占地2600余亩，水域面积800亩。总体分布11个景观节点、22个次级节点。研溪湿地公园音乐喷泉美轮美奂，水幕电影精彩酷炫。环湖漫游廊道，构筑文化休闲绿岛链；井研汇名楼、研溪湿地展览馆、廖平经学堂、文创工作室，成为水生态治理保护科普基地。研溪湿地公园临近井研县城，交通便捷，乐井快速通道横穿而过，距离乐山仅20分钟车程。

● 雷畅故居景区（中共井研县委宣传部　提供）

● 竹园烈士纪念园（中共井研县委宣传部　提供）

● 大佛湖景区（井研县融媒体中心　提供）

● 研溪湿地公园（井研县融媒体中心 提供）

风味美食

斗鸡菇。又名大脚菇，被称为"西部山珍"，夏秋季盛产于井研县山地丘陵地带，其假根与地下黑翅土白蚁窝相连，迄今无法人工培育，是可遇不可求的山珍。斗鸡菇营养丰富，味道鲜美，富含人体必需的8种氨基酸，还含有麦角留醇和维生素C，具有较高的药用价值。现代医学研究发现，斗鸡菇中含有治疗糖尿病的有效成分，对降低血糖有明显的效果。最适合用来炖汤，味道极其鲜美。

锦品狗肉。王村镇的锦品狗肉始创于2000年冬，受家传影响并不断推陈出新。2015年，锦品狗肉成功注册"锦品"商标，成为井研美食名片之一。

泡椒兔。泡椒兔，突出泡椒的辣味，别有风味。锅中放油放入兔肉进行翻炒，加白酒翻炒后盛起放一旁，锅中放油放入蒜片炒香，再加入兔肉、青椒、红椒、泡椒、小米椒，翻炒后加入适量盐、生抽、蚝油、味精，炒匀后盛起装盘并撒些葱花，香辣可口。

小龙虾。井研县王村镇的生态小龙虾，采用水稻龙虾综合种养模式养殖，针对小龙虾的杂食属性，采用玉米、螺蛳肉、油枯等食物饲养，保证小龙虾

● 斗鸡菇（中共井研县委宣传部 提供）

的品质绿色生态。配合独家配方，可烹饪出油焖龙虾、爆炒龙虾、蒜泥龙虾、卤煮龙虾等特色口味，让人赞不绝口。

发展定位

坚持一张蓝图绘到底，与时俱进谱新篇，以建设成乐一体化发展先行示范区、乐山融入双城经济圈桥头堡为战略目标。

建设乡村振兴示范县。 全面推进乡村"五大振兴"，加快建设乡村振兴示范县。以建设国家级农业现代化示范区为目标，加快构建"4+3"现代农业产业体系，持续做优做强粮油、柑橘、生猪、水产四大农业特色产业，推动井研从农业大县向农业强县蝶变。

建设成渝产业配套区。 全面参与成渝地区双城经济圈区域分工和产业分工，优先布局现代纺织、食品加工、高端家居等产业，把井研"产"、井研"造"深度嵌入成渝地区现代产业体系，把四川井研经开区打造成天府新区制造业和服务业融合发展基地。

建设绿色生态宜居城。 聚集建设川南治水典范、休闲胜地、宜居绿城，坚持以产兴城、产城一体、景城互动，不断优化城市空间、完善城市功能、增强公共服务、美化城乡环境，系统推进"风景线+特色镇+精品村+网红点"梯次文化圈建设，将井研建成乐山东向开放的"会客厅"、成渝都市生活的"后花园"。

建设全域旅游增长极。 坚持错位发展，以数字动漫、农文旅融合发展为重点，主动融入"大峨眉"旅游圈发展格局，打造乐山全域旅游增长极。聚焦研学旅游、国学文化、湿地景观、动漫文旅、农旅融合五大主题，创新文旅产品供给，全力做好研溪湿地保护性开发的项目包装、推介和招引。大力推动"农业+文化""农业+旅游"融合发展，打响"中国橘乡·古韵井研"品牌，争创四川省全域旅游示范区，将井研建设成乐山全域旅游的重要增长极。

发展目标

通过未来五年的不懈努力，实现井研经济社会高质量发展、发展活力进一步迸发、生态文明高水平建设、民生福祉全方位增强、治理效能系统性提升，全县主要经济指标年均增速高于全市平均水平，力争到"十四五"末经济总量达到170亿元以上，经济繁荣、创新开放、绿色生态、全民共享、幸福美丽的现代化井研在嘉州大地卓然崛起。到2035年，全县经济总量和城乡居民人均可支配收入迈上新的台阶，创新引领高质量发展走在全市第一方阵，全县人民共同富裕迈出坚实步伐，井研与全国全省全市同步基本实现社会主义现代化。

（撰稿：刘永霞 崔兆萍 审稿：朱彧）

08 夹江县

基本情况

夹江县地处四川省西南，位于东经103°17′~103°44′，北纬29°38′~29°55′之间。县境东南西北与眉山市青神县、乐山市市中区、乐山市峨眉山市、眉山市洪雅县、眉山市丹棱县、眉山市东坡区相邻。县境东西长43.7千米，南北宽33.5千米，县域面积748.47平方千米，县政府驻地青衣街道迎春社区。

历史沿革

春秋战国时期，今夹江县境为蜀国之地。秦惠文王更元十四年（公元前311年）至刘宋、南齐为南安县地。北周大成元年（579年）为平羌县地。隋开皇四年（584年）起，先后为峨眉县地、青衣县地和龙游县地。

隋开皇十三年（593年），划龙游、平羌二县地部分置县，县治地在今千佛岩古泾口上方青衣江边，因古泾口有两山对峙、一水中流的自然形胜，故名"夹江县"。唐武德元年（618年），县治迁至今县城。

唐乾元元年（758年），夹江县属剑南道西川嘉州。宋庆元二年（1196年），属成都府路嘉定府。元（世祖）至元十二年（1275年），属嘉定府路，并洪雅县入夹江县。明洪武九年（1376年），属嘉定州。明成化十八年（1482年），原洪雅县从夹江县分出单设县。清雍正十二年（1734年），属嘉定府。民国二十四年（1935年），属四川省第四行政督察区。

1949年12月16日，中国人民解放军入驻夹江县城，夹江县解放。1950年1月，建立夹江县人民政府，属眉山专区。1953年，属乐山专区。1968年，属乐山地区。1985年6月至今，属乐山市。

2022年末，夹江县辖漹城街道、青衣街道、新场镇、甘江镇、木城镇、吴场镇、黄土镇、马村镇、华头镇共2个街道7个镇，68个村、27个社区居民委员会、783个村（居）民小组。全县总户数12.17万户，年末户籍人口33.8万人。

重要资源

县境矿藏主要有煤、页岩和高岭土。华头山区有烟煤储量约1000万吨，无烟煤储量约500万吨，采煤已有100多年历史，近年产量20万吨左右，煤矿已于2017年全部关闭。页岩储量约3亿立方米，其中马村镇一带最多，是生产墙地砖、机砖的重要原料。青衣街道的高岭土储量约5000万吨。2022年末全年粮食作物播种面积16933公顷，比上年增加120公顷。有森林面积32066.7公顷，森林覆盖率42.95%。

基础设施

城市建设。统筹推动老改、棚改与城市有机更新，完成鹤洲路、杨浩路、碧山路、迎恩路、春江路、振兴路等城市道路建设，配建绿地134万平方米、文体设施4处，新增公共停车场12个，打通学业路等3条断头路，进一步畅通城市内循环。改造城镇老旧小区42个，推进西河路棚改片区开发及社坛街特色街区打造项目。新改造公租房100套，完成棚户区改造23.7万平方米，累计安置群众7851人。推出城北农业主题公园、铁路遗址公园、水街、江河集市等新亮点新场景，成功举办纪念东风堰建堰360周年系列活动，城市品牌影响力得到有力提升。

镇村建设。有序推进县域国土空间规划编制，初步完成4个村级片区规划编制，正在开展2个村级片区规划编制，2022年完成卫片执法违法占地整改56亩。扎实推进六镇同创国卫，大力实施农村人居环境整治"三大革命"，统筹推进场镇建设管理服务提升行动和"五清"行动，投用乡镇污水处理厂19座、垃圾压缩中转站8个，建成微动力一体化污水处理设施20个，生活垃圾得到有效治理的行政村达到100%，农村生活污水得到有效处理的村占72.7%、户用卫生厕所普及率达98%。持续开展"美丽夹江·宜居乡村"创建，获评市级乡村振兴先进县，建成省级乡村振兴示范乡镇1个、示范村11个，市级乡村振兴战略先进镇3个、示范村20个，新场镇获评全省现代农业十亿元镇、甘江新生村获评全省十大产业兴旺名村、新场镇东风村获评全省十佳生态名村。

污染防治。对第二轮中央生态环保督察典型案例通报的10家陶瓷企业15条生产线进行全面整改，按时序完成节能审查并补办相关手续，目前全县已无"两高一低"项目。创建绩效引领B级企业11家，占全省的11%，占全市的64.7%。实施排污许可登记管理企业1598家，$PM_{2.5}$年平均浓度由94.5微克／立方米降到40.8微克／立方米，空气质量优良天数增加到296天。扎实推进河（湖）长制工作，15条主要河流水质均达Ⅳ类以上。城乡集中式饮用水水源地水质稳定达标，青衣江水质达到Ⅱ类，全面消除劣Ⅴ类水质。农田污染防治成效显著，入选全国首批"绿色防控示范县"。

城乡路网。积极融入成渝地区双城经济圈交通一体化和大峨眉交旅融合先行示范区交通基础设施网络，构建"四环一网三线"产业公路环线，是全省第一批交通强县试点县和乡镇级片区交通运输专项规划试点县、"十四五"镇村公路建设规划试点县。2022年，完成交通建设固定资产投资38.18亿元，成乐高速主线和夹江、夹江东连接线建成通车，正式投运成昆铁路乐山北火车站，成都至昆明时速160千米的城际列车开行夹江，建成"百里水乡""百里茶乡"产业环线等农村公路66千米。全县运行农村客运班线17条，村村通客运，通村道路硬化率100%。开展普通公路"八清"行动，成功创建为第六批"四好农村路"省级示范县。

主要产业

核。夹江是"中国核动力基地"，依托县域内核技术资源和企业优势，把培育核技术应用产业作为县域经济高质量发展的主攻方向，重点发展医用同位素、放射性药物、核医学设备、密封放射源、无损检测、辐照加工等产业，打造中国"堆谷"。2022年，高规格举办中国同位素与辐射产业峰会，挂牌成立同位素及药物国家工程研究中心中试基地，签约相关项目6个、总投资340亿元，核技术应用产业集群入选四川省战略性新兴产业集群名单。

瓷。夹江是"中国西部瓷都"，陶瓷产业集群曾创造享誉经济学界的"夹江现象"，陶瓷产量占全国的4.7%、全省的75.8%。在"双碳"目标战略背景下，全县按照"节能、降碳、提质、增效"原则，以名品、名牌、名企、名人等"四名"创建为主要抓手，加快产业转型升级，着力打造全国建陶产业转型升级示范区。2022年，陶瓷产业集群销售收入275亿元，对县域经济贡献率达56%，是全国五大产区中产销两旺最稳定的地区之一。

纸。夹江是"千年竹纸之乡"。夹江手工造纸始于唐，兴于明，盛于清，传延千年至今，与安徽宣纸并称"国之二宝"，是中国最大的书画纸生产县，有纸制品生产企业和小作坊100多家，书画纸电商企业500多家，书画纸年产量10.25万吨，占全国书画纸产量的57%，书画纸产业年产值40亿元。夹江手工造纸技师曾多次到美国、加拿大、意大利表演，被西方人誉为"东方瑰宝"。

茶。夹江是全国重点产茶县、中国绿茶出口强县、四川茶业十强县，种植基地面积30万亩，其中出口茶质量安全示范区23万亩，出口茶备案基地10.4万亩，基地规模居全省前列，单产全国领先，是四川省首批农业国际贸易高质量发展基地。2022年茶叶总产量4.82万吨，综合产值75亿元，同比增长8%；出口茶产量3.52万吨、产值11.26亿元。在乌兹别克斯坦建立海外仓1个，开行出口茶专列2趟。

文旅品牌

大千纸故里研学园景区。国家3A级旅游景区，位于千年纸乡——夹江县马村镇，是国内第一家集

● 大千纸故里研学园景区（吴焱军 拍摄）

● **叠翅石斛**（高山 拍摄）

书画纸研发、生产、餐饮、研学、旅游、体验于一体的景区。在大千纸故里，游客不仅可以参观古法造纸72道工序，还能亲身体验古法造纸。景区内五大体验项目：拜造纸先师蔡伦、抄捞纸张、浇花草纸、拓印夹江年画、纸乡书法课，让游客感受穿越千年的匠心传承，获得不同寻常的旅游体验。

辕门仙草谷。国家2A级旅游景区。位于华头镇辕门村，距离乐雅高速木城出入口48千米，距夹江县城37千米，有Y008公路对外联通，交通较便利。距离千佛岩—东风堰景区30千米，距离峨眉山景区37千米，旅游区位优势突出。

909基地。国家3A级旅游景区。909基地有大量展现三线建设文化、国防军工的建筑物及场景，是"三线精神"——艰苦奋斗、无私奉献、团结协作、勇于创新的展现点；是"〇九"精神——自强自立、创新协同、求真务实、拼搏奉献的践行地。这里涌现出大量有党性、有良知、有民族精神、艰苦奋斗、甘于奉献的科技工作者和建设者，值得我们去学习、弘扬、传承。目前已荣获"国家工业遗产""中央企业工业文化遗产""四川省爱国主义教育基地""四川省军工文化教育基地""四川省委统战部党外知识分子学习教育基地""四川省科普惠民学习教育基地""中核集团首批党性教育基地""夹江县党校现场教学点"等授牌。

风味美食

马村鱼头。选用当地水质优良的马村水库（夹江县境内最大的水库）出产的花鲢鱼头为原料，配以秘制酸菜烹制而成。马村水库里的花鲢鱼不仅头大，而且肉质鲜美。腌制的酸菜经过风干晾晒和窖藏，牛、羊肉的时候，适量加入一些豆腐乳汁，更是别具一番风味。

发展定位

未来五年，全县的目标定位是：锚定1个总目标，即建设四川省县域经济发展先进县。抢占2个制高点，即抢占战略性新兴产业发展制高点，建设全国有重要影响力的民用核技术产业基地；抢占交通区位制高点，建设成都平原经济区重要的物流集散中心。抓好3个硬任务，加快建设乐山旅游第三极。全面融入大峨眉旅游环线，全力打造世界灌溉工程遗产旅游名片，全域开发"核、堰、纸、茶、画"研学旅游产品，建成国家全域旅游示范区和天府旅游名县。

加快建设成乐一体化发展示范区。全力融入成都、对接成都、配套成都、服务成都，畅通交通联系，推进产业配套，深化区域协同，共建营商环境，共享公共服务，率先融入成乐一体化发展。

加快建设成都平原经济区先进制造业基地。以创建国家级经开区为引领，建设"一区三园"现代工业园区，培育打造特色产业集群，做大、做优、做强"夹江制造"，形成有强大实体经济支撑的高质量县域经济。

发展目标

到2025年，地区生产总值力争突破300亿元，常住人口城镇化率上升8个百分点，空气质量优良天数比例达到85%，市场主体达到3万个。城乡居民人均可支配收入增长率保持在7%以上。城乡居民基本养老保险参保率达到98%。公办幼儿园在园幼儿占比达到50%，公办及民办普惠性幼儿园在园幼儿占比达到80%。

（撰稿：易丹　审稿：帅鸿雁）

● 马村鱼头（吴焱军 拍摄）

● 夹江豆腐乳（易丹 拍摄）

味道特别。两者加上各种调料，经过简单烹制，一道口味独特、鲜香酸辣的花鲢鱼头就成了。

夹江豆腐乳。四川省名土特产品之一，距今已有120多年的历史。精选上等黄豆，磨细、过滤、包点成块，晾干发酵后，加入多种名贵中药材和特制的香料，拌和入坛，灌满优质曲酒浸泡，密封发酵。豆腐乳质地绵软，细腻化渣，含有多种氨基酸、酯类，是开胃助食、馈赠亲友的佳品。如果在粉蒸或红烧猪、

09 沐川县

基本情况

沐川县位于四川盆地西南边缘小凉山余脉五指山北麓、乌蒙山区西北部，介于东经103°30′~104°07′，北纬28°45′~29°15′之间。地处岷江、大渡河、金沙江的腹心地带，是长江上游重要的生态屏障和水源涵养区。全县辖区面积1408平方千米，辖8镇5乡，户籍人口24.42万人、常住人口为18.8万人，其中城镇人口为6.48万人，占34.47%。地形以山地为主，山地占全县总面积的97%，海拔从306米到1900米，气候温润，年平均降水约1300毫米，素有"湿沐川"之称。拥有林地

● 沐川县城概貌（沐川县融媒体中心 提供）

面积 164 万亩，森林覆盖率达 77.94%，是国家重点生态功能区、全国生态文明示范工程试点县、全国首批"中国天然氧吧"、国家级生态示范区、全省首批省级生态县、中国最佳绿色生态旅游县、全国绿化模范县，获评"绿水青山就是金山银山"实践创新基地，是绿色经济发展强县，荣获"中国竹子之乡""中国紫茶之乡""中国魔芋之乡""乌蒙硒都"之称。

历史沿革

沐川古为彝地，均为部落。汉隶南安县，属犍为郡；唐设沐源镇，宋置沐川寨，唐宋时隶犍为县属嘉州；元至元二十五年（1288 年）置沐川长官司，驻沐道（今县城），由嘉定府划归马湖路（1371 年改为马湖府）；明洪武五年（1372 年）撤沐川长官司，置沐川州；明洪武十一年（1378 年）撤沐川州，仍置沐川长官司；清同治七年（1868 年）废沐川土司，入屏山县属叙州府；民国初属永宁道，民国十九年（1930 年），永宁道撤销，屏山县直属四川省；民国二十四年（1935 年）属第五行政督察区（即乐山专区）；民国三十年（1941 年）析置设治局，次年由设治局升为县；1949 年 12 月 21 日和平解放；1950 年 1 月 30 日成立沐川县人民政府，驻地沐溪镇。

重要资源

全县耕地面积 14.27 万亩，粮食作物播种面积 30.7 万亩，经济作物播种面积 22.55 万亩，茶园面积 8.2 万亩，猕猴桃面积 4.03 万亩，林地面积 164.49 万亩，自然保护区面积 5.49 万亩。

境内大小溪河 419 条，主要有马边河、沐溪河和龙溪河，全县总径流量近 9.02 亿立方米，人均占有水资源量 4728 立方米，多年平均径流量 13.83 亿立方米。

有工业开采价值的矿产资源主要有煤和石灰石，煤可开采储量约 250.8 万吨，石灰石储量 2 亿吨。已探明储量的矿产资源共 9 种，分别为煤矿、铜矿、水泥用灰岩、伊利石黏土矿、建筑用砂岩矿、建筑用石灰岩矿、砖瓦用页岩矿、化肥用砂岩、玄武岩。其中，煤矿保有资源储量 250.8 万吨，铜矿保有资源储量 191.2 万吨，建筑用石灰岩矿保有资源储量 4815.04 万吨，化肥用砂岩矿保有资源储量 1464.6 万吨，页岩矿保有资源储量 64 万吨，伊利石黏土矿保有资源储量 121.9 万吨，玄武岩矿保有资源储量 1474.6 万吨。

全县动植物资源丰富、种类繁多，有植物 600 多种，动物 700 多种；有国家保护植物桫椤、水杉、银杏等 13 种，国家保护动物大鲵、棘腹蛙等 19 种。

基础设施

仁沐新高速和国道 G213 线、G348 线贯穿全境，全县公路总里程 3174 千米，其中国道 110 千米、省道 68 千米、县道 430 千米、乡道（含专用道）460 千米、村道 1486 千米、组道 620 千米，每平方千米公路里程 2.26 千米，实现乡镇、行政村、村民小组 100% 通硬化路，仁沐新高速沐川南至新市段、乐西高速正加快建设，仁沐新高速井研至沐川段、五犍沐快速建成通车，沐溪河航道等级提升和沐川港区规划编制全面完成，全县交通区位优势明显改善，逐渐融入乐山半小时、天府新区 1 小时经济圈。电信光纤宽带端口 3500 个，所有行政村宽带通达，基站信号城镇覆盖率 100%、农村覆盖率 95%。

主要产业

农业。紧扣"一根竹、一叶茶、一颗芋"三大

● 沐川县魔芋科技示范园（沐川县融媒体中心 提供）

支柱农业，现有林竹164.5万亩、茶叶8.2万亩、猕猴桃4.03万亩、中药材6.5万亩、魔芋1.5万亩。

工业。以建设绿色产业发展示范区为导向，紧紧围绕循环化工、新能源、制浆造纸、农产品精深加工四大重点，成功培育国家级农业产业化重点龙头企业永丰纸业，森态源、金石焦化、荣威新能源、海能电业等龙头企业不断壮大，形成了造纸、水电、化工、板材、食品等工业支柱产业，全县浆纸产能

● 现代化浆纸工业园区（沐川县融媒体中心 提供）

● 沐川竹海景观（王开 提供）

40万吨、水电装机25万千瓦、原煤产能30万吨、竹木板材加工产能20万立方米，成为西南地区以县域为单位最大的林浆纸一体化产业基地县。

  旅游业。提升旅游品质，围绕"一核一区三带多点"文旅产业发展布局，加快五马坪、舟坝库区等旅游资源招商开发，完成沐川竹海创4A级旅游景区、桃源山居升级改造和金王寺环湖竹村等建设，串珠成链构建全域旅游环线，争创省级全域旅游示范区。实施"+旅游"战略，完善旅游业态，丰富消费场景，加快培育解结湖水上运动、林家岩山地游玩等新兴文旅业态，着力打造竹乡温泉康养综合体、武圣垂钓基地、"沐心谷"、璞舍民宿群等特色文旅节点，高质量推出有"竹乡"元素、"乌蒙山"特色的牛郎坪茶研学、森态源魔芋研学、醉氧天街非遗研学等研学旅游新项目，创新推出沐川草龙、乌木、竹编等非遗文创产品，依托善健养老中心、幸福中医院等发展医养康养产业，将沐川建设成为北上成都平原、南下云贵的重要进出川旅游集散地，力争游客在沐平均停留时间延长至3天以上，年接待游客突破300万人次。

文旅品牌

  沐川竹海。国家3A级旅游景区，位于沐川县城东南。景区规划面积50余平方千米，核心景区面积15平方千米，地属丹霞地貌，平均海拔450米，中心旅游区林竹面积10余平方千米。绵延起伏的山峦河谷间有成片慈竹10万余亩，微风吹拂，绿波荡漾，透迤成浪，一望无涯，故得竹海之名。有天造地设的"萧洞飞虹"，曲折惊险的"穿洞子九沱十八滩"，山水合一的永兴湖，归隐山峦的永兴寺，神秘险要的桃源洞等70余处景点，还有野猴、松鼠、桫椤等珍稀动植物。景区常年空气清新，负氧离子平均浓度达到 5690 个／立方厘米，萧洞飞虹景点处空气负氧离子浓度达到 35000 个／立方厘米，素有"天然氧吧"美誉。

沐川龙门大峡谷漂流。距离县城 2 千米。龙门大峡谷漂流全长 7.8 千米，整体落差 158 米，局部最大落差 28 米，落差大、激流多、刺激性强。河道时宽时窄，根据地势，建设了数个冲浪区、激流区、水仗区，是我国目前最刺激原生态的竹海峡谷漂流。

沐川草龙。又称黄龙。2003 年 12 月，沐川草龙以其长度为世界之最，荣登吉尼斯世界纪录，从当年收割的 3000 多千克稻草中精选 848000 余根无斑点、呈金黄色的稻秆制作而成，全长 200.8 米，堪称世界第一。沐川草龙"精"，精就精在龙头、龙身、龙尾设计精巧；沐川草龙"妙"，妙就妙在龙眼、龙须、龙角、龙鳞、龙爪活灵活现。沐川草龙不但扎制精妙，而且舞耍奇特，受过专门训练的强健汉子，身着短裤、赤裸上臂、头戴草巾、身披草肩、腰系草裙、脚穿草鞋，在铿锵的川剧锣鼓音乐伴奏下，舞龙腾飞。时而神龙搅海，时而尊龙吐雾，时而群龙朝拜，时而二龙戏珠，如云中蛟龙，开天辟地；如水中巨龙，翻江倒海。表达了人们对吉祥、安康、幸福生活的追求和向往。

农耕博物馆。位于桃源山居新农村综合体内，展厅拥有近 1000 件藏品，共分农耕生产、农耕工匠、农耕生活、农耕文化 4 个展区，巧妙地运用图片、文字、实物、场景再现等表现手法，将农耕历史、农耕器具、农耕风貌、粮食加工、农副生产、交通运输、乡村民居、农耕嬗变、收获储存、纺织衣饰、家居生活、炊事饮食、传统习俗、休闲娱乐、乡村工匠等有关农村、农业、农民的各种元素汇集起来，全方位勾画出近

● 沐川草龙（曾凌 提供）

● 乌蒙沐歌（高路川 提供）

现代山区农耕文化的全景图，立体呈现沐川农民100多年来劳作生活的图景，集中反映沐川农业发展历史演变过程，充分展现沐川农耕文化的本土特色和历史价值。

乌蒙沐歌。是沐川依托自然山水，融合生态文化、历史文化、民俗文化、农耕文化等地方特色文化元素，借助现代光影科技，将竹乡的生态魅力、历史遗韵、民俗风情融入整个舞台的大型山水实景剧。该剧以沐川县文化中心广场外聚贤桥至三号闸的水域以及碧水丹霞山体为实景剧场，是沐川立足独具魅力的生态环境和历史文化，全新推出的全国首部自编自导自演的原生态山水实景剧。全剧包括风云沐源川、诗韵沐川、茶马古道、婚俗遗风、舞动金秋、尾声6个部分，演职人员400余人，时长70分钟。

风味美食

沐川乌骨黑鸡。属川南山地乌骨鸡的重要品系，在沐川县有悠久的种源历史，因其皮肤、嘴、冠、髯、口腔、肉、骨及内脏均为黑色而得名，尤其是全身片羽黝黑、泛蓝绿色光彩而独具特色，堪称乌骨鸡之冠。沐川乌骨黑鸡肉质细嫩，营养丰富，无污染，药用价值高，在李时珍《本草纲目》中有专门记载，清代曾作为贡品进京。在当今"逢黑必补"的潮流中，又以其"全黑"，为人们滋补、强身健体、保健美容的首选佳品。

苦笋。被称为"中国竹子之乡"的沐川，山多、水多、依山傍水，故时时能见到翠竹的身影。及至春末夏初，一枚枚苦笋苞从土里迸出来，宛如明珠、白玉。陆游说它"薏实炊明珠，苦笋馔白玉……山深少盐酪，淡薄至味足"，就是最好的见证。苦笋不但细嫩清脆，而且样子也漂亮。细细长长的，洁白光润，没有一点瑕疵。春雨之后，苦笋骤发，水分充足，纤维特细。苦笋虽苦，却是先苦而后甘，如同人生，一切都会苦尽甘来。

沐川甩菜。沐川甩菜以鲜香脆嫩、低盐保健的独特风味受到消费者青睐，成为与涪陵榨菜媲美的一种新兴的地方特色产品，是居家旅游、休闲佐餐的方便小吃，也是沐川的一张名片。甩菜精选产于五指山脉苍翠碧岭中的"沐川羊角菜"为主要原料。经农业专家从沐川山区优良羊角菜中精心挑选，辛勤培育出的优质羊角菜品种，其生长在海拔千米以上的崇山峻岭，且无污染的自然生态环境中。

发展定位

建设南向开放新高地。主动融入成渝地区双城经济圈基础设施建设，提升交通内联外通水平。打造综合交通网络，加强与毗邻地区互联互通，加快沐川港罗家坝作业区建设，积极推进铁路规划。依托成德绵乐（雅）广攀、攀（乐）宜泸重要经济带建设，深度融入"一轴两翼三带"区域经济布局。发挥沐川特色优势产业，完善产业承接载体，深挖东西部协作潜力，加强南向拓展，探索南向经济有效合作路径。

建设绿色经济发展强县。坚持绿色发展理念，立足特色优势和产业基础，坚定不移做大做强实体经济。梯次建设一批产业园区，壮大林竹、茶叶、魔芋等特色鲜明、竞争力强的绿色产业，打造农业绿色发展先行区以及"中国竹子之乡""中国魔芋之乡""乌蒙硒都"。做强做优特色农产品精深加工产业，改造提升矿产资源产业，培育发展清洁能源产业，形成"3+2"新型工业体系。打造川西南林浆纸一体化产业基地、全省竹食品加工中心，建成全省竹产业高质量发展示范县。推进工业园区绿色循环高质量发展，将园区建设为省级经济开发区。

建设休闲康养宜居城。统筹城乡融合发展，以人文化、绿色化、智能化为导向，着力提升县城发展品质和管理水平，创建省级园林城市、国家卫生城市，大力培育舟坝副中心和黄丹、利店、大楠、富新4个重点镇，构建"一核一副四极"发展新局面。围绕生态优势发展文旅康养，擦亮"醉氧竹乡、生态沐川"名片，做足"康养"文章，丰富"文化"元素，高水平开发康养园区、旅游景区。拓宽"慢游"空间，加快开发一批特色精品旅游线路。深入实施全域旅游发展战略，不断完善"一核一区、三带多点"文旅产业发展布局，积极推进天府旅游名县和省级全域旅游示范区创建，打造巴蜀文化旅游走廊休闲康养宜居城。

发展目标

经济实力大幅提升。经济平稳健康发展，地区生产总值增速适当高于全国、全省水平，人均地区生产总值缩小与全国、全省平均水平差距，经济发展质效明显提升。形成以"6+2"特色农业、"3+2"新型工业、"2+2"现代服务业为核心的现代生态产业体系。

基础条件全面改善。基本形成四通八达的立体交通网络，城镇化率显著提高，城乡融合发展机制进一步完善。

环境质量持续优化。生态保护和建设力度进一步加大，建强"两山"实践创新基地，沐川的天更蓝、地更绿、水更清、村更美、城更靓。

生活水平显著提高。社会保障体系进一步完善，覆盖面进一步扩大。教育、医疗、文化、体育、社保、住房、养老等公共服务体系更加健全，基本公共服务均等化水平稳步提高。

治理效能全面提升。重点领域和关键环节改革取得实质性突破。市场在资源配置中的决定性作用得到充分发挥，各领域基础性制度体系基本形成。

（撰稿：蒲晓芹　审稿：吴世兵）

10 峨边彝族自治县

基本情况

峨边位于四川省西南部、峨眉山南麓、大凉山北麓、大渡河畔的成（都）昆（明）铁路线上，国道G245线、成昆复线及峨汉高速穿城而过，距乐山大佛108千米，属于小凉山，是通往大凉山的主要门户。介于东经102°54′~103°33′，北纬28°39′~29°19′之间，东西宽约56千米，南北长约73千米，从东北转西北至西南弯曲，呈月牙形，东连沐川县，东南接马边彝族自治县，东北邻乐山市沙湾区，西南与甘洛，西北与乐山市金口河区毗邻，南靠凉山美姑县，北抵峨眉山市。县域面积2382平方千米。自治县驻地沙坪镇。

2022年末，全县总户数46929户，户籍人口为14.9万人，常住人口12.1万人，其中城镇常住人口4.8万人，常住人口城镇化率39.67%，比上年提高0.83个百分点。

历史沿革

峨边历史悠久，新石器时期已有人类在此活动。汉建元六年（公元前135年），汉武帝派兵西进，开发"西南夷"，汉民族开始迁入，置州郡，峨边地区属犍为郡南安县（今乐山市）。汉元鼎六年（公元前111年），峨边属越西郡灵关道（今甘洛县东北）。唐麟德二年（665年），朝廷"招慰"僚人，在沙坪设罗目县，治地陀和城（今沙坪镇）。宋时隶属峨眉县，元时隶属大理国虚恨部。明朝正德时期，大批汉民

● 峨边彝族自治县城市概貌（王永春 拍摄）

入川，落业普雄乡（今金口河区）、平夷堡（今大堡镇）等处。明正德七年（1512 年），乡民附入峨眉籍，将普雄乡更名归化乡。清嘉庆十三年（1808 年），从峨眉县分出，设峨边抚夷厅，厅治太平堡（今大堡镇）。民国三年（1914 年），改峨边抚夷厅为峨边县，民国二十四年（1935 年）属四川省第五行政督察区。1949 年 12 月 19 日，中国人民解放军第十军和第十六军解放峨边沙坪、毛坪、新场等局部地区。1950 年 8 月 15 日，峨边县人民政府成立（18 日县政府从大堡迁沙坪），隶属川南行署乐山专区。1955 年 12 月 13 日，隶属凉山彝族自治州由乐山专署代管。1984 年 4 月 9 日，撤销峨边县设峨边彝族自治县，隶属乐山管辖。

重要资源

峨边地处四川盆地与云贵高原的过渡地带，属亚热带湿润季风气候，春迟，夏短，秋绵雨，冬长，四季分明，垂直差异明显，形成"一山分四季，十里不同天，山顶戴雪帽，山脚百花鲜"的气象景观。境内崇山峻岭，沟壑纵横，高低悬殊，最高马鞍山主峰海拔4288米，最低五渡大沙坝海拔469米。原始森林林海茫茫，山水交错，有大小溪河42条，水产资源极为丰富，野生鱼类10多个品种，娃娃鱼（大鲵）为国家二级保护动物。林海中生长着成片的三月竹、八月竹和箭竹，为野生动物提供了生存繁殖的良好条件，珍稀动物种类繁多，以国宝大熊猫最为珍贵，还有四川山鹧鸪、短尾猴、红腹锦鸡、白腹锦鸡、羚牛、黑熊等。名贵中药材有天麻、杜仲、黄连、黄柏等。境内发现6类29种矿产资源，探明磷矿1亿吨、黏土矿1100万吨、白云石3亿吨、玄武岩15亿吨、钾长石7800万吨、铜矿12万吨、铅

锌矿 50 万吨。水能蕴藏丰富，开发水电总装机 200 万千瓦。

基础设施

交通。2022 年末，全县公路通车里程 1545.2 千米，其中等级公路 1543.7 千米。峨汉高速公路峨边境内 20.4 千米，G245 绕城线，S309 峨美路及峨轸路贯通东南西北。峨边境内拥有 3 个火车站点，成昆铁路和成昆铁路复线在境长 54 千米。境内大渡河水域通航里程 51.5 千米，为内河 7 级航道，共有航道码头 3 个、渡口 1 个。

卫生。2022 年末全县拥有卫生机构 122 个。其中，医院 3 个，卫生院 14 个，疾病预防控制中心 1 个，妇幼保健院 1 个。卫生机构人员 911 人，其中，卫生技术人员 683 人，执业（助理）医师 253 人，注册护士（师）294 人。年末卫生机构床位 596 张，其中，医院 473 张，卫生院 122 张。

教育。2022 年末全县共有普通小学 17 所，专任教师 679 人；初中学校 11 所，专任教师 390 人；高中 1 所，专任教师 88 人。中等职业学校 1 所，专任教师 30 人；幼儿园 128 所。

邮政物流。2022 年末，全县共有 20 个邮政局（所），平均每 119.75 平方千米、每 6050 人拥有一个邮政服务网点。全县有邮路 3 条，邮路总长度达到 337 千米。

主要产业

发展山区现代农业。利用"三河流域""三个百里产业带"，建成桃、蔬、药、笋特色产业基地 33 万亩，建成农业科技示范基地 5 个，高标准农田 12 万亩，粮食播种面积达到 18.78 万亩；培育市级以上农业龙头企业 15 个，农村合作组织 519 个，建成家庭农场 246 户。梯次发展"1+6+N"三级园区，白沙河流域果蔬现代农业园区成功创建省级园区；"峨岭云边"电商中心被评为国家级星创天地，新林镇被农业农村部评为全国农业产业强镇。

工业绿色转型。优先发展新兴产业，着力推动医工用气、稀土材料、玄武岩为代表的新兴产业"前向一体化"发展，大力提升技术水平和产品附加值，建设西南最大的高纯氧和医用氧产地、西南最大的稀土金属制备基地和四川最大的玄武岩产业基地。转型发展电冶产业，鼓励并购重组，组建区域产业龙头，融入全市光伏产业链；推动企业技术革新，提升工业硅、铁合金生产工艺技术水平和节能环保水平，建设四川最大的绿色硅材料生产基地。绿色发展建材产业，以"延链、提档、拓品、扩能"为发展方向，着重推进玄武岩、钾长石、石灰石、白云石等延链发展，重点开发陶瓷、玻璃、耐火材料和建筑骨料等高端产品，创建四川绿色建材产业综合开发典范。

构建现代服务业。推动现代物流、人力资源、科技信息三大服务业优先发展，餐饮住宿、旅游、交通、医疗康养、商贸五大生活性服务业提档升级。发展电商协会、公用品牌协会注册会员 182 个，电商运营收入实现 1.5 亿元，认证"三品一标" 20 个，培育新型经营主体 647 个。

文旅品牌

峨边彝绣。峨边彝绣据考证可以追溯到三国以前，与原始绘画、记事符号、服饰密不可分，主要包括服饰、鞋子、钱包、枕头和各种饰品，色彩艳丽，工艺独特，具有很高的实用价值和收藏价值。2009 年，峨边彝族刺绣被四川省政府列为省级非物质文化遗产保护项目。

● 峨边彝绣（峨边县档案馆 提供）

甘嫫阿妞文化故事。甘嫫阿妞是一个在云贵川彝区流传十分广泛、动人而悲壮的彝家美女反抗压迫、不畏强权、坚贞不屈，用生命捍卫贞洁和尊严的爱情故事。相传在明朝，峨边彝乡诞生了绝世美女甘嫫阿妞，她的美名传遍了彝区和汉区。封疆大臣治达贪恋美色，在帮皇帝选妃之时，想强行纳甘

● 甘嫫阿妞文化故事（峨边县档案馆 提供）

嬷阿妞为自己的妾。但甘嬷阿妞誓死不从。权大势大的治达随后派兵将她抢到衙内。甘嬷阿妞的心上人安夫木呷闻讯后率众人前去搭救,但因寡不敌众,木呷不幸遇难。甘嬷阿妞坚贞不屈,得知木呷为救自己而死后,决心以死相抗。她向治达提出要五色的锦丝绒线,治达派人满城搜缴想取悦于她。最终,甘嬷阿妞用锦丝绒线悬于梁间自缢而亡,用她的生命捍卫了贞洁与尊严。后辈彝家儿女为缅怀甘嬷阿妞,在峨边丹埔(大堡镇)等地塑像,供人们敬奉。

风味美食

峨边豆渣汤。喜食天然的峨边人,用新鲜连荚的黄豆(毛豆),独创了一种新派吃法,煮豆渣汤。豆渣汤,顾名思义,连着豆渣煮汤。石磨将青豆碾压成浆,将南瓜藤尖儿切丝,撒盐,挤水。一是逼掉多余的水分,二是去掉蔬菜的涩味儿。豆浆连渣整个儿倒进锅里,大火煮沸。待豆浆翻滚,倒入焯过水的南瓜花和南瓜嫩尖儿,再次煮沸,立马关火,最大限度地保留蔬菜的营养和翠绿的色泽。

峨边苦荞粑粑。把荞麦面加水调和成糊状,草席烧热,刷一层熟油,再薄薄地摊一勺面糊。当荞粑颜色变深,取出放一边,再继续往锅里舀入熟油和面糊,把第一层荞粑放进去,轻轻压实,使两层荞粑紧紧贴合。如此重复,直到做到需要的层数。荞粑层数越多,越是考验彝人的烹饪手艺。中间厚边缘薄的九层荞粑表面酥脆而内里软和,带着天然的清香和微微的苦味。苦荞可以提精神,充实肠胃,去除五脏的滓秽,也更利于人体吸收和消化。

峨边老腊肉。原料为粗粮喂养之下的峨边猪,肥肉少瘦肉多,肉质紧实。制作峨边腊肉只用一种调料——盐,它既是调味品又是保鲜剂。经过时间的催化,细细的盐会将鲜肉变化成味道更加醇厚的

● 峨边苦荞粑粑(峨边县地方志办 提供)

● 峨边花牛肉(峨边县地方志办 提供)

● 峨边彝族坨坨肉(峨边县档案馆 提供)

腊肉。抹过盐之后，鲜肉被挂到火塘上方的梁上，果木柴火青烟袅袅上升，不断催化，直到鲜肉在烟火的浸润中发酵和风干。

峨边花牛肉。早在20世纪80年代国家第一次畜禽品种资源普查中，峨边花牛便被列入国家《暂不出口畜禽资源名录》，作为地方良种基因库保存。峨边花牛继承了黄牛和花牛的优良基因，体型较黄牛小，对食物和水源非常挑剔，适合在海拔1500米到2500米的亚高山草场生长。作为中国国家地理标志产品的峨边花牛，肉质细嫩，鲜味浓厚，是当地人获取蛋白质的重要来源之一。

峨边山羊肉。山羊，这种"牝牡皆有角，毛直而不卷，性活泼，喜登高"的动物，因较猪肉更细嫩，更低的脂肪和胆固醇含量，成为餐桌上的美食。峨边山羊吃灌木、喝山泉，在山石间肆意攀爬跳跃，自然的生长环境赐予了峨边山羊更长的生长周期，也让它们练就了一身更紧致的肌肉。数年生长期，少人为干预，类野生放养方式，让峨边山羊以肉紧油黄、不骚不膻而闻名。

峨边酸菜豆花。最大特点是用彝家人自制的酸菜水点豆花。每年冬天，彝人家家都会从自家田地采摘新鲜的高山青菜，在大太阳下晒上几周，待叶子水分完全蒸发后制成酸菜。豆浆中的蛋白质分子遇到腌制酸菜的水会逐渐凝聚成絮状物，此时用竹编簸箕轻压表面。数分钟后，豆浆凝结分层，豆花自然形成。彝家酸菜豆花多孔而微弹，鲜美而爽滑。

峨边彝族坨坨肉。坨坨肉，彝语叫"乌色色玛"，意思是猪肉块块，因其每一块肉的重量均在二三两上下，成坨状而得名。坨坨肉在彝族地区不仅是一道餐食，更是一种礼仪。每每客人到访，主人会杀猪宰羊制作坨坨肉，且往往会把鲜活牲口带到客人面前过目以示尊重。如今，随着饮食观念的转变以及勤俭之风深入彝族家庭，越来越多的彝人选用三四十斤的小乳猪来制作坨坨肉。做坨坨肉用的猪肉，讲究先放血后燎毛。整只乳猪在塘火上烤过之后，表皮微微收紧，猪皮弹牙且自带果木焦香。锅里水开后，倒进剁成块状的乳猪肉，把握好火候将其煮熟。坨坨肉捞起后，还会依据口味加一些调料，如辣椒粉、盐、花椒粉、木姜子等，既鲜又香，别有风味。

峨边竹笋。峨边温和的气候和充沛的雨量催生出鲜美的山珍——竹笋。峨边竹笋在20世纪就被奉作国宴佳肴，作为招待外国领导人的"梦笋"。只因鲜笋还未出土，便用锄头挖出，仿若梦中初生。峨边竹笋对烹饪方法和技巧从来不挑剔。凉拌、炖汤、鲜烧，甚至涮火锅，人人喜爱。

发展定位

坚持"奋力建设民族地区中国式现代化先行区"发展定位。在发展民族经济、推动高质量发展上走在前做表率，在统筹城乡发展、推动民族团结进步上走在前做表率，在加强生态文明建设、促进人与自然和谐共生上走在前做表率，在加强区域协作、推动高水平对外开放上走在前做表率，在增进民生福祉、促进共同富裕上走在前做表率。

发展目标

争创"一地两城三县四区"的目标，即争创国家"两山"实践创新基地，国家卫生县城、国家级文明县城，国家乡村振兴示范县、全国全域旅游示范县、平安中国建设示范县，全国农村改革试验区、国家生态文明建设示范区、国家级现代农业园区、全国民族地区城乡融合发展示范区。

（撰稿：苟长征　审稿：张维忠）

⑪ 马边彝族自治县

基本情况

马边彝族自治县位于四川盆地西南边缘的小凉山区，乐山市南面。介于东经103°14′~103°49′，北纬28°25′~29°04′之间，东北邻沐川，西北交峨边彝族自治县，东部与宜宾市屏山县接壤，南部和西部分别与凉山彝族自治州的雷波县和美姑县毗连。辖区面积2293平方千米，县政府驻地民建镇民建社区新建街230号。辖15个乡（镇），114个村（社区），713个村（居）民小组，户籍人口227232人，其中少数民族122010人。2022年，全县地区生产总值61.21亿元，增长4.9%；全社会固定资产投资增长11%；县级财政一般公共预算收入5.59亿元，增长35.2%；规模以上工业增加值增长5%；社会消费品零售总额27.5亿元，增长1%；城镇居民人均可支配收入40543元，增长4.5%；农村居民人均可支配收入16399元，增长6.8%。

历史沿革

自春秋战国时期，马边就有人类活动，县境在蜀郡的南安、僰道两县内；汉时位于当时的犍为、越西两郡的南安、僰道、卑水三县接合部；蜀汉时在境内建新道县，归越西"遥领"；西晋时整个四川"半为僚据"，马边亦"没为夷僚"；隋、唐、宋朝对少数民族实行羁縻统治，在小凉山设马湖郡，辖殷、驯、骋、浪、四羁縻州，马边属驯、骋两州；宋治

● 马边彝族自治县新县城（何为 拍摄）

平二年（1065年），犍为县官员在马边河畔建赖因寨、荣丁寨，连同沐川寨、利店寨、笼篷寨合称为犍为五寨，受成都嘉州犍为县管辖；元朝时把"五寨"划归马湖路，隶属叙南等处宣抚马湖路沐川长官司；明朝承袭元朝土司制度，马湖路更名为马湖府；明万历十七年（1589年），建军事组织"马边营"，"马边"之名由此而出；清雍正五年（1727年），马湖府并入叙州府，马边遂属叙州府屏山县；乾隆二十九年（1764年），屏山分设马边厅，直属叙州府；民国三年（1914年），废府建道，以道统县，马边厅更名马边县，隶属永宁道；1950年1月20日，马边解放，隶属川南行署乐山专区管辖；1956年元月，划归凉山彝族自治州，由乐山专区代管；1984年10月1日，撤销马边县，建立马边彝族自治县，正式划归乐山管辖。

重要资源

有大熊猫、羚牛、鬣羚、小熊猫、水獭、大鲵、血雉、斑羚、金猫、云豹、猕猴、林麝（獐子）、白腹锦鸡等珍贵动物；有酸梅、大节竹、猕猴桃、香樟、珙桐、兰花、朱砂莲、魔芋等名贵土特产；有磷、石膏、煤、铅锌、铜、铁等15种矿产，其中磷矿储量24.76亿吨；"马边绿茶"获农产品地理标志；"马边猕猴桃"获地理标志证明商标。

基础设施

2019年起累计建成高标准农田5.15万亩，建成生态茶园23万亩，投产茶园19万亩，获"中国彝茶之乡"称号；猕猴桃、桃、梨、李等投产面积1.2万

亩，形成"上山青梅下山茶、二半山区冒笋芽，山地畜禽溪养鱼、连片插花种桃李"的现代农业产业格局；培养省三星级园区1个、市级园区4个，省级龙头企业5个、市级10个，农民合作社有省级示范社14个、市级示范社14个、县级示范社3个，家庭农场有省级示范场7家、市级示范场18家；创建15个县级乡村振兴先进乡镇、示范村；公路通车总里程1781千米，其中国道1条，省道1条，县道9条，乡道32条，乡镇通油路（水泥路）、建制村通硬化路和通客率均达100%，通组路硬化率97%，仁沐新高速——马边支线建成通车，乐西高速马边段正加快建设；县城区面积6.4平方千米，城镇化率38%，城市绿化率35.9%，城市污水处理率91.8%，生活垃圾无公害处理率100%，农村住户卫生厕普及率81.26%；创建3A级旅游景区2个，2A级旅游景区3个。

主要产业

2022年粮食产量9.37万吨；出栏生猪14.21万头、牛0.66万头、羊11.93万只、禽66.35万只，肉类总产量14445吨。年产鲜茶5.01万吨，水果0.56万吨。有林地263.12万亩，森林271.36万亩，活立木总储积2084.42万立方米，森林覆盖率78.87%，绿化率83.92%。

规模以上工业企业25个，入选全国绿色矿山名录企业4户，马边入选全国首批绿色矿山发展示范区名单；年开采磷矿477万吨，黄磷产量3.34万吨。水电站47座，装机总容量58.927万千瓦，规模以上企业发电量13.9亿千瓦时。

文旅品牌

非物质文化遗产

毕摩经诵（洞经音乐）。"毕"者"诵"也，即念诵经文，"摩"者"使"也，即信使，"毕摩"是指通过念诵经文与神鬼沟通的特殊信使。毕摩是彝族祭祀仪式、传承文化、传播知识的文化群体，是彝族经书的整理者和传承人。在原始的祭祀过程中念诵祷词、诵读经书、吟唱经文，发出的异彩纷呈的唱腔和音韵，形成彝族独特的宗教音乐——毕摩经诵。（省级）

阿依美格。即彝族民间儿童节。阿依美格是初春时节，即彝历"史诺"日，以儿童为主体，集体参与驱邪避祸、祈福安康、祭祀神灵的野外活动。（省级）

彝族年。彝语"库诗"。"库"即年，"诗"即新，意为"新年"。彝族十月太阳历，以十二属相为轮回纪日，三个属相周为一个月。全年以金、木、水、火、土五行公母计月，全年累计10个月，每月36天，全年共360天，余下的5天就是过彝历年时间。闰年加一天，就是366天。彝族年是大小凉山彝族传统的祭祀兼庆贺性节日。（省级）

阿惹妞（阿惹牛牛）。阿惹妞在彝族文化中既是情人的代称又是情歌的代名词。追求爱情、向往自由的彝族青年男女赋予"阿惹妞"特殊的文化含义和独特的民族风情。正传：表达表哥对阿惹妞美貌的仰慕，既是对共同生活的描述，也是对情敌的仇恨和诅咒及对阿惹妞悲惨遭遇的同情等。歪传：是对阿惹妞美艳的赞美，对阿惹妞的想象和渴求，语言具有挑逗性和刺激性。从表演形式上分为男声单唱、男女对唱等。马边主要以男子在山上采笋、放牧时放声高唱为主，一般忌讳公众场所演唱。（省级）

彝族十月太阳历。一是将一年分为10个月，每月衡定为36天；二是地球公转一圈合计360天，剩余的5至6天确定为"布古"日，即传统的彝族年日，不计在公转内；三是用十二属相作为纪日的循环周期，每月36天，正好是十二属相三个轮回周期，一年齐整轮回30个周期。将一年分为五季，一季两个月，每季以水、木、火、土、铁五行的运行确定。每季分为水公、水母、木公、木母、火公、火母、土公、土母、铁公、铁母。平年365天，闰年366天。四年闰一日，百年减一日，四百年加一日，这是彝族十月太阳历的计算法则。（省级）

"打鼓草"山歌。又叫"薅草歌"，是四川省乐山、眉山、宜宾等地汉族特有的山野劳动山歌。歌曲短小，生动活泼，曲调爽朗质朴，歌声高低快慢由鼓声决定。一般在田土薅草且人多的时候才请打鼓匠来指挥，山歌既是提神歌、鼓劲歌，又是指挥棒。上唱天，下唱地；既唱古，又唱今；见花唱花，遇草唱草，见人唱人；早、中、晚，烧烟吃饭各有歌词，快收工时穿插一些情歌。"打鼓草"山歌有较高的民俗价值、文艺价值和研究价值。（省级）

苗族花山节。苗语"够岛赞"，又叫"踩花山""跳花"，每年农历冬月或腊月举行，辛勤劳作的苗族青年男女盛装会集到开阔的跳场坪，围着花杆翩翩起舞，享受丰收的幸福和节日的快乐。花山节是苗族同胞为歌颂始祖蚩尤制定历法、教民农耕的功绩而确定的传统节日，除对歌和吹芦笙外，还有爬花杆、斗脚、打毛毽、赛马、长跑、打弹弓、射弩、打篮球、拔河等项目。（市级）

● 彝族非遗——阿依美格（陈远 拍摄）

● 汉族农民稻田打鼓薅（陈远 拍摄）

名胜古迹

省级文物保护单位：东皇殿·佛殿（明、清，荣丁镇），明王寺（明代，民建镇）。

市级文物保护单位：罗家坝墓地（清代，劳动乡），石丈空石刻（明代，荍坝乡），宝华山摩崖造像，俗称"石梁大佛"（明末清初，石梁乡），马边城墙（明代，民建镇），石牌子崖墓（汉代，劳动乡），靛兰坝石桥（清代，荍坝乡）。

县级文物保护单位：观音岩崖墓（汉代，下溪乡），邢于俸夫妇合葬墓（清代，老河坝乡），佛田石塔（清代，荍坝乡），靖氛碉（清代，民建镇），长川洞石刻（明代，荣丁镇），红溪岩题记（明代，老河坝乡），

● 大小凉山第一寨——烟峰彝家新寨（中共马边县委宣传部 提供）

● 云上苗岭——民主镇玛瑙村苗寨（何为 拍摄）

石门坎石刻（明代，荍坝乡）。

旅游品牌

烟峰彝寨、玛瑙苗寨和会步村为国家 2A 级旅游景区，烟峰彝寨正在申报国家 3A 级旅游景区。初步形成以"烟雨高峰"彝族风情—"云上苗岭"苗族民俗—"马边绿茶"贡茶文化等为主，柏香"水上乐园"、石丈空"三国遗址"、荍坝"川西南古镇"、高峰"石刻大佛"、小荣丁"茶文化体验"、国家级自然保护区等为辅的特色主题旅游环线。

烟峰新寨。距离县城 25 千米，占地 1 平方千米，其中聚居区 0.4 平方千米，是四川最大的彝族聚居村寨之一。新寨由南寨、北寨、彝族文化展示区、民俗商业街区、烟峰镇行政服务区和周边田园组成，景区内有八方历盘广场、民俗文化博物馆、七彩文化连廊、碉楼、百名神话人物浮雕墙、南北新寨、欢乐彝家民俗商业街、雄鹰雕塑、射日英雄支格阿龙雕塑等景点，以及烟峰镇镇政府、卫生院、邮政所、篮球场、敬老院等公共服务单位。

玛瑙苗寨。距县城 43 千米，占地 1.5 平方千米，平均海拔 950 米，是全市最大的苗族聚集点，人口 1348 人，占乐山市苗族总人数的 89%。村落布局依山就势，呈环抱状，建筑聚落鳞次栉比，层层跌落，苗族元素丰富，空间富于变化，与周围环境和谐地融为一体。寨内有微田园景观，瓜果蔬菜，花团锦簇，田园风光独特。色彩纷呈的服饰、蜿蜒盘旋的山路和高低起伏的山体共同构筑了别样宁静和神秘的苗寨，保持着最淳朴、最传统的生活与劳作方式，居民热情好客。周边自然环境优良，森林覆盖率高达 68.4%。景区内有后山区、茶山区、垂钓湖区等，既具有观光价值，又有优质的度假气候条件和自然环境。景区位于岷江和金沙江流域的分水岭——玛瑙山脉，两侧风光各异，还可远眺大风顶自然美景。

凤鸣会步。景区位于历史悠久的荍坝镇会步村青山翠林之中，面积约 4 平方千米。景区内有新村、小院、农耕文化博物馆、狮子山、狮子并卧等特色看点。各种接待设施齐全，是集旅游观光、休闲度假、康疗养生于一体的旅游景区。景区外有400余亩桃园，桃花盛开，游客接踵而至，享受清新的空气和与大自然亲密接触的快乐。

风味美食

烤小猪。是彝族一道独具特色的风味菜。选用20～30斤的仔猪，杀后去内脏，洗净后架在火上翻烤而成。烤熟的小猪色泽金黄，香味扑鼻，将其切成"坨坨"状，蘸佐料（海椒面、花椒面等）即可食用。也可将整个烤猪放在一个大盘内，另放几碟蘸水或其他佐料，各人拿刀，自割自吃。

杨抄手。因是杨姓祖传，故名杨抄手。抄手皮薄馅嫩，爽滑鲜香，香浓味美，汤宽色美，辣味十足，又名"颗颗香"。抄手有清汤和红油两种，汤汁用猪骨熬制而成。

马鸡肉。一马姓人家所创，故名。将洗净的土鸡和姜片、葱一起放入锅内，加适量清水（以淹过鸡为宜），盖上锅盖煮十几分钟，捞出浸入冰（凉）水中降温，剁成小（条）块，将花椒油、芝麻油、红油辣椒、白糖、盐、味精等调料与鸡肉拌匀即可，因其肉嫩，味鲜香，口感细腻，是县城的一道名菜。

发展定位

立足自身发展基础和历史使命，力争在区域发展新格局中彰显马边特色和风采，奋力实现四大目标。

聚焦"五大振兴"，以推进产业振兴为重点，加快建设雪口山现代农业加工园区、农产品区域冷链仓储物流中心、大小凉山生态农产品配送和批发交易中心及茶叶、青梅、竹笋、优质畜禽产业基地，形成"一区两中心四基地"产业园区布局，构建现代农业产业体系，打造成渝地区绿色农产品供给基地和大小凉山东西部协作示范区，建成民族地区乡村振兴示范县。

优化磷产业布局，完成劳动工业园区磷化工企业搬迁和园区转型升级，推动民族绿色工业示范区建成投产。加快飞地园区建设，做好延链补链强链文章，推进以黄磷为基础、以磷酸铁锂为支柱的磷产业集聚集群化发展，建设四川省绿色循环磷产业基地。

挖掘丰富独特的自然景观和古彝文化资源潜力，建成一批重点文旅项目，打造精品旅游线路，推进文旅融合发展，打造成渝地区生态康养优选地，擦亮巴蜀文化旅游走廊"多彩明珠"，打造南丝路文化旅游走廊。

抢抓区位环境根本性变化契机，大力发展战略性支柱产业，建设区域交通枢纽和教育、医疗康养、物流配送等中心，将马边打造为大小凉山地区人流、物流、资金流、信息流集散地，争创乐山市域副中心城市。

发展目标

到"十四五"末，全县地区生产总值突破80亿元，年均增速7.5%以上；传统特色产业实现转型升级，绿色磷产业园区、现代农业园区建设取得重大突破，工业增加值和服务业增加值占GDP比重持续提高。民计民生持续改善，社会治理提质增效，人民群众获得感幸福感显著提升，乐西高速建成通车，内联外通水平明显提升，农村居民人均可支配收入增速高于全市平均水平。生态环境持续向好，大气、水、土壤等污染得到有效整治，空气质量优良天数率保持在95%以上，水质优良断面保持100%，新型城镇化加快推进，城镇化率达到46%。

（撰稿：黄家玉 审稿：王莉 周永 刘燕）

南充市

基本情况

南充,又称"果城、绸都",四川省地级市,成渝地区双城经济圈中心城市之一、"一带一路"重要节点城市、川东北城市群重要节点城市、中国优秀旅游城市、国家园林城市、全国清洁能源示范城市、南遂广城镇密集区中心城市、中国特色魅力城市200强、中国美好生活城市——十大舒适之城、中国地级市百强品牌城市。南充市位于四川盆地东北部,嘉陵江中游,介于东经105°27′~106°58′,北纬30°

● 绿色生态南充城(范吉涛 拍摄)

35′~31°51′之间。南北跨度165千米，东西跨度143千米，东邻达州市，南连广安市，西与遂宁市、绵阳市接壤，北与广元市、巴中市毗邻，管辖3个区（顺庆区、高坪区、嘉陵区），5个县（营山县、西充县、南部县、蓬安县、仪陇县），1个县级市（阆中市），辖区面积12482平方千米。2022年末户籍总人口708.56万人，其中，乡村人口504.31万人，城镇人口204.25万人，城镇化率51.75%。市政府驻地顺庆区万年西路2号。

历史沿革

南充历史悠久，早在新石器时期，境内就有先民生息。原始社会时境内为"有果氏之国"。夏时南充地属梁州，商时属巴人之国，周时为巴国地。

汉兴平二年（195年），南充境内设巴郡。建安六年（201年），巴郡更名为巴西郡。

北周天和四年（569年），置蓬州。

隋开皇十八年（598年），安汉县更名为南充县。

唐武德四年（621年），因治地城西历来有盛产黄果（柑橘）的果山而置果州。唐时境内还置有阆州、蓬州。

宋宝庆三年（1227年），果州升为顺庆府。

元代，境内设有顺庆路、保宁府、蓬州。

清代，境内设有顺庆府、保宁府、蓬州。清雍正八年（1730年），置川北道。

民国二年（1913年），顺庆府、保宁府、蓬州撤销，境内仅存川北道。民国三年（1914年），川北道更名为嘉陵道。民国二十四年（1935年），在南充设第十一行政督察区。其间，民国二十一年至二十四年（1932—1935年），中国工农红军第四方面军在陕西南部和四川北部一带建立川陕革命根据地，先后在境内建立了阆南县、仪陇县、长胜县、营山县、德丰县和忠发市苏维埃政权。

1949年12月10日，南充县城解放，中共川北区委成立。1950年1月，川北人民行政公署成立，辖南充、达县、遂宁、剑阁4专区35个县。2月，中共南充地方委员会、南充专员公署成立，南充专员公署为川北行政公署。同月，设南充专区，辖南充、岳池、仪陇、南部、西充、营山、蓬安、武胜8县。3月，析南充县城关所属区域设置南充市，由川北行政公署直辖。1952年9月，川北行政公署撤销。1953年3月，剑阁专区的阆中、苍溪两县和大竹专区的广安县划入南充专区。1978年11月，建立华蓥工农示范区，1985年2月，更名为华蓥市。1985年9月，苍溪县划归广元市。1991年1月，阆中县更名为阆中市。

1993年7月，撤销南充地区、南充市、南充县，设立南充市（地级）、顺庆区、高坪区、嘉陵区。南充市辖原南充地区的仪陇县、南部县、营山县、蓬安县、西充县和新设的顺庆区、高坪区、嘉陵区，原南充地区的阆中市由省直辖南充市代管。原南充地区的广安县、岳池县、武胜县、华蓥市整体划入新设置的广安地区。

2020年7月，四川省政府同意设立南充临江新区（省级新区），规划面积398平方千米，新区发展定位为"三区一高地"，即建成成渝北翼现代产业发展集聚区、国家产城融合发展创新示范区、嘉陵江流域绿色发展引领区、四川东向北向开放合作新高地。

重要资源

南充市自然资源以可再生资源为主，水资源相对丰富，天然气和盐卤资源具有规模开发条件，生物资源的第一性生产潜力很大。

土地资源。土地类型主要有河谷平坝地、丘陵地和低山地三大类。土地利用结构以农林为主，开发利用不平衡，耕地的绝对量和相对数大。垦殖指数高，远远大于全国和四川省的平均值。有耕地面积3017平方千米，水田、旱地面积分别为1461平方千米和1555平方千米，人均耕地面积0.72亩。

水资源。水资源主要存在形式为地表水和地下水，其中地表水由地表径流和河川径流中的过境水构成。多年平均径流深约313毫米，地表多年平均径流总量为41.91亿立方米，水资源数量偏少。水能资源分布较广，且相对集中，是构成全市能源结构的主体。水能资源理论蕴藏量110万千瓦。嘉陵江水能资源丰富，境内已修建蓬安马回、南部红岩子、阆中金银台、高坪青居、仪陇新政、蓬安金溪、小龙门、阆中沙溪、高坪凤仪9个航电枢纽，总发电装机容量为89万千瓦。

矿产资源。矿产资源主要有岩盐、石油和天然气、沙金、钛铁、铀、磷等。南充地处四川最大的岩盐沉积盆地——南充岩盆的核心，地下盐矿资源十分丰富，已探明的控制储量为1700亿吨，预测储量达1.7万亿吨。盐卤资源为优质盐岩，氯化钠含量大于90%，最高达96.6%，盐岩矿床杂质含量小于10%，水不溶物小于3%，盐层顶板、底板均为厚约1~3米的灰白色硬石膏岩，界面清楚，便于水溶开采。石油天然气资源富集，石油总储量约8000万吨，天然气储量近万亿立方米，以仪陇、营山为中心的龙岗气田已开发投产。

植物资源。天然植被以亚热带常绿阔叶林为主。国家一类保护植物仅有引进栽培的水杉1种；二类

● "印象嘉陵江"湿地公园（中共南充市委宣传部 提供）

保护植物中野生的有香果树和狭叶瓶尔小草2种，栽培的有银杏和杜仲2种；三类保护植物中野生的有红豆树、八角莲、天麻3种。农作物以水稻、小麦、玉米和红薯为重要的粮食作物。大豆、豌豆、绿豆、扁豆等种植较普遍。花生、油菜、棉花、黄麻、红麻是重要的经济作物。川芎、天麻、麦冬、半夏是南充的主要野生药用植物。

动物资源。亚热带农田动物多，其他类型的动物数量较少。野生动物资源尚保存有数百种。珍稀动物中属国家一类保护品种有黑鹳、白鲟（象鱼）2种，二类保护品种有豹、林麝、鸳鸯、大鲵4种，三类保护品种有大灵猫、小灵猫、金雕、小鸨、虎纹蛙等6种。饲养动物以家畜、家禽、淡水鱼类和桑蚕为主。此外，还有蜂、海狸鼠等。家畜主要有猪、牛、羊、兔、马、骡、驴等。家禽主要有鸡、鸭、鹅、鹌鹑等。淡水鱼类主要品种有鲤鱼、鲫鱼、草鱼、鲢鱼、鳙鱼、革胡子鲶、罗非鱼。全市饲养家蚕极为普遍，家蚕品种繁多，且不断进化。

基础设施

《南充市"155发展战略"城市建设板块重大工程项目2017年—2021年实施意见》顺利实施，5年时间里，南充围绕"成渝第二城"战略目标，投资3109亿元用于城市道路、生态绿化、风貌建设、功能配套、数字智能建设，着力推进基础设施"十大建设"，包括大手笔打造"印象嘉陵江"城市会客

厅，谋划建设连通西蓬、覆盖三区的城市轨道交通，启动建设南充第二绕城高速、将军路嘉陵江大桥和顺蓬营、西顺嘉一级公路，加快建设国际会展中心、高坪机场航站楼和阆中机场，全面建成升钟灌区二期工程。

城市面貌日新月异，魅力大城正在崛起。2017年，南充市在中心城区实施了最大范围的城市修复，实施了最大体量的城市改造，传统的五星花园商圈依旧流光溢彩，白土坝商圈、下中坝片区、江东新区、火车北站等全新商圈高楼林立，欣欣向荣。南充主城空间布局进一步优化，为了拉开南充城市构架，完善城市功能，拓展城市空间，提升城市产业，多年来，南充坚持实施"以江为轴、北拓南延、跨江东进、拥江发展"城市发展战略，建设"拥江主城、产业新城、北部新城"三座新城。

水陆空交通"三线并举"，立体交通网络已初步成型。南充交通自古处在"西通蜀都、东向鄂楚、北引三秦、南联重庆"的重要位置，通过近年来的快速发展，南充交通基本形成了以公路、铁路运输为主，航空运输为辅，嘉陵江水运为补充的连接东西、贯通南北、通江达海、城乡一体的交通运输格局。全市公路总里程23052千米，居全省第4位；铁路通车里程335千米，居全省第四位；航道通航里程301千米，居全省第一位；开通民航航线18条，居全省第三位。

主要产业

南充是川东北经济、物流、商贸和金融中心，正在加快构建以现代工业、现代服务业和现代农业为主导的经济发展高地。全市工业园区建成面积达100平方千米，2022年末规模以上工业企业863户，已经形成汽车汽配、油气化工、丝纺服装、现代物流、

● 吉利南充新能源商用车车间（中共南充市委宣传部 提供）

现代农业等优势产业，新能源、新材料、电子信息、生物制药等潜力产业快速发展。

汽车汽配产业。汽车汽配是南充最具爆发力的支柱产业。按照"紧盯前沿、整车带动、沿链配套"的思路，完成吉利新能源商用车项目建设，建立国家新能源汽车研发平台，实现年产新能源商用车10万台、动力总成5万套、产值超200亿元，打造西部新能源商用车研发生产基地；逐步完善汽车零部件配套产业链条，培育100家产值超3亿元的小巨人型汽车零部件及机械制造企业；统筹推进汽车研发、汽车营销、汽车服务、汽车文化发展，建成配套成渝、服务西部、辐射全国的汽车汽配产业高地。

油气化工产业。油气化工是现代工业的基础产业，是国家和省布局南充的重点产业。坚持"高端切入、转型发展、优化提升"的思路，加快南充经开区转型发展，尽快实现晟达、石达、联成等石化项目投产达产，加快推进中国西部生物医药产学研基地、中国西部生物医药产业园、西充太极生物医药谷等生物医药项目建设，着力建设高分子材料产业园、化纤产业园和鑫达新材料二期项目，大力发展清洁能源装备制造、储能电池、生物质能等新能源产业，建成西部石化基地、生物医药基地、新材料产业基地和国家清洁能源发展基地。

丝纺服装产业。丝纺服装产业是南充传统产业，丝绸品牌是南充的靓丽名片。坚持"品牌引领、多元融合、振兴突围"的思路，做大高坪都京丝纺服装产业园、嘉陵丝纺服装产业园等重点园区，做强依格尔、六合、嘉美、富安娜、金富春等龙头企业，建设丝绸小镇、丝绸博物馆、丝绸一条街等重点项目，拓展蚕桑基地规模，创响"中国绸都""丝路源点"品牌，建成中国西部最大的蚕桑综合开发利用基地、丝纺服装生产研发基地、丝纺服装产品集散中心和

● 西充有机生活体验基地（中共南充市委宣传部　提供）

中国蚕桑丝绸文化旅游名城。

现代物流产业。现代物流是支撑经济发展的基础性、战略性产业。坚持"大平台、大通道、大通关"的思路，做强做优南充现代物流园，培育壮大浙江传化、南鑫国际、友信崧锋等重点企业，积极搭建公路集散、多式联运、城际配送、进出口物流四大平台，申报创建保税物流中心、海关特殊监管场站、跨境电商平台和进口指定口岸，统筹推进都京港物流园等物流节点建设，配套发展县级配送中心和乡村配送网点，建成现代物流枢纽城市和区域物流中心城市。

现代农业产业。南充是农业大市，大农业、大产业，大有希望。坚持"园艺化、科技化、设施化"的思路，以现代农业和有机农业为主攻方向，围绕生态粮油、特色果业、蔬菜和中药材、现代蚕桑、现代林业、现代畜牧等重点产业，着力打造现代循环农业产业示范带，深入实施"农业加工能力提升三大工程"，加快发展保宁醋、张飞牛肉、西充百科等重点企业，培育100家产值过亿元的农业龙头企业、10家产值过十亿元的农业龙头集团，建设全国有机农产品价格指数平台和交易中心、农产品质量检测中心，建成有机农业强市。

2018年南充市地区生产总值突破2000亿大关，列全省第五位，在川东北率先跨入"2000亿俱乐部"。2022年，南充市地区生产总值2685.45亿元，人均地区生产总值48343元。其中，第一产业增加值502.05亿元，第二产业增加值1012.98亿元，第三产业增加值1170.42亿元。三次产业结构比为18.7∶37.7∶43.6。规模以上工业企业营业收入2991.66亿元，社会消费品零售总额1484.36亿元，全体居民人均可支配收入29271元，其中城镇居民人均可支配收入41126元，农村居民人均可支配收入19469元。

文旅品牌

南充，一座拥有2200多年建城史的城市，积淀了丰厚的历史底蕴和文旅资源，孕育了春节文化、三国文化、丝绸文化、红色文化、嘉陵江文化，不可移动文物保有量居全省第三位，有国家级非物质文化遗产名录5项、省级非物质文化遗产名录29项，是嘉陵江畔的一颗璀璨明珠。

旅游资源

"印象嘉陵江·山水南充城"，其核心体现在五张名片的交相辉映，展示出南充自然禀赋、文化底蕴的无穷魅力，吸引了众多海内外游客。

将帅故里·红色文化。南充是朱德、张澜、罗瑞卿、张思德的故乡，也是川陕革命根据地的重要组成部分，主要景点有朱德故里景区、张澜故里景区等。

历史名城·三国文化。南充历代名人荟萃，西晋史学家陈寿历经十年艰辛著《三国志》，因此南充也被称为三国文化的源头。主要景点有西山风景区、汉桓侯祠等。

中国绸都·丝绸文化。勤劳淳朴的南充人用自己的巧手织出了中国古代丝绸之路的"丝绸源点"，赢得了当代"中国丝绸源点雕塑绸都"的美誉，主要景点有丝绸源点、中国绸都丝绸博物馆等。

印象嘉陵·生态文化。千里嘉陵江把最柔美的身段留在了南充。嘉陵江具有良好的生态及秀丽风光，主要景点有"印象嘉陵江"湿地公园、凤仪湾、嘉陵第一桑梓等。

世界古城·春节文化。阆中古城是中国四大古城之一。阆中汉代天文学家落下闳创制《太初历》，首订正月初一为岁首，华夏始有春节，落下闳也被世人称为"春节老人"，因此阆中被称为"春节之源"。

● 丝绸源点雕塑（中共南充市委宣传部 提供）

● 《亮花鞋》登上2019年央视春晚（刘晓钟 拍摄）

文艺事业

南充文艺事业欣欣向荣，近几年全市共创作出《丝路驼铃》《我是川军》《张思德》《铎声阵阵》《亮花鞋》等各类优秀文艺作品700余件，其中有80多件分获国际、国内多项大奖；成功打造南充国际木偶艺术周、嘉陵江合唱艺术节、嘉陵江灯戏暨地方戏艺术节等文化活动品牌，被文化和旅游部赞誉为"西部地区独有的文化盛会"。川北大木偶、川北皮影、川北灯戏、川北剪纸被誉为川北"四朵金花"，川北大木偶被文旅部、商务部等四部委确定为"国家文化出口重点项目"，并得到国家艺术基金的重点扶持；川剧《跳蹬》于2017年1月参加了"2017年戏剧迎春晚会"，登上了全国最高戏曲舞台；川北大木偶制作"熊猫队长"成功献演2018年韩国冬奥会闭幕式北京八分钟，收获广泛赞誉；音乐类作品《亮花鞋》成功摘取全国"群星奖"，并登上了2019年央视春晚舞台，是继《川北婚嫁》之后南充市获得的又一个全国"群星奖"。

风味美食

川北凉粉。川北凉粉自清末问世以来，以其独具红辣味醇、鲜香爽口的川味风格饮誉巴蜀，流传至今。川北凉粉制作从磨粉搅制到调料、配味都有独到之处，十分考究，选用新鲜白豌豆用小磨磨细，十分讲究搅制火候。凉粉质细柔嫩，筋力绵软，明而不透，细而不断。调料配味，更具匠心，主要拌料有辣椒、花椒、生姜、葱叶、冰糖等掺和制作的红油，以及由精选大蒜捣制的蒜泥，可谓色、香、味俱全，独具风味。老一辈无产阶级革命家朱德、罗瑞卿生前回南充视察工作时，就特意品尝了川北凉粉。2011年成功申报为四川省非物质文化遗产名录。先后荣获中华老字号、中华名小吃等殊荣。

嫩尖冬菜。南充嫩尖冬菜，是四川四大腌菜之一，历史悠久，早在清嘉庆年间即有"顺庆冬菜"之称。清道光年间，南充人张德兴经营酱园，在吸取客商陈永顺和雇请的林姓师傅传统酿造经验的基础上，改进腌制方法，提高了冬菜质量，"德兴老号"冬菜便闻名于世，民国初年，远销省内外。抗日战争胜利后，南充人任近委开设"十里香"酱园，出售"十里香"冬菜，自此，"德兴老号"冬菜和"十里香"冬菜，统称嫩尖冬菜。嫩尖冬菜系选用十字花科、云台属叶用芥菜中的箭杆菜做原料，该菜岁寒生长，隆冬成熟，采收后剖心挂晾，经日晒、风萎露润、霜煎，便从菜心生长出嫩芽寸许，剪下腌制，因名"嫩尖"，由于生产加工在冬季，故名"冬菜"，置土陶内陈年腌制而成，其色黑褐、质翠嫩、味清香，经检测富含氨基酸、乳酸、蛋白质、维生素和多种微量元素，有开胃健脾、增进食欲、增强人体机能之功效，是佐餐调味、居家旅游和馈赠之佳品。

发展定位

建设成渝第二城，争创全省经济副中心，打造成渝地区双城经济圈次极核。做大做强汽车汽配、油

● 川北凉粉（中共南充市委宣传部 提供）

● 川东北金融中心（范吉涛 拍摄）

气化工、丝纺服装、现代物流、现代农业"五大千亿产业集群"，大力实施城市建设、交通枢纽、教科文卫、旅游三产、产业园区"五大板块重大工程项目"，加快推进基础设施"十大建设"、产业发展"十大项目"、民生改善"十大工程"，努力把南充建成经济强市、中心城市、交通枢纽、开放高地和生态屏障。

发展目标

建成全省和成渝地区经济副中心，全面建设社会主义现代化南充。

建设经济繁荣的现代化南充，2026年地区生产总值达到4600亿元；建设舒适宜居的现代化南充，创建国家卫生城市，加快创建全国文明城市；建设幸福和谐的现代化南充，建成第二批全国市域社会治理现代化试点合格城市；建设生态优美的现代化南充，创建国家生态文明建设示范市和国家森林城市，建成嘉陵江绿色生态经济带示范市；建设文化兴盛的现代化南充，阆中古城、朱德故居等文化遗产知名度显著提升，落下闳春节文化博览会等文化活动影响力持续提升，川北皮影等非物质文化遗产美誉度明显提升；建设全域开放的现代化南充，开放格局全面形成，一港口、双机场、四铁路、十六高速的综合立体交通网全面构建，区域性综合交通枢纽全面建成。

（撰稿：孔令帆 审稿：李娟）

01 顺庆区

基本情况

顺庆地处四川盆地东北部，位于嘉陵江中游西岸，介于东经105°27′～106°58′，北纬30°35′～31°51′之间，处于达州、广安、遂宁、绵阳、广元、巴中所构成的川东北城市群的地理中心位置，与成都、重庆构成独特的"金三角"经济圈，是南充市政治、经济、文化中心，是全国优秀旅游城市、国家园林城市、四川省历史文化名城。区政府位于果城路13号。

辖区面积542.46平方千米，现辖7个乡镇，12个街道办事处。2022年末，户籍总人口约66.75万人，常住人口83.2万人。2022年，地区生产总值512.6亿元，社会消费品零售总额410亿元。

顺庆是三国文化发源地，西晋史学家陈寿曾在西山万卷楼著《三国志》。民主革命家张澜和老一辈无产阶级革命家罗瑞卿等亦生于斯长于斯。境内有国家4A级旅游景区西山风景区，3A级景区张澜纪念馆、罗瑞卿纪念馆、北湖公园、七坪寨景区，千年古刹清泉寺、道教圣地老君山等风景名胜30多处。区内有西南石油大学、西华师范大学、川北医学院、南充职业技术学院等5所高校，拥有南充市中心医院、川北医学院附属医院、南充市中医医院三所"三甲"医院，大中专院校和科技人员拥有量位居全省第二。

历史沿革

公元前204年设安汉县。唐时为果州。南宋宝庆三年（1227年），升果州为顺庆府。元（世祖）至

● 鸟瞰顺庆（顺庆区档案馆 提供）

元二十年（1283年）改顺庆府为顺庆路，明清时均为顺庆府。1911年，因府县同城，裁除县署，留府，设顺庆府知事公署。1913年，改顺庆府署为南充县知事公署，正式取消"顺庆"之名。

解放初建县级南充市，为省级川北行署所在地。1993年7月2日，撤销南充地区、南充市、南充县，设立地级南充市。将原县级南充市和南充县辖区设立顺庆区、高坪区、嘉陵区。顺庆区辖4个街道办事处和4个镇及7个乡，"顺庆"作为地名被重新使用。1997年，辖4个街道、9个镇、12个乡。2000年，辖4个街道、11个镇、14个乡。2005年12月9日，撤销舞凤、华凤、新建3个镇建制，改建舞凤、华凤、新建3个街道办事处，辖7个街道、8个镇、14个乡。2011年8月，撤销漕溪镇、荆溪镇2个镇建制，改建漕溪、荆溪2个街道办事处。2014年2月1日，对新建街道办事处和华凤街道办事处原管辖区域进行调整，并新增设西山街道办事处，全区辖11个街道、6个镇、12个乡。2020年9月3日，撤销搬罾镇，设立搬罾街道，其余5个镇12个乡调整为7个镇。

重要资源

水资源。境内主要河流有"一江四河"，包括嘉陵江、西充河、漕溪河、芦溪河、渔溪河。其中西充河、漕溪河、芦溪河、渔溪河为嘉陵江一级支流。境内嘉陵江流域面积544平方千米，从北自蓬安县流入境内渔溪镇，向南依次流经搬罾、荆溪、舞凤、北城、西城、东南等街道办事处，境内干流全长41.56千米。西充河顺庆段干流全长21.02千米，境内流域面积65.78平方千米；漕溪河干流长41.16千米，流域面积161.7平方千米；芦溪河干流长37.52千米，流

域面积 233.75 平方千米；渔溪河干流长 9.18 千米，流域面积 27.75 平方千米。多年平均降水量 954.5 毫米，常年年径流量 1.986 亿立方米。

植物资源。顺庆地处亚热带常绿阔叶林分布带，天然植被以亚热带常绿阔叶林为主。名贵树木有楠木、雪松、剑阁柏、关刀柏、红豆树等。三类保护植物，野生的有红豆树、八角莲、天麻 3 种。农作物以水稻、小麦、高粱、甘蔗为主，其中尤以水稻、小麦、玉米和红苕为重要的粮食作物。大豆、花生、豌豆、绿豆、扁豆等种植较普遍。油菜是重要的经济作物，棉花、黄麻、红麻是轻纺工业的原料。

森林覆盖率达到 39.6%，城市人均公园绿地面积超过 12 平方米。

动物资源。区内野生动物资源尚保存有数百种，可分为兽类、鸟类、爬行类、两栖类、鱼类。

饲养动物以家畜、家禽、淡水鱼类和桑蚕为主。此外，还有蜂、海狸鼠等。家畜以猪、牛为大宗，其次为羊、兔、马、骡、驴等，大牲畜极少。猪是区内最重要的饲养家畜。家禽以鸡、鸭、鹅最普遍。淡水鱼类主要品种有鲤鱼、鲫鱼、草鱼、鲢鱼、鳙鱼、革胡子鲶、罗非鱼。

矿藏资源。顺庆属大安寨油层含油有利富集区带，是一个生物灰岩裂缝性油气藏。与石油相伴生的天然气资源也极为丰富，境内石油总资源量 208.8 万吨，天然气总资源量 17.7 亿立方米。

顺庆处于南充盐盆的中心地带，盐层总厚度达 101.5 米，含量均在 260 克 / 升以上，一级品达 97.98%。

嘉陵江沙金含量较为丰富，建材类砂、石、页岩境内乡镇都可供开采。在砂子中含有锆石、钛铁矿、金红石、独居石、磷钇石、金、金刚石等 10 多种矿物。

基础设施

顺庆是国家二级交通枢纽城市，是川东北重要的交通枢纽和信息、科教、物流中心。达成铁路和兰渝铁路纵贯南北，212 国道、318 国道、南充绕城高速、成南高速、南广高速、南渝高速、广南高速、南巴高速、遂西高速、绵南高速、巴南高速、营达高速、达成铁路南充站、兰渝高铁南充北站、兰渝高铁南广支线，与南充机场、南充港一起，构建了便捷、快速、立体的交通网络通道。顺庆处在成都—重庆 1.5 小时车程辐射区，与成渝构成独特的"一个半小时经济圈"。

7 个乡镇全部通公路，100% 的村通汽车，城乡公共交通、安全饮水、医疗卫生、治安联防、环境整洁"五个一体化"全覆盖。实现通乡公路硬化率、建制村通硬化路率、村安全饮水达标率、村通信网络覆盖率"四个 100%"，获评省级"四好农村路"示范区。

加快临江新区建设配套跟进。大力推进临江大道、顺兴大道、高新大道等"六纵六横"干道建设，南充高铁枢纽综合改造提升加快实施，大学城建设快速推进，南充临江新区市民服务中心正式启用，区妇孺医院临江院区全面建成，市中医医院临江院区开工建设，服务功能不断完善。临江新区成功入围全国城市新区"五新"潜力 50 强。

主城更新持续推进，城市形象不断提升。主城区雨污分流改造两年行动全面打响，37 条城市干道标美改造，39 条背街小巷提档升级，155 万平方米老旧小区完成提升，三公街入围国家级城市更新示范项目推荐名单。城市功能不断优化，西巷周边"两路两桥"建成投用，将军大桥、四海街隧道即将建成通车，新（改、扩）建中小学 18 所，区人民医院

● 美宇1227夜市（顺庆区档案馆 提供）

加快建设，一批农贸超市、停车场、公厕建成投用，12座城市公园靓丽呈现。

主要产业

服务业蓬勃发展。 现有各类专业、综合市场近100个，是川东北最大的物资集散地。现代服务业多点突破，南门坝、白土坝、五星花园等重点商圈提档升级，1227夜市、"南充不夜城"等夜间经济引爆全城，西巷文化商业街开门迎客，清晖阁、"双子塔"即将建成。楼宇经济、总部经济加速成型，电子商务、金融服务和文化创意为主的新兴产业蓬勃发展。坚持文城一体、景城一体，加快南充水城、城北森林公园、临江中央公园等重大文旅项目建设，天府旅游名县创建加速推进。

工业提质增效。 坚持产业兴区、实体强区，引进培育"新材料、电子信息、高端装备制造"三大主导产业，南充高新区、高铁商务区、现代制造产业园三大平台加速突破，日上车轮、人本轴承产销两旺，和泰光纤、中科九微、华讯方舟等建成投产，中景航天、新松机器人等项目加快建设，德尔博瑞、天喜空调升规扩能，创新建设"拎包入住"高新企业集聚发展平台，科创中心一期建成投用。南充高新区建成面积达14平方千米，入驻企业203家，高新技术产值突破400亿元，成功创建省级高新区。

都市农业特色凸显。 以"都市农业、满园锦绣"为发展目标，加快推进农业农村现代化建设，建成优质粮油基地10万亩、商品蔬菜基地2万亩、特色经果基地5万亩，建有各级现代农业园区8个，其中省级培育1个、市级3个、区级4个。观光农业、休闲农业取得突破，中国橘村、果海酒村、七坪寨、四方寨等农旅结合项目亮点凸显，渔溪油菜花节、李家李花节、桂花湖马拉松等乡村节庆活动人气爆

● 中科九微生产车间（顺庆区档案馆 提供）

● 渔溪蔬菜现代农业园区（顺庆区档案馆 提供）

棚。按照"一区三线多园"农业产业布局，进一步壮大优质粮油、商品蔬菜、特色经果、花卉林木四大主导产业和中草药、创意农业两大特色产业。高标准规划建设芦溪小食品加工园，推动川渝柑橘业现代农业园区、渔溪蔬菜现代农业园区创建为国家、省级园区。

文旅品牌

西山风景区。国家4A级旅游景区，位于顺庆城区西面。属省级风景名胜区，是"三国文化探源游"目的地，先后荣获"大中华区最具中华文化特色旅游风景名胜区""大中华区最富文化魅力旅游目的地""全国十佳文化生态景区"和四川省廉政文化进景区示范景区等称号。

张澜纪念馆。国家3A级旅游景区，也是全国红色旅游精品线上的重要景点之一、全国重点文物保护单位、四川统一战线中国特色社会主义教育基地等。张澜旧居为清代四合院式木结构古建筑，占地面积1200余平方米，幽静而典雅。

罗瑞卿纪念馆。国家3A级旅游景区，四川省重点文物保护单位，位于顺庆区将军路。罗瑞卿故居始建于清光绪年间，是一座三合院式土木穿斗青瓦房。"罗瑞卿故居"由胡耀邦同志亲笔题写。占地面积10000平方米，馆内设有罗瑞卿铜像广场、骨灰撒放处、生活塑像广场、生平事迹陈列室、廉政文化广场、罗家祖坟等景点。

北湖公园。国家3A级景区，1985年时任中共中央总书记胡耀邦同志亲笔题书，正式定名"北湖公园"。公园总占地面积270亩，水域面积约80亩，内设大型音乐喷泉1座，3000多组水下灯阵、数千个数控喷头及1个半径18米的水幕共同组成，是南充市核心区重要的城市公园。

七坪寨景区。国家3A级旅游景区，位于顺庆区新复乡长远沟村，紧邻广南高速公路，距主城区仅6千米，有着得天独厚的自然生态景观和古兵寨历史文化等自然资源，是顺庆区重点打造的乡村旅游景点之一。

川北行署。位于顺庆区西华师大老校区内，是1950年至1952年存于中国西南地区的一个行政区，行署政府驻地为南充市，隶属于中共中央西南局。1952年，川北行署区撤销，与川南、川东、川西三个行署区重新合并为四川省。

锦绣田园。省级农业主题公园，位于顺庆区搬罾街道学府大道旁。核心区域占地面积868亩，景区以"四季花开，畅游花海。花的海洋，爱的天堂"为主题。"春季——郁金香美食节""夏季——百合花、鲁冰花旅游节""秋季——薰衣草、向日葵旅游节"等盛装登场，打造盛世花宴。

风味美食

顺庆羊肉粉。始于清代，是南充和川北名特小吃之一。由米粉和羊肉汤、馅，配上考究的佐料而成，具有三鲜特色（粉鲜、馅鲜、汤鲜），米粉质细、绵软、馅味清香无腥膻，汤色乳白而滚烫。如今，经营品种不断增多，除传统羊肉粉外，还增加了牛肉粉、鸡肉粉、鳝鱼粉、三鲜粉、什锦粉等品种。

杨家联杨鸭子。四川特产老字号，南充知名商标，至今已有上百年历史。继承传统制作工艺的基础上融入现代技术，经洗、浸、泡、腌、卤、炸等数十道工序精制而成，具有麻、辣、香、酥、脆等五大特点。皮酥肉嫩，入口生津，回味幽香。

弋麻饼。始于20世纪40年代，区级非物质文化遗产代表性项目。从选料到配料，从制酥到制皮面，采用传统工艺，历经二十五道工序。皮薄、馅多，入口酥松，外脆内嫩，回味悠长。

● 建设中的临江新区（顺庆区档案馆 提供）

发展定位

紧紧围绕建设"成渝地区双城经济圈高质量发展示范区"这一目标定位，大力实施"1353"发展战略。聚焦聚力"临江新区、中心主城、美丽乡村"三大板块战略支撑，坚定遵循"产业转型、城市建设、乡村振兴、民生改善、现代治理"五大战略路径，牢牢把握临江新区建设、主城更新、乡村振兴三个"十大行动"战略抓手，努力推动顺庆三年上台阶、五年大变样。

发展目标

打造经济强区。全面稳固"全省第一方阵、川东北第一位次、全市一马当先"的发展地位，力争"十四五"期间地区生产总值突破700亿元，一般公共预算收入突破30亿元，创建全省县域经济发展强县、天府旅游名县和乡村振兴先进区。

建成开放高地。深度融入"一带一路"、长江经济带和成渝地区双城经济圈建设，推动顺庆在更大范围、更宽领域、更深层次对外开放，抢占发展制高点。

培育创业热土。着力培育一批科技型、创新型、高成长型企业发展壮大，招引一批大楼宇、大总部、大商贸落户发展，打造成渝地区具有影响力、辐射力、带动力的增长极核。

树立生态样板。充分彰显滨江特质，全面提升全域生态颜值和环境品质，推动绿色发展、低碳发展、可持续发展，创建生态文明示范区。

建设幸福家园。推动居民收入与经济同步增长，实现城乡居民可支配收入大幅增长，全力打造科教文卫高地，实现更多发展成果惠及于民。

（撰稿：梁波 审稿：青文中）

02 高坪区

基本情况

地理位置。高坪区地处四川盆地东北、南充市东南部嘉陵江中游东岸，位于东经106°02′~106°28′，北纬30°34′~30°58′之间。东与蓬安县、广安市岳池县接壤，东南、南与广安市岳池县、南充市嘉陵区毗邻，西南隔江与嘉陵区相望，西、西北、北与南充市顺庆区依江相连，北、东北与蓬安县交界。总面积806.46平方千米。其中，陆地755.48平方千米，占93.68%；水域50.98平方千米，占6.32%。

地形地貌。地势东高西低。嘉陵江由北向南纵贯全境，地貌为丘陵区与河谷区，分为平坝、浅丘、中丘和深丘。平坝主要分布在嘉陵江沿岸一、二级阶地上。境内主要山脉有金城山、凌云山、青居山、玛瑙山、东皋山，金城山系华蓥山脉支脉。海拔最高810米，最低250米。

区位优势。高坪区与市中心一江之隔，西距成都200千米，东至重庆150千米，是成渝地区双城经济圈2小时圈的重要节点。南充第六次城市规划修编提出"以江为轴、拥江发展、跨江东进"战略，随着这一战略的深入推进，高坪已逐渐成为南充大城市建设的主战场，以及川东北区域中心城市和成渝地区双城经济圈北部中心城市的产业积聚地。

人口民族。2021年末，高坪区户籍总人口59.42万人。其中，农村人口34.45万人，城镇人口24.97万人。年末常住人口56.5万人，城镇化率52.4%；汉族占99.7%，有土家族、苗族、壮族、彝族、布依族、侗族、瑶族、藏族、黎族、回族、蒙古族、满族、朝鲜族、白族、傣族等36个少数民族，占总人口的0.3%。

历史沿革

原始社会时县境为"有果氏之国"，商周时属巴国地，秦为巴郡阆中县南境。西汉高祖五年（公元前202年）析阆中县南境置安汉县，治所清泉坝（今顺庆区清泉坝五里店），隶巴郡。西汉始元二年（公元前87年），安汉县辖今南充市高坪区、嘉陵区、顺庆区、蓬安县境域和西充县、营山县及广安市岳池县、武胜县部分境域。

新始建国元年（9年），王莽改安汉县为安新县。东汉建武十二年（36年），恢复安汉县名，仍隶巴郡。东汉永元二年（90年），分阆中县地置充国县（辖今南部县、蓬安县）。东汉初平四年（193年），分充国县置南充国县，县城在江陵坝（今江陵镇）。东汉建安六年（201年）改属巴西郡。三国蜀汉至西晋、东晋以及南朝宋元嘉八年（431年）的212年间，均隶巴西郡。南朝梁天监六年（507年），分北境置相如县（今蓬安县）。西魏废帝二年（553年），蜀地归入北朝，废巴西郡置南宕渠郡，安汉县属南宕渠郡。置青居郡和青居县（旧城今青居镇）。北周在州郡之间设总管府，安汉县属潼州总管府（今绵阳）。隋开皇三年（583年），改郡为州，实行州县两级制，移巴西县城治所于安汉县城，隶隆州（今阆中市）。同时废青居郡，置汉初县，隶合州（今重庆合川区）。隋开皇十八年（598年），安汉县与巴西县合并，始更名南充县，以处充国县（今南部县）之南得名。唐武德四年（621年），分隆州之南充、相如二县，置果州，南充为州治。

1949年12月，南充县解放。1950年1月，南充县人民政府成立。2月，川北南充分区行政督察专员公署在南充县城成立，南充县隶属南充专员公署。3月，划南充县城关区所属西城、北城、东南三镇和舞凤等四乡成立南充市（县级）。1993年7月，撤销南充地区建南充市，撤销南充县、原南充市，析县、市境域设南充市顺庆区、高坪区、嘉陵区。高坪区辖9个镇4个乡。至2019年11月，乡镇行政区划调整，由原32个乡镇街道，撤销合并为10个镇、8个街道、1个乡。区政府驻阳春路2号。

重要资源

境内矿产资源丰富，已探明矿产7种，包括非金属矿产资源3种，金属矿产2种，能源矿产2种。盐卤理论开采量5000亿吨，位于全国前列，已探明盐岩地质储量1.7万亿吨。境内页岩、砂、卵石和硬石资源丰富，常年供应各建筑工程。水能开发前景广阔，嘉陵江16级梯级电站开发中有3级在境

● 航空港工业园（高坪区档案馆　提供）

内。青居、小龙门、凤仪3级航电枢纽工程装机容量27.2万千瓦，年发电量15亿千瓦时，是高坪区年用电量的2.3倍。有东观500千伏超高压变电站，为西电东送工程枢纽。

珍稀动植物繁多，拥有林地45万亩，有500年南国红豆杉、百年迎客松等，现有野生动物44种，其中被列为国家一级保护的鸟类有黑鹳、金雕、四川鹧鸪3种，列为国家二级保护的鸟类有鸳鸯、苍鹰、长脚秧鸡、雀鹰4种，有植物580种。旅游资源奇特，有国家级森林公园、国家4A级旅游景区凌云山风景区，有世界地质奇观、省级地质公园嘉陵江第一曲流，有省级森林公园金城山、宋代白塔等。

基础设施

高坪区是南充的立体交通枢纽，达成铁路和兰

渝铁路形成"十"字交会，并设置二级货运编组南充东站。2020年，全区共有成南、南广、南渝、南大梁和绕城5条高速公路122千米；国道2条65.4千米，省道1条51.6千米。区内现有机场1个（高坪机场）、铁路火车站点1个（南充东站）、大型汽车站1个（高坪汽车站）。2022年，南充高坪机场完成飞机起降12664架次，增速位列全国第99名，旅客吞吐量592532人次，增速位列全国第90名，货邮吞吐量2125.58吨，增速位列全国第83名；南充高坪机场航空口岸申建工作启动，省口岸办已向国家口岸办申请将南充高坪机场纳入国家"十四五"航空口岸规划。

主要产业

航空港工业园。地处城区东部，毗邻高坪机场，与享有"东方风水地貌活标本"之称的凌云山国家4A级风景区、万亩青松林海比肩相依，是南充建设川东北区域中心城市和成渝地区双城经济圈北部中心城市的重要支撑点。

已建成以"三纵三横"为主体的城市道路骨架18条26千米，改造河道5500米，完成园区绿化面积28万平方米，建设水、电、气、信及雨污分流管网128千米，形成年供水400万吨、年供气1亿立方米、供电总装机容量110千伏安的生产要素保障配套体系。园区政务服务、生活服务、公共服务、休闲娱乐等配套服务功能日趋完善，一座产城一体的新型工业新城已初具规模。园区是中国石油和石油化工设备工业协会团体会员单位，先后跻身四川省中小企业创业园区、四川省重点推进园区前20强、四川省知识产权试点园区、四川省生产性服务业示范功能区、四川省和谐劳动关系园区、四川省高新技术产业园区、四川省小企业创业示范等基地。

南充现代物流园。2018年，南充现代物流园区被国家发改委、国土资源部、住房和城乡建设部等部门联合评为国家示范物流园区，被中国物流与采购联合会评为2018年度优秀物流园区。2022年，南充现代物流园共实施项目11个。其中，物流产业项目4个，基础设施项目7个，计划总投资约10.2亿元，实际已完成投资约10.6亿元。实现社会物流总值880亿元。

文旅品牌

鹤鸣山风景区。国家3A级旅游景区。位于高坪城区鹤鸣山上，其前身为白塔公园，始建于1976年，因园内有宋代白塔而得名。景区占地200余亩，园内古树葱茏，山水辉映，楼阁亭台，错落有致，是南充唯一一座以国家级文物保护单位为主景，以蜀汉文化、古塔文化、宗教文化为内涵，以"古、幽、静"为园林特色的城市腹心景区。宋代白塔是全国重点文物保护单位，位于鹤鸣山顶，建于北宋建隆年间，是四川仅存的具有唐塔遗风的五代至宋初砖结构建筑。塔体为楼阁式四方形，塔基为条石砌成，塔身以砖垒砌，高37.1米，共十三级。塔东侧十层外书有"建隆万寿之塔"六字。各层四角均挂铜铃，晨风拂动，铃声四起，自成一景。白塔虽历经千年风雨、人世沧桑，仍坚固依旧，在2008年四川汶川大地震中丝毫无损，令人十分惊叹。

凌云山风景区。国家4A级旅游景区。位于高坪区老君镇，以凌云山、白山、图山为主体，面积30.6平方千米。景区内万亩松柏苍翠葱茏，凌云群峰云涌雾绕，山下湖水碧波荡漾，山中时传古刹钟声。

● 凌云山风景区（高坪区档案馆 提供）

● 宋代白塔（高坪区档案馆　提供）

山水秀美，气候宜人，四季如春。更为独特的是凌云山自然景观的左青龙、右白虎、前朱雀、后玄武与中国古代风水天文所称的"四象五行"玄机契合，浑然天成，形成中国传统风水模式中的景物奇观，堪称东方风水地理堪舆术研究领域中十分难得的地貌形态活标本。

风味美食

"烟山牌"冬菜，始于清乾隆年间，迄今已有二百余年历史，系四川四大名腌菜之一。共分两类：嫩尖，即没有剁碎的成品，是整片菜叶，包装上注明"未淘洗"，含有泥沙，取出后需反复清洗干净，用刀剁碎再食用；碎粒，即出厂时已剁碎，勿需淘洗，开袋即食。

1981年，"烟山牌"冬菜参加四川省供销社系统在成都举行的"四菜"质量评比会，以其具有油润、光泽、清香、脆嫩等特点，被评为全省第一名。1997年，南充烟山味业有限公司与四川省轻工研究设计院联合研制开发出免洗免切开袋即食的"碎粒型"系列冬菜，完成了南充冬菜生产历史上的一次革命和飞跃。2010年3月，"烟山牌"冬菜被评为四川省名牌产品；2010年11月，"烟山牌"冬菜被评为第一批"中华老字号"产品。

● "烟山牌"冬菜（高坪区档案馆　提供）

● 高坪区夜景（高坪区档案馆 提供）

发展定位

城市门户新高地。加快建成"成渝第二城"的商务会展门户、交通枢纽门户、生态宜居门户和特色滨江现代都市区。

空港经济新高地。着力构建以电子信息、丝纺服装、装备制造为支撑的空港制造业体系，以物流、金融、会展等为重点的高端服务业集聚区，以特色农业、都市休闲农业为重点的现代农业体系，加快三次产业协同融合发展。优化空港产业空间布局，打造全国空港经济示范区。

对外开放新高地。着力推进保税物流中心建设，加速形成新的区域竞争力，努力建设全市对外开放桥头堡，打造全省开放合作新高地。

发展目标

经济实力再上新台阶。到2025年，活力高坪展现蓬勃生机，经济实力大幅跃升。现代产业布局持续优化，传统产业转型升级加速，特色优势产业、战略性新兴产业、高技术产业占比显著提升。创新驱动转型发展迈出实质性步伐，科技创新能力明显增强，科技成果转化大幅提升。

城市建设取得新突破。到2025年，主城区建成区面积达到65平方千米，人口达到60万人，城市文化内涵更加丰富，成功打造"丝绸源点"等世界级文化IP。

民生福祉获得新改善。到2025年，城乡居民人均可支配收入分别提高至50000元左右、25200元左右。

高水平打造临江新区中央活力区。力争到2025年，临江新区高坪片区常住人口达到23万人，地区生产总值突破200亿元。

（撰稿：徐强 秦金蓉 审稿：何刚）

03 嘉陵区

基本情况

南充市嘉陵区位于四川盆地东北部、南充市西南部、嘉陵江中游西岸，介于东经105°45′~106°0′，北纬30°27′~30°52′之间。东连高坪区，南邻武胜县，西接西充县、蓬溪县，北靠顺庆区，距南充市中心城区3千米，面积1179平方千米，2022年末，全区常住人口52.5万人，区政府驻火花街道办事处。

历史沿革

建置沿革。嘉陵区历史悠久，远在新石器时代，嘉陵江沿岸就有先民居住。

原始社会时，属"有果氏之国"。

殷商属巴人之国，周为巴子国地。

战国后期，为阆中县之域。

汉高祖五年（公元前202年），刘邦为纪念纪信舍身保刘安汉之功，在纪信家乡设安汉县，嘉陵区属之。

隋开皇十八年（598年），安汉县更名为南充县，嘉陵区仍属之。之后，南充建置发生多次变更，嘉陵一直隶属南充县。

清宣统二年（1910年），南充县划分为6区，现嘉陵所辖区域为当时的南区和西区。

1949年12月10日，南充解放。

1950年至1993年，现嘉陵辖区一直分属于南充县、南充市（县级）。

1993年7月，撤销南充地区、南充市、南充县，设立南充市（地级），辖原南充地区的南部县、西充县、仪陇县、蓬安县、营山县和新设立的顺庆、高坪、嘉陵三区（县级），代管省辖阆中市。嘉陵区是新组建的县级行政区，辖原南充市2个乡和原南充县12个镇、9个乡。

区划沿革。1993年，辖12镇、11乡。

1997年，辖14镇、23乡、559个行政村。

2000年，辖18镇、30乡。

2004年，辖21镇、27乡、31个（社区）居民委员会、552个行政村。

2005年8月1日，八角乡更名为花园乡，乡政府驻地从烨尖沟村一组迁至烨尖沟村十组。

2006年6月23日，撤销李渡、金凤、安平、大通、龙蟠、金宝、西兴、火花8个工作委员会。撤销火花镇和羊口、和平、巨石、龙池、大树5个乡，扩大6个乡镇的行政区域。调整后，辖42个乡镇、1

● 嘉陵区远景全貌（嘉陵区档案馆 提供）

个街道办事处。

2011年，将文峰镇建制调整为文峰街道办事处，增加凤垭、都尉2个街道办事处。

2014年7月，撤销西兴镇，成立西兴街道办事处；撤销花园乡设立花园镇，撤销河西乡设立河西镇。

2015年4月，成立南湖街道办事处。

2017年4月，撤销木老乡建立木老镇，以原木老乡的行政区域为木老镇的行政区域；撤销华兴乡设立华兴镇，以原华兴乡的行政区域为华兴镇的行政区域。

2019年11月，进行乡镇行政区划调整，设置17个镇、2个乡、5个街道办，即火花街道、都尉街道、文峰街道、西兴街道、南湖街道；河西镇、曲水镇、李渡镇、吉安镇、龙岭镇、金凤镇、安福镇、安平镇、世阳镇、大通镇、一立镇、龙蟠镇、里坝镇、金宝镇、三会镇、双桂镇、七宝寺镇；盐溪乡、大兴乡。

重要资源

嘉陵区有土地、水、植物、动物、矿产等自然资源，其中重要资源主要是为盐矿资源、石油和天然气资源。

地下盐矿资源丰富。盐层厚度大于100米，且为优质岩盐，品位很高，氯化钠含量260克/升以上，一级品率97%至98%。盐层顶板、底板均为厚约1米至3米的灰白色硬石膏岩，界面清楚，便于水溶开采。

石油和天然气资源较为丰富。经过多年的油气勘探，在侏罗系自流井群发现了大安寨组具有工业开采价值的油层。嘉陵区属大安寨油层产油区。该油层是一个非常规的、非均质的、受岩性控制的生物灰岩裂缝性油气藏。与石油伴生的天然气资源主要存在于大安寨油层。叠系中统雷口坡组气藏储层厚10米左右，地质储量2亿立方米/平方千米，地处该气藏的李渡镇有闭合面积14.5平方千米，地质储量约29亿立方米。

基础设施

城区基础设施。城市空间优化拓展。稳步推进"东城市面貌焕然一新。统筹优化城市生产、生活、生态空间，统筹扮靓城市文态、业态、型态，黄金江岸等城市会客厅靓丽呈现。

城市功能更加完善。聚焦群众需求，加快构建"4+3+N"现代服务业体系，白马湖、南湖、南虹路"三大商圈"商机人气持续释放，之江小学扩建、区中医医院等功能性项目建成投用，全区公共文化服务体系基本建成，天乐谷、七宝寺等重点文旅项目加快推进，城市承载力和人口集聚力显著提升。

交通基础设施。城区道路改造提升，滨江南路、嘉陵大道、燕京大道等9条近28千米城市干道完成综合改造提升。

国省干线升级改造，持续推进"一环三横四纵"公路网建设，打造"半小时通勤圈"，李渡嘉陵江大桥建成通车。

全面优化村组公路布局，新（改、扩）建农村公路2600余千米，成功创建"四好农村路"省级示

靓、西拓、南延、北连、中改"，嘉陵老城容颜焕发，朱凤、凤栖、白马"三大新城"雄姿英发，文峰、白燕、产业、南海"四大新城"蓄势待发，全面推进嘉陵区与市经开区融合发展，为嘉陵区未来发展留足空间。

● 嘉陵区黄金江岸（嘉陵区档案馆 提供）

● 嘉陵区农村联网公路建设（嘉陵区档案馆 提供）

● 吉利四川商用车有限公司（嘉陵区档案馆 提供）

● 嘉陵区柑橘种植基地（嘉陵区档案馆 提供）

范县。

协调配合做好成达万高铁项目（嘉陵段）前期筹备工作，规划建设南潼泸城际铁路项目。

水利基础设施。实施嘉陵江（嘉陵段）航运等级升级工程，实施碍航疏浚、清障打捞等航道养护管理工程，推进河西砂石码头改扩建。

大力推进嘉陵江干流防洪堤、中小河流治理、山洪沟治理工程和小型病险水库加固整治。

完善山洪灾害防治项目、小型水库项目、饮水安全巩固提升等项目治理和修复。

赵子河水库全面建成，升钟水库二期工程即将竣工，城乡一体化供水工程稳步实施，实施安全饮水工程1.6万余处。

持续推进农村饮水安全巩固提升工程，加快推进升钟水库现代化灌区和二期田间工程建设。

信息基础设施。加快推进"数字嘉陵"智慧城市、智慧交通、春江路智能化综合停车场等项目建设。实施乡村宽带质量提升工程，实施"宽带乡村"战略。大力实施嘉陵区政务服务和信息化中心建设工程、智慧政务审批系统建设工程、乡镇便民中心及智慧政务分中心建设工程等。建设4G、5G基站，支持和引导企业深化电子商务应用，促进企业数字化转型，推进数字产业化和产业数字化，促进数字经济和实体经济深度融合。

电力基础设施。推进城市输配电网建设和农村电网升级改造，优化主干网架，逐步推进输电电压等级升级。推进乡镇电网建设，改造农电网络近3000千米。推进生物质能发电工程项目、垃圾焚烧发电和低温余热发电项目、垃圾焚烧发电和低温余热发电项目等新能源设施建设。

主要产业

工业。坚持工业强区不动摇，全力以赴增质效、立标杆，大力建设"2+3+N"现代工业体系，着力打造国家级新能源汽车产业基地、全省高端化工产业基地、丝纺服装出口基地、家居建材研发生产基地，积极争创省级新型工业化示范基地和全省丝绸产业创新中心。

汽车汽配产业。吉利汽车全面投产，累计实现产值63亿元，吸引越创铝业等12户配套企业落户，2021年全行业产值突破100亿元，千亿产业厚积薄发。

油气化工产业。四川能投全面投产，累计实现产值74.3亿元，联成化学、凯伦新材料等行业龙头集群发展，千亿产业见到新气象。

依格尔、顺成纺织、银海丝绸等丝纺服装企业，凸酒、尚好桑茶产业、互康粮油、雷仕烘焙食品、天冠冬菜等食品饮料企业，四新建材、红狮水泥等新型建筑企业，不断发展壮大。新兴产业香雪制药成为全国最大毒性饮片生产基地，八度阳光有望成为全市首家科创上市企业。

农业。以"3+3+N"现代农业产业体系为引领，巩固提升粮油、生猪、蔬菜三大传统产业，大力发展柑橘（柠檬）、木本油料、新型桑业三大特色产业，培育发展现代农业装备、农产品深加工、现代农业冷链物流等N个支撑产业。

优质粮油产业。发展水稻、油菜、玉米、大豆、高粱等优质粮油种植，建成优质粮油基地40万亩。

优质生猪产业。坚持"种养结合、循环发展"原则，调整畜牧养殖业结构，壮大天兆模式生猪脱贫奔康产业园，培育高端种猪资源，打造"中国优质种猪基地"。

优质蔬菜产业。升级改造传统蔬菜基地，提高蔬菜种植技术，建设河西、李渡、大通等优质蔬菜现代农业园区。

柑橘（柠檬）产业。巩固提升曲水河、吉安河流域柑橘（柠檬）产业，进一步发展壮大柑橘（柠檬）产业基地建设。打造高品质柑橘品牌，争取成功申报"嘉陵柑橘"地理标志证明商标，全力打造"中国晚熟柑橘之乡"。

木本油料产业。进一步发展西充河（嘉陵段）、吉安河流域花椒等木本油料产业，提升木本油料基地功能。巩固提升曲水、安平、金宝等乡镇花椒基地，积极发展核桃精深加工，大力打造"中国木本油料之乡"。

文旅品牌

嘉陵区自春秋战国以来，皆为都、州、府、道、署的治所，自汉朝设安汉县开始，已有2200多年，文物遗址众多，民间文化艺术独具特色。文化要素主要包括以嘉陵江、凤桠山等依山傍水为典型自然环境特征的山水文化，以南充西区革命游击队等为典型特征的红色文化，以七宝寺书院群、田坝会馆、羊龙庙等文物为载体的历史文化，以千年绸都第一坊、丝绸文化主题公园等为典型特征的丝绸文化等。境内有西晋时陈寿读书、归隐和编撰《三国志》的万卷楼，佛教圣地七宝古刹，省级文物田坝会馆。

嘉陵区的民间文艺主要有曲艺、音乐、舞蹈等，别具特色。李渡镇的高跷狮舞、金宝车幺妹、嘉陵蛴蟆节等具有代表性的民间传统文化活动，体现了嘉陵人民勤劳、勇敢的品德和聪明、超脱的智慧。

● 凤垭山天乐谷风景区孝心桥（嘉陵区档案馆 提供）

风味美食

大通热凉粉。嘉陵区大通人乃至嘉陵西路人历代流传下来的一道小吃食品。该食品以豌豆为原料，先将豌豆浸泡发胀之后，磨成豆浆，再过滤去渣，沉淀取粉，将粉加水煮熬至熟，辅之以腊肉、油、米豆腐、花生、黄豆、芹菜、葱、蒜、大头菜、榨菜、萝卜干、冬菜、花椒面、辣椒面、味精等十多种食物或调料为佐料加工而成。口感柔爽，味道清香，营养丰富，独具风味。

白家粉丝。"嘉白"牌粉丝选用黑沙地产的红薯为原料，经过清洗、打浆、去渣、提黄等多道工序制成淀粉，再按先进的生产工艺做成粉条。粉条晶莹、纯净、色泽天然金黄，不含任何色素，其营养丰富，食之鲜香可口，柔软滋润，回味无穷。

嘉陵柑橘。果实呈扁圆形，果皮橙黄色，果面光滑，有光泽，果肉橙色，肉质细软，个大皮薄，汁水丰盈，风味浓郁，酸甜适口，维 C 含量极高。

发展定位

建设现代化宜居新嘉陵。

发展目标

到 2026 年地区生产总值突破 350 亿元，一般公共预算收入突破 15 亿元，城乡居民人均可支配收入突破 42000 元、21000 元，全力争创全省县域经济先进县。产业发展科学创新，力争到 2026 年，完成 50 个重大科研项目成果转化，培育 5 家上市企业，实现 100 亿元产值。城乡建设更加协调，力争到 2026 年嘉陵区（含市经开区）产城面积拓展到 60 平方千米、城镇化率达 55% 以上。生态环境质量显著提升，民生建设更加优质，开放合作更加充分，社会治理更加完善。

（撰稿：程娟 审稿：贾松炳）

04 阆中市

基本情况

阆中，古称保宁，是四川省南充市代管的县级市，地处四川盆地北缘，位于嘉陵江中上游，秦巴山南麓，山围四面，水绕三方，面积1878平方千米，介于东经105°41′~106°24′，北纬31°22′~31°51′之间。东靠巴中市、仪陇县，南连南部县，西邻剑阁县，北接苍溪县。2022年末，户籍总人口80.85万人，境内居住着汉族、回族、蒙古族、满族、苗族、彝族、壮族、侗族、水族、黎族、布依族、高山族、纳西族等19个民族。

阆中是中国生态建设示范市、中国优秀旅游城市、世界千年古县、中国春节文化之乡。2020年11月，入选"第六届全国文明城市名单"。

历史沿革

阆中历史源远流长。新石器时代，已有先民生息。夏代为梁州之域，商为巴方，周属巴子国。

约公元前330年春秋战国时期，巴国迁都阆中。

周慎靓王姬定五年（公元前316年），秦惠文王灭巴。公元前314年秦置巴郡及阆中县，郡治阆中（后移治江州）。西汉初，汉高祖析阆中县南境置安汉县。

东汉兴平元年（194年），益州牧刘璋分巴郡为巴、永宁、固陵三郡，阆中隶属巴郡。建安六年（201年），刘璋改原巴郡为巴西郡，巴西郡移治阆中。此后，阆中历代先后为郡、州、府、道治所，成为川北政治、经济中心和军事重镇。三国时，蜀汉司隶校尉张飞出任巴西太守，镇守阆中达7年之久。

东晋永和三年（347年），巴西郡移治涪城（今绵阳）。

东晋宁康元年（373年），前秦占领东晋梁、益二州后，又于阆中置巴西郡。

南朝梁天监八年（509年）至西魏恭帝元年（554年），阆中为南梁北巴州和北巴西郡治。

北魏孝昌元年（525年）至大统元年（535年），为魏所据。西魏恭帝元年（554年）至隋开皇三年（583年），阆中为隆州和盘龙郡治。

隋开皇三年（583年）至大业三年（607年），改阆中为阆内，为隆州治。大业三年，改隆州为巴西郡，辖区未变。

唐仍名阆中，武德元年（618年）至先天元年（712年）为隆州治。开元元年（713年）避唐玄宗讳，改隆州为阆州。天宝元年（742年）至乾元元年（758年）曾改为阆中郡。乾元元年（758年），复改阆中郡为

● 阆中古城全貌（阆中市档案馆 提供）

阆州。五代，后唐天成四年（929年）于阆州置保宁军，北宋时置安德军。

五代及北宋、南宋，阆中均为阆州治，直到元至元十三年（1276年）。此后至1912年，阆中一直为保宁府治。是历代川北政治、经济、军事、文化中心。

明末清初，设阆中为四川临时省会达20年之久。康熙四年（1665年），四川全境被平定以后，省治迁往成都。

民国元年（1912年），在阆中设川北宣慰使署。

民国二年（1913年），改为川北观察使署。

民国三年（1914年），改为川北道署，不久改为嘉陵道署，移治南充。

抗日战争时期，川陕鄂边区绥靖公署、巴山警备司令部设于阆中。

1933—1935年，红四方面军在阆中相继建立阆南县、苍溪县、阆中县、忠法市4个县级苏维埃政府。

1949年12月29日，阆中和平解放。

1950年1月8日，成立阆中县人民政府。

1984年6月，被四川省人民政府批准为历史古城。1986年12月，被国务院批准为中国历史文化名城。

1991年1月12日，撤销阆中县，设立阆中市。

1993年8月，被列为省直管市，由南充市代管。

2003年，市政府由阆中市区内东街7号迁至市

区巴都大道66号。

2004年12月，被授予中国优秀旅游城市。

2014年，东兴乡、凉水乡、五马乡、木兰乡撤乡设镇，全市辖4个街道、25个镇、21个乡（其中1个民族乡）。

2019年10月，乡镇行政区划调整，辖5个街道、19个镇和4个乡。

重要资源

水资源。阆中年水资源总量约6.5072亿立方米，年地表径流总量6.24亿立方米。嘉陵江为流经市域最大河流，左岸较大支流有东河、构溪河，右岸较大支流有西河、白溪河（濠）。地下水藏量0.2672亿立方米/年，多分布在境内嘉陵江干、支流两岸第四系冲积、洪积层中。

土壤资源。土壤可分为紫色土、水稻土、潮土、黄壤4个大类，共6个亚类、10个土属、38个土种。土壤质地以壤土为主，占耕地面积的81.58%；石质土、沙土居第二位，占耕地面积的11.85%；轻黏土层为第三位，占耕地面积的6.57%；其余为砂壤土。土壤有机质含量中低等，氮少磷缺，锌、硼、钼等微量元素不足。

土地资源。全市土地总面积2816011.3亩。其中，全市有耕地866329.9亩，占土地总面积的30.8%。

动植物资源。动物资源包括家禽家畜、野生动物。常见动物64种，其中发现有国家一级保护动物金雕；二级保护动物43种；鸟类206种；爬行类16种；两栖类9种；鱼类129种。其中，有国家一级保护动物珍稀鱼类中华鲟，国家二级保护动物胭脂鱼，省重点保护动物岩原鲤、红鳞裂腹鱼等。

植物资源包括野生植物和农作物。其中，绿化用材植物有火炬松、柏树、柳树、桉树、意大利杨树、银杏等，药用植物有杜仲、黄柏、木瓜、苦楝、凤尾蕨等，油料及其他经济植物有板栗、核桃、蓖麻、油桐等，杂草有过路草、过江藤、水灯芯等。

矿产资源。矿产资源主要有石油和天然气、沙金、岩盐、煤炭、铀等。其中，石油、天然气，阆中有良好的储藏构造。

基础设施

市政。阆中建成10多个休闲广场，建设了滕王阁公园、红军纪念园、锦屏山公园、春节文化主题公园和熊猫乐园城市主题公园，建成7家高档酒店、3个娱乐休闲集中区、2个大型购物中心和10千米的滨江生态景观走廊。

电力。国家大电网22万伏变电站已投入使用，金银台航电枢纽工程已并网发电，总投资10多亿元的沙溪电站正在紧张建设之中。

交通。广南高速全线贯通，兰渝铁路在阆中设立二级站，国道212线和347线穿境而过，成十字形辐射全市。广南高速、兰渝铁路、嘉陵江航道、阆中机场等"五位一体"的立体交通网络正在形成。国家二级民用机场正在建设。兰渝铁路全线建成开通，结束阆中不通铁路的历史。

主要产业

第一产业。粮食和经济作物有水稻、小麦、玉米、油菜、棉花、柑橘、蚕桑等。半夏、沙参、川芎、杜仲、银杏等名贵中药材种植历史悠久。

第二产业。丝绸、棉纺、酿造为传统产业，形成食品加工、轻工纺织、医药化工、水电能源四大行业为支柱，机械、丝绸、皮革、包装、能源、化工、工艺美术七大行业为重点的工业结构。是四川省轻工重点发展基地，有国家二级企业和定点出口专厂近20个，50多个产品行销30多个国家和地区。

第三产业。形成了以东方广场、阆天城、俊豪购物中心、滨江新天地、滨江路西北段商业中心等城市商业综合体，并引进了沃尔玛、新世纪百货、苏宁电器、肯德基等大型商超和主力店。七里新区国际商贸城是一个集建材、食品、工业、百货等批发零售于一体的大型综合性商贸流通中心，江南新区也正在逐步建立以火车站为中心的物流新商业中心。

● 贡院（阆中市档案馆 提供）

文旅品牌

科举文化。阆中在唐代出了尹枢、尹极二状元，宋代出了陈尧叟、陈尧咨两个状元，是四川出状元最多的地方。建于清代的贡院，仍完好地坐落于阆中古城的学道街，顺治九年（1652年）全川未靖，四川临时省会设于阆中，在此举行四川省乡试四科。据《保宁府志》《阆中县志》列名，阆中出进士116人，举人404人，被誉为四川的状元、举人之乡。

三国文化。阆中是三国文化旅游线的重要组成部分。三国时蜀汉大将张飞，任巴西太守，驻阆中达7年之久。张飞伐吴前夕，被部下范强、张达所杀，身葬于阆中，后人为其建有"桓侯祠"。

红色文化。阆中是第二次国内革命战争时期川陕苏区的重要组成部分，1933年至1935年，红四方面军在徐向前、

● 汉桓侯祠（阆中市档案馆 提供）

● 红四方面军总政治部旧址（阆中市档案馆 提供）

● 川北皮影（阆中市档案馆 提供）

李先念、许世友、廖承志等老一辈无阶级革命家的指挥下，转战阆中三年之久。

民俗文化。阆中最具影响力的民俗文化当数"川北皮影"。阆中的皮影戏巧妙地糅合进苍溪灯戏（川派傩戏）唱腔进行表演，影响了整个四川皮影艺术的发展，称之为"川北皮影"。

风味美食

白糖蒸馍。系清代乾隆时阆中回民哈公奎创制的一种名小吃。它无中式馒头的碱涩味，也无西式面包的微酸味。1912年，获巴拿马国际博览会银质奖章。1990年10月，四川评出22种省级名小吃，保宁白糖蒸馍榜上有名。白糖蒸馍耐贮耐运，久存不坏。炎季可放10天，冬季可存半年而不变质走味。

张飞牛肉。本名应叫"保宁干牛肉"，干牛肉表黑心红，使人联想到三国时驻阆蜀将张飞，所以人们又称之为"张飞牛肉"。干牛肉干而不硬，润而不软，红润鲜亮，味道鲜美，咸淡适宜，回味绵长，可谓色、香、味俱佳。1912年，在四川省劝业会上被评为"上等食品"。1988年获全国首届食品博览会铜奖，1995年获中国优质清真食品金奖，畅销全国20多个省、区、市。

保宁醋。阆中的传统名产，为中国"四大名醋"之一，至今已有300多年历史。保宁醋以大米、玉米、麸皮为原料，用砂仁、白蔻、黄连、杜仲等70余味中药材为曲药酿制而成。保宁醋色泽棕红、酸味柔和、酸香浓郁，具有杀菌、防感冒、开胃健脾、清心益肺、降血压、增食欲的功效，有"离开保宁醋，川菜无客顾"之说。

发展定位

坚定"一个目标"（高质量建设世界古城旅游目的地），实施"三大战略"（"工业强市、文旅兴市"双轮驱动战略、乡村振兴战略、开放协同战略），开展"六大行动"（工业提振行动、文旅提质行动、乡村提升行动、城市提能行动、民生提效行动、改革提速行动），努力建设实力之城、魅力之城、活力之城、幸福之城，推动阆中向宜居宜业宜游的特色化标杆城市、国际化旅游城市、现代化气派城市阔步迈进，高质量建设世界古城旅游目的地。

发展目标

建设产业兴旺、经济发达的实力之城。以构建现代产业体系为导向，以制造业为支撑，突破性发展工业，深化文旅融合，培育现代农业园区，优化产业发展结构，推动实体数量、产业体量、经济总量迈上新台阶，地区生产总值达到380亿元，经济发展实现"量质齐升"。

建设特色鲜明、世界知名的魅力之城。坚持世界定位、国际眼光，以内涵式发展为导向，聚焦景城一体、产城一体、文城一体，努力打造休闲旅游中心、商贸物流中心、区域消费中心、教育医疗中心。

建设创新驱动、市场繁荣的活力之城。全面提升企业投资、商旅活动、群众办事的便利度，推进要素驱动向创新驱动转变，提升城市发展承载力和辐射带动力。

建设良政善治、惠商富民的幸福之城。扎实推进基层治理体系和治理能力现代化，努力建设"居者自豪、来者依恋、闻者向往"的幸福家园。

（撰稿：苟永平　汪小莉　审稿：王磊　杜浩宇）

05 南部县

基本情况

南部县位于四川省东北部，川中盆地北缘、嘉陵江中游，介于东经105°27′～106°24′，北纬31°04′～31°40′之间，县境东接仪陇县、蓬安县，南靠西充县、顺庆区，西邻盐亭县、梓潼县，北连阆中市、剑阁县。东西长89.70千米，南北宽59.50千米。全县总面积2229平方千米。确权耕地7.8万公顷，林地9.5万公顷。森林覆盖率49.31%。

辖38个乡（镇）、4个街道办事处、491个村（社区）。县政府驻县城金葫大道8号。

2022年末，全县户籍人口为120.5万人，其中男性人口63.2万人、女性人口57.3万人。2022年，全县地区生产总值471.4亿元，三次产业结构为19.1：47.4：33.5，社会消费品零售总额215.2亿元，地方一般公共预算收入12.0亿元，城镇居民和农村居民人均可支配收入分别为44833元、21349元。

南部县地处秦巴山区，是川陕革命老区核心区域、"红色盐乡"，有"三陈故里"（北宋陈尧叟、陈尧佐、陈尧咨三兄弟）美称。国家商品粮基地县、国家优质棉基地县、国家瘦肉型猪生产基地县、全国粮食生产先进县、全国农业标准化蚕桑示范县、全国（全省）"四好农村路"示范县，2020年和2021年连续上榜中国西部县域经济百强县，是成渝地区双城经济圈建设县域集成改革试点县，享有"中国钓鱼城""中国桂花城"美誉，2019年成功创建全省首批"乡村旅游示范县"。

历史沿革

西汉初（公元前206年），置充国县。东汉初平四年（193年），又分充国县置南充国县。南朝宋元嘉八年（431年），改南充国县为南国县。梁天监二年（503年），改南国县为南部县；大同中（535－546），在南部县设置南部郡。北周孝闵帝元年（557年），南部县属盘龙郡。唐武德元年（618年），析南部、晋安二县地置新井县；武德四年（621年），更名新政县。元（世祖）至元十三年（1276年），罢阆州置保守府，隶广元路；二十年（1293年），新井、新政、西水三县并入南部县。明洪武四年（1371年），南部县治迁还旧址；洪武十年（1377年），南部县并入阆中；洪武十三年（1380年）又复置，仍隶保宁府。清代沿旧。民国三年（1914年），隶属嘉陵道；民国二十四年（1935年）隶属四川省第十一行政督察区（治今南充）。1933－1935年，川陕苏区成立阆(中)南(部)

● 南部县城全景（南部县档案馆 提供）

苏维埃政权。新中国成立后，南部县隶属南充专（地、市）区，1993年南充撤地建市后，隶属南充市。

重要资源

南部县境属亚热带常绿阔叶林区。原始自然植被丰富，柏、松、樟、桤、竹以及黄荆、马桑、巴茅等生长繁茂。解放初期，升钟、双峰一带，时有虎、豹、熊、鹿出没。20世纪60年代，自然环境发生很大变化，林地面积缩减，林木破坏，环境污染，兼之肆意捕杀及声光干扰等，野生动物数量锐减，野兽基本绝迹。20世纪70年代末以后，随着森林植被恢复，野兔、野鸡增多。

石油、天然气分布在伏虎、双佛、万年、老鸦、东坝等地，20世纪70年代开始钻探，有40余个井位产油产气。盐分布在盘龙、楠木、碑院、建兴、黄金一带，藏量丰富。嘉陵江沿河两岸沉积大量沙石，估算积蓄量约4000万立方米。

基础设施

南部历来被视为四川的"北道孔衢、东西要害"，是川北地区交通枢纽和物资集散地。国道212线和省道成南线、南渠线穿越其境，17条出境公路与相邻县、市、区相通，广南高速、成德南高速、兰渝铁路成为南部重要的交通枢纽。全县公路里程4214千米，其中，国道109千米，省道215千米，县道222千米，乡道618千米，村道3050千米。成渝2小时交通体系基本形成。嘉陵江黄金水道从县城穿城而过，水道畅通，可顺利通行500吨级船舶，丰水期可通过1000吨级船舶，可通江达海。

已建成"四源十厂九线"城乡一体化供水体系，全县集中供水村逾80%，集中供水村内自来水覆盖率达90%，城乡生产生活用水充足。建有220千伏龙华寺变电站，网内水电站15座，总装机容量10.615万千瓦；有110千伏变电站4座、35千伏变电站20座。

天然气共有3个（双龙、定水、河东）供气来源，日可供气100万立方米，能全天候满足生产生活用气需要，建成专供河东工业园区供气管线，能保障县经济开发区20年以上入驻企业规模用气需求。有59座加油站，在用加油机34台、加油枪112支、储油罐34个，储油能力8440吨，分布合理，储供充足。

主要产业

农业强基础。现代农业稳步发展。建成晚熟柑橘25万亩、优质粮油45万亩、道地药材10万亩，发展生猪、牛、羊等生态养殖130万头、有机水产10万亩，"3+5"（"3"指晚熟柑橘、优质粮油、优良生猪三大主导产业，"5"指道地药材、木本油料、有机水产、优质蚕桑、商品蔬菜等产业）现代农业产业体系加快构建。建成高标准农田63.4万亩、水肥一体化智慧灌面3万亩。引进农业龙头企业8家，培育国家和省级示范合作社33个。粮食产量、生猪出栏量、水产品产值连续五年全市第一，晚熟柑橘产业园被评为全省首批星级现代农业园区，荣获全省"三农"工作先进县、四川省粮食生产"丰收杯"奖。

工业挑大梁。支柱产业快速发展。持续做强机械制造、电子信息两大主导产业，建成东西部扶贫协作工业园，成功创建第九批国家新型工业化产业示范基地。四川南部经济开发区（省级经济开发区）规划面积约23.8平方千米，建成区面积7.5平方千米，现已入驻工业企业146户，培育国家高新技术企业5户、省级"小巨人""专精特新"等企业22户。2021年实现工业总产值超550亿元，入列全省工业强县示范县。

三产增效益。现代服务业活力绽放。升钟湖运动旅游、八尔湖乡村旅游、长坪山红色旅游蓬勃发展，满福水世界成为"网红打卡地"，新培育寺外桃源、梦里水乡等文旅、农旅融合新业态，旅游收入连续5年增长超过15%，成功创建四川省首批旅游扶贫示范区。建成异域风情街等重大商业项目6个，新增商贸综合体5个，新发展批发零售企业1200余家，社会消费品零售总额达到217.1亿元。完成国家级电子商务进农村综合示范县项目，建成电商物流服

● 东西部产业园总部大楼（南部县档案馆 提供）

务站点481个，全面构建"1+7+N"（"1"指综合性冷链物流园，"7"指7个较大型冷藏库，"N"指N个小型冷藏库）现代物流体系。规模以上服务业企业、限上商贸企业分别达到68户、126户，服务业增加值突破170亿元，荣获四川省促进服务业发展工作先进县、四川省服务业强县。

文旅品牌

世界钓鱼城——升钟湖景区。国家4A级旅游景区，位于南部县西北部，依托大型水库升钟水库而建，属于水库型水利风景区，是国家湿地公园和国家体育总局指定全国钓鱼运动赛事基地。景区面积436.9平方千米，其中水域面积55.68平方千米，蓄水量13.39亿立方米，荣称"中国人的水立方"。景区距南部县城约30千米，与阆中市、广元市剑阁县接壤。环湖四周保留着众多的先民遗迹、古刹寺庙以及傩戏、地灯、高跷、狮舞、杂耍、根雕、盆艺等古老的民间艺术，形成了具有升钟湖特色的川北旅游文化。

乡村旅游目的地——八尔湖景区。国家3A级旅游景区，位于南部县八尔湖镇，距南部县城37千米。景区占地面积约11.3平方千米，其中水域面积约2.8平方千米，总库容1800万立方米。景点结构分为浅丘带坝、漕田岔湾、湖绕渔村、漫滩湿地等四大部分，有一江五湖叠水微景、梦幻水舞、纯阳湿地公园、水韵花谷、休闲竹苑、儿童乐园、特色商业古街等景点。

碑院大佛——禹迹山风景区。国家3A级旅游景区，位于南部县碑院镇大佛村，距南部县城20余千米。禹迹山地处嘉陵江中游，属大巴山余脉，海拔655米。景区占地面积约2平方千米，自古有"阆南仙地""嘉陵第一名山"之美誉，是历代先民朝山进香的佛教圣地，四川省生态旅游示范区。禹迹山大佛与乐山坐佛、大足卧佛并称为"巴蜀三大佛"。景区内有禹迹石、七星石、飞来石、合和二仙、金龟朝圣等奇石，禹迹

● 升钟湖景区（南部县档案馆 提供）

服务中心等配套设施。博览园北面、东面、西面入口分别布置"香迎桂(贵)宾、镜湖映月、水韵流芳"三大广场,有诗歌大道、折桂园、桂香醉月、落月流辉、鸳水栖鹭、桂岭春晓、兰桂坊等景点和金桂、银桂、丹桂、四季桂等四大桂园。

陵江明珠——满福坝滨江生态湿地公园。位于南部县满福坝片区琴台大道以南、嘉陵江以北,占地2000余亩,包含内河建设、游客码头、景观绿化工程、生态游步道等。主要景点:禹迹岛外滩湿地公园、浪漫异国风情水街、水韵天街、水上森林、儿童乐园等,是城市会客厅、市民休闲地、文旅新中心。

● 八尔湖景区(南部县档案馆 提供)

山大佛、禹迹山寨和古堡秘道、禹迹山石窟等景点。

中国桂花城——石子岭桂花博览园。位于南部县石子岭山,占地面积0.4平方千米,有桂花1万余株。园内有城市规划展览馆、桂花博览馆和游客

风味美食

肥肠干饭。南部县特色小吃。将猪大肠用特殊方法洗净,加各种调料进行炒制后,加辅料大白萝卜、海带或冬瓜等进行炖煮。南部肥肠以色艳、味美、汤鲜、爽口、老少皆宜,"油而不腻、鲜而不腥"

● 满福新区异国风情水街一角(南部县档案馆 提供)

而闻名。肥肠配米饭，即为肥肠干饭，是南部县有名的早餐食品。

卧龙鲊。南部县升钟镇一带有名的肥而不腻、一片肉就吃饱肚子的美食。将五花猪肉切成大片，配以生姜、鸡蛋、白糖汁、料酒、葱、蒜等10余种调料，再加上大米粉和匀，放在蒸笼上蒸40余分钟即可食用。"卧龙鲊"是当地群众红、白喜事的一道压轴菜，主人家大不大方、家底厚不厚实就看"卧龙鲊"的分量多少了。

方酥锅盔。南部县名小吃之一。选用上等面粉，经发酵后，抹上椒盐等特殊调料，反复揉搓，做成正方形，两端粘点芝麻，压成方饼，放进平底锅烙硬，再放入锅下烤炉内腔四壁，烘烤至酱红色。锅盔表面壳硬，敲打有声，但入口酥如饼干，脆香可口。

升钟鱼。系国家商标总局注册的绿色、纯天然无污染优质食品，产于升钟湖。湖水水质优良，常年盛产土鲫鱼、土鲢鱼、花鲢（胖头鱼）、鲈鱼、青波、叉尾鮰、红尾参、鳜鱼、武昌鱼、翘壳、银鱼、花白鲢、鲤鱼、草鱼、土团鱼、大口鲶等珍稀名贵鱼系列品种，尤以花鲢居多，产品畅销川渝地区，是老百姓放心食用的产品。

发展定位

建设"成渝地区县域高质量发展先行区"，建设千亿工业强县、现代山水城市、乡村振兴典范、绿色生态样板和美好幸福家园。

发展目标

经济发展开新局。到2025年全县地区生产总值突破650亿元。努力实现撤县设市，创建全省县域经济发展先进县，经济总量在全省重点开发区县中提档升位，经济发展实现"量质齐升"。

产业支撑开新局。农业"3+5"（同上）产业做大做强，创建国家农业现代化示范区；工业"231"发展目标全面实现，机械制造和电子信息两大主导产业聚势成链，园区企业达到300家以上，工业总产值突破1000亿元；服务业"3+2"布局全面建成，现代产业体系构建取得较大进展。

城市能级开新局。"一绕五纵五横"城市骨架全面建成，"一轴两翼五片"格局配套持续完善，"一江三溪五园"山水城市完美绽放，城市建成区面积突破50平方千米、常住人口超过50万人，建成"双50"中等城市。

生态文明开新局。全年空气质量优良天数保持在90%以上，土壤质量持续保持优良，西河等中小河流水质稳定达标，嘉陵江（南部段）生态功能逐步恢复，嘉陵江中游生态屏障进一步筑牢。

民生福祉开新局。基本公共服务供给显著增加，社会保障体系更加完善，社会治理能效得到新提升，社会文明程度得到新提高，共同富裕取得实质性进展。

党的建设开新局。风清气正的良好政治生态持续巩固。

（撰稿：冯隆中　审稿：李成强）

● 南部水城（南部县档案馆　提供）

06 西充县

基本情况

西充县位于四川盆地东偏北部，地处川东北丘陵地区，地势西北高，东南低，中部突起。位于东经105°36′~106°4′，北纬30°52′~31°15′之间。东邻南充市顺庆区，南接南充市嘉陵区，西南连遂宁市射洪市、蓬溪县，西靠绵阳市盐亭县，北与南充市南部县接壤。全县总面积1108.6平方千米，东西长44.7千米，南北宽42.4千米。县政府驻地晋城街道，位于县境中南部，距成都市170千米、重庆市180千米、南充市主城区16千米。2022年，全县地区生产总值达211.9亿元。

历史沿革

县境古时隶巴国，秦时隶属巴郡阆中县，西汉时分别隶属巴郡的充国县和安汉县，隋时隶隆州的晋城与南充县。

唐武德四年（621年），分果州的南充、隆州（阆州）的晋安（今南部）和梓州盐亭诸地，设置西充县，隶属果州，因县境位于南充之西，加之古有西充国名，治内有西充山，故取名西充。西充置县后，历五代、两宋、元、明、清诸朝，均未变更县名，民国时期，西充先后隶顺庆府、川北道、四川省第十一行政督察区。

1950年1月4日，西充和平解放，隶西南大区川北行署区南充专署。1952年9月1日，隶四川省南充专区。1968年，隶四川省南充地区。1993年7月，撤南充地区设南充市，西充县隶南充市。

重要资源

土地资源。 全县土地分为耕地、园地、林地、草地、城镇村及工矿用地、交通运输用地、水域及水利设施用地、其他土地八大类。有耕地面积37871.63公顷，园地面积7594.07公顷，林地面积44367公顷，草地96.25公顷，工矿用地458.25公顷，商业服务业用地198.49公顷，住宅用地7136公顷，交通运输用地3697.96公顷，水域及水利设施用地3793.3公顷，其他土地5082.05公顷。

矿产资源。 县境内发现各类矿产资源共7种，除盐卤还未开采外，其余矿产资源均分布于矿区或矿点。2021年末，全县有中型天然气气田2个，小型油气井52口，砖瓦用页岩矿区3个，矿泉水矿点1个。除2个中型油气田外，其余矿产资源储量规模均为小型矿床或矿点。

林业资源。西充县是全国绿化模范县、全国木材战略储备县、全省产业强县培育县。境内有西充青龙湖国家湿地公园、百福寺森林公园、张澜故居、九龙潭等重要森林景点。森林植物种类有乔木、竹类37科61属96个种，经济林木11科62个种，灌木18个种。2021年底，林地保有量55.9万亩，森林覆盖率45.1%。

基础设施

交通。境内广南、成德南、巴南、遂西、绵西高速公路纵横交会，国道212线纵贯南北，射蓬公路横跨东西。截至2021年底，全县公路总里程达3265.55千米。其中，高速公路119.8千米、互通9处、枢纽3处，互通设置、通车里程在全国同类县前列，国道36.92千米，省道2条103.5千米，县道25条504.37千米，乡道81条535.1千米，村道1996.12千米，全面实现乡镇、行政村100%通水泥路（油路），实现建、管、养、运协调发展，2017年被省人民政府评为"四好农村路"示范县，2021年被交通运输部、财政部、农业农村部、国家乡村振兴局评为"四好农村路"全国示范县。

水利设施。境内共有中小型水库112座，总库容5198万立方米。其中，中型水库2座（红旗水库库容1100万立方米、九龙潭水库库容1221.4万立方米），小（一）型水库6座（红岩水库、八一水库、大鹏水库、大欠沟水库、梨树沟水库、莲花湖水库），小（二）型水库104座，山坪塘2000余座。全县有主要河流19条，全长371.17千米，流域面积1265.17平方千米。

城市建设。县城城建区面积20.2平方千米，城镇化率43.8%。现有城南惜字塔公园、化凤山森林公园、莲花湖公园、城北湿地公园等7个城市公园、

● 惜字塔公园（西充县档案馆 提供）

纪信广场、城北文化广场两座休闲娱乐广场。获得全省"多规合一"试点县、全省"海绵城市""城市双修"建设试点县、省级生态文明城市、全国首批特色小镇示范县等称号。

主要产业

农业。全县属川北浅丘地带，土壤肥沃，气候温和，雨量充沛，年均日照1484小时，年平均气温17.2℃，无霜期达300天以上，年均降雨量965毫米，盛产水稻、小麦、玉米、红薯、辣椒、油菜等粮经作物及充国香桃、西凤脐橙、麻竹及核桃、花椒等林果作物。先后荣获首批国家有机产品认证示范县、首批国家有机食品生产基地建设示范县、国家农产品质量安全县、国家循环经济示范县等殊荣。同时，取得国际有机农业联盟亚洲科研基地、亚洲有机农业技术研发中心等授牌。

擦亮西充有机农业金字招牌，争当西部第一、

全国领先的"有机农业排头兵"。围绕"东桃西橙、南薯北禽、中部粮油"的现代农业产业布局,兼顾产业基础和综合条件,重点发展"有机粮油、有机红薯、有机柑橘、有机香桃"四大主导产业,建成有机农业生产基地106个,认证面积达到15万亩,认证有机品种105个,完善修订有机农产品地方标准40个,编制加工标准2个。有机农业总产值达到50亿元。2010年,上海世博会联合国馆授牌西充为中国西部有机食品基地县,成功举办2015国际有机论坛会议、2017国际有机农业运动联盟第二届亚洲大会。2019年、2021年分别召开首届和第二届西充亚洲有机产业创新发展峰会,峰会永久会址落户西充。

工业。围绕"工业强县"发展战略,坚持"培育大产业、建设大园区"理念,依托四川南充临江新区(西充片区)、川东北有机农产品精深加工产业园、南充市西充产业新城"三大园区平台"大力培育高端装备制造、生物医药、农产品精深加工三大支柱产业和汽车汽配、电子信息、健康酒饮三大成长型产业,初步构建了现代工业"3+3"产业体系。有星河科技、太极制药、通光光缆、江苏旷达等4家上市公司,正在培育引导九天真空、天盛竹业、光大农业上市发展。九天真空、零零昊科技等8家企业创建为国家高新技术企业,太极制药、凤和黄酒等5家企业认定为省级企业技术中心,培育川沱、竹娃娃、航粒香等四川省著名商标5个,九天真空"CBVAC牌真空阀门"、凤和黄酒被评为四川省名牌产品。

● 南充临江新区西充片区(西充县档案馆 提供)

● 张澜故里国家4A级旅游景区（西充县档案馆 提供）

旅游业。紧紧围绕"生态田园·有机西充"战略目标，以"有机农业"为品牌，以实现"旅游全域化、全域景区化、景区生态化"为方向，按照"一核、一带、四区"（县城中心服务核、国道212线有机生态景观带、有机农业休闲区、生态康养休闲区、田园体验休闲区、人文民俗体验区）空间布局，实施重大文旅产业项目建设，目前已建成张澜故里国家4A级旅游景区1个、桃博园等国家3A级旅游景区3个、莲池等省级乡村旅游示范乡镇5个、双龙桥等省级乡村旅游示范村3个、赵家庙等省级精品村寨3个、莲池镇观音堂村等四川省乡村旅游重点村2个、义兴镇有机村等南充市文旅特色村落1个、原乡原味等4星级以上乡村旅游酒店4个；培育农家乐、特色民宿客栈350余家。桃文化节等特色文旅活动频登央视舞台；"一乡一节"成为省市知名文旅品牌，成功举办2021年"文化和自然遗产日"宣传展示暨南充市第二届非物质文化遗产活动周等省市重大节庆活动。荣获"中国长寿之乡"、全国休闲农业与乡村旅游示范县、四川省乡村旅游示范县、四川省乡村强县、全省首批全域研学试点县等荣誉称号。

文旅品牌

忠义文化。2012年5月，西充县被中国民间艺术家协会授予"中国（纪信）忠义文化之乡"称号。在2000多年的历史传承中，西充的忠义文化源远流长，汉代有轰动朝野的"诳楚存汉"大将军纪信；明有"先赈后奏"的马廷用；清有一举收复新疆大部的封疆大吏徐占彪；抗战时期有令日寇闻风丧胆的西充800壮士；还有为新中国的成立作出重大贡献的杨仁叔、于江震、何以祥等高级将领和民族英雄。他们为国家为民族英勇献身的英雄事迹和慷慨义举，激励了一代代西充人坚持弘扬爱国、诚信、进取、奉献的忠义精神。

红色文化。西充是川陕革命根据地属地，先后诞生了川北地区最早的共产党员之一、中共中央组织部原副部长于江震；二级八一勋章、一级独立自由勋章、一级解放勋章获得者何以祥将军；中国共产党早期优秀党员、坚强的无产阶级革命战士杨仁叔等一批革命先辈。红色文物景点6处，其中省级文物保护单位3处、市级文物保护单位1处、县级文物保护单位2处。

一乡一节。充分利用县域香桃、牡丹、玫瑰、荷花、柑橘等产业，通过"政府主导、部门引领、乡镇支持、企业承办"的方式，创办"一乡一节"文旅品牌，支持乡镇（街道）、企业、社会资本常态化举办"一乡一节"四季花事系列节庆活动。探索出"农业打底、文化引领、旅游带动"的乡村旅游发展新模式，做强了"花事经济"。

● 忠义文化——纪信广场（西充县档案馆 提供）

● 西充县古楼镇桃博园"桃花节"活动现场（西充县档案馆 提供）

风味美食

腊肉铜火锅。腊肉铜火锅乃西充饮食之一朵奇葩。其以腊肉见长，光彩金黄，干爽硬朗，香气浓烈，味美不腻，久存不坏，别具一格。铜火锅分三层，上层是腊香肠、腊心舌等"盘子菜"；中层是半肥半瘦的腊肉，形似骨牌，称"骨牌肉"；底层是蔬菜和豆腐、粉丝等，其味鲜美非常，香气迷人，深受人们喜爱。

狮子糕。狮子糕历史悠久，采用西充独有的"白沙糯米"，辅以鲜花醇蜜、米质甜饴、川蔗绵糖、脱

● 狮子糕（西充县档案馆 提供）

皮芝麻、小磨香油、鸡蛋清等，集历代名师之传统工艺，屡经改良，精工制作而成。味道甜美，集香、甜、酥、脆于一体，油而不腻，嚼蜜不黏，其味可与被称为"西湖佳点"的西湖狮子糕媲美。曾多次获奖，远销日本、东南亚。

热凉粉。川北地区知名小吃。热凉粉是用西充本地红薯粉制作而成，往里加入各种食材，比如榨菜、冬菜、葱、蒜等，味美价廉，深受人们喜爱。

泥不弄。西充名小吃。在制作过程中，用大漏勺把稀凉粉漏出来，漏出来的稀凉粉前面是圆圆的，后面有个小尾巴，形似蝌蚪状，人们取名为"泥不弄"。

米豆腐。米豆腐炒腊肉、蒜苗或芹菜，是西充人家家户户餐桌上必不可少的一道主菜，是西充人馈赠远方亲友的独特礼品。现在旅游开发，游客青睐地道的乡村菜肴，米豆腐作为浓郁独特风味的佳肴广受欢迎。

义兴豆干。义兴豆干是西充远近闻名的土特产，具有色泽好、味道鲜、口感细嫩柔和的特点。

发展定位

坚定建设"生态田园·有机西充"战略目标，聚焦有机产业融合发展先导区、成渝地区北部先进制造业集聚区、城乡绿色发展样板区、创新驱动发展先行区、县域社会治理现代化示范区"五大战略路径"，做强临江新区建设、特色产业提质、宜居城市建设、美丽乡村建设、生态文明涵养、改革开放攻坚、民生保障改善、社会治理提升"八大战略支撑"，推动西充发展再启新征程、再上新台阶，奋力谱写全面建设社会主义现代化西充新篇章。

发展目标

"十四五"末，经济实力实现大跃升，地区生产总值年均增长8.6%以上，2025年突破275亿元。人均GDP达50000元左右，与全国全省全市差距进一步缩小。到2025年城市建成区达25平方千米，常住人口达25.6万人，城镇化率达48.6%；森林覆盖率达47%。居民人均可支配收入年均增速达8.6%。

（撰稿：冯果庆 审稿：赵秀蓉）

07 营山县

基本情况

营山县位于四川盆地东北部，地处嘉陵江与渠江流域之间，地理坐标为东经106°25′~106°58′，北纬30°54′~31°24′。东南与渠县接壤，西南与蓬安毗邻，北与仪陇县相依，东北与平昌县相连。地跨盆北低山和盆中丘陵两个地貌区，地势北高南低、略向东南倾斜。处于中亚热带湿润季风气候区。

营山县是南充的东大门，古往今来均是川东北经济、文化重镇。全县面积1635平方千米，辖26个乡镇、3个街道办事处、269个行政村、95个社区。县政府驻地为绥安街道正西街48号。

历史沿革

东周时期，属巴国（都江州，今重庆市）赛地（古赛城在今渠县土溪乡境内），秦属巴郡（治所江州），汉为益州宕渠县（治所今渠县土溪乡）属地。晋以宕渠县划属梁州。

梁大同元年（535年），置安固县，治所在今安固乡；大同中，置绥安县；太清元年（547年），置宕渠县，属景阳郡，郡治县治在今黄渡乡。

隋开皇十八年（598年），绥安县改为咸安县，治所在今三元乡。大业三年（607年），宕渠县改属宕渠郡。

唐天宝元年（742年），改安固县为良山县。至德二年（757年），咸安县改名为蓬山县，因境内有大小蓬山，故名。武德元年（618年），改属蓬州（州治今安固乡）。武德四年（621年），置朗池县，以临古朗池得名，属果州（治今南充市）。宝历元年（825年），改属蓬州，同年并入相如县。开成二年（837年），复置朗池县。

宋乾德三年（965年）撤宕渠县，并入良山县。大中祥符五年（1012年），朗池县更为营山县，因县城周围山丘起伏如营垒状，故名。

清宣统三年（1911年）十一月八日，大汉蜀北军政府派民军于十二月占领营山，营山县隶属大汉蜀北军政府。民国二年（1913年），营山为川北道（驻阆中）管辖。次年，改川北道为嘉陵道，营山为其辖县。

1933年，中国工农红军第四方面军攻克营山，建立苏维埃政府。

1949年后，营山县属川北区行政公署南充专区专员公署。1969年，南充专区专员公署改为南充地区革命委员会。1980年，营山为南充地区行政公署辖县。1993年10月起，为南充市辖县。

重要资源

土地资源。土地资源1635平方千米。其中，农耕地37957公顷，占23.22%；林地52618公顷，占32.18%，森林覆盖率35.3%。全县坡耕地多、分布广、非耕地面积较大，适宜发展林果业及庭院经济和规模经营；未利用土地开发、非农业建设用地利用等方面还有很大潜力。

水资源。多年平均水资源总量10.98亿立方米，其中地表径流量5.98亿立方米，占54.3%；过境水量4.25亿立方米，占38.8%；天然地下水资源流量7190万立方米，占6.57%。

流江河、营山河、消水河的水能资源理论蕴藏量为2万余千瓦，可供开发的水能资源为7150千瓦。已建安固、倒渔滩、照珠、门坎石、陡坑、湾滩、二龙7个水电站，尚有桑园、三元、思凤溪水电站可开发利用。

矿藏资源。成矿类型单一，属沉积型矿床。矿产资源可分为非金属矿和金属矿两大类，以非金属矿为主，如石油、天然气、卤水、石灰岩、硅砂石、砂石、磷矿以及产于上沙溪庙组内的膨润土。金属矿以贮存于三叠纪须家河组和二叠纪含煤层中的沉积磷铁矿为主。

动植物资源。境内典型地带性植被为亚热带阔叶林，具有种类多、分布广、产量大的特点，可供开发利用的有960多种。木本植物中，蚕桑、白蜡、柑橘、油桐曾经闻名于省内外，冰糖柚还获得"全国优质水果"称号。

多层次的地形，适宜的气候，也为动物生存繁衍提供了良好环境。国家二级保护野生动物有水獭、小灵猫、雀鹰、四川鹧鸪、红腹角雉、灰鹤、长耳鸮、

● 营山新时代广场（营山县档案馆 提供）

短耳鸮、鸲莺。

基础设施

城乡建设。 坚持新城建设、老城改造同步推进，不断完善"一环两翼一中心三片区"城市空间布局，建成新时代广场、奥体中心等城市新地标，城区面积拓展至25平方千米，常住人口达26万人，成功创建省级文明城市。成功争取通用机场纳入全省规划，营达高速建成通车，顺蓬营一级公路等项目快速推进，初步形成"两铁四高一机场"大通道。嘉陵江引水工程竣工通水，实现"双水源"供水。

教育医疗。 西城实验学校、城守一小分校、实验幼儿园分园、机关幼儿园分园和特殊教育学校相继建成，营山中学挂牌西华师范大学附属中学，农村义务教育薄弱学校改造持续推进。疾控中心、妇幼保健院一期建成投入使用，县人民医院迁建项目全面竣工，与四川大学华西医院建成"领办型"医联体，中医药"创国先"通过国家验收。

主要产业

2022年，全县实现地区生产总值261.1亿元，增长2.5%，居全市第一位；全社会固定资产投资增长11.9%，居全市第一位；第一产业增加值增长4.2%，居全市第四位；服务业增加值115.5亿元，增长3.7%，居全市第三位；社会消费品零售总额129.8亿元，增长2.8%，居全市第一位；城镇居民人均可支配收入37151元，增长4.6%，并列全市第六位；农村居民人均可支配收入19406元，增长6.8%，并列全市第一位。第一产业比重降低，第二产业基础稳固，第三产业带动明显，呈现"三二一"的优化态势。

第一产业。 农业形成道地中药材、营山黑山羊、环保生猪、绿色果蔬"四大十亿"特色主导产业，温氏生猪、通旺农牧等农业产业化龙头企业不断壮大，建成现代农业产业园区12个、标准化养殖场486个、农产品初加工基地16个，跻身省级农产品安全监管示范县。

第二产业。 营山县国际工业港暨重庆配套产业园升级为省级经济开发区，全县规模以上工业企业达到75户，规模以上工业总产值达255.4亿元，成功创建农产品加工、小企业创业、特色产业等示范基地，机械汽配、阀门制造等支柱产业呈现出链式发展、集群化发展态势。

● 营山国际工业港（营山县档案馆 提供）

第三产业。 商贸物流繁荣发展，新时代广场、复兴桥、西干道"三大黄金商业圈"业态不断丰富，麦当劳、屈臣氏等知名品牌相继入驻，成功培育营乐淘、巴国农家等特色品牌；建设劲达物流、川东北汽贸城、天府臻信粮油物流园，与信安盟、阿里巴巴达成战略合作，物流总产值突破53.6亿元。文化旅游融合发展，全力打造"灵秀营山·耕读原乡"品牌，多彩千垭、清水湖国家湿地公园分别成功创

建为国家 3A 级旅游景区、省级生态旅游示范区。

文旅品牌

太蓬山国家森林公园。位于太蓬乡，历来为川北佛教圣地，古称绥山，因状若海中蓬莱而得名，主峰海拔 731 米，有"太蓬仙迹"之誉。现存从唐至清的石刻题记 39 处、62 幅，共三个游览区、60 个景点，以朝阳洞、透明岩和天子读书台最为有名。

望龙湖森林公园。位于茶盘乡张鹏寨下，因湖面和周围群山形状如龙，故名望龙湖。公园辽阔壮观，森林覆盖率达 70%，面积约 4 平方千米。2000 年 4 月，被四川省林业厅批准为省级森林公园。望龙湖三面环山、山势雄奇、群峰竞秀，最高峰海拔 581 米，湖水清澈，最深处达 30 米，有鲤鱼岩、龙湖夕照、犀牛望月、张飞帅印等多处独具特色的自然景观。

清水湖湿地公园。位于营山县城北 10 千米处，总面积 901.3 公顷。2020 年 3 月，被国家林业和草原局批准成为国家湿地公园。公园以库塘湿地生态系统和白鹭等野生动物为主要保护对象，分湿地保育区、湿地恢复区、宣教展示区、合理利用区和管理服务区 5 个部分。清水湖湿地中有维管植物 370 种、鸟类 128 种。其中，国家一级保护植物 3 种、国家二级保护植物 3 种，国家二级重点保护野生动物 9 种、四川省重点保护动物 8 种。

进士文化旅游景区。位于营山县城东部，占地面积 1600 余亩，包括白塔公园、云凤书院、于式枚（清光绪六年即 1880 年进士）故居、新时代广场、奥体中心、滨河公园等景点。景区以营山"镇县之宝"回龙塔为核心，布局进士文化主题景观，开发国学讲堂、国学研读、艺术课堂、声光影造景展示等旅游产品，开展进士文化主题游、文体活动，展现了中国传统文化的"根"和"魂"，延续了千年传

● 云凤书院（营山县档案馆 提供）

● 太蓬山晨韵（营山县档案馆 提供）

承的深厚文脉，激励莘莘学子继承和发扬"耕读传家，经世济民"中华优秀文化传统，潜心向学，砥砺奋进。

近代名人

抗日名将邓锡侯。邓锡侯（1889—1964），字晋康。营山县城附镇较场街人。毕业于保定陆军军官学校，历任川军师长、军长、集团军总司令等职，民国陆军二级上将，著名抗日将领，率部参与"滕县保卫战"。1949年12月9日在四川彭县起义，先后任西南行政委员会副主席兼水利部部长、四川省人民政府副省长、民革中央委员、全国人大代表等职。

水稻专家管相桓。管相桓（1907—1966），原名传学。今营山县安化乡河口村人。1935年毕业于国立中央大学，后赴日本东京帝国大学学习。1937年回国任四川省农业改进所技正，开始水稻杂交育种，建立水稻品种资源"基因库"。1947年赴美国加利福尼亚深造，新中国成立后，回国创办西南农学院，曾授业"杂交水稻之父""共和国勋章"获得者袁隆平。

老红军王定国。王定国（1913—2020），营山县安化乡爬山村人。1933年10月参加中国工农红军，同年11月加入中国共产党。1935年3月随红四方面军参加长征。新中国成立后，历任中央人民政府内务部机要秘书、最高人民法院党委办公室副主任等职，第五至七届全国政协委员。

风味美食

营山油豆腐。制作技艺源于清代，原料为黄豆、盐卤和菜油，经泡料、粉碎、过滤、看浆、压胚和油炸等六道工序制作而成，色泽黄亮，质软松泡，富有弹性，核心中空，内呈丝网状，外壁圆滑。营山油豆腐分干、湿两种，油炸后即用清水泡透的，称为水油豆腐，用于鲜食；干油豆腐便于贮存、携带，旅居异乡的营山人和往来客商，常常购买此物以作馈赠亲友的佳品。

营山凉面。营山人最喜欢、最经常吃的传统特

● 营山凉面（营山县档案馆 提供）

色食品，因其细嫩清爽、香辣味浓而远近闻名。制作时习惯将面条煮熟后捞起散开，淋少许香油或菜籽油，抖散放凉后分装碗内，配上凉粉或豆芽，浇上营山红油等调料即可食用。2007年获第十九届中国西部商品交易会"知名畅销产品（小吃）"，2016年被列入县第三批非物质文化遗产保护名录。

营山板鸭。营山名优土特产品之一。起源于清代，分为生板鸭和熟板鸭（又称卤鸭子、烧腊鸭）。制作的成品板鸭，形态各异，美观大方，有鸭体正圆、头颈反顾、宛似团扇飞鸿者；有头颈直伸、恰似鲲鹏展翅态。无论何种造型，均腊香四溢，令人闻香滴涎，爱不忍食，是营山地区待客的上乘菜肴，也是馈赠亲友的佳品，远销省内外。

通宝牛肉。选用川东北大山农家耕牛腿部精肉精制而成。腌制时采用10℃恒温，将辅料和块状鲜肉人工揉搓按摩均匀后倒入专用腌缸中腌制，之后在盛有卤汤的不锈钢夹层锅中卤制，用蒸汽供热煮至八成熟后取出降温冷却，制成的牛肉肉质细腻、鲜嫩可口。其制作工艺已被列入县级非物质文化遗产保护名录，并于2017年被省政府授予"四川名牌产品称号"。

兴德红油。兴德红油在坚持营山红油传统手工工艺的基础上，选用上等菜油、辣椒及各种名贵香料精心熬制，讲究色、香、味、形，成品红油颜色红亮，香味醇厚，辣而不燥，食用后口齿留香，深受广大群众的欢迎和喜爱。

发展定位

深入实施省委"一干多支、五区协同""四向拓展、全域开放"和市委"155"发展战略，紧紧围绕"当好融渝发展排头兵、打造综合交通次枢纽、建设商贸物流集散地"发展定位，着力实施"经济体量倍增、美丽家园建设、卫教实力跃升、要素保障提升"四大行动，努力建成实力营山、活力营山、魅力营山。

发展目标

经济实力实现新跨越。经济总量持续增长，地区生产总值突破300亿元大关，建成县域经济先进县。

产业培育实现新跨越。农业发展提质增效，工业化水平提档升级，现代服务业做大做强。

城乡发展实现新跨越。实现城区面积、常住人口突破"双30"（面积30平方千米、人口30万人）。全面推进乡村振兴战略，持续改善农村人居环境。

改革开放实现新跨越。加快建设川渝合作示范县，夯实科技创新研发平台，打造服务型政府，争创跨区域合作先行示范区。

民生改善实现新跨越。完善公共文化基础设施，建设文化强县；构建覆盖全县、统筹城乡、公平统一、可持续的多层次社会保障体系。

基层治理实现新跨越。全力推进基层治理体系和治理能力现代化，全面提升应急管理综合能力水平。

（撰稿：唐思楠　审稿：任颖辉　廖莎）

08 蓬安县

基本情况

蓬安县位于四川省东北部、嘉陵江中游，属川陕革命老区，是西汉大辞赋家司马相如的故里。全县面积1332平方千米，介于东经106°10′~106°41′，北纬30°44′~31°17′之间，东西宽22.11千米，南北长61千米。全境从西北至东南呈长条状，纵长横短，略似一条吐丝的蚕。东出达州通湖北，南进广安达重庆，西经顺庆进成都，北上巴中出秦川。辖21个乡镇、84个社区、228个行政村。2022年末，户籍总人口64.97万人。2020年，蓬安被授予"四川省文明城市"称号。

历史沿革

蓬安春秋系巴国地，秦系巴郡，汉初置安汉县，507年置相如县，明洪武年间设蓬州，1913年改蓬州为蓬安。

1949年12月12日，蓬安解放，由川北行署南充专区管辖，县城所在地为锦屏镇。1952年，属四川省南充专区管辖。1957年12月，县城迁至周口镇。1968年，为南充地区管辖县。1993年，为南充市辖县。2006年，撤周口镇，设相如镇。县政府驻地相如镇。2019年，撤相如镇，设相如、周口街道，县政府驻地周口街道。

重要资源

县域水资源总量超40亿立方米。嘉陵江蓬安流长89千米，水质达到地表水Ⅱ类水域水质标准。境内建有马回、金溪两座水电站，总装机容量23.81万千瓦，年发电量11亿千瓦时。西南油气田输气管道在蓬安设有出口，日供气能力50万立方米。蓬安发展要素保障有力，发展前景极为广阔。

蓬安现有水库63座，山坪塘3050口，石河堰618处，蓄水池6189口。县境内地下水以红层裂隙水为主，地形高低相差不大，森林覆盖差，径流量与蒸发量大，渗透量较小，不利于地下水储存和富集。境内水井水质较好，无色无味透明，水温在8℃~20℃，pH值在6.4~7，硬化度为55~185毫克/升，适宜饮用。

植被种类繁多，主要有楠木、香樟、泡桐、槐树、柏树、马尾松、慈竹、银杏、红豆等18个珍稀树种。盛产水稻、小麦、玉米、豆类、油菜、花生、蚕茧、黄麻、生姜、柑橘、桃李、柚、烟草及多种畜禽水产品，享有"中国锦橙第一县""南方制种大

● 大美蓬安（蓬安县档案馆 提供）

县""蚕茧丝绸之乡"美誉，先后被国家、省列为商品粮大县以及柑橘、蚕茧、生猪、水产开发基地县。

基础设施

蓬安距成都230千米、重庆200千米，距南充主城区和高坪机场仅30分钟车程，紧密融入成渝"两小时经济圈"和南充"半小时经济圈"。境内国道318线（罗家—兴旺）、244线（原省道203线茶亭—徐家段、相如—河舒—龙蚕）和省道101线（正源—锦屏—相如）、206线（徐家—金甲—相如—河舒—利溪）、305线（原省道204线睦坝—巨龙—锦屏—相如）纵横交错，南大梁高速在河舒和利溪设有两个互通，巴南广高速在福德设立互通，蓬安火车站实现动车停靠，嘉陵江水运上通广元、下达重庆，初步形成对外大联通、对内大循环的交通网络体系。

2022年末，全县有基础教育校（园）99所。其中，小学26所，初中27所，高中6所，九年一贯制学校19所，十二年一贯制学校1所，幼儿园39所，特殊教育学校1所。全县基础教育在校学生数60535人，基础教育教职工5054人。职业教育学校1所，在校学生2234人，教职工119人。

2022年，全县有高科技产业企业19个，专业技术人数7664人。全年申请专利150件。

2022年，全县有文化馆1个，乡镇（街道）社会事业服务中心（综合文化站）40个，公共图书馆1个，公共图书馆图书总藏量7.49万册。全县共有文物保护单位39处，其中省级单位9个、市级单位7个。

2022年，广播覆盖人口达66.3万人、电视覆盖人口66.2万人；全县有线电视传输网络干线总长达到2965千米，电视节目套数190套。有线电视入

户率65.0%，电视覆盖率99.8%。乡镇（街道）广播站21个，广播通村率100%，广播覆盖率100%。

2022年末，全县卫生机构44个，实有床位3689张，卫生机构技术人员3549人。其中，执业医师988人，执业助理医师241人，注册护士1005人，药剂人员129人，检验人员91人，其他卫生技术人员272人。在所有卫生机构中，县综合医院11家，实有床位1770张，卫生技术人员1468人；中心卫生院7个，实有床位464张，卫生技术人员427人；乡镇卫生院12个，实有床位319张，卫生技术人员225人；妇幼保健机构1个，实有床位150张，卫生技术人员298人；疾病预防控制机构1个，卫生技术人员38人。

主要产业

拥有南充市唯一的县属省级工业园区，被纳入全省重点培育的500亿产业园区。2022年，全县实现地区生产总值206.9亿元，比上年增长0.6%。其中，第一产业增加值49.6亿元，同比增长4.7%；第二产业增加值73.2亿元，同比下降6.3%；第三产业增加值84.2亿元，同比增长3.9%，三次产业结构比为24.0∶35.4∶40.6。从生产的角度看，第一产业拉动GDP增长1.2个百分点，第二产业拉动GDP负增长2.2个百分点，第三产业拉动GDP增长1.6个百分点。按常住人口计算，人均地区生产总值45289元，比上年增长1.2%。

旅游三产繁荣活跃。蓬安县城是"四川省历史文化名城"，"嘉陵第一桑梓旅游景区"是国家4A级旅游景区，大型史诗歌舞剧《相如长歌》、嘉陵江民俗风情剧《蜀红》、周子古镇、"百牛渡江"生态奇观等文化旅游品牌闻名全国。全面启动相如故城保护开发，实现了"打开故城、走进故城"的阶段性目标。5.2千米爱情跑道如期建成，浪漫开跑。加快推进百牛渡江景区提档升级，演艺舞台、民俗文化广场投入使用。红豆村创建为国家3A级旅游景区。嘉陵江放牛节反响强烈，菜花节、樱花节、红柚采摘节等乡村旅游系列活动蓬勃开展。桑梓火锅公园正式营业，川北农旅电商产业园（一期）竣工营运，县级电商服务中心和238个乡村服务站点建成投用。

文旅品牌

嘉陵第一桑梓。国家4A级旅游景区。位于汉代大辞赋家司马相如故里，汇集了嘉陵江流域最经典的诗画田园、巴蜀文化独具影响力的发源地、千古浪漫的爱情圣地、天地人合一理念的展示台、嘉陵江农耕文明等五大品牌资源，被专家学者誉为"最浪漫的休闲家园"。景区分为"一江、两岸、三段、四功能片、十三区"，面积达20平方千米，是四川省新五大旅游区中嘉陵江流域生态文化旅游区的核心景区。

周子古镇。被誉为"嘉陵江最后的码头古镇""百年不动一砖一瓦原汁原味的原生态古镇",先后被评为中国最美小城、四川十大风情名镇和四川最美古镇。兴起于南朝梁武帝析安汉县设相如县之后,始称舟口,是具有千年历史的古码头。古镇由下河街、上河街、新华街和红军街组成。唐初起陆续建成有财神楼、武圣宫、万寿宫、濂溪祠、洞仙观、鱼娘庙、南华宫、文昌宫等。北宋庆历二年(1042年),时任合州通判的周敦颐来舟口开筵讲学,影响甚大,人们便将舟口改名为"周子镇",以表纪念。

百牛渡江。每年四月到十月,在嘉陵江四川蓬安段,每日清晨,上百头水牛渡江觅食,到夕阳西下时,牛儿游回来,形成"百牛渡江"的生态奇观。近年来,蓬安县利用这一独特生态资源,大力发展乡村旅游。

花好月圆生态观光动物园。国家3A级旅游景区。位于利溪镇花房子村南大梁高速公路利溪出口约100米,距离蓬安县城约10千米、南充市区约30千米、南充高坪机场约30千米,南充旅游环线内,区位良好,交通便捷。景区规划总面积3000余亩,规划打造成川东北最大的动物驯养和观赏演艺、科普教育、生态种植、花卉培育、健康美食、休闲娱乐、旅游观光、绿色生态的综合性旅游景区。景区目前已建成珍稀动物园区、野生动物园区、家禽动物养殖园区、生态养殖园区。养殖动物100余个品种,10000余头(只),供游客休闲观赏,感受人与动物和谐共生。

风味美食

河舒豆腐。产于距县城10千米的河舒镇。以上

● 嘉陵第一桑梓景区之月亮岛(蓬安县档案馆 提供)

● 周子古镇（蓬安县档案馆 提供）

● 百牛渡江（蓬安县档案馆 提供）

等大豆为原料,经优质地下水浸泡、水磨、多层过滤、煮沸加石膏等十多道工艺加工而成,色泽洁白、细嫩。用这种豆腐与现代烹调技术相结合制作出的炕豆腐、麻婆豆腐、烂肉豆腐、登山豆腐等 30 余种品牌豆腐,味美爽口,色鲜质嫩,是蓬安独具特色的佳肴。

唐氏米凉粉。唐氏三代祖传的地方风味小吃。具有麻、辣、酸、香等特点,味美可口,回味无穷,曾荣获"南充市 2002 年首届美食文化艺术节"名特小吃银奖。

蓬州牛肉。产于周子古镇。结合蓬安生态旅游——百牛渡江奇观,由此诞生了以"蓬州"为商标的美味牛肉。目前已成为蓬安家喻户晓的一道特色美食。

姚麻花。清朝乾隆年间在宫廷里担任御厨的姚氏先人,专办清朝皇帝秘制的御用食品,后来辞官回乡,其制作麻花的独门宫廷御膳手艺也随之带回了家乡蓬安,并历代秘传至今。姚麻花采用上等小麦精粉与嘉陵第一桑梓景区里富含铁、硒等元素健身养生的神龙泉水精制而成,目前已开发有椒盐、肉松、芝麻、怪味、红糖、麻辣系列产品,无防腐剂,天然绿色食品,自然状态下可储藏 6 个月以上,独具特色的现场制作工艺和上乘的产品品质,被誉为"无法复制的巴蜀一绝",畅销川内外,深受广大消费者喜爱。

樟茶鸭。周子古镇远近闻名的特色美食,有着神奇来历和厚重文化内涵。相传,清同治年间,成都人黄晋临在清宫御膳房给慈禧太后当差,慈禧太后平时吃腻了山珍海味,于是便吩咐御膳房研制一些新的美食改换口味,黄晋临便将御膳房里的熏鸭和卤鸭的传统制作工艺改成用樟树叶来熏制。如今,樟茶鸭综合了清宫秘制的精髓做法和民间樟茶鸭的独特做法,经过几代人的苦心经营和改良,已成为

相如故里的一大特色美食。

发展定位

建设高标准嘉陵江绿色生态经济带、锦屏文旅融合发展区、蓬州产城融合发展区,全力创建全省乡村振兴先进县,天府旅游名县候选县。

发展目标

高标准建设嘉陵江绿色生态经济带、锦屏文旅融合发展区、蓬州产城融合发展区,加速推进乡村振兴,引爆文旅产业。"十四五"期间,地区生产总值年均增长 8.5% 左右,地方一般公共预算收入年均增长 9% 左右,常住人口城镇化率达到 50%,居民人均可支配收入年均增长 9% 以上,全县森林覆盖率达到 40.7%。

(撰稿:黄平 张梦菲 审稿:郑长春 罗耘)

● 美丽乡村(蓬安县档案馆 提供)

09 仪陇县

基本情况

仪陇位于川北低山与川中丘陵过渡地带，介于东经106°14′～106°52′，北纬30°11′～31°39′之间，是开国元勋朱德总司令和为人民服务光辉典范张思德同志的故乡、川陕革命根据地的重要组成部分。1986年、2001年、2011年先后被国务院确定为对中国革命作出特殊贡献的革命老根据地贫困县、国家扶贫开发工作重点县和国家新一轮集中连片扶贫开发工作重点县。辖区面积1791平方千米，辖37个乡镇（街道）、531个村（居）。2022年，实现地区生产总值264亿元、社会消费品零售

● 嘉陵江畔的仪陇县城（唐嗣忠 拍摄）

总额123.2亿元、城镇居民人均可支配收入36840元、农村居民人均可支配收入18677元。

仪陇地处成都、重庆、西安三角腹心区域，银昆、成巴高速穿境而过，G244、G245等6条国省干线纵横交会，汉巴南铁路加快推进，阆仪营、顺仪高速等一批重大交通设施规划建设，成功融入南充半小时、成渝两小时交通"经济圈"。

仪陇自南朝梁天监元年（502年）置县，迄今已有1500多年建县史，积淀了灿烂的历史文化，惊艳全球的川北大木偶艺术发源于此，熠熠生辉的红色文化世代传承，神秘独特的客家文化历久弥新，古韵飘香的"三乡"文化（剪纸、篆刻、书法）源远流长，是文化部命名的"中国民间文化艺术之乡"。

历史沿革

仪陇古隶梁州，战国前期为巴子国地。南朝梁天监元年（502年）设立郡县制，置城郡于今金城山顶，名曰仪隆县，唐大历年初（768年）因避讳唐玄宗李隆基的"隆"字，改为仪陇县。

唐武德四年（621年），割南部、相如两县部分地区设新成县，以隐太子建成讳，改名为新政县，隶属阆中，县治在今仪陇县新政镇。

元建省制，省下设路、府、州、县，仪陇县属四川省顺庆路蓬州管辖。至元二十年（1283年）废蓬池、伏虞二县入仪陇县。同时撤新政县入南部县。从此，仪陇县境版图基本统一。

1952年9月，川北行署撤销后，仪陇县属四川省南充专区（1968年8月改称地区，1994年改称南充市）领辖，县署在金城山腰金城镇。

1978年8月，南部县的新政、马桑（今果山）、三元（今银山）、平头（今环山）和新政镇划入仪陇。

2005年9月，县城迁至新政镇。

重要资源

水资源。全县平均降水总量为20亿立方米左右，地表径流深373毫米，有地表水约6亿立方米，可提供灌溉水资源1.6亿立方米。因多处于河流发源地，河流大多流入外县，且溪河切割沟深，无自流灌溉之便，全靠机械提灌，共有可利用灌溉水量约2亿立方米。

境内主要河流走向均自北向南，仪陇河、新寺河、观音河三条主要河流属渠江水系。仪陇河境内主河道长83千米，大小支流165条，总长420千米，县内总落差74米。新寺河境内主河道长61千米，大小支流71条，县内总落差59米。观音河境内主河道长62千米，大小支流93条，县内总落差163.5米，

● 新政航电（唐嗣忠 拍摄）

水能资源较丰富，思德水库、板桥电站均建在此河道上。

嘉陵江在度门镇伍家垭村入境，经新政石佛岩村出境，全长 23 千米，水域面积 16000 多亩，县境流入嘉陵江的小河有盘子河、响水滩河、白龙滩河、燕子河、林家河。嘉陵江是仪陇境内水能资源最丰富的河流，仪陇县最大水电站新政电站就坐落在嘉陵江新政段林家河处，年发电量为 5.08 亿千瓦小时。

仪陇县地层多为砂岩、泥岩互层，深部岩层裂狭小，雨水难以渗入。地下水含量不多，全县地下水总量为 6400 万立方米左右。

土地资源。粮食播种面积 114.7 万亩，分布有 6 种成土母质，旱地多于水田，非耕地资源可利用潜力大。非耕地 200 余万亩，其中林地、草地、草坡约 135 万亩，水域约 5.3 万亩，仪陇县非耕地可利用资源前景广阔，全县大约有 80% 以上的非耕地在丘陵山区，包括可垦荒地，闲散地、河滩地，部分荒草地等。境内土壤深受成土母岩影响，在特定气候环境下，形成了以紫色土（石灰紫色土）、水稻土为主的土壤系列，紫色土约占全县耕地面积 50%；水稻土约占全县耕地面积 49.24%；潮土约占全县耕地面积 0.2%；黄壤约占全县耕地面积的 0.56%。紫色土壤结构良好、疏松透气好、微生物多、宜种性广。

矿产资源。仪陇县主要矿藏资源是天然气，有以仪陇为中心向周边县辐射开来的储藏量较大的龙岗气田。

森林资源。 仪陇气候温和，地处川北深丘植被小区与川中方山植被小区交会处，自然植被资源较丰富。共有植物1000余种，药用类600余种。其中，木本植物有银杏、松树、柏树、冈栎、桤木、枫木、柑橘、橙、苦楝、马桑、黄荆、梧桐、梨子、核桃、李子、苹果、板栗、黄柏、杜仲、麻柳等。草本植物主要有毛草、铁马鞭、车前草等97种。藤本植物主要有金银花、牵牛藤、何首乌、葛根等14种。

野生动物资源。 鸟类主要有麻雀、燕子、斑鸠、喜鹊、竹鸡、啄木鸟、猫头鹰、杜鹃、白头翁、野鸡、乌鸦、白鹤等40多种。

兽类主要有野猪、野猫、黄鼠狼、狐狸、水獭、猪獾、蝙蝠、野兔子等10多种。

鱼类主要有鲫鱼、鲤鱼、草鱼、乌鱼、鲢鱼、鳝鱼、黄腊丁、白鲢等10多种。

昆虫类主要有螟虫、卷叶虫、蝗虫、棉铃虫、蟋蟀、黏虫、钻心虫、豌豆象、螳螂、蚂蚁、毒蛾等60多种。

两栖类主要有蟾蜍、青蛙等。

爬行类主要有乌龟、蛇、鳖等。

饲养动物资源。 兽类主要有猪、牛、羊、兔、狗等。

禽类主要有鸡、鸭、鹅、鸽。

昆虫类主要有蚕、蜂等。

鱼类全县利用水库、塘、堰、冬水田发展养鱼，主要养殖有鲫鱼、鲤鱼、鲢鱼、乌鱼、草鱼、泥鳅、龟等。

基础设施

围绕"现代滨江山水园林县城"目标定位，实施最大力度城市建设大会战，河西中部组团构架基本成型，城市骨架拓展至20平方千米、人口达18.1万人；实施最大范围城市修复，城东片区标美大道华丽蝶变、街宽景美，秀水长滩、德园等生态公园成为城市新地标、网红打卡地，成功创建国家园林县城。大力推进美丽乡村建设，创评省级特色小城镇1个、国家森林乡村4个，建成乡村振兴先进乡镇3个、示范村15个。持续拓宽出境大通道，汉巴南铁路（仪陇段）快速实施，阆仪营高速加快招商，平仪、南仪高速纳入全省高速路网规划，制约经济发展的交通瓶颈加快破解。全面建成城乡供排水"一体化"工程，困扰仪陇千百年的吃水难题彻底解决，全县所有场镇实施污水集中处理全覆盖。全力打好蓝天碧水净水保卫战，一大批环境突出问题得到有效解决，成功创建国家生态文明建设示范县。

主要产业

三次产业积厚成势。产业结构由29.1∶37.4∶33.5调整为26.9∶35.0∶38.1，实现"231"向"321"转变。突出龙头带动、规模连片发展现代农业，"5+4"现代农业产业体系初具规模，全县粮食播面稳定在114.7万亩、产业量稳定在43.5万吨以上，年出栏生猪保持在80万头以上，成功创建省四星级现代农业园区1个、市三星级园区2个。深入实施百亿产业培育工程，经开区面积拓展至6平方千米，入园企业达129家，工业总产值突破136亿元，以汽摩配、新材料、锂电池、农副产品精深加工为主导的产业集群已具雏形。加快完善商贸物流体系，社会消费品零售总额增速排位首次进入全市"一方阵"。全力作响红色旅游品牌，成功创建天府旅游名线、四川省全域旅游示范区，旅游产业成为县域经济发展的重要增长极。

文旅品牌

张思德纪念馆。位于仪陇县新政镇春晖路，占地面积50亩，展厅面积1600平方米，馆舍造型提

● 张思德纪念馆（仪陇县档案馆 提供）

● 张思德干部学院——全国红色教育培训联盟研学旅行示范基地（仪陇县档案馆 提供）

炼自仪陇文化元素中的篆刻和特有的自然资源离堆，两者结合成印之离堆，形成椭圆形发散性的建筑形式。以形象的建筑体现人与自然的融合，充分展示了仪陇人文和自然特征。展厅以实物、图片、史料等为依托，运用声、光、电、场景等现代高科技手段，生动形象地再现了张思德同志平凡而光荣的一生，诠释了为人民服务的深刻内涵。

张思德干部学院。位于仪陇县城内，是一所以川陕苏区红色资源为依托，以模范为民的"两德精神"为支撑，以党的宗旨教育为特色，以党员干部和各类人才为培训对象的非学历教育的综合性特色党性教育培训机构。学院把弘扬"两德精神"、开展宗旨教育、讲好苏区故事、打造中国德乡作为自身办学品牌，为全国党员干部党性教育开拓了新路。

新政嘉陵江离堆。四川四大离堆之一。唐玄宗天宝十五载（756年），鲜于仲通之弟鲜于叔明于新政嘉陵江西岩离堆山，奉置"景福宫"，后为"忠贤祠"，乡人称"离堆观"。唐肃宗上元年间，大书法家颜真卿入蜀取道嘉陵江去蓬州赴任，途经新政鲜于兄弟早年的离堆故宅，感慨万端，欣然命笔写下《离堆记》，于唐宝应元年（762年）书而刻之石壁上。《鲜于氏离堆记》历尽人间沧桑，字迹渐近泯灭，现共存39字，字径均9厘米左右，具有较高历史、艺术价值。1994年，《鲜于氏离堆记》摩崖石刻被列为市级文物保护单位。

章怀山。位于仪陇县东北边合作乡的西侧与巴中交界处的天平山，后人又称章怀山，主峰海拔近700米，蜿蜒巴仪间，纵横数十里，山势雄奇幽邃。唐高宗次子李贤（章怀太子）曾被贬在此，宋代开始在李贤流落巴仪地界的寓所修建庙宇，称为"章怀寺"。郁郁葱葱的章怀山上，除章怀寺外，还有太子岩和太子洞等景点。

秀水长滩湿地公园。秀水长滩湿地公园为仪陇县新建的一座城市公园，北起林家桥，南至龙神街，占地2350亩，纵深长7千米，沿外江修建格宾护岸8千米，顺内河坚固驳岸13千米，铺设厚重青石园路16千米，包括滩地绿化区、多彩湿地区、生态江滩区三大功能景观分区，精心打造了南北入口广场、红色经典广场、海事码头和"九牛镇水"雕像等特色景点。秀水长滩湿地公园风景秀美，基础设施完善，为市民休闲娱乐、游玩的新地标。

风味美食

客家水席。至今已有300多年历史。全席共12道菜，菜品讲究荤素搭配，就地取材，农家风味，麻辣鲜香，清淡爽口，老少咸宜，吉祥用膳，菜式"一菜一典故"。主要菜品有：大品碗、龙眼肉、水滑肉、焖蛋、膀（又名肘子）、青笋炖土鸡、腊排骨炖干萝卜夹、鲫鱼豆腐汤、砣子肉（又名点将墩）、夹沙肉、烧白、糯米南瓜。客家水席的盖面菜为大品碗，处于席中，位置固定，不宜移动。通常由9层菜品组成，俗称"九斗碗"。

客家牛肉。选料和做法十分考究，牛肉原料选自秦巴山区原生态肉牛，主要采用脊背肉、臀部肉、大腿肉等精肉，选用比例只占牛肉总量的39%左右。精肉选好后，再经技师分割精修，剔除所附筋膜、油脂、碎肉，分切成块，采用客家先辈独创秘方，辅以天然香辛料，配合家传烹制技艺，通过二次高温灭菌，真空包装制作而成，现有原味、五香、麻辣、泡椒等多种口味的牛肉和牛筋类产品，其营养丰富、香味绵长、酥软可口、回味无穷，深受消费者喜爱。

德乡嫂无铅松花蛋。其配方被列入国家非物质文化遗产名录。主打产品是德乡嫂无铅五香松花蛋、德乡嫂无铅麻辣松花蛋等系列产品。德乡嫂无铅松花

● 客家水席（仪陇县档案馆 提供）

蛋采用祖传无铅配方工艺，精选农家土鸭蛋，结合草木灰、食用盐和紫苏、薄荷等十几味纯天然植物香料，历经选蛋、洗蛋、筛灰、配料、熬料、发酵等工序，纯手工精制，经过长达一个多月的时间自然成熟。德乡嫂松花蛋富含有人体所必需的氨基酸、蛋白质和矿物质，是滋补的高档名菜和舌尖上的美食。

其他特产。仪陇还有客家腊肉、客家阿哥兔肉干、豌豆粉丝、客家锅盔、银明黄酒、胭脂萝卜、仪陇酱瓜、大山香米等独具特色的美食。

发展定位

建设"老区振兴、红色旅游、美丽乡村"示范县、"现代滨江山水园林县城"。

发展目标

基本实现现代化，综合实力大幅跃升，经济总量和城乡居民人均收入再上新台阶；农业强县、工业强县、文旅强县、交通强县和生态强县建设齐头并进，新型工业化、信息化、城镇化和农业现代化取得新突破；文化软实力显著增强，"朱德故里、德乡仪陇"成为国内红色文化彰显地和红色旅游向往地；人民平等参与、平等发展权利得到充分保障，居民素质和社会文明程度达到新高度，基本实现治理体系和治理能力现代化；绿色生产生活方式广泛形成，生态价值转换机制基本健全；区域开放合作纵深推进，深度融入成渝地区双城经济圈；基本公共服务实现均等化，城乡区域发展差距和居民生活水平差距显著缩小，"平安仪陇"建设达到更高水平，人的全面发展、全体人民共同富裕取得更为明显的实质性进展。

（撰稿：陈云杰 李立 审稿：阳宁 黄海波）

眉山市

基本情况

眉山市地理位置介于东经102°49′～104°30′，北纬29°24′～30°16′之间，处于四川盆地成都平原西南部、岷江中游，成都—乐山黄金走廊中段。北接成都市，南连乐山市，东邻内江市、资阳市、自贡市，西接雅安市。南瞰乐山，东临资阳，西望雅安，是成都平原通联川南、川西南、川西、云南的咽喉要地和南大门。

岷江和青衣江贯穿眉山市境内，两岸以平原和河流冲积平坝为主。东部龙泉山两翼，西部丹棱、彭山、洪雅境内大部分地区皆为低山丘陵，中生代红色岩层分布广泛，丹霞地貌发育，生态环境优良。年平均气温17.5℃，最低气温-4.2℃，最高温度41.7℃，年平均降雨量大于1000毫米。

眉山市是宋代大文豪苏洵、苏轼、苏辙三父子（史称"三苏"）的故乡，享有"中国诗书城"的美誉。唐至清朝期间，眉山共有1319人考取进士，成为中国历史上著名的"进士之乡"。

眉山市是四川省最年轻的地级市之一，辖二区四县（东坡区、彭山区、仁寿县、洪雅县、丹棱县、青神县），是国家园林城市、国家森林城市、全国文明城市、国家卫生城市，是国家级天府新区、成渝地区双城经济圈和大峨眉国际旅游区的重要组成部分。眉山市辖区面积7140平方千米，人口338.61万，全市共有13个街道、62个镇、5个乡、510个行政村、337个社区，有1个国家级新区（天府新区）、7个省级开发园区（眉山高新技术产业园区、甘孜—眉山工业园区、四川彭山经济开发区、四川仁寿经济开发区、四川洪雅经济开发区、四川丹棱经济开发区、四川青神经济开发区）。

历史沿革

眉山，古称"眉州"。眉山建政，始于南齐建武三年（496年），于犍为郡武阳县地置齐通左郡和齐通县，郡县同治于今东坡区太和镇，为眉山建置之始。南梁太清二年（548年），废齐乐郡、齐乐县，置青州（以汉青衣县得名），辖齐通郡，州治齐通县城。西魏废帝二年（553年），改青州为眉州，辖齐通、青城两郡，州治齐通县城。北周明帝二年（558年），撤销齐通郡，新置安乐县，治所今东坡镇，仍属眉州。建德元年（572年），眉州改青州。大城元年（579年），青州改嘉州。隋开皇三年（583年），废郡存州。大业二年（606年），复改嘉州为眉州，州治迁通义县城（今东坡镇）。后撤州建眉山郡，郡治龙游，即今乐山市市中区。唐武德元年（618年），眉山郡改为嘉州。次年，从嘉州分置眉州，辖通义、丹棱、洪雅、南安（今夹江县）和青神5县，属剑南道，州治通义县城。天宝元年（742年），撤销眉州，改置通义郡。乾元元年（758年），撤销通义郡，恢复眉州，属剑南道西川。宋太平兴国元年（976年），通义县改称眉山县隶属西川路眉州。州领眉山、彭山、丹棱、青神4县。元（世祖）至元十四年（1277年），眉州属嘉定路。至元二十年，撤销眉山县，由州治理，同时丹棱县并入眉州。明洪武九年（1376年），眉州降为眉县，归嘉定州管辖。次年，彭山、丹棱并入眉县，青神并入嘉州。洪武十三年，眉县复升为眉州，直隶属四川布政使司，眉山县仍由州治理，领丹棱、彭山、青神3县。

民国二年（1913年），撤销眉州恢复眉山县，属上川南道。次年，改属建昌道。民国十七至十八年（1928—1929年），撤销道制。民国二十四年（1935年），置四川省第四行政督察区，专员公署设眉山县城，辖眉山、彭山、丹棱、青神、夹江、洪雅、大邑、邛崃、蒲江和名山10县。

1950年1月，设眉山专区，辖眉山、彭山、丹棱、青神、夹江、洪雅、大邑、邛崃、蒲江、名山10县。1953年3月，撤眉山专区，眉山县划归乐山专区管辖。1958年10月，仁寿县改属乐山专区。

1997年5月30日，成立眉山地区（8月26日挂牌），与乐山市分置，辖眉山、仁寿、彭山、洪雅、丹棱、青神6县。

2000年6月10日，撤眉山地区，设地级眉山市（12月19日挂牌），原眉山县改为东坡区。

2014年10月20日，撤彭山县设彭山区。至2021年末，眉山市辖2区4县（东坡区、彭山区、仁寿县、洪雅县、丹棱县、青神县）。

重要资源

土地资源。眉山市土壤类型主要有水稻土、紫色土、潮土、黄壤、红壤共5个土类，10个亚类，49个土属。全市耕地质量平均等级4.6，其中有机质21.23克／千克、全氮1.31克／千克、速效钾102.69毫克／千克、有效磷19.33毫克／千克，土壤肥力中等偏上。

矿产资源。境内矿藏有铜、铁、锌、煤、石膏、芒硝等20多种，其中芒硝累计查明资源量达到91.6亿吨。

植物资源。眉山市境内有陆生野生植物229科861属2278种，其中苔藓植物48科71属149种，蕨类36科73属155种，裸子植物7科14属20种，被子植物138科703属1954种。国家一级重点保护野生植物有红豆杉、南方红豆杉、银杏、珙桐4种。国家二级重点保护野生植物有金毛狗、桫椤、短叶罗汉松、厚朴、鹅掌楸、白及、黄连等73种。

动物资源。眉山市境内有陆生野生动物共469种，其中兽类8目27科65属91种，鸟类18目66科170属309种，爬行类2目11科27属35种，两栖类2目9科17属34种。已鉴定的昆虫有15目90科315属415种。其中，国家一级重点保护野生动物有大熊猫、豹、云豹、羚羊、林麝、大灵猫、小灵猫、金猫、豺、斑羚、黑颈鹤、黑鹳、中华秋沙鸭、四川林鸮、金额雀鹛、灰胸薮鹛、彩鹮17种，国家二级重点保护野生动物有猕猴、藏酋猴、黑熊等72种。

水利资源。全市有各类水利工程24803处。流经眉山市流域面积大于100平方千米的河流共28条，其中岷江从北到南流经彭山、东坡、青神三县（区），径内流长95.56千米，青衣江从雅安经过洪雅县流入乐山市的夹江县,径内流长57.77千米。全市养殖面积20.82万亩,水品产量年达14.43万吨。

旅游资源。全市拥有国家A级旅游景区32处。其中,4A级以上旅游景区10处。拥有星级饭店7家,星级饭店客房总数739间。

基础设施

交通建设。全市共规划铁路9条,总里程393千米;已建成3条,里程210千米。布局高速公路12条,总里程693千米,已建成8条,里程460千米。累计已通车一级公路14条(段),里程488.97千米。

铁路建设。已建成铁路3条,总里程210千米。分别为成昆铁路(含复线)和成贵高铁、汪燕铁路。

高速公路建设。域内共布局12条高速公路,形成"四横八纵"高速公路网,总里程693千米。

一级公路建设。已建成一级公路14条,总里程488.97千米;其中对接成都在建和已建成13条。

水运建设。现有渡口、客运码头35个、渡口13道,其中客运码头22个。

环境保护。全市森林面积358932.62公顷,森林覆盖率50.25%,森林蓄积2515.05万立方米,城乡绿化覆盖率60.59%。完成营造林8093公顷,道路绿化63.5千米,水系绿化38.9千米;创建省级翠竹长廊5条,省级竹林乡镇2个;创建三、四星级森林人家46家,省级森林自然教育基地4处,国家级森林康养基地5个,省级森林康养基地17个,

● 眉山市东坡城市湿地公园(李继军 拍摄)

省级现代竹产业（康养）基地11个。

教育体育。截至2022年末，共有各类学校774所。其中，幼儿园416所，小学171所，初级中学138所，高级中学26所，中等职业学校16所，特殊学校7所。各类学校专任教师总数3.05万人。其中，幼儿园专任教师0.58万人，小学专任教师1.15万人，初级中学专任教师0.72万人，高等中学专任教师0.4万人，中等职业学校专任教师0.18万人，特殊学校专任教师0.02万人。各类学校校舍面积552.45万平方米。

文化事业。全市共有国家综合档案馆7个，文化馆7个，乡镇（街道）综合文化站133个，公共图书馆7个，博物馆6座。公共图书馆藏书量104.86万册。广播电视台6座，有线广播电视传输干线450千米，有线广播电视覆盖47.8万户。公共广播节目、电视节目播出时间分别为2.64万小时和3.8万小时。

卫生事业。现有医疗卫生机构2151个，实有床位数2.16万张。卫生人员2.74万人。其中，执业（助理）医师9049人，注册护士9197人。门急诊人数1603.46万人次，实际占用总床日数586.88万日，病床使用率77.76%。

主要产业

2022年，眉山市地区生产总值1635.51亿元，增长3.8%。其中，第一产业增加值242.31亿元，增长4.6%；第二产业增加值657.61亿元，增长4.6%；第三产业增加值735.59亿元，增长2.9%。三次产业对GDP增长的贡献率分别为18.6%、47.0%、34.4%，分别拉动GDP增长0.7、1.8、1.3个百分点，三次产业结构调整为14.8：40.2：45.0。

全年民营经济增加值935.18亿元，增长3.8%，占GDP比重57.2%，对GDP的贡献率55.2%，拉动GDP增长2.1个百分点。年末工商登记个体工商户19.73万户，私营企业4.44万户。民间投资增长7.0%，占全社会固定资产投资比重64.0%。

全年居民消费价格总指数（CPI）比上年上涨2.1%。其中，食品烟酒价格比上年下降1.7%，衣着价格比上年上涨1.6%，居住价格比上年上涨0.4%，生活用品及服务价格比上年上涨1.2%，交通和通信价格比上年上涨6.1%，教育文化和娱乐价格比上年上涨3.3%，医疗保健价格比上年上涨0.7%，其他用品和服务价格比上年上涨1.5%。商品零售价格总指数比上年上涨3.0%。

2022年，规模以上工业企业829户，规模以上工业增加值增长7.0%,居全省第七位,高于全省平均水平3.2个百分点。工业投资同比增长23.3%,完成技改投资同比增长33.3%。工业用电量102.0亿千瓦时,同比下降1.0%。

文旅品牌

三苏祠。国家4A级旅游景区,全国重点文物保护单位,国家二级博物馆,位于市区纱縠行南段,是北宋时期著名文学家苏洵、苏轼、苏辙的故居。元代改宅为祠,明末毁于兵火,清康熙四年(1665年)原址重修,历年数度增修,现占地6.67公顷,是四川园林式古建筑群的典范性代表作之一,是研究三苏及三苏文化、明清建筑艺术和园林艺术的重要场所和实物范例。2018年1月23日被联合国教科文组织正式授予世界文化遗产保护证书。

三苏祠庭院红墙环抱,绿水萦绕,古木扶疏,翠竹掩映,形成三分水二分竹的岛居特色。祠内有苏洵、苏轼、苏辙和程夫人、任采莲、苏八娘(苏小妹)、王弗、王闰之、王朝云、史夫人及苏家六公子等十余人的塑像。新建的三苏纪念馆是国内展示三苏文化最丰富、展陈面积最大、展陈方式最多、展出水平最高的场所。2020年11月18日,被评为"成渝十大文旅新地标"。

中国泡菜城。国家4A级旅游景区,位于眉山市东坡区。总体规划面积17.94平方千米,其中核心规划面积3.5平方千米,是一个集泡菜原材料种植、产品生产、研发、销售、文化体验为一体的以二三产互动的综合型产业景区,拥有全国唯一一个以泡菜文化为主体的博物馆、唯一的国家级泡菜质量监督检验中心和泡菜产业技术研究院,是"世界知名、

● 三苏祠正门(眉山市档案馆 提供)

● 柳江古镇（洪雅县档案馆 提供）

● 黑龙滩（眉山市文化广播电视和旅游局 提供）

● 洪雅瓦屋山冬景《湖山一色》（余成华 拍摄）

国内一流"的综合性泡菜产业名城。

　　黑龙滩。国家 4A 级旅游景区、省级旅游度假区、国家水利风景区。位于仁寿县黑龙滩镇，属于水域景观大类的湖泊，是四川最大的人工湖泊，有着"西蜀第一湖"、眉山人"水缸子"的美誉。

　　仁寿湿地公园。国家 4A 级旅游景区。位于仁寿城北新城中心区域，占地面积约 133.33 公顷。公园的设计主题为"仁者乐山、寿者乐水"。公园是仁寿人返璞归真、融情山水的城市花园，更是高速发展的仁寿喜迎八方宾朋的城市会客厅。

　　柳江古镇。国家 4A 级旅游景区。位于洪雅县城西南 35 千米花溪河支流柳江两岸，始建于南宋绍兴十年（1140 年），距今已有 800 余年历史，气候温润多雨，素有"烟雨柳江"之称。景区占地 4.33 平方千米，是集历史文化展览、旅游休闲度假、生态山水观光、水上游乐活动、特色文化街区、商务餐饮接待为一体的文化旅游特色小镇。

　　瓦屋山国家森林公园。国家 4A 级旅游景区。位于洪雅县西南瓦屋山镇境内（西部位于雅安境内），距成都 209 千米、乐山大佛 80 千米、峨眉山 56 千米，与乐山、峨眉山构成川西南旅游金三角。瓦屋山海拔 1154 米至 2830 米，山顶平台面积约 1000 公顷，早在唐宋时期就与峨眉山并称"蜀中二绝"。瓦屋山的冰雪期长达半年之久，冰瀑、冰帘、雪淞、雾淞随处可见，是我国南方冰雪节的重要组成部分。著名的兰溪瀑布凝结成巨大的冰瀑，蔚蓝剔透，被称

为"西南一绝"。

国际竹艺城。国家 4A 级旅游景区。位于青神县城南 2 千米的兰沟村，是青神县依托国家级非物质文化遗产——青神竹编打造的重点文化旅游项目，以"打造竹海、建设竹城、弘扬竹艺"为核心，集文化体验、观光休闲、产业聚集、教育科研于一体的文化教育科技体育活动场所。

江湾神木园。国家 4A 级旅游景区，位于青神县青竹街道外南街，东临岷江。岷江纵贯青神全境，45 千米水路，峡谷平坝相间，浅丘孤峰相拥，是乌木的重要产地。江湾神木园所收藏展示的乌木，多系岷江两岸珍稀树木，硬木香木，经自然灾害涅槃重生，见证着青神悠久的历史和岷江两岸的神奇与美丽。江湾神木园被授予四川省第七批科普基地、四川省精品创意文苑、四川省生态文明教育基地、四川省级森林康养人家、北京第二外国语学院产业实习基地、成都信息工程大学教学实践基地等。

风味美食

眉山市传统美食特产、工艺品众多，东坡肘子、东坡肉、藤椒钵钵鸡、丹棱冻粑、碗碗羊肉、芝麻糕等享誉巴蜀，名扬海外。以"中国川厨之乡""中国东坡美食文化名城""中国菜·川菜产业基地"为依托，加快发展特色餐饮，弘扬东坡美食文化，建设川菜名城。

东坡肘子。东坡肘子源于东坡肉。苏东坡谪贬黄州，经常炖猪肉，并写下《猪肉颂》："洗净铛，少著水，柴头罨烟焰不起。待他自热莫催他，火候足时他自美。"

东坡肉。苏东坡喜食猪肉，常说"午餐便一肉""食

● 东坡肘子（眉州东坡酒楼 提供）

猪肉，食美而真饱"。佛印和尚以烧猪肉待东坡，东坡作诗曰："远公沽酒饮陶潜，佛印烧猪待子瞻。采得百花成蜜后，不知辛苦为谁甜。"

藤椒钵钵鸡。藤椒钵钵鸡是苏轼笔下"瓦屋寒堆春后雪，峨眉翠扫雨余天"的瓦屋山区的一道民间美食。瓦屋山盛产生态鸡，青衣江畔独有藤椒树，二者的结合诞生出了藤椒钵钵鸡。

碗碗羊肉。羊肉在《本草纲目》中被称为补元阳益气血的温热补品。洪雅、丹棱生态资源极为丰富，当地出产的山羊肉质细嫩、无污染，是当地百姓常年喜爱的美食。

丹棱冻粑。据《丹棱县志》载："古邑丹棱，时至腊月，民逮天寒，以米磨浆，入缸存之，数日，蒸而食之，名曰丹棱冻粑。"目前，丹棱冻粑已纳入眉山市非物质文化遗产保护项目。

发展定位

坚持"服务成都、依靠成都、融入成都"战略牵引、"四化同步、城乡融合、全域协同"发展路径、"制造强市、开放兴市、品质立市"主攻方向，加快建设成都都市圈高质量发展新兴城市。

发展目标

打造新时代更高水平"天府粮仓"示范区，建设成渝地区新能源新材料制造基地，地区生产总值年均增速高于全国全省平均水平，力争"再造一个工业眉山"。城乡居民人均可支配收入进入全省前列，城乡基本公共服务均等化水平明显提升，乡村振兴取得新的突破。三苏文化、东坡文化传播力影响力显著增强，文化旅游热度全面提升，成功申建国家历史文化名城。空气优良天数达到85%以上，成功创建国家"无废城市"，全面绿色转型取得明显成效。全过程人民民主深入发展，更高水平法治眉山、平安眉山建设不断深化，治理体系和治理能力现代化水平迈上新台阶。

（撰稿：庞红梅 审校：徐强）

● 雪芽东坡肉（眉山市档案馆 提供）

● 丹棱冻粑（丹棱县档案馆 提供）

01 东坡区

基本情况

东坡区古称眉州，自古以来物华天宝、人杰地灵，早在1000多年前就是州、郡治所。唐宋八大家中苏洵、苏轼、苏辙父子占了三席，尤其是苏东坡被誉为"千古第一文人"。宋代大诗人陆游盛赞："孕奇蓄秀当此地，郁然千载诗书城。"

东坡区位于四川盆地成都平原西南边缘，岷江中游；北接省会成都，南连乐山，东邻内江、资阳、自贡，西接雅安；区政府驻下西街79号，是眉山市政治、经济、文化中心，是省会成都的卫星城市，是成都平原通联川南、川西的重要交通枢纽和物资集散中心。东坡区介于东经103°48′~103°59′，北纬29°52′~30°16′之间，辖区面积1330平方千米。截至2022年12月，城市建成区53.15平方千米，城镇化率64.38%，常住人口90.4万人。全区共有13个镇、3个街道、125个行政村、97个社区。2019年获得"全国森林城市"称号，2020年获得"全国文明城市"和"国家卫生城市"称号。

2022年地区生产总值达572.3亿元，地方一般公共预算收入33.07亿元。先后获评全省县域经济发展模范县、进步县，连续两年跻身"全国投资潜力百强区"和"全国新型城镇化质量百强区"。

历史沿革

东坡区历史悠久，其建置有记载以来已有1500多年，历史上多为州、郡治所。眉山建置，始于南齐建武三年（496年）。初置齐通左郡，管辖眉山和乐山两地，治所龙安铺（今太和镇龙石村）。

新中国成立后，曾设眉山专区，撤销后改眉山县，先后隶属于乐山、眉山两地级市。1950年1月，设眉山专区，治眉山县城，属川西行政公署，仍辖10县。后将大邑划出，新津划入。

1953年3月5日，撤销眉山专区，眉山县改属乐山专区（以后为乐山市）。

1997年5月，设眉山地区（与乐山市分置），治眉山县城，眉山县归眉山地区直隶。

2000年6月，撤销眉山地区设立地级眉山市，同年12月20日，撤销眉山县，改建为眉山市东坡区（县级）。

重要资源

区内自然条件得天独厚，自古"山川灵秀，物产丰富，甲于西蜀"。境内地势平坦，土壤肥沃，气候温和，四季分明，雨量充沛，适合农作物生长。

矿产资源。境内已勘明矿藏主要有钙芒硝、石膏、页岩、矿泉水、砂石、黏土，其中钙芒硝矿探明储量约23.84亿吨，属东坡区优势矿种。

水资源。地表水资源量为9.5278亿立方米，地下水资源量为1.6109亿立方米。人均占有水资源量1137立方米。

生物资源。森林面积56289.36公顷，森林蓄积109.24万立方米，森林覆盖率42.28%。

基础设施

公路。成乐高速、遂资眉高速、成都经济区环线（成都第三绕城高速）穿境而过，公路通车里程1374.166千米，其中等级公路1340.244千米。

铁路。成昆铁路、成绵乐城际铁路穿境而过。成昆铁路作为连接四川省与云南省的国铁一级客货共线铁路是西南地区的干线铁路之一，为区域经济发展起到推动作用。市域铁路S5线开工建设。

成绵乐城际铁路又叫成绵乐客运专线，为双线电气化铁路，是西南地区首条高速铁路客运专线，由江油站至峨眉山站，正线全长314.04千米，共设20座车站，设计速度250千米／小时，实行班列化运行，每天上百个班次停靠眉山东站，加速了成眉同城化和成德眉资融合发展。

通信。区内通信设施先进，实现了数据传输光纤化和数字化，实现村村通电话。

电力。全区建有500千伏变电站1座，220千伏变电站4座，110千伏变电站11座，35千伏变电

● 岷江大道（东坡区档案馆 提供）

● 眉山东站（古良驹 提供）

站9座。担负着3个园区、3个街道、13个乡镇、63个社区、238个村的供电任务，供电面积1331平方千米，供电户数53.01万户。汤坝航电主体竣工。

供排水。中心城区拥有5万吨／日净水厂2座，4万吨／日污水处理厂1座和2万吨／日污水处理厂1座，22.83千米和24.9千米的原水输水管线各一趟，DN75毫米以上城区供水主管网328千米，原水取水点为黑龙滩水库，备用水源取水点位于岷江，城市用水人口30余万人，供水普及率98%，水质综合合格率100%。

供气。境内有眉山天然气有限责任公司、兴能天然气有限公司等多家天然气公司，日供气量充足。

主要产业

作为眉山中心城区，东坡区以"接续乡村振兴、再造产业东坡、奋进全国百强"为主攻方向，不断壮大泡菜食品、生物医药、智能制造三大产业，工业强区迈上新台阶，工业产值进入全省第一梯队，至2022年，上市公司千禾味业、中车眉山车辆等规模以上工业企业增至280户，总产值达到1153.2亿元，工业增加值、工业税收稳居全市第一，国为制药、青木制药入选全省首批瞪羚企业。

泡菜产业。围绕"一中心、六基地"思路，打造西部食品聚集区，建成占地17.94平方千米的"中国泡菜城"，已实现七个"全国唯一"，入驻企业102家，将"小泡菜"做成了"大产业、大基地、大品牌、大市场"，开创了"中国泡菜看四川、四川泡菜看东坡"的发展新格局。连续成功举办13届中国泡菜博览展销会，"东坡泡菜"登上《舌尖上的中国》，端上北京奥运会、全国两会餐桌，并亮相美国纽约时代广场。2022年，东坡泡菜全链条产值突破220亿元，市场份额占全国1/3、全省1/2，产品远销欧美、日本、韩国等100多个国家和地区，先后成功创建泡菜行业国家、国际标准。

生物医药产业"从无到有"，打造西部生物医药示范区。眉山经济开发区新区（天府四川西部药谷）成立于2010年3月，2012年以来，先后引进66家企业，建设的医药及配套关联项目76个，涵盖药品制剂、医疗器械生产等，成功创建全省首批药品上市许可持有人试点示范园区、西南地区最大实验猕猴繁育示范基地（格林豪斯）、国内首家以GLP管理理念运行的格林泰科新药药效评价中心，初步形成以"研发圈""制造圈""大健康产业圈"为雏形的生物医药产业集群。2022年，医药产业实现产值42亿元。

机械电子产业"从散到聚"，打造成渝地区电子

● 东坡岛商业水街（王长生 拍摄）

● 樱花博览园（熊武 拍摄）

信息重点配套基地、全国专精特新装备制造基地。以中车眉山公司等龙头企业为基础，大力引进机械电子上、中、下游产业配套企业，带动上下游关联企业9家，构建甘眉工业园区南区"产业新城、产城一体"功能布局。2022年，电子机械产业实现产值35.35亿元。

同时作为中国晚熟柑橘之乡、全国柑橘产业30强县，东坡区目前拥有柑橘种植面积38.5万亩，其中晚熟柑橘种植面积31万亩，柑橘年产量64万吨，总产值41.8亿元，中国（西南）晚熟柑橘交易中心全面竣工，规模和效益全省领先，晚熟柑橘产业成为助推东坡乡村振兴的重要力量，成功摘取"中国黄金蜜柚之乡""中国晚熟柑橘之乡""中国柑橘蜜之乡"等国字号荣誉。

文旅品牌

桂花湖。国家3A级旅游景区。又名桂花林水库，位于东坡区崇礼镇中桂村境内，是一座以灌溉为主，兼有防洪、供水等综合效益的水库。水库纵向深度约为0.45千米，总库容30.64万立方米，现已开发为集爱国主义教育、拓展训练、旅游、度假于一体的旅游风景区。

东坡城市湿地公园。位于眉山市东坡岛西北侧，与眉山地标之一远景楼隔东坡湖相望，占地面积166.85公顷。以"东坡水月"文化为主题，是集湿地保育、科文教育、游憩休闲功能于一体的城市湿地公园，也是目前四川地区最大的城市湿地公园。

东坡岛商业水街。东坡岛商业水街是以丽江滨水风情为蓝本、东坡文化为内涵、宋代古韵建筑为载体、苏州园林景观为原型、体验式旅游商业为核心，集文化、旅游、购物等多元化精品业态于一体的商业综合体，现已成为四川最潮网红打卡地。

樱花博览园。国家3A级旅游景区。位于岷东新区，占地面积819亩，园内现有植物500余种，有井吉野、中国红、松月等20余种樱花1100余株，形成以樱花为主题的特色景观。景区集游憩休闲、文化体验、科普教育功能一体，2017年成功创建四川省生态文明教育基地，是南京林业大学樱花研究所天府基地。

风味美食

龙眼酥。东坡区传统名点之一。状似龙眼，底部圆实，表面千层重叠，造型美观精致，醇香可口，入口化渣。产品采用精制面粉和剥皮芝麻酱、上等精炼油、优质白砂糖等精细材料，科学配方，人工包心成型，呈圆形，乳白色，无斑点，酥皮层次均匀，螺纹卷曲清晰，形似龙眼、入口化渣、甜淡适中，油而不腻，是老年体弱、幼儿生长、探视病人、馈赠亲友、老幼皆宜的营养佳品。

东坡泡菜。东坡泡菜，色泽红润光亮，麻、辣、酸、鲜、甜、香，质地脆嫩，咸淡适口，细韧耐嚼、入口香脆，为中国国家地理标志产品。

发展定位

建设新时代智造活力开放富裕美丽幸福东坡。

发展目标

以"市区一体、两区协同、跨江东进"为战略牵引，以"四化同步、城乡融合、四片共兴"为发展路径，以"接续乡村振兴、再造产业东坡、奋进全国百强"为主攻方向，在新征程上奋力实现全面建设社会主义现代化东坡新跨越。（撰稿：冷红霞 审校：赵颖）

● 龙眼酥（东坡区档案馆 提供）

● 东坡泡菜（田玲 拍摄）

02 彭山区

基本情况

彭山，古称武阳，建制于秦，至今已有2300余年历史，位于川西平原南缘丘陵地区，地处岷江中游。东邻仁寿县，南接东坡区，西与蒲江县、邛崃市交界，北与成都市新津区、双流区相连。区政府驻凤鸣街道西街98号。

彭山区地理位置介于东经103°40′~103°59′，北纬30°07′~30°21′，之间，东西长28.7千米，南北宽25.9千米，辖区面积465平方千米，其中建成区面积17.1平方千米、耕地面积8502.97公顷；辖5个街道、3个镇，共有35个村民委员会、30个社区居委会。全区户籍总户数12.46万户，户籍总人口32.32万人。

彭山区是国家级生态示范区、全国知识产权强县试点区、全国新型城镇化推进试点区、国家海峡两岸产业合作区、全国第二批农村改革试验区、全国公共资源交易百强区、全国第三批节水型社会建设达标区、全国一体化政务平台建设工作县（区）级联系点、全国新一轮农村宅基地制度改革试点地区、全国农村产权流转交易服务标准化试点、"四好农村路"全国示范县、全国信访工作"三无"县。

历史沿革

在战国时期为蜀国之地。周慎靓王五年（公元前316年）秦灭蜀后，设置郡县，置武阳县（县治地在今彭山区江口街道武阳社区），属蜀郡。南朝梁天监四年（505年），分武阳县地置灵石县（约今彭山区境）。南朝梁大同十年（544年），改灵石县为犍为县（一说为江阳县），属江阳郡。西魏元钦二年（553年），撤犍为县，置隆山县（约今彭山区、新津区），县治地由岷江东岸迁到岷江西岸（今彭山区凤鸣街道），属江州。唐先天元年（712年），隆山县改名为彭山县，隶属眉州。历经前蜀、后唐、后蜀、北宋、南宋，直至元末都没有大的变动。

明洪武十年（1377年）五月，彭山县并入眉县。洪武十三年（1380年），眉县升为眉州，十一月复置彭山县，属眉州。

清康熙元年（1662年），彭山县并入眉州。清雍正六年（1728年），复设彭山县，仍隶属眉州。

民国时期，彭山县先后隶属上川南道、建昌道、第四行政督察区。

1950年1月，彭山县属川西区眉山专区管辖。1953年初，眉山专区撤销，彭山县划归乐山专区管辖。

● 彭山城区航拍 （彭山区档案馆 提供）

1959年4月,彭山县并入眉山县,为眉山县彭山区(区公所设彭山镇)。1962年11月,恢复彭山县,仍属乐山专区。1968年改地区为专区,1985年5月,乐山地区改为乐山市（省辖市）,彭山县的隶属关系未变。1997年8月,行政区划调整,彭山县划归眉山地区管辖。2000年12月,眉山地区改为眉山市（省辖市）,彭山县属眉山市管辖。

2014年10月20日,设立眉山市彭山区。

重要资源

土地资源。依据第二次全国土壤普查资料,彭山区土壤酸碱性以中性偏碱为主,有4个土类（紫色土类、潮土类、黄壤土类和水稻土类）,9个亚类,21个土属,48个土种。水稻土是彭山区的主要土壤类型之一,占农耕地面积72.7%；紫色土是全区旱地的主要土类,主要分布在东西山,占总耕地面积17.64%,遍布全区各乡镇。

动植物资源。彭山区内有国家重点保护野生动物虎蚊蛙、红腹角雉等,有重要生态、科学、社会价值的国家保护陆生野生动物白鹭、赤麻鸭、白骨顶等33种,另有一般兽类、禽类、蛇类、虫类等。

彭山区植物资源丰富,树种有4类71科232种。其中,裸子植物类7科15种,被子植物类59科188种,单子叶植物类2科24种,蕨类植物3科5种。彭祖寿柑、丰水梨、红提葡萄、台湾柚等优质水果占据水果市场的主导地位。

矿产资源。已开发利用的矿种主要为芒硝、砖瓦用页岩、矿泉水等。登记有效的采矿权共4个（全部为芒硝矿）,登记矿区总面积为6.4647平方千米,矿山累计查明芒硝矿资源量约1.79亿吨。

水资源。2021年,地表水资源量27300万立方米,地下水资源量4900万立方米。人均占有水资源量832立方米。年平均降水量1051.5毫米,比多年平均偏大1.7%。用水总量为1.7946亿立方米,城

镇人均日生活用水量141.0升，农村人均日生活用水量114.0升。

旅游资源。境内有历史文化名镇江口古镇，有天然太极地、中华长寿始祖故里彭祖山，有高度位居世界第八的唐代摩崖造像齐山双佛，有佛禅传承的千年古刹象耳寺、龙门寺、法王寺、壁山寺、慧光寺，有碧波浩渺、青山环绕的度假天堂仙女湖和将军湖，有弘扬中国孝文化的殿堂李密故里，有川西平原第一溶洞香山仙洞，有亚洲第一牌坊中国长寿城牌坊，旅游资源丰富。

基础设施

交通建设。2022年，全区完成综合交通大会战投资13亿元，环湖东路、岷江大桥、岷江二桥引道、锦江大道彭山段建成通车，彭山北综合客运枢纽投入运行，尖子山航电枢纽工程复工，交通路网外联内畅。建成区、镇、村三级物流供配服务站点46个，实现寄递服务"村村通"。新改建农村公路21.59千米，开通公交线路34条，实现城乡公交全覆盖，成功创

● 彭山长寿牌坊（彭山区文化广播电视和旅游局 提供）

● 成乐高速彭山互通（彭山区交通运输局 提供）

建首批省乡村运输"金通工程样板县"。

2022年，全区公路总里程592.625千米（不含高速）。其中，国道15.313千米，省道34.595千米，县道184.97千米，乡道244.178千米，村道113.569千米。

能源基础设施

电力。区内有变电站及开闭所18座（其中220千伏变电站2座，110千伏变电站6座，35千伏变电站4座，10千伏开闭所6座），变电总容量1160.1兆伏安。2022年完成电网建设投资9070万元。

天然气。主城区气化率达98%。2022年供气量近5500万立方米。投入840余万元，新建乡镇燃气管网28千米，开通农村用户700余户。

供、排水。城区供水量1485.02万吨，共有32座污水处理厂（站），污水处理厂配套管网共计201.53千米，污水排放量1315.51万吨，处理率达96.34%。2022年新增农村自来水用户2408户，新建改造乡镇污水主支管网5千米。

主要产业

2022年，地区生产总值209.54亿元、增长3.4%。第一产业增加值19.41亿元，第二产业增加值103.27亿元，第三产业增加值86.86亿元。城乡居民人均可支配收入分别为45171元、25666元，同比增长4.3%、5.8%。

工业。先后引进中创新航、天奈科技等优质项目26个，协议总投资223.36亿元。广州天赐、美国雅保等19个重大项目开工建设，杉杉科技、研一新材等14个工业项目投产，两次获得全市重点项目推进"红榜"，规模以上工业总产值实现213亿元。新增规模以上工业企业16户，培育国家高新技术企业8家、省级"专精特新"中小企业2户。四川彭山经开区成功通过省级化工园区认定，入选全国首批外经贸提质增效示范项目和全省近零碳排放园区试点名单。

农业。聚焦打造新时代更高水平的"天府粮仓"，建成高标准农田1.75万亩，完成粮食播种面积20.05万亩，粮食产量9.93万吨。全区能繁母猪存栏9500头，出栏生猪13.09万头。葡萄、晚熟柑橘等特色水果面积13.2万亩，产值15.48亿元，"味在眉山"销售收入198亿元，现代农业规模化、标准化发展之路行稳致远。

商贸文旅。商贸载体更加丰富多元，南巷慢街、仁和集市等消费场景先后呈现。投放政府消费券715万元，直接拉动消费7000余万元，全域实现社会消费品零售额77.58亿元，同比增长2.4%，消费市场止跌回暖。江口沉银博物馆完成主体封顶，彭祖山景区成功创建国家4A级旅游景区、四川省中医药健康旅游示范基地，双江村入选第三批省级乡村旅游重点村，"彭祖祖"入选首批天府文旅IP项目库，文旅品牌全面打响。

文旅品牌

彭祖山风景区。彭祖山古称彭蒙山、彭王（亡）山、彭女山、仙女山，海拔610米，垂直高差158米，因是养生术创始人彭祖修炼和陵寝之地而闻名四海，被尊为中华养生文化第一山。彭山区依托彭祖长寿养生文化，打造以旅游度假、文化休闲、养老养生为主题的全国养生养老度假产业基地。

江口汉崖墓。位于江口街道和锦江镇，为国家级重点文物保护单位，时代为东汉时期，共有崖墓5000余座。其中以江口街道石龙村为中心，南北长10千米，东西宽3千米的地带内保存有崖墓5000余座。包括长山埂崖墓群、高家沟崖墓群、盐井沟崖墓群、豆芽房沟崖墓群、打渔沟崖墓群、寨子山崖墓群、油房沟崖墓群、江渎崖墓八个保护区。

江口沉银遗址。位于江口街道岷江河道，是一处保存较为完整的古战场遗址。2010年10月，被列为市级重点文物保护单位。

● 彭祖山（彭山区委宣传部 提供）

● 江口考古发掘（彭山区摄影家协会 提供）

2018年4月，荣获"2017年度全国十大考古新发现"称号，并被专家定名为"四川彭山江口明末战场遗址"，2018年5月，荣获"四川十大历史文化地标"称号。2021年10月，入选为全国"百年百大考古发现"。

经过2016—2021年抢救性考古发掘，共出水文物6万余件、重要文物1.6万余件，其中"虎钮永昌大元帅印""长沙府天启元年伍拾两金锭"、金册等已定级为国家一级文物。第三期出土的"蜀世子宝"金印属国内首次发现世子金宝实物。丰富的文物史料对研究明中晚期经济社会现状、物质文化形态，乃至明末清初社会发展的历史趋势具有重要的史学价值与意义。

2022年，申请江口明末战场遗址考古及保护专项经费200万，配合四川省文物考古研究院、眉山市文物保护研究所，完成2021—2022年江口明末战场遗址抢救性考古勘探发掘。

风味美食

彭山葡萄。彭山葡萄为地理标志保护产品，已建成特色葡萄产业1533.33公顷，培育了夏黑、香妃、红芭拉多和美人指、红提等38个品种。

彭山甜皮鸭。又称贡鸭、卤鸭子，沿用清朝御膳工艺，选用健康粮食放养土仔鸭，辅料考究，采用传统工艺精制而成，肥而不腻。经民间发掘、改进，其卤水别具特色，自创的"钟鸭子""潘鸭子""王福华甜皮鸭"等声名鹊起，深受群众欢迎。

发展定位

加快建设"产强民富、活力迸发、文化繁荣、宜居宜业"的开放发展先行区，建设全省锂电池及材料产业生产基地。

发展目标

产强民富，地区生产总值突破320亿元，规模以上工业产值突破1000亿元，先进制造业做大做强，现代农业做优做特，现代服务业发展壮大，城乡居民人均可支配收入进入全省前列，县域经济实力显著增强。

活力迸发，重点领域和关键环节改革取得重大进展，开放活力越来越足，营商环境达到国内一流水平，各类人才汇聚、创新创业更有活力。

文化繁荣，以东坡文化、彭祖长寿养生文化、忠孝文化为代表的优秀传统文化传播力影响力显著增强，文旅融合更富成效，群众精神文化生活更加丰富，建成国家历史文化名城。

宜居宜业，城市更具品质，新型城镇化建设更富成效，乡村振兴取得新的实质进展，生态环境更加优良，医疗教育资源更加优质，城乡基本公共服务均等化水平明显提升，治理体系和治理能力现代化水平迈上新台阶，人民群众的获得感幸福感安全感不断提高。

● 葡萄采收（彭山区委宣传部 提供）

（撰稿：徐莉岚 审校：辜欣）

03 仁寿县

基本情况

仁寿县地处岷江、沱江分水脊地，县域地理位置介于东经103°56′~104°28′,北纬29°38′~30°11′之间，辖区面积2716.86平方千米。北连成都市双流区、简阳市，东接资阳市雁江区、内江市资中县，西邻眉山市东坡区、彭山区、青神县，南接乐山市井研县、自贡市荣县、内江市威远县。

仁寿县地形以丘陵为主，境内荣威山脉、二峨山分南北横亘。全县地貌按地表特征分为丘平坝、平台、低山，丘陵三大类型，县域海拔最高为东北角高家镇玛瑙瑙山988米、最低为境东北斗镇洞湾村350米。属亚热带季风气候，气象灾害种类多，频率高，衍生灾害较重。

2022年，全县户籍人口150.1272万人，常住人口111万人。全县地区生产总值519.98亿元，固定资产投资522.33亿元，社会消费品零售总额220.25亿元，地方一般公共预算收入50.23亿元，城镇居民人均可支配收入42646元，农村居民人均可支配收入20916元。县政府驻文林街道办文林路一段380号。

历史沿革

仁寿县历史悠久，周朝是蜀国辖地，秦为蜀郡地。蜀汉时属犍为郡武阳县。南朝梁普通年间置怀仁郡，辖一县怀仁，郡县同治。北朝西魏置陵州，废帝二年（553年）改怀仁为普宁。隋开皇十八年（598年），改普宁为仁寿，至今已有1400多年。唐武德元年（618年），仁寿、贵平、井研、始建、隆山，属剑南道。贞观九年（635年），治所移城西。永徽四年（653年），分贵平地置籍县，属陵州。天宝元年（742年），改陵州为仁寿郡。五代前、后蜀仍置陵州，辖仁寿、贵平、井研、始建、籍县。北宋熙宁五年（1072年），改陵州为陵井监，辖仁寿、井研。大观四年（1110年），置贵平、籍县，属隆州。隆州辖仁寿（州治）、井研、贵平、籍县。自宋乾德三年（965年）至熙宁五年（1072年），仁寿县属益州路之陵州。元（世祖）至元二十年（1283年），废隆州，贵平、籍县、井研三县划归仁寿县，属成都路。明洪武十四年（1381年），井研从仁寿分离单置，至此，仁寿境域基本固定。清雍正五年（1727年）以前，仁寿县属四川省布政使司川西道成都府；雍正五年（1727年）后，改属四川布政使司下川南道资州直隶州，直至清末。

●仁寿城市新貌（仁寿县档案馆 提供）

民国元年（1912年），属成都府；二年（1913年），属下川南道；三年（1914年），改下川南道为永宁道（道治在今泸州市）；十三年（1924年）废道，仁寿隶四川省政府；二十四年（1935年），川政统一，仁寿属四川省第二行政督察区，专员公署设资中。

1949年12月16日，仁寿解放。1950年1月1日，成立仁寿县人民政府，属川南区内江专区。1958年，改属乐山专区。1985年，乐山专区撤区建市，仁寿属乐山市管辖。1997年5月，成立眉山地区，仁寿划归眉山地区管辖。2000年6月10日，眉山地区撤地建市，仁寿县隶属眉山市。2005年，乡镇行政区划改革调整，将原有110个乡镇调整为60个乡镇。2019年，乡镇行政区划改革调整，将原有60个乡镇调整为4个街道、26个镇、2个乡。

重要资源

特色水果。水果资源丰富，有"中国枇杷之乡"的美誉，特色水果有柑橘、文宫枇杷、曹家梨、新店清见等。2022年，全县年产枇杷9.4万吨、梨6.3万吨、柑橘49.7万吨、桃子8.5万吨，还有大量葡萄、李子、樱桃等水果。全县晚熟柑橘种植面积30万亩，居全省32个晚熟柑橘产业核心县位置。

林业资源。2022年，林地面积57067公顷，森林面积100420公顷，森林覆盖率38.52%。境内野生动物302余种，挂牌古树223株。

矿产资源。境内有原煤、膨润土、石灰岩、黏土矿、页岩矿、砂岩矿、石膏、氧化钙等矿产资源。其中，原煤储量为2亿吨，黏土矿储量约10亿吨，石灰岩储量49.8亿吨，膨润土储量1000万吨，石英砂储量1亿吨以上。

文卫资源。2022年末，全县有医疗卫生机构54个（民营机构18个），卫技人员6285人，床位6078张。共有普惠性幼儿园18所，小学43所，九年制学校34所，初中29所，普通高中8所，高完中1所，中等职业教育学校1所，成人教育学校1所，特殊教育学校1所。

基础设施

城市建设。2022年，仁寿县城区面积拓展至43.9平方千米，人口约44万人。全年共实施市政基础设施项目42个，总投资13.9487亿元。包家河湿地公园、城北山体公园建成投用，城北新城区形成"三横三纵"城市交通主骨架。

交通建设。截至2022年底，全县公路总里程3597.174千米，其中高速公路245.5千米（成赤高速68.5千米、遂资眉高速53.7千米、仁沐新高速27.1千米、成都经济区环线高速39.5千米、成宜高速56.7千米），普通国道134千米，普通省道248.48千米，县道958.5千米，乡道1536.65千米，通村公路474千米。连汪燕铁路横贯仁寿东南部，在境内全长30千米。

乡村建设。截至2022年底，大力实施乡村振兴，推进"厕所革命""污水治理"同步建设，完成"厕污共治"11.4万户。配齐配足垃圾分类治理设施2万座，垃圾桶29万套。

主要产业

农业。2022年，全县推广玉米、大豆带状复合种植面积8.12万亩，粮食播种面积174.08万亩、产量64.05万余吨。全县年产猪、牛、羊肉产量8.3万吨，禽蛋产量2.55万吨，禽肉产量2.17万吨，水产品产量5.53万吨。

工业。2022年，全域工业累计完成投资91.4亿元，增速22.9%，占全社会固定资产投资亿元的17.5%。

服务业。仁寿县有黑龙滩风景旅游区、仁寿城

● 天府大道黑龙滩互通（仁寿县档案馆 提供）

市湿地公园两个 4A 级旅游景区，仁寿嘉斯曼国际酒店、黑龙滩长岛等五星级及其以下多家酒店。奎星阁、牛角寨大佛、双牌坊等历史文物吸引国内外游客入驻、参观。五龙山森林徒步公园、茶灵谷森林假日公园、山外青山滑翔基地投入运营。2022 年，共开展两轮政府电子消费券投放活动，投放财政资金 1100 万元，直接带动消费 4773 万元，间接带动消费 2.8 亿元。

文旅品牌

仁寿名人

虞允文（1110—1174），仙井监（今仁寿县虞丞乡）人。南宋名臣。绍兴三十一年（1161 年），以中书舍人参谋军事犒师采石，指挥三军大破金帝完颜亮，取得采石矶大捷。绍兴三十二年（1162 年），虞允文出任川陕宣谕使。孝宗乾道元年入朝，任参知政事兼知枢密院事。乾道五年（1169 年），为右相兼枢密使。淳熙元年（1174 年）去世，享年 65 岁。淳熙四年（1177 年），追赠太傅，谥号"忠肃"。毛泽东在阅读《续通鉴纪事本末》有关采石大战内容时，挥笔书写"伟哉虞公，千古一人"。

何㮚（1089—1127），字文缜，仙井监（今仁寿县）人。北宋政和五年（1115 年）进士第一，历官秘书省校书郎、御史中丞、泰州知府、尚书右丞、中书侍郎、尚书右仆射兼中书侍郎。靖康元年（1126 年）11 月末，金兵再围京都，钦宗重新起用何㮚，拜为尚书右仆射兼中书侍郎，行中书令职务。后城破，北宋亡，金人掳二帝，何㮚、秦桧等 3000 人北去，何㮚悲愤至极绝食而死，时年 39 岁，高宗闻之，追赠为观文殿大学士。

石鲁（1919—1982），原名冯亚珩，仁寿县人。红色巨匠，长安画派创始人，因崇拜清初大画家石涛和现代革命家、文学家鲁迅而改名"石鲁"。名画有《转战陕北》《延河饮马》《东方欲晓》《家家都在花丛中》等。石鲁被西方一些收藏家称之为中国"梵高"，作品备受海内外青睐。

冯建吴（1910—1989），字太虞，别字游，四川仁寿人，当代书画家，擅国画、书法、篆刻。是 20 世纪川渝地区中国画的奠基者、传播者。

历史文物

奎星阁。坐落于仁寿县城区东风山岗上，阁高 29 米，基宽 14 米，高 3.5 米，为钻尖式木质结构，四重八面，重重有梯，面面有阁，角角铜铃悬，角脊飞龙跃。1991 年 4 月 16 日，被四川省人民政府公布为省级文物保护单位。该阁始建于清乾隆初年，咸丰十一年（1861 年）8 月，毁于兵燹，同治二年（1863 年）重修，民国三十二年（1943 年）募捐重修。1964 年，阁体倾斜，县政府拨款矫正。1983 年，县政府拨款，社会团体及个人捐款修复，使该阁重放光华。

牛角寨大佛。仁寿县高家镇牛角寨大佛，位于龙泉山脉中段东侧，寨上古柏苍郁，怪石嶙峋，寨东侧崖壁依山造弥勒佛胸像一尊，坐西向东，高 15.8 米，宽 11 米，双手齐胸合十，神态安详，于 707 年建成。文物专家一致认为乐山大佛是仁寿大佛图样放大后的佛像，是乐山大佛的蓝本之一，是全国最大且唯一的一尊胸佛，被誉为"中华第一胸佛"。

双堡牌坊。位于县城 40 千米的禾家镇牌坊村，至今保存完好，属国家级文物保护单位。两坊分别建于清光绪七年（1881 年）和光绪八年（1882 年），是清王朝为表彰"徐母杨氏"和"徐母余老太君"（一号坊杨氏之婶娘）"夫死从子"和孝敬老翁钦旨建造的"节孝坊"。两坊建筑风格大致相同，均为四柱三开间格局，三重檐歇山式屋顶，牌楼式仿木结构，筑宝瓶式坊顶，分别用 109/102 块石料精雕而成。雕刻的 196 盒戏文和民间故事，工艺精湛，栩栩如生，整坊无一钻痕露面。石柱前后16只镇门兽或狮或象，或骑或牵，十分威严。层层板鳌作脊，藻角翘空，装八个花云板。在大梁上方正中显赫部位，南雕九龙绕"圣旨"，北刻七龙盘"旌表"尤为别致，两面对联各二副，序文各一则，刚劲有力，雕刻细腻，均由贡生叶云端题字和知县李茂瀛所书。

风景旅游区

境内主要有黑龙滩风景区(4A级)、湿地公园(4A级)、天府农耕·响水六坊景区、五龙山景区、二峨山景区、三岔湖景区仁寿段、李家沟水库、洪峰水库、宝飞小三峡、裸伊谷(3A级)、青岗油菜花坞、贵平桃花谷、景贤山外青山滑翔基地、曲江曲水留香、曹家百年梨乡、藕塘玫瑰基地、文林樱桃基地等。

风味美食

仁寿张记芝麻糕。创建于100多年前，在清朝为皇帝贡品，是仁寿独特的地方名特产品。该产品先后被评为"国家地理标志保护产品""四川老字号"称号，

● 奎星阁（仁寿县档案馆 提供）

● 牛角寨大佛（仁寿县档案馆 提供）

● 双堡牌坊（仁寿县档案馆 提供）

● 仁寿张记芝麻糕（仁寿县档案馆 提供）

是眉山市非物质文化遗产、眉山市十大知名旅游商品，其味馨香，糕质细嫩，柔和化渣，甜而不腻，润肺补身，营养丰富，老幼皆宜。

文宫枇杷。文宫在县境内二峨山南麓，此区域土壤和气候特别适宜种植枇杷，种植历史已有100余年。2005年11月，仁寿县文宫镇被评为"中国枇杷之乡。"

干巴牛肉。张二心牌干巴牛肉是仁寿县汪洋镇的土特名产，已有200多年历史，始创于清乾隆年间，是清代宫廷贡品。2009年，汪洋干巴牛肉荣获"四川老字号"金奖称号，是眉山市非物质文化遗产、眉山市十大知名旅游商品。

黑龙滩打码鱼。仁寿黑龙滩水库水质好，清澈见底，一碧万顷，水库中的白鲢、花鲢、翘壳、青波、鲤鱼、黄辣丁等都是纯天然鱼类。市场销售的黑龙滩水库鱼，采取一鱼一码，扫二维码就可知道是否产自黑龙滩水库，打码鱼肉质雪白细嫩，入味爽口，营养丰富，深受广大消费者喜爱。

曹家梨。曹家镇地处北纬30°，属亚热带湿润性气候，四季分明，雨量充沛，空气湿润，有肥沃的紫色土，富含锗、钙、磷、钾等元素，特别适合梨树生长。曹家镇种植梨树历史悠久，有100年以上的栽培历史，在清代为朝廷贡梨。曹家镇梨树种植面积2.2万亩，年产梨4.5万吨。现在曹家以梨为媒，大力发展乡村游，通过举办梨花节等形式吸引游客，助力乡村振兴。

发展定位

坚持一张蓝图绘到底，坚定不移推进"12345"发展战略。全面建设眉山城市副中心，创建全省县域经济发展强县和全国综合实力百强县，积极营造风清气正的政治生态、成片成链的产业生态、优美优质的环境生态，打造成渝地区重要的电子信息产业基地、成渝地区重要的休闲旅游度假基地、成渝地区重要的农副产品配送基地、成都都市圈重要的新型装配式建筑产业基地，深入实施干部提能、基础设施、产业发展、基层治理、民生事业等五大提升行动，夯实发展基础支撑。

发展目标

到2026年，地区生产总值确保实现800亿元，力争1000亿元；地方公共预算收入确保实现65亿元，力争70亿元；成功创建全国县域经济百强县、全国综合实力百强县。

（撰稿：杨国洪　审校：祝刚贵）

04 洪雅县

基本情况

洪雅县地处四川盆地西南边缘，县境内地形由西南向东北倾斜，呈梯次变化，最高峰为瓦屋山镇南天宝山的主峰光咚咚山，海拔3172米；最低处为东北青衣江流入夹江县境的余坪镇芦溪口，海拔417.5米。东与夹江县、峨眉山市交界，南与乐山市金河口区、汉源县接壤，西与雅安市雨城区、荥经县毗邻，北与丹棱县、雅安市名山区相连，是成都、乐山大佛、瓦屋山旅游金三角的中心区域。辖区面积1896.49平方千米，共有12个镇。地理位置介于东经102°49′~103°32′，北纬29°24′~30°00′之间。截至2022年底，人口34.05万人，城镇人口12.96万人，县政府驻地洪川镇。

2022年，地区生产总值实现147.28亿元，地方公共财政预算收入12.69亿元，社会消费品零售总

● 洪雅县城（何泽琼 拍摄）

额完成51.32亿元，城乡居民人均可支配收入分别达42471元、24020元。第一产业增加值增长4.3%，第二产业增加值增长3.2%，第三产业增加值增长2.3%，三次产业结构比为16.1∶30.2∶53.7。

洪雅县属中亚热带湿润气候区，是全国森林旅游示范县、全国森林康养标准化建设示范县、国家生态文明建设示范县、国家生态县、国家农产品质量安全县、国家园林县城、全国平安农机示范县、天府旅游名县。

历史沿革

洪雅，秦、汉时分属南安、严道两县。

北周保定二年（562年）始置洪雅县，治所在今丹棱县城厢镇，属嘉州，并在县西置洪雅镇。

隋开皇十三年（593年），改洪雅县为丹棱县（今仍为丹棱县），于洪雅镇另置洪雅县，治所在原洪雅镇（今洪川镇），为今洪雅县建县之始，距今已有1400多年历史。

唐武德九年（626年）和开元七年（719年），设置犍州和义州，以僚户置南安（今夹江县木城镇）、平乡（今槽渔滩镇）二县属之，不久州废，仍复原县。

元朝并入夹江县，属嘉定路。明成化十八年（1482年）复置洪雅县，仍辖原有区划，属嘉定州；清代仍属嘉定州。

民国八年（1919年），四川军阀各占地为防区，洪雅县先后为川军第三军、二十四军、二十一军防区。民国二十四年（1935年），川政统一，洪雅县属四川省第四行政督察区。

洪雅县解放后，属川西区眉山专区，1953年划属乐山专区，1958年丹棱县并入洪雅县，1962年恢复为原丹棱县、洪雅县，均属乐山专区（后改为乐山市），1997年5月划归眉山地区（后改为眉山市）。

● 玉屏山森林（张锐红 拍摄）

2022年末，洪雅县辖12个镇（洪川镇、余坪镇、中山镇、中保镇、槽渔滩镇、将军镇、止戈镇、东岳镇、柳江镇、高庙镇、七里坪镇、瓦屋山镇），61个行政村、28个社区、593个村民小组、290个居民小组。

重要资源

森林资源。 县境有乔木树种328种、灌木516种。全县林用地面积为13.89万公顷。林业用地中有林地、疏林地、灌木林地、未成林地分别为11.41万公顷、1.63公顷、1.83万公顷、0.26万公顷。

植物资源。 全境处于亚热带湿润气候区，适合植物生长。县内植物资源达3000余种。其中，属国家级保护野生植物49种，属省级保护野生植物114种，占四川省珍稀濒危种子植物450种的25.33%，约为四川保护植物的25%。

动物资源。县境有脊椎动物475种。其中，兽类91种，鸟类309种，爬行类35种，两栖类34种，鱼类6种。已鉴定的昆虫415种。县内分布的国家重点保护动物达50种。

矿产资源。县境内矿产资源以非金属矿产为主，已发现各类矿产23种，得到开发利用的矿产有14种，其中芒硝储量巨大，现已探明芒硝矿石资源储量1.36亿吨。

基础设施

交通设施。洪雅县交通便捷，内通外畅，距成都双流机场、天府国际机场车程仅1小时左右，属成都"1小时经济圈"。乐雅高速、国道351线横贯东西。广洪高速路南接乐雅高速公路。大峨眉国际旅游西环线起于国道351线，止于洪雅与峨眉山交界处，串联多个景区。省道308瓦屋山快速通道可直达瓦屋山景区，县、镇、村、组道路纵横交错，四通八达，等级公路交通网络覆盖全县。

环境保护。2022年，城区环境空气质量优良天数为344天，优良率达94.2%；$PM_{2.5}$浓度均值为30.1微克每立方米。主要河流青衣江水质保持在二类，重点小流域安溪河地表水水质常年达三类。县城集中式饮用水水源水质达标率为100%。秸秆综合利用率达到95%以上，危废规范化处置率100%。

教育体育。全县有中小学校32所，公办幼儿园7所，各级各类学校在校学生39339人。其中，寄宿学校16所，寄宿学生6624人。全县中小学校、公办幼儿园、教研室、进修校共有教职工1980人。

卫生事业。全县有医疗卫生机构255个。其中，县级医疗卫生事业单位5个，乡镇卫生院11个，社区卫生服务中心1个，民营医院3个，个体诊所、门诊部、医务室共43个，村卫生站192个。全县编

● 洪雅县文体中心（张锐红 拍摄）

制床位1677张，其中公立1447张，民营200张。

主要产业

2022年，全年实现地区生产总值147.28亿元，增长2.9%。规模以上工业增加值增长5.0%，规模以上工业企业产品销售率92.93%。全社会固定资产投资增长12.2%。社会消费品零售总额完成51.32亿元，建筑业总产值同比增长9.2%。

第一产业。全年粮食播种面积21.47万亩，产量达到10.28万吨。生猪存栏11.85万头，生猪出栏18.6万头，牛出栏1.22万头，牛奶产量12.54万吨。

第二产业。幺麻子食品股份有限公司（以发展绿色生态调味品及生态食品为主导的多元化股权结构的民营企业）全年实现利润1.08亿元；竹钢产业实现产值7053万。计算机、通信和其他电子设备制造业产值大幅增长，全年累计产值达11.11亿元。金属制品业、有色金属冶炼和压延加工业、燃气生产和供应业3个行业全年实现工业总产值8.13亿元。

第三产业。第三产业固定资产投资总额达到95.5亿元，占全社会固定资产投资总额的79.6%。交通运输、仓储和邮政业实现增加值1.02亿元。批发和零售实现增加值15.7亿元；住宿餐饮业实现增加值3.4亿元。

文旅品牌

全县有国家4A级旅游景区2个（瓦屋山景区、柳江古镇景区），3A级旅游景区3个（雅女湖有机农庄、幺麻子藤椒文化旅游景区、青杠坪·茶客空间景区），A级旅游景区2个（稻香湾梦幻田园景区、春驿花园景区），省级旅游度假区1个（七里坪旅游度假区），省级风景名胜区1个（槽渔滩风景名胜区），国家级水利风景区1个（烟雨柳江水利风景区），省级生态旅游示范区1个（玉屏山生态旅游区），中国体育旅游精品景区1个（玉屏山景区），全国农业旅游示范点1个（曲沿村生态家园），天府旅游名镇2个（七里坪镇、柳江镇）、天府旅游名村1个（柳江红星村），天府旅游名宿1个（瓦屋山六七山居），4A级特色旅游商品购物店1个。省级研学实践教育基地2个（瓦屋山、玉屏山），省级体育旅游示范基地1个（玉屏山），幺麻子食品工业园为省级工业旅游示范基地，七里坪度假区为省级中医药健康旅游示范基地，三星级旅游饭店1家，星级乡村酒店、农家乐27家。

七里坪国际旅游度假区。地处北纬30度，距峨眉山3.5千米，平均海拔1300米，常年平均温度13℃，森林覆盖率达95%，被誉为"天然的生态氧吧"。七里坪是四川"最佳森林康养目的地"，四川十大避暑旅游目的地，全国第三批森林康养基地试点建设单位、中医药健康旅游示范基地，"成渝潮流新地标"。被国家发展改革委授予全国首个"国际抗衰老健康产业示范试验区"，是省级旅游度假区，也是中国国际抗衰老健康产业发展永久性会址。

槽渔滩旅游风景区。位于洪雅境内青衣江上游，东临峨眉山，西接雅安碧峰峡，南面与瓦屋山、柳江古镇为邻，距成都约160千米，距县城30千米，国道351线、乐雅高速、广洪高速、青衣江贯穿景区。景区规划面积18平方千米，核心区域6平方千米，淡水域面积3.7平方千米。景区气候温和，雨量充沛，夏季长无酷暑，冬无严寒少霜，年平均气温15℃－16℃。景区以独特的青衣江峡谷风光而闻名，主要景点有千塔佛国、桫椤峡谷、观音寺、五斗观、金舟寺、神龟饮水、巨型睡佛、佛教文化、石刻渊源等。

玉屏山。景区交通便捷，距成都市170千米、乐山市90千米、雅安市中心70千米、成渝环线高

● 槽渔滩（何玉洪 拍摄）

速口30千米、柳江古镇17千米，正处于成都、乐山、眉山2小时旅游圈内，且位于川西南黄金旅游线的中心节点上，与峨眉山、乐山大佛构成川西南旅游金三角。景区平均海拔1200米，森林覆盖率98.6%，属中亚热带湿润气候区，山地气候类型。年平均气温16.6℃，负氧离子达到国家一级标准，$PM_{2.5}$几近于零。景区内玻璃栈道、森林溜索、丛林漫步、滑翔伞基地、全地形山地车、彩虹滑道、高空自行车、步步惊心等户外体验项目已对外开放；森林康养步道、自然观察径、森林学校、森林课堂等基础设施不断完善，形成以森林康养、文化怡养为主题，运动健身、休闲娱乐、康体疗养、文化体验为休闲度假产品体系的格局。

幺麻子藤椒文化旅游景区。国家3A级旅游景区，位于洪雅县城西南5千米的止戈镇柑子场洪高公路旁。北距成都147千米、南离乐山60千米、西邻雅安65千米，是去柳江古镇、七里坪、高庙古镇及槽渔滩、玉屏山、瓦屋山旅游景区的必经之地。景区由四川省农业产业化重点龙头企业——幺麻子食品股份有限公司投资建设，由中国首家藤椒文化博物馆、藤椒美食体验馆德元楼、幺麻子现代化工厂和洪雅土特产购物中心四大部分组成，配套有地方名吃、茶舍、文艺演出等各种文化元素，形成集民俗文物博览、餐饮购物、会议庆典、农产品种养殖、加工销售、休闲娱乐等多项功能于一体的综合场所。

风味美食

洪雅饮食风味别具特色，著名小吃有糖心油炸粑、酸豆腐脑、肥肠豇豆粉、钵钵鸡、碗碗羊肉、泉水豆花、旺子饭、白砍鸡、瓦屋山老腊肉、雅鱼、藤椒、高庙白酒、茶叶、雅笋等。

● 瓦屋山老腊肉（何泽琼 拍摄）

● 洪雅县生态茶园（朱浩 拍摄）

瓦屋山老腊肉。瓦屋山老腊肉远近闻名，肥肉莹透瘦肉红艳，味道鲜美，炒、蒸、煮、炖均可，香味浓郁，滋味鲜美，久吃不腻。

洪雅藤椒。洪雅是藤椒栽培的起源地，已有 200 多年的种植历史。2008 年，洪雅县被中国食品工业协会认定为"中国藤椒之乡"。2014 年，"洪雅藤椒"注册为地理标志证明商标，"洪雅藤椒油"为地理标志保护产品，藤椒产业为洪雅县农业主要特色产业之一。2019 年，洪雅县藤椒产业被列入全省"10+3"产业体系建设。2020 年，被列入眉山市"583"产业体系建设八大特色产业之一。全县藤椒种植面积 3.5 万亩，鲜藤椒总产量 1.5 万吨，收入 2.0 亿元，年加工藤椒油 6.0 万吨，年综合产值达 8.0 亿元。

洪雅茶叶。洪雅县有着 2000 多年的种茶历史，秦、汉时期就有产茶饮茶的风俗。到唐代，形成了从洪雅经雅安、泸定、康定、西藏再到尼泊尔的"茶马古道"。全县茶叶种植面积 30 万亩，绿色、有机茶认证面积 2.03 万亩，是四川省第二大绿茶生产县，茶叶历史悠久，在川茶的发展史上有着特殊的地位和影响。

高庙白酒。高庙白酒，是利用得天独厚的自然环境、文物级的窖池和手工酿酒作坊，引纯净山泉，精选优质高粱，通过科学独特的传统工艺精心酿制、贮存、勾兑而成的纯天然有机食品。"高庙白酒"成功申报中国地理标志证明商标，入选四川省"天府旅游美食"。帝师曾璧光畅饮高庙白酒后题词"花溪源"。诗曰：花溪源水酿玉浆，东坡豪饮酹千觞；瓦山春酒宴归客，醉煞玉屏万木香。

发展定位

突出"融成入圈、一县一区"战略引领，坚定"生态优先、绿色发展"前进方向，鲜明"四化同步、城乡融合、四域赋能"发展路径，加快打造"美丽、产业、宜居、活力、幸福、平安"六个洪雅升级版。

发展目标

到 2035 年，与全国全省全市同步基本实现社会主义现代化，走出一条服务国省市大局、符合洪雅实际、顺应群众期盼的现代化发展之路。未来五年，地区生产总值突破 200 亿元，规模以上工业总产值达到 120 亿元。

（撰稿：张光路 审校：江川）

05 丹棱县

基本情况

丹棱县地处四川盆地西南边缘,岷江以西、青衣江以东、总岗山脉南麓,居眉山市中部偏西,东与东坡区毗邻,南与夹江县接壤,西南同洪雅县相连,西北与名山区为邻,北同蒲江县连接,东西最大距离约35千米,南北最大距离约30千米,县域地理位置介于东经103°00′~103°35′,北纬29°52′~30°08′之间,辖区面积449.93平方千米,县政府所在地——齐乐镇,城区面积6.79平方千米。2022年,全县辖4镇1乡,35个行政村和15个社区,户籍人口160812人(其中城镇69484人、农村91328人)。属亚热带湿润区季风气候,四季温和,冬无严寒,夏无酷暑。

历史沿革

丹棱县南朝齐明帝时期称为齐乐郡。南齐置齐乐县,后改名洪雅县。

隋开皇十三年(593年),改丹棱县,因县境北有赤岩山,"其山高峻,色赤有棱,状若飞旗,拱辑县治,邑名本此",故丹棱县名中的棱字为"稜"字。

唐武德二年(619年),由嘉州分置眉州,丹棱县属眉州。

宋代,丹棱县属成都府路眉州通义郡。

元(世祖)至元二十年(1283年),废眉山、丹棱,两县所辖之地直属眉州。

明洪武六年(1373年),降眉州为眉县,复置丹棱县,属嘉定州。洪武十年(1377年),废丹棱县入眉县。洪武十三年(1380年),复置丹棱县。同年复置眉州,丹棱县属之。

清代,丹棱县属眉州。

民国元年(1912年),丹棱县属上川南道。民国三年(1914年),改上川南道为建昌道。民国二十四年(1935年),丹棱县属四川省第四行政督察区。

1950年初,丹棱县属川西区眉山专区。

1953年3月,成立四川省建制,同时撤销眉山专区,丹棱县改属乐山专区。

1959年4月,撤销丹棱县,划归洪雅县,以原丹棱县的行政区划设丹棱区。

1962年10月,恢复丹棱县建制。

1968年,乐山专区改称乐山地区,丹棱县属之。

1979年11月,根据公安部地域规则名称和字典考证,将丹棱县名中的"稜"字改为"棱"字。

● 丹棱县城鸟瞰图（丹棱县档案馆 提供）

1985年，建立乐山市，丹棱县属之。

1997年5月30日，设立眉山地区，丹棱县属之。

2000年6月，建立眉山市，丹棱县属之。

自隋开皇十三年（593年）至今，丹棱县已有建制1400余年的历史。

重要资源

土地资源。2021年，丹棱县总面积44928.10公顷。其中，湿地1.67公顷，耕地面积3905.22公顷，园地面积21429.06公顷，林地面积12480.57公顷，草地45.06公顷，城镇村及工矿用地面积4085.21公顷，交通运输用地面积505.05公顷，水工建筑用地41.27公顷，水域及水利设施用地面积1329.34公顷，其他土地用地面积1105.65公顷。

水资源。2021年，丹棱县平均降水量1404.7毫米，折合降水总量63212万立方米，比上年减少10.7%，比多年平均偏大2.1%，属丰水年份；地表水资源量42028万立方米，折合径流深934毫米，比上年减少9.5%，比多年平均偏大13.3%；地下水资源量7346万立方米。地下水资源量最多的是齐乐镇，最少的是顺龙乡。

丹棱的天然矿泉水于1993年3月经四川省乐山市地质工程院勘查发现，系人工揭露的地下水露头点。命名为含锶的偏硅酸饮用天然矿泉水，现已开发利用。

矿产资源。钙芒硝。丹棱县钙芒硝矿是川西特大型硝田的一部分，位于川西硝田西南段，主要分布在张场镇、仁美镇、齐乐镇一带，面积187.48平方千米。全县钙芒硝矿储量251亿吨，其中D级15.79亿吨。矿石埋藏浅，见矿深度最浅处为23米，宜于大规模坑采。

天然气。境内已发现天然气为深层气，分布在县境北西部顺龙乡、原石桥乡一带。位于顺龙乡幸福村五组境内"大深Ⅰ井"，于1980年5月1日开钻，1983年7月10日完钻，井深5723.76米，日产天然气约10万立方米。1993年开发利用大深Ⅰ井，日产气10.5万立方米，矿山井口设置脱硫装置，天然气脱硫后供民用和工业用。

页岩。境内建材用页岩，主要用于生产页岩砖和陶瓷墙地砖。页岩资源主要分布在县域中西部地区，页岩厚几米至几十米，经专家预测，可利用远景资源大于10亿吨。境内现有小型矿山11处，生产能力50万吨，小型露天开采160万吨。

软质黏土。软质黏土（建材用软质黏土）主要分布在杨场镇一带，齐乐镇亦有分布。矿石理化性能基本达到中低档陶瓷地砖坯体原料要求。

建筑用石料。县域张场镇、原双桥镇、原石桥乡、顺龙乡境内分布有建筑用石料（红色砂岩），资源量约8万立方米，已开采利用。

植物资源。植被属大相岭东北小区，其分布受地形、气候、土壤影响。野生植物资源主要有乔木、竹类、灌木、藤类、中药材、菌类、野菜等。

动物资源。野生动物资源有兽类、介壳类、两栖类、爬虫类、虫类、鱼类、药用类等。

基础设施

丹棱县基础设施完善，先后新建成国道351线、遂洪高速和奔康大道，改扩建丹蒲路、丹夹路、丹名路、中双路，硬化和黑化乡镇、村、社、户道，形成覆盖全境的道路交通网络。境内公路总里程596.21千米，其中等级公路572.27千米。通信设备软硬件飞速发展，2022年，全年邮电业务总量16995万元，其中邮政业务总量4368万元，电信业务总量12627万元。固定电话用户22679户，移动电话用户83439户，宽带用户73672户。

主要产业

农村经济长足发展。2007年，被环保部批准为全国第一个农村生态文明家园建设试点县。2012年，成功申报"中国'不知火'橘橙之乡"和"丹棱桔橙"地理保护标志。先后建成群力村、狮子村、廖店村等新农村综合体和新农村聚居点，开展推广农村生活垃圾处理"龙鹄模式"，农村村容村貌变化巨大，农村人居环境明显改观。2022年，丹棱县农业总产值完成26.7亿元，增长4.5%。其中，农业产值17.5亿元，增长4.4%；林业产值0.6亿元，增长7.3%；畜牧业产值7.4亿元，增长4.3%；渔业产值0.9亿元，增长4.7%；农林牧渔服务业产值0.4亿元，增长7.4%。

●丹棱不知火（刘敬宗 拍摄）

工业经济持续增长。坚定不移地走新型工业化发展道路，大力加快工业园区建设，引导产业集群式发展，逐步形成了陶瓷建材、芒硝化工、齿轮机械、木业加工、农副产品加工等主导产业。中车丹齿建成省级企业技术中心，并成功申报为国家高新技术企业。2022年，规模以上工业增加值同比增长8.0%，实现工业总产值73.8亿元，同比增长14.6%；实现营业收入67.4亿元，同比增长1.0%；实现利润总额6.6亿元，增长104.2%。

第三产业蓬勃兴起。树立全域旅游发展理念，重点打造"三山（九龙山、龙鹄山、老峨山）、一湖（梅湾湖）、一堂（大雅堂）、一村（幸福古村）"等旅游精品。利用丹棱大雅文化、唢呐文化、历史名人、文化古迹等特色文化优势，提高丹棱旅游文化品位，成功创建为"省级乡村旅游示范县"。打造高端旅游核心区，引进首个百亿元文旅项目幸福古村·齐乐桃源国际旅游度假区等重点项目。建成滨河"雅韵宋街"等观光休闲示范点。通过旧城改造和新城建设，书香苑、中泰花园、南岸首席、万景大雅城等商业住宅小区相继建成。消费品市场快速发展，生态鸡肉、碗碗羊肉、丹棱冻粑、丹棱土鸡蛋、老腊肉等特色商品颇受各界人士欢迎。"丹棱冻粑"成功申报为国家地理保护标志和国家证明商标。2022年，丹棱县第三产业增加值比上年增长3.2%。其中，交通运输、仓储和邮政业增长2.3%，金融业增长6.5%，批发和零售业增长5.0%，营利性服务业增长4.4%，非营利性服务业增长4.9%。

文旅品牌

大雅堂。国家三级博物馆、省级廉洁文化教

● 瑞雪大雅堂（叶斌 拍摄）

育基地、市级爱国主义教育基地。始建于北宋元符三年（1100年），系北宋丹棱名士杨素（南宋史学家李焘的岳祖父）为实现黄庭坚弘扬诗圣杜甫的现实主义诗风而建。堂内珍藏黄庭坚手书杜甫两川夔峡诗诗碑300余方。黄庭坚题名"大雅堂"，并作《刻杜子美巴蜀诗序》和《大雅堂记》叙其事。大雅堂被后人称为"诗书合璧"的人文遗韵，成语"难登大雅之堂"典出于此。大雅堂，雅集黄书墨宝，荟萃杜诗碑林，后毁于明末战火。

2011年丹棱县重建大雅堂，2014年1月建成开放。坐落于面积500亩的大雅堂公园内，占地面积60亩，其中核心区占地面积32亩，建筑面积3900平方米。内设一主殿和八大展厅。馆内采用传统现代多种展陈艺术手法展现杜甫的"诗"、黄庭坚的"书"、杨素的"义"，再现千年大雅堂诗书文化。

幸福古村。顺龙乡幸福古村（即幸福村四社），古称赵桥，距县城12千米，有农户49户，人口223人。整个村子依山而建，面河而立，以

● 丹棱幸福古村（丹棱县档案馆　提供）

● 老峨山夕阳彩云（叶斌　拍摄）

苍翠的山林为基调，以红砂石为根基，以民居、古道、古村、古桥为代表，是四川乃至全国少有的保存相对完整的古村落。村内自然景观和人文景观交相辉映，拥有自然景观、人文景观、宗教文化、民俗文化共4大类21小类的旅游资源。自然景观有千年银杏"夫妻"树、"龙抬头"、青蛙石、鹰嘴崖等；人文景观有石渠灌溉系统，始建于康熙年间的赵桥，始建于清光绪年间的观音桥、盐铁古道，"文革"时期修建的学寨堰、幸福堰等；民俗文化有传统的农耕民俗、迎亲、牛儿灯、民间唢呐、丹棱冻粑制作等。

幸福古村是20世纪80年代著名电影《被爱情遗忘的角落》的外景拍摄地，是全国特色景观旅游名村和四川省第三批传统村落、四川省乡村旅

游精品村寨、四川省最美古村落。2019年，成为联合国教科文组织"历史村镇的未来"国际会议参观点，全国"地理标志农产品保护在行动"活动现场会议参观点，峨眉电影集团外景拍摄基地。

老峨山风景区。老峨山是峨眉山的姊妹山，总岗山脉的主峰，海拔1142米，总面积11.8平方千米。突兀一峰独峙，雄踞于成都平原西南边缘，时有烟云在半山飘浮，蔚为壮观。山形酷似峨眉，雄秀奇险幽，颇有峨眉山的架势。民间传说先有此山，后有峨眉山，故名"老峨眉山"。

山中名胜古迹如金顶、舍身崖、九老洞、万年寺、伏鹤寺、一线天等，皆与峨眉山"同名同姓"。宋代政治家、文学家苏东坡，道教人物杜光庭，清代文学家彭端淑等名人雅士曾游览此山，留下许多赞美诗篇。

景区出产的云雾毛峰、炒青绿茶、红茶系列产品和总岗特液、业牌液系列名酒获国家、部、省精品奖和优质奖，畅销10多个国家和地区。

风味美食

丹棱优质的食材和对菜品制作的极致追求，创造了独具特色的丹棱美食，形成了世代传承，令人回味无穷的美食文化。丹棱冻粑是丹棱人十分喜爱的一种特色小吃，丹棱碗碗羊肉以肉实汤美闻名（详见眉山市概览），丹棱鸡肉让人口齿生香、回味无穷。

丹棱鸡肉食材选用放养土鸡，招牌菜品有干拌鸡、藤椒鸡、红油鸡、白砍鸡和红烧鸡，干拌鸡劲道鲜香，藤椒鸡清香淡雅，红油鸡麻辣爽口，白砍鸡原汁原味，红烧鸡绵软细腻，还有土鸡熬制的鸡汤，让人唇齿留香。

发展定位

全面融入国省市战略思路，坚定"制造强市、开放兴市、品质立市"主攻方向，以"融成入圈、成眉同城"为战略牵引，以"四化同步、城乡融合、全域协同"为发展路径，加快探索建设"城乡融合·共同富裕"先行示范区，奋力开创全面建设社会主义现代化丹棱新局面。

发展目标

"十四五"期间，经济发展取得新突破，经济总量占全市比重大幅提升，主要经济指标年均增速居全市第一方阵。城乡建设开创新局面，城市功能品质显著提升，新老城区协同发展，农村面貌焕然一新，共同富裕迈出新步伐，城乡居民收入持续增长，公共资源配置基本实现均等化，多层次社会保障体系更加健全。生态环境得到新改善，主要污染物排放总量持续减少，能源资源配置更加合理、利用效率大幅提高。治理水平实现新提升，全过程人民民主深入发展，更高水平法治丹棱、平安丹棱建设不断深化。

● 红油白砍鸡（丹棱县档案馆 提供）

（撰稿：龚永忠 审校：李孝清）

06 青神县

基本情况

青神县位于川西平原西南边缘，北接东坡区，南邻乐山，西望峨眉，地理位置优越。县域地理位置介于东经103°41′~103°59′，北纬29°42′~29°55′之间，全县辖区面积386.8平方千米，辖4个镇，2个乡、1个街道办事处，38个行政村、20个社区，户籍总户数6.87万户，户籍人口18.97万人，人口出生率5.33‰，常住人口16.8万人。县城建成区面积8.5平方千米，城镇常住人口达8.3万人。县政府驻青竹街道西大街8号。

青神县以县城为中心，呈盆地状，有明显的坝丘之分。东部以龙泉山脉为主体，山岭连绵起伏，称为"东山"；西部以眉山向斜南东翼延伸部分为主体，丘陵逶迤相续，称为"西山"。"两山"隔江环峙，形成盆地。中部为岷江冲积平坝，地势平坦开阔。县城青竹街道就坐落在平坝中心。县内江河纵横、溪流交错，水资源丰富，有"一江五河三十二溪流"之说。耕地保有量12.34万亩，土地肥沃，中性土质居多，碱性、酸性兼备，宜种性强。森林覆盖率达48.8%。

属亚热带湿润气候，雨量充沛，四季分明，冬迟春早，无霜期长。多年平均气温17.4℃，日照1077.5小时，夏季平均气温25.6℃，冬季8.1℃，春秋两季18.0℃，年无霜期平均313天。全年平均降雨量1050.7毫米，常年在698.1~1459.7毫米之间。

历史沿革

两汉时期，青神属犍为郡南安县（今乐山市）地。晋永安元年（304年），李雄据蜀，建立成汉，三世而传至李寿，纵使僚人北徙，造成社会动荡，官守都废，达200余年。南齐建武三年（496年），于犍为郡武阳县南遥置齐通左郡，开眉山建政之始而定青神建政之基。南梁普通时期，改齐通左郡称齐通郡；太清二年（548年），复于齐通郡上设立青州，以州治郡，州郡同治。

西魏废帝二年（553年），平蜀，改青州为眉州，并设置青城郡，此为青神建政之始。其后两年，魏恭帝于青城郡立青衣县，同治思蒙水口，临青衣江。

西魏恭帝三年（556年）至北周初，蜀中郡县，多所变更。北周保定二年（562年），于青城郡治南五十步移置青城县，郡县同名。大成元年（579年），又改青城称青神，依然郡县同名。

隋开皇三年（583年），废郡存州，以州统县。

青神郡因之以罢，徙县治居郡里，隶属嘉州。隋大业二年（606年），改嘉州为眉州。大业八年（612年）又改眉州为眉山郡，领县8个，青神是其中之一。

唐武德元年（618年），眉州郡改为嘉州。次年，又分嘉州置眉州，治齐通（今眉山城），青神属之。

宋代，青神县名又别称青城或眉州青城。

元代，至正二十二年（1362年），明玉珍据重庆，建立夏国，青神受其统治前后达9年。

明洪武九年（1376年）四月，降眉州为眉县。次年五月，青神并入眉县，隶属嘉定州。洪武十三年（1380年）十一月，眉复为州，青神复置县。

清康熙六年（1667年），青神县再次并入眉州，长达61年。雍正六年（1728年），复置县，隶眉州直隶州，先后属建昌道、上南道及上川南道。

民国二年（1913年），眉州改为眉山县，青神与之解除隶属关系，直属上川南道，次年又改属建昌道。民国二十四年（1935年），川政统一，省政府划全川为二市、十八个行政督察区，青神隶属第四行政督察区，直至解放。

新中国成立初期，青神隶属川西区眉山专区。1953年，眉山专区撤销，青神划归乐山专区管辖。1959年3月，青神并入眉山县，成为一个区，1962年10月恢复县制，仍归乐山专区管辖。1968年乐山专区改为乐山地区，1985年又改为省属乐山市，青神与之保持隶属关系。1997年8月，眉山从乐山市分出，另设眉山地区，青神隶属眉山地区。2000年7月，撤销眉山地区设立眉山市，青神亦随之隶属眉山市至今。

重要资源

土地资源。主要国有自然资源类型为土地、森林、矿产、水等。耕地主要分布于西部平原地区，有少量分布于东部浅丘区；园地与林地主要分布于东部浅丘区，有少量分布于"西山"罗波、瑞峰等乡镇；工业和城镇等建设用地主要集中分布于青竹街道。

矿产资源。矿产资源以非金属矿产为主，主要涉及砖瓦用页岩和砖瓦用砂岩2种，已开发利用2种。

水资源。境内共有"一江五河三十二溪流"，江河水量丰富，总量约150亿立方米，总长约303千米。共有水库23座，总蓄水能力约4107万立方米。

生物资源。主要有野兔、野猫、果子狸等近10种兽类，家燕、白鹭、竹鸡等近30种鸟类，黄辣丁、白鲢、乌鱼等近20种鱼类，还有近40种昆虫及其他动物。境内木本类植物有150余种，其中用材林木46种，经济林木25种，灌木20余种。竹类植物主要以慈竹、水竹、楠竹为主。自然菌类主要有豆鸡菇、大脚菌等。

基础设施

交通概况。县境通国道1条，24千米；省道3条，103.2千米；县道13条，160.4千米；乡道39条，178.27千米；村道221.76千米。公路总里程686.868千米。公路网密度为每百平方千米230千米，境内公路、水泥路纵横交错，乡村社水泥路通户率100%。距离双流国际机场80千米，天府国际机场78千米；成绵乐高铁38分钟畅达成都，成乐高速以及正在建设的天眉乐高速穿境而过；虎渡溪航电库区正加快建设，岷江航道未来可通航1000吨货船，将进一步强化青神连接川南和西部陆海新通道的重要节点地位。

城市面貌焕然一新。总投资115亿元的滨江新区、城北新城全面推进，唤鱼公园惊艳亮相，护城河全面整治提升，滨江大道、振兴路等城市干道高标准建成，青绘河、苏母湖等河湖水脉灵动自然，竹里系列公园绿廊满青神。投入19.4亿元实施老旧小区改造等城建项目19个,补齐城市功能短板,城市管理规范有序,城市形象明显提升,城镇化率提升至49.2%。岷东大道、蚕丛大桥建成通车,成乐高速扩容并设置青神互通。眉青供水工程建成投用,复兴水库改扩建工程全面开工,220千伏牨牛山变电站建成投运。

乡村基础设施走在前列。建成高标准农田10.56万亩,粮食生产量达到6.4万吨。累计投入22亿元新建干线公路及农村公路68千米、改建农村公路202千米,成功创建全省"四好农村路"示范县。全域统筹推进农村人居环境整治,纵深推进垃圾、污水、厕所"三大革命",农村生活垃圾、生活污水有效治理的村均为100%,无害化卫生厕所普及率96.7%,居全省前列。

主要产业

柑橘产业。柑橘现代农业园区成功创建省四星级园区,获评中国晚熟柑橘出口示范区。加强与中柑所、农科院合作,加快农业新技术应用,培育推广高标准、高品质晚熟柑橘品种,巩固全国晚熟柑橘优势地位。完成"中国椪柑"国家地理标志认证,培育一批农产品拳头品牌。依托10万吨果蔬分选仓储冷链物流基地,建成全省最大川果出口贸易基地,争创全国冷链物流示范县。2022年,实现柑橘产业总产值19.7亿元。

机械产业。拥有全球最大的标准化传动件生产基地和全国最大的小规模压缩机、木工机床生产基地,青神成为"机械制造之都"。全县机械产业经营单位118家,规模以上机械企业22家,具备年产80万吨铸件、年7000万平方米表面处理、年23万吨基础零部件加工、年产12000台成套整机产品的能力,初步形成集铸造锻造—粗精加工—表面处理—整机生产为一体的完整产业链。全县有规模以上工业企

● 中国椪柑之乡(青神县档案馆 提供)

● 青神工业园区(青神县档案馆 提供)

● 竹编大赛(青神县档案馆 提供)

● 汉阳湖·忆村（青神县档案馆 提供）

业56家，拥有国家高新技术企业14家，国家级专精特新"小巨人"企业4家，国家创新型示范企业1家，国家两化融合管理体系贯标试点企业2家，国家知识产权优势企业1家。机械产业是全县最大的出口创汇产业。2022年，实施工业项目47个，完成工业固投33亿元，实现规模以上工业总产值105.07亿元，同比增长13.6%。

竹产业。青神竹编与丝绸、蜀绣，并称"蜀中三宝"，是国家地理标志保护产品、国家级非物质文化保护遗产。近几年青神举办了第九届竹文化节、2020国际竹产业交易博览会、2022中国国际竹产业交易博览会等一系列竹产业活动，青神竹编连续三年跻身全国区域品牌百强榜，国际知名度和影响力逐年提升。建成中国首家竹林湿地。获"国际竹编之都""竹编艺术传承国际范例奖"称号，南城兰沟村获评"中国竹编第一村"。成功创建国家级林业产业示范园区，青神竹编特色小镇成为首批四川特色小镇，青神荣获省竹产业高质量发展县、竹林风景线建设先进县。2022年，实现竹产业综合产值70亿元，增长16.3%。

文旅品牌

中岩寺。中岩开山祖师诺巨罗（俗名罗尧远，青神人，著名释迦弟子，佛门早期十六罗汉第五尊者）

● 竹里巷子（青神县档案馆 提供）

于中岩留下了许多珍贵遗迹。北宋大文豪苏轼曾负笈于此求学三年,继与恩师王方爱女王弗结为伉俪,留下了"唤鱼联姻"的历史佳话。

汉阳古镇。古镇从汉代开始得名,历史悠久。境内旅游景点有汉阳古镇、平羌小三峡、千亩河滩、神秘大峡谷、玉屏山、世外桃源。

此外,青神县还有众多风景名胜:德云古寺、竹里巷子、竹林湿地公园等。

风味美食

中岩烧烤。青神中岩烧烤闻名遐迩,系选用山中独有之青冈树、钢炭,用原始古朴手法烤成。烤全鸡、全羊、全鱼,品种齐全,色、香、味古朴野趣,一箸入口,三春不忘。

汉阳棒棒鸡。汉阳棒棒鸡属典型四川口味,汉阳鸡肉质细嫩,最宜白宰。细嫩肥美的汉阳鸡配上一勺红油,佐以芝麻、炒花生、精盐、白糖,麻辣鲜香,看起来极具食欲,令人垂涎欲滴。夹上一块糯香的鸡肉,一入口散发出浓浓的香味,令人回味无穷。

● 青神江团(眉山东坡酒楼 提供)

枕头粑。青神县旧时最常见的年货。枕头粑制作方法是将糯米按一定比例兑饭米加水磨成米浆,然后装进布口袋里滴干,待干成团后将米粉取出揉好,然后取2至3斤用几片大粑叶包扎起来,放进蒸笼里蒸熟即成。枕头粑形状像个枕头,营养丰富,可再加工咸吃、甜吃和煮粑汤,香味独特浓郁。

青神江团。青神江团,外形别致,没有鳞片,长着"耗子"嘴,可以清蒸,也可以红烧。肉质白嫩,鱼皮肥美,其鲜嫩程度可与河豚媲美。

汉阳花生。一马平川的汉阳坝,种得最多、最出名的就是花生。早在解放前,汉阳坝的花生在成都就极有名气。桑陌之间,花生成片,立体种植,套种间种,都是一幅画。花生因颗粒饱满、香味浓郁、产量高而饶有名气。

发展定位

聚焦特色产业,深化城乡融合,彰显生态价值,迈向共同富裕,奋力建设现代化成都都市圈高质量发展的国际竹艺名城和全国特色产业示范区、全国乡村振兴示范区、全国生态文明示范区。

发展目标

"十四五"期间,聚焦建设现代化成都都市圈高质量发展的国际竹艺名城,实现经济持续高质量发展,力争到2026年,全县地区生产总值达到150亿元,年均增长7.5%以上,增速高于全国全省;人均GDP达到全省平均水平;城乡居民人均可支配收入年均增长8%、9%;城镇化率达到54%。县域特色产业发展成为全国示范。主要河流水质达标率100%,空气质量保持国家二级标准以上,国家生态文明建设示范区创建成果进一步巩固。

(撰稿:魏艳琼 审校:张斯寒)

宜宾市

基本情况

宜宾，别称"僰道""戎州""叙州城"，地处川、滇、黔三省接合部，也处于川渝滇黔4个省会城市的几何中心位置，金沙江、岷江、长江三江交汇处。市境东邻泸州市，南接云南昭通市，西界凉山彝族自治州和乐山市，北靠自贡市；位于东经103°36′~105°20′，北纬27°50′~29°16′之间，东西最大横距153.2千米，南北最大纵距150.4千米。是国家重点建设的63个全国综合交通枢纽城市、50个铁路枢纽之一。全市辖3区7县，面积13283平方千米。2022年末，全市常住人口461.8万人，其中有苗、回等39个少数民族近10万人。有2200多年建城史、3000多年种茶史、4000多年酿酒史，是国务院命名的国家历史文化名城，素有"万里长江第一城""中国酒都""中华竹都"的美誉。宜宾历代名人辈出，养育了李硕勋、赵一曼、阳翰笙、唐君毅等无数革命先烈和文坛大师，积聚了多姿多彩的长江文化、酒文化、竹文化、僰苗文化、哪吒文化、抗战文化、民俗风情文化。是中华人民共和国第四任总理、全国人大常委会第七任委员长李鹏同志的家乡。历史与文化荟萃、自然与人文交融，滋养了诚信、包容、创新、图强的宜宾精神，塑造了这座国家历史文化名城的个性和风貌。

市境整体地势由西、南向东、北倾斜，形成西南高、东北低态势。全市地貌以中低山地和丘陵为主体，自然概貌为"七山一水二分田"。整个区域内，山丘广布，平坝狭小，中山、低山、槽谷、丘陵和平坝错综交织，姿态万端。

属中亚热带湿润季风气候，低丘、河谷兼有南亚热带的气候属性。年平均气温18℃、总降雨量1017.6毫米、日照时数938.3小时，具有气候温和、热量丰足、雨量充沛、光照适宜、无霜期长、冬暖春早、四季分明的特点。

全市土壤总面积107.33万公顷，占土地总面积的80.5%。土壤有紫色土、水稻土、黄壤、黄色石灰土及黄棕壤、新积土等六大类。市境内植被除屏山县老君山、兴文县仙峰山、筠连县大雪山等地的原始植被外，绝大部分为原始植被受破坏后的次生植被与人工植被。境内亚热带次生性常绿针叶林植被分布较广，竹林为一大特色。

境内水系属外流水系，以长江为主脉，河流多、密度大、水量丰富。金沙江、岷江、长江横贯市境北部，三江的支流、溪河或由北向南，或由南向北作不对称的南多北少状河网分布,南部支流多发源于崇山峻岭,故滩多水急;北部支流多发源流经丘陵,故水势平缓,岸势开阔。

历史沿革

宜宾历史悠久,早在距今4万年前,我国原始社会旧石器时代晚期,市境已有人类生息。在公元前三四千年时,已有氏族部落出现,进入原始渔猎和农耕生活阶段。战国时,市境大部为僰人所居。至战国后期(公元前250年左右)纳入秦国蜀郡。

秦汉时期,今宜宾市境设立了第一个县级政区——僰道。"僰道"命名是因原本为僰人聚居之地,而秦制"(县)有蛮夷曰道",汉承秦制故名僰道县。汉高后六年(公元前182年),在今宜宾城区三江口建僰道城。从西汉至1949年12月,以今宜宾城区为中心,先后设立过辖领县级行政机构的犍为郡、西顺郡、戎州、南溪郡、叙州、叙州路、叙州府、四川省第六行政督察区等。

1949年12月11日,宜宾和平解放。1950年1月,设川南行署区宜宾行政督察区专员公署,同年11月,改称宜宾区专员公署。1952年9月,为四川省宜宾区专员公署。1954年,称宜宾专员公署。1957年3月,屏山县由乐山专区划入宜宾专区,至此,今市属10区县地域已归属宜宾版图。

1996年10月,撤销宜宾地区,改设四川省辖宜宾市。1997年2月,宜宾市人民政府成立。2011年,撤销南溪县,设立宜宾市南溪区。2018年,撤销宜宾县设立宜宾市叙州区。2020年,设立宜宾三江新区,新区规划面积389平方千米,成为全省首个省级新区。

重要资源

宜宾资源富集,植物资源丰富,境内亚热带次生性常绿针叶林植被分布较广,竹林、香樟林为一大特色。

水资源。宜宾拥有水量占全省水资源总量的24.37%。其中,年水量2430.3亿立方米,全境水能资源理论蕴藏量为520.48万千瓦,可开发量为353.60万千瓦。金沙江上建设有总装机容量达3800万千瓦的四座水电站。向家坝水电站工程于2008年截流,2012年首批机组发电,2015年建设完工,中国新添三分之一个三峡工程。

矿产资源。宜宾矿产资源种类多样,储量巨大。市境已发现并经检查评价的矿产种类计有55种,矿产地有305处。其中,查明煤炭资源储量53亿吨,居全省首位。具有建设和发展能源业、制造业、食品饮料业等产业的显著优势,是国家确立的水电、火电、核电综合发展的重要能源、原材料生产基地。市境已探明储量具E级储量的23种矿产中,有大型开采价值的包括煤、硫铁矿、玻璃用石英砂岩、天然气和页岩气、石灰石岩、岩盐等6种。天然气储量达600亿立方米;硫铁矿保有储量15亿吨,占四川省保有储量的71%;岩盐矿、石灰石、石英均在100亿吨以上。

动植物资源。市境有较丰富的植物种类和多样的植被类型,有乔灌植物86科、205属、435种,竹类有13属、59种,园林绿化和观赏花卉310种。全市现有森林资源主要是人工林,原始森林植被极少,多已演变成天然次生阔叶林。境内现保存有各类名木古树42种1065株,其中树龄在400年以上的一级古树25株、100~400年的二级古树926株。古树保护小区5个。全市有脊椎动物资源近千种。其中,兽类8目、24科、70种,鸟类18目、51科、382种,爬行类2目、9科、33种,两栖类2目、9科、29种,鱼类16科、89属、151种。有国家一、二级保护动物98种。

旅游资源。市境南部喀斯特地貌发育完善，以兴文石海洞乡为代表的川南喀斯特地域，具备世界级地质公园特有魅力。市境林地以竹类分布密集在省内成为一大特色，50500多公顷的竹林和其中12000多公顷的毛竹成片林，塑造了"竹海"风景名胜。600多条纵横交错的河溪、2400多亿立方米的水量以及流域面积超过1000平方千米的长江、金沙江、岷江宜宾段等形成了宜宾独有的"万里长江第一城"壮观地理环境和生态型山水园林城市特有风貌。宜宾有众多的自然与人文景观，有国家级旅游资源6处、省级27处。有国家级、省级历史文化名城，也有国家级、省级历史文化名镇。另有五粮液企业文化园林，有李庄古镇、中国营造学社旧址和江安原国立剧专遗址等独树一帜的抗战文物遗存。

具有良好的生态环境优势，1999年以来被评为"全国造林绿化十佳城市""全国林业生态建设先进市""中国杰出绿色生态城市""国家森林城市""国家园林城市"。已逐渐成为长江上游生态环境保护屏障的重要组成部分。

基础设施

宜宾紧扣定位、强力攻坚，坚持绿色发展，基础设施不断完善，交通体系不断健全，枢纽功能全面提升。

*绿色发展，生态屏障扮靓三江。*坚定不移贯彻习近平总书记"要因地制宜发展竹产业，让竹林成为四川美丽乡村的一道风景线"重要指示精神，高标准制定竹产业发展规划和支持政策，2022年实现竹产业综合产值340亿元，居全省第一位。深入实施绿化宜宾行动，长江生态综合治理项目累计完成投资71亿元，建成生态廊道68千米，森林覆盖率达49.9%，长江上游生态屏障进一步筑牢。绿色成为长江生态第一城最亮丽的景色。

*科教强市，"双城"点亮未来之灯。*城市围绕大学建，产业依托教育兴。抢抓国家产教融合试点城市机遇，深入实施科教兴市、人才强市战略，科教人才优势正加快转化为创新发展优势。大学城、科创城建设持续深化。目前，在宜办学高校12所。12所产研院和2个院士工作站入驻运行。中国白酒产业学院等4个学院获批全省首批现代产业学院，入选数量居全省地级市首位。产教融合发展深入推进。签署校企（地）合作协议320个，建设首批市级产教融合实训基地26个。创新供给能力不断增强。四川省数字经济研究院落地运行，新增中国白酒风味科学研究中心、四川省动力电池产业创新中心、新能源汽车先进动力技术创新中心等高能级创新平台18个，省级及以上研发（孵化）平台累计达137家。科技型中小企业达1324家，高新技术企业达290家。

*大城有梦，中心城市彰显魅力。*城市建设快速推进。聚焦城市规模、功能、品质三大核心要素，统筹"产、城、人"发展路径，推进产城融合发展，城市能级有效提升。7个县、42个镇级片区国土空间规划基本形成，城市规划不断完善。统筹推进三江新区、宜宾高新区、南部新区、岷江新区、叙州新区等重点区域建设和智轨T2、T4线城市路网建设，以及33个中心镇和4个镇首批省级百强中心镇建设，成功申建宜宾动力电池特色小镇。市容环境品质提升项目和盐坪坝长江大桥、三江六岸等重要交通廊道、节点景观效果基本呈现，城市品质持续提升。加强历史文化街区、历史风貌区保护利用，冠英古街获评省级示范步行街。入选首批省级城市更新试点城市。

*立体交通，综合枢纽通江达海。*交通优势更加

彰显。成贵高铁全线运营，成宜高速、绕城高速、宜彝高速（四川段）、宜威高速（高县至珙县段）建成通车，高铁通车里程达180千米，高速公路通车里程达505千米，实现"县县通高速"目标。宜宾港是国家确立的内河主要港口，被交通运输部定位为长江干支中转港口，境内长江、金沙江、岷江均为规划的国家高等级航道。宜宾五粮液机场建成运营，通航航线42条。新（改）建国省干线公路240千米、农村公路6307千米，建制村通硬化路率达100%。全球首条智轨运营，宜宾成为名副其实的全国性综合交通枢纽。

主要产业

坚持把产业高质量发展作为强市之基，以特色优势产业和战略性新兴产业为主攻方向，加强经济运行精准调度和产业全生命周期服务，产业生态加速构建、质量效益明显提升。在"产业发展双轮驱动"战略的推动下，做强实体，产业发展实现跨越提升。宜宾的白酒、化工等传统产业转型升级做优做强，宜宾被国务院表彰为老工业基地调整改造真抓实干成效明显城市。智能终端、轨道交通、汽车、新型材料等新兴产业从无到有迅速壮大。2022年，全市地区生产总值3427.84亿元，比上年增长4.5%。其中，第一产业增加值395.96亿元，增长4.3%；第二产业增加值1723.21亿元，增长5.2%；第三产业增加值1308.67亿元，增长3.9%。现代工业强市、现代农业强市、现代服务业强市同频共振，共同推动宜宾经济高质量发展。

传统、现代农业齐头并进。2022年，现代农业稳产增效。粮食播种面积667.5万亩、居全省第四位，产量264.4万吨、居全省第三位。酿酒专用粮、茶、竹、油樟、蚕桑、生猪、水产等特色优势产业持续壮大，农林牧渔业总产值达615亿元、第一产业增加值增长4%，其中生猪出栏510万头、居全省第二位；茶、竹、油樟产业综合产值分别达320亿元、340亿元、55亿元，分别居全省第二位、第一位、第一位。

第二产业健康发展。现代工业扩链成"圈"。2022年，全市规模以上工业增加值增长7.5%，入选全国先进制造业百强市、四川省首批制造强市试点市。页岩气产量达65亿立方米，稳居全国第二位、全省第一位。五粮液集团实现营收1500亿元，五粮液股份成为深市第一只市值破万亿元个股；7户企业入选"首届四川省原酒生产企业20强"，白酒产业实现营收1000亿元。

服务业提档升级。现代服务业提档升级，服务业增加值增长4%。国际竹产品交易中心、长江上游区域大数据中心等建成投运。启动中心城区商圈规划，成功举办"品味宜宾"——长江首城走进通航城市等活动；获批中国（宜宾）跨境电子商务综合试验区，完成电子商务网络交易额500亿元、增长14%。长江上游成宜国际物流园等项目加快建设，邮政业务总量增长8%。银行业金融机构存贷款余额8280亿元、增长15%，增速居全省第一位；新增贷款650亿元、居全省第二位。"宜宾—钦州"铁海联运货运班列常态化开行，新增国家A级物流企业20家。获批全国首批财政支持深化民营和小微企业金融服务综合改革试点城市、第二批国家产融合作试点城市。

文化旅游融合发展。蜀南竹海成功创建国家级旅游度假区，五粮液景区入选国家首批非遗景区和国家工业旅游示范基地，李庄古镇入选全国乡村旅游重点镇，翠屏区成功创建第四批天府旅游名县。全市有非物质文化遗产33项（国家级4项、省级29项），全国重点文物保护单位17处，省级重点文物保护单位 49 处，历史文化街区 6 条，历史建筑 33 处，国家级风景名胜区 2 处。

新兴产业强势崛起。 新兴产业"无中生有"、快速成势。加快完善"1+N"动力电池产业生态圈，四川时代 3 期、5 期及时代吉利一期项目建成投产，建成产能累计达 150 吉瓦时，全年生产动力电池 70 吉瓦时，动力电池产业实现营收超 900 亿元、增长 4.3 倍。高标准规划建设宜宾晶硅光伏产业园，签约落地晶硅光伏产业项目 9 个、总投资 660 亿元，英发德耀晶硅太阳能电池和四川高景硅棒切片项目实现当年签约、当年建设、当年投产，开辟了绿色新能源产业发展新赛道。推动电子信息制造、高端装备制造、新材料、医疗器械等产业数字化、智能化、绿色化转型，分别实现营收 500 亿元、160 亿元、520 亿元、17 亿元。创新数字经济发展机制，宜宾信息技术服务产业园、宜宾大数据产业园开园运营，信息服务业实现营收 56 亿元。引进整车企业 3 户和零部件配套项目 14 个，凯翼汽车、奇瑞新能源汽车实现批量生产；引进智能终端项目 233 个、投产 144 个，智能终端产业园获评国家新型工业化产业示范基地；建成全球最大的智轨快运系统产业基地，全球首条智轨商业运营线运营良好。

主动融入成渝地区建设，建立南向门户枢纽。积极承接沿海发达地区产业转移，与成都市、重庆市先后签署系列合作协议，区域合作成果丰硕。宜宾综合保税区正式封关运营，临港经开区获批省级外贸转型升级基地（智能终端），进境粮食指定口岸、国家临时开放口岸、中国（四川）自贸区宜宾协同区高效运行，引进一大批行业龙头企业，"十三五"期间落户"三类 500 强"、上市公司、行业 10 强企

● 蜀南竹海——观云台（长宁县文广旅游局 提供）

● 蜀南竹海——海中海（长宁县文广旅游局 提供）

业70户，实施制造业"双百工程"和招商引资"百日攻坚"行动，新增投资超百亿元的制造业项目6个、营收超百亿元的制造业企业2户。成功举办2022世界动力电池大会、中国国际名酒博览会等国际盛会。开放合作推动宜宾外向型经济迈向新高度，四川南向开放枢纽焕发勃勃生机。

文旅品牌

文化是旅游的灵魂，旅游是文化的载体。作为万里长江第一城，宜宾既保留了本地古老民族文化的特征，又体现出与巴蜀文化、中原文化的深度融合，展示出对外来文化兼容并蓄的态度。

神州琼浆，豪情酒海；天下奇观，风情石海；翡翠世界，诗情竹海；抗战精魂，博爱李庄；民族瑰宝，古韵夕佳……2008年以来，宜宾被评为"中国最佳文化生态旅游城市""中国（宜宾）白酒之都""中国特色魅力城市200强""世界（中国）早茶之都"。如今，宜宾是川南旅游资源最集中地，是四川四条旅游精品线路之一、外来游客到四川首选目的地之一。

蜀南竹海。国家首批4A级旅游景区。位于宜宾市境内，世界"绿色环球21"认证景区、中国最美的十大森林之一，面积120平方千米，核心景区44平方千米，共有8个主景区两个序景区134处景点。1988年被批准为"中国国家风景名胜区"，1991年被评为"中国旅游目的地四十佳"，1999年被评为"中国生物圈保护区"。江泽民、李鹏、乔石、张爱萍、杨汝岱等党和国家领导人都曾视察竹海，并给予极高的赞誉。1996年李鹏同志题词"蜀南竹海天下翠"。蜀南竹海是中国国家射击队文化休闲基地，优美风景画面荣登2008北京奥运会开幕式，成为中国山水文化的代表。2009年入选中国国家自然与文化遗产预备名录。

夕佳山民居。国家4A级旅游景区，民间古建筑活化石。1996年，夕佳山民居被国务院批准为国家重点文物保护单位，是我国目前保存最完整的古代民居建筑群之一。该民居位于江安县夕佳山镇，始建于明万历四十年（1612年），坐南向北，南依安远山脉，北临层层浅丘，有"千人拱手、万山来朝"的气势，占地6.8万平方米，建筑面积1万余平方米，房舍123间，为悬山穿斗式木质结构。前厅、天井、堂屋、客厅、厢房、戏台、碉楼及象征家族地位的双斗桅杆一应俱全，建筑工艺之考究、表现古代民俗风情之完善，堪称川南的"民间建筑化石"和建筑文化史上的"活字典"，是我国民间木雕艺术之珍品，也是研究明代建筑与人居环境的重要史料。夕佳山民居高墙深筑、屋宇轩昂，周围楠木、樟树环抱，园内白鹭飞舞、鸟语花香，环境十分清幽。

兴文石海。国家4A级旅游景区，中国最美十大地质公园，位于兴文县境内。2005年2月11日，

● 兴文石海——夫妻峰（郑磊 拍摄）

联合国教科文组织第二届世界地质公园专家评审大会通过成为第二批世界地质公园。"三绝共生"的"地表石海、地下溶洞、特大天坑"，拥有天下第一大漏斗，世界上最大的"石虎"，中国天然游览长度最大的溶洞——天泉洞。景区内保存了距今 4.9 亿～2.5 亿年的碳酸盐地层或含碳酸盐的地层，地层中有极丰富的海相古生物化石和沉积物，各类地质遗迹丰富、自然景观多样优美，与独特的僰人历史文化、丰富多彩的苗族文化共同构成了一幅完美的山水画卷。

大观楼。位于翠屏区城区，又名谯楼，占地 650 平方米。唐中期名臣、诗人韦皋治蜀时，政治清明，特建大观楼一座，以示德政。据清雍正时监察御史邓时敏所记，此楼于清初"再毁于火，即旋复之，至戊辰又毁"，现存建筑为清乾隆年间重建，仍保留建楼时叙州知府托隆题名的匾额——大观楼。该建筑在石砌长方形高台上建楼三层，高 28 米，长 31.6 米，宽 20.4 米，三檐歇山顶式，檐下置如意斗拱，精美典雅、巍峨雄壮，是国家级历史文化名城的重要标志，

● 夕佳山民居（蔡磊 拍摄）

● 大观楼（张光金 拍摄）

现为全国重点文物保护单位。

李庄古镇。国家 4A 级旅游景区，位于翠屏区境内，距离宜宾市中心城区 19 千米，抗战时期后方四大文化中心之一，中国历史文化名镇。镇内有国家级重点文物保护单位 2 处。1939 年，国立同济大学、中央研究院、中央博物院、中国营造学社、中国大地测量所、金陵大学文科研究所等高等学府、研究机构陆续从北京、南京、上海等地辗转内迁至李庄，全国知名专家学者如李济、傅斯年、陶孟如、吴定良、梁思成、林徽因、童第周等云集李庄达五六年，梁思成的《中国建筑史》这部扛鼎之作就诞生在李庄。镇内有明清建筑特点的庙宇、殿堂、戏楼、民居，有很高古文化欣赏价值

● 李庄古镇鸟瞰图（张光金 拍摄）

的慧光寺、玉佛寺、东岳庙等"九宫十八庙"；有被梁思成称为"梁柱结构之优、颇足傲于当世之作"的旋螺殿，与奎星阁、白鹤窗、九龙石碑共称"古镇四绝"。

八仙山立佛。位于屏山县境内国家级历史文化名镇龙华镇八仙山上，为全国十大石佛之一。石佛依山崖石壁雕凿而成，背南面北，站立式，高32米，肩宽10米，头长8米，耳长3.2米，螺髻发式，着通肩大衫，袒胸束腰，肃穆慈祥。自阿富汗巴米扬53米和35米高的两尊立佛被炮火摧毁后，八仙山立佛成为世界第一立佛。

风味美食

宜宾地理区位独特，历史文化厚重，因各种流派文化交会聚集，构成了多姿多彩、独具特色的饮食文化，除了有特色、种类多、味道好的名小吃外，

● 八仙山立佛（陈长春 拍摄）

● 经典五粮液（五粮液集团有限公司 提供）

还有大量名优土特产，为打造宜宾城市文化注入了巨大推力。

五粮液。中国国家地理标志产品，浓香型白酒的典型代表。从盛唐时期的重碧酒，到宋代的姚子雪曲、明初的杂粮酒，再到1909年因"集五粮之精华而成玉液"正式得名，传承逾千载。五粮液运用600多年的古法技艺，集高粱、大米、糯米、小麦和玉米等之精华，在独特的自然环境下酿造而成。从1915年远赴巴拿马万国博览会扬名至今，五粮液已先后获得国家名酒、国家金质奖章、国家质量管理奖、中国最佳诚信企业、百年世博·百年金奖等上百项国内国际荣誉。2005年，五粮液明代地穴式曲酒发酵窖古窖泥被中国国家博物馆永久收藏。2008年，五粮液酒传统酿造技艺被列入国家级非物质文化遗产。2012年7月10日，原国家质检总局批准对"五粮液"实施原产地域产品保护。2020年，五粮液品牌位居"全球品牌价值500强"第79位、"亚洲品牌500强"第37位、"中国品牌价值100强"第3位。

宜宾燃面。宜宾最具特色的小吃，原名叙府燃面，早在清光绪年间，便开始有人经营。特点是松散红亮、香味扑鼻、辣麻相间，因其油重无水、引火即燃，故得此名。该小吃选用本地优质水面为主料，以黄芽菜、小磨麻油、芝麻、花生、核桃、辣椒、花椒、味精、香葱等为辅料，将面煮熟，捞起甩干，去除碱味，再按传统工艺加油、佐料即成。1990年10月，宜宾燃面摘取"四川省名小吃"金奖；1997年12月，被认定为首届全国"中华名小吃"；2011年6月，入选四川省非物质文化遗产名录；2016年11月，被中国旅游协会、中国旅游饭店业协会评为"中国金牌旅游小吃"。

竹海名菜。长宁县特色美食。以竹笋、竹荪蛋、竹荪、竹菌、竹海腊肉、竹筒豆花、竹筒饭、竹荪酒、竹泡菜等"竹"菜汇成"全竹宴"，可谓满桌皆是竹，无竹不成席。"全竹宴"共有10多个大类100余个菜品，每道菜都与"竹"有关，从竹根菌到竹笋、竹竿，再到竹叶，每一部分都得到充分利用。"全竹宴"的各个大类有许多烹饪方法，根据厨师技艺和消费者需求，可烧、炖、炒、烤、蒸、煲、烩、凉拌等。

宜宾芽菜。四川四大腌菜之一，亦名"叙府芽菜"，与"涪陵榨菜""南充冬菜""内江大头菜"齐名，始创于清道光年间（约1838年前后），以鲜青菜剖丝，晾至余叶渐枯，配以作料腌制而成。主要特点是香、脆、甜、嫩、味美可口。常用作油酥鸭、烧白（扣肉）、燃面等食品佐料，亦可做其他荤素菜肴。1982年评为四川省优质产品，1985年评为全国优质产品。近年，经过精加工的"碎米芽菜"，以其质量上乘、外观精美而深受群众喜爱。

南溪豆腐干。《南溪县志》记载，南溪豆腐干产于南溪区，发源于三国，发展于清末。到民国初期，生产日益兴盛。2007年，南溪豆腐干的制作工艺被列入四川省首批非物质文化遗产名录。2008—2013年，先后创造了"世界最大豆腐干""世界最大豆腐干招待会""世界最大的豆腐干画"三项吉尼斯世界纪录。2020年，南溪豆腐干地理标志证明商标获得国家知识产权局驰名商标扩大保护认定，系宜宾市首个国家地理标志驰名商标。

发展定位

坚定实施双轮驱动，走产业强市之路。准确把握国际国内产业发展趋势和宜宾市产业结构阶段性特征，坚定实施"产业发展双轮驱动"战略，始终秉持"政府与企业互利共赢、共同发展"的理念，全面优化发展环境，走出一条传统产业与新兴产业齐头并进、竞相发展的产业转型之路，实现更好质量的发展。

尊重城市发展规律，走品质铸市之路。主动认识、尊重、顺应城市发展规律，坚持"不求最大、但求更佳"的城市发展理念、"质量至上、精益求精"的城市建设理念、"以城建城、以城兴城"的城市经营理念、"以产兴城、以城促产"的产城融合理念、"绿色发展、和谐共享"的公园城市理念，协调推进城市规划、建设、管理，城市规模、形象、品质明显提升，实现更高水平的发展。

抢抓国家政策机遇，走交通旺市之路。围绕全国性综合交通枢纽定位，强力实施交通三年大会战，加快补齐交通基础设施短板，全市"铁公水空"立体交通体系基本形成，四川南向开放门户的地位日益突出，实现更加便捷的发展。

持续深化改革创新，走开放活市之路。坚持把改革开放作为重要抓手，坚决破除制约发展的体制机制障碍，超常规推进大学城、科创城建设，最大限度整合资源、创新招商模式，产业发展平台、科技创新平台、开放合作平台日益完善，实现更有活力的发展。

发展目标

"十四五"时期宜宾发展的主要目标是：

经济实力迈上新台阶，主要经济指标年均增速继续保持全省前列，力争地区生产总值达到5800亿元、一般公共预算收入达到400亿元，加快建成成渝地区双城经济圈经济副中心。

城市能级实现新提升，城市功能更加完善、城市环境更加宜居，城镇化率提高到61.5%，力争建成Ⅰ型大城市。建成全国性交通枢纽中心，形成宜宾至成渝双核及周边主要城市1小时、云贵地区2小时、国家中心城市3小时通达的出行交通圈。

改革创新再造新优势，科技对经济增长的贡献率达68%，高新技术产业营业收入突破2200亿元，建成国家创新型城市和区域科创中心。重点领域和关键环节改革取得实质性突破。三江新区地区生产总值突破2000亿元，创建长江上游沿江第三个国家级新区。

生态建设取得新进展，争创国家生态文明建设示范市，森林覆盖率稳定在50%以上，建设长江生态第一城。

人民生活得到新改善，优质均衡的公共服务体系、多层次全覆盖的社保体系更加完善，乡村振兴取得突破性进展，城乡居民人均可支配收入增速高于全国、全省平均水平，建成区域教育中心、区域医疗中心、区域文化旅游体育中心。加快建成更高水平的平安宜宾、法治宜宾、幸福宜宾，争创平安中国建设示范市。

（撰稿：刘芳　叶敏　审稿：李德勇　贾世益）

01 翠屏区

基本情况

翠屏区是宜宾市政治、经济、文化中心，素有"万里长江第一城""中国白酒之都""一曼故里"之美誉，是中国早茶之乡、中国芽菜之乡、中国哪吒文化之乡、中国民族优秀建筑之乡、中国优秀旅游城市、国家历史文化名城、国家卫生城市、国家森林城市、全国绿色发展百强区、全国工业百强区、全国投资潜力百强区。位于宜宾市中部偏北，东经104°24′~104°54′，北纬28°32′~29°02′之间，辖区面积1530平方千米。东连南溪区、长宁县，南接高县，西、西北与叙州区相邻，北靠自贡市富顺县。翠屏区平均海拔530米，地势呈南北两翼高而中部低，总体由西向东倾斜，主要地貌有低山、丘陵、槽谷、河谷、平坝五类形态。属中亚热带气候，兼有南亚热带气候属性，雨量充沛，热量丰足，雨热同季。年平均气温18.7℃，平均年降水量1143.5毫米。2022年，全区户籍人口约88.23万人，辖12个镇、8个街道、213个行政村、83个社区，区政府驻合江门街道人民路80号。

历史沿革

翠屏区地域战国时为僰人聚居之地，又地处巴蜀通往"滇僰"的要冲，故名僰道县。北宋徽宗政和四年（1114年）僰道县改称宜宾县，戎州改称叙州。

1949年12月11日，宜宾解放。

1951年6月19日，由宜宾县析出城关区5个城镇及城周郊区正式建立宜宾市（县级），属川南行政公署宜宾专区。

1979年1月，属宜宾地区。

1997年1月，撤销宜宾地区设立地级宜宾市，撤销县级宜宾市改设翠屏区，属宜宾市（地级）。

2009年11月，成立四川宜宾临港经济开发区，白沙湾街道整体划归临港经济开发区管辖。2018年7月，撤销宜宾县，设立宜宾市叙州区。原宜宾县的孔滩镇、王场镇、白花镇、永兴镇、双谊镇划入翠屏区管辖。翠屏区南岸街道、赵场街道、南广镇划出归叙州区管辖。

2019年，撤销高店镇、凉姜镇，设立双城街道。撤销孔滩镇，划归白花镇。撤销明威镇、王场镇和邱场镇，设立金秋湖镇。南溪区石鼓乡划归翠屏区沙坪街道。

目前，翠屏区下辖8个街道、12个镇：西郊街道、安阜街道、白沙湾街道、象鼻街道、沙坪街道、合江门街道、大观楼街道、双城街道、李庄镇、菜坝镇、

● 翠屏区三江夜景（郑志华 拍摄）

金坪镇、牟坪镇、李端镇、宗场镇、宋家镇、思坡镇、白花镇、双谊镇、永兴镇、金秋湖镇。

重要资源

翠屏区自然资源丰富，水量资源 2400 亿立方米，水能理论蕴藏量 23.76 万千瓦，可开发量为 17.96 万千瓦，水能资源潜力很大，有待于进一步开发利用。境内煤炭储量 52.8 亿吨、硫铁矿 15.1 亿吨、岩盐矿 100 多亿吨，天然气 250 多亿立方米以及大量的陶土、建筑砂、石英砂、沙金、石灰石、大理石等。珍稀野生植物有银杏、苏铁、水杉等，有野生动物 280 余种，著名水产有中华鲟、白鲟、鳗鲤、岩原鲤等，中草药以枸杞、杜仲为主。

基础设施

截至 2022 年底，成贵高铁全线运营，成宜高速通车，全区公路总里程达到 2656 千米，其中国道 68 千米、省道 64 千米、县道 447 千米、乡道 697 千米、村道 1380 千米；"宜宾—重庆""宜宾—上海"直达货运班轮常态化开行，宜宾港被交通运输部确定为长江干支中转港口；投入资金约 11 亿元建成机场水电、道路、通信等配套设施，五粮液机场竣工投运，旅客年吞吐量突破 150 万人次。

建成城市绿道 165 千米，建成五星公园、李庄杉木沟区域山体公园、纸厂片区山体公园等 23 个城市公园。新增建成区面积 14.7 平方千米、城镇化率达 71.4%，建成区绿化覆盖率达 47.32%。

累计签约引进产业项目 163 个，落户"三类 500 强"企业 17 户。建成省级以上创新创业平台 1 个、企业技术中心 11 个，培育国家高新技术企业 25 户，建立大学生创新创业园 2 个、农民工返乡创业示范园（基地）7 个。

翠屏区有各级各类学校237所，公办在职教职工8715人、民办教职工2373人、合同制教师156人。全区学前三年教育毛入园率102.42%，义务教育入学率99.9%，巩固率98.4%。高中阶段毛入学率95%，人均体育场地面积2.62平方米。

翠屏区共有医疗机构（含市管）588个，编制床位8451个，实有床位10077个，执业（助理）医师3677人，注册护士5350人。其中，区属医疗机构编制床位4351个，实有床位5603个，执业（助理）医师2012人，注册护士2469人。

主要产业

2022年，翠屏区实现地区生产总值1002.98亿元，增长4.0%，增速快于全国1个百分点。分产业看，第一产业增加值47.88亿元，增长4.4%；第二产业增加值655.20亿元，增长4.8%；第三产业增加值299.90亿元，增长2.4%。三次产业结构为4.8∶65.3∶29.9。

"两线带两片"乡村振兴布局，现代农业"5+2"产业体系，"3+3"现代服务业，以白酒为主的1000亿产业集群，以动力电池、汽车制造、智能终端为主的4000亿新兴产业集群，以新材料、电子信息、装备制造、绿色食品为主的2000亿产业集群等加快建成。

文旅品牌

翠屏区拥有良好的自然生态环境及旅游资源优势，三江（金沙江、岷江、长江）环抱、三山（翠屏山、真武山、催科山）耸峙、三塔（白塔、黑塔、旧州塔）鼎立，独特的酒文化、茶文化、抗战文化、佛教文化、饮食文化、建筑文化和民俗文化相互辉映，是对外开放旅游城市。

● 翠屏山山门（酒老 拍摄）

翠屏山景区。翠屏山因山势巍峨、树木苍翠、屏峙江岸而得名，占地面积约221公顷，海拔503米，是全国第二大城市人造森林公园，四川省级森林公园。主要由翠屏山和真武山组成，有哪吒行宫、三友亭、三江一览楼、赵一曼纪念馆等游览点，是集名胜古迹与森林风光于一体的著名城市森林公园。

五粮液工业园区。国家4A级旅游景区。位于翠屏区城区北面的岷江之滨，占地近8平方千米，包括十里酒城——生态园林厂区、酒史馆、奋进塔、安乐泉、鹏程广场、酒圣山、财富宾馆、五粮液办公区等景点。五粮液老窖池遗址系"长发升""利川永"老窖池群组成，建于明、清，是我国现存保存最完整的地穴式曲酒发酵窖池群，仍在生产中国名酒"五粮液"，现为全国重点文物保护单位。

赵一曼故居。国家3A级旅游景区，位于白花镇一曼村伯阳嘴，为抗日民族英雄赵一曼出生地和儿童、少年时代居住地。始建于清中晚期，原为四合院，坐北向南，土木结构，悬山式顶，面积2072平方米。2002年12月，被四川省人民政府公布为省级文物保护单位；2005年8月，被宜宾市委、市政府批准为市级爱国主义教育基地；2015年，被中共四川省委党史研究室批准为"四川省中共党史教育基地"。

流杯池公园。国家4A级旅游景区、四川省著名的名胜古迹公园，面积238.18亩。园内著名景点流杯池是北宋大诗人、大书法家黄庭坚根据王羲之《兰亭集序》的意境，利用天然石谷而建，距今已有900多年历史，是保存完好的宜宾古八景之一，也是现存最完好的酒文化发祥地之一，流杯池石刻及其题记被列为全国重点文物保护单位。流杯池景区内

● 五粮液集团东大门（张华 拍摄）

● 赵一曼故居（越良斌 拍摄）

还有涪翁楼、涪溪、涪翁洞、山谷小憩像、味谏轩、荔红亭、妙墨亭、茗香楼、景园、吊黄楼等景点。

风味美食

李庄三白。李庄白酒、李庄白肉、李庄白糕的简称，是翠屏区李庄镇特产。李庄白酒以本地盛产的高粱为酿酒主料，经传统工艺发酵蒸煮后获得原酒，再经一段时间的存放和勾兑后才作为商品酒出售，有"李庄五粮液"之美称。李庄白肉全名为"李庄刀口蒜泥白肉"，因其肉片薄而长，一支筷子裹而食之，又名"裹脚肉"，有清香爽口、肥而不腻、咀嚼化渣等特点。李庄白糕主料是采用优质糯米经炒熟后，加进一些能帮助消化的中药材如淮山等，再磨成细粉加入白糖后，用模具压制成型。

思坡醋。属传统工艺手工醋，以麸皮、糯米、小麦等粮食为原料，以小麦和108味中草药制曲为糖化发酵剂，经过中草药制曲、液态制醋母、固态增酸香、日晒夜露、熏醋、淋醋、按质取醋等48道工序精心制作而成。1983年以来，曾先后荣获省优、部优产品，并列入了四川省非物质文化遗产保护。

● 李庄白肉（何卫东 拍摄）

宜宾糟蛋。宜宾糟蛋是新鲜鸭蛋用优质糯米糟制而成，是别具一格的汉族传统美食。宜宾糟蛋因传统手工制成堪称一绝，工匠需用细竹轻轻抽打生鸭蛋壳，既要敲碎蛋壳，又要留有一层薄膜包住蛋体，再经酒糟浸制发酵一年以上而成。宜宾糟蛋味道鲜美，并与宜宾五粮液、宜宾芽菜并称"宜宾三宝"，已列入宜宾非物质文化遗产项目。

川红工夫红茶。工夫红茶的后起之秀。外形条索肥壮圆紧，显金毫，色泽乌黑油润；冲泡后，内质香气清新带橘糖香，滋味醇厚鲜爽，汤色浓亮，叶底厚软红匀。产区主要位于川南宜宾地区，茶园地势较高，茶树发芽早，4月即进入市场，以早、嫩、快、好的显著特点及优良品质获得了国际社会的高度赞誉。2014年6月，川红工夫红茶制作技艺进入第四批四川省非物质文化遗产保护名录，成为川内首家红茶类的非遗项目。

● 川红红茶（宜宾川红茶业集团有限公司 提供）

发展定位

紧扣勇当宜宾建成全省和成渝地区经济副中心主力军，坚持稳中求进工作总基调，以推动高质量发展为主题，以深化供给侧结构性改革为主线，以"产业发展双轮驱动""双城建设"战略为路径，以重大项目为支撑，以改革创新为动力，以实现共同富裕为目的，统筹发展和安全，坚定不移服务好五粮液，坚定不移服务好三江新区，坚定不移建设好翠屏千亿产业园区，聚焦"六个新翠屏"奋斗目标，为宜宾加快建设社会主义现代化的国家区域中心城市作出更大贡献。

发展目标

翠屏区"十四五"时期经济社会发展的奋斗目标是：

一个翻番。地区生产总值在"十三五"基础上实现翻番，到2025年突破2000亿元，力争达到2200亿元。

两个进位。坚持全市当先、全省争先、全国创先，确保综合实力在全省十强、全国百强中实现跃升进位。

三大支撑。坚定不移服务好五粮液"二次创业"，助力进入世界500强；坚定不移服务好三江新区"核心引擎"，助力建成长江上游沿江第三个国家级新区；坚定不移建设好翠屏千亿产业园区，打造"双千亿、双百亿"产业集群。

建设"六个新翠屏"。建设绿色生态的美丽新翠屏、产业兴旺的富强新翠屏、宜居宜业的品质新翠屏、创新开放的活力新翠屏、共建共享的幸福新翠屏、文明善治的和谐新翠屏。

（撰稿：王诗威　审稿：陈代伟　伍学军）

02 南溪区

基本情况

地理位置。南溪区位于四川省南部，在东经104°43′~105°53′，北纬28°41′~29°03′之间。长江由西向东横贯区境，万吨级船舶可经南溪直达上海等沿海港口城市。南溪地处宜宾、泸州、自贡"品"字形中心腹地，距宜宾市区、泸州市、自贡市分别为40千米、55千米、82千米。

地形地貌。南溪区境域内地貌以低山、丘陵为主，境域内的低山山脉主要有四条，分别是马耳岩－云台山山脉、青山岭山脉、金竹岩山脉和老塔岩山脉。除此以外，则是大面积的丘陵。在低山、丘陵之间夹杂着大小不等的河谷、平坝地带。

气候。南溪区气候属亚热带湿润型季风性气候，年均无霜期达341天。气候总体上呈现出天气温和、雨量充沛、光照适宜的特点，适宜农作物生长。年平均降雨量为995.1毫米。

区划人口。乡镇行政区划和村级建制调整后，南溪区辖8镇3街道，有村129个、社区27个，面积676平方千米、人口42万人。2021年1月，罗龙街道、江南镇移交三江新区托管。截至2022年，南溪区辖7镇2街道，有村102个、社区24个，面积518.6平方千米、人口35.8万人。城镇建成区面积15.22平方千米，城镇常住人口28.9万人。

历史沿革

南溪区古为僰人聚居地，西汉时属僰道县地。先隶属巴郡，后于汉武帝建元六年（公元前135年）改属犍为郡，直至南朝齐末梁初。

南朝大同六年（540年），南梁王朝为"镇抚戎夷"，设六同郡，辖南广县，时为南溪县地域设县之始。

隋开皇元年（581年），六同郡废，南广县直属戎州。

仁寿二年（602年），因避太子杨广讳，改南广县为南溪县。

唐武德元年（618年），戎州驻所从宜宾市城区迁南溪县城。

贞观元年（627年），戎州改为戎州都督府，驻所从南溪县迁回今宜宾城区。

长庆二年（822年），戎州驻所又从今宜宾市城区迁往南溪。

会昌二年（842年），戎州驻所又从南溪迁回今宜宾城区，同年迁往今翠屏区江北旧州坝。

乾符二年（875年），为了抵御南诏入侵，在南溪县仙源坝筑奋戎城（今南溪街道城区），作为戎州卫星城，有奋起保卫戎州之意。

宋乾德三年（965年），以路统州，戎州属西川路，南溪仍属戎州，县城未变。

乾德中（963年—968年），南溪县治所迁往仙源坝奋戎城。

咸平四年（1001年），南溪县属梓州路（治今三台县）。

政和四年（1114年），戎州更名叙州，南溪县属梓州路叙州。

重和元年（1118年），梓州路改名潼川府路，南溪县属潼川府路。

元至正十八年（1358年），叙州升为叙州路，南溪县属四川行中书省（治成都）叙州路。

明洪武六年（1373年），改叙州路为叙州府，南溪县属四川行中书省叙州府。

洪武九年（1376年），四川行中书省改称四川承宣布政使司。

明清时，南溪县属叙州府。

1949年12月7日，南溪县解放。

1950年，南溪县属川南行署区宜宾专区。

1968年—1997年，南溪县属宜宾地区。

1997年宜宾撤地设市以来，南溪县属宜宾市。

2011年7月28日，南溪正式撤县设区。

重要资源

森林资源。南溪现有森林面积48.95万余亩，森林覆盖率48.25%，有省级森林公园1个、国有林场1个。

生物资源。南溪区动植物资源丰富，境内有白鲟、长江鲟、中华鲟、大鲵、胭脂鱼、白鹤、野猪、鸳鸯、戴胜等国家重点保护野生动物75种；野生植物120科191属309种，有银杏、红豆杉等国家一级保护植物2种，桢楠、润楠、油樟等国家二级保护植物8种。

水资源。南溪境内有黄沙河、龙滩河、桂溪河、护城溪、薄雨滩河、黄龙溪等流程不等的大小溪（沟）29条，支沟66条，叉沟15条，干流长度共174.2千米。长江（南溪段）划界河道干流长36.02千米，岸线总长55千米。南溪区境内河流年均径流量2.87亿立方米，全区水域面积4173.63公顷。

耕地资源。南溪区现有耕地面积25150公顷，耕地保护目标为24503公顷，保护率达97.4%，其中永久基本农田保护目标为21367公顷，保护率高达84.9%。划入生态红线面积为23.57平方千米，主要是南溪区云台湖省级湿地公园。

矿产资源。南溪区有煤矿采矿权1宗，资源量约329.5万吨，灰岩采矿权11宗，资源量约988.56万吨；页岩采矿权7宗，资源量约421.67万吨；砂岩采矿权2宗，资源量约133.16万吨。

基础设施

能源供应。全区有供电所6座，变电站11座，10千伏公用线路共计1258.2千米（包括罗龙街道和江南镇）；燃气管道2270千米，配气站1座；汽车充电接口661个，加油站在营18家。

供水排水。截至2022年，全区供水主管管道（DN75以上主管网）161.77千米，城市水厂2个，日供水能力12万吨。城乡污水处理厂10座，配套污水管网169.72千米，雨水管网110.21千米，污水处理规模达4.66万吨/天；城市生活污水收集处理率超过95%，污泥无害化处置率达100%，已实现场镇生活污水处理设施全覆盖。

交通运输。2022年，南溪区公路通车里程达到1789.3千米，其中国道43.6千米、省道76.8千米、县道322.5千米、乡道432.4千米、村道914千米。

● 长江第一湾高速公路桥（肖岚心　拍摄）

渝昆高铁、川南城际铁路均在南溪设站。南溪正加快构建"三铁、三高、三快、一轨"现代化交通体系。

信息通信。现有4G基站738座，自然村覆盖率达到100%；投入运行的5G基站超过350座，用户宽带接入能力达到1000Mbps，互联网宽带接入用户11.7万余户。广播电视台1座，广播综合覆盖率92.4%，电视综合覆盖率100%。

环保环卫。现有城市公园13个，人均绿地面积13.2平方米，城区绿化覆盖率40.8%；生活垃圾中转站1座，大型清运车辆41辆，日处理垃圾（转运）规模达180吨／天；城市公共厕所68个，总面积约4360平方米，人均面积0.03平方米。农村公共厕所104个（含场镇），总面积4190平方米（不包括罗龙街道和江南镇）。

科教文体卫。现有科技馆1个；中小学、幼儿园83所；艺术表演场所1个，文化馆1个，文化站12个，公共图书馆1个，综合档案馆1个；体育场地1415个，场地面积69.8万平方米，人均体育场地面积2.53平方米；医疗卫生机构311个，拥有医疗床位1755张，其中医院床位1330张，已全面建成区、镇（街道）、村三级医疗、预防、保健网络体系。

主要产业

南溪区实施"城乡一体、产城互动、以业兴区"发展战略，促进经济社会持续发展，2022年南溪区完成地区生产总值223.55亿元。

第一产业。2022年，农业总产值67.69亿元，农林牧渔业增加值38.31亿元。

粮油种植业。2022年,粮食种植面积43.4万亩,粮食产量18.9万吨。全年谷物产量17.2万吨,油料产量1.6万吨。酿酒专用粮基地20万亩。

林业。2022年,全区现代林业产业基地面积10.3万亩,林业综合产值59.59亿元,竹产业综合产值54.79亿元。

牧业渔业。2022年,出栏生猪39.94万头、牛0.34万头、羊5.48万只、禽760.86万只,牧业总产值18.93亿元。水产养殖面积3145公顷,水产总产量9194吨,渔业经济总产值2.74亿元。

第二产业。南溪拥有建成区面积超过11平方千米的工业园区。2022年,园区工业总产值235亿元,规模以上工业总产值226亿元,酒类食品、动力电池配套、特色轻工及竹产品精深加工、医药及医疗器械四大主导产业集聚度达到72.6%。

酒类食品产业。酒类食品产业是南溪区重点发展的支柱产业,已形成白酒、豆腐干、鹅肉干等优势产品。2022年,南溪区共有酒类食品相关企业85户,实现产值105亿元、营收175亿元。其中,白酒产业实现产值69亿元、营收120亿元。

动力电池配套产业。南溪主要布局动力电池铜箔、铝箔以及高端装备生产制造等配套项目,现入驻关联企业31户,其中规模以上企业11户。2022年,实现产值11亿元、营收54亿元。

特色轻工及竹产品精深加工产业。此项产业坚持高起点、强配套的功能定位,重点发展食品包装、新型建材、新型轻纺等产业集群。2022年,实现产值62亿元、营收69亿元。其中,竹产品精深加工产值44亿元、营收34亿元。

医药及医疗器械产业。2016年,宜宾市政府正

● 南溪古街夜景(张光金 拍摄)

式成立宜宾生物医药产业南溪基地；2020年12月，正式获批"四川省医用卫生应急产业基地"。2022年，医药及医疗器械产业实现产值43亿元、营收52亿元。

第三产业。2022年服务业增加值86.68亿元，电子商务网络交易额达44.8亿元；社会消费品零售总额92.17亿元，"十三五"期间年均增速全市第一。获评全市唯一的省级现代服务业集聚区。

文旅品牌

临江古城楼城墙。南溪临江古城楼城墙是长江边上迄今为止保存最为完整的明清城池防御工事，全长1109米。现存城墙始建于明天顺年间，在原土城墙基础上改建而成，平均高6米、厚0.5米，是研究我国古代城池规划布局和防御工事、城楼建筑工艺的重要实物资料。

朱德旧居。朱德旧居系1916年朱德入川

● 南溪古城楼（肖岚心　拍摄）

● 朱德旧居花园（肖岚心　拍摄）

● 居民在长江第一湾骑行（罗平　拍摄）

● 南溪古街鸟瞰图（肖岚心　拍摄）

护国讨袁时，驻防泸州并与南溪陈玉珍女士结婚后居住6年之所。这是一幢典雅的清代木构串架建筑，一进三幢沿街一字展开，两侧为砖砌防火墙。进大门是第一幢，在第二幢与第三幢之间的天井辟为花园，第二幢的厅堂之侧为当年朱德的卧室和书房。朱德旧居已被列为省级文物保护单位。

南溪古街。南溪古街是南溪滨江新城的一条仿古商业街。整条街突出"水"和"古"两大主题，房屋建筑以川南民居的古朴纯真自然为基础，在整体设计上突出了"巷穿城、水融街、楼重院"的特点，拥水为街，古香古色。

南溪双塔。镇南塔俗称"老塔"，相传始建于元明间，清代曾有过修葺。该塔塔体通高24米，逐层上收，塔内透光、通风。塔身密檐飞翘，尖顶挺拔。映南塔俗称"新塔"，始建于明代，形制、风格均与"老塔"相似，塔体通高26.5米，更显俊秀挺拔。2012年5月，映南塔、镇南塔同时被列为第八批省级文物保护单位。

南溪·长江第一湾。南溪·长江第一湾景区是三江汇流后长江首个沿江生态型景区，是长江生态综合治理项目（南溪段）重要景观节点。景区总面积约1.8万亩，集长江览胜、乡村休闲、花卉观赏、民俗体验、苗木种植于一体，被中央电视台誉为长江主航道上的第一抹绿色。

风味美食

南溪肉片汤。南溪肉片汤由川南地区传统的"氽汤"发展而来，从创制至今已近百年。此道菜肴由新鲜背柳肉薄片加上炒香的老坛芽菜或酸菜放入熬制好的大骨汤中焖制而成，口感呈现出肉嫩、味美、汤鲜的特点。

老白干。南溪老白干为南溪人对本地白酒的习惯性称呼。南溪是中国白酒发源地之一，也是五粮液鼻祖邓子均的故乡，其纯高粱酒素有"一滴香三省，一杯醉两年"的美誉。如今，今良造、南福、天寨春、白杜康、金喜来、六尺巷等南溪本地白酒已凭借着窖香浓郁、绵甜醇和、尾净爽口、回味悠长的特点蜚声川内外。

牛肉干。牛肉干以金丝牛肉最为著名，具有醇香柔韧、细嚼化渣、口感丰富的特点。在制作上，将牛肉丝用葱、姜、盐入味十分钟，裹上面粉、鸡蛋调制的面糊，下油锅（可加点土豆丝）炸至颜色发红后捞出，趁热撒上些许芝麻即可。

发展定位

始终坚持"市区一体、生态宜居、产教融合、以业兴区"发展战略，大力培育"国家级酒类食品园区、国家级现代农业园区、国家级医用卫生应急产业基地、全省特色体育赛事中心、宜宾国际高职园"发展引擎，着力打造"全国生态文明建设示范区、长江上游区域中心城市典范区、全省县域经济发展先进区、全省乡村振兴先进区、全市交通强区、全市改革创新和开放合作先行区、全市平安幸福样板区"，勇当宜宾建成成渝地区双城经济圈副中心主力军和示范区。

发展目标

未来五年，南溪区将着眼大势、把握大局，主动融入成渝、承接宜泸，经济总量超过350亿元、力争突破400亿元，一般公共预算收入突破20亿元，努力实现党的建设开创新局面、综合经济实力再上新台阶、生态文明建设取得新进步、城市拓展提升实现新跨越、产业提档升级呈现新成效、深化改革开放迈出新步伐、民生福祉改善达到新水平的发展目标。

（撰稿：王杰　唐薇　审稿：周承良　蒋廷良）

03 叙州区

基本情况

叙州区位于四川盆地南缘、长江上游，东与翠屏区，西与屏山县和沐川县、犍为县，南与高县和云南省水富市、盐津县，北与自贡市贡井区、荣县相邻。介于东经104°01′~104°43′，北纬28°18′~29°16′之间，辖17个乡镇（街道），辖区面积2571平方千米。截至2022年末，人口101万人。区政府驻地位于柏溪街道县府路123号。

叙州区是改革名区，以改革闻名于全国。团结拼搏的叙州人在"敢于先想、勇于先试、善于先成"的改革精神引领下，赢得了西部经济百强县、全国返乡农民工创业试点县、全省首批扩权强县试点县、全省中小城市综合改革试点县、全省农村综合改革试验区等殊荣。

历史沿革

秦时，设僰道县，至汉高后六年（公元前182年），始筑僰道城。

隋朝，南安县（今乐山）在蕨溪镇宣化坝置郡，郡治所设于三江口，僰道为犍为郡郡治。

唐天宝元年（742年），改县名为"义宾"。

宋太平兴国元年（976年），改义宾为"宜宾"。熙宁四年（1071年），宜宾县改为宜宾镇，并入僰道县。政和四年（1114年），又改称为宜宾县，治所在旧州坝。

1949年，宜宾县解放。

1951年，由宜宾县城区析置宜宾市。同年，庆符县漼溪乡罗沟、白果坪、冲老上三块飞地划归宜宾县管辖。

1958年，宜宾县喜捷、宋家、思坡、玉龙、柏溪、天池、日成、群力、普安、冠英等9乡1镇划归宜宾市管辖。

1959年，宜宾县白花区仲权公社和漆树公社原漆树、龙团小乡划归自贡市管辖。

1963年，宜宾市喜捷、玉龙、思坡、宗场、冠英、长沙、普安、日成、英明9个公社划归宜宾县管辖。同年，宜宾县日成、普安、长沙3个公社划归宜宾市管辖。

1964年，宜宾市柏溪镇和天池、长沙、普安、日成4个公社和方水井公社（不含岷江大队）划归宜宾县管辖。

1974年，宜宾县安富、水东、水河三公社划归云南省昭通市管辖。

1981年，宜宾县复兴公社河坝生产队划归富顺县管辖。

1983年，宜宾县金坪区及所属的9个公社，喜捷区思坡、宗场、天星、金城4个公社，安边区的日成公社，划归宜宾市管辖。

1986年，宜宾县王场乡花阳村沟头组、向尧村和草堂乡羊石村共计21个组划归自贡市富顺县管辖。2002年，这21个组重新划归宜宾县管辖。

2003年，宜宾县真溪乡和高场镇的蒋坝、石盘2个村划归屏山县管辖。

2018年，撤销宜宾县，设立叙州区，双谊、永兴、白花、王场、孔滩五镇划归翠屏区管辖，南岸、赵场两街道和南广镇划归叙州区管辖。

重要资源

林业资源富集。全区林业用地9.12万公顷，占总面积的三分之一，森林覆盖率为34.1%，1998年实现全面绿化达标。叙州区是油樟的原生资源地，油樟基地37万亩，年产樟油1万余吨，占全国产量的70%。

水资源丰富，金沙江、岷江及其支流越溪河、关河穿境而过，河流径流量22.9亿立方米，水能总储量1040万千瓦，拥有中国第三大水电站向家坝水电站。

已探明煤炭总储量达4348万吨，其中烟煤储量约为380万吨。

基础设施

城市骨架强力延伸，城区建成面积40平方千米，城乡统筹发展格局初步形成。成贵高铁、成宜高速、绕城高速、成渝环线高速、渝昆高速建成投运，农村公路改建里程突破3000千米，渝昆高铁、宜攀高速正在建设。现已建成汽车客运站3个、高铁站2个，在建高铁站1个、客运中心站1个。

向家坝灌区北总干渠叙州区段隧洞开挖1050米，蟠龙湖水库导流放空隧洞开挖1.65万立方米，293米放空隧洞已全线贯通。向家坝灌区北总干渠工程以灌溉为主，兼顾城乡生活和工业供水，覆盖宜宾、自贡、内江、泸州和云南省昭通的21个区（县），建成后可补充解决灌区内143个城镇400余万人口生活用水和农业生产用水问题。

休闲娱乐设施健全，叙州区城区现有公园18个，在建公园4个，电影院12个，体育馆2个，图书馆、文化馆、博物馆、文化广场等文化场馆面向社会开放。

共有各级各类学校387所。其中，幼儿园137所，小学199所，初中40所，特殊教育学校1所，普通高中6所，中等职业教育学校4所。叙州区有各类医疗卫生机构1037个，床位8219张。

主要产业

大力发展第二、三产业。以乡村旅游带动农产品加工业、服务业、商贸业的发展，乡村经济转变为第一、二、三产业融合发展的多元化经济。农村专业合作组织逐年增多，以公司＋农户、订单农业的新型农业产业模式逐渐成形。依托绿水青山、乡土文化资源发展农业产业。樟、茶、桑、油、蔬等产业综合发展，全国产粮大县、生猪调出大县的地位持续巩固。

全区有省级高新技术产业园区1个，园区拥有天工、长达、天瑞达等11户高新技术项目企业，引进了一批高新技术项目。打造智能制造产业、生物基纤维、油樟精深加工、锂电新材料、高性能复合材料、食品饮料、特色粮油、绿色肉制品、茶叶、水果精深加工等产业集群。规模以上工业企业户数稳居全市第一。

第三产业销售贸易额逐年提升，邮电通信业、旅游业增幅较大，商业服务业提档升级，现代金融、现代物流、文化服务等现代服务业加快发展。

文旅品牌

叙州区历史悠久，自然风光秀美，旅游资源丰富。向家坝高峡平湖、石城山古镇驿道、越溪河世界樟海、郑佑之红色故里和天宫山千年茶海等旅游景点以其厚重的历史文化底蕴和旖旎的自然风光吸引着八方宾客。

横江古镇。国家4A级旅游景区，国家级历史文化名镇。秦、汉、隋、唐"五尺道""僰道""石门道"均经此南下，是南方丝绸之路的必经之地。关河由南向北奔腾而过，流经横江汇入金沙江，形成天然的黄金水道。古镇街区起于宋元，成于明代，占地面积14.38公顷，清嘉庆时已为川南著名繁华大镇，有七街十巷，场镇格局、街道分布、地貌空间、排水系统至今仍保持明代格局，90%的房屋为清代古建筑民居。横江镇有国家级文物保护单位石城山僰人民族崖墓群，崖墓群有5个分布点、177座崖墓；还有省级森林公园石城山，省级文物保护单位朱家民居、肖公馆，县级文物保护单位明代摩崖大佛、石达开柏果坪战场遗址等。

越溪河风景区。省级风景名胜区，距宜宾城区35千米，地处叙州区腹心樟海镇境内。景区钟灵毓秀、人文荟萃，曾是西南佛教文化中心，曾有庙宇百余座，历代高僧云集，形成了独特的佛教文化，地下塔林绵延十里、规模宏大，极具观光和考古价值。景区青山如黛、绿水似画、空气清新、环境优美、植被优良，沿河草木四季常青，50千米河岸无工业污染，水质在二级以上，水流轻柔舒缓、清澈碧绿。

● 横江古镇——朱家大院（曾强 拍摄）

● 越溪河——百里翠湖（叙州区樟海镇人民政府 提供）　　● 天宫山——古茶树（叙州区蕨溪镇人民政府 提供）

天宫山。位于叙州区蕨溪、商州两镇境内，最高海拔1400米，是全省面积最大、品质最好的高山茶基地之一，也是西南地区最大的有机茶基地。山上除了有生机盎然的天然古茶树和万亩高山茶园，还有北纬30°最适宜养生的温和气候。天宫山茶海景区以万亩茶园为核心景观，以避暑胜地为核心价值，综合开发天宫山人文和风光旅游资源，景区分主题乐园、休闲观光、商业体验、商务娱乐、温泉度假、避暑生活、民俗风景、探险露营和配套产业区，是茶产业和旅游业融合、文化旅游和避暑度假结合的大型综合体，将被打造成为世界级的旅游度假休闲目的地。

风味美食

眉毛酥。在横江古镇已有150余年历史。据传，在横江大战时，石达开的红颜知己韩宝莹流落当地，为横江糕点匠李老幺所救。韩姑娘在李老幺家治疗期间，听闻石达开在成都被处死，眉头紧锁，忧思成疾，郁郁而终。李老幺感念其痴心，便为其做出眉毛状的糕点祭上，后将点心取名为"眉毛酥"。动人的传说与美味结合，眉毛酥从此流行于横江镇。眉毛酥香甜酥脆，人们最爱用眉毛酥下稀饭，稀饭的软糯水滑将眉毛酥之香酥甜脆充分凸显，实为饮食上的良配。

合什手工面。历史悠久，采用传统手工工艺，以优质的小麦面粉、食用盐，取合什镇独特的水源，经过二十四道工序熟化精制而成。产品易消化吸收，面条状若银丝，细而中空，吹可透气，食之柔滑，劲道爽口，久煮不糊，回锅如新。合什手工面获得过中华特色名小吃、宜宾名优特产、国家级地理标志产品称号。

泥溪芝麻香糕。以芝麻、糯米、白糖为主要原料，配以上桂、香松等数十种中药材添香。其糕面洁白如雪，有浓郁的芝麻香，略带上桂等中药材清香。它具有绵软松散、酥糯爽口、香气扑鼻等特色，又

● 横江眉毛酥（叙州区横江镇人民政府 提供）

● 合什手工面——晾晒（叙州区合什镇人民政府 提供）

有理气和中、补脾健胃等功效。泥溪芝麻香糕选料考究、做工精细、风格独特、无任何香精和食品添加剂，受到地方老百姓的青睐和信任。

草草粑。又称蒿蒿粑、过年粑。在叙州区北部乡镇，家家户户都有在寒冬时节做草草粑的习惯，尤以观音草草粑最为出名。草草粑以大米、糯米、猪油、野草蒿揉和做面皮，以苦荬、腊肉、油渣、花椒等做馅，用芭蕉叶包裹，上蒸笼蒸1-2小时即可食用。做好的草草粑颜色翠绿，入口油而不腻、糯而不黏、清香可口，深受当地人喜爱。由于做草草粑的主要辅料野草蒿生长时间短，每年仅在冬春两季才可享用此美食。

叙州区风味美食还有很多，不一而足。自古就有"蕨溪饼子泥溪糕，月波灰猫儿颤摇摇"的民谣，还有柏溪潮糕、安边苕丝糖、古罗花生、大塔荔枝、黄山早茶等等。

发展定位

叙州区面向未来，统筹推进"五位一体"总体布局，协调推进"四个全面"战略布局，贯彻新发展理念，坚持稳中求进的工作总基调。推动高质量发展，深化供给侧结构性改革，满足人民日益增长的美好生活需要。强化市区一体、市区共建，聚焦城市发展、产业升级、乡村振兴、区域协同、改革创新、开放融合、生态文明、民生提质、社会治理。全面推进经济社会发展新征程，奋力开创各项事业发展新局面。

发展目标

叙州区着眼于2035年与全国同步实现社会主义现代化、2050年全面建成长江上游高质量发展先导区的要求，大力实施"1643"总体谋划，明确全力打造成渝地区经济副中心高质量发展叙州样板的目标，推动宜居宜业示范区、高新企业集聚示范区、乡村振兴示范区、改革创新示范区、基层治理示范区、党建引领示范区六个示范区建设，建成全市现代商贸、现代金融、基础教育、医疗康养四个中心，发展智能制造、新材料、食品饮料三大主导产业。实现经济实力再上新台阶、产业集聚取得新突破、改革开放增添新动能、城乡融合实现新提升、生态叙州迈出新步伐、民生福祉获得新改善的发展目标。

（撰稿：陈芯 赵君 审稿：肖强 陈刚利）

04 江安县

基本情况

江安县位于宜宾市东部,长江上游。地跨东经104°57′~105°14′,北纬28°22′~28°56′之间,县境南北最大纵距59千米,东西最大横距23.4千米。东接泸州市江阳区、纳溪区;南邻兴文县;西接宜宾市南溪区、长宁县;北连自贡市富顺县。2022年末,面积948.49平方千米,人口58.57万人;辖江安、夕佳山、四面山、铁清等14个镇,县人民政府驻地江安镇。属四川盆地南部、低山丘陵区,长江横贯中部,地势南高北低,最低点为阳春镇金山寺附近长江河谷、海拔236.9米,最高点为大井镇连天山凤凰寺、海拔908米。属亚热带季风性湿润气候,四季分明,年平均气温18.1℃、平均降水量1132毫米、平均日照时数1199.3小时、无霜期347天。江安县是全国卫生县城、全国新型城镇化示范县、全国义务教育均衡县、全国首批深化农村公路管理养护体制改革试点县、全国小农水建设重点县、中国民间文化艺术之乡、革命老区县、省级历史文化名城、省级文明城市、省级园林城市、全省平安建设先进县、全省城乡交通运输一体化示范试点县、全省三农工作先进县。

历史沿革

江安县有1670余年设县历史。

东晋穆帝永和二年(346年),割江阳县地置汉安县,始建县。

隋开皇三年(583年),改行州县二级制,汉安、绵水二县直隶于泸州。

隋开皇十八年(598年),各取江阳、汉安一字,改名江安,隶于泸州郡。

唐武德元年(618年),改郡为州,江安隶于泸州。

宋熙宁十年(1077年)江安县治所由原三江坝迁武宁寨(今江安镇)。

明洪武九年(1376年)改四川行中书省为四川承宣布政使司,江安隶于四川省承宣布政使司泸州。

清顺治二年(1645年),改承宣布政使司为四川省,江安隶于四川省泸州直隶州。

民国二年(1913年)起属四川省下川南道;次年改属永宁道;民国十八年(1929年)直属四川省;民国二十四年(1935年)属四川省第六行政督察区。

1950年初隶川南宜宾地区;1952年9月起隶四川省宜宾专区;1961年4月属宜宾地区;1996年10月属四川省辖宜宾市至今。

重要资源

江安县地处长江上游,属湿润森林植被区,森林覆盖率42.2%。全县分布有小灵猫、豹猫、猕猴、果子狸等40余种兽类野生动物,其中小灵猫属国家一级重点保护野生动物;分布有猴面鹰、猫头鹰、苍鹰、灰胸竹鸡等200余种鸟类野生动物,其中猴面鹰、猫头鹰、苍鹰等属国家二级重点保护野生动物。竹资源丰富,有竹类品种6个属57种,现有竹林面积51.8万亩。其中,成片竹林面积45万亩,享有"橙竹之乡"美誉。江安是著名的夏橙基地县、商品粮基地县、蚕桑生产县、瘦肉型生猪基地县。

县域内主要矿产资源查明资源储量为:无烟煤809.1万吨,硫铁矿2870.6万吨,石灰岩602.9万吨,砂岩386.5万吨,页岩299.6万吨。

基础设施

2022年底,全县公路总里程达到2512.3千米,其中高速公路30.9千米、国道54.65千米、省道86.92千米、县道390.93千米、乡道507.53千米、村道1441.37千米,"内畅外快、干支相连、区域成网、层次分明、结构合理"的交通运输网络新格局基本形成。

县城建成区道路长度为118.2千米,面积为241.54万平方米,人均道路面积13.04平方米,主次路网密度达标,建成区路网密度6.06千米/平方千米。

投入使用城乡生活垃圾集转站18座,全面启动江安县建筑装饰装修垃圾及大件垃圾消纳场项目,全县生活垃圾无害化处理最高可达326吨/日,转运处置城乡生活垃圾6.6万余吨、餐厨垃圾7130余吨,清洁县城公共区域360万平方米(含经开区)。江南水厂二期投入运行,全县城市排水管道长度累计达84.24千米,乡镇25个生活污水处理厂建成并投入运行。

全县共有各类学校128所。其中,普高3所,职高1所,单设初中13所,九年一贯制学校9所,乡镇中心校16所,县城小学4所,基点校17所,公办幼儿园21所,特殊教育学校1所;民办普高1所,民办九年一贯制学校1所,民办小学1所,民办幼儿园40所。

2022年,全县拥有卫生机构560个。其中,县级医疗机构4个,镇卫生院14个,民营医院8个,综合门诊部1个,村卫生室(站)452个,其他个体诊所等81个。执业医师(助理医师)998人,护士1296人,在册卫生机构医疗床位数2793张。

建成区面积达到19.5平方千米,建成区绿化覆盖率44%,绿地面积为673.4公顷,公园绿地面积287.8公顷,人均公园绿地15.54平方米;建成区公共停车场43个,公共停车位6713个;现有公厕170座;文化馆、图书馆、规划馆、科技馆、展览馆、青少年活动中心、江安剧场、大型城市综合体常年开放;国土空间规划基本完成,特色产业积聚成势,城市基础设施和教育、医疗、养老事业水平持续提质,人才、资金、土地等要素有效汇集,县域"一城两中心"城镇发展格局初步显现。

主要产业

2022年,全县实现地区生产总值217.92亿元,增长4.2%。其中,第一产业增加值41.29亿元,增长4.3%;第二产业增加值83.36亿元,增长6.3%;第三产业增加值93.27亿元,增长2.2%。全社会固定资产投资164.16亿元,增长9.3%;社会消费品零售总额106.12亿元,下降0.5%。

"4+2"现代农业体系(即柑橘、红粮、林竹、生猪四大主导产业和早茶、水产等特色产业)、"2＋2"现代工业体系(即以"新能源电池材料、绿色化工"为主导,以"竹木加工、绿色食品"为特色的现代工业产业)、"1＋5"现代服务业体系(即传统服务业和社区服务、文化旅游、物流快递、电子商务、中介服务五大成长型服务业)加快成势。

文旅品牌

江安拥有"中国戏剧摇篮——国立剧专旧址、中国古民居活化石——夕佳山民居、国家级非物质文化遗产——竹簧工艺、长江文化瑰宝——长江奇石"四大文化旅游品牌,还拥有长江竹岛3A级旅游景区、柿子部落3A级旅游景区、连天山森林公园、天堂河湖公园、小坝湿地公园、安乐古街、井口古镇、油榨坪祠堂、吴氏民居等景区、景点。

国立剧专旧址。位于江安县城。国立戏剧专科学校是中央戏剧学院的前身,1935年10月创办于南京,抗日战争爆发后,剧专由南京迁长沙,再由长沙迁重庆。1939年4月,又由重庆上清寺迁到江安文庙。到抗战胜利前夕,1945年7月才迁往重庆北碚。国立剧专在江安长达六年有余,是国立剧专十四年中的"黄金"时代。

长江竹岛。长江中形似竹叶状的江心岛屿,与江安县城隔江相望。长江竹岛地理位置优越,生态环境极佳,整个竹岛占地400～700余亩,面积差异的原因是夏季丰水期和冬季枯水期有高达5米的高差,因此,岛上一年四季都有不同的江景欣赏。长江竹岛以竹文化为载体,结合不同特性品种的竹子打造不同的风格,整体种植竹类大约400余种,包含宜宾本地常见的楠竹、水竹、春绿竹等,还有来自缅甸的龙竹、非洲的酒竹、日本的红竹等非常珍稀的品种。

江安竹簧工艺。历史悠久,据当地出土的石雕

● 国立剧专旧址(张毅 拍摄)

● 国家级非遗传承人何华在创作（何瑞芳 拍摄）

"竹公神像"考证，为明正德年间本地竹工艺匠人供奉的师祖神像。1915年江安人蔡金山的竹簧作品《花篮》在巴拿马万国博览会上获得优胜奖，由此江安竹簧工艺品逐步走向世界，蜚声海内外。

江安县竹工艺品现已发展到从书签、扇坠、果盘、笔筒到桌椅、几案、大型壁画乃至室内全竹装修、室外建筑等七大类上千个品种，独具竹文化内涵。2006年江安县被四川省文化厅评为竹簧工艺之乡；2014年被评为四川省首批非物质文化遗产传习基地。2008年6月，江安竹簧工艺由国务院公布为第一批国家级非物质文化遗产扩展项目名录。

长江奇石。长江文化的独特载体。2004年江安被四川省文化厅命名为"长江奇（雅）石之乡"；2008年江安长江奇石在北京奥运会上被评为"奥运之星"，并进入北京中华世纪坛展览；2012年中央电

● 长江奇石——故乡（卢拥军 拍摄）

视台北纬30°中国行之远方的家栏目组来江安拍摄长江奇石在全国播放。2013年,江安荣获"中国观赏石之乡"殊荣。

风味美食

红桥猪儿粑。红桥猪儿粑风味独特,原产地红桥镇,已有百余年历史。用上等糯米,经过浸泡、晒干、磕碓而成,粉质细腻。做成点心,皮薄而光亮,包馅依稀可见,俗称"磕粉猪儿粑"。包馅有甜咸两种,甜的用黑芝麻泥、咸的用瘦肉及上等冬菜。

江安夏橙。已故柑橘专家张文湘教授1938年从美国引种而来,首先在江安县中坝进行定植后逐步发展。在全国江安县栽种面积最大、产量最多,被誉为"中国夏橙第一县""中国夏橙之乡"。每年4月中旬开花,4月20日左右果实成熟,花果同枝,蔚为壮美。果实中等大小、甜酸适度、细嫩化渣、味浓、品质优。

江安酿酒。历史悠久,得天独厚的气候与土壤条件孕育了知名美酒。江安黄龙村出土东汉石刻"品酒图"。明嘉靖四十一年(1562年)朱宣祉封于江安,称庄豫王,遂在江安"龙门口"凿窖酿制"安乐酒",专供宫廷享用,迄今已有四百多年。安乐酒传承明、清两代传统工艺,1993年由爱新觉罗·溥杰题名为"故宫贡酒",并由中国故宫博物院监制。华夏酒业的"华夏春"牌曲酒选用本地优质红粮、大米、玉米、糯米、小麦,严格按照传统的"混蒸续糟、双轮底发酵、缓火蒸馏、量质摘酒、贮存老熟、精心勾兑"酿酒工艺,以酒液清澈透明、醇香浓郁、绵柔甘爽、回味悠长的独特风格备受消费者喜爱。

江安大白李。又称赶场山大白李。以阳春镇赶

● 赶场山李花(江安县文旅局 提供)

常会念念不忘。江安烧腊的品种有很多，猪香嘴、猪耳朵、核桃肉、缠丝肉、猪蹄、排骨、鸭子、鸡脚、翅膀、牛肉、毛肚、豆筋……尤其是猪头肉堪称一绝。

发展定位

以全面融入成渝地区双城经济圈和三江新区建设为路径，紧紧围绕"四川锂电材料新基地，川南三产融合示范区"的总体定位，紧盯"全面建设社会主义现代化江安，撤县设区"两大奋斗目标，奋力开启全面建设社会主义现代化江安新征程。

发展目标

"十四五"时期江安县经济社会发展主要目标：

经济实力再上新台阶，到2025年，地区生产总值达到300亿元，年均增速不低于8%，经济总量稳步提升。

产业融合取得新突破，三次产业结构更加优化，新能源电池材料重要基地、川南现代农业示范区、宜泸接合部服务业新高地基本建成。

城乡统筹实现新跃升，城市建成区面积达30平方千米、常住人口达到30万人，国家县城新型城镇化建设示范县取得显著成效，加快推进撤县设区，与中心城区一体化发展取得重大进展。

民生保障获得新成就，城乡居民人均可支配收入高于地区生产总值增长水平，就业、教育、医疗、文化、养老等社会事业全面进步。

"绿色江安"迈出新步伐，空气质量优良天数比例达到87%以上，长江上游生态屏障功能进一步巩固。

基层治理开创新局面，法治江安、智慧江安、平安江安成效显著，发展环境进一步优化，社会大局和谐稳定，基层基础更加坚实。

（撰稿：向治宇　李波　审稿：周仁洋）

● 红桥猪儿粑（任鸿 拍摄）

● 江安烧腊（姚会 拍摄）

场山种植的品质最佳、肉质细脆、果汁充足、核小肉厚、完熟离、品质上乘、丰产稳产，是江安地方传统特色产品，多年来深受广大消费者的喜爱，在国内享有盛誉。曾是皇家贡品，被全国农业高等院校教材认定为全国地方良种。

江安烧腊。不似江浙卤肉那么软，不似北方卤肉那么淡，卤料香味丝丝入扣，同时保留肉的嚼劲，软硬刚好，卤香绕唇，外地客人但凡吃了江安烧腊，

05 长宁县

基本情况

长宁县地势南高北低，全县辖区941.71平方千米。长宁县位于四川盆地南缘，地处宜宾市腹心地带，北接长江，南连云贵高原向四川盆地过渡的山麓地带，县境大部位于长江上游一级支流淯江河流域。地跨东经104°44′~105°35′,北纬28°15′~28°48′之间，县城至宜宾市城区46千米。县境东邻江安县，南界兴文县，西接高县、珙县，北连翠屏区、南溪区。长宁县辖梅硐镇、双河镇、龙头镇、硐底镇、花滩镇、竹海镇、老翁镇、长宁镇、古河镇、铜鼓镇、井江镇、铜锣镇、梅白镇共13镇，140个行政村、23个社区、1089个村（居）民小组。2022年末，全县户籍人口为427173人，常住人口为327904人，总户数135242户，城镇人口153941人，乡村人口273232人。县政府位于长宁镇竹都大道二段116号。

长宁县是"中国最美县域""全国休闲农业与乡村旅游示范县""中国最佳乡村旅游目的地""中国十佳生态养生旅游名县"。县城是"国家卫生县城""国家园林县城"，荣获"中国人居环境范例奖"。

历史沿革

长宁县历史悠久，今长宁县地，战国时为巴国地，秦属巴郡，从西汉至隋属江阳郡。

周久视元年（700年）置羁縻淯州（今双河镇），701年后置羁縻长宁州（今长宁镇），同隶剑南道东川泸州都督府。

宋嘉定四年（1211年）升安夷寨为安宁县（治今长宁镇），属长宁军，隶于潼川府路。

元泰定二年（1325年）升军为州，隶于叙州府。

明洪武五年（1372年）撤长宁州分置长宁县（治今双河镇）、安宁县（治今长宁镇）二县。明洪武七年（1374年）废安宁县入长宁县境，从此沿用长宁作县名，县取名意期盼民族和睦相处，长久安宁，隶叙州府。

清仍隶于叙州府，嘉庆七年（1802年）以川南永宁道辖叙州府。

民国元年（1912年）隶于叙州府，二年（1913年）复隶于下川南道，三年（1914年）改为永宁道（道治泸州市）。民国十八年（1929年）废道、县直隶四川省，民国二十四年（1935年）隶四川省第六行政督察区。

1949年12月28日，长宁县解放。1950年初，属川南区宜宾专署管辖。1952年9月起，属四川省宜宾专区（1954年10月属宜宾专员公署）管辖。1967年4月，属宜宾地区管辖。1996年10月至今，属四川省宜宾市管辖。

重要资源

土地资源。长宁县行政区域总面积94171.34公顷。其中湿地1.9公顷,耕地23773.03公顷,园地1852.76公顷,林地50815.05公顷,草地137公顷,城镇村及工矿用地8420.92公顷,交通运输用地1085.83公顷,水工建筑用地32.08公顷,水域2732.65公顷,其他土地5320.12公顷。

矿产资源。长宁县位于扬子准地台西南边缘,地处川南成矿带上,资源富集、物华天宝,矿产资源种类较多,共发现25种矿产资源,主要有天然气、煤、岩盐等,矿产资源分布相对集中,各具特色。

植物资源。长宁县较为丰富,常见的植物种类有7类:树木、竹类、药材、花卉、菌类、水生植物、杂草。树木中大多数为马尾松、杉木,此外还有红豆杉、桢楠、润楠、银杏、桫椤等珍贵树种。木本油料有油茶、核桃、油桐、木姜子等42种,野生纤维有构树、苎麻等129种,淀粉植物有132种。竹类品种中以楠竹、慈竹、硬头黄竹、苦竹、斑竹为主。野生药材共有129种,食用菌有10余种。森林面积91.74万亩,森林覆盖率64.9%,现存天然生长桢楠约4.3万株,其中百年以上百余株,素有"二楠(楠竹、楠木)县"的美誉。

动物资源。长宁县气候温和,雨量充沛,是各类小型动物生长的极佳地方。其中,兽类有20余种,禽类有20余种,鱼类有30余种,且全国长江鲟原种野生个体仅存19尾,其中18尾保存在长宁。爬行类主要有蛇、龟、鳖和蜥蜴等,两栖类主要有青蛙、琴蛙等。部分水质特好的溪流中有大鲵。

基础设施

2022年,县城建成区面积11.19平方千米,城镇化率47.59%。公共租赁住房共列入保障性安居工程建设计划3681套。全县拥有110千伏变电站4座,在册运行水电站17座,供水站44座。城乡污水处理厂10座,配套污水管网112千米,污水处理规模达3.3万吨/天,城市生活污水收集处理率超过90%,污泥无害化处置率达100%,已实现场镇生活污水处理设施全覆盖。工业园区污水处理设施齐全,能保证园区企业污水全部实现达标排放。长宁县天然气客户50000多户,年供气量约3300万立方米,覆盖长宁县城区、所辖13个镇和宋家坝工业园区。

交通建设。2022年,长宁县公路通车里程达到2157千米。其中,高速公路3条62.6千米,国道2条57.9千米,省道3条41.6千米,县道22条362.8千米,乡道57条490.4千米,村道1141.7千米。初步形成了以高速公路和国省公路为主骨架,县、乡、村公路为分支的路网雏形。

教育事业。2022年,全县共有学校109所。其中,高中2所,初中8所,小学16所,九年一贯制10所,特殊教育学校1所,职业技术学校1所,幼儿园71所。全县教职工3128人,专任教师总数3087人。

社会事业。2022年,全县有1个文化馆,1个图书馆,1个博物馆,2个电影院,1个体育场馆,1个综合档案馆。有线广播电视站18个,有线电视节目146套,有线电视用户数23418户,广播电视综合覆盖率95%。全县医疗卫生机构451个,实有床位2520张,卫生技术人员2356人,其中执业医师597人。县级疾病防控机构1个,卫生防疫人员24人;妇幼保健机构1个,卫生技术人员49人。

主要产业

农业。2022年,农林牧渔业总产值58.85亿元,其中农业产值28.41亿元、林业产值8.81亿元、牧业产值25.01亿元、渔业产值3.3.85亿元。粮食种植面积50.58万亩。经济作物中,油料产量2.28万吨;蔬菜及食用菌产量19.03万吨;园林水果产量8.67万吨。肉类总产量4.80万吨,其中猪肉3.68万吨。禽蛋产量0.60万吨。水产品产量2.01万吨。

工业。2022年,规模以上工业企业共计89家,实现总产值138.95亿元,其中轻工业实现产值101.28亿元;重工业实现产值75.63亿元;轻重工业产值比重为57.2∶42.8。

服务业。2022年,全县实现社会消费品零售总额111.1亿元,服务业增加值87.31亿元。

文旅品牌

全县现有国家4A级旅游景区5个,国家3A级旅游景区6个。有五星级酒店1家,四星级标准酒店2家,其他宾馆酒店农家乐近400家。

西部竹石林。国家4A级旅游景区,位于梅硐镇,四川省生态旅游示范区、世界上最古老的喀斯特地貌、世界上最独特的竹石林奇观、世界遗产"中国南方喀斯特"候选地。景区包括竹石林核心景区和千年黄桷树、亿年夫妻石、桫椤沟、石垅坡寒武纪石林等外围景区。竹石林核心景区包括芭蕉硐、苦竹林、楠竹林、地缝、桃园、五子登科、人居天坑、牛滚凼、陈家湾、玉峰屏10个景区,是游览观光、科普教育、休闲度假、养生养老的旅游胜地。

七洞沟。国家A级旅游景区、国家重点文物保护单位、国家森林康养试点单位、四川省森林康养基地,位于古河镇。景区面积20平方千米,因有七个洞崖墓群和七条溪沟,故名"七洞沟"。景区内有绵溪河大峡谷风光、绵溪河漂流、国家重点文物

● 西部竹石林——五子登科(刘龙泉 拍摄)

● 七洞沟——东汉洞天（刘龙泉 拍摄）

● 蜀南花海（长宁县文广旅游局 提供）

保护单位——东汉七个洞崖墓群、时光索桥、植物活化石桫椤群落、金丝楠物种取种基地——桢楠林、汉代寺庙飞泉寺、七条溪沟（洪谟沟、红岩沟、白马沟、沙仙沟、胭脂沟、桫椤沟、象鼻沟）、胭脂湖和绵溪湖等景观，还有高空滑索、步步惊心、丛林穿越等体验项目10多项，可漂流体验、健康养生、东汉考古、休闲度假。

蜀南花海。国家4A级旅游景区、四川省森林康养基地、四川省中医药健康旅游示范基地，四川省生态旅游示范区，位于古河镇。景区内草本花卉观光与珍稀乔木、灌木结合，自然风光与现代生态农业结合，休闲度假与运动养生结合，东汉崖墓文化和传统民居文化结合，是集花卉观光、新鲜果蔬采摘、农耕文化体验、生态园林养生、儿童亲子娱乐于一体的新型生态农业观光型景区。

佛来山。国家4A级旅游景区、全国农业旅游示范点，位于长宁镇境内。景区总面积约3.77平方千米，最高海拔694米，景区集自然风光、人文历史和佛教文化于一体，以烟云、林木、花草、水景、晨昏霞光为风光背景，形成以丹霞、岩洞、幽谷、湖泊、山溪为主要特色的自然景观，有"三潭印月"、梨湾春晓、茶山云雾、列神听经、佛顶云涛、丹霞映日、佛光普照、人溪情谷等八大核心景观。这里四季花果飘香，百里清江依山环绕，"春赏如雪之花，夏尝似蜜之果，秋瞻古佛老林，冬品玉树琼枝"，是游客休闲、度假、观光、娱乐、养生的绝佳旅游目的地。

风味美食

双河凉糕。双河镇历来盛产稻米，其中有一种叫作"贵潮"的稻米最适合做凉糕。双河镇有一井，始建于宋代，历代都加以修葺。泉水出石砌方井，石井面积约23平方米，四周有石栏杆。泉水清冽，

● 佛来山——梨花盛开（长宁县文广旅游局 提供）

气泡群从井底涌出，连珠累累，扶摇而上，状若葡萄，晶莹碧透，蔚然奇观，故名葡萄井。以葡萄井水制作的凉糕嫩凉驰名，其特点是晶莹透亮、绵扎细嫩、入口即化，为四川省级非物质文化遗产项目。

长宁竹酒。采天地之灵气，取竹根之泉水，酿五粮之精华，长宁竹酒独具特色。竹海酒庄研制了"竹海印象"等36个竹酒产品，年产优质浓香型纯粮固态白酒一万余吨，长宁竹海酒传统酿造技艺为长宁县非物质文化遗产项目。

竹海长裙竹荪。蜀南竹海竹林中天然生长驯化培育的长裙竹荪新品种，获得四川省科技成果认证和四川省农作物品种审定合格证书，先后获国际银奖1次，国家级金奖6次，年产量近100万斤。竹海长裙竹荪具有很高的食用价值、医疗价值和保健价值以及防腐功能，享有真菌皇后的美誉。美国前总统尼克松访华时国宴上的"芙蓉竹荪汤"、英国伊丽莎白女王访华时国宴上的"推沙望月汤"都是竹海长裙竹荪的经典菜肴。

● 双河凉糕——葡萄井凉糕（刘龙泉 拍摄）

竹海富油黄粑。 一种米粑，宜宾蜀南竹海一带的地方特产。用笋壳叶包米粑，楠竹笋壳叶呈金黄色，经竹箬和红糖的浸染，米粑变成金黄色，故名黄粑。黄粑不仅颜色好看，还有竹叶的清香，深受竹乡人民的喜爱。黄粑是用糯米、籼米做成。竹海黄粑细软甜润，清香可口，味道鲜美，色泽金黄，满载竹乡记忆，为长宁县非物质文化遗产项目。

发展定位

坚持以习近平新时代中国特色社会主义思想为指导，深入贯彻落实习近平总书记对四川、对宜宾、对长宁工作系列重要指示精神，认真贯彻落实党中央国务院、省委省政府、市委市政府和县委决策部署，立足新发展阶段、贯彻新发展理念、融入新发展格局，统筹发展和安全，全面协同"两海"，积极服务"三江"，主动融入"成渝"，以实现"碳达峰""碳中和"目标为引领推动绿色低碳优势产业高质量发展，全力建设"魅力竹海·活力长宁"，奋力打造国际竹生态文旅康养目的地和全国竹产业三产融合发展特色县，加快建设共同富裕的美丽幸福长宁，努力成为宜宾加快建设社会主义现代化的国家区域中心城市。

发展目标

到2026年末，力争实现以下发展目标：

聚焦聚力全域发展，加快建成国家全域旅游示范区、国家级旅游度假区和国际竹生态文旅康养目的地，新创国家4A级旅游景区2个、"天府旅游名牌"5个。

聚焦聚力优势优先，加快建成全国竹产业三产融合发展特色县，实现年接待游客2000万人次以上，旅游综合收入200亿元以上。

聚焦聚力产业支撑，加快建成五百亿级园区，园区拓展至12平方千米，建成以竹原纤维、竹木精深加工，电子信息和新材料，白酒、绿色食品加工，发电设备、智能制造业，页岩天然气综合开发利用等为主的5个百亿级产业集群。

聚焦聚力产城融合，加快建成宜居宜业公园城市，县城建成区面积突破20平方千米，县城常住人口达到20万人，城镇化率提升至55%，实现成功撤县设市。

聚焦聚力改革开放，加快建成开放合作创新高地，建成通用航空机场。加快融入川滇黔渝"1.5小时经济圈"和川南经济区"1小时生活圈"。

聚焦聚力共同富裕，加快建成全省实施乡村振兴战略工作先进县，建设全省首个无抗养殖示范县，打造全省食用菌产业大县，实现第一产业增加值突破43亿元。高质量打造乡村振兴示范点15个，建设"春风村式"乡村振兴示范村13个。

聚焦聚力人民至上，加快建成共建共享幸福长宁，确保民生支出占一般公共预算支出65%以上。创建为国家生态文明建设示范县，积极争创"两山"示范基地。

（撰稿：陈鸿禹　审稿：樊成彬）

06 高县

基本情况

高县位于四川盆地南缘，宜宾市中南部，东邻珙县、长宁县，西接叙州区，南界筠连县，北连翠屏区，西南与云南省盐津县毗连，地处东经104°21′~104°48′，北纬28°11′~28°47′之间。县境南北长61千米、东西宽32千米，总面积1323平方千米。2022年末，全县户籍总户数15.07万户，户籍总人口51.98万人，其中，城镇人口17.93万人、乡村人口34.05万人。县政府驻庆符镇，北距宜宾市中心城区48千米。

历史沿革

高县，古夜郎属地，汉元光五年（公元前130年），开夜郎置南广县（今高县境内）。唐武德元年（618年），置羁縻高州，这是高州得名之始。元至元十七年（1280年），于原羁縻高州地置高州。明洪武五年（1372年），降高州为高县，这是高县得名之始。明正德十三年（1518年），高县复为高州。清顺治元年（1644年），降高州为高县，沿袭至清末。1912年至1945年5月，国民政府沿用清制，县名、治所、境域四至不变。

1949年中华人民共和国成立后，县名、治所、境域四至沿袭旧制。1952年9月，恢复四川省建制，高县属四川省宜宾专区。1953年10月，高县划出四、五、七3个区（原沐爱县）归筠连县。1960年1月，并庆符县入高县，县人民委员会驻中坝（今文江镇）。1983年10月，划南广镇和南广、古叙、大益3个公社归宜宾市（今翠屏区）。1992年9月，高县撤区并镇，合并调整为24个乡镇。2001年12月，县政府驻地由文江镇迁庆符镇。2005年12月，建制调整为12个镇、7个乡。2019年8月，行政区划调整，撤销大窝、双河、漾溪、四烈、羊田、趱滩6个乡镇，撤销庆岭乡设庆岭镇，撤销落润乡设落润镇；11月，全县行政村建制调整。行政建制调整后，高县由19个乡镇调整为13个镇，行政村由285个调整为195个，村民小组由2376个调整为1672个。

重要资源

土地资源。2022年末，高县土地总面积为132031.6公顷。其中，耕地39418.08公顷，园地9149.65公顷，林地54720.75公顷，草地117.62公顷，城镇村及工矿用地12928.89公顷，交通运输用地1532.43公顷，水域及水利设施用地3,261.55公顷，其他用地 10902.63 公顷。

矿产资源。县境内查明的矿产资源有金属、能源矿产、水气矿产、非金属矿产 4 大类 21 种。2022 年矿产品总量 436.09 万吨，矿山企业从业人员 815 余人，矿产品销售收入 23919 万元。

植物资源。高县属亚热带常绿阔叶林区娄山北侧两端植被小区和长江上游低山丘陵植被区，植被以常绿阔叶林、针叶林、竹林、绿苔地衣为主。木本植物有 250 多种，草本植物达 260 多种。2022 年森林面积 53301 公顷，森林覆盖率 40.37%。珍稀濒危植物有桢楠、银杏、桫椤、红豆树、红豆杉等。

动物资源。野生动物资源主要有爬行类、两栖类、鸟类、水禽类和兽类五大类。国家二级保护野生动物有大鲵、鸳鸯、绿头鸭、穿山甲、斑羚、豹猫、画眉、百灵、鹦鹉等。

旅游资源。高县文化旅游资源丰富，被评为全国休闲农业和乡村旅游示范县和省级全域旅游示范区。拥有国家级重点文物保护单位 1 处（12 个点位）、省级文物保护单位 6 处、省级非遗项目 2 项，国家 A 级旅游景区 6 个（4A 级旅游景区 2 个，3A 级旅游景区 2 个，2A 级旅游景区 2 个），省级生态旅游示范区 1 个，省级森林康养基地 3 个，省级湿地公园 1 个，省级乡村旅游示范镇 2 个，天府旅游名镇 1 个，天府旅游名村 1 个，国家森林乡村 2 个，四川省最美古村落 1 个，四川省民间文化艺术之乡 1 个、四川省古籍保护单位 1 个,省级旅游扶贫示范村 5 个、省级文化扶贫示范村 10 个，省级乡村旅游重点村 1 个、市级乡村旅游重点镇 2 个、市级乡村旅游重点村 7 个，省级乡村文化振兴样板村镇 2 个、市级乡村文化振兴样板村镇 11 个。

基础设施

交通。国道 G246 线、G547 线、省道 S212 线、S436 线和金筠铁路、宜珙铁路纵横贯通，宜庆路快速通道和宜彝高速、宜威高速、宜宾绕城高速已建成通车，高县是宜宾市等级公路和铁路覆盖范围最广的区域。随着成贵高铁开通运行，渝昆高铁在高县设站并加快建设。

水利。高县水资源富集，全县河流年过境水量为 28.82 亿立方米，万里长江第一支流——南广河从南至北流经县境 81.2 千米，建成油罐口、来复、月江三座南广河梯级电站，水能资源装机容量 6.6165 万千瓦。全县建成郝家村、惠泽、二龙滩三座中型水库，工程设计灌面 45.44 万亩，已建各类水利工程 2.9 万余处。

电力。2022 年末，全县拥有输电总容量 223491 千伏安。县境内有火力发电站 1 座，有 600 兆瓦超临界燃煤发电机组 2 个，年发电量约 60 亿千瓦时。有水力发电站 7 座，总装机容量 46570 千瓦，年平均发电量 19604.53 万千瓦时。

燃气。2022 年末,全县共有燃气经营企业 10 家。其中，管道燃气经营企业 4 家，液化石油气充装站 1 家，瓶装燃气经营企业 2 家，LNG 加注站 3 家。城区燃气管网总计 603.12 千米，智能调压站 1 座，调压柜 27 部，调压箱 2041 个。

教育。2022 年末，全县共有中小学校 101 所。其中，小学 79 所（法人学校 22 所、分校 3 所、村完小 54 所),初中 18 所（另有九年一贯制学校 1 所），普高 2 所（含完全中学 1 所），职高 1 所，特殊教育学校 1 所。有幼儿园 80 所（另有附设幼儿班 28 个），其中，公办园 38 所，民办园 42 所。有校外培训机构 30 个。有教职工 4452 人，其中，公办学校在编教师 3988 人，在编教辅人员 52 人，特岗教师 87 人，合同制教师 188 人，保育员 137 人。初中毕业生升学率为 96%，高中阶段学生毛入学率为 93.61%。

文体和医疗卫生。2022年末，全县公共图书馆藏书有7.92万册；广播人口覆盖率为100%，电视人口覆盖率100%，无线地面数字电视转播32套，有线电视转播160套；有影剧院2个，群众文化设施建筑面积51.38万平方米（含市政广场和城镇区域公园）；国家一级裁判27人，国家二级裁判218人，国家三级裁判223人。全县有医疗卫生机构409个，医疗卫生机构实有床位总数2285个，卫生技术人员2033人，有执业（助理）医师768人，注册护士1307人；有妇幼保健机构1个，专业技术人员75人；有疾病预防控制机构1个，卫生技术人员54人。

主要产业

高县产业基础坚实，茶、蚕、竹、畜、粮是高县农业特色优势产业。茶园面积达32万亩、年产茶叶2.5万余吨，桑园面积达21万亩、年产鲜茧8400余吨，茶叶、蚕桑种植面积和产量均居宜宾市首位、四川省第二位；竹林面积约30万亩，是重要的竹浆造纸原料县。高县省级经济技术开发区是全国50个资源循环利用基地之一，是宜宾市重点打造的500亿产业园区。依托10万株桫椤汇聚成海的胜天红岩山景区，全力争创"天府旅游名县"；依托茶桑产业优势，建设全国茶桑旅融合发展第一县，打造南丝路新坐标。高县已成功创建全国农业综合开发县等9个"国字号"荣誉，全省现代农业产业基地强县等10个"省字号"荣誉。

文旅品牌

高县是全国休闲农业和乡村旅游示范县、四川省旅游扶贫示范区、四川省林业生态旅游示范县，共有星级农家乐47家、民宿51家。

李硕勋故居。位于高县庆符镇商业街，为市级

● 李硕勋纪念馆（曹梦 拍摄）

● 胜天红岩山全景（吕宽 拍摄）

爱国主义教育基地。属木结构的串架平房，占地面积 512 平方米，建筑面积 370 平方米。1994 年 9 月故居修复并对外开放以来，已多批次接待中央、省、市领导和各地前来瞻仰的群众共 80 万人次。1996 年，被四川省人民政府确定为省级文物保护单位。

胜天红岩山景区。位于高县东北部，距宜宾市区 30 千米，景区面积 42 平方千米。有"川南第一寺"之称的流米寺，寺内流米洞高约 6 米、深约 20 米，为亿万年来风雨侵蚀而形成。现存的 36 尊石像为明末清初雕刻，距今已有 240 多年的历史。胜天红岩山莽莽的林海之中，生长着 10 万余株恐龙时代活化石——桫椤树，已然成海，蔚为壮观，称为桫椤海。此外还有蛮滩、蛮洞、寨子头、黄河口等古迹遗址。

大雁岭景区。国家 4A 级旅游景区，位于高县来复镇境内，面积约 10 平方千米，距高县县城 26.2 千米、宜宾市区 10 千米。核心区总面积 5.6 平方千米。景区自然人文旅游资源丰富，景观独具特色，以休闲养生、生态观光为主，拥有中国红茶第一庄园、雁鸣湖、云峰湖、康养中心、林峰山庄、酒都夜宴等旅游景点。

风味美食

沙河豆腐。川南名小吃之一，兴于明代、盛于清代、发展至今，沙河镇有"豆腐之城"的美誉。沙河豆腐具有"鲜、嫩、软、绵、细"的特色，有五福临门、布袋豆腐、如意竹荪豆腐、千层豆腐等 200 多个品种，成为一枝独秀的"川南名肴"。

高县土火锅。"无锅不过冬、无锅不过年"，自明末清初起，高县就有年饭吃土火锅的习俗。与四川麻辣火锅相比，高县土火锅汤底浓醇鲜美，细熬慢炖融荤素为一锅，不仅满足了人们对食材多样、寒冬暖胃的口味需要，暖暖的炭火更满足了人们交流的情感需求，体现了兼容并蓄、慢工出细活的哲学内涵。

● 大雁岭——林峰山庄（曾珍 拍摄）

● 沙河豆腐——糟香豆腐（刘燕梅 拍摄）

● 高县土火锅（胡晓芳 拍摄）

● 川南春酒——刘家大院（闫崇坤 拍摄）

川南春酒。川南最富有民间特色的习俗莫过于"请春酒"。每年年底杀过年猪起至春节期间，老百姓都会互请春酒，意在互相来往、交流感情。请春酒品味美食要吃上三台，即一餐饭接连吃三轮不同口味的菜品。一台吃茶点；二台吃干盘子，摆上自酿米酒和自制腊味；三台正餐，吃九大碗。目前，川南春酒已成功申报为省级非物质文化遗产项目。

发展定位

高县抢抓机遇、度势为谋，在深刻分析全县经济社会发展的历史方位和阶段特征基础上，与时俱进，提出"十四五"期间高县发展"12353"的总体思路。"1"就是紧扣一个主题：县域经济社会高质量发展；"2"就是锁定两大目标：争创全省县域经济发展先进县、建成宜宾南部区域中心城市；"3"就是强化党建引领全域示范、要素保障精准有力、营商环境优质高效三大保障；"53"就是推进"五个三"重点工作：350亿元经济总量聚力提质升位，三大主导产业推进转型升级，三大城镇体系统筹城乡发展，三大交通提升打造区域枢纽，三大空间片区引领乡村振兴。

发展目标

高县"十四五"时期经济社会发展目标是：力争实现地区生产总值268亿元、年均增速9%以上，在全市的GDP占比提高，在全省的位次提升；三大产业结构比优化为13.7:39.5:46.8；一般公共预算收入10.9亿元，年均增速8%以上；城镇居民人均可支配收入达到50000元以上，农村居民人均可支配收入达到29000元以上；争创全省县域经济发展先进县，建成宜宾南部区域中心城市。

（撰稿：黄浩 胡甜 审稿：周魁 郑昌奎）

07 筠连县

基本情况

筠连县位于云贵高原北麓、四川省南缘、宜宾市南部山区川滇接合部，地处东经104°17′～104°47′，北纬27°50′～28°14′之间，东接珙县，南靠云南威信县、彝良县，西邻云南盐津县，北界高县，县域面积1256.35平方千米，辖7镇5乡（含3个苗族乡）157个行政村、15个社区，县城驻地筠连镇。全县森林面积106.4万亩，覆盖率56.45%。2022年末户籍总户数120381户，总人口447665人，其中城镇人口105285人、乡村人口342380人，有苗族、彝族等少数民族26个，其中苗族占少数民族人口的89.13%。

2022年，筠连县地区生产总值173.47亿元，比上年（下同）增长5.2%。其中，第一产业增加值35.15亿元，增长4.1%；第二产业增加值59.71亿元，增长6.7%；第三产业增加值78.60亿元，增长4.7%；工业增加值47.36亿元，增长7.3%；建筑业增加值12.40亿元，增长4.7%；服务业增加值78.60亿元，增长4.7%；民营经济增加值106.51亿元，增长4.3%，全社会固定资产投资增长9.3%，社会消费品零售总额62.8亿元，下降0.2%；县本级一般公共预算收入10.5亿元，增长13.6%。城镇居民、农村居民人均可支配收入分别为44957元、21902元，增长4.4%、6.2%。

历史沿革

筠连县历史悠久，旧石器时代，县境即有人类活动。

唐初，县境属戎州辖道县，武后时置筠州。唐天宝七年（748年），羁縻筠州、连州等地被南诏占领。唐贞元四年（788年），南诏归附，筠连地各州县仍属戎州羁縻。

至北宋末，羁縻筠州、连州均属潼川府路（原梓州路）叙州府（原戎州）所辖。

元（世祖）至元十五年（1278年），于今县境内合原筠州、连州而置筠连州，并领腾川县（县治今筠连镇），不久省县入州。元至元十六年（1279年），筠连州直隶叙州府。

明洪武四年（1371年）灭大夏，同年改筠连州为筠连县，县治今筠连镇，改设流官，隶叙州路。明洪武六年（1373年）叙州路改为叙州府，筠连县隶叙州府。明洪武十年（1377年）降高州为高县，将筠连县、珙县并入高县。明洪武十三年（1380年）

又恢复置筠连县、珙县，直隶叙州府。明正德十三年（1518年）复置高州，仍领筠连、珙县二县。

清顺治十六年（1659年）九月，筠连纳入清朝统治，县境人口稀少。清嘉庆七年（1802年），筠连县属四川省川南永宁道（道治今泸州市）叙州府（府治今宜宾市）。清光绪三十四年（1908年），改永宁道为下川南道，筠连县即属四川省下川南道叙州府。

民国元年（1912年），以府、州、厅直隶省政，筠连县直属四川省叙州府。民国二年（1913年），实行撤府立道，筠连县属四川省下川南道（道治今泸州市）。民国三年（1914年），改下川南道为永宁道（道治地同前），筠连属四川省永宁道。民国十八年（1929年）撤销道，筠连县直属四川省。民国二十四年（1935年），四川省下设十八个行政督察区，筠连县属四川省第六行政督察区（区治今宜宾市）。

1950年1月9日，筠连县解放。筠连县属西南大区川南行署宜宾专区。1952年9月1日，筠连县属四川省宜宾专区。1953年10月，经宜宾专区行政公署批准，高县第四区（区治沐爱场）、第五区（区治落木柔场）、第七区（区治蒿坝场）所辖1个镇、20个乡、156个村划归筠连县。1968年8月，改宜宾专区为宜宾地区，筠连县即属四川省宜宾地区。1996年10月，撤销宜宾地区，设地级宜宾市，筠连属宜宾市管辖。

重要资源

农业资源。特色农业独具优势，目前已形成肉牛、茶叶、中药材、生猪、林竹、漆树等"3+N"现代农业体系。其中肉牛、茶叶、中药材是特色农业主导产业，分布在全县12个镇乡。

矿产资源。境内煤炭资源丰富，探明煤炭储量35.8亿吨，占四川煤炭储量的三分之一，是四川、重庆地区煤炭储量最大的县，是全省重要的煤炭生产基地；煤层气储量358亿立方米，页岩气资源量8000亿立方米，石灰岩储量481.77亿吨，玄武岩储量125.49亿吨，砂岩矿储存量44.3亿吨，黏土矿储量2.38亿吨，石灰砂2亿吨。

林业资源。境内植被丰富，森林覆盖率达62%。次生原始林莽莽苍苍，茶、桑、桐、棬名冠川南，山货药材品种数以百计，共有植物110科、398种，其中乔木181种、小乔木47种、灌木86种、藤本25种、竹类19种、蕨类40种；按用途分：用材林11种、经济树44种、珍贵树5种、观赏木花类61种，其他135种。

基础设施

交通。全县现有各级公路1439.02千米。其中，国道（G246线）61.15千米，省道（S312线、S444线）78.96千米，县乡道288.27千米，通村公路（纳入省统计）1010.64千米，全县12个镇乡和157个行政村已全部通水泥路（油路）。2022年宜彝高速公路建成通车，进入宜宾1小时"交通经济圈"，渝叙筠高速公路即将开工建设；渝昆高铁全面开工，预计2025年建成通车，珙威铁路、筠盐铁路建设研究列入市"十四五"规划，这几条铁路建成后，将进入成渝贵昆2小时"交通经济圈"，是成都、重庆经宜宾南向入滇出境的开放前沿和枢纽要地。

水利。全县以后沟水库、王家沟水库为代表的重点水利工程已建成投入使用，王家沟水库总库容量1280万立方米，后沟水库总库容量997万立方米。另有小Ⅱ型水库11座，小水电60座，山坪塘250口，中河流堤防建设42千米。

教育。全县有小学11所，普通中学33所（含九年一贯制23所、初级中学8所、完全中学2所），中等职业教育学校 1 所，特殊教育学校 1 所，村级校点 148 个，幼儿园 89 所（其中公办幼儿园 20 所），中小学专任教师 3497 人。

医疗。全县有医疗卫生单位 406 个，其中卫生计生监督执法大队 1 个、人员 11 人、县级医疗机构 3 个（县人民医院、县中医医院、县妇幼保健计划生育服务中心），医护人员 274 人、疾病预防和控制中心 1 个，工作人员 34 人、乡镇卫生院 18 个，医护人员 126 人、民营医院 11 个，医护人员 69 人、村卫生站 255 个，医务人员 255 人、村卫生室 79 个，医务人员 79 人、个体诊所 38 个，医务人员 38 人。

电力。现有 110 千伏变电站 5 座，主变压器 7 台，变压器总容量 280 兆伏安；110 千伏线路 11 条，线路总长度 138.757 千米；35 千伏变电站 16 座，主变压器 22 台，变压器总容量 128.8 兆伏安；35 千伏线路 34 条，线路长度 281.27 千米；10 千伏线路 1425.929 千米。实现全县用电全覆盖。

天然气。城乡居民天然气安装 58518 户，安装管道约 2200 千米，覆盖全县 12 个镇乡。

网络。共建设 4G 网络机站 63 个，实现全县所有镇乡全覆盖。5G 网络已建成 20 个，开通 15 个，2 个投入使用。

主要产业

农业特色产业

肉牛产业。筠连县是中国黄牛之乡，肉牛存出栏 20 万头，综合产值 70 余亿元，居全省农区县第二位、川南第一位；年出栏肉牛 6.94 万头，产肉量 1.228 万吨，产值 14 亿元以上；培育养牛专业合作社 144 个，养牛家庭牧场 161 个，存栏 500 头以上的重点专业村有 85 个，存栏 50 头以上的规模养牛场 305 个，存栏 10 头以上的适度规模养牛大户 3000 余户；肉牛加工企业 9 家。

茶叶产业。筠连县是川红故里、全国茶业百强县，是四川省 30 个茶叶主产县之一和四川红茶、宜宾早茶主产区。全县茶园面积达 28.6 万亩，投产茶园达 24 万亩，产干茶 2 万吨（其中红茶 8458 吨、产量全省第一），规模以上茶企 19 家，茶农 4.8 万户；茶农实现收入 10.55 亿元，茶产业综合产值达 7 亿元；全省首批 17 个省政府命名特色小镇之一——"川红小镇"加快发展，巡司镇银星村被农业农村部分别授予"一村一品"示范镇、亿元村。

中医药产业。筠连县作为乌蒙山片区县之一，是国家级中药材溯源试点县和四川省中医药产业发展示范县；以黄精为主的中药材在县域内快速发展，中药材种植面积 7 万亩，种苗繁育基地 200 亩，年

● 春风村（姜玉林 拍摄）

产中药材2.5万吨;培育种植企业（专合社）174户，加工企业5个。

能源建材产业

煤炭。全面落实煤炭去产能政策，大力推进煤矿技改升级和标准化建设，全县保有煤矿17对，设计产能717万吨。

页岩气。强化页岩气开发利用，页岩气年产量达2.77亿立方米，LNG（液态天然气）日处理能力达85万立方米。

水泥。年产量突破200万吨。

第三产业

筠连县被省委省政府表彰为服务业发展工作先进单位；春风村获评全国乡村旅游重点村、省级生态旅游示范区；基本建成县乡村电子商务公共服务体系、物流配送体系；川南国际茶城投入运营，年度交易额达3亿元；筠连椒麻鸡、筠连水粉入选省级"天府名菜"；成功招引北京国艺中联、湖北先秾坛等12家重点企业，开发南丝绸之路不夜城、春风山庄等服务业标志项目。规模以上工业企业73户、服务业企业24家，限额以上商贸服务业企业112家，建筑业企业43家。

康养旅游产业

全县康养旅游基础设施不断完善提升，游客接待中心4个，老年公寓2个，建设中药材种植基地1个，实现康养旅游产业收入2.83亿元。

文旅品牌

筠连县自然风景与人文历史资源十分丰富，境

内有巡司温泉、古楼峰丛、高坎梯田、大雪山生态旅游区、云上石漠·春风花海、中国·西部洞群等自然风景旅游区；有南丝绸之路、秦五尺道、茶马古道、沐爱民国县衙等人文景观资源；有苗族花山节、彝族火把节、苗族蜡染、大唢呐等苗彝文化。

*春风花海。*春风村创造了"科学实干、顽强苦干、创新巧干、共同致富"的春风经验和春风精神。春风花海旅游景区面积5200余亩，景区总体布局为"一心一环三基地"，形成生态田园、美丽花园、特色果园、休闲茶园、幸福家园等旅游景观。

*巡司天河温泉。*巡司天河温泉被誉为"川南第一汤"，水温53℃～56℃，日流量3460立方米，水质含氡、锶、氟、硼等微量元素，为优良的医疗浓热矿泉，符合医疗矿水标准。温泉水质独特，长浴此泉，具有浴疗保健、养生延年之功效。

*大雪山。*主峰海拔1777.2米，原始森林面积8000余公顷。大雪山曾是中国工农红军川滇黔边区游击纵队长征转战休整的基地。1935年中国工农红军川滇黔边区游击纵队三次攻打筠连县城、七天七夜浴血大雪山。中国工农红军川滇黔边区游击纵队纪念园建成之后，这里将成为瞻仰、缅怀先烈的红色旅游地。

*高坎梯田。*梯田海拔近1000米，重重叠叠，直接云天。春夏秋冬风光无限，田园农舍世外桃源，千年古杏历经沧桑。高坎境内有千年银杏、关宝山森林，从高坎到洛表镇的途中，可以观赏僰人悬棺，足以发思僰人开辟梯田、建设粮仓的古之幽情。

*西部洞群。*中国西部洞群有大小溶洞100余个，且有地下暗河形成的神奇地下迷宫。神羊洞外峰峦起伏、青山滴翠、奇石林立，有恭迎远方来客的迎

● 大雪山（罗强 拍摄）

●苗族大芦笙（黄永桥 拍摄）

●西部洞群（姜玉林 拍摄）

● 巡司天河温泉（姜玉林 拍摄）

● 高坎梯田（黄永桥 拍摄）

宾石、峰丛、石林、树林、竹林、自然花草构成靓丽如画的秀峰长廊等自然景观。

风味美食

筠连生态环境优越，土壤富硒富锌，形成了独特的饮食文化，拥有"筠连红茶""筠连苦丁茶""筠连粉条""筠连黄牛"四个国家地理标志保护产品。

筠连红茶、筠连水粉、筠连黄牛肉、筠连椒麻鸡等农特产品风味独特，深受各地消费者喜爱。

筠连水粉。筠连水粉已有四五百年历史，传说是马帮发明的一种"方便食品"，既方便，又开胃、驱寒，是备受青睐的名小吃。

椒麻鸡。椒麻鸡属佐食食品，口感细嫩、味道鲜美，具有很高的营养价值和药用、食疗价值，被人们称作"名贵食疗珍禽"。

蛋圆子（头碗）。筠连蛋圆子是流传于筠连境内一种纯手工制作的传统美食，技艺精细、选材讲究、味道鲜美，是宜宾民间"九大碗"的头碗菜。

桐子叶粑粑。桐子叶粑粑是众多粑粑中最有名的，出蒸笼时酥松透气、晶莹闪亮、香甜适口。

干巴牛肉。干巴牛肉以筠连黄牛肉制成，黄牛以自然生长的牧草为原料，通过自由放牧摄取牧草和饮用山泉原生态养殖，牛肉富硒、细嫩鲜美、紧凑结实、品质优良。

糟黄瓜。明清时期起，筠连境内村民就开始腌制糟黄瓜。糟黄瓜选用川南乌蒙山脉嫩黄瓜和高山鲜红辣椒手工制成，口感脆嫩辣甜，咸鲜爽口，独有麻、辣、香、脆、鲜风味。

发展定位

深入实施"产业发展双轮驱动"战略，加快构建"3+3"现代产业体系，加快建成川滇接合部南向开放枢纽门户。

发展目标

全面实施"商贸兴县、产业强县、农旅富县、开放活县、生态立县"发展思路，加快建成"产业兴旺、生态秀美、人民幸福的现代化筠连"。

（撰稿：袁春焰 韩佳芳 审稿：唐有琼）

08 珙县

基本情况

珙县位于四川盆地南缘宜宾市南部，东经104°38′~105°02′，北纬27°53′~28°31′之间，北与高县连接，南与大雪山相连；西靠筠连县，东南、东北与兴文县、长宁县连接。南北相距67.8千米，东西最宽处41.5千米，距宜宾市区46千米。辖区面积1149.5平方千米。县政府驻地巡场镇。

属山区县，地势南高北低，地形为狭长形，海拔最高1642米，是靠云南省界的王家镇四里坡；最低310米，是珙泉镇郊外的狮子滩。地体多由石灰岩和紫色岩组成，岩溶地形特征明显，多溶洞、漏斗、石笋、石灰等。山区、丘陵、平坝的比例为7.5:1.5:1。

属中亚热带湿润型季风性气候，气候温和、四

● 珙县县城全貌（珙县人民政府网站 提供）

季分明，雨量充沛，无霜期长，春季回暖早，夏季气温高，秋季多绵雨，冬季霜雪少。全县年平均气温17.8℃，年平均降水量1171.1毫米，年日照总时数961.7小时。

2022年，全县户籍人口426560人，其中男221343人、女205217人。

有苗、白、回、土家、彝、藏、壮等14个少数民族22708人，其中苗族21599人、白族38人、回族75人、土家族222人、彝族189人、壮族140人、布依族57人、其他少数民族388人。

历史沿革

珙县在先秦时期即有僰人等居住，属于僰侯国的中心区域。汉为南广县境。宋为罗计。元（顺帝）至正二十二年（1362年）改下罗计长官司（今珙泉镇）为珙州。明洪武四年（1371年）降州为县，名珙县，沿袭至今。清为叙州府辖县。民国为四川省叙州、下川南道、永宁道、第六行政督察区等辖县。1949年12月10日，珙县解放，属宜宾（专区、地区、市）辖县。1992年9月，撤区并乡建镇，设8镇13乡。2006年，珙县调整乡镇行政区划，由8个镇、13个乡，调整为8个镇、9个乡。2014年，珙县乡镇行政区划调整为11镇、6乡。2019年，珙县乡镇行政区划调整为10个镇、3个苗族乡。

重要资源

土地。2022年，全县耕地2.6660万公顷，永久基本农田面积1.8853万公顷。

矿产。境内矿产资源有金属、能源矿产、水气矿产、非金属矿产共4大类17种。即铁、铜、烟煤、无烟煤、煤层气、页岩气、温泉（地热）、石灰岩、白云岩、石英砂岩、页岩、耐火黏土、塑性黏土、

● 珙县供水工程——漂水岩水库（珙县县委党史办 提供）

重晶石、方解石、含钾水云母黏土岩、玄武岩。

水资源及水能。境内有大小溪河79条，总长638千米，主干流从东南流向西北贯穿县境。主要水系南广河、洛浦河均注入长江。全县有8座小型水库，638座山坪塘，11597口水池、水窖，44座水电站，97处泵站，10座水闸，3176眼机电井，有效灌面1.5万公顷。珙县农村水电站有34座，总装机容量56785千瓦，全年发电量20922.43万千瓦时，总产值6102.76万元。

森林。属川东盆地及西南山地亚热带常绿阔叶林带，是四川盆地边缘山地用材林和经济林区。2022年，全县各类林业用地面积86.3万亩，占辖区面积的49.8%，森林覆盖率53.48%，实现林业综合产值34.7亿元。

动物。全县动物种类丰富，分布面广，有野生动物125种，二级以上国家保护陆生动物6种，如猕猴、熊、云豹、大鲵、猫头鹰、鸳鸯。

植物。全县植物种类80余种，其中国家二级以上重点保护野生植物12种，珍稀树种22种，珍稀树木10万余株。如珙桐、南方红豆杉、罗汉松、银杏、桫椤、厚朴、楠木、润楠、鹅掌楸、樟树。

基础设施

交通。境内有连接云、贵、川三省的叙高公路、川云公路、宜威公路等主干公路，成珙铁路、金筠铁路贯穿县境，是宜宾市南部重要交通枢纽和物资集散地。高等级水泥路直达宜宾市城区，一小时内即可达宜宾机场和长江航运码头，县域内通村路100%硬化。

教育。2022年，全县有公办校（园）123所，民办教育学校77所；共有公办教师3413名，学历达标率为96.13%；初中、小学教师（含特殊教育中心）2531人，学历达标率为99.026%；公办幼儿教师280名，学历达标率为100%。

体育。2022年，全县有社会足球场4个，村级农民健身工程50个，体育中心1个，室内篮球比赛主馆1个，可容纳观众4200人，室内还有篮球训练馆、健身房、乒乓室、棋牌室、多功能室，室外有篮球场、网球场、羽毛球场、门球场等体育场所。

医疗卫生。2022年，全县共有医疗卫生机构255个；全县医疗卫生在岗人员总数2816人，其中卫生技术人员2446人，占总数的87%。卫生技术人员中，执业医师（含执业助理医师）912人，占37.2%；执业护士1312人，占53.6%。

广播电视和公共文化服务。全县广播电视公共服务网点共有107个。1个县级应急广播平台、13个乡镇广播站、161个村广播室和482个村民小组终端，县级应急广播系统与省应急平台无缝对接，应急广播体系全面形成。有1个图书馆、1个文化馆、13个乡镇综合文化服务中心、161个村级综合文化服务中心、17个乡镇中心书屋和16个城镇社区书屋。

信息化建设。全县实现4G网络乡镇覆盖率100%、村落覆盖率90%，建设5G基站配套站点22个。

主要产业

农业。2022年，全县实现生猪存栏36.54万头、出栏生猪52.60万头；实现肉牛存栏2.978万头、出栏肉牛1.62万头；实现羊出栏1.25万只，家禽出栏236.91万只，肉兔出栏72.65万只。实现肉类总产51154吨，畜牧业产值23.80亿元。桑园、茶园、林地总面积分别为22.9万亩、15.2万亩、85.7万亩，是国家级农业蚕桑标准化示范区、中国蚕桑之乡。"鹿鸣贡茶"获批国家地理标志保护产品。

工业。2022年，全县规模以上工业企业66

户。页岩气开采完成产气29.1亿立方米，实现产值38.98亿元。玻璃制造691万重箱，实现产值7.06亿元。水泥制造357万吨，实现产值13.09亿元。陶瓷制品制造1685万平方米，实现产值4.2亿元。

商务旅游。2022年，珙县电子商务交易额约为17.2亿元。全县有50余家中小企业在开展电子商务，200余家网商开展网络销售业务，电子商务网络零售交易额增长15%。有文旅特色村落1个、竹特色村3个，A级旅游景区3个、省级生态旅游示范区1个，累计实现旅游收入156.76亿元。

文旅品牌

僰人悬棺。珙县缘僰而名，是神奇而美丽的中华僰人故里。僰人留下的世界级遗产——"僰人悬棺"是全国重点文物保护单位，以其独特丰富的文化内涵和峥嵘突兀的雄姿闻名天下，吸引海内外游客。区域内分布有26个悬棺景点、296具悬棺，还有独特的僰人岩画。僰文化具有独特性、唯一性、神秘性和多元性的特点，是全国乃至全世界独一无二的文化品牌。

四里坡原始森林。位于川滇交界处，海拔在800—1680米之间，属大雪山脉，林区面积约1.5万亩，是省级自然生态区，也是珙县面积最大、海拔最高、保护最好的原始森林区。林区里长有大量天然原生珙桐，面积3000余亩，种群数量18000余株，其中红色珙桐已发现10余株。珙桐树是植物界的活化石，珙桐花又称为"鸽子花"，远处望去像一只只白鸽停在树梢，十分美丽。林区还有数千亩竹林，林里有黑熊、猴子、野猪等30余种国家重点野生保护动物；另有一条保存完好约4.5千米的秦"五尺道"，又称"茶马古道"。

鹿鸣茶海。位于珙县曹营镇永兴茶场，是脱贫

● 龙茶花海（珙县文广旅游局　提供）

攻坚公益电影《最后一千米》的主要拍摄地，绿化覆盖率达90%，空气清新，负氧离子含量高。先后被评为省级示范农业主题公园、四川最美茶旅目的地、四川省精品农业标准化旅游区、省级休闲示范农庄、省级生态旅游示范区。鹿鸣茶海拥有优质生态茶园10000亩，联建茶园27000亩，平均1150米的海拔高度使园区常年云缭雾绕、清泉甘冽。

龙茶花海。国家4A级旅游景区，位于珙县

● 四里坡原始森林——珙桐花（李琅 拍摄）

● 鹿鸣茶海（珙县文广旅游局 提供）

● 苗族蜡染（珙县县委党史办 提供）

县城所在地巡场镇。现有茶花种植面积6000余亩、380多个名贵品种，被誉为"世界最大的人工种植茶花基地""中国生态旅游优秀茶花园""四川十大最美花卉观赏地"。每年12月初到次年5月，幸福紫薇、海角樱花、垂丝海棠、十八学士、快活林等景点色彩斑斓，风情万种；牡丹映月、七彩茶梅、鸳鸯凤冠、玉带紫袍等各色花朵飞红落霞、争奇斗艳。

除以上景点外，珙县还有石板溪生态园3A级旅游景区，是四川最大的娃娃鱼养殖基地，大溶洞内风景如画；蜀南温泉得天独厚，水温宜人；全国重点文物保护单位"川南第一名坊"的"隘口石牌坊"；全国非物质文化遗产苗族蜡染；洛表梯田、官帽山林海、王家青山坝田园，至今保留着传统完整的农耕文明。珙县是革命老区县，曹营镇、洛亥镇曾是红军长征路经之地，红军渡、袁海扬烈士墓、张兴泰烈士雕像等遗址仍是人们瞻仰、缅怀革命烈士之所。

风味美食

乡黑花生。 珙县孝儿镇樊乡花生在无公害基地种植，是集基地种植生产加工销售为一体的健康黑色食品，以香酥、脆、入口化渣为特点，销往上海、重庆、昆明、成都等地，深受广大消费者喜爱，是馈赠亲友的健康食品。

孝儿白水鱼。 出自孝儿镇，已普及全县。以草鱼、乌鱼、青鱼、鲢鱼为食材，烹调时用纯净水，以芹菜、苏麻叶、小葱、味精、盐、辣椒、胡辣椒为佐料，柏香木做燃料，土砂锅做炊具，在锅中用白开水煮熟即成，其肉质细嫩，爽滑可口，汤鲜无比，一口入喉，酣畅不已。

洛表猪儿粑。 珙县著名的特色小吃，具有清香、柔糯、极富弹性、收汗不粘手、爽口不粘牙、盐馅油而不腻、糖馅甜不伤味的特点，其味醇正可口，多食不厌。

发展定位

高举中国特色社会主义伟大旗帜，坚定以习近平新时代中国特色社会主义思想为指引，深入贯彻落实党中央和省委、市委决策部署，统筹推进"五位一体"总体布局，协调推进"四个全面"战略布局，立足新发展阶段、抢抓新发展机遇、贯彻新发展理念、融入新发展格局，始终保持高质量发展政治定力，坚持以人民为中心的价值取向，牢牢把握"开放合作、转型升级、提质升位"工作基调，全力破解交通路网、发展空间"两大瓶颈"，高质量推进资源大县向工业强县转型升级、巩固拓展脱贫攻坚成果同乡村振兴有效衔接，全面做好统筹城乡、改善民生、深化两项改革"后半篇"文章等重点工作，积极构建南部片区"一加三"、北部片区"二加三"主导产业布局，求精深、求美好、求跨越，坚定不移为宜宾加快建设成渝地区双城经济圈副中心贡献珙县力量。

发展目标

坚持一张蓝图绘到底、一届接着一届干，实现经济社会高质量发展再上新台阶，地区生产总值、工业总产值均突破300亿元，城乡居民人均可支配收入增长同比达到1.5倍以上，一般公共预算收入突破20亿元，城乡发展更加协调、民生福祉持续增进、生态环境更加优美、社会治理更加有效，建设"人民幸福的经济强县和绿色家园"迈出新步伐，人民群众幸福感、获得感和满意度明显提升，成功创建全省县域经济发展先进县、省级绿色技术综合发展先进县、两项改革"后半篇"文章省级示范县。

（撰稿：闵晓莉 汪鉴吾 审稿：陈新钰 熊培海）

09 兴文县

基本情况

兴文县位于四川省南部山区，东经104°52′~105°21′，北纬28°04′~28°27′之间，东西长47千米、南北宽43千米，属亚热带湿润型气候，雨量充沛，无霜期长，四季分明，年平均气温17.9℃，年降水量999.8毫米。东南与叙永县相邻，南与云南省威信县接壤，西连珙县，西北接长宁，北与江安、泸州市纳溪区毗邻，辖区面积1379.89平方千米，县政府驻地为古宋镇，辖12个乡(镇)(其中4个苗族乡)，23个社区居委会、160个行政村、978个村民小组、181个居民小组，2020年末，人口总数484096人，符合政策生育率98.17%。少数民族总人口5.26万人，占总人数11%，是四川省苗族聚居人口最多的县。兴文县是川南早期革命的主要发源地、红军北上抗日的途经地、川滇黔边区红军游击纵队的主要策源地和转战地，民族文化、红色文化、地方文化极具特色，风情浓郁，旅游资源十分丰富，是四川省少数民族地区待遇县、中国绿色名县、中国低碳生态示范县。

历史沿革

兴文县境原为少数民族聚居地，是古代僰人繁衍生息和最终消亡之地。

唐仪凤二年（677年），置羁縻晏州，后又置宋州。宋州于唐末废，晏州在北宋仍存。

宋熙宁八年（1075年），建淯井监，晏州属之。政和四年（1114年），建长宁军，晏州属之，宋亡后州废，为大坝都掌人（僰人）之地。

元(世祖)至元二十年(1283年)，设大坝军民府，二十二年（1285年）划大坝军民府属地置戎州。

明洪武四年（1371年），降为戎县。万历二年（1574年），九丝战事平息，僰人从此消亡，遂取"偃武修文"之意改戎县为兴文县，治所晏阳镇。割山都六乡设建武守御千户所和建武直隶安边厅。

清朝初年，兴文县隶属四川省叙州府。清康熙六年（1667年），裁建武守御千户所和建武直隶安边厅，改设建武营。乾隆元年（1736年），裁建武营并入兴文县。嘉庆七年（1802年），属四川省永宁道叙州府。光绪三十四年（1908年），改永宁道为下川南道，属县不变。宣统元年（1909年）县治所移驻建武城。

民国元年（1912年）县治所迁回晏阳镇原址，因废道制，故由四川省叙州府辖领。民国二年（1913年），因留省、置道、裁府（州、厅），改由四川省下川南道辖领。民国三年（1914年），改下川南道为永宁道。民国十八年（1929年），废道制，兴文县直属于四川省。民国二十四年（1935年），属四川省第六行政督察区。

中华人民共和国成立后，先后属川南行政公署、宜宾专区、宜宾地区管辖。1983年10月9日，经四川省人民政府批准，将叙永县古宋区、大坝区、共乐区所辖久庆等21个公社和中城镇、大坝镇划归兴文县管辖。同时，将曹营、石碑两个公社归珙县管辖。1985年5月24日，县政府驻地由晏阳镇迁往中城镇。2006年7月24日，行政区划调整，中城镇由原中城镇、万寿镇、久庆镇、太平镇的部分区域组成，更名为古宋镇。2019年，部分乡镇行政区划调整，撤销太平镇划归古宋镇管辖；撤销玉屏镇，划归僰王山镇管辖；撤销毓秀苗族乡，划归九丝城镇管辖。

重要资源

矿产资源。矿产资源较为丰富，初步勘探有25个矿种。其中，硫铁矿约13.5亿吨、煤11亿吨、盐48亿吨、大理石0.5亿立方米、石灰石100亿吨以上、页岩气储量600亿立方米。此外，还有磷、高岭土、石英石、方解石、冰洲石、铜、铁、银以及其他稀有金属。

动植物资源。海拔跨度大，地形多样，具有丰富的生物资源。县内已知野生走兽类、飞禽类、爬行虫类均在50种以上，水产类11科45种，树、竹、草共有170多科1800余种。

基础设施

道路交通。全县公路总里程2394千米。国省干线公路总里程约194千米；农村公路总里程约2200千米，其中县道289千米、乡道403千米、村道1508千米。

水利资源。全县共有大小溪河37条，总长约407千米，均属长江水系，分别汇集南广河、长宁河、永宁河注入长江。有水库20座，其中中型水库1座、小Ⅰ型水库4座、小Ⅱ型水库15座，水库合计总库容约5219万立方米。农村集中供水工程管网到户人口29.72万人，农村自来水普及率90.71%，规模化供水率66.32%。

电力设施。全县购买电量8731.69万千瓦时，供电量93848.08万千瓦时。有6座110千伏变电站、13座35千伏变电站。

移动通信。全县有中国移动通信无线网4G基站493座，5G基站71座；中国联合网络通信物理基站269座，2G/3G/4G基站571座；宜宾铁塔兴文办事处铁塔物理基站576座。

公共卫生。全县有县级卫生健康单位6个（县人民医院、县中医医院、县妇幼保健计划生育服务中心、县疾控中心、县卫生计生监督执法大队、兴文县中医药发展服务中心），乡镇卫生院17个（含5家分院），民营医院7家，卫生室413家，个体诊所57家。县人民医院是三级乙等综合医院，县中医医院是三级乙等中医医院。

教育资源。全县有公办中小学、幼儿园69所，含普通高中2所、职业高中1所、单设初中10所、九年制学校10所（含特教学校）、小学27所、公办幼儿园19所；另有村级教学点20个。

文化产业。全县有歌舞娱乐场所12家，网吧9家，游戏娱乐场所2家，民间演艺团体24家，电影院2家，印刷企业1家，包装装潢企业1家，出版物零售门市10家。有广播电视台1家，广电网络公司1个。有县图书馆、县文化馆、县体育馆、县博物馆、兴文县革命烈士纪念馆等场馆。

主要产业

旅游业。全县旅游资源十分丰富,素有"石海洞乡"美称。拥有兴文石海、僰王山、僰人巨石阵、太安石林等4A级旅游景区。还有都掌人(僰人)在明初建立的九丝城遗址、国家重点保护文物僰人悬棺、明朝镇压僰人反抗后竖立的平蛮碑群等景点。

页岩气开采。开发以来,累计完成投资202.46亿元。2022年实现69个平台、290口井稳定产气,日产气量最高达1600万立方米,2022年产值51.128亿元。

非煤矿山。全县现有二级标准化的金属非金属矿山2座,原有18座三级标准化的金属非金属矿山均已过期,目前有5家企业正积极创建二级标准企业。12家正积极创建三级标准化企业。

酒类制造。全县有白酒生产许可证的企业共3户,其中酒类生产规模以上企业1户;果酒及配制酒类生产许可的企业3户。

精制茶制造。全县有制茶企业3户,其中规模以上制茶企业1户,实现产值3000余万元;有名优茶加工机械80余台套,全面实现茶叶生产、加工标准化、机械化和清洁化。

竹产业。兴文县竹日用品交易中心是目前全国最专业、最全面的竹日用品交易中心,产品涵盖酒店、餐饮、长途客运、家居四大系列,竹制品超过3000种。

农业畜牧业。全县粮食播种面积61.4万亩,粮食产量24.1万吨。栽桑面积10.78万亩,发放蚕种92098张,综合产值10.32亿元。加工干茶产量402吨,综合产值达1.25亿元。水果产量1.79万吨,综合产值达1.72亿元。种植烤烟1.79万亩,产值5930

● 僰王山景区——寿山湖(罗发兵 拍摄)

● 太安石林——鱼鳞状石芽（兴文县僰王山镇人民政府 提供）

● 僰人巨石阵——永寿神菇（兴文县僰王山镇人民政府 提供）

万元。中药材面积3.6万亩，综合产值5100万元。生猪出栏55万头，排名全市第三；家禽出栏510万羽；牛出栏2.72万头；羊出栏1.8万只。

文旅品牌

樊王山景区。国家4A级旅游景区，距县城26千米，景区面积60平方千米，其中楠竹成片覆盖面积12平方千米。景区内以溪流、溶洞、瀑布等自然景观为主，有宋代僰人遗迹，蕴含丰富的文化内涵，是旅游观光度假好去处。

太安石林。以石林、竹海、漏斗群、地下伏流、溶洞群等地质遗迹为特色，是以科考观光为主的旅游区。距县城约35千米，面积40平方千米，主要以古老的奥陶纪豹斑灰岩石林为主，景区内生态优良，楠竹、桢楠、银杏和石林相映成趣，景色秀丽，环境优雅，被誉为"绿色石林的典范"。

僰人巨石阵景区。国家级4A级旅游景区，位于兴文县僰王山镇，地处川、黔、渝旅游金三角的核心地区。景区海拔高度在500～1100米，总面积7.2平方千米，拥有石林、溶洞和悬崖陡壁、森林草地等自然景观，以及梯田、梨园等现代农业景观，是集喀斯特地貌景观、僰苗文化和现代观光农业为一体的综合型旅游景区。

石菊古地。国家4A级旅游景区，国家级森林康养基地、宜宾市社科普及基地、爱国主义教育基地，位于兴文县石海镇，与兴文石海景区毗邻，核心景区占地600余亩。

风味美食

乌鸡宴。兴文县是著名的"山地乌骨鸡之乡"，

● 石菊古地——湿地（周爽 拍摄）

● 玉屏猪儿粑（兴文县委宣传部 提供）

● 兴文刘抄手（申琳 拍摄）

兴文山地乌骨鸡体形中等偏大，体质结实健壮，羽色以黑羽居多，麻黄羽次之，白羽甚少，鸡冠、脸、髯、喙、趾、舌、肤、脏、肉和骨膜均呈乌黑色，俗称"十全乌"，口感细腻、味道鲜美、营养丰富、天然富硒。2013年被列为为国家地理标志保护产品。

玉屏猪儿粑。玉屏镇盛产的优质糯稻和富硒大米做成的特色猪儿粑营养丰富、滋润可口、风味独特、入口绵扎、香气扑鼻，因形状如小猪取名猪儿粑。猪儿粑的包心和花样很丰富，常用的包心有喜沙、酥麻、肉馅、水晶等，花样有鸡冠、三尖角、眉毛酥、碗儿帽、柳腰、圆鼓、桃花、蝴蝶、软紫荆花等。

兴文刘抄手。以优质面粉，精选猪肉为主要原料，采用独特工艺，科学配方，纯手工包制。特点是皮薄馅多，入锅煮沸皮不烂，入口舒爽，回味悠长，风味独特，细、嫩、鲜、脆、香，获得"全国工业产品生产许可"即"QS"认证。

发展定位

以习近平新时代中国特色社会主义思想为指导，深入贯彻党的二十大精神，全面贯彻落实省第十二次党代会精神、市委六届六次全会精神、县第十四届四次全会精神和战略部署，坚持践行新发展理念，以改革开放为动力，以深化供给侧结构性改革为主线，主动融入和服务成渝地区双城经济圈建设，按照"工业强县、产业兴县、文旅富县"的发展思路，加快建成全省县域经济先进县，加快建成天府旅游名县和国家全域旅游示范区，加快建成经济兴盛、城乡秀美、人民幸福的新苗乡。

发展目标

到2025年，力争综合实力明显增强，地区生产总值突破260亿元，建成全省县域经济先进县，生态环境秀美宜居，产业集群不断壮大，城乡区域融合发展，民生福祉大幅改善，社会治理精准高效。

展望2035年，全县地区生产总值较2025年翻一番，突破520亿元；产业发展支撑有力，经济结构全面优化，三大产业结构比调整到8∶45∶47左右；基本实现新型工业化、信息化、城镇化、农业现代化。基本建成法治社会、法治政府，平安兴文建设得到新提升，全面建成经济兴盛、城乡秀美、人民幸福的新苗乡，与全国同步基本实现社会主义现代化。

（撰稿：张其磊 赵晓蓉 审稿：刘勇 黄英）

10 屏山县

基本情况

屏山县境东临川南丘陵，西、北接川西南山地，南连滇东高原。小凉山支脉五指山系由西北向东南延伸，贯通全境。主峰老君山，高2008.7米。境内山脉纵横，沟谷交错，山高坡陡，地形破碎。大部分海拔为300～1400米。山地集中在中西部，占90.77%；丘陵分布在东北部，仅占9.23%。属于亚热带湿润季风气候，气候温和，四季分明。

屏山县位于四川省南缘，金沙江下游北岸，岷江下游两岸，岷江从县域东北部穿境而过。地处东经103°36′～104°23′，北纬28°28′～28°54′之间。

屏山县东接叙州区，西邻凉山州雷波县、乐山市马边县，北连乐山市沐川县，南与云南省绥江县隔金沙江相望。

2022年，户籍人口310885人，全年出生人口1398人，人口出生率4.37‰，人口自然增长率-0.23‰。少数民族人口0.91万人，占全县总人口约3%，主要有彝族、苗族等。

屏山县县域面积1504平方千米，其中耕地面积55.3万亩。

县政府驻地屏山镇，距宜宾市中心城区28千米，距成都市中心城区245千米。成贵高铁设有屏山站口。水路沿金沙江、岷江东下可直达上海。

历史沿革

屏山开发较早，历史悠久。在新安镇台地曾出土过旧石器，说明屏山自古即有人类居住繁衍。春秋时期，分属古蜀国和古僰侯领地。汉代属犍为郡僰道、朱提县。三国蜀置安上、马湖县。唐宋属马湖羁縻州、马湖部。元置马湖路，明洪武四年改路为府。明万历十七年（1589年），置屏山县。清雍正五年（1727年），裁府留县，属叙州府。至乾隆二十九年（1764年），县地先后分置绥江县、雷波卫、马边厅。民国初，先后属下川南道、永宁道，民国二十四年（1935年）属第五行政督察区。民国三十年（1941年）又分置沐川县。新中国成立初期，属乐山专区。1957年3月以后改属宜宾专区、宜宾地区、宜宾市。1992年9月，撤销6个区公所、28个乡，新建6个镇，扩大7个乡、2个镇的行政区域，保留5个乡。调整后设立8镇12乡。2003年12月24日，宜宾县真溪乡和高场镇石盘、蒋坝2个村划入屏山县。2004年1月18日，真溪乡和石盘、蒋坝2个村合并更名为新发乡。2006年6月，原清凉乡并入屏山镇，原龙桥乡并入新安镇，原大桥乡并入新市镇，原安全乡并入中都镇，原冒水乡并入清平乡，屏山镇更名为锦屏镇，由8镇13乡调整为8镇8乡。2012年4月，新发乡更名为屏山镇，为新县城驻地。2019年8月，乡（镇）由15个撤并调整为11个。2020年，全县辖8个镇、3个乡、151个行政村、16个城镇社区。

重要资源

老君山国家级自然保护区。总面积35平方千米，以原始生态风光闻名川南，是中国第一个以保护四川山鹧鸪等雉科鸟类为主的国家级自然保护区，保护区森林覆盖率90%以上。被国际鸟盟列为"国际重点鸟区"，为大熊猫的重要栖息地。

植物。全县森林植被有87科、198属、390种，森林覆盖率55%。中药材已知的有156种。有国家一级保护珍稀植物桫椤、珙桐2种，二级保护植物5种，三级保护植物6种。

动物。县境内有野生动物种类275种。其中，国家一级重点保护野生动物有四川山鹧鸪、豹、云豹、中华鲟（俗名辣子鱼）、白鲟（俗名象鼻鱼）5种，二级保护的32种。

水能。全县河流水力理论蕴藏量17万千瓦，正常年产水量10.4965亿方。

土地。屏山县拥有富硒土壤240平方千米和足硒土壤700平方千米。

基础设施

交通。内外通道畅通，有"八路四桥"骨干交通网，成贵高铁屏山站建成开通运营。仁沐新高速、新市至金阳高速、S311龙华至河口改建工程加速推进，S311锦屏至龙华段全面建成。屏山县岷江二桥项目立项审批，宜宾至新市段高速公路成功纳入《国家综合立体交通网规划纲要》。全县11个乡镇国省干线全覆盖。100%建制村和75%村民小组通硬化路，100%建制村通客车。

水利。有水库19座，总库容1418万立方米，其中小Ⅰ型水库4座、小Ⅱ型水库15座；山坪塘927口，中型灌区1个；建成有集中供水工程107处，分散供水工程1970处。

市政。县城建成区面积10平方千米，马湖公园、县体育馆、县图书馆、县文化馆、县博物馆、高铁站前广场等公共场馆建成开放。城市绿地面积504.93万平方米，绿化覆盖率38.52%。人均公园绿地面积12.95平方米。成功申报"城市双修"试点县城，成功创建国家级卫生县城、省级文明城市、市级生态园林县城。有县城水厂1座。乡镇水厂14座，规模以上农村供水厂4座，集中供水率达86%。11个场镇完成燃气管道建设并通气，建成农贸市场21个，公厕85个，基本实现集镇天然气、污水处理厂、垃圾转运处理系统全覆盖。

教育。有成建制中小学89所，其中，高级中学2所、完全中学2所、职业技术学校1所、单设中学8所、九年一贯制学校6所、小学13所、教学点56所、特殊教育学校1所。成建制幼儿园35所。

医疗。有县级公立医院2个，妇幼保健机构1个，疾控机构1个，民营医院3个，中心卫生院4个，乡（镇）卫生院7个，村卫生室176个，个体诊所27个，其他医疗机构1个（康复村）。

主要产业

2022年，实现地区生产总值110.5亿元，第一产业增加值27.6亿元，第二产业增加值39.1亿元，第三产业增加值43.8亿元。全社会固定资产投资

91.90亿元，房地产投资11.92亿元，完成建筑业产值20.12亿元。社会消费品零售总额35.3亿元。认定高新技术企业9户，累计入库备案科技型中小企业95户，高新技术产业主营业务收入32.2亿元。

农业。坚持"绿色、有机、特色、富硒"农业产业定位，水稻、玉米、大豆等粮食播种面积稳定在25万亩以上，提质增效茶叶、茵红李、白魔芋、林竹各1万亩，建成茶叶加工厂5个，引进茵红李果酒加工企业1户，锦屏镇入选全国"一村一品"示范镇，省三星级茶叶现代农业园区创建通过省级验收。出栏生猪28万头，建成大乘镇、新安镇种养循环示范区。打造富硒食用笋示范基地1个，培育有机产品基地26个，启动省有机产品认证示范县创建工作，获得有机产品认证书2张、转换证书21张。

工业。推进"2+1"主导产业（"2"即纺织产业、动力电池产业，"1"即农副产品精深加工业），完成工业投资37亿元，新增规模以上工业企业6户，培育营收超10亿元企业2户，园区营收130亿元，规模以上工业总产值110亿元。贝特瑞一期、万鹏时代一期等18个产业项目投产，上源一期、天之华三期等12个产业项目加快建设，经开区供水补水厂、王场生活污水处理厂、产业新居等20个园区基础设施配套项目基本建成，丰屏线、城孜π线、九河110千伏变电站等10个项目加速推进；智慧园区指挥中心正式投用，分布式光伏发电项目全面推开。

服务业。服务业增加值43.5亿元，"升规入统"服务业企业5户、贸易企业15户。龙华、书楼、新市区域文旅项目全面铺开，云顶仙居、玫鳞花溪生态度假村建成投运，马湖府古城、龙神沟文旅项目有序推进，四季果园成功创建省级研学旅行基地，锦屏村成功创建省级乡村旅游重点村。鸿正国际、丹山碧水等特色街区日益繁华，花屏里商业街开业运营，"屏山大夜市"开市。智慧农贸商超、"红船坊"农副产品交易中心建成投用，建成县级电子商务仓储物流配送中心，电商网络零售额1.5亿元。

文旅品牌

境内石柱地新石器遗址被列为2011年中国十大考古发现，将川南人类活动史上溯了3000余年。拥有世界第一立佛——八仙山立佛，中国历史文化名镇——龙华古镇，国家级文保单位楞严寺、龙氏山庄，国家级自然保护区——老君山自然保护区，屏山环

● 彝族新年（屏山县地方志办公室 提供）

● 锦屏茶海（屏山县锦屏镇 提供）

崖丹霞国家地质公园，川南最早中都油菜花海、古蜀夷都中都皇城，四川最大文物搬迁复建工程——马湖府古城，县城江北翠湖、锦屏茶海和万亩李园、金沙江库区百里水果带，省级非物质文化遗产金沙江下游船工号子和龙华女子踩桥，市级非物质文化遗产屏山炒青传统制作技艺和屏山县彝族新年节等文化旅游品牌。

烟雨龙华。龙华古镇是国家级历史文化名镇，因五代时期建有龙华寺而

● 烟雨龙华（曾忠 拍摄）

● 川南最早中都油菜花海（屏山县中都镇 提供）

● 四川最大规模文物搬迁复建工程——马湖府古城（唐仁 拍摄）

得名。古镇历史悠久,三国时,诸葛孔明在此经过,后建有武侯祠。明清古街历史气息浓厚,风格别致。古寨门、串架房、小青瓦、卧波凉桥、青苔小路,构成古镇最幽谧的符号,加上众多历史遗迹、神奇传说和丰富的地方美食,赋予了龙华世外桃源般的记忆,令人流连。

中都油菜花海。屏山县中都镇旧称夷都,是古蜀国鱼凫王支子的封地。鱼凫王后裔在此生息繁衍两千多年,集聚了深厚的夷都文化。中都菜花在农历春节之前陆续开放,是川南最早开放的油菜花海。满山金黄,掩映在皑皑的雪山下,远远望去,古朴的红石民居与菜花交相映衬,产生强烈的视觉冲击之美。

马湖府古城。位于屏山县书楼镇。屏山三国时属马湖县,唐宋时属马湖部,元明清时属马湖路、马湖府。因向家坝电站建设,故将屏山县42处文物古迹集中搬迁复建,建成马湖府古城,是四川最大规模的文物搬迁复建工程。主要有省级文物保护单位万寿寺、万寿观、禹帝宫和屏山老县城城门承恩门、翔凤门、迎江门及平夷长官司土司衙门、楼东万寿宫、凌氏家祠等。游马湖府古城,如置身屏山千年历史,可以感悟厚重历史和深邃文化魅力。

环崖丹霞。分布于屏山县西部的夏溪、中都、新市一带。以典型的环崖丹霞地貌为核心,表现为"环崖、顶平、身陡、麓缓"等特点,成为中国丹霞地貌的又一完美补充。在朝霞夕辉照映下,赤壁环环相连、色若渥丹、灿若明霞,这里是四川乃至中国不可多见的典型环状丹崖长廊,堪称川、黔、渝丹霞景观带上最耀眼的明珠。屏山环崖丹霞国家地质公园总面积71.22平方千米,由大红岩和龙神沟两个独立园区组成,其中大红岩园区面积49.12平方千米。公园及周边景观资源丰富、生态环境优美,夷都文化和彝族文化历史悠久,以当地红色砂岩为建筑材料修

● 环崖丹霞——夏溪乡红光村大红岩(屏山县夏溪乡 提供)

建的屏山红屋,体现了人类与大自然的和谐共处。

翠湖点赞。翠湖即雷家沟水库,位于屏山县屏山镇永康村,从高处俯瞰酷似一只正在点赞的大手,俗称五指湖。翠湖水域面积约400亩,碧波荡漾,绿荫葱茏。湖岸青山环绕,湖中鱼虾若隐若现。森林覆盖面积大,空气清新,是闲暇度假、摄影和垂钓者的最爱,未来将成为康养开发的最佳选择。

风味美食

屏山苞谷粑。屏山特色地方小吃。先将干苞谷(玉米)用石灰水煮至用手捏能脱皮,滤去石灰水,用清水漂存。将漂过的苞谷淘洗干净,滤水后,用石磨磨细,手工做成团,再加入馅,压成扁形,贴于铁锅之上,锅底放水少许,盖上锅盖,蒸20分钟左右,即可起锅食用;也可将蒸熟后的苞谷粑回锅用油煎,待煎起一层厚厚的锅巴时,再食用,更加香脆可口;也有不加馅,不回锅,熟后即食的。

中都粿粿。又名人参果、宫廷果,屏山县特色名小吃,市级非物质文化遗产项目。中都粿粿香甜可口,米花清香与芝麻酥香合为一体,外皮糯软甜香,果心酥脆化渣。制作时先将糯米用水浸泡2天左右,然后打成粉状,做成粑粑,放在沸水中煮熟,捞起搅拌均匀,摊在簸箕内切条晾干,制成粿粿半成品;用桐油加河沙热炒或者用菜籽油炸粿粿,再用熬好的红糖浇在粿粿上,将裹好糖的粿粿放在簸箕内,裹上芝麻或苏麻便制作成中都粿粿。

彝家坨坨鸡。选用农家散养公鸡,将鸡宰成12坨,特别注意要将鸡头和脖子连在一起。煮到八分熟,沥干水气,再入锅翻炒,放入盐、花椒粉、海椒粉、木姜籽、蒜苗炒香,再用彝族特有的红黄黑餐具起锅装盘上桌。食用时要蘸两滴木姜油,而鸡头要献给最尊贵的客人。

屏山白魔芋。属于金沙江流域白魔芋产品中的优质品。富含多种维生素、氨基酸和钾、磷等矿物质元素,其中葡甘聚糖含量平均可达67.8%。屏山白魔芋产品是一种功能性食品,具有不被吸收、不含热量、有饱腹感的特点,能减少和延缓葡萄糖的吸收,是治疗糖尿病的良好辅助药物,且可预防肥胖和减肥。

发展定位

屏山县以高质量发展为主题,聚焦"115"总体谋划,全力打造宜宾建成全省和成渝地区经济副中心新兴增长极,建成西南最大现代纺织产业基地,争创县域经济转型发展示范县、东西部协作示范县、生态宜居示范县、民族团结进步示范县和党建引领示范县,形成"一极一基地五县"发展新格局。构建发展质效好、生态环境优、城乡面貌新、群众实惠多、党风政风实的良好局面,加快建设幸福奋进新屏山,高质量开启全面建设社会主义现代化屏山新征程。

发展目标

到2026年,主要经济指标增速保持全市前列,GDP突破170亿元,三大产业结构比达到20∶41∶39;乡镇人居环境明显改善,公共服务设施全面配套,城镇化率超过50%;森林覆盖率不断提高,长江上游生态屏障更加巩固;实施创新驱动发展战略,建成宜宾国家高新区屏山园区和省级农业科技示范园;社会保障更加健全,新增城镇就业人口1.5万人以上,城镇登记失业率控制在4.2%以内,公共服务能力显著提高;法治建设取得新进步,城乡基层治理水平取得新提升,安全保障更加有力,民族和谐、共同发展成为主旋律,建成全省民族团结进步示范县。

(撰稿:陈英 文洪 审稿:黄晓妹)

广安市

基本情况

广安市位于四川省东部、华蓥山中段、渠江和嘉陵江中游，距重庆市区100余千米，是四川最东端的城市。地理坐标为东经105°56′~107°19′，北纬30°01′~30°52′，东西宽134.5千米，南北长93.6千米，东面邻水县与达州市大竹县相交，南面邻水县与重庆市长寿区相交，西面武胜县与重庆市合川区交界，北面岳池县与南充市高坪区交界，前锋区北面与达州市渠县交界，行政区域面积6339平方千米。

广安市地形呈扇形分布于川东丘陵与平行岭谷两大地形区之间，属于四川盆地盆底逐步向盆周延伸地带。纵贯于东南部的华蓥山脉将广安市分为两大地貌单元。整个地势东高西低，中西部为丘陵区，即四川"红色丘陵"的一部分。地貌包括浅丘带坝地貌、低山深丘地貌、中丘中谷地貌、平行岭谷低中山地貌四种类型。辖广安区、前锋区、华蓥市、岳池县、武胜县、邻水县，人口460万。市政府驻广安区思源大道2号。

历史沿革

广安上古属梁州，殷属雍州，周立巴子国，周慎靓王五年（公元前316年），设巴郡于江州（重庆市），广安属巴郡。南朝齐，析垫江（合川区）设汉初县。南朝梁普通三年（522年），从宕渠县析置始安县。梁大同三年（537年），析宕渠县置邻水县。唐武周万岁通天二年（697年），析南充县（高坪区）、相如县（蓬安县）置岳池县。宋开宝二年（969年），在渠江县浓洄镇（广安区浓洄街道办事处）置广安军。元（世祖）至元四年（1267年），立武胜军。至元二十年（1283年），置广安府。明洪武四年（1371年），改广安府为广安州。随后，广安州、岳池县、邻水县属顺庆府。民国二年（1913年），改广安州为广安县。民国三年（1914年），改定远县为武胜县。

1949年12月，邻水县、武胜县、广安县、岳池县相继解放。1950年，岳池县、武胜县隶属川北行署南充专区，广安县、邻水县隶属川东行署大竹专区。1953年，撤销大竹专区，广安县划入南充专区，邻水县划入达县专区。1968年，改专区为地区，各县隶属不变。1978年4月，从广安县、岳池县划出1镇16个公社设置华蓥工农示范区，隶属南充地区。1979年10月5日，华蓥工农示范区更名为华云工农区。1985年2月4日，撤销华云工农区，设立华蓥市（县级）。

1993年7月2日，设立广安地区，辖南充地区的广安县、岳池县、武胜县、华蓥市和达县地区的邻水县。1998年7月31日，撤销广安地区和广安县，设立地级广安市，辖广安区、岳池县、武胜县、邻水县，代管华蓥市。2013年2月22日，将广安区1个街道7个镇5个乡分设前锋区。广安市增辖前锋区。

重要资源

土地资源。全市辖区面积633921.86公顷，其中，国有土地46555.57公顷，集体土地587366.29公顷。全市耕地307881.07公顷，占辖区面积的48.57%；划定永久基本农田248477.10公顷，占耕地面积的80.71%。全市园地16669.69公顷，占辖区面积的2.63%；林地131759.61公顷，占20.78%；草地8107.74公顷，占1.28%；城镇村及工矿用地76808.93公顷，占12.12%；交通运输用地11630.63公顷，占1.83%；水域及水利设施用地27966.47公顷，占4.41%；其他土地53097.72公顷，占8.38%。

矿产资源。矿藏有煤、石灰石、杂卤石钾盐、天然气、页岩、矿泉水、岩盐、石膏、硫铁矿、菱铁矿、白云岩、玄武岩、黏土、砂岩、地热等矿种。煤炭主要分布在华蓥山脉沿线，广安市境内探明煤炭资源4.2亿吨；石灰岩广泛分布于华蓥山、铜锣山三叠系嘉陵江组、雷口坡组及侏罗系自流井群大安寨段地层中，品位高，探明资源储量4.55亿吨，主要分布于华蓥市、邻水县、前锋区。

森林资源。广安境内植物种类有392种（不含近千种药用植物），隶属蕨类植物门、裸子植物门、被子植物门等三大门六大类，分属116科，其中，蕨类植物12科、18种；裸子植物8科、27种；被子植物96科、347种。

野生动物。广安有虎豹、猴、穿山甲、野猪等多种动物。境内野生动物有兽类14科30种、鸟类11目36科115种、爬行类19种、蛙类10种。

自然保护地。广安市现有自然保护地总面积31765.75公顷（不交叉重叠面积18964.85公顷、一次性交叉重叠面积12800.9公顷）。各类自然保护地9个，分别为1个县级自然保护区，即邻水县倒须沟树蕨自然保护区；森林公园3个，即华蓥山国家森林公园、四川省罗家洞森林公园、四川省万峰山森林公园；湿地公园3个，即广安白云湖国家湿地公园（试点）、护安省级湿地公园、龙女湖省级湿地公园；风景名胜区1个，即华蓥山省级风景名胜区；地质公园1个，即华蓥山国家地质公园。

基础设施

广安机场选址获得中国民航局批复，规划占地面积约2909亩，投资估算约21.68亿元。西渝高铁广安段建设有序推进，长达20余千米、纵贯多个乡镇的华蓥段，自2022年11月以来，先行用地上的"三桥四隧"已陆续开工建设。广安东站正完善配套规划和推进房屋拆迁等前期工作，建成通车后，预计广安到重庆主城区22分钟，到西安1.8小时，到昆明3.3小时，到北京6.5小时。银昆高速巴广渝段、遂广高速、广安过境高速东环线及渝广高速支线建成通车，6个县（市、区）全部通高速公路。建成岳广华大道、港前大道、官盛大桥等重点项目，开工建设广武和广邻快速通道，主城区到县（市、区）将全部通一级公路。改善县乡公路1000千米，新（改）建通村硬化路3150千米，创建"四好农村路"国家级示范县1个、省级示范县4个。全市公路通车总里程超过1.4万千米，增加近3000千米，公路网密度居全省前列。

公路。广安是川东北交通枢纽，境内国道210、212、305、318及省道203、304、18和县、乡、村公路纵横交错公路网络四通八达。

铁路。广安拥有客运火车站 5 个（广安站、广安南站、岳池站、华蓥站、武胜站），其中广安站是川东片区重要的物资、客源集散地，每日有 20 对客运列车停靠，可直达重庆、昆明、西安、郑州、北京、乌鲁木齐、广州、宁波、哈尔滨、太原和武汉等。

水运。广安港由分布在渠江、嘉陵江广安段的广安港区、华蓥港区、岳池港区和武胜港区 4 个港区组成的"港群"。广安港是川东北地区产业布局、物流运输和经济发展的重要支撑，对促进沿江产业带发展、腹地资源开发具有重要意义。川东北地区首个现代化港口——广安港新东门作业区一期工程于 2013 年 1 月 15 日正式开港试运行，新增集装箱吞吐能力 15 万标箱。全部建成后，集装箱年吞吐能力将达到 40 万标箱。目前广安至重庆航道已基本实现常态通行 1000 吨船舶，是一条川渝共建的"黄金水道"。

主要产业

2022 年，全市地区生产总值 1425.0 亿元，按可比价计算，比上年（下同）增长 0.3%。其中第一产业增加值 247.2 亿元，增长 4.4%；第二产业增加值 444.2 亿元，下降 5.2%；第三产业增加值 733.6 亿元，增长 2.2%。三大产业结构由上年的 17.2∶32.9∶49.9 调整为 17.3∶31.2∶51.5；人均地区生产总值 43901 元，增长 0.5%。

2022 年，全年粮食播种面积 29.2 万公顷，粮食总产量 179.7 万吨，全年肉类总产量 33.9 万吨，禽蛋产量 8.3 万吨，牛奶产量 2730.0 吨，蚕茧产量 1955 吨。全年生猪出栏 378.2 万头，牛出栏 2.8 万头，羊出栏 25.6 万只，家禽出栏 3470.4 万只，兔出栏 508.4 万只。水产品产量 7.3 万吨。

全年完成营造林面积 13333.3 公顷，森林总面积 200786 公顷，森林覆盖率 31.67%。年末共有自然保护区 1 个，总面积 183.2 公顷。

2022 年，全市民营经济增加值 816.3 亿元。工业增加值 314.3 亿元，年末规模以上工业企业 624 户，新培育规模以上工业企业 69 户。规模以上工业企业实现营业收入 1244.9 亿元。全年全社会消费品零售总额 617.4 亿元。

截至 2022 年底，全市现有 A 级旅游景区 30 家，省级旅游度假区 2 个，省级生态旅游示范区 1 个，星级酒店 6 家，旅行社总社 19 家。

2022 年，全市共有国家综合档案馆 7 个，公共图书馆 7 个，博物馆、陈列馆 10 个，文化馆 7 个，乡镇（街道）综合文化站 179 个。广安市档案馆保存全宗 132 个，以卷为保管单位 76056 卷、件为保管单位 442027 件，录音磁带档案 117 盘、照片 6343 张、实物档案 235 件、印模 383 个、馆藏资料 3662 册。全市县级融媒体中心 6 个，广播综合人口覆盖率 99.79%，电视综合人口覆盖率 99.81%。

文旅品牌

神龙山巴人石头城。国家 4A 级旅游景区。位于广安市新城南郊的神龙山巴人石头城，是中国古代巴人遗址，相对高度 81 米，为广安城区最高点。因其山势突兀险要，像腾龙蜿蜒欲飞，而被称为"神龙山"，自古为兵家必争之地，被誉为巴国门户，东指荆楚，南卫虎都，西连蜀汉，北望三秦，是古代巴国通往秦蜀的要径。最具特色的是由数万块重以吨计的条石构建而成的古堡，气派雄浑、线条刚直，是中国巴人文化遗存。

华蓥山旅游区。位于华蓥市，是世界罕见的喀斯特早期发育奇观。国家 4A 级旅游景区、国家地质公园、国家森林公园、全国红色旅游经典景区、全国爱国主义教育基地、四川省级旅游度假区、四川十大

● 神龙山（郑继明 拍摄）

● 华蓥山石林（郑继明 拍摄）

● 天意谷景区（郑继明 拍摄）

消夏避暑度假区，是双枪老太婆、江姐等红岩英烈战斗地。景区呈现出"春绿、夏荫、秋红、冬雪"的四季变化，是观光旅游、消夏避暑、休闲度假的好去处。

天意谷景区。国家4A级旅游景区。位于邻水县甘坝乡境内，华蓥山最高峰——高登山南麓，方圆15平方千米，距县城20千米，是聚华蓥山千峰万峡之水于一流，与喀斯特地貌的断裂层相遇后形成的地质奇观。在仅数千米长的峡谷内就有无数的溶洞和瀑布群。洞中大瀑布全长800余米，分上、中、下共三迭。

宝箴塞。国家4A级旅游景区、全国重点文物保护单位。位于广安市武胜县宝箴塞镇方家沟村，距武胜县城25千米，通过省道304线到达仅需25分钟。始建于清宣统三年（1911年）秋，占地26000多平方米，8个天井，108道门，寨墙高6.5米，

● 宝箴塞（郑继明 拍摄）

● 白坪—飞龙乡村旅游度假区（郑继明 拍摄）

● 邻水县五华山旅游区（郑继明 拍摄）

宽0.4～1.5米，长560米。系当地豪门段氏家族为避战乱而修建的集军事防御、生活起居于一体的全封闭式川东民居建筑群。段家大院面积约20000平方米，是宝箴塞的重要组成部分。

白坪—飞龙乡村旅游度假区。国家4A级旅游景区。位于武胜县域东北部，距武胜县城4千米，地处成渝经济区腹心地带，面积50平方千米，辖飞龙镇、三溪镇2个乡镇。景区突出传统农耕、民俗文化和田园风光特色，分布花样年华、橙海阳光、丝情画意、四季花海、开心农场、金色大地六大景区，及红岩英雄文化陈列馆、中小学生综合实践基地、下坝记忆、甜橙新村、柑橘博览园、竹丝画帘文化村、剪纸艺术文化村、河尔口庄园、航空基地、荷塘月色、李家老院、胜天渡槽等景点，是集休闲度假、观光体验、文化创意于一体的度假胜地。

五华山旅游区。位于邻水县与重庆长寿区交界处，紧邻达渝、沪蓉高速公路。主要景点有老君爷、游子望乡台、丽花长廊、森林树屋、植物创意园等。周边相邻有兵戈遗址、千年桫椤、明月温泉、千岛洪湖、汉泥宋瓷等旅游点。五华山由大狮山、中狮山、小狮山、挺肚山、凤凰山构成。

风味美食

盐皮蛋。广安盐皮蛋起源于广安区协兴镇牌坊村。因盐皮蛋具有皮蛋和盐蛋之美味，故得名。盐皮蛋选用当地麻鸭蛋，辅料选用香叶、茴香、肉蔻、八角、白蔻、山柰、鲜姜、食用盐、碱等数十味中草药配制而成。

岳池米粉。自清康熙年间，岳池人就开始自制米粉，作为早餐主食。最先开办于清光绪初年的东

● 邻水脐橙（郑继明 拍摄）

外街肥肠粉馆，用八角、茴香、山柰、生姜等香料与猪肠加水炖制，用细火炖烂豌豆成汤，外加椒油（花椒、辣椒粉煎菜油而成）、葱、姜、蒜、酱、醋等佐料，精制而成。

武胜麻辣牛肉。武胜县沿口镇回民于1938年创制，在取材、切片、煮坯、焙制、煎炸、拌料等各道工序和正确掌握调味用量，调味品性质等方面不断改进，逐步完善，最终创造出今日闻名遐迩的武胜麻辣牛肉。

武胜麻哥面。武胜麻哥面是由武胜人冯基民首创。因其外貌特征被人谑称为"麻哥"，故称"麻哥面"。麻哥面柔而不稠，味道独特，以"麻、辣、香、鲜"而闻名。

邻水脐橙。邻水脐橙果实较大，近圆形，端正整齐，果皮橙色均匀，果皮中厚，较易剥皮，果肉橙色，脆嫩化渣，多汁，富香气，酸甜适中，风味浓，无核。

发展定位

联动双核，区域协同。深化川渝合作示范区建设，承接成都、重庆极核辐射带动，强化战略协同、规划衔接、政策融合、项目共建，推进成都·广安"双飞地"生物医药产业园、川渝高竹新区等尽快建成见效。

发展目标

经济实力迈上新台阶，经济总量向2000亿元冲刺，年均增长7%以上，经济发展质量和效益明显提升。

产业发展形成新优势，建设"工业强市"取得积极进展，加快建设成渝地区世界级先进制造业集群配套基地和具有全国影响力的特色优势产业基地。

开放合作开创新局面，基本建成探索经济区与行政区适度分离、跨省域一体化发展试验区。

交通网络构建新体系，广安机场、高速铁路、高速公路、国省干线公路、城际快速通道和航运港口等加快建设，基本建成内畅外联、多式联运的"空铁公水"现代综合立体交通体系。

（撰稿：蒋敏　审稿：彭俊才　席云超）

01 广安区

基本情况

广安区位于四川省东部，华蓥山中段西侧，长江二级支流渠江下游，处于东经106°32′~106°57′，北纬30°21′~30°50′之间，辖区面积1027.75平方千米。东邻前锋区、邻水县，南接华蓥市，西连岳池，北靠渠县、蓬安县。南至重庆市区130千米，西距成都市280千米。区政府驻广安区人民路1号。

广安区是中国改革开放和社会主义现代化建设总设计师邓小平同志的故乡，是广安市的政治、经济、文化中心，是四川知名城市、川渝示范合作的桥头堡和先行区。广安区山川秀美、人杰地灵、物产富饶，是全国文明城市、国家卫生城市、中国优秀旅游城市、国家园林城市、国家森林城市、全国综合治理优秀城市、全国双拥模范城市、四川省首批旅游强县、天府旅游名县。拥有伟人故里、川东门户、滨江之城、红色旅游胜地四张名片；拥有国家5A级旅游景区邓小平故里，是全国首批12个"重点红色旅游区"之一和30条"红色旅游精品线路"的重要节点，被央视评为"大美中国·网络人气奖"。

历史沿革

广安地域，春秋属巴国，秦属巴郡宕渠县，"迄汉及晋，综属宕渠县之西南地"。

宋乾德三年（965年），渠江县方为宋所据。开宝二年（969年），宋太祖"从四川转运使刘仁燧之所请""以合、果、渠三州相去路远，山川险僻，多聚寇攘"（《太平寰宇记》卷138），于渠江县境秀屏山（亦称翠屏山、银顶山）下的浓洄镇置军，取"广土安辑"之意，命名为广安军（隶夔州路）。广安一名，遂由此始。

1949年12月9日，广安解放，隶属川东区大竹专员公署。1953年3月，大竹专员公署撤销，改属南充专区专员公署。1968年9月，南充专区改称南充地区，县随之改属。

1993年7月2日，设立广安地区，广安县划归广安地区管辖。

1998年7月31日，撤销广安地区和广安县，设立地级广安市。广安市设立广安区，以原广安县的行政区域为广安区的行政区域。

2013年2月，广安区分设为广安区和前锋区。调整后的广安区辖31个乡镇、5个街道。

2019年12月31日，调整部分乡镇行政区划，乡镇（街道）由36个调整为25个，辖龙安乡、彭家乡、白马乡、穿石镇、官盛镇、协兴镇、浓溪镇、悦来镇、兴平镇、井河镇、花桥镇、龙台镇、肖溪镇、恒升镇、石笋镇、东岳镇、白市镇、大安镇、大龙镇、枣山街道、广福街道、中桥街道、万盛街道、浓洄街道、北辰街道。

重要资源

土地资源。广安辖区面积102779.23公顷，其中，湿地251.54公顷，耕地44697.6公顷，园地3568.15公顷，林地27889.84公顷，草地599.12公顷，商业服务用地400.78公顷，工矿用地255.59公顷，住宅用地8067.67公顷，公共管理与公共服务用地855.81公顷，特殊用地109.21公顷，交通运输用地3746.8公顷，水域及水利设施用地5208.3900公顷，其他土地7128.73公顷。

矿产资源。境内已发现矿产资源7种，其中，能源矿产有石油、天然气2种，非金属化工原料矿产有岩盐1种，建材原料矿产有页岩（砖瓦用）、膨润土、建筑用砂岩、河道砂石4种。

森林资源。森林植被属中亚热带针阔混交林和常绿阔叶林植被区。有次生形成的针阔混交林，常绿、落叶阔叶混交林，灌丛等自然植被；有常绿针叶林，常绿阔叶林，落叶阔叶林，针阔混交林，竹林等人工植被。

基础设施

广安交通网络初步形成，沪蓉高速、包茂高速、兰海高速在境内交会，巴广渝、广遂高速经过全区，5条高速公路在境内纵横交错，距重庆1小时车程，成都2.5小时车程。

2022年完成撤并建制村畅通工程100.0千米，一定规模自然村通硬化路18.0千米，美丽乡村旅游路30.0千米，安防工程100.0千米。区本级公路通车总里程为3110.1千米，其中高速公路里程110.1千米，等级公路2970.1千米。

● 小平故里（郑继明 拍摄）

● 建设中的四川广安临港经济开发区（张国盛 拍摄）

主要产业

2022年，全区实现农林牧渔业总产值70.1亿元，农林牧渔业增加值42.7亿元。全区粮食播种面积5.56万公顷，粮食总产量32.7万吨，油料种植面积1.11万公顷，产量2.9万吨，蔬菜及食用菌种植面积0.93万公顷，产量47.7万吨。全年猪牛羊肉总产量5.80万吨，禽蛋产量1.49万吨，禽肉产量0.85万吨，蚕茧产量314.2吨。全年生猪出栏77.45万头，肉牛出栏4398头，羊出栏3.71万只，家禽出栏630.87万只。全区新（改、扩）建生猪规模养殖场7个，其中已完成5个，2个在建，年新增生猪出栏规模6万头。恒升镇菜恒生猪养殖场新增为省级生猪产能调控基地。建成石笋镇斜石村5000头湖羊种羊基地，采购湖羊种羊2500只，"湖羊致富"和"万户奔康"工程持续发展，全区湖羊存栏2万余只，出栏湖羊1.8万余只。

全年森林面积3.3万公顷，森林覆盖率32.5%。区本级优质粮油基地面积25.0万亩、优质蔬菜基地面积4.2万亩。

2022年，全区全社会消费品零售总额182.1亿元。区本级全社会消费品零售总额159.9亿元。

区本级A级旅游景区共7个，其中5A级和4A级旅游景区各1个，全年实现旅游收入38.6亿元，接待旅游人数536.0万人次，星级酒店5个，星级酒店客房589间。

文旅品牌

广安区有7个A级旅游景区，其中邓小平故里旅游景区为5A级旅游景区，神龙山风景区为4A级旅游景区，翠屏公园、北辰湖公园、大云山、巴上草原为3A级旅游景区，肖溪古镇为2A级旅游景区。旅游资源总数约1000个，省五星级现代农业园区1个。

浔栖江南度假区。浔栖江南度假区是浙江省湖州市南浔区对口帮扶广安区，推进东西部扶贫协作的一项示范工程，由广安浔广旅游发展有限公司开发建设。位于广安区大龙镇光明村，总投资12000万元，占地面积100余亩，依山而建，仿照江南水乡风格建造亭台楼阁、小桥流水、粉墙黛瓦，打造集高端民宿、绿色餐饮、户外游乐、会务培训等等多种功能于一体的休闲旅游度假区。

百美村宿。中国扶贫基金会美丽乡村旅游扶贫创新公益项目。该项目探索全新的"乡村旅游扶贫+"模式，搭建乡村和外部联结平台，重估贫困村价值，创造以村为本的发展机会。大龙镇干埝村百美村宿由中国三星集团、中国扶贫基金会、广安市广安区人民政府共同打造实施，投入资金7000万元，借助韩国乡村发展理念，通过精品民宿、村庄展览馆、餐饮、农副产品、手工艺品等带动乡村旅游经济，实现贫困人口精准脱贫。

羊仔小镇。全国首个万头种羊基地和首个羊文化主题乐园。为浙江湖州市南浔区东西部扶贫协作产业帮扶重点项目，位于广安区石笋镇。计划总投资约6000万元，占地面积约200亩，建筑面积2.6万平方米。建设标准化种羊场、交易集散中心、科普展览馆、技术培训、餐饮以及"羊"文化系列游乐项目。打造美丽牧场、湖羊繁育、养殖培训、农旅融合和羊文化五大特色，构建集"养殖、生态、休闲、科普、娱乐、美食"于一体的、具有西部风情的"世界羊仔小镇"。

风味美食

龙安柚。源于广安区龙安乡群策村村民唐延文家屋后的两株1953年生柚树，由广安区经济作物技术推广站选育而成。龙安柚果实中大，长圆锥形或

● 浔栖江南度假区（张国盛 拍摄）

● 百美村宿（张国盛 拍摄）

● 羊仔小镇（廖小兵 拍摄）

● 第五届龙安柚旅游文化节（张国盛 拍摄）

梨形，平均单果重1298.2克，果顶平正。果皮黄橙色，汁胞粉红色，肉质脆嫩，酸甜适度，汁多，无核或少核。

白市柚。白市柚，圆形，果色橙黄、果大皮厚、味甜汁多、香气浓郁。栽种面积已超2.3万亩，总产量3600多万枚，总产值1.08亿元。

发展定位

城市发展能级显著提升，城北老城区改造全面完成，官盛新区"公园城市示范区"基本建成，公共服务体系更加健全优质，人居环境更加便捷舒适。乡村振兴成为全省示范，"2+6"现代农业产业体系基本形成，场镇特色更加鲜明、功能更加完善，农村基础设施和人居环境大幅改善。服务业发展活力强劲，建设川东北区域性消费中心城市、四川省服务业发展示范城市，打造成渝两地休闲旅游目的地、重庆"后花园"。

发展目标

着力建设宜居宜业城市，将官盛新区打造为广安的"天府新区"。深入实施乡村振兴，加快建设"美丽广安·宜居乡村"。积极创建全省实施乡村振兴战略先进县，将龙安乡建成全域乡村振兴示范乡镇，建设5个乡村振兴示范村。力争新建标准化现代农业产业基地6万亩，建成省级现代农业园区1个、市级现代农业园区4个、区级现代农业园区4个。启动花桥中心镇、石笋特色场镇建设，将白马乡建成标准化试点示范乡镇。壮大浔广产业园，加快建设爱众新能源智慧产业园，启动建设花桥农产品加工产业园，同步统筹发展乡镇农产品初加工产地。

（撰稿：王邱悦 审稿：汪良慧 张洪林）

02 前锋区

基本情况

前锋区位于广安市东部、华蓥山中段西侧，地处长江二级支流渠江东岸，西与北靠广安区，南连华蓥市、邻水县，东与达州市大竹县相邻。处于东经106°38′~106°59′，北纬30°26′~30°39′之间。辖区面积505.6平方千米。辖8个镇4个街道，116个行政村，32个社区，户籍人口36.2万。其中护安镇、奎阁街道、新桥街道由广安经开区代管，总面积110平方千米，户籍人口6.8万。区政府驻广前大道42号。

历史沿革

前锋区于2013年2月由原广安区分置。前锋区境域在禹贡时属梁州之域，古蜀国地，春秋为巴国，秦属巴郡宕渠县。后前锋区域属广安区，并随广安区建制的变化而变化。

2013年2月，设立广安市前锋区。将广安市广安区的奎阁等13个乡（镇、街道）划归前锋区管辖。

2015年7月，撤销前锋镇设立大佛寺街道，撤销虎城乡设立虎城镇，撤销龙滩乡设立龙滩镇。

2016年5月，设立龙塘街道。将大佛寺街道的平桥等18个村（社区）划归龙塘街道管辖。

2017年8月，撤销新桥乡设立新桥街道，以原新桥乡的行政区域为新桥街道的行政区域。

2019年12月，撤销小井乡，将原小井乡的温江等7个村划归观阁镇管辖；双流等14个村划归龙塘街道管辖。撤销光辉乡，将原光辉乡中村等9个村划归广兴镇管辖；五星等4个村划归龙滩镇管辖。将原龙塘街道的双狮等5个村（社区），划转到大佛寺街道管辖。

2020年5月，前锋区254个村调整为116个，优化设置32个社区；村民小组优化设置为1079个，居民小组优化设置为272个。

重要资源

土地资源。前锋区现有耕地面积21554.67公顷，占土地总面积的42.63%；园地面积2197.27公顷，占土地总面积的4.35%；草地面积为14.71公顷，占土地总面积的0.03%；城镇村及工矿用地面积为8116.65公顷，占土地总面积的16.05%；交通运输用地面积为1084.87公顷，占土地总面积的2.14%；水域及水利设施用地面积为2205.55公顷，占土地总面积的4.36%；其他土地用地面积为3104.97公顷，占土地总面积的6.14%。

矿产资源。区内共发现矿种30种,能源矿产有煤、石油、天然气;非金属化工矿产有岩盐、含钾岩石、天然石英砂等;非金属建材原料矿产有石灰岩、石膏、黏土(水泥用)、页岩(砖瓦用)、膨润土、建筑用砂岩、水泥用砂岩等;黑色金属矿产有菱铁矿等。除石油、天然气外,查明资源储量矿产10种,主要矿产地61处,其中大型3处、中型2处、小型52处。区内优势矿产主要为煤、天然气、石灰岩。

林业资源。区内已知有维管束植物200科、692属、1400种。有以马尾松、杉木、柏木为主的亚热带针叶林,以丝栗、香樟、桉树、橘柚为主的常绿阔叶林,以喜树、香椿、杨树、麻栎、青冈为主的落叶阔叶林,以火棘、刺梨、山茶、杜鹃花、山苍子为主的山地灌木,以白茅、巴茅为主的山地草丛。珍贵树种有水杉、银杏、红豆杉等。全区森林面积1.97万公顷,森林覆盖率42.4%。

水利资源。长江二级干流渠江环绕全境,通航能力达千吨级,芦溪河、龙滩河、梭罗河等中小河流分布前锋区内。有水库22座(不含经开区),各类灌溉渠道168.58千米;山坪塘(石河堰)1798座;蓄水池1826口;小型水电站8处,总装机容量32195千瓦,年发电量13571.3万千瓦时;泵站99处。

基础设施

交通建设。前锋交通便捷,物畅其流,1小时达重庆,3小时至成都,5小时上西安、下贵阳、赴武汉;襄渝铁路贯穿南北,二级客运货运前锋火车站,成为川东北地区重要的交通枢纽和客货集散地,是渝新欧铁路的重要节点;渠江环绕全境,通航能力达千吨级,年吞吐量百万标箱的广安港开港运行,可直达重庆两路寸滩保税港区。地处重庆、成都、西安三大都市交会的重要节点,镇广高速纳入国家高速路网规划,广安过境高速加快建设,港前大道等重大交通项目建成通车,广安港可直达重庆、上海。

2022年末,全区公路总里程1169.8千米。其中国道32.7千米,省道28.9千米,县道250.9千米,乡道306.1千米,村道551.2千米。

美丽公园城市。前锋遵循"低碳、智慧、生态、人文、运动"理念,致力建设美丽公园城市典范。打纸岩最美城市脊梁、凉水井湖最美生态湿地、城市综合体最美城市中央公园,"一主三辅九星"公园体系,万亩城市生态绿地,红枫漫山、樱花绕湖、游道蜿蜒、绿树成荫,让人流连忘返。突出鲜花元素,绿化提花、美化提形、亮化提光、净化提质、文化提魂,徜徉花街、花道、花园、花海之中,"四季有花、昼夜两景",美不胜收。

● 建设中的前锋区城市综合体 (前锋区文广电旅局 提供)

●前锋区工业园区（前锋区融媒体中心 提供）

主要产业

农业。2022年，全区农林牧渔业总产值30.6亿元，其中农业产值17.6亿元，林业产值3.1亿元，牧业产值8.0亿元，渔业产值1.0亿元，农林牧渔服务业产值0.9亿元。粮食播种面积25.16万亩，粮食产量10.73万吨。生猪出栏17.12万头，肉牛出栏0.18万头，肉羊出栏5.0万只，家禽出栏194.9万只。水产品产量5428吨。全区累计培育建成县级以上现代农业园区6个，其中省级现代农业园区1个，市级现代农业园区2个。

工业。2022年，全区工业总产值442.9亿元，规模以上工业企业实现营业收入412.8亿元。其中，区本级工业总产值235.8亿元，规模以上工业企业实现营业收入214.7亿元。区本级具有资质等级建筑业企业10户。

商贸文旅业。2022年，区本级社会消费品零售总额11.99亿元，其中限额以上单位零售额2.88亿元，占社会消费品零售总额的24.1%。分经营地看，城镇消费品零售额7.92亿元，乡村消费品零售额4.07亿元。

2022年，全区共有文化馆1个、综合文化站9个、标准村级文化室84个、文化院坝94个，电影院1个，广播、电视综合人口覆盖率分别达到99.86%和99.86%，有线电视用户达5.55万户。非物质文化遗产36项，其中省级3项，市级8项。

文旅品牌

宕渠双竹连响。道具为一对绿色斑竹、手铃，曲调为川东民间小调，唱词源于生活，有感而发。

一般选用华蓥山上生长多年的斑竹，取其中段一米，在两端钻孔并缚上响铃，再配以彩绸丝带。挥舞与击打时，可发出高低起伏、节奏欢快美妙的声音。

桂兴唢呐。桂兴人创造了独具特色的铝制唢呐。在演奏时，采用"鼻吸口呼"和"口吸鼻呼"的换气技巧，吹奏出的音色圆润，无换气、断气痕迹。桂兴唢呐有重奏、轮奏等丰富多样的变化形式，技艺高超的唢呐艺人还可口吹单双唢呐，也可用鼻吹单双唢呐。曲牌有七叉子、将军令等20多套。

四方山康养旅游区。位于桂兴镇四方山村，地处华蓥山中段西麓，海拔900～1100米，山上年均气温较山下低5℃～10℃，山顶视野开阔，地貌形态以山地和沟谷地形为主，典型的喀斯特地貌，地势起伏相对平缓。总占地5.6平方千米，主要有亲子田园区、高端康养区、中心示范区、体育康养区、森林休闲区五大分区，包括医疗中心、行政服务中心、锶泉康养会所、民俗商业街、锶康酒店、生态餐厅、四方山寨旅游区、亲子农庄等。

广安·青花椒现代农业园区。国家地理标志品牌"广安青花椒"集中种植基地。园区花椒产业链条完整，已研发生产花椒日化、医药、保健等5类27种精深加工产品。花椒初加工中心、冷冻储藏中心也在加快建设，建成后基地初加工率达到90%。同时，发展"园区+旅游""园区+文创"等新业态，培育花椒主题公园、美丽休闲乡村和网红打卡点，高品质启动打造广安青花椒文化展示馆、省级非遗双竹连响文化大院，规划举办花椒美食文化节。

萧家大院。位于龙滩镇高岭村，始建于1689年，分为两个大院32间房屋，具有川东北传统建筑特色，曾是华蓥山游击队的重要驿站和集聚点，是地下党组

● 前锋区演员在2019年央视春晚《点赞新时代》节目中表演宕渠双竹连响舞（前锋区融媒体中心 提供）

● 广安·前锋青花椒现代农业园区（前锋区融媒体中心 提供）

● 欢喜坪（前锋区文广电旅局 提供）

织的重要根据地。景区以萧家大院为依托，以"华蓥山游击队故事"为主线，充分利用原有院落房屋，合理布局功能，设计参与性、体验性的项目，让游客从"听觉、视觉、味觉、触觉"全方位感受当年的峥嵘岁月，打造集红色研学、乡村旅游、避暑度假于一体的川东红色旅游的创新之作。

桃园悦野。国家3A级旅游景区。以农业生产与生态旅游融合开发的农旅产业，是四川省"助力乡村振兴、推进脱贫攻坚、建设美丽乡村"的重点扶贫项目。以千亩桃园产业为发展基础，结合当地自然资源和人文环境，重点以"原乡原野原生活"为发展理念，以"农业+旅游+康养"为特色的乡村生态农旅产业融合发展模式，全面打造"智慧农业、文创旅游、绿色康养"田园综合体。

欢喜坪。欢喜坪旅游度假区位于龙滩镇五星村，以山地运动为主题，依托山、水、林、田、石、洞等多元化的山地生态资源，精心构造了一个集生态观光、运动休闲、时尚娱乐、艺术修养、康养度假等为一体的生态旅游度假区，主要建设内容包括狂欢胜地、康养庄园、山地牧场、竹禅艺境、综合服务区等。

风味美食

桂兴羊肉。以桂兴山区生态放养的跑山羊为食材，用多种原料秘烹而成的清汤羊肉。具有益气补虚、温中暖下、暖胃养肾之功效。每年冬至后，吃桂兴羊肉是前锋人的必然选择。

三元会大蒸笼。据民间考证，系昔年大良城抗元战场上两军对垒时解决军士食物匮乏问题的速成食品，将猪肉骨头、肥肉、下水和一些粗粮大杂烩在一起蒸制，既省事，又能最大限度地填饱肚子，振作士气。已成为前锋有名的地方文化名片之一。

宏发手撕鸡。一道传统川式凉菜。采用生态跑山鸡为原料，配以宏发企业秘制的蘸料，金黄的鸡皮油泽晶莹，散发甘香，鸡肉入口细腻，油脂适中，鲜美含汁，酸辣适中，口感略微回甜。

青花椒鳝鱼段。采用田间生态鳝鱼为原料，用前锋本地青花椒和多种生态原料烹饪而成。据《本草纲目》记载，黄鳝有补血、补气、消炎、消毒、除风湿等功效，麻辣适中，味道鲜美。

龙滩锶泉鱼。精选龙滩镇朱家村富含锶元素的山泉水鱼为原料，肉质鲜嫩，闻名遐迩，可做多种菜式，营养丰富，增强人体免疫力，有预防"三高"和心脑血管疾病的作用。

发展定位

坚持产业新城、康养前锋发展定位，发挥紧邻重庆、资源富集优势，抓好品质城区、品牌园区、品位景区建设，奋力打造开放包容活力城、产城融

● 三元会大蒸笼（前锋区文广电旅局　提供）

合示范区、山水田园宜居地、区域经济增长极，深度融入成渝地区双城经济圈建设，全面建设社会主义现代化前锋。

发展目标

到2025年，全面融入重庆都市圈，与成渝双核协同发展取得突破性进展、实质性成效，基本建成成渝地区双城经济圈建设示范区。地区生产总值年均增长7%，突破150亿元，人均地区生产总值力争超过8万元，具有前锋特色的现代产业体系基本形成，川渝重要旅游目的地建设取得重大进展，争创县域经济发展先进县和省级乡村振兴先进县。城区面积达到10平方千米、常住人口达到10万。到2035年，城区面积达到15平方千米、常住人口达到15万人，基本建成小城大美公园城市和"美丽前锋·宜居乡村"，与全国全省全市同步基本实现社会主义现代化。

（撰稿：骆婧　审稿：周安秋　郑政）

03 华蓥市

基本情况

华蓥市位于四川盆地东部、川东平行岭谷的华蓥山中段西缘至渠江中上游段之间。地理坐标为东经106°40′～106°54′，北纬30°07′～30°28′。东南高西北低，市域狭长。华蓥市行政区域以华蓥山脉中段西缘脊部分水线和渠江华蓥段中心线为自然界线，东接邻水县，南连重庆市渝北区，西邻重庆市合川区、岳池县，北与广安区接壤。境域面积466平方千米，户籍人口34.7万人。市政府驻双河街道办事处红星路189号。

历史沿革

华蓥境域古属梁州地，春秋战国时期为巴国属地，秦朝首立郡县制后，市境隶属随朝代更迭和政区建置调整数度变更，所属政区名亦屡有变更。至1949年，市境分属广安、岳池、合川3县管辖。1952年，合川县庆合乡12个村成建制划归岳池县。1978年11月10日，划广安县9个人民公社、岳池县7个人民公社和1个镇，设立县级行政区——华蓥工农示范区，隶属南充地区行政公署管辖。1979年10月5日，改华蓥工农示范区为华云工农区，建制及行政区划不变。1985年2月4日，撤销华云工农区，建立县级华蓥市，辖原华云工农区行政区域，归省政府直管，委托南充地区行政公署代管。1993年7月2日，华蓥市划归广安地区，由省政府直管，委托广安地区行政公署代管。1998年7月31日，撤销广安地区，设立地级广安市，华蓥市建制、行政区划及驻地不变，由广安市政府代管。2001年9月，广安县瓦店乡整体划归华蓥市管辖。2019年12月11日，撤销观音溪镇，其所属行政区域划归高兴镇管辖，华蓥市乡镇（街道）由13个调整为12个。

重要资源

土地资源。 2021年，华蓥市有耕地10916公顷，园地2078公顷，林地23909公顷，草地267公顷，城镇村及工矿用地4288公顷，交通运输用地1727公顷，水域及水利设施用地1600公顷，湿地46公顷，其他土地15326公顷。

矿产资源。 探明矿产资源共有10种，其中能源矿产有煤、地热；非金属建材原料矿产有石灰岩、石膏、白云岩、耐火黏土、页岩、砂岩、玄武岩；水汽矿产有矿泉水。华蓥市具备开发利用价值的矿产共8种，其中煤约15000万吨、石灰岩约8亿吨、砂岩约 32000 万吨、玄武岩约 2500 万吨、页岩保有资源量约 1 亿吨、白云岩约 19000 万吨、耐火黏土约 2000 万吨、石膏约 500 万吨。

野生动植物资源。2021年，林地面积 23953 公顷，森林覆盖率 53%，非林地上的森林资源面积 2047 公顷。用材林树种主要有马尾松、杉木、柏木等 13 种；观赏与绿化树种有苏铁、银杏、华山松、柳杉、水杉、荷花、玉兰、白兰花等 32 种。各种药材 608 种。市域森林内动物种类较多，无脊椎动物 9 门，脊椎动物 24 目、63 科，其中鸟类 106 种。

水利资源。境内河流属于渠江水系，主要河流有"一江四河"，即渠江及其集水面积大于 50 平方千米的 4 条较大支流，包括清溪河、临溪河、驴溪河（胡家河）和华蓥河。渠江绕华蓥市西偏北部而过，边境流长 23 千米，4 条较大支流皆由东向西注入渠江。华蓥市以地表水为主，地下水为辅，全市多年平均当地水资源总量 24348 万立方米，单位面积产水量 51 万立方米／平方千米，其中多年平均当地地表水资源量 23910 万立方米，多年平均当地地下水资源量 3083 万立方米，多年人均当地水资源量 676 立方米。全市有水库 17 座，其中中型水库 1 座、小型水库 16 座。

基础设施

2022年，全市公路总里程 1179 千米，其中高速公路 55 千米；铁路营运里程 35 千米，火车站 2 个。

主要产业

2022年，全市实现地区生产总值（GDP）183.4 亿元。其中：第一产业实现增加值 16.5 亿元，第二产业实现增加值 83.7 亿元，第三产业实现增加值

● 华蓥山经开区（张军 拍摄）

83.2亿元。三大产业结构比例为9.0∶45.6∶45.4。全年实现民营经济增加值104.4亿元，其中：第一产业实现增加值3.5亿元，第二产业实现增加值63.9亿元，第三产业实现增加值37.0亿元。

农业。2022年，实现农业总产值26.3亿元。粮食作物播种面积27.4万亩，粮食总产量10.2万吨。蔬菜播种面积85714亩，产量158726吨。油料作物播种面积31219亩，产量4111吨。全年出栏生猪231103头，出栏牛2067头，出栏羊26868只，出栏家禽2218096只。全年主要畜禽肉类总产量20231.3吨，禽蛋产量4646吨。

工业。2022年，全部工业实现增加值55.5亿元，全年新增规模以上工业企业16户，年末规模以上工业企业户数101户。实现工业总产值179.1亿元。全年规模以上工业企业实现营业收入169.0亿元。

贸易业。2022年，实现社会消费品零售总额50.5亿元。全年实现进出口总额4.25亿元，其中：出口额3.99亿元，进口额0.26亿元。

旅游业。2022年，华蓥市成功列入四川省天府旅游名县候选县名录，创建国家3A级旅游景区3家（黑龙峡、梨香花海、百万玫瑰）、列入省级乡村旅游重点村名录2个（高顶村、姚家塝村），培育省级研学旅行实践基地创建单位2家（君兰天下、百万玫瑰）。

文旅品牌

华蓥市旅游资源富集。华蓥市石林是四川盆地海拔最高、面积最大的石林；华蓥山天池是川东最大的喀斯特天然岩溶湖泊，与长白山天池、天山天池并称"全国三大天池"。还拥有以华蓥山游击队遗址为代表的红色文化，以八大军工厂遗址为代表的三线文化；以安丙家族墓地为代表的南宋文化；以

● 华蓥山景区（李果 拍摄）

宝鼎为代表的佛教文化；以华蓥山滑竿抬幺妹为代表的民俗文化等文化旅游资源。

宝鼎风景区。山岳型自然风景区和宗教礼仪建筑群。宝鼎始建于唐代，盛于清咸丰年间。最高海拔1590米，有光明寺、黄龙寺、南宗堂、观音寺等百余座寺庙，以其悠久丰厚的佛教文化闻名天下，享有"西朝峨眉，东朝宝鼎"之美誉。传说普贤大师得道于此。景区有蔚为壮观的"四绝八景"（四绝为日出、佛光、云海、圣灯，八景为华蓥积雪、宝鼎连云、三花异树、九字灵泉、渠江落照、石镜斜阳、

华严古洞、玉壁浮光）。

晶然山。地处华蓥山高登山西部峰脉外第二峰脊，由晶然山、宣盆坝等大小不等的三个山坝组成，因其东部高耸的山岩晶莹亮丽，故名"晶（即明亮之意）然山"。景区人文景观独特，曾是"华蓥山游击队"和"双枪老太婆"的主要活动区域。这里有新华造纸厂遗址，地下党员在此曾生产过大量的《新华日报》和《群众》周刊用纸，为抗日战争和解放战争的宣传工作作出了重要贡献。

君兰天下生态文化园。生态农业与乡村休闲旅游基地。园区以"兰花"为品牌，凸显农业转型、兰花标准化生产与新农村建设亮点，以"一湖、一环、四岭、四谷"为规划格局，主要分为兰花名人园区、树生兰景观区、地生兰景观区、兰花产业循环经济区、兰花湿地生态园区、兰花园艺农庄区、兰花认知园区七大功能区。

● 宝鼎风景区（李果 拍摄）

● 晶然山风景区（谭美妮 拍摄）

● 君兰天下生态文化园（周古荣 拍摄）

风味美食

广安蜜梨。生长在华蓥山海拔 600～1000 米的云雾之中，用全国三大天池之一的华蓥山天池之水浇灌培育而成的优质早熟蜜梨。果肉洁白、肉质细嫩、松脆汁多。经农业部食品质量检测达国家绿色食品

● 广安蜜梨（华蓥市禄市镇 提供）

A 级标准。

八大碗。用蒸笼蒸出来的八道主菜，是川东人家常做的美食。八道菜一般为粉丝干鱼、清蒸杂烩、糯米老南瓜、乡村八宝蛋、木耳蒸土鸡、黄花蒸圆子、烧白、蒸酥肉，清淡味香，营养丰富，口感极好。

华蓥山薇菜。华蓥市著名特产，华蓥山山珍之首。华蓥山薇菜含有谷氨酸等七种微量元素，具有较高药疗价值，能有效调节人体的营养保健、生理功能。

发展定位

紧紧围绕"工业城、旅游市"发展定位，深入贯彻落实广安"341"现代产业体系决策部署，全力构建以崭新产业为主导的"211"现代工业体系，抢抓成渝地区双城经济圈建设战略机遇，专注发展电子信息、玄武岩纤维新材料两大崭新产业。集群集聚发展电子信息产业，抢抓华蓥电子信息产业园升级为广安市电子信息产业园发展机遇，致力搭建产业、金融、物流、外贸、人才、研发六大平台，全力打造从电子元器件生产到整机研发制造的电子信息全产业链条。提档升级传统优势产业，全力支持重点装备制造企业开展数字化、信息化、智能化改造，加快推进非煤矿山企业兼并重组，强力推动煤矿企业机械化改造，积极引导水泥建材企业环保升级改造，依法依规持续整治"散乱污"企业。全力推动华蓥山生态旅游度假区大开发。

发展目标

到 2025 年，地区生产总值年均增长 7% 以上，工业总产值突破 1000 亿元，城乡居民人均可支配收入增速与经济增长同步，地区生产总值能源消耗、二氧化碳排放降幅完成目标任务。"工业城、旅游市"发展定位成为全市上下的基本共识，"三大优势"（红岩故里革命老区、依山傍水资源富集、川东环渝交通枢纽）得以凸显，"四篇文章"（玄武岩纤维产业、电子信息产业、蜜梨产业和红色旅游产业）成为支柱产业、广安样板，"五个平台"[华蓥山经开区、高兴物流园区、对渝合作（制造）园区、高铁滨江新区、现代农业园区]成为提升华蓥市位势能级的突破载体，"同城入圈、高质发展"取得重大进展，经济发展更加稳健，产业体系更加完善，改革开放更加强劲，城乡建设更加协调，治理能力更加高效，社会文明更加进步，生态环境更加优美，人民生活更加美好。

（撰稿：谭妮 审稿：张奉胜）

04 岳池县

基本情况

岳池县位于四川盆地东部，渠江和嘉陵江汇合处的三角台地，东经106°7′～106°44′，北纬30°15′～30°48′。位于成渝1小时经济圈内，东邻广安区，东南接华蓥市，南毗重庆市合川区，西南靠武胜县，西界南充市嘉陵区，北枕南充市高坪区、蓬安县。县境南北长59.66千米，东西宽59千米，辖区面积1458.46平方千米，辖区户籍人口约112.6万人。县政府驻九龙街道正北街1号。

岳池处在成渝经济圈腹地，扼南充、达州、广安、巴中通衢之要冲，属广安"一刻钟经济圈"、重庆"一小时经济圈"、成都"两小时经济圈"，为川东北五市出川的水上必经之路。

岳池是千年鱼米之乡，自古便有"川东粮仓"之称，因盛产水稻，享有"银岳池"之美誉，故别称"银城"。

历史沿革

唐武周万岁通天二年（697年），分南充、相如（今南充市蓬安县）2县置岳池县。因境内有源于岳安山的岳池水，故名。宋开宝二年（969年）改隶广安军。元（世祖）至元二十年（1283年），撤新明、和溪县，并入岳池属广安府。明洪武四年（1371年），属顺庆府广安州。清康熙七年（1668年）并入广安州。清宣统三年（1911年），大竹县人余临川率义军进驻岳池，结束清王朝在岳池的统治，隶大汉蜀北军政府。民国元年（1912年），隶属大汉四川军政府。

民国六年（1917年），四川军阀割据，岳池属第三防区。民国二十四年（1935年），川政统一，全川划为十八个行政督察区，岳池属第十一行政督察区。

1949年12月16日，岳池解放。1950年1月10日，岳池县人民政府成立，属川北行署南充专区。1950年3月，南充专区公署和中国人民解放军南充军分区司令部由南充市移驻县城。1952年2月1日，南充专区公署及南充军分区驻地由岳池县迁往南充市河东乡（今南充市高坪区）。1952年9月，撤川北行政区，属四川省南充专区。1968年，南充专区改为南充地区，属南充地区。

1993年7月2日，成立广安地区，岳池县由南充地区划归广安地区管辖。1998年7月31日，撤销广安地区成立广安市，岳池县隶属广安市。

2019年12月11日，乡镇行政区划调整，下辖2个街道、23个镇与2个乡。

重要资源

水利资源。 岳池县境内天然水资源总径流量为 6.207 亿立方米，其中地下水资源径流量 0.557 亿立方米。外来水量为 1189.6 亿立方米。水能资源蕴藏量为 54020.6 万千瓦，可开发水利用 4.665 万千瓦，占理论蕴藏量的 86% 左右。其中，渠江干流 3.9 万千瓦（富流滩水能发电站 3.9 万千瓦）；酉溪河、顾县河、新民河、罗渡河、临溪河为 0.175 万千瓦；清溪河、长滩寺河、三溪河、大石河为 0.59 万千瓦。已开发 45480 千瓦，占可开发量的 97.5%。全县共有水利工程 4402 处，其中，各类蓄水工程 4078 处，水库 68 座，山平塘 3704 口，石河堰 246 处，提灌站 324 处。

矿藏资源。 矿产资源丰富，稀土、岩盐、石油、天然气、页岩储量大，品位高，易开采，其中岩盐位居川中盐盆轴心，已探明储量达 1500 亿吨，最大厚度 165 米，发展化工的潜力极大。

林业资源。 岳池属川东地区偏湿性常绿阔叶林亚热带盆地底部丘陵低山植被区，柏树广泛分布于钙质紫色土地上，在土层深厚的地区间有油桐、青冈等树木。马尾松林多分布于高丘顶部和江河沿岸的冲积土地上。全县林地 41.8 万亩，其中成片林 28.8 万亩、经济林 13 万亩，绿化覆盖率达 26.5%。

全县共有森林公园 2 处，即金城山森林公园（国家一级保护动物——川金丝猴栖息地）、翔凤山森林公园（凤山公园），森林覆盖率达 80%。

基础设施

公路。 全县基本完成"村村"通公路，仪（陇）北（碚）、石（柱）遂（宁）、沪蓉高速、兰海高速、京昆高速复线（广安至重庆段）、遂广高速等干线公

● 岳池城区航拍图（岳池县九龙街道 提供）

路纵横全境，构成了银城四通八达的公路交通网。广岳大道进一步促进广安同城化。

《四川省高速公路网规划（2014—2030 年）》中，已将县域内重要交通大动脉 X152 广高路、S203 线仪北路、S304 线遂梁路升级为 S206、G244、G350。共新增省道 2 条、国道 2 条。

新建岳池汽车站于 2019 年 1 月 25 日正式投入使用，除宏盛客运 43 队汽车站不变外，其他车站客运班车统一迁往新车站发车，与火车站形成无缝接对乘。

铁路。 岳池位于兰渝铁路广安支线中部，并设有三等客运动车组岳池站，拉近了岳池与外界的距离，将极大推动岳池经济发展。

水运。 嘉陵江、渠江流经县境，两江在县境内

● 岳池站（岳池县档案馆 提供）

通航50千米，可直航重庆。渠江广安港岳池港区，是四川省通江达海战略的重要组成部分。

主要产业

2022年，全县实现地区生产总值288.1亿元。其中，第一产业增加值61.6亿元；第二产业增加值79.3亿元；第三产业增加值147.2亿元。三大产业结构比由去年同期的20.6∶31.0∶48.4调整为21.4∶27.5∶51.1。

农业。2022年，全年实现农林牧渔业总产值97.3亿元。其中农业产值实现59.0亿元；林业产值2.1亿元；畜牧业产值30.3亿元；渔业产值3.7亿元；农林牧渔服务业产值2.2亿元。实现农林牧渔业增加值63.0亿元。

全年粮食作物播种面积111.8万亩，粮食总产量48.3万吨。蔬菜及食用菌产量84.5万吨，园林水果产量5.6万吨。全年出栏生猪85.4万头，家禽出栏866万只，肉牛出栏5584头，羊出栏29692头，肉类总产量7.6万吨。

工业和建筑业。2022年，全年实现全口径工业增加值46.3亿元，其中制造业增加值36.0亿元。全年规模以上工业企业实现主营业务收入232.1亿元，实现利税总额20.3亿元，利润总额18.3亿元，应收账款净额9.5亿元，负债总额55.7亿元。

全年建筑业增加值32.9亿元，全年四级以上资质等级建筑企业47户（不含劳务分包企业），完成建筑业总产值94.1亿元。房屋建筑施工面积192.4万平方米，商品房竣工面积1.7万平方米，商品房销售面积35.4万平方米。

国内贸易和旅游。2022年，全年实现社会消费品零售总额117.6亿元。全年线上商贸企业（单位）实现零售额16亿元。

全年共接待旅游总人数687.5万人次，增长9.1%；实现旅游总收入54.7亿元，增长8.8%。

文旅品牌

岳池县立足于擦亮"千年银岳池、高品质公园城市、川渝合作生物医药城、中国曲艺之乡、中国农家乐之源、中国输变电之乡、中国米粉之乡"等七张名片，以一城引领，五区协同，打造独具岳池魅力的"诗和远方"，实现"白天游小平故里，晚上听岳池曲艺"的川渝农家文化旅游梦想。

● 岳池县经开区（岳池经济开发区管理委员会 提供）

顾县古镇。地处国家级森林公园金城山南边。现存旧街，以纵穿南北的一条长街为主体，大部分保存完好，与金城山、故镇风貌、岳池翠湖构成一个颇具特色的旅游网络。境内川主庙又名聚圣宫，位于中华街中部，坐东朝西，建于清乾隆四十七（1782年）年以前，由戏楼三开、大殿及厢房组成，占地面积千余平方米。古镇饮食文化繁荣，尤以豆腐名扬天下。

凤山公园。位于县城翔凤山麓，占地百余亩，前身为和溪公园，存有"雁塔""灵泉"等近代名人书法石刻，因其山峰逶迤如凤翔，故曰"凤山公园"。南宋诗人陆游途经岳池时，曾游翔凤山，有感于"亮坝春耕"美景，诗兴勃发，挥笔写就《岳池农家》诗篇，其中名句"农家农家乐复乐，不比市朝争夺恶"余响千年，至今绕梁不绝。故建"陆游亭"。园内塑有凤女雕像，凿有龙宫，构成龙飞凤舞、欢乐吉祥之意。

金城山森林公园。位于与南充、蓬安交界的金城山，海拔824.6米，为省级风景名胜，天然氧吧。其地理位置有"一脚踏三县"和"金城晨钟响三县，三县鸡鸣应金城"的说法。金

● 中国曲艺之乡——岳池县（中共岳池县委宣传部 提供）

● 岳池农家生态文化旅游区（岳池县文广旅局 提供）

● 岳池高低坑瀑布（岳池县文广旅局 提供）

城山与四周相对高差300多米，幽幽松林、茫茫竹海、九十九险峰、四十八奇洞、三十六清泉、钟声古刹给游人留下难忘印象。"金门锁雾""龙泉插剑""抱扑晒经""宝莲圣灯"等景点与遍布山间的古迹文物令人流连忘返。峡谷右壁上刻有明朝文渊阁大学士、宰相陈以勤的七律诗。

岳池农家生态文化旅游区。国家4A级旅游景区。位于岳池县白庙镇郑家村，还原陆游《岳池农家》一诗中所描绘的场景，是融文旅、农旅于一体的农家生态文化旅游区。1172年，陆游旅居岳池，被岳池农村美景所吸引，遂作下千古流传的《岳池农家》，生动诠释和赞美了岳池田园风光和农家风俗。园区总体设计理念便源于《岳池农家》这首诗，通过"花、酒、丝、姑"四大元素，将写在纸上的千古名诗展现在岳池大地上。

越江河瀑布。又称高低坑瀑布，位于嘉陵江支流——岳池县坪滩镇境内的越江河下段。当河流流经距嘉陵江仅3千米处时，连续形成了两个断层，瀑布便因此而形成，上游为高坑瀑布，下游则为低坑瀑布。高坑瀑布高约20米，低坑瀑布高约40米，每至满瀑时，高坑和低坑瀑布都可宽达40米以上。

风味美食

顾县豆干。顾县（镇）豆干离不开顾县豆腐。顾县豆腐因千年古方的神奇，顾县水质的玄妙，加上制作工艺的历史锤炼，质嫩爽口，滑润细腻，独具特色。先用豆腐将其精细制作成薄如牛皮约1平方尺16方格的豆腐干，再用卤香油（用桂皮、八角、茴香、木香、丁香、沉香、小茴香、山柰等中药加冰糖、菜油熬制）反复刷后晾干，直至颜色变成茶色或深褐色，晾干至豆腐干变硬，即成五香牛皮豆腐干。

黄龙贡米。又称黄龙香米，传说曾作为贡米送皇室享用，故谓贡米。主产于黄龙乡柏树坝、晒坡箩一带的深丘梯田，面积8000余亩，海拔高度在60～800米之间，米粒椭圆，呈油浸色，半透明，做成米饭酥软清香，略带黏性，是四川四大名米之一。

莲桥米粉。米粉润滑、洁白、柔软耐煮，口感舒适，营养丰富，老少皆宜，是四川省农业产业化经营省级重点龙头企业——四川省银丰食品有限公司生产的拳头产品。该企业位于岳池县九龙镇银城大道（工业园），由张永成老先生始建于1982年，已实现由家庭作坊式生产向工厂化生产，由传统米粉向现代科学配方营养型米粉，由普通单一米粉向莲子米粉、苦荞米粉、紫薯米粉等多品种、多系列的转变。

发展定位

围绕创建成渝地区双城经济圈建设示范县总体目标，加快建设川渝合作生物医药城、广安副中心，构建"一城一中心"发展格局。

发展目标

到2025年，融入成渝地区双城经济圈建设取得突破性进展、实质性成效，经济实力显著增强，城镇化水平显著提升，产业结构显著优化，生态环境显著改善，共建共治共享的现代社会治理格局基本形成，人民群众获得感幸福感安全感大幅提高，基本建成成渝地区双城经济圈建设示范县。

到2035年，县域经济综合实力大幅提升，现代产业体系更加完善，现代综合立体交通网络基本形成，城镇化进程明显加快，生态环境更加美好，基本实现治理体系和治理能力现代化。

（撰稿：田鵷鹓　唐超　审稿：唐丽　伍燕梅）

05 武胜县

基本情况

武胜县地处四川盆地东部，嘉陵江中游，广安市西南部，四川、重庆两省市接合部，介于东经105°56′~106°26′，北纬30°10′~30°32′之间。东临岳池县，西连蓬溪县、南接重庆市合川区，北交南充市。境内以浅丘带坝地貌为主，地势西北高东南低，平均海拔317.8米，年平均气温17.5℃，年降雨量1100毫米。东西相距48.5千米，南北相距40.5千米，辖区面积956平方千米，辖19个镇、4个乡、276个行政村、48个社区，总人口84.8万。人口主要为汉族，全县有回、藏、蒙、维等35个少数民族，少数民族以回族为主。县政府驻地沿口镇小东街21号。

武胜县盛产粮油、生猪、蚕桑、水产、柑橘等农产品,被中国蚕学会授予"中国蚕桑之乡"称号,"武胜大雅柑"获批国家地理标志证明商标。

历史沿革

武胜县境在远古时期就有人类居住，从事渔猎、农业等生产劳动。

商至南朝宋，县境相继为梁州、巴郡和巴西郡垫江县。

南朝齐，析垫江县以北地，始置汉初县，属益州东宕渠獠郡，县治在今武胜县烈面镇汉初村。

北朝西魏恭帝三年（556年），改楚州新兴郡为合州青居郡（郡治汉初县），又分汉初县地置青居县，属合州。北周因之。

隋开皇三年（583年），并青居县入汉初县，汉初县属涪州（原合州）。大业三年（607年），改涪州为涪陵郡，汉初属涪陵郡。

唐武德元年（618年），改涪陵郡为合州。天宝元年（742年），改合州为巴川郡。乾元元年（758年），巴川郡复为合州。领汉初县。五代十国、北宋、南宋因之。

元至元四年（南宋咸淳三年，1267年）置武胜军（军与州同级），取"以武取胜"之意，行和溪安抚司事。军治今武胜县沿口镇境内。后升定远州。至元二十年（1283年）省汉初县（《元史·地理志》），至元二十二年（1285年）复置县，改名定远县，意为"永远安定"（《蜀中名胜记》），属四川省重庆路合州辖。至正二十三年（1363年）红巾军建立大夏政权，定都重庆，定远县属大夏政权重庆路合州管辖。

明洪武四年（1371年）灭大夏政权，定远县属重庆府合州管辖。嘉靖三十年（1551年），知县胡濂，以旧治（今沿口镇境内）山势危险，逼近江岸，迁庙儿坝（今中心镇）。

清康熙八年（1669年），省定远县入合州。雍正六年（1728年），复置，属四川省川东道重庆府。

民国三年（1914年），因定远县与安徽、陕西、云南等省属县同名，乃据元代曾置武胜军，县治东北又有武胜山，遂更名武胜县。属四川省东川道。民国二十四年（1935年）至民国三十八年（1949年），属四川省第十一行政督察区。

1949年12月13日，武胜县和平解放。

1950年1月12日，武胜县人民政府成立，属川北行署南充专区。

1952年9月1日，撤川北行署，武胜县属南充专区（1968年6月改称南充地区）。

1993年7月，广安地区行政公署成立，武胜县属四川省广安地区（1998年7月改称广安市）。

重要资源

土地资源。全县有耕地69.4871万亩，占土地面积48.45%，园地6.9633万亩，占4.85%；林地27.5007万亩，占19.17%；草地0.6006万亩，占0.42%；商业服务业用地0.1574万亩，占0.11%；住宅用地12.2264万亩，占8.53%；公共管理与公共服务用地0.5544万亩，占0.39%；特殊用地0.0459万亩，占0.03%；交通运输用地3.4873万亩，占2.43%；水域及水利设施用地9.6933万亩，占6.76%；湿地0.7324万亩，占0.51%；其他土地11.46万亩，占7.99%。全面耕地保有量稳定在5.7244万公顷，基本农田面积稳定在4.9339万公顷。

矿产资源。境内已发现矿产资源4种，其中能源矿产有石油、天然气；非金属化工原料矿产为岩盐；非金属建材原料矿产有建筑用砂岩、砖瓦用页岩。石油储量1600万吨、天然气储量4000亿立方米、盐卤储量8.1亿立方米。

林业资源。林业用地面积28.52万亩，其中乔木林地13.43万亩，竹林地12.75万亩，灌木林地1.26万亩，疏林地、苗圃地、未成林造林地及宜林荒山荒地1.08万亩。全县主要树竹有慈竹、巨桉、柑橘和梨类水果、柏木、桑树、杨树、杜仲、花椒、马尾松、香樟、香椿等，森林覆盖率（含四旁树折合）为39.58%，活立木总蓄积量76.83万立方米。森林面积主要分布在嘉陵江沿岸的乡镇，如沿口镇、烈面镇、清平镇和中心镇等。

水能资源。千里嘉陵，武胜最长。嘉陵江纵贯武胜117千米，河曲度亚洲第一、世界第三，64个

● 城市新貌——融恒时代广场（中共武胜县委宣传部 提供）

● 四川嘉陵江桐子壕航电枢纽（桐子壕航电公司 提供）

江湾首尾相连，素有"嘉陵明珠"之美誉，华能东西关电站、桐子壕电站建于其上。境内"一江四河七十四溪"，河道总长351.5千米，水域面积19.1万亩，年径流量总量约285亿立方米，水能资源42万千瓦。

基础设施

交通。武胜交通区位独特，拥有"一江一铁两高速两国道"，一江即嘉陵江；一铁即兰渝铁路；两高速即兰海高速公路，遂广高速公路；两国道即G212、G350。建有一级客运站1个，二级枢纽站1个，现有客运线路52条、营运车辆253辆，长途客运线路辐射成都、重庆、广东（佛山、龙岗）等大中城市，实现半小时到达广安、南充、遂宁、潼南、合川，并进入重庆一小时、成都两小时交通圈。兰渝铁路过境武胜并设站，可直达北京、新疆、上海、兰州、西安、重庆等地。嘉陵江武胜段全长117千米，东西关、桐子壕航电枢纽渠化航道长61千米。全年可通行500吨级船舶，丰水期可通行1000吨级船舶，成为"水上出川大通道"。依托重庆江北机场、南充高坪机场，开通机场直达客运专线，实现购票、登机一站式服务。中心嘉陵江大桥、胜利至合川二郎、宝箴塞至合川燕窝道路建成通车，G75兰海高速武胜北互通、广武快速通道等项目加快建设。

教育和科学技术。2022年，全县共有幼儿园99所，小学40所，初中37所，高中6所，特殊教育学校1所。幼儿园专任教师1219人，小学专任教师2722人，初中专任教师1893人，高中专任教师886人，特殊教育学校专任教师27人。中等职业技术学校5所，专任教师333人。

2022年，高新技术企业达15家，科技型中小企业达41家，技术成果交易达到6920万元。3家企业晋级省级创新创业大赛半决赛，成功登记省级科技成

● 武胜火车站动车开行（中共武胜县委宣传部 提供）

果1项，1项科技成果获四川省科学技术奖三等奖，新认定市级科普基地1家，省级科普基地1个、市级科普基地3个、市级重点实验室及技术创新中心3家，广安市科技创新10强企业武胜独占3家，签订产学研科技合作协议7项，申报省市级科技计划项目16项，储备科技项目15项，完成省级项目结题验收3项、市级项目结题验收2项，争取省市科技项目资金500余万元，争取市级研发投入补助经费114.8万元。

文化。2022年，全县电视台1座，广播电台1座，广播综合覆盖率100%，电视综合覆盖率100%，276个行政村均通有线电视。县级图书馆1个，县级文化馆1个，公共图书馆藏书22.3万册。

卫生。2022年末，共有各类卫生机构440个，其中医院16个、卫生院24个、疾控中心1个、妇幼保健机构1个、其他卫生机构398个。全县医疗机构实有床位4140张，编制床位2454张，卫生技术人员3139人，其中，执业医师和执业助理医师1177人，注册护士1331人，药师（士）131人，检验人员220人，其他卫生技术人员280人。

邮政通信。2022年，实现邮电主营业务收入19759万元，其中邮政主营业务收入8951万元，电信主营业务收入10808万元。年末移动电话用户54.7万户，固定电话用户9.1万户，互联网宽带接入用户34.5万户。

主要产业

农业。2022年，农林牧渔业实现总产值83.7亿元。粮食作物种植面积5.21万公顷，粮食总产量32.3万吨。大春粮食播种面积4.77万公顷，产量30.8万吨。小春粮食种植面积0.43万公顷，粮食产量1.53万吨。生猪出栏91.1万头，牛出栏5032头，羊出栏5.1万头，家禽出栏780.2万只，禽肉产量

● 白坪飞龙新农村（中共武胜县委党史和地方志研究中心 提供）

● 太极湖（中共武胜县委宣传部 提供）

10524吨，禽蛋产量17818吨，牛奶产量600吨，水产品产量2.47万吨。

2022年，建成高标准农田2.96万亩，整治撂荒地2.75万亩，稳定生猪产能，新建标准化养殖场10个。

工业和建筑业。2022年工业增加值64.3亿元，占地区生产总值的23.5%。2022年末全县共有规模以上工业企业99家，当年新增规模以上工业企业12户。规模以上工业增加值增长4.2%，其中轻工业增加值增长8.1%，重工业增加值增长2.4%。

从主要产品产量看，耐火材料制品38.4%，塑料制品增长34.6%，精制食用植物油增长34.6%，服装增长21.0%，蚕丝增长10.2%。规模以上工业企业产销率为98.8%。

2022年末资质以上建筑企业33家，建筑业实现增加值20.5亿元。

国内贸易和旅游。2022年末全县共有限上商贸单位92户，新培育限上商贸企业26户，实现社会消费品零售总额92.4亿元。从行业看，批发业实现零售额9.7亿元；零售业实现零售额68.4亿元；住宿业实现零售额0.8亿元；餐饮业实现零售额13.4亿元。从地域看，城镇市场消费品零售额62.6亿元；乡村市场消费品零售额29.8亿元。

文旅品牌

东西关钓鱼城。国家2A级旅游景区，位于烈面镇高峰村太极湖岸，属于东西关水库库区。嘉陵江流经该村5个村民小组，沿江岸线长3千米，鱼类资源优良，生态环境优美，具有发展沿江休闲垂钓产业得天独厚的自然条件。

印山公园。印山公园建于1997年，位于县城嘉陵江东岸，地势峻峭，依山而建。占地面积约350亩，园内亭台楼阁精致典雅、花卉树木争奇斗艳，有"千佛岩摩崖造像""山水岩汉代古墓"等文物，有"定远塔""龙凤呈祥""武胜八景""半月廊"等重要景点。

太极湖水利风景区。位于武胜县烈面镇，依托东西关水电站工程而建。嘉陵江挟秦陇风雪一路奔腾，入武胜县境，沿东关沱、西关沱，左环右绕，盘曲而成阴阳太极图形；修建东西关电站，拦河筑坝，蓄水成湖，太极湖由此而成。湖面辽阔，水质清净，景点林立，有十里松林、石锤石鼓、古城遗迹、沙燕闹春、巍巍大坝、人造船闸，以及狮子山、太极岛、神童峰等。

沿口古镇。位于嘉陵江流域上的川东第一古镇，是嘉陵江中下游第二大回民聚居地，也是昔日嘉陵江流域重要的水码头。古城建造于明末清初，完整保留了明清时期的建筑风格。古镇多寺庙，最著名的是马家清真寺和黄家清真寺，具有浓郁的伊斯兰教特色，为市级文物保护单位。该镇占地面积0.5平方千米，与新县城、滨江公园、千福城广场紧紧相连。老街街道全部由大青石板铺成，长近1千米，街道两侧昔日的店铺、茶房、酒廊、戏院等生活设施一应俱全，保存完好。

永寿寺。位于武胜县华封乡嘉陵江西岸，与县城沿口镇隔江相望，与嘉陵江公路大桥相连，车可直达寺前，走100级石梯到达永寿寺。始建于宋祥符二年（1009年），续建于明成化二年（1466年）。殿内的观音大士端庄美丽，十八罗汉形态各异。大殿有透明雕花石香炉，精巧绝伦，大佛、迦叶、阿难、文殊、普贤等栩栩如生，令人流连忘返。

风味美食

三巴汤。此菜以牛的嘴巴、尾巴、牛鞭为原料，配搭适量的当归、沙参、大枣、枸杞等十几味中药，用土沙罐慢火煨炖六小时以上方可食用。刚出炉的"三巴汤"色鲜味美、清香宜人，具有活血生津、滋阴壮阳之独特功效。

英雄会。"英雄会"以公仔猪的睾丸与母仔猪的输卵管为食材，又名阴雄烩。除种猪外，凡猪在性成熟前，都会剔出睾丸或输卵管，便于育肥，也使肉味更加鲜美。以前剔出的睾丸和输卵管都丢弃，而独具智慧的武胜人却用其佐以多种配料，猛火爆炒出色泽鲜亮、十里飘香的食疗美食，滋阴壮阳，补肾强体，变废为宝。

渣渣鱼。嘉陵江从北至南纵贯武胜，所产野生鱼类如大眼泡、船丁子、骨牌鱼、小鲫鱼、小鲤鱼等，统称"渣渣鱼"。既可用于红烧、黄焖，亦可拿来干烧、煎炸。根据渣渣鱼的实际大小，选择合适的烹饪方式，百食不厌。

发展定位

建设成渝地区双城经济圈经济强县、全国乡村振兴发展样板区、嘉陵江流域生态文明建设示范区。

发展目标

经济实力迈上新台阶。经济持续平稳增长，地区生产总值、地方一般公共预算收入、社会消费品零售总额、全社会固定资产投资增速等主要经济指标年均增速高于全省全市平均水平，县域经济排名不断提升。

改革开放取得新进展。以融入成渝地区双城经济圈建设为主的立体全面开放态势更加巩固，更高水平开放型经济新体制基本形成。

社会文明程度得到新提高。社会主义核心价值观深入人心，社会文明风尚更加浓厚，公共文化服务体系不断完善，人民精神文化生活日益丰富。

绿色生态取得新成效。嘉陵江生态经济示范带建设纵深推进，基本建成绿色产业体系、生态文明制度体系，绿色生产方式和生活方式加快形成。

民生福祉达到新水平。城乡居民收入增长速度保持高于全县经济增长速度，覆盖城乡居民的基本公共服务体系不断完善，人民群众的美好生活需要得到更好满足。

社会治理实现新提升。社会治理特别是基层治理水平明显提高，社会一体化建设取得重大进展。

（撰稿：李晓艳　审稿：李莉　肖锋）

06 邻水县

基本情况

邻水县位于四川东部边沿，地跨东经106°41′~107°18′，北纬30°01′~30°33′，东西宽59千米，南北长57.5千米，辖区面积1909平方千米。东连重庆市垫江县，西接广安市华蓥市，南临重庆市长寿区，北接达州市大竹县。地处川东门户，是四川距重庆主城区最近的县，处于长江经济带上游重要节点、川渝合作最前沿。县境内华蓥山、铜锣山、明月山由西向东平行展布，大洪河、御临河蜿蜒其间，形成"三山两槽"的独特地貌。三山之间，形成两个宽缓的向斜谷地，俗称东槽、西槽。东槽地处大洪河沿岸，地势开阔，一马平川，田园阡陌，土地肥沃，素有鱼米之乡之称；西槽位于御临河两岸，地势狭窄，丘峦起伏，沟谷交错，矿藏丰富。境内属亚热带湿润季风气候区，常年平均气温17.1℃，降水量1170毫米，最高点海拔1704米，最低点海拔185米，地表起伏较大。总人口101万，县政府驻地鼎屏镇。

历史沿革

南朝梁大同三年(537年)，析宕渠县始置邻水县，属邻州邻山郡，县治在邻州城(今兴仁镇)。西魏恭帝三年(556年)，属渠州邻山郡。

隋开皇元年(581年)，驻地由原邻州城移至岳池溪。开皇三年(583年)，邻山郡入渠州。大业三年(607年)，改渠州为宕渠郡，邻水县属之。

● 邻城新景（肖迪 拍摄）

唐武德元年（618年），废宕渠郡复置渠州，改邻水县为潾水县，属渠州。是年，又分潾水、垫江县地置潾山、盐泉二县，设置潾州。二年（619年），邻水县驻地由岳池溪移至崑楼镇。天宝元年（742年），改渠州为潾山郡，仍辖潾水县。乾元元年（758年），更潾山郡为渠州，仍辖潾水县。宝历元年（825年），潾水县并入潾山县，大中元年（847年），复置潾水县。

907年，王建在成都称帝，复置邻州，仍辖潾水县。934年，改邻州为渠州，仍辖潾水县。

宋乾德二年（964年），改潾水县为邻水县，属渠州。

元至元二十年（1283年），邻水县因编户不足而并入大竹县，改名邻水镇。

明成化元年（1465年），复置邻水县，属顺庆府（今南充）广安州所辖，二年（1466年），在今鼎屏镇建县治。

清顺治十七年（1660年），邻水县属川北道顺庆府。

民国元年（1912年），废川北道，邻水县属顺庆府。民国二年（1913年），恢复川北道，邻水县属川北道顺庆府。民国三年（1914年），邻水县属嘉陵道（今阆中）。1935年，川政统一，邻水县属四川省第十行政督察区（今大竹）。

1949年12月，成立邻水县人民政府，属川东行政公署大竹专区。1953年3月，大竹专区撤销，邻水县改属达县专区（1968年改称地区）。1993年7月2日，划入新成立的四川省广安地区。1998年，广安撤地设市，邻水县属广安市。现辖25个镇、335个村（居）2397个村（居）民小组。

重要资源

土地资源。全县土地类型多，有黄壤土类、紫色土类、冲积土类、水稻土类。黄壤土类分布于海拔500米以上的低山区，占耕地面积的8.52%；紫色土分布于丘陵、平坝或山地，占耕地面积的39.9%；冲积土分布于溪河沿岸阶地上，占耕地面积的0.5%；水稻土经长期水耕而成，占耕地面积的51.08%。

水资源。全县多年平均水资源总量16.81亿立方米，其中地表水资源量10.34亿立方米，地下水资源量1.45亿立方米（地表水与地下水重复1.31亿立方米），入境水量6.33亿立方米。全县多年人均当地水资源量仅1470立方米／人，为全省人均水资源量的44.8%，仅为全国平均人均水资源量的58.6%。水资源分布具有明显的地域性，大洪湖沿岸水资源较丰富。

矿藏资源。矿藏资源较为丰富，已探明或已发现的矿藏有27种。有钢铁基本金属矿的菱铁矿、锐钛矿；稀有金属矿锂、铍；分散元素矿镓、锗；冶金辅助原料矿耐火黏土、硅石、石灰岩、白云岩；化工原料矿磷、硫铁矿、卤水；建筑材料矿辉绿岩、玄武岩、高岭土、石膏、石英；燃料矿煤、天然气、油页岩。龙潭煤系煤层达2.5米，是华蓥山煤田的重要产区。菱铁矿地质储量3343.5万吨。铝土矿含二氧化铝38%～44%，地质储量1190万吨；石膏地质储量2877.5万吨。天然气储存于三个背斜、两个向斜中，此地是川东气田的重要采区。

旅游资源。全县旅游资源涵盖8个大类、23个亚类、91个基本类型，单体旅游资源1629个，其中五级旅游资源11个、四级旅游资源47个。独特的"三山两槽"地形地貌，孕育了山、水、林、湖、溶洞、温泉等丰富的自然资源，有以高山、峡谷、溶洞为特色的华蓥山天意谷，有集水、泉、洞为一体

● 邻水县天意谷瀑布群玉女滩叠瀑（邻水县文广旅局　提供）

● 高速立交（肖迪 拍摄）

的"十里画廊"御临河小三峡，有星罗棋布的千岛洪湖、神秘的倒须沟桫椤林，有"移民文化的活化石"汤巴丘古村落，有体现传统农耕文化特色的泥汉坪，日出水量达1.6万立方米的铜锣山温泉。

森林资源。森林资源占广安市近50%，属国家天然林保护和退耕还林（草）工程建设区。建有邻水县罗家洞森林公园、四川省万峰山森林公园2个省级森林公园，四川倒须沟树蕨自然保护区，保护着国家二级保护树种树蕨及其生态系统。

基础设施

国道210纵贯邻水南北，国道350横穿东西。全县公路基本实现硬（黑）化，公路通车里程4118.733千米，通车建制村（居委会）数335个。境内有包茂高速、沪蓉高速公路呈十字状交会于邻水，形成川东交通枢纽。邻水城距重庆国际机场约80千米（高速），约一小时车程；距广安南站40多千米；距长江上游长寿港100余千米。

主要产业

农业。建成高标准农田67.71万亩，培育省级农业产业化重点龙头企业4家、成功创建省级农业（脐橙、葡萄）主题公园2个，省三星级现代农业园区2个、市级现代农业园区4个。实施了75个行政村、18644个户厕无害化改造，农村生活垃圾收转运处置体系覆盖率达100%、畜禽粪污综合利用率达98%、卫生厕所普及率达98%。2022年，农村居民人均可支配收入20663元、增长6.3%，第一产业固定资产投资完成27.37亿元、增长52.2%，位居全市第一，获评省级乡村振兴示范村5个。

工业。已入驻企业650户，主要分布在两大园区里。广安高新区总体规划面积28.18平方千

● 邻水脐橙产业基地（肖迪 拍摄）

米，于2005年启动建设，建成面积15.5平方千米，2022年规模以上企业73户，产值147.1亿元。邻水县是国家新型工业化产业示范基地、渝广共建机电产业园、省小型微型企业创业创新示范基地、省知识产权试点园区、四川省知名品牌创建试点园区、省级绿色工业园区、省级外贸转型升级基地（汽摩）。

高滩园区于2013年启动建设，2020年12月29日批准设立高竹新区，2021年12月27日正式挂牌，新区规划面积262平方千米，其中广安市138平方千米、渝北区124平方千米，包括邻水县高滩镇、坛同镇和渝北区茨竹镇、大湾镇部分行政区域，现有户籍人口18.3万人。新区聚焦"国家级新区目标"，

● 高竹新区汽车研发企业（肖迪 拍摄）

● 广安高新区（高新区 提供）

依托两省市赋予的"川渝特区"政策优势，确立经济区与行政区适度分离改革试验区、产城景乡融合发展示范区、重庆中心城区新型卫星城的"两区一城"发展定位，重点建设先进制造业集聚区、高品质生活宜居城、生态康养旅游带、都市近郊现代农业集中发展区。2022年有规模以上企业42户，产值68亿元。

商贸流通。全县已形成宏帆广场、现代生活馆、红星美凯龙凤腾商场、龙腾新世纪等中心商圈4个，富全美食天街、宏帆金街、月亮谷美食天街、仿古商业街等特色街区4条。积极发展电子商务、康养服务业等新兴产业，成功争取国家级电子商务进农村综合示范县项目，县级电子商务公共服务中心启动运营，获评全省服务业强县。网络零售额突破7亿元。新增外贸获权企业2户，实现外贸进出口总额4.7亿元。全县累计培育限额以上商贸流通企业122家，规模以上服务企业59家。

旅游业。现有4A级旅游景区2个，3A级旅游景区5个，旅行社及其分社9家。2020年8月，邻水被评为2020年全国县域旅游发展潜力百佳县。2022年，全县文化旅游企业达到350家。

文旅品牌

灵宝山石刻及古石桥。位于鼎屏镇三合村居委会1组，现存宋至民国时期摩崖造像2龛，石刻题记11幅，古石桥3座，分布面积3.6公顷，是宋、清至民国时代遗留下来的珍贵历史文化遗产。1996年9月，四川省政府将其列为四川省文物保护单位。

李舒锦墓及神道碑。位于柑子镇桅子村桅子湾。李舒锦墓雕刻精湛且具有一定的历史价值，为研究该区域清代时期葬俗、葬制等提供了实物材料。活水沟神道碑即诰封李舒锦之碑记，为研究当地的石刻艺术提供了宝贵的实物材料。中宣部拍摄了大型纪录片《南海纵横》，央视国际频道的大型纪录片《见证南海》中都对其有相关描述。2019年1月，被列为第九批省级文物保护单位。

铜锣山生态文化旅游区。国家3A级旅游景区，位于铜锣山中段，规划面积85平方千米，核心区面积15平方千米。旅游区森林覆盖率达73.6%，拥有野生植物78科500余种，其中，国家I级保护野生植物银杏、红豆杉2种，国家二级保护野生植物桫椤、喜树等8种，珍稀树木10余种，珍稀树种数量之多为川东罕见，景观价值极高，也为动物的栖息、繁衍创造了良好的条件，拥有国家二级保护动物大灵猫、豹猫、红腹锦鸡等11种。先后成功创建省级森林康养基地、省级水利风景区、省级教育研学基地、省级乡村旅游示范区。

风味美食

黄嘉汤圆。黄嘉汤圆包括三种，除了比较大众化的夹心汤圆、醪糟汤圆外，还有特色鲜明的鲜肉汤圆。黄嘉肉汤圆的馅用精细猪瘦肉制成，活像一个肉丸子，汤圆色泽雪白，晶莹光亮，小巧玲珑，香甜滑嫩，糯而不黏。

邻水小面。邻水县颇具代表性的小吃之一。邻水小面综合了成渝小面的优点，自成一派，独具特色。好吃而不腻口，香辣而不燥辣，清香扑鼻，唇舌留香。

九龙挂面。产于邻水县的九龙镇陈家坝，已有百余年历史。以优质面粉为原料，采用独特的民间工艺，手工精制而成，丝条晶莹柔韧，煮后润滑透明，口感细腻，营养丰富，久煮不浑汤，回锅如初，不泡涨，曾获四川省名特产品第三名。

发展定位

按照"1136"工作思路，立足"1234"生产力空间布局，加快建设重庆都市圈新型卫星城，全面建设社会主义现代化邻水。以推进高质量发展，全面建设社会主义现代化邻水为目标，以县域集成改革试点激发高质量发展动能，构建现代产业体系、新型城镇体系、基层治理体系三大体系，加快建设跨省域一体化发展试验区、重庆都市圈新型卫星城、西部装备制造基地、川渝知名康养旅游目的地、全省乡村振兴先进县、国家生态文明建设示范县；全力建设邻西县域核心城乡统筹发展区，加快建设川渝高竹新区县域副中心和以丰禾为核心的邻东县域副中心融合发展区，打造华蓥山生态康养示范带、铜锣山乡村振兴示范带、明月山绿色发展示范带，建设邻西南产城景融合发展区、邻东南都市农业融合发展区、邻西北生态农业融合发展区、邻东北农旅文融合发展区，推动重庆都市圈新型卫星城建设加快成势见效。

发展目标

经济实力大幅提升，地区生产总值年均增速高于全省全市平均水平，人均地区生产总值与全省全市差距显著缩小。

发展活力充分迸发，川渝高竹新区加快成势，在经济区与行政区适度分离改革等领域形成可复制、可推广的经验。

城乡建设展现新貌，县城承载力稳步提高，重点镇、特色镇发展优势明显增强，基本建成宜居宜业宜游公园城市和宜居乡村。

社会文明不断进步，社会主义核心价值观深入人心，公共文化服务体系和文化产业体系更加健全。

生态环境持续改善，绿色低碳生产生活方式基本形成，城乡人居环境明显改善。

民生福祉切实增进，基本建成川东教育高地、川渝健康强县、区域养老乐园，普惠性、兜底性民生保障更加有力。

治理效能显著增强，社会主义民主法治更加健全，行政效率和公信力显著提升，法治邻水平安邻水建设扎实推进。

（撰稿：章志容　甘慧　审稿：杜春木）

达州市

基本情况

达州地处四川东部，地理坐标为东经103°29′~108°23′，北纬30°92′~32°20′，辖4县4区1市（宣汉县、开江县、大竹县、渠县、通川区、达川区、达州高新区、达州东部经开区、万源市），辖区面积1.66万平方千米，2022年末常住人口535.5万人，是人口大市、资源富市、工业重镇、交通枢纽和革命老区，享有"巴人故里、红色达州、中国气都"之称。

历史沿革

夏朝属梁州，殷商属雍州。最早的土著居民是賨人，他们建立了賨国（今渠县土溪镇）。战国初期，巴人从汉江迁徙至长江流域，达州地区被纳入巴国治地。

秦朝和西汉时期达州地区设宕渠县。

东汉永元八年（96年），析宕渠县东境置宣汉县。建安六年（201年），益州牧刘璋设立巴西郡，达州地区属益州巴西郡。

东晋永和三年（347年），灭成汉，分巴西郡置宕渠郡，并领有宣汉、汉兴（即汉昌）、宕渠县三县。

刘宋永初年间，升宕渠郡宣汉县为巴渠郡，辖宣汉、始兴、巴渠、东关、新安、下蒲、晋兴七县。

南梁大同二年（536年），废巴渠郡置万州，辖开巴郡、新安郡、万荣郡、东关郡等七郡。

西魏废帝二年（553年），以万州居四达之地，改万州为通州。

隋大业三年（607年），通州改为通川郡。辖通川县、永穆县、三冈县、石鼓县、东乡县、宣汉县、新宁县、巴渠县、阆英县9县。

唐武德元年（618年）复名通州。三年（620年），升为总管府，府领（通州、开州、万州、渠州、南并州、南石州、南邻州）七州辖二十七县。七年（624年），改总管府为都督府。都督府领（增加邻州、蓬州）九州辖三十六县。

唐贞观五年（631年），废都督府。天宝元年（742年），改通州为通川郡，户四万七百四十三，口十一万八百四。辖通川、永穆、三冈、石鼓、东乡、宣汉、新宁、巴渠、阆英九县。乾元元年（758年），复名通州。

北宋乾德三年（965年），通州改名达州。两宋时期，达州先属峡路（奉节），再属夔州路（奉节）。

元至元十六年（1279年），属四川东道宣慰司。

二十二年（1285年），改属四川行省夔州路。

明洪武九年（1376年），降州为县，属夔州府。明正德九年（1514年），复升为府级州，属川东道。

清初，属奉节夔州府。雍正六年（1728年），达州升为直隶州。嘉庆七年（1802年），改达州为绥定府。取达州的"达"字为县名，增设达县为附郭首县。

宣统三年（1911年）十月，脱离清政府，绥定府宣布独立，各县分别建立军政府，隶属中华民国。

民国二年（1913年）十月，撤绥定府，属东川道。民国四年（1915年），达县宣布独立，脱离袁世凯北洋政府。民国二十四年（1935年），川政统一，全川划置18个行政督察区，每区设专员公署，作为省政府派出机构。其中，置第十行政督察区治大竹县，主要包括治大竹、渠县、广安县、邻水县、垫江县、梁山县、长寿县。置第十五行政督察区治达县，主要包括治达县、巴中县、平昌县、通江县、宣汉县、开江县、南江县、万源县。

1949年12月10日，中国人民解放军攻占开江，开江解放。11日大竹解放，12日渠县解放，15日达县解放，17日宣汉解放，29日万源解放。至此，达州所属各县全部解放。

1950年1月，改行政督察区为川北行署区达县专区（治今通川区）、川东行署区大竹分区（治今大竹县）；同年3月分区更名为专区，时达县专区辖达县、开江、宣汉、万源、南江、平昌、通江、巴中8县，大竹专区辖大竹、渠县、垫江、广安、梁平、邻水6县。

1952年9月11日，恢复四川省建制，川北行署区达县专区、川东行署区大竹专区分别更名为四川省达县专区、四川省大竹专区。

1953年3月，撤大竹专区，大竹、渠县、邻水3县划入达县专区，广安县划入南充专区，垫江县划入涪陵专区，梁平县划入万县专区，时达县专区辖11县：达县、开江县、万源县、宣汉县、南江县、平昌县、通江县、巴中县、大竹县、渠县、邻水县。

1968年，达县专区改称达县地区，地区驻达县。

1976年2月，达县城关镇和城郊的西外、南外、北外公社及磐石、复兴工矿区置县级达县市，属达县地区；1978年4月，万源县白沙、沙雕、石塘、水田、八台、花萼、曹家7个公社设县级白沙工农区（治今万源市白沙镇），属达县地区。时达县地区辖1区11县1工农区。

1993年7月5日，达县地区更名为达川地区。巴中、通江、南江、平昌4县划入新置的巴中地区；邻水县划入新置的广安地区；达县市更名为达川地区；撤万源县和白沙工农区，合并设立县级万源市，由四川省人民政府直辖、达川地区代管，时达川地区辖1市（达川市）、5县（达县、宣汉县、开江县、渠县、大竹县）、代管万源市，地区行政公署驻达川市。

1999年6月20日，撤销达川地区，设立地级达州市，辖一区（通川区）、5县（达县、宣汉县、开江县、渠县、大竹县），代管县级万源市。

2005年9月30日，达州市人民政府驻地迁至通川区西外永兴路2号。2013年7月18日，撤达县设达川区，时达州市辖2区（通川、达川）、4县（宣汉、渠县、大竹、开江）、代管万源市。

2001年，成立四川达州经济开发区，现为达州高新区，2003年获批省级经济开发区，2019年被四川省人民政府认定为省级高新区。

2021年12月20日，经四川省人民政府同意四川开江经济开发区扩区并更名四川达州东部经济开发区；2022年1月4日，达州东部经开区举行成立大会。至此，达州，辖4县4区1市。

重要资源

境内已探明可开发利用矿产资源28种,其中,天然气资源总量3.86万亿立方米,探明储量7200亿立方米,年外输天然气100亿立方米以上,天然气净化附产硫黄400万吨,达州是亚洲最大的硫磺生产基地。达州是国家商品粮生产基地、生猪调出大市和国家农业综合开发的重点地区。

矿产资源。全市范围内发现各类矿产资源33种,其中能源矿产5种,金属矿产7种,非金属矿产18种,水气矿产3种;已开发利用的主要有16种,分别为:煤、天然气、地热、锰、岩盐、硅灰石、石膏、石灰岩、砂卵石(集料用)、水泥用砂、水泥配料用黏土岩类;砖瓦用黏土岩类;板石饰面石材以及地下水、矿泉水、硫化氢气等。达州市煤矿、石膏、灰岩主要分布在背斜两侧,天然气分布于宣汉、大竹、开江、达川区,钾盐分布在达川区、渠县及宣汉等地,全市大型矿山9个,中型13个,其余均为小型。

生物资源。全市木本植物资源丰富,据不完全统计,主要乔木、灌木有73科、4个亚科、300多种(属类)。主要树种有苏铁、银杏、崖柏、马尾松、华山松、巴山松、蜡梅、巴山冷杉、铁坚杉、杉木、柏木、檫木、香樟、花椒、重阳木、漆树、油桐、紫薇、珙桐、女贞、慈竹、楠竹、水竹、白夹竹等。

全市共有野生动物300多种,其中兽类60多种、鸟类180多种、爬行类14种、两栖类10多种、鱼类85种。据2005年全市野生动物资源调查,市辖区内共有国家、省重点保护的野生动物54种,其中国家一级保护的兽类1种;二级保护兽类15种;三级保护两栖类1种,鸟类20种;省重点保护的兽类3种、鸟类12种、爬行类2种。主要野生动物有猕猴、穿山甲、黑熊、大灵猫、斑羚、岩羊、鸳鸯、红腹锦鸡、鹦鹉、大鲵、横斑锦蛇等。

达州市普查鉴定的2158种植物中,可供药用的1652种,现已收入标准的有500多种。大宗品种有30多个,畅销国内外市场。达县出产的白芷、红花、百合、乌梅,宣汉出产的黄连、党参、大力子、厚朴,开江县出产的香附子、山楂,万源市出产的陈皮、党参、柴胡、杜仲、天麻,渠县出产的白芷、川芎等均为大宗产品。其中天麻、杜仲、黄柏、厚朴、首乌等颇负盛名。

基础设施

交通。达州市大力实施交通建设三年大会战,加快推进全国性综合交通枢纽建设。2022年,全市交通建设投资完成率位居全省第一,向上争取补助资金居全省第二,国省干线PQI(公路路面性能指数)位居全省第三,客货周转量增速位居全省第四,成功入选全省首批交通强市试点市。

建成营达、巴万等高速公路,全市通车高速公路达7条547千米,位居全省第三。对内实现县县通高速,对外形成快速直达成都、重庆、西安等区域中心城市的高速公路大通道;开江至梁平、镇巴经达州至广安、达州绕城西段高速公路开工建设,大竹至垫江高速成功招商、城口经宣汉经大竹至邻水、通江经宣汉至开州等高速公路前期工作有序推进,达州至万州、万源至南江、万源至开州3高速公路纳入新一轮省高网规划,"一环三纵六横二支"高速网格局加速构建;普通国省道总规模达到18条2236千米,国道二级及以上比例达98.7%,省道三级及以上占44.6%;农村公路总里程26062千米,位居全省第五,成功创建"四好农村路"省级示范市;境内现有襄渝、达成、达万和巴达四条铁路"十字"交会,建设里程667千米,有一等及以下各类、各等级火车站31个，达州站是境内铁路中心站，也是成都铁路局与西安铁路局的分界站，兼办客、货运业务并承担各线间区段列车解编作业。2020年12月，国家中长期铁路网"八横"高速铁路主通道之沿江通道重要组成部分的成达万高铁开工。2022年11月，国家中长期铁路网"八纵"高速铁路主通道之"包（银）海通道"和"京昆通道"重要组成部分的西渝高铁安康至重庆段项目开工建设，两条高铁在达州南站十字交叉，达州将建成全国高速铁路的枢纽；达州金垭机场2022年5月19日建成投点，航站楼面积3.16万平方米，民航站坪设16个机位；跑道长2600米，宽45米；可满足年旅客吞吐量235万人次、货邮吞吐量21000吨的使用需求。已开通航线27条，直达国内26个大中城市。

医疗。截至2023年3月，全市共有医疗卫生机构3807个，其中三级甲等医院4个、三级乙等医院7个、社区卫生服务中心（站）19个、乡镇卫生院186个、疾病预防控制中心8个。

达州先后与四川大学华西第二医院签订深化合作办医协议，建成达州市妇女儿童医院（达州市妇幼保健院、华西——达州妇女儿童医院），重点发展妇幼专科特色，打造川渝陕接合部区域妇幼保健中心。先后与四川省人民医院、中山大学孙逸仙纪念医院等知名医院签订战略合作协议，以托管方式与四川省人民医院合作共建达州市第一人民医院，努力把达州打造成川渝陕接合部疑难重症救治中心。

教育。截至2022年底，全市有各级各类学校1812所（含校点523个），学生总体规模排名全省第3位，在全省7个区域中心城市中排名第1位。全市在职教职工6.88万人，教职工总数居全省第2位。全市教师队伍中，有正高级教师94人、省特级教师122人、享受国务院政府特殊津贴专家2人、全国模范教师2人，省教书育人名师名校长名班主任36人、"天府万人计划"天府名师4人，省名师名校长领衔人5人。

主要产业

2022年，达州市实现地区生产总值（GDP）2502.7亿元，按可比价格计算，同比增长3.5%。其中，第一产业增加值433亿元，增长4.4%；第二产业增加值913.8亿元，增长5.4%；第三产业（服务业）增加值1155.9亿元，增长2.3%。三大产业结构为17.3∶36.5∶46.2。

第一产业。2022年，全市农林牧渔业总产值698.1亿元，增长4.6%。全年粮食总产319.6万吨，下降1.4%，其中，小春粮食34.5万吨，增长2.1%；大春粮食285.1万吨，下降1.8%。初步统计，全市油菜籽产量36.1万吨，增长4.6%，园林水果产量45.9万吨，增长10.5%，蔬菜产量327.4万吨，增长3.0%。全年出栏生猪451.7万头，牛36万头，羊127.6万头。猪牛羊禽肉产量51.33万吨，增长3.7%。

第二产业。2022年，全市规模以上工业增加值比上年增长5.7%。分经济类型看，全市国有控股企业增长7.5%，私营企业增长1.5%。从"3+3+N"主导产业集群发展看，全市电子信息产业集群总产值增长23.9%，医药健康产业集群总产值增长10.9%，智能装备产业集群总产值增长27.1%，农产品加工产业集群总产值增长14.2%，新材料产业集群总产值增长22.4%。1—12月，全市规模以上工业企业营业收入2088.6亿元，增长8%；利润总额142.8亿元，下降15.6%。

第三产业。2022年，全市服务业增加值增长2.3%。其中，批发和零售业增长5.4%，住宿和餐饮业与去年持平，信息传输、软件和信息技术服务业

● 巴山大峡谷状元塔日出（王勇 拍摄）

增长8.7%，科学研究和技术服务业增长4.4%，租赁和商务服务业增长1.2%，交通运输、仓储和邮政业增长2.9%。

文旅品牌

达州是四川人口大市、资源富市、工业重镇、交通枢纽和革命老区，文化旅游资源丰富，现有国家3A级旅游景区11个，国家级森林公园4个，全国红色旅游经典景区3个，全国爱国主义教育基地1个，国家自然遗产地1个，国家地质公园1个，国家级自然保护区1个。

巴山大峡谷。国家4A级旅游景区，前身为"宣汉百里峡"，位于宣汉县东北部、大巴山国家地质公园内，是全国景区带村旅游扶贫示范项目。景区内有独特的大巴山自然风光和绵延100余千米的喀斯特"V"形大峡谷景观，132处褶皱地貌形成的天然褶皱博物馆，拥有百亩花海、千亩果园、万亩中药材基地等农旅体验产品28处，鱼泉河、画架沟、桃溪人家、秋池湿地等亲水观光产品35个，川东第一漂、亚洲最长岩铆玻璃栈道、南方最大滑雪场等15个运动体验项目，桑树坪狩猎场、巴部落亲子乐园、红豆杉崖壁栈道、喀斯特恒温温泉酒店等康养度假产品20余类。

八台山旅游景区。国家4A级旅游景区、国家级自然遗产地、国家地质公园，位于万源市东南部，景区主峰海拔2380米，因地貌呈层状梯级递升八层而得名。春来山花烂漫，夏则清凉宜人，秋季红叶飘飞，冬来瑞雪铺地；有"云海、日出、佛光、绝壁、断崖、独峰、石芽"等地质与气象奇观，是迎接四川第一缕阳光的地方，也是四川100个最美观景拍摄点之一；可露营观星河赏日出、踏玻璃栈道过玻璃桥、滑草滑道滑雪滑翔，心旷神怡、其乐无穷。

● 巴山大峡谷（达州市文化体育和旅游局 提供）

● 八台山独秀峰（达州市文化体育和旅游局 提供）

磐石月湖旅游区。国家4A级旅游景区，位于达州市通川区磐石镇，距达州城区约13千米。景区规划面积约9.5平方千米，涉及场坝、王家桥、新店、何家坝、渡口、盐井坝6个行政村，主要景点有游客中心、帝森庄园、草莓主题公园、秦巴农耕文化博览馆、月湖景区、蝴蝶谷等，是集山水自然观光、都市农业体验、民俗文化体验、科普教育、户外运动、花卉观光等众多业态于一体的综合性旅游目的地。

真佛山景区。国家4A级旅游景区，位于达川区福善镇、大风乡、东兴乡、景市镇境内，距达州城区35千米，辖区面积37平方千米。最高海拔910米，最低海拔400余米。2013年，真佛山德化寺古庙群被评为国家级文物保护单位，是我市黄金旅游线路上的一处重要景观。景区主要由德化寺、玉佛寺、访儒阁、问道苑、蒋佛爷祠堂等人文和自然景观组成。整个景区山峦起伏，群峰叠翠，古庙、林海、秀峰、溶洞、湖水浑然一体，具有悠久的历史文化背景和淳朴深厚的民情风俗内涵。

风味美食

渠县古今香丸子。以前，

● 乡村振兴看磐石（向柯容　张靖　拍摄）

● 真佛山风景区（达州市文化体育和旅游局　提供）

农家清贫，家来贵宾，无美味佳肴，遂将萝卜做成丸子，受客赞许。改革开放初期，张全文把此菜发扬光大，做成如今名噪一时的"古今香丸子"。以当地优质白萝卜、红苕粉、猪油、姜、葱末、精盐、胡椒粉等为原辅料，把白萝卜切成碎丝，再用开水烫熟后漂凉待用，再将猪油、精盐、姜葱末、胡椒粉等拌匀后混入红苕粉拌匀成型，放入蒸锅中，一次成熟。其菜油而不腻，软嫩爽滑，味道鲜美，营养丰富，被称为"川东名特农家菜"。

石锅鱼。石锅世家餐饮有限公司作为一个以制作河鲜为主的四川地灶口的挂架上，利用灶内上升的青烟进行熏制，这样事半功倍。还可往灶中加入柏丫，橘皮，柚子壳等物，以此熏入特殊香味口感。

发展定位

围绕建设万达开天然气锂钾综合利用集聚区和东出北上国际陆港枢纽、组团培育川东北省域经济副中心"三大战略定位"，努力实现从"资源产出地"到"产业崛起地"、从"区域交通枢纽"到"国际陆港枢纽"、从"全域脱贫地区"到"省域经济副中心"三个跃升，奋力打造成渝地区双城经济圈北翼振兴战略支点，以高质量跨越式发展推进达州社会主义现代化建设。

发展目标

今后五年，实现"五大跃升"：

发展质效大跃升。到2025年经济总量突破3500亿元、力争达到4000亿元，地方一般公共预算收入突破185亿元、力争达到200亿元，实现提档升位。

城乡品质大跃升。中心城区建成区面积达到200平方千米、人口达到200万人，常住人口城镇化率达到55%。成功创建全国文明城市、国家卫生城市、国家森林城市、国家园林城市。

民生福祉大跃升。城乡居民人均可支配收入超过全省平均水平，逐步缩小分配差距，共同富裕取得明显的实质性进展。

治理效能大跃升。平安达州、法治达州、善治达州建设深入推进，民主法治更加健全，市场秩序更加规范，基层基础更加稳固。

执政能力大跃升。深入推进党的建设新的伟大工程，全面从严治党向纵深发展、向基层延伸，各级党组织更加坚强有力，干部队伍整体素质明显提升，政治生态风清气正、海晏河清。

（撰稿：张松林 审稿：李渠 李军）

● 渠县古今香丸子（达州市文化体育和旅游局 提供）

● 石锅鱼（达州市文化体育和旅游局 提供）

方知名品牌，被授予"四川绿色餐饮示范单位、地方名特菜品、优秀餐饮企业"，目前全国有20余家加盟店。

铭远生态腊肉。铭远生态腊肉以蜀汉林猪为原材料，制作腊肉采用民间传统手工古法，根据口味不同，将冷鲜猪肉分割好，加盐、白酒、五香粉、辣椒等物进行腌制。采用乡民山民方法，烧柴灶，灶上备有挂架，利用灶口余温，将腌制好的肉挂在

01 通川区

基本情况

通川区位于四川东北部、达州市中部，东北与宣汉县相邻，西南与达川区毗邻，西北与平昌县接壤。地理坐标为东经107°20′~107°29′，北纬30°07′~31°27′，面积888平方千米，辖13个乡镇、5个街道办事处和1个旅游风景区管委会，人口91万人。是全国科技进步先进区、全国和谐社区建设示范城区、全国法治宣传教育先进区和全省法治示范区、平安建设先进区、丘陵地区先进区、乡村旅游示范区、乡村振兴战略先进县，全省服务业强区。

历史沿革

通川历史悠久，远在新石器时期，即有人类活动。东周属巴国，秦归巴郡，西汉隶宕渠县，东汉和帝年间（89年-105年）设宣汉县，治所在通川区，为通川区设治之始。

梁大同二年（536年），置万州及东关郡于宣汉县，后改为石城县，属万州东关郡。西魏废帝二年（553年），改万州为通州，石城县属通州开巴郡。

隋开皇三年（583年），改石城为通川县，属通州。

宋乾德三年（965年），将通州改为达州。

明洪武九年（1376年），撤通川县，降达州为达县。正德九年（1514年），达县复升为州，属夔州府。

清嘉庆七年（1802年），以"安抚镇定"之意，升达州为绥定府，属川东道，达县为府、县治所在地。

民国二年（1913年），撤府存县，仍为达县。民国二十四年（1935年）川政统一，全川分设18个行政督察区，第十五行政督察区专员公署设在达县。

1949年中华人民共和国成立后属川北行署达县专员公署。

1952年9月，属四川省达县专员公署。

1968年9月，达县专区改称达县地区。

1976年，达县城关和城郊的西外、南外、北外公社及磐石、复兴工矿区划出成立达县市。

1992年7月，将达县市管辖的南外镇划归达县管辖；达县管辖的罗江镇、蒲家镇、魏兴乡、东岳乡、新村乡划归达县市管辖。

1993年7月27日，达县地区更名为达川地区，达县市更名为达川市。

1999年6月29日，撤销达川地区建立地级达州市，撤销达川市设立通川区；区政府驻通川区荷叶街。12月15日，达川市正式更名为达州市通川区。

2000年1月，达县双龙乡划归通川区管辖。

2002年12月，增设朝阳街道办事处和莲花湖旅游风景区管委会，辖3个街道办、7镇、3乡、1个管委会。

2005年12月，通川区委、区政府驻地迁至原达州市委驻地通川中路196号。

2013年7月，行政区划调整，将原达县的碑庙镇、江陵镇、北山乡、安云乡、梓桐乡、金石乡、青宁乡、龙滩乡、檬双乡等9个乡镇划归通川区管辖。

2019年末，通川区将原来的"三街十五镇四乡一委"的乡镇区划格局改革调整为"五街十二镇一乡一委"。辖东城街道、西城街道、朝阳街道、莲湖景区、凤西街道、凤北街道、复兴镇、蒲家镇、罗江镇、双龙镇、东岳镇、磐石镇、北山镇、江陵镇、碑庙镇、金石镇、梓桐镇、安云乡、青宁镇，共19个乡级行政区。

重要资源

辖区内探明矿产资源11种，其中能源矿产2种（煤、天然气），非金属矿产7种（钾盐、水泥用灰岩、建筑石料用灰岩、砂岩、砖瓦用页岩、黏土、膨润土），水气矿产2种（地下水、矿泉水）。全区森林覆盖率达46.39%，境内有省级森林公园2个，即千口岭和犀牛山森林公园；省级地质公园1个，是集科考、科普、旅游观光和休闲度假等多种功能于一体的千口岭地质公园。

基础设施

交通。达州市素有"川东北门户"之称，是川东北交通枢纽和川、渝、陕物资集散地。通川区作为川东北交通枢纽中心，境内有襄渝铁路、达成铁路、达万铁路和达陕、恩广高速公路，以国道210线、542线和省道S203、S204、S303为主体的国、省公路网络四通八达；州河航运直通重庆。2022年末，全区境内公路总里程2617.707千米，完成公路货运周转量536339万吨／千米，完成公路客运周转量37348.4万人／千米。

水利。通川区境内有大小河流64余条，属长江流域，主要河道有州河、巴河、明月江等。区域内共有水库45座，其中中型水库2座，已建成中型水库1座（石莲花水库），在建中型水库1座（双河口水库）；有小Ⅰ型水库8座，小Ⅱ型水库35座，山坪塘3240口，窖池538口，总库容约1.3亿方，配套渠道120余千米。已建堤防25千米，灌溉面积14万亩。共建设各类饮水工程2200余处。

教育。截至2022年底，全区有各级各类学校193所（含校点35个）。全区在职在编教职工4119人，其中在岗享受国务院政府特殊津贴专家1名、省特级教师16名、正高级教师15名，省名师名校长工作室领衔人3人。是全国社区教育实验区、全国青少年校园足球试点区、全国青少年校园足球"满天星"训练营、全国儿童青少年近视防控试点区、全国智能研修平台应用领航试点工作区、四川省未成年人思想道德建设工作先进区、四川省学校艺术区域整体推进改革试点区、四川省智慧教育改革试点区。

医疗。全区共有医疗卫生机构640家，其中公立医疗卫生机构245家（含公立医院3家，公共卫生服务机构2家，建制乡镇卫生院16家，社区卫生服务中心6家，村卫生室218家）；民营医疗机构385家（含民营医院14家，社区卫生服务站、门诊、门诊部、诊所等371家）；其他医疗机构10家（含企事业医院2家，医务室8家）。碑庙中心卫生院、朝阳社区卫生服务中心为全省社区医院（其中碑庙中心卫生院2022成功创建县域医疗卫生次中心）。2009年被纳入全国紧密型县域医共体建设试点县。

主要产业

2022年达州市通川区实现地区生产总值392.2亿元,按可比价格计算,同比增长3.7%。其中,第一产业实现增加值29亿元,增长4.4%;第二产业实现增加值130.4亿元,增长6.9%;第三产业实现增加值232.9亿元,增长2.5%,三大产业结构比为7.4:33.2:59.4。

第一产业。2022年,通川区第一产业增加值29亿元,增长4.4%。全区农业生产总值46.52亿元,增长4.6%。全年粮食总产18.3万吨,其中,小春粮食1.9万吨;大春粮食16.4万吨。全区油菜籽产量1.96万吨,增长1.4%,2022年,园林水果产量4.5692万吨,增长5.9%,蔬菜产量34.515万吨,增长3.8%。全区生猪出栏达到35.5万头,增长6.7%;出栏肉牛1.9万头,增长8.2%;出栏肉羊5.7万只,增长0.7%;出栏家禽382.4万只,增长0.5%;肉类总产量达到3.4万吨,增长9.2%。

第二产业。2022年,全区规模以上企业113户,涉及产业门类19个,产品类别70余种,现有产值上亿元企业30余户,"专精特新"企业12户,形成了冶金、农产品及食品加工、医药、智能制造、建材为主的产业集群。全区规模以上工业总产值405亿元,工业增加值79.2亿元,规模以上工业企业实现利润总额3.6亿元。紧紧围绕"打造食品医药、智能制造创新发展先行地"定位,聚力打造经济核心增长极,加快构筑川东北制造业发展高地。通川经开区现已建成标准厂房40余万平方米,入驻规模以上工业企业60余家。"川菜高新技术产业园""哈创科技(达州)科创城""西南冷链"如火如荼建设中,基本形成农产品加工集中区、医药健康产业园、智能制造产业园、公铁物流园的"一区四园"发展格局。

第三产业。2022年,全区实现社会消费品零售总额258亿元,同比增长3.3%,总量及增速均排位全市第一;实现服务业增加值232.9亿元,同比增长2.5%,总量及增速均排全市第一,三次产业结构比为7.4:33.2:59.4,成功跻身全省首批县域商业体系建设示范区,现有规模以上服务业企业158家,限额以上商贸企业240家;6万平方米以上商业综合体2个,正在修建商业综合体1个,乡镇农贸市场升级改造等项目6个,复兴农批市场、华美立家建材家居市场等专业市场8个,九千集等电商企业42家,摩尔百货等大型商超40家,星巴克等国际、国内知名品牌155个;物流企业513家,其中,3A级物流企业5家,4A级物流企业2家,冷链物流业高质量发展,成功入围国家骨干冷链物流基地;农村物流站点惠农助农受央视点赞。

文旅品牌

神剑园景区。国家4A级旅游景区,位于达州市通川区罗江镇张家沟,总占地3.29平方千米,是以张爱萍将军故居为基础,汇集多位达州籍开国将领的生平业绩,将革命历史传统、国防爱国主义教育、现代科技文化融为一体而着力打造的红色旅游精品景区。主要包括游客接待中心、战史馆、神剑馆、张爱萍故居、达州红军文化陈列馆,是集党史学习教育、国防爱国主义教育、革命传统教育、廉政教育、科普教育、乡村旅游于一体的综合性旅游目的地。

莲花湖风景区。位于达州市通川区西北角,距达城老城区7千米,距西外新区2千米,水库集雨面积5.48平方千米,水域面积1400亩,库容量1033万立方米。景区湿地公园内旅游设施完善,环境优美,空气新鲜,交通方便,集旅游观光、人文底蕴传播、生态景观打造等多项功能于一体,被称

● 张爱萍故居（张爱萍故居管理所 提供）

● 龙爪塔（达州市文化体育和旅游局 提供）

为达州城区的"后花园"及"天然氧吧",是达城市民休闲、旅游、度假的理想去处。

龙爪塔景区。又名白塔,位于达州市通川区塔坨广场旁、州河西畔一座形如玉印的孤峰上。据文物部门考证,该塔建于明朝年间,是四川省重点保护文物,是达州市城区著名的文物和佛教旅游景点。该景区占地30余亩,由白塔和朝阳寺组成。塔周围有观音殿、财神殿、接引殿、药王殿、大雄宝殿、五福屏、功德碑林等人文景观和一处精巧的寺庙园林。

凤凰山景区。即达州凤凰山公园,位于达州市城北,因其山势犹如一只展翅的凤凰而得名,属山林风景型城市公园,是达州市城区面积最大的城市公园,也是达城人"元九登高节"的主要场所。主要有凤凰楼、凤凰亭、红军亭、送君亭、元稹纪念馆、西圣寺等景点。

金石云顶野生动物园。位于通川区金石镇高兴村,距离达州主城区60分钟车程,总占地2000余亩,是集动物观赏、自然景观、人文历史、旅游度假于一体,具有"动物零距离、动物表演、自然景观、互动体验"四大特色的景区。前往动物园途中,还可欣赏到金石五彩梯田随季节变换的各式美景。

● 莲花湖风景区观鸟塔网红地(达州市通川区文化体育和旅游局 提供)

● 凤凰山凤凰楼(达州市通川区文化体育和旅游局 提供)

● 金石云顶野生动物园景区大门(达州市通川区文旅中心 提供)

风味美食

通川灯影牛肉。传说1000多年以前，任朝廷监察御史的唐代诗人元稹因得罪宦官及守旧官僚，被贬至通州任司马。一日元稹到一酒店小酌，下酒菜中的牛肉片薄味香，入口无渣，他颇为叹赏，当即名之曰"灯影牛肉"。灯影，即皮影戏，用灯光把兽皮或纸板做成的人物剪影投射到幕布上。用"灯影"来称这种牛肉，足见其肉片之薄，薄到在灯光下可透出物象，如同皮影戏中的幕布。其味麻辣鲜香，

● 灯影牛肉（达州市通川区商务局 提供）

其色油润红亮。

三圣宫七星椒卤味制品。七星椒品牌于1996年始创于达州，至今已有16余年的发展历史。在这十余年的发展历程中，三圣宫七星椒卤味制品都是采用上等的原材料，并通过七星椒独创的油卤制作工艺精心制造而成。以味道香辣、口感纯正、回味悠远的产品特色赢得了广大消费者的广泛认可，具有"口齿留香、久吃不腻"的享用体验，更是赢得了"川东第一卤"的美誉。

环凤脆李。达州市独具地方特色的水果，遍布通川区各乡镇，以其口感爽脆、风味独特，深受广大消费者喜爱而享誉川东及重庆地区。脆李产业已成为达州市种植区农村经济新的增长点，是农民增收致富的主要经济来源，已申请并通过国家农产品地理标志登记保护。

碑庙米豆腐。碑庙米豆腐传统制作技艺是传承于碑庙镇及周边地区民间制作米豆腐的一种传统手工技艺，历史悠久、盛名远扬。由它制作出来的米豆腐鲜香可口、营养丰富、物美价廉，已成为当地历史长河中一种难忘的记忆和情节。

发展定位

坚持以习近平新时代中国特色社会主义思想为指导，坚持稳中求进的工作总基调，立足新发展阶段、贯彻新发展理念、融入新发展格局，担当首位之责，夯实"支点"底座，大力实施"三城三地三片区"发展战略，即实力之城、活力之城、魅力之城；通达开放前沿地、城郊旅游目的地、幸福宜居首选地；都市商贸物流集聚片区、环凤产城一体发展片区、北部农旅融合发展片区，加快建设共同富裕示范区。

发展目标

到2025年，通川区主要目标是聚焦"五个全面提升"。

——全面提升发展强度。

——全面提升生态绿度。

——全面提升民生温度。

——全面提升治理广度。

——全面提升党建深度。

（撰稿：田立 何睿 审稿：邱子洪）

02 达川区

基本情况

地处四川省东北部、成渝地区双城经济圈北翼、万达开川渝统筹发展示范区核心腹地，地理坐标东经106°59′~107°50′，北纬30°49′~31°33′，辖区面积2246.60平方千米，辖28个乡镇、5个街道，户籍人口108.9万人，常住人口94.52万人，是全国产粮、产油、生猪大区，系秦巴重镇、革命老区、省重点开发区，享有"中国乌梅之乡"美誉。

历史沿革

达县上古属巴地，夏属梁州，商周属雍州，春秋、战国属巴国，秦归巴郡，西汉隶宕渠县，东汉始置宣汉县。近两千年来，县名数易，梁称石城，隋名通川，唐改通州，宋为达州，清改名达县。新中国成立后，先后隶属达县专区、达县地区、达川地区和达州市。2000年，政府驻地迁至南外镇。2013年9月，撤达县设立达州市达川区，开启以区为治新纪元。

重要资源

达川区自然条件独特，气候适宜，资源富集。

矿产资源。达川区为沉积岩分布区，沉积型矿产较丰富。已发现10种矿产，其中能源矿产3种：煤、天然气、理疗用矿泉水；非金属化工原料矿产1种：杂卤石（钾盐）；建筑材料用矿产5种：水泥用灰岩、建筑石料用灰岩、砂岩、石膏、砖瓦用页岩；地下水资源1种：矿泉水。全区现累计煤资源储量140632.3千吨，建筑石料用灰岩资源储量18680.19千立方米，水泥用灰岩资源储量4484.69千立方米，砂岩资源储量3481.29千立方米，砖瓦用页岩资源储量829.09千立方米。

水资源。境内有"三河一江"：州河、巴河、铜钵河、明月江。截至2022年底（包括划转的高新区、东部经开区），城市供水管网延伸工程2处、供水人口7.9万人，万人以上供水工程8处、供水人口39.76万人，千人供水工程51处、供水人口16万人，千人以下集中供水工程142处、受益人口7.6万人，分散供水2.96万处、受益人口8.39万人。规模化供水率达60.01%，自来水普及率达88.55%。全区共有各类蓄引提水工程3.86万处，其中：中型水库3座、小型水库101座、山坪塘6290口、微水池工程32000口、提灌站182处，总蓄引提水能力25292万方，设计灌面40.41万亩、有效灌面23.985万亩。

动植物资源。全区林木蓄积总量499立方米，森林覆盖率37.5%。主要植被类型为马尾松林、柏木林为主的针叶林，次为栎、麻柳、桤木、化香、丝栗等落叶和常绿阔叶林。全境野生植物共25个目72科5属225种。乔木树种主要有马尾松、杉木、柏木、栎、桤木、杨树、刺槐、香椿、香樟、麻柳、喜树、泡桐等；经济林木主要有柑橘类、乌梅、李树、梨树、核桃等；名贵中药材189个品种，主要有川龙薯芋、百部、首乌、天冬、野菊花、益母草、天花粉等。境内野生动物100余种。兽类主要有豪猪、麂子、野兔、松鼠、黄鼠狼、蛇、岩羊等；鸟类主要有燕子、杜鹃、猫头鹰、八哥、老鹰、白鹭、野鸡、锦鸡、竹鸡等；受国家、省级保护的有水獭、小灵猫、红腹锦鸡等。

文化旅游资源。现有文化资源3098处，分别为：不可移动文物资源500处，可移动文物资源573处，非遗资源35项，古籍239种1989册，传统戏曲剧种1种。旅游资源1058个，其中五级旅游资源8处，四级旅游资源28处；图书馆、文化馆、博物馆各一个；文旅企业共125家，其中国家4A级旅游景区1个、国家3A级旅游景区3个，星级农家乐、星级乡村酒店13家，星级酒店3家。国家级知名文旅品牌7个、全国重点文物保护单位2个；省级知名文旅品牌4个、省级文物保护单位4个、省级非物质文化遗产6项、省级风景名胜区1个、省级水利风景区1个。

基础设施

城市建设。2022年，达川区全面实施城市更新，高效推进"三微工程"，加快三里坪、翠屏山、小河嘴新区建设，不断完善市政基础设施，治理地下管涵隐患点30余个，改造97个老旧小区，建成南山路、达州中学上山路，翠云大道上跨桥梁主体完工，汉兴公园、临江公园、华川游园建成并对外开放。

● 石桥列宁街牌坊（张松林 拍摄）

交通状况。辖区内既有襄渝、成南达万、达巴普通铁路，实施和规划高铁 2 条（成达万高铁、西达渝高铁）；既有包茂高速、达阆高速，在实施和规划高速 3 条（镇广高速、绕西高速、成宣渝高速）；现有国道 2 条 136.129 千米（G542 和 G210）；在实施和规划的省道 6 条 266.864 千米；农村公路总里程为 5020.411 千米，其中县道 617.093 千米，乡道 1277.823 千米，村道 3125.495 千米。全区所有建制村通硬化（油）路和通客车率均达 100%，2017 年成功创建全省首批"四好农村路"示范区。

教育事业。截至 2023 年初，达川区有公办中小学（幼儿园）74 所、村小（教学点）24 个、中心校附属幼儿园 44 所、村级幼儿园 14 所。现有达州中学等全国文明校园、全国校园足球特色学校和省级艺术特色学校等特色（示范）学校 30 余所，国家级重点中等职业学校 1 所、国家级示范中等职业学校 1 所、省一级示范高中 1 所、省级示范幼儿园 1 所。建成乡村青少年宫 31 个，创建省级优秀学生艺术团 7 个；累计获得科创赛国家奖 46 项、省级奖 204 项、市级奖 1127 项，中、高考上线率稳居全市前列。

卫生事业。截至 2022 年末，达川区拥有医疗卫生机构 525 个，三级乙等综合医院 2 个，二级甲等医院 3 个，二级乙等医院 2 个，开放床位 6363 张，从事卫生健康工作人员 6848 人；全区每千常住人口床位数 8.75 张、执业（助理）医师数 2.74 人、注册护士数 3.54 人；建成省级重点专科 2 个，市级重点专科 11 个；疫情防控及公共卫生应急能力全面加强。

文化体育。成功创建为四川省第一批现代公共文化服务体系示范县。有全国面积最大、藏品最多、四川唯一的达州钢琴博物馆。建成 2 个 24 小时城市阅读驿站、24 个综合文化站和 17 个文化分站、231 个村和 80 个社区建有文化活动室、151 个农村阅报栏项目。312 个行政村广播"村村响"实现全覆盖，新增电视接收终端设备 30595 套。建成 1 个体育馆、1 个公共体育田径跑道和足球场、1 个体育公园，村级农民体育健身工程 380 个、全民健身路径 680 条、社会足球场 8 个。成功创建为"全国书香城市"，图书馆荣获四川省"金熊猫奖""最美基层图书馆""全民阅读示范基地""公共数字文化创新服务示范单位"等荣誉。区图书馆、文化馆成功创建为部颁"双一级馆"。

主要产业

第一产业。连续四年在全省脱贫成效考核中被评为"好"的等次，连续四年被评为全省农民增收工作先进区，四次荣获省粮食生产"丰收杯"奖，2021 年评为全省乡村振兴战略实施先进区，2022 年在全省乡村振兴战略先进区"回头看"考核中取得"优秀"等次。先后荣获全国产粮、产油大区、生猪调出大区、蔬菜产业重点区、农产品质量安全区等多项殊荣。

2022 年，全区完成粮食作物播栽面积 134.29 万亩、总产 54.45 万吨，完成油菜播栽面积 37.37 万亩、总产 7.04 万吨；新发展生猪规模养殖场 331 家，出栏生猪 83.45 万头、肉牛 6.77 万头、羊 18.04 万只、家禽 1256.09 万只，牧业产值 41.94 亿元；2022 年，建成常年蔬菜基地 2.1 万亩，辐射带动全区蔬菜种植面积 30.3 万亩（含复种），总产量 80 万吨，产值 25 亿元。在农业特色产业方面，全域发展达川贡米 31.97 万亩，青花椒 12 万亩，集中连片发展水果种植面积 16.25 万亩，乌梅、金银花、黄精等中药材 15 万亩。现有国家级农业产业化重点龙头企业 1 家、省级 4 家、市级 26 家；培育合作社 688 家、家庭农场 2998 家；水稻、大米、葡萄、茶叶等特色产业有机认证面积 692.33 公顷，累计认证"三品一标"农产品 91 个；"麻蜀黍"青花椒列入 2017 年度全国名

●九龙湖（胡小倩 拍摄）

特优新农产品目录。

第二产业。 现有规模以上工业企业80家，有四川省川东晟达电气设备有限公司、达州市嘉兴实业有限公司、达州市远东电器有限公司等主要智能装备企业6家。百马产业园区乌梅深加工项目一期竣工投产，绿色建材产业园——中陶建材项目、智能装备制造产业园——国信达二期加速推进。2022年年产值累计95.6亿，同比增长20.8%。

第三产业。 2022年，实现服务业增加值148.5亿元，增长1.5%，社会消费零售总额179.9亿元，增长2.6%。服务业增加值占全区GDP比重从2015年的27.4%增长到56%。外贸出口逆势而上，组织企业参加"第五届进博会""广交会"等国际展会，新备案外贸企业5家，实现外贸进出口额4.63亿元。好一新奥莱购物广场建成运营，三里古街建设主体建设完成，全力推进招商工作。达川商贸物流园区销售收入达230亿元。截至2022年末，培育收入超亿元的商贸服务业企业22家，限额以上和规模以上商贸服务业企业突破250家，入选全省服务业"三百工程"企业6家。达川区被评为"四川省促进服务业发展工作先进单位"，2021年成功创建全省首批十大"川派餐饮创新发展先行区"，2022年成功申创省级服务业强区，全区现代服务业集聚发展优势不断彰显。

文旅品牌

石桥列宁街。文旅部和四川省政府确定的川、陕、渝红色经典景区，也被誉为"中国红军第一街"。石

桥列宁街在原有的基础上新建了列宁公园、红军陈列馆、红军文化艺术墙等景点，通过塑像、革命先辈书法石刻、浮雕等形式，反映工农革命的发展历程以及老一辈革命家的丰功伟绩。

九龙湖旅游区。位于七里峡山脉北部的大树、黄庭两乡镇的交界处，距达州市区60多千米，交通便捷。湖面四周有九条山脉直插湖中，形成九个半岛，宛如九条巨龙跃入水中，故名"九龙湖"。景区面积1万余亩，湖面全长6千米，最宽处达2.5千米，湖中有大小岛屿8个，半岛9个。有水上乐园、地下宫殿"龙铃洞"。游客可以欣赏宽阔的湖面、洁净的湖水、墨绿的森林、美丽的岛屿、奇特的溶洞等景观。

石桥烧火龙。系省级非遗项目，产生于石桥镇，集纸扎艺术、烟花工艺和人文、自然生态于一体，具有强大的艺术生命力和浓郁的乡土气息。火龙由篾片、麻布、纸等扎成，再配上龙须，绘上鳞、角、

● 石桥烧火龙（田乙斯 拍摄）

爪等，龙首至龙尾长达数十米。表演时，十名青壮年头戴龙帽，脚穿草鞋，赤膊上阵，一人持大红龙宝，九人持龙把，在大街小巷穿行游舞。

风味美食

江阳酸辣鸡。由江阳乡供销社高姓下岗职工创制。选用家养的纯土公鸡，现杀现烹，采用爆、炒、焖等手法，配以酸萝卜和香菇等烧制而成。其味鲜香细嫩、麻辣浓香，但辣而不爆，略带酸，形成独特的地方风味，在达城餐饮业中独树一帜，享誉一方。

● 江阳酸辣鸡（达州市文化体育和旅游局 提供）

● 大风羊肉（达州市文化体育和旅游局 提供）

大风羊肉。以其原产地大风乡而得名，达州市十大名特菜品之一。1982年由大风街道居民杨某、吴某等创制。选用当地山区农民自然放养的草食土山羊，烹制中不加任何色素和化学调料，不油腻，无膻味，口感舒适，滋补营养，深受广大食客喜爱。

石梯蒸鱼。20世纪70年代末由石梯居民严某创制，达州市十大名特菜品之一。以巴河盛产的鲶鱼、鲤鱼、鲫鱼、鲢鱼、江团、白甲、黄鳝、青鳝等为原料，拌以绿豆面、芝麻面、米粉、豌豆面、辣椒粉、花椒粉、姜末、青油（菜籽油）等上竹屉蒸笼蒸熟即成，菜品绛红滋润、香气浓郁、细腻鲜嫩、酸软滑溜、百味俱全、回味悠长。

发展定位

聚焦"一地一区"发展定位，突出"重塑产业、更新城市"首要任务，坚持"奋进达川、先行示范"工作基调，坚定"四化同步、城乡融合、中优西进、南联东融"发展路径，构建"一核两区六组团"战略布局，谱写达川新篇章，为奋力打造成渝地区双城经济圈北翼振兴战略支点贡献更大力量。

发展目标

2023年，实现地区生产总值增长7.5%，力争8.5%；第一产业增加值增长4.5%，力争6%；规模以上工业增加值增长8%，力争9%；第三产业增加值增长9.5%，力争10.5%；全社会固定资产投资增长10%，力争11.5%；社会消费品零售总额增长8%，力争9.5%；城镇居民人均可支配收入增长7.5%，力争9%；农村居民人均可支配收入增长8.5%，力争10%；地方一般公共预算收入增长与经济发展趋势基本一致，主要经济指标继续保持在全市第一方阵。

（撰稿：张平 审稿：桂征雄 熊小龙）

03 宣汉县

基本情况

宣汉县位于四川最东边,地处川渝陕接合部和万达开腹心区域,地理坐标为东经107°22′~108°32′,北纬31°06′~31°49′,辖区面积4271平方千米,辖37个乡镇(街道)、342个村、81个社区,人口132万人(土家族人口近7万人),是全国革命老区县、四川省扩权强县试点县和四川省少数民族地区待遇县,于2020年2月退出国家级贫困县序列。

历史沿革

宣汉,置县始于东汉和帝永元二年(90年),治今达州市通川区,取义"宣扬汉王朝德威",辖今达川、通川、宣汉、开江、万源及巴中市通江和重庆市城口,属益州巴郡。

刘宋初年(439年),县境始设4县:巴渠、下蒲、始安、东关,属梁州巴渠郡。

元嘉年间(约450年),县境置汉兴县。西魏(约535年)改汉兴为西流县,627年废。

南梁大同二年(536年),县境置东乡县,1285年废。

西魏元廓二年(555年),县境置临清县,585年废。

隋开皇五年(585年),县境置宣汉县,627年废。

唐武德三年(620年),县境置昌乐县,625年废。

唐天宝九年(750年),县境置阆英县,967年废。

明成化元年(1465年),县境复置东乡县,属四川承宣布政使司夔州府。正德九年(1514年),改属达州。

清顺治十四年(1657年),东乡始入清朝统治。初属川东道夔州府,雍正六年(1728年)改属直隶达州,嘉庆七年(1802年)升达州为绥定府。

民国元年(1912年),东乡为重庆军政府所辖。

民国三年(1914年),东乡属四川东川道。秋,因江西有东乡县重名,改四川东乡县为四川宣汉县。

民国五年(1916年),四川军阀割据,道署名存实亡。宣汉县先后受护国军、靖国军、江防军、西北自治后援军和援川陕军、川陕边防军辖治。

民国二十二年(1933年)十月,中国工农红军第四方面军解放宣汉,建立宣汉县苏维埃政权,并将黄金、厂溪、毛坝等7乡划入新置的红胜县。

民国二十四年(1935年)三月,红军离县,县地属四川省第十五行政督察区,专员公署设今通川区。

1949年12月17日,宣汉解放,属川北区达县专区。

1952年9月1日，改属四川省达县专区。

1968年9月，达县专区改名达县地区，属达县地区。

1993年7月，达县地区改名达川地区，属达川地区。

1999年12月，撤销达川地区，设立达州市，属达州市。

重要资源

锂钾。富锂钾卤水品位高、镁锂比低，易于开发利用。初步估算1116平方千米范围内富锂钾卤水约21亿方，含氯化锂240万吨、氯化钾5600万吨、溴素290万吨、硼酸1200万吨、氯化钠5亿吨；预测新型杂卤石钾盐矿中硫酸钾资源量10亿吨以上（与全国可查明可溶性钾盐矿资源储量大致相当）、氯化钠120亿吨以上，初步估算1116平方千米范围内锂钾资源经济价值超万亿元，是全国第一个深部海相富锂钾资源矿。

天然气。境内天然气储量巨大，已探明的各类含气结构46个，连片储层3750平方千米，天然气储量1.5万亿立方米。境内有普光气田、罗家寨—滚子坪气田、渡口河—七里北气田和铁山坡气田四个高含硫大型气田，有中石化普光净化厂（亚洲第一）、中石油宣汉净化厂两个天然气净化厂，年拥有150亿立方的天然气产能和285万吨的硫磺产量。

煤矿。已探明储量1.6亿吨，剩余保有储量近1亿吨，发热量4500~6000千卡以上，尤以焦煤的储量最为丰富。全县煤炭矿区含煤面积141.5587平方千米，分布在峨层山、赫天祠和大巴山片区。全县现有煤矿12处，设计生产能力360万吨/年。

农副产品资源。依托"七山一水两分田"的地貌特征，持续壮大"牛、果、药、茶、菌"特色产业，是全国商品牛基地县、生猪调出大县，蜀宣花牛种源基地，木本药材、速丰林生产基地；是全省粮食产量大县、油菜籽生产大县，是全省30个茶叶优势县之一；宣汉黄牛是优良的地方品种。

文化旅游资源。先后建成国家4A级旅游景区3个、国家3A级旅游景区6个，成功培育国家级森林公园、国家地质公园、国家森林康养基地、天府旅游名县、中国巴文化之乡等省级以上特色文旅品牌28类64个，有全国规模最大、年代最久远、规制等级最高的巴文化遗址——罗家坝遗址，不断擦亮"梦里巴国、山水宣汉"文旅品牌。

基础设施

交通建设。截至2022年底，全县公路总里程达12000千米。正在建设的西渝高铁在县内设樊哙、宣汉南两个车站，襄渝铁路过境37.5千米，达陕、达万高速公路过境84.9千米，G210线宣汉段73千米，省道S201、S202、S203、S302、S303、S403共6条过境452千米。有前河、中河、后河、州河通航总里程94.6千米，大小码头12个。设宣汉客运站、毛坝货运站、石柱槽火车站（货运）。

城市建设。"公园城市"加速建设，县城"一区一片一城"拓展提升工程全面启动，石岭大道延伸段道路及防水排涝管网改造工程启动建设，张家坝金城酒店、大桥主体完工，滨河路全线贯通，西区运动公园基本建成；来鹿片区、国峰花园等老旧小区改造开工建设，改造老旧小区4061户；明月新城首发项目全面开工，中央商务区、湿地公园加快建设。创建的省级生态园林城市已完成验收，县城建成区面积达23.5平方千米。

主要产业

文化旅游产业。坚定不移实施"文旅靓县"战略,做强"生态观光、康养度假、文化体验"三大产业集群,提档升级巴山大峡谷龙头景区,重点发展月亮坪、天生归原等旅游康养业,做实"生态旅游示范区、国家旅游度假区、全域旅游示范区"三大品牌体系,塑好"文旅靓县"新形象,初步形成"一区多点"全域文化旅游发展新格局。2022年,共接待游客1500万人次、旅游综合收入130亿元。

微玻纤新材料产业。以微玻纤及其制品为核心,涵盖高效过滤、深冷绝热、能源储存、绝热建材、航空交通五大应用领域,微玻纤新材料产业2022年实现产值约16.4亿元,特别是正原微玻纤公司生产的航空用隔热隔音玻璃棉,将用于商业飞机和C919大飞机制造,成为国内唯一能生产此类材料的企业。

天然气硫黄产业。宣汉普光气田是全国最大的海相整装气田和全国第二大气田,探明储量4166亿立方米,是"川气东送"工程的起点,主要送往上海、浙江、江苏等地。2022年全县累计生产商品气90.14亿方,生产硫黄210.46万吨。力争到2025年产值突破200亿元,初步建成国家西部重要的天然气化工基地和最大的不溶性硫黄生产基地。

锂基新材料产业。以金属新材料、富锂卤水深度综合利用、锂电正极材料及前驱体制备、先进锂电池生产及制造、锂电智能装备制造项目、固态电池研发及制造等核心项目作为产业重点,主要用于

● 峨城竹海(宣汉县文化体育和旅游局 提供)

电力、建筑、机械等领域。目前,一期10万吨精密铜线项目已竣工投产,铜基新材料产业2022年实现产值约62.6亿元。二期项目正在进行生产设备安装。

锂钾综合开发产业。以锂、钾资源开发为核心,兼顾钠、溴、硼等资源综合利用,推进产业建链、强链、补链、延链发展,广泛用于锂电池生产、新材料生产、医药制造、新能源利用、钾肥生产"五大应用领域",目前已与江西赣锋锂业、正威国际集团、四川恒成钾盐分别签订100亿、130亿、60亿元投资合作协议,力争2025年建成全国首个深部卤水锂钾综合开发示范园,形成千亿级产业集群。

文旅品牌

巴山云顶旅游度假区。毗邻巴山大峡谷景区,是大巴山国家地质公园的核心区。度假区内现有崖柏、红豆杉、银杏等国家一级保护植物近15种;有云豹、大狸等国家一类保护动物近10种;夏季平均气温20℃~26℃,森林覆盖率68%,空气负氧离子浓度含量最高达3580个/立方厘米。度假区由桑树坪"巴山云栖"康养休闲度假小镇、罗盘顶"巴山云动"山地运动度假小镇、茅坪"巴山云庭"国际高端度假小镇三部分组成。度假区内有狩猎场、滑雪场、夜游巴山、悬崖秋千、心跳飞索、杜鹃公园、巴部落亲子乐园等休闲度假项目20余种,有巴人钱棍舞等非物质文化遗产。

洋烈水乡。国家4A级旅游景区,位于蒲江街道洋烈社区,距离县城8千米,面积约6.8平方千米,入选文旅部精品乡村旅游线路。景区主要景观为一

● 巴山云顶(宣汉县文化体育和旅游局 提供)

●洋烈水乡（宣汉县文化体育和旅游局 提供）

镇（川东第一村洋烈风情小镇）、一廊（州河生态亲水走廊）、四精品（鱼子溪湿地公园、自行车健身骑游道、川东花卉婚庆基地、巴人欢乐谷等），是川渝地区集滨河避暑养生和地域文化展示于一体的精品城郊休闲度假旅游目的地。

峨城竹海。国家4A级旅游景区，距县城20千米，是宣汉四大名山之一。景区最高海拔1245米，绵延100余里，面积15154.3亩，森林覆盖率95%，年平均温度在14.6℃，素有"川东竹海、

●马渡关石林（宣汉县文化体育和旅游局 提供）

● 月亮坪森林康养旅游度假区——知青林（宣汉县融媒体中心 提供）

天然氧吧"之称，是川东最佳的避暑胜地。景区内有万亩竹海，风景秀丽，有"西峨眉、东峨城"之称。

马渡关石林。国家 3A 级旅游景区。马渡关先后被授予中国民间文化艺术之乡、川东民歌之乡，是"世界十大民歌"《康定情歌》作者李依若故乡、"中国四大民歌"《苏二姐》发源地，是达州市唯一个自然与文化遗产地。景区规划面积 8.85 平方千米，属喀斯特地貌，极富灵性和生命，"四山四峡"叹为观止。

《梦回巴国》剧目。由著名导演哈文任总导演，是一个文化与旅游紧密结合的艺术作品，是一次突破传统剧场观演模式的全新设计。整个剧场在设计风格上，以巴国遗址出土文物的象征符号作为灵感来源，追求华美、典雅、端庄的质感，吻合巴国曾经的王者风范。是一场立足于古老巴国文明，旨在展现宣汉地区从古至今磅礴壮美的自然景象、底蕴深厚的历史文化、丰富多彩的人文风情和传承不息的巴人精神的大型剧目。

月亮坪森林康养旅游度假区。距宣汉城区 65 千米，该区域五马林场是"全国十佳林场""四川不得不去的 88 个最美林草景观体验点"。度假区规划面积 23.37 平方千米，按照"一心·三区"（一心：森林康养度假核心；三区：森林康养产业片区、森林运动科普区、森林人文休闲区）的整体布局，围绕"觅月、科普、宜居、康养、欢乐"五大主题森林，依托优越的康养度假环境，正聚力建设以绿色生态为基底、生态休闲为核心，集康养度假、户外探险、森林科普和森林运动为一体的森林康养度假目的地和国家级旅游度假区，月亮坪旅游度假区首开区 2023 年建成投运。

风味美食

徐鸭子。录入第二批四川省非物质文化遗产目录，是四川省第十届运动会指定食品，荣获四川省首届旅游产品金奖、"四川省著名商标"和达州市"十大名特小吃"称号。徐鸭子（手撕鸭）采用传统配方，在工艺上结合现代新技术，经过二十多道工序精制加工而成，选料精细（巴山纯土鸭）、风味独特、香彻透骨、色鲜味美、油而不腻，受到消费者的一致好评，远销省内外。

桃花米。自唐代武则天后，四川的地方官员每年都要将上好的桃花米进献皇上，至此成为皇宫的供奉之物，有"贡米"之称。桃花贡米属硬性的籼型稻米，品质精良，色泽白中显青，晶莹发亮，米粒形状细长，肚腹白小，煮成米饭不断腰，呈油浸状，富有糯糍性，具有绢丝光泽，香气横溢，品质特佳，且蛋白质含量丰富，天然的富硒土壤中有对人体有益的硒元素，具有补中益气、滋阴润肺、健脾和胃、除烦解渴的作用。

● 麻辣鸡块（宣汉县文化体育和旅游局 提供）

汉玺牛肉。"汉玺"牛肉干历史悠久，楚汉之时，大将樊哙曾将民间秘制牛肉干进献给刘邦，深得赞赏。"汉玺"牛肉干采用千年古方，秉承传统工艺，纯手工精制。产品包括五香牛肉干、麻辣牛肉干、麻辣牛肉片、麻辣牛肉条、麻辣牛肉丝、卤香牛肉、手撕牛肉等七大系列数十个品种。1996 年被评为达州知名商标，并获国家专利局授予的"外观设计专利"证书。

麻辣鸡块。麻辣鸡块选用宣汉县土鸡为原料，辅以花椒、辣椒等十来种佐料精制而成，麻辣可口。属于巴山美食，凝聚了数百年祖师技艺的结晶，已成为地方珍贵文化遗产，具有麻、辣、鲜、香、酥、脆等特点，视觉上颜色鲜丽，味觉上入口香脆又绵软酥实。

发展定位

紧扣全力冲刺全国"百强县"、勇当达州振兴"主力军"发展定位，深入实施农业兴县、工业强县、文旅靓县、开放活县"四大战略"，奋力打造"田园新景、巴山粮仓"的样板之地、"百亿领航、亿元支撑"的产业高地、"双区引领、全域带动"的文旅胜地、"共荣共赢、开明开放"的战略要地，全面建设社会主义现代化宣汉。

发展目标

紧紧围绕建成全国新能源新材料综合利用示范区、全国生态旅游度假区、全国巴文化高地"三大目标"，聚力产业发展大突破、城乡建设大变化、民生福祉大改善、开放合作大进步、环境优化大提升"五大任务"，冲刺争先、决胜进位，成功创建全国"百强县"，成为达州振兴"主力军"。

（撰稿：黄明浩 范明春 审稿：杨贞勇）

04 大竹县

基本情况

大竹县地处四川省东部，达州南部，东邻重庆市梁平区、垫江县，南接广安市邻水县，西接渠县、广安市广安区，北连达川区，地跨东经106°59′~107°32′，北纬30°20′~31°00′，东西宽45千米，南北长75千米，辖区面积2076平方千米，其中县城建成区30.5平方千米，人口30.3万人；辖3个街道、23个镇、5个乡。截至2020年11月，大竹县常住人口为841960人。县政府驻地：竹阳街道新华路98号。

历史沿革

远古时期，大竹属賨人国领地，賨族人为大竹最早的居民。

夏时，大竹属梁州。商时，改属雍州。周时，属巴子国。

汉末，刘璋改巴郡为巴西郡。

蜀汉时，刘备置宕渠郡，宕渠县属之。

南梁大同三年（537年），分宕渠县和邻山县，邻山县治设在金城（今四合镇）。

西魏废帝时，改邻州为邻山郡，下设邻山、邻水二县，大竹属邻山县，县治仍在金城。

北周于信州设总管府，邻山县属信州总管府下的邻山郡。

隋文帝统一全国后，以九州划分全国，四川全属梁州，州辖数县，《旧唐志》载邻山县为梁州所辖。隋末，裁撤邻山县，大竹县的一部分划入流江县，一部分划入邻水县。

唐武德元年（618年），废宕渠郡，设渠州，流江县属渠州；又分邻水，垫江增设邻山、盐泉二县，四县同属邻州。邻山县城仍设在金城；盐泉县城在今童家镇境内。武周久视元年（700年），分宕渠县东部设大竹县，县城在今渠县汉碑乡沈府君阙南一里处（燕家场），属蓬州。至德二年（757年），大竹县并入邻山县改渠州，县城移至今渠县来凤乡境内。不久，又分邻山县建置大竹县。宝历元年（825年），大竹县和邻水县同时并入邻山县，县城在金城。不久再分邻山县和大竹县。

北宋时，大竹并入邻山县，一度并入流江县；南宋绍兴三年（1133年），复置大竹县，属渠州。自此以后，历代均设大竹县。宝庆三年（1227），果州升级为顺庆府，县属顺庆府。

元至元二十年（1283年），邻山、邻水并入大竹。县城迁入原邻山县木门镇（今竹阳街道办事处）。

明洪武九年（1376年），改属顺庆府广安州。成化元年（1465年）分大竹南部复置邻水县。万历年间，曾在今四合镇设置顺庆分府，辅治大竹、垫江、邻水、广安四州县，不久即废。

清初，县属川北道顺庆府。乾隆四十九年（1784），恢复顺庆四合分府，仍辅治原辖州县。嘉庆五年（1800年），再次撤销四合分府。十九年（1814年），县改属川东道绥定府（今达州）。

民国二年（1913年），直属川东道。民国三年（1914年），川东道改称东川道。民国五年（1916年），大竹护国军一度宣布大竹独立。民国六年（1917年），隶属四川省。民国二十四年（1935年），属四川省第十行政督察区。

1949年12月大竹解放后，属川东行署大竹专区。1952年9月，撤销行署，恢复四川省建制。1953年2月，撤销大竹专区，县改属达县专区。1968年9月，达县专区改名达县地区。1993年9月，达县专区改名达县地区。1993年9月，撤销达县地区，建达川地区，大竹县属达川地区。2000年1月，撤销达川地区，建达州市，属达州市至今。

重要资源

矿产资源。境内有煤、天然气、石灰石、灰石岩、铁矿石等多种矿产资源。原煤总储量为1.63亿吨，天然气蕴藏量约760亿立方米，碳酸锶矿储量达148万吨，石灰石储量丰富。

动物资源。县境有狐狸、青鼬、水獭、狸子、刺猬、松鼠、黄鼠狼、麂子、猕猴、野猪等二十种野兽；有野鸡、野鸭、斑鸠、猫头鹰、啄木鸟、麻雀、布谷鸟、老鹰、白鹭、黄鹂、竹鸡雉、乌鸦、画眉、红腹锦鸡等飞禽；还有龟、鳖、蛇、蛙。

植物资源。县境内分布有国家重点保护的一、二级野生植物有红豆杉、银杏、三尖杉等树种，红豆杉、三尖杉主要分布在铜锣山中段；银杏在全县均有分布。植被属中亚热带常绿阔叶林区，基本类型是以马尾松为主体的松、杉针叶混交林，以丝栗为主的常绿阔叶林和以白夹竹为主的竹、针、阔混交林，亦有松、杉、柏、樟、栎等纯林成片（团）状分布于三山之中。

基础设施

大竹县地处成都、重庆、西安及武汉交会辐射的腹心地带，境内包茂高速公路、318国道、210国道及南大梁高速公路呈"井"字形纵横贯穿，县城北距达州60千米，南距重庆江北机场135千米，东距万州港176千米，西距成都350千米，形成了"半小时达州、1小时重庆、1小时万州港、3小时成都、5小时西安、5小时武汉"的通达格局。县域内100%的乡镇（街道）、100%的村（社区）通水泥（油）路，全县公路通车里程达3759千米。国道外迁、山后快速通道竹石线、包茂高速达渝段大竹南出口等重点交通项目正在加快推进，南大梁高速公路大竹段全线竣工，达州—大竹—邻水—重庆城际铁路已获国家发改委批复并纳入"十三五"建设规划。2020年末，全县公路总里程4407千米。

主要产业

大竹县被誉为"中国糯米之乡、中国醪糟之都""中国苎麻之乡""中国香椿第一县"四张"国字号"名片。糯稻（醪糟）产业是大竹县委、县政府重点扶持的"五大名片"之一。近年来，大竹县按照"规模化、标准化、品牌化"的发展思路和"增产量、提品质、优加工"的发展目标，依托省星级粮油（糯稻－醪糟）现代农业园区创建，着力推进

"二产带一产促三产"。共培育东柳醪糟、顺鑫农业、春岚农业、金竹园、利民醪糟、席醪糟、神泉醪糟等糯米规模以上生产加工企业8家，产品畅销全国，并出口加拿大、荷兰、英国、法国等30多个国家和地区。2011年，大竹县获得"中国糯米之乡""中国醪糟之都"称号，东柳醪糟已载入《中国土特名产辞典》，并被列入省级非物质文化遗产，成为大竹一张特有的城市名片。大竹县先后在月华、石河等10个乡镇建立了优质糯稻生产基地，种植面积超过10万亩，年产量达到5万吨，总产值达10亿元。大竹县醪糟加工企业数十家，有9个品种100多个规格，年综合生产能力达10万吨。大竹县从商周时期开始种植苎麻，已有3000多年历史。大竹苎麻种植面积28万亩，占全国苎麻面积的20%，因其品质优，产量高，面积大，长期以来，大竹县委、县政府高度重视苎麻产业发展，将苎麻作为全县特色农业产业"五张名片"之首精心培育，不但成立了全国唯一一家县级专门从事苎麻产业发展的中心，而且县财政每年预算500万元专项资金用于支持苎麻产业发展，并相继出台了《大竹县振兴苎麻产业六条措施》《关于加快苎麻装饰材料产业发展的实施意见》《大竹县支持苎麻新材料产业发展的十条措施》等一系列政策文件，从苎麻产业相关环节进行政策扶持引导，促进苎麻产业健康发展。同时，"大竹苎麻""大竹秦王桃""大竹香椿"还获得国家地理标志产品保护。

文旅品牌

清河古镇。位于四川东北部、巴山南麓渠江之滨，两条河流穿境而过，故得"清河"之名。范绍增将军民国二十一年（1932年）筹划出资在其故乡四川省大竹县清河场修建故居"哈儿街"。此街全长385米，

● 清河古镇（达州市文化体育和旅游局 提供）

● 五峰山（达州市文化体育和旅游局 提供）

占地3.3万平方米。两旁房屋西高东低，呈主宾之势，主显宾躬之态。整个建筑群均为砖木结构，瓦顶悬山式，天架椽屋、前后乳伏牵用三柱建筑。一律采用外廊式穿榫结构，一楼一底两层楼房。街道两旁各有通廊和108根仿希腊式圆形廊柱，柱身均有人物、动物及花鸟等浅浮雕图案，是西南难寻的仿古建筑。专家鉴定为"国内少有，国外没有"独具特色的大型建筑群。街内"哈儿将军陈列馆"，收藏有大量范将军及其亲友各个时期的珍贵照片和其他实物；并有"哈儿茶楼""哈儿餐饮"等。

五峰山森林公园。国家3A级旅游景区，位于大竹县东部，又称"竹海公园"。景区距县城22千米，南距重庆市140千米，北距达州61千米，西距成都350千米，均有高速公路连通。景区总面积达876公顷，最高海拔1080米，最低海拔600米，属亚热带湿润气候，年均气温12.5℃，四季分明，雨量充沛，冬暖夏凉。2002年，五峰山国家森林公园经国家林业局批准设立，2014年成为省级旅游度假区，2015年被认定为四川省生态旅游示范区。

云雾山景区。景区内有云雾寺、三国古驿道、茶园温泉等人文景观。西山古驿道启于先秦而盛于三国，后一直是成都出川东过三峡到湖北的交通主干道，是一部中国道路建设的活史书。云雾峡至云雾寺之间保存较好的约有7千米，道宽1.5米左右、由石板道、栈道、桥梁等构成，道旁有功德牌坊、壁画、石刻（漏米石），道旁山上有古山寨（白云寨）遗迹，远古巴人居住的洞穴等等文化遗迹。

净土寺。位于大竹县城东郊，距县城竹阳镇5千米，其前身为唐五周天授二年（691年）兴建的复兴寺，后复兴寺因年久失修及"文革"时期严重损毁，已荡然无存。2002年9月，高僧释德道云游至此，见此处地势独特，便在此重建庙宇，取名净

土寺。占地面积 100 余亩，山门全长 116 米，也是亚洲最长的山门。

风味美食

大竹香椿。大竹县特产，中国国家地理标志产品。大竹县日照适宜，雨量充沛，无霜期长，十分适合香椿的生长。大竹香椿由于不施化肥，不用农药，属纯天然绿色食品，以其"叶面光滑、色泽鲜红、香味独特"等独特品质在中国 20 余个大中城市畅销。2010 年 12 月 3 日，国家原质检总局批准对"大竹香椿"实施地理标志产品保护。

大竹醪糟。又称玉竹醪糟、东汉醪糟、东柳醪糟，是达州市地方传统名小吃。四川的醪糟有很多种，尤以大竹醪糟为著名，大竹醪糟酿造历史悠久，源于汉，盛于清，系大竹传统土特食品，已载入《中国土特名产辞典》。

大竹观音豆干。大竹观音豆腐干是大竹县观音镇特产。观音豆腐干，又名"仁"字豆腐干。以其豆腐干上印有"仁"字而得名。"仁"字豆腐干起源于兴隆场，1920 年，场上"仁"字号袍哥大爷刘炳然开始制作。皮面光洁润滑细腻，甘香味浓，芳香四溢，甘甜可口，回味悠长。

● 大竹云雾山 乡村振兴之路（刘小洪 拍摄）

● 大竹香椿（孙伟 曹芮铭 拍摄）

● 大竹东汉醪糟（达州市文化体育和旅游局 提供）

● 大竹观音豆干（达州市文化体育和旅游局 提供）

发展定位

高举中国特色社会主义伟大旗帜，以习近平新时代中国特色社会主义思想为指导，认真贯彻党的二十大、省委十二届二次全会、市委五届三次全会精神，坚持稳中求进工作总基调，坚持"重执行、创一流"工作取向，完整、准确、全面贯彻新发展理念，更好统筹发展和安全，深入实施"1245"总体部署（"1"即聚焦"基本实现社会主义现代化"总体目标；"2"即突出建成"川东北渝东北产业集聚新高地和开放合作新高地"两个定位；"4"即实施"产业强县、城市北进、乡村振兴、区域协同"四大战略；"5"即打造"新型城镇化、川渝合作先行、现代产业集聚发展、乡村振兴、生态文明"五大示范区），扎实推进"五大提升计划"，突出做好稳增长、稳就业、稳物价工作，有效防范化解重大风险，奋力进军中国西部百强县第一方阵，勇当成渝地区双城经济圈北翼振兴战略支点排头兵，开启全面建设社会主义现代化大竹新征程，加快建设繁荣美丽活力大竹。

发展目标

力争到2025年跻身中国西部百强县"前30强"，实现"两翻番、三提升、四突破"。"两翻番"即地区生产总值翻一番，冲刺800亿元，对全市经济贡献率达20%以上；城市框架翻一番，构建起"双60"中等城市框架。"三提升"即三次产业结构比提升至12∶35∶53；新兴产业发展增加值占工业增加值比重至20%以上；科技对经济增长贡献率提升至64%以上。"四突破"即城市规模突破"40平方千米、40万人"；六大重点产业集群产值突破1000亿元；招商引资到位资金突破500亿元；地方公共财政收入突破20亿元。

（撰稿：谢菲 审稿：曾绍辉）

05 渠县

基本情况

渠县位于四川东部、达州西南部，地处渠江流域核心区，与广安、南充、巴中山水相连，地理坐标介于东经106°36′~107°15′，北纬30°38′~31°16′之间，辖区面积2018.37平方千米，辖37个乡镇（街道）、266个行政村、149个社区，总人口129万人，享有"汉阙之乡、黄花之乡、竹编艺术之乡、诗歌之乡、民间文化艺术之乡、诗词之乡、文学之乡"等7张全国名片，入选全国县域"诗和远方"深度融合代表，连续四年获评全省"县域经济发展先进县"，成功入选第四批"天府旅游名县"候选县、六度荣膺"中国西部百强县"、跻身全国乡村振兴百强县榜单81位的"渠县答卷"。2022年，四川省賨人里特色文化商业街入选非遗旅游街区。

历史沿革

战国时，賨人在今土溪镇城坝村建立賨国都城。公元前316年，秦国统一蜀、巴和賨，推行郡县制，置宕渠县（隶巴郡），治地賨城（今土溪乡城坝村）。秦王嬴政二十六年（公元前221年）统一全国后，仍置巴郡宕渠县。

东汉永元年间，析宕渠县之东置宣汉县（治今达州市），析宕渠县之北置汉昌县（治今巴中市）。建安二十一年（216年），刘备鉴于巴西多事，又为拒曹要地，乃分巴西郡宕渠旧地置宕渠郡。

南齐，梁州南宕渠郡仍置，治地同前。南梁普通三年（522年），置流江县。同时置北宕渠郡。领流江、始安（治今广安）2县。大同三年（537年）置渠州，为渠县建置史上设州之始。今渠江镇，时为州、郡、县治地。北周武成元年（559年），改北宕渠郡置流江郡。渠州领流江、景阳二郡外，另撤邻州所属2郡归渠州。

隋开皇三年（583年），以原流江、邻山和容山容川三郡（今垫江）合置渠州。大业三年（607年），渠州改名宕渠郡。

唐武德元年（618年）改宕渠郡为渠州。天宝元年（742年），改渠州为邻山郡。乾元元年（758年）复为渠州。宝历元年（825年）省大竹入流江县，后又置，划属蓬州。

天复三年（903年），王建称蜀王，形成全蜀割据局面。前蜀分渠州，置潾州，大竹划归渠州。后唐天成年间，渠州曾为节度使驻地。后蜀，省潾州入渠州。领流江、大竹、潾山、潾水、渠江5县。

宋咸平四年（1001年），渠州属梓州路（北宋渠州初隶西川路,后属川陕路）。景祐二年(1035年)，大竹入流江,渠州领流江、邻山、邻水3县。南宋末，渠州徙治流江县东北80里之礼义山逾20年之久。

元至元十一年（1274年），改置渠州"安抚司"。至元二十年(1283年)还治旧城,置安抚司,改置渠州。

明洪武九年（1376年），撤渠州，改流江县设渠县。

清宣统三年（1911年）十二月十一日，渠县宣布脱离清朝统治，接受四川军政府领导。民国五年（1916年），渠县成立护国军，脱离袁世凯统治。

1949年12月12日，渠县解放。12月25日，渠县人民政府成立。

1950年属川东行署区大竹专区，1953年属达县专区，1993年属达川地区。现属达州市。

1996年，辖6个镇、80个乡，县政府驻渠江镇。

2003年12月23日,撤销河西、黎乐、任家、营盘、黄泥、月光、汉碑、花龙、建国、保和、渠西、金锣、新和、大峡、石佛、农乐、天井、广禄、共和、金竹、大石、观龙、元宝、奉家、宝塔、汇西26个乡，扩大29个乡镇的行政区域。

2004年，辖15个镇、45个乡。

2008年末，辖15个镇、45个乡、53个社区、496个行政村。

2012年，将渠北乡所辖前锋、庆丰、流江3个村所属行政区域划归渠江镇管辖。

2015年，撤销李渡乡、中滩乡、龙潭乡、三板乡、丰乐乡，设立李渡镇、中滩镇、龙潭镇、三板镇、丰乐镇。

2019年，渠县各乡镇行政区划调整，撤销合并后全县共保留37个乡镇（街道）。

重要资源

生物资源。县境有用材林木26科60余种。主要有柏树、马尾松、杉木、青冈、桉树、杨树、槐树、千丈、慈竹、斑竹、白甲竹等；经济林木有13科36种，主要有油桐、茶树、桑树、女贞、花椒等以及果树类的柑、橙、柚、桃、李、杏、柿、樱桃、枇杷、石榴、柠檬等；风景及观赏林木有14科20余种，常见药材、花卉、中药材200余种。全县森林覆盖率达到31.52%。

土地资源。全县土地总面积20.18万公顷，耕地面积8.65万公顷，占全县总面积42.9%，人均耕地0.057公顷。园地面积0.68万公顷，占3.40%；林地面积2.87万公顷，占14.20%；牧草面积2.02万公顷，占10%；城乡居民点及工矿建设用地面积3.77万公顷，占14.80%；水域面积5.07万公顷，占25%；未利用地面积2.58万公顷，占12.58%。

水资源。境内有大小河流306条，河流总长839.9千米，河网密度每平方千米0.41千米，属渠江水系。流经16个镇、乡，再经广安、华蓥市至重庆市合川境内注入嘉陵江。水资源量8.57亿立方米，水能资源储量19.16万千瓦，县境外入境水资源量210.73亿立方米，水资源总体短缺。县内流长99.8千米，属于四级航道，100吨左右的船舶可四季通航。

基础设施

交通。地处成渝西和武汉四个新一线城市重要节点，境内有南大梁、营达两条高速，襄渝、达成两条铁路，3条铁路货运专线连接"蓉欧""渝新欧"班列，铁投智慧物流港年内建成，大宗商品可直达欧洲。

居民服务点。发放社会救助资金4.92亿元，开发公益性岗位5799个,城镇新增登记就业6212人,解决1.55万住户办证难题,化解信访积案327件,改造老旧小区5个、安装电梯170部。县医院医技大楼、疾控中心、新中医院建成投用；建成"1+10"寄宿制教育有庆先行示范区；"1633"养老服务模式持续完善,乡镇未成年人保护站实现全覆盖。

主要产业

农业。国家农产品质量安全县,连续5年荣获全国粮食生产先进县、四川三农工作先进县。大豆－玉米带状复合种植22万亩,总量居全省第一,粮食播面突破180万亩。新（改、扩）建标准化养殖场15个,年出栏生猪100万头；获批创建国家农业科技园区核心区,26个现代农业园区升级壮大。耕地实现"进出平衡",新建高标准农田6.3万亩,整治撂荒地11.2万亩,复耕复垦率达93.5%。

服装服饰产业。依托20万服装服饰产业工人的人才优势,建成占地1500亩的西部国际服饰产业城,是四川省服装服饰特色产业基地。现有航彩纺织、恒硕迪杰、渠睿服饰、如意绣花等服装服饰企业42家（其中规模以上32家）。

建筑建材业。渠县建筑建材资源丰富,矿产资源居川东之首；规划到2035年城市规模达70平方千米、70万人口,建筑建材市场需求巨大。

现代服务业。2022年新增个体户3993户、企业1884户、"四上一新"企业94家。6次举办大型促销活动,社会消费零售总额预计完成235.4亿元；新增外贸获权企业6家,进出口总额突破1亿美元；实施A级旅游景区倍增计划,全年实现旅游综合收入52亿元。

● 渠县文峰山风景（达州市文化体育和旅游局 提供）

●城坝遗址考古挖掘现场（戴静文　拍摄）

文旅品牌

文峰山文化旅游景区。文峰山以自然山水为舞台、以原生态文化为脚本、以参与体验为效果，活态传承非物质文化遗产、常态演绎民俗文化、创意复兴传统文化，打造成区域首家宕渠文化原态实景演绎旅游目的地。景区主要由古宕渠文化游览区、竹枝园宕渠非物质文化体验区、文峰山儒学文化游览区组成。文峰山儒学文化游览区是弘扬国学精粹、传承传统儒家文化、探寻宕渠文脉的胜地。

城坝遗址。位于土溪乡城坝，又名宕渠城遗址，是賨人文化遗址。遗址包括土溪镇天府村、城坝村全部及流溪乡新华村、洪溪村部分，总面积约230万平方米。1991年5月，被四川省人民政府列为第三批省级文物保护单位。2005年3月至6月，四川省文物考古研究院进行发掘，发现有木椁墓、土坑竖穴墓、灰沟、井、灰坑等遗迹，出土有铜器、漆器、铁器、陶器等。2006年5月，国务院将其列为第六批全国文物保护单位。2016年11月，国家文物局列入"十三五"期间重要大遗址名单。保护范围包括西、南、北三面至渠江，东接佛尔岩。2018年，获得中国考古最高奖——田野考古一等奖，入围国家文物局《大遗址保护利用"十四五"专项规划》。6处7尊汉阙数量全国第一，与故宫、长城并列为首批全国重点文物保护单位。

风味美食

黄花美食——黄花口袋福。渠县吴家场一带200年前就已大面积种植黄花菜，故称"吴菜"。现种植面积4万多亩，年产量180万斤，居全国前列。渠县黄花菜以其独特的7根花蕊，6~8瓣花瓣闻名全国，色泽黄润鲜明、香味浓馥、肉质肥硕、条干粗长，故又称"中国黄花菜之后"。"黄花口袋福"主料黄花，辅料豆腐、肉馅，将豆腐炸熟后，把豆腐里面掏空，再把黄花和肉馅拌好放到豆腐里，装成口袋状，寓意像钱袋子一样有福气。

三汇凉拌鸡肉——三汇水八块。渠县三汇镇特色美食。选本土农家散养土公鸡，经煮好、晾干后，用刀将鸡的各个部位分解后开成片，以地方祖传独特佐料，做成集"辣、麻、鲜、香"的鸡块，食之麻辣可口，回味无穷。因制作过程中以水为主，整只鸡按部位分解后成为八块，所以叫"水八块"。

渠县呷酒。呷酒与中华文明同步，起源于秦汉前，古都车骑城（现渠县土溪城坝村），賨人建立了賨国，发明、酿造了醇和怡畅的呷酒。公元前206年，呷酒是汉高祖刘邦御批的贡酒。呷酒的历史距今已经有4000多年，是中华悠久酒文化的"活化石"。现在的呷酒在继承和发扬传统呷酒基础上，以渠县本地的优质糯高粱为主要原料，配以党参、红花、何首乌、红枣等上百种名贵中药材，结合传统工艺与现代科技精心酿制而成，老少皆宜，可四季饮用。呷酒度数低，口味香醇，很受妇女儿童喜爱，曾荣获"四川省群众喜爱商品"称号。

● 凌晨的黄花地（张靖 孙伟 严衡 戴静文 拍摄）

● 渠县呷酒（刘岸 拍摄）

发展定位

坚持以习近平新时代中国特色社会主义思想为指导，坚持稳中求进工作总基调，以中国式现代化引领渠县现代化建设，以高质量发展为首要任务，以"四化同步"为总抓手，坚持"讲政治、抓发展、惠民生、保安全"的工作总思路，科学处理"八大关系"，加快"一地一都一强县"建设，打造全国巴文化探源融合创新发展高地，建设达州国际陆港枢纽门户，争当南充-达州组团培育川东北省域经济副中心前哨尖兵，推动全面建设社会主义现代化渠县开好局起好步。

● 渠县水八块（渠县文化体育和旅游局 提供）

发展目标

经济社会发展主要预期目标是：地区生产总值保障目标增长7.5%、工作目标增长8%、奋斗目标增长8.5%；全社会固定资产投资增长9.5%以上，规模以上工业增加值增长8%以上，社会消费品零售总额增长8%以上，城乡居民人均可支配收入分别增长7%、8%以上，居民消费价格涨幅控制在3.5%左右，常住人口城镇化率达45%，城镇调查失业率控制在5.5%以内，地方一般公共预算收入与经济增长基本同步，主要经济指标保持在全市第一方阵，高质量做好第五次经济普查工作。

（撰稿：蒲娟 审稿：杨玉林）

06 开江县

基本情况

开江县位于四川东部，大巴山南麓，东连重庆市开州区和万州区，南临重庆市梁平区，西接达川区，北依宣汉县。地理坐标为东经107°42′~108°05′，北纬30°47′~31°15′之间，辖区面积1033平方千米，辖13个乡镇（街道），125个村、37个社区，户籍总人口为56.9万人。

历史沿革

西魏废帝二年（553年），设置新宁、蛇龙2县，属东关郡、隶开州。北周天和四年（569年），移开州于浊水北（今重庆市开州区境内），改东关郡属通州，郡领新宁、蛇龙2县不变。

隋开皇三年（583年），废蛇龙、新宁2县入石城，后石城更名通川县，隶属通州；大业三年（607年），改州为郡，郡领7县，通川位列首县，县治在今达州市达川区。

唐武德二年（619年），分通川县复置新宁县，隶属山南西道通州，县治仍设在今开江县新宁镇境内。贞观八年（634年），县治迁往废开州城，即南江上游左岸，今开江县讲治镇旧县坝。天宝元年（742年），隶属通川郡。乾元元年（758年），隶属通州。太和三年（829年）改隶开州，四年（830年）还属通州。

五代十国时期前蜀、后唐、后蜀，均袭唐制。

宋代新宁县隶夔州路达州，北宋至道二年（996年），县治从废开州城（旧县坝）迁至淙城，即今县城驻地淙城街道。

元至元十五年（1278年），新宁县隶属四川东道宣慰司重庆路达州；二十二年（1285年），改隶夔州路达州。

明洪武四年（1371年），新宁并入梁山县，县治在今重庆市梁平区梁山镇，隶属夔州府；十四年（1381年），复置新宁县，仍隶夔州府。

清初沿袭明制。康熙七年（1668年），新宁县再次并入梁山县，属夔州府，府隶川东道。雍正七年（1729年），复置新宁县，隶属川东道夔州府；十二年（1734年）改属川东道直隶达州。嘉庆七年（1802年），直隶达州升为绥定府。

民国二年（1913年），废绥定府，新宁县直隶川东道。三年（1914年），新宁县（与湖南省新宁县同名）更名为开江县。1949年12月10日,开江解放,隶属川北区达县分区。1952年10月，隶属四川省达县专区。1968年9月，隶属四川省达县地区。1993

年7月,隶属达川地区。1999年12月,隶属达州市。

重要资源

开江县自然资源条件优厚,境内"三山微水七分田"特征显著。地势为略高于毗邻县的小台地,平均海拔600米,地形由东北向西南倾斜,属于川东褶皱剥蚀-侵蚀低山丘陵岭谷地貌区。县内土壤面积103300公顷,其中农业土壤面积46432公顷,农耕用地占土壤面积的69%。拥有近40万亩优质稻田资源,与梁平坝子接壤连片构成老川东地区最大河源台地,素有"巴山小平原"美誉。

属四川盆地中亚热带湿润气候区,森林覆盖率达到46.6%,空气质量达标率达到95.1%,年均气温17.2℃,年平均降水量为1259.4毫米,年平均日照1386.6小时。四季分明,气候温和,冬季少霜雪。境内河流属长江主要支流渠江流域的一部分,有溪河105条,总长360千米,主要河流4条,分别为拔妙河(原名开江,开江县因此水而得名)、白岩河(原名南江)、新宁河(原名蛟水沟)、任市河。

境内有乔木、灌木、藤木、草木等各种植物700多种以及蕨苔、苔藓等植物。竹木植物有慈竹、楠竹、松柏杉等50多个品种。观赏植物有君子兰、黄桷兰等72个品种。药用植物有野生药材500余种。稀有植物有银杏、红豆、楠木、香椿等。

境内共发现矿产资源20多种,主要有能源矿产煤、天然气,其次为非金属原材料矿产石灰岩、砂岩、页岩、河砂石、石膏,黑色金属有菱铁矿,非金属矿产有磷灰石、盐、土硝、耐火黏土、泡砂石,水气矿产有地热矿泉水。能源矿产资源总量丰富,全县已查明煤、天然气储量占矿藏总量的90%以上。

境内有油橄榄、银杏、麻鸭、白鹅、大闸蟹、小龙虾等特色农产品,先后荣获"中国橄榄油之乡""四川银杏之乡""四川鸭鹅之乡"称号。开江县稻渔现代农业园区为国家水产健康养殖和生态养殖示范区。

境内文化旅游资源丰富,拥有薅秧歌、拗棒、水族闹春、甘棠耍火龙等省级非物质遗产保护名录,甘棠胡氏孝牌坊、任市节孝牌坊等国家级重点文物保护单位,拥有"蜀东第一禅林"金山寺、"天下第二汤"飞云温泉、"国家水利风景区"宝石湖等远近闻名的人文、自然旅游景区景点,形成新宁至讲治、任市,新宁至普安两条旅游黄金线路。现有国家4A级旅游景区金山寺、3A级旅游景区飞云温泉。

基础设施

交通。全县通车里程2363.149千米,其中,高速公路32千米,国省道120.67千米,农村公路2107.424千米,每万人拥有农村公路39.38千米,每百平方千米拥有农村公路228.76千米。境内三级火车站1个、高速公路互通2个,达万高速公路、达万铁路穿境而过,国道G542、省道S201、S305纵贯全境。成达万高铁在开江设站、全线开工、全速推进,开梁高速路基、桥梁、涵洞完成总工程量50%以上,达开快速路基基本成型,省道S305新建道路路基全面贯通。

电力、通信。全县邮电主营业务收入达2.5亿元,其中邮政业务收入0.57亿元。本地固定电话用户48599户;移动电话用户325970户;国际互联网用户86732户;网络电视用户86569户。自发电量1902.87万千瓦时,供电量26294.05万千瓦时,完成35千伏城北变电站改造,农网升级改造289千米,供电可靠率高。

教育。全县现有中小学校56所,其中,中心校27所、九年一贯制学校9所、单设初中13所、普通高中4所、职业高中1所、特殊教育学校1所、教师进修校1所。现有幼儿园95所,其中公办园37所、民办园58所。有专任教师4231人,其中小学教师2156人、普通中学教师1879人、中等职业教育学校教师138人。设立开江教育最高荣誉"红烛奖",开江中学创建省一级示范高中通过验收。开江职中"双示范"建设通过省级创建中期验收,"义务教育发展基本均衡县"通过国家督导评估验收。

文化、卫生、体育。全县现有博物馆1个、文化馆1个、文化站13个;公共图书馆1个,图书总藏量371200册;剧场、影剧院各1个;电影院1个;成功举办首届田城文化旅游艺术节、第九届荷花文化旅游节,习新书院被授予"全国职工书屋"称号。全县现有卫生机构269个,其中医院、卫生院29个,妇幼保健院1个,疾病预防控制中心1个,卫生执法监督所1个。有卫生机构人员2852人,卫生机构床位数2547张。县医院创建国家"三级"医院有序推进,县中医药综合服务区获"全国基层中医药工作先进单位"称号。体育场馆1个,全民健身路径203条。

产业基础。全县大力发展"4+4"重点产业集群,连片发展现代农业"四个10万亩示范基地"。"稻田+""果林+"基地达15万亩,"开江大闸蟹、开江小龙虾"获得国家地理标志证明商标,粮食播面稳定在80万亩以上,总产突破31万吨,实现"十七连丰"。东方希望大雄养殖基地正式投产,生猪出栏突破40万头。稻渔现代农业园区成功创建为国家水产健康养殖和生态养殖示范区。建成投用标准化厂房15万平方米,规模以上工业企业达到109家、实现总产值150亿元,工业用电量、技改投资、规模以上工业增加值增速跨入全市第一方队,荣获全省工业和技改投资工作先进集体。数字物流产业园建成投用,国家级电子商务进农村综合示范项目中期评价全省第一,新增限额以上和规模以上商贸服务企业37家。金山景区成功创建国家4A级旅游景区,旅游综合收入突破35亿元,获评中国文旅融合创新典范县。

主要产业

第一产业。2022年全县粮食播种面积805459亩,同比增加24159亩,提高3.1%;粮食总产量302386吨,同比下降3659吨、下降1.2%。其中,小春粮食产量2.86万吨,增长2.4%;大春粮食产量27.37万吨,降低1.6%。猪肉产量2.80万吨,增长7.5%;牛肉产量1903吨,增长5.1%;禽肉产量1.86万吨,增长0.7%。2022年末,生猪存栏、能繁殖母猪存栏比上年末分别增长5.2%、6.8%。

第二产业。2022年规模以上工业增加值同比增长7.2%,增速比全市平均水平高1.5个百分点。分经济类型看,股份制企业增加值增长9.1%;国有控股企业增长17.6%;非公有工业企业增长6.0%。分行业看,25个行业大类中有18个行业保持增长。重点产业中非金属矿物制品业、农副食品加工业、酒、饮料和精制茶制造业分别增长20.9%、17.0%、22.2%。

第三产业。2022年全县第三产业增加值同比增长1.8%。其中,批发和零售业增加值同比增长3.9%,交通运输、仓储和邮政业增长2.9%,住宿和餐饮业增长0.6%,金融业增长7.6%,房地产业下降1.8%,信息传输、软件和信息技术服务业增长5.2%,租赁和商务服务业增长2.0%,居民服务、修理和其他服务业增长2.4%。实现社会消费品零售总额97.8亿元,同比增长2.9%。

文旅品牌

金山寺。始建于唐代。位于城西8千米的普安镇境内，寺在山腰，山形若"金"字。寺依山而建，坐南朝北，自下而上，主要殿堂沿中轴线作纵深展开，建筑占地面积300余平方米。依次建有山门、宝树堂、护法殿、藏经楼、禅堂、僧舍、塔园、碑群、放生池等，构成起伏幽深，殿宇重叠，错落互变，主次分明的古建筑群。禅林占地百亩，寺内古树修篁，灵花彩羽，殿宇幽邃，风格殊异。

任市陶牌坊。位于县城南35千米的任市镇达州街口，始建于光绪八年（1882年），是清朝廷诰授清制五品奉政大夫张九封妻妾节孝牌坊，由张九封之子张锡笏（诰授中宪大夫四品御赏戴花翎候选清军府）组织能工巧匠修建。牌坊坐南进北，四柱三门牌楼式建筑。这座全国少有的陶雕节孝牌坊，虽经百年沧桑，仍保存完好。1991年5月，被四川省政府公布为第三批省级文物保护单位。2006年5月，与甘棠镇胡氏节孝坊合并为开江牌坊，被国务院列为第六批全国重点文物保护单位。

风味美食

开江麻鸭。产蛋性能好、屠宰率高。鸭肉的脂肪含量少、氨基酸种类多，营养丰富，味道鲜美。2013年

● 金山寺（开江县文化体育和旅游局 提供）

● 任市陶牌坊（开江县文化体育和旅游局 提供）

9月国家农业部正式批准"开江麻鸭"实施农产品地理标志登记保护。

开江豆笋。开江豆笋工艺技艺源于清朝初年，距今已经有300多年的历史了。2009年5月被四川省人民政府列为第三批非物质文化遗产保护项目。

周记羊肉格格。开江县特色美食。将新鲜仔羊肉切成条状，加入适当食盐、料酒、郫县豆瓣、菜籽油、米粉、大蒜、老姜片等佐料，装入竹编小蒸笼，用大火蒸上气即可食用（俗称上气格格）。食用时可在格格上面掺加少许花椒、辣椒面、葱花、香菜，闻之清香扑鼻，吃之麻辣鲜香细嫩。

大闸蟹、小龙虾。开江大闸蟹肉质细嫩、味道鲜美。在尊重传统的基础上不断创新大闸蟹的烹饪方法，开发出了各种以大闸蟹为食材的爆款菜肴。

开江小龙虾做法达30余种，富有地方特色。被誉为虾中极品的"冰镇小龙虾"，工序简单。烹饪好的小龙虾放入冰箱冷冻一小时后端出，一道红彤彤、香喷喷、香气四溢的"冰镇小龙虾"惊艳呈现，备一碟生抽，加少许芥末，静静享用，满口鲜香。

● 开江麻鸭（开江县农业农村局　提供）

● 开江羊肉格格（开江县文化体育和旅游局　提供）

● 开江豆笋（开江县文化体育和旅游局 提供）

● 大闸蟹（开江县文化体育和旅游局 提供）

● 小龙虾（开江县文化体育和旅游局 提供）

发展定位

加快建成万达开川渝统筹发展先行示范区，东向出川、通江达海区域次级综合交通枢纽，长江上游生态保护屏障和绿色发展样板区，奋力打造"中国田城"。

发展目标

2025年发展目标

努力推动发展质量新突破，地区生产总值力争达到300亿元以上。

努力提升创新驱动新作用，科技进步贡献率达到58%以上，研究与实验发展经费投入强度达到1.5%。

努力打造改革开放新高地，力争全县实际引进区域外投资年均增长10.0%。

努力推动民生福祉达到新水平，常住人口城镇化率达到53.5%以上。

努力实现基础设施新提升，县城建成区面积达到20平方千米，城市常住人口达到20万人，万达开区域生态宜居宜业公园城市基本建成。

努力建设生态宜居新家园，城市空气质量达标率达到90.0%以上。能源利用效率大幅提升。全县森林覆盖率达到48%以上。

2035年发展目标

GDP突破550亿元，基本实现新型工业化、信息化、城镇化、农业现代化，基本建成现代化经济体系，工业经济总量实现跃升，服务业实现提质增效，农业基础地位进一步巩固。科技研发能力显著提升，基本公共服务实现均等化，社会主义核心价值观深入人心，安全保障体系不断健全，建成平安开江，县城建成区面积达到35平方千米、常住人口达到35万人，城镇化率达到65%，"双35"宜居宜业中等城市全面建成。

（撰稿：黄宗川 审稿：林君旎）

雅安市

基本情况

雅安市位于四川省中部、四川盆地西缘，介于东经101°55′～103°20′，北纬28°51′～30°55′之间，东邻成都、眉山、乐山三市，南接凉山彝族自治州，西接甘孜藏族羌族自治州，北接阿坝藏族自治州，处于西藏高原向成都平原的过渡地带。全市总面积15046平方千米，轮廓呈长条形，东西跨度141.2千米，南北跨度231.7千米，是链接攀西经济区、川西北生态示范区、至云南到东南亚地区的关键节点，素有"川西咽喉""西藏门户""民族走廊"之称。市政府驻雨城区正和路1号。

2022年末雅安市常住人口143.3万人，常住人口城镇化率54.02%。全市共2区6县，其中石棉、汉源、宝兴、荥经等县为享受少数民族待遇县；全市有13个民族乡，39个少数民族，以彝族和藏族为

● 雅安市全景图（雅安市文化体育和旅游局 提供）

主的少数民族人口近 8 万人，约占全市总人口的 5%。纳入《成渝地区双城经济圈建设规划纲要》规划范围的共 6 个区县（雨城区、名山区、荥经县、汉源县、石棉县、芦山县）。

雅安市山地占总面积的 94%，境内有夹金山、二郎山、大相岭等山脉山峰。主要河流有青衣江和大渡河，是长江上游重要水源涵养区和重要生态屏障的组成部分。气候类型基本属于亚热带季风性湿润气候区，年均气温 14.1℃～17.9℃。降水较多，年平均降雨量 1000～1800 毫米，自古以来就有"华西雨屏""西蜀天漏""雨城"之称。年空气质量总体达标天数超过 300 天。雅安是世界上第一只大熊猫的科学发现地、命名地和模式标本产地，被誉为"天府之肺·熊猫故乡"；是我国历史上有文字记载的人工种植茶叶最早的地方，被誉为"世界茶之源"；是国家卫生城市、全国生态气候城市、国家级生态示范区、国家生态文化旅游融合发展试验区和全国生态文明先行示范区。

历史沿革

战国时期，秦惠文王更元九年（公元前 316 年），秦灭蜀，置蜀郡，开青衣道，置邮传。战国后期（公元前 222 年），秦灭楚，迁楚遗族严道入蜀，立严道县（治所在今荥经县），隶属蜀郡，这是雅安境内最早的建置。

西汉元鼎六年（公元前 111 年），改置沈黎郡（治所在今汉源县），辖严道县（王莽时改名严治，今荥经、雅安等地）、青衣县（今芦山县）、徙县（今天全县始阳镇）、旄牛县（今汉源九襄镇）等地。

唐武德元年（618 年），推行州、县两级制，复雅州，领 4 县（芦山、名山、严道、百丈）。武德三年（620 年）增置荥经县。肃宗乾元元年（758 年），复为雅州，领 5 县，即严道（今雨城区多营镇）、芦山、名山、百丈（今名山区百丈镇）、荥经。

元宪宗八年（1258 年），雅州属嘉定府治，并增置天全招讨司（今天全县城关镇和始阳镇），统属

于陕西行省吐蕃本部宣慰使司管辖。明代地方政权实行府、州、县三级制，雅州辖芦山、名山、荥经，州治在今雨城区。

清初仍为雅州。雍正七年（1729 年），升州为府，置地雅安县，改黎大所为清溪县，废天全六番招讨司，置天全州、打箭炉厅。雅州府辖雅安、芦山、荥经、名山、清溪、打箭炉厅、天全州。

民国二年（1913 年），废府、州、厅，设道、县，隶上川南道。民国三年（1914 年），改上川南道为建昌道，隶四川省。民国二十四年（1935 年）设四川省第十七行政督察区，治设雅安县，辖雅安、荥经、汉源、天全、芦山、宝兴、金汤设治局。民国二十八年（1939 年），西康建省，四川省第十七行政督察区改设为西康省第二行政督察区（简称雅属）直至解放。

1950 年，雅安解放，设雅安专区，雅安为西康省省会。1951 年改称雅安专署，并以汉源、越西、冕宁各一部分新建石棉县。1955 年撤销西康省，雅安专区并入四川省，并将名山县和泸定县划属本区，次年（1956 年）将泸定县划归甘孜州辖。1968 年雅安专区改称雅安地区。

2000 年，撤销雅安地区设立地级雅安市。2012 年，撤销名山县，设立名山区。雅安市下辖 2 个市辖区（雨城区、名山区），6 个县（荥经县、汉源县、石棉县、天全县、芦山县、宝兴县）。

重要资源

土地资源。土地面积共有 150.47 万公顷，其中：耕地 4.01 万公顷，园地 9.60 万公顷，林地面积 118.08 万公顷，草地 6.43 万公顷，湿地 0.10 万公顷，城镇村及工矿用地 3.70 万公顷，交通运输用地 0.63 万公顷，水域及水利设施用地 4.35 万公顷，其他用地 3.57 万公顷。

矿产资源。已发现各类矿产资源 57 种，探明储

● 碧峰峡熊猫园中的熊猫（雅安市文化体育和旅游局 提供）

量的矿产40种（计算到亚矿种则为52种），主要矿产有煤矿、铜矿、铅矿、锌矿、铝土矿、锑矿、铋（碲）矿、芒硝矿、大理石矿、花岗石矿、页岩矿等，是全省五大矿产资源富集区之一。境内发现的铋（碲）矿是世界上有报道的唯一独立原生矿床，被称为"第二国宝"。

森林资源。持续实施天然林保护、退耕还林、森林质量精准提升工程，森林面积达到104.45万公顷，森林蓄积达到10712.65万立方米，森林覆盖率达69.42%，持续稳居全省第一。分布植物185种869属3000多种，有珙桐等国家一级保护植物10种。

水资源。境内集雨面积30平方千米以上河流131条。青衣江、大渡河纵横穿越，水能理论蕴藏量1601万千瓦，经济可开发量1322万千瓦，是国家十大水电基地之一。雅安市降水年内分配极不均匀，时空分布差异很大，北部（青衣江流域）雨日偏多、降水偏多，南部（大渡河流域）冬干降水较少且集中在夏季，多年平均水资源量164.63亿立方米。

野生动物资源。境内分布陆生野生动物700余种，其中有国家一级重点保护动物19种（含兽类9种、鸟类10种），国家二级重点保护动物72种（含兽类20种、鸟类50种、两爬类2种）。大熊猫国家公园（雅安片区）加快建设，完成大熊猫栖息地修复21.18万亩，建立3条大熊猫栖息地走廊带，建成大熊猫野化放归基地2个。

基础设施

交通。综合立体交通加速成网，川藏铁路成雅段建成通车、川藏铁路雅安至林芝段正式开工建设，境内已建成成雅、雅西、雅乐、成名、雅康、峨汉6条高速公路，在建泸石高速。雅安市公路通车里程8436千米，其中：高速公路376千米，国道5条663千米，省道10条604千米，农村公路6793千米。

邮电。连续五年入选工信部电信普遍服务试点城市，实现城区、乡镇和行政村4G网络全覆盖，光纤宽带覆盖率达100%，完成编制5G空间布局规划，累计建成5G基站1408个，每万人拥有5G基站18个，5G用户数达53万户、占比达到32.75%，实现城区、重点场所5G全覆盖，乡镇5G网络和千兆光纤通达率达100%。快递法人企业17家，快递营业网点598个，快递网点乡镇覆盖率达到100%。规模以上电子信息制造企业共计17家，总产值达34.12亿元。移动电话用户数达165.79万户。

电力。已建成水电站装机1260万千瓦，投产水电装机规模位居全省前列，其中：并入四川主网及周边市（州）电网电站装机容量1101万千瓦；并入雅安地方电网电站装机容量159万千瓦；水电企业发电量达505.8亿千瓦时。

教育。共有各级各类学校489所，在校学生209089人，教职工19809人，专任教师15635人。其中：幼儿园283所，小学学校128所，初中学校51所，普通高中学校16所，中等职业教育学校8所，特殊教育学校3所。

文化。全市有9个图书馆、9个文化馆、9个国家综合档案馆、5个美术馆、14个博物馆（含在建）、127个乡镇综合文化站、15个街道文化服务中心，村综合文化服务中心建设数量为554个，社区综合文化服务中心建设数量为105个。有非遗代表性项目国家级4项、省级23项、市级47项、县（区）级144项，非遗代表性传承人国家级1人、省级26人、市级86人、县（区）级292人。国家级生产性保护示范基地1个，省级生产性保护示范基地2个。

卫生。现有医疗卫生机构1265个，床位14851张，每千人口床位达10.37张，卫生技术人员14182

人，每千人口有卫生技术人员 9.91 人。辖区内有三级医院 8 家，其中国家三级甲等综合医院（雅安市人民医院）、国家三级甲等中医医院（雅安市中医院）、国家三级甲等精神病专科医院（雅安市第四人民医院）各 1 家。

主要产业

食品制造业。有食品制造业规模以上企业 47 户，总产值达到 38.32 亿元，主要包括精制茶、茶饮料和调味品等，以王老吉大健康产业（雅安）有限公司、四川五丰黎红食品有限公司、四川蒙顶山茶业有限公司、四川蒙顶山跃华茶业集团有限公司、四川禹贡蒙顶茶业集团有限公司等茶企业为重点。

化学原料和化学制品制造业。有规模以上化工企业 26 户，实现总产值 87.28 亿元，生产产品以氢氧化锂、乳化炸药、重型碳酸钙、黄磷、硫酸、芒硝等各类无机盐、酸等基础化学原料为主。重点企业有雅化锂业（雅安）有限公司、雅化集团雅安实业有限公司、四川蓝海化工（集团）有限公司、四川亿欣新材料有限公司、四川贡嘎雪新材料有限责任公司等。

金属冶炼和压延加工业。金属冶炼为雅安市工业传统支柱产业，有规模以上金属冶炼企业 48 户，实现总产值 260.86 亿元。主要产品和半成品有电解锌、铜等其他金属合金，生产地主要聚集在汉源、石棉、宝兴等县，主要企业有雅安君禾铜业有限公司、四川西南铜业有限公司、汉源四环锌锗科技有限公司、汉源县源富锌业有限公司、雅安瑞欣铜业有限公司等。

非金属矿物制品业。有规模以上水泥及石材加工企业 82 户，实现总产值 94.11 亿元，生产产品以石墨及碳素制品、硅酸盐水泥、花岗石、大理石、人造石、砂石骨料为主。重点企业有四川瑞鞍新材料科技有限公司、天全福鞍碳材料科技有限公司、石棉县集能新材料有限公司、四川省天投建筑科技有限公司、四川雅安西南水泥有限公司等。

建材行业。有规模以上建材企业 76 户，实现总产值 118.9 亿元，生产产品以硅酸盐水泥、花岗石、大理石、人造石、砂石骨料为主。重点企业有四川雅安西南水泥有限公司、四川荥经开全实业有限公司、四川省天投建筑科技有限公司、四川宝兴三兴汉白玉开发有限公司等。

先进材料制造业。近年来，抢抓"双碳"目标战略机遇，雅安市锂电材料、绿色建筑材料、先进有色金属材料等先进材料重点领域大力发展。2022 年，全市 221 户先进材料产业规模以上企业实现工业总产值 615.31 亿元，同比增长 23.1%，对全市规模以上工业总产值贡献率达 108.6%。重点企业有四川雅安安山钢铁有限公司、雅安君禾铜业有限公司、四川省天投建筑科技有限公司、四川荥经开全实业有限公司等。

锂电先进材料产业。2022 年，雅安市锂电先进材料产业 7 户规模以上企业实现工业总产值 81.85 亿元，同比增长 400.7%，对全市规模以上工业总产值贡献率达 61.7%。随着福鞍碳材料、瑞鞍新材料、金汇能等项目的建成投产，锂电先进材料产业 2022 年一跃成为雅安市发展速度最快的产业，是推动雅安市经济发展的主要引擎之一。重点企业有雅化锂业（雅安）有限公司、四川瑞鞍新材料科技有限公司、天全福鞍碳材料科技有限公司、石棉县集能新材料有限公司等。

汽车及零部件制造业。有规模以上汽车制造及零部件生产企业 11 户，其中：改装车制造 1 户，零部件生产企业 10 户，主要产品包括微型车后桥总成、轻车桥、轿车后轴、轿车悬架、差速齿轮、工程机

●蒙顶山山门（雅安市文化体育和旅游局 提供）

械圆柱齿及行星半轴齿等。2022年汽车整车及零部件规模以上企业累计完成工业总产值42.74亿元。

纺织业。有规模以上纺织企业26户，完成工业总产值41.23亿元。全市纺织企业主导产品有毛织造加工、棉纺纱加工、棉织造加工等，已初步形成了贯通化纤、纺纱、织布、制衣于一体的现代绿色纺织产业集群，主要纺织企业有雅安圣善纺织科技有限公司、芦山湘邻纺织有限公司、芦山华美包纱有限公司、四川邦源科技有限公司、四川博洋纺织有限公司等。

文旅品牌

有国家A级旅游景区43家，其中国家5A级旅游景区1家（碧峰峡），国家4A级旅游景区21家，国家3A级旅游景区19家，国家2A级旅游景区2家。

蒙顶山。国家4A级旅游景区，位于雅安市名山区境内，距成都市120千米，是世界茶文化发源地、世界茶文化圣山。蒙顶山有春香、夏凉、秋览、冬雪四大景观，春夏秋冬，四季轮回，四时之景皆不相同。还有古语道"蒙顶旷览绝天下、蒙顶夏凉甲天下、蒙顶名茶扬天下、蒙顶佛经传天下、蒙顶补天盖天下"之说。公元前53年，西汉药农吴理真在这里种下七株茶树，开启人工种植茶叶的先河，被后人尊为"茶祖"。唐代开始至清末（1911年），蒙顶山有着延续1169年的千年贡茶史。此外，蒙顶山还有以"禅茶一味"为核心内涵的禅茶文化，仙茶故乡的仙茶传奇，以及跨越横断山脉的行走文化的奇迹——茶马古道。

二郎山喇叭河。国家4A级旅游景区，位于天全县境内。地处二郎山东麓，总面积234平方千米，是川藏公路干线318国道和"川西黄金旅游环线"上

● 龙苍沟天生桥（雅安市文化体育和旅游局 提供）

的重要节点，系世界自然遗产大熊猫栖息地、大熊猫国家公园、二郎山国家森林公园的重要组成部分，核心观景区海拔1500～3700米。景区内生态环境保存完整，动植物资源极其丰富，森林覆盖率达90%以上，集高山峡谷、高原山地地貌、飞瀑叠溪、日出云海、高山花卉、野生动植物等自然资源景观于一体，形成了以山地体验、森林观光、野生动植物观赏等为特色的自然旅游、休闲观光旅游度假景区。

龙苍沟叠翠溪。国家4A级旅游景区，位于荥经县境内。是距离成都最近且生态保护完整的原始森林，负氧离子含量极高，达到疗养级别，先后荣获森林康养基地、森林氧吧、四川十大最美花卉观赏地等称号。园内有大面积的珙桐树和高山杜鹃，修建了长达7千米的环溪线路，有龙翔瀑布、石来运转、珙桐幽谷、雨花瀑布等大型山水古树景观。

花海果乡。国家4A级旅游景区，位于汉源县境内。距离成都约200千米，距离西昌230千米，包括梨花山坞、申沟桃园、清溪文庙（清溪古城）、花果流香、鹤舞田园、锦绣田园6个景点，有桃花大道、梨花大道、后山朴院·梨花溪、帐篷酒店以及核心景区的听风楼等网红点，面积达12万多亩，是目前国内面积最大、景色优美的乡村休闲旅游景区。

风味美食

砂锅雅鱼。雅鱼是生长在雅安周公河流域的名贵高山冷水鱼，一般生活在水温7℃～12℃且水流湍急的河流中，靠河床底部岩石产生的岩浆为食。雅鱼含有丰富的蛋白质纤维和人体所必需的氨基酸，有着养颜美容、强身健体、提高免疫力等特殊功效，且口感爽滑，肉质细嫩，营养丰富，清香鲜美，久吃不腻。雅鱼入菜历史悠久，早在1800年前就有史书记载。西汉文学家扬雄有咏丙穴鱼（即雅鱼）的诗句"嘉鱼出于丙穴，良木攒于褒谷"。诗圣杜甫留下了"鱼知丙穴由来美，酒忆郫筒不用酤""蜀酒浓无敌，江鱼美可求"等有关佳句。

雅安地方名肴，距今已有近百年历史。此菜用雅安荥经特有的黏土制成的砂锅，加以高汤以及精致配料，汤开后放入雅鱼，稍加熬制而成，保留了雅鱼本身的营养成分，加之辅料精良，成菜汤鲜味美，营养丰富。

石棉烧烤。石棉烧烤独特之处在于它不仅保留了原有风味，还在制作方式上不断创新和提升。经过多年发展演变，造就了形式多样的串串烧烤、火上飘、铁板烧、锅盖烧、网烧、瓦片烧等等。一块铁板，架在烧红的木炭上，待火候到时，先用卷成团的蔬菜把铁板擦拭干净，耳边随即传来一阵阵"嗞——嗞——"声，再迅速刷上油，用筷子夹住薄薄的食材往铁板上一烤，火一下子腾空而起在空中翻腾出各种形状，香味瞬间弥漫开来。凭借独特的做法和优质的口感，石棉烧烤这一"火的艺术"名声远播。

挞挞面。又名手工宽面，在雅安已有100多年历史。其特点是手工制作，主要经过调、和、揉、挞等几道工序来完成，其中"挞"堪称一绝，故称"挞挞面"。挞挞面有牛肉、杂酱、大肉、排骨等多种口味，配以考究的佐料，色、香、味俱全，深受广大顾客喜爱。

九襄黄牛肉。汉源"九襄黄牛肉"集体商标2020年获国家知识产权局批准，2021年获评天府旅游美食。九襄黄牛肉不仅肉质细腻、味道鲜美，且具有高蛋白、低脂肪、富含氨基酸和矿物元素等特点。汉源人养牛已有2000多年的历史，古时南方丝绸之路、川藏茶马古道、清嘉盐首道三条大道穿境而过，

● 砂锅雅鱼（雅安市文化体育和旅游局 提供）

● 石棉烧烤（雅安市文化体育和旅游局 提供）

● 挞挞面（雅安市文化体育和旅游局 提供）

汉源成为连接南夷和康藏的桥头堡，人来人往，川流不息。方便、快捷、价廉、物美是交通要道上对美食的基本要求，九襄黄牛肉应时而生。

天全桥头堡凉拌鸡。天全桥头堡凉拌鸡制作技艺始于清末胡开芝婆家厨师，于2011年入选第三批四川省非物质文化遗产名录，其第三代传承人徐维映也成为四川省第五批省级非物质文化遗产项目代表性传承人。桥头堡凉拌鸡以农家散养土鸡做原料，煮熟后通常一半浇上佐料，一半白切蘸佐料食用。其之所以出名，主要是凉拌鸡肉的汁水味道鲜美。炒汁便是这道菜的关键，首先将白糖、酱油、盐、花椒面、香油、辣椒油、鸡精、熟芝麻按比例炒好，然后兑上原汁鸡汤，浇在鸡肉上即可。

发展定位

锚定"川藏铁路第一城、绿色发展示范市"总定位，以"一区一地引领、四化同步推进、雅州新区示范"为总抓手。担当服务保障川藏铁路世纪工程建设的时代重任，建设川藏铁路建设物资保障基地和进藏物资集散基地；担当筑牢长江上游生态屏障、建设大熊猫国家公园的时代重任，加快建设长江上游生态高地，打造出色出彩的大熊猫国家公园第一市；担当服务和融入成渝地区双城经济圈的时代重任，加快建设成渝地区双城经济圈绿色产业发展高地、全省西向拓展开放高地；担当省委赋予雅安强化重要节点功能的时代重任，高标准高质量建设川藏经济协作试验区和世界大熊猫文化旅游重要目的地，打造全省高质量发展的新兴增长极；担当服务国家治藏方略和全省巩固实现稳藏安康战略要地的时代重任，构筑稳藏安康的前沿阵地。

发展目标

建设经济繁荣之城。经济实力显著提升，到2026年，经济总量突破1300亿元，力争人均GDP进入全省第一方阵，辐射带动川藏铁路沿线经济社会加快发展。

建设开放活力之城。全省西向拓展开放高地加快建设，"东融成渝、西向拓展"开放发展格局加速构建，综合立体交通网络基本形成，川藏战略经济大通道加速构建，畅通国内国际双循环的内陆开放战略枢纽重要节点建设取得重大进展。

建设幸福和谐之城。"成渝后花园、五宜幸福地"知名度美誉度大幅提升，共享经济突破发展，文化旅游强市初步建成。"一核一环一芯"城市发展格局基本形成，川西教育中心、川西医养中心初步建成，"美丽雅安·宜居乡村"覆盖全域，城乡服务功能更趋完善。

争当生态环境建设示范。长江上游生态高地加快建设，形成市域大美公园形态，擦亮"天府之肺、熊猫故乡"名片。大熊猫国家公园先行区示范地加快建设，生物多样性保护水平全面提升，打造出色出彩的大熊猫国家公园第一市。成功创建国家生态文明建设示范市。

争当绿色产业发展示范。成渝地区双城经济圈绿色产业发展高地加快建设，打造践行"两山"理念的样板，生态经济蓬勃发展，数字经济走在全省前列，初步建成成渝地区绿色制造业发展示范区，成功创建国家全域旅游示范市。

争当"双碳"目标推进示范。碳中和绿色发展先行示范城市加快建设，"碳达峰""碳中和"示范走在全国全省前列。清洁能源发电装机容量稳步提升，能源资源利用效率大幅提高，推动清洁能源生产、应用等优势重塑、价值跃升。

（撰稿：马贵清 刘晨希 审稿：刘江 向松涛）

01 雨城区

基本情况

雨城区是雅安市的中心城区，位于四川盆地西缘，成都平原向青藏高原过渡地带，介于东经102°51′~103°12′，北纬29°40′~30°14′之间，东南与丹棱县、洪雅县接壤，东北与邛崃市毗邻，西北与芦山县、天全县交界，西南与荥经县相邻，属亚热带湿润季风气候，因"西蜀天漏"而得名，素有"川西咽喉""西藏门户""民族走廊""天府之肺"之称。全区面积1070平方千米，辖5个街道、8个镇。区政府驻雅州大道387号。2021年末常住人口36.89万，地区生产总值233.53亿元。是全国唯一的"中国生态气候城市"。先后获评"中国优秀旅游城市""中国十佳魅力城市""国家级生态示范区""最具投资潜力城市""四川省历史文化名城""四川省旅游强县""四川省乡村旅游强县""四川省现代农业（茶叶）产业基地强县""四川省林业产业强县""天府旅游名县""省级全域旅游示范区"。

历史沿革

雨城区古属"梁州""青衣羌国"。秦、汉属严道、青衣，东汉置汉嘉郡。西魏废帝二年（553年），置始阳县，为雅安建县之始，为蒙山郡治所。隋置雅州，后改严道县，为州、县治。北宋真宗大中祥符年间（1008年—1016年），将严道县治所迁于苍坪山麓（今市区西城）。明隶陕西行省，明洪武元年（1368年），始砌石城。清雍正七年（1729年），以雅安山名（亦称月心山，今苍坪山）置雅安县，并为雅州府治。清末和民国初，裁府留县。前隶建昌道，后属四川省第十七行政督察区，简称雅属。民国二十八年（1939年）设立西康省，雅安县隶之。

1950年2月，雅安县人民政府成立，同月设立雅安专区。1950年4月，西康省人民政府成立，省会设雅安县城厢区。1951年8月，雅安县城厢区及所辖孝廉（今姚桥新区）全部，河北乡的一、二、三、四保，蔡龙乡的上、中、下坝及张家山全部，对岩乡第八保等地设省属雅安市，其时雅安成为省、市、县三级政府所在地。1955年10月，撤销西康省并入四川，雅安市、县并存，其中雅安市直隶四川省政府，雅安县隶属雅安专署。1959年3月，撤省属雅安市并入雅安县。1983年9月，撤雅安县设雅安市（县级），境域与县同。2000年7月，撤雅安地区建地级雅安市；同年11月23日，原县级雅安市改称雨城区至今。

● 雨城区全景图（雨城老牛 拍摄）

重要资源

茶叶资源。境内 30 万亩茶园多分布在海拔 600—1200 米之间的浅丘及山区，生态环境良好，茶叶原料优质，加工技术精良，产品品质稳定，主产名优绿茶、雅安藏茶等，形成三大茶区（青衣江流域优质早茶区、绿色生态出口茶区、南部高山有机茶区）。

水能资源。境内主要河流有青衣江、周公河、陇西河、濆江河、高腔河、晏场河、严桥河，总长 197.4 千米，平均径流量 580.5 立方米／秒，年径流总量 151 亿立方米。多数河流比降大、水流急，加上雨量充沛，年均雨日 218 天，年降水量 1800 毫米左右，水资源十分丰富。水能发电理论蕴藏量达 53 万千瓦，可开发量为 29 万千瓦。

林竹资源。境内属亚热带常绿阔叶林地带，植物种类繁多、分布广，生态环境良好。截至 2021 年末，雨城区林业用地 115.6 万亩，森林蓄积 671 万立方米，森林覆盖率达到 75%。区内人工林 48973.5 公顷、天然林 26876.1 公顷，有木本植物 85 科 350 个属，被列为国家保护的有 23 种。挂牌保护古树名木 355 株，其中城区内 165 株、乡村 190 株。纯竹林面积 16640.75 公顷，混交竹林面积 1276.29 公顷。

生态资源。雨城区 PM2.5 平均浓度为 25.6 微克／立方米，空气优良天数 331 天，优良天数率为 94.8%，在全省 71 个重点县级城市排名第一。"一江三河"河流检测断面水质均能达到Ⅲ类及以上，地表水优良水体比例 100%。野生动物种类多，属于国家保护的一级动物 5 种，二、三级动物各 9 种。脊椎动物种类有 330 余种，野生哺乳类动物 45 种，鸟类野生动物有 204 种，野生鱼类有 79 种。产于周公河和晏场河上游的齐口裂腹鱼、重口裂腹鱼、隐鳞裂腹鱼、异唇裂腹鱼，俗称"雅鱼"，被列为省级保护鱼种。

基础设施

道路交通设施。全区公路通车里程达1091.187千米，其中，高速公路4条73.353千米，国道3条66.821千米，省道4条92.208千米，农村公路858.805千米。全区8个镇客运通达率100%，93个建制村客运通达率100%。

医疗卫生设施。现有市级医疗卫生机构10家，区级医疗卫生机构23家（其中国家三级乙等医院1个），区注册民营医疗机构4家，村卫生室109家，卫生所（室）、医务室、中小学卫生保健所17家，门诊部诊所189家，病床6647张。有卫生专业技术人员5636人。2021年，雨城区启动1个国家级卫生乡镇创建和36个省级卫生村（社区）创建。目前全区93个建制村均设立了卫生室。

教育办学设施。现有公民办中小学校37所，公办幼儿园8所，特教1所，职业高级中学1所，民办幼儿园39所，在校学生总人数共41482人。成功创建10所国家级、15所省级、31所市级涉及科技等各类特色示范校。积极推进金安学校、成实外二期、实验小学扩建等项目建设，进一步扩大学前教育资源和义务教育优质资源覆盖面，实现义务教育学校免试就近入学全覆盖。

● 成都实验外国语学校雅安校区（雨城区委宣传部 提供）

主要产业

茶产业。现有茶园30余万亩，投产茶园28万亩。其中，绿色食品（茶叶）原料基地认证18.7万亩，建成标准化机采茶园基地12万亩。全区共有122家茶叶生产主体，获得SC认证主体的共有39家（10

● 雨城区茶园（雨城区委宣传部 提供）

家藏茶企业，29家绿茶企业），有生产绿茶的小作坊83家。雨城区主产名优绿茶、大宗绿茶、雅安藏茶，还有少量的红茶、黄茶、茉莉花茶、白茶等，年产干茶4.015万吨。目前，全区有茶叶区域公共品牌2个、茶叶商标694个、地理标志证明商标2个、"二品一标"200个。先后获评"全国茶业百强县""四川茶业十强县""四川省现代农业（茶叶）产业基地强县""四川省特色农产品（茶叶）优势区"等。2021年，茶产业综合产值达90亿元，"雅安藏茶"在全国茶叶区域公用品牌评估中估价达20.71亿元，位列全国第52位，四川省第3位。

林竹产业。推进南线速生丰产和竹基地建设，实施集约管理和规模经营，建成以柳杉、杉木为主的木质原料林基地35万亩，慈竹、绵竹为主的竹林基地40万亩，创建望鱼顺河、周河和周公山温泉3个竹林基地为省级现代竹产业示范基地，总面积6.45万亩。创建望鱼镇为省级竹林小镇，周公山镇为省级森林小镇，碧峰峡镇为省级森林小镇、竹林名镇；创建海子山翠竹长廊、周公山翠竹长廊、周公河翠竹长廊、碧峰峡翠竹长廊为省级翠竹长廊，总里程62千米。发展竹加工企业、个体28家，年加工能力20万吨；木材加工企业、个体42家，年加工能力14万立方米。

商贸物流业。2021年雨城区服务业增加值增长9.4%，高于全省、全市0.5个百分点，排名全市第二位；社会消费品零售总额同比增长15.3%，排名全市第一位。现有服务业企业168家，包括规模以上服务业企业57家，限额以上商贸企业111家。做强做优万达广场、国盛商贸城、川西农博城"三大城市商业综合体"，实现营业收入10亿元。培育壮大时代天街新兴商业综合体，持续推进雅安熊猫会展博览馆、无水港凤鸣综合物流园等重大项目建设，高标准、高质量地规划建设以汽车产业园、川西肉制品产业园、现代民政服务业基地、仓储物流园为四大功能区的现代服务业产业园。

工业。雨城区规模以上工业企业达到43户。营业收入达到98.05亿元。2021年，全区规模以上工业经济完成总产值101.92亿元，同比增长18.3%，增加值增速同比增长10.9%。工业投资完成6.89亿元，同比增长12.3%，技改投资完成1.99亿元。

康养旅游产业。境内年均气温为16.2℃左右，全年有240~270天"旅游舒适期"，空气质量达国家一级标准，负氧离子含量为世界顶级标准，素有"天府之肺"之称。立足"生态康养"等文化特点，依托南北两条景观廊道，双线打造森林康养旅游度假区，十里芳菲·温泉康养谷、世外乡村·海子山、多营花舞田园项目、雅安·蓝城十里桃源项目以及凤鸣花谷田园综合体等项目有序推进。围绕打造旅游休闲，推动乡村美宿、田园综合体等旅游新业态的发展，形成"百花齐放"的文旅康养大产业。升级上里、周公山、多营等3个文旅康养产业强镇，推动大旅游产业发展，持续打响雨城"生态颐养地 国际熊猫城"城市名片。

体育产业。抢占体育制造"蓝海"，以创建国家体育产业创新试验区为载体，培育孵化"文体教"关联产业，扶持成都实验外国语学校雅安校区等一批区域教育龙头，成功引进金强蓝鲸、西部体农等8家企业入驻，总投资10亿元的四川国际赛事中心项目、总投资6亿元的金熊猫体育制造产业园项目落地建设，全省首个体育产业创新试验区落户雨城。先后举办承办中国成渝双城万人瑜伽大会（雅安分会场）创大世界吉尼斯纪录活动、四川省"百城千乡万村"篮球比赛（雅安赛区）、四川雅安"文教新城杯"全民健身篮球比赛、环茶马古道雅安（国际）公路自行车赛、国青男篮挑战赛等国家和省级体育赛事活动。2021"环茶马古道"雅安公路自行车赛被评为2021年度川渝体育旅游精品赛事。

文旅品牌

海子山国际森林康养旅游度假区。海子山位于雨城区望鱼古镇旁，是雅安最大的原生态高山湿地。海拔1300多米，被人们称为城市中的"世外桃源"。主要由"大海子""王海子"和"李海子"三个互相毗邻的海子组成。区域内集中有海子、瀑布、河沟等多种地貌。良好的生态环境，丰富的旅游资源，为海子山成为国际森林康养旅游度假区奠定了基础。目前打造的重点分为青羌情海旅游风景区和雅安海子智慧康养度假区两个子项目，是集康养、旅游、

● 海子山国际森林康养旅游度假区（雨城区委宣传部 提供）

度假三大功能于一体的世界级高山森林休闲示范基地。2020年，世外乡村·海子山国家森林康养基地获评国家森林康养基地和中国养老十大品牌。

周公山森林温泉旅游景区。国家4A级旅游景区，位于雨城区周公山镇，占地面积7平方千米，距城区约9千米。其中以周公山森林公园与周公山温泉公园为主要特色。周公山山顶西南部，连绵十里的龙神岗，山势骤然陡峭，高差在200米左右，气势恢宏，将整个公园分割成两个台地。岩下台地在海拔1300米左右，山势平缓，翠竹挺拔。岩上台地，从春秋楼至周公庙，山势由低渐高，溪涧纵横，流水叮咚，五桥并列，箭竹铺道，林海茫茫。绝顶可东望峨眉，西眺贡嘎，南观瓦屋，北看蒙顶。周公山还因具有气候多变、景观瞬变等特色，素有"顶雾有雨，雾散天晴"的气候征兆，故有雨城"晴雨表"之称。周公山温泉公园的温泉井是一口高温地热水井，井深3475米，出口水温78℃～81℃，有8种矿物质及微量元素同时达到国际矿泉水命名标准，1种达矿泉水浓度标准，其水化学成分与矿物含量之丰富实为罕见，有极高的医疗价值。被专家称为"西蜀第一汤"。

金凤山旅游景区。国家4A级旅游景区，位于雨城区青江街道，以金凤寺为主要景点。金凤寺曾名石龙寺，又名莲花寺，是川西著名寺院，也是省级重点文物保护单位。寺院始建于唐初，重建和扩建于明清，占地近10000平方米，天王、弥勒、大雄、观音四殿建筑规模宏大。藏经楼内藏经书500多卷，有名人匾对、屏画100余幅。寺院所建经楼、亭、阁等布局设计，均较考究。寺院周围挺立着高大的楠木树百余棵。寺内外碑刻楹联，多为古今名人翰墨。从金凤山麓沿1000余级石梯而上，登临山巅极目远眺，群峰起伏延绵，青衣江水蜿蜒东流，新区景象和阡陌田畴尽收眼底。每年二、六、九月的"观音会"，寺庙香火旺盛，赴会者逾万人。

红豆相思谷旅游景区。地处雨城区碧峰峡镇境内，背靠蒙顶山风景名胜区，距城区约10千米。景区因生长了一棵"中国最美古树"和"四川十大树王"之一的千年红豆树，并因王维诗中描述的"红豆生南国、此物最相思"而得名，有着"红豆仙踪、爱情福地"的美誉，是著名的爱情文化主题景区。景区内有长达近10千米的爱情文化彩色道路，道路两旁楼房叠院错落有致，炊烟缭绕茶田密布，群山环绕林木葱郁，小桥流水古道别院，是人们找寻的"世外桃源"。景区分为爱情文化体验区、百年银杏古树群休闲养生区、千年红豆文化体验区三部分。其中，爱情文化体验区集婚纱摄影、蜜月度假、旅游休闲于一体，汇聚古今中外爱情文化，游客踏足七彩祥云爱情之路，可在相思源、凤求凰、天仙配、同心园、三生石、鹊桥、梁祝化蝶等景观中领略爱情文化经典。在百年银杏古树群休闲养生区，可亲近五彩茶园，享受DIY茶社等带来的研学乐趣。在千年红豆文化体验区，可探访四川最美古村落后盐村，感受千年茶马古道和南方丝绸之路遗韵悠长，探秘唐代遗迹千佛岩摩崖石刻、十八罗汉拜观音、清代贞节孝牌坊等诸多著名历史遗存。

白马泉旅游景区。白马泉位于雨城区上里古镇东北4000米处，属省级重点文物保护单位。此地是昔日南方丝绸之路从临邛古道进入雅安的必经之地。白马泉始建于唐贞观元年（627年），宋乾道元年（1165年）诏封泉池为"渊泽侯"，石砌泉池，长3.7米，宽3.4米，深2.5米，泉底巨石镌刻龙马浮雕和临水石刻"龙洞"二字。该泉四季恒温在14℃，泉涌潮期无定，或一日数潮，或数日不潮，泉涌时水盈满潭，潮息时浅澈见底，潮起时呼呼有声，潮退时似马蹄着地"得得"有声。

风味美食

九大碗。也称"九斗碗"。旧时，除腊肉外，酒席必上满九碗主菜，"九大碗"因此得名。后来发展演变为上九道菜，顺序依次为：一、干盘菜；二、凉菜；三、炒菜；四、镶碗；五、墩子；六、膀；七、烧白；八、鸡；九、汤菜。雨城"九大碗"饭馆在几十年间形成了相对固定的九种招牌菜式，每种荤菜都用一个大号土陶碗盛装，饭馆的名称亦由这几个大陶碗演绎而来，称为"九大碗"。

柴火鸡。在雅上线西康美食文化走廊有着最地道的雨城乡土风味柴火鸡。土锅和土灶的结合，让柴火鸡成为大街小巷传颂的美食，更是成为吸引人气和流量的代表性美食。柴火鸡的独特之处在于原汁原味原生态，是以土鸡为原料，以土灶、柴火为烹饪工具，先经过猛火爆炒，然后用小火微炖而成。配上四季豆、土豆、藕片、莴笋、香菇等应季蔬菜和柴火鸡必备的锅边馍馍，那一口地道乡土风味的柴火鸡，让人在享受美味的同时更产生怀旧情怀。

阴酱鸡。阴酱鸡的起源要追溯至民国时期，第一代创始人阴德云在每年最适合制作酱鸡的冬季，将家传的酱鸡调料或酱鸡馈赠街坊邻里、亲朋好友，他的手艺得到了邻里的夸赞。后为了养家糊口，他就在路边的小店以酱鸡为招牌菜开起了小饭馆，并取名为"阴酱鸡"。阴酱鸡的制作技艺至今已有百年传承。温度在15℃上下，空气湿度在50%左右，是酱鸡制作的绝佳环境。阴酱鸡以蒙顶山茶叶、自家秘制甜面酱、十几种中草药、香料为制作原料。制作时，选取农家散养土鸡，刷上秘制酱料，每隔几小时翻动一次，24小时后再次补酱，用料多少全靠多年练就的技能来感知，最后挂在通风处风干15天左右，风味在空气中酝酿沉浸。食用时，将风干的酱鸡用温水浸泡4至5小时，洗净表面甜酱，大火蒸40分钟，冷却切成小块，酱香浓郁。现如今"阴酱鸡"不仅是酒楼的招牌菜，更获得了"中国名菜"美誉，成为雨城美食的亮丽风景。

红糖锅盔。老西城有一家开了很多年的老店——锅盔世家。一口炕饼的铁锅，一块揉面的面板，一根擀面用的擀面杖，传承着祖辈的技艺。老板围着炉子转个不停，用最简单的食材，纯手工制作出了地道的锅盔特色美味。揭开锅，红糖的味道和在面里香气四溢，一口咬下去就爆浆，味蕾触到的先是甜，再是香。

发展定位

锚定建设绿色发展先行示范区"一个目标"，围绕建设现代服务业发展核心区、城乡融合发展示范区、国际生态度假旅游目的地"三个定位"，做大茶叶、林竹、绿色工业、商贸物流、康养旅游、体育+"六大百亿产业"，夺取国家全域旅游示范区、全省乡村振兴先进县、全省县域经济发展先进县"三项殊荣"，打造全市"块头最大、结构最优、实力最强"的县域经济核心增长极和动力源。

发展目标

通过推进绿色经济倍增，坚持科技创新发展，提升改革开放水平，推动城乡全面革新，抓实民生福祉增进，加快治理效能提升，将雨城建设成百业兴旺的繁荣之城、创新开放的活力之城、山清水秀的生态之城、和谐宜居的幸福之城、平安祥和的法治之城、风清气正的廉洁之城，在全市经济"三年破千亿"中体现雨城担当，作出雨城贡献。

（撰稿：涂佳余 审稿：万海博 钟琦）

02 名山区

基本情况

名山区地处四川盆地西南边缘，东邻成都市蒲江县，南接眉山市丹棱县、洪雅县，西连雅安市雨城区，北壤邛崃市，地处东经103°02′～103°23′，北纬29°58′～30°16′之间，辖区面积614.27平方千米，辖2个街道、11个镇、17个社区、98个村，常住人口25.4万。名山扼成都平原通往甘孜、阿坝、凉山三州及西藏、云南的咽喉，处于汉、藏、羌、纳西、白族、摩梭等民族多元文化的交会点，有底蕴深厚的蒙山茶文化，海纳百川的人文底蕴，独具特色的川西民俗文化，源远流长的佛教底蕴，是"南方丝路"的主要通道和"茶马古道"的起点，是链接攀西、沟通康藏的"中转站"，也是有文字记载的最早的人工种茶的地方，是名副其实的绿茶第一区。

历史沿革

名山夏为梁州之域，商周属雍州，属严道，汉属青衣、汉嘉。历经三国、两晋，归属未变。

西魏废帝二年（553年），置蒙山郡，辖始阳、蒙山二县，为名山建县之始。隋开皇十三年（593年），将蒙山县改为名山县，因蒙山久负盛名而得名。

自唐至清，再民国延至中华人民共和国，领属略有小易，名山县之名沿用。

1950年1月，名山县属川西行政公署眉山专区。1953年，调整行政区划，名山县划归四川省温江专区。1955年1月，名山县改隶西康省雅安专区；同年10月，川康并省，名山县改属四川省雅安专区。1981年，改雅安专区为雅安地区。2000年，雅安地区撤地设市，名山县直属于雅安市。2013年3月18日，名山撤县设区，现辖2个街道、11个镇、17个社区、98个建制村、944个村民小组。

重要资源

茶叶资源。名山区位于成都平原向青藏高原过渡地带，属亚热带温润季风气候，冬无严寒，夏无酷暑，终年温暖湿润，山间多云雾，少日照，多漫射光，特别适合茶树生长。从唐至清，蒙顶山茶延续千年被列为皇室贡品。名山是中国绿茶第一区，全区茶园面积达39.2万亩。荣获全国现代农业（茶叶）基地强县、全国绿色食品原料（茶叶）标准化生产基地、全国茶树良种繁育基地县、全国首批无公害茶叶生产示范基地县、全国"三绿工程"示范县、全国最美乡村示范县、全国农村产业融合发展试点示范县、

● 名山茶园（名山区文化体育和旅游局　提供）

全省名优茶生产基地县等称号。建成四川最大的国家级茶树良种繁育场、西南最大的茶树基因库，全国唯一的茶叶大宗商品交易平台——蒙顶山茶叶交易所。2016年，由农业部主管的中国农业国际合作促进会、中国合作经济学会旅游合作专业委员会联合授予名山区"蒙顶山国家茶叶公园"称号。

矿石资源。境内钙芒硝矿总储量达1616亿吨，为西南地区特大型矿床，品位高、埋藏浅；膨润土蕴藏量在1亿吨以上；泥炭组储量达61.8万吨；钾矿资源储藏量约1800亿吨；红砂木纹石储量丰富，仅浅表裸露易开采矿山区域部分就有上亿立方米；沙金、石膏、石灰石、页岩、腐植酸等资源也相当具有开采价值。

动植物资源。境内森林资源总面积为4.83万公顷，森林覆盖率达77.6%，国土绿化率达78.9%，地表水出境断面水质达Ⅱ类标准，是名副其实的"动植物基因库""绿色世界"，现有林业用地面积43万亩，活力木蓄积量156万立方米，树种有松科、杉科、柏科、银杏科等45个科，竹类资源丰富。珍稀生物有古茶树、千年银杏、珙桐、千佛菌、兰花、白燕等10余种。陆上野生动物包括豹、豺、狼、野猪等14种兽类和布谷、黄莺、杜鹃等40余种鸟类；水生野生动物包括鲤鱼、鲢鱼、桃花鱼等16种鱼类。

基础设施

交通。国道108线、国道318线、成雅高速、邛名高速纵贯全境，成雅铁路建成通车，雅乐高速在名山交会，雅西高速、雅康高速紧邻名山，成雅快速通道建成通车，成为川西综合交通枢纽的重要节点。境内公路总里程 1212.75 千米，其中：等级公路（含高级、一、二、三和四级公路）1165.592 千米，高速公路 47.158 千米。全年公路客运周转量 2670.8 万人千米，公路货运周转量 135609 万吨千米。全区 13 个镇（街道）共 17 个社区 98 个行政村已全部实现通硬化路通客车，通硬化路通客车覆盖率均达 100%。名山调整优化公交线路 1 条，上线乡村客运公交车辆 20 辆。

教育。现有小学 18 所，在校学生总数 14553 人；普通中学 16 所，在校学生总数 11597 人。

医疗。现有医疗卫生机构 203 个，床位数 1627 张，医院、卫生院技术人员 1610 人，其中执业（助理）医师 535 人。

文化体育。现有 1 个体育中心、1 个博物馆、5 个城市社区广场、20 个乡镇综合文化站、115 个村(社)基层综合性文化服务中心。

主要产业

茶产业。深化与四川农业大学、省茶科所和中国茶叶研究所等科研机构合作，现有茶园面积 39.2 万亩，农民人均茶园 1.5 亩，90% 以上农户种茶，75% 的人口从事茶产业，蒙顶山茶跻身"中国十大茶叶区域公用品牌"前四强，名山成为名副其实的绿茶第一区，茶叶综合产值达 80 亿元。"蒙顶山茶"区域公用品牌价值达 43.99 亿元，位列四川第一位。"蒙顶山茶"地理标志证明商标、"蒙顶"和"蒙山"企业商标获得中国驰名商标称号。名山区茶叶产量产值、良种化率、机械化率在全国名列前茅，茶产业已成为名山富民强区的主导产业。

生猪产业。巩固国家生猪调出大县成果，2022 年末，名山区生猪存栏 42.4 万头，生猪出栏 58.29

● 手工制茶（雅安市名山区文化体育和旅游局 提供）

万头，非洲猪瘟防控经验得到农业农村部肯定并在全省推广。

工业。 聚焦汽车及零部件、先进材料、精制茶加工等主导产业，深入实施东进融入战略，积极承接成渝产业转移，园区入驻企业从2018年前的3家增至目前的79家，其中建成投产79家，2022年完成投资41.36亿元，成雅工业园区升级为省级工业园区。

文旅产业。 大力推进文化和旅游深度融合发展，打造成渝地区高品质休闲旅游目的地，依托名山区39.2万亩生态观光茶园和蒙顶山、百丈湖、清漪湖、月亮湖景观节点，建成全国唯一以茶为主题的蒙顶山国家茶叶公园、150千米中国至美茶园绿道，布局各具特色的7个茶乡组团，建成国家4A级旅游景区3个、国家3A级旅游景区3个、特色民宿30家、星级茶家乐45家、乡村度假旅游接待点230家。

文旅品牌

茶。 "蔡蒙旅平，和夷底绩"出自《尚书·禹贡》，该书记载大禹曾登顶蒙顶山祭天，蒙山之名也始于此。公元前53年，吴理真在蒙顶山驯化野生茶树，开启世界人工植茶之先河。三国时期，天竺僧人空定大师结茅于蒙山，弘扬佛教传承至今。唐末传入禅宗，禅茶互促互融，形成禅茶一味。北宋时期，西域僧人甘露法师住持蒙山，辑《蒙山施食仪》远播海内外。"名山茶为易马用"，位于新店镇长春村川藏公路旁的茶马司遗址，是宋以来承办与藏族为主的各民族以茶易马公务茶政机构所在地，专司茶马互市事宜，是茶马古道最佳的见证。从唐至清，蒙顶山茶延续千年被列为皇室贡品。2021年6月10日，名山区绿茶制作技艺（蒙山茶传统制作技艺）成功入选第五批国家级非物质文化遗产代表性项目名录。

● 中国至美茶园绿道（雅安市名山区文化体育和旅游局　提供）

● 名山茗宿（雅安市名山区文化体育和旅游局 提供）

中国至美茶园绿道。名山有"蒙顶山——茶马古城""酒香茶乡——官田坝""骑游茶乡——红草坪""科普茶乡——牛碾坪""水韵茶乡——茅河乡""梯田茶乡—骑龙场""浪漫茶乡——月亮湖"七大茶乡。

名山茗宿。集合茶乡文化、建筑美学、空间创意、生活品位、思乡情怀，打造出花间堂·茶马司、谧野·茶边小院、遇见芳华、玩土茶谷、茶山吾舍、一茗二舍等30家民宿，形成了独具特色的"名山茗宿"品牌。

蒙顶山生态旅游康养产业园。蒙顶山生态旅游康养产业园位于蒙顶山风景名胜区与名山主城区过渡地带，规划面积31.91平方千米，2018年4月启动建设，园区以产业为根、生态为基、文化为魂，以全民健康养生需求为核心，打造以智慧康养服务

● 羊肉汤锅（雅安市名山区文化体育和旅游局 提供）

产业为主导、以茶产业为特色的一站式康养产业园。

风味美食

羊肉汤锅。 名山清汤羊肉火锅起源于20世纪70年代，就地取材茶乡草料生态羊，鲜嫩入味、肉香浓厚，汤可泡饭，久吃不上火。曾获雅安必打卡美食称号。羊肉汤锅主打清汤羊肉锅，为了突出羊肉本身的鲜美味道。制作方法是先将鲜羊肉煮熟后捞出切片，然后用羊骨加入生姜、萝卜和秘制香料熬出羊汤。此法烹制的羊肉，色白汤浓、汤鲜味香，吃起来肉质细嫩、肥而不腻、温而不火，在除去膻味的同时最大程度保留了羊肉本身的鲜。当食客到来，端上一锅滚烫的羊肉汤，放入切好的羊肉，搭配上新鲜脆嫩的蔬菜和面香十足的白馍馍，由食客自助选择丰富的调配料作为蘸水，就可以食用了。是一道经济实惠、方便食用的地方特色美食。

兔火锅。 "飞禽莫如鸽，走兽莫如兔"。兔肉为高蛋白低脂肪的优质食材，富含多种维生素和微量元素，具有滋阴润燥、清热凉血的功效。兔火锅中兔肉口感细嫩爽滑，菜品汤色清澈带黄绿，色彩搭配艳丽，仔姜味与藤椒味交织在一起，呈现出独特的诱人口味，令食客无不叫好！

皇茶酥饼。 "皇茶酥饼"起源于20世纪30年代末民间制饼世家"曾记品轩坊"，因其祖上制作的酥饼风味独特、制作讲究，曾赠予经过的中国工农红军而名闻当地。历经三代传承至今，继承传统、融合现代工艺，皇茶酥饼选用上乘的蒙顶山高山绿茶和大凉山无公害苦荞为原料，精工细作、皮薄馅亮、口感细腻酥香、老少皆宜，是居家旅游馈赠亲朋好友的首选佳品。

乡村烧鹅。 鹅肉蛋白质含量很高，富含人体必需的多种氨基酸、维生素微量元素及矿物质，脂肪含量低，对人体健康十分有益。乡村烧鹅选用8～10斤的2年老鹅，将鹅肉炒香，成品汤色红亮，鲜嫩入味，肉香浓厚，有嚼劲，久吃不上火，味道一绝。

发展定位

坚持一城一地领航，高标准建设现代服务业为主的茶文化名城和川藏经济协作试验区先行示范高地，打造名山现代化建设新引擎，加快绿色发展、转型发展、高质量发展步伐；坚持四化同步共进，推动信息化和工业化深度融合、工业化和城镇化良性互动、城镇化和农业现代化相互协调；坚持"三个名山"共建，把建设开放名山、活力名山、幸福名山统一于新时代名山经济社会高质量发展的生动实践，贯穿于社会主义现代化名山建设的奋斗征程，一体坚持、一体推进、一体落实。

发展目标

到2035年，与全国全省全市同步基本实现社会主义现代化。名山区经济实力大幅跃升，现代产业体系基本建成；城乡融合发展取得显著成效，新型工业化、信息化、城镇化和农业现代化基本实现；交通体系更加完善，更高水平参与区域经济合作，对外开放新优势明显增强；国民素质和社会文明程度达到新高度，社会事业发展水平显著提升，人民生活更加美好，人的全面发展、全体人民共同富裕取得更为明显的实质性进展；生态环境更加优美，生态安全屏障更加牢固，绿美名山建设目标基本实现；治理体系和治理能力现代化基本实现，法治名山、法治政府、法治社会基本建成，平安名山建设达到更高水平。

（撰稿：高淑雅　杨雪　审稿：王洪均　杨万跃）

03 荥经县

基本情况

荥经县位于四川盆地西部边缘、雅安市中部，介于东经 102°20′～102°56′，北纬 29°29′～29°56′之间。东北接雅安市雨城区，东南邻洪雅县，西南连汉源县，西交泸定县，北靠天全县，东西长 61 千米，南北宽 53 千米。辖区面积 1776.69 平方千米，辖 1 个街道办事处 11 个乡（镇）。县城距离省会成都 160 千米，位于成都 1.5 小时经济辐射圈。总人口 14.48 万人。县政府驻严道镇向阳巷 1 号。

荥经是南丝绸之路与茶马古道的重镇古驿，是国家非物质文化遗产荥经砂器的原产地、省级历史文化名城、革命老区县、享受少数民族地区待遇县、国家卫生县城和四川省文明城市、全国"两山"理论实践创新基地。

历史沿革

荥经古称严道。据清乾隆《荥经县志》记载："夏商为巴賨地，后又为氐羌地。周以梁并入雍，为雍地。"战国时秦惠文王更元十三年（公元前 312 年）已置县名严道，治所在今六合乡古城村。唐武德三年（620 年），改置荥经县，治所在今严道镇。元世祖至元三年（1266 年），荥经县入严道县。明洪武十三年（1380 年），复置荥经县（"荣"字改木从水），隶属四川省承宣布政使司的雅州。民国二十五年（1936 年），属四川省第十七行政督察区。民国二十八年（1939 年）西康建省，荥经县隶之。

1950 年 2 月 11 日，隶属西康省雅安专区。1955 年撤销西康省并入四川省，荥经县隶属四川省雅安专区。1981 年，改雅安专区为雅安地区。2000 年，雅安地区撤地设市，荥经县直属于雅安市。2000 年 6 月 14 日，雅安撤地设市，荥经县隶属于四川省雅安市。

重要资源

国土资源。全县有耕地面积 2594.24 公顷，园地 5788.4 公顷，林地 161304.01 公顷，草地 390.36 公顷，城镇村及工矿用地 3428.57 公顷，交通运输用地 547.73 公顷，水工建筑用地 87.66 公顷，水域用地 2507.65 公顷，其他土地 950.1 公顷。

矿产资源。境内已查明资源储量的矿种有铅、锌、铜、锰、煤、花岗岩、砂岩及石灰岩等。经初步勘查，煤矿资源约 1.2 亿吨，铅+锌矿石量 200 多万吨，锰+铁矿石量 50 多万吨，铜矿矿石量约 150 多万吨，花岗石资源约 10 亿立方米、石灰石矿资源约 3 亿吨、玄武岩矿约8亿吨、砂岩矿资源约3亿立方米。

水资源。境内有主要河流11条，连同支流、溪、沟共计34余条，均属青衣江水系。全县2021年水资源总量28.98亿立方米，占全市水资源总量的16%，人均水资源占有量2.2万立方米。2021年工业、农业、城市公共生活用水等用水总量达5893.7万立方米。

森林及野生动植物资源。境内生态系统和植被群落结构复杂，自然性和典型性较高，植被垂直分布明显，生物多样性显著，植物资源多样。2021年，共有林地面积248.05万亩（林保规划林地面积238.15万亩），占辖区面积93.1%，活立木总蓄积1536.79万立方米，森林覆盖率80.31%，城市绿化覆盖率达到37.9%，实现了森林资源的稳步增长，森林质量进一步得到提升，长江上游生态屏障县建设成效显著。境内野生动物资源较为丰富。据统计，有脊椎动物392种，其中鱼类14种，两栖类11种，爬行类20种，鸟类265种，兽类82种。境内植物资源丰富，有维管植物178科、736属、1932种。

基础设施

交通。境内现有公路总里程645.607千米，其中，国道1条71.124千米，省道2条99.659千米，县道16条167.24千米，乡道53条226.423千米，村道48条81.161千米。桥梁151座4923.1米。基本形成内联外通、互联互通、畅通安全的交通网络。全县道路运输行业拥有营运车辆1462辆，其中客运车辆149辆（客运大巴车7辆、农村客运车88辆、公交车14辆、出租车40辆），全县客运总量325.3187万人次。

教育。截至2022年12月31日，有教职工1324人，专任教师1304人。全县现有各级各类学校38所，在校学生16717人，文化校外培训机构1家。

文化、卫生、体育和科学技术。截至2022年末，有文化馆1个，博物馆1个，体育场1个，体育馆1个，公共图书馆1个，公共图书馆共拥有纸质图书8.2万种，13.16万册。

2022年全县共有医疗卫生机构118家，其中医院5所，社区卫生服务中心1所，乡镇卫生院11所，村卫生室52所，诊所（医务室）45所，专业公共卫生机构3所，其他医疗卫生机构1所。全县共有执业医师203人，执业助理医师87人，执业护士162人。全县乡村医生配备率达100%。

2022年，文化艺术、广播影视、新闻出版等各项事业持续推进，知识产权管理工作得到强化，专利授权数327件。

主要产业

农业园区提档升级。扎实开展耕地保护专项整治行动，新建高标准农田0.85万亩，2022年全年粮食作物总产量3.68万吨，生猪出栏7.5万头。发展茶叶、林竹、黄牛、冷水鱼四大特色产业，形成"龙头企业＋生产基地"模式，川雅老坛泡菜加工等项目完成建设，鲟鱼生态养殖项目建成标准化养殖池35个，粮经复合现代农业园区创成市级园区，茶叶生猪种养循环现代园区通过省级园区考评，现代竹产业园区创成省级竹产业园区。

工业产业加快布局。发展再生资源循环利用产业，加快建设中津科技园区，中骏一期竣工投产；做强高性能晶体产业，信达二期项目建成投产；升级绿色载能产业，完成花滩河心头片区"腾笼换鸟"，腾退土地108亩，引进新能源高纯硅铁项目；壮大绿色建材产业，川西新型建材产业园区基本建成，天投建科、华荣建科等4个绿色建材项目投产，青龙汞子山、安靖富天红等绿色矿山建设加快推进。

2022年新增规模以上工业企业8家，规模以上工业总产值达57.2亿元。

文旅业态全面呈现。牛背山景区、云峰山景区实现开园，开善寺创成国家3A级景区，严道古城通过国家4A级景区省级现场评定，"貊貊家园"、云峰桢里等新业态精彩呈现，圆满承办"三山一城"文旅融合创新发展研讨会等活动，牛背七绝以最高分入选雅安"新八景"，砂器一条街获评全省文创集市，龙苍沟镇获评巴蜀气候宜居宜游乡镇，古城村、发展村分别获评省级乡村旅游重点村、天府旅游名村。

文旅品牌

严道古城旅游景区。严道古城旅游景区总面积0.54平方千米，包含严道古城遗址、荥经县博物馆、颛顼文化广场、黑砂文化广场、砂器一条街等片区。其中，严道古城遗址为全国重点文物保护单位、省级历史文化名城，出土文物丰富。荥经县博物馆馆藏文物5200余件，有国家一级文物42件，二级、三级文物238件。荥经黑砂制作技艺为国家级非物质文化遗产，有着很高的艺术价值，砂器一条街两侧，遍布砂器展示和销售店铺。

牛背山景区。牛背山位于荥经县境内，与泸定县交界，属于二郎山的分支。距离成都约有270千米，位于现代城市与原始自然生态区的接合过渡地带。牛背山山顶海拔3660米，原名大矿山、野牛山，蛰伏于川西各名山大川之间，北接二郎山，南临泥巴山，东望瓦屋山，西眺神山贡嘎，四面环山，中间突起。2009年，著名摄影师吕玲珑将在牛背山拍摄的照片发布在《中国国家地理》杂志中，牛背山从此声名鹊起，成为全方位的绝佳摄影胜地。牛背山景区以"360度全方位观景胜地"为核心吸引力，着力打造集极致观光、艺术摄影、休闲娱乐、户外体验、乡村风情、康

● 荥经县严道古城博物馆远景（荥经县文化体育和旅游局 提供）

养度假等功能于一体的国际山地森林运动旅游目的地。

云峰山景区。国家4A级旅游景区。以云峰寺为核心，位于荥经城东南4千米处，占地80余亩。相传，女娲从太湖取石补天，不慎坠落一颗于寺内，人称"太湖飞来石"，故又称"太湖寺"。古刹气势恢宏，环境清幽。登临此处，顿觉绝尘寡欲，似乎化入了浩渺无际、幻化万端的大自然。有"三奇、三绝"，三奇为古楠、神水、太湖石，三绝为佛塔、风洞、摇亭碑。寺庙及其周围生长着桢楠、银杏等名贵林木，这些珍稀古树以桢楠为主，树干粗壮，高耸入云，最大的树干需六人才可合围，堪称"桢楠王"，为古刹增添了不少亮色。2010年经《国宝档案》节目寻访被鉴定为金丝桢楠林。

风味美食

荥经棒棒鸡。荥经棒棒鸡始创于清朝末年，因在切片时要借力于棒槌敲击刀背而得这个风趣之名——棒棒鸡。棒棒鸡制作工艺十分考究，各道工序严谨把关，丝丝入扣。精心选取生长期一年左右本地农家放养的土公鸡，鸡冠红润滑脂、鸡毛光泽、鸡爪无多趾的健壮雄鸡为首选鸡原料。将整鸡煮熟放凉，后用木棒敲打刀背助力宰片，故切片分明，刀刀见骨；盛入盘钵中，罗列成凤眼重重，极似孔雀开屏，尤为漂亮；淋上不同佐料，形成椒麻鸡、山珍鸡、青椒鸡、怪味鸡、白油鸡片等不同口味。棒棒鸡因麻辣鲜香、韵味悠长，

● 在牛背山远观贡嘎雪山（荥经县文化体育和旅游局 提供）

● 云峰寺寺门（荥经县文化体育和旅游局 提供）

● 荥经棒棒鸡（雅安市文化体育和旅游局 提供）

● 椒盐饼子（荥经县地方志编纂中心 提供）

● 凉粉（荥经县地方志编纂中心 提供）

深受广大消费者喜爱，并远销海内外，早已成为荥经的一个独特地理标志。

椒盐饼子。椒盐饼子是荥经特有美食。属"千层酥"，具酥、香、脆、进口化渣等特色，虽含油酥但观之无油，触之不腻手，食之香脆不腻口，冷热均酥松柔顺不碍齿。县内以"邵饼子"久负盛名，常年日制饼数百个，畅销县内外。

油糕。油糕是传统零食。其中，制作红豆油糕的主料为糍粑和红豆，下油锅炸后捞起冷却，食用时香脆麻、柔软、爽口；制作豌豆油糕的主料为米粉和纯白豌豆，豌豆用温水浸泡发胀后，拌米粉和佐料，下油锅炸黄即熟，捞起即可食用，香脆麻，入口化渣。

凉粉。凉粉选用豌豆为主料，经手工淘、泡、磨、滤、沉、滗、炒、凉等传统工艺精制而成，具有口感细腻香脆、清纯自然、回味悠长之特色。可煎可炒，可作为主食，也可佐餐。西街"李凉粉"系老字号传统食品，畅销县内外，获消费者喜爱。2000年，"李凉粉"被评为雅安地区"名优特新商品"和"消费者最喜爱产品"。

发展定位

坚持以"中国黑砂城、'两山'示范区"为总牵引，以"两区示范引领、四化同步推进、三城四片共兴"为总抓手，全面建设社会主义现代化荥经。

发展目标

基本建成魅力荥经，中心城区集聚力、乡村振兴支撑力大幅提升；基本建成实力荥经，新型工业化、信息化、城镇化、农业现代化同步发展，现代产业体系初步形成；基本建成绿美荥经，主要生态指标持续位居全国全省前列，"到荥经森呼吸"名片越来越响亮；基本建成活力荥经，重点领域和关键环节改革取得重大进展，开放合作水平持续提升；基本建成畅通荥经，现代交通运输体系基本建成，成渝地区西向门户次枢纽加速构建；基本建成幸福荥经，城乡居民人均可支配收入高于全省平均水平，社会事业全面进步，群众精神文化生活更加丰富，共同富裕扎实推进；基本建成平安荥经，立体化治安防控体系初步形成，防范化解重大风险体制机制更加健全，全县政治安全、社会安定、人民安宁。

（撰稿人：石悦 审核：杜建 刘凯）

04 汉源县

基本情况

汉源县位于雅安市西南部、川西南大渡河中游两岸，地处横断山脉北段东缘，为川西高原与四川盆地之间的过渡地带。地势周高中低，介于东经102°16′~103°01′，北纬29°05′~29°43′之间。东邻乐山市金口河区和眉山市的洪雅县，南连凉山彝族自治州的甘洛县，西靠甘孜藏族自治州的泸定县和雅安市石棉县，北接雅安市荥经县。全境东西长71.45千米，南北宽70.1千米，辖区面积2382平方千米。县城距省会成都市220千米，距雅安市89千米。下辖乡镇21个，其中少数民族乡5个，2021年底总人口28.55万人，有彝、藏等少数民族27个，约占总人口的10%。县政府驻富林镇，位于新县城萝卜岗。是成昆铁路、国道108线、国道245线、省道435、G5京昆高速雅西段、峨汉高速等的交通要道。

汉源县历史悠久、文化灿烂，至今有两千多年的建制史，南方丝绸之路、茶马古道、清嘉盐道交会于此，汉文化与藏文化、中原文化与南诏文化融合发展。"富林文化""狮子山遗址"享誉中外，清溪古城、魁星古楼、节孝牌坊古朴深邃，"麦坪遗址""桃坪遗址"相继成为近年来重大考古发现；南丝绸之路、茶马古道穿境而过，是我国古代交通贸易的重要通道，乐西抗战公路被誉为"血肉筑成的长路"。

汉源县是享受少数民族地区待遇县、革命老区县、国家重点工程——瀑布沟水电站库区移民重点县，享有"中国花椒之乡""中国甜樱桃之乡""攀西阳光第一城""西部花果第一县""首批四川鲜果采摘十大好去处"等美誉。

历史沿革

汉源县古名筰都，属蜀国。公元前316年，秦灭蜀国设蜀郡，属蜀郡管辖。

西汉元鼎六年（公元前111年），汉武帝平定西南夷，以筰都为旄牛县置沈黎郡，郡治旄牛（今汉源、石棉交界的瓮岗坪，《清溪县志》称为锁阳城），汉源建制自此始。东汉为汉嘉郡旄牛县，三国、晋沿之。成汉政权置沈黎郡，刘宋沿之。南齐沈黎郡改名沈黎獠郡，有郡无县，羁縻于益州。北周置黎州辖沈黎郡。

隋仁寿四年（604年），以近汉川水（今流沙河）之名置汉源县，隶属登州。唐分置清溪、飞越、阳山、通望等县，隶于汉源郡，后改黎州。前蜀仍袭唐制，

● 汉源新县城（王主玉 拍摄）

后蜀废黎州，汉源改隶雅州。宋复置黎州汉源郡，汉源、通望二县仍隶之。

元初改黎州为黎州安抚司，辖汉源一县，后降为黎州长官司。明初撤汉源县置黎州长官司，后升为安抚司，直属四川布政司，并置大渡河军民守御千户所。明万历二十四年（1596年），黎州安抚司降为土千户，直隶四川成都都司。清康熙二十年（1681年），合黎州千户所和大渡河千户所为黎大所，隶雅州。雍正七年（1729年），改黎大所置清溪县，隶雅州府。民国三年（1914年），因清溪县与贵州省的青溪县同名同音，复改名汉源县，先后隶于四川省、西康省。

1950年3月，汉源解放，县治由清溪迁九襄，隶属西康省雅安专区。1952年10月，县治迁富林镇。1955年10月，西康省并入四川省，汉源县隶属四川省雅安专区。2000年12月，雅安撤地建市，汉源县隶属雅安市至今。2010年1月，因修建瀑布沟电站，老县城淹没，汉源县城迁萝卜岗（仍设富林镇）。

重要资源

土地资源。汉源有得天独厚的土地资源，全县土地面积共有357.3万亩，土壤带呈立体分布，有水稻土、冲积土、紫色土、红壤、黄棕壤、棕壤、石灰岩土。

植物资源。境内河川纵横、水源充沛、土壤肥沃、光热丰富，有树木资源70科274种，其中用材树68种、果树65种，汉源花椒、梨子、樱桃、苹果、柑橘、蔬菜闻名遐迩。

动物资源。境内有陆地野生动物77种，其中兽类50种，鸟类27种。属国家保护的一、二级动物36种，其中兽类24种、鸟类12种；有鱼类6目、16科、44种。

矿产资源。境内已发现的矿产资源有33种，其中金属矿 13 种、非金属矿 20 种，已探明铅＋锌金属储量 36.2 万吨、锰矿地质储量 186 万吨、钴和镍矿金属储量 1.12 万吨、煤矿地质储量 487.7 万吨、磷矿地质储量 3.25 亿吨、菱镁矿地质储量 438 万吨。有矿产地 84 处，其中唐家、团宝山、乌斯河雪区铅锌矿和椅子山、水桶沟磷矿以及小堡花岗石矿、河西阳山光学萤石为中型矿床，占矿区（床）的 14%，其余 44 个均为小型矿区（床），占 86%。

水力资源。境内水力资源富集，蕴藏量达 533 万千瓦，已开发建设和正在开发建设的大中小型水电站 79 座，总装机容量 504.5 万千瓦，其中瀑布沟电站 360 万千瓦、深溪沟电站 66 万千瓦、枕头坝电站 72 万千瓦。

基础设施

交通网络。2022 年，全县有各类公路总里程 1929.086 千米，其中，国道 78.247 千米，省道 41.853 千米，县道 21 条 407.666 千米，乡道 105 条 842.046 千米，通村公路 269 条 559.274 千米。21 个乡镇全部通公路，通公路的村达 100%。有各种运输车辆 2212 辆，其中，货运车辆 2001 辆，客运车 211 辆。有码头 13 个，水运企业 3 家，各类船舶 35 艘。有铁路 17 千米，在乌斯河建有汉源火车站。

邮电通信。2022 年，全县有邮政支局 9 个、邮政代办所 27 个、村上邮政便民站 24 个、邮政业务总量 4016 万元。

全县通信业务量 14106.74 万元。2022 年末有移动电话用户 34.05 万户，固定电话用户 45683 户。固定电话用户中，城市固定电话用户 15625 户（其中住宅电话 10542 户），乡村固定电话用户 29791 户（其中住宅电话 20765 户），公用电话用户 267 户。

水利设施。全县有引水堰渠 220 条，其中灌溉

● 瀑布沟水电站（黄洪安 拍摄）

面积在万亩以上的有4条，在1000～10000亩的有6条，在500～1000亩的有45条，在500亩以下的有165条。干渠总长1475千米。建成中小水库、山坪塘等蓄水工程2894处，其中中型水库1座，小Ⅱ型水库2座，山坪塘86口，蓄水池2805口，年蓄水量1766万立方米，固定提灌站5处。有农村饮水工程333处，耕地面积158700亩，有效灌面89600亩，占耕地总面积的56.46%。

电力设施。2022年，全县有小水电76座，装机容量83兆瓦，发电量29454.84万千瓦时，通电的乡、村、户分别21个、123个和149853户，通电率为100%。

主要产业

农业。特色果蔬、农产品加工、花椒三大特色优势产业全产业链融合发展，大力发展现代种业、数字农业、冷链烘干物流三大先导性产业。累计建成"532"十大特色产业基地80万亩，全县农民人均拥有2亩以上，成功创建汉源县花椒省级四星级现代农业园区，开发花椒调味品等产品50余种。

工业。清洁能源、绿色载能、新型建材、绿色化工为汉源四大支柱工业。规划工业园区面积14平方千米，分"一区两园"建设。目前，园区建成面积3.9平方千米，入驻企业54家，2022年园区营业收入达153.36亿元，先后被评为四川省第一批工业资源综合利用基地、省级绿色园区、四川省循环经济典型案例。

现代服务业。推动商贸业、现代物流业、文体旅游业三大支柱型服务业提质增效。围绕"一片花、一湖水、一缕阳光"，突出打造县城"阳光水韵、康养新城"和九襄"阳光花海、康养胜地"两张特色名片，构建"3231"环湖康养产业集群，

● 汉源花椒（汉源县旅游发展服务中心 提供）

● 大渡河国家地质公园（廖仕林 拍摄）

培育九襄经济强镇和康养旅游特色小镇，形成特色鲜明的阳光花海和环湖康养两大百亿康养产业带。

文旅品牌

汉源县日照充足，地处北纬30度附近，年均日照时数1450小时，年均气温17.9℃，冬无严寒、夏无酷暑，素有"攀西阳光第一城"的美誉，是理想的康养胜地。"一湖一山一岭一峡谷"是汉源旅游资源的集中展示，84平方千米的汉源湖是西南地区最大的人工湖，轿顶山360度观景平台被誉为"微缩版"的可可西里，大相岭万亩草场一年四季吐露着芬芳，大渡河国家地质公园雄奇险峻、幽深雾静，是中国十大最美峡谷之一。

水果王国。汉源是一个有着古朴生态的农耕文明山水之乡。汉源是著名的"中国花椒之乡"，汉源所产花椒，唐朝便被列为贡品。汉源因"日照时间长、昼夜温差大"的独特气候，盛产"汉源贡椒""汉源黄果柑""汉源樱桃""汉源芸豆"等农产品；汉源的大樱桃更是成为中南海餐桌上的珍品。从春天的枇杷，夏天的樱桃、李子、葡萄、杏，到秋天的脆红李、梨、苹果，冬天的黄果柑、草莓……汉源一年四季鲜果不断。

旅游品质。加快培育特色主题民宿、阳光康养酒店，打造花果主题、文化主题、藏彝民族风格的农家乐和乡村酒店。打造民宿联盟，推动三强民宿文化村、帐篷酒店、梨乡山居等特色民宿和旅游精品酒店连片发展、联盟发展，做精乡村旅游、田园度假旅游环线，有机串联特色产业和新兴业态，不

● 汉源樱桃（汉源县旅游发展服务中心 提供）

断提升"花海果乡"国家4A级旅游景区建设管理水平，全方位展现"一天一景、一步一景、一片一景"的田园景观系统，利用九襄片区观光农业与乡村旅游资源，重点围绕独特的农业景观、丰富的历史文化以及优越的自然气候条件，开发康养旅游项目。

风味美食

汉源贡椒鱼。汉源贡椒鱼主要食材是汉源湖的生态鲢、鳙鱼。汉源湖清澈见底，水质优良，湖中生产的生态鲢、鳙鱼肉质细嫩，甘甜鲜美。"汉源贡椒鱼"的灵魂是"麻香"。精选的上等贡椒融入汤锅中，肉质鲜嫩的鱼才真正有了灵魂。

坛坛肉。坛坛肉又叫"香坛肉""油泡肉"，是汉源中低山、河谷地区群众的一种传统储肉方法。每年农家杀过年猪，为便于保存猪肉，将肉切成约15厘米大小的块状放在油锅里炸，炸熟后和油一起装坛封口，烹调时把肉从坛中取出，配以薯片（洋芋）、蒜薹、盐菜或时令蔬菜，肥而不腻，口感极佳。

九襄挂面。九襄有悠久的小麦种植历史。以九襄小麦为原料的九襄挂面讲究配方和制作工序，有独特的口感，其特点是劲道、脆爽、汤清。1908年，英国植物学家威尔逊途经九襄，在其日记中对九襄挂面赞不绝口。

皇木腊肉。皇木腊肉因主产于皇木镇而得名。是将皇木自产的高山新鲜猪肉用盐腌制后，挂在火炉上方，让燃烧的柏树和香樟树枝的烟火熏烤风干制作而成。腊肉外黑油亮，耐贮存，经清洗、煮、蒸、炒后即可食用。皇木腊肉肉质红亮、肥而不腻、味香醇美，为当地待客和馈赠宾朋的佳品，并畅销外地。

彝家杆杆酒。杆杆酒在彝语中叫"芝衣"，又称"泡水酒""哑"，是彝族人民在喜庆的节日里用来招待客人的一种别具风味的水酒。杆杆酒采用玉米、高

● 汉源贡椒鱼（汉源县旅游发展服务中心　提供）

梁或荞子酿制。制作时，将原料粗磨之后，加水蒸熟，然后倒出，晾于簸箕内，待温度适当后筛掉荞壳，并加酒曲搅拌，在簸箕内封闭发酵，30多个小时后放入木桶或坛子中，用泥土将桶口或坛口封死放置，半个月后即可开封饮用，再放上两三个月后酒味更佳。

榨榨面。榨榨面是把荞麦面粉和成面团，在特制的木架上压榨成圆条，落入沸水锅中煮熟，佐以酸菜、豌豆肉汤以及其他调料而成，食之脆香爽滑、酸辣可口。榨榨面所选用的荞麦，产于高山区无污染的山地，具有很好的保健作用。

发展定位

在坚持"阳光康养城、宜居新汉源"总体定位基础上，以"四化同步推进、五区均衡协调、三个典范引领"为总抓手，推动汉源高质量发展。

发展目标

到2035年，全县综合实力大幅跃升，三次产业迈向中高端水平，建成现代产业体系，经济总量和城乡居民可支配收入迈上新的台阶。数字化、信息化、智能化水平显著提升，科技创新支撑能力明显增强。社会治理体系和治理能力现代化基本实现，法治汉源、法治政府、法治社会基本建成，平安汉源建设达到更高水平。大渡河生态屏障更加巩固，生态文明本底更加厚实，美丽汉源建设目标基本实现。公民素质和社会文明程度达到新高度，社会事业发展水平显著提升，基本公共服务实现均等化，文化强县、教育强县、人才强县、体育强县、健康汉源基本建成，人民生活更加美好，全县人民共同富裕取得更为明显的实质性进展。

（撰稿：刘艳虹　张敬源　审稿：李洪召　刘汉腾）

05 石棉县

基本情况

石棉县于1952年建县,是全国唯一以矿命名的县。地处雅安、凉山、甘孜三市(州)交会地带,是内地通往云南、西藏两省区的重要通道,素有"民族走廊"之称。县域位于青藏高原横断山脉东部,大渡河中游,雅安市西南部,介于东经101°55′~102°34′,北纬28°51′~29°32′之间。东西最大横距60千米,南北最大纵距76.5千米。辖区面积2678平方千米,东邻汉源县、甘洛县,南接越西县、冕宁县,西交九龙县、康定市,北连泸定县。全县辖11个乡镇、1个街道,总人口11.98万。县政府驻电力路13号。

石棉是享受少数民族待遇县、革命老区县、老工业基地县、移民工作重点县。全县生态资源丰富,森林覆盖率69.94%,境内有贡嘎山、栗子坪两个国家级自然保护区,是长江上游重要的生态屏障,是国家重点生态功能区,先后放归大熊猫9只,被授予"中国大熊猫放归之乡"。先后获得全国民族团结进步创建活动示范县、全国文明县城、全国科技进步县等多项国家级荣誉,以及全省民族团结进步模范集体、县域经济发展先进县、四川省促进服务业发展工作先进县(区)、"三农"工作先进县、省级绿化模范县、省级生态县、城乡环境综合治理先进县、环境优美示范县、建设长江上游生态屏障先进集体等多项省级荣誉。

历史沿革

石棉县是中华人民共和国成立后新建县,因境域富藏优质石棉而得名。1951年6月25日,西康省政府第十三次行政会议决定筹建石棉县。1952年5月9日,石棉县正式建县。1952年11月,今栗子坪乡孟获村从冕宁县划归石棉县。1954年8月,石棉县田湾乡6户31人、30亩土地划归泸定县。1956年1月,王岗坪由汉源县划归石棉县,石棉县境域至此固定。1986年,石棉县经省政府批准享受少数民族县待遇。

重要资源

水资源。石棉县是全国水力资源最富有的县之一,大渡河干流在县境内长79千米,年平均径流入境总量330.56亿立方米;境内大渡河水系流域面积在30平方千米以上的支流有27条,总长530.6千米。全县水能理论蕴藏量680万千瓦,可开发量540万千瓦。其中,大渡河规划三级,总装机358

万千瓦；楠桠河规划"一库六级"，总装机79万千瓦；田湾河规划"一库三级"，总装机76万千瓦；松林河分属石棉县和九龙县，规划"一库九级"，总装机58.12万千瓦，石棉县境内规划总装机31.92万千瓦。

国土资源。县境实有耕地6338.69公顷、园地2269.77公顷、林地211865.41公顷、草地22115.17公顷、城镇村及工矿用地2704.14公顷、交通运输用地975.79公顷、水域及水利设施用地18317.63公顷、其他用地3276.43公顷。

矿产资源。县境矿产资源较丰富，有金属、非金属和能源类矿。金属矿主要有金矿、铜矿、碲铋矿、铁矿和铅锌矿。非属矿产有石材、石棉、硅石、石灰岩、云母、瓦板岩、珍珠岩、石墨、绿柱石等十余种。能源矿主要有煤、温泉两种。区内煤产地有黄草山、美罗—迎政、孟获城三处，目前探明储量为280.04万吨。区内较有名的温泉共有8处，多数用于洗浴，具有一定医疗、保健效果。

植物资源。县境植物资源丰富，植物种类繁多，分布有高等植物208科900属2468种，其中：苔藓植物23科31属37种，蕨类植物29科51属123种，种子植物156科818属2308种，属国家一级保护的植物主要有：红豆杉、独叶草、珙桐等；属国家二级保护的植物主要有：四川红杉、油麦吊云杉、岷江柏木、篦齿三尖杉、华榛、水青树、连香树、香果树、樟树、黑壳楠、康定木兰、西康含笑、猫耳屎等。

动物资源。县境分布有脊椎动物28目89科227属359种，其中，兽类66种，鸟类245种，两栖类15种，爬行类18种，鱼类15种。属国家一级保护动物有大熊猫、川金丝猴、黄喉貂、大灵猫、雪豹、金雕、黑颈鹤等；属国家二级保护动物有猕猴、小熊猫、豺、黑熊、猞猁、白腹锦鸡、白臀鹿等。此外，松鼠、黄鼬、猪獾、灰尾兔、黑熊、喜马拉雅旱獭等数量也较大，四川林跳鼠和鼢鼠属石棉特有种。

基础设施

国道G108线、省道S217线与2012年建成通车的G5京昆高速公路在县城交会。县城经G5高速向北至雅安120千米，距成都260千米，南至西昌185千米，经省道S217线至泸定110千米，是雅安市南大门，也是川藏南线和川滇西线的交通要道。

主要产业

农业。黄果柑、枇杷种植面积10.3万亩，产值9.71亿元，品牌价值达15.4亿元。培育农业新品种7个，"春花1号"枇杷获农业农村部植物新品种权证书。研发果酱和休闲食品系列加工产品6个。新建孟获城50万头大型生猪养殖场，全县生猪存栏提升至4.98万头，出栏7.17万头。培育新型农业经营主体384家。晟丰公司获评农业产业化省级重点龙头企业。石棉县枇杷生猪种养循环现代农业园区成功创建为省级三星级现代农业园区。石棉黄果柑、石棉枇杷、石棉老鹰茶获得地理标志农产品认证。美罗镇是迄今全市唯一入选全国农业产业强镇建设名单的乡镇。

工业。竹马化工园区成功创建省级化工园区。园区主营业务收入达180亿元。竹马光伏发电项目加快建设，老鹰岩水电站加快推进。永和碳酸钙产业孵化园全面建成，全县碳酸钙企业达16家。鑫汇环保、坤顺、四环资源综合回收利用等项目加快推进。以蓝海化工为龙头的精细磷化工绿色循环产业链加速壮大。实施"百企技改"工程，23个改扩建项目加快推进，总投资14.58亿元。鼓励企业创新发展，新增国家级专精特新"小巨人"1家。

服务业。围绕王岗坪景区、安顺场景区、孟获城景区、田湾河景区、蟹螺四大名堡、龙头石景区提升打造，实施重点文旅项目11个，总投资45.09亿元。城北游乐园建成投运，草科温泉小镇、蟹螺堡子等项目加快建设，王岗坪景区成功创建为国家4A级旅游景区，孟获城景区获评"2022年度省级自然教育基地"，王岗坪景区、孟获城景区获评"十分四川"2022年新晋人气避暑目的地。2022年，全县国家A级旅游景区接待游客262.52万人次，实现旅游综合收入16.39亿元。

文旅品牌

安顺场旅游景区。国家4A级旅游景区。以"翼王悲剧地，红军胜利场"蜚声中外，是全国唯一以悲衬喜的红色旅游景区，为全国首批100个红色旅游精品景区和30条精品线路之一、全国首批百个中小学生爱国主义教育基地、国家重点文物保护单位、四川省历史文化名镇。

栗子坪生态旅游度假区（孟获城景区）。孟获城相传为诸葛亮七擒孟获之地，距石棉县城52千米。景区内有中国西部海拔最适中、规模最大、最易到达的高山生态草甸，有构成生命与历史相融共存的奇特景观——红石滩，有集原始森林、天然温泉于一体的公益海，有宁静而致远的月亮湖，是摄影师的天堂。

景区山高林密、峡谷幽深、古木参天、温泉瀑布、云海奇景、珍禽异兽、珍稀植物美不胜收，有大熊猫、红豆杉、珙桐等动植物1500余种，为全球首例野生大熊猫易地放归地，中国首个大熊猫野化放归基地。年均气温17℃，冬春干旱无严寒，夏秋多雨无酷热，是森林浴、阳光浴、温泉浴、娱乐、科学、探险、

● 安顺场纪念碑（石棉县文化体育和旅游局　提供）

休闲度假之最佳胜地。

　　王岗坪旅游景区。国家4A级旅游景区，位于石棉县王岗坪彝族藏族乡。景区规划面积88平方千米，以建设国家级旅游度假区、国家森林康养基地和国家5A级旅游景区为发展目标，是全国距离千万人口中心城市最近的高山观景平台之一，也是成都出发沿318线的第一个雪山观景平台。景区拥有全国落差最大的观光索道，直线距离30千米，正C位直面贡嘎东南面，可以观赏5000米以上群峰200多座。以及"云端索道""日照金山""月照银山""浩瀚星空""杜鹃花海""佛光圣灯""云瀑云海""冰雕雾凇""雪山牧场""原始丛林""金色小熊猫""贡嘎旗云""星空屋""太空舱""云端上的牦牛古城"等众多自然风光和旅游奇观，是川西最大的自然观景平台，景区围绕"星空下的雪山盛宴，云端上的度假天堂"，致力打造一个精美的童话世界。

　　茨格达海子度假旅游

● 孟获城红石滩（石棉县文化体育和旅游局　提供）

● 王岗坪冬日雪景（四川王岗坪旅游开发有限公司　提供）

● 茨格达海子湖景　（石棉县文化体育和旅游局　提供）

● 田湾河草科温泉小镇（四川田湾河旅游开发有限责任公司 提供）

项目。茨格达海子位于石棉县新民乡，距离石棉县城 40 千米，海拔在 1000 米—3070 米之间，湖面面积 200 亩、湖深约 30 米，是四川省境内最大的高海拔淡水湖。茨格达海子度假旅游项目集高山湖泊、森林、冰川、牧场等自然景观于一体，目前累计投资 3000 万元，已完成一期项目建设，于 2019 年 10 月 23 日投入运营。目前浮云海子已入选《2019 中国民宿新力量》TOP10，获得各界认可，在各类行业公众号上已获得近 5000 万的传播量。

田湾河草科温泉小镇项目。田湾河省级风景名胜区距石棉县城 55 千米，景区面积 259 平方千米，位于贡嘎山南坡。景区沿河延伸，10 余座海拔在 5000 米以上的山峰终年积雪，白雪皑皑，冰川脚下的仁宗海、巴王海犹如镶嵌在山谷中的蓝宝石。田湾河是贡嘎山最大的河流。景区内地热资源丰富，有大热水、小热水、神药水等多处温泉。景区有丰富的自然分带景观和生物资源。

石棉县与四川川投田湾河开发有限责任公司签订正式合作协议，拟投资 10 亿元，以温泉资源开发为核心，依托田湾河风景名胜区，整合自然观光、山地运动、温泉文化体验等复合型旅游资源，通过开发观光休闲、避暑度假旅游产品，建设旅游基础设施，打造田湾河山地休闲运动基地和生态康养氧吧、建设田湾河徒步大本营、开发温泉度假小镇。

风味美食

彝家坨坨肉。彝家坨坨肉精选阿鲁伦底河流域生态放养的黑山猪制作而成，保持了鲜肉的天然绿色成分，肥而不腻，纯正清香，是一道营养的彝族美食佳肴。

草科腊肉炖鸡。草科腊肉炖鸡精选田湾河流域生态放养草科鸡制作而

● 土司宴（石棉县温泉大酒店 提供）

●彝家坨坨肉（石棉县文化体育和旅游局　提供）

●草科腊肉炖鸡（石棉县文化体育和旅游局　提供）

成，色泽红亮，口感软糯、鲜香，回味绵长。所配原生态野生菌鲜香爽口，所用的草科高山腊肉，肥瘦相间，独具清香。

土司宴。据史书记载，屈原被流放期间，得知楚怀王客死秦国，心中极度伤痛和失望，于是提笔写下了著名的文章《招魂》，字里行间流露出对楚怀王的思念，同时记载了100多种菜肴，后来被土司王所收集。明嘉靖年间，土家士兵三万余众奔赴抗倭前线，历时四年，屡战屡捷。土司王为了犒赏归来的土家士兵，大摆宴席，由此形成了现在有名的土司宴。

菜品特点：讲究荤素搭配，荤菜略多几道，利用肉、禽、蛋和蔬菜等天然食材，融合传统川菜煎、炒、烹、炸、蒸和煮等工艺，打造出养生、养颜、有食补疗效的健康菜品，丰富菜系品种、特色，提升菜系品质和档次。土司宴的装盘方式与众不同，满满一桌宴席，每道菜所用的食材都取自田间地头和青山绿水间，色香味俱全。

发展定位

坚持以中国式现代化引领和谋划石棉现代化建设，以全面建设社会主义现代化石棉为总任务，以"一区一典范引领、四化同步推进、五个走在前列"为总抓手，加快建设生态经济强县、全力打造"雅西明珠·贡嘎门户"。

发展目标

到2035年，全面建成生态经济强县，社会主义现代化建设走在全省、全市前列。全县经济实力大幅跃升，现代化经济体系基本建成；城乡融合发展取得显著成效，新型工业化、信息化、城镇化、农业现代化基本实现；成渝地区生态资源保护利用先行区、成渝地区先进材料生产加工基地、大贡嘎高端温泉度假旅游目的地、藏彝走廊区域中心全面建成；文化软实力不断提升，人的全面发展、全体人民共同富裕取得更为明显的实质性进展，人民生活更加幸福美好；生态环境质量全国领先，全面绿色转型成效明显，碳中和走在全国全省全市前列；治理体系和治理能力现代化基本实现，法治石棉、平安石棉建设达到更高水平。

（撰稿：范燕娘　审稿：杨锦伦　沈雪蓉）

06 芦山县

基本情况

芦山县位于四川盆地西缘，雅安市东北部，青衣江上游，北与邛崃、大邑接壤，西与宝兴、汶川毗邻，南与雨城、天全相接，是雅安东融成渝的"北大门"。芦山县地跨东经102°52′~103°11′，北纬30°01′~30°49′，辖区面积1191平方千米，辖6镇1乡1街道、1个社区26个行政村，现有户籍人口11.71万人。

芦山是革命老区县。全省红色资源普查中，芦山共上报红色资源125处，数量居雅安第一。1935年6月到1936年2月，红一方面军在此屯驻7天，红四方面军在此屯驻108天，建立了中共四川省委和四川省苏维埃，是中国工农红军总司令部、红四方面军总指挥部、红四方面军三十军军部所在地。

芦山是历史文化名城。于公元前316年建县，至今已有2300多年的历史。芦山是汉文化富集区，有全国重点文物保护单位樊敏阙及石刻、平襄楼等4处，省级文物重点保护单位飞仙关桥、王晖石棺等9处，11具汉代石刻瑞兽占全国存量一半以上，有"汉魂""汉代文物之乡"之称。郭沫若曾题诗赞誉"西蜀由来多名工，芦山僻地竞尔雄"。

芦山是中国乌木根雕艺术之都。有凝聚根艺文化的金丝楠博物馆，悠然气韵的金丝楠水街，特色根雕民宿集群。13位国家级、省级工艺美术大师正式入驻，芦山根雕入选首批"天府文旅IP"项目库。

芦山是宜居康养地。芦山是大熊猫国家公园的重要组成部分，现有大熊猫28只，是"1869"戴维大熊猫科学发现之旅入口地。有"一关一山一洞一斗一峰一河"自然景观（川藏线"第一咽喉"、茶马古道第一关——飞仙关，燃灯古佛修炼地、享有"先有灵鹫后有峨眉"盛誉——灵鹫山、亚洲最大砾岩溶洞——龙门溶洞，世界上最大人居地质漏斗——围塔漏斗，最低海拔观云海日出、看都市风景、滑雪体验地——尖峰顶，离成都最近的原始森林——大川河）。2020年被授予"中国天然氧吧"、四川生态气候康养县称号，2021年被授予"中国气候宜居县"国家气候标志，成为四川首批、雅安唯一获此国家级品牌的县区。

历史沿革

公元前316年，秦惠文王所置青衣县是芦山县最早的县名，因县境为青衣羌国地而得名。东汉阳嘉二年（133年），改为汉嘉县，取汉王朝嘉奖之意。三国蜀汉时，改为阳嘉县。隋仁寿三年（603年），始名卢山县。唐至宋为大渡县。元（世祖）至元二十年(1283年)，改为泸山县。明洪武六年(1373年)，始更名为芦山县，此名沿用至今。芦山县芦阳镇是秦汉青衣郡、西部都尉府、三国汉嘉郡治地，县治地也大多在此。1950年2月，成立芦山县人民政府。现芦山县政府驻芦山县迎宾大道。

重要资源

水资源。境内河流属长江流域岷江水系，境内556条大小河沟汇入青衣江，2021年全县水资源总量为6.3亿立方米，人均占有水资源量6372.43立方米，人均用水量491.73立方米。2022年工业、农业、城市公共生活用水等用水总量达4404.44万立方米。

土地资源。全县有耕地3987.3公顷、林地101640.46公顷、园地375.86公顷、草地5019.59公顷、湿地315.68公顷、城镇村及工矿用地2928.44公顷、交通运输用地320.04公顷、水工建筑用地39.12公顷、水域水利设施用地1932.21公顷、其他土地1113.3公顷。

矿产资源。县境地处扬子地台北西边缘的槽台过渡带，受龙门山断裂带的影响，具有复杂多样的地质条件和成矿条件。已知的矿产资源有金、银、铜、铅、锌、镍、铝、铁、硫、钾、煤等矿种。矿产资源较为丰富。

植物资源。县境地处盆地西缘，水热条件好，孕育了丰富的植物资源。境内分布有树种资源109种，共有114科、375属、分蕨类植物、裸子植物、被子植物三大类。境内分布有红豆杉、桢楠、润楠、珙桐、光叶珙桐、麦吊云杉、油麦吊云杉、领春木、连香树、水青树、圆叶玉兰等珍稀植物。

动物资源。县境复杂的地理条件，茂密的森林植被，丰富的食物资源，造就了多种野生动物的栖息地和种类多样的野生动物资源。有大熊猫、小熊猫、扭角羚、牛羚、麝、猕猴、鹿等珍稀兽类，有黑颈鹤、蓝马鸡、红腹角雉、白腹锦鸡、贝母鸡、猫头鹰和岩雕等珍稀鸟类，另有多种蛇类和鱼类。

森林资源。深入推进生态修复、生态治理、生态融合，林木绿化率达84.03%，森林覆盖率达78.23%，居全省前列，是大熊猫国家公园的重要组成部分，自然景观、动植物资源十分丰富，有大熊猫、扭角羚、红豆杉、珙桐等40余种珍稀动植物。

基础设施

交通设施。境内已通公路总里程696.216千米，其中，国道14.635千米，包括G351 12.696千米、G318 1.939千米；省道96.127千米，包括S106 33.307千米、S308 27.733千米、S431 35.087千米；县道10条170.766千米；乡道25条168.03千米；村道179条246.658千米。

水利设施。境内共有堤防92处。有玉溪河左支渠和右支渠2条灌溉渠道，玉溪河左支渠总渠长15.3千米，玉溪河右支渠总渠长23.28千米。有沫东水库和苗溪水库2座灌溉水库，沫东水库总库容20.93万立方米，苗溪水库总库容46.61万立方米。

电力设施。境内共有110千伏变电站3座，总容量26.3万千伏安；35千伏变电站7座，总容量为5.39万千伏安；110千伏线路7条，线路总长151.885千米；35千伏线路11条，线路总长286.028千米；10千伏线路40条，线路总长569.58千米；供电台区753台。

教育。境内共有各级各类学校42所，在校学生12801人，教职工1308人，专任教师1150人。其中，学前教育学校23所，义务教育学校18所，高中学校1所。在园儿童3030人、在校小学生5744人、在校初中生 2466 人、在校高中生 1561 人。

文化。境内有艺术表演场所 37 个，文化馆 1 个，文化站 9 个，文化室 33 个，公共图书馆 1 个，农家书屋 33 个。有博物馆 1 个，文物保护管理机构 1 个，全国重点文物保护单位 4 处，省级文物保护单位 9 处，市级文物保护单位 8 处。有省级非物质文化遗产名录 4 项，市级非物质文化遗产名录 1 项。

主要产业

农业。依托优质土壤、水源、气候等资源，大力发展规模农业、科技农业、品牌农业，建成全国有机农业示范基地、全国绿色食品原料标准化生产基地，打造高标准农田 2.88 万亩，创成轮作套种、种养循环的万亩粮经复合现代农业园区，粮食年产量连续十年稳定在 2.62 万吨以上，芦山白茶获国家地理标志证明商标认证，芦山绿茶、龙门花生等 5 个产品荣获"全国名特优新农产品"，连续三年获评"全国县域农业农村信息化发展先进县"。2022 年特色中药材种植面积 7.4 万亩，茶叶种植面积 6 万亩，猕猴桃种植面积 1.82 万亩，生猪出栏 8.5 万头，禽出栏 102 万只，水产品产量 881 吨。

工业。积极探索绿色低碳优势产业发展新路，推进纺织产业智能化、高端化发展，着力打造百亿绿色智慧纺织产业园，建成全国纺织产业转移试点园区；大力发展锂电负极新材料产业，高标准建设百亿锂电负极材料产业园，以锂电负极材料、现代绿色纺织为支柱的产业集群不断发展壮大，工业体系从纺织"单一支撑"向锂电、纺织产业"双轮驱动"转变，绿色优势产业体系成势见效。目前，已建成全省第二个全国棉花交易市场指定交割仓库，全县包覆纱、棉纱产能已达 200 万锭，占西南地区 1/3。2022 年，全县纺织业实现产值 39.7 亿元，锂电负极材料产能规模达 12 万吨，实现产值 8 亿元，规上工业企业 53 家，规模以上工业总产值达到 79.75 亿元。

第三产业。深度挖掘红色文化、重建文化、根雕文化、汉文化、民俗文化等内涵，推出新时代长征精神学习实践基地龙门古城红军村。建成集纪念展示、宣传教育功能于一体的"4·20"芦山强烈地震纪念馆。全国唯一的金丝楠水街持续提升"中国乌木根雕艺术之都""汉代文物之乡"两个"IP"影响力。汉姜古城等三国文化旅游名片进一步擦亮。戴维"1869"大熊猫科学发现之旅等集自然教育、研学体验于一体的生态旅游融合发展。打造了一批"芦字号"文旅品牌。全面升级"农旅+""文旅+""康养+"体验式消费新业态、新产品、新场景，禾茂田园等农旅综合体、油菜花节、大川"T3"越野赛等会节活动吸引力持续增强。现有汉姜古城、龙门古镇、大川河和飞仙关旅游 4 个国家 4A 级旅游景区，禾茂田园国家 3A 级旅游景区。获评省级中医药健康旅游示范基地。

文旅品牌

芦山幽深博奥的历史积淀，孕育了古羌文化、三

● 平襄楼（芦山县文化体育和旅游局 提供）

国文化、汉代文化、土司文化、红军文化、民俗文化、雕刻文化等璀璨夺目、珠联璧合的特色地域文化。

平襄楼。位于芦山县芦阳街道南街汉姜侯祠内，始建于北宋，是为纪念三国时期蜀国镇西大将军平襄侯姜维而建造。现存有牌坊、姜公庙大殿、平襄楼。平襄楼坐北朝南，占地202平方米，通高14米，五开间、三重檐歇山顶，施五铺作斗栱。2006年，平襄楼被列为全国第六批重点文物保护单位。

龙门古镇旅游景区。国家4A级旅游景区。位于芦山县龙门镇青龙场村，海拔766米，属亚热带季风性湿润气候，面积62平方千米。

飞仙关旅游景区。国家4A旅游级景区。位于飞仙关镇和雅安市天全县南天新镇，海拔679米，属亚热带季风性湿润气候，面积2.56平方千米。

大川河景区。国家4A旅游级景区。位于大川镇境内，距成都132千米，景区总面积248.87平方

● 雄关险道青龙关（芦山县文化体育和旅游局 提供）

● 飞仙关门（芦山县文化体育和旅游局 提供）

● 九里岗云海（芦山县文化体育和旅游局 提供）

● 射箭坪（芦山县文化体育和旅游局 提供）

千米，海拔从 1040 米增至大雪峰的 5364 米，落差 4324 米，是世界遗产大熊猫栖息地生态走廊的核心区，是戴维发现熊猫的必经之地。

灵鹫山景点。灵鹫山在县城西北，距县城约 5 千米，是天全、芦山、宝兴三县的交界处。灵鹫山因优美的自然风光，深厚的佛教文化底蕴而闻名，自古列入蜀之八胜，故有"先有灵鹫，后有峨眉"之说。

围塔漏斗景点。围塔漏斗位于双石镇围塔山北段的山背上，如火山口一般。漏斗长约 5 千米，宽约 1—2 千米，底端落差约 600 米，四周山脊海拔 1450—1770 米。漏斗内有稻田 800 亩，茶园 1000 亩，居住着 200 多户、1000 多人，是世界唯一有人居住的漏斗村。

龙门溶洞景点。龙门溶洞景点地处龙门乡青龙场，距成都约 180 千米，距雅安市 50 千米。龙门洞穴群是中国乃至世界上地质洞穴的重大发现，是中国目前发现的最大的洞穴群。

射箭坪景点。射箭坪景点位于芦山龙门镇、太平镇、宝盛乡三地的交界处，是由三条山脊交会形成的一处天然观景平台。

风味美食

芦山桂元棒棒鸡。芦山桂元棒棒鸡选用本地饲养的土鸡制作而成。在木棒和刀工的配合下鸡肉片片均匀，西蜀风味浓郁，麻辣鲜香、色泽晶莹剔透，红油鲜亮，皮肉相连，麻中带香，辣而不燥。

青羌三样菜。青羌三样菜是蒜香排骨、黑猪夹沙肉、芦山面茶三道菜，根据芦山 2000 多年的历史传承结合不断变化的口味改进而成，色味俱佳，芳香四溢，让人口齿留香，回味无穷。

鹿肉干。鹿肉干取材于本地养殖的鹿，肉细嫩，味道麻辣鲜香，回味悠长，鹿肉含有较丰富的蛋白质、脂肪、无机盐、糖和一定量的维生素，且易于被人体消化吸收。

芦山龙门花生。龙门花生产地位于芦山县龙门镇，有双仁黑花生、四粒黑、四粒红、天府3号等品种，味道与众不同，回味甘甜。黑花生是龙门花生的代表，富含硒、铁、锌等微量元素和黑色素，最大特点是营养丰富，硒含量特高，是养生保健的首选天然佳品。

芦山风味竹象虫。竹象虫不仅美味，还含有大量蛋白质和微量元素，可以放辣椒爆炒，可以油炸后拌佐料吃，也可以烤熟后直接食用，是备受人们喜爱的原生态小吃。

芦山风味九香虫。俗语有云"皇帝吃鹿茸，老百姓吃打屁虫"。这句俗语中所说的打屁虫就是芦山所称的"屁斑虫"，学名九香虫，据说是与"酒"字谐音。九香虫通过油炸、爆炒等方式加工后食用，是大众青睐的美食。

发展定位

锚定"三年转型、增速进前列，五年翻番、总量过百亿"一个阶段性目标，全力做好生态立县、工业强县、文旅兴县、城乡共荣"四篇"文章，强力推进西南绿色智慧纺织基地、川西锂电负极新材料产业洼地、成都平原经济区绿色有机农业产业示范地、成渝地区休闲度假清凉康养目的地"四地"建设，对外构建雅安东融成渝"北大门"、西向拓展"大节点"创新开放新格局，对内构建"一核引领、四化同步、三区共兴"县域发展新格局。

发展目标

生态环境实现高颜值。以争创全国生态文明建设示范县为引领，以大熊猫国家公园为主体的自然保护地体系基本形成，资源绿色转化、结构绿色转型、产业绿色培育取得重大突破，推动形成"点石成金、化水成银、聚土为财、变氧为宝"绿色发展新格局，让"成渝打拼·芦山养生"成为新时尚。到"十四五"末，空气优良天数达标率始终保持在95%以上，出境断面水质保持在Ⅱ类以上，森林覆盖率达到80%以上。

经济发展实现高质量。以争创县域经济发展先进县、天府旅游名县、全省乡村振兴示范县为引领，推动创新驱动引领高质量发展的态势基本形成，"四篇"文章的重点任务和"四地"建设的主要目标基本完成，形成一批支撑高质量发展的主导产业、骨干企业、重大项目。到"十四五"末，GDP总量翻一番，达到100亿元以上；固定资产投资每年保持在60亿元以上；本级财政收入翻一番，达4亿元以上。

社会治理实现高水平。以争创全国综合减灾示范县、全国文明城市提名城市为引领，推动治理体系和治理能力现代化建设取得重大进展，防范化解重大风险能力进一步加强，政务环境建设显著提升，共建共治共享的社会治理格局初步形成，平安建设和党风廉政建设群众满意度始终保持全省前列，让人民群众在芦山生活得更加安全、更加文明、更加舒适。

人民生活实现高品质。坚持以人民为中心的发展思想和共同富裕的奋斗目标，实现巩固拓展脱贫攻坚成果同乡村振兴有效衔接，社会事业全面进步，就业、教育、文化、社保、医疗、住房等公共服务体系更加健全。到"十四五"末，农村居民人均可支配收入达2万元以上，城镇居民人均可支配收入达4万元以上，每年实现新增就业人数达2000人以上；城镇化率达60%以上。

（撰稿：王善霞　审稿：石建强）

资阳市

基本情况

资阳市位于四川盆地丘陵地区中西部，地处东经104°12′~105°45′，北纬29°40′~30°39′之间；东北邻遂宁市，东南接重庆市，西南连眉山市、内江市，西北靠成都市和德阳市，居沱江、涪江流域之间，是四川省唯一一座同时连接成渝"双核"的区域性中心城市，辖雁江区、安岳县、乐至县，辖区面积5747平方千米，市政府驻地雁江区。2022年末户籍登记总户数121.3万户，户籍总人口333.2万人，其中城镇人口56.3万人，乡村人口276.9万人。资阳市属亚热带季风型大陆性气候区，四季分明，冬暖春早，夏无酷暑，无霜期长，雨量充沛。境内地质结构简单、稳定；地势起伏不大，海拔多为三五百米；地貌以中、浅丘陵为主，岗丘杂陈、连绵起伏。

资阳历史文化悠久，古往今来，哺育了东周孔子之师苌弘、西汉辞赋家王褒、东汉经学家董钧等历史名人，以及无产阶级革命家、军事家、外交家陈毅元帅，革命家曹荻秋，著名作家邵子南等现代英杰，被誉为蜀人原乡、三贤故里。

历史沿革

资阳，尧为资国地，夏属梁州，周为雍州蜀国地，秦为蜀郡地。公元前135年设资中县，隶属犍为郡（史称"汉·资中"）。560年设资阳县，因地处资水（今沱江）之北而得名，与州郡共治一地。后几经设州建郡置县，建置史2100余载。

1949年12月，境内资阳、安岳、乐至3县宣告解放，其中资阳县隶属川南区资中专区，安岳县、乐至县隶属川北区遂宁专区。1950年2月，资中专区改为内江专区，辖地不变。1958年，撤销遂宁专区，安岳、乐至县改属内江专区。1985年5月，内江地区更名为内江市，与资阳、安岳、乐至的隶属关系未变。1993年3月，撤销资阳县，设立资阳市（县级），资阳市的行政区域为原行政区域，由省直辖、省政府委托内江市代管。1998年2月26日，将内江市管辖的安岳、乐至2个县和代管的资阳、简阳2个市（县级）划出，新设立资阳地区，资阳地区行政公署驻资阳市雁江镇。同年4月29日，资阳地区正式成立。2000年6月14日，撤销资阳地区，设立地级资阳市；资阳市设立雁江区，以原县级资阳市的行政区域为雁江区的行政区域。同年12月29日，资阳市正式成立，下辖雁江区、安岳县、乐至县，代管简阳市，市政府驻地雁江区雁江镇。2016年5月12日，资阳市代管的县级简阳市改由成都市代管。

重要资源

土壤。资阳市属四川丘陵地带农业区，以紫色土、水稻土、冲积土、黄壤土为主。

矿产资源。矿产资源主要有石油、天然气、矿泉水、铜矿、河道砂石、砖瓦用页岩、建筑用砂岩等。"安岳气田"天然气探明储量达6500亿立方米，是目前国内发现的最大单体规模整装气藏。

植物资源。资阳市属中亚热带湿润气候区，分布有亚热带常绿阔叶、针叶与常绿落叶阔叶林为主的低山丘陵天然植物和人工次生植物群落，共有野生植物2000余种。有古树18科，27属，29种，共计2283株。

动物资源。有陆生野生动物4纲26目53科95种。其中，有兽类5目9科11种，有鸟类16目31科56种，有两栖类2目5科8种，有爬行类3目8科20种。

水资源。水资源以河川径流为主，三分之二地域处沱江、涪江两江分水岭，是川中径流低值区，川东伏旱与川西伏旱交错，属水资源严重缺乏地区。

基础设施

交通设施。1995年，成渝间第一条高速公路成渝高速建成通车，资阳市成为川渝间第一批搭乘高速快车的城市之一。2013年，遂资眉高速建成通车，资阳市实现"县县通高速"。2017年，成渝间第三条高速公路渝蓉高速公路正式投运，资阳市奋楫争先成为全省首个实现"县县双高速"的地级市。2020年，成渝间第四条高速公路成资渝高速通车，资阳市成为全省首个实现"县县三高速"的地级市。成渝高铁、成渝铁路、成都地铁18号线和成渝、渝蓉、遂资眉等高速公路将资阳与成都、重庆、内江、遂宁、眉山融为一体，成都天府国际机场距主城区仅18千米，资阳与重庆港、泸州港的战略合作不断深化。当前，资阳市正加快打通无缝对接的"机场通道"、快速便捷的"成都通道"和高效顺畅的"重庆通道"，形成"铁公机一体、多线连成渝、市域大畅通"的立体综合交通格局，建设成渝经济区最大的次级交通枢纽。

教育和科学技术。2022年末，资阳市共有各级各类学校750所，其中，幼儿园395所，小学149所，初中164所，普通高中32所，特殊教育（聋哑学校）学校3所，中等职业学校7所。2022年共组织实施市级以上重点科技项目62项，技术合同交易额2.7亿元。高新技术企业74户，高新技术产业主营业务收入126.8亿元，比上年增长14.5%。全年新申请商标3532件，新注册商标2675件，累计有效商标注册量17940件。

文化和卫生。2022年末，全市共有国家综合档案馆4个、文化馆4个、文化站122个、公共图书馆4个、博物馆（在建）和纪念馆2个，其中乡镇综合文化站122个。共有广播电视台3座，广播综合人口覆盖率97.1%，电视综合人口覆盖率99.9%。有线广播电视实际用户58.6万户，其中数字电视用户43.3万户。医疗卫生机构2888个，其中医院54个，基层医疗卫生机构2817个；医疗卫生机构床位2.3万张。妇幼保健机构4个。乡镇卫生院91个。

城市景观。大力实施城市植绿工程，改造城市景观，城市绿化率、城市品质大幅提升。城市建成区绿地面积1946.2公顷，建成区绿地率为36.4%。各类公园84个，城市公园面积1377.7公顷。位于资阳市城东新区的字库山公园，是资阳城区最大的森林公园，占地24.8468公顷，以汉字文化为精髓，字库文化为核心和雁江历史文化传承及资阳的大景观体系为依托，融文化展示、休闲娱乐、生态游憩、体育健身等功能为一体。

主要产业

资阳市被省政府批准打造为"西部车城"，是一座特色鲜明的新兴工业城市。形成了造车、食品、医药等主导产业。四川现代、中车资阳机车等车产业相关企业达200余户，百威啤酒、加多宝凉茶已建成达产，产业集群效应正在逐步显现。柠檬种植规模、产量和市场占有率占全国的80%以上，是国家商品粮基地、生猪基地和柠檬基地。

2022年，资阳市实现地区生产总值（GDP）948.2亿元，按可比价格计算，比上年增长3.8%。其中，第一产业增加值194.2亿元，增长4.4%；第二产业增加值290.4亿元，增长5.1%；第三产业增加值463.6亿元，增长2.9%。三大产业结构为20.5∶30.6∶48.9。粮食作物播种面积506.7万亩，油料作物播种面积156.6万亩，中草药材播种面积1.8万亩，蔬菜及食用菌播种面积97.1万亩。粮食产量162万吨，比上年下降3.7%。生猪出栏286.5万头，增长4.2%；牛出栏2.0万头，增长2.2%；羊出栏131.4万只，增长0.9%；家禽出栏2443万只，增长0.3%。禽蛋产量增长2.3%，猪肉产量增长4.1%，牛肉产量增长4.8%，羊肉产量增长3.6%，牛奶产量增长9.8%。工业增加值209.5亿元，比上年增长5.1%，对经济增长的贡献率为27.6%。规模以上工业企业282户。2022年新签约项目163个，投资总额650.7亿元。年末已有中石油、卡瓦集团、中信集团、

● 陈毅旧居全景图（乐至县档案馆 提供）

● 陈毅故里景区正门全景（乐至县档案馆 提供）

韩国现代、安踏集团等60户世界500强、中国500强、民营500强企业落户资阳，投资合作项目共计103个。

文旅品牌

陈毅故里。国家4A级旅游景区，全国红色旅游经典景区，全国爱国主义教育示范基地，国家国防教育基地。位于乐至县劳动镇，距县城15千米，景区已建成以陈毅故居为核心，占地40余公顷的生态纪念园。

景区人文景观极具文化和历史价值，有陈毅故居、陈毅生平事迹陈列馆、陈毅纪念馆、御风台、德馨园、七塘映月等景点40余处。其中，陈毅故居始建于清代乾隆初年，为木质穿榫结构的三重堂四合院，建筑面积750平方米，共有大小房屋36间，院落总面积1026平方米，于1981年修复并对外开放。陈毅故居为全国重点文物保护单位，陈毅纪念馆为国家三级博物馆。

● 圆觉洞观音塑像（吴坤忠 拍摄）

圆觉洞风景名胜区。位于安岳县岳阳镇金花村云居山上，距县城东南1千米，省道206线直达景区。圆觉洞始于唐代，盛于五代、北宋，因有北宋时期开凿石洞雕刻十二圆觉而得名，是集石刻文化、自然景观、科普教育、游客接待中心为一体的综合性风景旅游区。主要景点有陈抟墓、秦九韶纪念馆、圆觉洞石刻、教中寺、真相寺古建筑等。石刻造像集中于西山峭壁之南、北岩，造像区域长186米，现有摩崖龛窟103个，大小造像1933躯，碑刻题记25处，唐代浮图1座。

风味美食

临江寺豆瓣。"临江寺"产品始创于清乾隆三年（1738年）。"临江寺"系列产品先后获得"中华老字号""中国驰名商标""中华人民共和国地理标志产品保护"注册、"绿色食品"认证、"乌兰巴托国际食品节"金奖、"中国名优产品""四川名牌""四川省著名商标"、省级非物质文化遗产保护工艺等殊荣。临江寺豆瓣选用资阳当地的良种蚕豆和芝麻为主料，并配以食盐、花椒、火肘、鸡松、甜酱等多种辅料精工酿制而成。豆瓣色泽鲜艳，油润发亮，瓣粒成型，入口化渣，香味浓郁，具有鲜、香、咸、甜、辣的独特风味，是佐餐调味的上乘食品。

安岳柠檬。安岳是全国唯一的柠檬生产基地县，是中国柠檬之乡。主栽品种尤力克，系20世纪20年代从美国引入，经过科技工作者的反复筛选，培育出了丰产、质优的柠檬新株系。安岳柠檬果实美观，品质上乘。据中国柑橘研究所连续3年对安岳柠檬的检测表明，安岳柠檬的许多理化指标均超过了世界柠檬生产国。为此，安岳柠檬多次荣获国优果的

● 临江寺豆瓣手工酿造现场（雁江区档案馆　提供）

● 果农采摘柠檬（吴坤忠　拍摄）

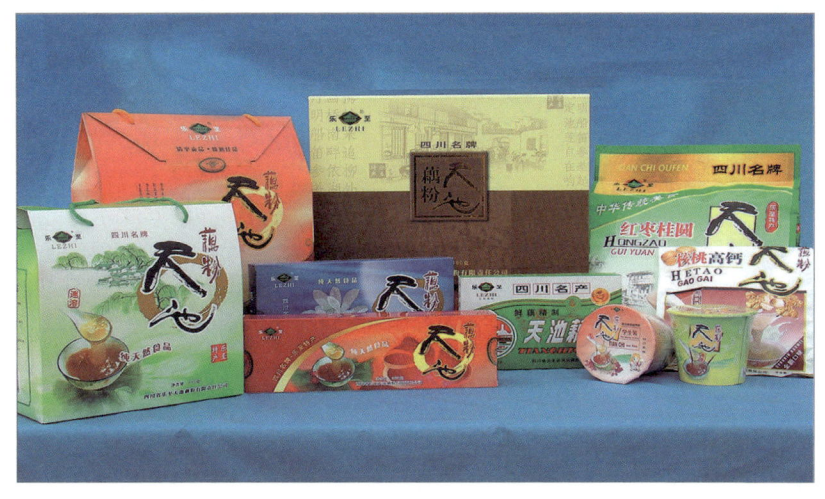

● 天池藕粉全家福（乐至县档案馆　提供）

称号，并获得泰国国际果品博览会金奖。

天池藕粉。乐至乃莲藕之乡，早在宋朝时就有以藕制粉向皇上进贡的历史。清朝时，皇族更把这一特产视为饮中极品。天池藕粉色泽白中微红，细腻滑润，以沸水冲调后呈半透明胶糊体，芳香甜醇，具有化食生津、清心明目、补髓养血、镇静解烦之功效。2010年12月14日，原国家质检总局批准对"天池藕粉"实施地理标志产品保护。

发展定位

成都都市圈现代化产业新城和成渝地区中部崛起示范区。

发展目标

坚持以中国式现代化引领资阳现代化建设，认真落实省委"四化同步、城乡融合、五区共兴"战略部署和"讲政治、抓发展、惠民生、保安全"工作总思路，坚持以成渝地区双城经济圈建设为总牵引、以成资同城化为战略支撑推动高质量发展，加快建设成都都市圈现代化产业新城和成渝地区中部崛起示范区，奋力谱写全面建设社会主义现代化资阳新篇章。

（撰稿：王苡　杜政　审稿：何碧辉　钟超）

01 雁江区

基本情况

资阳市雁江区位于四川盆地腹心地带,是资阳市唯一的市辖区,也是全市政治、经济、文化中心。地理坐标为东经104°26′~105°03′,北纬29°51′~30°17′之间。东接安岳县、乐至县,南邻资中县,西靠仁寿县,北接成都市。东西长59.1千米,南北宽50.7千米,区域总面积1632.33平方千米,辖17个镇、5个街道办事处、460个村、68个社区,2022年底总人口104.93万人。区政府驻雁江区宝莲街道办事处。

雁江区地处龙泉山南翼四川巨型沉降盆地西部,地势为东部、西部、东北及西北部高,中部沱江南北纵贯左右岸区及西南部渐低,起伏不大,平均海拔425米。丘陵地貌,丘陵多为浑圆形或长条形、桌状浅丘和中丘,岗丘杂陈,连绵起伏。境内主要河流有沱江、九曲河、阳化河。

历史沿革

雁江区原为资阳县。汉建元六年（公元前135年）在此置资中县,隶犍为郡。北周武成二年（560年）改置资阳县。置县初面积较大,后随内江、资中及威远、乐至、安岳、荣县等县的分治逐步缩小。历史上,资阳县的隶属演变频繁。新中国成立后,1949年12月,资阳隶属川南区资中专区。1950年2月,资中专区更名为内江专区。1968年9月,内江专区改为内江地区。1985年5月,内江地区改为内江市。虽数次更名,但与资阳县的隶属关系未变。1993年3月,撤销资阳县,设立资阳市（县级）,由内江市代管。1998年2月26日,内江市行政区划调整,将内江市管辖的安岳县、乐至县、简阳市分出,设置资阳地区,资阳市改由资阳地区代管。2000年7月6日,撤销资阳地区,设立地级资阳市,资阳市设立雁江区,以原县级资阳市的行政区域为雁江区的行政区域。2000年11月6日,资阳市雁江区正式成立。

重要资源

建材矿产。河沙、卵石、页岩、石料、黏土等。

金属矿产。沙金主藏于沱江沿岸部分河滩,以董家坝、张家坝、白沙坝、金子滩储量多。

矿泉水。中和镇产矿泉水品质最佳,水质为锶、偏硅酸钙、镁型,出产的"露乐"矿泉水达到中华人民共和国《饮用天然矿泉水》(GB8537—2008)标准。

基础设施

交通运输。雁江位居成渝经济区腹心地带，距成都87千米、重庆200千米，成渝铁路、成渝公路（国道321线）、台州至小金公路（国道351线）、成渝高速公路、遂资眉高速公路、成资渝高速穿境而过，资资路、板永路、乐一路、万罗路、南双路等出境干道四通八达，特别是成渝铁路客运专线2015年建成通车后，雁江至成都仅需17分钟，至重庆仅需45分钟，全面融入成都"半小时"、重庆"一小时"经济圈。成渝铁路、成渝高铁、成渝高速、遂资眉高速、成资渝高速、成资大道、国道321线、国道351线等公铁交通网络纵横交错，蓉昆高铁、轨道交通S3线等重大项目加快推进，2022年，全区公路运输完成客运周转量21.13亿人千米、货物周转量76.24亿吨千米，分别比上年增长0.8%和10.3%。水路货物周转量1365.3万吨千米，同比下降32.4%。

市政建设。2022年，全区电信业务总量6.24亿元，比上年增长8.1%。移动电话基站0.66万个，其中4G基站0.47万个，5G基站0.17万个；移动电话用户96.82万户，其中4G用户61.92万户，5G用户32.60万户。移动宽带用户普及率100%，固定宽带用户33.54万户。全区共有各级各类学校342所，其中幼儿园191所，小学85所，初中50所，特殊教育（盲聋哑学校）学校1所，普通高中14所，中等职业教育学校1所。公共文化馆2个，乡镇综合文化站21个，街道综合文化服务中心4个，公共图书馆2个。全区公共图书馆总藏量42.02万册（件），其中图书藏量31.08万册。全区医疗卫生机构1077个，其中医院11个，基层医疗卫生机构1060个。妇幼保健机构1个。乡镇卫生院16个，社区卫生服务中心5个。

城市景观。雁江区是四川3个"中国长寿之乡"之一，是康养康复、养生养老的福地。百岁老人占比远远高于全国、全省平均水平，目前百岁老人共有116名，最高寿老人115岁。从2009年起，雁江区启动建设规划面积21平方千米的城东新区，突出"生态健康"主题，将建设"健康雁江"作为发展的主旋律，打造了占地800余亩的字库山公园，14千米滨江路堤景观带，以及城市水体公园、高铁站前广场等生态景观组团，累计建成城市绿地近400万平方米，以沱江生态廊道和交通路网引领城市功能布局，初步考虑推动"一带四片"（滨江休闲消费带，北部商业商住片区，中部综合服务片区，东部生态休闲片区，南部产城融合片区）协同发展。

主要产业

农业。雁江区是典型的农业区，近年来，雁江区大力发展"113+3"现代农业体系（以稻渔综合种养为1个主导产业、柑橘为1个特色产业，以粮油、生猪、蔬菜为3个优势产业。以现代农业种业、现代农业装备、现代农业烘干冷链物流为3大先导性产业），主产稻谷、玉米、红苕、大豆、花生、油菜籽、柑橘等。雁江区是全国产粮大县、全国生猪调出大县、全国蔬菜重点生产县区、中国早熟蜜柑之乡、省级农产品质量安全监督示范县，2021年被评为四川省乡村振兴先进区；有永鑫农牧、盛美农业、临江寺豆瓣等一大批农业产业化龙头企业；已创建省四星级农业园区一个（雁江柑橘现代农业园区）、市级现代农业园区1个（雁江区丹山稻鱼现代农业园区）、区级现代农业园区8个。

工业。近年来，雁江区坚持围绕"成都研发、雁江孵化;成都转移、雁江承接,成都生产、雁江配套"的发展思路，借鉴成都产业功能区建设经验，依托成都"东进战略",坚持把产业功能区作为经济转型、项目落地的有形载体,规划建设医药食品、临空制造配套、紫微商贸物流、文旅职教城、橘海现代农业"五大产业功能区",形成了以生物医药、绿色食品、电子信息、新型建材、装备制造等重点工业产业,现代物流、国际商贸服务、文旅农旅康旅融合等重点服务业产业和柑橘、稻渔两大品牌农业产业为重点的产业结构体系。引进了加多宝、安井食品等一批优质企业,加快推进紫微大道、蜀都大道东延线资简段、成资大道等交通干线建设,有机串联"五大产业功能区",实现了产业互动、产业互通、产城融合,构建了产业、城市、生活互相融合的城市新形态,商业人气加速聚集。

商品服务业。2022年,雁江区实现社会消费品零售总额164.85亿元,同比增长0.4%。年末,全区有限额以上商贸单位123个,其中,批发零售业55个,住宿餐饮业68个。

文旅品牌

半月山大佛。雁江区丰裕镇有一座半月山,其形如略亏的半月,山和村皆因此得名。在半月山的正山腰,有一尊雄伟的摩崖造像,人称"半月山大佛",又名"资阳大佛",是四川省第三大坐佛。大佛造像凿于半月山西坡的半弧形怀抱之中,坐东向西。造像窟从山腰直达山顶,为梯形敞口平顶龛,窟高22.8米,中宽12.6米,进深8米。佛像的上半身全部遮护于窟内,保存完好。膝部以下伸出窟外,局部风化。造像坐高22.25米,头长4.3米,脸宽

● 半月山大佛全景 (朱跃中 拍摄)

● 花溪河景区正门（彭晓秋 拍摄）

3.5米，肩宽7米。头顶满饰细螺髻，额间开白毫相，头后绘有圆形佛光，弯眉、凤眼、双目俯视、圆鼻、厚唇，两耳垂肩，下颌丰颐，呈双下巴，颈项饱满，刻有三道环形纹饰。佛像两手自然下垂，手掌抚膝，整个造像比例匀称，神态自若。1991年5月，半月山摩崖造像被列为四川省重点文物保护单位。2013年3月，被列为全国重点文物保护单位。

天府花溪景区。国家2A级旅游景区。位于保和镇黄谷村境内，因花溪河独特地理环境而形成的秀丽自然景观。园区核心区域为百花滩，百花滩依托花溪河沿河景观、自然生态和传统村落，重点打造叠水、花田、花溪古驿等景观，着力构建"天树恋花溪 玉手拈花印"的怡然美景。园区里还修建有景观桥、景观亭、花溪古驿等设施供市民休憩娱乐，更有编钟、牛羊工艺品等元素让景区趣味十足。

晏家坝乡村公园。国家3A级旅游景区。位于保和镇晏家坝村，地处成资渝高速紫薇互通、文龙互通大道之间。园区以"联合乡居、田园社区、农夫集市、共享厨房"四大项目为平台，以"绿色果蔬、乡村旅游、乡村创意"三大产业为支撑，以古宅文化、牌坊文化、河流文化、历史源流、民俗文化为基础，修复打造三崇堂、马家院子、张家牌坊、古渡口遗址等节点，推出"乡愁巷八馆、晏家十二院、乡愁巷二十铺"等引爆性项目，并结合时代特征，与当地的成规模的农业产业融合发展，引入非物质文化遗产、特色手工艺制作等文创元素，按照"一个乡村社区、两条环线绿道、三大特色产业、四大田园社区"的规划布局，打造传承农耕历史、厚植乡愁故土的宜居美丽新乡村和乡村社会治理新典范。

● 晏家坝村 （彭晓秋 拍摄）

风味美食

中和小龙虾。麻辣小龙虾、鱼香小龙虾、蒜香小龙虾……如今已成为资阳市雁江区中和镇农业、旅游业的"两栖明星"。小龙虾作为夜宵摊的"王者"，目前，全国市场规模已超千亿元。近年来，小龙虾产业的火爆加速了中和小龙虾养殖业的发展。该镇以打造"小龙虾旅游小镇"为发展路径，以建设"全国重点特色小城镇"为目标，探索多种利益链接机制，通过培育壮大"果蔬虾"特色主导产业，形成了"山上果树、山下蔬菜、田中龙虾"的立体生态产业模式。目前，中和镇小龙虾养殖规模已超过2.5万亩，规模在100亩以上的养殖基地多达40余家。以中和镇为核心的小龙虾产销一体化格局已经形成，越来越多的农户就小龙虾业、吃小龙虾饭、发小龙虾财、享小龙虾乐。

雁江蜜柑。中国国家地理标志产品。雁江蜜柑果型端庄，皮薄光滑，色泽鲜艳，细嫩化渣，果肉与果皮成熟一致。雁江区拥有适于柑橘生长的优越生态条件，特有的小区气候环境，不仅使雁江蜜柑的降酸快，固酸比大，风味浓郁而独特；而且叶绿素降解快，花青素形成早，蜜柑着色早而均匀。2008年10月，原国家质量监督检验检疫总局批准"雁江蜜柑"实施地理标志产品保护；2019年11月，获得"早熟蜜柑之乡"荣誉称号；2021年10月，获批"雁江蜜柑"地理标志证明商标。

● 中和小龙虾节现场（魏莉娟 拍摄）

● 小龙虾（魏莉娟 拍摄）

● 丰裕镇新华村果农丰收（赵俊礼 拍摄）

发展定位

成渝中部食品饮料集聚区、医药大健康示范区、清洁能源综合开发区、高品质农业开发区。

发展目标

经济综合实力明显增强，经济总量、质量、效益同步提升，新型工业化、新型城镇化和农业现代化"三化联动"发展取得实质成效，地区生产总值年均增速、人均地区生产总值增速、城乡居民人均可支配收入高于全省全市平均水平，努力争创全省县域经济发展先进县。

城乡发展格局明显优化，基本实现城乡公共服务均等化，常住人口城镇化率达到62%以上，2~3年内城东新区人口实现翻番，成功创建全国文明城市、国家森林城市。

民生事业发展明显进步，城乡居民收入增速高于经济增速，教育、卫生、文化等社会事业全面发展，共同富裕取得更为明显的实质性进展。

生态环境质量明显改善，空气质量优良天数、森林覆盖率、沱江流域水质稳步提升，生态安全屏障更加牢固，城乡人居环境更加优美。

社会治理能力明显提升，基本实现市域社会治理现代化目标。

（撰稿：罗玲 吴敏 审稿：李存慧 唐英）

02 安岳县

基本情况

安岳县位于四川盆地中部丘陵区，资阳市东部，是成渝双城经济圈腹心和成都、重庆的直线中点，被誉为"成渝之心"。地理坐标为东经104°56′~105°45′，北纬29°40′~30°18′。东邻重庆市潼南区，东南靠重庆市大足区，南界重庆市荣昌区和内江市东兴区，西南接内江市东兴区；西倚内江市资中县和资阳市雁江区，西北连资阳市乐至县；东西宽77.8千米，南北最长70.86千米，县域总面积2690.43平方千米，2022年底总人口150.79万人。现辖46个乡镇（街道），553个村（社区），5733个村（民）小组，是全国粮食生产先进县、国家级现代农业示范区、国家级电子商务进农村示范县、中国绿色名县、最美中国旅游县、四川省首批扩权县、四川革命老区县、四川省县域经济发展先进县、四川省文明城市。

安岳古称普州，北周建德四年（公元575年）设州置县，距今1400多年历史。宋代即与"三苏故里"眉山比肩齐名"东普西眉"，滋养了韩国金许两姓始祖"普州太后"许黄玉、唐代开国名将程咬金、苦吟诗人贾岛、北宋理学鼻祖陈抟、南宋数学泰斗秦九韶等历史文化名人。

历史沿革

安岳县名，据宋乐史《太平寰宇记》记载："邑地在山之上，四面险绝，故曰安岳"。南朝萧梁时在今安岳县境设普慈郡，将僚人编入户籍，令其完粮纳税，为安岳县正式设立行政区域之始。1949年12月8日，安岳解放，隶属川北行政区遂宁专区。1958年，撤销遂宁专区，安岳改属内江专区。1985年，内江地区改为省辖内江市，安岳隶之。1998年4月，成立资阳地区，安岳划入。2000年12月，撤销资阳地区，成立资阳市，安岳隶之。

重要资源

天然气。 "安岳气田"是国内目前发现的单体规模最大的整装气藏，探明地质储量约1.1万亿方。全县已建成10个集输站，管线长约1400余千米（其中含硫管线480余千米）。

化工矿产。 境内盐矿分布以兴隆片区最多，有8乡17处，清流乡最集中，有7处。盐矿浆洗主要是侏罗系浅层（红层）盐卤水，盐味纯正，含钾、钠、钙、镁等对人体有益元素。

建材矿石。 主要矿产为砂岩、石灰岩、白云岩。

民间用作石磨、刻制石材等。

基础设施

交通运输。安岳县位于成渝直线中点，国道319、247及成安渝、内遂和成资渝高速公路贯穿全境，规划建设的成渝中线高铁、绵遂内城际铁路在安岳设站。2022年，安岳县全县公路总里程6183.12千米，其中高速公路通车总里程146.1千米；全县新改建农村公路342千米，全县公路路网密度为229千米/百平方千米。

市政建设。2022年，全县有邮政局（所）102个。电话用户110万户，其中固定电话用户23.1万户，移动电话用户92万户。电信、移动和联通三家基础电信企业固定互联网宽带接入用户29.68万户。全县幼儿园185所，小学45所，小学教学点50个，初级中学85所（含九年一贯制学校54所），特殊教育学校1所，普通高中8所，中等职业教育学校2所。全县医疗卫生机构1425个，其中综合性医院8个，中医医院1个，乡镇（中心）卫生院52个，村卫生室949个，疾病预防控制中心1个，精神康复医院2个，社区卫生服务中心3个，专科性医疗机构（含门诊、诊所）408个。全县医疗卫生机构床位7863张，卫生技术人员3184人。有妇幼保健机构1个。全县有文化馆1个，乡镇综合文化站70个，演艺中心1个，公共图书馆1个。全县有广播电视台1个，电视综合人口覆盖率98.5%。

主要产业

农业。安岳是世界柠檬五大产区之一，全国唯一的柠檬商品生产基地县，种植面积52万亩，产量60万吨，占全国80%，"安岳柠檬"区域品牌价值达188.34亿元，入选首批欧盟保护地理标志名单，是"中国柠檬之乡"。生猪出栏量全省第一；红薯加工量西南第一，国家地理标志产品"周礼粉条"占据川渝火锅市场的一半。先后被评为"全省现代农业产业基地20强县""全省首批现代畜牧业重点培育县""全国粮食先进单位"等。全县以粮食生产为根本，柠檬产业为主导，发展畜牧、蔬菜、红薯、水产、中药材、通贤柚等特色产业优势产业的现代农业产业体系。是国家现代农业示范区、四川省有机产品认证示范县和四川省地理标志产品保护示范区。

工业。安岳县以食品产业为主，重点发展天然气、轻纺、机械及电子产业。2022年，规模以上工业增加值50.13亿，同比增长5.3%。分行业看，规模以上工业19个行业大类中有9个行业增加值增长。其中，水的生产和供应业增加值增长20%，橡胶和塑料制品业下降14%，金属制品业增长2%，汽车制造业下降32.4%，食品制造业下降1.1%，电气机械和器材制造业增长0.6%，医药制造业增长12.1%，农副食品加工业下降14.7%，制鞋业增长64.8%，纺织、服装服饰业增长7.7%，酒和饮料制造业增长8.9%。

旅游业。安岳县旅游资源依托"宗教文化、柠檬文化、石刻艺术、生态休闲、名人故里、革命老区"六大特色，成为四川旅游东环线的重要目的地。境内文物古迹众多，尤以石刻著称于世，现存摩崖石刻造像177处、10万余尊，经文15窟、40余万字，是目前中国已知的古代佛教造像遗址最集中的县，是"中国石刻之乡"。拥有国家A级旅游景区6个，其中国家4A级旅游景区2个，国家3A级旅游景区4个。2022年，全县拥有国家级文物保护单位4处10个点、省级30处。

文旅品牌

安岳县文旅品牌除圆觉洞风景名胜区以外（详见资阳市概览），还有安岳石刻等景区。

安岳石刻景区。安岳是"中国民间艺术之乡（石刻艺术）"。安岳石刻"上承敦煌、下启大足"，史溯源于东汉，石刻始于南朝梁普通二年（521年），盛于唐、五代、北宋，题材融合佛、道、儒及经变

● 安岳石刻（吴坤忠 拍摄）

● 中国宝森柠檬旅游区全景 （吴坤忠 拍摄）

等，以"古、多、精、美"著称于世，被誉为"我国古代雕刻又一伟大宝库"。景区内现有历代摩崖造像230余处，10万余尊，盛唐石窟佛经40余万字。其中，卧佛院、毗卢洞、千佛寨、圆觉洞、华严洞、木门寺、玄妙观、茗山寺、孔雀洞是国家级文物保护单位，县级文物保护单位30处。主要景点有"卧佛院"：龛窟139个，造像1613躯，40万余字石刻经文。左胁卧佛头东脚西全长23米，堪称唐代造像之最。1988年1月13日被国务院列为第三批全国重点文物保护单位。2006年归并入第六批全国重点文物保护单位"安岳石窟"。"毗卢洞"：摩崖造像446躯，碑刻题记32处，其紫竹观音、柳本尊十炼图是全国罕见的珍品。2001年6月被国务院列为第五批全国重点文物保护单位。"华严洞"：龛窟2个，造像159躯，碑刻题记24处。华严三圣、大乘十地菩萨、善财五十三参构成"圆觉道场"，堪称石刻精品。1961年列为省级文物保护单位，2006年被国务院列为第六批全国重点文物保护单位。"茗山寺"：龛窟20个，造像63躯，碑刻题记23处。毗卢佛、观音、大势至、文殊等造像，皆雕刻于顶峰绝壁。1994年列为省级文物保护单位，2006年被国务院列为第六批全国重点文物保护单位。

中国宝森柠檬旅游区。位于安岳县文化镇燕桥村。柠檬元素的融入，成安渝高速的贯通，"中国柠檬旅游区"的金字招牌在成渝的腹心地带中心熠熠生辉。全世界25个柠檬主栽品种共聚一园，其中国外品种23个，分别从土耳其、南非、阿根廷、美国、巴西、西班牙、法国、意大利和以色列引入，我国自主培育并推广栽培柠檬品种2个。世界柠檬品种博览园不仅展示柠檬种植资源，而且还是中小学生及广大群众参观学习的科普基地，大家可以随时进园游览参观。该博览园在展示世界柠檬品种资源的同时，也展示了安岳柠檬品种选育的历程，弘扬安岳柠檬文化，突出安岳柠檬独特优势，提升安岳柠檬知名度。为柠檬知识的普及，进一步开展品种培育，丰富群众文化生活，加强柠檬科技研发提供了载体。

风味美食

安岳县风味美食除安岳柠檬以外（详见资阳市概览），还有普州坛子肉等。

安岳普州坛子肉。 安岳坛子肉是四川省安岳县（古称普州）广大劳动人民智慧的结晶。早在西汉时期，由于食物短缺和储藏条件的限制，为达到保质、防腐、方便食用的目的，智慧的安岳先辈们便巧妙地将豇豆干、青菜干等各种干菜和猪肉，拌以五香、

● 安岳坛子肉制作现场（吴坤忠 拍摄）

八角等植物香料，以一层干菜、一层烙制后的猪肉脯入土坛中，数月之后，逐渐形成了风味独特、醇香可口、营养丰富，方便自己和待人接客食用的传统美食，人们俗称"安岳坛子肉"。相传公元48年，普州太后许黄玉带上母亲做的坛子肉远渡驾洛国（今韩国），把中国美食传播海外。在革命战争年代，安岳革命者康遂每次外出，均把坛子肉装在背篼里，利用坛子肉营养好、易储藏的特点，以"卖坛子肉！""是通贤的坛子肉吗？""不，是普州的"为暗语，联络革命志士、收集传递情报，成功组织发动了震惊川内外的"通贤暴动"，把安岳地区的革命活动推向了一个高潮。通贤暴动后，许多革命志士参加了北上抗日的红军，使坛子肉的故事，随红军的足迹广为流传，享誉中华大地。

安岳米卷。 四川名小吃之一，安岳独有的特色风味小吃。由大米加工而成，历史悠久，做工精细，味道鲜美嫩滑，色泽光亮，口感鲜美，老少皆宜。典型的有白米卷、黄米卷、黑米卷等多种品种，做法上有凉拌、炒、烧、炸、烤、火锅、烫等方法，具备特有的四川风味。

周礼伤心凉粉。 周礼伤心凉粉由民间传统手工制作，独门调料配方，其凉粉黄灿灿、辣油红亮亮、细丝尺长、软中带脆、麻辣味独到，闻名于安岳县及周边县市，远销贵阳、成都、重庆、昆明、北京、上海、新疆、广州等地，深受广大消费者的青睐和赞扬，被消费者视为馈赠礼品带到马来西亚等地。目前，"伤心凉粉"已经被评为"安岳县名菜""资阳市名小吃"，申报了国家专利和注册商标，成为"中华老字号"提名品牌。

吴名烧鸡。 安岳县吴氏"无名烧鸡店"，成立于1983年。当时，代述学刚从部队退伍回来，他同新婚不久的吴庆素决定在家乡创业，开一家"路边店"，将地址选在车流量大的内安路新民大桥旁，租用了100多平方米，取名"新桥饭店"。主要经营鸡、鱼、炒菜等。夫妻反复研制，不断创新，终于形成了自己的特色品牌菜烧鸡，由自养农家土鸡、自种的麻辣口味的小海椒、清香浓郁的大海椒，加上自制特色豆瓣酱、泡海椒、泡生姜，通过炒、炖、烧，精心烹制而成。店名后来更名为"吴名烧鸡店"，"吴名烧鸡"因其味道鲜美，回味无穷，得到消费者的青睐。

李家滑肉。 李家滑肉由优质红苕粉制作而成，

● 安岳米卷（吴坤忠 拍摄）

● 周礼伤心凉粉（安岳县档案馆 提供）

● 李家滑肉（吴坤忠 拍摄）

根据加入原料和辅料的不同，有鲜肉滑肉、菌菇汤滑肉等多种品种。李家滑肉通常吃法是鲜肉切片加入盐葱姜蒜多种基本调味料腌制入味，后加入红苕粉以开水调和成团的糊状，水煮至熟，配上时令蔬菜，出锅撒上葱花即可，汤清味鲜、色泽晶莹、口感滑嫩。还可配排骨、花生、大头菜等馅料；也可油炸酥肉，可干吃、煮汤、清蒸、火锅、汤锅，可谓百般搭配、风格多样、百滋百味。2020年，李家滑肉制作技艺被评为第四批县级非物质文化遗产代表性项目。

顶新仔姜。清代，顶新乡罗盘山一带的青松、黑山、银岩村开始成片栽培生姜，所产生姜因香脆鲜嫩、味美可口、清香回甜而久负盛名。新中国成立后，生姜栽种面积逐步扩大，特别是改革开放中，安岳县政府把顶新紫竹生姜作为县域的支柱产业之一，进一步扩大栽种面积。2020年，四川省农业农村厅批准顶新乡生姜生产基地为无公害农产品生产基地。

发展定位

成渝地区中部崛起示范先行区。

发展目标

坚持以习近平新时代中国特色社会主义思想为指导，抢抓成渝地区双城经济圈建设战略机遇，聚焦"建设成渝地区中部崛起示范先行区"目标定位，聚焦推进工业强县、抓项目上投资、做强做优县属国有企业"三件大事"，狠抓城镇建设、乡村振兴、基础建设、民生改善"四个突破"，深化经开区机制体制、招商引资方式方法、优化营商环境、农业农村集约要素和选人用人与绩效评价体系"五项改革"，加快建设成渝地区中部崛起示范先行区。

（撰稿：胡沁睿 吴晴斓 审稿：雷卫东 彭齐林）

03 乐至县

基本情况

乐至县是无产阶级革命家、军事家、外交家、诗人陈毅元帅的故乡，地处成渝中部，是成渝地区双城经济圈、成都都市圈的重要组成部分。乐至县介于东经104°45′~105°15′，北纬30°00′~30°30′之间。辖区面积1425平方千米，下辖2个街道、19个乡镇，2022年底总人口87万。

乐至县位于四川盆地中部，区位优势突出，交通便捷。位于成渝黄金分割点上，距离成都中心城区78千米、重庆中心城区176千米、成都天府国际机场50千米。渝蓉、遂资眉、成资渝"三高速"穿境而过，蓉京高铁、沪蓉高铁在乐至交会处设站，正全面融入"成都半小时""重庆一小时"经济圈。

乐至地处四川巨型沉降盆地腹心，地势西北略高于东南，中部沱、涪二江分水线纵贯南北、略有凸起，北部系平顶深丘河谷地区，中部系平顶宽谷低丘地区，南部系冈陵连绵地区。全境相对高度270米，平均海拔446.6米，最高海拔596.3米；最低海拔297米。境内山脉系岷山台地分支，全境3350多个山丘连绵屹立于400余盘绕的沟谷，具有"山中有盘，盘中有山"的地貌特征。地处中纬度季风区，属亚热带季风气候。日均气温16.7℃，年均日照1330小时。年均降水量900毫米，但分布不均，夏季雨量占全年降雨量的半数，易冬干、春旱。

乐至是国务院命名的全国绿化先进县，是全国粮食、生猪、蚕茧和全国秸秆养羊示范县、首批长防林工程达标县、全国水利工作先进县、国家级电子商务进农村综合示范县、全省首批乡村振兴规划试点县、农村生活污水治理"千村示范工程"试点县。

历史沿革

唐武德三年（620）析普慈县地置乐至县，因县东有乐至池而得名，同隶普州。

1949年12月14日，乐至县解放，属川北行署遂宁专区。

1952年9月，恢复四川省，遂宁专区及属县隶之。

1958年10月，改隶内江专区。

1968年，隶内江地区。

1985年2月，内江地区改制建市，属内江市。

1998年2月，改隶资阳地区。

2000年12月，资阳地区改制建市，属资阳市。

重要资源

建材矿产。境内以长石、石瑛为主,分布在中、深丘地带,储量丰富,石质细硬有明显层次,承载压力 10～20 千克／平方厘米。黏土储量多,具有抗渗、抗变形物理性能,取用方便、宜作土坝、制砖瓦等建筑原料。

盐卤。全县盐卤蕴藏量较其他地区丰富,集中在天池、石佛、龙门、宝林、良安、放生、童家、高寺、中天、佛星、孔雀等乡镇,储量积层 1 米有余。

植物资源。乐至县东山镇凤凰村凤凰山景区有古树群 1 个,占地面积 17.2 公顷,古树 72 株,其中柏木 59 株、黄葛树 2 株、黄连木 10 株、香樟 1 株。

基础设施

道路交通。国道 318 线、319 线和省道 106 线交会贯穿全境,遂资眉高速公路、渝蓉高速公路、成资渝高速公路畅连周边,全市首条一级公路陈毅故居旅游大道建成通车,成南达万、成渝中线高铁将在乐至交会过境,已建成的遂资眉高速公路连通成乐、成南、成自泸、成渝、内遂、乐雅、渝遂、渝蓉 8 条高速公路,班车直通成都、内江、南充、遂宁等省内大、中城市,交通便捷。

文化教育。义务教育均衡发展成果不断巩固,吴仲良中学成功创建省二级示范性普通高中,首个 12 年制精品民办学校博骏公学开学招生;结对成都市 11 所联盟学校,成都七中网校吴仲良中学基地校正式挂牌。科创水平更有高度,顺利通过国家知识产权强县工程试点考核验收。县文化艺术中心被命名为首批四川省非物质文化遗产项目体验基地,《陈毅回川》荣获第十六届中国戏剧节优秀剧目奖,石匣寺摩崖造像被列入四川省第九批文物保护单位。

城市景观。"陈毅故里·绿色乐至"获得央视华人频道、四川电视台等媒体推介。"市民 500 米休闲计划"扩面推进,婆婆山公园、盐湖公园一期等项目顺利完工,12 处节点景观提质项目全面完成。

主要产业

白乌鱼、天池藕粉、乐至黑山羊被评为国家地理标志产品,乐至烧烤源于三国、传承至今。以上海韵达物流为引领的智慧物流产业,以福建奋安铝业为重点的装备制造产业,以陈毅故里景区为核心资源的红色旅游产业,以白僵蚕为特色的现代蚕桑产业正加速发展,被授予"中国黑山羊之乡""中国桑都"称号。

2022 年,全县实现地区生产总值 223.9 亿元、增长 3.1%,地方一般公共预算收入 7.52 亿元、增长 5.6%,规模以上工业增加值增长 4.5%,全社会固定资产投资实现 114.7 亿元、增长 9.6%,社会消费品零售总额实现 100.7 亿元、增长 0.2%,城镇居民人均可支配收入、农村居民人均可支配收入分别实现 42207 元、22098 元,增长 4.5%、6%。

文旅品牌

除陈毅故里以外(详见资阳市概览),乐至县还有报国寺等文旅品牌。

报国寺。国家 2A 级旅游景区。位于乐至县龙门乡,始建于隋开皇二年(582 年),距县城 18 千米,是川中著名古刹、市级重点文物保护单位。寺内碑志、摩崖造像(树抱佛)、大型卧佛、诸佛海会等景点蔚为壮观。摩崖造像、石棺、玉佛称为"三绝"。摩崖造像现存佛像 500 余尊 10 余龛,其中"西方极乐世界图"刻艺精湛,千年古榕盘根错节,窟壁大蜀广政年的两块碑文,字迹清秀,颇具艺术和观赏价值。寺内有从缅甸迎回的 33 尊造型生动、雕刻精细的玉

● 乐至报国寺景区大门（乐至县档案馆 提供）

● 乐至报国寺树抱佛景观（乐至县档案馆 提供）

佛，其中，高4.13米，重10余吨的接引佛，高度和重量为蜀中之最。

慈恩寺。国家2A级旅游景区。位于乐至县城南塔坡麓，毗邻南湖公园。寺庙内九龙壁雕刻精湛、独具特色；缅玉弥勒佛像、四大天王像为川内最大；青石材质的18罗汉像栩栩如生；有县内第一尊千手千眼观音菩萨佛像；共有观音、弥勒、如来等佛像40余尊，玉佛13尊；有榕树、桂花、银杏、香樟等

● 乐至慈恩寺（乐至县档案馆 提供）

● 乐至五彩林乡（乐至县档案馆 提供）

千余株，森林覆盖率高，环境优美，风景宜人。

五彩林乡。景区以创建国家4A级旅游景区、全国休闲农业与乡村旅游示范点为目标，依托规划区"现代林业、现代科技、现代乡村"的三大特征，围绕"现代林业科技、乡村民俗风情、彩色林业景观"三大重点，深入挖掘林业科技文化、川中乡村民俗文化，创意发展林业休闲景观，大力推动生态、科技与乡村的融合互动发展，围绕林业观光、科技展示、

● 乐至烤肉（乐至县档案馆 提供）

科普修学、亲子教育、民俗体验、休闲度假等功能，打造川渝一流、绿色生态、四季缤纷、科技引导的现代林业乡村休闲旅游目的地。

风味美食

除天池藕粉以外（详见资阳市概览），乐至县还有烤肉、熊卤鹅等风味美食。

乐至烤肉。乐至烤肉源远流长，早在三国时期，蜀国就常常将乐至烤肉作为犒赏三军将士的美食。自20世纪80年代以来，乐至烤肉不断发展壮大，逐步扩展到了成都、重庆、内江、资阳、遂宁等大中城市，形成了一种独特的川中民俗饮食文化。现在乐至的每条巷子都有几家烤肉馆，其烤肉以香、辣、脆、麻等特色赢得了群众的喜爱。

熊卤鹅。资阳名小吃，百年老字号。1958年，陈毅元帅回乡，品尝熊卤鹅后，非常高兴地说道："我们县的小吃很不错嘛，这个卤鹅很有味道！"鹅源全系农家自然饲养的土鹅，饲料以青草、粮食为主。鹅龄须在一年以上、两年以下。配料为八角、山柰、茴香等上百种中药。独特的制作工艺和上乘的名贵草药使卤鹅油而不腻、口感滑嫩、营养滋补，令人唇齿留香，回味悠长。

发展定位

成渝中部绿色发展示范区。

发展目标

以成渝地区双城经济圈建设为总牵引，以成资同城化为战略支撑，围绕"三区三城"（成渝相向发展联动区、成都东进发展协同区、乐简交界发展示范区，绿色生态之城、宜居宜业之城、开放包容之城）总体方向，聚焦建设"成渝主轴智慧物流集聚区、成渝中部智能制造承载地"产业发展定位，以"联动成渝、两轮驱动、两化互动、城乡融合"为总抓手，在新的征程上奋力谱写乐至高质量发展新篇章。

（撰稿：张杰 石纪平 审稿：何彬 秦宗良）

后　记

《成渝地区双城经济圈城市概览》一书在重庆市档案馆、四川省档案馆统筹谋划组织下，在有关市、区、县档案馆大力支持和参与下顺利编辑出版。本书为广大读者认识成渝地区双城经济圈打开了一扇窗户，是一套很有价值的资料书。

《成渝地区双城经济圈城市概览》一书最早谋划于2021年，2022年正式启动，成渝地区双城经济圈内各级国家综合档案馆收集素材、图片，做了大量工作。随着成渝地区双城经济圈建设作为国家区域重大战略被写入中国共产党第二十次全国代表大会报告，重庆市将成渝地区双城经济圈建设作为市委"一号工程"和全市工作总抓手总牵引，四川省将其作为全面建设社会主义现代化四川的总牵引，编辑出版《成渝地区双城经济圈城市概览》的现实意义愈发重要。2023年，重庆市档案馆、四川省档案馆再次启动《成渝地区双城经济圈城市概览》的编辑出版工作。成渝地区双城经济圈范围内各级国家综合档案馆负责撰写本地区的文稿，获得图文版权，重庆市档案馆、四川省档案馆分别对本行政区域内产生的文稿进行修改、审校、统稿。

本书在编纂过程中，得到了成渝地区双城经济圈内各级党委和有关部门的大力支持，各级党委办公室、宣传部、统计局、文旅委、方志办等单位提供了许多帮助。兹值本书出版之际，谨向关心、支持本书编辑出版的单位致以最诚挚的谢意！

由于涉及范围广、信息量大，书中难免有不妥和疏漏之处，恳请读者批评指正。

《成渝地区双城经济圈城市概览》编纂委员会
2023年5月

成渝地区
双城经济圈城市概览

四川卷·上

重庆市档案馆　四川省档案馆 编

西南大学出版社

成渝地区
双城经济圈城市概览
CHENGYU DIQU SHUANGCHENG JINGJIQUAN
CHENGSHI GAILAN

四川省

基本情况

四川简称川或蜀，位于中国西南部，地处长江上游，素有"天府之国"的美誉。全省面积48.6万平方千米，辖21个市（州）、183个县（市、区），与重庆、贵州、云南、西藏、青海、甘肃和陕西等7省（自治区、直辖市）接壤，有全国最大的彝族聚居区、第二大藏族聚居区和唯一的羌族聚居区。2022年末，全省常住人口8374万人，比上年末增加2万人，其中城镇人口4886.2万人，乡村人口3487.8万人，常住人口城镇化率58.35%，比上年末提高0.53个百分点。全省户籍人口9067.5万人，比上年末减少27万人，户籍人口城镇化率为38.86%，比上年末提高0.42个百分点。

四川历史文化悠久，自然资源丰富，科教实力雄厚，产业体系完备，交通设施便利。特别是党的十九大以来，四川省委省政府坚持以习近平新时代中国特色社会主义思想为指导，全面贯彻落实习近平总书记对四川工作系列重要指示精神和党中央、国务院各项决策部署，深入实施"一干多支、五区协同"发展战略，扎实做好"六稳"工作，全面落实"六保"任务，按照"稳农业、强工业、促消费、扩内需、抓项目、重创新、畅循环、提质量"工作思路，埋头苦干、拼搏实干，经济发展稳中加固、稳中提质，社会大局保持稳定，治蜀兴川各项事业大踏步向前迈进。全省88个贫困县全部摘帽、11501个贫困村全部退出、625万建档立卡贫困人口全部脱贫；覆盖城乡居民的社会保障体系基本建成，学前教育毛入园率91.7%，义务教育基本均衡发展，实现县（市、区）全覆盖，法治四川、平安四川建设扎实推进，社会治理能力不断提高。

2022年，全省地区生产总值56749.8亿元，按可比价格计算，比上年增长2.9%。地方一般公共预算收入4882.2亿元，比上年同口径增长7.5%，其中，税收收入3151.1亿元，增长4.3%。一般公共预算支出11914.7亿元，增长8.2%。全社会固定资产投资增长8.4%。工业增加值16412.2亿元，增长3.3%。社会消费品零售总额24104.6亿元。居民人均可支配收入30679元，增长5.5%。其中，城镇居民人均可支配收入43233元，增长4.3%；农村居民人均可支配收入18672元，增长6.2%。

历史沿革

名称来历

"四川"得名最早见于宋代。宋初先设西川路、峡西路（路为省级行政区），后将二路合并分为四路，包括益州路（后改名成都府路，治成都）、梓州路（治三台）、利州路（治汉中）、夔州路（治奉节），合称"川峡四路"，又总称"四川路"，这是"四川"一名用于行政区划代称的开始。

"四川"作为省名，始于元代。元代中央行政机构称"中书省"，各地方的省一级行政机构称"行中书省"，意为执行中书省的行政命令，简称"行省"或直接称为"省"。元至元十八年（1281年）正式建置"四川等处行中书省"，简称"四川行省"，再简称为"四川省"，省治成都，这是"四川"省名得名之始。此后，"四川"之名便一直沿用。"四川"除作为行政区划称呼外，同时也是文化地域、经济管理区域的称呼，"四川"之名有政治、经济、文化、地理多个方面的历史渊源。

新中国成立前

历史上的封建国家大一统时期，四川都以省级行政建制而存在。先秦时期，四川属于中国古九州中的梁州。中国第一个统一的中央集权封建王朝秦朝建立后，四川区域内省级行政建制有巴郡、蜀郡。公元前316年，秦灭巴国、蜀国，当即置巴郡，郡治江州县（今重庆市江北区）。巴郡大致为原巴国范围，即今重庆市和四川省部分区域。两年后，置蜀郡，治所在成都，包括成都平原、川中丘陵地区、汉中盆地，大致为古蜀国范围。

公元前206年，巴蜀地区被纳入新建汉王朝管辖之下。四川地域内省级行政建制开始仍为巴郡、蜀郡，后来在郡之上设立州（部）管辖。汉高祖六年（公元前201年），割巴郡、蜀郡各一部，另置一新郡，名广汉。元封五年（公元前106年），武帝又在全国设13州（部）刺史，每秋督巡郡国。武帝在巴蜀故地设立益州，益州辖巴、蜀、广汉、犍为、牂柯、越嶲、沈黎、汶山、汉中、武都等郡，相当于广义的"蜀"地，也正好是秦汉间的巴蜀及"西南夷"地区。此后，益州这一建制被两汉一直沿用。益州初治广汉郡雒县，东汉后期徙治成都，这对西南地区以后的历史，产生了极为深远的影响。581年，隋朝建立。此时，四川的省级行政建制仍称益州。

618年，李渊在长安称帝，建立唐朝，在四川置益州总管府，对四川实行军事管制。唐太宗李世民继位后，相继撤销设在嘉陵江以东的都督府，仅保留嘉陵江以西的剑南道，改益州为剑南道。因位于剑门关以南，故名。剑南道虽然仍置大都督府，但都督一直由亲王遥领，军政大权归由都督府长史执掌。剑南道治所位于成都府，唐玄宗开元年间置剑南节度使取代长史为行政长官。安史之乱后，乾元元年（758年），分为剑南西川节度使和剑南东川节度使。

960年，宋朝建立，一级行政区划起初沿唐制称"道"，后改"道"为"路"。宋初，四川地域内有西川路、峡西路两路。北宋咸平四年（1001年）分为益州、梓州、利州、夔州四路。此时，四川地域内就有了4个省级行政建制，合称为"川峡四路"，又称为"四川路"。南宋基本沿用此建制。

1271年，元朝建立，元至元十八年（1281年）正式建置四川等处行中书省，简称"四川行省"或"四川省"，省治成都，"丞相"或"平章政事"为行政长官。由此，"省"正式成为国家一级行政区划称呼，并为后世沿用。"路"变为二级行政建制。元代四川省境域范围较大，辖境包括今四川中东部、重庆大部、甘肃南部、陕西南部等。

1368年，明朝建立，在暂时保留元代行省格局的同时大幅度调整辖区。四川辖区北至广元，与陕西为界；东至巫山，与湖广为界；南至乌撒、东川，与贵州、云南为界；西至威、茂。这一辖境对今天四川省辖境的形成，产生了重大影响。洪武九年（1376年），四川行省改置四川承宣布政使司，正式公文不出现元朝"行省"字样，但习惯上仍称"四川省"。布政使司衙门驻成都府。四川承宣布政使司设左、右承宣布政使各1人，为最高行政长官。

1644年，明朝灭亡，清军进占北京，清延明制，基本保留了明朝"四川省"的建制。顺治四年（1647年），设四川总督管辖四川。四川是清朝极少数单独设有总督一职的省份之一，其间或有与其他省合称川湖总督、川陕总督，但始终保持总督设制。康熙初年（1662年），改明朝的两京十三布政使司为十八个行省，四川为四川省。康熙四年（1665年），设在保宁（四川阆中）的四川军政机构全部迁入成都，开始对四川的正常管辖，省治成都府。1911年，辛亥革命爆发，四川军政府成立。

1912年，清朝灭亡，四川军政府改组为中华民国四川都督府，省治成都。民国二年（1913年）袁世凯实行"军民分治"，将四川省分置为川西道、上

四川省地图

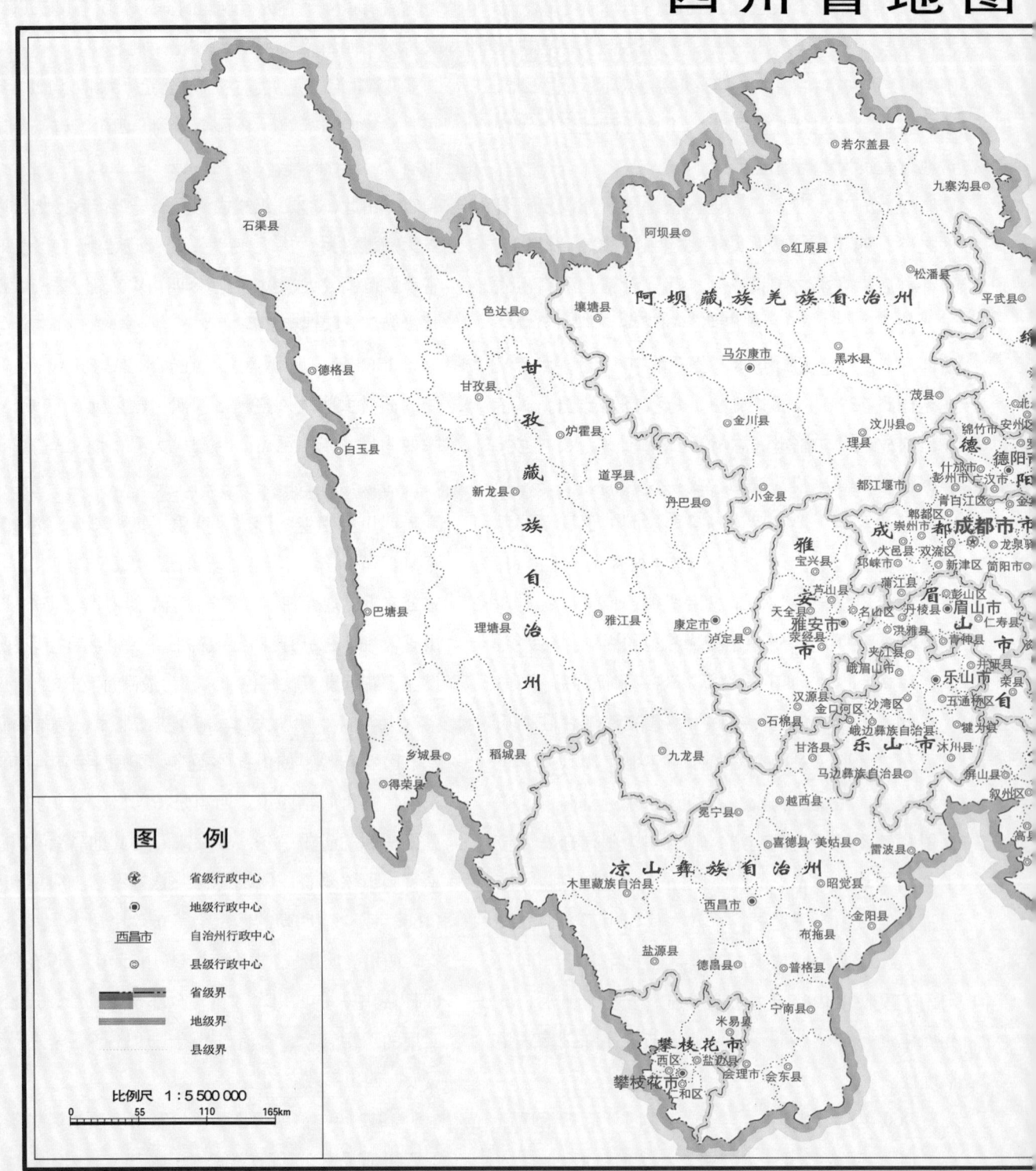

审图号：川S【2021】00059号

图例
- 省级行政中心
- 地级行政中心
- 西昌市 自治州行政中心
- 县级行政中心
- 省级界
- 地级界
- 县级界

比例尺 1:5 500 000
0　55　110　165km

四川省标准地图·政区简图版

2021年7月 四川省测绘地理信息局制

川南道、下川南道、川北道、川东道、边东道、边西道，后改盆地5道名为西川道、建昌道、永宁道、嘉陵道、东川道。民国三年（1914年），裁去边东、边西两道，划康定县以西30个县为川边特别区域（包括金沙江以西的昌都地区），受四川省节制。民国七年（1918年），由于军阀混战，四川实行防区制。民国十七年（1928年），成都市政公所改建为成都市政府，为四川省会。民国二十四年（1935年），撤销防区制，川政统一，四川划分为18个行政督察区及西康行政督察区（原川边特别区）。民国二十八年（1939年），将原西康行政督察区和四川所属第十七、十八行政督察区合并，设立西康省，实行川、康分治；同年，迁都至重庆的国民政府颁令，将重庆由二级乙等四川省辖市升格为甲等中央院辖市，析出四川省。

新中国成立后

1949年11月30日，重庆解放；12月11日，重庆市人民政府正式成立；12月27日，成都解放；12月31日，中国人民解放军成都市军事管制委员会成立，国民党四川省政府对四川的统治宣告结束。

1950年1月，中央人民政府决定撤销四川省，划分为川东行署、川西行署、川南行署、川北行署4个省级行政区，和西康省、重庆市，同属西南军政委员会领导下的省级国家行政机关。

1952年8月7日，中央决定撤销川东、川西、川南、川北4个行署区，合并设立四川省。9月1日，四川省人民政府在成都正式成立，辖2个地级市（成都市、自贡市）、16个专区、7个县级市、12个市辖区。重庆仍为西南军政委员会直辖市，市

● 四川省标准地图·政区简图
（四川省测绘地理信息局制 2021年7月）

人民政府为省级政权机构。

1954年6月19日,中央决定撤销西南大区,重庆市由西南军政委员会直辖市改为省辖市;7月1日,重庆市正式并入四川省建制,由四川省人民政府领导。

1955年1月,四川省人民委员会成立,辖3个地级市(重庆市、成都市、自贡市),温江、绵阳、遂宁、江津、内江、宜宾、泸州、乐山、涪陵、万县、南充、达县12个专区,1个藏族自治区。10月1日,西康省正式并入四川省。

1967年5月,四川省革命委员会正式成立。

1979年12月15日,四川省人民政府成立。

1997年3月14日,八届全国人大五次会议批准设立重庆直辖市,撤销原重庆市。川渝分治后,四川辖市级行政区19个、县(市、区)179个,数量仍为全国第一。

2019年,四川对全省乡镇行政区划作了大幅度调整。至此,四川省今天的各级行政区划形成,全省共有21个地级行政区、183个县级行政区。

重要资源

四川地处中国西南腹地、长江上游,介于东经97°21′~108°31′,北纬26°03′~34°19′之间。南北最大跨度为916.5千米,东西最大跨度为1062千米。东连重庆市,南邻云南省、贵州省,西接西藏自治区,北接青海省、甘肃省、陕西省。自然资源丰富且类型多样。

土地资源。全省土地面积48.6万平方千米,占全国国土总面积的5.1%,居全国第5位。人均国土面积低于全国平均水平,人多地少矛盾突出。地貌复杂多样,主要有山地、丘陵、平原和高原4种地貌类型,分别占全省土地面积的77.1%、12.9%、5.3%和4.7%。土壤类型丰富,共有25个土类、66个亚类、137个土属、380个土种,土类和亚类数分别占全国总数的43.48%和32.60%;土地利用类型共分8个一级利用类型、45个二级利用类型和62个三级利用类型。除橡胶园以外,其他省的一、二级土地利用类型在四川都有,在全国极富代表性。土地利用以林牧业为主,林牧地集中分布于盆周山地和西部高山高原,占总土地面积的68.9%;耕地集中分布于东部盆地和低山丘陵区,占全省耕地的85%以上;园地集中分布于盆地丘陵和西南山地,占全省园地的70%以上;交通用地和建设用地集中分布在经济较发达的平原区和丘陵区。

气候资源。四川气候复杂多样,且地带性和垂直变化明显。根据水热条件和光照条件差异,全省分为四川盆地中亚热带湿润气候区、川西南山地亚热带半湿润气候区、川西北高山高原高寒气候区等三大气候区。总体季风气候明显,雨热同季;区域间差异显著,东部冬暖、春旱、夏热、秋雨、多云雾、少日照、生长季长,西部则寒冷、冬长、基本无夏、日照充足、降水集中、干雨季分明;气候垂直变化大,气候类型多;气象灾害种类多,发生频率高且范围大,主要是干旱,其次是暴雨、洪涝和低温等。

水资源。四川水资源丰富,居全国前列。全省多年平均降水量约4889.75亿立方米。水资源以河川径流最为丰富,境内共有大小河流近1400条,号称"千河之省"。全省水资源总量约3489.7亿立方米,其中:多年平均天然河川径流量2547.5亿立方米,占水资源总量的73%;上游入境水942.2亿立方米,占水资源总量的27%。地下水资源量约546.9亿立方米,可开采量115亿立方米。境内遍布湖泊冰川,有湖泊1000余个、冰川200余条,在川西北和川西南分布有一定面积的沼泽,湖泊总蓄水量约15亿立方米,加上沼泽蓄水量,共约35亿立方米。四川水资源时空分布不均，形成区域性缺水和季节性缺水；水资源以河川径流最为丰富，但径流量的季节分布不均，大多集中在6—10月，洪旱灾害时有发生；河道迂回曲折，利于农业灌溉；天然水质良好，但部分地区有污染。

生物资源。保存有许多珍稀、古老的动植物种类，是中国乃至世界重要的生物基因宝库。全省有脊椎动物近1300种，约占全国总数的45%以上，兽类和鸟类约占全国的53%，其中兽类217种、鸟类625种、爬行类84种、两栖类90种、鱼类230种。国家重点保护野生动物145种，占全国的39.6%，居全国第一。野生大熊猫种群数量1387只，占全国野生大熊猫总数的74.4%，居全国第一。雉科鸟类20种，占全国的40%，素有雉类乐园之称，其中有许多珍稀濒危雉类，如国家一类保护动物雉鹑、四川山鹧鸪和绿尾虹雉等。高等植物1万余种，占全国的1/3，仅次于云南。被列入国家珍稀濒危保护植物的84种，占全国的21.6%。有各类野生经济植物5500余种，是全国最大的中药材基地和芳香油产地；芳香及芳香类植物300余种，是全国最大的芳香油产地；野生果类植物100余种，其中以猕猴桃资源最为丰富，居全国之首；野生菌类资源1291种，占全国的95%。2022年末森林覆盖率40.26%，较上一年提高了0.03个百分点。

能源资源。主要以水能、煤炭和天然气为主，水能资源约占75%，煤炭资源约占23.5%，天然气及石油资源约占1.5%。全省水能资源理论蕴藏量1.43亿千瓦，占全国的21.2%，仅次于西藏，是中国最大的水电开发和西电东送基地。煤炭种类齐全，保有量122.7亿吨，主要分布在川南。油气资源以天然气为主，已发现天然气资源储量7万多亿立方米，约占全国天然气资源总量的19%，主要分布在川南片区、川西北片区、川中片区、川东北片区。生物能源每年有可开发利用的人畜粪便3148.53万吨、薪柴1189.03万吨、秸秆4212.24万吨、沼气10亿立方米，太阳能、风能、地热资源也较为丰富。

矿产资源。四川地质构造复杂，成矿条件有利，矿产资源丰富，矿产种类齐全，是西部乃至全国的矿物原材料生产加工大省。拥有世界级的钒钛、锂、稀土等重要矿产资源，钒钛原料产量占全国份额的65%以上；钛储量占全国93%，列全球第一；钒储量占全国63%，列全球第三。查明资源储量的矿种92种（亚矿种123种），33种矿产排位进入全国同类矿产查明资源储量的前三位，天然气、钒、钛、二氧化碳气、锂矿等14种矿产在全国查明资源储量中排第一位，铁矿、铂族金属、稀土矿（稀土氧化物）等10种矿产在全国查明资源储量中排第二位。

旅游资源。四川旅游资源数量多、类型全、分布广、质量高，资源数量和质量均名列全国前茅。全省拥有世界遗产5处，"世界生物圈保护区网络"的保护区4处，被列入"中国旅游胜地40佳"的有5处，中国优秀旅游城市21座、国家历史文化名城8座。全省自然保护区120个，面积6.4万平方千米，占全省土地面积的13.4%；湿地公园55个，其中国家级湿地公园（含试点）29个；国家级风景名胜区15处、省级风景名胜区79处；森林公园137处，总面积232.48万公顷，占全省土地面积的4.78%，其中国家级森林公园44处，森林公园总数列全国前十。地质遗迹类型多样，已发现220余处，有世界级地质公园3处、国家级地质公园19处。有博物馆316个，全国重点文物保护单位262处，省级文物保护单位1215处；世界文化遗产1处，世界文化和自然遗产1处；被列入国家级非物质文化遗产名录的有153项，被列入省级非物质文化遗产名录的有611

项。至2023年3月底，全省有国家5A级旅游景区16处、国家4A级旅游景区338处、国家3A级旅游景区456处、国家2A级旅游景区83处、1A级旅游景区2处。

基础设施

人居环境大幅改善。2022年，全省优良天数比例约为89.3%；重点城市$PM_{2.5}$平均浓度35.4微克每立方米，比上年下降1.4%；203个国家考核断面中水质优良断面202个，占比99.5%，无Ⅴ类和劣Ⅴ类水质断面；32个出川断面中有30个断面水质达到优良标准；地级及以上集中式饮用水水源地水质优良率为100%。截至2022年末，纳入固定污染源排污许可管理13.1万余家，审批危险废物经营许可77家，危险废物利用处置能力521.16万吨／年。森林覆盖率达到40.26%，比上年末提高0.03个百分点；国家生态文明建设示范县10个，"绿水青山就是金山银山"实践创新基地2个。

教育水平不断提高。大力实施科教兴川和人才强省战略，教育资源配置更加优化，办学条件不断改善。截至2022年末，全省共有各级各类学校2.3万所，在校生1637.7万人（不含非学历教育注册学生及电大开放教育学生），教职工126.3万人，其中专任教师101.2万人。在各级各类学校中，普通小学5213所，在校生545.0万人；普通初中3353所，在校生277.5万人；普通高中809所，在校生146.5万人；特殊教育学校137所，在校生（含附设特教班）1.8万人；中等职业教育学校（含技工学校）463所，在校生108.3万人；职业技术培训机构2332个，注册学员96.8万人次；普通高校134所，在校生205.2万人；研究生培养单位36个，在校生15.9万人；成人高等学校12所，在校生40.7万人；参加学历教育自学考试33.3万人次。

科技水平稳步提高。2022年，全省高新技术产业实现营业收入2.7万亿元，比上年增长12.8%；PCT专利申请718件，专利授权135507件；拥有有效发明专利108672件，商标申请289996件，商标注册230862件；行政机关立案处理专利案件5464件，审理结案5412件，结案率99.0%；专利新增实施项目12420项，新增产值2813.5亿元；专利质押融资金额52.7亿元；登记技术合同23620项，技术合同认定登记额1649.8亿元。完成省级科技成果登记2754项。截至2022年末，全省共有省级工程技术研究中心407个；高新技术企业14582家，科技型中小企业18693家；国家级高新技术产业开发区8个，省级高新技术产业园区20个；国家级农业科技园区11个；国家级科技企业孵化器45个、省级科技企业孵化器135个；国家级大学科技园7个，省级大学科技园13个；国家级众创空间84个（其中专业化示范众创空间2个），省级众创空间174个；国家级星创天地83个；国家级国际科技合作基地22个，省级国际科技合作基地68个。

卫生事业快速发展。覆盖城乡的医疗卫生服务体系基本形成，医疗资源日益丰富，医疗卫生保障水平不断提高。截至2022年末，全省医疗卫生机构74123个，其中医院2547个（民营医院1867个），基层医疗卫生机构70671个；医疗卫生机构床位68.4万张，卫生技术人员69.8万人，其中执业医师21.6万人，执业助理医师4.2万人，注册护士31.8万人。妇幼保健机构202个，执业医师和执业助理医师0.9万人，注册护士1.3万人；乡镇卫生院2799个，执业医师和执业助理医师3.7万人，注册护士3.3万人。2022年，全省医疗机构总诊疗人次54947.0万人次，其中医院23813.0万人次（民营医院4147.9万人次），基层医疗机构29086.3万人次；出院1877.4万人，其中医院1372.3万人（民营医院330.1万人），基层医疗机构449.7万人；县域内住院率95.2%。孕产妇死亡率、婴儿死亡率和5岁以下儿童死亡率持续下降，分别降至13.09‰、4.17‰、6.67‰。新增省级卫生城市（县城）2个，农村卫生厕所普及率91.0%。

体育设施不断完备。大力推进体育强省战略，强化规划引领，保障财政投入，持续加大全省体育设施建设力度。截至2021年末，全省各类体育健身站（点）累计达17165个，社区体育健身俱乐部累计1750个，县级全民健身中心100个，符合国家标准的体育公园43个，全省行政村农民体育健身设施累计46706个，实现全省全覆盖。拥有各级各类体校135所，国家级体育传统项目学校21所，省级体育传统项目示范学校312所。截至2022年末，全省国家级高水平体育后备人才基地18个，国家级青少年体育俱乐部264所，省级高水平体育后备人才基地72个，省级幼儿体育基地50个。实施体育"十项惠民行动"，体育服务综合体建设工作不断取得新成效，截至2022年7月，全省已建成星级体育服务综合体138个，其中五星级3个、四星级18个、三星级及以下117个。

文化事业蓬勃发展。覆盖城乡的公共文化服务体系基本建立，广大人民群众基本文化生活需求得到较大满足。截至2022年末，全省共有文化系统内艺术表演团体50个，艺术表演场所35个，档案馆238个，公共图书馆209个，文化馆206个，美术馆62个，综合文化站4083个；国家级文化产业示范（试验）园区1个，国家级文化和科技融合示范基地2个，国家文化消费试点城市5个，国家级动漫游戏基地1个，国家级文化产业示范基地15个，省级文化产业示范园区11个，省级文化产业试验园区5个，省级文化产业示范基地59个；博物馆316个，文物保护管理机构173个，全国重点文物保护单位262处，省级文物保护单位1215处；世界文化遗产1处，世界文化和自然遗产1处，列入中国传统村落名录的传统村落333个；国家级非物质文化遗产153项，省级非物质文化遗产611项；广播电视台171个，中短波转播发射台42座，广播综合人口覆盖率99.4%，电视综合人口覆盖率99.7%，有线广播电视实际用户929.4万户。2022年，全省出版地方报纸70种，出版量97529.1万份；出版期刊354种，出版量5070.3万册；出版图书12941种，出版量41025.5万册；录像制品41种，电子出版物291种。

交通、通信、邮电迅猛发展。2022年末，全省高速公路建成里程9179千米，高速铁路里程1705千米；内河港口年集装箱吞吐能力250万标箱。民用汽车拥有量1460.4万辆，比上年末增长5.7%。其中私人汽车1288.6万辆，增长5.8%。2021年末，全省拥有通航河流176条，通航湖库147个，通航里程1.09万千米，位居全国第四，西部第一。拥有港口18个；港口生产用码头泊位371个，其中千吨级及以上泊位42个。颁证民用航空机场16个，其中国际机场2个。建成沟通城乡、覆盖全省、联通全国、通向世界的现代邮政网络和包括光纤、移动通信、数据通信在内的电信网络，实现邮政业从传统到现代、电信业从弱到强的转变。2022年，全年邮政业务总量403.0亿元（按2020年不变价），增长7.7%；电信业务总量950.2亿元（按上年不变价），增长20.2%。2022年末固定电话用户1954.3万户，移动电话用户9623.2万户。固定电话普及率23.3部/百人，移动电话普及率114.9部/百人。固定互联网用户3566.1万户，移动互联网用户8400.4万户，长途光缆线路长度6.4万千米，本地网中继光缆线路长度213.8万千米。

电力建设成就斐然。四川电网是国家电网系统中规模最大、运行最复杂的省级枢纽电网，主网覆盖全省各市（州），形成雅安、茂县、康定等8大电力通道汇集接入负荷中心梯格型主网的结构，500千伏输电线路长度和变电容量分别居国家电网系统第一和第二位；通过"五直八交"与华东、华中、西北、重庆、西藏等电网相连，跨区最大输电能力达3800万千瓦，居全国第一，成为连接西北、华中、华东、华北四大区域电网、交直流混联运行的枢纽电网。先后建成二滩、溪洛渡、向家坝、锦坪、亭子口等10余座大型水电站。

主要产业

近年来，四川省坚持工业兴省，大力实施制造强省战略，稳增长、促投资、调结构、促转型，加大传统产业技术改造力度，大力发展新兴产业，加快建设以工业为引擎的具有四川特色的现代化产业体系，高质量发展取得成效。

电子信息产业。四川是全国四大区域性电子信息产业基地之一，汇聚了华为、京东方、英特尔、微软、德州仪器等一批具有全球影响力的龙头企业，奕斯伟板级封装、瓴盛科技芯片、士兰汽车半导体装备、惠科模组、三环电子元器件及先进材料、遂宁康佳电子等一批重大项目加快建设，世界上近一半的笔记本电脑芯片在四川封装测试，全球约50%的苹果平板电脑在四川生产，成都京东方拥有全球第二条、国内第一条AMOLED生产线，已形成涵盖集成电路、新型显示与数字视听、终端制造、软件研发、移动互联网应用的产业体系，军事电子装备、网络信息安全、集成电路等产业领域优势突出，综合实力居全国前列、中西部第一。

装备制造产业。四川是全国重要的装备制造业基地、三大动力设备制造基地之一，拥有东汽、东电、国机重装、宏华石油等2000多家涉及装备制造产业的科研院所和生产制造企业，成飞自贡无人机、新都航空、三维轨道交通、吉利商用车等一批重大项目加快建设，在大型发电成套设备、轨道交通设备、油气钻采装备、核电装备、高端无人机的研制方面优势突出。

先进材料产业。四川钛、钒、锂辉石资源量分别居世界第一、世界第三和亚洲第一，是全国稀土产业三大生产基地之一，拥有攀钢、天齐锂业、永祥新能源等行业龙头企业，宁德时代动力电池、川南新材料产业基地、成都新能源电池材料全产业链、通威金堂基地等项目加快建设，培育了钒钛材料、锂电材料、晶硅光伏、铝基材料等特色优势产业，高性能纤维、化工新材料、稀土新材料等行业已成链成规模发展，在石墨烯、玄武岩纤维、碳纤维等领域实施重点突破初显成效，多项新技术、新产品保持国内领先水平。

能源化工产业。四川是全国最大的优质清洁能源基地，水电装机规模近1亿千瓦，乌东德、白鹤滩水电站总装机容量达到2620万千瓦，超过三峡水电站规模。天然气年产量超400亿立方米，页岩气年开采量超100亿立方米，均居全国前列。此外，四川正在加快建设千亿级能源基地。拥有利尔化学、盛马化工、四川宏达等龙头企业，广安利尔化学、万华化学（四川）、南充永盈、自贡循环经济产业、邛崃瑞泽新型环保建材等一批重大项目加快建设，电子级六氟化硫、氯代吡啶类除草剂、草铵膦等产品具有优势地位。

食品轻纺产业。拥有新希望、五粮液、通威等龙头企业，元气森林（四川）、郎酒酿酒工程技改、沱牌舍得增产扩能、科伦药业生物医药产业基地等一批重大项目加快建设。火锅底料、泡菜、豆瓣产量全国第一，已形成优质白酒、粮油加工和肉制品加工3个千亿产业，川酒产量、产值、品牌数量均居全国第一，利润占全国三分之一，五粮液、泸州老窖、郎酒等"六朵金花"飘香四海。

医药健康产业。拥有200余户高校院所和科研机构，布局生物治疗国家重点实验室、国家精准医学产业创新中心、生物靶向药物国家工程研究中心、医用同位素及药物国家工程研究中心等20余个重大创新平台。拥有科伦、倍特等4家全国医药工业百强本土企业和35家500强医药工业本土企业，国药四川、合纵药易购等6家全国药品批发百强企业，泉源堂、杏林等9家全国药品零售百强企业，拥有先导、苑东等近30家上市企业，其中科创板上市企业7家、居中西部第一。绿叶制药产业创新基地、乐山夹江同位素生产基地、万达匹兹堡国际智慧健康中心等一批重大项目加快建设。

文旅品牌

青城山—都江堰旅游景区。1982年被国务院列为国家重点风景名胜区，2000年被列入《世界文化遗产名录》，2006年作为大熊猫重要栖息地载入《世界自然遗产名录》，2007年被评为国家5A级旅游景区。

青城山风景区位于都江堰市西南，距成都市区

● 青城山秋夜（高明鑫 拍摄）

● 都江堰宝瓶口（何勃 拍摄）

68千米，距都江堰市区16千米，自古即以"幽甲天下"著称于世，是中国道教发祥地、天师道的祖山祖庭，凝聚了中国道教文化的精髓。青城山背靠岷山雪岭，面向川西平原，群峰环绕，状若城郭；林深树密，四季常绿；丹梯千级，曲径通幽，空翠四合，峰峦、溪谷、宫观皆掩映于繁茂苍翠的林木之中。全山以幽洁取胜，与剑门之险、峨眉之秀、夔门之雄齐名。

都江堰景区是中华民族文明史上与长城比肩的伟大工程，建于公元前256年，位于成都平原的岷江中上游，是至今为止世界上年代最久、唯一留存、以无坝引水为特征的宏大水利工程。鱼嘴、飞沙堰以及宝瓶口三大工程相辅相成、巧夺天工，科学地解决了江水的自动分流、自动排沙、控制进水流量等问题，为都江堰千古长存的"不坏金身"奠定了基础。两千多年来，它一直发挥着防洪灌溉作用，使成都平原成为水旱从人、沃野千里的天府之国。2018年，都江堰水利工程列入《世界灌溉工程遗产名录》。

峨眉山风景名胜区。国家5A级旅游景区，位于乐山市，在神秘的北纬30°附近，因两山相峙，形如蛾眉而得名，自古有"峨眉者，山之领袖；普贤者，佛之长子"之称，拥有1000多种药用植物、3000多种高等植物和2300种动物。1996年12月6日，与乐山大佛一起作为文化与自然双重遗产被联合国教科文组织列入世界遗产名录。

景区面积154平方千米，主要包括大峨、二峨、三峨、四峨四座大山，山势雄伟，隘谷深幽，飞瀑如帘，云海翻涌，林木葱茏，素有"峨眉天下秀"之称，3077米的金顶一直被人们称为天堂的阶梯。诗仙李白曾有"蜀国多仙山，峨眉邈难匹"之赞叹。今天，峨眉山的血脉里仍然流淌着道之源、佛之始、儒之境的文化遗韵，优雅而从容地体现着生命的哲理和生活的智慧。

乐山大佛景区。国家5A级旅游景区，位于岷江、青衣江和大渡河三江汇流处，与乐山城隔江相望，由凌云山、麻浩岩墓、乌尤山等景观组成，面积约8平方千米。景区主要景点为依凌云山栖霞峰临江峭壁凿造的一尊大佛，始建于唐玄宗开元初年（公元713年），历时90年建成。佛像通高71米，头高14.7米，头宽10米，发髻1051个，耳长6.7米，鼻和眉长5.6米，嘴巴和眼长3.3米，颈高3米，肩宽24米，手指长8.3米，从膝盖到脚背28米，脚背宽9米，脚面可围坐百人以上。佛头与山齐，足踏大江，双手抚膝，体态匀称，神情肃穆。佛像依山凿成，临江危坐，排水设施隐而不见，设计巧妙。在大佛左右两侧沿江崖壁上，还有两尊身高超过16米的护法天王石刻，与大佛一起形成了一佛二天王的格局。与天王共存的还有成百上千尊石刻塑像，宛然汇集成庞大的佛教石刻艺术群，被誉为"山是一尊佛，佛是一座山"。1996年，与峨眉山一起被联合国教科文组织列入世界遗产名录。

● 峨眉金顶（袁岷 拍摄）

● 乐山大佛（孙乐风 拍摄）

● 邓小平故里（郑继明 拍摄）

● 古城秋色（涂兴明 拍摄）

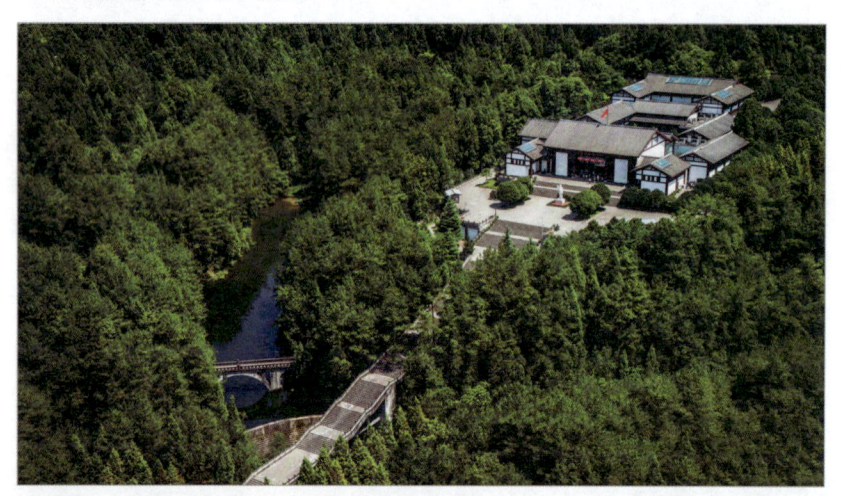

● 朱德故里景区（仪陇县档案馆 提供）

● 碧峰峡（雅安市文化体育和旅游局 提供）

邓小平故里旅游区。国家5A级旅游景区，全国重点文物保护单位、全国红色旅游经典景区、全国爱国主义教育示范基地和革命传统教育基地，位于广安区协兴镇牌坊村，景区以邓小平同志故居为核心，包括邓小平故里旅游景区核心区、佛手山景区、协兴老街、牌坊新村等景点。邓小平故里核心区林木郁郁葱葱，是一座结合自然生态和历史文化的纪念馆，其景点邓小平故居陈列馆收藏了与邓小平相关的文物、文献、图片及影像等，展示了其致力革命和改革开放的传奇一生。

阆中古城。国家5A级旅游景区，位于四川盆地东北部，嘉陵江中上游，素有"阆苑仙境，风水宝地"之美誉。三面环水，四面环山，水在山中，城在水中，山、水、城融为一体，四围山势锁烟霞、三面江光抱城郭，钟灵毓秀，如诗如画，仿若仙境。阆山阆水养育了西汉世界级伟大的天文学家落下闳，辅佐刘邦还定三秦的巴人领袖范目，唐代二尹、宋代二陈和"蜀中花木兰"韩娥等无数名人。无数文人骚客慕爱阆中风光，来此旅游并留下了大量珍贵墨宝。

朱德故里景区。国家5A级旅游景区，位于南充市仪陇县，规划总面积达52.5平方千米，以朱德故居、朱德诞生地和朱德同志故居纪念馆为主体的核心景区面积2.94平方千米。核心景区以"朱德精神"为主题，以红色文化为主线，以自然生态为背景，分"入口区—纪念区—民俗区—背景区"四大板块，生动地再现了朱德同志青少年时代的生活场景。朱德故居纪念园区是全国首批爱国主义教育示范基地，全国中小学爱国主义教育基地，全国青少年教育基地，国家国防教育基地，党员干部革命传统教育基地，全国廉政教育基地，全国博物馆、纪念馆首批免费开放单位。

碧峰峡旅游景区。国家5A级旅游景区，位于雅安市雨城区，由两条峡谷构成，左峡谷长7千米，右峡谷长6千米，呈V形，峡宽30～70米，海拔700～1971米，峡壁高度100～200米，林木葱郁、苍翠欲滴，峰峦叠嶂，崖壑峥嵘，是休闲度假、避暑纳凉的绝佳之地。峡内奇峰耸峙，高插蓝天，时而两山合并，天光一线，多类型的瀑布景观，更使双峡增添无限景色，令人陶醉。植被、瀑布、峡景、云海是景区的鲜明特色，天龙凌云、十指补天缝、千层岩瀑布、女娲池、鸳鸯瀑布等60多处景点，为你讲述女娲补天传说的神奇。在峡区内环绕旅游，可领略险、奇、秀、幽之原始风貌，呼吸到群山幽谷的高负氧离子芳醇空气，以及那些曾在此发生过的爱的、美的传说故事，它像一首空灵的朦胧诗，一幅淡雅的水墨画，等待你去品味、去赏析。

风味美食

四川火锅

四川火锅是川菜中最有特色的著名美食，品类众多。红味色泽红亮，麻辣醇香；白味色泽乳白，咸鲜香浓，口感丰富，众口可调。其中，毛肚火锅大约起源于清代道光年间，当时长江边下苦力的人们在麻辣汤汁中煮食毛肚等廉价食材，驱寒饱腹。至民国时期，有人把它搬进了小饭店。新中国成立后，尤其是改革开放以来，为满足不同食客的口味

● 四川火锅（四川省文化和旅游厅 提供）

需求，四川火锅不拘泥于传统，大胆创新，菜品发展到几百种，味型也发展延伸出清汤火锅、鸳鸯火锅、啤酒鸭火锅、肥牛火锅、辣子鸡火锅、西洋火锅等。火锅店遍布全国、走向世界。

经典川菜

水煮牛肉。自贡传统特色名菜，历史悠久。早在北宋时期，自贡一带的人们在盐井上安装辘轳，以牛为动力提取卤水。在当地时有役牛被淘汰，于是，盐工们将役牛宰杀，取肉切片，放入盐水中加调料煮食。后来，餐馆厨师们在此基础上改进创新，以麻辣味汁成菜，汤色红亮，肉片鲜嫩，香味浓郁，麻、辣、烫突出，大受欢迎。

● 水煮牛肉（四川省文化和旅游厅 提供）

回锅肉。又称熬锅肉、袍哥肉，色泽红亮，肉质略软，咸鲜微辣，香味浓郁，被《中国菜》评为四川十大经典名菜之一。因需要在烹饪中两次加热成菜而得名，在四川家喻户晓、家家会做，被誉为"川菜第一菜"。相传回锅肉起源于四川民间祭祀使用过的"刀头肉"，人们选用二刀肉切成方形，煮熟后用于祭祀，祭祀完毕，则将熟肉切片、与蒜苗和调料等炒制后食用，寓意纳福，蕴含着浓厚的祭祀祖先神灵、祈求幸福吉祥的文化内涵。

● 回锅肉（宋武 拍摄）

鱼香肉丝。川菜中的经典菜品，《中国菜》将其评为四川十大经典名菜之一，色泽红亮，肉质细嫩，咸、酸、甜、辣各味平衡，姜葱蒜味浓郁。但切忌望文生义，因为它所用食材不是鱼，而是将猪肉丝及木耳丝、冬笋丝等，与泡辣椒、姜、蒜、葱和盐、糖、醋等调料一起炒制而成，因成菜具有"鱼香味"而得名。鱼香味，是源于四川民间烹鱼时所用的独特调料而创制的特有味型，具有咸鲜甜酸辣兼备和姜葱蒜味突出的风味特征。如今，鱼香味已发展出系列菜肴，如鱼香肝片、鱼香茄子、鱼香虾球等，均香飘海外。

● 鱼香肉丝（四川省文化和旅游厅 提供）

麻婆豆腐。川菜中的传统名菜，《中国菜》将其评为四川十大经典名菜之一，色泽红亮，麻、辣、咸、鲜、烫、酥、嫩，形整不烂，味道浓厚。相传清同治年间，当时在成都北郊万福桥附近有一家饭铺，名为"陈兴盛饭铺"，店主姓陈，其妻陈刘氏烧得一手好菜。进出成都的挑夫喜欢在此休息、吃饭，他们常到邻近的牛肉摊买些细碎牛肉，请陈刘氏将牛肉与豆腐一起烹制，烧出的豆腐又麻、又辣，味道浓厚，易于下饭，久而久之出了名。因陈刘氏脸上有几颗麻子，人们称这道菜为"麻婆豆腐"。后来，该店也改名为"陈麻婆豆腐店"，经营至今已有150余年。

开水白菜。《中国菜》将其评为四川十大经典名菜之一，相传是由华阳人黄敬临在清宫御膳房创制，汤汁清澈，味道咸鲜，菜心细嫩。黄敬临出生于四川华阳的名门望族，除喜诗文、书法，也喜美食，常下厨烹饪，视为趣事。他在青年时代进京参加科举考试且榜上有名，曾在御膳房创制了多道匠心独具的菜肴，开水白菜就是其代表作品。看似白开水中漂浮着一棵小白菜，简单、清淡，实则是用老母鸡、老母鸭、火腿、干贝等食材熬制出上乘的清汤制成，汤清澈如水，与嫩白菜合烹成菜，味道淡而不薄，清鲜雅致，将极繁与极简巧妙地融为一体。

宫保鸡丁。闻名中外的传统川菜，《中国菜》将其评为四川十大经典名菜之一，为清光绪年间丁宝桢任四川总督时家中厨子所创，该菜品色泽棕红，鸡肉鲜嫩，花生香脆，味道咸鲜、酸甜、麻辣。相传丁宝桢喜欢吃鸡肉、花生米等，尤好辣味，于是厨师创制了一道将鸡丁、红辣椒、花生米下锅爆炒而成的佳肴。丁宝桢为官刚正不阿，政绩卓著，深得民心，清廷为表彰他的功绩，追赠其为"太子太保"，人称"丁宫保"。人们为了纪念丁宝桢，将这道菜称为"宫保鸡丁"。

● 麻婆豆腐（四川省文化和旅游厅 提供）

● 开水白菜（四川省文化和旅游厅 提供）

● 宫保鸡丁（杨书懿 拍摄）

特色小吃

担担面。四川特色小吃，相传为绰号叫陈包包的自贡小贩创制于1841年，因为早期是用扁担挑在肩上沿街叫卖而得名，之后风行全川并盛行全国。制作时用面粉擀制成面条，煮熟，舀上秘制的汤料而成。面条细薄，卤汁醇香，咸鲜微辣，十分入味，深受食客喜爱。随着时代的发展，担担面由起初经营者将煮面所需物品塞满一副特别的担子，一头盛着鼎锅、泥炉，挑起走街串巷叫卖，发展到登堂入室、陈于筵席之上，制作方法也更加科学，用料也更加讲究。

三大炮。成都传统小吃，价廉物美，香甜可口，不腻不粘又化渣。主料为糯米，辅料为红糖、芝麻、黄豆等。先将糯米洗净后浸泡12小时，倒入蒸笼中大火蒸熟，用木棒舂茸做成糍粑坯料，红糖放入清水中熬成糖汁，芝麻、黄豆炒熟磨成细粉，从热锅盆中抓出一大坨糍粑分为三小坨，用力摔向案板中央，由于案板一边放有钢碟，因而发出"砰、砰、砰"的金属响声，三坨糍粑飞向对面斜靠的竹匾上，再滚入下面装满芝麻粉、黄豆粉的竹匾中，然后将三坨糍粑捡入盘中浇上糖汁即成。吃时配以"老荫茶"，别有风味。

冒菜。成都特色小吃，以肉类、豆制品、青菜、海鲜、菌菇类为主要食材。制作时，先在碗里调好各种佐料，将菜用一个竹勺装好，放入用各种调料配出的汤汁中烫熟，然后将菜放入碗中，再舀一勺汤汁，撒上一点香菜、葱花等。冒菜最为讲究的吃法为"干碟"，即在小碟中放置干的辣椒粉，加上盐、味精等调料，将锅里烫好的菜在干碟里轻轻一蘸，然后就可以送进嘴里，味道又香又辣，甚为可口。

肥肠粉。成都传统特色名小吃，粉丝晶莹剔透、柔嫩绵软，帽结子鲜嫩多汁，肥肠软熟入味，麻辣

● 担担面（王萍 拍摄）

● 冒菜（王萍 拍摄）

● 成都肥肠粉（四川省文化和旅游厅 提供）

咸鲜。其中最具代表性的是双流白家肥肠粉。清光绪年间，白家逐渐发展成一个商贩云集、热闹非凡的集镇，一位名叫高和超的人学习了制粉技艺后，便在场镇上的古桥头卖起了肥肠粉。他制作的粉，粉丝柔嫩绵软，口感舒适，深受乡民喜爱。后来，白家场镇上制售肥肠粉者不断增多，声名远播，四方食客纷至沓来。

甜水面。成都特色小吃。主料为面粉，辅料为盐、菜油、辣椒油、酱油、芝麻油等。制作时用上等面粉加盐、水揉匀静置半小时，用擀面杖擀成0.6厘米厚的面皮，切成0.4厘米宽的面条，然后两手抓住面条两头（每次5～6根），用力扯长，放入沸水锅中煮熟，捞出抖散晾冷，洒少许熟菜油拌匀。辣椒油、复制甜红酱油、蒜泥、芝麻油、酱油调成味汁。吃的时候将面条放沸水中烫热，捞入碗中，淋味汁即成。甜水面面条大概有筷子头那么粗，有嚼劲，加上花生碎和花椒的香味，入口会觉得微甜，又有一丝丝辣味，口感相当好，香味会在嘴里停留很久。

● 甜水面（王萍 拍摄）

钟水饺。成都传统特色名小吃，皮薄馅嫩，味道咸鲜甜辣，蒜香浓郁。始创于1893年，因创制人姓钟而得名，又因开业之初店址在成都荔枝巷而称"荔枝巷水饺"。该店最著名的品种是红油水饺和清汤水饺，其馅全用猪肉，不加其他鲜菜，成品具有皮薄、料精、馅嫩、味鲜的特色，深受人们喜爱。钟水饺制作技艺传承至今，2011年被列入四川省省级非遗代表性项目名录。

● 钟水饺（四川省文化和旅游厅 提供）

龙抄手。成都传统特色名小吃，皮薄馅嫩，质地爽滑，味道咸鲜醇香。1941年，老字号"龙抄手"开设于成都悦来场。"龙抄手"创办人张光武等在"浓花茶社"商议办店之事，借"浓花茶园"的"浓"字谐音"龙"，将该店命名为"龙抄手"。"龙抄手"店主要制作多种抄手，注重制皮，讲究汤清馅细，

● 龙抄手（四川省文化和旅游厅 提供）

配以红油、海味、炖鸡、酸辣、原汤等多种味别，深受大众喜爱。龙抄手制作技艺传承至今，已列入成都市市级非遗名录。

发展定位

以习近平新时代中国特色社会主义思想为指导，深入贯彻落实党的二十大精神和习近平总书记对四川工作系列重要指示精神及党中央决策部署，根据省委十二届二次全会精神，紧扣四川省情实际和发展阶段性特征，以"四化同步、城乡融合、五区共兴"为总抓手，推动新型工业化、信息化、城镇化和农业现代化在时间上同步演进、空间上一体布局、功能上耦合叠加，加快推进城乡融合发展，促进省内先发地区同欠发达地区协同共兴，以此统揽四川现代化建设全局，推动新时代治蜀兴川再上新台阶，奋力谱写全面建设社会主义现代化新篇章。

发展目标

"十四五"奋斗目标

综合发展实力再上新台阶。经济增速高于全国平均水平，力争到2027年全省经济总量突破八万亿元、人均地区生产总值突破九万元，城乡区域发展协调性明显增强，现代产业体系和基础设施体系不断完善，建成国家创新驱动发展先行省，改革开放取得新的重大进展。

人民生活品质实现新提升。共同富裕迈出坚实步伐，居民人均可支配收入增速高于全国，城乡收入比持续缩小，多层次社会保障体系更加健全，基本公共服务均等化水平明显提高。

美丽四川建设迈出新步伐。大气、水、土壤环境质量持续改善，能源资源利用效率大幅提升，碳排放强度明显下降，长江黄河上游生态屏障进一步筑牢。

社会文明进步达到新高度。党的创新理论深入人心，社会主义核心价值观广为弘扬，现代公共文化服务体系和文化产业体系更加健全，人民群众精神文化生活更加丰富，文化强省、旅游强省基本建成。

民主法治建设取得新进展。全过程人民民主深入发展，法治四川、平安四川建设达到更高水平，城乡基层治理制度创新和能力建设取得更大成效，依法防范化解重大风险能力不断增强。

全面从严治党展现新气象。以政治建设为统领的党的各项建设全面加强，上下贯通、执行有力的组织体系更加健全，忠诚干净担当的高素质专业化干部队伍不断建强，反腐败斗争压倒性胜利成果巩固拓展，政治生态和发展环境更加优化。

2035年远景目标

展望2035年，四川省经济实力大幅跃升，建成现代产业体系，经济总量和城乡居民人均可支配收入迈上新的大台阶，人均地区生产总值在2020年基础上翻一番。科技实力跻身全国前列，科技创新成为经济增长的主要动力，科技强省基本建成。治理体系和治理能力现代化基本实现，法治四川、法治政府基本建成，平安四川建设达到更高水平。国民素质和社会文明程度达到新高度，巴蜀文化焕发新活力。生态环境更加优美，长江、黄河上游生态安全屏障更加牢固，美丽四川建设目标基本实现。交通强省基本建成，更高水平参与国际和区域经济合作，对外开放新优势明显增强。社会事业发展水平显著提升，基本公共服务实现均等化，人民生活更加美好，人的全面发展、全体人民共同富裕取得更为明显的进展。

（撰稿：张飞 邓素芳 审稿：张晓芳 米晓燕）

成都市

基本情况

九天开出一成都，万户千门入画图。成都，位于四川省中部，是四川省省会、副省级城市、国家中心城市、成渝地区双城经济圈核心城市，中国首批国家历史文化名城之一，是西南地区重要的中心城市。成都是古蜀文明的重要发源地，"天府之国"的中心，有着世界罕见的"3000年城址不迁、2500年城名不改"的历史特征。公元前316年，秦灭蜀，始设蜀郡并成都县。公元前311年，仿秦制重建城垣，为有文献记载的城市规划与建设之始，迄今已有2300多年。汉因织锦业发达专设锦官管理，故有"锦官城""锦城"之称，五代后蜀时遍种芙蓉，故别称"芙蓉城""蓉城"，简称"蓉"。成都市域面积1.43万平方千米，辖20个区（市）县和天府新区成都直管区、东部新区、高新区。2022年，地区生产总值2.08万亿元，居全国城市第7位。2022年末常住人口2126.8万人，成为全国第一个常住人口突破2100万人、第三个经济总量突破2万亿元的副省级城市，迈入超大城市行列。连续14年位居"中国最具幸福感城市"第一名，连续五届蝉联全国文明城市、中国最佳旅游城市。

进入新时代，"一带一路"建设、长江经济带发展、新时代西部大开发等国家战略在蓉交会叠加，特别是过去五年来，习近平总书记两次来川视察，亲临成都并首次提出"公园城市"理念，亲自谋划、亲自部署、亲自推动成渝地区双城经济圈建设，赋予成都建设践行新发展理念的公园城市示范区的独特定位，为成都服务战略全局、实现跨越式发展带来了千载难逢的历史性机遇。党的二十大报告将成渝地区双城经济圈建设列入国家区域重大发展战略，为成都的社会主义现代化建设擘画了蓝图、指明了方向。中共四川省委提出实施"一干多支"、推动成德眉资同城化、建设成都都市圈等发展战略，赋予成都"主干"责任。成都始终牢记习近平总书记殷切嘱托，在党中央和省委省政府的坚强领导下，加快建设践行新发展理念的公园城市示范区，奋力打造中国西部具有全球影响力和美誉度的社会主义现代化国际大都市，在四川现代化建设中勇挑重担、走在前列，为全面建设社会主义现代化国家、全面推进中华民族伟大复兴贡献更多成都力量！

成都市地处四川盆地西部、青藏高原东缘，东北与德阳市、东南与资阳市毗邻，南面与眉山市相连，西南与雅安市、西北与阿坝藏族羌族自治州接壤；

● 雪山下的公园城市——成都（沈军 拍摄）

地理位置介于东经102°54′~104°53′，北纬30°05′~31°26′之间。地处亚热带季风气候区，热量充足，雨量丰富，四季分明，雨热同期。除西北边缘部分山地以外，成都市大部分地区夏无酷暑，冬少冰雪，气候温和。芙蓉为市花，银杏为市树。

历史沿革

名称由来。"成都"的来历，据《太平寰宇记》记载，是借用西周建都的历史经过"一年而所居成聚，二年成邑，三年成都"而得名。

历史发展。成都具有悠久而独特的历史，文化积淀深厚。早在4500年前，成都平原就出现被后世称为"宝墩文化"的一系列古蜀先民的聚落中心。殷商晚期至西周初期，成都一带已经成为古蜀王国的中心都邑之所在。战国早期，今成都市中心可能已经出现比较规范的古典城市，相传是古籍中所说的古蜀最后一个王朝"开明王朝"的国都。公元前316年，秦灭蜀，以其地设置蜀郡，在蜀旧都一带置成都县，为蜀郡治所。公元前311年，蜀郡守张若在蜀国都城成都的基础上，修筑成都大城和少城，城市规制仿照秦都咸阳，这一重大事件被后世公认为成都建城的标志。此后，蜀郡守李冰在蜀人治水事业的基础上主持修建都江堰水利工程。都江堰把成都平原造就成为富饶的"天府之国"，为成都城市的发展奠定了物质基础，使成都迅速成为西南地区的经济、政治、文化中心。

自秦代以来，成都城市或毁而重建，或扩而新建，城址从未迁徙，"成都"这一名称也从未改变，在中国众多历史文化名城之中绝无仅有。两汉时期，成都城市经济得到长足发展，到西汉末年已成为仅次于长安的全国第二大手工商业都会。成都是西南地区最大的商品经济活动中心，也是"南方丝绸之路"的起点和重要口岸。从两汉至三国蜀汉，成都精美蜀锦一直受到官方和民间高度赞赏和欢迎。唐代，以成都为中心的"剑南西川道"是全国最富庶的地区，当时有"扬一益二"之说。中唐以后，成都又成为唐王朝的"南京"。五代前、后蜀和两宋，成都的繁荣再一次达于鼎盛，蜀后主孟昶曾下令在成都城上遍植芙蓉，成都故此得到"蓉城"的别称。宋代，四川地区被划分为益州路、梓州路、利州路、夔州路，简称"川峡四路"，"四川"一名即由此而得，成都为益州路治所。元代，建置四川等处行中书省，简称四川省，以成都为治所，这是成都为省治之始。明代，在四川建置四川承宣布政使司，成都为布政使司治所。明末清初，成都地区先后发生张献忠大西军、明军及清军之间的多次战争，城市遭到毁灭性的打击，整个城池成为一片废墟，四川省的治所也一度被迫从成都移往川北的阆中；从康熙到乾隆，清政府推行"湖广填四川"的移民政策，鼓励垦荒占田，使川西平原和成都城市经济再度繁荣。经过康熙、乾隆年间的两次重建和扩建，一座宏伟的新城又重新屹立于原来的旧城址之上。

清代，四川承宣布政使司改为四川省，成都为四川省治。民国初年，成都仍为四川省治所在地。1922年，成都、华阳两县合并为市，成立市政公所，县治保留。1928年，成都市政府建立，成都市为省辖市、省会。1949年12月，成都解放，始为川西行政公署驻地。1952年，行署撤销，恢复四川省建制，成都市为四川省省会至今。

行政区划。成都市的行政辖区在中华人民共和国成立后几经调整、逐步扩大：1976年将温江地区的双流县、金堂县划入成都市管辖；1983年，实行市领导县的体制，撤销温江地区，将其10个县并入成都市；1990年，调整成都市区划，将原来的5个区划分为7个区；2002年，经国务院批准，将原新都县、温江县撤县设区；2013年3月，成立天府新区；2014年10月2日，经国务院正式批复，同意设立四川天府新区，标志着天府新区正式晋升为国家级新区；2015年12月，经国务院批准，原双流县撤县设区；2016年5月，经国务院批准，资阳市代管的县级市简阳市改由成都市代管；2016年11月，经国务院批准，原郫县撤县设立郫都区；2020年6月，经国务院批准，原新津县撤县设区。截至2021年，成都市辖锦江、青羊、金牛、武侯、成华、龙泉驿、青白江、新都、温江、双流、郫都、新津12个区，简阳、都江堰、彭州、邛崃、崇州5个县级市，金堂、大邑、蒲江3个县。另外，成都市有国家级自主创新示范区——成都高新技术产业开发区、国家级经济技术开发区——成都经济技术开发区、国家级新区——四川天府新区成都直管区；2020年4月28日，四川省人民政府同意设立成都东部新区。

重要资源

土壤资源。成都市土壤资源丰富，有水稻土、潮土、紫色土、黑色石灰土、棕色暗针叶林土、亚高山草甸土、高山草甸土、高山寒漠土、黄壤、山地黄棕壤、山地暗棕壤。土壤类型多样，养分充足，土层深厚，质地适中，适宜各种农作物及林草生足。

森林资源。成都市自然生态环境良好，森林资源主要分布在西北部龙门山、邛崃山区，距离中心城区均仅有100千米左右；龙门山和龙泉山为成都市重要的生态屏障。成都市有8个自然保护区，其中国家级2个、省级3个、县级3个；森林树种丰富，植被良好，景色优美，林间包含有珙桐、玉龙蕨、光叶蕨等珍稀植物，栖息着大熊猫、金丝猴、扭角羚等珍稀动物。2021年，全市有森林面积867.2亩，森林覆盖率40.33%，活立木总蓄积量3782万立方米。

生物资源。成都市生物资源十分丰富，2021年在域内有高等植物3门233科1412属4459种，其中国家重点保护植物74种（国家一级重点保护植物

15种、国家二级重点保护植物59种）。域内记录陆生野生动物730种，其中兽类129种，野生鸟类526种，两栖动物33种，爬行类动物42种；昆虫6334种。成都市种植业、养殖业发达，水稻、小麦、油菜籽面积大、产量高；蔬菜品种丰富，四季常青，终年不绝；家禽、家畜饲养普遍，尤以生猪养殖闻名全国；水产养殖异军突起，冷水特色渔业发展很快；经济林木资源种类较多，包括果树、茶树、桑树及木本油料植物；药用植物资源十分丰富，川芎、郁金以及"三木"药材（杜仲、厚朴、黄柏）既能野生又宜家种，畅销全国，山区还拥有贝母、虫草、天麻等名贵药材；花卉和环保植物随着人民生活水平提高以及环境保护意识增强，其种植面积、培育品种、生产数量都有大幅度提高。

矿产资源。成都市已发现的矿产资源有铁、钛、钒、铜、铅、锌、铝、金、银、锶、稀土等金属矿产，以及钙芒硝、蛇纹石、石膏、方解石、石灰石、大理石、煤、天然气等非金属矿产，共60多种。全市有矿产地400余处，煤炭探明储量1.46亿吨，钙芒硝探明资源储量高达98.62亿吨。截至2021年底，成都市开采矿种有地热、矿泉水、水泥用石灰石、水泥用泥岩、砖瓦用页岩等。成都地区开发利用天然气历史悠久，至迟在西汉年间，邛崃就利用天然气（火井）煮盐，有近2000年的历史；天然气探明储量16.77亿立方米，是成都市的优势矿产资源。

水利资源。2021年，成都市地表水资源总量89.88亿立方米，地下水资源量28.63亿立方米，水资源总量90.70亿立方米（扣除地表水与地下水重复计算后）。成都市地处长江支流岷江及沱江流域，岷江及沱江干流穿越市境，市境内岷江干流长96千米，沱江干流长146千米，岷江、沱江流域面积分别占55%、45%。成都市过境水以岷江过境水为主，不仅水量丰富，而且水质优异，洪枯变化较小，地势居高临下，便于自流引用，为成都主要供水水源。成都市地下水资源较为丰富，且埋藏较浅，含水层厚度大，便于开发利用；但在城市化的进程中，地下水受到不同程度污染，故对地下水应以保护为主，适度开采。截至2021年底，全市有各类蓄水设施25110处，其中大型水库1座，中型水库6座，小（Ⅰ）型水库53座，小（Ⅱ）型水库176座，山平塘23244口，石河堰1630道。

自然景观。成都市是全国著名的旅游城市，自然景观十分丰富。成都处在由剑门蜀道、九寨沟、成都、峨眉山、长江三峡等旅游胜地组成的四川旅游环，以及由北京、西安、成都、昆明、桂林、广州等旅游中心组成的全国旅游环的结点上，又是内地前往西藏的主要通道，优越的地理位置为开发利用丰富的旅游资源创造了良好的条件。成都地形地貌复杂多样，山水俱全，自然风光绮丽，旅游资源得天独厚。成都的山景具有高、险、奇、秀、幽的特色，有"天下幽"的青城山、雄奇多姿的九峰山、高耸挺拔的西岭雪山、景色秀美的玉垒山；水景中有汹涌湍急的溪流，清澈明亮的水潭，飞珠溅玉的瀑布，秀美如画的湖泊；生物景观中有少见的桂花林、箭竹林、杜鹃林等植物群落，以及大熊猫、小熊猫、金丝猴等珍稀动物。成都市的旅游资源丰富，截至2022年9月，全市共有国家A级旅游景区92处，其中国家5A级旅游景区2处，国家4A级旅游景区50处，国家3A级旅游景区27处，国家2A级旅游景区12处，国家1A级旅游景区1处。

基础设施

截至2022年，全市建成区面积1331.1平方千米，其中中心城区建成区面积1063.7平方千米。城市道路面积1.2亿平方米。全年供水总量16.7亿立方米，其中居民生活用量7.8亿立方米。城镇污水集中处理率94.4%。天然气供应量80.1亿立方米。完成生活垃圾无害化处理674.0万吨，无害化处理率100%。

2022年，新改建公路471千米，年末公路总里程29322千米，等级公路28062千米，其中高速公路通车里程1240千米。年末机动车保有量660.7万辆，其中私人汽车拥有量502.2万辆。

截至2022年，全市公交线路长度22950.0千米，公共汽车营运线路1428条；全市公交营运汽车保有量16657辆。轨道交通运营线路长度558千米，其中地铁运营线路长度518.5千米；全年地铁客运总量15.6亿乘次。

主要产业

农林牧渔业。2022年，实现农林牧渔业总产值912.3亿元，其中种植业634.8亿元，林业19.2亿元，畜牧业228.0亿元，渔业30.3亿元。粮食产量227.0万吨，生猪出栏428.7万头，肉类产量45.5万吨。

全年农作物播种面积1104.2万亩。粮食作物播种面积582.6万亩；经济作物播种面积521.6万亩，其中油料作物播种面积197.8万亩，蔬菜及食用菌播种面积274.4万亩，中草药材播种面积21.5万亩。

新建成高标准农田30.7万亩，高效节水灌溉面积3.7万亩。

工业和建筑业。2022年，规模以上工业增加值比上年增长5.6%。五大先进制造业合计增长3.0%，其中电子信息产业增长12.0%，医药健康产业增长2.7%，装备制造产业增长2.2%，绿色健康产业增长1.6%，新型材料产业下降17.8%。规模以上高技术制造业增加值比上年增长4.9%，其中航空航天器及设备制造业、电子及通信设备制造业分别增长12.7%、7.3%。

全年实现建筑业增加值1443.8亿元，施工总承包和专业承包建筑企业竣工产值2761.1亿元，房屋施工面积32227.2万平方米，竣工面积6390.9万平方米，房屋竣工率19.8%。

房地产业。2022年，房地产开发投资比上年增长7.0%。商品房销售面积（含预售）2773.0万平方米，其中住宅销售面积2013.6万平方米。商品房销售额3812.8亿元，其中住宅销售额3300.7亿元。

交通运输邮政仓储业。2022年，实现交通运输邮政仓储业增加值1021.4亿元，全年旅客周转量535.1亿人千米。其中，铁路旅客周转量39.9亿人千米，公路旅客周转量31.1亿人千米，航空旅客周转量464.1亿人千米。全年货物周转量514.7亿吨千米。其中，铁路运输货物周转量106.0亿吨千米，公路运输货物周转量393.3亿吨千米，航空运输货物周转量15.4亿吨千米。

全年邮政业务总量195.3亿元，快递业务收入163.3亿元，快递业务量17.6亿件。

批发零售业和住宿餐饮业。2022年，实现社会消费品零售总额9096.5亿元。按经营地统计，实现城镇消费品零售额8720.2亿元，乡村消费品零售额376.3亿元。按消费形态统计，商品零售7651.9亿元，餐饮收入1444.6亿元。16大类限额以上企业商品零售额中，8个大类实现正增长。

金融业、证券业和保险业。2022年，实现金融业增加值2445.2亿元，年末金融机构本外币存款余额53189亿元,金融机构本外币贷款余额53053亿元。

年末共有境内外上市公司及过会企业149家，其中A股上市公司114家，新增上市公司16家；共有法人证券公司4家、法人期货公司3家、证券投资咨询公司3家、证券公司分公司70家、基金公司分公司16家、证券公司营业部209家、期货公司营业部26家。全年股票市场上市融资367.8亿元，证券交易额17.1万亿元。

2022年，原保险保费收入1061.4亿元，各类保险赔偿与给付支出361.4亿元。

对外经济。2022年，新开通国际定期直飞货运航线5条，总数增至20条；国际（地区）航线131条。旅客、货邮吞吐量分别达3109.3万人次、61.2万吨。双流国际机场旅客吞吐量1781.7万人次，天府国际机场旅客吞吐量1327.6万人次。国际班列开行超5000列，连接境外城市100个。

2022年，实现货物进出口总额8346.4亿元。其中，出口总额5005.1亿元，进口总额3341.3亿元。

2022年，新设外商投资企业566家，落户成都的世界500强企业达315家。外商直接投资（FDI）到位25.9亿美元，新设或增资合同1000万美元以上的外资企业93家。在蓉设立领事机构的国家23个，国际友城和国际友好合作关系城市105个。

2022年，自贸试验区新增企业46200户，新增注册资本3781.5亿元，其中，新增外资企业322户、新增外资注册资本424.5亿元。自贸试验区实现货物进出口总额996.8亿元。

文旅品牌

成都市是全国著名的历史文化名城，文化遗产十分丰富。成都市的古代遗迹包括遗址、建筑、摩崖造像、陵墓、窖藏等。其中，二王庙、武侯祠、杜甫草堂、罨画池、回澜塔、升庵桂湖、永陵、蜀僖王陵等极具特色，观音寺的壁画、花置寺的摩崖造像等有很高的艺术观赏价值；世界文化遗产都江堰水利工程，更具有极高的科学研究价值。成都市是中国"十大古都"之一，截至2022年，有不可移动文物7413处，居全省首位，完成普查可移动文物258695件（套），登录量位列全国第三、全省第一；有全国重点文物保护单位39处，被列入《成都市大遗址保护名录》的大遗址有24处35个遗址点，被

● 杜甫草堂（孙琳 拍摄）

列入成都市第一批至第七批历史建筑保护名录的历史建筑有67处。全市共有博物馆（含民办）172个，文化馆23个，公共图书馆23个。

2022年，三星堆——金沙遗址联合申遗正式启动。邛窑考古遗址公园入选国家考古遗址公园，成都博物馆、建川博物馆获评国家一级博物馆。安仁古镇成功创建国家5A级旅游景区，宽窄巷子入选首批"全国示范步行街"，实体书店数量位居全国城市第一，获评首批国家文化和旅游消费示范城市。

武侯祠。武侯祠位于成都市武侯区，是全国唯一的君臣合祀祠庙和最负盛名的诸葛亮、刘备及蜀汉英雄纪念地，有三国圣地之美誉。武侯祠旅游区分文物区、园林区和锦里三部分。文物区主要由惠陵、汉昭烈庙、武侯祠、三义庙等组成，供奉着蜀汉英雄塑像。园林区原系四川军阀刘湘陵园，有仿清帝王陵寝建筑。锦里位于武侯祠文物区东侧，系清末民初建筑风格的一条街。武侯祠为国家4A级旅游景区、国家一级博物馆，属首批全国重点文物保护单位，是全世界影响最大的三国遗迹博物馆。

杜甫草堂。杜甫草堂位于成都市青羊区浣花溪畔，是唐代诗人杜甫流寓成都时的故居。现存建筑为清嘉庆十六年（1811年）重建。杜甫草堂是中国文学史上的"圣地"，经过宋元明清历代修葺扩建，已演变成一处集纪念祠堂格局和诗人旧居风貌为一体，建筑古朴典雅、园林清幽秀丽的著名文化圣地，是中国规模最大、保存最完好、知名度最高且最具特色的杜甫行踪遗迹地，也是国内最大的有关杜甫文物资料的收藏中心。杜甫草堂为国家4A级旅游景区、国家一级博物馆，属首批全国重点文物保护单位。

金沙遗址。金沙遗址位于成都市青羊区，是商代晚期至西周时期的古蜀国都邑，也是中国先秦时期最重要的遗址之一。分布范围约5平方千米，已

● 武侯祠（李玲 拍摄）

● 金沙遗址博物馆之遗迹馆（成都市文化广电旅游局 提供）

● 宽窄巷子（宽窄巷子文化产业发展有限责任公司 提供）

● 成都大熊猫繁育研究基地（成华区档案馆 提供）

发现的重要遗迹有大型建筑基址、祭祀区、一般居住址、大型墓地等，出土金器、铜器、玉器、石器、象牙器、漆器等珍贵文物，还有数以万计的陶片、数以吨计的象牙以及数以千计的野猪獠牙和鹿角，堪称世界范围内出土金器、玉器最丰富，象牙最密集的遗址。在金沙遗址原址上修建的金沙遗址博物馆，为全国重点文物保护单位、国家一级博物馆、国家首批考古遗址公园、国家4A级旅游景区，并进入世界文化遗产预备清单。

宽窄巷子。宽窄巷子位于成都市青羊区，为成都市三大历史文化保护区之一，是历史文化遗产保护与利用的示范区，也是老成都生活样态的活化区。全长约500米，由宽巷子、窄巷子和井巷子三条平行排列的老街道及其间的45个四合院落群组成，房舍大多建于民国初年，少数建于清末。先后获"中国特色商业步行街"、四川省历史文化名街、成都新十景、四川十大最美街道等称号。2020年，入选首批"全国示范步行街"。

成都大熊猫繁育研究基地。成都大熊猫繁育研究基地位于成都市成华区熊猫大道，是世界著名的大熊猫迁地保护基地、科研繁育基地、公众教育基地和教育旅游基地，是集大熊猫科研繁育、保护教育、教育旅游、野放研究、熊猫文化建设为一体的大熊猫等珍稀濒危野生动物保护研究机构，曾获"全球500佳"环境奖,现为国家4A级旅游景区、全国科普教育基地、国际科技合作示范基地。

风味美食

成都在2010年即被联合国教科文组织授予"世界美食之都"称号,有着"尚滋味""好辛香"的饮食特点。来自各省移民的不同饮食习尚互相融合,造就了成都这个美食之都源远流长的饮食文化、高超的烹饪技艺。

成都菜品。川菜系中国"八大菜系"之一。成都市作为四川省会,其菜品是四川菜肴中的集大成者。川菜讲究色、香、味、形,兼有南北之长,在"味"字上功夫尤深,以味的多、广、厚著称。尤其是在辣椒的使用上,可因料而异,因时、因人制宜,巧妙配合,适应性强,为川菜特有风格。特色菜品有麻婆豆腐、回锅肉、鱼香肉丝、宫保鸡丁、口水鸡、青城山老腊肉、咸烧白、香水鱼、樟茶鸭、九尺板鸭、简阳羊肉汤、冒菜等等。

成都小吃。成都风味独特、品类繁多的小吃,可谓誉满天下。从各色小面到抄手、饺子,从腌卤到凉拌冷食,从锅煎蜜饯到糕点汤圆,从蒸煮烘烤到油酥油炸,各味俱全,种类200余种。知名小吃有:双流老妈兔头、夫妻肺片、担担面、龙抄手、钟水饺、韩包子、三大炮、赖汤圆、甜水面、伤心凉粉、军屯锅盔、肥肠粉等等。

成都火锅。火锅是成都美食文化的重要组成部分,至少有1700年的历史。西晋文学家左思在《蜀都赋》中写道"金罍中坐,肴槅四陈,觞以清醥,鲜以紫鳞",实际上描写的就是成都火锅。

成都火锅从被称为"热盆景"的单纯麻汤发展到现在羊肉、啤酒鸭、蘸水鱼、菊花等10多个品种,火锅店的菜品从过去的几十种发展到数百种,可以说,凡是川菜原料几乎都成了火锅店的汤料,不同饮食习惯和偏食的食客都可以在火锅店内找到自己喜欢的食品。时至今日,成都火锅已然成为一张闪亮的城市名片。

发展定位

坚持以全面建设践行新发展理念的公园城市示范区为统领,奋力打造中国西部具有全球影响力和

● 成都火锅（张旭 拍摄）

● 夫妻肺片（张锦 拍摄）

美誉度的社会主义现代化国际大都市，谱写中国式现代化成都篇章。坚持把高质量发展作为现代化建设的首要任务，加快建设"四中心一枢纽一名城"，努力在服务和融入新发展格局中推动经济实现质的有效提升和量的合理增长，建设带动全国高质量发展的重要增长极和新的动力源。

加快建设全国重要经济中心。突出功能协同、区域协调；推进"三个做优做强"，提升城市整体功能，构建"三圈一体"，打造现代化都市圈；聚焦"五个互联互通"，打造现代化双城经济圈，全面增强极核引领能力，突出建圈强链、数实融合；深入推进智造引领，建设制造强市；深入推进融合创新，构建服务业新体系；深入推进数字化绿色化转型；大力促进消费扩容提质；全面构建现代化产业体系。

加快建设全国重要科技创新中心。突出科教支撑、产研融合，加快打造教育强市，深入实施创新驱动发展战略，加快打造全国创新人才高地，全面塑造发展新动能新优势。聚焦"四个面向"，服务国家战略科技力量布局，构建形成国家科技创新中心、西部（成都）科学城、综合性国家科学中心、天府实验室"四层架构"。西部（成都）科学城加快建设，西部地区首个国家实验室成功落户，国家超算成都中心建成投用，天府实验室实体化运行，国家级科技创新平台增至 139 个。

加快建设西部金融中心。全球金融中心指数排位从第 82 位上升至第 34 位。持续深化金融领域改革，着力构建现代金融产业体系。到 2025 年，基本建成金融强省，成都金融极核作用显著增强，科创金融、普惠金融、绿色金融、消费金融、供应链金融等特色金融服务体系更加完善。到 2035 年，区域金融资源配置能力和辐射影响力明显提高，服务国内国际双循环的内陆金融开放服务体系更加健全，金融服务"一带一路"功能更加完善，作为西部金融中心的国际影响力显著增强。

加快建设国际消费中心城市。打造国际消费目的地，培育国际消费自主品牌，打造具有全球美誉度的消费环境，把恢复和扩大消费摆在优先位置，大力培育多元消费场景，积极创新优质消费供给。扩大国际消费，完善"买全球、卖全球"供应链体系，优化离境退税服务，加快打造国际消费中心城市。新落户首店超 2100 家，居全国城市第三位。

加快建设国际门户枢纽。突出内畅外链、要素运筹，持续巩固"两场两港"枢纽优势，着力建设空港陆港大枢纽，着力打造开放合作大平台，着力拓展国际国内大市场，全面提升国际门户枢纽功能。2022 年航空旅客吞吐量位居全国城市第 1 位，铁路、高速公路运营里程分别排名全国城市第 5 位、第 4 位。

加快建设世界文化名城。突出开放包容、自信自强，巩固壮大新时代主流思想舆论，广泛践行社会主义核心价值观，提高全社会文明程度，持续擦亮"世界文创名城、世界旅游名城、世界赛事名城、国际美食之都、国际音乐之都、国际会展之都"名牌，更好满足群众精神文化需求，进一步提升天府文化的国际影响力。

发展目标

到 2035 年，践行新发展理念的公园城市示范区建设目标全面实现，基本建成中国西部具有全球影响力和美誉度的社会主义现代化国际大都市。到 21 世纪中叶，全面建成发展高质高效、动能充沛充盈、文化自信自强、社会和顺和谐、城乡共富共美的社会主义现代化国际大都市。

（撰稿：李滢 张锦 陈子君 审稿：吕毅 胡刚）

01 天府新区

基本情况

四川天府新区2014年10月获批为国家级新区，2018年2月11日，习近平总书记亲临天府新区视察时指出"天府新区是'一带一路'建设和长江经济带发展的重要节点，一定要规划好建设好，特别是要突出公园城市特点，把生态价值考虑进去，努力打造新的增长极，建设内陆开放经济高地"。同年4月26日，在深入推动长江经济带发展座谈会上，习近平总书记指出"我去四川调研时，看到天府新区生态环境很好，要取得这样的成效是需要总体谋划、久久为功的"，并教给了天府新区"一锤接着一锤敲"的科学工作方法。2020年1月3日，习近平总书记在中央财经委第六次会议上提出"要以两江新区、天府新区为重点，打造内陆开放门户"，指明了天府新区在成渝地区双城经济圈建设中的着力方位。四川天府新区全面落实习近平总书记重要指示精神，始终坚守国家级新区初心使命，始终沿着习近平总书记指引的方向坚定前行。

四川天府新区地处成都市主城区南部，介于东经103°47′~104°15′，北纬30°13′~30°40′之间。东邻成都东部新区、龙泉驿区，南接眉山市仁寿县，西连双流区、新津区，北靠成都高新区、锦江区，地形地貌以浅丘为主，有兴隆湖、南湖2个人工湖泊。截至2022年，四川天府新区土地面积564平方千米，其中城市建成区面积88.16平方千米，耕地面积118平方千米；辖9个街道、61个社区（均为城市社区）、58个行政村，有3个产业功能区（成都科学城、天府总部商务区、天府数字文创城）。

历史沿革

2011年12月，省委省政府成立四川省成都天府新区规划建设委员会，由省长兼任委员会主任；2013年4月，省委编委分别批复同意成都市、眉山市、资阳市设立片区管理机构，负责片区经济发展等事务；2013年7月，成都市委市政府决定成立天府新区成都党工委管委会，并设立天府新区成都直管区；2013年12月，原双流县13个镇（街道）正式划转移交天府新区成都直管区，天府新区成都党工委管委会负责统筹天府新区成都片区事务，并直接负责成都直管区开发建设和社会管理。

2014年10月，四川天府新区获批为国家级新区，天府新区管委会办公室临时工作机构设在省发展和改革委。

2015年2月，省委编委明确四川天府新区成都党工委管委会为副厅级，工作机构为正处级。眉山、资阳党工委管委会为正处级，工作机构为正科级。为加强统筹协调力度，三个市级党工委管委会的主要负责人继续由市领导兼任。

2015年3月，经中央编办批准，省委省政府设立四川天府新区管委会办公室，具体承担拟定发展政策、统筹规划实施、协调产业布局等职能，办公室主任由副省级领导兼任，常务副主任由正厅级领导担任。

2016年4月，省委省政府设立四川天府新区管委会，主任由省长兼任。

2016年5月，简阳市改由成都市代管，四川天府新区区域范围不再涉及资阳市。

2017年7月，省委省政府设立省四川天府新区建设领导小组，由省长兼任领导小组组长，不再设立四川天府新区管委会，管委会办公室仍保留，职能下沉天府新区成都管委会。

2019年3月，省四川天府新区建设领导小组组长调整为由省委常委、常务副省长兼任，领导小组办公室设在省发展和改革委。

2020年4月，中央编办批准设立四川天府新区党工委管委会，为省委、省政府派出机构，实行合署办公，规格为正厅级，委托成都市管理；撤销天府新区成都管委会、天府新区资阳管委会；不再保留四川天府新区管委会办公室牌子。2020年8月，省委编委明确由四川天府新区党工委管委会按规定负责四川天府新区规划及成都直管区经济社会管理。

2020年10月，中央编办批复同意四川天府新区党工委管委会加挂西部（成都）科学城党工委管委会牌子。

三、重要资源

人口资源。2022年总人口（包括户籍人口和流动人口）130.5679万人，户籍人口82.0279万人（其中城镇户籍人口58.1360万人）、户籍户数26.1666万户，流动人口48.54万人；人口出生率10.15‰、人口自然增长率5.69‰，人口密度1613人／平方千米。

自然资源。四川天府新区林地面积4395公顷，蓄积量276208立方米；非林地上的森林资源8555公顷，蓄积量187773立方米，古树名木32株，其中二级古树名木1株，三级古树名木31株。

纳入河长制江河湖库名录管理的主要河渠156条，全长784千米；有兴隆湖、南湖2个人工湖泊，水库15座，设立河长制公示牌279块。

鸟类中有青头潜鸭，为国家一级重点保护野生动物；小天鹅、花脸鸭、黑颈鸊鷉、角鸊鷉、鹗、凤头蜂鹰、黑鸢、白尾鹞、雀鹰、灰脸鵟鹰、普通鵟、长耳鸮、红隼、游隼、红嘴相思鸟等15种鸟类为国家二级重点保护野生动物；灰胸竹鸡和黄腹山雀等2种鸟类为中国特有鸟。

基础设施

基础设施逐步完善，支撑城市快速发展。

市政道路。建成市政道路310千米，各类管线近1200千米，建成区市政路网密度8.0千米／平方千米。

公交场站。"十三五"期间，新建万科翡翠公园、海昌、鹤林等公交场站8座。

公共服务设施。建成香山小学、天府职中等学校66所，社区养老、社区卫生、社区办公、文体中心等基本公共服务设施294处。

综合管廊。建成综合管廊31千米，核心区综合管廊密度达1.12千米／平方千米。

西部（成都）科学城。建成中国科学院大学成都学院、成都超算中心、天府实验室等一批战略科技平台。

生态环境。全面实施兴隆湖水生态综合提升、鹿溪智谷核心绿廊等17个重大生态工程，建成连片绿地湿地、河湖水体、城市森林1.13万亩，各级绿道277千米。

交通运输稳步发展，增强了城市通勤效率。

公路。天府新区境内公路总里程1324.25千米。其中，高速公路总长93.18千米，国道68.05千米、省道62.66千米、县道36.09千米、乡道476.44千米、村道587.83千米。

城市公共交通。截至2022年底，天府新区公交共计开行线路113条，设备车辆848辆，线网覆盖总里程1126千米，年平均营运里程约3156.28万千米，年客运量达4301.52万人次。

物流。天府新区已登记注册园区物流企业共计8家，邮政快递企业累计283家。

经营性停车场。天府新区已备案登记经营性停车场企业共计199家，共计171526个泊位。

公路养护。天府新区公路管养里程1324千米，列养率100%。

主要产业

成都科学城。成都科学城系统落实具有全国影响力的科技创新中心、成渝（兴隆湖）综合性科学中心、西部（成都）科学城、天府实验室等重大战略，布局"一中心两基地，一岛三园"功能组团，围绕科学研究、技术创新、产业驱动、创新生态，加快构建高水平科技自立自强、创新驱动引领高质量发展的总体格局。截至2022年，累计引进重大项目270个，总投资超2700亿元，其中布局电磁驱动

● 天府总部商务区（周君剑 拍摄）

● 成都科学城（陈果 拍摄）

聚变大科学装置等"四类设施"39个，引进"中科系""中核系"等国家级科研机构26家，引育清华四川能源互联网研究院等校院地协同创新平台65个，落户中科曙光先进微处理器技术国家工程实验室等国家级创新平台35个，引进海康、商汤等数字经济项目130余个、新经济企业6000余家，培育高新技术企业1000余家，汇聚国家、省、市人才计划中的各类高层次人才804名，高端科研人才5000余名，本科以上学历落户人才超17万人。

天府总部商务区。天府总部商务区是国家级新区——四川天府新区三大产业功能区之一，位于成都城市中轴线天府大道南段、天府新区几何中心，规划面积50.3平方千米。2018年9月，省委、省政府释放原省级行政预留用地，支持天府新区规划建设面向世界的商务区，打造成都未来城市新中心。2019年6月，以总部基地项目正式启动为标志，天府总部商务区建设发展全面起势。2020年，省委、省政府提出建设天府中央法务区重大战略，作为全国首个省级层面推动的法律服务集聚区，天府中央法务区与天府总部商务区相伴相生、空间耦合、融秉持"建圈强链"产业理念，深化总部经济细分领域研究，细绘产业图谱，梳理目标企业，精准招引高能级500强企业、央企国企、行业领军企业等在新区设立全球总部、区域型总部和功能型总部，致力打造中西部地区能级最高、功能最优、环境最美的总部经济集聚区。截至2022年，已集聚招商局集团西部总部、日本神户医疗中国总部、新疆广汇第二总部等高能级总部项目92个，总投资额2000亿元。依托天府中央法务区，以商引法、以法促商，集聚法律服务、管理咨询、知识产权等先进生产性服务机构200余家，加速构建法商融合产业生态。

秉持"以人为本"发展理念，均衡布局文化、教育、医疗等8大类18项"15分钟生活圈"，建成天府七小、天府七中、元音书院等优质学校，华西天府医院等高端医疗配套，努力保障85%的工作人群本地生活率。以精准满足总部企业和高端人才偏好为导向，大力推进西部国际博览城商圈建设，引进天府大悦城等高端商业项目22个，积极打造吸引城市精英驻留的高品质产业社区。

天府数字文创城。天府数字文创城是天府新区三大城市组团之一、全市文创业主要承载地，规划范围61平方千米，其中城市建设区25平方千米，核心区3.8平方千米，是习近平总书记见证签约的中意文化创新产业园承载地、国家广电总局批复的第二个国家级网络视听产业基地、国家版权局批复的第三个国家版权创新发展基地。按照城田相融、全域景区化理念，构建"一心九廊多组团"城市空间格局，勾勒"万亩林苑、十字轴带、一城两镇、百里画径"山水相融的生态人文公园城，不断探索公园城市文创表达。坚持产业建圈强链，形成网络视听为核心、创意设计和文博旅游为特色的"1+2"产业体系，打造全国数字创意策源地、西部视听智

合发展，致力打造立足四川、辐射西部、影响全国、面向世界的法商融合高地。

秉持"公园城市"理念，首创进阶版中央商务区发展新范式——中央商务公园（CBP），实施公园引领（POD）+轨交引导（TOD）+活力引动（VOD）"3D融合"规划策略，坚守45%的生态空间占比，10分钟绿地可达率100%，绿色交通出行率85%，轨交站点500米全覆盖，实施地上、地下一体化开发，着力引导商务区发展路径变革、城市价值重塑，打造人城境业高度和谐统一的"未来之城"。

● 天府文化共享中心（文创会展局 提供）

造增长极和"一带一路"中欧文创新地标。

六、发展定位

四川天府新区自谋划建设以来，作为公园城市"首提地"，习近平总书记多次对天府新区作出重要指示，为天府新区标定了时代方位，明确了总体要求，作出了战略谋划，指明了方向路径。2020年11月18日，党中央、国务院正式印发《成渝地区双城经济圈建设规划纲要》，其中天府新区涉及"1+6+5"共12个方面、50多项改革创新使命："1"是"以建成践行新发展理念的公园城市示范区为统领"，"6"是6次专门提及"天府新区"并赋能天府新区改革创新，"5"是5次指出要围绕"西部(成都)科学城""综合性科学中心""四川自由贸易试验区""中意双边合作园区"等领域推进天府新区建设，天府新区发展提档升级为国家战略规划。

省委、省政府深入贯彻落实习近平总书记对天府新区的重要指示精神，将天府新区建设明确为治蜀兴川的"百年大计、省之大事"，时任省委书记彭清华先后多次亲临视察指导，亲自推动出台《中共四川省委 四川省人民政府关于加快天府新区高质量发展的意见》，谋划释放原省级行政预留用地用于打造面向世界的天府总部商务区，安排部署"建设五个城市（创新引领的活力城市、协同共荣的和谐城市、生态宜居的美丽城市、内外联动的包容城市、共建共享的幸福城市），在高标准规划、高品质建设、高质量发展、高水平开放、高效能治理上作出示范"的重点任务。时任省长尹力多次对天府新区建设作出重要指示，省委十一届七次全会专章部署成都的"四件大事"：加快建设践行新发展理念的公园城市示范区，加快成都天府新区、成都东部新区和中国西部（成都）科学城"两区一城"建设，加快推进成德眉资同城化暨成都都市圈发展，加快打造国际门户枢纽。每一件都与天府新区紧密相关，进一步体现了省委、省政府对天府新区参与成渝地区双城经济圈建设的大力支持和深度布局。

成都市委、市政府充分赋能天府新区建设发展，将天府新区纳入成都高质量发展示范区，系统谋划、高位推进。时任市委书记范锐平，时任市长罗强、王凤朝等多次亲临天府新区视察指导，市委十三届七次全会明确天府新区在建设践行新发展理念的公园城市示范区中的先行地位、在中国西部（成都）科学城中的策源功能，进一步提升了天府新区在全市乃至更大区域发展格局中的战略势能。

七、发展目标

到2035年，四川天府新区建成具有世界知名度的公园城市，地区生产总值突破1万亿元，综合实力进入国家级新区前列，成为新时代公园城市典范和国家级新区高质量发展样板。

（撰稿：林洪 王静 审稿：杨枝苍 张帆）

02 成都高新技术产业开发区

基本情况

成都高新技术产业开发区（以下简称成都高新区）筹建于1988年，1991年被国务院批准为全国首批国家高新技术产业开发区，是全国首批"创建世界一流高科技园区"试点园区之一、西部首个国家自主创新示范区、四川省全面创新改革试验区和自由贸易试验区核心区。成都高新区现有管理面积237.22平方千米（高新西区面积43平方千米；高新南区面积89.82平方千米，其中成都交子公园金融商务区9.3平方千米，由成都高新区主导建设，该商务区有6.48平方千米位于高新南区，其余的

● 成都高新区管委会大楼（高武辉 拍摄）

2.82平方千米位于成都市锦江区；成都高新区与成都市双流区合作共建天府国际生物城44平方千米；成都高新区与东部新区合作共建未来科技城60.4平方千米）。

2022年末，全区户籍人口847870人，常住人口618616人。成都高新区管委会驻天府大道北段18号高新国际广场A座。

历史沿革

成都高新区1988年筹建，1990年正式成立。规划面积40平方千米，先期开发2.5平方千米。1991年3月经国务院批准，成都高新区成为全国首批国家高新技术产业开发区。成都高新区区划多次调整，面积不断扩大。其中大的调整先后有六次。1996年3月第一次调整，从成都市武侯区成建制划入芳草街、肖家河两个街道和桂溪、石羊场两个乡，面积由2.5平方千米增加到47平方千米。管理体制也由最初的单一政府部门管理、政企合一公司化管理，转变为具有行政区特征的综合性管理。2001年1月第二次调整，位于成都市郫县的"成都现代工业港"划入成都高新区，设立成都高新区西区科技园，面积7平方千米。成都高新区由此形成一南一西两个园区，即"一区两园"的格局。2003年12月第三次调整，设立成都高新区西部园区（后改为合作街道），实行街道办事处管理农村的体制，西部园区整合时从郫县划入19个村169个村民小组。西部园区面积由7平方千米扩大为35.5平方千米。2010年第四次调整，从成都市双流区成建制划入中和街道。全区总面积达到130平方千米。2017年4月第五次调整，成都市委市政府决定，成都高新区托管四川省简阳市的丹景乡、玉成乡、草池镇、新民乡、三岔镇、福田乡、芦葭镇、董家埂乡、清风乡、坛罐乡、海螺乡、石板凳镇共12个乡镇，174村（社区）31万多人，高新东区总面积为483平方千米。2020年4月第六次调整，四川省人民政府正式同意成立成都东部新区，原成都高新区托管的四川省简阳市的12个乡镇整体划转成都东部新区，成都高新区与成都东部新区合作共建未来科技城，规划总面积60.4平方千米。

2000年4月，经国务院批准，在成都高新区设立四川成都出口加工区，重点发展外向型经济。四川成都出口加工区分别设在南部园区和西部园区，也以"一区两园"模式管理和运行。2010年10月，经国务院批准，四川成都出口加工区升格并变更为成都高新综合保税区。2018年，成都高新区获批新设成都高新西区保税区。

1990—2000年，成都高新区进行一次创业，解决了"立区"问题。2001—2012年进行二次创业，初步解决了"兴区"问题。2013年10月正式提出并开启"三次创业"，全面建设世界一流高科技园区。

基础设施

2022年成都高新区文化体育事业投入5306.63万元，优化升级高新文化中心文图新馆功能布局，高新文化中心剧院项目实现投用，新增文图分馆及服务点各2处。打造全市基层综合性文化服务中心示范点2个、示范院落3个。完成3个社区级智能化室外健身设施示范项目、5处社区运动角打造、5处锦江绿道体育健身空间植入、10个"成都市运动促进健康服务站点"建设。肖家河街道兴蓉社区获评成都市文化创意社区称号，中和街道双龙社区获评成都市运动健身主题社区称号，石羊街道综合文化活动中心获评四川省"金熊猫"先进集体。

2022年，成都高新区从建设践行新发展理念公

● 天府大道（高武辉 拍摄）

园城市示范区与"三个做优做强"出发，编制《成都高新南区综合交通提升规划》。城市道路网络不断完善，完成江家互通立交提升改造、双简路高新段提升改造以及高朋西路下穿铁路隧道等6个路网贯通项目，新建成市政道路共计约21千米，精准微改一批干道节点，实施"短、平、快"交通提升工程、道路安全隐患整治民生项目，提升车辆转换效率，策划形成新双大道北段、楠香山南侧地下停车场等项目，着力缓解动态和静态交通供需问题。

2022年，成都高新西区立足交通结构优化调整，编制高新西区综合交通体系规划，对高新西区及周边区域约350平方千米开展综合交通研究，收集分析全市2.4亿条手机信令数据，建立高新西区中观交通模型，提出优化道路交通结构、强化公共交通服务效能、提升慢行交通品质、平衡静态交通供需水平、引导货运交通合理组织五大策略，谋划近远期项目26组，总投资约82.3亿元，其中高新区近期实施项目15组，投资约42.2亿元。推进绿色市政基础设施建设，新开工建设西区第二污水处理厂，完善能源利用、污水处理、地下空间等市政设施网络。

高新区（南区、西区）基础设施网络不断完善、承载能力逐步提升，高新南区加快推进对外骨干路网建设，区内剩余6条未贯通的毗邻区域连接骨干通道，目前1条在建，5条已启动道路概念方案研究。精细实施内部路网优化工程，推进实施"两桥一路一口"（江家立交、科华南路与绕城高速互通立交、新双大道、锦城湖收费站C口）项目建设，完工锦城湖收费站C口、江家互通立交提升改造工程。疏通一批干道和断头路，均衡路网压力，双简路（高新段）改造、定安路、新程南三路等5个项目已完工。实施一批"短、平、快"交通改造工程，完成14个点位改造，重点点位通行能力得到提升。高新西区强化区域互联互通，会同郫都区、温江区启动西区大道、滨河路东延线、货运大道和天润路等8条跨区道路贯通研究；聚焦内部通达，优化"两环一井"

骨干网络，启动西源大道、天健路、科新南路、芙蓉大道等6条道路提升研究；高新西区现有地铁2、6号线及有轨电车蓉2号线三条轨道交通，规划地铁12号线已纳入成都市轨道交通第五期建设规划。

截至2022年底，已完成高新南区市政道路建设约472千米、高新西区城市道路建设约173.38千米。

主要产业

电子信息产业。 2022年，引进奕斯伟板级封装系统集成电路基地、京东方成都车载显示基地2个百亿级重大项目。获评2022年全国第三代半导体最具竞争力产业园区，高居中国集成电路园区综合实力榜单第三位。

生物医药产业。 2022年，医药健康产业进位提速，产业规模突破1200亿元，同比增长20%。GE医疗中国精准医疗产业化基地等4个高能级500强项目落户，全国唯一的国家精准医学产业创新中心、国家卫健委科技发展中心全国首个示范平台落地。在科技部全国生物医药产业园区综合竞争力排名进位至第三。

新经济产业。 2022年，新经济量质齐升，规模以上新经济属性服务业企业实现营收1250亿元，同比增长9.08%。引进腾讯未来中心、抖音生活服务全国总部等2个百亿级项目。超高清视频创新中心获批成为全省首个国家制造业创新中心，建成全省首个智能驾驶示范场景。

金融业、商贸业。 2022年，以交子金融商圈为核心载体，持续推进成都银行总部、省金控总部等20栋共计130万平方米的产业载体建设，"一带一路"金融合作中心、西部金融总部产业园、金融科技创新生态园"一心两园"空间形态初具。商贸产业方面，加速聚集消费新场景，助力成都SKP、招商大魔方、复星艺术中心、华商中心顺利开业；积极引入克罗心西南首店、话梅2.0旗舰店等各类首店30余家；打造"交子咖啡节""交子市集"等交子IP系列活动，引入凡·高再现沉浸式光影展等活动30余场。

重要资源

成都高新自贸试验区。 中国（四川）自由贸易试验区成都天府新区片区（高新）（简称成都高新自贸试验区）位于成都高新区南部园区，规划面积29.86平方千米，涵盖中国—欧洲中心、天府软件园、新川创新科技园、菁蓉汇等区域。作为中国（四川）自由贸易试验区的核心区，成都高新自贸试验区着力打造面向世界的开放高地和核心引擎，累计形成了140余个改革创新案例，其中"首证通""自贸通"等案例在全国复制推广。成都高新自贸试验区持续优化国际营商环境，为跨国公司、国际机构、外籍人士的投资兴业和安居生活，提供一站式全流程政务服务；持续提升对外开放能级，打造中欧、中新、中韩、中日等一系列国际合作平台，高起点谋划国际化通道，力争实现信息、技术、资金、人才等资源的自由流动；持续激活创新发展要素，深度融入国际市场，用全省自贸试验区四分之一的土地，贡献了五分之三的新增市场主体和四分之三的新增外资企业，资源集聚效益日益凸显。

交子公园金融商务区。 规划面积9.3平方千米，以"打造全国一流的创新金融中心和引领时代潮流的世界级新商圈"为目标愿景，以建设践行新发展理念的公园城市示范区为统揽，围绕"成都推进西部金融中心建设主承载地核心功能，国际化都市级公园商圈特色功能，未来公园社区典范基本功能"，按照产业建圈强链思维，抢抓未来产业发展空间，重点发展金融、时尚消费等主导产业细分领域，积极建设国际知名、全国一流的金融商务区，为成都建设国际消费中心和西部金融中心提供支撑，力争形成北有金融街、南有深圳湾、东有陆家嘴、西有金融城的金融业格局，比肩纽约曼哈顿、伦敦金丝雀码头及新加坡滨海湾的世界级新商圈。

成都电子信息产业功能区。成都市委、市政府2017年下半年提出建设成都电子信息产业功能区，按照为产业发展提供空间、为完善城市功能提供配套、为改善人居环境提供生态依托、为行政管理提供便利四个原则，规划范围包括高新西区和郫都区部分区域，总面积64.2平方千米，其中高新西区43平方千米，郫都区21.2平方千米。电子信息产业功能区（高新西区）东至金牛区交界线、天辰路，南至西源大道，西至南北大道、德源镇，北至西区大道。2022年，175家电子信息规上工业企业实现年产值正增长，完成工业投资超151亿元，增长超32%，创历史新高。

成都天府国际生物城。面积44平方千米，由成都高新区与双流区合作共建，是成都发展生物医药产业的核心集聚空间，围绕"5+N"模式，确定生物技术药、创新型化学制剂、高性能医疗器械、生物服务和大健康服务五大细分领域，聚焦新型疫苗、体外诊断、药物研发及生产外包等14个赛道，致力于建成世界一流生物产业园区。

成都未来科技城。规划面积60.4平方千米，位于成渝地区双城经济圈主轴，紧邻天府国际机场，是成都市国际枢纽的门户。作为建设西部（成都）科学城"一核四区"的重要载体，成都未来科技城锚定国际创新型大学和创新型企业汇集区总体定位，加快构建以消费电子、人工智能机器人、精密仪器

● 天府国际生物城鸟瞰图（成都天府国际生物城　提供）

●未来科技城鸟瞰图（成都未来科技城　提供）

制造为主导，航空航天为特色的现代产业体系，前瞻布局未来产业，着力打造高质量推动区域协调发展的示范区、高品质塑造公园城市未来形态的试验区、高水平创建世界领先科技园区的先行区。

文旅品牌

文化方面。2022年，成都高新区教育优质均衡发展，新开办中小学、幼儿园20所，新增学位15420个。义务教育综合评价连续五年位居全市前列，入选全国首批义务教育优质均衡先行创建区。医疗资源供给扩容。新增医疗机构98家、总数达1053家。医院总数达37家，其中三级以上医院8家（三甲医院3家）。"一老一小"服务优化。完成3个社区养老服务综合体建设，养老服务设施社区覆盖率达100%。实施学前教育"向阳花开"行动，提供托位超8000个。始终坚持就业优先，兑现各类就业政策资金3.7亿元。拨付各项社保待遇5.62亿元，落实降低社会保险费率等助企纾困政策资金8.7亿元。文体事业繁荣发展。圆满完成第56届世乒赛、成都马拉松等重大赛事。开展文体活动5500余场，服务群众100万余人次。

基层公共文化服务设施100%全覆盖。

旅游方面。2022年，成都浪速城市赛艇运动中心、模坑博物馆、富森美术馆、交子市集成功评选"生活美学新场景"；环球洲际、费尔蒙和皇冠假日酒店成功创建成为"绿色饭店"；多云书店、文轩BOOKS成功创建成为"新旅游·潮成都"主题旅游目的地。加强旅游策划包装宣传，号召"打卡高新艺术空间，开启时尚潮玩之旅"，推出高新夏季绿道畅游、特色街区休闲游、潮流时尚品质游、闲趣研学体验游等系列旅游线路。2022年累计接待游客897.79万人次，实现旅游总收入90.78亿元。推荐成都携程信息技术有限公司成功认定，成为全市旅游业建圈强链链主企业。

发展目标

秉承"发展高科技、实现产业化"立区使命，锚定加快"打造成渝地区双城经济圈重要增长引擎、引领中西部的创新驱动发展示范区、全国践行新发展理念的高质量发展先行区、建设世界一流高科技园区"发展目标，推动形成现代化城市新中心、创新驱动发展新极核、产业高质量发展新高地、高水平对内对外开放新枢纽、人民美好生活新家园，力争到2025年，综合实力排名稳居全国高新区第一方阵。

（撰稿：杨敏　审稿：蔡华红　苏高飞）

03 锦江区

基本情况

成都市锦江区地处成都市城区东南部,位于东经104°04′,北纬30°40′,面积60.99平方千米。区域地形概貌以平原和浅丘为主,处于成都平原东部和龙泉山西部边缘的延伸部位,平均海拔500米。截至2021年,区域人口出生率8.58‰、人口自然增长率4.96‰,全区总户籍人口23.92万户65.85万人。常住人口122.82万人,流动人口56.97万人。

锦江区下辖春熙路、书院街、锦官驿、牛市口、东湖、沙河、狮子山、锦华路、柳江、成龙路、三圣共11个街道,设置社区76个。东部与成华区毗邻。

● 锦江廊桥段(锦江区融媒体中心 提供)

西北与青羊区交界。西部隔锦江与武侯区相望。南部与双流区接壤。东南部与龙泉驿区相连。

锦江区得名锦江,可溯先秦。自蜀郡守李冰修建都江堰后,复凿清、流二江双过成都城下。至汉代,成都织造业兴旺、蜀锦如金,清江(南河段)因洗濯蜀锦而闻名,亦称濯锦江,简称锦江,并沿用至今。建区时,取"濯锦之江源远流长"之意,命名锦江区。

锦江区所在之地自古商贸往来频繁。秦汉时期,盐市口等区域已是人口聚居地。唐代,节度使韦皋首开东市、南市,锦江之域享水陆通衢之便,跻身全国85个望县行列。后唐时期,纵贯盐市口、大慈寺的东大街成为成都最繁华的商业街道。大慈寺山门周边区域每月开设不同集市,开创成都街市贸易先河,史称"十二月市"。北宋时期,"交子"的管理机构益州交子务落户紧邻东大街的均隆街。元末明初,酿酒业迅速崛起。至明洪武年间,九眼桥码头至水井街区域成为以酿酒业为核心的新兴商业区。

清康熙以来,锦江之地再度繁荣。至晚清,建成全国四大劝业场之一的成都劝业场。东大街进驻商帮行会百余家,开设店铺千余家,业态覆盖数十种,一度是巴蜀地区规模最大的布匹绸缎集贸地。民国时期,春熙路建成,贯通东大街、劝业场,吸引"亨得利""凤祥楼"等众多老字号商号进驻,奠定了中国西南商贸中心地位。

锦江区的人文积淀也十分厚重。唐玄宗敕建的大慈寺享有"震旦第一丛林"美誉。无相禅师开创的禅茶之道远及日韩,成为东南亚茶道之始。玄奘法师曾在此精研佛法。兴于唐代的合江亭史有"舟楫往来,入长江、下东吴,游人如织"的记载。位于水井街的水井坊遗址,距今600年的白酒蒸馏酿造技艺被业界称为"中国白酒酿造的无字史书"。集圣宫曾是华夏文字始祖仓颉、五帝之一的大禹、古蜀王蚕丛和都江堰开创者李冰的祭祀之地,后专祀仓颉,更名惜字宫。书院街曾是誉满蜀地的大益书院所在地,清代邮政大楼见证了川西邮政事业的兴起和发展,广东会馆成为客家文化的鲜活实证,点将台至今流传着诸葛亮点兵出征的传说。

锦江区延续商贸繁华的历史优势,现代商贸业和现代服务业繁荣发展,入选"中国现代服务业十强区""香港企业内地投资热点城区"。近年来,锦江区围绕四川省"一干多支"发展战略,按照成都市加快建设全面体现新发展理念的国家中心城市的部署,推动"品位锦江·幸福城区"建设,打造国际消费中心城市引领区。现代商贸业、金融服务业、文化创意产业得到迅猛发展。2021年,锦江区地区生产总值1260.6亿元。助力炉霍县等地区脱贫攻坚,被党中央、国务院表彰为"全国脱贫攻坚先进集体","飞地+众筹"产业扶贫模式获评"全国社会帮扶示范案例",入选第二届"全球减贫案例"。

历史沿革

锦江区属地为原古华阳县县城和近郊。华阳县之前身为唐贞观十七年(643年)设置的蜀县,地处成都县偏东区域。唐乾元元年(758年),蜀县更名华阳县,管辖南河以北的东城及近郊区域。1921年,成都县、华阳县合并。1953年,设立东城区,原华阳县属地划入。1955年,望江区并入东城区。1990年底,东城区撤销,主体部分改置锦江区。1991年1月,锦江区成立,被国务院定为"商贸繁华区"。

重要资源

锦江区的自然资源包括水资源和土地资源。境

● 白鹭湾湿地水域（锦江区融媒体中心 提供）

内分布河渠14条。其中锦江（府河、南河、石牛堰）、沙河为市管河道，颜家沟排洪渠、洗瓦堰、陡沟河、秀水河、红庙子排洪渠、何家冲排洪渠、驸马排洪渠、南支三渠、潘家沟排洪渠、黄沙河为区管河道，南支七渠、响水沟为街道管河道。

府河、南河、沙河监测项目2019年平均值达到《地表水环境质量标准》（GB3838-2002）三类水质标准。锦江、沙河地表水考核断面水质达标率100%。2017年1月，成都市白鹭湾城市湿地公园获批"国家城市湿地公园"，成为成都市首个"国家城市湿地公园"。全域绿化率47.2%，建成三级绿道体系207千米。获评"国家生态文明建设示范区"，是中西部城市主城区中的首个国家级生态区。

基础设施

锦江区拥有十分便捷的立体交通网络。区内有人民南路、红星路、一环路、二环路、中环路、三环路、锦江大道、绕城高速8条环线与滨江大道、东大街、蜀都大道、新华大道、锦华路、锦阳大道、新机场高速、成龙大道8条干线，形成"八横八纵"城市干道网络，成都地铁1、2、3、4、6、7、8、9号线和在建的13、18、30号线经过境内。

区域内现有道路451条，道路里程共252.8495千米，其中市政道路409条共计181.5595千米，市政桥梁24座，公路42条共计71.29千米，公路桥梁26座。

主要产业

近年来，锦江区落实成都市"中优"部署，以总部经济、新经济和商业商务、金融服务、文化创意为主体，2021年推动国企改革，组建锦江发展集团，建立"1+3+3"架构，区属国企减至42家。创新"放管服"改革，成功申报"全国社会管理和公共服务综合标准化"试点，"仅跑一次"服务机制入选"中国改革十大年度案例"。设置了春熙路时尚活力区、白鹭湾新经济总部功能区、交子公园金融商务区锦江片区，通过产业功能区建设促进产业提档升级。2021年，锦江区三大产业结构占比分别为0.06%、11.08%、88.86%。

2021年，在人工智能新经济方面，"成都国家人工智能创新应用先导区"成功落地锦江，数字人民币创新应用试点走在全国前列。现代商贸业预计营收1600亿元；成功落地全省第一家外资牌照金融机构友邦人寿、全省第二家消费金融持牌法人机构四川唯品富邦消费金融有限公司；数字传媒业预计营收230亿元。都市工业预计营收961亿元；都市文旅业预计营收265亿元；都市医养业预计营收105亿元。新增市场主体5.6万家；引育种子企业14家、准独角兽企业3家、独角兽企业1家；新增入库企业55家，固定资产投资项目345个。

聚集外国驻蓉领事机构11家，世界500强企业137家，外商投资实际到位稳居全市前列，入选2020胡润中国最具投资潜力区域百强榜。

现代商贸商务产业发展方面，推动四大商圈建设。升级春熙路商圈，构建蜀都味、国际范世界级商圈。新增全国首店16家，举办首发首秀首展活动22场，在世邦魏理仕发布的《中国重点城市核心区户外经济活力指数报告》中位居第一。建设攀成钢商圈，构建人城境业融合发展的城市级商圈。建设东村商圈，构建"康养+文创"融合发展的城市级商圈。建设交子公园商圈，构建新的国际潮流引领地，培育新的国际消费增长极。社会消费品零售总额1324.3亿元，连续十八年居全市第一。

金融服务业发展方面，打造"交子普惠"金融服务平台，形成"银行主力+小贷担保补充+投资机构赋能+其他专业服务助力"市场化服务合力。银行、证券、保险等7个类别的44家机构的146款产品进驻平台。金融业增加值348.6亿元，同比增

● 春熙路商圈内的成都国际金融中心（锦江区商务局 提供）

幅5.8%，占全区GDP的27.7%。全区各类金融机构及其衍生、配套服务机构722家。其中银行118家、证券公司36家、保险及保险中介机构160家、地方金融机构41家。

文创产业发展方面，锦江区结合产业功能区建设，构建文创产业生态圈，推动"世界文创名城引领区"建设。在锦江区纳税的文创企业2816家，新增注册资金1000万以上文创企业112家。其中注册资金1亿元以上企业7家。2020年，打造枫树园等文创产业园区4个，引进重点文创企业108家。镋钯街入选"全球最酷50城市街区"，域上和美先锋剧场入选"四川十大文旅产业地标"，Play House电音剧场、成都IFS、东门市井入选"四川最受网民喜爱的网红打卡地TOP100"榜单。

锦江区引进都市工业和数字基建项目10个，总投资152亿元，工业投资31.9亿元，软件产业营收突破100亿元。锦江工业园被评为"全省优秀开发区"。

文旅品牌

锦江区是"四川省全域旅游示范区"，区域内锦江宾馆、香格里拉等星级酒店和社会旅馆343家，客房总数30581间、床位43607个。以春熙路、太古里、水井坊片区为核心，重点发展都市休闲产业；以"三圣花乡"和白鹭湾湿地片区为主导发展乡村旅游产业。打造了"都市休闲游"和"乡村体验游"文旅品牌。

"都市休闲游"方面，锦江区发挥春熙路商圈的极核优势，推出12条特色文旅线路和"十二月市""1.314爱情专线"等90个网红打卡点，国庆、中秋双节期间，春熙路商圈日均客流量达到88.6万人次，热度居全国第二。商圈的夜间经济消费场景

● 大川巷·派叁画廊艺术街区正式开街（锦江区文体旅局 提供）

● 三圣花乡"东篱菊园"景点（锦江区文体旅局　提供）

极具特色，夜间时段的客流量占比达到 50.8%。春熙路商圈入选"游客喜爱的十大夜商圈"，太古里商业街入选全国十大热门景点。

"乡村体验游"方面，以"荷塘月色""花乡农居""幸福梅林""东篱菊园""江家菜地"为主体的三圣花乡集休闲度假、观光旅游、餐饮娱乐、商务会议于一体，是锦江区打造的城市近郊生态休闲度假目的地，被评定为国家 4A 级景区，获评"最美中国·乡村旅游度假休闲目的地城市"。2020 年，三圣花乡转型升级，政府投资 1.64 亿元，撬动社会资本 10 亿元，改造"幸福梅林"基础设施。"花乡农居"景区新增现象级网红打卡点 9 个。依托"三圣花乡"打造的白鹭湾湿地规划面积 13.3 平方千米，列为"省级旅游度假区"和"省级生态旅游示范区"，由白鹭湾水生作物区、花卉产业园区、创意产业园区三大功能区组成，集生态保护、都市农业、自然景观、科普教育、休闲旅游于一体。另开设有占地 1.1 平方千米的花卉产业园区。

风味美食

锦江区域内，龙抄手、钟水饺、夫妻肺片、盘飧市等传统名小吃店与众多网红店并存，有丰富的餐饮文化。

韩包子。锦江区传统名小吃之一的韩包子源于 1917 年，由温江人韩玉隆创办，已有近百年历史。初创时位于南打金街，名为"玉隆园面食店"。1949 年，该店撤销其他面食，专营包子，将招牌更名为韩包子。韩包子不仅包子味好，经营上也有独到之处。每当顾客上座，服务员先是送上一碗用棒子骨和鸡肉熬制的"口杯汤"，作开胃之用。先汤后食，这也成了成都面食行业传承至今的模式。2001 年，韩包子餐饮有限公司成立，总部迁至牛市口，市内开设 8

家分店。

金玉轩醪糟。金玉轩醪糟源自清朝末年，由朱金玉创办。初创时位于冻青树路口。1902年，朱金玉在东玉龙街开设甜酒曲店，取名金玉轩，主营醪糟和酒曲。金玉轩醪糟用料和制作讲究，成品色白晶莹、甘香醇甜。下锅后米粒浮面，不浑汤水，可在常温下保质一年。1950年代初，金玉轩迁往盐市口附近的安乐寺，作坊设在华兴街。1958年，金玉轩划归东城区饮食公司。1960年代后期，金玉轩店址迁至提督街。1970年，迁至东大街，在荔枝巷增设作坊。1981年，金玉轩在荔枝巷、青年路开设醪糟供应点。1990年，金玉轩醪糟获得"成都名小吃"称号，成为与大竹醪糟、涪陵油醪糟齐名的商品，三者并列为四川三大醪糟品牌。

发展定位

"品位锦江·幸福城区"是锦江区的发展定位。锦江区将以创新为动力源泉建设人工智能创新应用先导区，以协调为内生特点建设城市有机更新活力区，以绿色为普遍形态建设生态文明试验区，以开放为联动纽带建设国际消费中心核心区，以共享为价值导向建设幸福美好生活标杆区，推动实现基于统筹发展与安全的经济高质量增长、人城产有机融合、人城境业和谐统一、互联互通合作共赢、全龄友好共同富裕，把一个更加美丽、更具活力、更有品位、更具幸福感的现代化国际化锦江推向新时代，为成都建设践行新发展理念的公园城市示范区贡献更多锦江力量。

发展目标

力争到2025年，人均地区生产总值达到国内高收入城区行列，国际时尚消费中心、国际商务交往客厅、天府文化魅力窗口、都市品质生活典范四大核心功能进一步增强，高质量建设"品位锦江·幸福城区"。

力争到2035年，高水平实现社会主义现代化，新经济发展能级显著提升，国际消费中心城市核心区基本建成，国际商务交往客厅功能持续增强，具有全球竞争力和区域带动力的现代化开放型产业体系基本形成，天府文化魅力窗口影响力显著提升，基本公共服务、基础设施、人民生活达到东部先进城市中心城区水平，成为都市幸福美好生活首善区，共同富裕走在全市前列，超大城市中心城区治理体系和治理能力现代化基本实现，成为公园城市示范区建设的先行区，全面建成泛欧泛亚有重要影响力的现代化国际化城区。

（撰稿：雷大秀　审稿：赵晖）

● 成都市锦江区千亿级企业培育服务签约仪式（锦江区档案馆　提供）

04 青羊区

基本情况

行政区划与人口。 成都市青羊区前身为原成都市西城区，位于成都市中心城区中西部位，介于东经103°53′~104°05′，北纬30°38′~30°44′之间。名称源于区域内道观"青羊宫"，于1991年1月1日按新区建制运行。2022年末，青羊区辖草市街、少城、西御河、府南、草堂、光华、金沙、黄田坝、苏坡、文家、蔡桥、康河等12个街道办事处、67个社区居委会及1个国家级产业园（中国成都人力资源服务产业园）、1个省级工业开发区（青羊工业集中发展区）、3个市级产业功能区、6个市级文创产业园；区政府驻江汉路224号。

据第七次全国人口普查结果，全区有常住人口955954人，共有家庭户364055户，集体户人口为108866人。全区常住人口中，男性人口461780人，占48.31%，女性人口494174人，占51.69%；60岁及以上人口占全区户籍人口总数的18.95%；有回族、满族、土家族、藏族、蒙古族、彝族、苗族、羌族、壮族、朝鲜族等约20个少数民族。

地理气候。 青羊区共有土地面积66平方千米，区境东西向长约16千米，南北向宽约8千米，地形呈不规则的长条形，东邻锦江区，南接武侯区、双流区，西连温江区，北抵金牛区、高新区西区。青羊区地处成都平原地带中心部位，属成都平原地质结构，区域海拔均在500米以下，地势起伏平缓，且呈西北略向东南微倾斜，平均坡度为3‰~5‰，区域内平原冲积物沉淀深厚。区域属东部季风区中的亚热带湿润气候区，热量丰富，雨量充沛，四季分明，雨热同季；正常年景年平均气温为16.2℃，年平均降水量为978.9毫米，年平均日照时数为1213小时，相对湿度为82%，年平均风速为1.2米/秒。

历史沿革

青羊区地域商周时期属古蜀国，为杜宇王朝、开明王朝都城核心区域。公元前316年秦灭蜀后，以古蜀国地设蜀郡，在蜀国旧都一带置成都县，为蜀郡治所。公元前310年，蜀相陈壮初筑成都城。公元前311年，蜀郡守张若在蜀国都城成都的基础上，修筑成都大城和少城，今青羊区地域为古成都县城区西半部及近郊。唐贞观十七年（643年），分成都县东偏置蜀县（758年蜀县易名华阳县），两县共治一城，今青羊区地域为古成都县城及近郊。从后汉到后蜀，古成都均为国都，今青羊区地域为国都的核心区域。古成都县历代为京、郡、道、府、州的附郭。明洪武十五年（1382年）始，明廷耗时八年在前蜀王宫苑区修筑蜀王朱椿王府（习称"皇城"，今西御河街道辖区）。清康熙五十七年（1718年），四川提督年羹尧按清制于大城之西增筑少城。民国初，先后拆除少城和皇城，使三城合一。自秦兴建成都大城2300余年来，成都城市或毁而重建、或扩而新建，城址从未迁徙，成都这一名称从未改变，青羊区地域实为成都"源城"。

1953年5月20日，成都市西城区正式建制运行。后区域屡有变更。1990年9月始，成都市进行辖区行政区划调整，以原西城区13个街道办事处和原金牛区苏坡乡、文家乡行政区域组建青羊区，于1991年1月1日按新区建制运行。1994年6月28日，新成立青羊区人民政府石人街道办事处。1998年5月，原武侯区管辖的大石东路西段、大石西路东段行政区域移交青羊区管辖。2001年10月，青羊区实施全区行政机构改革，将原有的16个街道办事处（乡）撤并调整划分为14个，即太升路、草市街、新华西路、黄瓦、西御河、汪家拐、府南、草堂、光华、金沙、东坡、黄田坝和苏坡乡（含苏坡桥街道办事处）、文家乡（含文家场街道办事处）。2004年7月，推进城乡一体化，开展"撤乡建街道，撤村建社区"的工作，苏坡、文家两乡政府建制撤销，改设苏坡街道办事处和文家街道办事处，原两乡的农业户口转为城市居民户口。2005年1月25日，黄瓦街道办事处易名少城街道办事处。2019年10—12月，开展全区街道行政区划改革，截至2019年末，青羊区辖草市街、少城、西御河、府南、草堂、光华、金沙、黄田坝、苏坡、文家、蔡桥、康河等12个街道办事处、79个社区居委会。2020年6月，社区建制调整，将原79个社区调整为67个。

重要资源

水利资源。境内河流属岷江水系，为都江堰自流灌区，水资源丰富，过境河流有锦江府河段、南河段、清水河（浣花溪—干河）、磨底河（民间又称摸底河）、西郊河—饮马河、江安河，年过境水量约30亿立方米；地面径流主要由年降水量938.9毫米的雨水形成（折水量为30.993万立方米），大部分径流汇入江河，原农田利用仅占降水量10%左右；地下水天然存量丰富，水位埋藏深度浅，含水层厚度相对稳定，补给充分，调节力极强，适宜浅井开采。据估算，自流灌区地下水储量为4.3242亿立方米，地下水年可开采量0.99亿立方米。

动物植物资源。境内生物资源种类繁多。二十世纪九十年代，苏坡、文家两乡栽培和饲养的生物达6000多种，其中，饲养动物以猪、牛、羊、禽、兔、蜂为主；栽培植物以蔬菜和粮油作物为主。林业属典型的城市林业，主要是园林绿地。2022年园林绿地面积1812.98公顷（其中公园绿地823.41公顷），绿地覆盖率46.45%。全区有各类公园14个，公园

● 金沙滨河公园绿道（周自立 拍摄）

城市加快呈现。"三廊三轴五带"绿道空间结构加速构建，熊猫绿道、锦城绿道、锦江绿道建设有力推进，区域三级绿道体系基本成形，至2022年末自组力量建成城区级和社区级绿道168.8千米，全区有古树名木31种788株。

基础设施

区内交通四通八达，成都西站、成雅铁路建成投运，轨道交通1号线、2号线、4号线、7号线、9号线、蓉2号均贯穿区域，有200余条公交线路途经区境。人居环境优美，有浣花溪风景区、天府广场、人民公园、文化公园、百花潭公园、浣花公园、东坡体育公园、万花公园、非物质文化遗产博览园以及锦城绿道、锦江公园青羊段、清水河绿道公园等一批园林景点，城市绿化率90%以上，公园城市建设取得显著成效。城市功能品质持续提升，城西上风上水的宜居生态区域，综合配套设施日趋完善便捷，正努力打造成为更高标准的和谐宜居生活城区；公共服务体系健全，要素配置持续优化，形成以教育、文化、卫生、就业、社保、救助等"六个满覆盖"为特色的城乡居民终身福祉体系；社区发展治理系统推进，基本形成共建共治城市治理格局，实现区域统筹发展，社会和谐稳定。

主要产业

青羊区产业基础雄厚。全区坚持以构建产业生态圈，培育创新生态链为核心，以提升资源要素配置能力为抓手，以总部经济为引领，金融服务、文博旅游、商务商贸三大产业为主导，航空高新技术产业为特色的现代产业体系日趋完善，产业发展能级和核心竞争力持续提升，推动经济高质量发展，实现企稳回升逆势增长，2022年实现地区生产总值

● 天府广场（何淑芳 拍摄）

1496.4亿元，同比增长2.8%，三大主导产业实现增加值占地区生产总值的59.5%，服务业实现增加值占地区生产总值的85.8%。产业功能区实现聚集发展，产业布局日趋合理，青羊文化金融商务区聚集金融机构624家、高端商务机构1800余家，少城国际文创谷培育引进文创企业249家，青羊总部经济入驻税源企业556家，中国成都人力资源服务产业园（成都人才园）入驻企业55家、与全市10个产业功能区开展合作，产业功能区建设成为青羊区高质量发展的重要支撑；以创意经济、流量经济、数字经济、智能经济、绿色经济、共享经济为重点的新经济加速发展，实施新经济企业梯度培育计划，全区有31家企业入选全市梯度培育库，11家企业进入成都市"双百工程"，全年新经济企业增速达12%，发布"城市机会清单"8批次330条，推介35家重点新经济企业发布新场景新产品129个。

实施高新技术企业倍增行动计划，以航空产业为主导的高新技术产业成为都市工业主要形态；军民融合加快发展，有省认定军民融合企业35家。2022年，实现航空产业主营业务收入760亿元，占全市航空产业主营业务收入的60%以上，占全省航空与燃机产业规模近1/3。全区建立院士（专家）工作站9个、省级工程技术研究中心8个，有国家级企业技术中心5个、省级企业技术中心34个、市级企业技术中心19个，全区280家企业进入国家科技型中小企业库；营造新场景、激发内需潜力，发展首店经济、夜间经济、小店经济，持续增强区域发展活力，骡马市—太升路、金沙—光华、青羊新城等商圈提档升级，宽窄巷子获评首批全国示范步行街，打造市级新消费场景9个、市级夜间经济示范点位11个，时尚消费网红打卡地持续涌现；创新楼宇经济发展服务模式，推动楼宇经济提质增效，商

● 非遗公园（徐天富 拍摄）

务商业楼宇实现全口径税收占全区税收总额的55%以上，已建成全口径税收亿元以上楼宇22栋。

文旅品牌

青羊区是中共四川省委、四川省政协等党政机关所在地。青羊区历史悠久，实为成都"源城"，区域为古蜀国杜宇、开明王朝都城核心区，秦汉、隋唐蜀郡治所，西汉、三国蜀汉、成汉、五代前蜀后蜀等王朝都城，历代古成都县城区及近郊。

青羊区历史文化积淀深厚，是弘扬天府文化蜀风雅韵的重要承接地，区域内汇集成都市主城区三分之二以上的历史文化资源，拥有金沙遗址、琴台故径、杜甫草堂、青羊宫、文殊院、宽窄巷子、辛亥秋保路死事纪念碑、天府广场等名胜古迹和人文景观。区域内的成都国际非遗节、成都诗圣文化节、金沙太阳节、成都草莓音乐节等节会活动成为文博旅游品牌，已推出"文化寻根之旅""民俗休闲之旅""禅林体验之旅""蜀都美食之旅"4条精品旅游路线，建成15条历史文化特色街道。2019年获评四川省首批"天府旅游名县（区）"，2020年获评四川省首批"省级全域旅游示范区"。

风味美食

青羊区饮食文化源远流长，既有陈麻婆豆腐、耗子洞老张鸭子、三义园牛肉焦饼、痣胡子龙眼包子、张老五凉粉、小谭豆花等很多历史悠久的传统老字号小吃，也有琳琅满目、风格各异的"网红"时尚美食，是名副其实的美食聚集地。列入"成都市非物质文化遗产"名录的小吃有：甘食记肥肠粉、白家肥肠粉、小名堂担担甜水面、无名包子、崇州荞面、糖油果子、灯影牛肉、老妈蹄花等。大力发展"两店经济"，挖掘夜间消费动能，鼓励夜间消费业

● 西村大院（李志勇 拍摄）

态发展，推出夜游宽窄、少城YES文创集市等活动，宽窄巷子、峨影"1958"、西村、优品天地上榜成都市夜间经济示范点位。通过举办"品青羊·最成都"新春欢乐购、"糖酒会""过节耍成都""火锅月""熊猫亚洲美食节"等青羊专场活动，持续提升城市活力和影响力。

发展定位

青羊区委区政府团结带领全区各级党组织和广大党员干部、群众，坚定以习近平新时代中国特色社会主义思想为统领，认真贯彻党的二十大精神及省委、省政府和市委、市政府决策部署，聚焦新时代成都"三步走"战略目标和"四个城市"战略定位，围绕成都建设践行新发展理念的公园城市示范区，深入落实"中优"战略，加快建设"人文青羊·航空新城"，国家高端航空装备技术创新中心通过科技部专家评审，努力实现高质量发展、高品质生活和高效能治理，全力打造和谐宜居生活城市样板区，争当世界文化名城建设排头兵，推动区域经济运行企稳向好，产业功能区提质发展，城市功能品质完善优化，产业发展新动力加速成势，世界文化名城建设排头兵作用更加凸显，公共服务供给持续优化，人民生活水平稳步提高，社会大局保持和谐稳定。

发展目标

青羊区将围绕成都建设践行新发展理念公园城市示范区主线，主动融入成渝双城协同发展大局，坚定贯彻全省"一干多支、五区协同"战略，深化优势产业合作，着力构建支撑高质量发展的现代产业体系、创新体系、城市治理体系，完善城市功能，增强综合承载力，推动城市功能从集成集聚向辐射带动演进跃升，形成全生命周期的开放合作格局；

● 位于人民公园内的辛亥秋保路死事纪念碑（陈捷 拍摄）

围绕协同发展主题，坚持TOD综合开发，以轨道交通为轴线，以天府文化公园片区和青羊总部经济片区为中心，以建设三大产业功能区为带动，运用"改转建升治"五大策略，推动源城与新城协调发展，"一轴两心·双擎驱动"城市架构逐渐形成，产业布局空间日趋优化，促进发展路径从圈层扩张向内涵发展演进跃升，实现集约高效发展；实施工业稳链补链行动，推进以航空高新技术产业为特色的都市工业高质量发展，国家级工业软件协同攻关平台和体验推广中心、成飞·青羊创新中心、成都流体动力创新中心、中航工业航空无线电成都创新中心等平台建成投用，国家信息光电子创新中心成都产业基地等重大高新技术产业项目加快建设，着力提升科技创新能力，产业优化升级新动能加速成势；持续打造国际化营商环境标杆区，出台国际化营商环境3.0版，完善"1+N"产业政策体系，"放管服"改革深入推进，激发市场主体活力，成为高质量发展强劲动力。

（撰稿：古健 王文豪 审校：叶波 程静）

⑤ 金牛区

基本情况

地理概况。 成都市金牛区位于成都市中心城区西北部，东邻新都区、成华区，西南连接青羊区，西北靠郫都区。地理坐标位于东经103°57′～104°08′，北纬30°48′～30°49′之间，东西长18千米，南北宽16千米。金牛区位于成都市中心城区上游，是成都市生态、水资源保护区，也是都江堰自流灌溉区，境内水系发达、河（渠）网密布，共有斗渠以上河渠60条（段），包括府河、沙河、毗河、磨底河、清水河等5条主要河流，全长近230.3千米，其中省管干渠5条(段)、28.2千米，市管河渠13条（段）、27.8千米，区管河渠23条（段）、106.9千米，街道管理河渠19条（段）、67.3千米。区境内沿东北边缘靠近成华区和新都区一线，有天回山和凤凰山浅丘台地，属龙泉山西部边缘延伸带，地势起伏连绵，属缓坡台地，其余地区皆属平坝，平均海拔501米，最高点580.2米，最低点493.3米，呈西北向东南倾斜。全年温暖湿润、四季分明、雨量充沛。

全区面积108平方千米，下辖13个街道，区政府驻成都市沙湾路65号。

人口概况。 根据第七次全国人口普查结果，全区常住人口为1265398人，全区共有家庭481052户，集体户46810户，家庭户人口为1119746人，集体户人口为145652人，

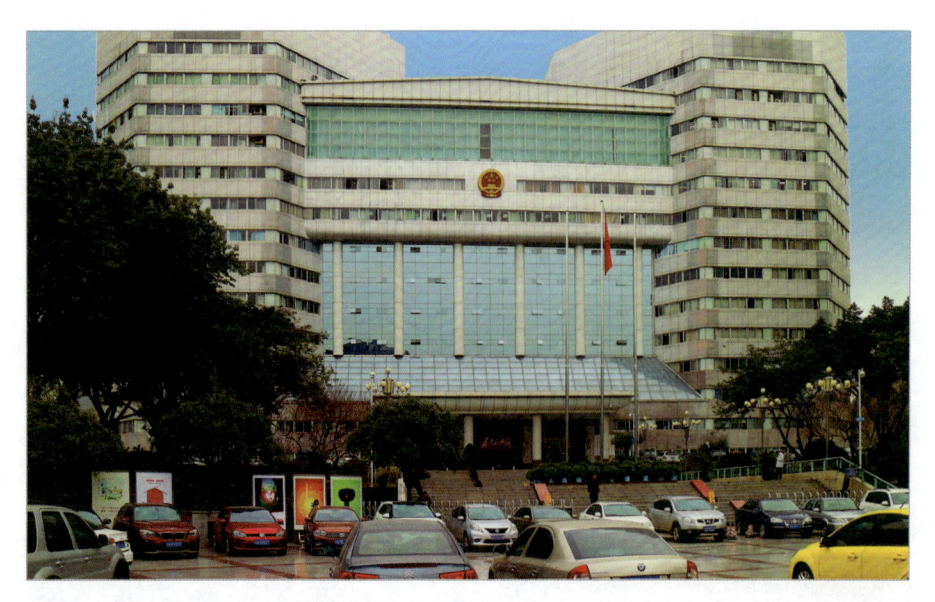

● 位于成都市沙湾路65号的金牛区区政府大楼（金牛区档案馆 提供）

平均每个家庭户的人口为 2.33 人。

民族。区域内除汉族外，有 45 个少数民族，常住少数民族人口约 1.6 万人，流动人口年均 60 万人次（2019 年将火车北站、茶店子客运站、城北客运站等交通枢纽流动人口纳入统计），人口数居前十位的少数民族有藏族、回族、彝族、满族、羌族、土家族、苗族、蒙古族、壮族、布依族。全区批准开放宗教活动场所 3 处，有登记备案的宗教教职人员 21 人。

历史沿革

金牛区是成都市中心城区的重要组成部分，所属区域为古蜀先民的聚落中心，金牛道为古代川陕间最重要的陆路通道。公元前 316 年，秦沿"金牛道"灭蜀后置蜀郡，在蜀国旧都一带置成都县，金牛区境属于成都县范围。公元前 311 年，蜀郡守张若在蜀国都城成都的基础上，修筑大城和少城。公元 643 年，唐朝在成都县东面设置蜀县，后更名华阳县。唐玄宗避安史之乱入蜀后，公元 757 年蜀郡升为成都府，成都县址未变，金牛区境仍属成都县。1922 年，成都县、华阳县的城区部分划出，成立市政公所，设立成都市，一市、两县并立。1949 年 12 月，成都解放，成都市设八区。1951 年，成都县、华阳县部分地区划入成都市。成都市设六区，金牛区境为成都市第四区绝大部分。1953 年，成都市设五个行政区，东城、西城、望江为城区，万年、龙潭为郊区。金牛区境为龙潭区、万年区绝大部分。1955 年，龙潭区、万年区合并，设立成都市郊区。1960 年 7 月 18 日，成都市郊区改设为成都市金牛区，辖 16 个乡、3 个街道。1991 年，成都市行政区划调整，将所属东城、西城和金牛三个区调整为锦江区、青羊区、金牛区、武侯区、成华区五个城区。金牛区 1993 年 6 月增设营门口街道，1994 年增设光荣街道，1997 年增设九里堤街道，1998 年增设化成街道，1999 年增设五块石街道，2001 年增设黄忠街道。2002 年 6 月营门口乡建制撤销，职能由营门口街道承接。2003 年 3 月街道调整，全区 21 个街道调整合并为 16 个。2004 年 3 月，白果林街道并入西安路街道、光荣街道并入抚琴街道、北巷子街道并入人民北路街道、火车北站街道并入荷花池街道、曹家巷街道并入驷马桥街道。2004 年 4 月，撤销金牛乡、洞子口乡、天回乡，设金泉街道、沙河源街道、天回镇街道，成为全省第一个无乡镇建制的区（市）县。2004 年 6 月，设立凤凰山街道。2019 年 7 月，西华街道华丰路社区筹备委员会成立；12 月 25 日，金牛区撤销人民北路和黄忠 2 个街道，将黄忠街道辖区整体划入茶店子街道，将人民北路街道的花牌坊、金仙桥、马家花园、西体路社区划入西安路街道，将五丁、城隍庙社区划入荷花池街道。2021 年全区有抚琴、西安路、驷马桥、荷花池、五块石、九里堤、营门口、茶店子、金泉、沙河源、天回镇、西华、凤凰山等 13 个街道，90 个社区。

重要资源

金牛区水系分布除天回街道基本属沱江水系外，其余均属岷江水系。水源是过境地表水和降水。过境地表水主要是都江堰来水，其水量受都江堰水闸控制。区境内有府河、毗河、沱江河、清水河、东风渠等 5 条省管干河、渠，总长 33 千米。市、区管沙河、磨底河（民间又称摸底河）、西郊河、饮马河、金牛支渠等中小河渠 43 条，总长 150 千米。全区 90% 的耕地可自流灌溉。

基础设施

金牛区地处南丝绸之路的连接点，是成德绵经济带的核心起点和天府大道"百里中轴线"北中轴的起点，拥有连接成渝、宝成、成昆、成达4条铁路枢纽的成都火车北站和通往川西北地区客运线路的茶店子汽车客运中心，金辉路、金牛大道、西华大道、金丰高架、商贸大道、北星大道、解放路等形成11纵12横路网骨架，一环路、二环路、三环路、中环路、绕城高速公路等形成环形路网骨架，地铁1号、2号、3号、4号、6号、7号、27号线穿越金牛，城市干道和快速通道转换便捷畅通。2017—2021年，新建、改扩建道路110条，新增道路里程94千米。建成277个公共配套设施，新增变电站4个、充电桩5106个、5G基站2564个，形成58个"15分钟公服圈"。

主要产业

2022年，金牛区全年实现地区生产总值1499.1亿元、同比增长0.6%；一般公共预算收入93.3亿元，社会消费品零售总额971.6亿元，固定资产投资同比增长7.6%；城镇居民人均可支配收入56108元、同比增长3.9%，呈现出良好的发展韧性。

文旅品牌

金牛区具有悠远而独特的历史资源和文化积淀。区域内金沙遗址是商末至西周时期古蜀国都城遗址，羊子山土台遗址是目前全国发现的同期最大的祭坛，20世纪60年代末，土台不复存在。天回老官山汉墓被国家文物局列为"2013年度全国十大考古新发现"，出土的蜀锦提花织机模型、疑似扁鹊医书的简牍、经穴髹漆人、漆器等完整地再现了西汉时期经济文化特征。土桥曾家包汉墓的画像砖、天回击鼓

● 永陵王建墓出土王建塑像（金牛区档案馆 提供）

● 九里堤遗址（金牛区档案馆 提供）

● 金牛宾馆内张大千故居（金牛区档案馆 提供）

● 金牛区府河摄影公园（金牛区档案馆 提供）

俳优俑、万佛寺的佛像石刻，反映了两汉隋唐的繁盛。

区域内有不可移动文物（尚存"三普"点位）34处，其中各级文物保护单位16处，前蜀皇帝王建墓永陵、明朱悦燫墓为全国重点文物保护单位，金华寺、张家巷天主堂、张大千故居为省级文物保护单位，九里堤遗址、曾家包东汉墓、凤凰山明墓及金泉寺、金牛宾馆历史建筑为市级文物保护单位，土桥上清真寺、土桥下清真寺、石人石狮石马、王贾桥、新桥村墓、马鞍烈士陵园、友联村墓为区级文物保护单位；尚未定级"三普"点位18处，包括黄忠村7组遗址、黄忠村7组宫殿遗址、郎家村7组遗址、雍家渡遗址4处古遗址，金牛白马寺、平福巷民居、莫龙堰、罗家庙4处古建筑，石窟寺及石刻1处（古柏碑志）。永陵、金沙遗址、易园园林博物馆、华侨城欢乐谷主题公园等为重要旅游景区。2019年，旅游总收入290亿元，接待国内外游客1480万人次。

府河摄影公园。府河摄影公园是锦江绿道三环路内起点，也是连接熊猫绿道与锦江绿道的重要景观节点。2019年建成，面积0.78万平方米，公园内绿道1.5千米，以摄影、花卉为主题，是现代休闲与特色艺术空间相结合的开放式都市文化公园。

沙河源公园。沙河源公园原为大西南建材城（成都贮木场）旧址、岷江水运木材调拨转运中心，设有场内铁路专线，曾是成都最大的木材集散地和木材加工基地。2019年建成，面积10.1万平方米。府河蜿蜒绕行，是一座临水生态与漂木文化相结合、多元空间转换、展现城市记忆的休闲文化公园。

新金牛公园。新金牛公园原为茶店子岛形地带老旧城区，毗邻茶店子正街。2019年建成，面积11.2万平方米，金牛大道贯穿其间，与地铁7号线连通，是以TOD模式为导向，集商业综合体、城市公园、轨道站点、休闲娱乐、人防工程、避险场所

● 新金牛公园（金牛区档案馆 提供）

为一体的城市大型街心公园，是成都开敞式城市公共空间的创新典范。

罗家庙。罗家庙系清代末期修建，坐南向北，由前殿、正殿、东西厢房组成，占地面积约1800平方米，是悬山顶、穿斗式木结构建筑。该庙为研究道教历史文化提供了实物资料。

平福巷民居。平福巷民居为清代建筑，现存建筑为原"南华宫"山门及左右配房。山门为小青瓦屋面重檐歇山顶，穿斗梁架，竹泥墙体。左右配房为小青瓦屋面悬山顶，穿斗梁架，砖石墙体。该建筑弥足珍贵，为研究成都清代建筑提供了实物依据。

老官山汉墓。老官山汉墓于2013年由成都市考古队在成都地铁3号线建设工地进行抢救性考古发掘，出土西汉时期文物1500多件，重要文物有西汉织机、经穴髹漆人、扁鹊派医学竹简等，现在成都市博物馆展陈。其中，西汉织机、扁鹊派医学竹简系国内首次发现，西汉织机填补了世界纺织机械史空白，引起国内外专家学者的广泛关注。天回老官山汉墓入选"2013年度全国考古十大新发现"，充分展现了金牛区深厚的历史文化底蕴。

风味美食

金牛宾馆国宾宴。金牛宾馆是四川省政府政务接待基地，又称"国宾馆"。40多年来，宾馆多次接待党和国家领导人及外国元首。其餐饮已形成自己独特的国宴风格，其中红烧肉、回锅肉、菊花鱼面汤是国宾宴的代表作。

1958年成都会议期间，毛泽东主席下榻金牛宾馆。宾馆厨师们得知主席爱吃红烧肉，便特意烹制出色香味俱佳的"国宾红烧肉"供主席品尝。

除代表菜品外，国宴席上的杨梅排骨、香蚕鱼米羹、纸烤银鳕鱼、柠檬乌鱼蛋、玉洁冰中花、酥炸蜂巢等菜品都各具特色。

西藏饭店藏菜。西藏饭店位于人民北路，是西藏自治区在成都兴建的一座现代化、多功能的四星级涉外旅游饭店。设有风格独特的红宫歌舞餐厅、明珠海鲜酒楼和西餐厅。供应川菜、粤菜、西餐和藏宴。

藏宴选料严格，原料杜绝污染和化学成分，菜品还采用中医名贵药材，如虫草、雪莲等。酥油、茶叶、糌粑、牛羊肉被称为藏食"四宝"，还有青稞酒和各式奶制品。

藏式菜肴有风干肉、奶渣糕、人参果糕、炸牛肉、辣牛肚、灌肠、炖羊肉、炖羊头等。主食有酥油糌粑、奶渣包子、藏式包子、藏式饺子、面条、油炸面果等。

天回镇豆腐。天回镇豆腐历史悠久，选用本地上等青豆为原料，取镇旁小溪流水，精心磨制和烹饪而成，以质嫩、色白、清香、回甜著称。四川豆腐最出名的有剑门关豆腐、乐山五通桥西坝豆腐和天回镇天回豆腐。唯天回豆腐在民间有许多传说。

洞子口凉粉。20世纪20年代，洞子口凉粉就很有名气了。凉粉均以姓氏相称，如夏凉粉、陈凉粉、赵凉粉等。据说洞子口凉粉中，以赵凉粉最为正宗。赵凉粉创始人系清末农民赵金山，其在农家制作凉粉的工艺上不断改进。赵凉粉选料精益求精，做工考究。调料中辣椒用龙潭寺"二荆条"，酱油用犀浦上等窝油，花椒选用汉源清溪上等花椒，醋用阆中保宁醋，大蒜以温江、彭县所产为上。赵凉粉调制凉粉时用的是成都百年酱园"太和号"豆豉自制的卤酱，为一大发明。因而赵金山出售的凉粉，无论黄白，都是麻、辣、甜、酸、香五味俱全。

土桥清蒸牛肉。清乾隆年间，不少西北地区的回民移居西郊土桥镇。土桥镇除先后修建上、下清真寺开展宗教活动外，还建有一家回民饭馆，方便回民在此用餐。回民饭馆烹制的牛肉有炖、烧、拌、卤、炒、蒸20多个品种，尤以蒸牛肉闻名。蒸牛肉主料选阿坝州肉牛精肉，辅料选当地淳风村糯米，佐料选龙潭寺辣椒、汉源花椒、内蒙古胡椒和当地葱、蒜等，味道与一般蒸牛肉不同，很受回民的欢迎。土桥街头回民饭馆至今还在，其清蒸牛肉仍是饭馆招牌菜肴之一。

发展定位和发展目标

2022—2026年，金牛区政府工作的总体要求是：坚持以习近平新时代中国特色社会主义思想为指导，坚决维护习近平总书记党中央的核心、全党的核心地位，深入贯彻党中央国务院、省委省政府、市委市政府和区委决策部署，统筹推进"五位一体"总体布局，协调推进"四个全面"战略布局，坚持以人民为中心，坚持"稳中求进"工作总基调，按照区委"1520"总体发展思路，实心干事、科学作为，团结一心、接续奋进，在提升经济引领力、综合承载力、可持续发展力、门户枢纽辐射力、美好生活吸引力和现代治理能力上走在前列、作出示范，加快建设"践行新发展理念的天府成都北城新中心"，奋力谱写现代化新金牛建设"三步走"新篇章。

未来五年，全区经济社会发展的主要预期目标是：地区生产总值年均增长6.5%以上，一般公共预算收入年均增长7%以上，固定资产投资年均增长7%以上，社会消费品零售总额年均增长6%以上，全社会R&D投入年均增长5%以上，城镇居民人均可支配收入稳步增长，城镇登记失业率控制在4%以内，现代都市工业、现代商贸商务、现代科创文创三大产业集群规模效益大幅提升，主要经济指标保持全市"第一方阵"的领先位次，西部领先的科技创新高地基本建成，品质宜居公园城区全面呈现，在实现共同富裕上走在全省前列。

（撰稿：刘辉琳　审稿：陈艳军）

06 武侯区

基本情况

成都市武侯区位于成都市城区西南部，介于东经103°56′~104°05′，北纬30°34′~30°39′之间。东北与锦江区隔河相望，西北与青羊区毗邻，西南与双流区接壤，东南与成都高新技术产业开发区相连。地理坐标东西长约13千米，南北宽约10千米。2020年，占地面积75.36平方千米。全区登记实有人口145万人，户籍人口66.68万人。

武侯区所属地域历史悠久、人杰地灵，科技文化资源丰富，区内的成都武侯祠、望江楼公园等名胜古迹，彰显出悠久灿烂的历史文化风采；省体育馆、省游泳馆等大型文化体育场馆，营造出浓郁的文化体育氛围；中国科学院成都分院、四川大学等众多科研院所和高等院校会集，带来科技教育优势和人才资源优势。

历史沿革

武侯区因区内蜚声中外的武侯祠而得名，所辖区域历史上为古蜀国地域。秦时属蜀郡，三国时属蜀汉益州蜀郡成都县，唐时属益州华阳县和双流县。宋、元、明、清、民国时分属成都府、华阳县和双流县。20世纪50年代分属成都市东城区、西城区、郊区及双流县、华阳县；60年代以后，属成都市东城区、西城区、金牛区和双流县。1990年9月，经国务院批准，成都市区划调整设立锦江、青羊、金牛、武侯、成华等5个城区。

1991年1月1日，武侯区辖小天竺、致民路、望江路、浆洗街、跳伞塔、玉林等6个城区街道办事处和桂溪、石羊场、永丰、簇桥等4个乡（分别增挂三瓦窑街道办事处、石羊场街道办事处、永丰场街道办事处、簇桥街道办事处牌子）。

1996年5月，武侯区区划调整，部分区域划归高新区管辖，双流县部分区域划归武侯区管辖。

为便于行政管理，避免边界争议，武侯区政府多次对行政区划进行调整。至2020年末，武侯区辖浆洗街、望江路、火车南站、玉林、红牌楼、晋阳、机投桥、簇锦、华兴、簇桥、金花桥等11个街道，71个社区。

重要资源

武侯区历史文脉悠久，科技教育资源丰富，卫生医疗条件卓越，现代商贸业发达。拥有四川大学、中国科学院成都分院等各级各类高校和科研院所40

多个以及354家通过认证的高新技术企业,有华西医院等三级医院13所。同时,区域内高端载体丰富、高端产业集聚,拥有来福士广场等众多高端商务楼宇及大批时尚购物中心,现已吸引122家世界500强企业落户本区共同发展。

教育资源。区域内教育事业历来较为发达,高等院校众多。有四川大学(包括原华西医科大学、成都科技大学)、西南民族大学、四川教育学院、四川音乐学院、成都体育学院等11所高等学校。

全区有公办、民办中小学75所,其中普通高中1所、职业中学4所、完全中学3所、十二年一贯制1所、九年一贯制12所、单设初中8所、单设小学45所、特教学校1所;有幼儿园151所,其中教办园44所、其他部门办园23所、民办园84所。2020年教育现代化发展水平总达成度排名全市第一;教育国际化总实现度位列成都市第一,被授予全国社区教育示范区、全国体育联盟示范区、全国"智慧教育示范区"、全国教育综合改革实验区、全国家庭教育示范区、未来教育行动计划创新示范区等荣誉称号。

医疗资源。武侯区卫生资源丰富,区域内各类医院林立。有四川大学华西医院(原华西医科大学第一附属医院)、四川大学华西第二医院(原华西医科大学第二附属医院)、四川大学华西口腔医院(原华西医科大学口腔医院);省第二人民医院(省肿瘤医院)、省骨科医院(成都体育医院)等各级各类医疗机构。

目前,武侯区已建立了以公办医疗机构为主体、社会力量办医为补充的医疗服务网络。全区有各级各类医疗卫生机构1307个(其中,医院95个,社区卫生服务中心12个)。家庭医生团队105个。

旅游资源。坐拥国家4A级旅游景区武侯祠,其占地15万平方米,由三国历史遗迹区、三国文化体验区以及锦里民俗区三部分组成,是国内外三国迷打卡圣地。武侯祠片区还汇集了耍都、南郊公园、西南民大民族博物馆等休闲、文史、高校类文旅资源。

基础设施

武侯区为成都城南交通要津,曾是南方丝绸之路起始段。区域内交通便捷畅通,路网功能完善,"七纵"(科华路、人民南路浆洗街、川藏路—机场高速第二通道、武侯大道、武科路和晋阳路—永康路)"七横"(一环路、二环路、中环路、三环路、武青路、智远大道和绕城高速路)的骨架道路网络和穿越辖区的地铁1号线、3号线、5号线、7号线、10号线,成绵乐客运专线,成昆铁路,成雅铁路以及地铁8号线、9号线、10号线、17号线,形成连接区内外的、四通八达的城南交通网络。有西南地区最大的旅游汽车站—成都旅游集散中心,有1路、10路、16路、27路、K1路、K2路等公交线路100余条。

主要产业

大健康产业。武侯区充分借助医疗资源丰富和知名高校与科研院所聚集等优势,紧紧抓住成都市建设新发展理念的国家中心城市和"中优"发展的机遇,重点发展高端医疗、健康管理与促进、健康养老、智慧健康、医疗旅游五大重点领域及相关产业,打造以"医养护"为核心的产业生态圈,做大做强一批业内领先的健康服务企业,引进和培育一批有影响力的健康服务人才,打造一批具有较高知名度的健康服务品牌和细分产业生态圈,努力把武侯区建设成为中国西部区域性国际医疗中心核心区、中国西部大健康产业融合发展示范区。

● 锦里（武侯区文体旅游局 提供）

● 天艺·浓园（武侯区文体旅游局 提供）

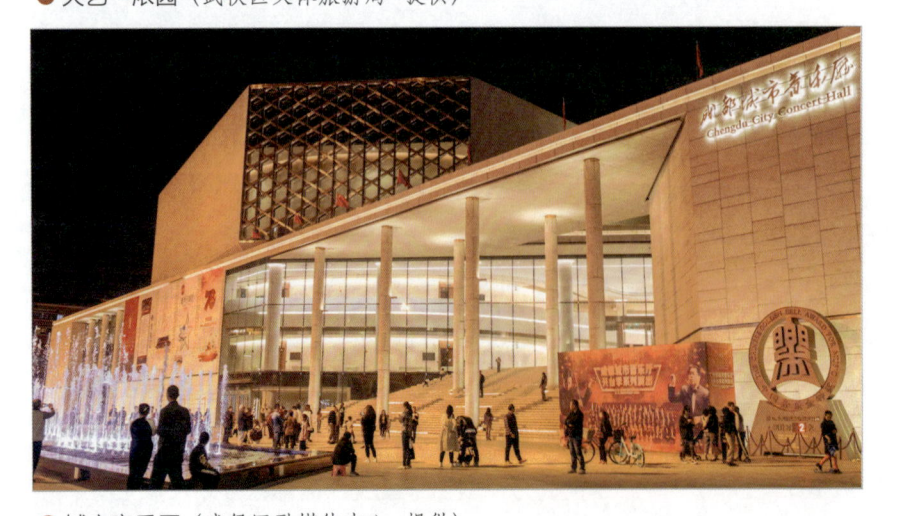

● 城市音乐厅（武侯区融媒体中心 提供）

金融电子商务商贸服务业。以西部智谷为核心，打造电子商务极核。重点培育电商总部平台和电商第三方专业服务，衍生发展以大健康电商、女鞋电商、文化创意电商、跨境电商、工业电商为主的垂直电商，配套发展电子商务供应链。

文化创意产业。文化创意产业立足武侯区资源禀赋和产业转型升级诉求，以三国蜀汉文化为底色，重点发展音乐产业、影视传媒、文博旅游、创意设计、数字娱乐、体育产业等六大产业。

文旅品牌

武侯区所属区域在漫长的历史中孕育了丰富灿烂的文化，留下了众多名胜古迹和名人踪迹。而今，这些古代文明遗迹已成为武侯人丰富的物质财富和精神财富的源泉。

锦里。锦里由成都武侯祠博物馆恢复修建，作为武侯祠（三国历史遗迹区、锦里民俗区、西区）的一部分。现为成都市著名步行商业街，为清末民初建筑风格的仿古建筑，以三国文化和四川传统民俗文化为主要内容。古街布局严谨有序，酒吧娱乐区、四川餐饮名小吃

● 望江楼公园（武侯区文体旅游局 提供）

区、府第客栈区、特色旅游工艺品展销区错落有致。于 2004 年 10 月正式对外开放。"拜武侯 泡锦里"已成为成都旅游最具号召力的口号之一。2005 年锦里被评选为"全国十大城市商业步行街"之一，与北京王府井、武汉江汉路、重庆解放碑、天津和平路等老牌知名街市齐名，号称"西蜀第一街"，被誉为"成都版清明上河图"。

望江楼公园。望江楼公园坐落在成都东门锦江西岸，以拥有望江楼古建筑群、唐代著名女诗人薛涛纪念馆等文物遗迹及各类异竹而闻名。分为文物保护区和园林开放区，是纪念唐代女诗人薛涛的古迹和游览胜地，现为全国重点文物保护单位。

天艺·浓园。天艺·浓园包含浓园国际艺术村 A 区、浓园国际艺术村 B 区天艺村和天艺浓园艺术生活体验馆三个主题园区。浓园致力于打造成都新的文化地标，形成集文化、艺术、教育、旅游、休闲于一体的原创文化艺术综合体。在浓园，不仅可以感受艺术、感知文化，更可以感悟生活。浓园不断丰富自身的文化艺术内涵，无论是传统文化、当代艺术，还是建筑艺术、创意文化、餐饮文化，都在浓园艺术与时尚、文化与旅游的结合过程中得到淋漓尽致的体现。

城市音乐厅（成都音乐坊）。城市音乐厅占地面积近 3 万平方米，总投资 19.7 亿元，以构建音乐核心区域和产业标杆为核心，打造一座音乐厅、一座歌剧院、一座戏剧厅及多个配套建筑。其中，音乐厅约1000个座位，歌剧院约1600个座位，戏剧厅约800个座位，附属配套建筑包括艺术培训中心、艺术主题酒店等。其规模在全国综合类剧院中排名第三，仅次于国家大剧院、江苏大剧院，是目前西部最大的城市音乐厅。以城市音乐厅为中心，以四川音乐学院和四川大学为依托，将打造1.2平方千米的城市音乐坊与之配套。成都音乐坊作为成都市建设的天府锦城"八街九坊十景"之一，规划区域南至一环路南一段、西至新南路、东至锦江，将建成集音乐演艺、版权交易、音乐制作、创业创作为一体的音乐产业发展区。

风味美食

成都美食众多，对于成都人来说，美食也是生活的重要组成部分。它不只是味道巴适这么简单，也承载着不少成都人的味觉记忆。武侯美食以其贴近市井烟火和不断改良的创新技艺征服了南来北往的食客胃口。武侯美食之独特，还在于它丰富的口味。戴鸭子的皮焦肉嫩，串串的麻辣鲜香，鱼头的酸爽可口……带给了武侯人民极大的味蕾享受。

戴鸭子。戴鸭子是一家祖传的老店，始创于清末，迄今已有100多年的历史。戴鸭子以烤鸭为特色，烤鸭精心选材，鸭肉外皮焦香、肥嫩流油，十分诱人。鸭肉先烤，再用卤水煮，鸭肉软糯，鸭皮薄嫩，吃完满口余香。

串串香。串串香作为四川的特色小吃之一，自发明以来就饱受各路人士的欢迎。用竹签串上菜品，吃的时候放入滚烫的锅里涮片刻即可享用，锅底大多选择红汤，红油透亮，味道醇厚。菜品花样繁多，荤素种类丰富，让食客们回味无穷。区内较出名的有袁记串串香和玉林串串香。

剁椒鱼头。先将鱼头在葱姜汁中加盐、料酒浸泡去腥；再将烧沸的热油泼在鱼头上，冷却后的油锁住了鱼头的水分；一层层带有秘制酱汁的辣椒盖在鱼头上，入锅蒸煮，最后点上葱花，淋上油。软滑鲜嫩的鱼肉，蘸着鲜咸浓辣的汤汁，再配上几碗米饭或是用汤汁烩面条，令人大饱口福。

发展定位

武侯区发展定位：国际商务高地 人文宜居武侯

武侯区围绕推动高质量发展，坚持"一四三二"发展思路。具体是：坚持"一区引领"，努力把武侯建设成为公园城市示范之地。深化"四能建设"，即：强化文化创意设计功能，强化科技研发转化功能，强化医疗健康服务功能，强化高尚品质生活功能，全面提升武侯城市功能品质。强化"三轴带动"，即：人南开放活力轴、川藏创新活力轴、永康生态活力轴，构建辐射带动武侯高质量发展的空间格局。构建"两地愿景"，即着力提升高端要素汇聚、运筹与配置能力，打造立足成都、服务成渝、辐射全国的国际化现代化商务高地；充分发挥武侯历史文化厚重、科教资源富集、生态本底良好的优势，全面彰显人文魅力和宜居品质，打造具有区域文化特色的美好生活承载地。加快打造"国际商务高地·人文宜居武侯"。

发展目标

到2035年，建成高品质和谐宜居生活城区。

21世纪中叶，全面建设现代化新武侯，成为具有世界影响的国际化现代化强区。

（撰稿：高世海 顾玲霞 审稿：陈文）

07 成华区

基本情况

成都市成华区地处川西平原，位于成都市中心城区东北部，东与龙泉驿区交界，南与锦江区相连，西与金牛区毗邻，北与新都区接壤。地理位置介于东经103°53′~104°53′，北纬30°33′~30°44′之间。2021年，成华区行政区域土地面积109.3平方千米，建成区土地面积85.52平方千米，城市建设用地面积78.65平方千米，是成都市主城区中土地面积最大的城区。

2022年，成华区辖双桥子、猛追湾、府青路、二仙桥、跳蹬河、万年场、保和、双水碾、青龙、龙潭、白莲池等11个街道办事处，共有社区（村）83个（含2个村），其中城市社区52个、涉农社区29个、建制村2个。全区年末有总人口139.68万人，户籍总户数32.51万户，户籍人口84.29万人，其中男性人口41.58万人、女性人口42.71万人。全区民族以汉族为主，占总人口的98.53%，其他民族为回族、满族、藏族等47个少数民族，2022年末少数民族户籍人口1.22万人，占总人口的1.47%。

区政府驻成都市猛追湾街道一环路东三段148号。

历史沿革

成华区域最早为古蜀国地，自公元前316年秦灭蜀置成都县起，迄今有2300多年的历史，其隶属关系及行政区划变动频繁。1990年9月，四川省人民政府经研究并报国务院批准，同意将成都市原东城区和金牛区的部分地区调整组建成华区，行政区域范围辖原东城区的椒子街、双桥子、双林村、猛追湾、跳蹬河、建设路、府青路、二仙桥等8个街道办事处，以及原金牛区的圣灯、保和、青龙、龙潭等4个乡。1991年1月，成华区将椒子街街道办事处更名为望平街街道办事处，双林村街道办事处更名为双林路街道办事处。1992年6月，成华区增设新鸿路街道办事处。1998年6月，成华区增设万年场、桃蹊路、站北路等3个街道办事处。2003年7月，成华区行政区划调整，撤销望平街、双林路等2个街道办事处，将站北路街道办事处更名为双水碾街道办事处。2004年8月，经四川省人民政府批准，成华区撤销圣灯、保和、青龙、龙潭等4个乡建制，实行街道办事处管理体制。2014年12月31日，经成都市人民政府批准，成华区调整部分街道行政区划，撤销新鸿路街道办事处，将其管辖范围整体划入双桥子街道办事处；调整青龙街道办事处管辖范围，增设白莲池街道办事处。2019年12月25日，经成都市人民政府批准，成华区调整部分街道行政区划，撤销圣灯街道，将原圣灯街道所属行政区域划归二仙桥街道管辖；撤销桃蹊路街道和建设路街道，将原桃蹊路街道桃源社区、桃蹊社区、怡福社区、文德社区所属行政区域划归府青路街道管辖；将原桃蹊路街道踏水社区和原建设路街道培华路社区、建设中路社区、电子科大社区所属行政区域划归猛追湾街道管辖；将原建设路街道建兴路社区所属行政区域划归跳蹬河街道管辖。

重要资源

文化旅游资源。 成华区自然风光秀丽，历史文化底蕴深厚，名胜古迹众多，旅游资源丰富。成都大熊猫繁育研究基地以保护和繁育大熊猫、小熊猫等中国特有濒危野生动物而闻名于世，被誉为"中国魅力，熊猫摇篮"，是国家4A级旅游景区。成都自然博物馆馆藏6万件自然珍品，其中马门溪龙、沱江龙、四川龙等恐龙化石是举世闻名的珍宝。天府熊猫塔塔高339米，可尽览成都市容美景。始建于唐代的成都昭觉寺被誉为"川西第一禅林"。沙河上古老的"三洞桥"是清代建筑，新绿水碾、科技秀苑、沙河客家和再现工业文明的麻石烟云是典型的现代园林。22.65平方千米的环城生态带和天府绿道及北湖生态公园被誉为都市"绿肺"。国家4A级旅游景区东郊记忆（成都国际时尚产业园）是集数字音乐、展览演艺、时尚文创、文旅体验等文化形态于一体的多元文化园区，是成都市一张亮丽的城市名片。

公共服务资源。 成华区有小学28所，专任教师4119人；普通中学25所，专任教师2656人；中等职业教育学校3所，专任教师357人；幼儿园103所，专任教师2934人。现有4所高中创建为省一级、省二级示范性高中，10个名校集团，18个校际联盟；10所中小学入选成都市名校集团，22所学校获评市新优质学校，27所幼儿园晋升市一级园。成华区有国家"985工程"和"211工程"重点建设院校——电子科技大学、成都理工大学，以及信息产业电子第十一设计研究院、西南电力设计研究院等大专院校、科研院所40余个。

成华区共有医疗卫生机构（含诊所）863个，其中医院49个、疾病预防控制中心1个、卫生执法监督大队1个、妇幼保健院1个、社区卫生服务中心11个，卫生机构床位数8961张，卫生技术人员12431人。

成华区内有演艺场所16个、影剧院24个，公共图书馆图书总藏量57.99万册，博物馆4个，有线广播电视入户率100%。全区有11个街道综合文化活动中心、社区（村）文化活动室82个，有区图书馆1个、图书分馆13个、区文化馆1个、文化分馆18个，基本公共文化设施面积10.54万平方米，初步形成覆盖全区、服务便捷的"15分钟公共文化圈"。

基础设施

铁路。 成华区铁路线网密布，纵横交错，区内现有西成、宝成、成昆、达成、遂成、成渝6条运输铁路线，有两个特大型综合交通枢纽——成都站和成都东站。成都站枢纽位于成华区双水碾街道辖区、金牛区五块石街道辖区，车站旅客发送量按近期（约10万人/天）、远期（2030年）客流量（约15万人/天）预测设计。成都东站枢纽位于成华区保和街道辖区，车站旅客发送量目前日均约17.8万人。

城市路网。 成华区大力实施"交通畅行"工程，

全力构建内畅外联的城市路网体系，以"7环13射"骨干道路为支撑的城市路网基本形成。截至2022年底，全区各级公路、城市道路里程共计675.4千米（不含单位及小区内部道路），建成区路网密度达到8.34千米／平方千米，位居成都市中心城区前列。

地铁。成华区内现有运营地铁线路7条——地铁1、2、3、4、6、7、8号线，运营里程44.5千米，车站数35个。地铁线网覆盖区内339熊猫塔、建设路、东郊记忆、万象城等休闲娱乐场所。

主要产业

2022年，成华区地区生产总值达1360.6亿元，按可比价格计算（下同），比上年增长5.0%，其中第一产业实现增加值0.0346亿元，增长11.6%；第二产业实现增加值522.7亿元，增长9.7%；第三产业实现增加值837.8亿元，增长3.1%。

农业。成华区2022年全年实现农业总产值579.04万元，比上年增长16.8%。2022年蔬菜播种面积695亩、蔬菜产量1316吨，比上年增长11.5%。

工业。2022年，成华区全口径工业增加值575.6亿元，同比增长11.4%。其中，规模以上工业企业34家，实现总产值1009.2亿元，实现规模以上工业增加值增速13.2%。全年完成工业投资同比增长27.8%，其中工业技改投资同比增长1.4%，重大工业和信息化项目投资22亿元。

建筑业。成华区建筑业稳定发展，2022年全年实现建筑业增加值76.3亿元，比上年增长6.6%；建筑业竣工产值573.42亿元，比上年增长259.6%；房屋建筑施工面积2251.94万平方米，比上年增长9.3%；房屋建筑新开工面积370.21万平方米，比上年下降27.9%；房屋建筑竣工面积477.89万平方米，比上年增长16.6%。

商贸业。成华区消费品市场平稳运行，2022年全年实现社会消费品零售总额604.5亿元，比上年下降3.0%，其中商品零售额516.9亿元，比上年下降1.5%，餐费收入87.6亿元，比上年下降11.0%。全区有年成交额上亿元的商品交易市场1个。

旅游业。成华区全域旅游蓬勃发展，2022年，共接待游客总量为2316.7万人次，同比恢复98.65%；实现旅游总收入322.03亿元，同比恢复97.78%。区内有星级旅游饭店5个、客房总数716间，旅行社总社47家、分社89家，国家A级旅游景区4个，省级生态旅游示范区1个。

高新技术产业。成华区2022年有高新技术企业480家，全年高新技术产业主营业务收入实现787亿元，全社会"四上"企业研发投入完成24.6亿元，技术合同交易额完成60.2亿元。市级以上企业技术中心38家，其中国家级1家、省级23家、市级14家。拥有创新创业载体19家，总孵化面积约20万平方米，形成"众创空间—孵化器—产业功能区"梯级服务体系。

文旅品牌

猛追湾市民休闲区。发掘猛追湾"滨水黄金地带"资源价值，打造通美大厦成华之窗、339梦想之塔等文旅地标，嵌入式建设传统戏剧场、经典老茶馆等文化载体，打造彰显"老成都、蜀都味、国际范"猛追湾市民休闲区，呈现全新的"烟火人间三千年，成都上下猛追湾"城市风貌。

滨河商业街汇聚功夫动漫笨酒店、日本甜品、德国冻酸奶等成都网红首店30余家，成为"工业文明与现代时尚交相辉映、美食文化与文创产业共生共融"示范区。

● 夜晚灯火通明、游人如织的滨河路特色街区（成华区档案馆 提供）

● 东郊记忆西大门廊桥（成华区档案馆 提供）

● 完美文创公园（成华区档案馆 提供）

东郊记忆艺术区。东郊记忆（成都国际时尚产业园）是成都工业遗产集聚区的典型代表，是城市记忆的重要载体，集合音乐、美术、戏剧、摄影等多元文化的工业遗址主题旅游地、艺术文化展演聚落、文艺创作交流园区和成都文化创意产业高地。

完美文创公园位于成都东郊记忆艺术区二仙桥片区，由被列入成都市工业遗产保护名录的禾创药业老仓库改建而成，是首批四川省文旅融合示范园区。

风味美食

成华百味，有兼具山珍鲜美的烧牛掌、口弹滑爽的陈坛酸菜鱼、汤味鲜美的白果炖鸡、皮酥肉嫩的温鸭子、清香软糯的鸟米粿等众多美食，皆在热气腾腾的市井烟火中。

温鸭子。青龙场温鸭子创始于清光绪三十一年（1905年），迄今已逾百年。温鸭子属腌熏鸭，把土鸭用食盐、香料等腌渍后捞出，再通过晾晒、熏制等工艺制成。在原料上坚持精选重量均匀、肥瘦适中的土鸭，成品色泽

● 天府熊猫塔电子烟花秀（成华区档案馆 提供）

明亮、皮脆肉嫩，肥而不腻、温润醇香，回味悠长。

龙潭乌米粿。乌米粿是客家传统小吃，因客家话的发音似"乌米粿"而得名。是用清明前后田间的清明草切碎，混合糯米粉揉搓成团制作而成。

发展定位

坚定不移将成华"1556"总体发展思路贯穿于"十四五"高质量发展全过程，坚持"成于中优，华在文商"工作主题，聚焦打造经济高质量发展先行区、文商旅融合发展示范区、公园城市建设领先区、西部门户枢纽活力区、社会治理现代化典范区"五大目标任务"，大力推进产业立区、文商兴区、改革活区、品牌强区、环境优区"五大兴区战略"，强力实施城市更新、产业提质、动力转型、文化赋能、治理提升、民生改善"六大行动计划"，全面抓好"31项重点工程"，力争到2025年，基本建成践行新发展理念的公园城市示范城区。

发展目标

按照"1556"总体发展思路和"成于中优，华在文商"工作主题，将成华区打造为经济高质量发展先行区、文商旅融合发展示范区、公园城市建设领先区、西部门户枢纽活力区、社会治理现代化典范区。

（撰稿：周荣胜 李文平 审稿：吴奎 万敏）

08 龙泉驿区

基本情况

成都市龙泉驿区位于成都平原东部，介于东经104°08′~104°17′，北纬30°27′~30°43′之间。是四川省省会成都市中心城区之一，成都经济技术开发区所在地，也是成渝地区双城经济圈建设重要纽带和成都市实施"东进"战略的桥头堡。全区总面积为556.9802平方千米，区境内公路密布、铁路纵横，交通便捷。2021年末户籍人口总户数310585户，户籍人口785425人，年末常住人口135.60万人。2021年，龙泉驿区实现地区生产总值1504.4亿元，比上年增长7.2%。全年城镇居民人均可支配收入52700元，增长8.5%；农村居民人均可支配收入35919元，增长9.3%，跃居全国综合实力百强区第27位。

历史沿革

龙泉驿历史悠久。

区境原为古蜀国地，长松山尚存蜀王蚕丛庙遗址。

唐时为东阳县、灵池县治地。唐至德二年（757年）改蜀郡为成都府，灵池县隶之。

宋时改灵池县为灵泉县，县治王店镇，仍隶成都府。

元至元二十二年（1285年），灵泉县改隶成都府之简州。

明洪武六年（1373年）降简州为简县，置龙泉镇，于洪武九年（1376年）六月置龙泉镇巡检司。自唐置东阳县至明废灵泉县，今区境单独置县有600多年历史。

清顺治十二年（1655年）置龙泉巡检分司，设汛署隶成都城守营，至清末。民国初沿袭清末建置。

1950年属简阳县第三区、第八区。1951年改为第十五区、第十四区。1956年1月1日改为龙泉驿区、洛带区。

1959年10月31日中共四川省委同意筹建成都市龙泉驿区（县级区）。1960年2月18日，国务院批准建立成都市龙泉驿区，华阳县的大面、洪河、西河、青龙等4个公社，划归龙泉驿区。

1976年1月21日，简阳县洛带区划归成都市龙泉驿区。

1989年，龙泉驿区升为副地级区。1990年，建立市级工业开发区。

2000年，成都经济技术开发区被国务院办公厅批准为国家级经济技术开发区。

重要资源

矿产资源。境内矿产资源丰富。紫红色页岩、粉砂岩、细粒长石砂岩等矿产资源储量丰富,是页岩砖生产、建筑用条石、铸铁用型砂的原材料及后备资源;天然气储量丰富,探明储量在310亿立方米以上,每年可开采4亿~6亿立方米。

水资源。区内水资源丰富,主要由地表径流、地下水、外来水源三部分组成。全区年平均降雨量为977.2毫米,相应降雨总量为5.43亿立方米。地下水资源0.6124亿立方米。外来水源主要指东风渠来水,从1957年开始,东风渠引都江堰水入龙泉驿区,每年提供的配水总量约为1.4亿立方米,成为全区生产、生活、生态用水的重要来源。

动植物资源。境内森林覆盖面积2.33万公顷,森林覆盖率41.92%。主要以柏木、马尾松、桤木、青杠、桉树等树种为主,涉及森林植物57科145种,其中属国家二级保护树种的有银杏、杜仲,属三级保护树种的有楠木、红豆树等。全区野生动物有26科55种,其中兽纲5目8科15种,鸟纲11目18科40种;其中属国家二级保护动物的有长耳鸮、短耳鸮、领角鸮、雀鹰等。

基础设施

公共卫生、文化。截至2021年底,龙泉驿区有公办民办中小学70所,特殊教育学校1所;公办民办幼儿园173所;有驻区大学4所,高等职业院校9所,中等职业学校4所。有医疗卫生机构共674个,卫生人员总数达8823人,医疗卫生机构实际开放床位数达5285张(编制床位4903张)。体育场地4946个,博物馆17个,影院15个,公共图书馆三级总分馆图书总藏量为78.64万册,较上年增长2%(其中区图书馆图书总藏量为52.37万册,较上年增长6%)。全年举办各类体育活动178场次。

公共社区服务。近年来龙泉驿区聚焦"安全、清洁、有序、方便"目标,积极推行垃圾分类,加快建设了一批地埋式垃圾收集设施。大力加强建筑工地管理,严格规范占道施工。完成了老旧院落、城中村、棚户区改造。高标准完成城市照明规划设计,实施景观亮化提升行动,努力让城市亮丽起来、活起来。加快打造高品质生活社区,完善社区服务配套。加速打造集社区管理、文化休闲、医疗卫生、交通

● 青山绿水龙泉驿(龙泉驿区档案馆 提供)

● 龙泉驿区大面小学新校区(龙泉驿区档案馆 提供)

市政、社区商业等功能设施于一体的"龙泉人家"，第一批建成7个"龙泉人家"，正在加快招商；第二批15个"龙泉人家"正在开工建设。

交通设施。新中国成立后，成渝、成昆铁路相继通车，经过龙泉驿境内。20世纪80年代，龙泉驿区对境内公路进行了大规模拓宽改造，公路技术等级有较大提高。新洛路、双龙路、淮洛路等相继建成，境内通达度明显提升。90年代，龙泉驿区交通建设步入发展快车道，大批交通基础设施建成，包括成环路、成渝高速、北干道（现龙都北路）、成都绕城高速公路、成南高速公路等等。

进入21世纪，随着地铁2号、4号线的通车，龙泉驿进入了"双地铁"时代。2013年，龙泉驿区实施"四路建设"工程，成都市区到龙泉驿区的三条主要道路成龙路、成洛路和老成渝路（即驿都大道）变身为双向8车道和10车道的宽阔沥青马路，北干道也得以改造。四路建设使龙泉驿区连接成都市区的市政干道提档升级，道路更美、交通更畅，被住房和城乡建设部评为样板工程。至2017年，成简快速路、成都第二绕城高速公路、五洛路、成安渝高速公路相继建成通车。此外，成都地铁13号线一期工程也将穿过龙泉驿区，这些都极大地促进了境内交通的发展。

东安湖体育公园和东安湖公园。东安湖体育公园位于东西城市轴线以南、东安大道以东，用地面积约1001亩，由"一场三馆"构成，净用地面积约45.9万平方米，其中，体育场净用地面积约为30.7万平方米、"三馆"（多功能体育馆、游泳跳水馆、小球馆）净用地面积约15.2万平方米；总建筑面积约31.7万平方米，其中，体育场建筑面积约12万平方米，为4万座甲级体育场，"三馆"建筑面积19.7万平方米。

东安湖公园立项总规模337.4万平方米，项目分为东安水库工程、东安水库扩容工程和东风渠片区、

● 大型社区综合体——龙泉人家（朱成文　拍摄）

李河堰片区、书房村片区、体育中心片区4个生态修复工程，水库工程借渠引水，蓄塘成湖，水库设计水面面积约108.9万平方米，生态修复工程228.4万平方米。公园以"尊重自然、顺应自然、保护自然、因地制宜、科学合理"为设计理念，正建设成为"一湖一环、七岛十二景"的开放型城市生态公园。

主要产业

农业

龙泉驿区是著名的水蜜桃之乡。区境种桃历史悠久，桃花满山的景象十分喜人。20世纪90年代初，水蜜桃开始销往全国各省及港、澳地区和东南亚国家，享誉八方。

1995年3月，国务院农村政策发展研究中心和农业部、中国农学会、中国优质农产品开发服务协会，联合命名龙泉驿区为"中国水蜜桃之乡"，龙泉驿区成为全国三大水蜜桃生产基地之一。

工业

2000年2月13日，成都经济技术开发区被国务院正式批准为国家级经济技术开发区。在其所有工业产业中，汽车制造业尤为重要。自2005年5月23日成都一汽轿车生产基地落户以来，成都经济技术开发区集聚了10多个大车整车项目。2021年，成都经济技术开发区聚集一汽大众、一汽丰田、神龙汽车、大运汽车、中植一客等10家整车企业，吸引天纳克富晟、富维安道拓、天兴山田、大众一汽平台、延锋安道拓、博世汽车部件、丰田纺织（中国）等300余家零部件配套企业集群发展，形成比较完整的汽车产业链条。全年全区整车产量104.3万辆，整车产值1217.6亿元，零部件产值341亿元。

服务业

商贸服务。 实施步行街改造提升行动计划，充分挖掘洛带古镇历史文化资源，启动桃花里步行街、丝路风情街文化街区等7个特色商业街区改造。2020年，龙泉驿区引进小月半、尚渔味等国内首店3家，K千伏、同仁堂、海底捞等10余家；签约落户大华西南总部、威马全球研发中心等总部项目。2021年，新引进投资50亿元的龙湖天街、投资30亿元的朴朴超市西南运营中心、投资30亿元的成都深业城（一期）和投资5亿元的成都锦泰汽车园。

对外贸易与合作。 2020年，龙泉驿区结合产业发展实际，引进外贸企业，新增外贸主体75家，首投贸易、中顺医疗等国际贸易类企业落户龙泉驿区。2020年11月，龙泉驿区获批国家级进口贸易促进创新示范区。2021年，龙泉驿区实现外贸进出口总额257.1亿元。

口岸与物流。 2020年，龙泉驿区注册并有纳税记录的物流企业有96家，其中世界物流百强企业3家，中国物流百强企业9家；5A级物流企业2家，4A级物流企业6家，3A级物流企业5家。物流业实现社会物流总额4621.63亿元。2021年，全年新培育"入统规上"物流企业10家、4A级物流企业1家、3A级物流企业2家。

旅游。 龙泉驿区按照"政府引导、农民主体、社会参与、突出特色"原则，全力整合乡村文化旅游资源，推动文旅产业高质量发展。全区打造国家A级旅游景区6个，其中蔚蓝花海、桃花故里、洛带古镇为国家4A级旅游景区。2021年，全区接待国内游客总人数1809.55万人次，比上年增长66.80%；实现国内旅游总收入100.37亿元，比上年增长91.43%。

文旅品牌

龙泉驿区文旅资源丰富，有洛带古镇、桃花故里、

● 石经寺（朱成文 拍摄）

石经寺等风景名胜，龙泉湖、青龙湖、东安湖等河湖湿地，森林覆盖率达 42%，城区人均公园绿地面积达 12 平方米、绿化覆盖率达 38%，常年空气质量优良天数 260 天以上，被授予国家级生态区、国家生态工业示范园区、省级环境优美示范县城等众多荣誉称号。

洛带古镇。洛带古镇位于成都市龙泉驿区境内，是国家级历史文化名镇、成都"东山五场"之一，是成都近郊保存最为完整的客家古镇。镇内千年老街、客家民居保存完好，属典型的明清建筑风格。镇内以国家级重点文物保护单位——洛带会馆和客家博物馆、客家公园最为出名，是中国古代建筑"大观园"中的一朵奇葩。2006 年 11 月 28 日，洛带古镇被评为国家 4A 级旅游景区。

桃花故里。桃花故里位于龙泉山生态旅游功能区，是花果山风景区的核心景区，坐落于龙泉驿区山泉镇。花果山风景区建设从桃花故里拉开序幕，形成了如今"四季花不断，八节佳果香"的美景。景区以桃花品种多、花期长、密度高而闻名全国。

● 洛带古镇街道（朱成文 拍摄）

景区内修建有13.5千米环形游览路线，有"福道""情道""古驿道""长寿八百梯"等7.5千米游步道；拥有众多人文景点和著名文物古迹。

石经寺。石经寺约建于东汉末年，初为官宦私宅，后捐为庙，取名"灵音寺"。唐时建殿，初具寺庙规模。明正统年间，楚山禅师挂锡于此，并将寺庙更名为"石经寺"。受蜀和王、定王赠重金支持，规模日渐宏大，取名"天成寺"。清乾隆三十二年（1767年），简州牧宋思仁刻送《金刚经》一部，共计13块碑，遂复原名"石经寺"。早年，石经寺香火鼎盛，至民国久盛不衰。解放后，佛事活动一度中断。改革开放后，石经寺几经维修扩建，寺庙规模较前更为宏大。1981年，经成都市人民政府核定为市级文物保护单位，后升格为省级文物保护单位。

风味美食

柏合豆腐皮。柏合豆腐皮在龙泉驿可谓家喻户晓，远近闻名。它是将蚕豆豆浆制成薄如画纸的皮，再切成犹如银针的细丝，加入佐料煮制而成。红味豆腐皮麻、辣、烫，美味可口；白味豆腐皮润、滑、腻，清爽宜人。柏合豆腐皮的制作工艺已有上百年的历史。

伤心凉粉。伤心凉粉起源于清朝，是四川的客家特色小吃之一，最早从内江客家人传入。伤心凉粉的来源有两种说法：一为客家人思念家乡时做的凉粉，因为思念而伤心，故得名；二则指该凉粉特别辣，吃了凉粉的人都会被辣出眼泪，个个泪汪汪，别人还以为遇到了什么伤心事。2005年伤心凉粉被评为客家名小吃。

客家烟熏油烫鹅。烟熏油烫鹅是客家人移民洛带后，经过漫长的摸索而独创的一道名菜。烟熏油烫鹅配方考究，选料上乘，做工精细。色泽金黄、香味浓郁、鹅肉细腻，令人回味无穷、久吃不厌。此菜远近闻名，距今已有一百多年历史了。

发展定位

近年来，成都经济技术开发区的不断发展壮大，以及天府新区龙泉驿片区的加快建设和统筹城乡建设的快速推进，特别是服务、商贸、物流、房地产、旅游等第三产业的蓬勃发展，极大地推动了龙泉驿区域经济的发展，城市化步伐明显加快。从2017年开始，龙泉驿区的发展定位是奋力建设"先进汽车智造区、美好生活品质城"。

建设"先进汽车智造区"。以汽车产业为主导，以"四化"趋势为方向，以集群成链为关键，以产城融合为目标，加快建设"四基地一中心"（即全国重要的乘用车制造基地、新能源汽车产业基地、汽车零部件产业基地、汽车增值服务业基地和中国成都智能网联汽车示范中心），跻身全国汽车产业集群第一方阵。

建设"美好生活品质城"。以市民感受为导向，以优化功能为重点，以生态宜居为特质，以美好生活为目标，加快建设"四城一枢纽"（即创新活力之城、开放包容之城、人文魅力之城、生态宜居之城和成东交通主枢纽），区域承载力、辐射力、影响力显著增强。

发展目标

力争到2025年，基本建成践行新发展理念的"先进汽车智造区、美好生活品质城"，努力走在成都建设践行新发展理念的公园城市示范区前列。

力争到2035年，全面建成践行新发展理念的"先进汽车智造区、美好生活品质城"，成为产业体系先进、经济高度发达、城市功能完善、生态景观秀美、人民生活美好的国际门户枢纽城市中心城区。

（撰稿：龙久良　朱成文　审稿：王宏明　范乃光）

09 青白江区

基本情况

成都市青白江区位于成都市东北部，介于东经104°09′~104°29′，北纬30°39′~30°55′之间。辖区面积约379平方千米，是成都中心城区之一，辖大弯街道、大同街道、弥牟镇、城厢镇、姚渡镇、清泉镇、福洪镇等7个镇（街道）、83个村（社区），常住人口49万。1960年因厂建区后，青白江区作为我国重要的老工业基地和西南地区第一个工业区，是成都市首个财政突破亿元大关的区（市）县。

青白江历史源远流长，文化积淀深厚。汉代已有集镇雏形，有全省保存最为完好的古代县一级最高学府绣川书院，蜀汉丞相诸葛亮推演兵法、操练士卒的场所旱八阵图遗址，始建于唐大历年间的军事要塞石城寺山古寨等。青白江区生态环境宜人，是国家级生态区。

党的十八大以来，青白江区围绕高质量发展主题，持续调迁关停高耗能、高污染企业，依托成都国际铁路港对外开放优势，大力发展国际供应链、国际贸易、先进材料、智能制造等主导产业，实现了由老工业基地向泛欧泛亚港口城市、由内陆腹地向开放前沿的历史性转变。2022年，全区实现地区生产总值650.7亿元，固定资产投资增长441亿元，一般公共预算收入43.1亿元。连续四年获评"四川省县域经济发展先进区"，跻身全国综合实力百强区、全国投资潜力百强区、全国绿色发展百强区、全国科技创新百强区。

历史沿革

青白江早在新石器时代晚期（约公元前3000—公元前2100年）即是古蜀先民建立聚落之地。公元前316年，秦国并蜀，青白江隶属蜀郡管辖。

1956年，国家第一个五年计划重大项目之一的四川肥料厂（后更名为川化集团有限责任公司）确定在金堂县华严乡（今成都市青白江区主城区）境内建设，并设置四川省金堂工业区建设委员会。1957年，四川省人民委员会撤销金堂工业区建设委员会，四川肥料厂的建设改由中共成都市委领导，地方行政管理工作主要由金堂县负责。

1960年1月，成都市青白江区筹备组在四川肥料厂招待所召集金堂县、新都县、四川肥料厂、成都钢铁厂负责人参加工作交接会，宣布成都市青白江区成立。同年2月，中共成都市委任命程福全、党思维为中国共产党成都市青白江区委员会书记，任命四川肥料厂党委书记韦从俭为第一书记，任命成都钢铁厂党委书记金星为第二书记。同年7月，省人委批准成都市青白江区行政区划，辖弥牟、华严、大同等3个公社。

1980年12月，经成都市人民政府批准，金堂县城厢区和太平区划入成都市青白江区，新增城厢镇及玉虹、绣水、祥福、姚渡、日新、龙王、太平、福洪、合兴、人和、云顶等11个公社，全区面积392.24平方千米。同年太平公社更名为清泉公社。1981年11月经四川省人民政府批准建立大弯镇。

1983年，设置清泉镇。1984年改革人民公社管理体制，恢复乡、村建制，全区辖大弯镇、弥牟镇、城厢镇、清泉镇、景峰乡、华严乡、祥福乡、绣水乡、玉虹乡、姚渡乡、日新乡、龙王乡、福洪乡、合兴乡、人和乡、云顶乡。1995年撤销景峰乡设立大同镇。

1997年撤销绣水乡，并入城厢镇；撤销祥福乡、姚渡乡、日新乡、合兴乡，设立祥福镇、姚渡镇、日新镇、合兴镇。

2004年，撤销日新镇，并入祥福镇；撤销合兴镇，并入龙王镇；撤销玉虹乡，并入城厢镇；撤销云顶乡，并入清泉镇。弥牟镇、大同镇、城厢镇、清泉镇、祥福镇增挂街道办事处牌子。撤销大弯镇、华严镇，设立大弯和红阳街道办事处。撤并后，全区辖大弯街道办事处、红阳街道办事处、弥牟镇、大同镇、城厢镇、清泉镇、祥福镇、姚渡镇、龙王镇、福洪乡、人和乡。

2005年5月10日，经省政府批准，龙王镇的新谊、双柏、黄果、园林、石桩、长林等6个村和1个社区居民委员会（原合兴场镇）划归新都区石板滩镇管辖。全区面积378.94平方千米。

2008年10月21日，经市政府批准，姚渡镇、龙王镇、人和乡、福洪乡增挂街道办事处牌子。

2014年撤销福洪乡，设立福洪镇。

2016年，区辖大弯、红阳2个街道办事处，弥牟、大同、城厢、清泉、祥福、姚渡、龙王、福洪等8个镇，人和乡，124个行政村（社区）。

2017年7月，青白江被正式纳入成都中心城区。

2019年12月，经省、市政府批准，青白江区撤销祥福镇、大同镇、龙王镇、人和乡及红阳街道，并设立大同街道。全区原11个乡镇（街道）调整为7个，区辖大弯、大同等2个街道办事处和弥牟、城厢、

● 绣川书院（青白江区档案馆 提供）

● 八阵图遗址（青白江区档案馆 提供）

姚渡、清泉、福洪等5个镇，现有83个村（社区）。

重要资源

水利资源。境内多年平均地表水资源量为1.47亿立方米，多年平均地下水资源量为0.69亿立方米，多年平均水资源总量为1.506亿立方米，人均占有水资源量为359立方米，水资源可利用总量为5.11亿立方米/年。

土地资源。境内土地总面积378.94平方千米。其中，耕地188.86平方千米，园地8.4平方千米；林地34.53平方千米；草地0.34平方千米；城镇村及工矿用地96.39平方千米；交通运输用地19.92平方千米；水域及水利设施用地18.06平方千米；其他土地12.44平方千米。

矿产资源。境内矿产资源主要分布在山区和浅丘地带，主要矿种有天然气、页岩、砂岩、黏土、砂砾石等，其中天然气、页岩和砂岩资源较为丰富。

森林资源。境内森林资源总面积为127.89平方千米（含非林地上的林木资源），其中乔木林面积85.06平方千米、竹林面积8.93平方千米、疏林面积0.19平方千米、灌木林面积0.97平方千米，森林覆盖率33.73%。

基础设施

截至2022年底，按行政级别划分全区公路总里程955.094千米，其中：高速公路67.766千米、普通国省干线总里程72.552千米、农村公路总里程814.776千米，公路密度2.52千米/平方千米。区内现有"四高一快九干线"的骨架公路网络。"四高"分别为成都第二绕城高速、成绵高速、成德南高速、成南高速，"一快"为成金青快速通道，"九干线"分别为货运大道、成南路、八阵大道（G108）、清泉大道、青南大道、呈祥大道、大石路、成环路、港城大道。

全区公交线路里程共812.86千米，线网长度为371.4千米，有公交站点1040个、公交场站5个。公共交通机动化出行分担率为15.06%，主城区公交

● 青白江区客运枢纽中心、成绵乐客专青白江东站（青白江区档案馆 提供）

站点500米范围覆盖率达100%，城乡公交通达率达100%，形成了包括主干线、支线和乡村线在内的公交网络。

主要产业

青白江区坚持"一港引领、双核共兴"，依托临港优势大力发展临港智造和生产性服务业。成都国际铁路港围绕建设国际供应链经济重要承载区，大力发展国际物流、公共仓储、供应链金融、国际货代及中介服务、平台经济（电子商务）和信息集成服务，2022年实现进出口贸易额300亿元，位列全市第三。欧洲产业城着力打造亚蓉欧适铁临港智造加工贸易基地，以华鼎国联和金汇能为链主总投资近940亿元的绿色低碳产业集群逐步壮大。高性能纤维材料产业功能区着力打造全国先进材料创新发展高地、全国碳中和产业发展先行区，以重汽成商为代表的商用车产业集群聚集零部件、整车厂及场景应用等上中下游企业30余家，以台玻、瀚江新材料为龙头的绿色建材产业汇聚建材企业400余家。深入践行创新驱动发展战略，以产业建圈强链思维，在全国率先打造面向"一带一路"的国际中试产业基地，着力构建贯通"科技创新、人才培养、小试中试、产业孵化、生产制造"全链条生态体系，推动制造业转型发展。规划建设"文澜智谷"、欧洲产

● 成都国际铁路港全景（青白江区档案馆 提供）

● 亚蓉欧国家商品馆（青白江区档案馆 提供）

业城和"340科创园"中试产业示范基地。

文旅品牌

凤凰湖旅游景区。凤凰湖旅游景区位于凤凰大道，占地面积1.45平方千米，是四川省首家集生态、休闲、观光、度假功能为一体的开放式城市湿地公园，获评"西部最美赏樱地""花重锦官城最美公园景观"。拥有"林、溪、湖、花、文"五大景观特色，素有"汉唐遗风，丝路留芳"之美誉。景区内花木争秀、湖水潋滟，植被丰富、底蕴厚重，融山水灵气于一方，汇自然人文于一体，无论雨雪阴晴、朝霞晚晖、春花秋月、夏荷冬雪，皆各具美态，变幻成景。2022年2月，凤凰湖旅游景区被评选为国家4A级旅游景区。

客家杏花村旅游景区。客家杏花村旅游景区是国家3A级旅游景区，位于青白江区南部，地处风景秀丽的龙泉山脉中段。景区及周边现种植杏树约12平方千米。是客家人的集聚地，客家文化长廊、文杏馆、杏花湖等景点展示着独特的客家民俗。现有以户外野奢为主题、配套齐全，拥有三十辆美国原装进口房车的"66号房车度假营地"，充满中式园林设计的高端精品小院"杏花山上"民宿等接待点位20余家，可供游客选择。

青白江区博物馆。青白江区博物馆馆藏文物616件/套，其中珍贵文物203件/套（一级文物1件，二级文物28件/套，三级文物174件/套），包括国家一级文物、迄今为止全国出土东汉时期体积最大的青铜马，造型独特的虎熊龙凤座以及古蜀青铜器、宋代窖藏瓷器等文物精品，呈现了青白江区从宝墩文化时期到二十一世纪新时代约4500年的历史发展脉络。

亚蓉欧国家商品馆。"国家商品馆，一站买欧洲。"亚蓉欧国家商品馆位于四川自贸区成都铁路港片区核心区，占地面积7.1万平方米，建筑面积3.4万平方米，采用欧式风情小镇建筑风格，引进国家（商品）馆40个，搭建"一带一路"共建国家商品展销、体验及文化交流的开放型双向交流平台。依托中欧班列，红酒、大牌美妆、箱包、平行进口车等欧洲商品应有尽有。

城厢天府文化古镇。城厢镇是成都平原北部一座县治格局完整、文化内涵丰富、旅游特色鲜明的千年古镇，被列入四川省首批省级历史文化名镇。具有1600年建制史和900年县治史，积淀了灿烂的文化，至今仍保存着汉、唐、宋、元、明、清直至民国时期的丰富的历史文化遗存。拥有全省保存最完好的古代县——级最高学府——绣川书院，寿佛寺、灵官庙（今三清观）、觉皇殿、文庙、武庙等古建筑，以及省、市、区三级"爱国主义教育基地"——彭家珍大将军专祠纪念馆。

我的田园·自然王国。我的田园·自然王国是一个集循环农业、创意农业、农事体验、儿童游乐、休闲度假于一体的田园综合体，核心区占地346.6万平方米。有西南地区唯一的天然气驱动热气球体验，升空后可以俯瞰整个园区。有五十多个亲子项目可以体验，是"新旅游·潮成都"主题旅游目的地。

风味美食

德众鱼头火锅。德众鱼头火锅地处大弯西路33号，曾以"鸭棚子"口碑广为流传。经营22年来，一直深受青白江及周边地区广大食客的赞誉及好评。主要特色为纯手工炒料的一次性的红油锅底，汤汁鲜香醇厚、辣而不燥，久煮不浊，食材精选无公害花鲢鱼头，肉质嫩，配上自制的养生黑豆腐，让您的味蕾得到满足！

清真·牛不比火锅。清真·牛不比火锅创立自2015年，致力于传承并发扬地道的清真美食，打造清真餐饮界健康之源企业，至今已有5家直营店、6家加盟店。青白江总店位于弥牟镇商贸街八阵巷特色商业街区内。其招牌菜品为"手撕清油毛肚"。

绿杏餐厅家宴馆。绿杏餐厅家宴馆成立于1997年，旗下"绿杏餐厅""绿杏家宴馆""味季小餐"以舒适的环境、贴心的服务、实惠的菜品，赢得了"绿杏消费，好吃不贵"的美誉。先后被授予"四川特色餐饮名店""绿色餐饮示范单位""中华饭店餐饮行业名店""成都市餐饮品牌100强"等荣誉称号。

百姓百味餐饮。百姓百味餐饮成立于2007年，目前旗下有"百姓百味民间拿手菜""悦百味品质川菜""悦小味食堂"，以及即将呈现的"聚小悦川小馆"。

湖景壹号。湖景壹号位于凤凰湖国际生态湿地公园内，是一座集度假、餐饮、娱乐等多功能为一体的园林别墅餐厅。四个不同主题的宴会厅，可同时容纳1500人。餐厅依托凤凰湖53.3万平方米核心区域功能齐全的大型景观、23.3万平方米主题生态湖泊，致力于打造专属场地+极致服务+极致体验的一站式喜宴中心，提升顾客的体验感、幸福感。

发展定位

立足"陆海联运枢纽、国际化青白江"总体定位，深入实施"港口立城、产业兴城、品质优城"发展战略，打造"四区一枢纽"，加快建设面向泛欧泛亚、"一带一路"的对外交往引领区、开放产业集聚区、改革创新示范区、国际品质生活区和陆港主枢纽，构建"一港引领、双核共兴、四片协同"空间格局，建设现代化、国际化的成都北部中心。

发展目标

到2025年，通过全区人民的共同努力，基本建成现代化、国际化的成都北部中心。努力打造陆港主枢纽、对外交往引领区、开放产业集聚区、改革创新示范区、国际品质生活区。

（撰稿：段攀　张善彬　审稿：李贞健　瞿富云）

10 新都区

基本情况

地理位置及人口概况。 成都市新都区位于四川盆地西部,成都市北部,东与青白江区接壤,南与龙泉驿区、金牛区、成华区毗邻,西与郫都区相连,北与彭州市、广汉市接界。区域地处东经103°54′~104°16′,北纬30°40′~30°57′之间,属亚热带季风性湿润气候,四季分明,累年平均气温16.1℃。境内土壤主要由都江堰水系、沱江支流清白江、毗河的冲积物堆积,地势平坦,由西北向东南倾斜,海拔465~574米,主体为平坝,部分为台地。全区面积496平方千米,辖新都、桂湖、三河、大丰、石板滩、新繁、斑竹园等7个街道,清流、军屯等2个镇,共有184个村和社区(其中村79个、社区105个)。区政府驻桂湖中路92号。

2021年全区实有人口1645375人,户籍户数336351户,户籍人口856477人(其中城镇人口641716人,农业人口214761人),人口出生率10.43‰,人口自然增长率7.6‰,人口机械增长率20.01‰。

国民经济与社会发展概况。 近年来,新都区抢抓成渝地区双城经济圈建设、成德眉资同城化发展、大港区建设等重大战略机遇,以建设践行新发展理念的公园城市示范区为统领,扎实推进成都都市圈北部中心建设,经济实力和社会发展水平不断提高。"十三五"期间GDP总量连跨三个百亿台阶,年均增速保持在7.6%以上,"十四五"开局之年GDP总量迈入千亿梯队。

2022年,新都区实现地区生产总值1032.6亿元,同比增长2.1%;48个省市重点项目完成投资185.4亿元;聚焦产业建圈强链实施招商引智行动,签约引进中航发产业集群等重大项目和高能级项目19个、总投资334.8亿元;在新一轮减税降费25.9亿元的情况下,实现一般公共预算收入64.3亿元;固定资产投资同比增长8.8%;社会消费品零售总额完成347.5亿元;城乡居民人均可支配收入同比分别增长4.3%、5.1%,首次入围全国百强区,入选第四批天府旅游名县候选县,获评新时代十年成都制造业发展先进单位。

历史沿革

公元前7世纪左右,蜀王开明营建新的都邑,为有别于杜宇的旧都郫邑,新建都邑遂名"新都"。新都与广都、成都同为蜀中名城,距今约有2800年历史。

公元前316年，秦灭蜀后，于成都置蜀郡，新都归蜀郡管辖。

西汉高祖六年（前201年），分蜀郡为广汉郡，新都县划归广汉郡。

西晋武帝泰始二年（266年），分益州之地置梁州于汉中，分广汉郡置新都郡。新都郡属梁州，统领雒县（今广汉市）、什邡、绵竹、新都4县，郡治在雒。

咸宁三年（277年），晋武帝封皇子司马该为新都王，改新都郡为新都国。司马该死后无子继承，太康六年，废除新都国，复为新都郡。同年废郡，新都县仍属广汉郡。

西晋惠帝太安至怀帝永嘉时期，统治集团内部连年混战（始称八王之乱），关陇、秦雍士族不断南迁入蜀就食，晋王朝为安置流入民众，在蜀地设置有建制无领地的侨郡、侨县。

东晋安帝时期，设始康郡寄治成都，领始康、新城、谈、晋丰4侨县。502年，梁继南齐，废除无领地的侨县、侨郡，始康郡治由成都迁入新都，废其原领侨县，改新都为始康郡，治始康县。始康郡隶属益州，郡城在今新都城南。

西魏废帝二年（553年），废始康郡，将新都改属益州的蜀郡。

隋开皇十八年（598年），改新都县为兴乐县，将县治所迁至今新都镇。

隋炀帝大业三年（607年），改州为郡，实行郡、县二级制，撤销兴乐县并入成都县，隶属蜀郡。

唐武德二年（619年），恢复兴乐县，随即复名新都县，隶属益州。

唐末、五代、宋、元、明、清，新都隶属多有更迭，新都名称未变，相沿至民国。

民国二十四年（1935年），国民政府统一川政，设四川省政府，将四川省划分为18个行政督察区，新都县属第一行政督察区直至民国三十八年（1949年）。

1950年，四川省划为川东、川西、川南、川北4个行政公署，新都县隶属川西行署温江专员公署。

1960年2月，撤销新都县并入新繁县。1962年10月，恢复新都县。1965年7月，撤销新繁县并入新都县。

1983年3月，温江行署并入成都市，实行市管县体制，新都归成都市管辖。

1986年，新都县辖3镇和22乡。

1988年，新都镇与桂湖乡合并，更名为桂湖镇。1990年，桂湖镇复名新都镇，仍为县人民政府驻地。同年，撤销大丰乡，设大丰镇。新都县辖4镇、20乡。

1992年，新都县辖12镇、5乡。

1994年，撤销龙桥乡，设龙桥镇。2001年，撤销木兰乡、军屯乡、竹友乡、龙安乡，分别设镇。

2001年11月15日，经国务院批准，撤销新都县，设立成都市新都区，区人民政府驻新都镇。2002年1月1日，新都举行撤县设区仪式。

2003年，新都镇、新繁镇、大丰镇、三河镇分别设街道办事处，与镇政府实行"两块牌子、一套人员"的管理模式，所辖区域与镇相同。

2004年11月，撤销龙虎镇并入新都镇。

2005年末，新都区辖11镇、2街道。

2019年12月，区划调整，新都区辖7个街道、2个镇。

重要资源

国土资源概况。新都区土地总面积为496.49平方千米，2020年全区农用地面积293.80平方千米，建设用地面积190.34平方千米，未利用地面积

● 毗河绿道·泥巴沱森林公园（新都区档案馆 提供）

12.35平方千米。

水资源概况。2020年，新都区地表水资源量2.27亿立方米；地下水资源量1.56亿立方米；水资源总量为2.31亿立方米。

农业林业资源概况。2021年初，新都区耕地面积共180.42平方千米，粮食播种面积196.1平方千米，总产量达14万吨。截至2021年12月底，新都区林地面积1.13平方千米，主要树种有桉树、香樟、柑橘、新都柚等。

基础设施

卫生健康医疗概况。新都区被评为国家卫生县城、全国基层中医药工作先进单位、全国计划生育优质服务先进单位，获批国家中医药综合改革试验区。截至2021年12月，新都区现有各级各类医疗机构843所，三级以上医疗卫生机构5个。

交通设施概况。截至2020年，新都区公路通车总里程达1423.6千米，其中，国道、省道共130.22千米，县道、乡道共535.95千米。铁路通车总里程为74.9千米，其中，普通铁路里程为39.2千米，高铁里程为16.4千米，城市轨道交通（地铁）19.3千米。区内设有西成高铁新都站及新都客运枢纽站。地铁3号线、5号线新都段已建成通车，基本形成"6横8纵多轨"综合交通体系。

公园城市建设概况。泥巴沱森林公园位于新都城区毗河南北沿岸，规划总占地面积约2平方千米，以建设公园为引擎，带动新城区域城市能级提升，着力构建兼具生态休闲、现代文化、产业服务、活力

● 中车成都公司（新都区档案馆 提供）

宜居四大功能的城市绿心。目前"一院四馆"（大剧院、文化馆、博物馆、美术馆、图书馆）正在进行方案设计。

主要产业

轨道交通产业。以中车成都公司为龙头，集聚新誉、今创等50余家上下游配套企业，形成年产600辆地铁整车能力，实现60%以上成都地铁列车"新都造"，时速160千米的新一代无人驾驶市域列车下线，集中引进成都中车四方所、重庆凯瑞等17个优质配套项目，2025智慧型全自动行车试验平台建成投用。

航空产业。充分发挥航空工业成飞、中国航发成发和中国航发涡轮院等头部企业旗帜效应，航空大部件核心配套企业纷纷落户。新都高新技术产业园扩区获批复，新增4.6平方千米产业发展空间。中国商飞C919、CR929机头大部件制造基地成功签约落户，中国航发涡轮院投入使用、科创中心加快建设，"政府＋龙头企业＋配套企业＋科研院校"发展模式在全市推广。

智能家居产业。"西部家具在成都，成都家具半新都。"新都智能家居产业城聚集了帝标、千树等优质家具企业，曾先后获评"中国西南家具产业基地""全国板式家具产业知名品牌创建示范区"，是四川省首批认定的"现代服务业集聚区"。

智慧物流产业。新都区集聚了安博、阿里菜鸟、德国邮政（DHL）、普洛斯、传化等一批世界级物流巨头，物流产业向智慧物流转型升级，打造全国先进电商物流示范基地；京东亚洲一号智能物流年处理量破亿单，传化网油服业务全国总部实现营收60亿元，成北新消费活力区获评四川省现代服务业集聚区。

新经济。2021年，新增新经济企业3176家，成立航空等20家企业入库2021年成都市新经济企业梯度培育企业。势加透博入选成都市"双百工程"企业，引进微网力合等高能级项目，承办"推动产业功能区稳链补链"主题"双千计划"发布会，发布新场景92个、新产品100个。

文旅品牌

宝光寺。宝光寺相传始建于东汉，初名大石寺，唐代名宝光寺，是我国历史悠久、规模宏大、结构完整、环境清幽的佛教禅宗寺院，与文殊院、昭觉寺、草堂寺并列为成都"四大精蓝"；与成都文殊院、镇江金山寺、扬州高旻寺并列为长江流域"四大丛林"。1983年被国务院定为全国汉传佛教重点寺院，2001年被国务院列为全国重点文物保护单位，2007年被评定为国家4A级旅游景区，2011年被评为"成都十景"之一，并挂牌"四川省宗教界爱国主义教育基地"，2013年被中央统战部、国家宗教局评为"第二届全国创建和谐寺观教堂先进集体"。

桂湖公园。桂湖公园始建于隋唐之际，原名"南亭"，园中城墙于隋开皇十八年（598年）始建。明代嘉靖年间，著名学者杨慎（号升庵）在驿馆内沿湖广植桂树，并将湖改名"桂湖"。明末桂湖建筑毁于战火。清代嘉庆、道光年间重修桂湖建筑。1996年11月20日，"杨升庵祠与桂湖"被国务院公布为第四批全国重点文物保护单位。

风味美食

新都桂花糕。新都桂花糕创制于明朝末期，已有300多年历史。它主要以糯米粉、蜜桂花等为原料，经过蒸、炒、磨、拌、擀等工序精制而成。糕质细软滋润、色泽洁白，具有浓郁的桂花清香，入口化渣，口味清香。

新繁泡菜。新繁泡菜脆嫩芳香，风味独特，含有丰富的维生素、氨基酸。有解腻、开胃的功能。

● 京东亚洲一号（新都区档案馆 提供）

● 宝光寺（新都区档案馆 提供）

● 桂湖公园（新都区档案馆 提供）

20世纪90年代初，新繁牌商标被评为四川省著名商标。

发展定位

以成渝地区双城经济圈建设为总牵引，以"四化同步、城乡融合、五区共兴"为总抓手，坚持"讲政治、抓发展、惠民生、保安全"工作总思路，以建设践行新发展理念的公园城市示范区为统领，推动高质量发展、高品质生活、高效能治理相结合，聚力建设智能制造先行区、成北消费活力区、天府粮仓精品区，加快打造成都市圈北部中心，奋力谱写新都现代化建设新篇章。

发展目标

2025年发展目标。城市能级位势得到新提升；经济高质量发展取得新突破；创新驱动发展迈出新步伐；绿色低碳转型取得新进展；幸福新都内涵品质实现新跃升；城市现代化治理达到新水平。

2035年远景目标和2050年远景展望。到2035年，基本实现社会主义现代化，成为成都建成践行新发展理念的公园城市示范区、中国西部具有全球影响力和美誉度的现代化国际大都市的重要支撑。高质量发展走深走实；高品质生活共建共享；高效能治理精准精细，城市治理体系和治理能力现代化基本实现，法治新都、法治政府、法治社会基本建成。

到2050年，全面建成经济高质高效、动能充沛充盈、文化自信自强、社会和顺和谐、城乡共富共美的社会主义现代化国际大都市中心城区。

（撰稿：张靖波 鄢孜 审稿：杨燕 卢万雄）

11 温江区

基本情况

成都市温江区地处天府之国腹地，是4000多年前古蜀国领域，以"四河穿流、江水温润"而得名，素有"金温江"的美誉。温江区介于东经103°41′~103°55′，北纬30°36′~30°52′之间，全区土地面积276.14平方千米，辖6个街道办事处、3个镇（镇同时挂街道办事处牌子），95个村（社区）。2022年，温江区常住人口99.78万人，户籍人口57.34万人。区域东临青羊区，南接双流区，西与崇州市接壤，北与郫都区、都江堰市相连，东西宽18.5千米，南北长33千米。温江是成都西向交通门户枢纽，区政府驻地柳城街道办事处，半小时直达双流国际机场，一小时直达天府国际机场，地铁4号线、17号线贯通全城。温江境内地势平坦，无山无丘，平坦坡降3‰，最高海拔647.4米，最低海拔511.3米。温江区是全国知名的花木之乡、国家级生态示范区，来自青藏高原的洁净空气与清澈河流，由温江进入成都平原，域内四河环抱、千流纵横，167平方千米生态大公园生机盎然，698千米生态绿道串珠成链，城市绿化率达47%，住在温江，进可享都市繁华，退则拥田园生活。

2022年全区实现地区生产总值717.11亿元，按可比价格计算，比上年增长3.0%。温江连年入选"全国综合实力百强区"；成功创建全省首个区县级自贸协同改革先行区；获评全国首批、全省唯一"全民运动健身模范区"；成为全省唯一连续4年获评"中国最具幸福感城市"的区（市）县；成功创建全国科普示范区。温江区坚定以"两河一心"营城策略全面推进现代化，奋力建设"幸福温江·美好之城"，为成都全面建设践行新发展理念的公园城市示范区提供支撑。

历史沿革

温江区古为蜀国领域，相传为鱼凫王朝时期的都城。

公元前316年，秦灭蜀后，于原蜀国故地置蜀郡，今区境属蜀郡郫县。

西魏恭帝二年（555年），分郫县南境和江原县东境，始置温江县，属益州蜀郡。

隋开皇三年（583年），悉罢诸郡，以州统县，撤销温江县入郫县。仁寿三年（603年），又从郫县分置，名万春县。隋大业初撤并诸州，改州为郡。大业二年（606年），撤销万春县入郫县。

唐武德三年（620年），复置万春县，属益州。贞观元年（627年），复改万春县名为温江县，属剑南道益州。

宋、元、明、清时期，温江县建制一直保留，未再变更。

民国二十四年（1935年），国民党入川主政，实行行政督察区制，温江县属四川省第一行政督察区，并为第一行政督察区专员公署治地。

1949年12月26日，温江解放。1950年温江县属川西行政公署温江行政区，为温江行政区专员公署治地。1952年撤销川西等4个行署区，恢复四川省建制，温江县属四川省温江专区。1968年温江专区改为温江地区，温江县属温江地区。

1959年7月1日双流县并入温江县，治地在温江县城关镇。1962年10月20日国务院决定复置双流县。同年11月1日温江、双流两县分置。

1983年3月，国务院决定撤销温江地区。同年7月1日温江县正式隶属成都市。

1988年2月3日，省政府正式批准在温江县柳城镇进行卫星城建设试点。

2002年4月14日，国务院批准温江撤县设区。

2017年7月，成都国家中心城市产业发展大会上，市委决定把温江区纳入中心城区。

2019年12月，撤销永盛镇、金马镇，设立金马街道。全区镇（街道）总数由10个变更为9个。

重要资源

水资源。辖区内有4条河：金马河、杨柳河、江安河、清水河。4条河皆属岷江水系，自西北向东南，呈扇状分布。全区水资源总量6.239亿立方米。

耕地资源。2022年末，有耕地面积132.64平方千米，其中粮食播种面积12.14平方千米。

气候状况。辖区属亚热带湿润季风气候，四季分明，平均气温15.9℃、降雨量972毫米、日照时间1168小时。

人口资源。2022年末，全区有常住人口99.78万人，户籍人口57.34万人。

基础设施

交通设施。"三高五快三轨五互通"体系。2022年，形成"三高五快三轨五互通"的交通体系，路网密度491千米／百平方千米，位居成都市前列。

"三高"是指成温邛高速、绕城高速、第二绕城高速。"五快"是指成温邛快速路、成青旅游快速通道、新华大道、光华大道、东坡大道。"三轨"是指地铁4号线、17号线，成蒲铁路。"五互通"是指永宁立交、太极立交、金马立交、北立交、万春立交。

对外骨干道路。连接三环内的有成温邛高速、成温邛快速、芙蓉大道、光华大道。连接崇州市的有成温邛高速、第二绕城高速、成温邛快速、新华大道。连接都江堰、青城山景区的有成青旅游快速通道、温灌路。连接郫都区的有第二绕城高速、温彭路、温郫路、芙蓉大道。连接双流区、天府新区的有第二绕城高速、凤翔大道、温双路、温黄路。

交通场站。区内有交通场站7个，即温江公交枢纽站、城南公交站、万春公交站、天府公交站、永宁公交站、金马公交站、大学城公交站。

轨道交通站点。区内有地铁4号线、17号线站点共13个，以及成蒲铁路温江站。

教育事业。2022年末，区有内幼儿园167所、中小学34所、普通高中7所、特殊教育学校1所、中等职业学校8所、附设中职班1所、学历类驻区高校（含高职）9所、社区教育学院1所、镇（街）社区教育分校9所、学科类教育培训机构119所。

医疗卫生。截至2022年末，全区共有注册医疗机构707家，其中：驻区医疗机构4家，区级医疗机构4家，镇（街）医疗机构10家，民营医院、学校医院、村卫生站（社区卫生服务站）、民营诊所、门诊部等共689家，其中三甲医院4家。全区总床位数7082张，共有注册医师4452人，注册护士4996人。

文化体育。2022年末，共有文物保护单位16个，公共博物馆2个，公共图书馆1个，馆藏图书55.1万余册，体育场馆2个。全区体育场地面积242.46万平方米，人均体育占地面积2.45平方米。新落成的金强国际赛事中心容纳观众1.5万人，即将对外开放。

环境保护。2022年，围绕"幸福温江·美好之城"建设和城市功能品质提升，实施水务项目22个，总投资13.1亿元。

完成江安河光华段水生态环境综合整治项目建设，以水为脉，新建绿道16千米，新增绿地19处，新增绿化面积约31万平方米，初步形成"江安十里"惬意悠然的滨河第三空间。

完成永盛污水处理厂扩建项目、城市污水处理厂三期工程，全区污水处理能力达到26.2万吨／日，2022年度污水处理总量达9256万吨，出水稳定达标排放。圆满完成农村污水治理目标，实现20户以上农民集中居住区生活污水处理设施全覆盖。2022年，新（改）建排水管网11.87千米，城、镇污水处理率分别达到97%和89.1%。

完成老城区供水管网新（改）建一期、二期工程，新建城乡市政供水管网415.27千米。累计投资2.1亿元，完成68个村（社区）3万余户的接水工作，依法关停自备水源，完成地表水源全切换和农村区域供水管网全覆盖，全区自来水普及率100%，全面

● 窗含西岭千秋雪（温江区档案馆 提供）

建成城乡一体化供水保障体系。

主要产业

农业。2022年第一产业增加值23.89亿元，同比增长3.3%，农民人均可支配收入37561元，同比增长5.4%，绝对值位居全省第二，城乡收入比缩小至1.49∶1。粮食种植面积1.82万亩，蔬菜种植面积2.26万亩。严控耕地撂荒和"非粮化"新增，引导低效残次苗木有序腾退并恢复种粮2200亩，完成万春3100亩高标准农田建设，有序推进永宁5000亩高标准农田建设。

打造川农牛科创农庄、创舍、仙境花园等林盘新经济、消费新场景28个。搭建"蓉e花木"平台并上线运营，实现花木线上线下销售额14.03亿元。

成都医学城。2022年新签约远大医药、锦江电子、丰树国际、深国际、泓博智源等链群项目36个，协议总投资142亿元。其中先进制造业项目27个、现代服务业项目9个；30亿元以上项目1个、10亿元以上项目4个、5亿元以上项目11个。前瞻布局放射性药物赛道并被纳入全省规划，全力打造国家级放射性药物产业高地。百利天恒获批科创板上市，实现温江有根上市企业零的突破；新增华健未来等国家专精特新企业5家、博奥晶芯等省专精特新企业39家，累计国家和省级专精特新企业79家；百利药业、百裕制药等8家企业获评国家知识产权示范企业和优势企业；新认定国家科技型中小企业275家，新增国家高新技术企业90家、累计268家。获批生物靶向药物国家工程研究中心、百利药业国家企业技术中心2个国家级创新平台，四川省航空航天伺服及关键部件制造技术工程研究中心、四川省濒危药用动物工程研究中心2个省级创新平台，省精神医学中心入选首批国家高级认知障碍诊疗中心。获评省级新型研发机构1家，新落户陈晔光等院士专家团队项目6个。

现代服务业。2022年，引进裸心度假村、广州锐丰西部总部、中海外数字基建总部、几何书店等产业化项目20个，协议总投资约64.8亿元。推动落地上海世茂服务、中海外控股等总部企业5家，签约世界500强企业的上海复星、太平金服，签约独角兽企业、上海镁信等互联网运营平台10余家。签约重大产业化项目及"三个之区"建设支撑项目25个；完成金河谷体育综合体等9个项目策划包装，匡算总投资约128.5亿元；外商投资实际到位5亿元；外商直接投资（FDI）2000万美元；实际到位内资25亿元。实现德商光华天骄等9个项目竣工投运，开工建设四季光华颐和家等10个项目，推动成都CAZ一期等31个项目建设，完成固定资产投资249.1亿元。江安拾光公园获评成都市八大特色消费场景之一（公园生态游憩场景）荣誉，留灯书屋获得成都市2022年"人民阅卷·十大市民点赞项目"第一名。

文旅品牌

温江区锚定"国家全域旅游示范区"和"天府旅游名县"航向，构建起"2个国家4A旅游景区+1个省级旅游度假区+1个省级生态旅游示范区"全域旅游图景，获评"中国最具幸福感城市·美丽宜居城市"、四川省全域旅游示范区，驰名全国；荣膺国际花园城市、国际生态宜居典范城市，享誉全球。

国色天香。国色天乡景区是国家4A级旅游景区，已建成运营的有一期童话世界、二期水上世界、三期陆地乐园。园区完美地将地域文化和异域风情相结合，面向不同年龄群，设置了多种游戏项目，既梦幻刺激，又时尚绚丽，是目前温江旅游最亮丽的名片。

幸福田园。幸福田园是国家4A级旅游景区，是

● 温江现代服务业商圈（温江区档案馆 提供）

一处充满诗情画意的体验式旅游度假村落。景区呈现出川西村落布局的意境和理念，并将古蜀文化、农耕文化、鱼凫文化等历史文化资源融入其中。

植物编艺公园。植物编艺公园是国家3A级旅游景区，是我国西南首个植物编艺基地。园区内以紫薇、女贞、桂花等植物为原料，塑造了十二生肖、中国结、亭子、花瓶等110余种植物艺术造型。

五月玫瑰园。五月玫瑰园是国家2A级旅游景区，是以法国洛可可艺术风格为基调而建的国内首个正宗古典玫瑰庭苑，总占地面积约6.7万平方米，拥有1500个玫瑰珍稀品种。

连二里市。连二里市是国家2A级旅游景区、成都市3A级林盘景区，地处温江区金马河畔的崇江老场，与崇州市伏虎村紧紧相连。小镇有二里长，是川西平原目前仅存的林盘集市。

北林生态绿道。温江北林生态绿道为温江区天府绿道总体规划"三网两轴多节点"的重要组成部分，全长约65千米，贯通了北林区域的寿安、和盛、万春三镇，囊括了花卉园林游览、高端民宿体验、生态绿道健身、康养医疗服务等四大旅游场景。

风味美食

温江酥糖。温江酥糖是四川著名的传统小吃之一，其制作工艺属市级非物质文化遗产。

温江酱油。温江酱油系清光绪年间，由郑全盛开办的"全盛号"酱园所创。温江酱油选用上等黄豆、

● 北林生态绿道（温江区档案馆 提供）

● 温江酱油（温江区档案馆 提供）

小麦为原料，经过天然发酵，日晒夜露5—8个月后，制成酱胚，成熟酱胚遇冷回润产生的汁液，顺缝滴入窝内，故也称窝油或滴窝油。

天佑祥·万春老卤。天佑祥·万春老卤创始于清末民初，博采众多地方卤菜风味之长烹制而成，其灵魂是温江酱油，色酱汁浓、酱香浓郁，不加色素，卤出来的菜品香味醇正、回味悠长，是地地道道的"温江味"。

公平红烧兔。公平红烧兔是温江公平街道的一道传统美食，现场点杀，一兔两吃，可红烧可清烧，肉质滑嫩，唇齿留香。

舒肘子。舒肘子是一家以吃肘子为特色的老字号饭店，其肘子用料讲究，口感肥嫩鲜香，让川菜既保留了老味道，又不失精致和时尚。

发展定位

随着新时代推进西部大开发、成渝地区双城经济圈建设等国家战略深入实施，温江发展迎来了前所未有的战略机遇期，为此温江坚定以"两河一心"营城策略拼经济搞建设抓发展，提出了"三个之区"建设的总体目标，为成都建设践行新发展理念的公园城市示范区作出先行贡献。

奋力建设创新开放、三产共兴的希望之区。全面提升产业实力、创新能力、开放活力，着力构建以都市农业为特色、医药健康产业为主导、现代服务业为支撑的现代产业体系，形成创新开放驱动、融合集约集聚的发展格局。

奋力建设南城北林、两河一心的大美之区。坚持生态立城，以南城北林、两河一心，构塑城乡、生态和人文空间。让田园与林盘相依、流水与城市相伴，成就最具田园诗意的现代城市。

奋力建设温暖如家、共担共享的安心之区。坚持城为民建，牢固树立共担共享的治理理念，突出传承度、现代性、创新力，建设舒适宜居、文化繁荣、公正有序、和谐安宁的美好家园。

发展目标

2021年10月27日，温江区第十五次党代会提出：力争到2025年，基本建成践行新发展理念的公园城市示范先行区。地区生产总值突破900亿元，医药健康产业营收达1000亿元，研究与试验发展经费投入年均增长8%，城乡居民收入比降至1.5:1，轨道交通占公共交通分担率超过60%；城市空气质量优良天数比率达80%，人均期望寿命达82.4岁。

到2035年，温江在全市率先实现社会主义现代化，全面建成践行新发展理念的公园城市示范先行区。人均地区生产总值达位居全市前列，成为全国城乡融合发展标杆；建成全国一流健康产业高地；西部"三医"创新策源地全面建成，创新能力和开放水平走在全国前列；成为全国高品质宜居生活城市典范。

（撰稿：谭道贵 黄静 审稿：舒蓉 何泽）

12 双流区

基本情况

成都市双流区地处成都市西南面，地理位置介于东经103°47′~104°15′，北纬30°13′~30°40′之间；东连龙泉驿区、简阳市，南接眉山市仁寿县、彭山区，西邻新津区、崇州市，北靠温江区、青羊区、武侯区、锦江区。双流区实际管辖面积466平方千米，城市城区建成面积123平方千米，实际管辖5个街道、4个镇，118个村（社区），2021年末户籍人口70.43万人，常住人口149.01万人。2022年地区生产总值达1131亿元，位列"全国百强区"第29位，获批"国家生态文明建设示范区""省级全域旅游示范区"，连续三年获评"中国最具幸福感城区"。

双流区地形地貌多样，境内分布有平原、丘陵和绵延起伏的浅丘台地。境内主要有龙泉山、牧马山两大山脉，海拔423~988米。双流区境内的河

● 空港中央公园（双流区档案馆 提供）

流属岷江水系，多集中分布于平原地区，主要河流有金马河、锦江、江安河、杨柳河等，河流总长为117.65千米。

2021年，全区绿地面积达50.46平方千米，建成区绿化覆盖率达49.05%，人均公共绿地面积15.6平方米。

历史沿革

双流古称广都。古蜀王蚕丛、杜宇、鳖灵等曾先后以广都为治所。公元前316年，秦灭蜀，双流地属蜀郡。西汉元朔二年（前127年），置广都县，属蜀郡。王莽时（9年），广都县更名为就都亭，东汉永平元年（58年）复名广都县。蜀汉时期，广都县隶属关系不变。东晋永和八年（352年），以蜀之流人置宁蜀郡（侨郡），广都县改属宁蜀郡。北周武成元年（559年），废宁蜀郡，广都县仍属蜀郡。隋仁寿元年（601年），避炀帝杨广讳，借左思《蜀都赋》中"带二江之双流"，改称双流，属蜀郡。唐龙朔三年(663年)，析双流县复置广都县，同属成都府。北宋，双流县、广都县仍属成都府。熙宁五年（1072年），废陵州，以贵平、籍田县为镇，划入广都县。南宋，隶属关系不变。元世祖中统元年(1260年)，废广都县，部分区域划入双流县。至元十二年（1275年），双流县属成都路录事司，至元二十三年（1286年），隶属四川等处行中书省。明洪武九年（1376年），改四川等处行中书省为四川承宣布政使司。洪武十年（1377年），撤销双流县建制并入华阳县。洪武十三年（1380年），复置双流县，隶属关系不变。崇祯十七年（1644年），张献忠在成都建立"大西"政权，双流县曾一度属"大西"。清康熙六年（1667年），双流县并入新津县。雍正八年（1730年），双流县复置，属成都府。1914年，双流县属西川道。1929年，双流县直属四川省辖。1935年，双流县属四川省第一行政督察区。

中华人民共和国成立初，双流县隶属川西行署温江专区。1965年，华阳县撤销并入双流县。1976年，仁寿县籍田区划入双流县；同年，双流县划归成都市管辖。2013年12月1日，双流县境内含新兴、万安、白沙、兴隆、合江、太平、永兴、三星、大林、煎茶、籍田等11镇，剑南大道南段、元华路以东的华阳街道、正兴镇范围内的社会管理、公共服务等事务由四川天府新区管理委员会代为管理。2016年3月1日，撤销双流县，设立成都市双流区，以原双流县的行政区域为成都市双流区的行政区域。

重要资源

人文资源富集。双流历史悠久绵长，是古蜀文明的发源地之一，四千多年前，古蜀王蚕丛定都瞿上，教民农桑；三国时，诸葛亮屯兵牧马山指点江山；清代，川西夫子刘沅开创了槐轩学说；民国时，乔大壮与齐白石齐名，谱写了"南乔北齐"的传奇。现双流拥有四川大学、西南民族大学等6所高校、34个科研院所，航空从业人员10万人、在校大学生10万人、各类人才40.2万人。

口岸资源独特。双流拥有自贸试验区、综合保税区、保税物流中心及快件中心，拥有针对生物制品、冰鲜水产品、进口肉类等所设的7大海关指定监管场所，是中西部地区进境指定监管场地门类最齐全的空运进境口岸，四川唯一的国家一类口岸，中西部首个实施144小时过境免签和提供"7×24"小时通关服务的城市。

基础设施

通信设施。中国电信双流分公司已将双流城区建设成为三千兆网络区县，建成成都市首个全覆盖

NB-IOT商用网络，实现万兆到楼、千兆到户，全面满足200万光网用户接入能力。中国移动双流分公司设有2个支撑中心、7个营销分局、3个行业中心，开通基站1800个，实现双流区内移动信号全覆盖。中国联通双流分公司已开通主城区、高校、交通枢纽、物流园区、经济开发区5G站点。

能源供应。双流区内有220千伏变电站4个、110kv变电站22个，供电承载能力达150万千瓦；建有天然气管网4008千米，日供气能力130万立方米；有岷江自来水厂等3个自来水厂，日制水能力60万吨，平均缺口20万吨。

交通运输。双流国际机场聚集基地航空公司7家，成为中西部首个72小时过境免签航空口岸，目前开通国际（地区）航线131条，2021年客运、货邮吞吐量分别达4011.7万人次、62.9万吨，分列全国第2位、第7位。规划建设地铁线路18条、总里程230千米、站点83个，已开通运行3号、5号、6号、8号、10号、17号线等6条线路。区内公路总里程988.4千米，路网密度2.12千米/平方千米。4条高速公路和4条铁路穿境而过。全区有1145辆公交车，其中新能源公交720辆，公交线网密度达3.3千米/平方千米，区域公共交通出行分担率达44.51%。

公共配套。全区重点园区，配置标准厂房45万平方米；配置新经济、主导产业等专业特色楼宇100万平方米；实施人才安居工程，规划建设"人才公寓"1.7万套，为高端产业、高层次人才入驻提供优质的发展空间；配置新能源公交720辆，充电桩300余个，在四川省率先实现新能源公交全覆盖。

主要产业

双流构建"3+8"产业生态圈，打造航空经济、电子信息、生物医药3大千亿级产业集群，推动智

● 双流国际机场（双流区档案馆 提供）

能制造、先进材料、绿色食品、现代金融、现代物流等产业与航空元素融合，打造适航特色鲜明的现代产业体系。

航空经济产业。以枢纽型航空服务、临空型国际贸易、空港型国际商务三大领域，重点发展航空运营服务、航空制造维修、航空物流、跨境贸易、航空金融、航空总部6大产业集群。

航空运营。重点发展客运航空、通航服务、公务机和航食、航油、航材等保障服务。已落户9家基地航空公司、45家航空运营企业、20余家驻场单位。

航空维修。重点发展飞机发动机维修、部附件修理、航线维护、机体维修和飞机加改装产业。现拥有16家航空维修企业、7个维修机库，是亚洲规模最大的发动机保税维修基地。

航空物流。构建以航空货运为重点、保税与非保税同步发展、卡车航班与货物代理配套的综合物流体系。已落户13家全球100强、10家中国100强物流企业。

跨境贸易。重点发展跨境电商、指定口岸贸易、文化保税、新兴服务贸易产业。已聚集20余家跨境电商龙头企业。

航空金融。重点发展航空租赁、供应链金融等产业，已引进10余家航空金融企业，落地省内首单飞机整机、飞行模拟器、飞机备用发动机保税租赁业务。

航空总部。重点引进具有临空发展需求的世界500强、中国500强企业设立全国或区域总部及研发、运营、结算、展示中心。

电子信息产业。集成电路。构建设计—制造—封测全产业链，以中国电子集团为引领，以瓴盛科技、紫光集团、华大九天、华大半导体为代表，关联企业30余家。

● 成都天府国际生物城孵化园
（成都天府国际生物城管委会　提供）

新型显示。发展新型显示器与激光应用，以中电熊猫8.6代生产线为核心，形成8.6代TFT-LCD产业链。

智能终端。打造智能终端制造，以仁宝电脑、纬创资通为引领，以创维、浪潮、同方等企业为代表。

信息网络。建设物理层—数据层—应用层全产业链，以中电科集团为引领，整合中电科9所、10所、29所、30所，以中国移动、中国联通IDC、华为物联网、云天励飞等企业为代表。

生物产业。以生物医药、生物服务、生物医学工程、健康新经济为四大主攻方向，与成都高新区共同打造天府国际生物城，规划面积约44平方千米。签约京东方数字医学中心、华西国际肿瘤治疗中心、绿叶制药等100多个项目，聚集诺贝尔团队5个、两院院士团队4个、高层次人才团队51个，引进和培育新药品种72个，成为全国唯一的重大新药创制、重大专项成果转移转化试点示范基地。

文旅品牌

成都蛟龙港·海滨城景区。蛟龙港·海滨城景

● 蛟龙港·海滨城（双流区文化体育和旅游局 提供）

区总投资 63 亿元，整体面积达 60 万平方米，坐落于新双楠商圈枢纽。海滨城首创商业旅游综合体，首次提出"上天下海，海玩海购"的概念，其核心业态之一的浩海立方海洋馆创下"全球最大海洋观景窗"和"全球最大亚克力板"两项吉尼斯世界纪录。此外海滨城还融合了具有国际赛事标准的真冰场以及环冰场双层美食城、飞行模拟体验中心、国内首家室内地心侏罗纪恐龙乐园、4DMX 影院、亲子乐园等特色业态。2016 年，海滨城被评为国家 4A 级旅游景区。

华侨城·欢乐田园。华侨城·欢乐田园距成都市区 38 千米，与黄龙溪古镇隔江相望。项目总占地面积 172.7 万平方米，总投资 15 亿元，于 2019 年 3 月 22 日开园。它是华侨城打造的国内首个集田园休闲度假、田园观光旅游、田园户外运动、田园科普教育等主题于一体的中国超级田园景区。景区先后荣获四川省委宣传部指导颁发的"四川十大文旅新地标"、2019 最受欢迎文旅新地标、2019 最受欢迎景区、2019 年潮人榜潮人必打卡网红乐园等 20 多项荣誉。

● 黄龙溪古镇（双流区文化体育和旅游局 提供）

黄龙溪古镇。黄龙溪古镇位于双流区西南，距成都市区38千米，距双流国际机场31千米，是四川最著名的古镇之一。黄龙溪古称赤水，距今有2100多年的历史，集古蜀、三国、龙狮、码头、市井、农耕等众多文化于一身，拥有火龙、府河船工号子、漂河灯、打更等民俗文化。古镇先后被评为"四川省省级风景名胜区""中国民间艺术火龙之乡""中国民间文化遗产旅游示范区""中国历史文化名镇"等。古镇内现有保存完好民居76座，大院3座，有金华庵、三县衙门和古戏台等3处重点文物保护单位，保存完好的传统建筑面积共3.12万平方米。

双流"空港花田"。"空港花田"项目总占地面积约8.71平方千米，位于机场跑道下降通道限高区域。项目牢牢秉持"公园城市""乡村振兴"的发展理念，努力发展成为特色临空经济全球典范、公园城市理论创新践行地、国家乡村振兴战略示范样板区。

风味美食

双流老妈兔头。双流老妈兔头是以精选的原料、独特的配方，再以陈年卤汤经数小时细火慢炖出来的兔头，麻辣鲜香，肉质细腻。兔头分为五香、麻辣两种口味，鲜而不腥，色香味形俱佳。

王冰粉。王冰粉创立于1999年，坚持传统手工制作。在传承匠心的基础上，又创新出了晶莹剔透、清甜可口、Q弹爽滑、消暑解热之佳品—玫瑰鲜花冰粉。

独轮火锅。独轮火锅曾获得世界火锅大赛"红火锅"奖，被评为"中国火锅经营示范企业"，其特色菜品之一——极品鲜猪黄喉，采用新鲜猪黄喉，直接撕掉包裹的油筋，用冰块保鲜，不破坏其丰富蛋白质，口感爽脆有嚼劲。

陈府菜。陈府菜位于东升街道金河路，以陈门六杰为代表。"怪味鸡"是双流陈府菜店推出的一道川西坝子家喻户晓的家常菜，由"热窝鸡"演变而来，具有麻、辣、酸、甜等多种味道。

九江鸡鱼馆。九江鸡鱼馆是位于双流九江街道的特色餐馆，包括特色小吃羊咯角、线鸡汤锅等。羊咯角，精选上等高筋面粉，辅以新鲜米汤，采用烫熟、未经发酵的独特工艺制成，口感强劲、弹牙、略带回甜，充分体现了米汤和面粉融合后的食材本真味道；线鸡汤锅的线鸡，又名骟鸡或是阉鸡，饲以精料而养成，肉嫩骨细、鲜美异常。

发展定位

以建设社会主义现代化高品质中国航空经济之都为目标，以做优做强"121"城市功能体系、推动"432"镇街组团发展为引领，以打造"两核一带"环港经济区为突破，以"三提两转一融合"为路径，增强全区经济实力、发展活力、城市魅力、治理能力，打造公园城市示范区的现代产业主引擎、立体开放主枢纽、协同创新主支撑、宜居宜业幸福地，为成都建设中国西部具有全球影响力和美誉度的社会主义现代化国际大都市提供双流经验。

发展目标

到2035年，实现农业现代化，建成公园城市示范区的现代产业主引擎、立体开放主枢纽、协同创新主支撑、宜居宜业幸福地，基本建成社会主义现代化高品质中国航空经济之都。到21世纪中叶，全面建成发展高质高效、动能充沛充盈、文化自信自强、社会和顺和谐、城乡共富共美的社会主义现代化高品质中国航空经济之都。

（撰稿：李兴勤 伍斌 审稿：高存勇 潘琳）

13 郫都区

基本情况

成都市郫都区地处川西平原腹心地带,介于东经103°42′～104°02′,北纬30°43′～30°52′之间。西衔都江堰市,南倚温江区,北靠彭州市,东北面为新都区,地貌类型分区属四川盆地西平原区,是岷江冲洪积扇状平原。辖区面积395平方千米(不含高新西区管理的2个街道43平方千米),2020年常住人口139万,下辖7个街道和3个镇,147个村(社区)。2016年12月郫都撤县设区,全面纳入成都市"11+2"中心城区管理,区人民政府驻郫筒街道望丛中路998号。新中国成立后,毛泽东、邓小平、胡锦涛、李克强等党和国家领导人先后到郫都视察,并给予深切关心和殷切期望。2018年2月12日,习近平总书记亲临战旗村视察,肯定郫都乡村振兴"战旗飘飘、名副其实",殷切嘱托乡村振兴要"走在前列、起好

● 郫都区科创新城(郫都区档案馆 提供)

示范"。2022年，郫都区实现地区生产总值751亿元、增长3.0%，一般公共预算收入54.1316亿元、增长7.6%，规上工业增加值增长0.5%，全社会固定资产投资增长8.2%，社会消费品零售总额169.2亿元，城乡居民人均可支配收入分别达55922元、35593元。2022年位列赛迪全国百强区第87位，连年跻身全国综合实力、投资潜力、科技创新、绿色发展百强区。

历史沿革

郫都区拥有"古蜀之都、天府之源"的美誉，是古蜀文明发祥地和长江上游农耕文明源头。距今三千多年前，望帝杜宇和丛帝鳖灵在此建立国都，以郫为都邑。公元前314年，秦灭蜀后，于郫邑筑城建县，称郫县，此为郫县建置之始，迄今已有2300余年历史。1949年前，郫县设2镇19乡，面积289平方千米。1949年12月25日，郫县和平解放。1950年1月中旬，中共郫县县委成立；同年1月23日，郫县人民政府成立。1983年3月3日，温江地区撤销，郫县改由成都市代管。2003年，成都高新区西区移交整合，合作、犀浦、红光、郫筒、德源等区域共35平方千米划归成都高新区管理。2016年11月24日，郫县撤县设区工作获国务院批准；2017年1月22日，成都市郫都区正式挂牌成立。

重要资源

郫都区地处都江堰精华灌区核心区，位于中国旅游双线原点，上风上水、八河并流，气候宜人、水旱从人，耕作省力，可干湿交替作业，耕地质量为全国最高水平。成都市主城区95%的饮用水源于此，是名副其实的"天府水源地"。全区8700余个形态优美、特色鲜明的川西林盘掩映着最美乡村。郫都区位于成都平原腹心地带，是通往青城山、都江堰、九寨黄龙的旅游廊道。交通外联内畅，成灌高铁、地铁2号及6号线、有轨电车蓉2号线"多轨融合"，建成"三高（成灌高速、绕城高速、第二绕城高速）两快（沙西线、羊西线）"骨干道路，可方便快捷地抵达双流国际机场、天府国际机场、成都国际铁路港等重要交通枢纽。郫都区科教资源富集，汇聚电子科大、西南交大等大中专院校20所、国家级实验室30个、科研机构100余所，两院院士19名，科技人才2万多名，常年在校大学生25万人。

基础设施

郫都区坚持把不断实现人民群众对美好生活的向往作为奋斗目标，持续实施幸福美好生活十大工程。建成421千米"可进入、可参与、可感知、可阅读"的生态绿道，菁蓉湖等7个城市公园成为市民休闲首选地，获评全国十佳生态文明城市、全国碧水蓝天典范城市。中信、保利、碧桂园等世界500强企业集聚，助力城市片区综合开发，佛罗伦萨·奥特莱斯、龙湖蜀新天街、蜀都万达等高端商业区应运而生，体育馆、文化馆、图书馆等公共服务配套应有尽有。嘉祥外国语学校、泡桐树小学、石室中学等优质教育资源在郫都聚集，教育均衡化、现代化、信息化和国际化水平显著提升。区内拥有区人民医院、区中医医院、363医院、华西上锦医院等四家"三甲"医院，"健康郫都"实现全域覆盖。参与式社会救助、社区嵌入型养老和农村养老服务体系建设走在全省及至全国前列。

主要产业

郫都区是全省首个万亿级电子信息产业集群重要承载地、全国唯一以地方菜系命名的产业园区所在地，聚集了华为、京东方、新希望等一批行业领军企业和世界500强企业，初步形成了以电子信息、食品饮料、影视文创为代表的现代产业体系，成都现代工业港被评为四川十大产业园区之一，中国川菜产业城入选全省第二批特色产业基地，成都影视城落户首个国家级超高清视频产业基地，建成全球最大单体摄影棚，是全省"一核多极"现代高科技摄影棚的"一核"所在。

培育壮大先进制造业。落实"制造强市"战略，坚持工业挑大梁、制造业扛大旗，把发展经济的着力点放在实体经济上，聚焦电子信息、军民融合、绿色氢能等主导产业，协同高新区、温江区等，共建清水河高新技术产业走廊，做强高新—郫都合作共建产业园、国盾融合创新中心和东方氢能产业园，推动制造业高端化、绿色化发展，打造全市重要的先进制造业集群。

转型升级特色优势产业。坚持数字赋能特色产业高质量发展，实施"川菜川造"工业化行动，加快推动食品饮料产业智能化、数字化改造，招引预制菜、中央厨房等领域链主企业，推动郫县豆瓣龙头企业上市，打造国内一流高端食品产业集群；实施"影视产业"数字化行动，加强与港澳台、北上广等地区影视团队合作，加快成都影视城建设，培育发展剧本创作、数字影视、高清（新）视频等产业，建设"西部领先、全国一流"的数字影都。

抢先布局新赛道产业。顺应新一轮科技革命和产业变革趋势，前瞻培育科幻、元宇宙、机器人等未来产业，提速发展5G通信、大数据等数字经济产业，布局建设工业互联网等新基建，加强沉浸式超高清、工业元宇宙、智能装备制造等成果示范应用，推动科幻产业与科普、数字经济、元宇宙等融合发展，力争聚集培育一批独角兽企业，打造新兴产业发展高地。

● 望丛祠风貌（郫都区档案馆 提供）

● 雪山下的战旗村（郫都区档案馆 提供）

文旅品牌

郫都区是古蜀文明和农耕文化的发祥地，中国农家乐旅游发源地，素有豆瓣之乡、蜀绣之乡、盆景之乡的美誉，先后孕育了西汉哲学家、思想家严君平，文学家、哲学家、语言学家扬雄，当代英籍华人作家韩素音，世界著名男中音歌唱家廖昌永等古今名人。全区现有国家级文保单位1处，省级文保单位5处、市级文保单位3处、县级文保单位27处，国家A级旅游景区8个，其中国家4A级旅游景区包括望丛祠、农科村、三道堰水乡、青杠树村、战旗村等5个；先后获得"中国农家乐旅游发源地""全国休闲农业与乡村旅游示范县""世界十大乡村度假胜地""四川省乡村旅游强县""四川省旅游强县"等荣誉。2022年，全区共接待国内外游客1487.33万人次，实现旅游总收入约100.69亿元。

望丛祠。望丛祠是国家4A级旅游景区，位于郫都区城区西南，为四川省文物保护单位，占地面积约6万平方米，距成都市区22千米，是纪念古蜀国望帝杜宇和丛帝鳖灵的祀祠。每年农历五月十五日（大端阳）举行的纪念望、丛二帝的望丛赛歌会，更是汉民族唯一保留下来的赛歌形式，现为省级非物质文化遗产。望丛祠从南北朝齐明帝建武年间建立至今，已历经1500余年沧桑岁月，是蜀人寻根问祖的圣地，亦是远近游客休闲游玩的胜地。

战旗村。唐昌镇战旗村是国家4A级旅游景区。战旗村原名集凤大队，1965年在兴修水利、改土改田活动中成为一面旗帜，取名战旗大队，后为战旗村。位于郫都区唐昌镇西北部，与都江堰、彭州市相邻，距成都市中心45千米，郫都区城区21千米。

先后荣获"军民共建社会主义精神文明单位""全国文明村""全国先进基层党组织""全国乡村振兴示范村""全国乡村旅游重点村""中国美丽休闲乡村""省级四好村""四川集体经济十强村"和省市"新农村建设示范村"等称号。近年来,牢记在乡村振兴上"走在前列、起好示范"嘱托的战旗村,再一次扬帆起航,成为郫都区"融合共享的内生型乡村振兴之路"的典型代表。2020年,在全省村级建制优化调整的整体部署下,战旗村从过去的2.06平方千米扩大到5.36平方千米,耕地面积3.65平方千米。作为乡村振兴旅游目的地和集产学研于一体的景区,战旗村越来越受到全国各地游客的青睐。2022年,战旗村景区共接待游客76.3万人次,实现旅游总收入2794万元。

蜀绣。蜀绣与苏绣、湘绣、粤绣并称为中国四大名绣,距今已有3000年的历史,被列为国家首批非物质文化遗产。郫都区素有"蜀绣之乡"之称,西汉大儒扬雄曾以《绣补》为题赋诗咏赞。蜀绣以软缎和彩丝为主要原料,有晕针、切针、拉针等100种针法,题材内容有山水、人物、花鸟、虫鱼等。蜀绣以历史悠久、工艺精湛、风格独特、品类繁多而闻名海内外,2018年跻身全国区域品牌地理标志产品百强榜第77位,品牌价值达42.36亿元。目前蜀绣企业已有省著名商标3个、市著名商标6个。

风味美食

富庶美丽的天府之国,造就了郫都餐饮业的繁荣。改革开放四十年来,尤其是近十年间,郫都餐饮业发展态势真可谓"千帆竞发,百舸争流"。近年来,郫都餐饮业把发展大众化餐饮、特色餐饮和休闲餐饮作为主基调,推进以互联网和电子商务为核心的新产业、新体验和新营销模式,逐步构建餐饮业发展合作平台,提高餐饮业创新能力和服务水平。

杨鸡肉。杨鸡肉的产生和出名得益于改革开放

● 蜀绣展厅(郫都区档案馆 提供)

和农家旅游的兴起。1996年，时任郫都新民场镇云桥村村支书的杨远福，带头办起农家乐。农家手推豆花、回锅肉、时鲜蔬菜和凉拌鸡肉等菜品深受游客喜爱，特别是凉拌鸡肉这道菜，用料精细、制作独特，口感麻辣鲜香，逐渐名声远播。后以"陌上人家·杨鸡肉"的名字注册，成为郫都餐饮特色菜的响亮招牌。

红星饭店沱砣鱼。 沱砣鱼由郫都区红星饭店总经理高德均在20世纪90年代初期创制，其糅合了太安鱼、球溪河鲢鱼的烹饪特点，再结合老成都火锅的麻辣汤料和郫都本地喜欢吃豆瓣和泡菜的习惯，独创了此种烹鱼方法。沱砣鱼色泽红亮、麻辣鲜香，鱼肉细嫩、豆腐滑爽，浓香扑鼻，深受广大顾客喜爱。

发展定位

坚定以习近平新时代中国特色社会主义思想和习近平总书记对四川及成都工作系列重要指示精神为指导，全面贯彻党的二十大精神，坚持以建设践行新发展理念的公园城市示范区为统领，以成渝地区双城经济圈建设为牵引，认真落实党中央、省委市委决策部署，锚定"四化同步、城乡融合、五区共兴"工作总抓手和"讲政治、抓发展、惠民生、保安全"工作总思路，紧扣"三个做优做强""四大结构"优化调整、产业建圈强链、智慧蓉城建设等重大部署，聚焦"九个有力有效""三个特别注重"，加快建设"科创高地、锦绣郫都"，全力打造以成都西部科创中心、智造中心、文创中心、生活中心为支撑的成都西部现代化新城。

发展目标

建设成都西部科创中心，建设成都西部智造中心，建设成都西部文创中心，建设成都西部生活中心。

● 杨鸡肉（郫都区档案馆 提供）

● 沱砣鱼（郫都区档案馆 提供）

到2035年，基本建成成都西部现代化新城，实现经济高质量发展、人民高品质生活、社会高效能治理，人均GDP努力达到发达国家水平，共同富裕走在全国前列。

到21世纪中叶，全面建成全国有影响力、竞争力、显示度、美誉度的成都西部现代化新城。

（撰稿：刘毅民 审稿：黄锦 李尚斌）

14 新津区

基本情况

位置面积。成都市新津区位于成都南部,介于东经103°42′~103°55′,北纬30°19′~30°31′之间,东连双流,西接邛崃、大邑,南邻彭山,北毗崇州。距成都市委市政府24千米,距天府新区核心区20千米,属成都市一刻钟经济圈。辖区面积330平方千米,辖4街道、4镇、45个行政村、36个社区(城镇社区10个、涉农社区26个),区政府驻五津街道。2022年,全区户籍人口32.52万人,城镇居民人均可支配收入49696元,农村居民人均可支配收入30761元。

● 新津远眺(新津区档案馆 提供)

地理气候。新津境内以平原为主，间有浅丘、台地。平原主要分布于东北、北部和西北部，占全区总面积的76.6%。东南为牧马山台地，西南为长秋山丘陵，牧马山、长秋山均属龙泉山褶断束。属亚热带湿润季风气候，年均温度16.7℃，年均降雨量950.3毫米，年均相对湿度84%，年均无霜期270天左右，年均日照1096.3小时。

生态环境。新津"两山相拥、五河汇聚"，自然地理形态多样，被评为国家生态县、国家生态文明示范区。金马河、羊马河、西河、南河、杨柳河等5条河流在新津境内汇入岷江，"五河一江"流经长度70千米，水岸线约150千米。境内有白鹤滩国家湿地公园、红石涵养湿地、羊马河湿地、百溪堰湿地，以及老君山、骑龙湖、斑竹林等森林公园。

历史沿革

新津古为蜀国地。秦灭蜀后，新津为秦国领地。

汉武帝建元六年（前135年）设立犍为郡，新津地属犍为郡武阳县。此隶属关系，历经东汉、蜀汉、西晋、成汉、东晋、刘宋、南齐而未变。

萧梁武帝天监四年（505年），分武阳县地置灵石县（辖今新津、彭山）。大同十年（544年），改灵石县为犍为县（辖今新津、彭山）。

西魏废帝二年（553年），改犍为县置隆山县（辖今彭山、新津）。

北周孝闵帝元年（557年），分隆山县北部设置新津县，县治在新津渡东之新津市（今桥津社区附近）。新津县属益州犍为郡管辖。

隋文帝开皇三年（583年），新津县治迁到今五津街道。隋炀帝大业三年（607年），新津县改属蜀郡管辖。

唐垂拱二年（686年），分益州置蜀州，新津县属蜀州，隶剑南道。从此至明朝，新津县先后属蜀州、崇庆府、崇庆州所辖，清朝直属成都府。

清康熙六年（1667年），因双流县土旷人稀，并入新津县。雍正八年（1730年），复分新津县置双流县。

民国初属成都府，隶四川省。民国二十四年（1935年）实行省县制，新津县属四川省第一行政督察区（即温江专区）。

1949年12月25日新津县属温江专区，1950年改属眉山专区，1953年撤眉山专区后，新津县仍属温江专区。

1960年7月，新津并入大邑县。1962年10月，重新恢复新津县建制。

1983年7月，实行市管县，新津县改属成都市。

2020年6月18日，撤销新津县，设立成都市新津区。

重要资源

水利资源。区境内河流密集，水资源丰富，年均降水总量3.10亿立方米。地表水年径流总量109.18亿立方米，其中过境水量107.73亿立方米；地下水天然资源1.38亿立方米，水能资源蕴藏量10.6万千瓦，其中可开发量7500千瓦。

生物资源。全区耕地面积153平方千米，主要农作物有150余种，其中：粮食作物16种，经济作物22种，绿肥饲料作物12种，蔬菜作物90余种，食用菌10余种。主要林木有56科200余种，其中：果树10科25类99个品种，主要竹类20余种。全区非林地森林资源38.87平方千米，森林覆盖率29.9%。动物资源除家禽家畜外，常见的陆生野生动物28科65种，其中：兽类6科9种，鸟类15科43种，爬行类4科6种，两栖类3科7种；列入保护

● 地铁10号线（新津区档案馆 提供）

的有 12 种。常见的鱼类资源有 80 余种。

矿产资源。新津盛产芒硝，总储量约 10 亿吨，开发潜力巨大。页岩、砂石、河沙、卵石、红条石、石灰石、黏土等资源丰富，其中：页岩分布面积 31 平方千米，砂石储量 15 亿立方米，是成都建筑材料的主要来源地。

基础设施

新津区已形成国道、快速路、高速路、铁路、高铁、地铁等多元化立体交通体系，已纳入成都中心城区，与天府新区核心区全方位无缝对接，是成都南部门户枢纽。

公路交通。区境内国、省、县道公路全部为二级以上公路，总里程为 175.4 千米，其中：一级以上公路有 133.1 千米（不含重复路段），占比达 75.9%。成雅（成乐）高速、成雅高速复线、第二绕城高速、牧山大道（大件路）、川藏路、成新蒲快速通道、成雅快速通道穿境而过。

轨道交通。成昆铁路新津段 10.85 千米，设有普兴火车站。成绵乐城际铁路设置新津、新津南两个站。完成现代有轨电车 R1 线项目一期工程。2019 年 12 月，成都地铁 10 号线二期正式开通运营，在新津设有花源、新津、花桥、五津、儒林路、刘家碾、新平 7 站。

主要产业

产业概况。2022 年，新津区地区生产总值达到 469.15 亿元，同比增长 4%；一般公共预算收入年均增长 5%，固定资产投资年均增长 5%，规模工业增加值年均增长 5%，社会消费品零售总额年均增长 1%。

● 中国天府农业博览园（新津区档案馆 提供）

● 成都格力钛新能源（新津区档案馆 提供）

连续五年位列全省县级经济发展前十强。

民营经济。新津走出了以希望集团为代表的一大批民营企业，民营经济占比超过70%，被誉为"民营经济的摇篮"，先后被评为"四川省促进民营经济发展先进县""中国民营经济最佳投资县"。2020年出台"新津民营经济18条""智能科技产业10条""新乡村产业10条""文体旅产业10条"等扶持政策，大力支持民营企业技术创新、品牌打造。民营经济增加值达304.88亿元。

新型产业。新津区构建了包括天府牧山数字新城、天府智能制造产业园、中国天府农业博览园、梨花溪文化旅游区在内的"一城两园一区"产业经济格局，打造以智能交通装备、绿色食品、智能家居、文创旅游、新商旅、博览农业为主导的现代产业体系，推进全域数实融合，推动经济高质量发展。

文旅品牌

宝墩古城遗址。宝墩古城遗址位于新津城西，距今约4500年，面积约276万平方米，是成都平原发现的面积最大的史前城址。1996年，宝墩遗址被评为"全国十大考古发现"之一。作为成都平原稻作文明发源地和城市文明起源地，宝墩遗址是成都平原迈进文明门槛的历史见证，也是研究古蜀文明和中华文明史的重要明证。2001年6月25日，宝墩古城遗址被国务院公布为第五批"全国重点文物保护单位"。

老子庙。老子庙位于新津城南稠粳山。相传轩辕黄帝在此修炼、老子李耳在此隐居、张道陵在此传道，故被称为"三祖圣地"。唐玄宗时，在稠粳山建起老君观，建筑规模和香火达到极盛，又称老君山。

● 天府牧山数字新城"TOD+5G"城市会客厅（新津区档案馆 提供）

● 宝墩遗址博物馆（新津区档案馆 提供）

元末明初，太极始祖张三丰到老君山老子庙游览并题诗。明末，老子庙毁于战火。清代和民国多次重建、修复。现今老子庙是全真教龙门派道场，几度成为中国（成都）道教文化节的分会场，多次承办四川省"全真派冠巾大法会"。1985年，老子庙被列为成都市文物保护单位。

观音寺。观音寺位于新津永商镇，始建于南宋淳熙八年（1181年）。元末战乱被毁，明代重建观音寺。现存明代毗卢殿十二圆觉壁画，人物造型匀称、丰满细腻、神态端庄，其中文殊菩萨画像最为精致，属国家一级文物。殿内明代雕塑，千姿百态、造型生动，尤以观音三大士、飘海观音和46尊罗汉塑像最为精美。2001年，观音寺被列为"全国重点文物保护单位"。

纯阳观。纯阳观位于新津区纯阳大道，占地5.3万平方米。始建于清咸丰年间，民国时大规模扩修。观内殿宇巍峨，建筑结构布局极富园林特色，"大忠""至孝"二亭气势恢宏，另塑有佛教、道教、儒家群贤造像及24忠臣孝子。因其三教合一的世俗庙宇特性、独特的建筑风格和优美的园林特色，被誉为"古今第一忠孝儒林"。1991年，纯阳观被列为四川省文物保护单位。

梨花溪旅游度假区。梨花溪旅游度假区位于新津城南，占地600余万平方米，有清乾隆年间古梨树326株。每年春季，4万余株梨树在一夜间幻化出冰雕玉琢般的世界，山坡上、阡陌间、茅草竹林边、青青瓦舍旁，洁白如雪的梨花散发着迷人清香，吸引了成都周边众多游客。截至2020年，新津已举办了二十一届梨花节。

风味美食

黄辣丁。 20 世纪 80 年代，新津开始探索开发黄辣丁系列菜品，麻辣水煮黄辣丁、川江红锅黄辣丁、干锅黄辣丁、青椒黄辣丁、泡椒黄辣丁、油焖黄辣丁、古法汗蒸黄辣丁等烹制方法争相面世……其鱼之香，其色之艳，其味之绝，令食客回味无穷。新津黄辣丁餐馆众多，胖大姐渔庄、五河渔庄、岷江渔港等都有自己的独门绝技。2007 年，"新津黄辣丁"获首届中国成都国际农业博览会金奖；2010 年，"新津黄辣丁"获批国家地理标志保护产品。

鱼头火锅。 鱼头火锅 1982 年由新津人唐友清首创。不久，许多新津人纷纷投身其中，渔家小院、厚院农庄、兵吉园、俏鱼头等店铺如雨后春笋般出现，鱼头越做越专业，味道越做越好，慕名而来的食客也越来越多。进入 21 世纪，鱼头火锅渐渐走出新津，走向巴蜀大地乃至全国各地。

王炮肉。 清朝末年，新津人王玉兴在四川名菜"坛子肉"的基础上，改进制作而成"王炮肉"。王炮肉以五花肉、猪肘子为材料，外表看似红烧肉，色红如醉枣，质地晶莹剔透，肉质软糯，肉香中带出微微的中药香味，肥而不腻，香味浓郁。1990 年，王炮肉荣获"成都传统小吃奖"，被评为"成都名小吃"。

张牛肉。 张牛肉创自清朝光绪年间，以洪雅山区的生态牛肉为原料，精工制作，色黑而亮，肉质松软，风味独特。随着现代食物制作、保鲜、储存、包装技术的应用，张牛肉的品类越来越多。食客不但可在店里品尝牛肉面和各种秘制牛肉，还有礼盒装可供携带。张牛肉已成为八方游客个人享用、馈赠亲友的上乘特产。

张粽子。 张粽子由新津人张月英创建，历经四代传承，从最初单一的红豆口味到腊肉、牛肉、鲜猪肉、咸蛋黄等不同口味、不同馅料。由于其工艺考究、味道鲜美、滋润爽口、糯软清香，深受食客喜爱，先后被评为"成都名小吃""四川省地方风味小吃"。

发展定位

高举中国特色社会主义伟大旗帜，坚持以习近平新时代中国特色社会主义思想为指导，全面落实习近平总书记对四川及成都工作系列重要指示精神和中央、省委、市委重大决策部署，抢抓数字经济与实体经济融合发展的窗口期，持续深化"超级绿叶"公园城市总体意象和逻辑内涵，推动数字经济创新发展与城市战略方向相契合、数字经济聚合赋能与主导产业升级相耦合，加快建设"一城两园一区"产城组团，着力塑造新城市、发展新产业、创造新生活，全面强化"南部区域中心城市、高端产业创新城市、城南门户枢纽城市、现代滨江公园城市"职能，加快建设"成南新中心、创新公园城"，为成都奋力打造中国西部具有全球影响力和美誉度的社会主义现代化国际大都市贡献新津力量。

发展目标

2022—2026 年经济社会发展奋斗目标。优化"超级绿叶"城市意象，塑造美丽宜居公园城市新形态；推动"一城两园一区"加快转型，打造高质量发展现代产业新高地；践行"共建共享"民生逻辑，实现均衡优质民生供给新突破，经济发展实现"三个跃升"。全区地区生产总值年均增长 10% 以上，力争迈上 750 亿元台阶；规模工业增加值增幅年均增长 12% 以上，力争工业总产值迈上 850 亿元台阶，数字经济总产值迈上 1000 亿元台阶。

（撰稿：王波　伍岳　审稿：辜旭东）

15 简阳市

基本情况

简阳市位于四川盆地西部、成都东郊,龙泉山东麓、沱江中游,自古被誉为"蜀都东大门",具有"密迩锦城、西控巴陵"的战略区位。简阳距成都市区48千米、天府国际机场13千米,踞成渝高速公路、成渝铁路和国道318、321之要。市辖范围地跨东经104°11′~104°53′,北纬30°04′~30°39′,南北长63.3千米,东西宽68.3千米,素有"天府雄州"的美誉。

● 简阳市沱江两岸风光(简阳市档案馆 提供)

简阳市面积1345平方千米，下辖7个街道、15个镇。是全国电子商务进农村综合示范市、国家知识产权强县工程试点县、四川省第三人口大县（市）、四川省工业强县示范市、四川省现代服务业综合改革试点市、四川省卫生城市、四川省文明城市。入选2018年度全国投资潜力百强县市、全国新型城镇化质量百强县市、2019年度全国新型城镇化质量百强县市、2019年度中国百强县。2021年1月，入选2018—2020周期国家卫生城市（区）命名名单，2021年入围全国县域经济百强榜单。2022年，实现地区生产总值470.44亿元、增长0.5%，固定资产投资5.5%，社会消费品零售总额392.3亿，城乡居民人均可支配收入分别增长4.6%、6.3%。2022年，简阳市在全国百强县排位上升7位，列第93位。

历史沿革

简阳古为蜀国地，秦时属蜀郡。

汉武帝建元六年（前135年），置牛鞞县。

东晋仍称牛鞞县，隶益州蜀郡（郡治今成都）。

西魏恭帝二年（555年），改牛鞞县为武康郡、金渊郡。

隋文帝开皇三年（583年）废武康郡，所辖县归益州。开皇十八年（598年），婆闰县改为平泉县。隋文帝仁寿三年（603年），置简州，隶益州总管府，辖阳安、平泉、资阳三县，州治阳安。炀帝大业二年（606年），撤简州，所辖阳安、平泉二县还属蜀郡，资阳县复隶资州。

唐武德三年（620年），析益州复置简州。为避李渊讳，改金渊县为金水县，简州辖阳安、平泉、金水三县，属剑南道。唐玄宗天宝元年（742年），改简州为阳安郡，唐肃宗乾元元年（758年），复为简州。

宋乾德五年（967年），于金水县立怀安军，划出简州。简州下辖阳安、平泉二县，属成都府路管辖。南宋淳祐三年（1243年），潼川府路的资州及其所辖盘石县（现资中县）、资阳县、内江县和龙水县因荒废被撤，并入简州。

元朝时期，简州属四川行中书省。元初撤平泉县并入阳安县，至元二十年（1283年），并倚郭阳安县入州。至元二十二年（1285年），划灵泉县（现龙泉驿区）入简州，时简州辖灵泉县，属成都路。元末，析简州复置资州。

明太祖洪武六年（1373年），降简州为简县。洪武十年（1377年），撤资阳县并入简县，成化元年（1465年）复置。明武宗正德八年（1513年），升简县为简州，隶成都府，资阳县复归简州。乐至县于正德九年（1514年）改属简州，嘉靖元年（1522年）还属潼川州。

清世宗雍正五年（1727年）资阳县划出简州。简州为散州，不辖县，属成都府辖，时成都府领三州十三县。

民国二年（1913年）改州为县，摘取简州和阳安之首字，命名简阳县，属西川道。北洋时期，县佐驻龙泉驿。

中华民国二十四年（1935年），简阳县为一等县，属四川省第二行政督察区。

中华人民共和国成立后，1953年，撤销川南行署区，简阳县属四川省内江行政专员公署。

1959年，简阳县龙泉驿区共18个乡与华阳县的大面、洪河、西河、青龙等4个乡筹建成都市龙泉驿区。

1994年，经国务院批准设立简阳市，为省辖县级市，由地级市内江代管。

1998年2月，简阳市改由资阳市（地区）代管。

2016年5月，经国务院及四川省人民政府批准，简阳市由成都市代管。

重要资源

自然地理。简阳市地貌以浅丘为主，其次为低山和河坝冲积平原，丘陵约占总面积的88.13%。沱江自北向南流经全境，将境内丘陵分割为东、西两部分。东部丘陵以中丘中谷、深丘中谷为主，兼有浅丘宽谷，地势由北向南倾斜，海拔一般在400～580米。西部丘陵以浅丘宽谷为主，兼有部分缓丘河坝和中丘中谷，地势由西北向东南倾斜，海拔369～500米。西北辖有龙泉山脉中段的一部分山区，占市总面积的7.76%，地势向东南倾斜，海拔一般为500～900米，最高峰1059米。

水资源。沱江是简阳最大的过境河流，系长江一级支流。北自金堂县入境，南入雁江区境，在简阳境内流长84.9千米；沱江东岸有支流环溪河流入。市境内环溪河流长46.8千米，索溪河流长23.4千米；沱江西岸有支流绛溪河，在简城注入沱江，干流长71.5千米。全市天然水资源总量为5.65亿立方米，全市合计水资源总量为8.39亿立方米（不包括沱江过境水）。

涉农动植物资源。粮食作物以水稻、玉米为主，其次为红薯、马铃薯、小麦，还有豆类和小杂粮等。经济作物，大春以花生为主，小春以油菜为主。此外，盛产甘蔗、辣椒、番茄、生姜、药材、茉莉、玫瑰等。经济林木资源有桃、梨、柿子、杏、李、苹果、樱桃、柑橘等。家养动物以生猪和山羊为主，是全国闻名的商品猪生产基地之一。山羊品种主要为简州大耳羊，2013年3月，"简州大耳羊"通过农业部审定，成为中华人民共和国成立以来第二个国家级肉羊新品种。

基础设施

简阳公路通车总里程2589.1千米，铁路总里程90千米，G318、G319、G321三条国道在境内汇聚。高速公路134.9千米、快速路72.97千米，新（改）建国省干线74.11千米，路网密度提升至7.23千米/平方千米。连接机场的空港大道、迎宾大道延长线两条大通道加速推进，金简仁、成简等快速路启动实施；地铁18号线重要节点工程基本完成。着力构建"六横三纵连三环"城市路网，成安渝高速禾丰连接线、G76厦蓉高速（成渝段）简阳互通迁建工程、绛溪河大桥实现通车，"1空7高14轨22快"立体综合交通格局加快构建。

城市建成区面积40平方千米，投入资金334亿元，雄州大道、迎宾大道等一批市政道路建成投用，鳌山公园、滨江公园、滨江绿道成为市民群众放松休闲、夜览江景的首选。成功创建国家卫生城市，城市空气质量优良天数和优良率稳居成都区（市）县前五；沱江流域水质常年保持在Ⅲ类，创"十二五"以来最佳；2021年，新增森林面积15.07平方千米，建成天府绿道167千米，人均公园绿地面积15.1平方米。

主要产业

简阳作为"三线"建设时期就开始布局的重要工业基地，工业发展的历史脉络清晰、基础深厚，形成了机械加工、药业药械、食品加工、纺织服装、橡胶化工、建材行业等"1+4+1"的传统产业体系。2021年，高新技术产业主营业务收入占工业比重提升至25.31%，战略性新兴产业占工业比重提升至19.18%。规划建设14.92平方千米空天产业功能区、33.13平方千米临空经济产业园，两个产业功能区被纳入成都市58个产业功能区。落户星河动力、中电天奥等商业航天领军企业4家,空天产业功能区落户企业增至374家。现代农业提质增效,"11+22"现代农业园区发展产业213.4平方千米,农村土地适度规模经营率由24%提升至66%。积极培育创新生态链,全市高新技术企业达到33家,新增国家级企业技术中心1家、省级技术中心2家,全社会研发经费投入年均增长10.6%。

文旅品牌

简阳历史悠久,文旅资源丰富,素有"天府雄州""蜀都东来第一州"的美誉和"入蜀最宜游简郡"的说法。现有四川省乡村旅游示范村1个,省级乡村旅游重点村1个,省级旅游扶贫示范村1个,成都市3A级林盘景区4个,成都市"新旅游·潮成都"主题旅游目的地7个,省星级农家乐/乡村酒店13家、四星级酒店1家、金树叶级绿色旅游饭店2家、银芙蓉级主题旅游客栈1家、成都市SL五花级商旅酒店1家、成都市智慧饭店2家,重要旅游节庆活动1个。先后被评为四川省旅游强县(市)、四川省乡村旅游强县(市)、四川省旅游标准化示范县(市)、四川省乡村旅游示范县(市)。

千佛桃源。千佛桃源是成都市3A级林盘景区,位于云龙镇千佛村,种植胭脂脆桃66.67万平方米,集赏花旅游、观光采摘、餐饮娱乐于一体。

家风荷乡。家风荷乡是成都市3A级林盘景区,位于平泉街道北部,距成都市主城区约80千米,距简阳市主城区约12千米,占地面积约309万平方米,是简阳市确定的2019年乡村振兴连片发展示范区之一。

● 圣德寺白塔(简阳市档案馆 提供)

圣德寺白塔。圣德寺白塔是全国重点文物保护单位，始建于宋宁宗庆元三年（1197年）夏，竣工于嘉泰二年（1202年）秋。塔高37.9米，属砖石仿木结构、四周攒尖顶、十三级密檐式佛塔。塔共十四层，各层均有形制多样、大小不一的壁龛，斗拱，藻井等，叠涩拱顶错落有致。

鳌山公园。鳌山公园位于东城新区东侧的鳌山、关山一带，北起玉皇顶，南至狮子桥，东临石钟柳林村，西接城市新区，南北长4000米，东西平均宽度约600米，总面积237.3万平方米。项目总投资约8亿元，建设内容以园林景观工程为主，包括极限运动区、亲子拓展区、文化展示区、市民康体区、生态过渡区等功能区。

风味美食

简阳羊肉汤。"非遗羊肉汤，让世界爱上简阳味。"

简阳羊肉汤的独特，主要得益于简阳山羊品种的不断改良和羊肉汤制作工艺的不断创新。简阳羊肉汤被列为成都市非物质文化遗产，汤鲜味美，香气四溢，让人赞不绝口。2015年，简阳羊肉汤成功申请国家地理标志证明商标，成为全国首例汤类国家地理标志证明商标。

简阳豌豆汤。"味道绝艳色金黄，不枉齐名简阳三汤。"

鸿发豌豆汤是简阳一道特有的美食，始创于1997年，现已有二十多年的历史。鸿发豌豆汤选用本地优质豌豆，加入新鲜肥肠以及自家秘制高汤，小火熬制而成，其汤味香浓醇厚，豌豆入口即化，老少皆宜。

吴氏大枣兔。"烹饪大师40余年力作，简阳人礼宴佳品。"

吴氏大枣兔是简阳本地独有的特色卤品。所有

● 简阳羊肉汤（简阳市档案馆 提供）

的大枣兔均选材于乡村农家喂养的优质活兔。在加工过程中，使用由46种天然香料配制而成的家传秘方进行渍、腌、煮、卤……其独创的加工技术，使吴氏大枣兔外酥内嫩、香辣脆爽。

月英凉粉。"因感恩始创民国，故坚持行在当下。"

月英凉粉的叫法，最早出现在民国时期的简城镇。月英凉粉因口味独特而远近闻名。其制作有严格的规程：凉粉要当天磨粉，当天炒，当天卖，卖不完的要扔掉。制作熟油的清油，必须用纯正的菜籽油。主要原料选用当地出产的白豌豆。所用的干海椒，绝不上市场买，而是在红海椒上市时，一颗一颗地挑拣，有虫眼的、半青半红的、不饱满的，

一律不要。

云龙水酥。"千年勾龙显毓秀,万家水酥享悠远。"

云龙水酥是云龙的一道原创美食,是简阳餐饮九绝之一,还入选了简阳市和成都市的非物质文化遗产名录。云龙水酥的制作过程是,将猪排骨切成块,把盐、酱、料酒和排骨块和在一起,静置20分钟,使味道充分进入到排骨里面去;把入味的排骨块糊上鸡蛋,使之充分地与红薯粉糊黏合在一起,再裹上红薯粉,团成一个个大小适中的肉团;再熬上一锅鸡汤,放入团好的肉团子,等肉团子煮上十几分钟,把蔬菜放入汤里,起到提鲜的作用;最后放上葱花而成。

贾家毛鸭子。"尚未出炉已飘香,三分已醉味芬芳。"

贾家毛鸭子讲究的是一个鲜,现杀现做,味美肉嫩。辣椒是每天早晨采摘后送到店里的,其他蔬菜也同辣椒一样新鲜。其做法为:先把鸭子洗净后切块,用白醋和其他调料码制后,倒入锅中红烧。加入秘制的酸萝卜和切好的姜,去除了腥味,增加了一种说不出的美味。

蒋卤鹅。"三十余年好味道,半生传承匠人心。"

蒋卤鹅又被叫作"蒋鹅儿",始创于1984年,是严选鹅龄在8个月以上14个月以下、无公害无污染的农养四川白鹅,再搭配20余味中草药和各类香辛料,经传统工艺卤制而成。

手撕盘龙鳝。"沉入盘底成蛟龙,望向简阳皆是星。"

手撕盘龙鳝不仅有麻有辣,而且用料考究,做工细致,就连吃法也别具一格。其以天然鳝鱼为主料,辅以辣椒、花椒调味,经油炸、煸炒等烹饪技艺制作而成,形成了"辣而不腻、麻而可口"的独特风味。吃的时候,要夹住鳝头,咬住鳝背,用力一扯,鳝头带骨全部脱落,留在嘴里的便是嫩滑可口的鳝肉了。

海底捞。"海底捞简阳造,用火锅嗨世界。"

海底捞火锅始终奉行"服务至上、顾客至上"的理念,以贴心、周到、优质的服务,赢得纷至沓来的顾客和社会的广泛赞誉。海底捞高扬"绿色、健康、营养、特色"的大旗,不断开发创新,以独特、纯正、鲜美的口味和营养健康的菜品,赢得了顾客的一致推崇和良好的口碑。

发展定位

简阳市坚持以习近平新时代中国特色社会主义思想为指导,深入贯彻落实建设践行新发展理念的公园城市示范区、成渝地区双城经济圈建设、省委"一干多支、五区协同"、成德眉资同城化发展、成都城市东进等国家和省市重大战略,紧紧围绕建设成都东部区域中心城市的总体定位,加快建设国际空港门户枢纽城市、宜业宜居山水公园城市、东进区域智能制造高地,全力打造空港简阳、实力简阳、宜居简阳、活力简阳、幸福简阳。

发展目标

以"建设区域中心城市,打造'五个新简阳'"为奋斗目标,以成渝地区双城经济圈建设为战略牵引,以建设践行新发展理念的公园城市示范区为统领,主动融入"双循环",齐心唱好"双城记",坚定走好"东进路",全面提升城市发展能级和综合竞争力,不断厚植临空新优势、生态宜居新优势、智能制造产业集群新优势、农业农村新优势、高端资源要素集聚新优势,为全面建设社会主义现代化成都贡献更多简阳力量。

(撰稿:李政 审稿:李春燕 周秀兰)

16 都江堰市

基本情况

都江堰市位于成都平原西北边缘岷江出山口处，介于北纬东经103°25′～103°47′，30°44′～31°22′之间，辖区面积1208平方千米。2021年，全市户籍人口62.39万人，常住人口71.74万人。因世界著名水利工程都江堰和中国道教发祥地青城山而闻名。市境东与彭州市、郫都区、温江区交界，西、北与汶川县相连，南邻崇州市，距成都市主城区48千米。

2000年，青城山—都江堰风景名胜区被列入《世界文化遗产名录》；2006年，青城山—都江堰风景名胜区以四川大熊猫栖息地重要组成部分，被载入世界《自然遗产名录》；2018年，都江堰水利工程被列入《世界灌溉工程遗产名录》。至此，都江堰成为"三遗之城"。

历史沿革

都江堰市是一座具有2000多年建城史，因堰而起、因水而兴的城市；在新石器时代就是古蜀先民聚居的地区，是古蜀国的发祥地之一。岷江源自阿坝藏

● 今日都江堰（袁圣祥 拍摄）

● 都江堰龙池雪景（何勃 拍摄）

族羌族自治州岷江南麓，东源出弓杠岭，西源出郎架岭，南流经松潘、汶川等县，至都江堰出峡，水流充沛，到成都平原后流速陡降，易淤易决，在都江堰水利工程兴建以前，水灾严重。战国初期，蜀相开明决玉垒山，分引岷江之水，以排除水患；到秦昭王时，蜀郡守李冰访察水脉，因地制宜，因势利导，在前人治水基础上制定"深淘滩、低作堰""遇弯截角、逢正抽心"的治水方针，基本完成都江堰排灌工程，使成都平原"沃野千里、号为陆海"，为后世成为"天府之国"奠定了基础。都江堰市先后为道、郡、军、州、县所在地。1949年12月23日，设立灌县。1988年5月经国务院批准，撤销灌县设立都江堰市。2019年底，都江堰市行政区划调整，全市辖6个街道、5个镇。

重要资源

动植物资源。都江堰市的动物资源较为复杂，有亚热带农田动物群和川西北山地野生动物群。动物资源有300余种，其中主要野生动物资源有一类保护动物12种；野禽约250种，是中国鸟类画眉和雉类的一个分布中心。都江堰市拥有多个垂直气候带，生物物种具有多样性，拥有高等动植物1.4万余种，有川芎、杜仲、林麝和鹿等药用动植物1000余种，被誉为"生物基因库"；有大熊猫、金丝猴等国家级重点保护动物35种，珙桐、银杏等珍稀濒危植物46种，被中国科学院列为全国生物多样性"五大基地"之一。其中，许多第三纪甚至更古老的原始科属和孑遗植物得以保存，如稀有国家保护植物1级1种（珙桐）、2级10种（连香、杜仲、银杏、红杉等）。苔藓种类密集度高，200余种，为世界所独有。盛产黄柏、杜仲、厚朴、川芎，是世界药用植物的主要产地之一。花卉资源丰富，木本观花卉以山茶、杜鹃花等为主，其中可供观赏的杜鹃花达427种，是全国最大的杜鹃花培育基地；草本观花卉类有菊花、兰草等。

土地与矿产资源。都江堰市境内地势西北高、东南低，高山、中山、低山、丘陵和平原呈阶梯状分布，山地、平原、水域面积比约为6∶3∶1。土地资源的基本特征为：农用地比重大，林地资源丰富，耕地资源较少，城镇发展用地与耕地保护冲突明显。林地主要分布在龙池、青城山等山区镇；耕地主要

● 山乡之晨（曾岷 拍摄）

分布在石羊、聚源、天马等平坝地区。建设用地方面，主城区的幸福、灌口、蒲阳的城市占地面积大、比例高。都江堰市有矿产资源数十种，含金、铜、铁、锑、煤、磷、硫黄、石棉、石灰石、火砂石等。

基础设施

都江堰市积极推进城市有机更新，累计改造棚户区8215户、老旧小区44个、城中村1981户，建成绿道246千米，成青路获评"全国美丽乡村路"。打造成都市"最美街道"5条，人均公园绿地面积达到17.4平方米。完成污水处理厂提标扩容，成灌快铁实现公交化运营，"都—四"山地轨道、"三绕"都江堰段、M—TR旅游客运专线有序建设。入选国家城乡融合发展试验区、电子商务进农村综合示范县，"积极承接农村电商产销对接工作"获国务院表扬，荣获"中国净水百佳县市""中国百佳富氧县市"等荣誉。推进营商环境建设，商品房"交房交证"改革入选成都营商环境十佳创新案例，"互联网＋政务服务"连续两年获评全国十大创新案例，政府门户网站跻身全国区县第27位。都江堰中学、青城山高中分别创成"省一级""省二级"示范高中；推进公立医院改革，市人民医院、中医院成功创建三甲医院；"零就业"家庭动态清零。

主要产业

都江堰市以李冰文化创意旅游产业功能区、青城山旅游装备产业功能区建设为抓手，统筹推进国家城乡融合发展试验区、成都旅游消费中心和美丽宜居公园城市建设。

李冰文化创意旅游产业功能区归属成都文旅（运动）和会展经济产业生态圈，规划面积254.9平方米，涵盖玉堂街道、青城山镇全域，核心起步区面积6.5平方千米。作为都江堰市经济主战场、产业核心区、旅游爆发点，具有优美的生态环境、深厚的文化底蕴，积极塑造"拜水、问道圣地"场景、"主题乐园之都"场景和"青城养生天堂"场景。运动娱乐、文化娱乐、田园度假、生态康养、旅游服务、医疗健康、中药养生、文化休闲、交易博览等9个产业社区呈组团式发展。

青城山旅游装备产业功能区位于都江堰市东北翼，毗邻都江堰市城区，总规划面积114.4平方

● 夜堰（徐浩伦 拍摄）

千米，核心区面积16.3平方千米，在成都市14个产业生态圈中归属智造产业生态圈和绿色食品产业生态圈，是都江堰现代制造业与旅游场景应用融合的载体。

都江堰市现有工业企业门类涉及机械、能源、医药、食品饮料、纺织、印刷、包装、建材、电子等多个产业。其中，冶金、机械、建材、能源、医疗、食品产业企业已形成一定规模。重点企业有都江堰拉法基水泥有限公司、扬子江药业集团四川海蓉药业有限公司、四川普什宁江机床有限公司、四川都江机械有限责任公司、四川侨源气体有限公司等。

文旅品牌

都江堰为"三遗之城"，山、水、林、堰、桥浑然一体，充分体现了"灌城水色半城山"的布局特色，有着"拜水都江堰、问道青城山"之美誉。除了青城山—都江堰国家5A级旅游景区外，还有熊猫、融创文旅城等文旅品牌。

熊猫。都江堰市位于岷山山系与邛崃山系的交会区，是大熊猫生存繁衍的"天然走廊"，是人均拥有大熊猫最多的城市。到都江堰看熊猫一定不能错过都江堰·中华大熊猫苑和大熊猫谷这两个地方。都江堰·中华大熊猫苑：中国大熊猫保护研究中心都江堰基地，位于青城山脚下，是开展大熊猫国际、国内研究交流合作的主阵地，这里居住着"泰山""暖暖"等海归大熊猫、明星大熊猫。熊猫谷：位于都江堰市玉堂街道，是中国首个以大熊猫"野生放归"为目的的研究基地。这里环境清幽，溪水潺潺，从一出生起就被人们悉心照料的大熊猫将在这里唤醒野性、重回自然。

融创文旅城。融创成都文旅城项目位于都江堰市李冰文化创意产业功能区，占地约3.95平方千米，该项目按照世界一流、唯一性、独创性的标准创新设计，将高科技与旅游、文化、商业完美融合。项目内容包括超大型万达茂、世界一流舞台秀、度假酒店群和滨湖酒吧街以及大型主题乐园——融创乐园、融创水世界、融创雪世界等业态。

都江堰古城。都江堰市古城区东至都江堰大道一环路口，南至公园路外江河堤，西至玉垒关城门洞，北至建设路，面积2.86平方千米。辖区内保留了与

水文化密切关联的文物古迹和不同时期建筑风格的古巷深院和公共建筑。南桥、西街、南街、幸福路等老街老巷总是弥漫着市井和人文的味道，它是反映一座城市社会历史的"活化石"，也是一座城市从孕育到生长全过程的历史见证。

奎光塔公园。奎光塔公园以园内奎光塔为名。奎光塔始建于明代，重建于清道光十一年（1831年），塔高52.67米，重约3460吨，为17层密檐式六面体部分双筒砖砌古塔，是我国层数最多的古代砖塔。1985年被列为成都市级文物保护单位，2002年被列为四川省级文物保护单位，2013年被列入第七批全国重点文物保护单位名录。

虹口景区。虹口景区内四季长流、清澈见底的白沙河贯穿虹口全境，两岸竹木蓊郁，山峰相峙，壁立如削。高山、深水、浅溪、幽谷、茂林、野村；阳光、草地、篝火、帐篷、竹筏、皮艇……原始与时尚在此激情碰撞，刺激与闲适于此亲密接触，是都市旁边绝佳的纳凉消暑、休闲度假、探险露营、攀岩漂流等特色旅游目的地。

青城后山。青城后山位于青城山后、泰安境内，距成都70千米，总面积约100平方千米。西北与卧龙自然保护区为邻，东北与赵公山相连，东越天仓山、乾元山，与六顶山、天国山接壤，与青城山一脉相承，深藏不露，极具神秘色彩，直至20世纪80年代才得以开发。青城后山的宫观香火无前山之盛，而清幽洁静则更胜一筹，有"一山幽意论平分"之说，自然风光迷人。沿山道而行，山花烂漫，飞瀑流泉不绝；峭壁悬岩，天光云影一线忽而栈道逶迤曲折，不见头尾，忽而村落群山环抱，绿草如茵。

风味美食

青城四绝。（洞天乳酒）洞天乳酒俗称"茅梨酒"，主要原料为猕猴桃，按青城山道家传统工艺榨取果汁，密封缸中，高糖保鲜，低酒发酵，再将发酵的果汁与醪糟汁、冰糖和少许曲酒等辅料混合，酿制成乳酒。该酒色如碧玉，浓似乳汁，醇香爽口，回味悠长。唐杜甫曾有"山瓶乳酒下青云，气味浓香幸见分。鸣鞭走送怜渔父，洗盏开尝对马军"诗赞乳酒。

（青城茶）青城茶是产于青城山一带的绿茶。青

● 都江堰风味美食（都江堰市档案馆　提供）

城茶一般于清明前后采摘，经过纯手工"枝枝过堂"的鲜叶杀青、初揉、炒二青、复揉、炒三青、做形、提毫、烘焙等工艺精制而成。茶叶成品外形肥壮，索卷均匀，嫩匀绿润，微卷曲；汤色碧绿明亮，滋味浓醇，回甘持久有余香。以"青而不淡，浓而不涩，香而不艳，精而不俗"闻名于世。产品销往港、澳地区乃至日本、欧美等国家。

（白果炖鸡）白果即银杏果实，李时珍《本草纲目》说其"熟食温肺益气，定喘嗽，缩小便，止白浊；生食降痰，消毒杀虫"。青城山盛产白果，白果炖鸡采用传统方法，以白果炖仔鸡，再加以猪肘，加少许食盐、冰糖即成，汁鲜味美、清香不腻，具有食疗价值。

（青城泡菜）青城泡菜俗称青城道家老泡菜。以青城山道士生产的鲜黄瓜、豇豆、水红辣椒、萝卜、大蒜、白菜、子姜、良姜等为原料，经严格挑选、清洗、晾晒后，放入用山泉水、精盐、花椒等配制而成的汤汁中，专室、专具存放，专人管理。青城泡菜脆嫩酸甜，保存数年仍色鲜质坚，是一种能解腻、开胃、增进食欲的佐餐佳品。赵朴初食后赋《调寄忆江南》一首："青城好，泡菜冠全川。清脆姜芥夸一绝，芳甘乳酒比双贤。吾独取椒盘。"

灌县钟鸭子。"四世努力营造良心美味，八方同赞只为一只卤鸭。"据说，钟子和（钟鸭子第一代传承人）在老成都状元街（现红照壁附近）何鸭子学习甜皮鸭卤制技艺，学成后在灌县大观街设摊。后将技艺传承给其子钟永鸣先生（第二代传承人），因为历史原因钟永鸣先生被短暂分配至国营清真餐厅任卤制主厨，公私合营解体后，又将技艺传承给其子钟跃龙先生（第三代传承人）。改革开放后，钟跃龙先生响应国家搞活民营经济的号召，传承家族卤制技艺，1980年将钟鸭子店面迁址于都江堰市北街，开店至今。

青城山老腊肉。腊肉历史悠久，可追溯到商周时期。以产地而论，以广味和川味最为著名。蜀地成品色泽似火、香味浓郁，一碗热气腾腾的老腊肉，是年夜饭的必备菜品。"灌"香肠、"秋"腊肉，既是年复一年的年味，也是每个人心中家的味道。青城山老腊肉更是腊肉中的精品。

尤兔头。尤兔头被评为都江堰十大名小吃之一，是都江堰本土特色品牌。精选上等鲜兔头，码味去腥，文火卤之，火至九分，凉搁在侧，待客人点食之，再加入祖传秘制卤料锅中冒热，起锅加料，拌成五香、麻辣两味，多年秘制配料成就它独有的香味。

发展定位

坚持以习近平新时代中国特色社会主义思想为指导，认真落实习近平总书记对四川及成都工作系列重要指示精神，坚定贯彻中央、省委和成都市委重大决策部署，坚持以人民为中心，牢牢把握"三新一高"这条主线，抢抓成渝地区双城经济圈、成都建设践行新发展理念的公园城市示范区等重大机遇，奋力构建"五大新城"，精准推进科学复兴，建成成渝地区高质量发展的文旅增长极和践行新发展理念的公园城市示范区首善地，致力成为新时代现代化强市。

发展目标

贯彻新发展理念，奋力构建"五大新城"。构建世界遗产山水文旅新城，构建生态优先宜居公园新城，构建产业创新开放宜业新城，构建乡村振兴共同富裕新城，构建民生幸福智慧治理新城，建成教育优市、健康之都、创新高地、幸福家园，共创全国文明典范城市。（撰稿：林朋 审稿：闵佐权）

17 彭州市

基本情况

彭州市位于四川盆地西北部与青藏高原东部边缘相接地带，介于东经103°40′~107°10′，北纬30°54′~31°26′之间，地处成都平原与龙门山脉的过渡地带，山、丘、坝俱全，可概括为"六山一水三分坝"，辖区面积1421.36平方千米。2021年，户籍人口79.5万人。区域北与汶川县、茂县接壤，南隔蒲阳河、青白江与郫都区、新都区相望，东邻什邡、广汉市，西连都江堰市。从秦繁县到唐彭州至彭州市，其治地几千年来都是在天彭街道。悠久的开发历史，优越的自然条件和重要的地理位置，使彭州成为历代政权重要的政治、军事、经济、文化区域，是其所倚重的"隔夷限蛮"的"屏障"和

● 今日彭州（彭州市档案馆 提供）

"郫繁膏腴"的"金彭"。

历史沿革

早在3000多年前西周时期彭人就在此生息繁衍，之后立业兴国，建都瞿上（今彭州通济镇），成为古蜀国立国的原始核心部分。公元前316年，秦灭蜀后推行郡县制度，始于境内置县，今彭州为蜀郡繁县，是最早所设县之一。历史进入汉朝，蜀守文翁兴学兴水利，在繁县"穿湔江口灌溉郫繁田千七百顷"的人工河道，至今犹存。彭州成为"沃野千里，天府之土"的核心地区，也是汉初蜀地封侯国（繁侯）的少数地区之一。三国时，蜀诸葛亮驻军屯垦、种蚕养桑之地，地名仍在。

南北朝时期，由于战事不断，政权更迭频繁，彭州的建置沿革也变化纷繁，境内先后置为繁县、南普寿县、南晋寿郡、天水郡、九陇郡等。隋统一全国后，推行州县二级制，583年罢九陇郡为九陇县，602年置蒙州，领九陇、清城、郭县。677年唐高宗仪凤二年又在九陇界南置蒙阳县。686年唐垂拱二年置彭州，至明初废州设彭县。彭州之称谓，唐《元和郡县志》释为"彭州以岷山导江，江出山处，两山相对，古谓之天彭门，因取以名"，彭州由此而得名。

1914年，北洋政府通令在成都设置西川道，彭县属成都管辖，直至全国解放。新中国成立后，彭州隶属川西行署区的温江专区。1983年，经国务院批准，撤销温江地区，彭县划归成都市管辖。1993年11月18日，经国务院批准，同意撤销彭县，设立县级彭州市，由成都市代管。

重要资源

彭州自然资源丰富，山川风光秀丽。因地形的原因，土壤种类较多，从平原的水稻土到高山草甸土共10种。加之纬度、地理位置的原因，彭州市具备丰富的生物资源，并生存着不少国家珍稀物种，

● 彭州市出土西周青铜器牛纹大铜罍、象首耳夔龙纹铜罍，现存四川省博物馆（彭州市档案馆 提供）

为四川省生物资源富庶地区之一，是著名中药材产地，有较大的经济和科学价值。因位置和地形的原因，彭州市降水丰沛，加上都江堰客水，全年可用水量20.85亿立方米。湔江水系山区流域山势陡峭，北高南低，各支流蜿蜒于高山峡谷，因而水能资源丰富，开发潜力巨大。丰富的自然资源使彭州在古代就成为天府之国的"膏腴"之地，近代则成为天府的"金彭"和当代成都市"十强"区（县市）之一。丰富的自然资源也是彭州市经济建设、社会发展的物质基础。

彭州森林资源丰富，树种品类繁多。观赏植物有牡丹、木兰、珙桐、杜鹃、兰草、海棠、虎耳草、四照花等，其中兰草盛极一时，但尤以牡丹最为有名，彭州牡丹种植历史悠久，唐宋时即以此著称。1985年，彭县人大常委会将牡丹确定为"县花"，同年4月举办首届牡丹花展至今，现彭州牡丹品种已发展到260余种。境内野生动物属国家特有的有红腹角雉、红腹锦鸡、猕猴、大熊猫、小熊猫、林麝、牛羚、斑羚、成都鱲、彭州似鳊和川西黑鳍鳈等，列入国家重点保护的一、二级珍稀动物有大熊猫、金丝猴、豹、云豹、牛羚、金雕、绿尾虹雉等32种。彭州似鳊（俗名沙网子）、成都鱲（俗名桃花斑）是彭州的特产鱼种。

基础设施

彭州加快构建大美城市形态，全力规划建设公园城市示范区。以纵贯南北的立体山水百里画廊为轴线，结合山丘坝地貌形态，布局13个公园城市示范片区，"一廊三境十三美"立体山水公园城市格局精准画像，立体山水特质与公园城市形态融合叠加，城市独特IP日益彰显。全域空间规划体系不断优化，镇（街道）行政区划调整全面完成，"多中心、多组团"空间格局基本呈现。同时不断提升城乡功能品质，建成了新人民医院、市妇幼保健院、白马中学、体育公园一期、南部新城水核心公园、牡丹文化广场、第二污水处理厂、群众艺术馆、老年活动中心、规划展示馆等一批大型公建配套项目，形成了置信·逸都城、百货大楼、中节能时代广场、望蜀里等商业综合体，城市功能不断完善，城市宜居指数大幅提升。

主要产业

彭州市全面落实成都市产业功能区发展战略，坚持产业生态圈理念，创新经济组织方式，高质量推动成都新材料产业功能区、天府中药城、龙门山湔江河谷生态旅游区及天府蔬香现代农业产业园、丽春航空动力小镇"3+2"产业载体建设。

文旅品牌

天彭古郡，西蜀名州。倚西岭千秋之莹雪，枕湔水万古之清流。林峦起伏，叠翠堆青，祥云覆盖阳平古治；舍利西渡，瑞气萦绕龙兴梵塔。天成毓秀，遂使七佛驻锡于斯；地育钟灵，方有五教共存于此。寺院星罗，佛塔棋布，桑田沧海，源远流长。

龙兴寺。龙兴寺坐落于彭州市天彭街道北门外，始建于东晋义熙年间，初名大空寺，历经梁、隋等朝代，曾经千年沧桑，兴废无常。经数代不断重建、修葺、培护和扩建，渐具偌大规模。到彭县解放前夕，已经成为川西大寺。寺内龙兴金刚舍利宝塔供奉有佛真身舍利，塔高81.8米，塔前廊檐悬挂马识途先生题写的"真身舍利"匾额。沿着塔基回廊向北，在塔的东西两侧庭院中，分别有"金钟"和"法鼓"两楼。向北数十步便是恢复重建的大雄宝殿，后有藏经楼，藏经楼是清代两层重楼歇山式古建筑，另还有"七佛圣境"、五观堂、客堂等景观和古建筑。1949年12月，成都和平解放。解放前夕，川军将领邓锡侯、潘文华、刘文辉在龙兴寺策划、发动起义

● 龙兴寺（彭州市档案馆 提供）

并通电全国。

丹景山。丹景山旅游景区是国家4A级旅游景区，位于彭州市丹景山镇（古九陇），距成都西北50千米，海拔1147米。丹景山是中国西部最大的牡丹观赏基地，主要以牡丹文化、佛教、道教文化闻名。著名景点有金华寺、净水寺、审魂殿、圣迹寺、牡丹园、杜鹃园、丹霞园等。

白鹿镇。白鹿镇是国家4A级旅游景区，是"5·12"特大地震灾后重建中打造的国内唯一独具中法文化交融风格的小镇。小镇充分挖掘中法交流的历史文化特质，依托"绿水青山"良好生态本底，着力发展文化产业，充分发挥与法国友城交流基础，频繁进行以音乐文化为主的交流活动，打造了白鹿·法国古典音乐艺术节暨尼斯钢琴比赛等活动品牌。2017年白鹿镇被成都市确定为重点打造的音乐小镇之一，成为成都市打造西部文创中心和中国音乐之都、国际音乐名城的重要支撑极。

白鹿镇内的领报修院，为"圣母领报修院"的简称，俗称上学堂，当地人亦称之为上书院，1895年动工，1908年竣工，历时13年修建而成，距今已有百年历史。据考，该院系法国传教士骆书雅、伯历

● 丹景山（彭州市档案馆 提供）

● 白鹿镇（彭州市档案馆 提供）

山主持设计修建，自1933—1948年成都总修院迁入领报修院内，领报修院成为当时培养全川乃至中国西南天主教神职人员的重要场所。领报修院1989年被列为县级文物保护单位，2004年被列为省级文物保护单位，2006年被列为全国重点文物保护单位。

风味美食

九尺板鸭。九尺板鸭是产于彭州市九尺镇的传统名吃，从明朝正德年间开始生产，历久不衰，深受国内外食客喜爱。九尺板鸭采用九尺独特的地下泉水养殖的川鸭系列，以土麻鸭为原料，活鸭宰杀去毛后，利用当地清澈泉水反复漂洗，做工讲究，风味独特。不同于北方烤鸭奢华的高端路线，九尺板鸭是彻彻底底的平民食物，从选材制作到五味调和，都藏着九尺人的生活智慧。干板鸭加精盐、香料浸渍，再烟熏、风干。卤板鸭则更需技艺，鸭子晒干水分后开始烘烤，烘烤过程尤为关键，烘烤的时间不能早一步，也不能晚一步，全靠经验。晾晒烘烤后的鸭子最后还要放入酱油、老姜、陈皮、花椒、白糖、八角等20多种配料配成的卤汁中煮熟，才得以完成。在九尺街头，到处可见"九尺板鸭"的招牌，其独特的制作工艺，吃起来咸中带甜、筋道耐嚼，吃完唇齿留香，久吃不厌。

军屯锅魁。军屯锅魁又称"酥锅魁""酥油千层饼"，是彭州的传统名小吃，历史悠久，做工考究，独具风格，以香、酥、脆、细嫩化渣而名扬川西。相传三国时诸葛亮命大将姜维率部在原四川成都彭州的军乐镇（现隆丰镇）休养屯垦、牧马练兵，"军屯"由此而得名，今天的锅魁就是由当年军中干粮逐渐演变而成。"酥锅魁"，是由原彭州军乐镇周乐全与其师父马福才共同打烤出名。选用优质面粉，拌和适量温水反复操作，使之软硬适度，张拉柔韧。水的冷热观气温高低而定，水温与气温成反比。配料方法别具一格，实行起面（酵面）与子面（生面）随打随配的原则。起面的多少，根据子面拌和后时间长短而定。子面时间长，起面多配；反之

● 军屯锅魁（彭州市档案馆 提供）

少配。再用撕去表膜的猪生板油、拌上八角、茴香、三萘、花椒、生姜、精盐、味精等香料，切碎揭绒，抹在拉长的面皮上，经卷压成形，上煎锅煎烤，最后放进炉膛烘脆。如今，"酥锅魁"还发展了鲜肉锅魁、椒盐锅魁、化丝盐锅魁、红糖锅魁等十多个品种。北京亚运会期间国内外食客排长队争相购买，因手工制作难以满足，许多人不能一饱口福，传为佳话。

九尺鹅肠火锅。九尺鹅肠火锅是以鹅肠为主要材料的一款火锅。"火边论世界，锅里煮乾坤"是九尺鹅肠火锅一直传承四川火锅文化最好的写照。"九尺"并不是指鹅肠的长度，实指鹅肠火锅的发源地为九尺镇。九尺鹅肠细、嫩、脆、入口化渣，营养丰富。鹅宰杀后，其肠用泉水洗涤，用火锅烫食，鲜美爽脆。一根根新鲜的鹅肠整齐摆放在盘子里，夹起一根在滚烫爽辣的火锅里一烫，不过3到5秒便微微卷曲，抑或是豪爽地将鹅肠一整盘倒进锅里，等到鹅肠蜷曲，捞出蘸上油碟或是干碟，那滋味麻辣脆爽，让人欲罢不能。

磁峰麻饼。磁峰麻饼是有百年传承的彭州特色糕点，外皮酥香，有椒盐、鲜花、黑芝麻、红糖等多种口味。相传，就连明朝开国皇帝朱元璋也抵抗不了它的诱惑，入川为孙女选完墓地回京后，就命人每年中秋将磁峰麻饼送往京城。曾经的贡品磁峰麻饼，如今也进入寻常百姓家。全手工打造的磁峰麻饼，发面分团、包馅压型、烘焙出炉都要制作者用自己的双手去完成，而且用料讲究、做工精细。它不仅选用上等的面粉、芝麻、花椒、食盐、砂糖和菜油制作而成，而且不含任何添加剂。发面粉、配馅料的每道工序，要掌握精确的时间。每一种调料，要摄取准确的分量。这样制作而成的磁峰麻饼便酥香横溢、色泽诱人、麻甜回味、沁人心脾。磁峰街上几乎每几百米就有一家卖麻饼的小铺，阳森记麻饼、李三姐麻饼、袁氏麻饼、老马家麻饼、磁禧堂麻饼都是老字号了，任选一家都能品尝到最正宗的磁峰麻饼味道。

发展定位

以建设践行新发展理念的立体山水公园城市为总目标，以推动高质量发展、创造高品质生活、实现高效能治理为发展导向，以深化供给侧结构性改革为主线，以构建支撑高质量发展的现代产业体系、创新体系、城市治理体系为重要路径，以实施"幸福美好生活十大工程"提升市民和市场主体获得感为目的，统筹发展与安全，全力补短板、强功能，全面提升城市综合竞争力和美誉度，跻身中国县域经济百强，打造成都都市圈北部区域高质量发展新高地，更好融入和服务新发展格局，为成都建设社会主义现代化新天府和可持续发展世界城市贡献彭州力量。

发展目标

力争到2025年，城市对外开放水平、综合经济实力、城市功能品质、生态文明层级、要素集聚效益显著增强，全市经济社会各领域发展打开新局面、迈上新台阶，地区生产总值超过820亿元，年均增速8%以上，人均地区生产总值超过1.5万美元，城乡居民人均收入大幅增长，人口城镇化率达到60%，基本建成践行新发展理念的立体山水公园城市。

力争到2035年，高水平实现社会主义现代化，践行新发展理念的立体山水公园城市全面建成。"多中心、多组团"城市格局全面构建，城市治理体系和治理能力现代化基本实现，社会文明程度不断提升，成都向西向北门户枢纽地位凸显，成为成都都市圈高质量发展的标杆城市。

（撰稿：周英桃 戴鹰 审稿：陈忠贵 莫廷先）

18 邛崃市

基本情况

邛崃市位于成都平原西部，川滇、川藏公路要塞，地处东经103°04′~103°45′，北纬30°12′~30°33′之间，东西长68.5千米，南北宽38.5千米。北与大邑县毗邻，东邻新津区、彭山区，西与雅安市雨城区、芦山县接壤，南与蒲江县、雅安名山区相连。2021年，辖区面积1377平方千米，下辖14个镇（街道）、189个村（社区），人口64.32万人。

邛崃古称临邛，始建于公元前311年，迄今已有2300多年的历史，是巴蜀四大古城之一、四川省首批命名的历史文化名城，自古便有"天府南来第一州"之美誉。邛崃被评为国家生态文明建设示范市、中国优秀旅游城市、国家卫生城市、中国县域旅游综合竞争力百强县、国家农业产业化示范基地、中国白酒原酒之乡等。2022年全市生产总值400.6亿

● 今日邛崃（邛崃市档案馆 提供）

● 邛崃古城门（邛崃市档案馆 提供）

● 1949年12月19日，中国人民解放军第二野战军第三兵团第十二军36师攻克邛崃（邛崃市档案馆 提供）

● 1994年9月6日，邛崃撤县设市庆典（邛崃市档案馆 提供）

元，同比增长3.8%；一般公共预算收入31.09亿元；社会消费品零售总额121亿元；农村居民、城镇居民人均可支配收入分别达到28938元和45844元，同比增长7.0%和5.0%。

历史沿革

先秦时期，秦惠文王于更元十四年（公元前311年）派蜀守张若主持修筑城池，取名临邛。据《华阳国志·蜀志》载："临邛城周回六里，高五丈。造作下仓，上皆有屋，而置观楼射栏。"两汉时期，城郭损毁，导江卒正（即蜀郡太守）公孙述设署临邛，主持营建新城，称为公孙城。唐宋至明清时期，因战乱不息，临邛县城迭遭破坏，又不断维修和发展，形成了如今的古城格局。民国时期，初称邛州，废除道制，邛州直隶省府。民国二年（1913年）又恢复道制，以道辖县，邛州改为邛崃县，归上川南道管辖。民国二十四年（1935年）实行行政督察区制，邛崃县归第四行政督察区管辖。

中华人民共和国成立以后，邛崃县属川西行署区的眉山专区管辖。1952年撤销行署成立四川省，邛崃县划入温江专区。1959年2月15日，邛崃县与蒲江县合署办公。1960年4月29日，国务院正式批准撤销蒲江县，合称邛崃县。1962年11月1日起，又恢复两县建制。1968年9月，改温江专区为温江地区，邛崃县属其管辖。

1983年撤销温江地区，将所辖邛崃等县划归成都市管辖。1994年6月6日，撤销邛崃县，改设邛崃市（县级）。

重要资源

邛崃自然资源丰富，地貌多元、山峻景美，森林覆盖率49.3%。全域水域发达，水质优良，呈现"一脉九水六湖"格局，河流全长245千米，水资源可利用总量5.5亿立方米，具有天然亲水特质和开发利用优势。境内物种多样、资源丰富，名贵珍稀动物10科50余种、珍稀植物16科20余种，现存树龄在300至600年间珍贵的古桢楠群和世界规模最大的野生山茶花树群，有被誉为亚洲最大的萤火虫观赏基地、"四川大熊猫栖息地"。竹资源富集，邛竹编、邛竹杖享誉海外，川西竹海入选成渝地区双城经济圈"最美竹林风景"。天然气资源丰富，是川西地区最大天然气供气基地，并伴生有丰富的石油和钾盐。邛崃是中国最大的白酒原酒基地，崖谷地、冰川水、黄泥窖形成了得天独厚的酿酒环境，获得"世界美酒特色产区"称号。

邛崃历史底蕴深厚，文旅资源富集，文君当垆、相如涤器的典故刻录了美酒、诗赋与音乐的交响，黄崇嘏、卓文君两名传奇女子的故事在历史文本、小说戏曲中广泛流传。作为中国彩瓷发源地，"邛窑"留存了无数美轮美奂的瓷器精品，长久的物阜民丰和千年的人文积淀，留下了文君文化、南丝路文化、红色文化等独特的人文印记。全市文化和旅游资源达到1.8万余处，其中：临邛古城、瓷胎竹编等特品级旅游资源12处，国家一级文化旅游资源23处，不可移动文物624处，邛窑考古遗址公园获批国家考古遗址公园。邛崃是世界上最早使用天然气煮盐冶铁的古火井县治所在地，是全国重点文物保护单位川康茶马古道的重要组成部分，拥有国家级非物质文化遗产"竹麻号子""瓷胎竹编"，宋代千年古茶树圃，更被康熙御题为"天下第一圃"。

基础设施

以"一核两翼、三区协同"优化城市发展格局，城市建成区面积27平方千米，已建成河滨公园、邛窑遗址公园等城市公园和天庆园、较场园等一批口袋公园，建成绿道252千米和全省首条封闭式自行车高速，人均公共绿地面积30余平方米，建成区绿化覆盖率约43%，逐步构建起"城市公园＋社区公园＋口袋公园"三级公园体系。拥有国家重点中学1所、三级医院3家，川大锦城学院、爱尔眼科等一批知名院校和医疗机构入驻，启动市体育馆、市图书馆等重点公共服务项目建设，建成"24小时留灯书屋"等公共服务配套设施，各类健身场所覆盖全市各村（社区）。

邛崃交通方便快捷，成雅快铁公交化运行；成雅、邛名、成都经济区环线3条高速路和成新蒲、成新邛、成温邛3条快速路建成通车，联结天府新区的天邛高速路、天新邛快速路开工建设，邛雅高速、成温邛快速路南延线加快建设，正推动新邛线低运量轨道交通、"天府三里三"超级服务区等项目实施。区域内建成道路3000余千米，"四好农村路"全国示范县创建通过部级审查和公示，正接续推进"四好农村路"、高速公路互通联络线等一批交通项目建设，全面提升区域路网通行能级。

主要产业

工业。纳入成都市蓉南新兴产业带，重点发展新能源、新材料产业，积极推动优质白酒、食品饮料、医药医械等特色产业创新提质，2022年规上工业增加值增长6.4%。其中天府新区新能源新材料产业功能区，位于邛崃市东部，距天府新区核心区30千米，规划面积126.3平方千米，是成都市绿色低碳产业动力电池及储能产业主承载地。目前入驻企业258户，投产企业190户，规上企业60户，上市企业10户，民营500强1家，行业500强3家，初步形成了"电池原料—电池封装及应用—电池梯次利用"新能源动力电池全产业链基地和"先进半导体材料—IC设计—晶圆制造—芯片—精密腔体—终端应用"的化合物半导体全产业链基地。入驻工业园区的酒类企业34家、食品饮料企业51家、生物医药企业20家，初步形成了以优质白酒、食品饮料、医药医械为主的特色产业集群。

农业。具有"畜禽、茶桑、果蔬、粮油、竹木、中药材"六大农业优势资源，建成高标准农田33.4万亩，发展粮食种植57.7万亩、茶叶13万亩、水果25万亩，2个十万亩粮油产业园区和9个万亩粮经复合产业片区被纳入"天府粮仓"成都片区，邛崃市获批国家级水稻制种大县。拥有国家级重点龙头企业4家、四川省重点龙头企业13家、成都市重点龙头企业23家，全境通过无公害农产品生产基地认证，邛崃黑茶列入省优秀农产品区域公用品牌。拥有国家布局西南唯一的现代种业园区—天府现代种业园，已建成种业农创工坊等重点项目，正大力推进全省唯一的省种质资源中心库的项目建设，吸引了中化农业、荃银高科、北大荒垦丰等知名种业企业先后入驻。

旅游业。邛崃是中国优秀旅游城市、天府旅游名县，长期以来邛崃形成了文君文化、南丝路文化、邛酒文化、邛窑文化、红色文化、羌文化等多种特色文化交融的文化形态。拥有国家4A级旅游景区天台山和平乐古镇，国家3A级旅游景区临邛古城，以及龙门山的重要组成部分南宝山，均具有独特的人文、自然景观。目前，正依托资源的特色性、唯一性，聚焦旅游需求转变、细分市场对接，推进城旅一体、多元交互化，实施龙门山生物多样性博览园等重点项目建设，培育文旅特色镇和川西林盘、精品民宿聚落，打造城市旅游、山地旅游、乡村旅游三张名片。邛崃是"南方丝绸之路"西出成都第一站，自古商贾云集，市场繁荣，是川西重要的商贸集散地之一，正依托深厚的城市文化底蕴和特色街区打造，建设休闲娱乐、餐饮购物等多种类项目，营造消费新场景，催生文化新经济。

文旅品牌

天台山。天台山位于邛崃市西南端，属邛崃山脉，景区面积达192平方千米，是大熊猫栖息地世界自然遗产、国家4A级旅游景区。天台山自古为宗教名山，儒释道三教共山，有宋代和尚衙门、明代"第一禅林"牌坊等历史遗迹，"九十里长河八百川，九千颗怪石两千峰"之美景交相辉映，形成了"天际山水·云中禅林"的独特气质。景区的红军长征邛崃纪念馆为"四川省爱国主义教育基地""成都市爱国主义教育基地"。

平乐古镇。平乐古镇位于成都市西南93千米、邛崃市西南18千米处，是中国的历史文化名镇、国家4A级旅游景区，被誉为"南丝路第一站"。保存至今的33条明清古街、24万平方米古建筑群、四川现存最大古代石拱桥乐善桥，13株千年古榕树，辉映着"秦汉古镇·川西水乡"的绝代风华，完整呈现了天府之国的原乡记忆。

隋唐瓦窑遗址。"邛窑"是我国古代的著名瓷窑之一。始于东晋，兴于隋，盛于唐，衰于南宋。隋唐瓦窑遗址位于今邛崃市固驿镇瓦窑山、西河乡西江村尖山子、白鹤乡大渔村和南河乡什方堂村等4处，又称隋唐古窑遗址。其中以什方堂村遗址最大，面积达11.13万平方米，是全国重点文物保护单位，被列入国家大遗址保护名录，与三星堆、金沙遗址并列为四川三大考古遗址公园。

文君井。文君井位于邛崃市城区文君街，相传为西汉时期司马相如与卓文君开设"临邛酒肆"的遗迹。司马相如与邛崃富商卓王孙之女卓文君相爱，文君夜奔相如，结为夫妇，婚后设酒店于临邛市上。"文君当垆，相如涤器"，后世传为佳话。据传，此井即相如文君当年汲水之所，后人遂题名"文君井"，唐诗人杜甫流寓成都时作《琴台》诗有"酒肆人间世，琴台日暮云"句，就是凭吊遗迹之作。

回澜塔。邛崃回澜塔又名镇江塔，是四川省文物保护单位，位于邛崃市区东南4千米，风景秀丽的大南河岸边。塔为十三级六边形楼阁式砖塔，通高75.48米，名列全国第三高砖塔，是四川省境内最高的古塔，也是成都地区唯一对外开放的古塔。

竹溪湖。竹溪湖是一座建在邛崃市南河一级支流竹溪沟上的人工水库，距邛崃市区8千米。竹溪湖处于佛教鹤林禅院与密宗福地盘陀寺之间，有省级保护文物单位唐代的花置寺、摩崖造像等。宋代陆游、文同在邛时常游于此。国防部原部长张爱萍将军于1985年莅临此地，挥毫题写"竹溪湖"三字，镌刻在水库大坝左侧石碑上。竹溪湖集雨面积12平方千米，水域面积0.4平方千米。

风味美食

邛酒。邛酒是邛崃市所产浓香型白酒的总称，是国家地理标志保护产品。邛酒历史悠久，可追溯到西汉初年。因其优良的酿酒条件、精湛的酿造工艺，具有较高的知名度和美誉度，鼎盛时期邛崃拥有白酒生产企业1600多家，年销省外原酒约占出川原酒的70%，邛酒成为邛崃特色优势产业之一。

邛茶。邛崃是世界上最早产茶的地方之一，邛茶以历史悠久、资源丰富、产区宽广、品种优良著称。

● 天台山（邛崃市档案馆 提供）

● 邛崃黑猪腊肉（邛崃市档案馆 提供）

《古代的巴蜀》一书介绍茶叶时称"汉有扬雄，司马相如……之徒皆饮焉"，表明 2100 年前成都、邛崃一带民间饮茶蔚然成风。位于平乐古镇的花楸贡茶产地，被康熙御封"天下第一圃"。

邛崃黑猪。邛崃黑猪是邛崃山脉饲养的主要地方猪种之一，是我国 48 个优良地方黑色猪种之一，适宜生长于四川盆地西部低山丘陵地区（海拔一般在 400—800 米，气候温和，雨量充沛）。根据产区发掘出的东汉墓内殉葬品石猪及浮雕等文物考证，邛崃黑猪已有 1800 多年饲养历史。

奶汤面。奶汤面是邛崃地方传统食品，即用新鲜猪骨、猪蹄、香肘、鸡炖成香味浓郁的奶汤，将其盛入碗内，配以佐料，加入煮熟的水叶面而成，已有 80 多年历史。

钵钵鸡。钵钵鸡是以陶器钵盛放，配以麻辣为主的佐料，加上多种调料的去骨鸡片拌和而成。有皮脆肉嫩，麻辣鲜香，甜咸适中的特色。吃奶汤面时配以钵钵鸡，别具风格。至今已有上百年的历史。钵钵鸡 1990 年获成都市个体名小吃优质奖，1991 年被成都市人民政府命名为优质名小吃。

发展定位

坚持以习近平新时代中国特色社会主义思想为指导，全面贯彻党的二十大精神和习近平总书记对四川及成都工作系列重要指示精神，主动在国家战略全局找位置，自觉在全省推进"四化同步、城乡融合、五区共兴"中强担当，勇于在成都做强"郊区新城"战略支撑中作贡献，以"一核两翼、三区协同"为战略牵引，统筹资源禀赋和发展基础，推动城市核心功能更加突出、特色功能优势彰显、基本功能优质均衡，布局重点片区和项目集群建设，以全域空间格局优化、经济地理重塑，做强城市极核、赋能乡村振兴、推动城乡融合，加快形成分工合理、功能互补、良性互动的新型城镇化格局，主动承接超大城市人口疏解、产业布局、要素溢出，推动邛崃整体优势凸显，特色纷呈，能级跃升，全力打造成都西部区域中心，加快推进社会主义现代化建设。

发展目标

到 2025 年，基本建成全面体现新发展理念的成都西部区域中心。城市发展能级和综合竞争力大幅跃升，经济高质量发展、社会高效能治理、市民高品质生活迈上新台阶。

到 2035 年，全面建成全面体现新发展理念的成都西部区域中心。现代产业体系竞争力全面提升，建成引领西部区域的现代产业中心；文化旅游蓬勃发展，建成彰显人文价值的特色文旅中心；宜居生活品质、消费活力全面提高，建成辐射带动康藏的生活消费中心；集散、流通及枢纽功能全面提升，建成向西向南开放的商贸物流中心和联通欧亚地区的综合交通枢纽。

（撰稿：郝波 审稿：邓凯）

⑲ 崇州市

基本情况

崇州古称"蜀州",全市辖区面积1090平方千米,辖6个街道9个镇。截至2021年,户籍人口65.87万人,位于成都"西控"区域,介于东经103°07′~103°49′,北纬30°30′~30°53′之间,东距成都市中心25千米,是距天府广场最近的郊区新城,东南至双流国际机场30千米,东临温江区,西接大邑县,南与双流区、新津区毗邻,北与都江堰市、阿坝州汶川县接壤。崇州素有"蜀中之蜀""蜀门重镇"美誉。

崇州坚持全面建设"绿色生态、宜居宜业、智

● 崇州市唐人街牌坊(崇州市档案馆 提供)

慧韧性的郊区新城",按照"1357"工作总思路,持续推动高质量发展、创造高品质生活、实现高效能治理,努力在新征程上担当作为,走在前列。

历史沿革

崇州,夏商周时属古蜀部和蜀国地;秦惠文王更元九年(公元前316年),秦国灭蜀后置蜀郡于成都,崇州为蜀郡治近之邑;汉高祖元年(公元前206年),割金马河以西、今大邑苏场以北地置江原县,是为崇州县域建县之始。

唐垂拱二年(686年),分宜州置蜀、彭、汉三州。蜀州州治在今崇阳街道。

南宋绍兴十四年(1144年),升蜀州为崇庆节度使,是为崇庆得名之始。宋孝宗淳熙四年(1177年),升崇庆军为崇庆府。

元至元十二年(1275年),降崇庆府为崇庆州。

清雍正五年(1727年),与新津县并隶成都府。

民国二年(1913年),改崇庆州为崇庆县。

中华人民共和国成立后,崇庆县属川西行署温江专区。1952年撤销行署成立四川省,崇庆县属四川省温江专区。1959年4月,温江县与崇庆县合并,同年10月仍恢复温江建置。1983年7月,撤销温江地区行政公署,崇庆县划归成都市管辖。1994年6月,撤销崇庆县设立崇州市(县级),由省直辖,以崇庆县的行政区域为崇州市的行政区域。省政府委托成都市代管崇州市。

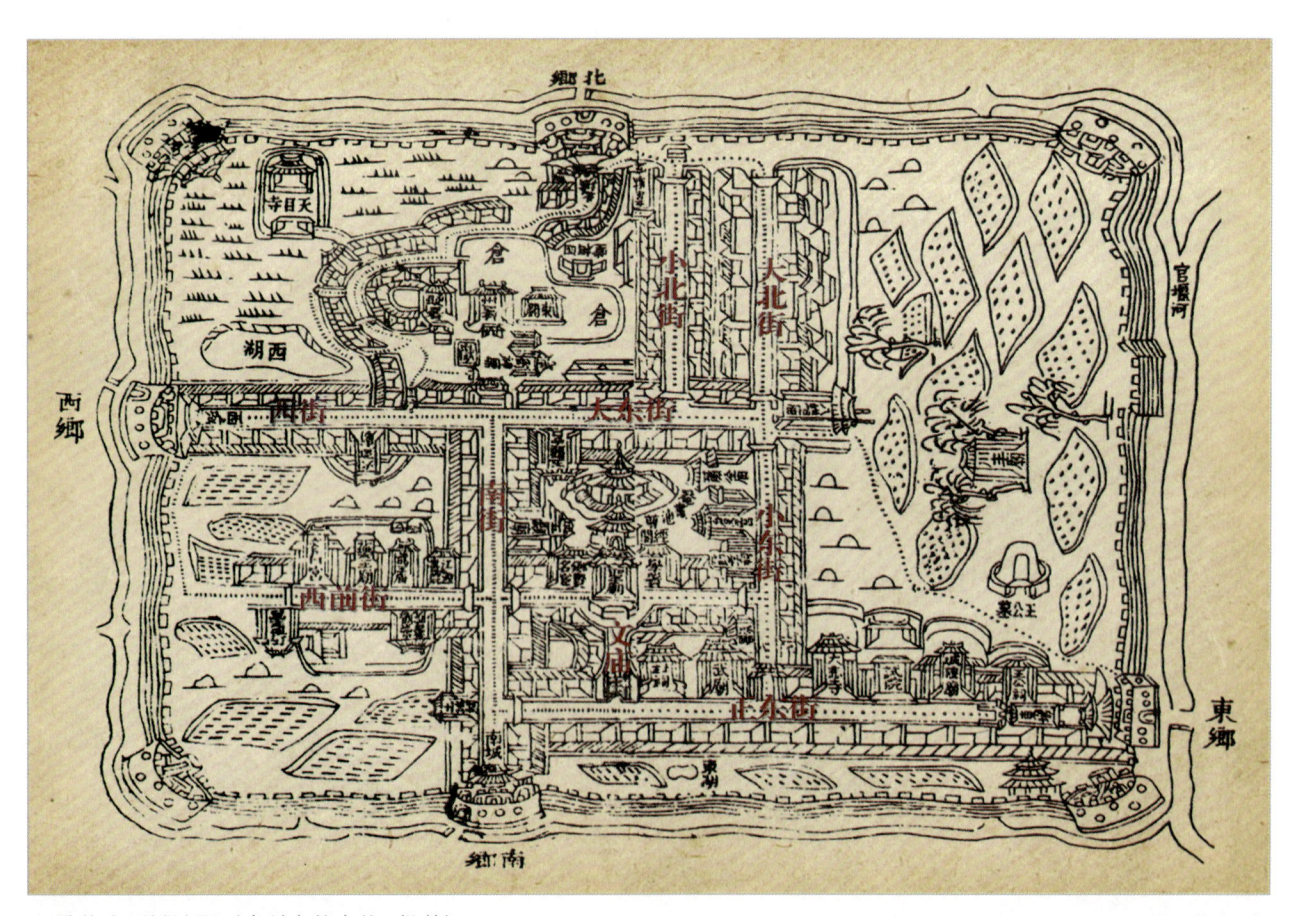

● 清代崇州城池图(崇州市档案馆 提供)

重要资源

土地资源。崇州市国土调查总面积1088.729平方千米。其中，农用地868.0999平方千米；建设用地196.2947平方千米；未利用地24.3344平方千米。国土开发强度（建设用地占国土调查总面积的比例）18.03%。按土地利用现状二级分类统计，其中，耕地208.1379平方千米、园地81.6949平方千米、林地540.6392平方千米、草地6.9767平方千米、城镇村及工矿176.4463平方千米、交通19.1233平方千米、水域38.4356平方千米、其他土地16.5500平方千米。

矿产资源。崇州市已发现矿产种类有：铅锌、硫铁锌、砂岩、石灰岩、页岩、砂石、地热、矿泉水等，其中铅锌、硫铁锌、砂岩、石灰岩、地热主要分布在文井江镇一带，页岩主要分布在道明镇、怀远镇一带。已探明石灰岩矿资源储量8066.13万吨，地热年允许开采量为14.1万立方米/年。

水资源。除降水外，崇州市年河川径流总量为157074万立方米。其中都江堰输水量80511万立方米，本地河流水量73952万立方米，山丘塘库蓄水、机电提水、山溪沟引水和可利用的浅层地下水计2611万立方米。农业生产可利用水量为67648万立方米，平均每亩有水1090立方米。

崇州市水力资源丰富，理论蕴藏量总计为110900千瓦，可开发量为53605千瓦。

崇州市由河流、池塘、水库、水凼等构成水面共计66.6平方千米，可供养殖的水面为2.54平方千米。尚有可开发水面2.33平方千米。

生物资源。崇州属中亚热带湿润气候区，宜于生物生长。植物方面树种繁多，遍布山、丘、坝的乔、灌木，主要有65科300余种，药用植物占120余种。

● 崇州市天府国际慢城（崇州市档案馆 提供）

属国家保护的珍贵稀有树木5种：红豆树、水杉、珙桐、罗汉松和紫檀。

野生动物种类繁多，哺乳类、鸟类、鱼类、两栖类、爬行类、昆虫类以及软体类、节肢类、环节类等动物达数百种，珍稀动物有金丝猴、岩驴、獐子、扭角羚（即野牛）、大熊猫、小熊猫。名贵鸟类有相思鸟、百灵鸟、野雉、鹦鹉、贝母鸡等。此外，还有罕见的大鲵（娃娃鱼）和雪豹、梆梆鱼（俗名）等。

林木资源。崇州地处亚热带常绿阔叶林、常绿、落叶阔叶林中。森林植被类型丰富，树种繁多，共有65科200余种。乔、灌、针、阔叶林木皆有。崇州市森林覆盖率为42.1%，分为高山水杉涵养区，中山用材、经济林区，丘陵薪炭、经济林区和平坝路旁综合区。崇州市活立木总蓄积量近百万立方米。

基础设施

城市建设攻坚取得积极进展。二三绕街子连接线、李家岩复建道路等项目加快实施；打通城市西向主干道，成温邛高速崇州西连接线形成通车能力；

完成文体路等 10 余条新建道路建设，主城区新建（改建）道路 39 千米，雨污水管网约 70 千米；全面完成全域公交一体化改革。

提升完善城市功能，完成西江路污水管网、滨河路南街段截污建设，城区统规统建、统规自建小区排水设施改造基本完成；打造 2.16 万平方米城市绿心，成蒲铁路崇州站前广场、中医院等功能性项目已完工并使用，罨画池公园、孔子广场完成景观提升，黑石河公园建成开放，海绵城市初步形成连片效应。

深入实施城镇污水处理提质增效，完成 12 座污水处理厂扩能提标建设；实施农村供水提质增效工程；大力布局"新基建"，核心区域实现 5G 信号覆盖。

主要产业

产业功能区载体支撑不断夯实乡村振兴。以打造新时代更高水平"天府粮仓"为统领推动乡村全面振兴，持续擦亮崇州农业金字招牌。推动"天府粮仓"核心示范区成型成势。统筹推进天府好田、天府好粮、天府乡游、天府乡居"四大工程"，核心示范区建设为乡村全面振兴的示范。逐步把永久基本农田全面建成高标准农田。推动形成"一片区一主业一特色"的新格局。深入推进乡村建设行动。制定乡村建设导则，统筹乡村基础设施建设、人居环境整治和公共服务提升，加强川西林盘保护修复利用，建设宜居宜业和美乡村。

先进制造业产业集群持续壮大。以消费电子、智能家居两个主导产业，巩固提升新型显示上游材料、光学检测设备、精密机加、家居定制等细分行业领先优势。推动以全友、明珠等龙头企业的家居产业生态圈建设，加快推进全友智慧工厂、索菲亚

● 4A 景区街子古镇（崇州市档案馆　提供）

● 道明镇竹里（崇州市档案馆 提供）

四期等重点产业项目建成投运。大力推动消费电子和智能家居融合发展，积极布局"3C+家居"等新赛道新业态，建强西部泛家居工业互联网、家居电商等平台载体，加快建设西部定制家居之都。以新型显示应用和智慧家居领域为牵引，逐步向新能源、医疗电子、汽车电子、家居电子等领域拓展延伸。实施企业梯度培育计划。培育链主企业和重点链属企业，发展国家高新技术产业和专精特新的"隐形冠军""单项冠军""小巨人"企业，做大国有资本和国有企业，推进企业"小升规""规改股""股上市"，积极推动"6类500强"企业区域性总部、功能性总部落地落户。

农商文旅体融合发展加速推进。深入实施"农业+""林盘+"行动，打造一批以竹艺、木雕、藤编、川派盆景、原乡酿酒等为核心IP的特色村落、非遗林盘，加快推动天府国际慢城二期、竹艺公园二期、木艺公园等重大项目建设，打造成都乡村休闲旅游首选地。深化"蜀中之蜀　画境崇州"文旅主题，提升"唐风宋韵　沉浸蜀州"文旅品牌，丰富"陆游带你游崇州"文旅产品，打造具有全球影响力的文化地标。发挥全域旅游优势，持续做强以乡村游、古镇游为特色的生活性服务业，加大"千年古镇群"旅游资源开发、IP包装宣传、业态完善提升，提档升级罨画池、城市中央公园、街子古镇等商圈，加快实施中国青城国际颐养中心等重大项目建设，推进街子旅游度假区创建国家级旅游度假区，持续提升天府国际慢城、竹艺村等国家4A级旅游景区消费能级。做大做强本土集会品牌，开展"中国民间文化艺术之乡"交流展示活动、崇州自驾赏花节、国际风筝邀请赛等特色活动。

文旅品牌

目前崇州市是第二批国家全域旅游示范区，共有国家A级旅游景区7个，其中国家4A级旅游景区4个（街子古镇、元通古镇、天府国际慢城、竹艺村），国家3A级旅游景区2个（罨画池博物馆、金盆地酒文化博览园），国家2A级旅游景区1个（崇州市博物馆），省级旅游度假区1个（街子旅游度假区），省级生态旅游示范区1个（桤木河湿地），全国乡村旅游重点村2个（白头镇五星村、道明竹艺村），四川省乡村旅游重点村1个（道明竹艺村），天府旅游名镇1个（街子镇），天府旅游名村1个（道明竹艺村），目前正积极创建天府旅游名县，加快推进街子创建国家级旅游度假区。休闲观光产品方面，按照"两环、三花、五园、六线、多点""农业+乡村旅游"的休闲农业发展思路，推出"两环"（南部58千米稻乡旅游环线、北部42千米水乡旅游环线）、"三花"（油菜花、荷花、樱花赏花基地）、"五园"（鸡冠山国家森林公园、大熊猫国家公园、桤木河国家湿地公园、羊马省级湿地公园、无根山城市森林公园）、"六线"（重庆路、成温崇安仁连接线、成温崇高速路、成温邛快速路、川西旅游环线、华怀路观光线）、"多点"（农业企业、农民合作社、家庭农场等农业经营主体体验观光和幸福美丽新村、川西林盘保护、川西民俗文化、农业+"改为"精品民宿旅游节点），农业+乡村旅游"产品，连续举办十届"四川自驾赏花节"。康养旅游产品方面，依托鸡冠山国家森林公园、大熊猫国家公园、天然林区、鸡冠山彩叶林等，融合特色林业、休闲体验、文化创意、生态旅游，综合开发森林游憩、森林休闲、森林度假、森林疗养、森林保健、森林运动、森林养老、森林教学等产品，发展森林康养，打造四川森林康养目的地。依托李家岩水库环湖生态涵养区、桤木河国家湿地公园、羊马省级湿地公园，打造四川生态旅游目的地。坚持把全市当景区规划、把林盘当景点设计、把绿道当景观打造，依托"四山一水五分田"的地理格局，实现了大田景观、湿地风光、山林秘境与川西林盘的有机结合，打造出了春看菜花夏赏荷、秋观稻浪冬望雪的四季风景线。2022年接待游客1967.32万人次，同比减少1.8%，旅游收入137.06亿元，同比增长2.4%。

风味美食

汤麻饼。汤麻饼是崇州市街子古镇的著名特色小吃，该品火工精当，拥有黄而不焦，皮酥心脆，香甜化渣的特点，原产地在崇州街子镇。正宗的汤麻饼是采用面粉、白糖、冰糖等原料，经制皮、制心、制油、制酥等程序后，制作成圆形，然后粘上脱皮芝麻，烘烤而成。其产品全部采用手工操作，是纯绿色清真食品，无化工添加剂，保鲜时间可达半年以上。

崇阳酒。崇阳酒起源于清代光绪年间（1881年）的姚林烧房，其特有窖池所酿"姚林酒"香飘十里，名扬四川，成就了"姚林酒，家家有"的佳话。历经百余年的清代窖池至今仍在使用，并于2007年被评为"成都市文物保护单位"，成为成都地区除水井坊遗址外唯一被列入"文物保护单位"的酒窖。

渣渣面。渣渣面是崇州市羊马镇的著名特色小吃，也称羊马渣渣面，在川西坝子可谓家喻户晓。渣渣面的关键辅料为红油海椒、豆油、盐巴、味精、鸡精和骨头汤，在捞面前才将其配好，而且红油海椒的制作也相当复杂：掌握好油温然后将香料，葱姜蒜、海椒面一同拌炒，最后滤除葱姜蒜和香料。这种红油海椒调制的面汤香辣可口，吃完面后仍然口里留香。

怀远三绝。（豆腐帘子）是崇州市怀远古镇的著名特产，用优质大豆制成可食之豆浆后，投入适量

卤水，使之浓凝，再用刷把搅匀，然后将纱布浸混，铺入木匣，一层细布，一层豆花，滤干成型。因其状若帘，故名"豆腐帘子"。

（叶耳粑）采用大米、糯米加适量豌豆混合磨制，成品色洁似乳，滋润爽口，有不黏盘、不黏筷、不粘牙的特点，故又叫三不粘叶耳粑。其成品因以柑叶包裹，其形如耳，故名"叶耳粑"。又因用柑叶包裹蒸熟，不仅有柑子的清香，而且具有理气祛痰的药疗效果。

（怀远冻糕）米食，蒸制而成，其特点滋润绵软、富有弹性、油而不腻、香甜微酸，早已享誉川西。

石观音板鸭。石观音板鸭是清光绪年间石观音场（今观胜镇）一周姓大娘创制，时名"周板鸭"。制作工艺集腌、熏、卤于一体，选用仔鸭，剔除毛、血、内脏，切开腔骨，入缸腌制，然后重压24小时成板状，再经微熏后，放入有18种香料的卤水中沸煮而成。皮色金黄，肉嫩醇香，干而不硬，油而不腻，沙而不绵，味长耐嚼。

发展定位

坚持以习近平新时代中国特色社会主义思想为指导，深入学习贯彻党的二十大精神，全面落实习近平总书记对四川及成都工作系列重要指示精神，坚决贯彻党中央大政方针和省委、成都市委决策部署，把握中国式现代化的中国特色和本质要求，立足新发展阶段，完整准确全面贯彻新发展理念，主动服务和融入新发展格局，以省委"四化同步、城乡融合、五区共兴"总抓手和成都市委"建强'大后方'、唱好'双城记'、做强'都市圈'、建好'示范区'、打造'幸福城'"战略目标为基点，锚定全面建设"绿色生态、宜居宜业、智慧韧性的郊区新城"总目标，按照"1357"工作总思路，持续推动高质量发展、创造高品质生活、实现高效能治理，奋力谱写中国式现代化的崇州篇章。

● 汤麻饼（崇州市档案馆 提供）

发展目标

到2027年，郊区新城建设取得新成效；先进制造业突破千亿级规模，成功跻身全国百强县；公园城市大美景观全面形成，居民收入和经济发展同步增长，城市内联外畅的交通体系取得新突破、全面融入中心城区"半小时经济圈"；"智慧蓉城"和"微网实格"建设取得实效，城市安全韧性水平和抵御冲击能力全面提升。

到2035年，全面建成绿色生态、宜居宜业、智慧韧性的郊区新城，成为成都西部高能级、智慧型、现代化的综合节点城市。高质量发展蹄疾步稳，经济总量迈上新台阶，现代产业体系基本构建，综合竞争力显著增强；高品质生活更有质感，优质均衡的公共服务体系基本形成，开放型现代化的基础设施体系全面建成，城乡融合和乡村全面振兴成为全国示范；高效能治理更加精细，法治崇州、法治政府、法治社会基本建成。到21世纪中叶，全面建成社会主义现代化强县。

（撰稿：罗志远 审稿：闫斌）

⑳ 金堂县

基本情况

金堂县位于成都东部,介于东经104°20′~104°52′,北纬30°29′~30°57′之间,地处天府之国腹心地带,辖区面积1155.73平方千米,辖6个街道、10个镇。

金堂交通便利,区位优势明显;历史悠久,文化底蕴深厚;山水多姿,生态资源丰富;景点独特,旅游品牌众多。金堂先后荣获中国人居环境范例奖、全国十佳生态文明城市、全国十佳生态休闲旅游城市、国家生态文明建设示范县、全国双拥模范县、国家园林县城、国家新型工业化产业示范基地、国家农产品质量安全县、国家级出口食品农产品质量安全示范区、首批国民休闲旅游胜地、全国旅游创

● 鸟瞰公园水城(金堂县档案馆 提供)

新发展示范地、四川省乡村旅游强县、四川省文明城市、中国书法之乡、中国龙舟之乡等殊荣，被国际铁联授予全球唯一"国际铁联铁人三项世界杯赛黄金主办城市"称号，是四川省唯一连续三届成功创建"全国科普示范县"的县（市、区），入选全国投资潜力十强县、全国综合竞争力百强县。

当前，金堂标定绿色制造先锋城市、轨道交通门户城市、国际职教标杆城市、城乡融合示范城市、幸福公园水润城市等"五个城市"发展定位，明确塑造"一心三城九镇"城市格局、构建"133"现代产业体系的新任务，坚决走好低碳路、争创百强县，高质量建设"成东中心、公园水城"。

历史沿革

金堂县地古为梁州境域，商、周时为古蜀国地；秦惠王更元九年（公元前316年），秦并蜀后入秦国蜀郡版图。汉、晋时属广汉郡。东晋义熙九年（413年），于东山立金渊戍扼成都东部门户，戍所在今县治东南淮口街道洲城村，以江水产金沙得名。南北朝时，县境为新都、雒、牛鞞三县之属地。西魏废帝二年（553年），西魏于金渊戍所建置金渊郡，又割新都县、雒县、牛鞞县的各部分地区归入金渊、白牟二县，隶属金渊郡。郡治与金渊县治同城，驻洲城村；白牟县治驻城厢镇（今成都市青白江区）。北周时废金渊郡及白牟县并入金渊县。唐武德元年（618年），因避讳唐高祖李渊改金渊县为金水县，隶属益州。唐武德三年（620年），改隶简州。唐高宗咸亨二年（671年）割新都、雒、金水三县的部分地区建置金堂县。以县内有金堂山而得名，隶属益州。唐垂拱二年（686年），改属汉州。县治驻今赵镇街道韩滩社区。唐朝末至五代时期，金水县与金堂县先后属前蜀、后唐、后蜀版图。金水县隶属简州，金堂县仍属简州，各县治驻址未变。宋乾德三年（965年）灭后蜀，宋乾德五年（967年）于金水县地立怀安军，隶西川路，管辖金水、金堂二县。嘉祐二年（1057年），因金堂县城被洪水冲毁，县治迁往白牟县治所城厢镇。元（世祖）至元十三年（1276年），怀安军改置怀州，隶属成都路，仍辖金水、金堂二县；同年，省金水县入怀州；元（世祖）至元二十年（1283年），又省怀州入金堂县。明洪武十年（1377年）五月，金堂县并入新都县；明洪武十三年（1380年）复置金堂县，县治仍驻城厢镇。其后，在明朝、清朝、民国时期，县境版图无大的变化。1950年，金堂县治由城厢镇迁至赵镇。

重要资源

土地资源。 金堂县地处川西平原与川中丘陵交接地带，辖区面积1155.668平方千米。地貌多样，山、丘、坝皆有，全县地貌呈典型的三分性。西北部属于平坝浅丘区，东南由中部偏西地带逐渐向东西部降低。海拔385~1046米。龙泉山脉由北向南横贯县境中部，海拔500~1046米，地势起伏高低差在400~600米之间，形成低山地貌。龙泉山以东，属川中台地，为丘陵地带；龙泉山以西，为成都平原东缘，沿河两岸的冲积平原与沿山浅丘构成坝丘地貌区。

水资源。 金堂县河流分属沱江、峨江水系，全县大、小13条江河中，多数为远境型河流，其多年平均径流总量为83.41亿立方米。地下水资源储量7276万立方米，水能资源理论蕴藏量为5.91万千瓦，可开发量为2.88万千瓦。

农副产品资源。 金堂是成都市的农业大县，是国家多种经营生产基地和高效农业生产基地。脐橙、食用菌、黑山羊、无公害蔬菜四大特色品牌基本形成，蚕茧、药材、生猪、肉牛等种养殖业初具规模。金堂脐橙被评为"国优"产品，食用菌年栽种规模位居全国前列。

*建材资源。*金堂县河沙年积蓄量达上亿立方米，品质居全国前列。

*地下资源。*金堂县已开发两处日流量上千吨的含银、偏硅酸等多种元素的优质天然矿泉水，日出水量 1000 余吨质优量大的氡温泉和储量超过 140 亿立方米的天然气正在开发中。

*旅游资源。*云顶石城风景区的九龙湖有"沱江小三峡"之美誉，湖右岸有云顶慈云寺、南宋抗元石城遗址，湖左岸有炮台山、灵开寺、砂岩溶洞、苏家湾天主教堂、宋代瑞光宝塔等名胜古迹。

基础设施

金堂县是"成都平原经济圈"内的重点发展县和成都市"特色产业发展区"，是国家知识产权强县工程试点县和 2019 中国西部百强县市。

*交通运输。*截至 2022 年底，金堂县公路总里程达到 4579.81 千米，其中国道 67.5 千米，省道 125.75 千米，县道 222.13 千米，乡道 476.42 千米，村道 3688 千米，路网密度约 3.7 千米／平方千米。境内建有成南高速、成德南高速、成都二绕、成都市圈环线高速（三绕），高速路网呈"两横两纵"布局。已建成金简仁快速、成金青快速、成金大道、金堂大道等多条高等级公路。

现有客运线路 114 条，其中市际客运班线 11 条、县际客运班线 26 条、农村客运班线 25 条、公交线路 41 条、定制客运线路 11 条，实现县内 100% 镇镇通公交、建制村（社区）通客车。

*医疗卫生。*截至 2022 年底，全县共有各类医疗卫生机构 474 个，其中：县级医院 5 家，卫生健康综合行政执法大队、疾病预防控制中心、精神卫生机构各 1 家，镇（街道）卫生院（社区卫生服务中心）17 家，村卫生室 306 个，民营医疗机构 13 家。全县编制床位 6282 张，开放床位 6955 张，每千人拥有床位 8.69 张；有医疗卫生从业人员 6379 名，其中卫生专业技术人员 4954 名，每千人拥有卫生专业技术人员 6.19 人。

*教育资源。*截至 2022 年底，全县有基础教育学校（含中职）174 所，其中公办 79 所、民办 95 所，含幼儿园 112 所（民办 92 所）、特教 1 所、训练学校 1 所、小学 49 所（民办 1 所暂停招生）、初中 21 所（民办 1 所）、普通高中 5 所、职业高中 2 所（民办 1 所）。

主要产业

*工业概况。*金堂县工业主要承载于金堂工业园区、成都—阿坝工业园区、成都国际铁路港经济开发区等 3 个省级开发区。目前，工业园区规划面积 30.69 平方千米，已建成 19.4 平方千米，园区企业总数 530 户，规上企业 193 户，从业人员 2.6 万人。近年来，先后被评为中国环保装备（成都）制造基地、四川省环保产业示范园区、四川省新型工业化产业示范基地、国家级节能环保新型工业化产业示范基地（节能环保）。

工业重点发展节能环保、安全应急、通用航空等主导产业。落实"链长＋链主"双链制，以晶硅光伏、新型锂电为核心的绿色低碳产业强势崛起。金堂获评新时代十年成都制造业发展先进单位，淮州新城入选全省绿色低碳优势产业重点园区、"5+1"重点特色园区，金堂工业区纳入全省近零碳排放园区试点。截至目前，落地有通威太阳能光伏产业基地、天合光能、前沿生物、巴莫科技等重大产业化项目。2022 年，全县规上工业总产值 673.9 亿元，同比增长 106.6%；实现利润 34.9 亿元，同比增长 147.5%。

*农业概况。*以实施乡村振兴战略为总抓手，以

农业供给侧结构性改革为主线，在稳定特色粮油面积产量的基础上，重点发展食用菌、柑橘、油橄榄三大特色种植业，全面推进农业产业组团式、规模化发展。2022年，全县基本农田保有量76.77万亩，耕地保有量84.75万亩，粮食种收面积74.5万亩、总产量25.7万吨，蔬菜及食用菌产量98.9万吨，水果产量26.6万吨，全年出栏生猪56.3万头。2022年实现第一产业增加值71.7亿元，同比增长5.2%。

全县食用菌常年栽培规模在5.4亿袋以上，总产值30亿元，产量、产值分别位列全国区（市）县第3位、第4位，姬菇和羊肚菌产量产值在全国排名第一。油橄榄栽植面积7.73万亩，初步形成品种选育、栽植管理、加工销售、特色旅游全产业发展链条。柑橘及伏季水果栽植面积20万亩，年总产量26万吨，年总产值15亿元，是"中国脐橙第一乡"。

服务业概况。依托沱江、龙泉山森林公园山水资源优势，加快发展生活性服务业，打造形成毗河湾商业中心、西航水街等社区商业消费新场景，先后引进建成金堂万达广场、华地财富广场等大型商业项目，培育限上企业40家、规上企业16家。

围绕国际铁路港经开区建设，打造临港产业生态圈，规划建设集冷链仓储物流、冷链产品加工、冷链产品贸易、冷链供应链管理四大核心为一体的"一带一路"亚蓉欧（成都）国际冷链产业园。

文旅品牌

毗河湾省级旅游度假区。位于天府水城赵镇，是依托毗河和滨江自然景观打造而成的水上休闲观光体验区。景区航线全长6.8千米，包含3个旅游码头（恒大码头、渔府码头、游客中心码头）和两

● 五凤古镇（金堂县档案馆 提供）

大公园（金阳公园、金沙公园），另有观岭国际、万达广场、要都等运动、休闲、商业中心。

五凤溪古镇景区。五凤溪古镇景区是国家4A级旅游景区。五凤溪古镇是中国历史文化名镇、四川省天府旅游名镇，地处龙泉山脉中段东麓，拥有"半边山江，半边城"罕有景观和"码头文化""移民文化""客家文化"等人文风情。这里也是我国著名新心学大师、有"东方黑格尔"美誉的贺麟先生的故乡。

中国脐橙之乡景区。中国脐橙之乡景区是国家2A级旅游景区，是全国著名的无公害优质脐橙生产基地，享有"中国脐橙第一乡"之美誉，现有脐橙种植面积23.33平方千米。

玉皇养生谷。玉皇养生谷位于金堂县官仓街道，景区占地3.33平方千米，是以种植养殖业为基础，集丘区林木景观、农业采摘体验、登山健身、康养、垂钓、棋牌等旅游项目于一体的综合性休闲度假景区。

云顶石城省级风景名胜区。云顶石城位于金堂县淮口街道，景区总面积46平方千米，共分为云顶石城景区、九龙长湖景区、炮台山景区、小云顶美女峰景区及云顶生态湖景区5个风景区。2016年被评为省级生态旅游示范区。

鲜花山谷景区。鲜花山谷景区是国家3A级旅游景区，占地0.8平方千米，种植有珍奇稀有的中国蜀葵、中国原生百合和芙蓉花等600余种花卉。

竹篙花熳天下景区。竹篙花熳天下景区是国家2A级旅游景区。景区内主要种植红枫、樱花、芙蓉花、胭脂脆桃等观赏性园林植物，占地面积1.33平方千米。

风味美食

金堂羊肚菌。羊肚菌又名羊肚菜、美味羊肚菌、羊蘑等，香味独特、营养丰富，具有重要的医学价值。金堂县羊肚菌栽培规模、产量、产值均居西南地区第一，在全国名列前茅。

金堂黑山羊。金堂黑山羊是我国的优良地方山羊品种，具有生长发育快、繁殖力高、产肉性能好、适应范围广、遗传性能稳定等特点，繁殖力、早熟性和活重在国内山羊中位居前列。

金堂姬菇。金堂是中国姬菇之乡，姬菇种植已有40年历史。种植质量全国最好、规模最大，入选了全国名特优新农产品目录，远销全国各地及欧美等市场。

金堂明参。金堂明参已有600年栽培历史，富含18种氨基酸及铁、锌等多种微量元素，具滋阴补肺、健脾养胃、养肝明目、润肺止咳、化痰生津等功效。

金堂脐橙。金堂脐橙栽培已有80余年历史，金堂是原农业部认定的优质脐橙生产基地、全国无公害水果（脐橙）生产基地示范县、全国脐橙产业龙头县，是林业部认定的"中国脐橙之乡"。

金堂油橄榄。金堂油橄榄作为金堂县特色产业之一，自2009年引种栽培开始，金堂县先后获中国油橄榄生产加工示范基地、省特色农产品优势区、成都市五星级现代林业园区等多项荣誉，"金堂橄榄油"获国家地理标志商标认定，"金堂油橄榄"已获得中国农产品地理标志登记证书。

发展定位

金堂县位于成都半小时经济圈内，处于成都向东增强辐射带动与重庆联动发展的重要节点，具有承东启西、连接南北、贯通欧亚的独特区位优势，是成都未来产业和人口发展的重要承载地之一。依托国际铁路港大港区一体化发展轴和龙泉山东侧沱江发展轴，全域塑造"一心三城九镇"的城镇格局：

一心。龙泉山城市森林公园金堂片区将龙泉山城市森林公园作为展示城市形象、优化城市功能的核心承载，着力构建集生态涵养、空间链接、产业融合、场景营造于一体的功能系统，不断夯实"城市绿心"功能，促进城市更加宜居、发展更加持续。

三城。淮州新城、天府水城、竹篙新城，共同构成县域发展的主战场。坚持淮州新城核心战略地位不变，兴产业、筑城市、强功能，打造成都正东产城一体的现代化新城；突出天府水城的"县城"地位，扬优势、强弱项、补短板，打造全国县城新型城镇化建设示范；强化竹篙新城引领县域乡村振兴的使命担当，优空间、育业态、促民生，打造丘区城乡融合发展的高水平样板。

九镇。转龙镇、五凤镇、福兴镇、赵家镇、金龙镇、三溪镇、土桥镇、又新镇、云合镇紧扣新时代乡村振兴和新型城镇化任务要求，发挥各镇资源禀赋和区位优势，坚持规划引导、统筹实施，培育一批特色鲜明、功能集中、宜居宜业的产业强镇、文旅名镇、生态优镇，打造县域高质量发展的重要支点。

发展目标

坚定以习近平新时代中国特色社会主义思想为指导，深入贯彻党的二十大精神和习近平总书记对四川及成都工作系列重要指示精神，把握中国式现代化战略部署，全面落实省委十二届二次全会、市委十四届二次全会和县第十五次党代会精神，以高质量建设"成东中心、公园水城"为总体目标，以"走好低碳路、争创百强县"为主线，聚力推进"五个城市"打造、"一心三城九镇"城市格局塑造、"133"现代产业体系构建等重点任务，奋力谱写中国式现代化金堂篇章。

（撰稿：谢米霞　王巧宇　审稿：张强）

21 大邑县

基本情况

大邑县地处成都平原西部，介于东经 102°59′～103°45′，北纬 30°25′～30°49′之间。东北与崇州市交界，东南与新津区毗邻，西南同雅安市芦山县、邛崃市相连，西北和阿坝州汶川县接壤。大邑县人民政府驻晋原街道，距离成都主城区 37 千米。2022 年，大邑县辖 3 个街道 8 个镇，147 个村（社区），全县土地面积 1284 平方千米，森林覆盖率达 56.23%，县城面积 24.27 平方千米。全县常住人口 52.38 万人，户籍人口 50.68 万人，人口密度 407 人/平方千米。

历史沿革

地处成都平原"古南方丝绸之路"上的大邑县，早在新石器时代，境内已有人类活动。夏、商周时为古蜀国地。公元前 316 年，秦灭巴国、蜀国，当即置巴郡。两年后，置蜀郡，治所在成都。今大邑

● 大邑县全景图（大邑县档案馆 提供）

县区域当时为临邛县地。后几经变迁，直至唐高宗咸亨二年（671年），置大邑县，属邛州，县治在今晋原街道。《太平寰宇记》记载："县在鹤鸣山东，其邑广大，遂以为名。"

重要资源

土地资源。土壤有11个土类、15个亚类、23个土属、36个土种，其中耕地土壤有5个土类，9个亚类，15个土属，22个土种。耕地土壤土类为水稻土、紫色土、黄壤、潮土、新积土。土壤分布相对集中，土壤养分储量较高，保水保肥性能较好，土层深厚，质地多为壤土和黏土，土壤PH微酸至微碱性，宜农、林、牧业。

动物资源。县境内脊椎动物有5纲、36科。珍稀野生动物较多，属国家级保护的有52种，其中：一级保护的有大熊猫、牛羚（扭角羚）、四川金丝猴、云豹、雪豹等9种；二级保护的有小熊猫、小灵猫、猕猴等43种。

植物资源。县境内高等植物有226科、8600种。树木有41科、102种，主要有云杉、冷杉、银杏、柏木、桤木等树种。中药材以黄柏、杜仲、厚朴、黄连、红梅、天麻、贝母等为主。其中国家一级保护野生植物5种，二级保护野生植物8种。

基础设施

大邑县距成都市区41千米，位于成都半小时经济圈、国际机场1小时经济圈。开通大邑到重庆北直达动车，让"朝看西岭雪，夜游洪崖洞"成为现实。2022年全县公路里程达1674.41千米，其中国道1条13.874千米，省道6条161.512千米（含高速公路2条38.925千米），县道19条241.768千米，乡道98条478.053千米，村道861条779.203千米。

● 西岭雪山的大熊猫（大邑县档案馆 提供）

全县共有高校及中小学、幼儿园120所。其中：公办中小学、幼儿园81所（普通高中3所、中职学校1所、单设小学17所、单设初中3所、九年一贯制学校12所、特殊教育学校1所、公办幼儿园44所）；民办学校39所（含高等院校2所）。

全县各级各类医疗卫生机构443个，医院18个。其中：三级甲等医院1个，三级乙等医院2个，二级甲等医院1个，其他14个。疾病控制机构1个，妇幼保健机构1个，社区卫生服务中心2个，卫生院24个。村卫生站（室）287个，门诊部3个，诊所99个，医务室7个。

全县共有体育健身设施1529处，体育场地设施占地面积98.58万平方米。先后举办了2014环中国

● 成温邛快速路安仁枢纽（大邑县档案馆 提供）

国际公路自行车赛、2017成都市青少年武术套路冠军赛、2018全国武术套路冠军赛、大邑古镇半程马拉松、世界华人滑雪大赛（亚洲站）、2021"天府绿道"国际自行车车迷健身节等赛事和文体活动。

主要产业

文化旅游业。坚持"文旅兴县"战略。县域内旅游资源丰富，人文自然景观众多，雪峰、险山、飞瀑、林海、湖泊、温泉、古刹、石窟、庄园、文博等一应俱全。旅游景点众多，有"三山一泉两古镇"，即国家级风景名胜区——西岭雪山，南传佛教第一站——雾中山，道教发源地——鹤鸣山，温泉度假——花水湾，中国历史文化名镇、中国博物馆小镇、国家5A级旅游景区——安仁古镇，中国历史文化名镇、天府水乡——新场古镇。

"农业+旅游"产业丰富，建成南岸美村、智慧田园等示范项目，打造斜源共享旅居公园等一批主题公园，稻乡渔歌获评省级示范农业主题公园。观光旅游节日众多，有中国·成都森林文化旅游节、南国冰雪节、安仁古镇公馆文化节、安仁论坛、花水湾温泉（焰火）节、天府春耕节、天府丰收节、稻乡渔歌大地繁花秀、大邑麻羊节、鹤鸣李花节、悦来银杏节、王泗风筝节、西岭雪山滑草避暑节、韩场葡萄采摘节等。

红色旅游精品出众，大邑县修缮横山岗红军战斗遗址、车耀先故里老街、三线记忆展览馆、长征文化园和赵子龙祠文化园，彰显红色旅游新优势。川西林盘生态价值转化出众，累计建成精品林盘118个，打造了全国甲级民宿锦府驿和以溪地阿兰若、咏归川、向野而生等为代表的"乡居野奢"精品民宿57家，11家民宿获评携程五星级，14家民宿入选成都旅游民宿60强。

大邑公园城市美丽乡村面貌逐步呈现，消失数十年的"千年飞瀑"胜景重现西岭雪山，空气质量综合指数连续三年位列全市第一。2022年，全县接待乡村旅游游客超260万人次，实现乡村旅游收入超10亿元。

工业。坚定"工业强基"战略，大力发展先进制造业。经开区提质发展电子信息、生物医药、绿色食品等优势产业，沙渠片区推动大数据、智能装备、先进材料等产业发展，加快打造千亿级工业集群。2022年全县实现工业总产值560亿元。全县有工业企业1105家，本土上市企业4家，其中规上工业企业186家。

农业。坚定"农业固本"战略，提质发展都市现代农业。大邑县是全国首批、成都市唯一的国家数字乡村试点县。建成投用167个数字农场和全省首个无人农场。大邑农业基础条件优越，现代化水平高，实现现代农业园区农田资源"一张图"24小时监管全覆盖。无公害农产品产地认定面积37.32万亩，建成特色果蔬、绿色粮油、道地中药材（青梅）等3个10万亩基地，粮食种植面积稳定在37万亩以上、总产量稳定在每年16万吨以上。成功打造"西岭绿源"农业公共品牌，"三品一标"总数达82个。大邑县粮油现代农业园区成功创建四川省五星级现代农业园区，获评全省休闲农业重点县、成都市农业工作担当作为先进县、成都市耕地保护党政同责先进单位。

文旅品牌

安仁古镇景区。安仁古镇取"仁者安仁"之意而得名。安仁围绕"世界博物馆小镇"目标定位，开创文博、文创、文旅"三文"产业融合文旅特色镇发展路径，全力打造国际文化旅游目的地，成功创建国家5A级旅游景区。景区距离成都市区39千米，规划面积4.1平方千米，景区核心游览区1.5

● 智慧农业产业园（大邑县档案馆 提供）

平方千米，基础设施配套完善。景区拥有全国最大保存完好中西合璧公馆群落（27座）、现代博物馆场馆55座、文保单位16处、藏品1000余万件、国家一级文物3655件，被授予"中国博物馆小镇"称号。

公馆老街。公馆老街由树人街、裕民街、红星街、德仁街构成，有保存完好的公馆14座及民房210余间。公馆老街街区现存的旧式街坊建筑多建于清末民初时期，尤以民国年间刘氏家族鼎盛时期的建筑最多，风格中西式样结合，庄重、典雅、大方的各式院落，造就特殊的建筑风貌，有"川西建筑文化精品"之称。

建川博物馆聚落。建川博物馆聚落由民营企业家樊建川创建，占地33万多平方米，建筑面积10余万平方米，拥有藏品1000余万件，其中国家一级文物404件。现已建成开放抗战、民俗、红色年代、抗震救灾四大系列34座场馆，是目前国内民间资本投入最多、建设规模和展览面积最大、收藏内容最丰富的民间博物馆，获评国家一级博物馆。其中，"奋斗与辉煌——中国共产党百年礼赞"展览馆成功入选中宣部、国家文物局"庆祝中国共产党成立100周年精品展览"推介名单，展览全面回顾了中国共产党百年历史，展出文物15734件，其中珍贵文物143件。

刘氏庄园博物馆。大邑刘氏庄园博物馆，于1958年对外开放，1996年被国务院公布为第4批全国重点文物保护单位，2000年被团中央命名为全国青少年教育基地。全馆由刘文彩公馆、刘文辉公馆、刘氏祖居及刘文彩其他兄弟的公馆建筑组成，占地面积7万余平方米，建筑面积为21055平方米，是中国近现代社会的重要史迹和代表性建筑之一。

安仁华侨城。安仁华侨城产业共富，推进"农商文旅体"融合发展，打造了锦绣安仁花卉公园、乡村客厅、乡苑酒店、南岸美村等乡村旅游度假产品。华侨城依田依林布局民宿聚落、乡村记忆馆、乡村画廊和小酒馆、自然教室等业态，全力打造了"一节"穿上旗袍去安仁、"一展"安仁双年展、"一会"文化名镇博览会、"一论坛"安仁论坛等安仁特色IP

● 刘氏庄园大门（刘氏庄园博物馆 提供）

● 西岭雪景（大邑县档案馆 提供）

活动。南岸美村浓缩川西坝子生态文化、产业和民风的精华，以休闲文化旅游产业为引擎等，结合特色民宿产业、田园研学产业和现代农业，打造"南岸美村"田园综合体。

西岭雪山国家级风景名胜区。西岭雪山距成都市中心城区95千米，距大邑县城60千米，景区总面积375平方千米，是大熊猫栖息地世界自然遗产、国家4A级旅游景区、国家级风景名胜区、国家森林公园，也是南方地区唯一入选的首批国家级滑雪旅游度假地。景区最高峰大雪塘海拔5364米，为成都第一峰。唐代大诗人杜甫盛赞此景，写下了"窗含西岭千秋雪，门泊东吴万里船"的千古绝句，西岭雪山因此而得名。景区内年平均气温较低，平均负氧离子含量超过20000个/立方厘米，空气质量达到国家一级标准，是一个适宜度假、冰雪运动、避暑的综合性高山自然风景区。

花水湾温泉旅游度假区。花水湾温泉旅游度假区荣获联合国人居环境奖，是国家4A级旅游景区、四川省级旅游度假区。花水湾温泉形成于远古四川盆地海陆地质变迁时期，出水口水温68℃，井深2800米，储水量2亿立方米，日供温泉水达3000多立方米，是富含碘、镭、锶、氟、硅、硫化氢等矿物质的复合型高热医疗矿泉水温泉，具有康疗、保健、解乏等作用，有极高的医疗保健价值，被誉为"天府奇汤"。温泉旅游度假区经营性酒店和民宿众多，有床位4000余张，充分满足游客康养和度假需求。

新场古镇。新场古镇始建于东汉时期，兴起于明朝嘉靖年间，是茶马古道上的历史文化名镇之一，南方丝绸之路的重要文化节点。镇内有明清古建筑（含遗址、墓葬）39处、民国时期重要史迹及代表性建筑15处，有国家及省市县级文保单位24处。古镇核心区有古街道7条，呈二横二纵的"井"字形布局。目前保存完好的清代和民国时期川西民居建筑20多万平方米。获评"中国历史文化古镇"称号，被称为"最后的川西坝子"。

稻乡渔歌。稻乡渔歌景区位于大邑县沙渠街道祥和村，规划范围10.67平方千米，聚焦"田园+产业+城乡+自然+人"，打造"新式田园慢生活"。

景区由稻合会馆、稻浪书院、志同稻合、稻合田居组成，集合了稻田迷宫、田间瞭望塔、稻草人、膳食博物馆、曲水流觞乡村美食体验中心等一系列构思精巧的文化景观，完美展现了川西的农耕文化、民俗文化、方言文化、美食文化。

五矿西湖未来公园社区建设。大邑县推进"一湖、一园、一街、一校、一酒店、一空间、一经济"建设，打造包含生态融合、人文教育、绿色出行、健康医疗、共建共治共享的"1+8+X"的未来公园，建成达到国家一类水质标准的2平方千米美丽西湖，植入音乐喷泉、水幕秀场、动力冲浪板等17个体验项目，建成成都水上时尚运动网红打卡地，成功举办四川省青少年帆船帆板桨板锦标赛，实现一湖点亮传统工业小镇向水上时尚运动滨湖小镇的转变。2022年，承办成都市首个未来社区建设现场推进会。

天府花溪谷。天府花溪谷国际山地旅游度假区位于大邑县悦来镇和平村，距成都市区70千米，是以山地运动为主，会展为辅，涵盖美食、康养、文创、农创、医疗、农业等元素的综合性高端国际山地旅游度假区。天府花溪谷现已建成1.33平方千米山地运动主题花园区，成为国内一流、西部地区规模最大的山地运动景区。

风味美食

大邑县有10个国家地理标志产品。

安仁蓝莓。浆果之王魅力超凡，尽享造物所钟。
安仁葡萄。多管齐下提升品质，用好标志驱动增效。
江青梅酒。雪山之下有青梅，果酒醇香溢四方。
大邑黄连。良药苦口利于病，历史悠久美名传。
大邑金蜜李。古老品种保护好，品质成就效益高。
大邑麻羊。麻羊文化远流传，青山净水产好羊。
大邑榨菜。三腌三榨工艺好，干净卫生脆嫩香。
唐场豆腐乳。源自清朝咸丰年，远销全国美名传。
王泗白酒。传承传统工艺，精品走出深巷。
西岭佛手瓜。营养丰富口感佳，高钾低钠富含硒。

大邑风味美食有晋原香辣盆盆虾、夜不收荤豆花，青霞小膳香火锅，西岭雪山老腊肉，邮江椒麻鸡，鹤鸣笋炖老麻鸭，悦来海师羊肉、向师卤肉、王泗麻油鸭，新场肥肠血旺，安仁公馆菜等。

发展定位

坚持以习近平新时代中国特色社会主义思想为指导，认真落实中央和省委、市委决策部署，立足新发展阶段，完整准确全面贯彻新发展理念，积极主动融入新发展格局，以建设雪山下的公园城市示范区为统揽，坚持文旅兴县、工业强基、农业固本，大力提升城市能级，全面推进乡村振兴，加快形成"一城三区九镇百林盘"的"1392"协调发展新格局，高质量建设经济实力强、环境质量优、城乡形态美、治理成效好、幸福指数高的雪山大邑，奋力谱写大邑现代化建设新篇章。

发展目标

坚持协调发展理念，全力推进新型城镇化，加快建设国家城乡融合发展试验区；坚持创新发展理念，奋力提升产业发展能级，加快建设全省县域经济发展先进县；坚持绿色发展理念，大力推动生态价值转化，加快建设国家"绿水青山就是金山银山"实践创新基地；坚持开放发展理念，致力营造良好发展环境，加快建设国际化营商环境示范县；坚持共享发展理念，着力保障和改善民生，加快建设高品质生活宜居地。

（撰稿：贾林红　王珏玉　审稿：曹琳　徐攀旺）

㉒ 蒲江县

基本情况

蒲江县地处成都平原西南边缘，介于东经103°19′~103°41′，北纬30°05′~30°21′之间，位于成都、眉山、雅安三市交会处，毗邻天府新区，属成都"半小时经济圈"。全县地貌类型以浅丘为主，兼有深丘、山地、平坝。县域东西长、南北窄，地势西南高、东北低。

蒲江县行政区域面积580.14平方千米，县政府驻地鹤山街道，距成都市区75千米。全县设置街道2个、镇6个，分别为鹤山街道、寿安街道、西来镇、朝阳湖镇、大兴镇、成佳镇、大塘镇、甘溪镇。据"七普"人口数据，全县共有家庭户92126户、集体户1823户，常住人口255563人。

● 雪山下的蒲江县城（蒲江县档案馆 提供）

历史沿革

蒲江县古为蜀国地域，秦时属蒲阳县，汉代为临邛县地，南朝梁萧纪时为邛州属地。蒲江建县，始于北朝西魏恭帝元年（554年），县名广定，属蒲原郡。隋文帝仁寿元年（601年），避太子杨广名讳，改县名为蒲江。蒲江是宋代理学家魏了翁的故乡，境内有蒲江石窟、茶马古道等国家级文物保护单位，是中国地名文化遗产"千年古县"。

1950年，蒲江县属川西行署眉山分区。1952年10月，蒲江县属四川省眉山专区。1953年3月，蒲江县改属温江专区。1960年4月，蒲江县域并入邛崃县。1962年10月，复置蒲江县，属温江专区。1983年3月，蒲江县改属成都市，实行市管县体制。

重要资源

蒲江县是全国首批、全省首个国家生态文明建设示范县，境内有"四湖两河两丘一屏障"，地表水达到国家Ⅲ类水域标准，空气质量达到国家Ⅱ级标准。全县林地面积58.37万亩，森林覆盖率达67.08%。

县域内有维管植物165科564属1034种，栽培植物65科153属232种，野生植物144科450属802种（野生植物包括乡土植物和逸生植物）。有脊椎动物32目95科327种。共有重点保护野生动植物30种，其中：国家二级重点保护野生植物8种，分别为：润楠、八角莲、单瓣月季花、梓叶枫、川黄柏、香果树、桫椤和金荞麦；国家重点保护野生动物22种，包括国家一级重点保护动物1种，即青头潜鸭；国家二级重点保护动物21种，包括鸳鸯、黑颈䴙䴘、水雉、红喉歌鸲、画眉、雀鹰、普通苍鹰、凤头鹰、赤腹鹰、斑头鸺鹠等。

县境内蕴藏有煤、铁、盐卤、耐火石、天然气、矿泉水等地下矿产资源，百岁山和全兴矿泉水两大饮用水品牌享誉市场。

● 成蒲铁路蒲江站（蒲江县档案馆　提供）

● 蒲江茶山树林绿道（蒲江县档案馆 提供）

基础设施

交通。蒲江县抢抓成渝地区双城经济圈和成都都市圈建设机遇，强化内联外通大通道建设，推动川藏铁路引入成都枢纽线、成都外环铁路等轨道交通加快规划建设，建成蒲丹、蒲名快速路一期工程，加速构建"五轨两高五快"全域交通体系，链入"一带一路"和西部陆海新通道。现已建成"一轨两高三快"（一轨：成蒲铁路；两高：成雅高速、成都经济区环线高速；三快：成新蒲快速路、蒲丹快速路一期工程、蒲名快速路一期工程）对外交通运输网络，全县村村通水泥路或柏油路，形成了以高速公路为骨架、县乡村道为支撑的交通格局，获评"四好农村路"全国示范县。

能源。蒲江县有供水工程3处，供水能力12.45万吨/日，全县自来水普及率99.7%，其中农村自来水普及率99.5%。全县电网实现行政区域全覆盖，电网电源主要由成都大网、35千伏及10千伏小水电三部分组成。县域变电站8座，总变电容量24.63万千伏安，其中110千伏变电站2座、35千伏变电站6座。全县加油站30家，天然气公司4家，液化气充装站1座，供气用户总数9.50万户。

教育。蒲江县共有公办幼儿园25所，民办幼儿园10所（普惠性民办园5所）；义教段单设小学10所、单设初中2所、一贯制学校8所、特教学校1所；普通高中2所；职业中学1所；社区教育学院1所。先后荣获"全国'两基'工作先进地区""四川省教育工作先进县""全国义务教育发展基本均衡县""第二批国家级农村职业教育和成人教育示范县"，被确定为"长风计划"全国示范区、四川省首批全域研学实践试点县、成都市劳动教育试点区县。全县优质学前教育资源覆盖率达97.65%，位居全市第一。

医疗。蒲江县有公办医疗卫生机构18个，其中县级9个、基层9个，村（社区）卫生站（卫生服务站）86个，校医务室4个，诊所（门诊）47个，民营医院6家，卫生机构实有编制床位数2130张，基层医疗卫生机构100%达到"国家优质服务基层行"基本标准。

主要产业

都市现代农业。 蒲江县立足资源禀赋优势，推动茶叶、柑橘、猕猴桃三大农业主导产业集群发展，获批国家农业现代化示范区、全国农业社会化服务创新试点县，"蒲江雀舌""蒲江猕猴桃""蒲江丑柑"三个地标产品连续两年入围全国区域品牌（地理标志产品）榜单前40强，农业金字招牌持续擦亮。

茶叶基地建设。 全县茶叶无公害、绿色、有机、GAP等认证面积1.4平方千米，茶叶良种优质率99%。先后被评为"国家级茶叶标准化示范区""国家出口茶叶质量安全示范区""全国重点产茶县""中国名茶之乡""中国茶叶十大转型升级示范县""四川省茶产业强县"和"成都市茶产业牵头县"，"蒲江雀舌"获评2022年区域品牌（地理标志产品）13强，品牌价值达到191.40亿元。

柑橘基地建设。 全县柑橘产业获得无公害、绿色、有机、GAP等认证面积33平方千米。2022年投产面积179.42平方千米，产量55.8万吨，产值24.2亿元。获评"国家级柑橘标准化示范区""中国柑橘产业30强县"，获批创建"全国绿色食品原料（柑橘）标准化生产基地"。"蒲江丑柑"获国家地理标志保护产品认证，"蒲江耙耙柑"成功注册国家地理标志证明商标，其中"蒲江丑柑"获2022年区域品牌（地理标志产品）33强，品牌价值达到100.06亿元。

猕猴桃基地建设。 全县猕猴桃产业获得无公害、绿色、有机、GAP认证面积18.2平方千米。2022年投产面积62.67平方千米，产量15.32万吨，产值10.8亿元。获评"国家级猕猴桃标准化示范区""全国绿色食品原料（猕猴桃）标准化生产基地"。"蒲江猕猴桃"获评2022年区域品牌（地理标志产品）22强，品牌价值达到129.78亿元。

工业。 蒲江县工业主导产业支撑地位突出，生态食品、装备制造、生物医药三大主导产业占全县规模总产值比重82.6%。

生态食品。 蒲江县是四川省首批省级农产品加工示范区。食品产业重点发展优质酒品、健康饮品、休闲食品、名优茶品等方向，牛栏山酒厂成都生产基地、百岁山矿泉水等项目落户蒲江。拥有国家地理标志产品—蒲江雀舌、非物质文化遗产—蒲江米花糖、中国"老八大名酒"—全兴大曲酒，共有3个中国驰名商标、8个四川省著名商标、1户四川省首批原酒20强企业。

装备制造。 蒲江县重点瞄准轨道交通装备专精特新领域，围绕智能装配式建筑、川藏铁路建设新材料、轨道关键零部件等产业，发展电动工具、切削焊接、精工制造、电气设备、高端农机等精密机械加工与制造。全县有博世电动、博盛精密、超德创、润驰精密、东方热动、虹豪电子、蓉铁新材料等重点企业100余家。2022年装备制造产业产值15.52亿元、占工业总产值比重20%。

生物医药。 蒲江县聚焦省内外生物医药行业的领军企业，围绕生物提取、医疗器械、现代中药重点发展方向，先后建成明森医疗生产基地、道坤CDCA生产基地、睿欣源天然植物提取等项目，圆大生物、永安制药、神鹤药业等一批本土企业发展壮大。全县生物医药企业共40家、占工业企业数量比重12%，产值达19亿元、占工业总产值比重18%。

文旅品牌

景区景点

石象湖景区。 国家4A级旅游景区，因湖区古刹石象寺而得名。石象湖水面0.53平方千米，九沟十八汊，沟汊纵横交错、曲折幽深、小巧玲珑，人称"水上迷宫"。

成佳茶乡。国家4A级旅游景区、国家生态旅游示范区，是国家茶叶标准化示范区的核心区，茶园面积14.67平方千米，拥有中国农产品区域公用品牌价值百强的"蒲江雀舌"，是"中国绿茶第一乡"，形成集茶叶种植、加工、销售于一体的良性循环系统。

樱桃山景区。国家3A级旅游景区，景区种植樱桃8平方千米，包括水晶、紫花、白花、红花4个品种，优新品种率达50%以上。早春二月，众多的春季花卉含苞待放，此地漫山遍野的樱桃花竞相争艳；四月，当百花争奇斗艳，这里沉甸甸的樱桃果实已挂满枝头。每年举办樱桃节，吸引游客前来赏花品果、采摘体验、品尝乡村美食。

成都战役纪念馆。国家2A级旅游景区，占地900平方米，集中展示文物、图片、书籍，以不同的载体，从不同的角度和侧面，记录和再现了人民解放军征战西南、决战川西、解放成都的战斗历程。被命名为"四川省国防教育基地"，是"成都市首批干部教育培训现场教学基地"。

明月国际陶艺村。第一批全国乡村旅游重点村、中国乡村旅游创客示范基地、省级文化产业示范园区，坐拥5.33平方千米生态雷竹、2平方千米生态茶园。通过引进乡村文创旅游项目及艺术家、文旅创客，形成以陶艺手工艺为特色的文创项目聚落和文化创客集群，打造集陶艺生产销售、文化展示、创意体验、休闲运动、禅修养生、田园度假为一体的人文生态度假村落。

节庆品牌

樱桃节。蒲江于2003年举办首届樱桃节。近几年，随着各项服务水平的大幅提升和对旅游设施的大力投入，年接待游客达80万人。樱桃节已经成为蒲江重要的旅游品牌之一，吸引着越来越多游客。

● 蒲江县茶产业（蒲江县档案馆 提供）

● 蒲江县柑橘产业（蒲江县档案馆 提供）

● 蒲江县猕猴桃产业（蒲江县档案馆 提供）

中国·成都天府绿道自行车车迷健身节（青蒲站）。青羊区和蒲江县从2014年开始携手举办"中国·成都天府绿道自行车车迷健身节（青蒲站）"，已成为成都深化圈层融合、区域互动发展的创新示范。

龙腾狮舞闹元宵。自2006年起，"龙腾狮舞闹元宵"作为群众文化的品牌活动正式固化下来，欢快喜庆的狮龙灯、铿锵有力的威风锣鼓、市级非物质文化遗产"幺妹灯"等精彩节目相聚一堂，成为蒲江人民每年正月十五翘首期盼的经典活动。

风味美食

刘烧鸡。20世纪80年代，由刘氏兄弟创制，老店在县城老东门桥头，新店在县城朝阳大道旁。制作方法是选用优质土鸡宰成块，将锅烧热倒入适量菜油烧沸，下生姜、花椒、鸡肉块一同爆炒，至7分火时加盐、豆瓣、酱油，炒到肉色发黄，9分火时加汤和辅料、调料烧熟即成。

啰嗦血旺。制作好的"啰嗦血旺"汤汁红亮、麻辣鲜香、滋味浓厚。"啰嗦血旺"的名字听起来就很有趣，那为何取名"啰嗦"呢？相传这道菜的创始人在烹制血旺的时候，起锅那一瞬，还要不厌其烦地加一些肥肠丝、黄豆、葱花、香菜之类的配料，最后还要再浇上一勺滚烫的油，这才将血旺端上桌，这当然有点"啰嗦"了，因此被取名"啰嗦血旺"。

六合鱼。六合鱼是蒲江县一道招牌特色美食，因"麻、辣、酸、鲜、嫩、烫"相互融合而得名。麻、辣、酸、鲜四味俱全，相互融合而又恰如其分，各味鲜明。

稻香鸭。由蒲江麻鸭制作而成，选取当年出生的仔鸭，宰杀煺毛，然后开膛破肚取出内脏、洗净，再将仔鸭加盐码味腌渍一夜。腌渍入味后的仔鸭还需入沸水中略烫至皮紧，捞出抹干水分，然后用稻草和蒲江特有的蒲草将其烟熏至茶色，待鸭子皮黄油亮之后，将其切成小块，最后用蒲江当地特制的辣椒酱和菜籽油，配上新鲜的青豆红烧烹制而成。

发展定位

深刻把握中国式现代化的中国特色、本质要求和重大原则，锚定省委"总牵引""总抓手""总思路"总体布局，聚焦市委"奋力打造中国西部具有全球影响力和美誉度的社会主义国际化大都市"总体目标，抢抓"一带一路"建设、长江经济带发展、新时代西部大开发、川藏铁路建设、成渝地区双城经济圈建设等国家战略机遇，立足发展新起点，按照县第十五次党代会提出的"一个目标、三条主线、八大行动"总体思路，坚定不移推进绿色发展、乡村振兴和富民强县，全力实施八大提升行动，奋力打造宜居宜业宜创宜游的"生态福地、大美小城"，谱写现代化蒲江建设新篇章。

发展目标

以全市建设践行新发展理念的公园城市示范区为统领，以打造宜居宜业宜创宜游的"生态福地、大美小城"为目标，以绿色发展、乡村振兴、富民强县为主线，统筹实施"八大提升行动"，推动蒲江经济社会高质量转型、跨越式发展。到2026年末，地区生产总值达330亿元，力争达到400亿元，实现经济总量翻一番。力争到2035年，基本建成具有区域辐射力和全国影响力的国际化门户口岸城市，经济发展质量跻身全市前列，生态环境质量达到世界先进水平，宜居宜业宜创宜游的"生态福地、大美小城"全面彰显。到21世纪中叶，成为生态宜居、生活富裕、全龄友好的公园城市样板，全面建成社会主义现代化蒲江。

（撰稿：邓洪燕 黄诗海 审稿：赵勇 罗国建）

自贡市

基本情况

自贡市地处四川盆地南部、川南中心位置,介于东经104°02′～105°16′,北纬28°55′～29°38′之间。东邻隆昌市、泸县;南界泸州市江阳区、江安县,宜宾市南溪区、翠屏区、叙州区;西接犍为县、井研县;北靠仁寿县、威远县和内江市市中区、东兴区。总面积4381平方千米,地形以丘陵为主,平坝地形十分狭小、分布零星,一般多为沿河阶地、丘陵间之平地。全市低山面积占7.1%,丘陵占83.7%,缓丘平坝占9.2%。地势西北部高、东南部低。西北部海拔一般在500～800米。东南部海拔一般在300～400米,多为300米(±50米)。

辖区河流分属岷江、沱江两大水系,流域面积在50平方千米以上的河流44条,河流形状多为羽毛状或树枝形。气候属亚热带湿润季风气候,同时具有某些南亚热带湿润气候属性,有春旱、夏长、秋短、冬暖的特点。全年多阴云天气,雨量丰沛,但分布不均,降水集中于夏季。年平均气温17.5℃～18.1℃,由东南逐渐向西北递减。年均降水量1000～1100毫米,其中夏季降水量占全年53%～60%,冬季占3%～5%。

全市辖自流井区、贡井区、大安区、沿滩区四区和荣县、富顺县两县,市人民政府位于自流井区丹桂街道丹桂大街443号。2022年末,共有90个乡镇及街道、986个村及社区。户籍人口总数313.69万人。

历史沿革

自贡市设市前,境域分属荣县、富顺县。秦代,富顺和荣县地区分属巴郡、蜀郡。汉代置犍为郡,富顺地区属犍为郡江阳县,荣县则属犍为郡南安县。东汉章帝时,自贡地区即生产井盐,著名的盐井有富世井、大公井。北周武帝时,因盐置县设镇。以富世井为名置富世县,唐代改名为富义县,明代易名富顺县;以大公井为名设公井镇,唐代升公井镇为公井县,隶荣州,宋代废公井县入荣德县,明代降荣州为县。明代嘉靖年间,富顺盐业生产中心西移,新开自流等井。富顺县自流井盐区与荣县贡井盐区相距5千米,产、运、销联系十分密切,"前明以来本属一厂,名曰富义"。富义厂是今日自贡城市框架的雏形。清咸丰时期,太平军建都南京,淮盐不能上运,清廷敕令川盐济楚。富义厂盐业生产步入鼎盛时期,年产量占全川的一半以上,年征税银占全川盐税收入的40%,自贡成为四川井盐业的中心,被誉为"富庶甲于蜀中"的"川省精华之地""盐都"。

抗日战争时期，沿海沦陷，川盐再次济楚，但两县分治的弊端却阻碍了自贡盐业的进一步发展。为适应经济发展的需要和满足战时军需、民食及支援抗战，国民政府决定设市。民国二十八年（1939年）8月，经四川省政府批准，划出富顺县第五区和荣县第二区的产盐区，取自流井和贡井第一字合称自贡市。同年9月1日，自贡市政府成立，隶属四川省政府。

1949年12月5日，自贡市解放，隶属川南行署。1952年，川南行署撤销，恢复四川省建置，自贡市仍隶属四川省至今。

重要资源

土地资源。辖区有耕地1799.3平方千米，林地1032平方千米，湿地2.27平方千米，园地273.87平方千米，草地12平方千米，水域266平方千米，城镇村及工矿用地590.89平方千米，交通运输用地56.76平方千米。

矿产资源。辖区开采矿种有煤、盐、水泥用灰岩、建筑石料用灰岩、水泥配料用砂岩、建筑用砂岩、高岭土、陶瓷土、石英砂岩、页岩等19种。页岩气理论储量约2.5万亿立方米，常规天然气储量约2412亿立方米，煤炭资源储量0.44亿吨，天然卤水0.7亿立方米。

水资源。辖区多年平均水资源总量14.6亿立方米，其中地下水资源量2.43亿立方米，是工程型、水质型缺水城市。人均水资源占有量585立方米，约为全省人均水资源占有量的18.4%。

植物资源。辖区有高等植物77科163属314种，其中，乔木48科129种、灌木23科79种、藤本21种、竹类13种、蕨类30种、草本42种。森林以人工松林为主，部分区域有成片针阔混交林。植被类型属川东盆地偏湿性常绿阔叶林。自然植被由亚热带常绿阔叶林、低山常绿针叶林、竹林组成。国家重点保护的野生植物有桫椤、银杏、楠木、油樟、香樟、苏铁、红豆树等14种，其中国家一级保护野生植物3种（苏铁、银杏、水杉），桫椤种群数量最大，有1.5万余株。

野生动物资源。辖区有野生动物46科400余种，以蛇、蛙、鸟类等野生动物种群数量居多，主要分布在森林资源较多的丘陵地区。有重点保护野生动物86种，其中，黑鹳、黑颈鹤、中华秋沙鸭等国家一级保护野生动物8种，水獭、大灵猫、小灵猫、金猫等国家二级保护野生动物54种，香鼬、豹猫、赤狐等省重点保护野生动物24种。

旅游资源。自贡集世界地质公园、国家历史文化名城、中国优秀旅游城市、国家园林城市等诸多荣誉于一身，是首批入选的13个国家文化出口基地之一。拥有古籍、美术馆藏品、地方戏曲剧种、传统器乐乐种、非物质文化遗产、文物等6类文化资源点64659个。拥有旅游资源点5649个，截止到2023年3月，国家A级旅游景区18个，其中4A级9个。

基础设施

区位交通。自贡地处四川南部、川南腹心，居于成渝地区双城经济圈南翼，是四川南向通往云贵粤港澳地区和北部湾、东南亚的重要节点。距省会成都市约190千米，距重庆市约210千米，距泸州港、宜宾港分别约100千米、78千米；至重庆江北机场、成都天府国际机场、宜宾五粮液机场和泸州云龙机场车程分别为2，1.5，1，1小时。

公路。2022年末，全市公路总里程9996.8千米。其中：高速公路277.5千米、普通国（省）道693.9千米、农村公路9025.4千米。路网密度2.28

千米／平方千米。全市乡镇公路和建制村公路通达率100%。一级汽车客运站1座,二级汽车客运站6座。建制村通客车率100%。

铁路。2022年末,辖区铁路营业里程96千米(绵泸高铁内自泸段56千米、内昆铁路40千米),路网密度0.02千米／平方千米;辖区铁路在建里程42千米(成自宜高速铁路自贡段);铁路专用线39千米(建成27千米、在建12千米)。客(货)运站6个,其中高速铁路站2个(自贡站、富顺站),普速铁路站4个(大山铺站、自贡北站、自贡南站、俞冲站)。

水路。截至2022年末,全市通航河流12条,通航里程497.54千米。

航空。全市有A1类通航机场1座,开通自贡—永川、自贡—遂宁等短途航线(通道)14条。自贡凤鸣通用机场现为全国首批、西南唯一的全国民用无人驾驶航空试验基地(试验区),是全省低空空域协同管理重点试点机场。

通信邮电。2022年末,全市建成并开通4G基站15878个、5G基站4114个,拥有光缆109135皮长千米,互联网出口带宽达2120G。自贡建成四川首个5G全域覆盖城市。全市完成邮政行业业务总量9.99亿元,完成快递业务收入3.95亿元。申通、中通、顺丰、韵达等品牌快递在自贡设立川南转运中心。业务涵盖自贡、宜宾、内江、泸州等川南城市,并辐射云南水富、贵州赤水等节点城市。

● 自贡高铁站(自贡市国有资本投资运营集团有限公司提供)

● 南湖公园(叶卫东 拍摄)

● 四川轻化工大学本部新校区（四川轻化工大学 提供）

水电气。截至2022年末，全市有水厂66座，日均供水50.43万吨。全市城镇污水处理厂（站）72座，总处理规模33.87万立方米/日。全市有输变电站61座，输电线路1845千米，配网线路8295千米。全年售电量56.98亿千瓦时。全市供气管网长度8082.28千米。全年供气总量3.83亿立方米，燃气普及率98.1%。

园林绿化。截至2022年末，全市建成区总绿地面积51.22平方千米，绿地率38.9%。建成区总绿地覆盖面积58.34平方千米，绿地覆盖率44.4%。综合公园24个，公园总绿地面积18.79平方千米，人均公园绿地面积15平方米。

教体与文化。截至2022年末，全市有各级各类学校（园）717所，教职工3.25万人（专任教师2.75万人）。有各类体育场馆24个，场地面积592.22万平方米，人均体育场地面积2.38平方米。全市有国家综合档案馆7个，博物馆15个（含自贡盐业历史博物馆、自贡恐龙博物馆、中国彩灯博物馆等3个国有专业博物馆），文化馆7个，文化站99个，文物保护单位211个。有公共图书馆7个，图书总藏量84.64万册。有广播电视台3座，调频电视转播发射台3座，广播电视综合覆盖率100%。

卫生与科技。截至2022年末，全市卫生健康机构总数2127个。其中，三级甲等医疗机构7个、三级乙等医疗机构6个。全市卫生机构床位总数23822张。全市高新技术产业企业143户，高新技术产业主收入达760.5亿元。海创汇（自贡）教育创新产业园创建为全市首个国家众创空间，新建成四川轻化工大学(省级引才引智基地)等10个省级创新平台，全市各级各类创新平台累计达367个。

主要产业

装备制造产业。拥有东方锅炉、华西能源等知名企业，其中节能环保装备产品涵盖节能锅炉、余热余能利用装备、环保装备、新能源装备、节能运输机械装备等5大细分领域，纳入首批国家战略性新兴产业集群发展工程名单。自贡市由此成为国家新型工业化产业示范基地（节能环保装备、高技术转化应用）、四川省三大重大技术装备制造基地之一，是全国首批、西南唯一的民用无人驾驶航空试验基地（试验区）、四川省航空与燃机产业发展三大集聚区之一。2022年，实现规模以上产业产值374亿元。

食品饮料产业。拥有西南（自贡）食品产业园、富顺长滩工业园、自贡井盐产业园和美乐食品、春兰茶业等龙头企业，涉及粮油加工、饲料加工、茶叶加工、肉类加工、白酒制造、调味品制造、果蔬加工及饮料制造等10多个门类，香辣酱、冷吃兔、火边子牛肉等特色产品驰名中外。2022年，实现规模以上产业产值226亿元。

先进材料产业。拥有自贡硬质合金、晨光院、大西洋等龙头企业，有机氟、硬质合金、焊接材料、聚酰亚胺、特种炭黑、芳纶纤维等细分领域发展壮大了一批具有自主核心竞争力的高新技术企业，开发了一批具备国际一流水平的拳头产品,凯盛(自贡)新能源太阳能新材料为我国西部地区首条光伏玻璃生产线,着力打造氟材料上下游一体化协同发展的产业集群、金属材料及复合材料生产研发基地、川渝地区新型建材产业集群。2022年,实现规模以上产业产值189亿元。

能源化工产业。盐及盐化工产业方面,拥有久大制盐、驰宇盐品、西艾氟等重点企业,形成了以盐业为基础,以精细化工、医药化工、化工新材料为主的多元化发展格局。投资105亿元的川南新材料产业基地加快建设,川南新材料产业基地获批首批省级化工园区。在新能源产业方面,中兴能源光储智能微电网研发生产、泰威新能源动力锂电池等竣工投产。2022年,实现规模以上产业产值75亿元。

电子信息产业。以高新区电子信息产业园为主要承载区,现有中誉瑞禾、升拓检测、晶升科技、朗星达等规模以上企业20余户。紧扣"一极两中心两地"目标定位,坚持龙头带动、生态培育、需求牵引,重点发展智能终端、新型显示、电子元器件等产品。中国电信·自贡5G创新应用产业园等项目加快建设,打造独具特色的电子信息产业生产制造集群,协同推动南翼跨越。2022年,实现规模以上产业产值39亿元。

2022年,市委明确提出工业强市战略,创新建立新能源、无人机及通航、新型化工三大千亿级产业发展党工委和推进办公室,全力打造成渝地区新能源产业新高地,国家级通用航空综合示范区和国家级无人机制造先行区,世界一流、行业领先、独具特色的新型化工产业集聚地。

文旅品牌

自贡历史文化资源丰富而独特,形成江姐故里、

● 自贡方特恐龙王国(自贡市文化旅游投资开发公司 提供)

● 自贡恐龙博物馆（自贡恐龙博物馆 提供）

千年盐都、恐龙之乡、中国灯城四张亮丽的城市名片。同时，自贡恐龙博物馆、自贡市玉章故里景区、自贡市燊海井景区、自贡市荣县大佛文化旅游区、自贡市尖山风景区、仙市古镇旅游景区、富顺文庙·西湖景区、中华彩灯大世界、赵化古镇皆为国家4A级旅游景区。

江姐故里红色教育基地。江竹筠为中国共产党地下时期重庆地区组织的重要人物，2009年入选"100位为新中国成立作出突出贡献的英雄模范人物"。2021年11月，江姐故里红色教育基地正式建成启用。基地位于自贡市大安区大山铺镇，总规划面积66万平方米。其中，已建设完成的一期工程总占地31万平方米，主要包含江姐文化艺术中心、江姐公园和江姐故居三个部分。江姐故里红色教育基地兼具教育和旅游两大功能，让人们在体验红色主题游中接受江姐精神的熏陶。

自贡方特恐龙王国。位于自贡市大安区大山铺镇，是国内首个以恐龙文化为主题的大型高科技现代产业园，被誉为中国版的"侏罗纪公园"，是自贡市打造城市文化名片和招大引强的破冰之作。项目总占地面积约0.67平方千米，由自贡市文化旅游投资开发公司与深圳华强方特集团共同投资打造，主题园区总投资约30亿元，游客接待能力设计为300万人次/年。园区划分为远古圣地、中央基地、恐龙小镇、远古部落、恐龙山谷5大主题分区，有200多项特色休闲景观，集主题体验、科普教育、休闲娱乐、观光度假、餐饮购物为一体。2022年6月18日，园区建成开园，并入选"2021成渝十大文旅产业地标"。

自贡市·燊海井。位于自贡市大安区大安街，规划总面积近1.33平方千米，主景区面积约1.07

平方千米，森林覆盖率60%，是联合国教科文组织自贡世界地质公园核心组成部分。景区由燊海井、老盐场1957、燊海公园景区组成。燊海井凿成于1835年，是世界第一口人工钻凿的超千米（1001.42米）深井，也是全国仅存的手工制盐作坊。1988年1月入选"全国重点文物保护单位"。

自贡市盐业历史博物馆。 国家级文物保护单位西秦会馆，始建于清乾隆元年（1736年），占地面积3000平方米，为清代陕西籍盐商集资修建的同乡会馆，遍布会馆的精美木雕、石雕、彩绘、泥塑为建筑群落增添了艺术魅力，现作为自贡市盐业历史博物馆。馆内盐业历史展览，以其独特而众多的史籍、文物、实物、雕塑、模型、图表、幻灯、录像等，再现了四川井盐生产技术的演变发展和盐工的劳动、生活场景。

自贡恐龙博物馆。 国家4A级旅游景区。位于自贡市的东北部，距市中心10千米，是在世界著名的大山铺恐龙化石群遗址就地兴建的一座大型遗址类自然博物馆。博物馆建成开放于1987年，是亚洲建成最早、影响最大的恐龙博物馆，是首批国家地质公园和国家一级博物馆，全国科普教育基地，是首批国家级重点保护古生物化石集中产地、联合国教科文组织自贡世界地质公园的核心园区，素有"东方龙宫"之美誉。博物馆占地面积7万多平方米，馆藏化石标本几乎囊括了距今2.05亿～1.35亿年前侏罗纪时期所有已知恐龙种类，是目前世界上收藏和展示侏罗纪恐龙化石最多的地方。被美国《国家地理》评价为"世界上最好的恐龙博物馆"。

中华彩灯大世界。 自贡灯会始于唐宋，兴于明清，盛于当代，有近800年的历史，是第二批国家级"非遗"项目。中华彩灯大世界位于自贡

● 江姐故里红色教育基地（中共自贡市委宣传部 提供）

● 自贡市盐业历史博物馆（自贡市盐业历史博物馆 提供）

● 中华彩灯大世界（自贡日报社 提供）

市东部新城，一期彩灯主题公园占地36.7万平方米。园内有5大分区、14个主题板块，融合裸眼3D、AR虚拟现实增强等数字化科技，打造交互式沉浸式光影体验，并植入非遗展览、美食体验、舞蹈表演等活动，给游客耳目一新的视听感受。2020年11月18日，当选"成渝十大文旅产业地标"。2021年11月，入选第一批国家级夜间文化和旅游消费集聚区名单。

自贡市玉章故里。位于自贡市荣县双石镇蔡家堰村和金台村，依山傍水，风光秀美。景区内吴玉章故居，为全国重点文物保护单位。先后获省级爱国主义教育基地、廉洁文化教育基地等称号；吴玉章生平陈列展馆建筑面积5951平方米，集收集保管、陈列展览、宣传研究吴玉章同志生平和思想于一体，兼具宣传教育、学术研究、文化交流、研学旅游等功能。景区着力打造集红色文化、农民漫画、乡村休闲旅游、现代农业为一体的特色文化旅游景区。

荣县大佛文化旅游景区。位于自贡市荣县城区东南，占地面积74.4万平方米。景区主要有全国重点文物保护单位镇南塔、世界唯一的无顶大雄宝殿等景点，融自然风光、历史文物、古建艺术、佛教文化为一体。景区核心旅游资源实体——荣县大佛石窟（全国重点文物保护单位）建造于唐代，大佛高36.67米，头长8.75米，肩宽12.67米，脚宽3.8米，是世界第二大石刻佛像和世界第一大释迦牟尼石刻佛像。

仙市古镇旅游景区。位于自贡市区东南11千米的釜溪河畔，场镇三面环丘，正面临水，现存古建筑面积约27900平方米。是自贡井盐文化、盐运文化和码头文化的重要组成部分。古镇总体上以明清时期川南民居风格建筑为主，"四街、五栅、五庙、一祠、三码头"仍保存完好。仙市古镇正建设集文化旅游、互动体验、休闲娱乐、特色商业、主题度假于一体的多元化全产业链，激发"千年盐运第一镇"新的活力，打造新的名片。

赵化古镇。位于自贡市富顺县南部沱江河畔，三面环江（沱江），山水相依。赵化古镇是"戊戌六君子"之一刘光第先生的故乡，是自贡市因盐而兴的著名古镇，为旧时盐运的停靠码头，享有"古盐道上的交通枢纽"之美誉。古镇建于宋、兴于明、盛于清，距今已有一千多年的历史，古镇有"八街四巷""九宫庙""六码头""九口十八滩"，约有24万平方米古建筑，其中约70%为明末清初的川南民居。

风味美食

自贡作为中国盐帮美食之府，素有"吃在四川，味在自贡"之称，为川南"小河帮"杰出代表，其中水煮牛肉（详见四川省概览）、自贡冷吃兔、鲜锅兔、富顺豆花、牛佛烘肘入选省级天府旅游美食100道。

自贡冷吃兔。自贡著名特色食品，又名浓味冷吃兔、香辣兔，是自贡市一种民间传统美食，迄今已有百余年历史。自贡冷吃兔有椒香麻辣味、香辣豆豉味、秘制陈皮味、滋鲜盐焗味等多种口味。冷吃兔是自贡人招待客人必备的一道菜，外出时也时常携带。

鲜锅兔。自贡特色美食。鲜锅兔的要诀在嫩而不遢、滑而不粘、肉质饱满，富有弹性，于麻辣厚重、鲜香浓郁之中让兔肉本味得以彰显。鲜锅兔具有"鲜、香、嫩、滑、辣"的鲜明特色。自贡鲜锅兔成为目前自贡餐饮市场经营兔肉特色菜品门店最多、范围最广的一种美食。

牛佛烘肘。大安区美食，俗称"冰糖肘子"。相传清康熙年间，由厨师魏兴如、林过三研制烘肘制作，成为名震川南乃至"下江"一带的佳肴。2008年，市政府授予牛佛烘肘"非物质文化遗产"名号。

富顺豆花。富顺县美食，其历史达1000年以上，其制作工艺被评为省级非物质文化遗产。富顺豆花在刘锡禄豆花的基础上不断完善、发展壮大，形成产业。豆花绵而不老，嫩而不溏，洁白如雪，清香悠长。煮豆花的汤汁即窖水，清热解毒，醒酒解腻。蘸水香、辣、鲜、醇，色泽油亮透明，美观诱人。鲜嫩的豆花、香辣的蘸水、滋润的米饭，吃起来回味悠长，令人难忘。

除以上美食外，自贡还有火边子牛肉、桥头三嫩、荣州麻辣鸡、艾叶土鸡脚、荣州浑浆豆花、盐都口口脆、豆腐脑水粉、冷吃牛肉、牛蹄熊掌、砂锅鱼头、跳水鱼、锅巴鲫鱼、明蒸杂烩、家常海参、子姜（家养）田鸡、家常鳝鱼、牛佛蒸笼、自贡扣肉、自贡蘸水菜、盐都担担面、京酱包子、北方水饺、鸡㸆南瓜尖竹荪汤等特色美食。

发展定位

大力实施融圈强极战略，建设成渝地区中部崛起先行市。交通、产业等融入成渝都市圈取得显著成效，经济年均增速高于全省平均，打造全省新兴增长极，成为成渝地区中部崛起"排头兵"。

大力实施工业强市战略，建设国家工业转型引领高质量发展示范市。川南渝西战略性新兴产业集聚区加快建设，新能源、新型化工、无人机及通航三大千亿级产业集群发展成势见效，制造业增加值占比稳步提升，在全国老工业城市转型升级中作出示范。

大力实施文旅兴市战略，建设独具特色的世界文旅名城。全域全季全时文旅新格局全面构建，"盐龙灯"文旅品牌国际知名度和影响力显著提升，国家文化出口基地建设取得明显成效、推动中华文化更好走向世界。

大力实施城乡融合战略，建设高品质宜居宜业幸福名城。城乡产业深度融合，区域发展更加协调，生态环境质量持续改善，城乡共同繁荣新局面加快构建，共同富裕取得新成效，人民生活更加幸福安逸。

发展目标

经济发展规模质量双提高。到2025年地区生产总值超过2200亿元，年均增速7%左右，高于全省平均水平，人均GDP超8万元。全市地方一般公共预算收入突破100亿元，全员劳动生产率达14万元／人。

经济结构显著优化。三次产业比例调整为12∶41∶47，非农产业占比提高到88%，战略性新兴产业实现产值占全市规模以上工业总产值比重突破50%，支撑经济高质量发展的现代产业体系基本形成。常住人口城镇化率60%以上。出口结构明显优化，高新技术产品和文化产品及服务出口额占出口额比重进一步提升。

可持续发展能力明显增强。基本实现从"生态赤字"迈向"生态红利"，生态价值不断兑现，森林覆盖率提高到35.42%，环境质量持续改善，中心城区及县城空气质量优良率完成省下目标，城市饮用水源地和乡镇集中式饮用水水源水质达标率100%，建成生态文明城市。

民生福祉达到新水平。居民人均可支配收入年均增长8.7%，城镇新增就业人数达17.5万人以上，人均教育文化娱乐支出占生活消费支出比重达12%，平均预期寿命达78.6岁。

社会治理能力大幅提升。行政效率和公信力显著提升，社会治理特别是基层治理水平明显提高。防范化解重大风险体制机制不断健全，发展安全保障更加有力。

（撰稿：彭云英　陈彰兰　张早立　审稿：黄晓燕　潘俊）

01 自流井区

基本情况

自流井区地处自贡市中部，位于东经104°36′~104°47′，北纬29°11′~29°22′之间，是全市政治、经济、文化中心，是市党、政、军机关所在地。东邻沿滩区卫坪镇、兴隆镇、永安镇，南与沿滩区富全镇、贡井区莲花镇、宜宾市宜宾县接壤，西邻贡井区长土镇、建设镇、桥头镇，北与大安区凤凰镇、和平镇接壤。2022年末，行政区域总面积153.86平方千米，辖9个街、3个镇、28个村、67个社区，户籍人口41.03万人。区人民政府驻地丹桂北大街288号。

历史沿革

自流井区原属富顺县。民国二十八年（1939年），因盐设市，富顺县第五区全部划归自贡市，其中桐垱、长垱二镇即为今日自流井区。民国三十一年（1942年），桐垱镇改为自井镇。民国三十三年（1944年），改镇为区，自井镇改为第一区，长垱镇改为第二区，直至自贡市解放。1950年3月，一、二区合并成一区。1953年，命名为自流井区，所辖红旗、永胜、世平、巩固4个乡合并为红旗、永胜两个乡；6月，两乡划郊区管辖，自流井区成为纯城市区。1957年1月，大安区合并于自流井区，1960年两区又分设。1960年6月，和平、凤凰和红旗3个公社先后划归自流井区。1979年7月，和平、凤凰和红旗公社划归大安区，自流井区再次成为纯城市区。2005年8月1日，仲权镇、荣边镇、高峰乡、舒坪镇、农团乡、漆树乡、红旗乡划归自流井区管辖，从此结束纯城市区历史。2005年8月9日，在新的行政区划实施后，由自流井区政府将所辖红旗乡成建制委托高新区管委会管理。2012年12月1日，高峰乡整体托管给高新区管委会管理。2019年9月，撤销农团乡、漆树乡，设立飞龙峡镇；撤销红旗乡，由沿滩区卫坪镇杨公桥村和东湖、紫景、杨公桥3个社区及原红旗乡剩余区域，设立红旗街道；撤销高峰镇，设立高峰街道；撤销舒坪镇，设立舒坪街道。

重要资源

自然环境。辖区地势西北高、东北低，无大山。属中亚热带湿润季风气候，春旱、夏热、秋雨、冬暖，雨量丰富集中，无霜期长，平均达323天，阴天多，湿度大，霜雪少，热量充足，四季分明。

水资源。旭水河、威远河在区境西北双河口汇合后称釜溪河,河水由西向东蜿蜒流经区内,经沿滩、邓井关到富顺县李家湾入沱江,属沱江水系,全长74千米,河面平均宽60米。

矿产资源。自流井区属矿产资源贫乏地区,目前仅有页岩、地下水、矿泉水和砂石等少量资源。因环保、发展规划等因素,区现有矿山企业1个,自贡煜特建材有限公司龙家坡页岩(区级颁证),为砖瓦用页岩开采矿山企业,页岩矿剩余储量30.41万吨。

动植物资源。自流井区属亚热带常绿阔叶林地带,主要乔木植物有马尾松、湿地松、桉树、香椿、慈竹、麻竹、楠竹、柑橘、桃、李、梨、樱桃、枇杷等,灌木和藤本植物主要有黄荆、花椒、槐、桑树、油茶、茶等。自流井区野生动物主要有两栖动物5种,1目3科;爬行动物10种,1目3科;鸟类22种,9目17科;兽类6目7科15种。主要种类有松鼠、花面狸、野兔、梅花鹿、蝙蝠、白鹭、虎斑山鸠、画眉、猫头鹰、苍鹭、青蛙、蛇等。

湿地资源。湿地类型包括河流湿地(永久性河流)和人工湿地(库塘)。面积在8万平方米以上的湿地斑块共7个,湿地总面积369.08万平方米,其中永久性河流湿地2个,分别为釜溪河和旭水河,属于沱江流域,总面积为202.23万平方米;库塘湿地5个,分别为:荣边镇尖山一号水库、荣边镇尖山二号水库、仲权镇豹子沟水库、仲权镇黄家水库和原农团乡飞龙峡水库。飞龙峡水库为新增湿地斑块,面积共166.85万平方米。湿地植物主要有凤眼莲、喜旱莲子草、大藻、芦苇、睡莲、莲、鳢肠、浮萍等。

旅游资源。辖区有西秦会馆、王爷庙、张爷庙、小桥井、彩灯公园、龙凤山公园、张家沱精品景观地段、水涯晓渡、自流井老街、尖山风景区等,各级文物保护单位及文物点328处。

基础设施

教育。2022年末,全区有各级各类学校(园)60所,专任教师1695人。其中,幼儿园37所,小学15所,初中(含九年制学校)4所,普通高中2所,中等职业学校1所,特殊教育学校1所。

卫生。2022年末,辖区医疗卫生机构166个。其中,医院8个,基层医疗卫生机构155个,专业公共卫生机构3个。在基层医疗卫生机构中,乡镇(中心)卫生院4个,社区卫生服务中心(站)7个,村卫生室28个,诊所、卫生所、医务室、门诊部116个。在专业公共卫生机构中,疾病预防控制中心1个,妇幼保健院(所、站)1个,卫生监督支队(大队)1个。

人民生活和社会保障。2022年末,城乡居民人均可支配收入44038元,比上年增长4.5%。其中,城镇居民人均可支配收入46415元,增长4.4%;农村居民人均可支配收入24073元,增长6.3%。城乡居民人均消费支出25231元,增长3.4%。城镇企业职工基本养老保险在职参保人数41881人,比上年增长6.96%。工伤保险参保人数47866人,增长16.67%。基本医疗保险参保人数25.86万人,城镇职工基本医疗保险参保人数4.32万人,城乡居民医疗保险参保人数21.54万人。

科技。2022年全力做好科技服务工作,开展天府科技云平台"保姆式"服务。配合完成市级中小企业研发机构复审1户,推荐上报市级科技项目3项,市级众创空间1个,完成高新技术企业和科技服务业平台调查15户。区科技型中小企业通过评价入库企业55户,同比增长44%,首次入库28户。全力做好科技人才培育提升工作。东方锅炉院士工作站荣获"四川省优秀院士(专家)工作站"称号;《600MW超临界循环流化床锅炉技术开发、研制与工程示范》

获评"四川优秀院士（专家）工作站发展成果"。天府科技云平台引入第三方机构机制，配置专职保姆3名，兼职保姆3名。截至2022年，科技服务成交量739笔，平台汇聚科普资源106条、科普共享基地4个，发布科普活动2次。加快推动5G信息化全面发展，2022年已建成5G基站95个，在建22个，开通5G站点80个。已累计建成5G站点640个，实现主城区5G网络成片覆盖。

主要产业

农业。2022年全区粮食播种面积8.97万亩，同比增长2.8%，产量3.04万吨，同比下降2.7%。油料作物播种面积4.36万亩，增长4.16%；产量0.77万吨，增长7.34%；蔬菜及食用菌种植面积5.02万亩，增长5.39%，产量11.0万吨，增长4.2%。全年猪牛羊禽肉产量0.78万吨，比上年增长6.83%。其中，猪牛羊肉产量0.43万吨，增长9.69%。猪出栏5.91万头，增长6.94%；牛出栏0.07万头，增长5.09%；羊出栏1.03万只，增长2.07%；家禽出栏106.63万只，增长1.46%。水产品产量0.41万吨，比上年增长4.0%。

工业和建筑业。2022年末，规模以上工业增加值增长3.3%；实现营业收入176.97亿元，增长6.0%；实现利润总额6.79亿元，下降19.9%。全区具有资质以上建筑业企业21户（不含劳务分包），房屋建筑施工面积1164.92万平方米，同比增长18.0%。房屋竣工面积20.98万平方米，增长102.3%。

固定资产投资。2022年末，全社会固定资产投资比上年增长10.3%，其中民间投资增长15.6%。分产业看，第一产业投资增长199%；第二产业投资下降14.8%，其中工业投资下降14.9%；第三产业投资增长4.8%。房地产开发投资比上年下降76.2%。商品房施工面积101.4万平方米，增长4.8%。商品房新开工面积15万平方米，下降47.8%，其中住宅新开工面积58万平方米，下降15.2%。房屋竣工面积21万平方米，其中住宅竣工面积14.1万平方米。商品房销售面积37.6万平方米，下降3.1%，其中住宅销售面积8.2万平方米，下降74.8%。

贸易。2022年末，全区实现社会消费品零售总额109.05亿元，比上年增长3.4%。按经营地分，城镇消费品零售额100.22亿元，增长3.5%；乡村消费品零售额8.83亿元，增长2.7%。按行业分，批发业零售额48.82亿元，增长20.1%；零售业零售额34.75亿元，下降10.5%；住宿业零售额0.88亿元，下降21.4%；餐饮业零售额24.6亿元，下降1.0%。实现进出口总额19.37亿元，同比增长52.0%。其中出口额7.60亿元，进口额11.77亿元。

文旅品牌

王爷庙。省级文物保护单位，被称为"釜溪第一楼"。王爷庙是一座精美的清代中期建筑，占地面积1000平方米，现存戏楼为省内不多见的川剧舞台，既是古建筑珍品，又具有重要的历史和艺术价值。

桓侯宫。俗称张爷庙，又叫张飞庙，始建于清乾隆年间，于咸丰末年初被烧毁，在同治年间重修，经屠帮商议"每宰猪一只，按行规抽钱贰佰文"，通过众人的锱铢积累，终于在清光绪元年（1875年）落成。桓侯宫的戏台、钟楼鼓阁均造成歇山卷棚式屋顶。此种屋顶式样，过去在民间使用很少，特别是在自贡这样的南方地区，因此，显得独具风采，气度不凡。

自流井老街。位于自贡市旧城中心，是旧时运盐的盐道，也是举世闻名的"自流井"遗址所在地。老街建筑系清末民初川南民居风格，既有朴实无华的民居小院遍布石板道旁，也有庭院深锁的大户人家散

● 王爷庙（自流井区档案馆曾曦 拍摄）

● 桓侯宫（自流井区文化广播电视和旅游局 提供）

● 老街（自流井区档案馆曾曦 拍摄）

布其间。现存路边井、钱川井、荣华井、四望井、火龙井等盐气井遗址令游人驻足。善后桥、自流井遗址、盐运码头呈现于釜溪河畔。

风味美食

自贡掌盘牛肉。明清时期，自贡井盐供不应求，来自各地的盐商富贾聚集此地，盐码头上的盐商及工人忙着装船顾不上吃饭，于是就有餐馆令店小二手托食盘，食盘上放着大块牛肉穿梭于码头忙碌的人群中叫卖，现卖现切，用新鲜荷叶包装，被人称之为"掌盘牛肉"。

豆腐脑水粉。清光绪年间，陈庆荣在自流井正街开设小食店，取名庆荣森，主营豆腐脑水粉。以后代代相传，现为第四代。经过百余年的实践改进，水粉细如银丝、根条均匀、洁白柔软。豆腐脑细嫩、清香，配以酥黄豆，三种食品配制而成豆腐脑水粉。

自贡毛牛肉。俗称"牛肉粑儿"，明清以来均有制作，历来为民间所爱，可并瓜子糖果放于果碟中，又可作为菜品置于菜盘中。1990年，在首届四川省名特风味小吃评审会上获名特小吃奖。此品以色泽棕黄，松软化渣，咸淡适度，醇香味长而闻名。

发展定位

新时代深化改革扩大开放先行区。营商环境达到国内一流水平，国际陆港开放平台能级实现跃升，建成区域合作和对外开放典范，成为自贡市建设新时代深化改革扩大示范城市"排头兵""领头雁"。

现代产业城市核心区。支撑经济高质量发展的现代特色产业体系基本形成，节能环保装备、先进材料、新能源等现代制造业基本成型，国家骨干冷链物流基地建设完成，大宗货物物流枢纽作用得到充分展现，现代服务业、高效特色农业加快发展，经济年均增速、战略性新兴产业实现规上工业总产值的比重走在全市前列，服务业增加值对GDP贡献率走在全市前列，成为建设制造强市、质量强市、数字强市的核心板块。

城乡一体化示范区。乡村振兴战

略全面推进，城乡区域发展协调性明显增强，城乡空间、基础设施、公共服务、生态环境、资源配置整体设计充分融合。城乡资源的自有交换更加平等公平，城乡区域发展互补性明显增强，城乡形态实现差异化互利共存，工农互促、城乡互补、全面融合、共同繁荣的新型工农城乡关系全面形成。

繁荣幸福宜居地。产业发展、人居环境和社会治理现代化全面推进，城市公园化、郊区景观化、小镇特色化、乡村休闲化全面成形。常住人口城镇化率走在全省前列。全国文明城市、国家卫生城市创建成果巩固深化，优质医疗教育资源充分聚集，全民受教育程度不断提升，卫生健康体系、多层次社会保障体系更加完善。社会主义民主法治更加健全，社会公平正义进一步彰显，共建共治共享的社会治理新格局加快形成。

发展目标

经济实力实现新跨越。全区地区生产总值达到230.3亿元，年均增长9%左右，高于全市平均水平，人均GDP6.6万元，服务业增加值对GDP的贡献率持续保持全省领先水平，一般公共预算收入达到77241万元，同比增长11.04%，增收7681万元。

发展质效取得新提升。全员劳动生产率达到13万元／人。研发经费投入增长和强度分别达到10%和1.2%，科技创新总体水平指数增长1.2%。

生态文明迈上新台阶。生态治理效果显著增强，空气质量优良天数比例达到85%，城镇生活垃圾无害化处理率达到100%，乡镇集中式饮用水水源水质达标率达到100%。森林覆盖率达到36.5%。

民生福祉达到新水平。城镇居民人均可支配收入分别增长8.3%，城镇新增就业人数3.7万人以上。居民消费不断升级，平均预期寿命达到78.6岁。

社会治理开创新局面。社会治理信息化、智能化、智慧化水平不断提升，发展安全保障更加有力，切实维护区域和谐稳定。

（撰稿：曾曦　审稿：黄鹤飞　陈万瑛）

● 掌盘牛肉（自流井区档案馆曾曦　拍摄）

● 豆腐脑水粉（自流井区档案馆曾曦　拍摄）

● 毛牛肉（自流井区档案馆曾曦　拍摄）

02 贡井区

基本情况

贡井区位于四川省南部、自贡市市中心西南部，东临大安区，南接自流井区和宜宾市翠屏区、叙州区，西靠荣县，北接内江市威远县。地跨东经104°25′~104°44′，北纬29°08′~29°26′。辖区平均海拔350米，最高海拔桥头镇观音岩469.80米，最低海拔雷公滩下旭水河出境河心处279.20米。辖区地貌基本全为红层丘陵区，可分为中丘、浅丘和平坝地貌。属热带季风气候，年平均气温17.8℃，年平均日照1247.20小时，年均降雨量1040.70毫米。属沱江流域的旭水河从西南向东北横贯辖区，辖区河段长44.18千米，河道平均宽40米。

截至2022年末，行政区域面积410平方千米，户籍总人口275114人，户籍总户数102300户。其中：乡村人口180843人，城镇人口94271人，城镇人口占户籍总人口比重的34.3%。区人民政府驻地贡井区筱溪街1号。

历史沿革

贡井，原名"公井"，东汉时期即开始凿井采卤煎盐。北周武帝以大公井名置"公井镇"。经隋至唐，在公井镇置荣州，公井镇升为公井县，集州治、县治于一地。宋熙宁四年（1071年）降县复置镇。明朝改"公井"为"贡井"。清雍正八年（1730年），贡井设县丞署管理盐政。民国二十八年（1939年）9月1日，自贡设市，合"自流井""贡井"之名称"自贡市"，贡井地区为三区、四区、五区。1949年12月5日，贡井和平解放。1950年，三区、四区合并为二区，保留五区。1953年1月，二区改称贡井区，五区改称二区区公所，同年6月撤二区区公所并入贡井区。1960年11月，自贡市部分农村和荣边镇划入贡井区。1982年，贡井区辖4街（贡井街、筱溪街、长土街、艾叶街）、4乡（艾叶乡、双塘乡、荣边乡、建设乡）。1995年8月，撤乡建镇，贡井建置2街（贡井街、筱溪街）4镇（艾叶镇、长土镇、荣边镇、建设镇）。2005年8月1日，自贡市行政区划调整将荣县管辖之成佳镇、白庙镇、桥头镇、龙潭镇、五宝镇、莲花镇、章佳乡和牛尾乡8个乡镇划归贡井区，同时将贡井区管辖之荣边镇划归自流井区管辖。是时，贡井区建置2街9镇2乡。2019年乡镇行政区划调整改革，至2022年末，全区辖成佳、龙潭、五宝、建设、莲花、艾叶、桥头7个镇，筱溪、长土、贡井3个街道、30个社区、90个行政村。

重要资源

矿产资源。辖区现开采的矿种有矿盐、砖瓦页岩、膨润土、页岩气等4种。矿盐主要分布在长土街、艾叶镇、建设镇，砖瓦页岩主要分布在龙潭镇、桥头镇、艾叶镇；膨润土主要分布在龙潭镇、桥头镇；页岩气主要分布在成佳镇、桥头镇、龙潭镇。

水资源。主要由地表水和地下水组成。地表水主要由降水补给，多年平均径流深400毫米，正常年产水量1.75亿立方米。旭水河、中溪河上有境外来水2.83亿立方米，地下水500万立方米，全区水资源共4.63亿立方米。

文旅资源。全区文化和旅游资源点803个，其中比较有名的资源点有公井古城、张家花园、艾叶古镇、旭水河古盐道和东源井古盐场、陈家祠堂、南华宫、自贡航空产业园、贡井天池寺、花香田园、师尊故里摩崖石刻、艾叶横街古建筑群、艾叶码头、长征机床厂、东源井天车、五彩荷园、惜源情恩、中溪河河谷和莲花彩色生态公园等。

社会经济资源。辖区有各级各类学校（含技工学校、职业培训机构）29所；卫生机构265个，工商注册登记实有各类市场主体18299户。有川南五金城、英祥钢材市场、普众二手车交易市场、天亿二手车交易市场。有省级企业技术中心2个，市级企业技术中心4个，中小企业研发机构11个，创新创业团队3个、院士专家工作站2个、市级众创空间1个、市级孵化器1个，高新技术企业11家，科技型中小企业22家。

基础设施

交通。2022年末，全区公路总里程1109.6千米，其中过境高速公路1、条13.1千米，国道2条、31.9千米，省道2条、37.2千米，高速连接线1条、9.8千米，县道11条、203.5千米，乡道41条、288.9千米，村道523条、519.6千米，专用道路5.6千米。拥有A1类通用机场1座、2500米起降点一个，二级客运站1个，水域通航里程50余千米，客运码头1个。

水利。2022年末，全区总供水量6144.3632万立方米（不包括水力发电用水），其中地表水资源供水量5867.1669万立方米，地下水资源供水量

● 自贡凤鸣通用机场（（贡井区委宣传部融媒体中心　提供）

●品质西城——贡井（贡井区委宣传部融媒体中心　提供）

100.4324万立方米，其他水源供水量176.7639万立方米。全区有城镇污水干管138.075千米。集中供水工程（水厂）10座，其中乡镇集中供水工程（不包括自贡水投集团长土水厂）9处，工程设计总供水能力4.16万立方米/天，供水规模1.14万立方米/天。

住建。 2022年，城市配套基础设施建设项目有序推进，城市更新加速进行，棚改征收加快收尾，西城家园兜底房交付使用，枣子园安置房即将竣工，广厦苑等7个老旧小区改造有序实施。新建口袋公园2个，新改建城镇公厕10座，整治背街小巷10条。全国既有建筑消防设计审查和验收试点工作获住建部推广。房地产业平稳健康发展。成佳镇成为全省首批百强中心镇。五宝、龙潭、桥头百镇试点深化实施。

主要产业

装备制造产业。 拥有重点企业39家，主要分布在航空与燃机、电力装备和节能环保装备行业。航空与燃机代表企业有海川公司、腾凤公司、中电科特飞，主导产品有轻型飞机、航空发动机叶片、燃气轮机叶片、整体叶轮叶盘等航空与燃机零部件；电力装备代表企业有弘顺电力、凯越电气，主导产品有钢化玻璃绝缘子、输电线路金具、绝缘子钢脚；节能环保装备代表企业有红星电瓷、威特阀门，主导产品有滤油滤水油泵、浮动球阀、高温高压阀门。2022年实现规模以上工业总产值29.77亿元。

先进材料产业。 拥有重点企业29家，主导产品有碳化钨基硬面材料、碳素制品、耐碱玻璃球，代表企业有华鑫硬面、三星玻纤。2022年实现规模以上工业总产值21.00亿元。

食品饮料产业。 拥有重点企业17家，主导产品有冷吃系列、火锅底料、肉类加工、饲料加工、果蔬加工，代表企业有果然食品、泰福农副产品、天天鑫食品。2022年实现规模以上工业总产值25.94亿元。

● 自贡航空产业园（贡井区委宣传部融媒体中心　提供）

文旅品牌

公井古城文化旅游景区。位于贡井城区西侧，是自贡市集古盐文化、佛教文化、山水园林风貌和明清建筑群于一体的川南工业文明、民俗文化旅游的核心区。有世界上开凿最早的古盐井之"大公井"遗址。有保存完好的明清古建筑群——贡井老街、河街建筑及南华宫、陈家祠堂等代表建筑200余座，被专家称之为川南民居建筑艺术博物馆。有国家历史文化名镇艾叶镇，有建于北宋的川南第一寺、峨眉山脚庙——天池禅寺。有公井衙署、老街遗韵、会馆宗祠、民居别院、石桥古道等景点。

张伯卿公馆。又名张家花园，位于贡井区筱溪街辖区，始建于民国十二年（1923年），原系民国官绅张伯卿的私人会馆。主要由罗马楼、望湖（今名桂影湖）、水榭和园林四大部分组成。占地面积8万余平方米，园内植物众多，以桂花、茶花、白兰花"三花"著称，其中桂花最具盛名，现有桂花树五千余株。园内的西式洋楼——罗马楼是中西建筑结合的典型代表，是近代建筑不可多得的实物见证，具有较高的文物、文化、历史和建筑学研究价值。

● 张家花园罗马楼（贡井区地方志办公室　提供）

● 东源井（贡井区地方志办公室 提供）

东源井。位于贡井区建设镇，始凿于清咸丰八年（1858年），井深949米，采用窾盆裸眼敞口、无阻提卤采气工艺，为世界低压天然气开采史上所独有。2013年，东源井古盐场作为近现代重要史迹代表性建筑被国务院公布为第七批全国重点文物保护单位。

平桥瀑布。位于旭水河流经贡井城区段。瀑宽84米，高12米，断岩峭壁，枯水期水量减少，形成水帘；洪水期波涛汹涌，声若雷霆，翻滚倾泻。朝夕阳光照射，可见七色霓虹时隐时现，有"行遍天下路，难见城中瀑"之美誉。

莲花彩色生态公园。位于贡井区莲花镇，属亚热带季风性湿润气候，年均气温17.1℃，森林覆盖率达60%以上。现有连片彩林200万平方米，水果采摘体验区3.33万平方米，建成生态道路10千米，环湖生态步道1.5千米等，被评为"四川100网红打卡地"。

航空文化旅游。依托自贡航空产业园发展优势，健全配套服务体系，建设集飞行体验、研学旅游、科普展览、主题酒店等丰富业态和服务功能为一体的特色文旅生活圈。

● 平桥瀑布（贡井区委宣传部融媒体中心 提供）

风味美食

桥头三嫩。桥头三嫩即炒猪肝、炒肚条、炒腰花。央视的"味道"、深圳卫视、旅游卫视、四川烹饪、美食家、"舌尖上的中国"、搜狐吃货曾先后对桥头镇进行了报道。

艾叶土鸡脚。土鸡脚烹饪的一道美食,含有丰富的胶原蛋白,肉质软糯不粘嘴,香润有嚼劲,非常适合下饭、下酒。店家在自流井区、富顺县、成都市都开设有分店。

五宝花生。五宝镇红沙土生产的花生皮鲜红,仁雪白,嚼起来生鲜中带着微微的甜味。花生仁可加工为黄澄澄的鱼皮花生、滚雪球一样的花生酥(花生钻)及制作简单的油酥花生米。五宝花生又名"长生果",远销省内外。

锅盔酥油茶。百年老店徐锅盔的锅盔酥油茶是一道传统小吃,闻起来香气诱人,吃起来口感舒适,是贡井人早餐的最佳选择之一。

姐妹凉粉。姐妹小吃店的姐妹凉粉凉爽可口,"锅盔夹凉粉"味极美,生意十分红火。

成佳大头菜。生产工艺独具一格,具有"鲜、嫩、香、脆"等独特风味,"龙须淡口""盐帮老坛""侯大妈""自然香"等大头菜品牌,畅销省内外。

发展定位

建设成渝地区中部崛起示范区。与成渝地区城市在园区共建、产业发展、科技创新、对外开放、人才引进等方面的合作不断深化,成为成渝地区中部崛起的重要力量。

建设老工业城市转型升级先行区。自贡航空产业园建设取得新突破,无人机及通航千亿级产业集群发展成势见效,成为川南渝西战略性新兴产业集聚区的重要支撑。

建设全域旅游目的地。积极融入国家文化出口基地建设,全域全季全时文旅新格局全面构建,井盐文化、航空文化、汽车文化和特色乡村旅游知名度和影响力显著提升,成为巴蜀文化旅游走廊的重要节点。

建设产城融合发展新高地。共同富裕取得新成效,成为高品质宜居宜业幸福名城的重要组成部分。

发展目标

经济综合实力显著提升。经济持续健康发展,产业转型升级取得明显成效,重点领域和关键环节的改革取得重大进展,助推全市建设成渝地区中部崛起先行市、国家工业转型引领高质量发展示范市。

产城融合发展取得突破。自贡航空产业园配套功能更加健全、产业聚集不断增强、生活环境优美宜居,基本实现"产城相融、园城一体"。城市新区、产业园区、新型社区、田园景区"四区同建"取得突破,助推全市建设独具特色的世界文旅名城、高品质宜居宜业幸福名城。

生态文明建设全面进步。国土空间开发保护格局不断优化,生态环境突出问题得到有效治理,资源利用效率持续提升,助推全市建设生态文明城市。

群众生活水平明显提升。城乡发展差距和居民生活水平差距逐步缩小,教育、医疗等社会事业全面进步,人民群众对美好生活的期待得到更好满足。

社会文明程度普遍提高。社会主义核心价值观深入人心,社会文明风尚更加浓厚,公共文化服务体系更加健全,贡井文化软实力、影响力、竞争力进一步提升。

社会治理效能显著提升。社会主义民主法治更加健全,社会治理新格局加快形成,发展安全保障更加稳固。 (撰稿:曾新 审稿:丁友华 朱歆逸)

03 大安区

基本情况

大安区地处四川盆地南部，位于自贡市东北部，辖区凤凰街、和平街、大山铺镇、新民镇环绕自贡城区。东连隆昌市，南接富顺县、沿滩区，西邻贡井区、威远县，北接威远县、内江市东兴区。属川南丘陵地区，群丘起伏连绵，介于东经104°44′～105°04′，北纬29°19′～29°28′之间，东西长36.9千米，南北宽23.1千米，辖区面积397.50平方千米。辖区平均海拔330米（±50米）。地貌形态为馒头丘、卓状丘等。气候属亚热带湿润季风气候，四季分明，阴雨天气多。年均降水量约918.3毫米，多集中于夏季。多年平均气温17.8℃。2022年，优良天数301天。

2022年末，全区户籍人口145010户，总人口400921人，其中城镇人口157486人，乡村人口243435人。区人民政府驻地广华路54号。

历史沿革

1949年12月5日，自贡市和平解放。同月18日，中共自贡市委派干部先后接管国民政府第六、七、八、九区政权。1950年3月，全市区划调整，大安列入第三区。1953年1月，第三区改为大坟堡区；1955年8月，"自贡市大坟堡区"改名为"自贡市大安区"。1957年1月，大安区与自流井合并，称自流井区。1959年1月，以大安盐厂为主，建立大安城市人民公社（区级）。1961年7月，政企分设，恢复大安区建制。1978年4月，撤销富顺县何市区，辖6乡划归大安区。2005年7月，划入富顺县所辖牛佛、庙坝、回龙3镇，划出红旗乡（归自流井区管辖）。2018年11月，与自流井区、贡井区进行区划调整，划减行政区域0.26平方千米。2022年末，辖凤凰、和平、大安、龙井、马冲口、凉高山等6街，新民、团结、大山铺、三多寨、何市、新店、牛佛、庙坝、回龙等9镇。

重要资源

土地。2022年末，辖区总面积397平方千米，其中：耕地188平方千米，园地11平方千米，林地46平方千米，森林覆盖率24.87%。农业耕地土壤分为水稻土、冲积土、紫色土、黄壤土。

矿产。共有4个品种，含岩盐、矿泉水、建筑用砂岩、砖瓦用页岩。岩盐矿经过长期开发，资源逐渐枯竭。建筑用砂岩、砖瓦用页岩分布广，储量大。

水利。辖区有大小河流10条,总长134.7千米,面积64.4万平方米,属长江流域之沱江水系。水库42座。石河堰140道。

植被。辖区有野生的草(藤)本植物100余种;粮食作物以水稻、玉米、红苕、小麦为主;经济作物以油、麻、蔗、灯草为主,经济林以柑橘、梨、桃等著称;蔬菜有11个大类,170多个品种,二叶子韭黄、葱黄、大白菜、辣椒等闻名于市区内外。

动物。偶见或常见的兽类动物20余种,禽类50余种,水族类动物30余种,爬行类动物10余种;饲养畜禽40余个品种,以猪、牛等8个品种为主。区域内有土著鱼类56种,隶属4目、12科、44属。

文物。2022年末,辖区内有不可移动文物353处。全国重点文物保护单位2处,省级文物保护单位15处,市、区级文物保护单位14处。5家国有单位藏有不可移动文物42件。自贡恐龙博物馆列入国家一级博物馆。

景区景点。2022年末,辖区有国家级旅游景区6处,其中国家4A级2处,3A级4处;老盐场1957、燊海井古盐场列入国家工业遗产。辖区有燊海公园、青龙湖、自贡玫瑰海、葛仙山、白鹭洲等自然风光,有牛佛镇、三多寨、大安寨、李亨祠堂、万寿宫、张氏节孝石坊等古镇古迹,有江姐故居、邓萍故居、烈士陵园等红色旅游资源以及中华彩灯大世界、方特恐龙王国等网红旅游打卡地。2022年,共接待游客1096.34万人次,实现旅游总收入120.34亿元。

基础设施

公路。2022年末,辖区有高速公路32.6千米、省道36.6千米,农村公路1045千米。其中,县道196千米、乡道289千米、村道560千米。辖区有内昆高速大山铺、成自泸赤高速自贡北等高速公路进出口2个。

桥梁。辖区有牛佛大桥、牛佛沱江二桥等60座公路桥梁。

航道。辖区有沱江为主的通航河流4条,通航里程71.5千米。其中:沱江通航里程39千米,为C级航区J2级航段;釜溪河通航里程10.7千米;威远河通航里程20.6千米;旭水河通航里程1.2千米。

车站。辖区内有客运站3个,即自贡东站、牛佛客运站、庙坝客运站。

教育。2022年末,大安区共有各级各类学校110所,教职工约3900人。其中普通高校3所,普通高中学校4所,初级中学3所,九年制学校7所,小学29所(含18所村级小学),特殊教育学校1所。学龄儿童入学率100%。此外,大安区还有公、民办幼儿园58所(民办34所),省、市直管中等职业技术学校5所。

医疗卫生。2022年末,有卫生机构19个,其中区级医院3个,基层医疗卫生机构15个,专业公共卫生机构1个。有卫生人员1716人,其中卫生技术人员1317人,乡村医生106人。

主要产业

农业。2022年末,农业增加值增长4.4%;粮食总产量11.07万吨;农村居民人均可支配收入21708元。3500万羽肉鸡一体化项目,出栏肉鸡2800万羽,产值10亿元,农户代养收益8680万元。累计培育家庭农场553个,农民专合社达221个,专业大户860家。建成酿酒专用粮产业基地6.5万亩,其中高粱4.8万亩,玉米1.7万亩,酿酒专用粮基地总产2.3万吨,总产值1.33亿元。

工业。2022年末,辖区内有张家坝老工业基地

● 老盐厂1957（大安区地方志办公室 提供）

● 梦幻海螺湾水世界（大安区文化广播电视和旅游局 提供）

● 三多寨梨花（大安区地方志办公室 提供）

转型升级示范区、自贡市大塘山锅炉产业园、大山铺铁路物流园。大安工业园区划定面积5.76平方千米，现已建成2.94平方千米。园区拥有企业66家，其中规模以上工业企业24家，高新技术企业14家，实现产值72.87亿元，实现税收0.72亿元，就业人数4800余人。

商贸。2022年末，社会消费品零售总额76.30亿元。进出口总额18.38亿元；新增限额以上商贸单位、规模以上服务业企业10户。

旅游。2022年，牛佛镇高店村成功创建省级乡村旅游重点村，自贡恐龙博物馆成功创建全国科普教育基地和省级文明旅游示范单位，燊海井古法制盐遗址成功创建四川省工业旅游示范基地，燊海井古法制盐遗址、中华彩灯大世界成功入选首批"全国非遗与旅游融合发展优选项目名录"。自贡 海井传统手工盐入选"2022四川特色旅游品牌"四川特色旅游商品；燊海井"自贡井盐传统熬制技艺"入围第六批省级非物质文化遗产代表项目；自贡方特恐龙王国荣获"2021成渝十大文旅产业地标"。中华彩灯大世界入选2022年国家旅游科技示范园区。

文旅品牌

老盐场1957。 景区系自贡大安盐厂遗址，始建于1957年，历经中国民族工业、化工城建设和改革开放时期。2017年，采用"工业遗存＋现代艺术＋地域文化"的设计主题，在保留原有建筑形态的基础上，融入现代元素，再次焕发蓬勃生机，被誉为自贡工业文明的名片。2018年大安老盐场1957被评为四川省首批工业遗产项目。

林森·梦幻海螺湾水世界。景区位于大安区燎北路，2020年6月20日建成开园。占地面积约12.2万平方米，总投资2亿元，是川西南地区占地面积最大的大型水上公园。建有无边框泳池、400米漂流河、水上滑道、百鸟归巢大水寨、眼镜蛇滑梯、星际穿梭滑梯等水上项目。

自贡玫瑰海。位于大安区团结镇，有溪流草地、欧洲田园、意境花海、古希腊花殿等一级景点4个，其他景点48个。古希腊花殿核心景区占地8.67万平方米，内设计规划纯欧式玫瑰花园景观，有珍惜玫瑰、月季花卉观赏、迷宫嘻嘻、爱情树许愿、古希腊12星座占卜、美惠瀑布定情、圣殿牵手等主题景观。规划占地333.33万平方米。以"玫瑰旅游季"为主题，开设江南油纸长廊、网红桥等20多组观赏景点、娱乐设施。

牛佛镇。国家3A级旅游景区。位于四川盆地南沿、沱江之滨，东与隆昌市黄家镇接壤，南与大安区回龙镇、沿滩区瓦市镇相邻，处于内江、自贡、富顺、隆昌四县市的中心点。全镇管辖面积75.95平方千米，辖18个行政村、2个社区，户籍人口6.7万余人，其中城镇人口0.9万余人。牛佛建镇迄今千余年，古镇内发源成型于明清的九街十八巷整体风貌保存完整，有中和灏、万寿宫、贺乐堂3个省级文物保护单位及多个市、区级文物保护单位，有远近闻名的美食牛佛烘肘、红萝卜龙、牛佛镇蒸笼。2014年被评为第六批国家级历史文化名镇，2020年被列入四川省全域土地综合治理第一批试点镇，并成功入选全国重点镇，是周边乡镇的商业中心。

风味美食

火边子牛肉。源于清乾隆年间，因质优味美、片薄如纸、酥香绵长而闻名遐迩。在1983年全国腌腊制品评比会上，自贡火边子牛肉得分最高，堪称中华民族饮食文化一绝。

● 牛佛古镇（大安区文化广播电视和旅游局 提供）

● 火边子牛肉（大安区地方志办公室 提供）

大安十大名菜。分别为葱葱鲫鱼、巴适干锅兔、十三香牛肉粒佐蜜柚、老坛肉、盐场嫩牛肝、手撕烤兔、水煮嫩鱼、酱爆蹄筋、风味干烧鲤鱼、牛肉蒸笼等。

发展定位

高品质生活宜居新区。 构建集约高效的生产空间、宜居舒适的生活空间、山清水秀的生态空间，全力打造川南渝西高品质生活宜居新区。

东部产业转移示范区。 围绕装备制造、先进材料、新基建、生物医药、文化旅游、现代物流、现代农业等优势特色产业，加快创建省级工业园区；探索"飞地经济"园区，构建"总部＋基地""研发＋配套"等产业园区合作模式，全力打造全市承接成渝和东部产业转移示范区。

西部陆海新通道次级枢纽。 推进对外快速交通网建设，构建现代立体综合交通体系，打通快速物流通道，依托国家文化出口基地建设，全力打造西部陆海新通道次级枢纽。

巴蜀文化旅游走廊。 加快建设和完善恐龙文化科技园、中华彩灯大世界、"盐都之心"等标志性文旅项目，打造青龙湖国际旅游度假区，创建天府旅游名县；打造成渝地区特色消费目的地的核心区域；全力打造巴蜀文化旅游走廊重要节点。

西部一流发展环境。 全力打造山清水秀的生态环境、和谐稳定的社会环境、优质高效的营商环境、风清气正的政治生态；建成生态文明建设先行区、创新社会治理样板区、一流营商环境示范区、县域政治生态优良区。

发展目标

到2025年，实现下以下目标：

经济实力显著增强。 地区生产总值达到300亿元，人均GDP达到7.05万元。

改革创新能力实现突破。 科技创新总体水平指数达到60%以上，研究与实验发展经费支出占GDP比重提高到1.5%以上，每万人有效发明专利拥有量达到5.5件。

人民生活水平明显提高。 城乡居民收入分别达到66270元和33290元，年均分别增长9.6%、10.3%；城镇登记失业率控制在4.4%以内。人均期望寿命提高到78.59岁。

生态环境质量明显改善。 森林覆盖率达到30%，城市污水处理率达到96%。

推进城乡融合发展。 新增建成区面积20平方千米以上。常住人口、户籍人口城镇化率分别达到58%、48%。

提升社会治理效能。 社会主义民主法治更加健全，基本建成"法治大安"。

（撰稿：郭泽鲁 审稿：王捷 王忠良）

04 沿滩区

基本情况

沿滩区位于四川盆地南部，沱江一级支流釜溪河下游，地处自贡市南部，介于东经104°40′～105°58′，北纬29°23′～29°67′之间。东与富顺县相连，西与自流井区毗邻，南与宜宾市交界，北与大安区接壤。沿滩区距自贡市中心13千米，距省会成都220余千米。辖区面积466.71平方千米。地处川南丘陵区，地势西北高、东南低。海拔高度在300～400米之间，最高海拔457.10米，位于富全镇蒲殿村纪灵山；最低海拔256.40米，位于邓关街道堰口下河坝。

2022年末，全区户籍人口394589人，其中，非农业人口127257人，农业人口267332人，常住人口29.4万人。常住人口中，城镇人口14.4万人，乡村人口15万人。区人民政府驻地开元中路10号。

历史沿革

沿滩区（原自贡市郊区），成立于1953年，其时辖地为今自流井、贡井、大安所辖部分地域的20个行政乡，即红旗、太平、永胜、三台、天池、黄桷、和平、民乐、新燕、爱国、团结、互助、胜利、世平、永安、新胜、建设、水平、新华、固胜。1959年2月，将分别属于富顺、宜宾两县部分地域划归郊区管辖。1961年7月，将郊区成立之初所划的地域分别划回自流井、贡井、大安3个区。1983年3月，郊区更名为沿滩区，时辖地全是从富顺、宜宾两县划拨的原部分地域。2005年8月1日起将沿滩区所辖的舒坪、仲权、漆树、高峰、农团5个乡镇划入自流井区，将富顺县所辖的仙市、瓦市2镇划入沿滩区。2007年7月1日，将四川省自贡个体私营经济发展园区管理委员会托管给自贡高新技术产业开发区。2019年9月，沿滩区撤刘山乡，将其所属行政区域划归永安镇管辖；撤邓关镇，设立邓关街道；撤卫坪镇，设立卫坪街道；同时对沿滩区的行政村进行调整，调整后沿滩区行政村由154个减少到108个。

重要资源

土地资源。全区12个乡镇街道农业用地368.267平方千米，其中，年末耕地265.47平方千米；园地14.27平方千米；林地41平方千米；草地0.33平方千米；设施农业用地0.6平方千米。建设用地81.47平方千米。

矿产资源。辖区矿藏主要有卤水（黑卤、黄卤）

及伴生天然气、砂岩、页岩、河沙等。资源储量420万吨。

水资源。辖区有河流11条，属沱江流域。其中，釜溪河为沱江一级支流，从自流井区流经沿滩区卫坪、仙市、沿滩、王井、邓关，长56.5千米，流域面积436平方千米。沱江从大安区流经沿滩区瓦市，长6.8千米。向家坝灌区北总干渠、长征渠等重大跨区域项目途经沿滩。

植物资源。辖区有野生植物有药材60余种，全区森林面积为11166.89公顷，森林覆盖率23.8%，主要树种有巨桉、香樟、女贞、黄桷树、小叶榕、马尾松、青冈、湿地松、柏木、银杏、香椿、杨树、桂花等。全区有古树19株，已录入全国古树名木管理系统。

野生动物资源。辖区有野生动物以鸟类、鱼类为主，有龟、鳖、野兔、红隼、白鹭、猫头鹰、布谷、斑鸠、乌梢蛇、菜花蛇、野鸡、野兔、隼科类等野生动物资源。有大型野生动物驯养繁殖养殖场6家，驯养繁殖的野生动物主要有舟山眼镜蛇、水绿蛇、乌梢蛇、黑眉锦蛇、霸王蛇、野鸡等。

基础设施

交通。2022年末，全区共有公路里程1700余千米，其中：高速公路53千米，普通国省道58千米，县道220千米，乡道295千米，村道501千米，组道576千米。沿滩主要通航里程67千米，渡口12道，码头23个，水路运输及生产作业船舶19艘。绵泸高铁、成自宜高铁在沿滩设有2个站点，内宜、成自泸赤、汉隆3条高速公路在沿滩形成互联互通环线，均设有出入口。

教育。2022年末，沿滩区有普通高中1所、初中11所，小学12所，九年制学校3所，独立建制公办幼儿园1所（另有民办幼儿园34所），特殊教育学校1所，教师进修学校1所，村小教学点32所。全区共有中小学生27120人，幼儿7010人，全区在编教师1910名。

卫生体育文化。2022年末，沿滩区现有医疗卫生机构258个。编制床位数1459张，实际床位数1224张。医疗卫生技术人员1158人。全区共有乡村医生201人。2022年，法定传染病报告发病率427.09/10万，低于全省平均水平。建成沿滩区社会心理服务分中心1个、各类心理咨询室112个，以村（社区）为单位心理辅导室建成率达100%。成立自贡市沿滩区家庭医生签约服务指导监督中心，组建家庭医生服务团队145个，签约22.88万人。有街道综合文化中心2个，乡镇综合文化站11个，村文化活动室92个，实现行政村基层综合文化服务中心全覆盖。全区有文化馆1个、美术馆1个、图书馆1个。

园林绿化。建成釜溪复合绿道一期工程、釜溪河沿滩区堤防工程、观音阁公园等，提升改造龙湖公园，新建社区绿化小广场6个。绿地增长157.9公顷，城镇绿地率41%，建成区绿化覆盖率45%，人均公园绿地面积13平方米／人。

主要产业

机械装备产业园。机械装备制造是园区最先发展的产业，经过10余年的发展，机械装备园建成为以锅炉设备、电力设备、金属复合材料为主导的产业集聚区。2021年园区建成标准化厂房5万平方米，汤森合金、西蜀电力金具等一批装备及电力设备企业投产，产业链得到进一步补充；大力开展"闲置资产大清除行动"，引入企业12户，盘活闲置厂房53276平方米，闲置土地73.32亩，实现不增土地增项目，不增土地增投资，不增土地增产值，不增土地增税收的目标；引入韵达产业园，建设辐射川南的物流基地，降低企业物流成本，提升园区物流服务水平。

西南（自贡）食品产业园。 园区控规面积达6.5平方千米，其中近期控规面积4.17平方千米，远期控规面积2.33平方千米。突出"产城融合"理念，规划"一园两心、三轴一带"布局，探索布局建设"特色食品小镇"。以农副产品加工、食品制造、饮品生产为主导，物流配送商贸休闲为补充，打造服务成渝、辐射西南的新型食品产业示范园区，着力建设成为西南知名的绿色食品产业聚集区和产城一体发展示范区。目前，已经建成水电气路等基础设施及22.5万平方米标准化厂房，签约引进企业52户，建成试运营生产企业6户。

川南新材料基地。 规划面积5.67平方千米，以能源化工、新材料为主导发展产业，坚持"生态优先、绿色发展、安全环保、资源循环"发展理念，发挥盐化工、氟化工比较优势，以头部企业为引领，延链发展有机氟新材料、新能源材料等先进材料产业，着力打造"盐——氯碱化工——氟化工新材料"一体化产业链，同步配套完善基础设施，打造千亿级先进材料产业集群。目前，基地引进企业18户，项目总投资96.34亿元，占地1.434平方千米，全部建成后预计年产值达153亿元，另有10个重点项目正在积极洽谈。

文旅品牌

川盐古道文化。 辖区釜溪河是自贡井盐外运的第一段，是盐运文化的沉积带，有着广博而厚重的盐运历史，由此而滋生的盐运文化则成为沿滩区的主体文化。

釜溪河全长73.6千米，流经沿滩区境长达59.9千米。其航道于清康熙三十六年（1697年）疏浚，

● 釜溪河盐运水路（沿滩区文化广播电视和旅游局 提供）

开启了从陆运转为水运的历史。围绕着盐业生产而进行的水陆运输衍生了川盐古道。古道线路上的聚落、古镇、会馆、驿站、码头，沿线文物古迹、民俗、生态文化等等，诸多文化因素而形成的盐运文化，则成为自贡井盐文化的重要组成部分。

美丽乡村游。 沿滩区统筹编制乡村旅游发展中长期规划，打造"信步沿滩 美过周末"乡村旅游品牌，培育观光农业、都市农业以及康乐养老产业，

● 2016年2月21日 第三届自贡沿滩黄市乡村旅游节开幕（沿滩区文化广播电视和旅游局 提供）

整合吃、住、行、游、购、娱等旅游要素，形成了特色农业产业带、文化旅游带、新农村建设示范带，建成了仙市古镇国家4A级旅游景区、瑞鑫火箭湖国家3A级旅游景区、九洪瓜椒基地、百胜慢餐文化产业园、彩灯之乡文化创意园、永安十里桃缘、永安观音湖景区等特色景区景点和熙园山院、盐帮客栈、百胜慢餐民宿酒店等一批乡村酒店。每年定期开展仙市古镇风情节、九洪西瓜节、黄市玫瑰香橙采摘节、刘山樱花节、富全李子节等乡村文化旅游活动，市民可以参与暴走、骑游、赏花、采果、垂钓等常态化的活动，为市民提供了周末好去处，形成了"周末经济"效应，带动了旅游消费。

版画之乡。沿滩区是自贡民间版画文化的发源地和聚集地，有丰富的文化底蕴，有丰厚的民间文化资源，有广泛的群众基础。早在20世纪80年代，沿滩农民版画就在全省小有名气，中央电视台、韩国电视台及《人民日报》《自贡日报》等多家媒体专门介绍和推介过沿滩民间版画。沿滩版画作品已经逐步走向全国，每年都有部分优秀作品入选全国、全省版画作品展。

风味美食

黄市锅巴鲫鱼。美食起源有一个动人的故事，相传民国年间，自贡盐商龙老板妻张氏和儿子龙天赐不受待见。龙老板母亲去世了，长子天赐要去寺里守孝三月，与和尚们一起茹素。天赐每天熬夜读书，粗茶淡饭，身体每况愈下。母亲张氏看在眼里急在心里，半夜偷偷进厨房捡到两条小鲫鱼做给天赐吃，因为油少，将鲫鱼烙糊了烹煮，阴差阳错却做出了盐商们必点的盐都美味之一。民国时期，锅巴鲫鱼曾一度销声匿迹。到了20世纪80年代，黄市镇街居民晏铭政经过搜集整理，得到配方并对其进行了改良，让黄市锅巴鲫鱼再次面世；其徒弟李凯师承至今，更是让黄市锅巴鲫鱼名声大振。

九洪五彩茄柳。茄子是百姓餐桌上的一道寻常蔬菜。唐代诗人白居易就有诗写道："布衾不周体，藜茄才充腹。"但是茄子这个常见的食材，经过盐都厨师们的妙法烹制，化腐朽为神奇，最终让"五彩茄柳"成为自贡市盐帮菜的十大名菜之一。"五彩茄柳"承载着盐都风情的源远流长，"五彩"二字，代表自贡彩灯。自贡彩灯有着天下第一灯的美誉，驰名中外备受好评，在世界上许多地方都有自贡彩灯的身影。每一个五颜六色的灯组，无不体现自贡人民的勤劳和智慧。

王井生炝腰花。王井镇是老川云公路边的一座百年小镇，以前作为富荣盐场"下五挡"之一的井灶地，热闹非凡。三百多年来，留下了许多动人的传说。这道"生炝腰花"，就和长奶夫人有关系。王井镇距场二里许有一块地方叫"葫芦堡"，这儿有楼宇巍峨的朱姓大府，其主人就是清朝咸丰皇帝的奶妈长奶夫人。随她进京的还有一道盐商名菜——生炝腰花。

王井仔乌鱼。1995年前后，"渔溪鱼"进入自贡，生意火爆。受此启发，罗清白整理和再次开发仔乌鱼，在镇上开了一家乌鱼馆叫"王井罗络二胡乌鱼馆"，将乌鱼的制作方式进行了改良，挑选仔乌鱼自创了家常味。制作方式的增多，加之味道不错，"酒香不怕巷子深"的道理让这家乌鱼馆红遍自贡。王井仔乌鱼在二十世纪末达到了顶峰，成为自贡盐帮菜的创新菜。王井仔乌鱼馆部分经营商家已经走出王井，将分店开在了自贡市区以及富顺县。王井仔乌鱼也成为王井镇一张响当当的名片。

发展定位

再造"产业自贡"重要承载区。充分发挥全市工业发展主战场优势，培育竞争优势突出的特色主导产业（化工新材料为主，食品饮料、装备制造为辅），打造成渝地区重要的先进制造业基地，争创国家新型工业化产业示范基地。

川南渝西融合发展先行区。加快推进与成渝地区南翼区县各领域深度合作，构建区域协同发展新格局；推动北部区域与自贡主城区融合发展，构建城市融合发展新格局；推动三次产业相融互促，构建产业融合、产城融合、城乡融合发展新格局。

自贡对外开放示范区。主动融入国家重大战略，强化有利于提高资源配置效率、有利于调动全社会积极性的重大改革开放措施，构建高水平开放体制机制；加强与RCEP贸易伙伴国之间产业链衔接，推动"沿滩制造"融入国内国际双循环；依托彩灯嘉年华、商务会展、电竞体育等活动，创造沿滩文化娱乐知名品牌，提升区域影响力。

发展目标

综合实力迈上新台阶。全区地区生产总值"十四五"末突破400亿元，基本实现翻番。发展质量效益持续提升，新型城镇化加快推进。

改革开放水平全面提升。融入成渝地区双城经济圈建设取得标志性成果，与川南渝西区县合作更加紧密，基础设施互联互通、区域产业协作配套、公共服务对接共享、生态环境共建共治水平进一步提升，农业农村、基层社会治理等领域改革走在全省前列，营商环境达到一流水平。

社会文明程度持续提高。社会主义核心价值观更加深入人心，全国文明城市创建成果进一步巩固。

生态文明建设全面进步。绿色低碳生产生活方式基本形成，环境突出问题得到有效治理，能源资源配置更加合理，森林覆盖率、城区绿化率不断提高。

人民生活水平显著提高。实现充分就业，城乡居民收入差距持续缩小，常住人口城镇化率大幅提升，公共服务便利共享水平明显提高，文化体育、社会保障、住房、养老等公共服务体系更加健全。

治理效能显著增强。社会主义民主法治更加健全，基层社会治理精细化水平明显提高。重大风险防范化解能力、突发公共事件应急能力、防灾减灾救灾能力显著增强。（撰稿：黄鲜艳　审稿：韩家洪　郭玲平）

05 富顺县

基本情况

富顺县地处四川盆地南部,沱江下游,自贡市东南部。位于东经 104°40′~105°16′,北纬 28°55′~29°19′之间。辖区面积 1342 平方千米,东连内江市隆昌市,西靠自贡市沿滩区,南接泸州,东北与隆昌市临界,西北与自贡市大安区相连,西南与宜宾接壤。西北陆路距省会成都市 200 余千米,距自贡市区 31 千米;东南距重庆市陆路 185 余千米。内(江)宜(宾)高速公路、内(江)昆(明)铁路、(四)川云(南)公路(省道 S206)穿境而过。沱江水路可上溯内江、资阳等县市,顺流至泸州入长江。县域地质北部系自流井凹陷南缘,东南部属川东帚状褶皱束,华蓥山褶断带的西南延伸部分。沉积岩

● 富顺县城全景(富顺县地方志办公室 提供)

层巨厚，褶皱舒缓，有褶皱构造和断裂构造19个。地表丘陵错综起伏，主要形态为馒头形丘陵、方山丘陵和高台丘陵。丘陵间，冲、沟、塝、坳、沟谷纵横切割。沱江由北向南纵贯县境，辖区河段长94千米，年径流总量16.61亿立方米；有镇溪河、釜溪河（荣溪）、石灰溪、大城河（锡溪）等一级支流79条，铁钱溪等二级支流127条，三级以下小支流149条，形成以沱江河段为主体的树枝状水系网。大小溪河367条，其中，长度10千米以上，流域面积30平方千米以上25条；长度50千米以上，流域面积100平方千米以上3条。

2022年末，城镇常住人口31.1万人，乡村40.4万人，县人民政府驻地釜江大道中段196号。

历史沿革

宋代设戟（詹）井、邓井等13镇。明朝每110户为1里，全县编户91里。清康熙三十年(1691年)，设4乡8路（县为4乡、乡辖8路）；乾隆二十二年(1757年)，颁布保甲制，县城及八路设保104个。北洋政府时期，改保为团，全县设团111个；民国二十三年（1934年），合并111团为68个乡镇；民国二十八年（1939年），划出自流井为中心的7乡镇设立自贡市，全县行政区划调整为5区68乡镇。1950年，改4区53乡为16区212乡；1955年，精简调整，全县设10区、1县辖镇、78乡；1958年，改乡为人民公社，设8区53公社；次年，划出10余公社归自贡市管辖，余7区43公社5镇；1983年，恢复乡镇建制。2001年4月，撤区并镇，全县辖27镇、4乡；2005年7月，自贡市区划调整，县域庙坝、牛佛、回龙三镇划归大安区管辖，瓦市、仙市两镇划归沿滩区管辖，辖22镇、4乡。2022年末，全县辖16个镇、1个乡、3个街道、203个村、74个社区。

重要资源

土地资源。辖区土壤主要由新冲积、老冲积、夹关组、蓬莱镇组、遂宁组、沙溪庙组、自流井群、须家河组等8个母质组成。其中，侏罗系沙溪庙组分布在中、低丘地区，面积最大，约占总面积69.28%。有水稻土、冲积土、紫色土、黄壤土四大土类，以水稻土类为主，约占总面积的30%。

矿产资源。辖区有矿产资源14种，矿产地128处。其中，天然气7处，煤炭7处，石灰石12处，石英砂岩6处，陶瓷原料5处，建筑石料9处，页岩65处，建筑用砂砾8处，天然卤水2处，油页岩3处，菱铁矿2处，沙金1处，石油1处。

基础设施

城乡建设。2022年，空间布局更加优化，"三区三线"（即生态、农业、城镇三类空间，生态保护红线、永久基本农田和城镇开发边界三条控制线）划定成果获批启用，乡镇级"四大片区"（即中部古县城乡融合片区、东部稻粱科技发展片区、西部生态种养循环片区、南部文旅农经综合片区）国土空间规划编制完成，交通、应急等片区专项规划协同推进，国土空间"一张图"监督信息系统基本建成。基础设施日趋完善，怀德大桥竣工通车，成自宜高铁富顺段、S436东湖至富世段加快推进，新改建农村公路108.6千米。城乡供水一体化等项目开工建设，赵化110千伏输变电站建成投运，改建农村电网305.3千米，更新改造燃气主管网26.7千米。釜溪河大桥、西禅寺隧道等项目进展顺利，新增智慧停车位4000个。入围省级海绵城市建设示范城市，赵化镇获评首批省级百强中心镇。人居环境美化提升，拆除违法建筑8万平方米，改造光控路灯1.2

●富顺县华英实验小学校（富顺县地方志办公室　提供）

●富顺县元宵节巡游演出活动（富顺县地方志办公室　提供）

万盏，整治英雄路等背街小巷10条，新改建公厕14座，安装道路硬质隔离6千米。实施农村人居环境整治重点县等项目3个，建成村级污水处理设施45套，改造户厕7500户。2022年被评为省级文明城市、历史文化名城。

交通运输。2022年末，全县公路总里程3291.4千米。其中，等级公路3285.2千米。等级公路中（按照统计口径，包含高等级公路），高速公路68.4千米，一级公路24.4千米，二级公路77.2千米，三级公路123.4千米，四级公路2991.8千米，等外级公路6.2千米。2022年末，全县有营运出租车260辆、营运公共汽（电）车113辆，开通公交线路18条，营运里程164千米，公共汽车客运总量1928万人次。

教育。2022年末，全县拥有各级各类学校（园）188所。其中，幼儿园107所，专任教师1147人；普通小学24所(小学教学点42个)，专任教师3242人；普通中学54所，专任教师3773人；特殊教育学校1所，专任教师45人；中等职业教育学校1所，专任教师315人；电大进修校1所。

文化体育卫生。2022年末，全县有公共图书馆1个，藏书11万册，文化馆1个，县级以上文物保护单位80处，街道、镇乡综合文化站20个，文艺表演协会和团队26个，参与县上各类群众文化活动40场次。全县广播节目综合人口覆盖率100%；电视节目综合人口覆盖率100%。其中，有线电视总用户12.95万户，有线电视入户率45.6%。全县建有体育馆3座、农体工程203个。全县有体育协会21个。全年举办县级以上运动会120场次，县内运动员获得省级以上奖牌63块。其中，金牌27块、银牌11块。全县有医疗卫生机构670个（含村卫生室、诊所）。其中，村卫生室520个，医院19个，卫生院17个，社区卫生服务中心（站）5个，妇幼保健院1个，卫生监督执法大队1个，疾病预防控制机构1个。医疗卫生机构拥有床位5272张，医疗卫生机构人员5889人。其中，执业（助理）医师1750人，注册护士1966人。

主要产业

工业。以化工新材料、机械制造、消费品工业为主导的产业体系基本形成，2022年，晨光经开区跨江发展正式启动并加快推进，入选省第三批院士（专家）产业园，新增园区承载力0.81平方千米，全县完成工业投资42亿元、增长52%，新增规上工业企业10户。

服务业。时代广场等6个商业综合体、富丽等3个星级酒店建成投用，文庙·西湖4A级旅游景区创建成功，狮市古镇、赵化古镇建设进展顺利，商品房、汽车等消费多元发展。2022年，赵化古镇创成4A级旅游景区，举办啤酒美食节等系列消费促进活动，新增限上商贸单位71户、规上服务业企业16户。

农业。现代农业园区初具规模，2022年，粮猪生产能力不断提升，粮食总产量56.5万吨，实现十八连增，出栏生猪62万头；培育创建龙贯山稻粱省星级现代农业园区。

文旅品牌

富顺西湖。位于富顺县城内，是一座人工修饰的天然湖，南大北小，形似平放的葫芦，素以荷花闻名。西湖原是钟秀、神龟、五府、玛瑙诸山雨水汇流的自然洼地，早在宋代即已疏凿，砌石为堤，隧成湖泊，"湖阔六七里"。经历代培修点缀，湖上有九曲桥、红蕖榭、碧波亭等可供游人休憩，湖面逶迤，亭榭呼应，曲桥勾连，荷花映日，莲叶接天，垂柳列岸，有"天下西湖三十六，富顺西湖甲四川"之誉。

富顺文庙。位于富顺县城，始建于北宋庆历四年（1044年），系仿山东曲阜孔庙营建，是我国史记1800多座文庙中现保存完整的29座之一。宋、元、明、清进行过二十余次修葺，整个建筑具有南方古建筑的风格，被誉为四川古文庙之首。文庙建筑坐北朝南，面阔46米，纵深160米，占地6000余平方米，红墙环抱，布局严谨，南北中轴线上依次布置数仞宫墙、泮池、棂星门、大成门、大成殿、崇圣祠、敬一亭，厢房对称两侧，组成三进庭院。大成殿内有孔子、四配十二哲塑像17尊，敬一亭内有唐代吴道子绘的石碑阴刻孔子全身坐像，庙内泥塑、木雕、石刻人

● 富顺西湖（富顺县地方志办公室 提供）

● 富顺文庙（富顺县档案馆爱国主义教育基地 提供）

物花卉、龙凤禽兽比比皆是，刻艺精湛，刀法遒劲，图案优美，栩栩如生，宏阔凝重，鼎甲蜀中，是古代建筑艺术珍品。特别是崇圣祠正脊宝鼎内的"裸体童人"，造型生动，属中外文庙罕见。

狮市古镇。位于富顺县北部，距县城10余千米。狮市原名狮子滩，发展至今已有1000多年的历史，是沱江河畔一个重要的驿站和水码头，在自贡井盐外运及商品运输等方面，有着显著的历史功勋，堪称沱江河上一颗璀璨明珠。狮市镇先后获得"省级历史文化名镇""特色小镇""百镇建设试点镇""乡村振兴先进镇"等荣誉。

青山岭森林公园。位于琵琶镇，属人文景观与自然景观相结合的自然风景区。景区面积达33.33余平方千米，海拔高度500米左右，大小湖泊贯穿于高山深谷之中，森林覆盖面积达26.67平方千米。园内旅游资源丰富，地文景观类的有蚀余景观、奇物与象形山石湖泊；水域景观有湖泊旅游资源、天池湖；生物景观有树木、奇花异草、草坪、各种动物；古迹与建筑类景观有普法寺、观景塔、田园风光等。区内景点有几十处，著名的天景有云雾、虹霞；水景有天池泛舟；石景有神龙出山、仁和梯田；名胜

● 狮市古镇一角（狮市镇政府 提供）

古迹有普法寺、小峨山。小峨山上普法寺寺庙边一棵松树倾身侧向寺院，枝叶特别茂密翠绿，人们称之为"佛林"。地名叫"猪腰子"的"风水宝地"上，以龙凤呈祥生双子的奇特村寨远近闻名。

风味美食

富顺县风味美食除入选"天府旅游美食"的富顺豆花，还有水糖糕糕、粑粑肉、陈皮兔等。

水糖糕糕。富顺县狮市镇特产，发源于清康熙年间，属自贡二十大糕点之一。水糖糕糕以天然香料、红糖、冰糖、橘红、糯米粉、芝麻等为配料，经过打、蒸后精制而成。吃起来香气浓郁、质地软糯、软绵香甜、软而不黏、绵而爽口、甜而不腻。

富顺粑粑肉。又称杂烩、头个碗、镶碗（也叫香碗），是富顺县的一种特色传统美食。用肥瘦相间的猪肉，加适量老姜、香葱头，剁成细末，然后加适量鸡蛋、豆粉、盐及味精、清水，用力搅拌均匀，入笼蒸制，冷却后开条切片，配以酥肉、黄花、木耳、芋儿等装碗，蒸熟食用。

陈皮兔。冷吃兔作为一种著名四川小吃，在全国范围内享有盛名。然而经过富顺人民的改良创新，在其中加入中药陈皮，制作出与众不同的陈皮兔。吃起来干香、麻辣、酥脆、色泽红亮、陈皮味浓，兔肉鲜香入味。

发展定位

建设四川经济强县。突出创新引领，加速构建支撑县域经济超常跨越和高质量发展的现代产业体系，地区生产总值全省排位稳步提升，发展质量持续提升。

建设四川文化教育强县。坚持"崇文重教、文教融合"，升级打造千年古县、才子之乡、豆花之城"三张名片"，争创天府旅游名县，深入实施"盐都未来工程"，培育发展一批川内知名学校、特色学校。

建设四川乡村振兴先行区。在村级集体经济提质发展、现代农业高效融合、基层社会治理实践创新等方面先行先试，形成一批可复制、可推广的富顺经验；持续擦亮"富顺，再生稻之乡"等金字招牌，促进农业高质高效、农村宜居宜游、农民富裕富足；推动城乡经济社会发展一体化、基本公共服务均等化。

建设四川绿色发展示范区。以"两山"（指金山银山不如绿水青山，绿水青山就是金山银山）理论为指引，构建绿色生态的生产生活方式和建设运营模式，共建沱江绿色发展经济带。

建设四川高品质生活宜居滨江之城。加速融入成渝地区高品质生活宜居地建设，统筹构建"一城四中心"城镇体系，基本实现城市"双三十五"（指到2025年，县城建成区面积达到35平方千米，城市人口规模达到35万人）发展目标。

发展目标

总体目标。加快建设成渝地区双城经济圈有影响力的中等城市，突出经济高质量发展，增强"底气"；突出人文内涵彰显和教育品牌培塑，厚植"底蕴"；突出城市功能品位提升和乡村振兴发展，打好"底子"；突出生态优先绿色发展，守住"底线"。坚持生产、生活、生态"三生融合"，形态、文态、业态"三态合一"，实现全面协调发展。

奋斗目标。到2026年，力争地区生产总值突破500亿元，地方一般公共预算收入突破20亿元，全社会固定资产投资达到260亿元，社会消费品零售总额达到210亿元，城乡居民人均可支配收入分别达到57000元、31000元。

（撰稿：张陶　审稿：吴宗利　余德财）

06 荣县

基本情况

荣县地处四川盆地南部，属自贡市管辖，位于东经104°03′~104°40′，北纬29°08′~29°38′之间。东邻威远、贡井，南界宜宾，西连井研、犍为，北接仁寿。辖区面积1606.43平方千米，辖19个镇、2个街道。地形由丘陵、低山、平坝及沟谷组成，地势西北高，东南低，海拔多介于350~450米，最低288米，最高901米。最高处为双古镇四合厂村的尖子山。地貌分区特征较明显，由北向南波状起伏，北部多为低山高丘地形；中部多为低丘、中丘地形；南部多为中丘、高丘地形。平坝主要分布在沿河两岸。荣县属中亚热带季风气候区，大陆性季风气候显著，四季分明、气候温和、降水充沛。冬暖，雨水少；春早，气温波动大；夏季炎热、潮湿，雨水集中，多雷暴，初夏多干旱，盛夏多局部洪涝；秋季气温下降快，雨日多。2022年全县平均气温18.8℃，较常年偏高0.9℃；年总降水量814.3毫米，较常年偏少13%；总日照时数为1364.9小时，较常年偏多97.4小时。

2022年，全县总户数221500户。其中，乡村170722户，城镇50778户。总人口647115人，户平均人口2.92人；人口密度为每平方千米403人。2022年末，全县常住人口46万人，居住在城镇的人口占常住人口比重为44.68%。辖区居住有回族、藏族、苗族、彝族等少数民族。县人民政府驻地旭阳镇荣州大道一段1号。

历史沿革

荣县历史悠久。远古时代，被后人尊为中华人文始祖的轩辕黄帝（公元前2717—公元前2599年）统一天下，黄帝有一子名青阳，相传封于荣地，荣地为青阳封国。此后，相传荣地为古夜郎国，《太平寰宇记》云："荣州，和义郡，今理旭川县，禹贡梁州之域，古夜郎之国。"西周时为荣公封国，荣公名列佐武王十大功臣之一，荣地为其封国。秦为蜀郡南安县地。西汉时属犍为郡南安县。晋义熙十年（414年），因荣地有铁山产铁，置为冶官县。隋开皇十三年（593年），在今县城设大牢县治。唐贞观元年（627年），设为旭川县治。宋改县名为"荣德"，明代起称"荣县"至今。从唐永徽二年（651年）起，至明洪武九年（1376年），先后为荣州、和义郡、绍熙府、绍熙军民宣抚司、绍熙路总管府的治所。《蜀中广记·名胜记》云："荣虽山谷间，实为郡国一都会。"特别是唐、宋、元时期，曾建过荣王府，先后封有14位荣王。宋光宗赵

● 荣县镇南塔（俗称白塔，建于宋代）（荣县文化广播电视和旅游局 提供）

悖继位之前，来此任过3年荣州刺史。爱国诗人陆游也曾任荣州知州。1911年9月25日，吴玉章、王天杰在县城宣布荣县独立，建立军政府，敲响了中国最后一个封建王朝的丧钟，荣县独立比武昌起义早半个月，"首义实先天下"。民国元年（1912年），设县公署，隶属嘉定府。民国二十四年（1935年），隶属四川省第二行政督察区专员公署，县公署更名县政府。1949年12月6日，荣县解放，隶属川南行政公署资中专区（后名内江专区）。1978年4月，荣县划归自贡市。

重要资源

矿产资源。2001年矿产普查，全县发现主要矿产13种，矿产地111处，主要矿产为天然气气田、煤井田、岩盐、石灰岩、石英砂岩、陶瓷原料、页岩矿等。其中：煤炭资源储量5416万吨，岩盐资源储量60亿吨，石灰岩矿资源量2.73亿吨，长石石英砂岩查明资源量3947.03万吨。2011年，探明较好煤质储量1亿吨以上。2016年探明全县页岩气储量达到5000亿立方米。

水资源。荣县河流可分为两大水系六个流域，即岷江水系的越溪河流域、沙溪河流域、芒溪河流域；沱江水系的旭水河流域、中溪河流域、威远河流域。荣县辖区共有大小河流72条，总长934.25千米。有小井沟水库和双溪水库，小井沟水库位于保华镇，最大坝高88.37米，库容1.66亿立方米；双溪水库位于县城北，库容5800万立方米。2022年水资源总量4.19亿立方米，年末总蓄水量1.61亿立方米（包含小井沟水库）。

基础设施

交通和旅游。2022年，全县公路总里程2974.54千米。其中，高速公路101.44千米（有乐自高速、内威荣高速和成宜高速），国道57.88千米，省道244.78千米，县道503.71千米，乡道740.88千米，村道1325.85千米。全县有A级及以上旅游景区2个。

教育和科技。2022年，全县共有幼儿园122所，小学26所，初中24所，普通高中4所，特殊教育学校1所，中等职业学校1所。全年实施科技项目9个。全年专利申请数135件，其中发明专利11件，实用新型65件和外观设计59件。全年专利授权数216件。

● 乐自高速（荣县农业农村局 提供）

● 荣县土陶仓库（荣县科技和经济信息化局 提供）

● 荣县茶园（荣县科技和经济信息化局 提供）

文化、卫生和体育。2022年，全县共有县及县以上文物保护单位69个，其中国家级4个、省级9个、市级15个、县级41个。全县拥有文化馆（站）27个，公共图书馆1个，广播电台1座，电视差转台1座。年末全县共有医疗卫生机构539个。医院、卫生院床位3564张。现有体育场馆2个。

主要产业

盐产业。拥有自贡驰宇盐品有限公司等龙头企业。以"来牟片区"为载体，主动承接成渝地区盐及盐的精深加工企业逐步向片区搬迁聚集，通过招商引资、兼并重组等多种形式入驻片区，形成井盐产业集群。2022年实现规模以上产业产值2.6亿元。

陶产业。拥有顺发陶业、双龙陶业等龙头企业10家，产品涵盖酒缸、酒坛、陶砖等工业陶，茶具、酒瓶等日用陶，花瓶、雕塑品等文创陶，其中荣县陶酒坛全国市场份额占比达45%。"荣县土陶"获批国家地理标志证明商标，荣县被命名为"中国（西部）陶都"。2022年实现规模以上产业产值7.5亿元。

茶产业。拥有四川黄金叶茶业、四川菲乐茶业、自贡市春兰茶业等龙头企业以及来牟镇一洞桥村及铁厂镇石笋沟两大茶叶基地。现有规模以上茶叶加工企业20家（国家级农业产业化经营重点龙头企业1家，省级农业产业化经营重点龙头企业3家），全县注册有"龙都""绿茗春""黄金叶""春兰芗"等商标10余个，"龙都"商标为中国驰名商标，"龙都香茗"为四川十大名茶。建成了川内最大出口茶标准化生产基地，获评"中国花茶之乡""四川省茶业十强县"。2022年茶业加工企业实现规模以上产业产值20亿元。

中医药产业。拥有旭阳药业、金岁方药业、巴尔动物药业等龙头企业，相关企业参与了中药直接服用饮片质量标准制定，是中药最细粉制备关键技术首创者。目前中医药生产企业取得药品批文50余个，可生产各类片剂、颗粒剂、丸剂等中成药及中兽药。2022年实现规模以上产业产值47.1亿元。

文旅品牌

辛亥首义之地。1911年9月25日，吴玉章、王天杰、龙鸣剑等在县衙门召集全县各界人士大会，宣布荣县独立，建立起全国第一个脱离清王朝的县级政权——荣县军政府。荣县独立比武昌起义早15天，开辛亥革命独立之先河，孙中山先生赞誉"首义实先天下"。

中国诗书之乡。荣县地处川南丘陵地带，古曾称荣州。这块肥沃的土地和波澜起伏的地形，孕育了荣州人淳朴热情向上的文化性格和精神面貌。早在南宋大诗人陆游赴任荣州州官时，就曾赋予"其民简朴士甚良，千里郁

● 辛亥革命首义荣县军政府旧址（荣县党史研究室 提供）

为诗书乡"的美誉。古往今来，荣州大地人才辈出：清代大学士赵熙；近代史上领导了"荣县起义"的龙鸣剑、王天杰；杰出的无产阶级革命家、教育家、语言文字学家吴玉章；以及当代著名的诗人、作家、书法家、画家傅仇、柳倩、祁人、詹联科、万钟等，为荣州大地"诗书乡"积淀了深厚的文化内涵和宝贵的精神财富。

中国民间文化艺术之乡——农民漫画。荣县双石镇（农民漫画）于2008年被国家文化部授予"中国民间文化艺术之乡"称号。双石农民漫画用简单独特的夸张、比喻、象征手法描绘民间生活，具有较强的社会宣传性，其反映民族精神，宣传民主思想和时代风貌，抒发个性的独特艺术品位，使得双石农民漫画成为绘画艺术中的瑰宝，在自贡市荣县近现代绘画史上占有重要的地位。

中国森林养生基地。高石梯省级森林公园，是典型的川南低山地貌自然景观。山间沟谷深切，形态奇特。林海四季翠绿，被林学专家誉为盆中地区的"绿色基因库"。清末，被基督教会华西教区作为外国人在四川的四大避暑胜地之一，目前还有40余处别墅遗址。2018年高石梯森林公园被中国林业产业联合会授予"中国森林养生基地"称号。

风味美食

荣州麻辣鸡。麻辣鸡制作极为讲究。其麻辣香气扑鼻，色泽

● 荣县"三绝"：麻辣鸡、浑浆豆花、羊杂汤
（荣县地方志编纂中心 提供）

金黄鲜亮，让人未食而心动。入口，肉质细嫩脆爽，肥而不腻，麻得舒服，辣得可爱。

荣州浑浆豆花。浑浆豆花呈白色，不涩口，口感更顺滑，且微甜，由浑浆煮出来的"灰馍儿"，爽口、嫩滑、香甜，美味无比。

荣州羊杂汤。羊杂汤用羊的全部骨头加老姜和葱白等慢火熬制数小时而成。一碗雪白的羊肉汤，就着葱花、芫荽（香菜）盛于陶瓷的碗或盆上桌，加上一点点的盐粒立马增色十分。

发展定位

立足打造融入成都都市经济圈的桥头堡和先行区，坚定不移实施"农业稳县、工业兴县"两大战略，加快建设融入成都联结川南的新兴工业腹地、成渝地区特色农业产业基地、全省电商产业集聚地和巴蜀文旅走廊特色旅游目的地，努力走出符合荣县实际、体现荣县特色、服务战略全局的新时代高质量跨越发展新路。

发展目标

经济综合实力实现新跨越。在提高发展平衡性、包容性、可持续性的基础上，创建成为全省县域经济发展先进县和省级全域旅游示范区。地区生产总值年均增长7%，力争2025年突破350亿元。

转型升级发展实现新跨越。到2025年，绿色优质农产品比重达到25%以上，培育"三百亿食品饮料加工及配套"主导产业。

改革创新能力实现新跨越。农村改革综合试验、城乡融合发展综合改革、要素市场化配置改革等重点领域取得实质性成效，基本形成功能完善、特色突出、合作共享的县域特色创新体系和创新经济形态，发展动力和活力进一步增强。

生态环境品质实现新跨越。"三生融合"（"三生"指生态、生产、生活）发展模式初步构建，"两库两河"（"两库"指双溪水库和小井沟水库，"两河"指旭水河和越溪河）绿色长廊和集中式饮用水源涵养林建设达到更高水平，全力建设"天蓝、地净、水清"的美丽荣县。到2025年，主要污染物排放量控制在上级下达的指标以内，空气质量优良天数比例保持在91%以上。

民生福祉水平实现新跨越。城乡居民收入增长与地区生产总值增速基本同步，民生改善指标接近全省水平。到2025年，城乡居民人均可支配收入年均分别增长8.5%、9%以上，城镇登记失业率控制在4.4%以内。

社会治理效能实现新跨越。基本建成智慧城市管理服务系统，社会法治水平全面提升，城乡基层治理制度更加完善，发展安全保障更加有力。

（撰稿：刘晓东 审稿：李明 彭容）

泸州市

基本情况

泸州市位于四川省东南,介于东经105°09′~106°23′,北纬27°40′~29°20′之间。东与重庆市和贵州省接壤,南与贵州省交界,西与云南省和四川省宜宾市、自贡市相连,北接四川省内江市和重庆市。地形地貌总体北低南高,境内大部分为1000米以下低山,少数中山,全市最高海拔1902米、最低处仅203米。主要山脉有叙永丹山等14条。全市喀斯特地貌发达,面积2439平方千米,占全市辖区面积20%。2022年末,全市辖区面积1.2万平方千米,总人口425.4万人。

历史沿革

泸州古称江阳。在夏、商时属梁州之域。周代属巴国辖地。周慎靓王五年(公元前316年),秦灭

● 长江与沱江交汇处就是泸州主城区(荣忠远 拍摄)

● 泸州渔子溪生态湿地公园（泸州市委宣传部 提供）

巴、蜀，设置巴郡，辖有包括泸州在内的大片土地。据里耶秦简资料记载，江阳县在秦代即已存在。西汉景帝前元六年（前151年），封苏嘉为江阳侯。汉武帝建元六年（前135年），置犍为郡，领江阳县。东汉建安十八年（213年），置江阳郡。梁武帝大同年间，置泸州。隋炀帝大业三年（607年），改泸州为泸川郡。唐高祖武德元年（618年），复置为泸州。民国初改泸州为泸县，民国二十四年（1935年），设置四川省第七行政督察区。1949年12月泸县解放，泸州先后为川南人民行政公署（省级）、泸县区行政督察专员公署（地级）、泸州专区专员公署（地级）、泸州市（川南行署辖、地辖）所在地。1960年7月，撤销泸州专区，所属市县划归宜宾专区。1983年3月，从宜宾地区划出泸州市、泸县、纳溪县、合江县，成立省辖泸州市（地级），下辖一区（市中区）三县。1985年6月4日，叙永县、古蔺县划归泸州市管辖。1996年7月1日，泸州市行政区划调整，设江阳区、龙马潭区、纳溪区和泸县、合江县、叙永县、古蔺县，市政府驻泸州市江阳区大山坪。

重要资源

水文河流。梁武帝大同年间，"远取泸水以为名"，"泸州"作为地名沿袭至今。市内河流湖泊众多，长江由西从纳溪区大渡口镇进入泸州，流经纳溪区、江阳区、龙马潭区、泸县至合江县望龙镇入重庆，横穿全市133千米，江面宽600—1300米。境内汇入长江主要支流有永宁河、沱江、龙溪河、赤水河。湖泊主要有海潮湖、玉龙湖、凤凰湖、红龙湖、黄龙湖等。水资源总量大，但分布不均，开发较难。主要河流有长江干流、沱江、赤水河、古蔺河、永宁河、塘河、濑溪河、东门河等。

鱼类生物。境内河流深切，河谷陡峭，长江自西向东横贯境内，沱江、永宁河、赤水河、濑溪河、龙溪河等交织成网，鱼类生物资源丰富。辖区天然水域中有各种水生动植物近500种，其中淡水鱼类品种169种。长江上游特有鱼类有32种，国家Ⅰ级保护品种有3种（中华鲟、达氏鲟、白鲟），国家Ⅱ级保护品种有4种，省级重点保护品种有12种。泸州长江段133千米及一级支流沱江、永宁河、赤水河为长江珍稀特有鱼类国家级自然保护区。

森林资源。全市森林覆盖率49.7%，森林蓄积量2537万立方米。珍稀植物有珙桐、水杉、桫椤、篦子三尖杉、连香树、香果树等46种。中药材有天麻、五倍子、佛手、黄柏、杜仲、安息香等1444种。飘溢"王者香"的佛兰、四季兰（三星蝶、荷瓣、梅兰、梅瓣）、双鼻双舌、多瓣多鼻等兰草为珍稀名品。

矿产资源。市内地质构造复杂，地层以各种沉积岩为主，矿产资源丰富，矿种繁多。已探明矿种有煤、石油、天然气、硫铁矿、金、耐火黏土、熔剂白云岩、水泥用石灰石、玻璃用砂等20余种。其中，煤、硫铁矿、天然气储量丰富。

基础设施

泸州是西南唯一直接牵手川渝滇黔四个省市的城市，拥有水、公、铁、空的立体交通格局，是国家规划的全国道路运输主枢纽城市，成功入选全国综合运输服务示范城市等。

铁路。绵泸高铁内自泸段于2021年6月28日正式通车运营，渝昆高铁泸州段、隆黄铁路隆叙段扩能改造（泸州段）全面开工建设。全市铁路运营总里程306千米，其中货运铁路运营里程265千米（含专用线），客运铁路运营里程41千米。2022年全年铁路货物运输量513.42万吨，比上年增长4.6%；货物运输周转量41262.5万吨千米，比上年增长13.5%；铁路客运量236.13万人，其中泸州站214.38万人，泸县站21.75万人。

水路。内河航道。境内有长江、沱江等18条干支流航道及11条湖库区航道，常年通航里程926.54千米（约占全省航道里程的8%），其中长江泸州段航道136千米（约占全省长江229千米的59%）。长江航道等级为Ⅲ级，常年通航3000吨级船舶，丰水期可通航5000~8000吨级船舶。

● 繁忙的泸州港（周永叙 拍摄）

集装箱码头。泸州港国际集装箱码头1997年动工，2003年建成使用，已建成3000吨级泊位6个，堆场40万平方米，具备100万集装箱、散杂件货300万吨年吞吐能力，成为长江上游"铁、公、水"多式联运枢纽。已开通泸州—上海"五定"班轮和"泸汉台、泸宁韩（日）"近洋航线，开通"泸州—昆明"铁水联运班列、"泸粤港"快铁、"泸州—钦州""泸蓉欧快铁"铁海联运班列，与青白江铁路港联合创建国家多式联运示范工程。常年每周开行班轮30余班。

公路。2022年末，全市公路总里程20186.2千米。按技术等级划分，高速公路里程574.66千米，一级公路191.41千米，二级公路893.83千米，三级公路267.46千米，四级公路17309.68千米，等级外公路949.16千米；按行政等级划分，国道1111.97千米（其中普通国道655.19千米），省道940.12千米（其中普通省道822.24千米），农村公路（县道、乡道、村道）18134.11千米。

2015年，泸州率先在全省实施渡改桥试点示范工程，总投资超60亿元，建设渡改桥49座，其中长江7座、沱江2座、赤水河等其他支小河流40座。目前，长江、沱江现有过江桥梁16座，其中长江桥9座、沱江桥7座。强化枢纽建设，2012年建成西南地区最大的一级公路客运站泸州客运中心站，2016年建成全省第二、川南最大公交枢纽城北公交枢纽站。目前，全市共有客运站27个，其中二级以上客运站7个。

2022年末，全市公路运输营运车辆数20755辆（不含市内公交和出租车），其中客运车辆1852辆，货运车辆18903辆。客运线路575条（不含城镇公交线路），其中跨省线路89条，行政村客运班车通达率100%。全年旅客运输完成1976.31万人次，旅客运输周转量14.19亿人千米；货物运输完成8810.66万吨，货物运输周转量127.75亿吨千米。

航空。云龙机场2018年9月10日正式通航，距离泸州市区约17千米。机场总占地面积约5100亩，跑道长2800米、宽50米，4C级，14个停机位，8个登机廊桥，航站楼面积3万平方米，是川南第一大、四川省第三大航空港和川渝滇黔接合部航空运输中心，已通航北京、上海、天津、杭州、温州、洛阳、武汉等47个城市。

主要产业

白酒产业。泸州是著名的"中国酒城"，酒以城名、城以酒兴，拥有泸州老窖、郎酒两大中国名酒，享有"一座酿造幸福的城市"美誉。

泸州酿酒历史悠久、文化底蕴深厚，始于秦汉、兴于唐宋、盛于明清，绵延两千多年，是浓香型白酒发源地。"衔杯却爱泸州好，十指寒香给客橙""泸川杯里春光好，诗书万卷楷春老"，历代文人墨客留下了吟咏泸酒的传世诗篇。1916年，朱德在泸州题诗"酒城幸保身无恙，检点机韬又一年"，酒城泸州因此而得名。泸州酿酒历史悠久，远近驰名，在全国酿酒行业中占有举足轻重的地位。商业部宣布泸州老窖大曲酒为"全国浓香型白酒的典型代表"，浓香型白酒也因此得名为"泸型酒"。

出土文物证明，泸州酿酒历史至少可以追溯到两千年以前的秦汉时期。1984年，泸州市郊麻柳湾出土的第9号汉棺画像石上，两个气宇轩昂、峨冠博带的巫师，高擎酒杯相向而立，上方烟云缭绕，旁边一个侍者，恭恭敬敬地肃立在那里，手中握着一把酒壶，分明是在完成某种神秘的巫术祈祷仪式。这方两千多年以前的画像石和另一些出土的汉代文物证明，当时泸州不仅有酒，而且已经懂得"酒以成礼"，并且将之用于庄严的祭祀活动之中。

泸州白酒产业基础雄厚，荣获"世界级白酒产

●泸州老窖1573国宝窖池（泸州老窖　提供）

业集群"称号。2022年，全市白酒产业利润实现营业收入1603.3亿元，同比增长9.6%；实现利润总额318亿元，同比增长23.7%。

电子信息产业。聚焦"一业四园"产业布局，重点依托高新区、自贸区及江南科技园和纳溪经开区，大力引进电子信息制造业企业，打造千亿电子信息产业。到2022年，全市规模以上电子信息制造业实现营业收入182.1亿元。

装备制造产业。泸州是全国九大工程机械生产基地之一，国家高性能液压件高新技术产业化基地，大中型全液压汽车起重机、挖掘机制造中心。装备制造业源于"三线建设"时期，内迁的北京起重机厂、抚顺挖掘机厂、上海工程液压件厂等一批企业，经过不断培育壮大，逐步发展成为全省重点发展的装备制造基地。2022年，营业收入突破186.6亿元，基本形成"泸州高新区机械装备产业园、泸州高新区汽车科技产业园、泸州长江经济开发区临港装备产业园"三个装备制造特色园区，以及"汽车及零部件、工程机械及液压元件、石油钻采装备"三大产业发展链条，研制出80吨汽车起重机、节能环保电动挖掘机、大型拖拉机用多路换向阀、汽车无级自动变速器、页岩气射孔系统、智能酿酒成套装备等一批打破国外垄断、填补国内空白的优势产品。建成泸州老窖、长江机械等智能工厂（数字化车间）10余家，获批国家、省级智能制造综合标准化与新模式应用示范项目4个，列入首批省级智能制造系统解决方案供应商1家。

化工产业。泸州是中国天然气化工的发源地，国家重要的天然气化工基地，亚洲最大的尿素生产基地和国内最大的纤维素衍生物生产基地，是原化

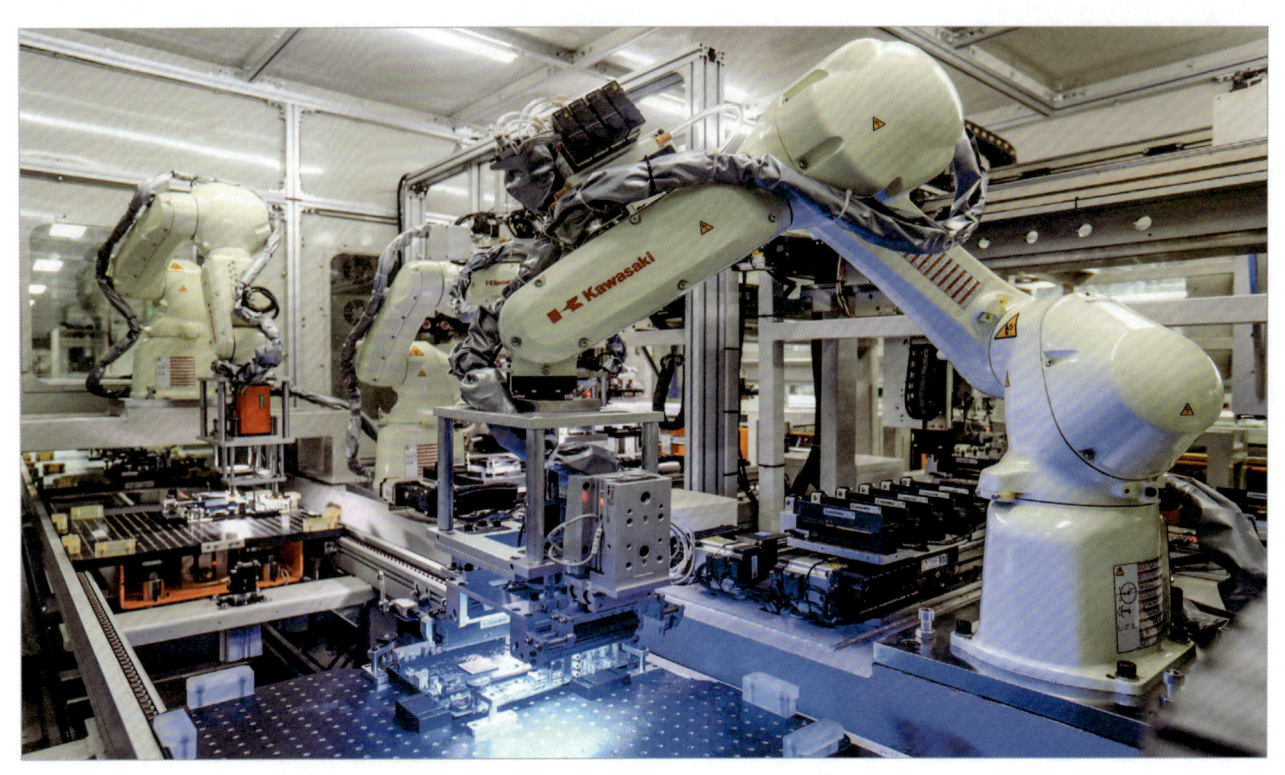

●泸州电子信息产业长城计算机生产线一角（牟科 拍摄）

工部规划的全国16个大化工基地和14个精细化工基地之一。2019年，省政府将泸州市纳入全省重点打造的八个千亿级绿色化工产业基地之一。化工产业已拥有一批在国内外行业中占据主导地位、具备一定话语权的企业和产品，如泸天化集团尿素及合成氨生产能力居全国第一，北方公司甲纤维素醚产能产销规模居全国第一、亚洲第二，硝化棉产销规模居世界第一，天华公司是1,4-丁二醇下游新型环保乳化剂"801"产品全国唯一的生产基地，中蓝国塑拥有我国第一套完全自主知识产权的聚碳酸酯工业示范化装置。2022年，实现营业收入240.8亿元。

能源产业。由煤炭、火电、天然气和太阳能等产业组成，主要能源品种为原煤和洗精煤、天然气生产和销售以及火力发电。全市煤炭资源丰富，属于14个国家规划的大型煤炭基地之一云贵基地的重要组成部分，是全省唯一尚未大规模开发的大型优质无烟煤矿区，矿区预测煤炭资源储量69亿吨，占全省煤炭储量的33%，主要集中于叙永、古蔺、泸县境内。发电企业主要以川南发电公司为主，其火电机组装机容量120万千瓦（2台60万机组）。中石油蜀南气矿从20世纪50年代开始在泸州开采常规天然气，目前生产探井170余口，范围遍布三区三县（除古蔺县）。非常规天然气以页岩气为主，主要由蜀南气矿、四川页岩气公司和中石油浙江油气田公司开采，分布在泸县、叙永县、古蔺县。新能源产业有泸州市垃圾焚烧发电厂、古叙垃圾焚烧厂以及中广核古蔺德耀风电场。2022年，能源行业营业收入126.1亿元。

现代医药产业。2013年，泸州市立足于自身道地中药材及医疗卫生资源、精细化工产业基础等条

●泸州合盛硅业企业一角（牟科　拍摄）

件，将医药产业作为全市重点突破发展的新兴产业之一。全市医药生产企业主要分布于江南科技产业园、泸县医药产业园和泸县经开区城西片区、临港产业园，龙马潭区、古蔺县也有零星分布，产品主要以中药饮片加工、中药制剂、化学药（包括中间体、原料药、化学制剂）、医疗器械生产为主。拥有科瑞德制药、绿叶制药、百草堂、天植中药、众邦制药等重点企业，科瑞德制药已跻身全国医药工业企业500强；拥有律康、凯莱通、比清、阿卡波糖胶囊、盐酸金刚烷胺、轮椅、中药饮片等主要产品。2022年，医药产业实现营业收入38.2亿元。

航空航天产业。2016年，泸州市委、市政府结合机场搬迁建设，超前谋划，将航空航天产业作为重点培育的新兴产业，确立"以航空航天动力研制为核心，航空航天高端装备和材料生产、通用航空器研制运营、航空航天人才培训为配套"的产业方向，大力发展航空航天产业。组建泸州航空发展投资集团有限公司，负责航空航天产业园区建设、运营和产业投资。

文旅品牌

古蔺县太平古镇。国家4A级旅游景区。古称落洪口、鹿平场，后名太平渡，位于古蔺河与赤水河交汇处，被誉为"赤水明珠"。

古镇历史悠久，地处川、黔、滇接合部，历来是商旅聚散之地。明末清初，因盐而兴，是川盐外销的重要节点，形成了独特的盐运、民族、宗教文化。境内留存有大量清末民初时的川南山地古建筑群，依山而建，傍水为邻，极富层次感。

古镇是四渡赤水战役主要发生地，红军在此留下了大量革命遗址、旧址、遗物，被列为文保单位的有近百家之多。红军临时医院、总政治部旧址、红军银行等建筑都具有突出的历史和文化价值。

古镇有深厚的红色文化做根基，先后被列为"国家历史文化名镇""全国爱国主义教育示范基地""全国红色旅游经典景区""全国国防教育示范基地"等称号。

古蔺县黄荆老林。国家 4A 级旅游景区、省级风景名胜区、省级自然保护区、国家森林公园、省级旅游度假区。位于古蔺县西北部，属云贵高原向四川盆地过渡带的赤水河流域，占地面积 433 平方千米，森林覆盖率高达 98% 以上，平均海拔 1300 多米，是典型的白垩纪红色砂岩中山峡谷丹霞地貌区，也是地球同纬度（北纬 28°）唯一保存完好的亚热带原始常绿阔叶林区。景区主要分为八节洞、环岩、原林、笋子山、场镇、长滩等 6 个区域，目前对外开放的只有八节洞、场镇和长滩地区。

叙永县春秋祠。清代盐商修建的主要供奉关圣帝君的祠堂，位于叙永镇中城社区，因传说关羽喜读《春秋左氏传》而得名。清光绪二十六年（1900 年）由西帮张集成等七家盐商历时 6 年，耗白银 300 万两建成，因此也叫"陕西会馆"，当时建筑面积 4500 平方米，保存下来的建筑面积 2500 平方米，整体坐南向北，长方形布局，沿中轴线从前到后有 4 个封闭式四合院，依次为乐楼、大厅、正殿、三官殿。目前，春秋祠旅游综合体主要由春秋祠飨殿、春秋祠曲河、春秋祠曲桥、雕刻等构成。2006 年 5 月 25 日，春秋祠作为清代古建筑，被国务院批准列入第六批全国重点文物保护单位名单。

风味美食

泸州白糕。以糕类小吃著称，始产于 20 世纪 20 年代的"三义园"白糕店，以其美、嫩、香、甜、爽口的特点闻名巴蜀，成为老少皆宜的早点佳品。制作上选用上等大米、白糖、桂花糖、猪油为原料，用提糖方法精制而成，故全称桂花猪油提糖白糕。刚出笼的白糕，洁白滋润，香气袭人，诱人食欲。

罗汉盘龙黄鳝。因成菜后黄鳝弯曲盘绕，形似小蛇，而蛇与龙又较为相似，由于国人对龙的一贯崇敬，故而得名，其中尤以罗汉的盘龙黄鳝在泸州地区成名最久，至今已有超过 40 年历史。在罗汉，几乎家家都能做得此菜，但手艺最出名的是一位苏姓厨师。制作时选用当地田间小拇指粗的小土黄鳝，用清水养上几天，待其"吐"完肚内泥沙，从颈到尾撕开后烹饪，为佐酒下饭之良品。

纳溪泡糖。创始于清朝末年，造型独特，有松脆、香甜、化渣、可口的特点，受到广大消费者的青睐，多次荣获省级、国家级荣誉称号，1983 年被中商部评为全国"优质名特产品"和四川省"优质产品"，1992 年荣获四川省首届巴蜀食品节金奖产品称号，后又荣获首届中国食品博览会银奖。原由纳溪县糖果厂生产，肖秉坤负责工艺，最初名为"桂林斋泡糖"，后定名为"纳溪泡糖"，并注册"云溪"牌商标。制作时以上等白糖、糯米饴糖、芝麻为主要原料，经炒芝麻、拉条、排孔、加气成形、上芝麻等二十多道工序而成。制作工艺精巧，每块有孔 2320 多个，其中大孔上下对称八个，小孔围大孔，每块泡糖都有同样多的大小孔，孔孔皆圆，规格成型。其端正方圆，断面平整，排列整齐，造型独特，形似泡木板。

发展定位

坚持"四化同步推进、城乡深度融合、'一体两翼'齐飞"，紧扣"建设港口型国家物流枢纽城市和区域医药健康中心，打造世界优质白酒产业集群"，聚焦"产业突破、开放合作"工作主题，全力以赴拼经济、

● 花园泸州（刘学懿 拍摄）

搞建设，深入实施高质量发展"八大行动"和高品质生活"八大工程"，以中国式现代化引领新时代区域中心城市建设，联动宜宾组团建成川南省域经济副中心，联合川南各市高水平建设全省第二经济增长极，联动川南渝西合力打造成渝地区双城经济圈第三经济增长极。

发展目标

2021年至2025年的预期目标和主要任务是：

建设创新引领经济繁荣的新时代区域中心城市。全力建成国家创新型城市，2026年地区生产总值突破4000亿元，力争达到4500亿元，2035年全力建成支撑成渝地区双城经济圈南翼跨越发展重要增长极。

建设体翼联动高效融合的新时代区域中心城市。加快形成以"一体"服务"两翼"、"两翼"助力"一体"的城市空间新格局，全面夯实新时代区域中心城市各具特色的功能支撑。

建设开放进取活力迸发的新时代区域中心城市。建成长江上游航运贸易中心、港口型国家物流枢纽城市、全国性综合交通枢纽城市，加快建设四川南向开放新高地。

建设服务优质生活幸福的新时代区域中心城市。全力建成独具酒城魅力的文化强市、高品质生活宜居地、区域优质服务共享地。

建设天蓝水碧环境优美的新时代区域中心城市。全力建成长江上游绿色低碳发展示范城市、国家生态园林城市。

建设文明和谐共治共享的新时代区域中心城市。更好统筹发展和安全，全力建成平安中国建设示范市。

（撰稿：韦佳利 黄燕 审稿：贺莉）

01 江阳区

基本情况

江阳区位于四川省东南端，介于东经105°08′~105°40′，北纬28°26′~28°54′之间。处在长江、沱江交汇处，是浓香型白酒发源地，也是中外闻名的"泸州老窖特曲"发源地，素有"川南重镇"美誉，自古为云、贵、川、渝毗邻地区的交通枢纽和重要物资集散地，是泸州市政治、经济、文化中心。区内拥有国家级物质文化遗产——1573国宝窖池、国家级非物质文化遗产——泸州老窖传统

● 泸州长、沱两江上空现彩虹奇观（刘学懿 拍摄）

● 江阳区新农村一角（刘学懿 拍摄）

酿造工艺和分水岭油纸伞。素有"小终南山"之称的方山、朱德故居纪念馆，以及西南医科大学、四川警察学院等一批高校坐落于境内。全区面积649平方千米，辖9个街道办事处和6个镇，共81个社区、80个行政村，常住人口76.3万人。区政府驻地星光路6号。

历史沿革

江阳区历史悠久，夏商时属梁州之域，周代属巴国辖地。西汉景帝六年（公元前151年），封苏嘉为江阳侯，在长江与沱江交汇处设置江阳县。《春秋穀梁传·僖公二十八年》"水北曰阳"，因治所在长江之北而得名。1983年，宜宾地辖泸州市改为省辖泸州市，原宜宾专区泸州市改为泸州市市中区，划归省辖泸州市管辖。1996年，泸州市市中区更名为泸州市江阳区。

重要资源

土地资源。区内土壤主要是水稻土、紫色土、新积土和黄壤。水稻土、紫色土占耕地土壤面积的93%。辖区面积64924.91公

● 四通八达的江阳区交通网络（刘学懿 拍摄）

顷。耕地30187.62公顷、园地4417.71公顷、林地6501.55公顷、草地36.92公顷，城镇村级工矿用地11916.33公顷，交通运输用地1641.52公顷，水域及水利设施用地6315.34公顷，其他土地3907.92公顷。

水资源。多年平均降水量66458万立方米，地表水资源量33314万立方米，地下水资源量7179万立方米。

植物资源。区内森林植被属亚热带常绿阔叶林区，树种资源较为丰富。主要乡土乔木树种有青冈、香樟、桢楠、柏木等。

基础设施

江阳交通四通八达。距省会成都256千米，距重庆135千米，拥有水陆空三位一体的立体交通体系。长江、沱江在境内交汇；川黔、宜泸渝、成自泸赤等高速公路，以及正在建设的自内泸宜城际铁路、渝昆高铁、泸遵高铁、到重庆的城市轻轨等穿境而过。

城乡公共基础设施全域覆盖。全域全面小康、全域教育均衡、全域农村公交、全域安全供水、全域电质提升、全域医养保健、全域燃气供应、全域文旅服务、全域住有所居、全域基层治理等"十个全域"工程成效显著。

主要产业

"十三五"末，全区地区生产总值、全社会固定资产投资、地方一般公共预算收入、社会消费品零售总额分别较"十二五"末增长54%、68.8%、30.7%、67.1%。白酒、机械、建材传统产业转型升级并引领发展，电子信息、高端装备制造、现代医药等新兴产业从无到有、创新发展，现代农业、乡村旅游相映生辉，城市商圈、总部经济蓬勃兴起。

制造业提质升级。泸州国家高新区、中国白酒金三角产业园区两大国家级园区坐落江阳区。白酒产业优势持续巩固，机械产业加快创新升级，白酒、机械、建材三大产业实现规上工业总产值383.57亿元，较"十二五"末增加246亿元。新兴产业发展势头强劲，电子信息产业实现从无到有的飞跃发展,以智能终端、生物医药为代表的新兴产业工业总产值增长26.3%,对全区工业总产值的贡献率达31.8%。江南科技产业园区建设提质扩面,成功创建省级新型工业化产业示范基地,园区主营业务收入突破500亿元。

现代服务业大力发展。泸州自古以来就是西南商贸集散重地,江阳区作为泸州市中心城区,三区之首,经济总量占全市份额三分之一,是四川省现代服务业中心城区转型发展示范区,拥有3个百亿级城市商圈及中国·泸州金融中心、西部现代服务业研究院。驻区金融机构69家,存贷款余额2344亿元。文旅产业持续发力,"十三五"期间,累计接待旅客5133.14万人次,实现综合旅游收入499.7亿元,张坝景区成功创建国家级水利风景区,董允坝·伞里景区成功创建为国家4A级旅游景区,成功入选天府旅游名县。电子商务培育发展,电子商务交易额突破100亿元。

现代农业全面提升。提档升级都市近郊现代农业"一核多园",现代特色农业示范园区陆续建成,董允坝现代农业园区获评全省优秀农业科技园区。长江大地蔬菜、有机高粱、优质龙眼三大传统优势产业效益显著,蔬菜、高粱、水果种植面积突破46万亩,高标准农田面积突破30万亩,粮食年产量稳定在20万吨以上。拥有泸州老窖、泸州糯红高粱、张坝桂圆等地理标志产品。

文旅品牌

江阳区地处泸州市中心半岛,自然景观丰富,旅游线路涵盖历史文化旅游、红色文化旅游、酒文化旅游、佛教文化旅游、生态观光旅游和乡村休闲旅游,是四川省乡村旅游示范区、四川省旅游标准化示范区、省级全域旅游示范区、天府旅游名县。有4A级旅游景区3处(国宝窖池、张坝桂圆林旅游区、董允坝景区),3A级旅游景区1处(方山景区)、2A级景区2处(泸州市博物馆、朱德旧居陈列馆)、城市景点10余处(滨江路、宋代报恩塔、百子图广场、管驿嘴、钟鼓楼、龙透关等)。

张坝桂圆林景区。国家4A级旅游景区,首批"全国农业旅游示范点",四川省重点文物保护单位。距泸州市城区7千米,是"中国北回归线上最大最古老的桂圆林",也是中国内陆成片之最的桂圆林,中国内陆唯一的桂圆种质基因库,至今已有三百多年的种植史,素有"十里绿色长廊""天然氧吧""泸州绿色客厅"之美誉。张坝桂圆林自然生态环境良好,有百年以上树龄的桂圆树15000余株。2000年,被列入四川永久性绿色保护区。

国宝窖池。国家4A级旅游景区,泸州历史最为悠久的酿酒作坊,以独家拥有的"双国宝"优势——国家物质文化遗产暨全国重点文物保护单位"1573国宝窖池群"和国家级非物质文化遗产"泸州老窖酒传统酿制技艺"为旅游线灵魂。这里有荣获多项世界吉尼斯之最的"中国第一窖"、展示纯手工酿制技艺生产现场的参观长廊、79米长的泸州老窖酒史浮雕图、博览泸州老窖发展的酒史陈列室、几百年沿用至今的泸州老窖酿酒水源龙泉井、品酒韵赏古风的"天下第一酒道场"等诸多特色景点。

董允坝景区。国家4A级旅游景区、国家现代农业示范园区、四川省农业供给侧结构性改革示范基地、四川省农业科普示范基地、四川省农业主题公园、首批港澳蔬菜直供试点基地,位于江阳区东南部,规划面积2万余亩,建成面积1.3万亩。"蔬式生活"获评四川省十大农业供给侧结构性改革案例,蔬菜产业的乡村振兴经验被农业农村部列入全国乡村振兴案例进行推广。

● 江阳区生态体育场（龙灵　拍摄）

方山景区。国家 3A 级旅游景区，历史悠久，是川南历史上著名的佛教圣地和旅游胜地，位于城区西郊方山镇，最高峰海拔 649 米，规划面积 18.1 平方千米。据载，唐玄宗曾于天宝元年（742 年）下诏敕建云峰禅院（即老云峰寺），方山从此成了佛教名山。至宋代，山上又修建了新云峰寺，清初又新建了宝峰寺、普照寺等，山上佛教极盛时有寺庙 48 座（至今保留完好的有 6 座）。汉朝时有"汉泉"的殊荣，唐朝时有"小终南山"的别称，到清朝时有"峨半堂""小峨眉"的美誉。

风味美食

白马鸡汤。作为传统制作技艺，起源于清嘉庆年间，至今近两百年的历史，黄舣镇（原弥陀镇）白马场是这传承百年美食技艺的核心分布区域，也是原产地区域，现正申报泸州市第七批非物质文化遗产保护名录项目。

老卤匠肖鸭子。以鸭为主要原料的菜系有十余种，其"金牌卤制汤锅"烹制的卤鸭堪称一绝，具有"甘、香、醇厚、无腥味、有弹性"五大特点，享誉一方。

弥陀张氏祖传风雪糕。流传于民间的一道小吃，由"玉兰片"演变而来，其传统制作技艺起源于清嘉庆年间，传承历史可追溯至清光绪十二年（1886 年）。糕点色白如雪，晶莹剔透，片薄如纸，形同冰雪凝聚，富含蛋白质、脂肪、糖类、钙、维生素等，

营养丰富，入口香甜化渣，油而不腻，易于消化，老少皆宜。现正申报列入泸州市级非物质文化遗产保护名录。

泸州黄粑。主要源于农村、城市家庭，已有数百年历史，是大众喜爱食品，在国内享有很高的声誉。制作时选用红糖、白糖、糯米、大米精制而成，具有柔软糍糯、甜而不腻、清香可口的特点，被泸州市政府评为"名小吃"。

发展定位

全面融入成渝地区双城经济圈建设，深入落实省委"一干多支、五区协同""四向拓展、全域开放"和市委"建成全省和成渝地区经济副中心""六大攻坚行动"等战略部署，以强力攻坚"五大重点工程"为发展路径，主动服务和全面融入新发展格局，统筹发展和安全，推动城乡基层治理体系和治理能力现代化，实现经济持续健康发展、社会安定和谐。

发展目标

锚定到2035年与全国全省全市同步基本实现社会主义现代化的远景目标，综合考虑国内外环境和阶段性特征，坚持目标导向和问题导向相结合，统筹短期和长远，今后五年以建成成渝地区双城经济圈"千亿强区"为目标，争进全国城区高质量发展百强，努力实现各项事业加快发展。

经济实力大幅提升，到"十四五"末地区生产总值突破1000亿元大关，力争跨越1200亿元。

发展活力充分迸发，建成区域改革创新示范区和开放高地。

社会文明显著进步，全国文明城市建设迈向更高水平，文化强区旅游强区基本建成。

生态环境更加优美，城乡人居环境明显改善，长江上游重要生态屏障进一步筑牢，生态优先绿色发展态势更加彰显。

民生福祉不断改善，实现更加充分更高质量的就业，居民收入增长与经济增长基本同步，收入增幅高于全国全省全市平均水平，分配结构明显改善。

治理效能全面增强，更高水平的法治江阳、平安江阳建设扎实推进。

展望2035年，全区经济综合实力大幅跃升，建成现代化产业体系，经济总量和城乡居民人均可支配收入迈上新的大台阶，基本实现新型工业化、信息化、城镇化、农业现代化。

（撰稿：张裕 李娟 审稿：张光辉 陈海燕）

02 龙马潭区

基本情况

龙马潭区位于四川省南部，泸州市城区北端，长江、沱江北岸，介于东经105°19′～105°43′，北纬29°04′～29°52′之间。南与江阳区隔江相望，北与泸县海潮、牛滩、得胜、云龙、兆雅5镇接壤，辖区面积333平方千米。地貌由浅丘、平坝、河谷组成，其中中高丘窄谷区占20.2%，浅丘宽谷占69.7%，河谷阶地平坝占10.1%。平均海拔高度339米，海拔最高点双加镇嘉祥寨454米，最低点特兴街道芙蓉岛水冲坝224米，约80%土地在海拔350米以下。截至2022年末，全区共有11个镇（街道）31个村、61个社区，户籍人口37.23万人。区政府驻地龙马大道427号。

历史沿革

自西汉建元六年（公元前135年）起，一直是江阳县、泸州、泸川县属地。1996年1月，泸州行政区划调整，将泸县的石洞、胡市、特兴3镇和安宁、金龙2乡（1999年4月，安宁撤乡建镇），泸州市市中区（后改为江阳区）的罗汉、鱼塘2镇和小市街道、高坝厂区2个办事处划出，新建泸州市龙马潭区。

2000年，将石洞镇的双加片区和特兴镇的长安片区析出，分别建立双加镇、长安乡，并在城北新区新建红星、莲花池2个街道办事处。2019年12月，全区街镇编制调整，长安镇并入特兴街道，高坝厂区

● 龙马潭区全景（牟科 拍摄）

办事处并入罗汉街道，确定行政区划为小市、莲花池、红星、罗汉、鱼塘、安宁、石洞、特兴8个街道，胡市、双加、金龙3个镇。

重要资源

全区气候温和，四季分明，光热水资源丰富，属亚热带季风气候，冬无严冬，夏无酷暑，霜雪极少，光热水协调。区内土地肥沃，物产丰富。土壤主要是紫色土、稻田土和黄壤，中偏酸性土壤居多，深度在40~60厘米，沙壤适宜，肥力较高，宜种性强。主要粮食作物有水稻、小麦、玉米、红苕。主要水果有柚子、桂圆、柑橘、甜橙。畜牧业以生猪、家禽为主，"罗汉蛋"鸡与"龙马乌鸡"批量养殖。全区森林覆盖率为13.89%，森林植被有阔叶、针叶、灌丛和竹类四个类型，主要有樟、楠、松、柏、桉、桂圆、慈竹等63科250多种。境内水资源和矿产资源丰富，除长江、沱江流域44.5千米外，还有濑溪河、龙溪河贯穿南北。区内年平均地表径流量1.19亿立方米，地下水总量1.7亿立方米，可开采0.64亿立方米。矿产资源主要是沙金、天然气、页岩、河沙、砾金等。

基础设施

交通。境内交通发达，水陆纵横，基本实现组组通公交、户户通公路，成功创建四川省"四好农村路"示范区。区内云龙机场建成通航，绵泸高铁、泸渝高速建成通车，泸州高铁站投入运营；大件路、兆和路、北滨路等26条市政道路全线贯通，沱三桥

● 云龙机场（牟科 拍摄）

下穿隧道等5个疏堵工程建成投用。

教育卫生事业。拥有西南医科大学、泸州职业技术学院等6所高校、中职学校。2022年以来，新建学校（园）1所，共计新增学位1640个。现有医疗卫生机构401家，其中省级医疗机构2家，市级医疗机构1家，区级公立医院3家，镇卫生院（街道社区卫生服务中心）达标建设率100%。

● 泸州造无人机（牟科 拍摄）

金融服务业。引进成都农商银行、财通证券等金融机构（企业）76家，建立中小金融服务中心，成立全省首家内资融资租赁公司和法人保理公司。

城乡一体化全域推进。建成莲子山公园、木崖公园、北滨公园等公园绿地、广场13个。实施全域污水治理行动，城区实现雨污分流，建成运行酒类企业酿造废水集中预处理设施。大力实施乡村振兴战略，农村实现"安全饮水、灌溉、公交、电网国网改造、街镇污水集中处理、通信"六个全覆盖，农村公交实现"村村通"，正在加快推进"组组通"，省、市级"宜居乡村达标村"覆盖率达50%。

主要产业

全区已初步形成以酒业、新材料、高端装备制造、电子信息、商贸物流、港口贸易为主导的现代产业体系，有规模以上工业企业157家，限额以上商贸企业309家。

酒业产业。中国白酒金三角核心产能区，汇集有泸州老窖、郎酒两大名酒生产基地，拥有川酒集团、原酒基金、

● 龙马潭区南滨路一小区一景（周平 拍摄）

1919酒类直供等酒业平台，三溪、玉蝉两个首届四川省十朵小金花白酒企业，全区现有白酒生产企业40家。

新材料产业。川渝滇黔接合部新材料生产基地，现有北方化工、北方硝化棉、中海沥青、合盛硅业等骨干企业。北方公司是全国最大的纤维素醚研发生产基地；北方硝化棉是全球生产规模最大的硝化棉生产企业；合盛硅业已成为中国有机硅下游产品重要生产基地。总投资260亿元、占地5000余亩的恒力（泸州）产业园正加快建设，将建成区域聚酯新材料及纺织制造中心，目前产业园纺织一期项目已实现分批投产。

高端装备制造产业。川渝滇黔接合部高端装备制造基地，现有川南航天、伊顿液压、海科机械等骨干企业，产品广泛应用于航空航天、石油钻采、海洋船舶等领域。

电子信息产业。川渝滇黔接合部电子信息产业基地，建成三大智能终端产业园，标准厂房70万平方米，已引进硕诺科技、诺亚信、友信达等46家企业入驻，产品涵盖手机、平板电脑、电池、智能穿戴等门类，智能制造全产业链格局基本形成。

商贸物流和港口贸易产业。长江上游沿江开放型经济高地，依托中国（四川）自由贸易试验区川南临港片区、泸州综合保税区、泸州跨境电子商务综合试验区，大力发展适水适港涉外产业，着力打造临港进出口商品集散中心、大宗商品交易中心、进出口加工中心。成功引进中国物流、中远物流等龙头企业,加快打造西南商贸城、海吉星农产品商贸物流园百亿级专业大市场,步步高新天地、万达广场、华升宝龙广场建成运营,商博会、农交会交易额突破50亿元,正加快建设中国物流泸州物流基地、电商分拨中心、西南食谷及西南建材港等项目。

文旅品牌

天香花谷。原金夫人四季花海,占地约960亩,由四川省清沁诗语文化创意有限公司投资开发建设。距离泸州市中心约10千米,距泸州云龙机场12千米。以春夏秋冬四季花海为特色,配有甜蜜热气球、风车木屋、集装箱打卡地、洁白神圣的地中海建筑、网红泡泡屋、森系木屋、天然瀑布、游艇、沙滩等设施,营造出活泼浪漫的氛围。

蒋兆和故居陈列馆。位于泸州市龙马潭区小市街道卿巷子,是一座具有川南特色的民居院落,占地789平方米,现为四川省文物保护单位。"蒋兆和故居陈列馆"的展陈以时间为序,共分为"泸州蒋氏、大江之子、艺途求索、水墨巨变、冬去春来"五个部分。展馆既展示了蒋兆和生前所用的画板、画夹、画笔、衣柜、床、衣裤等重要物件,又展示了蒋兆和及其部分学生在绘画领域的优秀作品,系统呈现了蒋兆和先生的人生轨迹以及艺术成就,是国内唯一集中、全面展示画坛巨匠蒋兆和生活、艺术等方面的综合展馆。

● 中国(四川)自由贸易区川南临港片区(牟科 拍摄)

风味美食

双加镇渔米家泡菜鱼。双加十里渔湾拥有鱼塘面积 6000 余亩，渔产丰富，可就地取材进行加工，由此诞生了渔米家泡菜鱼。制作时将活鱼拿出打片，起锅烧油，依次下泡椒、泡姜、大蒜、泡豇豆、泡榨菜入锅翻炒，待炒香后加入清水，盖上锅盖煮 4 分钟，水开后先下鱼头、鱼骨熬煮 2 分钟，后下芹菜段、大葱，然后下鱼片，最后放味精、鸡精调味，起锅后放小葱、香菜进行点缀增香。这道菜营养价值较高，具有低脂肪、低胆固醇等特点，常食能暖胃、祛头眩、益智、助记忆、延衰老、润泽皮肤。

鱼塘芽菜。具有悠久制作历史的特色名菜，与酸菜、大头菜和榨菜齐名，并称为该区"四大名菜"。选用青菜的嫩茎划成丝腌制而成，分咸、甜两种，成品菜质嫩脆、味甜香，营养较为丰富，除作烧白（扣肉）底子外，多用于调味、做面肉馅。近年来，随着食品工业的发展，芽菜系列品种逾百，呈繁花似锦之势，如咸烧白、芽菜炒蛋饭、叶儿粑等。

双加镇半坡酒。双加镇半坡酒厂始建于 1897 年，1949 年后收归国有，1987 年私有化至今。百年酒厂，几代传承，固态发酵，土法酿制，铁锅蒸馏。双加镇半坡酒采用优质甜高粱为主要酿造原料，经陈年老窖发酵，长年陈酿，经过一整套科学、独特、完整、严谨的浸泡蒸煮、糖化发酵、蒸馏贮存的工艺酿制而成，具有酒体晶莹、香气长久、味醇厚、口感清香绵长的独特风格。因其独特的传承酿制技艺及诚信经营，树立了良好口碑，产品销往全国各地。

兰花水晶虾。已有百年历史，主要原料有精选海虾、冬瓜、兰花、小青椒、红小米辣、生粉等。制作时将虾去壳、去头、去虾线，虾仁开背，在砧板上拍生粉轻碾成薄片去水待用；冬瓜去皮去籽切头粗状，拍生粉飞水深冷待用；西兰花飞水，小青椒、红小米辣切圈待用，然后取锅烧水将冬瓜丝飞水垫入盘中待用，再取锅放少许油下灯笼酱炒香放入适量高汤，打去灯笼酱渣，调入盐、味精，下虾排调味盖入盘中，将兰花点缀围边；再取锅加少许油，放入海椒圈略炒淋在虾片上即可，故而得名"兰花水晶虾"。

发展定位

建设川南省域经济副中心门户枢纽，高水平打造四川南向开放重要门户、港口型国家物流枢纽城市核心区、长江上游航运贸易中心。建设"一体"高质量发展核心增长极，着力构建以先进制造业为支撑、现代服务业为特色、都市现代农业为基础的现代产业体系。建设产城园港融合发展现代化强区，全面提升城市能级和核心竞争力，奋力走出一条内涵式、集约型的现代化发展新路。

发展目标

2026 年，奋力实现综合发展实力、开发合作水平、科技创新能力、人民生活品质、生态环境质量、社会治理效能"六个显著提升"，其中，地区生产总值突破 800 亿元；到 2035 年，与全国全省全市同步基本实现社会主义现代化，初步建成"经济实力强、城市能级高、生活品质优、发展动能足"的产城园港融合发展现代化强区。到 21 世纪中叶，全面建成产城园港融合发展现代化强区。

（撰稿：李霞　刘翠　审稿：王堂勇　刘永华）

03 纳溪区

基本情况

纳溪区位于四川盆地南部，长江之南，永宁河下游两岸，介于东经105°09′~105°37′，北纬28°02′~28°63′之间。东连合江县，南接叙永县，西接宜宾市江安县，北邻泸州市江阳区。全区辖区面积1150.22平方千米。2022年末，辖10个镇和3个街道，175个村民委员会，1838个村民小组，25个社区。纳溪系汉族聚居地，有苗、回、彝、壮、满、水、白、仡佬、蒙古等18个少数民族。2022年末，全区户籍总人口为457102人。

历史沿革

《永乐大典·泸州志》载："纳溪县，县名。古之有溪，上控永宁界首，下注泸江，昔诸葛武侯平定云南，蛮夷（少数民族）纳贡而出此溪，因名纳溪，又曰云溪。"春秋战国时，属巴国巴郡地。汉、晋、南北朝为江阳、汉安、绵水等县地。隋分属泸州、江安、汉安等县地，唐属江安、泾南县地，北宋仁宗皇祐三年（1051年），在今永宁河入长江的河口置纳溪寨。南宋理宗绍定五年（1232年），升纳溪寨为纳溪县。先属泸州，后属江安州。元、明、清三代均属泸州管辖。民国元年（1912年），属川南军政府，后属下川南道、永宁道。民国十八年（1929年）撤销永宁道，直属四川省政府。民国二十四年（1935年），隶属第七区行政督察专员公署。1949年12月3日，纳溪解放，同月12日，成立纳溪县人民政府，隶属泸县专署。1952年，改属隆昌专署。1953年，初属泸州专署。1960年，改属宜宾专区。1983年6月，建立省辖泸州市，纳溪县划归泸州市管辖。1996年7月1日，纳溪撤县建区，为泸州市纳溪区，结束纳溪764年建县历史。

重要资源

林业资源。2022年，全区有林业面积110万亩，竹林总面积达94.9万亩，主要以毛竹、梁山慈竹、慈竹等乡土竹种为主，年可采伐杂竹竹片60万吨、楠竹竹材300万根、竹笋3万吨。全年营造竹林基地0.2万亩，竹下生态种植0.1万亩，建成"白节大旺""打古普照""龙车古楼""天仙双新""上马江田"5个省级现代化竹产业基地，总规模10.11万亩。新增森林面积0.35万亩，新增森林蓄积3.35万立方米，森林覆盖率较上年新增0.2个百分点，森林覆盖率达到57.21%。

● 纳溪区碧波荡漾的竹海（陈永福　拍摄）

水资源。全区有大、小河流138条，总长约615.5千米，均属长江流域的川江水系。长江自西由大渡口镇沙坝尖入境，流经大渡口镇、安富街道、永宁街道后向东流出，区内全长19.8千米；永宁河由南向北纵贯全区中部，穿过城区汇入长江，境内流长51.6千米，多年平均河口流量29.8米/秒。建有中型水库2座（在建1座）、小（Ⅰ）型水库5座、小（Ⅱ）型水库31座，设计流量为1米/秒的具有供水任务的渠道1条。纳溪区水资源较丰富，但多为过境水。

旅游资源。区内自然风光旖旎秀丽，山地湖泊星罗棋布，保存了良好的原始生态景观风貌。茫茫竹海、高山平湖、丹霞绝壁交相辉映，古道古碑古刹，宗教民俗文化与生态自然景观珠联璧合，造就了天仙硐、凤凰湖、普照山、鼓楼山、大旺竹海等独具特色的旅游景点。近年来，欢乐派海滩公园、酒镇酒庄、花田酒地、黄龙湖漂流、情定映月湖等旅游项目运营良好，文旅活动开展得如火如荼，吸引了周边许多游客前来观赏体验，成为休闲养生、生态度假、农业观光体验的最佳目的地。目前，全区有7个A级旅游景区、1个省级旅游度假区、4家星级宾馆。

基础设施

濒临28.2千米长江黄金水道，国道321纵贯全境，是四川最便捷的出海大通道，境内有厦蓉高速（G76）、成渝环线高速公路（G93）、隆黄铁路。城区距泸州云龙机场36千米，距泸州高铁站26千米，距泸州港国际集装箱码头30千米。境内长江航道21千米，达Ⅲ级航运标准，具备夜航条件，常年通航能力1000吨以上，现有渡口1个，客渡船1艘。至2022年末，区内有铁路37千米，公路里程1594千米（其中：高速公路97千米，国道97千米，省道75千米，县道356千米，乡道512千米，村道457千米）。有城市公共交通客运企业1家，农村客运企业2家，旅游包车运输企业1家，危货运输企业6家，普通货物运输企业113家，驾驶员培训学校8家，一、二、三类机动车维修企业共208家，二级以上客运站1个。

● 纳溪区白节镇竹海村竹道（成然 拍摄）

主要产业

以新经济产业为核心，打造泸州主城区纳溪片区。激发电子信息产业新动能，力争新能源自动化变压器项目建成投产，加快中国电信魔镜慧眼基地（川南）等项目建设。打造绿色低碳发展新高地。力争可降解食品级新型材料、绿色钢结构装配式建筑生产基地（二期）项目建成投用，加快新型竹基复

● 纳溪区滨江路（纳溪区志办 提供）

● 纳溪区凤凰湖一角（纳溪区志办 提供）

合材料、年产60万吨精制竹粉项目建设。打造泸州主城区消费式体验新中心。持续丰富长江生态湿地公园特色消费业态，加快推进护国文化园提档升级和华商同心文化园项目建设。加快申报化工园区认定，完成泸州市新经济产业城南部核心区建设规划、西部国际高新林竹产业园产业规划编制。力争泸州云溪数字经济产业服务中心建成投用，加快纳溪科技园双创中心（一期）项目建设。推进泸州资源循

环利用产业园区扩园和基础设施建设。

以茶酒特色产业为核心,打造大渡口片区。持续推进梅岭茶产业现代农业园区建设,提档升级优质茶园5000亩,举办"中外地理标志农产品博览会暨四川第九届茶叶开采活动周"等活动。完成泸州市酒镇酒庄产业园规划编制,启动大渡特色酒庄核心区道路、水电、排污等基础设施建设;加快养源酒业、江潭窖(二期)等项目建设,力争川酒集团包装、原酒勾调项目落地,扶持巴蜀液酒业争创"四川省原酒20强"企业。力争完成凤凰湖片区综合开发项目总体规划,加快推进规划展览馆、景观大道、环湖绿道等项目前期工作。

以近郊休闲体验产业为核心,打造龙车片区。依托近郊区位优势,拓展休闲体验产业业态。加快鼓楼山旅游开发,规划建设鼓楼山主题展览馆、古楼云海民宿等项目。加快龙车、丰乐优质柑橘产业示范带建设,推进5000亩"订单"式高粱种植示范基地、"果乐牛庄"(二期)等项目,力争塘口田园综合体、特色农产品展销中心启动建设,引进"智慧鱼菜共生工厂"项目。推动马村农旅融合产业园提档升级,力争五里欢乐丛林、天台四季花卉基地等项目建成投用,打造近郊农旅生态观光体验园。加快市人防基地建设,力争完成军事团建体验区整体规划,打造特色军旅融合体验基地。

以竹生态康养旅游产业为核心,打造白节片区。加快丹霞竹林风景线建设,推进省级现代竹产业基地、竹林小镇提档升级,积极争创省级现代竹产业园区。持续完善天仙硐康养中心配套,力争故里情源(一期)建成开园,加快大旺那溪里康养综合产业项目建设。大力发展竹荪、中药材等林下经济,做亮活之酿竹酒、打古手工苕粉、天仙枇杷、黄金梨等特色旅游产品品牌。有序推进白节镇全国全域

● 护国战争纪念馆(杨涛 拍摄)

土地综合整治试点，实施土地双挂钩项目8个，加快云回水库、玉打路等项目建设。

以农旅融合发展产业为核心，打造护国片区。加快护国、上马万亩柚子基地建设，新（改）建高标准设施果园3500亩，争创市级四星级柚子农业园区。稳步推进上马、合面万亩"鱼米之乡"基地建设，积极创建省级三星级稻渔共育现代园区。完善黄龙湖现代农旅融合产业园规划编制，加快龙湖水香、太山水土保持科技馆研学旅行基地和东巷口休闲旅游基地建设，推进斑竹林"河涧圣地"等旅游资源开发，打造研学旅游环线。

文旅品牌

护国战争纪念馆。围绕护国战争在中国近代革命史上的里程碑地位，坚持红色为魂、景城相融，整合10余个文旅重点项目，总投资100亿元，建设全国唯一以护国文化为主题的文旅新城——"百年护国城"，打造世界华商大会永久会址、八大民主党派教育基地、成渝旅游第三城。护国战争纪念馆荣获"四川省国防教育基地"称号；护国人文学院列入四川省干部党性教育基地；护国运动文化园区纳入四川省支持创建5A级红色旅游经典景区名录。

抗战小学。位于天仙硐景区，是国内唯一以"抗战"命名的学校，于1938年抗战期间由恽代英的学生曾子平修建而成。因年代久远，学校整体迁出后，原址被列为四川省文物保护单位。后期，为充分展示抗战期间泸州市境内各界人民的抗日英雄事迹，被改扩建为四川省泸州市抗日战争纪念馆。

纳溪人物。区内人杰地灵，从古至今，涌现出了一批又一批优秀的纳溪儿女。古代有明代名医韩飞霞、清朝进士王匡国等；近现代有重庆渣滓洞集中营烈士刘振美、大渡特区武装暴动领导者阳湘林、

● 护国岩（杨涛 拍摄）

贵州红军游击支队司令赵文海、同盟会员李鸿彦及龙筱潭、中共地下党员黎文炜、抗美援朝特等功臣二级战斗英雄欧文辉、对越自卫反击战炮兵侦察英雄范仲奎、国画大师刘止庸、云溪画派鼻祖王竹林、川南能工巧匠卢履仲、"川南第一醋"创始人刘再儒、护国沙田柚传播者吕智谦、纳溪泡糖创立者冷桂林等。

护国岩。位于护国镇永宁河西岸的一处悬崖峭壁，因民国初年的护国军将领蔡锷将军在此手书勒石"护国岩"而得名。

特色品牌特早茶。区内自然地理条件得天独厚，是全球同纬度茶树发芽最早的区域，也是最适合发展特早名优茶的区域，被中国茶叶流通协会命名为"中国特早茶之乡"。纳溪特早茶比国内其他茶早上

市 45 天左右，获得"中国第一早茶"美誉，是全国地理标志保护产品，也是全国绿茶行业的唯一地方性品牌，其中的"早春二月"在"第二届中国·四川（国际）茶博会"上荣获金奖。

风味美食

活水兔。又名建工兔，是一道家喻户晓的美食。选用两个月左右的本地肉兔，将兔肉切成拇指大小的兔丁，加入盐和秘制料酒腌制几分钟，然后在锅中加入经香料提炼过的食用油，加温至 120℃左右，放入花椒、辣椒、兔肉，进行快速烹调，兔肉在油锅中就像在温泉中烹煮一般，所以叫活水兔，只需 20 多秒就可以起锅食用。

桂花黄粑。相传，古时人们外出，由于沿途人烟稀少，食品需要自带，人们就自制了黄粑。桂花黄粑选择优质糯米、上等红糖、秘制桂花蜜，纯手工制作而成。其色泽金黄、香气浓郁、味甜软糯，富含蛋白质、碳水化合物、镁、锌、硒等物质，味甘性温，有补中益气的功效。

茶竹宴。茶有"色、香、味、形"四大特点，能饮用，能调和滋味，能增加色彩，又具有药理成分。竹可食较多，像竹笋、竹荪蛋、竹菌……从竹的根菌，到竹笋、竹竿，再到竹的枝叶，每一部分都有独特的价值和作用。将茶与竹完美融合而成的茶竹宴，极具特色。

护国陈醋。全国食品行业名牌产品、中华老字号、四川省首批非物质文化遗产和中华全国供销合作总社重点龙头企业，产品远销欧、美、日、韩和东南亚地区，深受广大消费者喜爱。制作时以大米、麦麸、精盐为主料，以近百种中草药研制而成的曲药配制，经过煮、熬、发酵、装罐、日晒浸泡等十多道工序，酝酿四五百天，方出成品。具有独特的浓厚陈香、味道醇厚、回甜爽口、余味悠长、久存不腐且陈香更浓的特点，对人体有清热解毒、降血压、促进消化之功效。

发展定位

到 2026 年，地区生产总值力争突破 500 亿元。确立"121"发展战略："1"即聚集一个定位，新时代区域中心城市核心发展区；"2"即攻坚两大突破：城市建设攻坚突破、产业发展攻坚突破；"1"即实现一个目标：高质量建成现代生态新城。努力建成区域综合实力更加雄厚、城乡融合发展更具魅力、改革创新动能更加强劲、绿色低碳发展更可持续、社会民生服务更有温度的现代生态新城。

发展目标

力争到 2025 年实现以下目标：

经济实力显著提升，地区生产总值突破 450 亿元、力争 500 亿元。

城乡品质显著提升，实现三区同城化、一体化，建成成渝地区双城经济圈公园城市先行区，常住人口城镇化率达到 73% 左右。

民生福祉显著提升，居民收入增速快于经济增速，城乡居民收入比进一步缩小，基本公共服务、社会保障体系、文化产业体系更加健全。

环境质量显著提升，森林蓄积量不断增长，生态保护体制更加完善，建设全国现代生态文明低碳经济示范区。

治理效能显著提升，安全风险防范能力、防灾减灾应急管理能力、重大疫情防控能力、城乡基层治理能力等不断增强，法治纳溪建设取得新成效。

（撰稿：银福梅　审稿：陈英华）

04 泸县

基本情况

泸县又称龙城，位于四川南部，介于东经105°10′~105°45′，北纬28°54′~29°20′之间。长江、沱江在此交汇，泸县作为西南出海大通道桥头堡，是四川省首批扩权县、西部百强县、全国平安建设先进县、国家卫生县城、全国不动产统一登记试点县、全国农村土地制度改革试点县。2022年末，全县辖区面积1530平方千米，辖19个镇、1个街道，总人口104.7万。

历史沿革

泸县古称江阳。西汉建元六年（公元前135年），设江阳县。西汉末，升江阳郡。南朝梁大同中设泸州。隋改泸川县，后设泸川郡。元初复设泸州，泸县地域为州本属。明洪武六年（1373年），泸州升直

● 远眺泸县县城（邓志儒 拍摄）

● 泸县县城城西一隅（夏廷贵 拍摄）

隶州（省辖）。民国二年（1913年），泸州改为泸县，隶属四川省下川南道。1914年，下川南道改称永宁道，泸县隶属永宁道治。1928年，直属四川省。1935年，泸县隶属第七行政督察专员公署。1949年12月3日，泸县解放，川南人民行政公署驻泸县。1950年7月，泸县分置市、县，划泸县城区及部分郊区设置泸州市；泸县移治长江、沱江汇合处北岸小市。1952年2月25日，改属隆昌区专员公署。1953年1月，改属泸州专员公署。1960年7月1日，泸州专属与宜宾专属合并，称四川省宜宾专员公署，泸县属宜宾专属管辖。1983年3月3日，泸州市改为省辖市，实行市带县新体制，自此泸县隶属泸州市管辖至今。1996年，泸县移治福集镇，即今县城。

重要资源

土地资源。 县内有水稻土、潮土、紫色土、黄壤四个土壤类型，其中水稻土占耕地面积的83%，土壤肥沃，适应性强，是四川省农产品主产区。行政区域总面积153124.47公顷，其中耕地84853.31公顷、园地4220.81公顷、林地18863.53公顷、草地884.52公顷、城镇及工矿用地19708.34公顷、交通运输用地2569.88公顷、水域及水利设施用地8574.34公顷、其他土地13449.74公顷。

矿产资源。 县内已发现矿产有页岩气、天然气、烟煤、菱铁矿、建筑石料用灰岩、玻璃用砂岩、建筑用砂岩、黏土、砖瓦用页岩、矿泉水、地热、河道砂共12种，已开发利用7种。全县有各类矿区19个，其中烟煤矿区12个、矿泉水矿区1个、地热矿区1个、玻璃用砂岩矿区5个。境内烟煤查明资源储量为102352.32千吨，玻璃用砂岩查明资源储量约190218千吨。

森林资源。 县域森林植被属亚热带常绿阔叶林区，树种资源较为丰富。有植物86科225属373种（包括变种2种），其中乔木类155种，小乔木类72

种，灌木 86 种，竹类 12 种，藤本 14 种。林地（土地利用属性为林地）面积 22565.17 公顷，森林面积 23982.65 公顷，森林覆盖率为 15.65%，林木绿化率为 19.27%。全县活立木蓄积量为 1061917 立方米。

旅游资源。县内文化旅游资源丰富，是"中国龙文化之乡""中国曲艺之乡""全国文化先进县""全国文物工作先进县""中国最具影响力文化旅游名县""四川省现代公共文化服务体系示范县""四川省民间演艺之乡"。有"一园二泉三湖四山十国宝多景点"。"一园"：龙桥文化生态园。"二泉"：玉蟾温泉、百和高洞温泉。"三湖"：玉龙湖、海潮湖、九龙湖。"四山"：玉蟾山、万寿山、龙贯山、五仙山。"十国宝"：龙脑桥、泸县宋墓、泸县龙桥群、玉蟾山摩崖造像、屈氏庄园、罗盘嘴宋墓群、光明茶马古道、圆通寺、奇峰渡槽和全国非物质文化遗产雨坛彩龙。"多景点"："川南小九寨"道林沟、长江古埠文化地新溪古街、川渝古驿站立石古街、乡村旅游点喻寺谭坝和太伏沙田坝、川南道教圣地百和东林观等。

基础设施

水运。四川水运首港——泸州港国际集装箱码头距县城 39 千米，是全国 28 个内河主要港口之一，年吞吐量 100 万标箱，每周 30 余班国内支线班轮、3 条近洋航线、11 条铁水联运班列及"蓉欧＋泸州港"班列，获批为国家临时开放口岸。位于泸县境内的神仙桥码头是四川长江北岸唯一的千吨级散杂件码头，距县城 35 千米，一期工程年吞吐量达 140 万吨。港口和码头隔河相望，优势互补。

公路。对外交通畅快，现有高速公路出入口 6 个，厦蓉高速、泸荣高速、泸永高速互联互通，贯穿全境；内部路网畅达，G321、G246、S438 等国省干线公路纵横贯通，全县已全面实现社社通，基本实现户户通。

铁路。隆黄铁路扩能改造。绵泸高铁建成通车，设泸县站；渝昆高铁正加快建设，在泸县设泸州东站。县城距成渝高铁（隆昌北站）站点 40 千米，铁路客运、货运直达全国各地。

主要产业

医药产业。泸州国家高新区医药产业园位于泸县城西，成立于 2013 年 11 月，规划面积 21.3 平方千米，已建成 4 平方千米核心承载区、4 平方千米生活配套区。成立以来，园区聚焦川渝滇黔医药制造业创新中心和国家生物医药产业基地两大目标，围绕生物医药、医疗器械、保化品等产业，引入科瑞德制药、步长制药、九州通集团、奥泰医学影像、苏州朗润、维思达医疗、赋智赛尔干细胞、华润医药等医药企业 107 家。2022 年，完成工业总产值 229.3 亿元，主营业务收入 242.1 亿元，分别增长 17.6%、19.84%。2025 年，力争把园区建成川渝滇黔医药制造业创新中心和国家生物医药产业基地。

建筑产业。全县落户建筑企业 600 余家，其中

● 泸州国家高新区医药产业园科技创新创业服务中心
（夏廷贵 拍摄）

特级总包企业1家,一级总包企业28家,各类建筑专业技术人员总数达2万余人,是西部地区首个"中国建筑之乡",全国首批30个国家级建筑劳务基地县之一,四川省建筑劳务输出十强县。

页岩气综合利用产业。县内页岩气资源储备丰富,总资源量约1.42万亿立方米,依托全国日产量最大的页岩气井,规划建设泸县页岩气综合利用产业园,重点布局以页岩气井口装置、仪器仪表、钻井辅助设备、输气管道设备等为代表的装备制造产业,以页岩气脱水和危废处理为主的环保设备产业,促进新化肥、油脂系列产品、1,4-丁二醇、聚四氢呋喃等产品延链发展,优化能源结构,促进节能减排。

农业产业。泸县是全国粮食生产先进县、国家级杂交水稻种子生产基地县、中国晚熟龙眼之乡、国家出口猪肉质量安全示范区、国家生猪调出大县、全国平安渔业示范县、全国平安农机示范县、全国绿色发展示范先行区、四川省三大粮食基地县。2021年,建设高标准农田3.4万亩,改造杂交水稻标准化制种基地3万亩;完成龙眼良种高换2800亩,被认定为世界晚熟龙眼优势区域中心,成功创建省级有机产品认证示范区。2022年,泸县粮食产量达54.1万吨,生猪实现年出栏102.11万头,实现第一产业增加值72.3亿元、增长4.2%。

文化旅游产业。文旅资源十分丰富,已建成对外开放景区(点)共7处,分别是龙桥文化生态园(国家4A级旅游景区、全国休闲农业与乡村旅游示范点、中国美丽乡村)、玉蟾山景区(国家3A级旅游景区、省级风景名胜区、省级森林公园)、玉龙湖景区(省级风景名胜区)、道林沟景区(市级风景名胜区)、玉蟾温泉旅游度假区、宋代石刻博物馆、屈氏庄园博物馆。

文旅品牌

龙脑桥。建于明洪武年间,清乾隆四十三年(1778年)下旨钦命永宁道泸州以北九十华里九曲河龙脑桥予以保护。桥为石质平板梁桥,呈南至北走向,北偏西18度,跨于九曲河上,用30块长3.6米、宽0.95米、厚0.6米的石块铺成桥面。桥长54米、宽1.9米、高5米,12墩13孔。中间八个桥墩分别有雕龙、麒麟、青狮、大象四种吉祥兽物,石雕动物的脊背凹槽上安置桥面石板。桥的一侧露出动物头部,一侧露出尾部。这些雕刻各不相同,有的嘴衔绶带,有的脚踏绣球,有的足踩玉圭,无不生动传神,各具特色。1996年11月,国务院公布龙脑桥为第四批全国重点文物保护单位。

屈氏庄园。位于方洞镇石牌坊村,始建于清嘉庆道光年间,1916年扩建成现有格局。庄园为中国传统院落式布局,主体建筑为抬梁穿斗式木结构建筑,原占地30亩,现存12亩,面阔75.6米、进深102.6米,外墙高8米。四角有高约22米、砖石结构的碉楼,现两座完好,一座残存。庄园大门呈外"八"字形,门额阴刻"醒庐"两个大字。庄园内设

● 喻寺镇谭坝村衣锦乡情生态园(夏廷贵 拍摄)

● 龙脑桥（张云飞 拍摄）

敞厅、中堂、上房以及天井、戏园、内花园、后花园、佛堂、网球场等设施，是川南一处具有中国南北风格，中西相融，涵盖园林建筑、安全防御的典型民居。2007年6月，被四川省人民政府列为第七批省级文物保护单位。

宋墓石刻。2002年全国重要考古发现，是目前已知全国数量最多的宋墓群，2006年5月被国务院确定为全国重点文物保护单位。宋墓多是同坟同穴

● 屈氏庄园（阳彬 拍摄）

异室的长方形单室墓葬，也有相通的双室或多室墓葬。墓葬一般长 5.5 米左右、宽 3 米左右、高 2.5 米左右，分别由墓道、墓门、墓室组成。墓室由条石构筑成仿木结构的形式，内有多种精美雕刻和仿木构件。墓顶有盝顶、藻井顶和穹窿顶三种。雕刻的内容主要为武士、四神、伎乐、侍仆等。

雨坛彩龙。泸县龙舞艺术起源于唐宋时期，鼎盛于明末清初。雨坛彩龙全长 30 余米，威武雄壮，栩栩如生，表演时突出"活"字，着眼于龙的性格表现和人文情感的传达，神采飞扬，气势磅礴，既是龙的精神体现，也是中华民族精神的体现，被誉为"东方活龙"。2006 年被列入第一批国家级非物质文化遗产名录。同年，雨坛彩龙在人民大会堂演出，胡锦涛亲自为其点睛。

风味美食

月母鸡汤。清朝末年，泸县云龙观音场乡厨程正荣受邀为本地大户做月子餐，程正荣在传统月母鸡汤制作的基础上，选用公鸡与母鸡搭配，辅以天然野生滋补食材，用细火慢煨慢炖而成。鸡汤属咸鲜味型，鲜香纯正，突出了鸡的本味，特别适合产妇滋补身体，得到广泛好评，被赞誉为"程鸡汤"。2011 年，泸县观音月母鸡汤入选四川第三批非物质文化遗产保护名录。

鲊泥鳅（粉蒸泥鳅）。源于泸县玄滩镇，广泛流传于泸州乡间。制作时取本地鲜活泥鳅为主料，以蓼子草为辅助调料，突出蓼子草的清香，属酸辣味型，具有调味讲究、技法独特的特点。"鲊"字按词典解释有三种意思：一是指一种用盐和红曲腌制的鱼；二是指用米粉、面粉等加盐和其他佐料制作切碎的菜；三是指盐腌的食品。这里的鲊，没有腌的含义，但与用米粉、面粉等加盐和其他佐料制作切碎的菜以及川菜中的粉蒸烹饪方法又有相近之处，都要用到米粉。

发展定位

坚持以习近平新时代中国特色社会主义思想为指导，坚决贯彻习近平总书记对四川工作系列重要指示精神，深入贯彻省委"四化同步、城乡融合、五区共兴"战略部署，市委"一体两翼"特色发展战略部署，把握新发展阶段，践行新发展理念，融入新发展格局，推进高质量发展，促进共同富裕，统筹发展和安全，奋力推动泸县在全面建设社会主义现代化国家新征程上开好局、起好步。

建设实力泸县。重大项目接续推进，优势产业成群成链，发展能级大幅跃升，工业总产值、地区生产总值实现翻番，综合实力跻身全国百强县。

建设活力泸县。宅基地制度改革、"三社融合"等稳妥有序推进，改革动能充分释放，开放通道更加畅通，营商环境全面优化，创新驱动发展支撑作用更加明显。

建设魅力泸县。城乡人居环境全面改善，公共服务能力显著提升，生态环境持续优化，治理水平大幅提高，人民生活幸福指数持续增长。

发展目标

以全面融入成渝地区双城经济圈建设为统揽，聚焦"突破 800 亿、跻身百强县"总体目标，通过实施"两区两地一中心"战略，优化"两核两星"布局，切实抓好"9·16"地震灾后重建工作，系统推进新型工业化、信息化、城镇化和农业现代化，全力建设新时代实力泸县、活力泸县、魅力泸县。

（撰稿：熊联彬 周小平 审稿：段波）

05 合江县

基本情况

合江县位于四川省南部,介于东经105°32′~106°28′,北纬28°27′~29°01′之间。因长江与赤水河交汇而得名。2022年,辖区面积2414平方千米,辖19个镇和2个街道,户籍总人口87.7万人。

历史沿革

西汉元鼎二年(公元前115年)置符县,隶犍为郡,治安乐水会,即今符阳街道南关地段。1950年1月,隶属西南区川南行政公署泸县专区。1992年,实施撤区并乡,撤销区建制,将原10个区、1个区级镇和66个乡、6个乡级镇,调整为15个乡(2011年减少为10个)、14个镇(2011年增加为17个镇)。2017年,乡镇建制调整为26镇1乡。2019年,合江县乡镇建制调整为19镇2街道。2019年,乡镇建置调整为19镇2街道,即:符阳街道、临港街道、大桥镇、白米镇、榕山镇、荔江镇、凤鸣镇、车辋镇、白沙镇、望龙镇、神臂城镇、九支镇、先市镇、法王寺镇、尧坝镇、真龙镇、福宝镇、白鹿镇、先滩镇、石龙镇、甘雨镇。

重要资源

水资源。至2021年,县内多年平均降水量为266576万立方米。地下水资源总量为35351万立方米,水资源总量为180599万立方米。总供水量为24419万立方米,其中农业用水最多,占比67.96%。

矿产资源。具有开采价值的矿产主要有天然气、页岩、砂岩、卵石和河沙。截至2021年末,境内共有天然气井189口,生产井数60口,年产气量0.75亿~0.82亿立方米。

森林资源。截至2021年末,有林业用地12.69万公顷,林地面积12.7093万公顷,活立木总蓄积量679.1718万立方米,森林覆盖率57.45%。2021年全年义务植树195万株,国有林管护14.5万亩,常年巩固退耕还林成果10.97万亩,管护公益林81.85万亩。建设"竹—药""竹—菌"生态种植基地6万亩,成立合江生态林竹工业园区;华盛竹业年产30万平方米重组竹型材项目建成投产。

中药材资源。有丁香、广香、木香、茴香、藤香、藿香、黄柏、杜仲、当归、大黄、枳壳、五味子、广藿香等上百种。

● 合江县带绿荔枝（向波 拍摄）

基础设施

道路。境内有高速公路2条（G93泸渝高速、G4215成自泸赤高速）、国道2条（G353、G546）、省道4条（S438、S439、S311、S411）。截至2022年末，全县公路总里程4459.7千米，其中高速公路61.3千米、国道75.4千米、省道232千米、县道796千米、乡道1302千米、村道1993千米。

水运。长江三级航道长54千米，丰水期通行能力3000吨级，枯水期通行能力1000吨级；赤水河五、六级航道长57千米，丰水期通行能力达150～200吨，枯水期通行能力达60～80吨。现有普货码头4个（密溪沟一期、密溪沟二期、天华码头、榕山民用码头），总泊位9个，总设计吞吐量350万吨／年。

运输。全县有道路货运企业80家、运输车辆2378辆。其中，危化品运输企业2家、运输车辆24辆。有客运企业3家、公交企业2家、出租车企业2家，客运站14个（二级站1个、等外站13个），开通并运行客运班线156条、客运车辆397辆。其中，

● 合江县法王寺6.5米宽四级沥青混凝土公路（石佛—法王寺）（向波 拍摄）

● 合江县真龙镇的真龙柚产业园（合江县档案馆 提供）

省市际班线21条、客运车辆43辆。

主要产业

合江县为全国粮食生产大县和生猪调出大县，至2021年，已建成高标准农田68.54万亩，粮食产量51.84万吨。2021年，合江荔枝、真龙柚、金钗石斛三大特色产业综合产值达37.3亿元。荔枝现代农业园区创建为省五星级现代农业园区，现代竹产业园区创建为省级竹产业园区。新发展国家级专业合作社2家、省级专业合作社4家、省级家庭农场2家。成功创建乡村振兴省级示范村2个。

文旅品牌

尧坝古镇。位于川渝黔接合部，历史悠久，始于北宋，兴于明清，是古代巴蜀通往滇黔夜郎古道上的重要驿站，是远近闻名的"小香港"。古镇散发着明清建筑文化的风韵，讲述着驿道文化的精彩，被誉为"川南民居活化石""活着的古镇"。古镇孕育了清嘉庆年间武进士李耀龙、近代革命斗士梁自铭、美学奠基人王朝闻等名人，此地拍摄过《狂》《大鸿米店》《酒巷深深》《红色记忆》《川西剿匪记》等20余部影视片，著名导演凌子风、郭宝昌、黄建中，影星许晴、尤勇、邵兵、马伊琍、魏骏杰（香港）等先后在此留下身影，故又称名人故里、影视基地。古镇距县城37千米、泸州22千米、赤水27千米。现为中国历史文化名镇、全国特色景观旅游名镇、全国重点文物保护单位。

福宝古镇。1000年前，兴市。600年前，场镇初具规模。古镇北郊的大亨村东汉崖墓群（三组52窟）证实了福宝在秦汉时就有先民居住。西汉时为夜郎

● 合江县金龙湖景区（李贵平 拍摄）

古道上的重要驿站。唐宋时期渐成聚落，为川盐入黔道路上的重要站点。元末时商贾云集，明初形成边贸集市。清康熙年间，楚、粤、闽、赣等地之民相继迁居福宝场，并建家庙以怀故土，场上逐渐形成清源宫、万寿宫、天后宫、土地庙、五祖庙、张爷庙、禹王庙、火神庙、天灯庙、王爷庙、观音庙等三宫八庙，

● 福宝古镇（合江县档案馆 提供）

成就了福宝古镇依山就势、高低起伏、宫庙与民居相嵌的独特建筑风格。清乾隆时，已"积众数百家，可称大镇"。

法王寺。1958年8月10日，被列入四川省汉民族地区第一批佛道教名山、寺庙、宫观保护名单。景区内有石燕飞旋、殿井海潮、玄珠吐露、天地水碧、迥龙吸浪、月亮长明、莲花现瑞、大佛环顾、白马常现、观音龙珠等十大自然胜景。未来，合江县将以佛—农—沙路沿线200米为核心，发展连片优质竹基地10万亩，打造100里绿色长廊，形成环"千年古刹"法王寺旅游区域的竹产业旅游观光线路。

金龙湖生态旅游景区。距合江县城最近的、集水域和原始森林于一体的景区，有千手观音、明代石狮子、滩子上"天下奇观"流杯池和"之字滩"节孝牌坊等景点。2014年，被评为四川省最美人工湖、"最佳自然博物馆"。

风味美食

合江豆花。俗称白豆花，又叫素豆花。自唐代起，合江成为川盐入黔的重要口岸，自贡食盐顺长江运到合江起岸，分水陆两路，船帮以盐船载盐溯赤水河运到贵州，马帮以马队驮盐经福宝运到贵州。在这一历史进程中，船帮和马帮的人员为了能趁早赶路，习惯于在豆花馆吃豆花，促进了豆花制作技艺的改进，普遍味道好、价钱低。后来，以豆花作为早餐的居民不断增多，早餐吃豆花逐渐变成当地的一种生活习俗，进一步丰富了"合江豆花"特色文化。

合江豆花用料讲究。做豆花的水选取无污染、矿物微量元素多的山泉或井水，确保豆花不变质。制作时，精选优质大豆，经拣豆、泡豆、磨浆、滤浆、点浆、榨浆等工序精制而成，独具绵、细、滑、嫩的特点。豆花制作工艺十分精细，如泡豆需用温

● 合江豆花（合江县档案馆 提供）

水浸泡4至6小时，待皮皱心润为好，过之则走浆，反之则损汁。

现代合江豆花除了保留传统豆花制作技艺外，还不断创新蘸水、佐料和吃法（比如：酸菜豆花、荤豆花等），满足现代人丰富的味觉需要。佐料齐全是合江豆花最大的特色，案上摆放着让人眼花缭乱的佐料，琳琅满目，应有尽有，由食客依口味自由取舍，东舀一点，西勾一点，享受其中过程，吃在嘴里有说不出的成就感，是当地独特饮食文化的体现，也是食品文化传承的载体。

尧坝红汤羊肉。尧坝鱼羊鲜餐馆王氏红汤羊肉制作的祖传技艺。清光绪末年，由尧坝场王学和将辣椒蘸水混入清汤羊肉锅中炖煮形成，后经王元贞、王世楷、王伟三代传承发展，形成技艺体系。近年来，尧坝红汤羊肉制作技艺传承人集红汤羊肉制作技艺之大成，在选材、配料、刀法、火候等方面进一步研究创新，使传统技艺得到发展，所做羊肉成品具有"香、鲜、辣、爽、嫩"的鲜明特色，深受顾客赞赏，成为远近闻名的"合江名菜"。

泸州烤鱼。也叫合江烤鱼，是一道风味独特的地方美食，采用先烤后焖的烹饪技法制作而成，食用时搭配上豆花和鱼腥草，美味而独特。

发展定位

坚持以成渝地区双城经济圈建设为统揽，以融入重庆为引领，以产业发展为支撑，建设成为成渝地区双城经济圈川南渝西融合发展战略支点。

发展目标

"十四五"时期总体目标。争创全省县域经济发展先进县、实施乡村振兴战略工作先进县、天府旅游名县和省级创新型县。

"十四五"时期经济社会发展的主要目标。打造跨行政区融合发展示范区。以经济区与行政区适度分离改革为牵引，着力打破行政区划壁垒，大力推进跨行政区融合，深化区域一体化发展。融入"双圈"联动发展，融入"东翼"率先发展。

打造改革创新发展试验区。聚焦重点领域、关键环节改革，探索创新驱动发展路径，推动质量变革、效率变革、动力变革。系统集成抓改革，创新驱动促发展。

打造产业发展新高地。坚持做大总量和提升质量并重、扩大增量和做优存量并举，全面提高经济质量效益和核心竞争力。构建结构更优的现代产业体系，搭建功能更全的产业发展平台，完善保障更强的要素供给机制。

打造高品质生活宜居地。以营城创新提升城市能级，建设宜居宜业宜游的幸福美丽合江。推动绿色生态发展，打造山水田园城市，建设优美宜居乡村。

2035年远景目标。综合实力大幅提升，经济总量和城乡居民人均收入迈上新台阶；新型工业化、信息化、城镇化、农业现代化水平大幅提高，基本建成现代化经济体系；形成对外开放新格局，开放型经济新体制基本建立，开放发展新优势显著增强；城市建设取得新突破，城市品牌影响力进一步扩大，文化软实力显著增强，国民素质和社会文明程度达到新高度；生态文明建设实现新提升，广泛形成绿色生产生活方式；民生福祉显著改善，全体人民共同富裕取得实质性进展，基本公共服务实现均等化；基本实现社会治理体系和治理能力现代化，平安合江建设达到更高水平。到2035年，力争建设成为成渝地区双城经济圈具有辐射带动作用的"综合实力强县"，与全国同步基本实现社会主义现代化。

（撰稿：王大琼　审稿：刘银枪　王飞）

06 叙永县

基本情况

叙永县位于四川盆地南缘，云贵高原北端，地处川、滇、黔三省接合部，介于东经105°10′~105°43′，北纬27°29′~28°31′之间。素有"川南门户""鸡鸣三省"之称。东连古蔺县、贵州省赤水市，南接贵州省毕节市七星关区及云南省镇雄县、威信县，西邻宜宾市兴文县，北抵纳溪区、合江县。辖区面积2976.8平方千米。最高海拔在南面川滇交界地罗汉林为1902米。县政府驻地叙永镇环城南路。全县辖18个镇和5个少数民族乡。2022年全县总人口71.5万人，人口自然增长率为-0.61‰。

历史沿革

叙永历史悠久，战国时期属夜郎国地。汉时相继属犍为郡、牂柯郡、江阳郡。晋时先后属牂柯郡、

● 叙永县城全貌（颜林 拍摄）

江阳郡、平夷郡、南广郡、东江阳郡、泸州。

唐元和元年（806年），置羁縻蔺州，领今叙永、古蔺地，属剑南道泸州。宋太祖乾德二年（964年），废羁縻蔺州，县境相继分属泸州江安、合江、纳溪和泸夷罗氏鬼国地。元朝，相继置西南番安抚司、西南番总管府、永宁路、西南镇边元帅军民宣抚司、永宁镇边都元帅府，隶属四川行中书省。明洪武四年（1371年），废永宁镇边都元帅府，设永宁宣抚司，增置永宁卫，属四川；后改永宁长官司、永宁宣抚司，隶四川布政司；增置赤水卫、普市守御千户所，分属四川都司、贵州都司；天启三年（1623年），废永宁宣抚司，设叙永同知，隶四川叙州府；相继置叙永善后厅、叙永军粮厅，隶叙州府。清朝初期，置分巡永宁道、叙永管粮厅；康熙二十六年（1687年），改永宁卫、普市所为永宁县，属贵州威宁府，将赤水卫并入贵州毕节县；相继改永宁县隶四川叙州府，置叙永直隶厅辖永宁县、赤水分县丞；光绪三十四年（1908年），迁永宁县治于古蔺，并于次年改称古蔺县；后置永宁直隶州，属四川省。

民国时期，改永宁直隶州为叙永县，相继属下川南道、永宁道、四川省政府、四川省第七行政督察区。1949年12月1日，叙永解放，属泸县专员公署。1952年，相继属隆昌专员公署、泸州专区公署、泸州专员公署。1960年，属宜宾专员公署。1985年至今，属泸州市。

叙永之称，始于明天启三年（1623年），据清康熙《叙永厅志》载："改土归流，以叙（州府）郡丞驻永（宁）治之号叙永厅。"即以"叙州府"之"叙"、"永宁"之"永"为叙永。清代置叙永直隶厅。民国二年（1913年），改为叙永县迄今。

● 叙永县西溪竹林（叙永县档案馆 提供）

重要资源

土地资源。全县土地总面积2978.8平方千米，折合446.82万亩，其中丘陵206.15万亩，低山地156.96万亩，中山地15.69万亩，其他地形68.02万亩。耕地面积117.8万亩，林地面积265.42万亩。

矿产资源。无烟煤已探明储量69亿吨，是四川省尚存的唯一优质无烟煤基地；天然气探明储量1.33亿立方米；铁矿石探明储量4734吨；镓探明储量11.45吨；铝土矿探明储量32.4吨。非金属矿中，硫探明储量12601万吨；高岭土探明储量307.81万吨；耐火黏土探明储量28.8万吨。

林业资源。素有"川南林乡"之美誉，是四川省百万亩速生丰产用材林基地建设重点县、竹基地建设重点县、现代林业产业技术基地县、全国森林资源可持续管理经营试点县。林木树种78类科、近300种，竹林面积达140万亩。

文化资源。叙永是四川省首批历史文化名城、四川省革命老区县，是明代彝族女政治家奢香夫人、兵部尚书熊文灿、彝族土司首领奢崇明、近代辛亥革命川南总司令黄方、辛亥革命彝族志士余健光、革命烈士陆更夫、开国上将傅钟的故乡。县内有国家级重点文物保护单位清代木雕一绝春秋祠、清凉洞摩崖石刻。有国家级生态自然保护区画稿溪、省级文物保护单位大石龙龟山石刻、丹山玉皇观摩岩石刻群、傅钟故居、护国讨袁纪念地松坡亭、蜀南第一雄关雪山关等；有"川南小峨眉"之称的省级风景名胜区、省级森林公园玉皇观。省级非物质文化遗产保护项目有川南苗族踩山节、蜀南彝族咪苏唢呐、木格岛苗族祭祀和构树皮造纸工艺等。叙永

● 叙永县春秋祠（颜林 拍摄）

县有（盖）首山苗民政府旧址、全国 300 个红色旅游经典景区之一的红军长征"鸡鸣三省"石厢子会议旧址、川南游击纵队成立旧址等革命遗址遗迹。

基础设施

交通。2016—2022 年，累计新改建公路 1928.6 千米，隆黄铁路（隆叙段）扩能改造，叙毕铁路建设加快推进，G76 厦蓉高速摩尼互通、S438 叙威路大修等项目实现开工，渝叙筠、成贵高速（泸古段）、G352 等项目前期工作基本完成，"南翼"内外交通网络进一步畅通。

水、电、气、网、城镇建设。2022 年，红岩水厂三期建成投用，新建 20 个乡镇供水保障工程，城乡供水能力进一步提升。完成水安全"十四五"规划，倒流河水库渠系工程加快建设，永宁水库、红岩水库、夜珠塘水库等水利工程加快前期建设，骨干水网体系构建初具规模。完成 23 个村农网改造，新改建线路 98 千米，推动实现稳定可靠的供电服务全覆盖。扎实推进页岩气输气管道和向林、赤水 35 千伏变电站建设。完成县级国土空间总体规划"三区三线"划定，完成 4 个镇级片区、2 个村级片区国土空间规划编制和 13 个专项规划编制。实施南河街、定水寺等 4 个老旧小区改造，有效改善 1677 户居民居住环境。完成既有住宅电梯增设 36 台。

主要产业

现代工业。2022 年，加快建设赤水河谷优质酱酒产业发展带。规划设立白酒产业园区，制定白酒产业高质量发展若干措施，全力融入赤水河千亿级优质酱酒产业集群。加快建设清洁能源绿色建材供给地。加大页岩气开发利用力度，年产气量突破 8 亿立方米、产值突破 10 亿元。赛德水泥、叙永郎玻技改扩能项目竣工投产，红狮水泥项目加快推进。规模以上工业总产值突破 66 亿元，增长 10%。

现代农业。全面落实粮食安全、耕地保护党政同责，进一步守牢耕地红线。新建高标准农田 4.6 万亩，粮食总产量达 35.8 万吨，粮食面积产量实现"六连增"。生猪一体化项目有序推进，54 个标准化规模育肥场投产运行，出栏生猪 75 万头。加快全省油茶高质量发展县建设，建成全省最大的油茶保障性苗圃，油茶产业园区成功创建为省级现代林业园区。实施竹种改良试点、林竹质量精准提升行动，加快低产低效林改造，建成林竹产业基地 5.2 万亩，年产竹笋、林下菌 5.2 万吨。培育赤水河精品水果、高山蔬菜、优质糯稻等特色产业，糯稻现代农业园区成功通过省级农业园区初评，优势农业产业新格局加快形成。

现代服务业。加快建设以山地避暑康养为重点的生态价值实现旅居带。发挥乌蒙山海拔、气温、自然景观等优势，推进双城经济圈康养文旅示范区建设，成功获评"中国天然氧吧"。以罗汉林、仙草湖等为代表的康养避暑网红打卡地享誉西南，夏季避暑高峰期一房难求，全县接待游客突破 500 万人次，实现服务业增加值 73.3 亿元。罗汉林乡村振兴产业融合发展项目，作为四川唯一代表入选全国革命老区乡村振兴示范区项目，并获评"四川省现代服务业集聚区"。

文旅品牌

画稿溪。位于县城东北部，游览区面积 18 平方千米，生态旅游区景点有 50 多处。景区内丹霞地貌景观、孑遗植物（桫椤）景观、水体景观、奇石景观等相互交融，相辅相成。以奇异的高山峻岭和幽深的峡谷为骨架，以潭瀑溪河和珍禽异兽景观为烘

● 叙永县丹山飞龙岭（叙永县档案馆 提供）

托，融合自然景观和人文景观，是集雄、奇、险、秀、幽等特色为一体的复合型生态旅游区。2003年，被列为国家级自然保护区。

丹山。位于县城东北方，是集宗教、历史文化、康养避暑于一体的丘陵型景观。主峰紫霞峰，海拔1619米，平地矗立、绝壁千仞，山石呈朱红色，地

● 鸡鸣三省大峡谷（颜林 拍摄）

● 罗汉林主峰云海（代建 拍摄）

质上称为丹霞地貌，故称丹山。景区融合了自然生态景观、道教文化和民族民俗风情人文景观，由雄伟的丹霞地貌、奇峰峭壁、宋代以来的全真教隋山派宫观、川南古代民族图腾遗迹等组成。山上植被茂密，古树参天；林中溪流潺潺，岩上瀑布飞泻；名人勒石，云海、浮光、日出日落、险境雾凇……是川南著名消夏避暑胜地。

鸡鸣三省大峡谷。位于赤水河两岸，深300～500米，赤水河沿谷底蜿蜒噌吰而过，是可观云南、四川和贵州三省的沟谷型景观，全国著名峡谷景观，是鸡鸣三省景区核心地带和鸡鸣三省峡谷群的主谷，上有卧龙穿崖之高堰，下有冲波逆折之回川。鸡鸣三省之地，渭河与倒流河合流形成的赤水河劈崖而过，奔流向东，云南、四川和贵州分别居悬崖三侧，叙永县水潦彝族乡岔河村岔河大堰和云南省镇雄县坡头镇德隆村白车面崖而互眺，岔河大堰横卧高崖，宛若蛟龙盘山。

罗汉林避暑度假区。位于县城南面山区，是云南入川门户，与云南省威信县接壤，距威信县城25千米，距成贵高铁威信站约23千米，距叙威高速公路分水互通仅5千米，交通快捷方便。乳秀峰为泸州市最高峰，海拔1902米，夏季平均气温在18℃～25℃，山体坡度起伏较缓，绿林覆盖率较高，罗汉竹遍布山野，山风吹过，呼呼作响，声似山呼海啸，状如万马奔腾。景区自然风光秀丽，植被丰茂，属于天然氧吧，远离城市喧嚣，是消暑度假的天堂、玩雪赏景的绝佳之地，也是星空和日出的最佳观赏地。

风味美食

叙永豆汤面。川南地区著名的特色传统小吃，始于清末，创始人范昆云（1868—1943）。相传清朝宣统年间，范昆云上午卖搭搭面，下午卖豆汤面。

到民国十五年（1926年），他把豆汤面的烹制技术传给了儿子范绍岑（又名范春，1908—1975）。豆汤面主要面源为加碱细面、宽面、二叶子、搭搭面，因风味独特，平民消费，逐渐成为叙永人上午的主要食品，下午和晚上的充饥小吃，是叙永在世界各地的游子最为怀念的家乡美食。

江门荤豆花。最早可追溯至夜郎故国江门寨，因其具有美容美体功效，最适合女性食用，故又称"女儿菜"。早在汉代，古人利用卤水做凝固剂发明了豆腐，川滇黔百姓将其和常年食用的酸菜煮在一起招待客人，称"一锅熟"，这一吃法最早就诞生在江门寨，即今天的叙永江门镇。江门荤豆花鲜嫩可口、清淡味美、荤而不腻、营养丰富，深受来往驿客的喜爱。明代文学家杨慎三十年间多次往返江门品味荤豆花的美味，2018年，江门荤豆花的制作工艺获批四川省非物质文化遗产。

两河桃片。始于清同治年间，为叙永县传统名食之一，迄今已有百多年历史，清光绪年间曾作为贡品进入皇室，被誉为"糕点之王"。20世纪50年代，还曾被列为慰问赴朝志愿军佳品之一。制作时选用优质糯米、核桃仁、蜜桂花、猪板油等为主要原料，经70多道工序制成。当代两河桃片传承人在传统技艺的基础上，改进生产工艺，扬长避短，使两河桃片油而不腻、绵柔化渣、甜度适中、清凉可口、营养丰富、携带方便、老少皆宜。2010年，两河桃片传统制作技艺被列入泸州市第三批非物质文化遗产。

发展定位

明确"四化同步推进、城乡融合发展、五大组团共兴"总思路，建设新时代乡村振兴乌蒙示范区。全力推进四化同步，坚持新型工业化主导、信息化赋能、城镇化带动、农业现代化固本，推动信息化和工业化融合发展、工业化和城镇化良性互动、城镇化和农业现代化相互促进；全力推动城乡深度融合，打破城乡二元结构，畅通城乡要素循环、优化资源配置，推动城乡产业协同发展、基础设施一体布局、公共服务普惠共享，强化以工补农、以城带乡，加快形成工农互促、城乡互补、协调发展、共同繁荣的新型工农城乡关系；全力推动五大组团共兴，立足资源禀赋，坚持优势优先、特色发展，实现产城融合、康养文旅、农副产品（竹产业）加工、赤水河流域"红绿"融合发展、生态工业五大组团共同振兴，先发带后发、先富帮后富，促进优势区域更好发展、生态功能区更好保护、后发潜力区加快追赶。

发展目标

到2035年，与全国全省全市同步基本实现社会主义现代化，全县经济实力、综合实力大幅跃升，与全省全市发展差距、城乡区域发展差距明显缩小，基本建成现代产业体系，经济总量和城乡居民人均可支配收入迈上新台阶。城乡居民素质和社会文明程度显著提高，社会事业发展水平明显提升，基本公共服务实现全覆盖、均等化，城市更加宜居宜业，乡村更加和谐美丽，人民生活更加美好幸福。建成辐射川南、连接三省、通江达海的综合交通枢纽，开放合作和竞争新优势进一步增强。生态文明建设取得重大进展，赤水河流域生态安全屏障更加稳固。科技创新能力不断增强，全面深化改革取得重大成果。治理体系和治理能力现代化基本实现，法治叙永、法治政府、法治社会基本建成，平安叙永建设达到更高水平。

（撰稿：何平 郑敏 审稿：余波 付志强）

07 古蔺县

基本情况

古蔺县位于四川盆地南部边缘，地理坐标为东经105°33′~106°20′，北纬27°40′~28°20′，东西径距76千米，南北径距75千米，南与贵州毕节市、金沙县隔河相望，东北与仁怀市一衣带水，北与习水县、赤水市山水相连，西与叙永县紧邻。全县辖区面积3185平方千米；县城距省会成都471千米，离泸州市区165千米。

古蔺县是四川杂散居少数民族人口较多的县之一，除汉族外，还有苗、彝、回、仡佬、侗、藏、满、傣、土家、白、壮等25个少数民族，呈大散居、小聚居格局分布。辖区内有箭竹、大寨、马嘶3个苗族乡。彝族主要集中居住在石屏镇。2022年末，全县辖23个乡镇（街道），其中街道3个，镇17个，少数民族乡3个，总人口87.75万人。县政府驻地彰德街道。

历史沿革

据石屏野猫洞考古发现，5万至2万年前，古蔺境内已有古人类活动。1908年，迁永宁县治于古蔺场。1909年，改永宁县为古蔺县，隶川南道永宁直隶州，废古蔺巡检司。1930年，隶四川省政府。1932年，隶四川省第七行政督察区。1949年12月10日，古蔺解放，隶川南行政区泸州专员公署。1960年，改隶宜宾专区。1985年，划归泸州市管辖至今。

1950年至1983年，分3次将西北部敦梓、西南部石坝、西南部摩尼等区乡共721.6平方千米地域划属叙永县。解放初期为适应土地改革，缩小区划范围，1953年全县设16区6镇162乡，1958年改乡为人民公社，1984年复改人民公社为乡，全县辖10区1直属镇72乡1区辖镇。1987年经省政府批准，将大村区所属的复陶、二郎、新华3个乡合并组建二郎镇，将箭竹、乌龙、大寨、马嘶4个乡（马嘶乡、建新乡划入部分地域）改建为苗族乡。1992年，撤区并乡建镇，将全县组建为12镇17乡（其中4个苗族乡）。2006年，撤乡扩镇，将全县组建为12个镇14乡（其中3个苗族乡）。2015年至2019年，经四川省人民政府批准同意古蔺县调整行政区划撤乡设镇，全县设23镇3个苗族乡。2022年，全县设23个乡镇（街道），其中街道3个，镇17个，少数民族乡3个。

重要资源

土地资源。 实有土地面积4775581.5亩（含省、县际插花地）。土壤有水稻土、潮土、紫色土、黄壤土、

● 赤水河环线公路一角（牟科 拍摄）

黄棕壤土 5 个土类（9 个亚类）22 个土属，64 个土种，43 个变种。水稻土占耕地面积的 10%，旱地土占 90%。农业土壤中有机质偏低，养分含量低，普遍缺磷、钾、氮；林业土壤中，酸性较重的约占 45%，除有效磷、钾不如农业土壤外，有机质含量普遍高于农业土壤。全县有一级土壤 12 万亩，二级土壤 51 万亩，三级土壤 31 万亩，四级土壤 32 万亩。

水资源。境内有大小溪河 225 条，流量小、落差大，水能资源丰富。溪河大多源自县境中部，呈辐射状向四周分流，除西部乌龙沟河流入永宁河外，余皆流入赤水河。赤水河绕县境南、东、北三面环流。属长江二级支流的河流有古蔺河、盐井河、白沙河、菜板河、马蹄河、桂花河。境内降水量偏少，属低径流县，年正常产水量 14.18 亿立方米（不含赤水河过境量 60 亿立方米）。河流补给以降水为主，次为地下水（溶洞水、隙泉），浅层地下水主要分布于石宝、丹桂、观文、金星、龙山、大村、太平、双沙、德耀等地，尤以溪河两岸出露最多。

矿产资源。初步勘测发现有无烟煤、烟煤、硫铁矿、铁矿、铜、磷、钾、高岭土、石膏、白云石、方解石、大理石、煤层气、天然气等矿种，蕴藏量以无烟煤、硫铁矿最大。无烟煤已探明储量 23.6 亿吨。硫铁矿主要藏于东部的太平、大村、石宝等地，已探明储量 16.7 亿吨。铁矿有菱铁矿、赤铁矿和褐铁矿，储量分散，未构成一定规模矿床。石灰石分布面广，从二叠纪到寒武纪地层中均有，约占总辖区面积的 60%。大理石品质较优，具有一定的开采价值。

旅游资源。境内西北部为丹霞地貌，40 余万亩

● 美酒河（荣忠远 拍摄）

连片林地，林海茫茫，青山叠翠。大自然造就出黄荆省级风景名胜区与红龙湖省级森林公园。南东北面赤水河环绕，两岸巉岩耸峙，河谷深切，中游的兴隆滩至二郎滩一段，长约6千米，河床落差35米，滩滩相连，素有"十里险滩"之称。两岸悬崖绝壁如斧劈，高出河面200～400米，是漂流、攀岩的理

● 红龙湖冬景（李骁 拍摄）

● 叙（永）古（蔺）高速灯盏坪互通（康宁 拍摄）

想之地。景区内有千奇百怪的二郎石笋群、五老峰卧佛。传说中的石公石婆及二郎古镇、古盐号、古盐道保存完好。1999年，在赤水河岸边蜈蚣岩400余米高的峭壁上，摩崖石刻"美酒河"三字，被上海大世界基尼斯总部认定为"世界之最"。古蔺郎酒厂利用天然溶洞"天宝洞""地宝洞"储酒，被列入基尼斯世界大全。

基础设施

交通。S80古峨高速叙永—古蔺—习水段全线贯通，叙大铁路建成通车，古金高速落地开工。

水、电、气、网、城镇建设。观文水库、朝门水库、石梁子水库等24个重点水利项目全面建成；新建35千瓦以上变电站9座；县城和6个乡镇开通管道天然气；49个村完成农网改造。新安设3G/4G基站120个，全县移动网络覆盖率达到95%以上，主干线公路沿

● 赤水河红军大桥（孔芒 拍摄）

线已基本实现 3G/4G 网络覆盖；老旧小区改造完成试点，蔺州大道（一期）基本贯通，县城建成区面积达 11.1 平方千米，拓展超过四分之一。全县有国省级特色小镇 6 个、国省级传统村落 16 个、四川省实施乡村振兴示范村 4 个、省级宜居乡村 83 个。

主要产业

工业。酱酒产业集群发展。县级酒业园区成功设立，全年落地项目 30 个，入园企业 135 家，"千亿园区"建设迈出坚实步伐。"1+1+2"招商服务机制高效运行，新签约酒类百亿级项目 2 个、50 亿级项目 2 个、20 亿级项目 3 个，签约金额突破 600 亿元、增长 322%。酒类项目完成年度投资 87.8 亿元，吴家沟基地技改（二期）、盘龙湾基地技改（二期）等 6 个项目建成投产。"三品"战略深入实施，成功举办"酒业发展高峰论坛"，正式发布《古蔺酱酒产区宣言》，新增持证酒企 58 家，郎酒获评中国食品工业协会科学技术奖一等奖，品牌价值连续 14 年位居行业前三，川酒集团、金美酒业获评"首届四川省原酒生产企业 20 强"。成功引进郎晖公司、四川今典等包材企业 7 家，包材产业实现从无到有。

农业。农业产业全域发展，"4+5+N"农业特色产业发展壮大，种植基地突破 70 万亩，建成规模以上养殖场 201 个，"古蔺黄牛"成功申报地理标志证明商标，"古蔺赶黄草"被国家卫健委批准为新食品原料。2020 年，获评全省农村改革工作先进县和农民增收工作先进县。2022 年，实现农业总产值 65.5 亿元。

服务业。文旅产业赋能提质。四川长征干部学院泸州四渡赤水分院古蔺教学点等 14 个长征国家文化公园建设项目、太平古镇快速通道等 18 个红色文化传承带项目建成投用，郎酒小镇入选国家级夜间文

● 古蔺县郎酒厂天宝洞（周永叙 拍摄）

化和旅游消费集聚区，获评全国县域旅游发展潜力百佳县和省级全域旅游示范区，实现旅游收入55亿元。

文旅品牌

大寨富民新村景区。位于古蔺县大寨苗族乡，规划面积10平方千米，是古蔺三大少数民族聚居地之一，省级乡村旅游示范村。景区是古蔺至黄荆老林景区干道上的重要节点，距县城50千米，距离叙蔺高速19千米，交通便捷，区位优势明显。境内地理景观平均海拔800多米，以万亩平原坝子和苗族文化为资源核心，2017年创建为国家2A级旅游景区，是泸州地区极具特色的民族特色村寨。

大黑洞景区。国家4A级旅游景区，通过天坑游览区、苗寨风情区、民俗观光区、花海观光区、漂流体验区和综合服务中心的"五区一中心"打造，建成了集溶洞探险、苗族文化体验、有氧健身、赏花滑草等运动健康、休闲娱乐于一体的旅游景区。

古郎洞景区。国家4A级旅游景区，原名青龙洞，形成于白垩纪，至今已有几亿年历史。已探明洞长6.6千米，现已开发洞长2.5千米。洞内景观丰富，有形态各异的钟乳石、石瀑、石灵芝、石珊瑚、石柱、石花等奇观随处可见；钙化池面积广阔，晶莹如玉，碧水从天而降，形成了仙境瑶池景观，被誉为"洞中黄龙"；洞中视野开阔，四个高约百米的洞厅首尾相连，穹顶各具特色，夺人眼目，幻如仙境。洞内的汹涌暗河、地下峡谷等奇特景观国内罕见。

风味美食

古蔺麻辣鸡。远近闻名的地方汉族特色美食，曾受邀参加"2015川货全国行""2015中国非物质文化遗产博览会""2015西南商博会"。制作时先要熬制卤水，将白芷、陈皮、山奈、八角等四十多种中草药香料按照一定比例装入布袋，放入老卤水中熬制数小时，促使老卤水香味更加浓郁香醇。然后精选优质高山土鸡，经细心宰杀洗净后放入煮好的特制卤水中高火细煮20分钟左右，即可出锅上架，配上蘸料即可食用。古蔺麻辣鸡的蘸料制作技艺更为考究，必须提前两天制作，经过72小时自然沉香和自然积淀。

发展定位

以习近平新时代中国特色社会主义思想为指导，立足新发展阶段，贯彻新发展理念，融入新发展格局，深入贯彻党中央和省委决策部署，坚定不移实施"生态立县、酒业强县、农旅富民"三大战略，科学构建"一带四区"战略布局，全力做强泸州"南翼"发展核心支撑，确保实现"三个走在前列、五个显著提升"，高质量建成中国县域经济百强县和中央红军长征入川第一县省际示范窗口城市。

发展目标

到2026年，主要经济指标年均增速高于全国、全省、全市平均水平，实现"三个翻番"，即经济总量翻一番、冲刺500亿元，人均地区生产总值超过全省平均水平、接近全国平均水平；全口径税收收入翻一番、超过100亿元；地方一般公共预算收入翻一番、突破50亿元，跃居全省县域经济"第一方阵"。

到2035年，经济综合实力大幅跃升，基本实现新型城镇化、城乡一体化和农业现代化，实现撤县建市，跻身中国县域经济百强县（市）；基本实现城乡治理体系和治理能力现代化，基本建成法治古蔺、法治政府、法治社会；生态环境明显好转，美丽古蔺建设目标基本实现；社会事业发展水平显著提升，基本公共服务实现均等化，人民生活更加幸福美好。

（撰稿：曾凡艳 审稿：潘艳）

德阳市

基本情况

德阳市地处四川盆地西北部，成都平原东北边缘，横跨龙门山区、成都平原和川中红层丘陵区，地理坐标在东经103°45′~105°15′，北纬30°31′~31°42′之间。毗邻省会成都，位于丝绸之路经济带和长江经济带的交汇处、叠合点。德阳市人民政府驻地旌阳区。德阳市城区西南至成都市城区58千米，南至资阳市城区150千米，东南至遂宁市城区180千米，东北至绵阳市城区55千米，西北至马尔康市城区280千米。

德阳地势西北高，东南低，为狭长带状，东西宽24~62千米，南北长162千米，面积5911平方千米。辖区平原面积占总面积的30.9%，丘陵占49.45%，山区占19.65%，可谓"二山、三坝、五丘陵"。最高处是什邡西北龙门山脉狮子王峰，海拔4984.1米，最低处是中江县东南郪江水口，海拔306米。辖区绵远河、石亭江、鸭子河、青白江属沱江水系，凯江、郪江属涪江水系。

德阳属亚热带季风湿润气候区，四季分明，温和宜人。常年平均气温16.8℃，最冷月（1月）平均气温5.9℃，最热月（7月）平均气温25.9℃。极端最高气温42.7℃，极端最低气温-6.7℃。常年平均降水量844.2毫米，雨量比较充沛。降水量自西北向东南逐渐减少，西北部年降水量950毫米以上，中部900~950毫米，东南部960毫米以下。降水量多集中在5—10月，占年降水量的87%~89%，降水量最多年达1400~1500毫米，最少年仅530~630毫米。

现辖旌阳区、罗江区、广汉市、什邡市、绵竹市、中江县，共84个乡级行政区划单位，其中街道13个、镇67个、乡4个。2022年，德阳全市地区生产总值2816.87亿元，年末常住人口346.1万人，城镇化率57.61%。

历史沿革

夏商周时期，市境属古蜀国腹心地带，现代考古发掘证明，今广汉三星堆为古蜀国初期都邑之地。公元前316年，秦灭蜀国，建蜀郡，今德阳地区属蜀郡。秦时，在德阳地区建有雒县。西汉初至东汉末，德阳市域为广汉郡一部分，建置什邡、绵竹二县，罗江为涪县地。三国时，新建五城县（中江）。唐代新建德阳县（今德阳市旌阳区），改万安县名为罗江县，为罗江县得名之始。宋代，雒县、什邡、绵竹、德阳四县属汉州，罗江属绵州，玄武（中江）、铜山、飞乌属梓州县，汉州、什邡属成都府，德阳、绵竹属绵州潼川府。元代，铜山县和飞乌县并入中江县，中江境域基本确定。清代，汉州降为单州，罗江直隶绵州，汉州、什邡属成都府，德阳、绵竹属绵州，中江属潼川府。民国二年（1913年），改汉州为广汉县。中华人民共和国成立后，德阳6县于1949年12月22日至26日先后解放。1950年初，德阳、广汉、什邡、绵竹、罗江5县属川西行政公署绵阳专员公署，中江县属遂宁专区。1953年，广汉县、什邡县划归温江专员公署。1958年，中江县并入绵阳专区。1959年，罗江县撤并入德阳县。1960年，什邡县并入广汉，合称广汉县。1963年，广汉县与什邡分县建置，县名复原。1983年，温江专区撤销，广汉和什邡划归成都市。1983年8月18日，国务院设立德阳市，市政府驻德阳城关，辖城区街道办事处、汉旺镇和旌阳、城区、八角三个公社。将绵阳地区的德阳、中江、绵竹三县和成都市的广汉、什邡两县划归德阳市管辖。1984年9月，撤销德阳县，设立市中区。1988年，撤销广汉县，设立广汉市（县级）。1995年，撤销什邡县，设立什邡市（县级）。1996年，撤销市中区，建旌阳区，复置罗江县；撤销绵竹县，设立绵竹市（县级）。2017年，撤销罗江县，设立罗江区。

自然资源

生物资源。自然生态环境得天独厚，2022年末，全市森林面积234.44万亩，森林覆盖率为26.43%。全市有陆生野生动物2095种，植物资源3417种，湿地面积20.15万亩，市内水库、湿地为北方鸟类重要的越冬地和迁徙地，现建有大熊猫国家公园1处、自然保护区3处、森林公园4处、风景名胜区3处、地质公园2处等。

矿产资源。矿产资源丰富，目前辖区已发现矿产36种，已查明资源储量的15种，均为非金属矿产。天然气、磷矿、石灰岩、矿泉水等为德阳市优势矿产，在省内具一定优势。2021年8月，中江气田新增天然气探明储量340.29亿立方米，累计探明储量1061亿立方米，成为我国首个千亿级天然气生产基地。辖区饮用矿泉水允许开采量159.9万立方米／年，理疗用矿泉水允许开采量15.0万立方米／年，水温38.4℃，什邡市获中国矿业联合会所颁"中国矿泉水之乡"荣誉称号。白云岩、花岗岩、盐卤等矿产具较好的找矿潜力。磷矿、煤矿、石灰岩、花岗岩、白云岩等矿产主要分布北部山区；天然气、砖瓦用页岩、建筑用砂岩、膨润土等矿产主要分布于中部平坝和南部丘陵区。

农业资源。坝地与浅丘陵区土地肥沃，适宜农耕，山区适宜种林木花果。农业、工矿业生产条件好，绵远河、石亭江、鸭子河、青白江、凯江、郪江等6大河流与人民渠纵横交错，水库与塘堰星罗棋布，多数农田能自流灌溉，旱涝稳收，故物产丰富，有"天府粮仓"之美誉。

基础设施

交通运输。交通区位优势突出，市域拥有宝成铁路、成德绵乐城际铁路、成兰铁路、成绵高速及复线、成南高速、成南巴高速、108国道、成德（天星）大道、旌江干线等道路交通资源，西南距双流国际机场50千米，南距天府国际机场90千米，西南距青白江亚洲最大的铁路集装箱中心站24千米。德阳在全省率先实现成德动车公交化运营，率先建成投运城市候机楼，与成都共建国际铁路物流港"姊妹港"，基本形成"1小时到机场、2小时出川、8小时

● 德阳城区（德阳市文化和旅游局 提供）

出海"的综合交通网络。6个县（市、区）均有高等级公路连接，基本形成主城区到各区县"半小时经济圈"。随着成都都市圈环线高速、中金快通、德什干道建成通车，德罗、德中干道建设全面推进，天府大道北延线、成绵高速扩容线加快建设，市域铁路S11线、德阳绕城南高速、南湖路、成德大道北延线等重大交通项目即将开工建设，"10高18快13轨"成德同城综合交通体系加快形成。

教育与科技。教育体系完备，学前教育全面完成"8050"普及普惠发展目标，城乡义务教育布局更加优化，一体化发展深入推进，均衡发展水平不断提高，普通高中教育多样特色发展，优质普通高中教育资源占比位居全省前列。中职教育基础地位进一步夯实，学校布局结构不断优化，高等职业教育高质量发展，"双高计划"建设深入推进，四川工程职业技术学院升本进程加快，产教融合、校企合作不断深化，职业教育与产业发展匹配度和适应性不断提升。2022年末，德阳共有幼儿园394所，小学227所，初中108所，普通高中25所，特殊教育学校6所，中等职业教育学校16所，普通高校14所；共有专任教师3.8万人。

2022年末，拥有国家级高新技术产业开发区1个，省级高新技术产业园区3个，国家级农业科技园区1个，省级农业科技园区4个，国家级星创天地5个，省级科普基地7个，省级国际科技合作基地1个，省级引才引智基地4个，市级以上孵化载体44家，高新技术企业377家，科技型中小企业852家。

文化、卫生和体育。2022年末，全市共有国家综合档案馆7个，公共图书馆7个，文化馆7个，综合文化站115个；国家级文化产业示范基地1个，

省级文化产业示范基地2个；博物馆12个（其中国有博物馆10个，民办博物馆2个），文物保护管理机构6个，全国重点文物保护单位11处，省级文物保护单位38处，市级文物保护单位23处，县级文物保护单位88处；广播电视台7座，广播综合人口覆盖率100%，电视综合人口覆盖率100%；国家级非物质文化遗产名录2项，入选省级非物质文化遗产名录16项。拥有医疗卫生机构2149个，床位28120张，卫生技术人员27343人。拥有全民健身路径1606条，全民健身工程1674个，公共体育场馆9个，四川省幼儿体育基地2个，国家级青少年体育俱乐部13个。

主要产业

农业条件较好，县域经济发达。德阳地处成都平原，自然条件优越，是中国农村改革的发源地之一。改革开放初期，广汉向阳在全国第一个摘掉"人民公社"牌子，开启了中国农村改革的先河，被誉为"中国农村改革第一乡"。拥有益海粮油等一批实力雄厚的农业产业化龙头企业，已建成蔬菜、生猪、烟叶、家禽、食用菌、药材等九大优质农副产品生产基地，是国家级苗畜、苗禽基地市，省级优质瘦肉型生猪出口基地市和省级优质粮油生产基地。粮食生产连年增产，人均粮食占有量、粮食单产等指标居全省第一。县域经济充满活力，有较好的经济基础，被列为四川省统筹城乡综合配套改革试点市。2022年，全市第一产业增加值296.22亿元。

工业基础雄厚，发展势头强劲。德阳是国家全面创新改革试验区、中国重大装备制造业基地、国家首批新型工业化产业示范基地和四川省重要的工业城市，雄厚的工业基础，奠定了德阳作为中国西部重要工业城市的地位。拥有中国二重、东方电机、东方汽轮机、宏华石油等一批国内一流、世界知名的重装制造企业。德阳重大装备制造业集群在中国乃至世界都具有巨大的影响力，目前，全国60%以上的核电产品、40%的水电机组、30%以上的火电机组和汽轮机、50%的大型轧钢设备和大型电站铸锻件、20%的大型船用铸锻件都是由德阳制造的装备，发电设备产量连续多年居世界第一，石油钻机出口居全国第一；食品工业享誉中外，拥有中国名酒剑南春、长城雪茄、冰川时代矿泉水等一批优质品牌，建成亚洲最大的雪茄烟生产基地；德阳着力培育新能源装备制造战略性新兴产业，大力发展以核电、风力发电、太阳能、潮汐发电、生物能、燃料电池等为重点的新能源装备制造业，被联合国列为"清洁技术与新能源装备制造业国际示范城市"；新材料、医药等新兴产业快速发展，是国家新材料产业化基地和中药现代化生产基地。2022年，全市第二产业增加值1354.92亿元。

服务业转型升级，新动能彰显蓬勃活力。 德阳是全省首批服务业综合改革试点城市，拥有万达、新鸥鹏、北京银谷、北大荒等龙头企业，服务业增加值、商品及服务消费人均规模长期保持在全省前列。天府旌城、天府数谷、物流港等以服务业为主导的产业园区聚力推进，初步构建起集商贸、金融、文化、职教、科技、商务、会展等服务产业集聚发展的新格局。2022年，全市第三产业增加值1165.73亿元。

文旅品牌

德阳素有"古蜀之源""重装之都"之称，历史文化积淀厚重，是中国优秀旅游城市。德阳是巴蜀文化发祥地之一，辖区不仅有"沉睡数千年，一醒惊天下"的三星堆古蜀文明遗址，还有荡气回肠的三国文化遗踪白马关、全国三大孔庙之一的德阳文庙、中国四大年画之一的绵竹年画、"大孝之乡"中国德孝城、"音乐活化石"仓山大乐、我国最大的现代石刻群德阳石刻艺术墙和特级英雄黄继光纪念馆，更有得天独厚的自然风光，以及依托自然生态、独具人文魅力、负载乡愁记忆的美丽乡村。

三星堆。 三星堆古遗址位于广汉市西北的鸭子河南岸，分布面积12平方千米，距今已有5000至3000年历史，是迄今在西南地区发现的范围最大、延续时间最长、文化内涵最丰富的古城、古国、古蜀文化遗址。现有保存最完整的东、西、南城墙和月亮湾内城墙。三星堆古遗址被称为20世纪人类最伟大的考古发现之一，昭示了长江流域与黄河流域一样，同属中华文明的母体，被誉为"长江文明之源"。

● 三星堆博物馆（德阳文旅部门 提供）

● 青铜纵目面具（德阳文旅部门 提供）

广汉三星堆博物馆是首批国家 4A 级旅游景区之一。

三星堆文物是宝贵的人类文化遗产，在中国浩如烟海、蔚为壮观的文物群体中，属最具历史科学文化艺术价值和最富观赏性的文物群体之一。在这批古蜀秘宝中，有许多光怪陆离、奇异诡谲的青铜造型，如高 2.62 米的青铜大立人、宽 1.38 米的青铜面具、高达 3.95 米的青铜神树等，均堪称独一无二的旷世神品。而以流光溢彩的金杖为代表的金器，以满饰图案的边璋为代表的玉石器，亦多属前所未见的稀世之珍。2021 年 3 月，央视现场直播三星堆遗址重要考古新发现，引起国内外极大轰动，更多的国宝陆续与世人见面。2023 年，三星堆博物馆新馆建成开馆。

三国文化遗踪——白马关。国家 4A 级旅游景区，位于德阳市罗江区白马关镇。白马关是蜀道五关之一，秦入蜀的最后一道屏障，有着两千多年的悠久历史，自古为蜀都北部门户、出入蜀的交通要道、物资集散地和兵家必争之地，史称"三国险阻之区，

● 白马关（罗江区委宣传部 提供）

德阳市 | 265

● 年画村（德阳文旅部门 提供）

● 麓棠温泉景区（王平 拍摄）

两川咽喉之地"。这里不仅有全国重点文物保护单位庞统祠，还有落凤坡、点将台、八卦谷、倒湾古镇等三国遗踪，以及现存世界上最早的"国家级道路"——金牛古道，共同构成了德阳三国蜀汉文化旅游的历史长廊。

中国绵竹年画村。位于绵竹市孝德镇，是一处以乡村旅游、年画商品生产、加工基地建设为主，结合新农村建设的精品型乡村民间工艺文化4A级旅游景区。绵竹年画为中国四大年画之一，历史悠久，技艺精湛。

绵竹市九龙山—麓棠山旅游区。国家4A级旅游景区，地处绵竹市西北，坐落于龙门山麓，依托丰富的历史文化资源和优美的自然生态景观，以"青山、绿水、文化、休闲"为重点，统筹山上和山下的资源优势，整合沿山宗教、登山健身和农家乐等旅游资源，打造融合山区自然风光、沿山休闲游乐、生态观光农业、城镇度假于一体的新型乡村旅游区，是绵竹沿山旅游风光带上的一颗明珠。

金色清平景区。一个以休闲度假为主导的现代化山水生态4A级旅游景区，位于绵竹市西北部山区，面积约5.35平方千米，风光秀丽，气候舒适宜人，羌汉文化交融，民俗风情浓郁，是一座天然的动植物基因库，享有"金色清平，童话小镇，世外桃源，避暑胜地"之美誉。

易家河坝乡村旅游区。国家4A级旅游景区，位于广汉市三水镇，面积3平方千米，其中水域约1.8平方千米，田园风光秀美、花木掩映、候鸟成群，具有良好的生态环境，是德阳地区最大的集养殖、垂钓、观光、水族观赏、文化体育等为一体的综合性渔业基地。先后被评为国家级最美渔村、全国休闲渔业养殖基地、全国最美钓场等。

风味美食

德阳有平畴沃野的雪茄风情，千年老街的剑南酒香，更有天府花生、罗江豆鸡、中江挂面、广汉缠丝兔、连山回锅肉、什邡板鸭、绵竹松花皮蛋、罗江糯米咸鹅蛋等川菜川味，让人馋涎欲滴，回味无穷。不少特产的制作技艺被列入国家、省、市级文化遗产名录。

广汉缠丝兔。四川传统名菜，历史悠久，流传至今。原料选用肥大、皮下脂肪丰满的兔子，经精心腌制后，采用麻绳缠绕并悬挂晾干入味。因外形独特，故名"缠丝兔"。成品色泽均匀，味美鲜嫩，肌肉紧密。广汉缠丝兔享誉海内外，是四川广汉古蜀文化三星堆之外的又一张名片，2019 年被央视科教频道《味道》节目选播。

什邡板鸭。分生板鸭、熟板鸭（俗称烧腊鸭子），系腌卤食品中的精品，历史悠久，是与叶烟齐名的什邡特产。板鸭在晾晒和腌卤过程中，均采用竹骨绷撑，以其成品成板状而得名。

生板鸭有三类，即去骨鸭饼、桶鸭、板鸭。成品可保存三至五个月，吃法以清蒸为宜，下放蔬菜，不失本味，煮食亦可。

熟板鸭系卤制，色鲜味美，细嫩化渣，肥而不腻，风味独特，最宜不出锅热吃，不宜久存。

中江挂面。中江手工挂面又称"银丝面""空心面"，相传为南宋绍兴年间创制，至今有近千年历史。该面细如发丝，味甘色白，柔嫩可口，手工精致，营养丰富，健脾和胃，堪称一绝，在古代历代为上贡珍品。2010 年，中江挂面制作工艺被列入四川省非物质文化遗产名录。2011 年，中江挂面被国家质

● 缠丝兔（德阳文旅部门 提供）

● 什邡板鸭（什邡市档案馆 提供）

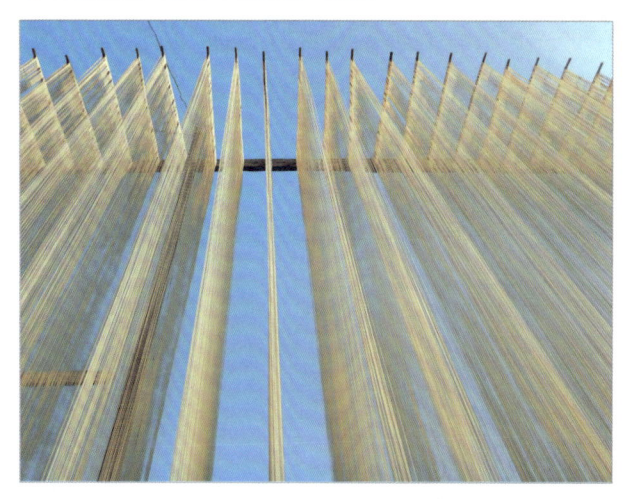

● 中江挂面（中江县文化体育广播电视和旅游局 提供）

● 糯米咸鹅蛋（德阳市罗江区商务和经济合作局 提供）

量监督检验检疫总局批准为国家地理标志保护产品。

罗江糯米咸鹅蛋。一款绿色生态纯手工食品，也是一款非物质文化遗产食品。从选蛋到成品要经过严格的十六道工序，历时四个月，全程没有防腐剂和其他添加剂，保持了真正的古法制作技艺。成品色泽鲜艳，层次丰富，是古法制作融合手法创新的臻品。2019年，被央视科教频道《味道》节目选播。

孝泉果汁牛肉。始创于民国十年（1921年），是德阳市旌阳区孝泉镇地方名特回民食品，历史悠久，远近闻名，具有麻、辣、香、酥及带有果味等特点，故名"果汁牛肉"，是佐酒、助餐、品茗、零食的美肴，馈赠亲友之佳品。近年来，孝泉果汁牛肉在质量上有了进一步提高，在包装上也有了改进，被列入《中国土特名产辞典》和载入杜福祥所著的《中国名食指南》一书，两度荣获"四川省名优特新产品博览会"金奖。

发展定位

坚持以习近平新时代中国特色社会主义思想为指导，深入贯彻党的二十大精神和习近平总书记对四川工作系列重要指示精神，完整、准确、全面贯彻新发展理念，服务和融入新发展格局，牢牢把握高质量发展首要任务，锚定"四五五六"发展总思路，全力以赴拼经济、搞建设、抓发展，发挥新型工业化主导作用，加快建设成渝地区双城经济圈制造强市和中国装备科技城。

发展目标

"十四五"时期，德阳经济社会发展的主要目标是：综合经济实力迈上新台阶，经济发展的总量、质量和在全省经济格局中的分量进一步提升；同城化发展取得新突破，成德同城化框架初步形成，对成都都市圈的支撑作用进一步彰显；城市能级实现新跃升，200万人以上人口规模的"大德阳"城市框架基本形成；全面改革开放迈出新步伐，更高水平开放型经济新体制基本形成；社会文明程度得到新提高，人民思想道德素质、科学文化素质和身心健康素质明显提高；生态文明建设实现新进步，城乡环境更加优质宜居；民生福祉改善达到新水平，人民生活更加安心安逸；社会治理效能得到新提升，发展安全保障更加有力。

到2035年，基本实现社会主义现代化：经济实力大幅跃升，经济总量和城乡居民人均可支配收入迈上新的大台阶；城市创新能力跻身全国前列，建成科技强市、制造强市、数字强市；成德同城化格局全面形成，社会治理体系和治理能力现代化基本实现，建成文化强市、交通强市、教育强市、人才强市、体育强市、健康德阳，人民生活更加美好，人的全面发展、全体人民共同富裕取得更为明显的实质性进展。

（撰稿：廖荣 钟昌金 审稿：周骅 刘进军）

01 旌阳区

基本情况

德阳市旌阳区位于市境中部，东西南北分别与中江县、绵竹市、广汉市、罗江区为界，辖区面积648平方千米。辖区地处成都平原东北边缘，位于东经104°15′~104°33′,北纬31°05′~31°02′之间，属四川盆地中亚热带湿润气候区，四季分明，气候温和，雨量充沛。全区地貌分为平原、浅丘、深丘三种类型，西南为平原，东北部属丘陵，一般海拔在480~550米之间。区内最高点海拔764米，最低点海拔457米。2022年末，全区总户数29.25万户，户籍总人口70.28万人，常住人口82.9万人。区政府驻地黄河东路99号。

历史沿革

旌阳区由德阳县、德阳市市中区沿革而来。汉高祖六年（公元前201年），分巴、蜀二郡置广汉郡绵竹县。东汉时，分梓潼县置德阳县，治地在今江油小溪坝，是德阳得名之始。唐高祖武德三年（620年），分雒县（今广汉）、绵竹地复置德阳县，隶属益州。清顺治十六年（1659年），罗江县并入德阳县。雍正七年（1729年），复置罗江县。1959年3月，撤销罗江县并入德阳县。1983年8月，设立德阳市，德阳县为市辖县。1984年9月，撤销德阳县设立德阳市市中区，为县级区建制。1996年8月，撤销德阳市市中区，设置旌阳区和罗江县。2006年1月，撤并东河、寿丰、通江等8个乡镇。2008年，八角井镇划归德阳市代管，旌东街道归德阳市直管。2013年6月，撤销八角井镇，设立八角井镇街道，继续由德阳市代管。2017年8月，工农街道划归德阳经济技术开发区代管。2019年11月，旌阳街道与城南街道合并，设旌阳街道；工农街道与八角井街道合并，设八角井街道。2019年12月，东湖乡和黄河街道合并，设东湖街道；天元镇、扬嘉镇和天虹街道合并，设天元街道；孝感镇和城北街道合并，设孝感街道，其余镇（街道）建制不变；全区由1个乡、10个镇、8个街道撤并为7个镇、6个街道，撤并率达32%。调整后旌阳区辖黄许镇、柏隆镇、德新镇、新中镇、双东镇、和新镇、孝泉镇、旌阳街道、东湖街道、天元街道、孝感街道、旌东街道、八角井街道。

重要资源

水资源。区辖区有属沱江水系的绵远河、石亭江和属嘉陵江水系的凯江等主要河流。全区水资源总量达 3.4 亿立方米。

天然气资源。区内天然气蕴藏丰富。以德新镇为核心，遍及孝泉镇、黄许镇。1994 年，华川石油天然气勘探开发总公司探明新场气田拥有 3 个"不含硫、气质好"气层，被国家储委评定为中型气田。

矿产资源。发现矿产有天然气（属国家统一规划）、泥炭（赋存于平坝基本农田内，禁止开发利用）、砂岩矿、建筑用砂矿、页岩矿、矿泉水、地热等。建筑用砂矿产于平坝区，主要分布于石亭江和绵远河两条主干河流的河道及河漫滩地段；砖瓦用页岩矿产于丘陵地区，广布于柏隆镇、黄许镇、双东镇、新中镇、和新镇、东湖街道等地域内。

基础设施

交通网络。宝成、德天、成绵乐城际铁路，京昆、成绵复线高速，108 国道，成都至青川、川西环线等省道穿境。有德阳火车站、德阳汽车南站、德阳汽车北站，通多路公交车。开展新一轮交通建设大会战，推进成都"三绕"、天府大道"北延线"等国省干线和什德中、德罗、德绵等城市快速干道建设。

科技创新。2022 年末科技型中小企业数 291 个，省级高新技术产业园区 1 个，国家级星创天地 1 个，市级以上孵化载体 6 个，争取国家级科技计划项目 5 项，争取省级科技计划项目 42 项，获科技进步奖项 16 项，签订各类技术合同成交金额 9.7 亿元。

教育基建。截至 2022 年底，全区共有幼儿园 79 所，小学 37 所，普通中学 21 所，中等职业学校 9 所，普通高等学校 4 所，特殊学校 1 所。

文化广电和体育。年末辖区内拥有文化馆 2 个，文化站 14 个，展览馆、博物馆各 1 个，图书馆 2 个，档案馆 2 个，广播电台、电视台各 2 个。

卫生保障。全区共有 451 个卫生机构。其中，医院、卫生院 35 个；床位 7522 张，其中，医院、卫生院 6999 张；医疗卫生机构技术人员 9572 人，其中，执业医师和执业助理医师 3543 人，注册护士 4569 人。全区共有疾病预防控制中心 2 个，卫生技术人员 133 人；卫生监督所 2 个，卫生技术人员 37 人；妇幼保健机构 1 个，卫生技术人员 271 人。

主要产业

农业集群化发展。2022 年，全年粮食作物播种面积 53.3 万亩，粮食总产量 23.4 万吨，油料总产量 3.62 万吨，蔬菜总产量 41.36 万吨。畜牧业生产基本稳定，肉类总产量 5.91 万吨，禽蛋产量 2.45 万吨。全年农林牧渔业总产值 75.62 亿元。旌阳粮油现代农业园区创评省三星级。大力发展"旌耘"等区域公共品牌，"三品一标"达 97 个，获评国家农产品质量安全县。

工业持续优化。年末辖区规模以上工业企业达 327 户，全年实现营业务收入 1142.2 亿元。主要工业产品产量：电力电缆 25.36 万千米；大米 6.74 万吨；商品混凝土 541.4 万立方米；精制食用油 0.72 万吨；钢材 8.03 万吨；电站用汽轮机 0.27 万千瓦；塑料制品 7.08 万吨；锻件 7.00 万吨；纸制品 6.40 万吨；钢化玻璃 1231 万平方米；发电设备 3633 万千瓦时；耐火材料制品 2.01 万吨。辖区总承包和专业承包建筑企业全年实现建筑业总产值 233.82 亿元。

现代农业提质增效。2021 年，整治农田水利渠系 71.16 千米，新增节水灌溉面积 6.56 万亩。建成高标准农田 15.7 万亩，粮食总产量稳定在 23 万吨以上。旌阳粮油现代农业园区创成省三星级。大力发展"旌耘"等区域公共品牌，"三品一标"达 97 个，获评国家农产品质量安全县。

● "中国香山·寿香谷"旅游区（旌阳区文体旅局 提供）

文旅品牌

"中国香山·寿香谷"旅游区。国家 3A 级旅游景区，位于旌阳区和新镇省级森林公园崴螺山核心区，是德阳市近郊和旌阳区唯一的省级森林公园。景区集雄、奇、刚、秀、幽、壮、险等特点于一体，地下矿泉水资源丰富，森林茂密，野生动植物繁多。"十里芳香走廊，百岁长寿集镇，千年禅宗古寺，万亩柏树林海"，是集芳香花木种植、生态乡村旅游、乡村

● 孝泉镇上九会狮灯表演（中共德阳市旌阳区委宣传部 提供）

●德阳潮扇（中共德阳市旌阳区委宣传部　提供）

康养产业于一体的城郊型生态旅游度假康养胜地。

孝泉镇"上九会"。孝泉镇特有民俗活动之一，至今已延续数百年，主要通过礼敬中华优秀传统文化，唤醒忠、孝、仁、义、礼、智、信、勇等传统美德，集商贸、艺术之大成，是现代物质交流会、艺术节的雏形，对发掘地方史、研究德孝文化具有重要的价值。每年吸引数万游客到孝泉镇感悟德孝文化、体验民俗文化，是一项极具旌阳地方特色的民俗活动。

孝泉镇"感天大孝祭"。孝泉古镇民间宣传行孝的一种祭祀活动形式，是弘扬德孝文化最基本的表现方式。以此为基础还发展出了孝文化旅游周，通过祭祀活动、文艺演出、民俗展演、民俗体验等积极向上的寓教于乐的活动为广大群众提供正确的精神指引。

省级非遗项目——德阳潮扇。源于1892年，以四川慈竹为原料，数条竖竹丝横丝线经纬织编形成扇子的框架，由平面形改为凹面倒葫芦形，用绢和宣纸裱褙衬，以竹、木作扇柄，配山水画、诗词等扇面而成，既有生活实用价值又有极高的收藏价值。1895年，作为贡品进京，后作为国礼赠送美国、苏联、罗马尼亚、印度等国。2007年3月，"德阳潮扇"被四川省人民政府认定为四川省非物质文化遗产，并荣获多个旅游商品和美术大赛金奖。

风味美食

旌阳区风味美食除孝泉果汁牛肉以外（详见德阳市概览），还有德阳酱油、孝泉江氏麻饼、黄许皮蛋、德新鲜花饼等。

德阳酱油。德阳市非物质文化遗产。酿造技艺起源于清咸丰末年，成形于民国年间。主要以本地的水源、小麦和黄豆为原材料，通过7道工序制作而成，其主要技术特点体现在菌种制作与酿造过程，

●黄许松花皮蛋（旌阳区文体旅局　提供）

● 德阳酱油（中共德阳市旌阳区委宣传部　提供）

采用4种酿造方式复合发酵，赋予德阳酱油极高的品质与难以模仿的特点。在20世纪80年代畅销全球，成为全球川菜馆的必备调料。

孝泉江记麻饼。孝泉古镇特色之一，已有200多年历史，以面粉、芝麻、花椒等为原材料，纯手工制作，有椒盐、玫瑰、冰橘、牛肉等口味，香甜酥脆，皮薄心厚，入口化渣，香酥可口，乃老少皆宜之美食佳品。

黄许皮蛋。黄许镇"鹿头"牌松花皮蛋、五香油沙盐蛋、双味盐皮蛋等系列产品，采用优质新鲜的鸭蛋，以含碘食盐、食用纯碱、深山松枝灰，经严格标准科学配制培养基料，经十多道工艺精制而成。长期销往省内外，出口东南亚等地，深受客商和消费者的好评和喜爱。

● 鲜花饼（中共德阳市旌阳区委宣传部　提供）

德阳市 | 273

德新鲜花饼。德新镇富贵食品厂生产的玫瑰鲜花饼。以精选玫瑰花瓣作馅料，选用优质面粉、香油、蜜糖等为原料，融入"药食同源"的理念，运用精湛制作技艺，配以独特的加工工艺烘制而成。新鲜出炉的鲜花饼酥软爽口、花香浓郁、沁人心脾，营养价值丰富，具有中式糕点独有的特点。

发展定位

世界级重大装备制造基地核心区。实施制造业强区战略，提质振兴装备制造、电线电缆、食品饮料、先进材料、智能终端、新型化工等产业，推进园区提档升级和企业主体培育，推动制造业产业链向两端延伸，打造先进制造业与现代服务业融合发展示范区，建成具有国际竞争力的先进制造业高地。

成德同城开放创新先行区。畅通大通道，开展大招商，共建大平台，推进大合作，主动参与成都市圈建设，融入"一带一路"建设和西部陆海新通道建设，助力成德同城化，加强与周边区（市、县）、沿海发达地区合作，加快外向型经济发展，打造与成都通勤最便捷、交往最密切的人口和经济承载区，全省内陆开放经济发展新高地。

德阳高质量发展引领协作区。充分发挥主城集聚优势和处于成都都市圈的区位优势，优化城市空间布局，持续提升城市品质，强化城市综合功能，持续完善城市特色内涵，加快建成德阳商务会展门户、交通枢纽门户和对外展示门户，打造成为成都市圈要素聚集度高、综合竞争力强的品质之城。

城乡融合高品质生活示范区。构建品质主城、特色小镇、美丽乡村"三位一体"城乡新格局，实现现代产业、生活、城市和环境相协调，统筹推动现代化乡村与城市建设互促互进，"人、城、境、业"四态融合，优化人口结构、产业结构和城乡结构，完善高品质生产、生活和生态空间，增强群众幸福感、获得感和归属感，打造宜居、宜业、宜游的现代公园城市新样板。

体制机制改革引领区。依托成德眉资同城化综合改革试验区建设，推动以利益共享为重点的跨区域产业转移机制改革和以财权、事权为重点的市区两级体制改革，持续深化农业农村、国资国企、财税金融等重点领域和关键环节改革，加快创新要素集聚，充分激发市场主体和区域一体化发展活力，提高资源要素配置效率和全要素生产率，增强高质量发展的内生动力。

发展目标

立足区情实际，完整、准确、全面贯彻新发展理念，服务和融入新发展格局，以中国式现代化引领旌阳现代化建设，努力在新征程上担当作为、走在前列。

做强重点产业，打造西部数字经济重镇；做强现代服务业，努力打造成都消费分中心；做优现代工业，不断提高产业竞争力和产品附加值。

做优城市品质，高标准打造"德阳之窗"，开展城市有机更新，全面提升城市品质。

做强城市功能，发展公平优质教育，提升医疗卫生品质，完善养老服务体系，补齐城市功能短板，让城市更有温度、更有质感、更有内涵。

推进城乡融合，推进新型城镇化，推动城乡产业协同发展、基础设施一体布局、公共服务普惠共享，实施乡村振兴战略，推动农业更强、农村更美、农民更富，实施生态环境治理，加快构建绿色、安全、高效的能源体系。

（撰稿：唐彦琳 审稿：叶华）

02 罗江区

基本情况

德阳市罗江区是"全国首批生态示范县""全国休闲农业与乡村旅游示范区""省级历史文化名城""省级森林城市""省级卫生县城"。

罗江属丘陵地貌，地处成都平原东北边沿，位于东经104°19′～104°42′，北纬31°12′～31°26′之间，为成都平原东北部生态屏障。介于德阳市与绵阳市之间，为成德绵经济带重要节点。境域东靠绵阳市涪城区金峰、石洞、玉皇镇和中江县黄鹿镇，南邻中江县黄鹿镇和德阳市旌阳区黄许镇，西界绵竹市什地、富新镇和旌阳区柏隆镇，北接绵阳市安州区河清镇、塔水镇和涪城区永兴镇。辖区东西长35千米，南北宽25千米，面积447.88平方千米，平均海拔524.7米。2022年末，全区人口总户数8.49万户，户籍总人口24.03万人，其中，城镇人口8.24万人，乡村人口15.79万人。

历史沿革

罗江，作为江河名始于晋，作为县名则始于唐。南宋祝穆《方舆胜览》载："罗江，两水（即水、汋水）相鏖成罗纹，县因以为名。"罗江置县始于晋。

西晋永兴元年（304年），于孱亭（今万安镇）置县，名万安县，属梓潼郡。南北朝梁末改名孱亭县，西魏复名万安县，先后属万安郡、金山郡、绵州。唐天宝元年（742年）改名罗江县，仍属绵州。明洪武六年（1373年）省入绵州，洪武十三年（1380年）复县，属绵州。清顺治（1659年）裁县并入德阳县，雍正七年（1729年）复县，属绵州。乾隆三十四年（1769年）废县为驿，迁绵州州治于此。嘉庆七年（1802年）还绵州州治于旧地，罗江复县，仍属绵州。民国时期，先属绵州，后绵州改为四川省第十三行政督察区，罗江县属之。新中国成立后，罗江县建制未变，属绵州专员行政公署。1959年3月，罗江裁县并入德阳县，属绵阳专区。1983年8月，德阳建市，德阳县属德阳市，次年德阳县改德阳市市中区。1996年8月，撤销德阳市市中区，建德阳市旌阳区和罗江县，属德阳市。2017年7月，撤销罗江县设立德阳市罗江区，行政区域仍为原罗江县行政区域，辖10个镇。2019年，乡镇行政区划调整改革，辖7个镇。

2022年末，全区辖万安、金山、鄢家、新盛、略坪、调元、白马关7个镇，62个村民委员会、868个村（居）民小组，31个社区居民委员会。

重要资源

自然资源。 罗江地处沱江水系与嘉陵江水系分水岭，河流大多发源于西北龙门山东侧，呈西北东南流向，主要河流有水河、泞水河、黄水河、凯江（纹江）和绵远河，总流程99.9千米，曾有"水乡"之称。辖区植物资源较为丰富，植物种类数千种，主要有古柏、银杏、黄葛树、皂角、黄连木、楝树、红豆树、构树、鸡爪枣、桼子、慈竹、马桑、茱萸等。辖区内陆生野生动物主要有蛇、林蛙、喜鹊、斑鸠、画眉、白头翁、白鹭、山鸡、啄木鸟、猫头鹰、獾、狸、大灵猫等。

旅游资源。 罗江历史文化积淀深厚，古迹名胜众多，旅游资源丰富，为省级历史文化名城。县城有清代建省级文保单位奎星阁、唐代建市级文物保护单位景乐宫与革命文物国立六中四分校校史馆、1990年建李调元纪念馆、2003年建大型石雕"文峰函海"，有仿古建筑、廊桥、清代建县级文保单位太平桥等组合景观潺亭水城。金山镇辖区有明代古刹马驰寺，春花秋月彩色小镇；万安镇辖区有清代民居范家大院；鄢家镇辖区有岭上花开农业公园；新盛镇辖区有明代建筑罗汉寺、清代建筑宝镜寺；略坪镇辖区有唐代建筑迎龙寺。

基础设施

交通运输。 辖区有2条高速公路（G5京昆高速公路、S1成绵高速）、1条国道（G108线）、3条省道，公路通车总里程达到881.467千米。国省干线公路95.59千米，农村公路749.87千米，等级以上公路里程802.21千米。以高速公路、国省干线公路为骨架，以县道为支撑的"九纵五联五轴二环"综合交通路网已基本形成。辖区有宝成铁路原罗江火车站货运站，成绵乐城际高铁罗江东站。

卫生健康。 全区有医疗卫生机构166个。其中：区直属医疗卫生机构2个、民营医院3个、卫生院7个、妇幼保健院1个、疾病预防控制中心1个、卫生计生监督执法大队1个、个体诊所及门诊部71个、村卫生站70个、社区卫生服务站4个、社区卫生服务中心1个。

教育事业。 全区有学校62所。其中幼儿园29所（3所公办园、13所民办园、13所学校附属园），小学17所（城区小学3所、镇小学14所），初中6所（城区初中1所、镇初中5所），高完中2所，特教中心1所，中等职业技术学校3所（德阳通用电子科技学校、德阳中艺科技职业学校、罗江职高），高等院校3所（四川工业科技学院、西南财经大学天府学院德阳校区、德阳农业科技职业学院），教师进修学校1所。

主要产业

工业。 深入实施"工业强区"战略，坚持"四个一流"标准，扎实推进产业集群发展。全区共有工业企业459家，其中规模以上工业企业147家；新材料企业125家，其中规模以上企业34家；电子信息企业25家，其中规模以上企业12家；装备制造类企业70家，其中规模以上企业25家；生物医药及农副产品加工企业56家，其中规模以上企业38家。营业收入达466.56亿元，利税总额19.71亿元。

农业。 建成现代农业园区29个，成功创建全省乡村振兴先进区、农村改革工作先进区。全区农林牧渔业总产值42.73亿元。粮食作物播面积1.85万公顷，年总产量13.61万吨；出栏生猪、牛、羊39.73万头，肉类总产量4.03万吨；养殖水面1269公顷，年总产量1.36万吨。

旅游业。 拥有国家4A级旅游景区1个（白马关景区）、3A级旅游景区1个（岭上花开农业公园景区）、全国文物保护单位1个（庞统祠墓）、乡村田园景点26个、全国旅游景观名镇1个（白马关镇）、精品村寨3个（芒江村、凤雏村、宝峰村），中国·罗江诗歌节、川菜川剧文化周等特色活动享誉省内外。年接待游客415.12万人次，旅游收入29.26亿元。

文旅品牌

全区文旅品牌除白马关景区以外（详见德阳市概览），还有岭上花开农业公园、中国·罗江诗歌节、川菜川剧文化周、范家大院、春花秋月彩色小镇等。

岭上花开农业公园。国家3A级旅游景区，位于德阳市罗江区鄢家镇，面积16平方千米，为"西蜀柚乡"核心区域，四季瓜果飘香。区域内交通便捷，骑游道、步游道穿梭于果园之中，春夏柚香浸心脾，秋冬硕果满山岗。景区内新农村示范点、民宿酒店、梯田果海、农民诗歌墙等引人入胜。

中国·罗江诗歌节。罗江历史悠久，人文资源丰富，是一个有着悠久诗歌传统，遍布历代诗人足迹的历史文化名城。本着继承优秀诗歌传统，大力创作讴歌伟大时代、塑造美好心灵的优秀诗篇，促进诗歌繁荣，打造城市精神名片的初衷，区委、区政府决定举办名为"中国·罗江诗歌节"的这一独特文化活动。2006年至2019年，罗江区已经成功举办了七届"中国·罗江诗歌节"。

川菜川剧文化周。罗江是"四川省第二批历史名人""川菜川剧之父"李调元的故里，有着深厚的川菜川剧文化底蕴和现实基础。为进一步提升罗江"川菜川剧之乡"的影响力，从2018年开始，连续举办川菜川剧文化周，以川菜、川酒、川音、川剧为媒，诚邀全国"蜀粉"、广约海内外宾朋，共同寻味德阳、游历德阳。

范家大院。省级廉洁文化基地，位于罗江万安镇响石村，是北宋名臣范仲淹后裔居住地，距今已有近300年的历史。整体以赏花、学习廉政家风为基调，是德阳市辖区保存最完整、规模最宏大的清代民居和客家院落。

● 岭上花开农业公园（中共德阳市罗江区委宣传部 提供）

● 第七届"中国·罗江诗歌节"（中共德阳市罗江区委宣传部 提供）

春花秋月彩色小镇。位于金山镇大井村。每年春天，走进春花秋月就如同走进诗画一般，金黄的油菜花、白色的梨花、粉色的桃花、绿色的远山，形成一幅秀美乡村的画卷，精巧而不失大气。结合新村建设，春花秋月正在打造彩色小镇，每年梨花开放时，白净素雅的梨花丛配上彩色墙面，若隐若现，犹如童话小镇一般，美丽又浪漫。

风味美食

全区风味美食除罗江糯米咸鹅蛋以外（详见德阳市概览），还有罗江豆鸡、罗江花生、金面子等。

罗江豆鸡。一道传统小吃，以黄豆为主料，磨

● 罗江"春花秋月彩色小镇"（中共德阳市罗江区委宣传部 提供）

● 罗江范家大院"范仲淹像"（中共德阳市罗江区委宣传部 提供）

成豆浆，将其制成油皮，裹以芝麻末，经蒸制而成。颜色棕黄，绵软干香，咸香鲜麻。

罗江花生。四川地方特色休闲食品，已有几十年生产历史，其制法独特、品质优异、口味一流，为同类产品中的佼佼者，以其颗粒均匀、咸淡适中、酥脆可口、不油不腻等特点备受人们的青睐。

金面子。金面子蒸猪头，是罗江本地名菜。据李调元《醒园录》记载，将腌制2天的猪脸放入油锅炸至金黄，再放入老汤里卤4个小时。菜品色泽金黄鲜亮，口感肥而不腻，软糯浓香，被美食家称为"金面子"，是罗江的一张美食名片。

发展定位

以高质量的"中国幸福家园"为统揽，深入实施"工业强区、科教兴区、文旅活区、生态立区"四大战略，全力打造"四张名片"，加快建设"大同予共"的现代化罗江。

坚定不移以幸福家园为统揽，全力建设"大同予共"现代化罗江。聚焦四大片区，突显功能定位，推动万安镇、白马关镇融合建设中心城区，略坪镇、

● 罗江花生（中共德阳市罗江区委宣传部 提供）

● 罗江豆鸡（德阳市罗江区商务和经济合作局 提供）

调元镇融合建设中国"种子芯谷"示范区，新盛镇、鄢家镇融合建设生态农业产业发展区，加快罗江经开区（德绵边界合作试验区）建设。坚定共同富裕、共建共享的奋斗目标，分层分类实施富民强村帮促行动，缩小城乡居民收入差距。把罗江人民的个人梦想与建设幸福家园的梦想紧密结合起来，厚植幸福罗江人的志气骨气底气，全力保障人民安居乐业、社会安定和谐。

坚定不移实施工业强区战略，全力打造产业发展新优势。全力推进产业创新升级，积极推动高性能纤维、新型显示材料、高分子材料等先进材料产业延链强链补链，积极融入成渝地区电子信息产业生态圈，做大做强现代工业。推动一二三产业融合发展，推进农业现代化转型。全力促进先进制造业和现代服务业深度融合，大力发展数字经济，推动服务业提质增效，构建现代产业体系。

坚定不移实施科教兴区战略，全力培育改革创新新动能。加快推进科教新区规划建设，完善服务功能，打造城市新区。主动融入成渝绵"创新金三角"、成德眉资创新共同体，打造科技成果转移转化产业落地区。持续深化"放管服"、国资国企、教育医疗、农业农村等改革，着力打造一流营商环境，以改革和创新双轮驱动高质量发展。

坚定不移实施文旅活区战略，全力擘画城市发展新蓝图。践行公园城市理念，坚定不移融入德阳主城区发展，按照"精筑城、广聚人、强功能、兴产业"的营城思路，推动"一城连两区"融合发展，积极打造"一山水满城景"的高品质生活宜居地。以建设"文旅智谷"为核心，将白马关景区作为农文体旅融合发展的主引擎，深挖调元、三国文化智慧内核，促进旅游与体育、文创、研学、康养深度融合，积极打造成渝地区一流、国内著名的休闲旅游目的地，展现"天府封面、蜀道门厅"新形象。

坚定不移实施生态立区战略，全力构筑大美罗江新画卷。坚持"绿水青山就是金山银山"理念，实行最严格的生态保护措施，坚决打好蓝天、碧水、净土三大保卫战。加强重点领域节能减排，引导绿色低碳消费，倡导绿色生活方式，加快构建绿色经济体系和生态制度体系。抓牢"山水林田湖草沙"一体化保护和系统治理，全力创建国家水土保持示范县。统筹推进国土空间生态修复，筑牢长江流域生态安全屏障，全力创建省级生态文明示范区。

发展目标

高举中国特色社会主义伟大旗帜，以习近平新时代中国特色社会主义思想为指导，全面贯彻新发展理念，积极主动融入新发展格局，坚持稳中求进工作总基调，抢抓成渝地区双城经济圈建设和成德眉资同城化发展等重大战略机遇，全面融入德阳中心城区。

经济实力显著增强。地区生产总值、一般公共预算收入增速高于全市平均水平。居民收入增长与经济增长同步，向更高收入阶段迈进。

经济结构显著优化。形成以现代制造业为主导、现代服务业为支撑、都市现代农业为特色的现代产业体系，高质量发展格局进一步构筑。

文明程度显著提高。民主法治更加健全，文化繁荣发展。社会主义核心价值观更加深入人心，各方面制度更加成熟定型。

民生福祉显著提升。基本公共服务均等化水平逐步提高，社会更加和谐稳定，人民更加幸福。

生态环境显著改善。绿色低碳水平明显提高，大气、水、土壤污染得到有效治理，天更蓝、水更清、山更绿、环境更优美。

（撰稿：龚伟　审稿：李春蓉　罗凤鸣）

03 广汉市

基本情况

广汉是省级历史文化名城，全国和省的综合改革试验区，国家级可持续发展试验区，首批扩权强县改革试点县（市）。先后被评为全国科技进步先进县、中国西部百强县、全国营商环境百强县、全国投资潜力百强县。位于东经104°06′~104°29′，北纬30°53′~31°08′，处于成都东北侧、龙泉山西麓，总面积548平方千米。辖区平原占总面积91%，地势西北高、东南低，海拔455~515米；东部沿中江县一带为丘陵，地势东高西低，相对高程50~80米，以宽谷中丘为主，谷底开阔平坦，宽度100~200米。东与中江县为邻，东南与金堂县相连，南与成都市青白江区、新都区接壤，西南与彭州市毗邻，西北邻什邡市，东北与德阳市旌阳区隔石亭江相望。辖区东起连山镇滴水村东端，西至三星堆镇群力村西端，东西最大距离36.2千米；南迄三水镇落经村南端，北达金轮镇塔园村北端石亭江，南北最大距离27千米。辖区属中亚热带湿润气候，干湿明显、四季分明、大陆性季风气候显著。平均气温16.6℃。无霜期年平均279天，年平均降水量806.0毫米。市政府驻雒城街道办汉口路，距德阳市区19千米，距省会成都市中心城区24千米。

2022年末，全市户籍总人口59.2万人，人口密度每平方千米1107人。其中：男30.3万人，女28.9万人；农业人口32.1万人，非农业27.1万人，城镇化率60.3%；有回、藏、苗、彝、满等23个少数民族。

历史沿革

广汉历史悠久。秦惠文王九年（公元前329年），在今广汉市及周边部分区域设立雒县，作为一个独立行政区域，迄今已2300多年历史。公元前201年，西汉置广汉郡（因"疆域之广，至于汉水"而得名），下辖13个县、道，雒县属其一。六年后郡治迁入雒县县城。新莽时期，雒县改为吾维。东汉建武十二年（36年），复置广汉郡，恢复雒县为其属县。北周武帝天和元年（566年），雒县与方亭县（今什邡市）合并，仍称雒县。隋开皇十八年（598年），改雒为绵竹，8年后复称雒县。唐武德二年（619年），分雒县置什邡县；次年，析雒县置德阳县。武则天垂拱二年（686年），于雒县置汉州，领雒、绵竹、德阳、什邡、金堂等5县。元世祖中统元年（1260年），撤销雒县，由汉州直辖，2年后复置雒县。清康熙二十六年（1687年），雒县改称汉州，为不辖县的散州。民国二年（1913年），改汉州为广汉县，属川西道。民国十八年（1929年），废除道级建制，广汉县由省直辖。1949年12月，广汉解放，次年初隶属川西行署绵阳专区。1953年7月，改属温江专区。1960年4月，广汉、什邡两县合并，仍称广汉县。1963年1月，分县，恢复原辖区。1982年，温江地区与成都市合并，广汉县隶属成都市。1983年8月，德阳市建立，广汉县划归德阳市。1988年3月，撤销广汉县，设立广汉市，属省辖县级市，由德阳市代管。

重要资源

土地资源。土地总面积54848公顷，其中耕地32052公顷、城镇村及工矿用地12328公顷、水域及水利设施用地4656公顷、交通设施用地2501公顷、园地1562公顷、林地851公顷、草地68公顷。

矿产资源。已探明的有：建筑用砂矿，储量534.7万立方米，其中基础储量83.1万立方米，分布于鸭子河、石亭江、绵远河和清白江四条主干河道及漫滩地段；建筑用页岩矿储量2.3亿立方米，基础储量175.7万立方米，分布于连山镇辖区；天然饮用矿泉水基础储量616立方米/日，位于连山镇辖区临丘陵边沿。

水资源。辖区河流均属沱江流域，河流总长度244.4千米，主流有湔江、石亭江、绵远河、清白江；支流有马牧河、坪桥河、白鱼河、蒋家河、青石桥河、李家堰河、土溪河等。径流总量35.2亿立方米。地下水18.5亿立方米。

基础设施

交通运输。广汉位于成都平原半小时经济圈内。至2022年底，全市公路总里程1389.197千米（农村公路1298.6千米），其中国道45.4千米、省道109.8千米、县道219.8千米、乡道326.7千米、村道687.2千米。县道包括跨境公路九高路（彭州至中江）、广青路（广汉至什邡）、广金路（广汉至金堂）、青广什路（青白江至什邡）、广中路（广汉至中江）。公路网密度达252千米/百平方千米，公路里程为22千米/万人，全市12个镇（街道办）、62个建制村通硬化路率100%，通畅率100%。所有乡镇全部通二级以上公路。

全市开通公交线路14条，营运车82辆；班线客运路线13条，营运车62辆，线路连接周边各县市区和市内各乡镇。有出租车161辆。全年客运量3435.9万人次，客运周转量82572.2万人千米。全市货运车1346辆，全年货运量2723.6万吨，货运周转量108857.3万吨千米。

中国西部南北交通大动脉宝(鸡)—成(都)铁路、绵阳经成都到乐山的城际铁路、成(都)—兰(州)铁路和地方支线广(汉)—木(瓜坪)铁路穿境而过。客运有广汉站，货运有广汉、新兴和高坪站。

通信网络。全市有邮政局一个、邮政网点24个，平均每个局、点服务人口2.4万，乡村通邮率100%。通信方面，电信和移动系统合计，已建成光纤网络5.4万千米，全市光网端口数达45.1万，已开通无线基站1207个，固定电话用户13.6万户，移动电话用户78.7万户，互联网用户51.8万户，实现全市包括农村行政村在内的有线光纤100%、无线4G网络99%全覆盖。同步扩大电信4G通信网络深度覆盖能力，建成移动系统5G基站174个。

城市建设。城市道路总长度282.9千米，排水管道总长度513.4千米。总给水管道423.76千米，日供水能力11万立方米，全年供水总量3003.91万立方米。天然气年供气总量26651.9万立方米，液化石油气供应总量5448.62吨。城区绿化覆盖面积2050.45公顷，覆盖率49.95%；公园面积395.15公顷，城市空气质量达标率88.5%。城区拥有35千伏及以上变电站14座，总容量1634兆伏安。高压输电线路166条，总长1703.5千米，用电负荷70.4万千瓦。2022年售电量累计29.1亿千瓦·时。城网综合供电可靠率99.96%。

主要产业

据2022年统计，全市年地区生产总值505.5亿元，其中第一产业45.2亿元，占8.9%；第二产业257.0亿元，占50.9%；第三产业203.3亿元，占40.2%。

农业。全市耕地32304公顷，主要农产品为稻谷、小麦、油菜籽、蔬菜。稻谷播种面积23080公顷，总产19.87万吨；小麦播种面积17372公顷，总产9.95万吨；油菜播种10893公顷，总产3.04万吨；蔬菜播种14567公顷，总产56.03万吨。

工业。全市有装备制造、食品、医药、先进材料、通用航空和数字经济的"5+1"现代产业体系。装备制造、医药、食品是广汉三大主导产业。

装备制造。第一大产业，以油气装备制造为主、通用设备制造为辅。全市装备制造企业共有469户，其中规模以上企业90户。宏华石油和宝石机械是国内领先的油气装备研发制造企业。油气装备产业有工业企业65户。轨道交通产业有工业企业15户，涉及机车制动系统、施工机械、检测设备制造，规模以上企业6户。

医药产业集群。第二大产业，以依科制药、源基制药、通园制药、华太生物为龙头。全市有医药企业50户，其中规模以上企业31户。

食品产业。第三大产业，全市有食品企业294户，其中规模以上企业48户。主要产品涉及食用油、大米、休闲食品、饲料、白酒、牛油、调味料、火锅底料等。

服务业。在商业贸易方面，全市有限额以上批发零售企业124个，年社会消费品零售总额达224.4亿元；年出口额21.5亿元，进口额16.9亿元。主城区内有百伦百货、银座、永辉、沃尔玛等大型超市，近百个小型超市分布于市区各街道及各乡镇。在金融方面，全市金融机构本外币各项存款年末余额705.6亿元，其中住户存款555.2亿元；年末贷款余额491.7亿元，其中住户贷款174.2亿元（中长期贷款149.6亿元）。

其他主要产业还有新材料、通用航空、门窗、化工、冶金、轻工、建材等。

文旅品牌

广汉文旅品牌除三星堆博物馆、易家河坝乡村旅游区外（详见德阳市概览），还有房湖公园等景区和保保节等民俗。

房湖公园。国家3A级旅游景区，位于市区南面，具江南园林风格，文化内涵丰厚。西南面古城墙是国家级重点文物保护单位，始建于唐代的房湖和始建于宋代的文庙是省级文物保护单位，抗战中期建造的"抗战阵亡将士纪念碑"和明代张献忠的"圣谕碑"，是德阳市级文物保护单位，清代为焚化废弃书纸而修建的"字库"，是广汉市级文物保护单位。园内分四大景区：文庙景区，包括大成殿、戟门、棂星门；文物展区，有房公石、绍兴化钱炉、铁炮、圣谕碑亭；水景观赏游乐区，有湖畔景区、图书楼、红楼、大公堂和字库；桑园坝景区，有日晷、抗战阵亡将士纪念碑、雒城古城墙和十二株古柏。

广汉保保节。由川西民俗"游百病"和"拉保保"两个民俗活动相融、发展、演变而来。每年正月十六，广汉城乡及邻县群众携带幼婴聚集到广汉

● 房湖公园（曾传木　拍摄）

● 拉保保（广汉市档案馆　提供）

房湖公园十二棵古柏树下，在游人中选择一人，将幼婴交其抱着，并将幼婴的帽子戴在他的头上，以保幼婴健康成长，两家从此结为干亲。此俗从清康熙年间形成至今近三百六十年。拉保保地址现已扩展至金雁湖公园和三星堆博物馆公园，参与人数每年逾十万之众，且呈逐年上升态势。

连山桃花山乡村旅游区。国家2A级旅游景区，位于连山镇丘陵区，与中江古店、金堂官仓相邻，总面积12平方千米，区内民俗文化、历史遗存丰富。清光绪年间开始举办连山（松林）桃花会，历史上许多名人都曾到连山观赏桃花。1983年，连山（松林）首办桃花诗会，盛况空前。到现在，每年三月桃花满山盛开时举办的连山（松林）桃花节已有十一届，游人蜂拥而至，每届参与人数多达数十万人次。

高坪菜花季。每年春天，高坪镇上万亩油菜花盛开，其田园秀色闻名遐迩。2014年始，高坪镇每年三月举办菜花季活动，前来观赏的游人多达数十万人次。当地政府在田间搭建了木结构观览栈道，以方便游人远眺近观，院落里几十家农家乐可同时接待数千游客食宿。

风味美食

广汉风味美食除缠丝兔外（详见德阳市概览），还有连山火锅肉等。

全蛋坐杠大刀金丝面。该面条采用上等面粉加鸡蛋汁，不加水揉和而成，用竹杠擀至薄如蝉翼的面皮，再用大刀切成淡黄色的细丝，技艺独特，色味俱佳，堪称天府小食精品。创始人系高木山之父，现成都天府掌柜厨师曾世明和广汉的平哥饭店老板邓中平、正一涵餐饮有限公司法人代表骆韵和厨师长王小华，均是厨艺传承人。正一涵是目前广汉规模最大、拥有独立的金丝面展示加工场所的名小食店。近年来，央视、

● 连山（松林）桃花节（曾传木 拍摄）

● 高坪菜花季（邱辉才 拍摄）

● 全蛋坐杠金丝面（曾传木 拍摄）

● 连山回锅肉（代梅 提供）

亚洲电视台、四川电视台及成都电视台均到店拍摄。金丝面已成为广汉名小食名片。

连山回锅肉。20 世纪 80 年代初，连山镇厨师代昌明（小名"代木儿"）在家常回锅肉基础上，改良创新，研制出风味独特的大刀回锅肉，并于 1986 年在广汉物资交流会上正式推出"代木儿回锅肉"，引起轰动。2006 年，在商务部于西安举办的餐饮博览会上，该菜荣获"中国名菜"称号，其名远扬全国。

发展定位

打造现代产业高地。围绕德阳建设世界级重大装备制造基地，参与成都都市圈产业协作，促进要素合理流动和产业有序转移，增强油气装备制造、医药、食品、通用航空、新材料以及数字经济"3+2+1"产业实力，建设成德临港经济产业协作带，构筑支撑高质量发展的现代产业体系。

打造北翼融合支点。围绕建设国家科技成果转移转化示范区，融入成渝绵创新金三角，集聚创新资源，优化配置创新要素。全面推进天府机场快通、轨道交通、跨地城市主干道建设，加快基础设施互联互通，着力构建高效智慧的现代综合交通体系。

打造健康宜居样板。围绕建设城乡一体高品质生活宜居地，建设公园城市和美丽乡村，提升城市品质，提高综合承载力。充分发挥旅游、医药等资源优势，大力发展医疗医药、绿色康养等新业态，建设都市圈康养福地。

打造都市圈文化旅游示范。充分发挥三星堆示范引领作用，推动"三九大"联盟合作，发展全域旅游，培育"旅游+"新业态，进区域文化共兴和旅游联动发展，共建世界古文明研究和文化旅游目的地。

发展目标

按照《广汉市国民经济和社会发展第十四个五年规划和 2035 年远景目标纲要》，争创百强县，建设高质量发展示范区、成德同城化发展先行融合区、世界文化旅游目的地、四川改革创新先行先试区、公园城市生态宜居地。推动交通网络共建、促进产业协作共兴、实施深化改革共推、开展生态环境共治、加强公共服务共享。特别是抓住产业发展重点，实施"四向战略"：南向，积极落实《青白江区—广汉市交界地带融合发展实施方案》，融入"金青新"大港区建设，搭建高能级产业空间载体。北向，参与天府旌城建设，推动工业集中发展区和德阳经开区产业生态圈；西向，推进三星堆文化产业园建设，前瞻性地布局天府大道北延线城市经济带；东向，建设龙泉山城市生态公园，打造生态特色小镇，推动乡村振兴快速发展。

（撰稿：缪培生 审稿：胡伟 王敏）

04 什邡市

基本情况

什邡市位于川西平原西北部，地跨东经103°47′~104°16′，北纬31°0′~31°32′。市境北部以九顶山主峰狮子王峰与茂县为界；东部以石亭江主流与绵竹市相邻；南与广汉市接壤；西与彭州市毗连；东南与德阳市旌阳区隔石亭江相望。什邡地处成都平原西北部，素有"禹迹仙乡"的美誉，是全国首个"中国矿泉水之乡"，是"中国雪茄之乡"和"中国书法之乡"，距省会成都仅48千米，位于成都"半小时经济圈"内，辖区交通四通八达、快捷便利。辖区面积822.96平方千米，辖8个镇、2个街道、1个省级经济开发区，2022年全市实现地区生产总值433.7亿元，增长3.9%，年末常住人口40.8万人，城镇化率56.8%。"5·12"汶川特大地震前，什邡曾经连续13年位列全省"十强县"第2位，先后荣获全国科技进步先进市、全国平安建设先进市、国家首批创新型县（市）、四川省首批县域经济发展进步县（市）、四川省首批工业强市示范县（市）。

历史沿革

什邡县建制，从公元前201年汉封雍齿到1995年，共经历了2196年。其间，作为列侯国86年；先后被并入雒县、绵竹、广汉3次，计59年；作为普通县实际为2051年。改革开放以来，什邡经济不断发展，各项社会事业全面进步，城市规模扩大，城乡面貌一新。为适应进一步发展的形势和要求，1994年，什邡撤县设市，由省直辖，德阳市代管，原什邡县的行政区域为什邡市的行政区域，原有的一切关系不变。从此，什邡结束了2196年作为县级方国、县下行政区的历史，揭开了什邡发展历史上崭新的一页。

重要资源

自然资源。拥有253平方千米原始森林，有高等植物资源1300余种、动物资源320余种。什邡市目前已查明资源储量的矿产主要磷、煤、石灰岩、蛇纹岩、白云岩、建筑用砂石、花岗岩、水泥配料用页岩、砖瓦用页岩，还有天然气、矿泉水等，其中天然气储量达200亿立方米，磷、煤、石灰岩、花岗岩、矿泉水等资源储量较为丰富，是全国重要的磷矿生产基地。全年地下水储量为4.5亿立方米，平均地表水资源总量为6亿立方米。

农业资源。以优越农业条件建成优质粮油、蔬菜、食用菌、晒烟、猕猴桃等优势农产品生产基地和现代农业产业示范园，全市农业产业化龙头企业达到53家，农民专业合作组织达到338个，家庭农场达到269家，获得"三品一标"92个，其中无公害农产品86个、绿色食品5个、地理标志保护产品1个。

基础设施

交通通信。2022年末，辖区公路总里程达到1306.9千米，其中等级公路1263.6千米，占公路里程总数的96.6%。高等级公路（即一级以上公路）89.1千米，高速公路40.8千米，通公路行政村87个。固定电话用户6.9万户，移动电话用户49.6万户。互联网宽带接入用户数30.5万户，年末光缆总长2.4万皮长千米。

教育文化。2022年末，全市共有中小学基础教育学校39所，专任教师2899人，在校学生34988人。其中，小学21所，专任教师1336人，在校学生18300人；初中15所，专任教师873人，在校学生9052人；普通高中2所，专任教师440人，在校学生4962人；职业中学1所，专任教师178人，在校学生2537人。拥有普通高等学校2所，专任教师435人，在校学生6641人；特殊教育学校1所，专任教师39人，在校学生137人。拥有国家综合档案馆1个，文化馆1个，文化站12个，广播电视台1座，公共图书馆1个，人均拥有公共图书馆藏量0.89册。拥有博物馆1个，年参观8.75万人次。

医疗健康。2022年末，拥有医院、卫生院23个，其中，医院12个。拥有卫生机构床位数3688张。拥有医生（执业医师及执业助理医师）人数1329人，注册护士1507人。公共体育场馆2个，全民健身路径392条，全民健身工程230个。

主要产业

工业。工业基础扎实，初步形成烟草、食品饮料、现代医药、高端装备制造（通航产业）、现代物流、旅游康养等支柱产业，建成亚洲最大的雪茄烟生产基地、中国西部最大的食品饮料生产基地，培育有什邡烟厂、蓝剑集团、宏达集团、明日宇航等知名企业，打造有唯怡饮品、长城雪茄等知名品牌33个，雪茄销量全国份额占比达67%，远销欧洲、南美洲。

农业。坚持农业优先发展战略，建成湔氏食用菌、马井蔬菜、马祖车前子等11个现代农业产业示范基地，建成洛水大蒜和隐峰川芎两个现代农业产业示范园区，建成元石"御景园"、皂角"四季东城"、马祖"六合家园"等一批现代农业综合体，成功申报首批省级特色农产品优势区，打造出"蓥中"茶叶、"马井"泡菜、"但氏"豆腐、"湔氏"黄背木耳等一批知名农产品，相继荣获"中国果菜无公害十强市""全国食用菌优秀基地县""国家级无公害蔬菜生产示范基地县"等称号。

旅游业。文旅融合、农旅融合、康旅融合发展战略，建成钟鼎寺、红峡谷、御景园、马祖故里、红豆幸福里等一批旅游景区，建成半山博物馆、云上冰川等一批山区特色民宿聚落，建成中国唯一雪茄博物馆，推出世外桃源之旅、沐浴蓥华之旅等一批旅游线路，成功举办"中国雪茄之乡"全球推介之旅、"荷塘月色之行"等一系列特色节会活动。近年来，什邡旅游总人数和旅游总收入分别保持了20%和30%以上的年均增幅。

文旅品牌

五绝四海——蓥华山。四川省级风景名胜旅游

● 蓥华山（什邡市档案馆 提供）

区，四川龙门山构造地质国家公园的组成部分之一，位于什邡市蓥华镇，景观总面积106平方千米，主峰海拔3160米，以奇、怪、幽、丽享誉天府之国。其历史记载比峨眉山早，山也比峨眉山高，集青城山之幽、剑门山之雄、巫山之险于其中，是天下罕见的胜景，素有"五绝四海"之美誉，即看日出、观云瀑、赏佛光、品神灯、逛花山和云海、雾海、林海、花海。早在明朝的时候就成为川西佛教信徒的朝拜圣地。

蓥华山的每一座大小山峰，都是亿万年前造山运动中的剧烈挤压而成的，有不少奇形怪状的"飞来峰"，即现在发现的"冰川漂砾"遗迹。有诗人写道："宛是峨眉目几经，望中狮象各成形。悬崖叠嶂称千刃，绝岳幽深锁巨灵。"风景秀丽的蓥华山，终年常绿，方圆100多平方千米范围内生长着植物上百种，其中有著名的冷杉、铁杉、麦吊杉、柳杉、红桦、银杏、古樟、古楠。有上百种野生动物，如藏马鸡、锦雉、太阳鸟、红腹角雉、绿尾红雉、白鹭、野鸡、红颈鹤、山雀，等等。

花信箭台——箭台村。国家3A级旅游景区，是蜀汉文化和三国文化比较集中的遗址，位于雍城街道箭台村。该村因是三国蜀汉时期蜀国驻军射箭、操练军阵的地方而得名，也因后来接替诸葛亮统军蜀国政务的蒋琬曾在这里留有衙署和旧庐而载入史册。景区借箭台村成为全省新农村综合体试点建设村的契机，进行了整体的旅游规划建设，改造基础设施，培植乡村旅游产业，打造有"花信使者""绿道骑游""月圆箭台"及汉文化展示等活动。

吉祥马祖——马祖村。位于马祖镇马祖村，该村是什邡新农村综合体示范村、省级文明村、省级乡村旅游示范村和农禅文化生态体验区，对中国佛教文化有着广泛影响的禅宗第八代祖师马祖道一就诞生于此。景区内有马祖寺、马祖书院、马祖文化展示广场、马家大院遗址、马高桥、马祖井、禅心湖、禅文化长廊等景点。已初步形成"一湖水、一片绿"的乡村旅游景观。景区还结合马祖文化中的农禅文

● 红峡谷（什邡市档案馆 提供）　　　　　　　　　● 马祖村禅心湖（什邡市档案馆 提供）

化，打造了采摘园区和生态农业示范区，让城市游客尽情体验农耕文化的乐趣，并完善马祖故里核心景区配套设施，丰富了"吃、住、行、游、购、娱"等文化旅游设施项目，把马祖故里打造成为什邡市灾后重建中一个集休闲、娱乐、农禅体验于一体的文化旅游示范村。

红峡幽谷——蓥华镇。红峡谷距什邡城区40千米，峡谷全长20余千米，是什邡市重点打造开发的旅游景区。峡谷内群峰挺秀，山色绮丽，古树参天，郁郁葱葱，涧深谷幽，仙雀鸣叫，奇花铺境，彩蝶翩翩。以美丽的自然风光、丰富的动植物资源、独特的地质地貌享誉川西。在峡谷里，流传着探花坟、五桂坪上五美女等许多美丽动人的传说。在峡谷的五桂坪，家家户户都有种桂花、茶花的传统，品种繁多，盛产名品茶花和珍稀茶花。

风味特色

什邡风味特色除什邡板鸭(详见德阳市概览)外，还有雪茄、米粉等。

什邡雪茄。雪茄之于什邡，可同白酒之于贵州、黄酒之于绍兴、葡萄酒之于波尔多相提并论。

什邡雪茄烟叶种植始于明末清初，距今已有四百余年历史。因形大片厚、光泽鲜明、油分充足、燃烧性好、入喉沁凉等特点，曾被奉为明清贡品，毛泽东、贺龙等老一辈无产阶级革命家更是对其情有独钟。经过百年传承和不断创新，什邡雪茄形成了白酒熏蒸、花茶水浸泡、桂皮酒浸润等116道独特制作工艺，为世界雪茄王国注入了一缕润甜柔顺、品味醇香的东方气味。

什邡米粉。大多数什邡人早已习惯的必选早餐。

● 什邡雪茄（什邡市档案馆 提供）

● 红白茶（什邡市档案馆 提供）

● 红白豆腐干（什邡市档案馆 提供）

米粉用大米磨成米浆，滤去水分，经自然发酵后压榨成粉丝状，煮熟捞起沥干而成，制作讲究，鲜香爽滑。食用时，将米粉放入爪篱在煮有香料袋的沸水锅冒热，浇上原汁骨头汤，佐以红油、芝麻、香葱等秘制调料，再依据个人口味舀入牛肉、肥肠、鸡杂等臊子，汤鲜味美，让人馋涎欲滴。

红白茶。旧时川人喝不起茶叶，取而代之以什邡红白、蓥华山区的毛豹皮樟叶子为原料，借鉴普通茶叶制作程序，选取嫩叶用土法炮制而成，名曰红白茶，迄今已有1000多年制茶历史。该茶冲泡后，汤色红浓，香气纯正，滋味醇和，回甜爽口，具有独特的槟榔香味，素以"红、浓、醇、陈"四绝而著称。在蜀地，随意走进一间"苍蝇馆子"，一落座，还没点菜，跑堂小妹就把红白茶端上来了。近几十年来，红白茶开始拥有了茶的地位，列入"白茶"行列。

红白豆腐。最早始于民国时期，采用优质黄豆，用高山天然矿泉水精磨而成，其工艺沿用胆水点浆，特别香嫩细白，堪称上品。凡用红白豆腐做菜肴时，下锅后依然棱角分明，保持原状，既不会散烂，也不会变老，入口香融细润，广泛用于煲汤、白油烹炒、火锅烫煮等，各臻其妙，博得食客交相赞誉。豆腐还经磨浆、煮浆、过滤、点卤、压制、烘烤、卤制等多道工序，精工细作而成红白豆腐干，分原味与五香味，每天都吸引众多市民、食客慕名购买。

发展定位

全面贯彻新发展理念，坚持稳中求进工作总基调，以高质量发展为主题，以融入"成渝地区双城经济圈"建设为引领，坚持"一主两化三提升"总思路，紧扣"三城两区一枢纽"总定位，深入实施"五大工程"，聚力建设"五新什邡"，全力争创全省县域经济发展先进县、冲刺全国百强县，奋力开启全面建设社会主义现代化新征程。

发展目标

展望未来，什邡将与全国同步基本实现社会主义现代化，建成"五新什邡"，成为成渝地区双城经济圈的重要节点城市。建设实力新什邡、活力新什邡、精致新什邡、美丽新什邡、幸福新什邡。

（撰稿：张作胜 傅利娜 审稿：唐恺）

05 绵竹市

基本情况

绵竹市地处四川盆地西北部，背倚龙门山脉，位于东经103°54′~104°20′，北纬30°09′~31°42′。辖区面积1245.3平方千米，东西宽约42千米，南北长约61千米。西北部属龙门山地区，东南部为成都平原的一部分。市境东南靠德阳市旌阳区，东北与绵阳市安州区接壤，西南与什邡市隔河相望，西北与阿坝州茂县毗连。

市政府驻地紫岩街道，位于市境东南部平原地区，南距成都市83千米，东南距德阳市31千米，西南至什邡市23千米，东北至安州区49千米，东至绵阳市74千米。

2022年末，户籍人口486530人，其中男性人口240875人，女性人口245655人。

历史沿革

古为蜀山氏地，西周为蚕丛国附庸。西汉高祖六年（公元前201年），设置绵竹县，属广汉郡。三国蜀分置阳泉县，西晋初废阳泉入绵竹。泰始二年（266年），改属新都郡。东晋隆安二年（398年），分置晋熙郡，领苌阳、南武都二县，郡治今绵竹剑南镇。刘宋建元年（479年），废晋熙郡，以晋熙县属南新巴郡。梁天监元年（502年），复置晋熙郡，领南武都、苌阳，属潼州。北周废晋熙县入阳泉。隋开皇元年（581年），废晋熙郡，阳泉改属梁州。隋开皇十八年（598年），改阳泉为孝水。隋大业二年（606年），复名绵竹县，并徙治于今剑南镇，属蜀郡。以后虽江山易代，县名因之。民国时，绵竹属四川省川西道。民国八年（1919年），实行防区制，绵竹为第二十九军防区所辖县份。民国二十四年（1935年），属四川省第十三行政督察区。1949年12月25日，绵竹和平解放，属川西区绵竹行政督察专员公署。1981年，属绵阳地区行政公署。1983年8月，改属德阳市。1996年10月，撤销绵竹县，设立绵竹市。

绵竹行政区划，宋代始有资料可稽，是时县辖5镇13乡，清雍正五年（1727年），辖10区。道光二年（1822年），辖12乡2镇。民国二十四年（1935年），实行联保制，全县划分为29个联保。民国二十九年（1940年），推行新县制，划分为4个行政区，辖19个镇乡。1950年6月，全县分为5个行政区，辖1镇24乡，同年冬调整为7个行政区。1955年，撤销区建制。1984年，全县辖2镇24乡。1996年，全市辖24镇2乡。2006年，绵竹撤销武都镇，将所辖区域并入汉旺镇；撤销观鱼镇，将所辖区域并入新市镇；撤销清道镇、齐福镇，将所辖区域并入孝德镇；撤销五福镇，将所辖区域并入富新镇；东北镇茂泉村划归剑南镇管辖。2013年8月，绵竹市清平乡撤乡设镇。2013年，辖20个镇1个乡，157个村民委员会、32个居民委员会、10个居民社区委员会。2019年，新设立两个街道，部分镇乡合并，土门镇更名为麓棠镇。绵竹市现辖10个镇、2个街道。

重要资源

自然资源。森林覆盖率49.5%，有珙桐、红豆杉等多种珍稀植物及众多名贵药材。崇山密林中栖息生活着大熊猫、金丝猴等野生动物。

矿产资源。辖区矿产资源丰富，已探明的矿藏达40余种。主要矿藏有石灰石、磷矿、铝土矿、硫铁矿、煤及天然气等。石灰石是绵竹最为丰富的矿产资源，主要分布于绵竹西北山区，矿石品位高，可采储量在2亿吨以上。磷矿资源丰富，绵竹为全国四大磷矿基地之一，矿石品位均在25%以上。铝土矿主要分布于西北山区。硫铁矿主要分布于清平、汉旺等乡镇。煤炭资源较为丰富，总储量3179万吨。天然气深层气储量约500亿立方米，浅层气储量10亿立方米。国家名泉"玉妃泉含锶矿泉水"是发展酿酒和饮料业得天独厚的资源。

基础设施

交通。2022年末，公路总里程2133.998千米，其中高速公路34.058千米，一级公路98.008千米，二级公路158.961千米，三级公路218.44千米，四级公路1592.848千米，等外路31.683千米。有公路营业性车辆1407辆，其中客运车辆189辆，货运车辆970辆；城市客运车辆248辆，其中城市公交98辆，出租车150辆。

教育。2022年末，共有小学学校26所，普通中学校11所，中等职业学校1所，特殊教育学校1所，普通高等学校2所，幼儿园43所。

卫生。2022年末，共有医疗卫生机构296个，其中医院16个，社区服务中心（站）2个，卫生院10个，村卫生室132个，诊所129个，妇幼保健院1个，专科疾病防治院2个，疾病预防控制中心1个，卫生监督机构1个，其他卫生机构2个。医疗卫生机构实有床位数4282张，卫生技术人员3770人，同比增长4.1%，其中执业医师1459人。

主要产业

绵竹三大支柱产业为酒业、磷化工业和装备制造业。

酒业。绵竹以产大曲酒闻名，历史悠久。1958年，绵竹酒厂改进酿造工艺，使用红粮、荞麦、小麦、大米、糯米五种粮食通过回沙发酵、红粮盖顶、熟糠减水等新工艺，酿出绵竹大曲的新品种"混料轩"，质量优于大曲。1961年初，混料轩酒定名为"剑南春"。1963年，剑南春酒被评为四川省名酒，双沙醒色酒评为省优质酒。1979年，在全国第三届评酒会上，剑南春荣获"中国名酒"称号，1984年，全国评酒会上蝉联全国名酒称号，并获国家金质奖，随后获国际金花奖，实现全国名酒"三连冠"，享誉中外。1984年，绵竹酒厂更名为"四川省绵竹剑南春酒厂"。20世纪90年代以来，逐步形成了以剑南春为龙头的白酒酿造产业。近年来，四川启动"川酒振兴计划"，提出高质量打造"中国白酒金三角"，提升"六朵金花"品牌辨识度和影响力等具体举措，有力推动川酒振兴。绵竹以此为契机，全面提升绵竹酒类产业核心竞争力和市场占有率，打造了剑南春、绵竹大曲、绵春贡酒、东圣酒业等一系列白酒品牌。

磷化工业。绵竹地处龙门山脉，具有丰富的用于化工生产的矿石原料，特别是磷、钙矿石储量居全省之首。20世纪80年代后期，通过增加开发力度和投入，带动化工企业发展，以磷、钙为原料的化工企业新建投产。1985年，拥有了化学肥料、轻质碳酸钙系列产品、塑料、橡胶、制碱、炸药、电镀等化工企业。随着改革开放的深入，绵竹依托丰富的矿产资源，大力发展磷钛化工业，形成以龙蟒集团为代表，各类化工企业共同发展的化工产业集群。近年来，龙蟒集团先后投入1.6亿元进行了28个项目的环保设施提标改造，加大废水、废气的处理和钛石膏堆场的整治，为企业发展打下了坚实的环保基础。

装备制造业。全市70%的装备制造企业承接核电、重型燃机部套和航空发动机叶片的生产加工。目前，九鼎电器、鑫达机械、天仟重工等企业取得了三级保密资质认证，鑫坤机械取得了武器装备质量体系认证、武器装备科研生产许可证和武器装备承制资格证。兴远特化等11家企业被德阳市军民融合发展推进领导小组认定为军民融合企业，其中中航宝胜（四川）等4户企业已通过四川省军民融合企业认定。近年来，通过"鑫坤机械燃气轮机叶片建设项目""新源电器基于三相对称立体式结构的新型节能减噪配电变压器研发和应用"等一批智能制造、研发创新项目进行产业升级，进一步推动行业前进的步伐。

文旅品牌

绵竹市文化底蕴深厚，旅游资源丰富。拥有国家级非物质文化遗产绵竹年画——画传神；有唐时宫廷酒，盛世剑南春——酒飘香；有全球三大大马士革玫瑰种植基地中国玫瑰谷——花宜人；有九顶

● 汉旺地震遗址公园（王平 拍摄）

山、大熊猫自然保护区——山灵秀；有北纬31°神泉圣水的麓棠温泉——水含情。画美、酒美、花美、山美、水美，让绵竹青山不墨千秋画，绿水无弦万古琴。

截至目前，绵竹除九龙山——麓棠山旅游度假区、中国绵竹年画村景区、金色清平景区3个国家4A级旅游景区（详见德阳市概览）以外，还有2个国家3A级旅游景区，1个国家2A级旅游景区。荣获全国文化模范县、中国民间文化艺术之乡、全国休闲农业与乡村旅游示范县、四川省旅游强县等6个国家级、省份荣誉称号。2019年4月，成功入选天府旅游名县候选县。2020年12月，成功入选第二批国家全域旅游示范区，文旅经济发展成效彰显。

汉旺地震遗址公园。国家3A级旅游景区，总面积为1.72平方千米，包括遗址保护区（东汽厂区、东汽家属区、汉旺老城区）、纪念区（绵竹市抗震救灾·灾后重建纪念馆、纪念广场）、科普区等区域。纪念馆、科普馆全年免费对外开放，通过图片、文字、实物、音像、视频等方式，展陈了抗震救灾、灾后重建过程，以及防灾减灾知识。进入遗址公园，看到地震瞬间留下的东汽工业厂区遗址、汉旺老场镇遗址，你将直观地感受灾难的无情；纪念广场的大钟指针，永久定格在14：28的特殊位置，再也没有前进过，成为汶川大地震最好的纪念碑。

绵竹剑南老街。国家3A级旅游景区，位于绵竹市剑南街道，包含剑南老街、朱家巷、诸葛双忠祠等景点。

剑南老街是剑南春集团以全国十大考古发现"剑南春酒坊遗址"及全国重点文物保护单位"天益老号"酒坊为依托，按明清风格重建的历史文化旅游街区。

● 绵竹剑南老街（王平　拍摄）

总长500米，沿"街"前行，一边串起"天益老号"酒坊、古窖池群等"剑南春"独有的御酒历史；一边串起川酒会馆、历代酒肆、关帝庙、古戏台、年画坊等美酒文化。丰富的历史文化景点沿老街两边分布，仿古建筑墙体上线条流畅的年画，叙述着绵竹酒文化与年画文化同生共长的历史渊源；三国文化中的"桃园三结义""温酒斩华雄"等历史场景，则生动演绎着中国酒文化的独特魅力，形成了极具地方特色的工业旅游园区。在这里，游客可以亲身体验酿酒全过程，现场品尝新出的美酒；也可煮酒论英雄，纵论天下事；在历代酒肆与古戏台旁"边喝酒边看川剧"；还可朝拜关帝庙，重温关羽跌宕起伏的英雄一生。

川西关口。国家2A级旅游景区，得名于石亭江高景关。高景关是蜀郡太守李冰继都江堰水利工程之后，"凿瀑口，导洛水"，造福天府之国的又一水利工程，号称"小都江堰"。整个关口形如城门，滔滔江水从关口中滚滚而过，巍然壮丽，气势如虹，历来有"川西第一雄关"的美称。后有专家学者将其与川北剑门关、川南豆沙关、川东夔门关并称为"巴蜀四大雄关"。

川西关口景区依山傍水，风景秀丽。景区内的云盖村因村庄上方常年白云缭绕、云海覆盖而得名。千百年来这里民风淳朴，人们安居乐业。

汶川地震后，川西关口景区在江苏常州市武进区援建下，形成了以川西民居建筑风格为主题的特色村落。依托村域内优越的生态环境和丰富的人文历史景区，恢复了关口遗址，打造了民宿聚落、森林康养人家、千亩竹海、四季彩林等旅游景点，建成了游客中心、生态停车场、旅游厕所、门球公园、戏水沙滩、农耕体验园等配套设施，未来还将开发温泉康养、中医药养生等旅游项目，以形成"春踏青、夏避暑、秋赏叶、冬养生"的四季旅游格局。

● "天益老号"酒坊（王平 拍摄）

风味美食

长林松花皮蛋。四川长林蛋制品有限公司出品的长林松花皮蛋具有蛋清晶莹剔透、松花清晰、色如红玛瑙、清凉爽口、无辛辣涩口之特点，蛋黄呈墨绿五色，层次分明，尤以其中溏心美味隽永，香郁悠长。

剑南春酒心糖。剑南春公司出品的剑南春酒心

● 长林松花蛋（王平 拍摄）

山羊肉为原料，每天从凌晨3点开始下锅，旺火烧沸，小火慢煨，一直熬到凌晨5点多，其间不添加任何食品添加剂，靠的就是水分子与羊肉和羊骨头的相互渗透，时间维持得越长，鲜香成分溢出得越多，熬出的汤滋味就越鲜，原料的质地就越酥烂。米粉与鲜汤的结合，形成了米粉爽滑、汤鲜味美的特点。

发展定位

面对国家构建以国内大循环为主体、国内国际双循环相互促进的新发展格局，加快建设"以先进制造业为主导、现代服务业和现代特色农业为支撑的高质量产业集聚地，多业融合、全域联动的高颜值旅游目的地，生态优美、环境优良的高品质生活宜居地"。

发展目标

着眼为全面建设社会主义现代化国家开好局起好步，充分考虑全市发展阶段性特征和支撑条件，紧紧围绕冲刺全省县域经济发展强县这一总体目标，到2025年，综合经济实力迈上新台阶，区域协同发展实现新突破，城乡融合发展取得新成效，深化改革开放迈出新步伐，社会文明程度得到新提高，生态文明建设实现新进步，民生福祉保障达到新水平，社会治理效能得到新提升。

展望2035年，绵竹与全国、全省同步基本实现社会主义现代化的建设目标。综合经济实力大幅跃升，经济总量和城乡居民人均可支配收入迈上新的大台阶。新型工业化、信息化、城镇化、农业现代化基本实现，形成现代化经济体系，全面融入成渝地区双城经济圈建设和成德同城化发展。

（撰稿：刘明 李锐智 审稿：陈忠平 邱云辉）

● 剑南春酒心糖（王平 拍摄）

● "史羊子"羊肉米粉（王平 拍摄）

糖，是名酒与糖品的结合，外表是巧克力，内馅为酒浆，具有甜、香、醇的香浓口感，别具一格。品尝时先是甜甜的巧克力，慢慢深入白糖的甜，随之是柔和的酒香，令人回味悠长。

"史羊子"羊肉米粉。老字号"史羊子"羊肉米粉因其创始人姓史而得名，选用高山地区的上好

06 中江县

基本情况

中江县是全国"双百人物"、特级英雄黄继光的故乡，是典型的丘陵农业大县、人力资源大县。近年，先后被评为全国粮食生产先进县、全国食品工业强县、全省"三农"工作先进县、全省县域经济发展先进县、全省脱贫攻坚工作先进县、全省促进服务业发展工作先进县。地处四川中部偏北，川中丘陵区西部。位于东经104°26′～105°15′，北纬30°31′～31°17′。东邻三台县，南连大英县、乐至县，西接金堂县、广汉市，北毗德阳市旌阳区、罗江区和绵阳市涪城区。与成都平原仅龙泉山脉相隔，辖区面积2200平方千米，南北长约110千米，东西宽约40千米，边界线全长407.9千米。地势西北高、东南低，最高处集凤镇老牛坡海拔1046米，西眉山海拔1045.2米；最低处是普兴镇三川村二水口，海拔308米，地势最大相对高差738米。地貌以连绵起伏的台状丘陵为主，山地、丘陵、丘间平坝、河谷漫滩阶地交相错落。山区面积379.66万平方米，丘陵1687.26万平方米，丘间平坝133.08万平方米。气候属四川盆地中部亚热带湿润气候区，温和，无霜期长。四季分明，大陆性季风气候显著。春季气温回升快；夏季炎热，少酷暑，多暴雨；秋季多阴绵雨，冬季少雨，干冷空气盛行，多雾日，少霜雪，间有低温、干旱。县政府驻凯江镇，县域大部分处在龙泉山东北区域。

2022年末，户籍人口134.9万人，常住人口94.9万人。辖30个乡镇，522个村（社区）。

历史沿革

蜀中大县中江，新石器时代就有人类在这里生息繁衍，夏代为梁州域，春秋战国时是巴国、蜀国之间部落酋长郪王领地，秦灭巴蜀后分属巴郡的郪县和蜀郡的涪县、雒县。三国蜀汉政权在今县境北部置五城县。南齐改"五城"为"伍城"。隋代改"伍城"为"玄武"，并在今县境南部置飞乌县，在今县城区设凯州，辖玄武、飞乌、绵竹（今罗江、旌阳部分地区）、金渊（今金堂县大部地区）四县。唐代在今县境中部置铜山县，此时境域内玄武、铜山、飞乌三县并存，同属梓州。北宋大中祥符五年（1012年）改"玄武县"为"中江县"；元初，飞乌县、铜山县并入中江县，自此，中江成为三县合一的大县。1949年12月26日，中江解放。1950年1月4日，建立中江县人民政府，属川北行政公署（署设南充县城）遂宁专员公署。1952年9月，撤行署复置四川省，中江县属遂宁专区。1958年10月，遂宁专区撤销，中江县改属绵阳专区。1968年5月，绵阳专区改称绵阳地区，中江县属之。1983年8月18日，建立省辖地级德阳市，中江县划归德阳市至今。

重要资源

矿产资源。全县属红层丘陵区，为侏罗系、白垩系红色砾岩、砂岩、泥岩，出露有侏罗系蓬莱镇组和白垩系苍溪组、白龙组、七曲寺组；沟谷、低洼平坝分布第四系砂砾层和残坡积层。县辖区发现矿产资源8种：建筑用砂岩、天然建筑用砂、砖瓦用页岩、膨润土、砂岩铜矿、天然气、泥炭、饮用天然矿泉水等矿产地80余处。县辖区开采的资源以建筑用砂岩、砖瓦用页岩为主，有砂石矿1个，砖瓦用页岩矿56个，建筑用砂岩4个，均为露天开采方式，另有饮用矿泉水矿1个。辖区天然气探明储量1500亿立方米，年产气量已超过10亿立方米。

土地资源。土地总面积22.0039万公顷，其中耕地10.16万公顷，园地0.228万公顷，林地5.9451万公顷，草地0.1053万公顷，城镇村及工矿用地2.5551万公顷，交通运输用地0.391万公顷，水域及水利设施用地1.0181万公顷，其他土地1.7366万公顷。

植物资源。全县自然植被属针叶林亚热带植被型，亚热带常绿针叶林纲系，低山常绿针叶林群亚纲系，川柏木林是县辖区的主要森林植被，占森林植被的80%以上，在部分地段伴生有少量的桤木、麻栎等。阔叶树的主要种类有桤木、青枫、黄连木、枫杨、八角枫、香樟、喜树等，其中以桤木最多、最常见。野生的香樟、喜树、红豆树为二级保护植物。常见的灌木有黄荆、马桑、蔷薇、小叶铁子、火棘、悬钩子、胡颓子、盐肤木等。草本植物以白茅为优势，常见的还有莎草、苦蒿、艾蒿、三叶草、车前草、铁线莲等。全县林地面积59451.84公顷，森林面积64813.46公顷，活立木总蓄积量472.8万立方米，森林覆盖率29.46%，林木绿化率40.81%。

野生动物资源。县内常见野生动物资源有白鹭、灰鹭、燕子、鸳鸯、喜鹊、红嘴蓝鹊、杜鹃、斑鸠、红腹锦鸡、短耳鸮、麻雀、野兔、花面狸、菜花烙铁头蛇、乌梢蛇、鼬獾等，其中红腹锦鸡、短耳鸮为二级保护野生动物。

基础设施

交通。中江紧邻成都、德阳、绵阳、遂宁，位于成都一小时经济圈内，距成都66千米、德阳37千米、绵阳51千米、遂宁130千米。达成铁路、成南高速、成巴高速、成都经济区环线高速穿境而过。全县道路共3442.081千米，其中高速公路3条107.993千米，国道2条132.766千米，省道6条177.539千米，县道20条465.418千米，乡道221条1360.79千米，村道公路806条1197.575千米。所有乡（镇）、村均已实现通硬化路。

水利。辖区有涪江水系和沱江水系主要河流23条，中型水库5座、小型水库61座，渠道1256条3671千米，其中干支渠1172千米，辖区人民渠128千米，总蓄水能力达2.1亿立方米以上，设计灌面89.96万亩，有效灌溉面积83.01万亩。

城市建设。县城建成区面积30平方千米，聚集人口30万人。实有城市道路面积358.65万平方米，排水管道总长度335.5千米。供水综合生产能力8.3万立方米/日，供水总量2236万吨，其中：居民生活用水量1002万吨。绿地覆盖面积1122万平方米，覆盖率37.14%。2022年，实施城市建设项目85个，开工建设城南新区骨架路网、老城区排水防涝项目、猫儿嘴污水处理厂和城区第二污水处理厂配套管网项目，完成87个老旧小区改造，实验小学地下停车场项目已完工。继光大道西段已建成通车，东江十桥、东江下游段已基本完成并向市民开放。

主要产业

2022年，全县实现地区生产总值439.19亿元，三次产业结构为22.8∶38.8∶38.4；居民人均可支配收入27633元，城镇居民人均可支配收入40413元，农村居民人均可支配收入19781元；财政总收入46.7亿元，总支出109.1亿元；一般公共预算收入11.6亿元；一般公共预算支出63.4亿元。

农业结构持续优化。农业供给侧结构性改革不断深化。高标准农田建设达5.4万亩。2022年，耕地面积142.1万亩，粮食总产80.3万吨，油料总产14.5万吨，生猪出栏116万头，蔬菜及食用菌总产量49.9万吨，"中江柚"获国家农产品地理标志认定，核心基地规模达1.1万亩。农业"2+2"主导产业进入全省"10+3"产业体系。

工业经济稳定发展。现有规模以上工业企业数137家，形成了电子、医药、食品三大产业。2022年，规上工业总产值达442亿元。工业强县示范县经验被全省推广；中江高新区被列入长江经济带电子产业重点发展园区，被认定为"四川省首批农产品加工示范园区"；凯州新城挂牌成立，被列入成都东部新区、成德临港、成资临空产业协作区；凯达门业获评国家级"专精特新"企业，亚度家具获评四川省首批信息消费体验中心，宽窄印务成功申报省级企业技术中心，锐腾电子、宏发电声、年丰食品入选全省企业技术创新发展能力100强。

市场主体活力尽显。深化"放管服"改革，21项服务事项实现"全程网办"，800余项服务事项实现"一窗通办"，355个政务服务事项实现"分钟办结""小时办结""日办结"，重大投资项目审批事项80天内办结。坚持"以人为本"，探索"1+3+27"便民服务体系新模式，以县政务服务中心为总枢纽，打造仓山、龙台、兴隆3个政务服务分中心，对27个乡镇便民服务中心进行"三化"改造。2022年，新增各类市场主体2692户，同比增长5.24%，新增注册资本555237.55万元，同比增长163.25%，其中私营企业新增412家，新增注册资本134945.82万元。

文旅品牌

黄继光纪念馆。国家3A级旅游景区、红色旅游经典景区，为纪念中国人民志愿军特等功臣、特级英雄黄继光烈士而建立。原馆位于中江县城关下南街，由古文庙前半部分改建，于1962年10月20日即黄继光牺牲10周年之日建成开放；新馆于1985年迁建，1987年10月20日对外开放。2008年4月，黄继光纪念馆作为首批对社会实行免费开放的全国爱国主义教育示范基地，面向社会实行免费开放，新馆占地面积14000余平方米，建筑面积2600余平方米。开馆以来，共接待参观者逾千万人次。

黄继光纪念馆集爱国主义教育陈列宣传、资料征集、国防教育、科普教育、文化交流、旅游休闲于一体，设有主题纪念景区、纪念广场、陈列展览区、办公服务区、综合展览区。纪念馆现有文物藏品241件，其中二级文物11件，三级文物11件，用于日常陈列展出藏品219件。

作为弘扬爱国主义、宣传社会主义核心价值观的重要阵地，黄继光纪念馆1996年被国家教育委员会等六部委联合命名为"全国中小学爱国主义教育基地"，1997年被中共中央宣传部公布为"全国爱国主义教育示范基地"。近年来，先后被中共四川省委、

● 中江县黄继光纪念馆（中江县黄继光纪念馆 提供）

四川省人民政府、四川省国防教育委员会公布为"四川省爱国主义教育基地""四川省国防教育基地""四川省青少年社会实践教育基地""四川省社会科学普及基地""四川省党员教育培训省级示范基地""四川省学法用法示范单位"。

四川盆底大地艺术风景区。国家 3A 级旅游景区，位于普兴镇山川村，为三市三县（遂宁市大英县、绵阳市三台县、德阳市中江县）交界处，范围约 10 平方千米。景区打造以来，已形成由游客接待中心、大地艺术人头像、四川盆底纪念石、大熊猫屋民宿、溜索、脚踏船、江中竹筏、50 亩观赏荷塘、热气球等旅游景点和服务项目，连续三年成功举办乡村旅游节会活动。

● 四川盆底大地艺术风景区（中江县普兴镇人民政府 提供）

风味美食

中江县风味美食除中江挂面以外（详见德阳市概览），还有中江八宝油糕。

中江八宝油糕。 最早为清末县城鼓楼街泰和隆果铺制作和销售，历史悠久，价格昂贵，只供富人享用。油糕用料十分考究，选用优质面粉、鸡蛋、白糖、蜜瓜仁、桃片、蜂蜜、樱桃、鲜玫瑰泥、花生油等八种原料烘制而成。糕体呈梅花状，表面油润，色

● 中江八宝油糕（中江县档案馆 提供）

褐黄，外酥内软，食之油而不腻，芳香可口，极富营养，为糕点珍品。

发展定位

成德同城新支点。 随着"六高八快四轨"综合交通体系逐步形成，进一步提升中江的战略地位，成为撬动成德同城化发展的有力支撑点。

产业协同融汇区。 积极承接成都、德阳产业转移项目，产业融合潜力巨大，发展装备制造、食品医药、电子信息等产业。

宜居宜业公园城。 建设50平方千米50万人口中等城市，至成都、德阳、绵阳均可实现一小时通达，打造宜居宜业公园城市的巨大优势。

绿色生态农业带。 中江农业在全省占有举足轻重的地位，绿色有机农产品和特色农产品在市场中的美誉度和占有率较高，在共建成渝现代高效特色农业带上发挥巨大作用。

投资兴业活力地。 在经济高质量发展中寻求突破，将中江变为一片投资的热土，提升对大项目、好项目的吸引力。

发展目标

到"十四五"末，实现：

经济实力再上新台阶。 地区生产总值、一般公共预算收入、城乡居民人均可支配收入、常住人口城镇化率提升幅度高于全市平均水平，现代化经济体系建设取得重大进展，建成德阳市域副中心。

城市面貌展现新容颜。 城区空间布局不断优化，50平方千米50万人口中等城市框架初步搭建，宜居宜业公园城市建设取得阶段性成果。

开放合作增添新动能。 主动融入成都都市圈，成为与成都通勤便捷、交往密切、经济紧密的成德同城新支点。

基础设施取得新突破。 "六高八快四轨"综合交通体系加速建成，"蜀中交通强县"逐步成为现实。

美丽中江迈出新步伐。 生态文明建设体制机制更加完善，生态环境质量稳定向好，生产生活方式加快向绿色、低碳转变，城乡环境更加优质宜居。

民生福祉获得新改善。 社会事业全面进步，社会保障体系更加健全，教育现代化取得实质进展，群众健康水平进一步提高，文化供给质量不断提升。

（撰稿：吕世东 审稿：邓高辉 易金刚）

绵阳市

基本情况

绵阳市位于四川盆地西北部，涪江中上游地带，东邻广元市青川县、剑阁县和南充市南部县、西充县；南接遂宁市、射洪市、大英县；西邻德阳市罗江区、中江县、绵竹市；西北与阿坝藏族羌族自治州九寨沟县、松潘县、茂县和甘肃省陇南市文县接壤，总面积2.02万平方千米，户籍人口525.66万人。介于东经103°45′~105°43′，北纬30°42′~33°03′之间。地势西北高，东南低，地形起伏大。最高点为平武县与松潘县接壤的岷山山脉第二峰雪宝顶，海拔5440米，最低点位于三台县建中镇郪江河谷短沟口，海拔307.2米。属北亚热带山地湿润季风气候区，年平均气温为14.7℃~17.3℃。市政府驻地科技城新区普明街道绵兴东路98号。

历史沿革

绵阳建城有2220余年历史，是四川省历史文化名城。市境历史上最早的县以上政权建置为汉高祖六年（公元前201年）设置的广汉郡。广汉郡领13县，郡治乘乡（在今梓潼县境）。广汉郡在今市辖区建置涪县（后沿称巴西郡、巴西县、绵州、金山郡、绵阳县、涪城区、游仙区）、梓潼县、郪县（今三台县）、刚氐道（今平武县）。汉元初二年（115年），益州刺史部和广汉郡均迁至涪县（今绵阳市区）。东汉末年，刘备据蜀，建安二十二年（217年）分广汉郡北部地区设梓潼郡（治梓潼县），建兴三年（225年）分广汉郡东部地区设东广汉郡（治雒县，今三台县境）。两晋和南北朝300余年间，由于战争频繁，政区建置变化较大，市辖区先后设置过潼州、新州、龙州3州；梓潼、巴西、巴西梓潼、潼川（又称潼州、东川）、北阴平、阴平、新巴、江油、新城（后改为昌城）、始平（先名始平僚，后改为涪城、安城）、西宕渠、北宕渠（后改为盐亭）、高渠等13个郡，以及40余个县。隋代后，形成市境中部以今绵阳市区为治地的绵州，东南部以三台县城为治地的梓州—潼川府，西北部以江油、平武两县为中心的龙州—龙安府等3个政权建置中心。1913年，废州立县，称绵阳。1935年，川政统一，市辖区今市区成为四川省第十三行政督察区治地。

1949年12月21日，绵阳解放。1950年1月20日，绵阳行政督察专员公署成立，辖绵阳、安县、绵竹、德阳、梓潼、罗江、广汉、什邡、金堂、彰明10个县。1953年3月10日，撤广元专区，划入广元、昭化、剑阁、青川、平武、北川、江油、旺苍8个县，辖18个县；1953年7月4日，广汉、什邡、金堂3个县划出，专区辖15个县；1958年10月18日，并入原遂宁专区遂宁、蓬溪、潼南、中江、三台、射洪、盐亭7个县，辖21个县（此前江油、彰明2个县于1958年9月5日合并）；1959年3月22日，昭化、罗江2个县撤销，分别并入广元县和德阳县，专区辖19个县；1968年7月8日，改专区设地区；1976年2月4日，因分绵阳县筹建绵阳县级市，地区辖19个县、1个市；1977年9月24日，潼南县划出，地区辖18个县、1个市；1978年4月25日，绵阳县并入绵阳市，地区辖17个县、1个市；1983年8月18日，德阳、绵竹、中江3个县从绵阳地区划出归新建的德阳市，绵阳地区辖14个县、1个市。

1985年2月8日，绵阳地区撤销，分别建立绵阳、广元、遂宁3个市。绵阳市辖7个县、1个区（原县级绵阳市改制为市中区）；1988年2月24日，江油市建立，绵阳市辖六县一市一区；1992年10月，撤销绵阳市市中区，分设涪城、游仙两区；2002年，绵阳市辖涪城、游仙2个区，三台、安县、梓潼、盐亭、北川、平武6个县，代管江油市；2003年7月，撤销北川县，成立北川羌族自治县；2016年5月20日，安县撤县改区，绵阳辖涪城、游仙、安州3个区，三台、盐亭、梓潼、北川、平武5个县，代管江油市和省政府科学城办事处，直辖绵阳高新技术产业开发区、科教创业园区、经济技术开发区、仙海水利风景区。

重要资源

国土资源。全市耕地面积44.43万公顷，森林面积113.4452万公顷，人工造林面积533公顷，森林蓄积量0.9796亿立方米，森林覆盖率56%，草地面积1.004万公顷，湿地面积2.89公顷。

● 涪江两岸（钟欢 拍摄）

矿产资源。发现矿种有铁、锰、铅、锌、钨、金、银、磷、硫、水晶、方解石、石灰石、白云石、膨润土、玻璃用石英砂岩、天然气等 56 种，矿产地 400 余处，其中黑色金属 73 处、有色金属 25 处、贵金属 70 处、非金属矿产 200 余处。探明储量的有 26 个矿种，具备工业矿床规模 74 处。储量在全省占重要地位的矿种有平武的锰矿，三台、盐亭的膨润土，江油的水泥配料用页岩。

水资源。全市有大小河流 52 条，连同溪、沟共计 3000 余条，均属嘉陵江水系。2021 年，全市水电站 147 座，集中供水量 17.66 亿立方米，水库 826 座。

动植物资源。全市分布有大熊猫、川金丝猴、四川羚羊、林麝等国家一级重点保护野生动物 36 种，小熊猫、亚洲黑熊、豹猫、岩羊等国家二级重点保护野生动物 123 种。有珙桐、红豆杉等国家一级重点保护野生植物 12 种，水蕨、四川红杉等国家二级重点保护野生植物 44 种。

农业资源。完成"第三次全国农作物种质资源普查与收集行动"，共征集、收集到 526 份种质资源，其中粮食作物 130 份、经济作物 104 份、蔬菜 206 份、果树 73 份、牧草绿肥 13 份。

文化资源。全市共有国家综合档案馆 10 个、公共图书馆 10 个、文化馆 10 个、美术馆 3 个、博物馆 18 个、综合文化站 289 个、广播电视台 8 座。有不可移动文物 4319 处，其中全国重点文物保护单位 22 处、省级文物保护单位 69 处、市级文物保护单位 45 处、县级文物保护单位 303 处、未核定公布为文物保护单位的不可移动文物 3880 处；馆藏珍贵文物 5495 件，其中一级文物 83 件、二级文物 361 件、三级文物 5051 件。列入国家级非物质文化遗产代表性

● 暮色绵州（钟欢 拍摄）

项目7项，省级非物质文化遗产代表性项目42项，市级非物质文化遗产代表性项目181项。

旅游资源。全市有国家A级旅游景区30个，其中5A级1个、4A级15个；有省级旅游度假区2个、省级生态旅游示范区3个、四川省旅游强县2个、四川省乡村旅游强县1个、四川省乡村旅游特色乡镇6个、四川省文化旅游特色小镇1个、四川省乡村旅游精品村寨8个、乡村旅游扶贫示范区1个、乡村旅游扶贫示范村35个；有星级农家乐、乡村酒店427家，其中四星级以上农家乐49家、四星级以上乡村酒店14家。其中最出名的有"李白故里·华夏诗情""白马西羌·民族风情""三线记忆·革命激情"等3大文旅品牌和"两弹城"三线建设工业遗址。

交通资源。宝成铁路、西成客专纵贯南北，成兰铁路加快建设，绵遂内铁路正式开工建设，中欧班列成渝号、中亚班列常态化开行，"十"字形铁路骨架正式确立。绵阳绕城南环线、成绵、绵广、绵遂、成绵复线、成巴、绵西、德遂8条高速公路建成通车，九绵、G5成绵扩容、绵苍、G5绵广扩容、广平5条高速公路加快建设，高速公路通车总里程达546千米，"二环九射九联"高速公路网正在形成。绵阳南郊机场开行航线55条、通航43个城市，初步构建起覆盖全国主要区域、经济发达城市和重要旅游城市的航线网络，年旅客吞吐量峰值达416万人次，随着T2航站楼建成投运，四川航空次枢纽地位持续巩固。

教育资源。全市共有各级各类学校1488所（幼儿园833所、义务教育学校576所、高中33所、中等职业学校24所、高等教育学校15所、特殊教育

● 一号桥·城南新区（钟欢 拍摄）

学校7所),共有在校学生884559人,教职工65973人。

基础设施

5G网络建设。累计建成5G基站4800个,实现对中心城区、重要交通枢纽、党政办公场所、市内核心商圈、重点高校科研院所、重点工业园区和重点景区的覆盖。

工业互联网、物联网。长虹电子信息产业集聚区工业互联网平台已实现420台工业设备数据接入。基本实现物联网城区全覆盖,NB-IoT基站已近4000个,完成对市域范围内的NB组网并可提供NB-IoT物联网接入业务。

数据中心。移动中国西部云计算中心(绵阳)已入驻,九洲集团军工大数据中心已完成部分配套建设,中国科技城大数据中心、四川电信"魔镜"视频云基地、四川广电、四川联通数据中心已启动前期工作。

充电桩。已建成公用、专用及私人充电桩(站)3134座,报装容量达52829千伏安,主要分布在商务楼宇、学校、医院等公共场所。

传统基础设施。多功能杆塔满足视频监控、交通管理、环境监测、5G通信、信息交互、应急求助等功能。开展"1-2-5-13"新型智慧城市建设行动,"i绵阳"App(绵阳城市服务平台)成功上线运行。

科技创新基地。绵阳是我国重要国防军工和科研生产基地,肩负着建设中国特色社会主义科技创新先行区的国家使命。拥有中国工程物理研究院、中国空气动力研究与发展中心等国家级科研院所18家,环境友好能源材料国家重点实验室、国家空管监视与通信系统工程技术研究中心等国家级创新平台25家,西南科技大学等高等院校15所,位居全国地级市前列,两院院士28名,占四川近一半,各类专业技术人才25.6万。建有"云上大学城""云上科技城",已入驻全国知名高校20所、创新创业团队14个。建有绵阳科技银行、科创基金小镇、院士(专家)小镇和全省首家国有人才集团——绵阳科技城人才发展集团。成功举办十届中国(绵阳)科技城国际科技博览会。全市全社会研究与试验发展(R&D)经费占地区生产总值比重达7.15%,位居全国前列。"十一五"以来,荣获国家科技进步奖等国家级科技奖励70项,位居全国地级市前列。位列2022中国城市科技创新百强榜第20位,是全国进位最快的城市,并获批建设国家创新型城市。

主要产业

高新技术产业。现有国家高新技术企业704家,国家级"专精特新"小巨人企业35家,科技部评价入库国家科技型中小企业超过2000家,四川省瞪羚企业18家。四川省光学偏光薄膜材料工程技术研究中心、四川省大数据与智能系统工程技术研究中心、四川省航空发动机及燃气轮机叶轮机械工程技术研究中心、四川省北斗应用工程技术研究中心、四川省先进磁性器材及应用工程技术研究中心等创新平台获省科技厅批复。

电子信息产业。全市电子信息产业企业总数达107家,长虹、九洲在中国电子信息百强企业中的排名分别为第7位和第36位。开元磁材、九洲线缆、华丰公司、安和精密、经纬达5家企业入选2020年中国电子元件百强企业。

化工产业。截至2023年3月,全市化学原料和化学制品制造业企业78家,拥有利尔化学股份有限公司、绵阳启明星磷化工有限公司、四川华西动物药业有限公司等一批重点企业,以及四川省银河化学股份有限公司、江油启明星氯碱化工有限责任公司、四川鑫达新能源科技有限公司等为代表的基础化学原料制造企业。

新材料及其他产业。重点聚焦高品质特种钢铁材料、磁性材料、新型膜材料、功能玻璃和新型光学材料等领域。新型显示、核医疗健康、激光技术应用、机器人等"新赛道"产业异军突起，新型显示获国家创新型产业集群试点，入选赛迪顾问"柔性显示五大城市、新型显示增速最快五大城市"，新型显示、核技术应用、无人机3个产业集群入选全省战略性新兴产业集群。京东方第6代生产线、惠科第8.6代薄膜晶体管液晶显示器件生产线等百亿级项目建成投产，巨星稀土永磁新材料产业园、埃克森新能源产业园、欣盛显示驱动、艾伯科技智能制造产业园、创明新能源电池产业园、炘皓高效单晶电池智能工厂等百亿级项目加快建成。

文旅品牌

罗浮山风景区。国家4A级旅游景区，位于安州区桑枣镇南1.5千米处，面积67平方千米，距绵阳市区80千米。由罗浮山顶千姿百态的罗浮十二峰，山腰具有深厚宗教文化底蕴的飞鸣禅院和浓郁民族文化风情的羌王城寨、山脚下的温泉度假区等部分构成。度假区是以温泉为特色，集度假疗养、商务会议功能为一体的度假中心，经专家确认，该温泉水中含有偏硼酸等20余种微量元素，八项指标达到或接近医疗矿泉水单独命名标准，对皮肤病、关节炎、心血管等多种疾病具有特殊疗效和保健功能，属国内罕见的优质复合型医疗保健热矿水。

李白故里景区。国家4A级旅游景区，位于江油市青莲镇。李白字太白，号青莲居士，绵阳江油人。《李翰林集序》中有：白本陇西，乃放形，因家于绵，身既生蜀。景区主要景点有太白碑林、陇西院、太白洞、李杜祠、海灯武馆、李白纪念馆等。

窦圌山景区。国家4A级旅游景区，国家地质公园、国家重点文物保护单位，位于江油城北25千米的涪江东岸，距绵阳市66千米，距成都市170余千米，交通便捷。整座山峰岩体裸露，丹赤如霞，三峰矗立，似一道画屏，属典型的砾岩丹霞地貌，景区森林覆盖面积为90%，每立方米富含10000个负氧离子，夏季平均气温为21.7℃，是得天独厚的天然避暑胜地。

佛爷洞。国家4A级旅游景区，位于江油市大康镇，是川西北最大的喀

● 罗浮山风景名胜区（安州区文广旅游局 提供）

斯特溶洞。民国二十三年（1934年），人们在通天暗河内发现了一尊3米多高的石刻如来佛像，故得此名。佛爷洞由三厅、两廊、一河构成，全长3000余米，洞内景点60多个，以大型溶洞、地河景观、清溪深峡、石山石海、草地森林为景观主调。佛爷洞是四川最大、最神秘的喀斯特溶洞之一，景区内保留了4.1亿年以来各时代的地层，以及碳酸盐岩、碎屑岩和丰富的古生物化石，有峰丛、洼地、天坑、溶沟、石芽、石柱、溶洞及洞穴化学堆积物石钟乳、石笋、石花、钙化边石坝、天生桥等，具有很高的科考探险和旅游价值。中央电视台《西游记》剧组、峨眉电影制片厂《古堡恩仇记》《张保仔传奇》等影视单位多次前来取景拍摄。

药王谷风景区。国家4A级旅游景区，位于绵阳市北川羌族自治县与江油市接壤的药王山上，海拔1400～2000米。药王谷紧挨九皇山景区，距江油市23千米，距绵阳市64千米，距成都市166千米。相传中华医药始祖岐伯曾常住此山采药，药王孙思邈带徒弟刘神威在此山挖到肉灵芝，并用来治愈许多当地疑难杂症而闻名，被当地百姓称为"药王"。景区内有将当地最具特色的灵芝、天麻、三七、辛夷、杜仲、厚朴、茱萸、虫草等中药材作为辅料的独特药膳。

七曲山景区。国家4A级旅游景区，全国重点文物保护单位，国家森林公园。位于梓潼县城区以北10千米，是道教文昌帝君及文昌文化发祥地，东傍巴渝三峡，西邻神奇九寨，南眺峨眉山，北倚剑门关，因"山腹有路，盘转七山曲"而得名。据说当年唐玄宗幸蜀经过此山时，侍臣留下有"细雨霏微七曲旋，郎当有声哀玉环"的诗句，从此便有"七曲"闻名传世。景区面积29.3平方千米，海拔最高861.5米。有古皇柏、古建筑、古文化为主体的人文景观50多处。有七曲山文曲星大庙、古柏林、古蜀道、水观音、敕法仙台等景点饱嚼着历史韵味，是人们品味文昌文化，欣赏洞经音乐的绝佳去处。

风味美食

绵阳米粉。当地传统名小吃，拥有1800多年历史，源于文有诸葛遗风、武具姜维之勇的蒋公琰。蒋公是绵阳历史上驻留最久的丞相，不仅是军事家、政治家还是美食家。一日，他微服私访于绵州街头，品尝绵阳米粉后，提出建议原料由粗变细，方便入味，味更筋道！由此形成全国独有的细米粉特色。

吃米粉是许多当地人一天的开始，大街小巷随处可以看到米粉店，到处都是排队等候或站着、蹲着吃的人群。地道的绵阳米粉分为红汤、清汤、对浇三大类。红汤米粉主要有牛肉、肥肠、排骨等口味；清汤米粉主要有鸡汤、笋子、豌豆、三鲜、海带、丸子等口味；对浇米粉主要有鸡汤肥肠、鸡汤牛肉、笋子牛肉、豌豆肥肠、豌豆牛肉等口味。

梓潼片粉。梓潼县特色小吃。据传，清光绪年间，梓潼东坝一位仇姓厨师在为人做席的长期实践中，不断总结经验，经多次实验而创造出这一美肴。他总结出做片粉的原料，应采用优质绿豆、豌豆、红苕淀粉为主料，其中以绿豆为最佳，配以清甜井水，精细操作。制作梓潼片粉的传统工艺一般是将青菜汁、韭菜汁中的自然色素与淀粉稀释成浆，舀入平底方形金属锅内荡平，放入沸水锅中摆动数下，待粉浆凝结成薄膜状，将平锅提出，放入清水冷却，然后起出，平铺在桌上，照此方法码至1～3寸高，用刀切成宽约一寸的长条，吃时一片一片撕开，故称片粉。

梓潼片粉薄滑透明，色绿质嫩，食用时多配以麻辣酸调料，若浇以豆豉酱汁、窝油高醋、辣椒香油、大蒜芥末，不仅吃起来味香爽口，解饥除渴，且具有清热解毒、益气通脉的功效。

潼川豆豉。三台县最具盛名的传统调味品。至今已有300多年的生产历史，早有"潼川豆豉保宁醋，荣隆二昌出夏布……""出门三五里，忽闻异香飘。借问是何物？豆豉一大包"等民间歌谣传唱。

据1930年《三台县志》记载：清康熙九年（1670年）左右，邱正顺的前五辈祖先，从江西迁徙来潼川府（今三台县），在南门生产水豆豉做零卖生意。他根据三台的气候和水质，不断改进技术，采用毛霉制曲生产工艺，酿造出色鲜味美的豆豉，因三台古为潼川府，故习惯称为潼川豆豉。清康熙十七年（1678年），潼川知府以此作贡品敬献皇帝，得到赞赏而名噪京都，将其列为宫廷御用珍品，进而逐步为全国知晓。

潼川豆豉以高蛋白质原料大豆酿造，色黝黑而有光泽，因其自然发酵，后期不添加任何防腐剂而出名，是少见的纯天然食品，有助于消化、减缓老化、增强脑力、增强肝脏解毒功能、防治高血压等妙处，营养价值极高。全国仅有"潼川豆豉"一家保存和使用毛霉制曲工艺做豆豉的工艺技术。2008年6月7日，"潼川豆豉酿制技艺"被列入第二批国家级非物质文化遗产名录。

发展定位

坚持以习近平新时代中国特色社会主义思想为指导，深入学习贯彻党的二十大精神，全面落实习近平总书记对四川工作系列重要指示精神和党中央、省委决策部署，把握中国式现代化的中国特色和本质要求，聚焦党中央、省委赋予绵阳的时代使命和定位，立足新发展阶段，完整、准确、全面贯彻新发展理念，服务和融入新发展格局，按照省委"讲政治、抓发展、惠民生、保安全"的工作总思路，紧扣"四化同步、城乡融合、五区共兴"总抓手，坚持创新引领，以理念创新开拓发展新思路，以科技创新抢占发展新高地，以产业创新厚植发展新优势、以区域协同创新优化发展新格局、以体制机制创新增添发展新动力，将创新贯穿绵阳现代化建设全过程，大力实施科技立市、产业强市、开放活市、人才兴市、生态美市战略，真抓实干、担当奋进，加快建设中国科技城，全力打造成渝副中心，在全面建设社会主义现代化国家新征程上奋力谱写绵阳发展新篇章。

发展目标

未来五年的主要目标是：大力实施科技立市、产业强市、开放活市、人才兴市、生态美市"五市战略"，基本建成成渝经济副中心，初步建成中国特色社会主义科技创新先行区，基本建成成渝科创副中心、基本建成成渝金融副中心，基本建成成渝教育文化医疗副中心，基本建成西部陆海新通道重要枢纽，民主法治建设扎实推进，治理体系和治理能力现代化水平明显提升，人民精神文化生活更加丰富，共同富裕迈出坚实步伐，绿色低碳转型取得新进展。

到2035年，全市经济实力、科教实力、综合竞争力大幅提升，基本建成中国特色社会主义科技创新先行区，全面建成成渝经济副中心、科创副中心、消费副中心、金融副中心、教育文化医疗副中心和西部陆海新通道重要枢纽，基本实现新型工业化、信息化、城镇化、农业现代化，在全省率先基本实现社会主义现代化，成为模范践行科教兴国战略的中国科技城和名副其实的成渝副中心。

到21世纪中叶，建成更高水平的中国科技城和成渝副中心，成为具有全国影响力的中国特色社会主义科技创新先行区、成渝地区双城经济圈重要发展动力源，与全国同步全面实现社会主义现代化。

（撰稿：敬昌斌 吴静 审稿：黄彦 肖雪）

01 涪城区

基本情况

涪城区位于四川盆地西北部，绵阳市中部偏西，地处涪江中游西岸，为涪江、安昌河汇合之处。东临涪江，与绵阳市游仙区隔江相望，南与三台县、中江县相邻，西与德阳市罗江区、绵阳市安州区相接，北与江油市交界，总面积554.47平方千米，介于东经104°28′～104°50′，北纬31°16′～31°36′之间。素有"剑门锁钥""蜀道咽喉"之誉。城区南距省会成都98千米，东距重庆300余千米，北距西安700千米，是全省城乡交通运输一体化示范区、川西北重要的交通枢纽和物资集散地。涪城区境内丘陵起伏，沟谷纵横。西北靠龙门山脉，东南属川中丘陵。全区丘陵面积占62.71%，以涪江、安昌河等7条河流的分水岭构成区域性地貌。地势由西北丘陵区向东南河谷平坝区倾斜，平均海拔450～600米。区境气候属亚热带湿润季风气候，年平均气温17.3℃，降水量776.9毫米，年日照时数1054.6小时。

古称"涪县"，是我国早期人类活动地区之一，也是我国中医针灸发源地之一。辖区内有边堆山遗址出土的石器和陶器，还有双包山汉墓出土的世界最早的经脉漆木俑、中国最大的摇钱树、汉代铜马，最早的汉代铜佛像、最精彩的说唱俑，被誉为"绵阳五绝"。涪城是欧阳修出生地，中国（绵阳）科技城的主城区和核心区，四川县域经济发展强县、实

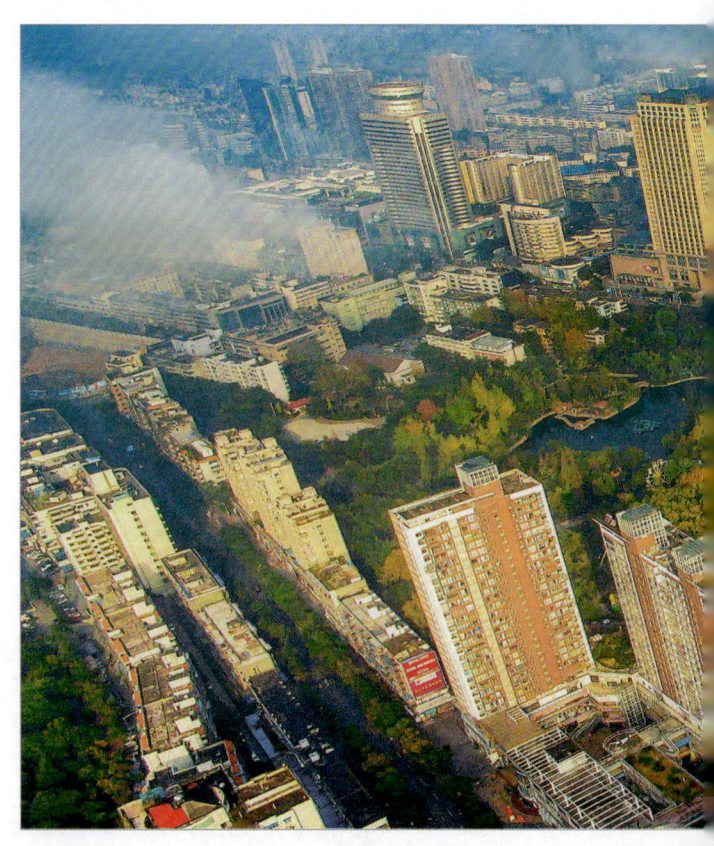

● 俯瞰涪城（中共涪城区委宣传部 提供）

施乡村振兴战略工作先进区，跻身赛迪顾问 2020 年中国城市高质量发展水平百强区、中国社科院 2020 年全国主城区竞争力百强区。辖区常住人口 129.85 万人，城镇化率 80.25%，区政府驻地文庙街 8 号。

历史沿革

涪城政区建置见诸地方志记载始于汉代。区境夏、商时属梁州之域。周至秦末，区境属蜀侯国（郡）。汉高祖六年（公元前 201 年），设涪县，因治地临涪水（今涪江）得名，属广汉郡。汉建安二十二年（217 年），刘备分广汉郡北部置梓潼郡，涪县属之。晋永嘉元年（307 年），梓潼郡由梓潼迁至涪县，县城同为郡、县治地。东晋永和三年（347 年），因战乱，治阆中的巴西郡寄治于涪县，涪县为实郡梓潼和侨郡巴西两郡治地。梁天监元年（502 年），改巴西、梓潼两郡为巴西梓潼郡，属新建立的潼州，涪县为州、郡、县三级治地。西魏废帝二年（553 年），改涪县为巴中县，因地处巴西郡所领 4 县之中部而得名。隋开皇元年（581 年），改巴中县为巴西县，因县治曾为巴西郡治地而得名。开皇三年（583 年），废巴西郡，巴西县属潼州。开皇五年（585 年），改潼州为绵州。大业三年（607 年），改绵州为金山郡，巴西县属金山郡。隋代潼州、绵州、金山郡皆以巴西县城为治地。唐武德元年（618 年），仍置巴西县，复改金山郡为绵州，巴西县属绵州。天宝元年（742 年），又改绵州为巴西郡，巴西县亦改属巴西郡。乾元元年（758 年），复改巴西郡为绵州，巴西县复属绵州。宋代州、郡互称，巴西县属绵州，故绵州又

称巴西郡。元初，巴西县属绵州。元（世祖）至元二十年（1283年）实行"省县入州"制，巴西县撤销，原县境域为绵州直辖（通称"绵州本州"）。民国三年（1914年），绵州裁撤，以绵州本州地域建置绵阳县，隶川西道（治今成都市，1914年改为西川道）。民国十九年（1930年），西川道裁撤，绵阳县改隶四川省。1935年，川政统一，6月，以绵阳县为治地，建四川省第十三行政督察区，直至1949年12月21日绵阳县解放。

1950年1月20日，以绵阳县城为治地建立绵阳行政督察区。1950年2月，将绵阳县城厢、城北两镇及城郊几个村划出成立绵阳市，以县管市。1951年12月，撤县辖绵阳市，建立绵阳县城关镇。1976年2月4日，将绵阳城关镇及其所辖城郊、开元、园艺、五一共4个公社划出建立绵阳市（县级），由绵阳地区管辖，但其政府一直未成立。1977年4月，建立绵阳市（县级）筹备小组。1978年4月25日，撤销绵阳县，其政区并入绵阳市（县级）。其政权机构随即建立，至此，县建制结束。1985年2月8日，撤销绵阳地区，建立绵阳市（地级）；5月，原绵阳市（县级）改为绵阳市市中区，治地和辖区不变。1992年10月30日，撤销绵阳市市中区，其辖区以涪江主航道中心线为界分设绵阳市涪城区、游仙区。涪城区位于涪江以西，以古为涪县治地而得名。现涪城区辖青义、新皂、吴家、杨家、丰谷、永兴（绵阳高新区代管）6个镇。

重要资源

自然资源。区境地处四川盆地西北部，辖区丘陵起伏，沟谷纵横，地势西北高、东南低。自然资源丰富，涪江、安昌河及其支流冲积河谷、平坝有冲积土，较为肥沃。有耕地16573.33公顷，林地8440公顷，城镇村及工矿用地13613.33公顷，交通运输用地2240公顷，水域及水利设施用地4953.33公顷，其他土地1380公顷。森林面积12306.67公顷，森林覆盖率22.20%。水资源总量98.86亿立方米。涪城区四季分明，气候温润，全年空气质量优良天数达到271天，是绵阳市"联合国改善人居环境示范城市、全国文明城市、国家森林城市、中国优秀旅游城市"等诸多荣誉承载主体。

科教资源。辖区拥有中国空气动力研究与发展中心等科研院所5家，国家重点实验室4个、省部级重点实验室17个、省级以上工程技术研究中心6个，各类专业技术人才近15万人，是国家新型工业化产业示范基地、国家知识产权强县工程示范区、全国首批"三网融合"试点城市。辖区拥有国家级高新技术企业161家、科技型中小企业6800余家、高等院校9所、四川省一级示范性普通高中4所。

基础设施

绵阳市涪城区是绵阳城市新中心，始终处于中国（绵阳）科技城"一核多园"建设以及构建"一核两翼、三区协同"区域发展新格局的"核心"位置。涪城区入选全国城乡交通运输一体化示范县第一批创建县，已形成"全域半小时经济圈、交通圈、生活圈"。科技城集中发展区（区属范围）高速推进"四纵四横"等86条道路路网体系建设，路网骨架基本形成。成绵乐城际铁路、成西客运专线建成通车，宝成复线铁路纵贯全境，建有国家二类铁路口岸、集装箱货栈和出口加工区。辖区京昆高速、成绵高速复线、绵阳绕城高速等高速公路纵横交错、四通八达。绵阳南郊机场已开通直达北京、上海等42个城市的59条航线。形成了公路、铁路、航空有效衔接的一体化交通格局。市政公共服务设施完善，有三级医院7家,容纳5000人以上的大型体育场馆2个,城市生态绿道走廊总长超过25千米。拥有万达、凯德、百盛等大型城市综合体10余个,万达金街、跃进路1958等特色街区10余条。

主要产业

高技术产业。引进投资240亿元的惠科液晶面板、投资200亿元的绵阳文创产业园等重大项目43个,总投资1735.38亿元,实现百亿级产业项目招引零的突破。与北京中关村街道、重庆蔡家智慧新城、宜宾翠屏区等结为友城关系。高标准规划建设科技智谷科技园,先后引进总投资182.08亿元的中科(绵阳)创新园、四川省军民融合研究院、中国移动(成都)研究院绵阳分院、科大讯飞等科技创新项目84个。成功获批四川省军民融合高技术产业基地。以临港经济发展区为载体,先后落地惠科液晶面板、康宁玻璃基板项目、龙华薄膜、富临精工等一批重大工业项目,配套完善道路、水电气、通信等基础设施,初步形成先进制造业集聚区,以新型显示、汽车电子、5G制造三大重点产业集群为支撑的先进制造业体系加速构建。

电子信息、节能环保、高端装备制造等先进制造业。辖区"四上"企业达1118个,其中规模以上工业企业261个、资质内建筑企业245个、房地产企业128个、限额以上批发和零售企业242个、限额以上住宿和餐饮企业40个、规模以上服务企业202个。京东方、惠科光电等一批百亿级重大产业项目落地建设,5G科技园等8大科技园区全面启动建设。2021年,园区产值达490亿元。

旅游农业。加快建设"千鹤桑田"文化、"湖光山色"稻虾亲水湿地、"蔬香绿野"芦笋大健康农业主题公园,休闲观光、健康旅游等现代农业发展迅速,全区"三品一标"(无公害农产品、绿色食品、有机农产品和农产品地理标志)农产品达到101个,乡村旅游收入突破5亿元。

文旅品牌

子云亭。位于西山公园内,是为纪念西汉文学家、语言学家、哲学家扬雄而建造。景区景色优美,以子云亭为中心,环绕有古仙云观、蒋琬墓、蒋恭侯祠、扬雄读书台、玉女泉及隋唐时期的道教摩崖石刻等景点。

西蜀子云亭驰名中外,唐代刘禹锡的《陋室铭》曾写道:"南阳诸葛庐,西蜀子云亭。"相传扬雄(公元前53—公元18年,字子云,蜀郡成都人)在40多岁离家往京时,曾经滞留涪县。据民国版《绵阳县志》记载,子云旧亭前端有摩崖浮雕"扬子云真像"和扬雄传略,为宋代镌刻。岩石右侧摩崖浮雕大龛90多尊,均为唐懿宗咸通十二年(871年)镌刻的道教石刻。民国六年(1917年)重修的子云亭是木结构的长方形亭台,在"文化大革命"初期被毁。现存的子云亭为1987年新建,高23米,共三层,集楼、台、亭、阁于一体,外形典雅,雄伟壮观。子云亭的楹柱上有一副最能体现扬雄华章与绵州新貌的长联:八百里飞天大道,袖拂云霞,高歌过剑门,翠廊连新市。看旗山雄,鼓岭峻,宝塔秀,神龟灵,西蜀名亭,蓬荜辉新,须知铭陋刘郎早向先生深致敬;两千年吐凤奇才,胸罗宇宙,余韵腾涪水,书台仰古风,想长卿赋,子安文,少陵诗,永叔史,中华贤哲,辞章卓古,尚有赏心介甫犹令后进倍倾城。

三江湖码头景区。位于涪江、安昌河、芙蓉溪汇集处的涪城区青年广场外河堤处,上起富乐大桥,下至南山大桥,面积10万平方米,由房屋建筑工程、

● 涪城之夜（米川宁 拍摄）

景观工程、码头工程等部分组成。是市民休闲广场码头、开放式的亲水滨江生态公园。

风味美食

绵阳窝窝店包子。清末，绵阳人氏房洪兴在绵阳城区窝窝店（此处因地势低洼，得名"窝窝店"）座营面食。该店尤以包子最为著名，其皮洁白光滑、富有弹性、馅饱且油而不腻，天然调味品为时鲜蔬菜。其包子使用传统的老面发酵技术，馅是生熟猪肉搭配，散籽而滋润。蒸笼里采用松针垫底，气味清香，味美而富有营养。窝窝店包子是绵阳目前仅有的百年老字号小吃品牌，曾获评"中华名小吃""四川名小吃""四川餐饮名店"等荣誉，其制作工艺被列入非物质文化遗产。

发展定位

以推动高质量发展为主题，以深化供给侧结构性改革为主线，以改革创新为根本动力，以满足人民日益增长的美好生活需要为根本目的，聚焦全面建设"西部现代化强区"目标，突出党建保障和项目支撑，实施千亿总量、千亿园区、千户企业"三千工程"，建设产业、科教、开放、全域"四个强区"，加快形成经济发展、改革开放、城乡融合、生态环境、人民生活等全方位高质量发展的新局面，为社会主义现代化涪城建设开好局、起好步，奋力当好绵阳建设中国科技城和西部现代化强市的主力军和排头兵。

发展目标

涪城区正坚定以习近平新时代中国特色社会主义思想为指导，立足新发展阶段，贯彻新发展理念，融入新发展格局，认真落实党中央和省委重要要求，对标市委科技立市、产业强市、开放活市、人才兴市、生态美市"五市"战略，深入实施千亿经济总量、千亿产业园区、千户"四上"企业"三千工程"，加快建设科教、产业、全域、开放"四个强区"，全面建设西部现代化强区，为绵阳加快建设中国科技城、全力打造成渝副中心贡献更多力量！

（撰稿：王泷天 审稿：沈飞、骆山）

02 游仙区

基本情况

游仙区位于四川盆地西北部边缘丘陵地带，地处嘉陵江一级支流——涪江中上游的东郊，东接梓潼县，南邻三台县，西界绵阳市涪城区，北靠江油市。地理位置坐标为东经104°40′~105°09′，北纬30°20′~31°43′，行政区域面积1018平方千米。区人民政府办公地位于绵阳市一环路东段139号。辖1个省级高新技术产业园区、1个游仙经济试验区、涪江、富乐、游仙3个街道、石马、小枧、魏城、新桥、忠兴、信义、仙鹤、盐泉8个镇，172个村（社区），常住人口56万人。

历史沿革

汉高祖六年（公元前201年），置涪县，属广汉郡。东汉建安十九年（214年），析置梓潼郡，为郡治。西魏析置魏城县，改涪县为巴西县，属巴西郡。隋开皇五年（585年），置绵州，为州治。大业三年（607年），绵州改为金山郡，巴西县隶属金山郡。唐武德元年（618年），复改金山郡为绵州，巴西县仍隶属绵州。武德三年（620年），分魏城县地置盐泉县，隶属绵州。宋代，巴西县仍置，亦隶绵州。元初，魏城、盐泉2县入绵州。明太祖洪武十年（1377年），降绵州为绵县。洪武十三年（1380年），复州为绵州。清雍正五年（1727年），升绵州为直隶州。1913年，改为绵阳县，以治地在绵山之南，故名。1914年，属西川道。1935年，属第十三行政督察区。1950年，置绵阳专区。1968年，改称绵阳地区。1976年，析县城及近郊置绵阳市（县级）。1978年，撤销绵阳县并入绵阳市。1985年，撤销绵阳地区，分置绵阳、广元、遂宁3个省辖市（地级），原县级绵阳市改为市中区。

1992年11月4日，撤销绵阳市市中区，设立绵阳市涪城区、游仙区。游仙区辖涪江街道办事处和游仙、石马、忠兴、新桥、石板、魏城、徐家、沉抗、刘家、玉河、小枧沟、松垭、柏林、太平14个乡镇。

1995年8月，撤销云凤、建华、观太、白蝉办事处，新设置云凤乡、建华乡、观太乡、白蝉乡4个行政乡。1997年6月，撤销松垭乡，设置松垭镇。1997年10月，撤销东林、街子、朝真、东宣、凤凰、梓棉、红卫、瓦子8个办事处，设置东林乡、街子乡、凤凰乡、朝真乡、东宣乡、梓棉乡6个行政乡。2000年11月，设置富乐街道办事处。2015年5月，撤销太平乡、观太乡、街子乡、云凤乡、白蝉乡5个乡，设立太平镇、观太镇、街子镇、云凤镇、白蝉镇5个镇。2016年11月，撤销游仙镇，设立游仙街道办事处；撤销东林乡、梓棉乡、东宜乡3个乡，设立东林镇、梓棉镇、东宣镇3个镇。2019年12月，撤销科学城华丰、科学城松林2个街道，撤销小枧沟镇、石板镇、观太镇、刘家镇、柏林镇、玉河镇、梓棉镇、白蝉镇、东林镇、街子镇、云凤镇、太平镇、徐家镇、东宣镇14个镇及凤凰乡、朝真乡、建华乡3个乡，设立涪江、富乐、游仙、科学城春雷4个街道办事处，石马、小枧、魏城、新桥、忠兴、信义、仙鹤、盐泉、沉抗、松垭10个镇。

重要资源

水资源。辖区除涪江外，共有一、二、三级支流10条，一级支流有白圣河、芙蓉溪、孙家河、小枧沟和贾家沟5条；流出区境再注入涪江的有魏城河、水磨河2条。此外，观太沟注入水磨河，青溪、石板河注入魏城河。这些溪河除涪江发源于龙门山区，源远流长、水量丰富外，其余都发源于区辖区外的丘陵地域，均属流程短、流量小、旱季常断流的雨源型河流。

地表水资源流量主要来自大气降水，全区多年平均降雨量为9.8亿立方米，地表径流量为2.64亿立方米，一般水质良好，适宜于工农业用水和人畜生活用水。游仙区地下水资源较为缺乏，全区地下水资源总量（地下水天然补给量）为3500万立方米，其中可开采量为189万立方米，占总量的5.4%。全区水面主要由河流水面、水库水面、塘坑水构成，水域总面积近70平方千米，有各类养殖水面5500公顷，以水库、山坪塘为主，占全区养殖水面的85%。全区过境水资源主要是涪江自境外流经游仙区，客水资源虽较丰富，但70%集中于汛期，且由于地形、地势和经济技术条件，客水利用率不高。

动物资源。全区已知有高等动物26目68科256种，其中鸟类17目37科171种；兽类4目17科47种；两栖类2目8科22种。爬行类3目7科16种。鸟类中湿地鸟类57种，约占全省的50%、全国的25%。动物种类中，属国家一级保护动物的有1种：中华秋沙鸭；属国家二级保护动物的有18种：白额雁、鸳鸯、鸢、苍鹰、雀鹰、普通鵟、白尾鹞、秃鹫、红隼、红脚隼、长耳鸮、短耳鸮、斑头鸺鹠、领角鸮、黄喉貂、水獭、斑林狸、大鲵等；省级保护动物有小鹀鹎、黑颈鸫鹛、凤头鸫鹛、鸬鹚等16种。属我国特有动物有红腹锦鸡、灰胸竹鸡、领雀嘴鸭、白头鸭、宝兴歌鸫、画眉、橙翅噪鹛、棕头鸦雀、白领凤鹛、黄腹小雀、大蹼铃蟾、疣刺齿蟾、川北齿蟾、大齿蟾、平武齿突蟾等。区内除少数几种冬候鸟和旅鸟外，绝大多数种类都在保护区繁殖。

植物资源。全区有乔木树种57科、109属、187种。乔木树种主要有松柏、桤木、栎属、杨属、柳属、桉树属、梧桐、槐、榆、黄连木等；灌木主要有马桑、黄荆、紫惠槐等；经济树种主要有油桐、乌桕、桑树及多种果橘类树木；此外，在农村住宅周围，人工栽培有竹林，以大茎竹林为主，以丛生慈竹为最多，散生的有楠竹、斑竹、水竹等。

矿产资源。区境地层构造变形微弱，出露地层单一，因而矿产类型不多且全为外生矿，已发现的有沙金、钙质膨润土、黏土、石灰石、咸水、盐水和卤水、沙、砾和卵石、石材、石英砂岩、天然气、石油等。已开发利用的有天然气、水泥生产辅助材料、建筑用砂、砖瓦黏土、页岩、石灰石、石英石等；待开发利用的有魏城卢家山膨润土、天然气、石油等地下矿藏。

基础设施

游仙区地处成德绵发展轴、成渝西"黄金三角"

●富乐游仙（王经纬　拍摄）

重要节点及成绵乐、绵雅资遂发展环线，成绵乐城际铁路、成西客运专线等4条铁路和成绵扩容、绵广扩容、绵苍3条高速公路建成后，辖区及周边将形成至少包括5条快速铁路、8条高速公路、9条快速通道、41个通航城市在内的进出境立体大通道。全区通车里程达1888千米，建设串联17个现代农业观光园的26千米乡村旅游环线，辖区所有镇（街道）已全面开通公交线路，基本形成贯通南北、连接东西的内联外通立体交通网络。全区水域总面积近70平方千米，水资源总量为3亿立方米，供水能力达到2.28亿立方米，有涪江、芙蓉溪、魏柳河三条主要河流，还有大小径流13条。区内现有天星堰、惠泽堰两个中型渠堰，小型水库108座，石河堰247道，山坪塘7508座，小水池1721口，电灌站651处。

主要产业

工业。坚持工业强区不动摇，围绕构建"3+3"先进制造产业体系，强龙头、补链条、聚集群。2022年，规模以上工业增加值增长4.5%，其中高新技术企业增长41.18%。工业投资增长10.0%，技改投资增长15.8%。现有规模以上工业企业总数达到145家。指导太极成功申报省级企业技术中心，中久大光等8家企业成功申报市级企业技术中心，新增数量居全市第2位。现全区共有国家级企业技术中心1家，省级14家，市级30家。

农业。坚持绿色、生态、有机发展路径，推进特色优势产业高质量发展，保障群众舌尖上的安全。2022年实现第一产业增加值37.66亿元，同比增长

4.5%；农村居民人均可支配收入24278元，同比增长6.5%。累计建成高标准农田39.89万亩，"三品一标"农产品总数达136个。省级蔬菜种业培育园区成功升市五星级园区，优质粮油现代农业园区成功升市四星级园区，冬油菜区获得国家农作物品种展示评价基地认证。成功申报全省县域内城乡融合发展改革试点县（区）、四川省解决农村土地细碎化问题试点。荣获"全省合并村集体经济融合发展试点先进县"称号，获评"四川省实施乡村振兴战略工作先进县'回头看'考核优等"等次，被评为"市级农业农村改革先进区"，荣获绵阳市2021年度县（市、区）粮食安全党政同责考核"优秀"等次。

现代服务业。建立企业梯次培育库，落实"一对一"培育专员，运用数字化手段助力新业态发展，促进消费市场加速回暖。2022年，服务业增加值增长6.1%，规模以上科技服务业主营业务收入增长116.4%。新培育规模以上服务业企业26家，总数达85家。新增限上商贸企业35家，总数达119家。"中国喜街""沸腾川里食创小镇""金山驿站""美乐品牌连锁"等4个项目纳入省级区域消费中心城市建设项目，电子信息配套物流园、智慧"交邮快"农商互联、冷链物流和城市配送项目加快建设。

文旅品牌

富乐山公园。据宋《方舆胜览》记载：东汉建安十六年（211年）冬，昭烈入蜀，刘璋延至此山，望蜀之全胜，饮酒乐甚，刘备欢曰："富哉！今日之乐乎！"山因之得名。

● 富乐山（游仙区融媒体中心 提供）

● 夕阳富乐阁（游仙区融媒体中心　提供）

越王楼。位于剑南路东段，是唐太宗李世民第八子越王李贞任绵州刺史时所建，始建于唐高宗显庆年间，高29.4米。重建的越王楼高99米，为全国仿古建筑之最，故有"越王楼霸气、黄鹤楼大气、滕王阁才气、岳阳楼秀气"之说。

风味美食

魏城东乡饼子。老少皆宜远近闻名的游仙老字号名特小吃，纯手工和面，柴火烤制，出锅后香气四溢，口感酥脆，曾是诸葛亮手下将士们果腹的军粮，也曾是金牛古道上贩夫走卒打尖的主食。

玉河状元凉粉。制作过程不加任何凝胶剂，色泽明亮，能切成条，挑不断，搅不断，加上辣椒油、酱油、小葱拌匀可食入口即化，口味极佳。传说北宋状元苏易简极其喜爱故乡凉粉，一日三餐都须有凉粉上桌方可进食，因而玉河人便取名为"状元凉粉"。

街子豆腐。街子镇特色美食，制作时严格挑选

● 夜色越王楼（游仙区融媒体中心 提供）

水源，采用祖传技艺和独特的点浆手法，纯手工完成整个生产过程。成品豆腐营养价值高，豆酯香味浓。

发展定位

以建设具有全国影响力的国防科技工业强区为战略牵引，坚定实施"三大战略""三大攻坚"，在加快建设中国科技城、全力打造成渝副中心中担当作为、奋勇争先，奋力谱写全面建设社会主义现代化国家游仙发展新篇章。

发展目标

力争到2027年，全区经济实力大幅提升：区属地区生产总值在2022年基础上翻一番，国防科技工业关联产业实现集群发展，产值达600亿元；地方一般公共预算收入年均增速与经济发展同步；科技实力大幅提升：院地协同创新机制更加完善，全社会R&D经费投入保持在全市前列，企业研发经费投入增幅显著提升，科技服务业占服务业增加值比重保持在35%以上，高新技术产业营业收入占规模以上工业比重超过40%；群众获得感、幸福感、安全感大幅增强：城镇居民人均可支配收入年均增长7%，农村居民人均可支配收入年均增长8.5%，社会保障体系更加健全，人民精神文化生活日益丰富，社会大局更加和谐稳定；全过程人民民主深入发展，民主法治建设扎实推进；党的建设全面加强，党员干部能力素质进一步提升、工作作风更加优良，政治生态始终保持风清气正。

到2035年，与全国同步基本实现社会主义现代化。全区经济实力、科技实力以及群众的获得感、幸福感、安全感实现大幅增强，为服务国家高水平科技自立自强提供重要支撑，基本实现新型工业化、信息化、城镇化、农业现代化，城乡融合发展取得显著成效；基本实现治理体系和治理能力现代化，社会保持长期稳定；文化软实力不断提升；全面绿色转型成效明显；全体人民共同富裕取得更为明显的实质性进展。到21世纪中叶，全面建成社会主义现代化游仙。

（撰稿：钟凤　审稿：陈丹　熊小雁）

03 安州区

基本情况

安州区（原安县），位于四川盆地西北、绵阳市西南、龙门山脉南麓，与成都平原连接。东北与江油市相连，北与北川县相邻，西北与茂县相交，南端与德阳市罗江区接壤，东南与绵阳市涪城区相依，距绵阳市中心20千米，距成都市中心120千米。介于东经104°05′～104°38′，北纬31°23′～31°47′之间，地形呈不规则长方形，西北高、东南低，由西北逐渐向东南倾斜。西北部系龙门山脉，山脊海拔多在1000～2500米之间。高川乡辖区的大光包海拔3047米，为区辖区最高点，安昌河河面海拔490米，是区辖区最低点。山地总面积388.62平方千米，平坝总面积267.38平方千米，丘陵总面积533.01平方千米。全区辖区面积1181.14平方千米，辖10个乡镇、117个行政村、34个社区，有33个民族，总人口45.6万人。区政府驻地花荄镇银河大道8号。

历史沿革

安县辖区设县始于东晋，先后隶属广汉郡和梓潼郡。东晋永和三年（347年），侨置晋兴、益昌、西充国三县，属巴西郡。梁萧纪元年（552年），撤销西充国侨县，于西充国县旧址新置平川县。益昌、晋兴、平川三县均属巴西梓潼郡。西魏平蜀后，平川县迁治至西浦县故城（今塔水镇神泉村），改属万安郡；晋兴县撤销并入益昌县，改属巴西郡。北周天和六年（571年），撤销平川县，在晋兴县故城（今永安镇向阳村）新置金山县，属安城郡；益昌县改属万安郡。

隋开皇三年（583年），益昌县撤销并入金山县。开皇六年（586年），在平川县故城（今塔水镇神泉村）新置神泉县。金山、神泉均属绵州。隋大业三年（607年），改州为郡，绵州改称金山郡；金山县撤销并入神泉县，属金山郡。唐武德三年（620年），在金山县故城（今永安镇向阳村）新置龙安县。永淳元年（682年），在益昌县故城（今花荄镇观斗山）新置西昌县，神泉县仍置。龙安、西昌、神泉三县均属绵州。北宋熙宁五年（1072年），西昌县撤销并入龙安县，神泉县仍置。龙安、神泉二县均隶绵州。北宋正和七年（1117年），析绵州龙安、神泉二县与茂州石泉县设置石泉军，治地今北川县治城镇，石泉军隶成都府路。元中统五年（1264年），升石泉军为安州，治地在今永安镇向阳村；龙安、神泉二县撤销。明洪武七年（1374年），降安州为安县，并迁治至今北川县安昌镇，属成都府。清雍正十三年（1735年），安县改设东、西、南、北4乡。宣统二年（1910年），设武安、浮泉、西昌、神泉、秀水、河清、上关7乡。1913年，撤销直隶州，改设四川省第十三行政督察区，安县属之，县内设18个场区。1948年，全县设3个行政区，辖2镇17乡、355保、3686甲。

1949年12月25日，安县和平解放。1950年，设置川西行署区绵阳专区，安县属绵阳专区。1952年，撤销行署区设置四川省，安县属四川省绵阳专区。1968年，改绵阳专区为绵阳地区，安县属绵阳地区。1984年11月，撤乡并镇，全县辖7镇13乡、273个村、33个街道居委会。1985年2月，撤销绵阳地区设四川省绵阳市，安县属绵阳市。2009年，全县辖17镇3乡，区域面积1404平方千米。2009年2月，为支持北川新县城建设，将安昌镇、永安镇和黄土镇的6个村共215平方千米划归北川县管辖，安县辖15镇3乡，区域面积1189平方千米。

2016年5月，撤销安县，建立绵阳市安州区，全区辖15镇3乡、230个村、27个社区。2019年12月，乡镇区划调整，全区设9镇1乡，即花荄镇、塔水镇、秀水镇、睢水镇、河清镇、桑枣镇、黄土镇、界牌镇、千佛镇、高川乡。2020年5月，村级建制调整，全区辖117个村、34个社区。

重要资源

矿产资源。已发现矿产资源有29种，其中具有开发价值的12种，具有工业价值的矿山100余处。主要矿产有：石油、天然气、无烟煤、硫铁矿、重晶石、石灰岩、白云岩、磷矿、页岩、地热、沙金、石棉、石膏、建筑用砂石、医疗热矿泉水和海绵生物礁。

水利资源。年平均地表径流量13.47亿立方米，地下径流量3.19亿立方米。水利资源十分丰富，每

● 安州主城区（安州区摄影家协会 提供）

亩耕地拥有地表径流量2280立方米、地下径流量254立方米；人均拥有地表径流量2980立方米、地下径流量202立方米，为富水地区。

国土资源。截至2021年，辖区土地面积177.25万亩。全区农用地155.40万亩，占87.67%；建设用地17.05万亩，占9.62%；未利用地4.80万亩，占2.71%。土地利用现状分类：耕地47.73万亩，园地6.30万亩，林地90.94万亩，草地0.69万亩，湿地0.58万亩，城镇、村及工矿用地15.01万亩，交通运输用地4.52万亩，水域及水利设施水用地8.79万亩。

动植物资源。辖区有动物资源948种，其中大熊猫、金丝猴、牛羚等国家一、二级保护动物77种，鱼类60余种，鸟类100余种，两栖爬行动物53种，野生哺乳动物80余种。植物品种达2802种，其中有珙桐、红豆杉等国家一级珍稀植物以及黄连、杜仲、重楼、乌药等中药材100余种。

基础设施

农业基础设施。截至2021年，建成优质粮油市五星级现代农业园区1个，建有市以上农业产业化龙头企业、专业合作社、家庭农场等新型农业经营主体136家，省级农业主题公园2处、省级示范休闲农庄3家。辉达粮油获评"农业产业化国家重点龙头企业"。新建生猪规模养殖场19家，改扩建65家。全区适度规模以上农村土地流转达到13.7万亩，建成高标准农田2.3万亩、粮油生产基地1万亩、现代农业园区5个，秀水镇获评全国"一村一品"示范镇。

水利基础设施。建有白水湖、一大渠、二大渠、新勘堰、睢水堰等重要水利基础设施，截至2021年，全区建有江河堤防99.5千米，各类水利工程6873处。其中，中型水库1座、中型灌区工程4处、小（Ⅰ）

● 绵安快速通道（安州区交通运输局 提供）

型水库6座、小（Ⅱ）型水库18座、山平塘6695口、石河堰154道。建成渠道3007千米、集中供水站96处。2021年，治理水土流失面积19平方千米，获评"全国节水型社会建设达标县"。

道路交通设施。先后建成S418线花荄至秀水高等级公路和绵安快速通道，辽安路、宝睢路、成青路、辽宁大道、启明星大道、滨河路、物流通道、罗浮山温泉康养小镇环线公路维修改造基本完工，"一横八纵一环"的旅游交通路网基本形成；成绵高速复线、成兰铁路从安州通过；成兰铁路睢水客货交通枢纽基本建成。截至2021年，全区公路里程累计2139.57千米。其中高速8.62千米、一级76.46千米、二级40.80千米、三级93.99千米、四级1912.70千米。

邮电通信设施。自办邮政支局16个、邮政所1个，代办邮政所3个，建有农村邮政便民服务站100处、村邮站230处、报刊亭10个。2021年，全区累计建立无线基站500余处，覆盖全区117个行政村。开通5G网络基站161个，覆盖安州主城区和10个乡镇。全区固定电话用户 7.53 万户、移动电话用户 40.59 万户、计算机互联网用户 13.76 万户。

电力能源设施。辖区拥有 35 千伏变电站 6 座，变电容量 63.2 兆伏安；35 千伏输电线路 18 条，线路长度 205.45 千米；10 千伏公用配网线路 70 条，线路长度 1789.71 千米；公用配变 2448 台，合计容量 378.97 兆伏安。

主要产业

农业。安州是国家级杂交水稻制种基地县、全国粮食生产先进单位。全区现有村集体经济组织 126 个、新型农业经营主体和服务主体 826 个、农机化服务组织 17 个，入选全国、全省农民合作社质量提升整县推进试点县；认证"三品一标"农产品 74 个；有"花城果乡""幸福七里""猕猴桃走廊"等产业示范片，省三星级现代农业园区 1 个，市五星级现代农业园区 1 个，实施乡村振兴战略省级示范村 6 个，市级先进乡镇 2 个、示范村 9 个，市级"美丽四川·宜居乡村"95 个，全力推进主要农作物生产全程机械化进程，获评全国第四批率先基本实现主要农作物生产全程机械化示范县；返乡创业低成本、快捷土地使用模式入选全国农村创业创新典型范例。

工业。安州区是省级促进民营经济发展先进单位，安州工业园区被认定为省级高新技术产业园区，先后获评全省"51025"重点产业园区、全省新型工业化产业示范基地、全省知识产权试点园区等称号，威马汽车、中南高科、长虹双创等重点项目强力推进。2022 年，全区工业投资同比增长 22.0%。

林业。截至 2021 年，建成各类林业产业基地 70.05 万亩。以核桃、柑橘、猕猴桃等为主的特色经果林基地 8.55 万亩；以黄柏、厚朴、杜仲、枣皮为主的木本药材基地 9 万亩；以森林蔬菜萝卜、白菜、蕨苔、鱼腥草、山野菜等为主的林下蔬菜基地 1.95 万亩；以养殖跑山鸡为主的林下养殖基地 1.95 万亩。

文旅品牌

安州区人文荟萃、英才辈出，是清代才子李调元的桑梓和现代著名作家沙汀的故里。刘稚琳、岳太华、朱英汉、孙路平等英烈让人们永远铭记。陈开茂、蔡朝

● 茶坪河（安州区摄影家协会　提供）

兴被誉为"黄继光式"的战斗英雄。

千佛山。国家级自然保护区，位于安州、北川、茂县三区县交界处，距区政府驻地花荄镇64千米，海拔2942米，面积220平方千米，有原始森林7800公顷，森林覆盖率达96%。其人文、历史悠久，集生态、佛教文化和历史文化等优势于一体，唐朝时在山顶建有佛祖庙，庙宇今存。1935年5月，红四方面军长征从茂县入山，与川军邓锡侯部队作战，徐向前、王树声曾在庙内指挥作战，如今山顶红军军部和红军医院遗址尚存。

千佛山高大巍峨，风景绮丽，雄壮多姿，垂直气候分布明显，四季主色调鲜明，植物资源丰富，属古生界志留系沉积皱断裂带。西南侧绝壁高耸，壁下形成幽深的沟谷，多处大小不同、形态各异的瀑布、海子，山腰万亩野生杜鹃和山顶的日出云海，形成"春看杜鹃、夏望瀑布、秋赏枫叶、冬观冰雪"的典型亚高山生态景观。山峰苍翠挺拔，巨石雄奇嶙峋，树木郁郁葱葱，大熊猫、金丝猴等动物在山涧丛中悠闲自在地生活，山奇、石怪、水秀、峰险、林幽、云美，构成"一山分三带，景色各千秋"的千佛山奇特自然风光。

风味美食

罗浮山焦鸭子。相传创始人焦先祖巧遇清宫御厨，学得宫廷卤鸭技艺，经焦氏数辈人改良传承，保持了清宫卤菜特色。焦鸭子制作工艺非常考究，尤其注重卫生。经过选鸭、宰杀、破肚、挖肠、清洗、码味、腌制、出胚、晾制、香熏、卤制等十多道工序，制作出来的卤鸭色如琥珀、咸淡适口、香味浓郁、回味悠长、口感独特、老少皆宜。100多年来，口碑甚佳，成为闻名海内外的特色美食。因系家传技艺，配方保密，至今仍是独家经营，冠名"百年老店焦鸭子"。

李氏万鑫满口香红酥。民间俗称"干盘子"，具有酥脆鲜香、入口化渣的特点。红酥制作技艺在川西北流传较广，尤以安州区秀水镇李氏"满口香"红酥最具代表性。红酥制作相传产生于唐代。据考，在乾隆四十九年（1784年），清代著名才子李调元将亲自配制的一种"肉馅呈红色、外边呈黄色、黄中透红"的食品命名为"红酥"。

发展定位

建设全省经济生态强区、绵阳城市新中心、全省先进制造新高地、国家全域旅游示范区、内陆对外开放新高地。

发展目标

到2035年，基本实现社会主义现代化，全省经济生态强区地位更加巩固。经济实力显著增强，现代产业体系健全完善，经济总量和城乡居民人均可支配收入将再迈上新的大台阶。城市空间布局更加优化，城市功能更加完善，城市品质进一步提升，绵阳城市新中心全面建成。区域综合交通体系更加完善，更高水平参与区域经济合作，对外开放新优势全面提升。科技创新成为经济增长的主要动力，科技城新区安州片区建成科技新区、产业新区、城市新区。生态环境更加优美，长江上游生态安全屏障更加牢固，美丽安州基本建成。社会事业发展水平显著提升，国民素质和社会文明程度达到新高度，基本公共服务均等化基本实现，全体人民共同富裕取得更为明显的实质性进展。治理体系现代化基本实现，法治安州、法治政府、法治社会基本建成，平安安州建设达到更高水平。

（撰稿：陈明吉 廖华 审稿：张平 黄茜）

04 江油市

基本情况

江油市，位于四川省东北部、四川盆地北部边缘的涪江中上游地带、成渝经济区北端。东与剑阁县、梓潼县接壤，南抵绵阳市涪城区、游仙区和安州区，西与北川羌族自治县毗邻，北与平武县、青川县交界。介于东经104°31′~105°17′，北纬31°32′~32°19′之间，江油市境气候属北亚热带湿润季风气候，具夏热冬暖、暑期长、降水丰沛、雨热同期的特点。辖区面积2719平方千米，总人口86万，辖23个乡镇、1个办事处和1个省级高新技术产业园区，是中国优秀旅游城市、全国文明城市、全国卫生先进城市、国家现代农业示范区、全国休闲农业与乡村旅游示范县，四川省历史文化名城、首批"工业强县"示范市、环境优美示范城市、双拥模范城。市政府驻地江油中坝街道。

历史沿革

德阳县和阴平郡、县的设置。江油市辖区最早的政区设置，为东汉建武元年（25年）在今雁门镇（一说为今小溪坝镇阴平村）设置的德阳县，东汉末移治于今遂宁界（后再迁治至今德阳市境）后即废此为亭，魏景元四年（263年），邓艾伐蜀自阴平道直取江油（今平武县江油关镇）所经之德阳亭，即为此地。辖区较早设置而后来又废掉的政区，还有西晋永嘉年间侨置的北阴平郡和阴平县。原阴平郡、县故址在今甘肃省文县西北，因西晋永嘉后郡、县俱没于氐，遂于今小溪坝镇阴平村侨置北阴平郡、阴平县。北周时郡改名为静龙，县名仍为阴平。隋朝时郡废除，北宋末县亦废除。

江油、彰明两县的设置及其变迁。江油市主要境域在历史上设置政区时间较长且比较稳定的是江油、彰明两县。彰明县初名汉昌，晋泰始年间自白沙戍（今湖南湘阴县西北）侨置于今江油市青莲镇。西魏废帝二年（553年），改为昌隆县，迁县治于今彰明镇。唐先天元年（712年），避讳改为昌明。五代后唐同光元年（923年），改为彰明。其后经宋、元、明、清，虽屡有兴废变革，"彰明"县名一直沿用到1958年与江油县合并为止。江油县政区最早始于北魏正始元年（504年）设置的江油郡、县，"江油"郡、县名沿袭蜀汉政权于东汉建安二十四年（219年）设置的"江由戍"，原址在今平武县江油关镇。南宋宝祐六年（1258年），江油县治由平武南坝迁于今江油市大康镇旧县坝（雍村）。元至正二十三年（1363年），复设置江油县于今武都镇。据《蜀中名胜记》载"是以江水所由之意","由"通"油",故名。其后历经明、清两代,虽亦有兴废变革,但江油县的设置一直延续。新中国成立后,江油县治于1951年5月迁中坝镇。

江油、彰明合县及撤县建市。1958年9月,江油、彰明两县同时撤销,合并设立江彰县。1959年4月,江彰县更名为江油县。1988年2月,国务院批准撤销江油县,设立江油市,由四川省直辖,四川省批转由绵阳市代管。

重要资源

土地资源。全市辖区土壤宜种性广,矿质养分丰富,一般耕性良好,能适应多种农作物、林木、草类生长。

矿产资源。区域内矿产种类多、藏量丰富,现已探明金属与非金属矿20余种,但初步探明储量的仅有一半,探明部分储量仅有5种。已进行规模开采的有天然气、黄铁矿、赤铁矿、石灰石、白云石、硅石、石英石等7种。另有少量煤、沙金被零星开采。

水资源。辖区水蕴藏量丰富,地表径流利用较好。水能资源理论蕴藏量为36.95万千瓦,其中可开发量21.69万千瓦,水利资源理论总量48.83亿立方米。辖区的武都引水工程是四川省以防洪灌溉为主,兼发电、城乡供水、水产养殖、旅游以及国土资源综合开发利用等功能的大型骨干水利工程。

植物资源。辖区共有植物106科、217属、628种。野生木本植物63科、125属、177种,中药材7科、189种,栽培果树10科、16属、158种,栽培作物26科、76属、104种。辖区森林主要树种:针叶树有尾松和华山松,其次为柏树和杉树;阔叶树种属繁多,主要为栎类。

基础设施

农林水利。江油是全国蔬菜产业重点地之一,连续11年荣获全省"三农"工作先进县。2021年,江油新增森林面积2681.27公顷,新增森林蓄积量39.6万立方米,森林覆盖率达52.2%。全市共有各类农田水利工程2.53万处,总蓄引提水能力3.9亿立方米。水功能区5个,分布于三级水资源区涪江、平通河。全市大中小型水利工程562处,其中:大型灌区1处,中型灌区12处,小型灌区549处。有效灌溉面积3.726万公顷,实际灌溉面积3.385万公顷。

科学技术。科技资源富集雄厚,三线建设布局形成了以国家重点综合性国防科研基地——中国工程物理研究院材料研究所为核心的研发创新体系,建成功能完备、性能先进的核材料及先进功能材料基础科学与技术研发平台,拥有国省市研发机构35个、国家重点实验室1个、省院士产业园1个、国家级星创天地和省级孵化器各2个,国家高新技术企业65家,国家科技型中小企业157家、国家级"专精特新"企业4家、省级"瞪羚"企业2家,"两院"院士2人,具有职业资格技能人才3.8万人,是中国(绵阳)科技城国家科技创新先行示范区主承载地。

教育体育。截至2021年,有各级各类校(园)300所。其中:各类公办学校75所,含小学42所、分校(校区)5所,初中10所,九年一贯制学校3所,普通高中3所,中等职业学校1所,特殊教育学校1所,公立幼儿园8所,建制成人教育学校2所。各级各类民办学校225所,含十二年一贯制学校1所,初中1所,培训学校134所,幼儿园89所。现有县级体育场2处,体育馆、游泳池、全民健身中心各1处;社会足球场地16片,乡镇级农民健身工程24处,已实现71个社区和182个行政村健身设施全覆盖；体育公园、太白国家登山健身步道各1处，游泳场所13处，国家青少年体育俱乐部2家，单项体育协会8个。有体育场地2377个，总面积105.26万平方米。江油市也被命名为"全国武术之乡"，先后荣获过全国阳光体育先进市、全国群众体育先进单位和四川省武术工作先进单位等称号。

社会保障。截至2021年底，共有各级各类医疗机构676个，公立医疗机构68个。其中，综合医院8个、中医医院1个、专科医院2个、妇幼保健机构1个、社区卫生服务中心3个、乡镇（中心）卫生院40个、村卫生站（点）391个。全市有编制床位6244张，实际开放床位7666张；有卫生专业技术人员6670人，其中护士3132人，执业医师、助理执业医师2454人，全科医生248人。

交通运输。江油区位优越，开放通达，素有"蜀道咽喉"之称。距省会成都140千米，是成都平原城市群的重要节点，川北区域性综合交通枢纽、四川北部重要物资集散地和游客集散中心。西成高铁、成绵乐城际客专在此交汇，拥有高铁站3个，是全国设高铁站最多的县级行政单位之一，位于成都1小时、重庆2小时、西安3小时通勤圈。全国首条电气化铁路宝成铁路纵贯全境，拥有站点14个。京昆高速与九绵高速十字交汇、联通四方，分别设6个进出口、1个开放式服务区和3个进出口、1个开放式服务区。至绵阳机场30分钟、双流机场90分钟、天府机场150分钟。7条国省干道外联内畅，"一环七射"城区快速通道网、"两纵五横"市域骨架公路网基本建成。

主要产业

工业。江油为中国西部重要的特殊钢生产基地和四川工业重镇之一，中国燃气涡轮研究院、四川材料与工艺研究所等国家科研单位扎根这里，攀长钢、神华江电等217家规模企业强势汇聚，江虹线缆、远方装备等12家企业上榜全省高成长型中小企业培育名单。《江油工业空间布局和产业发展规划（2017—2025）》稳步实施，形成新材料、高端装备制造"一基地一集群"产业体系和"一区多园一走廊"空间布局。

文化农林水及旅游业。江油文化农业林业旅游业与现代服务业深度融合。辛夷花传统栽培体系被评为中国重要农业文化遗产，以休闲农业与乡村旅游、农产品加工为两大主导产业，以蔬菜、生猪、粮油为三大传统优势重点产业，以优质水稻、优质生猪、优质蔬菜、优质禽蛋、优质水果、优质中药材等为六大主导产品的"3+6"现代农业产业体系基本构建。

电子商务。初步建立"全域电商"模式，电子商务企业达到700余家，电子商务交易规模突破180亿元，成功入围"国家级电子商务进农村示范县"。

文旅品牌

绵阳方特东方神画主题乐园。位于太平镇，占地面积1000亩，总投资29亿元，是四川省首家方特主题乐园和西南地区最大的科技主题乐园。绵阳方特东方神画主题乐园是以中国传统文化为创意基础、以现代高科技表现形式为手段、以成熟的商业运营模式为支撑的现代高科技主题乐园，乐园设清韵小镇、节庆广场两大主题区域，包含神画、九州神韵、孟姜女、女娲补天等11项方特独家室内大型高科技主题项目和勇闯玄甲城、大禹治水等34项室外游乐项目。

中华洞天。位于含增镇，是国内集溶洞观光和洞天漂流于一体的大型旅游项目。旅游区分奇石、奇景、奇漂、奇情四大特色，16大景区，720处景点，面积30余万平方米。已开发游览长度6000余米溶洞观光项目，洞内乳石雄伟、气势恢宏、色彩斑斓、奇幻迷离，30余米高的石笋石柱数十个，18000余平方米的天庭水府极具震撼观感。国内首创的洞天漂流，长度达3000余米，不同于自然的河道漂流，融合空中漂流、峡谷漂流、溶洞漂流、彩林漂流四大创新点于一体，四季可漂，洞漂峡漂乱石穿空，空漂彩漂曲径通幽，浪在空中，景在脚下，激情飞跃，心旷神怡。

风味美食

江油肥肠。本地特有的一道汉族传统佳肴。新鲜的肥肠，辅以花椒、干辣椒、八角、蒜、姜片、桂皮、草果、三萘、香叶等天然香料烧制而成。其特点是色泽黄亮，味道香醇，下饭喝酒爽口开胃。

江油烧烤。特别讲究"蘸、刷、撒、烤、翻"

● 江油肥肠（伍丕庆 拍摄）

● 江油蘸蘸（江油市李白纪念馆 提供）

● 清香园晾晒区（江油市李白纪念馆 提供）

的烤制流程，有麻、辣、香、鲜之特色，深受广大食客喜欢。

江油蘸蘸。用一根根牙签穿上各种各样用白水煮熟的食物（比如土豆、藕、干豆皮、豆皮、凉皮、金针菇、凉粉、豆腐等），由顾客自主选择，再配上红白味的沾味料，即可食用。

中坝酱油。据史书记载，川北中坝，自古为酿酱之乡，其品味之冠当数北门清香园。清香园酱园创建于清道光初年，距今已有近两百年历史。1828年，清香园·中坝酱油被奉为贡品，驰名川内外，入选为"川菜调料八珍"。1985年，经中国食品杂志社审定，载入《中国名食百科》史册。

发展定位

建设成渝地区双城经济圈先进制造基地、建设成渝地区双城经济圈枢纽性文化旅游基地、建设成渝地区双城经济圈北向西出重要开放门户、建设绵阳市域重要城市功能区。

发展目标

到2035年，基本实现社会主义现代化。经济实力大幅提升，建成现代产业体系，新型工业化、信息化、城镇化和农业现代化基本实现，经济总量和城乡居民人均可支配收入迈上新的大台阶。发展动能实现转换，科技创新成为经济增长主要动力。区域综合交通枢纽功能显著增强，更高水平参与国际国内合作，对外开放新优势明显增强。深度融入中国（绵阳）科技城和绵阳科技城新区建设，区域协同发展格局全面形成，实现资源要素同用、城市运营同体、竞争优势同构、公共服务同享。国民素质和社会文明程度达到新高度，文化软实力显著增强。生态环境更加优美，生活环境更加宜居，长江上游生态安全屏障更加牢固。治理体系和治理能力现代化基本实现，法治江油、法治政府、法治社会基本建成，平安江油建设达到更高水平。社会事业发展水平显著提升，基本公共服务实现均等化，人民生活更加美好，全体人民共同富裕取得更明显的实质性进展。

（撰稿：高乐 审稿：胡杨）

05 三台县

基本情况

三台县位于四川盆地中部偏北，绵阳市东南部，东经104°43′~105°18′，北纬30°42′~31°26′。东邻梓潼、盐亭两县，南连射洪市、大英县，西界中江县，北接绵阳市涪城区、游仙区。县政府驻北坝镇梓州干道，距绵阳市区57千米。县域南北长81.1千米，东西宽56.2千米，总面积2659.38平方千米。三台县属川中丘陵地区，辖区海拔在307.2米~672米之间，辖区最高点位于龙树镇博达岭，海拔672米；最低点位于郪江河谷的短沟口，海拔307.2米。地势北高南低，由北向南倾斜，地形以平坝、丘陵为主。

古名"梓州""潼川"，后因城西三台山而得名"三台"。在历史上一直是四川中部政治、经济、文化中心；现在是四川首批27个扩权强县试点县（市）之一，是全国文化先进县、全国体育先进县、全国科技工作先进县、全国粮食生产先进县、全省县域经济发展先进县、全省"三农"工作先进县、全省农村改革工作先进县。有汉、回、藏、羌、彝、满、白、土、维吾尔、蒙古、苗等11个民族，辖33个乡镇，全县常住人口955811人。

2022年，全县实现地区生产总值479.21亿元，比上年增长5.3%，增速自2009年以来首次超过全市水平，居全市第二位，为13年来最好排名。规模以上工业增加值增长10.3%。全社会固定资产投资增长10%。社会消费品零售总额240.73亿元。地方一般公共预算收入14.04亿元。城镇居民人均可支配收入42097元，增长4.6%。农村居民人均可支配收入21974元，增长6.6%。在经济总量快速增长的同时，产业结构也在不断优化，三次产业结构比为24.3∶30.7∶45。

历史沿革

三台古为《禹贡》记载的梁州之域，西汉高祖六年（公元前201年）设广汉郡郪县，治所在古郪国城（今郪江镇），南朝分拆广汉郡，建新城郡。隋朝大业三年（607年），又重新启用郪县之名。隋唐为梓州，宋、元、明为潼川府，清始置三台县，至今已有2200多年历史。

三台历为州、府、路治所，四川在秦朝时置为巴郡、蜀郡，汉代为益州，唐代改为剑南道（就是剑门关以南），唐至德二年（757年），分剑南道为东川、西川节度使，东川节度使治所即在三台。宋咸平四年（1001年），朝廷在四川、陕西一带设立川峡四路（"路"相当于现在的省），即成都府路、梓州路、利州路、夔州路，简称"四川路"，四川正式得名，其中之一的梓州路就在三台，因此三台也有别称"梓州"。这也是"川"在四川行政区划上首次出现。明朝，潼川府降为潼川州。清雍正十二年(1734年)，重建新县，不再用"郪县"之名，取名"三台县"，三台县名自此沿用至今。民国二十四年（1935年），三台县隶属四川省第十二行政督察区。

1949年12月29日，三台县解放。1950年1月1日，三台县人民政府成立，驻地城厢镇（潼川镇），属川北行署。1952年10月1日，隶属四川省遂宁专区。1958年10月18日，撤遂宁专区，三台县等划归绵阳专区（治地绵阳县城）。1968年7月8日，三台县革命委员会成立，隶属绵阳地区革命委员会。1978年5月6日，撤销绵阳地区革命委员会，改设绵阳地区行政公署,三台县隶属绵阳行署。1981年2月23日，根据《中华人民共和国地方各级人民代表大会和地方各级人民政府组织法》撤销三台县革命委员会，选举产生三台县人民政府，隶属绵阳行署。1984年3月，改公社、大队为乡、村，全县设14区1镇（潼川镇），辖115乡1镇（芦溪镇）。1985年2月8日，撤销绵阳地区，成立绵阳、广元、遂宁3个省辖市，三台县隶属绵阳市。1992年9月5日，撤区并乡建镇，全县调整为30个镇10个乡。2000年1月，三台县调设为41个镇22个乡。2019年底，三台县辖断石乡、忠孝乡、潼川镇、北坝镇等31个乡、镇。共932个村民委员会，110个居民委员会，8206个村民小组，504个居民小组。

重要资源

土地资源。全县辖区总面积265965.76公顷，其中耕地116689.09公顷，占43.87%；园地4230.58公顷，占1.59%；林地77321.07公顷，占29.07%；草地913.18公顷，占0.35%；城镇村及工矿用地25372.84公顷，占9.54%；交通运输用地5143.19公顷，占1.93%；其他土地22099.34公顷，占8.31%。三台县林业用地面积8.96万公顷，森林覆盖率38.8%，是"国家森林城市"。

水资源。辖区水资源主要是地表径流水、地下水和外来客水。县境多年平均降水量为882.2毫米，地表水资源总量5.401亿立方米，利用量0.947亿立方米。地下水主要以红层地下裂隙水为主，地下水储量为6.959亿立方米，可开发利用量为4777万立方米。外来客水主要是涪江、凯江、梓江、郪江、魏城河和都江堰引水的人民渠六期和七期水利工程，年过境客水总量为126.211亿立方米,利用量仅2.34亿立方米。

生物资源。辖区植物共55科95属269种，主要有常绿针叶树柏树、马尾松，落叶阔叶树麻栎、桤木等，珍稀树种有银杏、楠木、水杉、红豆杉、红豆树等。草本植物共有白茅、铁钱草、芭茅、蓑草等25科69种。动物种类繁多，有鱼类、鸟类、爬行类和两栖类等多种。

矿产资源。探明有矿泉水、膨润土、石油、天然气、沙金等矿产。在开发中的矿产资源有川中石油矿区，在三台富顺、秋林、建平等地开发利用石油、天然气。忠孝、三元、富顺等乡镇开采加工的钙基膨润土经改性加工成活性土。含砂质钙基膨润土主要分布在钙基膨润土矿的顶、底板，用于饲料添加剂。沙金主要分布在县辖区涪江流域刘营至慕禹河段，沙金平均品位0.18克/立方米，储量约5吨，由于沙金品位低未进行开发。

基础设施

县城距绵阳市区36千米，距成都市区107千米，辖区内现有4条高速公路，通车里程141千米。

2019年，成德南高速西平互通、德遂高速三台段顺利开工，G5京昆扩容三台段前期工作顺利推进。G247青山扁段灾害防治工程全面完工。S419芦溪至立新段大修工程等项目开工建设，建成景建路等县乡道78.5千米、现代农业园区等产业道路20.9千米，新（扩）建村道383千米。目前，县内公路通乡通村率和硬化率达到100%。

拥有各类学校359所，其中国家级重点职业中学1所、省级示范性普通高中3所。三台是四川省"足球之乡"，是"全国青少年校园足球试点县"。现有医疗机构91家，其中三级医院2家，二级医院8家，专科医院4家，是全国基层中医药工作先进单位。三台是全国文明县城、四川省文明城市示范城市、四川省宜居县城试点县。

主要产业

农业资源丰富，产业发展强劲。三台是中国米枣之乡、中国麦冬之乡，麦冬种养循环现代农业园区、梓州藤椒产业园分别创建为省级五星、市级四星农业园区，全县"1+2+5+N"现代农业园区发展格局初步形成。建成国家生猪市场四川市场、绿溪优食谷体验中心、枫叶牧场和明兴农业主题公园，年出栏生猪100万头以上。发展麦冬基地6万余亩，成功创建国家级出口食品农产品（麦冬）质量安全示范区，建成麦冬博物馆、麦冬电子交易市场。建成藤椒产业基地20万余亩，建立跨区域藤椒物流交易中心1个。建成高芥酸油菜基地10.8万亩，优质大米基地30万亩，种植蔬菜24万亩。成功举办三届农民丰收节，是中国农民丰收节的倡议地之一。

● 潼川古城（冉进财 拍摄）

● 鲁班水库（刘华伟 拍摄）

　　工业要素集聚，发展态势良好。深入实施工业园区综合改革，"一园两区多组团"工业发展空间格局基本完善，园区工业产值突破100亿元，成功获批四川省特色产业基地。现有规模以上工业企业114家。新敏雅、铁骑力士、太极制药、领旗食品、上海梅林、鸿星尔克等知名企业在三台落地生根、发展壮大。与武侯资本合作建设梓州智谷产业园和梓州织造产业园，与红原县、温州商会携手共建飞地游、现代智慧物流、全域电子商务"1+2"产业为重点，加快构建现代服务业发展体系。印象涪江美丽岛、西部写生创作基地、春风涪江等项目快速推进，凤凰山区域文体旅游康养度假区签约落地，麦冬文化节、菜花节、桃花节、鲁班湖文化旅游节、郪江文化旅游节蓬勃开展。圣桦国际商业城一期、五鑫农贸交易中心、昌德西门市场、东方时代广场投入运营。

文旅品牌

潼川古城。国家 3A 级旅游景区，位于城区内，拥有绵阳辖区保存最完整、规模最大的古城墙，也是四川辖区现存明清古城墙中唯一的石头城，为全国重点文物保护单位。据嘉庆《三台县志·重修三台县城垣碑记》记载，梓州"山环水绕，天设险要"，旧有"石城一座，周围九里，状若盘蛇"，自明至清，几经修复，现存的石砌城墙，为时任知县徐世楹于乾隆三十一年（1766年），在明朝嘉靖墙楼的基础上培修复建，历时四年竣工，此后在抵御兵匪攻袭和洪水泛滥等方面发挥了积极作用，目前仍保存数千米城墙。

鲁班水库。又名鲁班湖，是四川省第三大水库，位于三台县鲁班镇，修建于 20 世纪 70 年代初。水库有 2.78 亿立方米湖水、89 座山头形成的岛屿。

杜甫草堂。国家 3A 级旅游景区，位于县城西牛头山上。与成都杜甫草堂齐名，被誉为"蜀中第二草堂"。762 年，诗圣杜甫从成都流寓到东川节度使治所梓州（三台），在东街（今三台中学内）自建草堂而居，历时一年零八个月。其间，杜甫写下了近 200 首诗作，多为游历梓州山水之作，如《春日梓州登楼二首》《郪城西原送李判官兄武判官弟赴成都府》《涪城县香积寺官阁》等，如今的梓州杜甫草堂为 1984 年在"工部草堂"的遗址上重建而成，草堂系殿堂与园林相结合的仿古建筑群，为梓州公园

产业园区，与绵阳经开区、游仙区、梓潼县、盐亭县融合发展，不断拓展发展空间、增强发展动力，打造绵阳跨越发展的桥头堡。

服务体系完善，消费不断升级。以特色文化旅

的核心景区。

郪江古镇。四川省历史文化名镇，为春秋战国时诸侯国郪国王城所在地。西汉高祖六年（公元前201年），以此为治所设置郪县，三国蜀汉设置东广汉郡。郪江是三台文化的发祥地，辖区有战国时代郪王城和传说的郪王墓，遍及全镇的汉代至两晋时期的崖墓群为全国重点文物保护单位，是观光、度假、旅游休闲的绝佳境地。

风味美食

崭山米枣。产于永新镇崭山村，历史可上溯至两千多年前的汉代。据《华阳国志·郪县》记载："县有山原田，富国盐井，濮出好枣，特好入贡。"崭山米枣是三台县独具地方特色的小水果。米枣呈圆柱形，果形端庄，果顶平，皮薄光滑，果皮呈浅黄色，果肉含丰富的维生素和钙、锌、镁等微量元素，具备营养价值较高且外观悦目等特点。2010年12月，农业部批准对"崭山米枣"实施农产品地理标志登记保护。

藤椒油。三台藤椒已获准注册地理标志集体商标，藤椒种植项目被确定为第十三批次省级农业标准化示范项目。目前，已聚力打造"五柏藤""麻将铺子"和"花青藤悦"三大品牌商标，研制开发了藤椒油、藤椒酱、藤椒火锅底料等40余种调味品，藤椒产业的品牌价值持续提升。

发展定位

立足县域资源禀赋和经济发展实际情况，抢抓"以国内循环为主体，国内国外双循环互相促进的新格局"的国家经济发展新转型和支持"成渝地区双城经济圈"建设的发展战略机遇，加快传统产业转型升级，紧紧围绕"三区一城一枢纽"发展战略定位，建设"四川三产融合示范县"。

全面构建现代产业体系，推动以农业为基础、工业为核心、服务业为支撑的三次产业贯通融合发展，加快推动农业大县、人口大县向产业大县、发展大县跃升，为现代化三台建设筑牢核心支撑。持续打造现代产业集群，加快打造全产业链条，加大优质企业培育力度，进一步推动工业提质增效。大力建设现代农业园区，加快打造现代种业强县，全面推进全产业链发展，做响农业品牌名片。加快推进生产性、生活性服务业发展，积极发挥信息化牵引带动作用，推动服务业提档升级。

发展目标

2035年经济社会发展的远景目标：县域经济发展大幅度跃升，地区生产总值突破1200亿元大关，在2025年基础上翻一番，在经济社会发展综合排位上，挤进全省前30名，基本实现社会主义现代化。经济实力显著增强，经济总量和城乡居民人均可支配收入迈上新的大台阶，现代产业体系健全完善，新型工业化、信息化、城镇化、农业现代化基本实现。区域次级交通枢纽功能显著增强，"铁路、公路、机场"立体交通网络格局初步形成，对外开放新优势全面提升。城市空间布局更加优化，城市功能更加完善，城市品质不断提升，"50平方千米、50万人口"现代化中等城市基本建成。国民素质和社会文明程度达到新高度，文化创新创造活力充分迸发。生态环境更加优美，生活环境更加宜居，长江上游生态安全屏障更加牢固。社会事业发展水平显著提升，基本公共服务实现均等化，人民生活更加美好，治理体系和治理能力现代化基本实现，平安三台建设达到更高水平。

（撰稿：罗承 余雯 审稿：罗承 余雯）

06 梓潼县

基本情况

梓潼县位于四川盆地西北部丘陵向低山过渡区域，距绵阳市50千米，总面积1442.32平方千米，属亚热带湿润性季风气候，总人口38万。东北与剑阁县为界，西北与江油市毗连，东南与盐亭县、南部县接壤，西南与三台县、绵阳市游仙区为邻。介于东经104°05′~105°27′，北纬31°25′~31°51′之间。县境东西宽约35千米，南北长约52.5千米，国道108线斜穿辖区，宝成铁路、成广高速公路擦境而过。县人民政府驻地文昌镇。

历史沿革

春秋初期，梓潼为部落国。周灵王十六年（公元前556年），梓潼部落国被蜀国所灭。秦惠文王九年（公元前316年），秦惠文王遣大夫张仪、司马错率军灭蜀，梓潼又为秦国领地。秦昭襄王二十二年（公元前285年），秦王朝开始在蜀地实行郡县制，置梓潼县，隶属蜀郡。西汉高祖五年（公元前202年），分巴郡割蜀郡之地，在梓潼设广汉郡。初始元年（9年），安国公王莽接皇帝位，为避"汉"字，将广汉郡改名为子同郡。东汉建武元年（25年），公孙述据蜀，建"大成国"，将子同郡改名就都郡，梓潼县仍置，隶属就都郡。东汉建安二十二年（217年），刘备分广汉郡九地，在梓潼置梓潼郡。咸熙二年（265年），梓潼仍置郡，隶属晋梁州。西魏废帝二年（553年），大将军尉迟回伐蜀，在梓潼置潼州郡（又名潼川郡、东川郡），且将县治迁至稷连（今石牛镇），改县名为安寿县，隶属益州大都督始州（州治今四川剑阁）。隋开皇三年（583年），撤销置于梓潼的潼州郡，并将安寿县治迁于梓潼。隋大业三年（607年），安寿县还名梓潼县，隶属西南行台普安郡。唐武德元年（618年），罢郡为州，推行州县二级制，梓潼、阴平仍置县，隶属于利州（州治今广元）。唐贞观元年（627年）至元至正二十一年（1361年），梓潼仍置县，隶属于保宁府（治今阆中）。明初，普安县、江油县先后撤销，其辖地并入梓潼县，入隶剑州。清朝时期，梓潼仍置县，先后入隶大清保宁府剑州、川北道保宁府剑州、绵州。20世纪初，四川各道的设置渐次被军阀的防区制所代替，梓潼县先后为川军六旅刘存厚防区、川军二十一师田颂尧防区。1928年，隶属四川省政府。1935年4月，中国工农红军第四方面军进军梓潼，在县辖区设置梓潼、百顷、重华3个县级苏维埃政府，隶属川陕省苏维埃政府。当年红军转移后国民党势力重返梓潼，仍置梓潼县，隶属四川省第十三行政督察区（治绵阳）。1949年，梓潼解放，仍置县，隶属四川绵阳专区。1985年，绵阳改制为省辖市，梓潼隶属之。

1994年，辖11镇，11乡。1996年，辖11镇16乡328村。1998年，辖11镇21乡328村。2005年，辖11镇21乡329村，12社区。2019年12月底，辖15镇1乡、1经济开发区，162村，19社区。

重要资源

矿产、天然气。 砖瓦建筑用页岩广泛分布于全县各乡镇，主要用于墙体烧结砖开发利用，市场销路前景较好。天然气主要分布在县境宝石、文兴等乡镇，资源较为丰富。

植物资源。 野生植物数量及分布情况：高等植物4门154科448属711种，其中苔藓植物15科30属31种，蕨类植物23科40属80种，裸子植物7科14属14种，被子植物109科364属586种。植物种类较丰富，优势科属明显，我国特有植物种属较多，起源古老，多单型、少型属。植物区系成分复杂，表现出从热带向北温带过渡的多类型。裸子植物有银杏、杉木、苏铁、柏树、罗汉松、红豆杉、马尾松等；被子植物有香樟、杨树、洋槐、法国梧桐、桉树、青杠等。林下植被有马桑、黄荆、铁仔、火棘、小果蔷薇、黄茅、地瓜藤、葛藤、衰草等。经济植物主要有梨树、桃树、柑橘、枇杷、油桐、油橄榄、核桃、石榴等，另外还有兰草、丹桂、紫薇等观赏植物。

全县古树名木共11950株，其中，一级古树236株、二级古树605株、三级古树11109株。

动物资源。 辖区陆生野生动物达230多种，分布于全县林区。其中属于国家一级保护的动物有四川山鹧鸪；属国家二级保护动物的有猕猴、穿山甲、黄羊、苍鹰、猫头鹰、白冠长尾雉、红腹锦鸡、小灵猫、鹦鹉、白腹黑啄木鸟、虎纹蛙、藏原羚等30多种，属国家重点保护动物30多种；属四川省重点保护的动物有50多种；属四川省有益、有重要经济价值、科学研究价值的动物有110多种。常见的有八哥、翠鸟、骨定鸡、冠鱼狗、黑尾蜡嘴雀、红翅旋壁雀、红头山雀、红头蓝尾鸲、扁尾沙雉、相思鸟、黑枕黄鹂、戴胜、麻雀、斑鸠等60多种。

基础设施

累计新建改建国省干线220千米、县乡道路132千米、村社道路376千米，全县公路通车里程达3211千米，公路路网密度达到每百平方千米223千米，内外协调、外通内畅、面向成德绵的开放型综合运输网络逐渐形成。梓东路、G108线文昌干道至龙凤垭段、S209线县城至江油河口段等道路建成通车，绵苍高速梓潼段实现开工建设，绵广扩容梓潼段前期工作加快推进，建成朱砂渡等桥梁7座。

主要产业

工业。 2021年，全县各类工业企业达到135余家，从业人员达到7500余人，规模以上工业企业达到58家。其中年产值过5亿元企业3家，过亿元企业20家，过5000万元企业38家。规模以上工业企业实现工业总产值78.44亿元，同比增长23.47%，工业增加值增速11%，实现营业收入74.86亿元，同比增长27.94%；利润总额2.82亿元，同比增长63.54%；工业招商引资到位资金1.4亿元；实现工业投资增速20.8%，工业技改投资增速41.3%；民营经济占地区生产总值比重59.5%，工业园区建成面积达4.17平方千米，入驻工业企业115家，园区规模工业总产值65.94亿元，园区产业集中度达80%，汇智公司和四海大禹成功申

● 长卿山（长卿镇人民政府 提供）

报省级中小企业创新创业示范基地，经开区获得省级农产品加工示范园区、小型微型创新创业示范基地、绿色园区、循环化改造示范园区称号。

现代农业。初步建成"6+9"现代农业产业体系。全县水稻制种面积5万亩，生产水稻种子1100万千克，产值1.9亿元以上，杂交水稻制种面积、产量位居全省第一；全县蜜柚面积达到18.25万亩，挂果面积12万亩，总产量达55万吨，实现总产值7.5亿元。新建畜禽标准化养殖场270个，其中扶贫代养场56个，创建现代农业园区县级以上14个，其中省级1个、市级3个、县级10个。"三品一标"认证产品50个，其中国家地理标志产品3个，通过有机产品认证17个，绿色食品认证4个，无公害农产品认证26个。

服务业。电子商务、旅游服务、文化教育、健康养老、现代物流、商贸流通等六大优势产业进一步壮大，四川文化艺术学院梓潼校区建成投用，兴发广场、鑫驰广场等综合商业体建成投用。成功争创国家级电子商务示范县，实现电子商务年均交易额15.24亿元。规模以上、限上企业达到46家，其中限上商贸流通企业34家、规模以上服务业企业12家。

文旅品牌

长卿山。位于梓潼县城南，相传因汉司马相如（字长卿）曾读书于此山而得名。是七曲山大庙古柏林的重要组成部分，景区苍松翠柏、郁郁葱葱，山上有著名的司马相如读书台、唐宋石刻。东面山脚下有国家级重点文物保护单位"李邺阙"，县级文物保护单位"贞节牌坊"。站在长卿山可全观潼城，北望七曲山大庙，东揽崇文塔景区，潼江之水自北而来蜿蜒南下，风景秀丽、美不胜收。1999年，梓潼县人大常委会通过决定，将每年农历正月初八确定为登高节，长卿山登高成为梓潼第一个地方性法定节日。在新时期，"登高节"又被重新赋予全民健身的崭新内涵，登高的习俗由此传遍川北。每年正月初八，都会吸引绵阳周边众多游客前来参与长卿山登高，以祈求新年吉祥，好运连连。如今梓潼长卿山登高与春季文昌庙会、文昌巡游等传统民俗文化活动相呼应，成为川北特有旅游胜景。

风味美食

梓潼酥饼。又名"薄脆子""贡饼"，是梓潼名特小吃，和梓潼片粉、镶碗一起被称为"梓潼三绝"。据史料记载，汉代司马相如（字长卿）与卓文君客居梓潼时，常以酥饼伴酒吟诗，有"金樽美酒香酥饼，相如弹琴醉文君"的诗句流传至今。唐天宝年间，唐玄宗李隆基避安史之乱幸蜀，来到梓潼上亭铺，夜雨闻铃，非常思念已死的杨贵妃，以致茶饭不思，肝肠寸断。当地官员以酥饼供奉，玄宗皇帝一品尝，赞不绝口。从此，梓潼酥饼被列为朝廷贡品，故又称"贡饼"。梓潼酥饼历史悠久，手工精制，风味独特，其形如满月、色泽浅黄、酥纹细腻、香而薄脆，具有余味悠长、淡雅恬静等特点，老幼皆宜、久食不厌，被誉为食中佳品。

梓潼镶碗。用料有鸡蛋、豆粉、豆腐、肉馅；底料有木耳、黄花、豆皮、酥肉、时令蔬菜等。制作时蛋清、蛋黄分别上笼分蒸，呈黄白二色，造型美观，滋润可口，深受食客喜欢。镶碗又是"十大碗"中的第一道盖面菜。镶碗最早是宫廷御膳，明世宗时，总督京营戎政的仇鸾，失势后举家迁居梓潼，并将此菜的制作方法一并带回家乡。此后，便在民间的"田席"上增加了这道必不可少的镶碗大菜，就这样一直传到现在，成为梓潼的一道名菜，享誉久远。

发展定位

建设全国优质生态绿色农产品供给地。深入实施"园区培育工程""品质提升工程""品牌塑造工程"，

● 梓潼酥饼（中共梓潼县委党史研究室 提供）

● 梓潼镶碗（中共梓潼县委党史研究室 提供）

● 两弹城（长卿镇人民政府 提供）

让梓潼绿色优质农产品走出四川、供给全国。

建设成渝地区双城经济圈旅游目的地。围绕文旅兴县，推动优势转化，深入实施"A级旅游景区培育工程""精品线路拓展工程""全域旅游示范工程"，持续开展天府旅游名县创建，做强"文昌发祥地、中国两弹城"品牌。

建设四川丘区经济高质量发展示范地。深入实施"工业园区倍增工程""现代农业延链工程""服务业集聚工程"，推动二产前伸后延、一产接二连三、三产功能拓展。

建设绵阳高品质幸福生活宜居地。深入实施"服务保障力和群众满意度'双提升'工程"，全力推动发展成果更多更公平地惠及全县人民。

发展目标

2035年远景目标：综合实力大幅跃升，基本建成四川丘区经济强县和社会主义现代化梓潼。经济实力显著增强，经济总量和城乡居民人均可支配收入迈上新的大台阶，四川省旅游强县基本建成，农业现代化水平实现显著提升，工业转型全面加速发展呈现显著变化，现代化经济体系健全完善，城乡空间布局更加优化，城市品质进一步提升，乡村发展基础更加坚实。生态环境持续优美，生活环境更加宜居。改革开放成效更加明显，发展环境更加安全。社会事业发展水平显著提升，基本公共服务实现均等化。现代社会治理格局基本形成，治理体系与治理能力现代化基本实现，平安梓潼建设达到更高水平。

（撰稿：彭辉 审稿：兰蓝）

07 盐亭县

基本情况

盐亭县位于四川盆地中部偏北,地处嘉陵江、涪江分水岭。县城距绵阳72千米,距成都138千米,东与南部县、西充县接壤,南连射洪市,西邻三台县,北抵梓潼县。介于东经105°12′~105°43′,北纬30°58′~31°39′之间。行政区域面积1645平方千米,辖1个省级经济开发区,16个乡镇(含1个民族乡),1个街道,县政府驻地凤灵街道,全县总人口53万人。除汉族外,还有回族、彝族、藏族等34个少数民族,共5000余人。

盐亭属盆中丘陵区,北高南低,一般海拔

● 梓江(中共盐亭县委宣传部 提供)

● 盐亭县城（中共盐亭县委宣传部　提供）

350～650米，山丘起伏，沟壑纵横。县内气候属亚热带湿润气候区，气候温和，雨量较少，且降雨集中，间杂风灾水患，干旱频繁，四季分明，四季天气变化的规律为春旱、夏热、秋短、冬温。年平均气温16.7℃，年平均降雨量863.1毫米。辖区有梓江、弥江等大小江河溪流46条。除县境东北角的石科河和宝马河等属于嘉陵江支流西河水系外，其余均系嘉陵江支流涪江水系，并以梓江为骨架呈不对称羽毛状分布。

盐亭，古称"潺亭""秦亭"，因辖区多盐井、盛产盐卤而得名，是华夏母亲嫘祖的出生和归葬之地，素有"华夏母亲之都、世界丝绸之源"的美誉，是"千年古县""中国华侨国际文化交流基地""海峡两岸交流基地"，也是首批"全国绿化模范县""全国产粮大县""全国农村中医药工作先进县""全国生态文明建设示范县""全国食品工业强县"。

历史沿革

盐亭位于古蜀国东部边境，春秋战国时期，巴国、蜀国经常为争夺地盘而开战，蜀国在今县辖区弥江（古称潺水）建烽火亭，用于观察敌情和守备，称为潺亭。至秦朝改称为秦亭，《太平寰宇记》载："梓州，禹贡梁州之域，秦为蜀国盐亭之地。"汉代复称潺亭，《汉潺亭考》载："自西水县以东，南迄东关，凡水之入涪者，悉为蜀地，亦即潺亭之域。"

盐亭建置，始于东晋义熙元年（405年），万安县治所迁至潺亭，称为万安县，是盐亭建县之始，至今1600余年历史。宋代至民国之初，盐亭属潼川府。民国二年（1913年），废府置道，盐亭属四川省嘉陵道。民国十年（1921年）以后，盐亭实受军阀田颂尧直辖。民国二十四年（1935年）三月，属四川省第十二行政督察区遂宁专员公署管辖。

中华人民共和国成立初期，盐亭县属川北行政区遂宁专区。1958年9月，遂宁专区并入绵阳专区后，盐亭县属绵阳专区。1968年，绵阳专区改为绵阳地区，盐亭县属绵阳地区。1985年5月，撤销绵阳地区，建立地级绵阳市后，盐亭县属绵阳市。1995年10月，恢复宗海、两岔河等10个乡，全县设置14个镇、22个乡。2016年11月，行政区划调整为1个经济开发区、14个镇、18个乡、1个民族乡和2个街道。2019年12月，盐亭县行政区划调整为1个经济开发区、1个街道、14个镇、1个乡和1个民族乡。

重要资源

动植物资源。辖区野生动物主要由亚热带农田动物群组成，常见野生动物有17目32科86种，有猫头鹰、高山秃鹫、红腹锦鸡等国家二级保护动物，

● 莲花湖水库（中共盐亭县委宣传部 提供）

鹭科鸟类5万余只，国家保护的有益或有重要经济、科研价值的野生动物68种。属亚热带常绿阔叶林区、川中方山丘陵植被小区，森林资源种类丰富，有乔木树种46科200余种，灌木树种20科35种，主要是柏木、核桃、花椒等。全县森林面积约117.24万亩，森林覆盖率达49.63%。

水资源。属涪江水系，大小江河溪流共46条，以梓江为骨架呈不对称羽毛状分布。梓江流域面积1190.8平方千米，年均径流量16.7亿立方米。全年地表水供水量13383.31万立方米，地下水供水量43.35万立方米，供水总量13426.66万立方米，其中工业用水591.45万立方米，农业用水9485.61万立方米，生活用水3299.6万立方米，生态环境用水50万立方米。

矿产资源。盐亭是为数不多的非金属矿产地，矿种分布零星，已发现有膨润土、页岩、盐卤等10个矿种。县内有矿床、矿（化）点60余处、油气井20余处，位于太和含气区和金秋气田核心建产区，天然气资源极其丰富，开发潜力巨大，是四川省天然气增储上产的主阵地之一。天然气主要是致密气和常规气，致密气位于地下2000～3000米，分布在沙溪庙组、须家河组，资源面积和资源储量占川中核心建产区的1/5。常规气位于地下6000～8000米，分布在茅口组、沧浪铺组、灯影组，灯四气藏资源量4000亿立方米，占太和含气区灯四气藏资源量的1/4。共开钻常规气井2口，致密气井10口，还将部署10余口致密气井。

基础设施

市政公共服务设施。县城规划区面积38.14平方千米，建成区面积19.8平方千米，水、电、气、污水管网及污水处理设施齐全；已开行公交线路10条，运营里程221千米；有幼儿园、中小学以及特殊教育学校113所，其中省级示范性普通高中1所；有各类医疗卫生机构649个，其中三级乙等医院1家、二级甲等医院3家；有社会福利机构40个，其中公办福利院36个，民办养老机构4个。

交通设施。盐亭位于成都东北，绵阳东南，毗邻遂宁市、南充市，是成渝地区双城经济圈、成德绵经济带的重要交通节点。成巴高速、绵西高速形成双通道高速公路交通主骨架，国道G245、省道S413、省道S306、绵盐快速通道贯穿全境，全县等级公路里程突破2500千米，乡镇及行政村客运班车通达率达到100%。

水利设施。已建水库工程主要有：中型水库1座（莲花湖水库），小（Ⅰ）型水库10座，小（Ⅱ）型水库171座。水库工程现状供水能力3952立方米。全县现有山平塘4476口，设计总蓄水量2270万立方米，有效灌溉面积6.08万亩；石河堰1387道，蓄水量1078万立方米，有效灌溉面积3.27万亩。武引一期盐亭县灌区工程有主要渠道5条72.45千米；有过境渠道4条10.512千米。辖区建成的干、支、斗渠全长82.962千米，可灌溉高渠、巨龙、玉龙、鹅溪镇4个乡镇的6.02万亩农田。

商贸设施。中心城区商业综合服务功能完善，农村商贸服务中心服务功能增强，城区望江楼、辰东等专业市场有序运行，外滩特色商业街、中央天街特色商业街服务功能基本形成，各类超市、连锁店、便利店等800余家，遍布城乡，极大地满足了社区和村社群众生活需求。

主要产业

第一产业。农业转型升级步伐加快，"9+1"现代农业园区整体成势，现有省级农业园区1个、市级农业园区 4 个。水产、畜禽、柑橘、藤椒四大农业主导产业规模持续壮大，梓江鳜鱼、大兴黄牛、天府肉羊、蛋种鸡等优势种业蓬勃发展，150 万头新希望生猪全产业链、凤集全自动蛋种鸡等龙头项目加快推进，成功打造"嫘之味"农产品区域公用品牌，现有国家地理标志产品 2 个、国家地理标志证明商标 3 个。

第二产业。工业发展蓄势突破，能源化工、生物医药、绿色食品三大主导产业集聚发展，初步形成"一区多园"发展格局。县辖区有致密气及常规气资源量约 1.2 万亿立方米，落实"双碳"战略，县委十四届四次全会提出"加快建设能源化工产业集群，推动县域经济高质量发展的决定"，2022 年年产能首次突破 10 亿立方米，天然气年产量实现翻番、达到 7.4 亿立方米，蓬深 6 井刷新亚洲最深直井纪录、达 9026 米，省级化工园区申报顺利推进、即将获批，绵阳锂源、熔增环保、格润中天等项目投产达效，晋升省级"专精特新"企业 2 家，新增国家高新技术企业 3 家，新增规模以上工业企业 6 家，总量达到 37 家，工业规模持续壮大、质量循序提升。

第三产业。深入实施服务业"114 工程"：围绕"推动三次产业融合发展"这一中心，锚定服务业增加值突破 100 亿大关目标，大力发展"文化旅游、健康养老、商贸流通、现代物流"四大主导产业。市场主体扩大到 2.5 万余户，嫘祖圣境、嫘祖陵景区、西部写生创作基地等重点文旅项目加快建设，大力实施嫘祖文化品牌战略，嫘祖蚕桑生产系统入选第四批中国重要农业文化遗产，"千年古县""中国华侨国际文化交流基地""中国民间文化艺术之乡"等殊荣落户盐亭。"绵品出川"实现本土产品订单超 8000 万元，成功入选全省"首批县域商业建设行动示范县"。2022 年，三次产业结构占比为 22.4：28.1：49.5。

文旅品牌

华夏母亲嫘祖国家纪念公园。嫘祖陵位于嫘祖镇青龙山，距县城 42 千米。远在秦汉以前，嫘祖陵就已建成，是人们思古怀亲、追忆祭祀嫘祖的地方。恢复重建的嫘祖陵为八卦形，以山为陵，外露三方，内藏五方，属中华女祖第一陵。

嫘祖圣境。项目秉承"文化为魂、景观塑形、业态复合、功能健全"理念，以嫘祖文化为主题，整合区域旅游资源和旅游市场，打造一个集古蜀文化体验、美食畅享、时尚休闲、民俗风情、潮流娱乐、康养度假等多功能于一体的文旅古镇。项目建成投产后预计可实现年接待游客 200 万人次，年缴税收 5000 万元，提供就业岗位 1500 个。将成为盐亭的文化旅游龙头和新引擎，成为绵阳市文化旅游新名片。

高山森林公园。位于云溪镇，由负戴山、凤凰山国有林地与嫘祖草堂等组成，森林覆盖率达 99.98%。山势雄峻，草木茂盛，唐时已有盛名。杜甫赞曰："马首见盐亭，高山拥县青。"历代多有文人隐居于此，古迹众多，有杜甫居住过的昙云庵、唐代宰相严震墓和纪念文同的文湖州祠。

文同诗竹园。永泰镇文同村是北宋清贫太守、诗书画大家、辞赋家、成语"胸有成竹"的主人公文同的出生地和归葬地。文同的形象被后人概括为务实文同、清廉文同、为民文同、大师文同，留下了宝贵的精神财富。文同诗竹园规划面积 1000 余亩，以"文同文化""诗韵""竹趣""生态养生"为特色，打造省级廉洁文化基地和县文旅深度融合示范项目，是集开展廉政文化教育和休闲娱乐为一体的重要基地。

字库塔。四川叫"字库"或"惜字宫"，亦称"敬字亭""惜字塔""焚字炉"等，是古人专门用来焚烧字纸的建筑。盐亭字库塔群，是位于县辖区 16 个

● 华夏母亲嫘祖国家纪念公园（中共盐亭县委宣传部 提供）

● 嫘祖祭祀（中共盐亭县委宣传部 提供）

● 高山森林公园（中共盐亭县委宣传部 提供）

乡镇的32座字库塔的总称，代表着盐亭县独特的文化底蕴。字库塔或朴实无华，或精巧俊秀，或威武古拙，融入"天人合一"的建筑理念，是盐亭宝贵的文化遗产。

风味美食

盐亭母猪壳。学名鳜鱼，生长于盐亭辖区梓江石缝岩龛无污染的水中，富含蛋白质、钙、磷、铁、核黄素、烟酸等营养物质，肉质细嫩丰满，肥厚鲜美，与黄河鲤鱼、松花江四鳃鲈鱼、兴凯湖大白鱼齐名，被誉为我国"四大淡水名鱼"。

火烧馍。起源于嫘祖时代的火烧面团，因用火烧制而得名。后世的盐亭回族人在其中加入发酵面，拌上花椒面和适量精盐，搓揉成条形后盘成螺旋结，擀成饼状，放上少量芝麻，上锅烘炕，当两面炕到七八分熟时起锅，放入灶膛内进行烧烤，待表层变黄时取出，此时的火烧馍浓香扑鼻，松酥、香脆，回味无穷。

发展定位

实施"产业强县、开放兴县、文旅活县"战略，建设成渝地区生态经济强县，全面建设社会主义现代化盐亭。

发展目标

"十四五"期间目标。县域经济保持较快增长，2026年地区生产总值总量达到300亿元；全社会固定资产投资累计达到400亿元以上；财政收入增速与经济增速基本同步；一般公共预算收入达到6.4亿元，税收占比达到56%以上；民营经济增加值突破180亿元，占地区生产总值比重达到60%以上；城镇、农村居民人均可支配收入年均分别增长8%和9%。

2035年远景目标。基本实现社会主义现代化。经济实力大幅跃升，科技贡献率显著提高，基本建成现代产业体系，经济总量和城乡居民收入迈上新台阶。生态环境更加宜居，广泛形成绿色生产生活方式。城乡发展差距和居民生活水平差距显著缩小。社会事业发展水平显著提升，基本公共服务实现均等化，社会文明程度达到新高度，人民生活更加美好，全面发展、共同富裕取得更为明显的实质性进展。治理体系和治理能力现代化基本实现，平安盐亭建设达到更高水平。

（撰稿：何谢东 蔡艺贤 审稿：黄勇 王凤）

遂宁市

基本情况

遂宁市是成渝地区双城经济圈和成都平原经济区的重要组成部分，辖船山（含国家级经济技术开发区、河东新区、高新区三个独立核算园区）、安居两区，射洪市，蓬溪、大英两县，75个乡镇、20个街道办事处，辖区面积5325平方千米。截至2022年底，全市户籍人口为354.4万人、常住人口277.2万人。遂宁历史悠久，历为巴蜀交会处政治、经济、文化中心，孕育了陈子昂、王灼、黄峨、张鹏翮、张问陶等一批英才俊杰，有"东川巨邑""川中重镇""文贤之邦"之称。遂宁是联动成渝的重要门户枢纽，与成都、重庆等距128千米，具有突出的区位优势；是成渝发展主轴绿色经济强市，正在加快建设成渝中部现代化建设示范市和锂电之都。2022年，实现地区生产总值1614.47亿元。

遂宁市已经成功创建全国文明城市、全国"双拥"模范城市、国家卫生城市、中国优秀旅游城市、全国首批绿色出行城市、国家园林城市、中国十佳宜居城市、全国社会治安综合治理优秀城市、全国水生态文明城市等数十张"城市名片"，荣获全国社会治安综合治理工作最高奖项"长安杯"。遂宁是西部唯一国家首批海绵城市建设试点地级市，是中国十大最具投资价值城市，在成渝地区双城经济圈建设中面临重要战略机遇，发展前景十分广阔。

地理位置。地处四川盆地中部，涪江中游，地理坐标位于东经105°03′～105°59′，北纬30°10′～31°10′之间。东邻重庆、广安、南充，西连成都，南接内江、资阳，北靠德阳、绵阳，与成都、重庆呈等距三角。

地形地貌。属四川盆地中部丘陵低山地区，地质构造简单，褶皱平缓。全境岩层，下部以石灰岩为主，上部以紫红色沙土、泥岩为主，故遂宁地区又被称为"红土地"。

气候特征。市地处亚洲季风区，属四川盆地亚热带湿润季风气候。气候温和，雨量充沛，四季分明，季风气候显著。年平均降雨量887.3～927.6毫米。

历史沿革

东晋永和三年（347年），东晋大将桓温平蜀后，罢德阳郡，并于德阳县东南境（今遂宁市城区）析置遂宁郡，取"息乱安宁"之意，"遂宁"之名自此始。在1600余年的历史沧桑演进中，"遂宁"这个名称或用或改，遂宁的"级别"或升或降，遂宁的辖区

● 遂宁市鸟瞰图（李四海 拍摄）

或大或小，但以遂宁城为郡、州、府、县治所一直未改变，足见人们对遂宁这块土地的厚爱。也因此成为川中重镇和政治、经济、文化中心。

南北朝至宋元时期，市境内先后设置或更名石山郡、小溪县、方义县、遂州、遂州总管府、遂州总督府、武信军节度使，辖区常有三五县。辖区最大时期当数唐末，在遂州设的武信军节度使，管辖遂(遂宁)、昌(隆昌)、合(合川)、渝(重庆)、泸(泸州)五州。自明朝开始，遂宁降州为县，先后隶属潼川府(治所在今三台县)、嘉陵道(治所在今南充市)。1935年，国民政府将四川划为18个行政督察区，在遂宁置四川第十二行政督察区，设专员公署，辖遂宁、安岳、中江、三台、射洪、盐亭、蓬溪、潼南、乐至9县，专员公署、县治所均设在今市城区。新中国成立后，置川北行政区遂宁分区，1952年改为遂宁专区，治所未变，仍辖上述各县。1958年，撤专区留县，遂宁并入绵阳专区。1985年2月，遂宁撤县，建为省辖市，管辖市中区(原遂宁县)、蓬溪县和射洪县。1997年10月，设立大英县，县治所设在蓬莱镇。遂宁市辖一区三县，即市中区、蓬溪县、射洪县、大英县。2003年12月，分市中区设船山区、安居区(治所设在安居镇)。遂宁市所辖为二区三县，即船山区、安居区、蓬溪县、射洪县、大英县。2019年8月，撤销射洪县，设立射洪市(县级市)。至此，遂宁市所辖为二区一市二县，即船山区、安居区、射洪市、蓬溪县、大英县。

重要资源

*矿产资源。*储量较多的矿藏主要有石油、天然气、盐、沙金、石灰石等，其中天然气和盐卤资源

最为丰富。遂宁磨溪气田已探明的天然气可开采储量4403亿立方米，技术可开采储量为3082亿立方米，日产天然气2400万~2700万立方米，是四川省大型气田之一。盐卤地质储量为42亿多吨。

水资源。境内流域面积在100平方千米以上的河流有涪江、琼江、郪江、梓江等15条。涪江全长776千米，流经遂宁境内的有171千米。涪江支流呈树枝状分布，境内流域面积5085.9平方千米，占全市面积的95.51%。在干流上已建有金华、螺丝池、打鼓滩、龙凤、小白塔、过军渡、白禅寺等中小型水电站。

生物资源。境内发现并利用的生物资源有1500余个品种或品系，其中植物资源1000余种，农作物栽培品种300余个。盛产粮、棉、油、果、桑、蔗等，是四川粮食、棉花、油料、生猪、水果、蔬菜、中药材的重要生产基地。船山区因盛产菊花芯白芷而成为全国有名的"白芷之乡"。大英县河边镇所产的"白柠檬"，品质优良，为国内独有之物。

遂宁属亚热带常绿阔叶林区，森林覆盖面积31.6%，是全省第一个绿化达标市。林木品种437种，其中有不少是国家保护植物和珍稀树木。

教体资源。遂宁市现有高等院校（校区）9个，基础教育学校（含幼儿园）786个，中等职业教育学校10个。区域职业教育中心建设加快，13个建设项目累计投资超150亿元；四川师范大学遂宁校区项目落地，本科院校实现"零"的突破。在全省率先召开市委教师发展大会，设立"遂宁市关爱教师专项基金"，强师惠师力度空前；成遂教育合作深入推进，成功争取到成都石室中学领办遂宁中学高新学校；遂潼教育一体化成效显著，工作经验被CCTV-13等国家级媒体专题报道推广。

遂宁市体育事业发展特色多元。建成卡丁车赛车场、顺邦体育文创公园，全市人均体育场地面积达到2.33平方米。遂宁观音湖运动休闲旅游度假区入选"2022年四川省体育旅游示范基地认定名单"。遂宁市女子排球夺得"三大球"四川省城市联赛女子排球比赛第三名。在省十四运会上斩获奖牌110枚。成功举办2023年中国龙舟公开赛（四川·遂宁站）、2022中国全民健身走（跑）大赛（四川·射洪站）等高水平赛事。

文旅资源。遂宁市共有国家综合档案馆6个，城建档案馆1个，公共图书馆7个，文化馆6个，美术馆6个，博物馆3个，纪念馆1个，乡镇（街道）综合文化站124个。广播电视台6座，有线广播电视光缆到乡镇、村、社区的通达率100%，覆盖全市96万余户。

2007年12月5日，遂宁市被正式命名为"中国优秀旅游城市"。作为全省文旅融合先行区，遂宁高举创意旅游大旗，深挖历史文化底蕴，打造出一大批知名文旅品牌。其中天府旅游名县命名县1个、候选县2个，省级全域旅游示范区3个，省级旅游强县2个，省级乡村旅游强县2个；国家级夜间文化和旅游消费集聚区1个，4A级旅游景区11个，省级旅游度假区2个；省级工业旅游示范基地1个、省级体育旅游示范基地1个、省级中医药健康旅游示范基地2个；国家乙级旅游民宿1家、星级旅游饭店14家、省星级农家乐/乡村酒店57家；全国乡村旅游重点村2个、天府旅游名村2个、省级乡村旅游重点村12个、市级乡村旅游重点村20个；遂宁市将按照"两核三区两环"文旅发展总体布局，加强文化和旅游资源保护利用，加快打造养心文旅名城和区域文旅康体中心，推进红色文化与现代农业、非遗资源等有机融合，增强旷继勋纪念馆、蓬溪起义牛角沟遗址、伍先华旧居、3536三线城、象山书院等红色景区景点的品牌效应，不断提升遂宁文化旅游产业的核心竞争力。

卫健资源。遂宁市紧紧围绕"不断满足人民群众的健康需求"总体目标，坚定实施健康中国战略，妥善处置突发疫情，不断完善城乡三级医疗卫生服务体系，公共卫生服务水平稳步提升，城乡居民健康水平显著提高，基本实现城市15分钟、农村30分钟就医目标，人民群众获得更多健康实惠。2020年7月29日，被正式命名为"国家卫生城市"；2018年、2020年先后两次荣获"无偿献血先进市"称号。

2022年，遂宁市有各级各类卫生机构3790个，编制床位15486张，开放床位21578张，卫生技术人员20921人，执业（助理）医师8486人，注册护士（师）9055人。每千人口床位7.75张、卫生技术人员7.51人、执业（助理）医师3.05人、注册护士3.25人，为巩固"国家卫生城市"殊荣提供了资源保障。

基础设施

交通建设。全市公路总里程达到13952千米，路网密度跃居全省第一。成南高速扩容加快建设，遂德高速公路建成通车，高速公路"1环9射"达386千米，实现东西南北四向高速连接，构建了至成渝及周边城市90分钟交通圈。规划建设"7向19线"铁路网络，建成铁路"3向7线"243千米，成达万高铁加快建设，绵遂内铁路绵遂段将于2023年内控制性工程开工，渝遂城际铁路列入国家相关规划。涪江复航工程加快推进。遂宁安居通用机场已全面完工，试飞成功。遂宁民用机场前期立项工作加快推进，2023年2月28日至3月2日，国家发改委委托中国民航工程咨询有限公司开展了项目预可研评估。

遂潼运输一体化稳步推进。签订《遂宁潼南交通运输服务一体化合作协议》《成渝地区双城经济圈运输服务一体化发展合作备忘录》，率先在全省有序开通川渝地区首条跨省公交安居磨溪—潼南双江、遂宁—潼南省际商务定制快客、安居—潼南崇龛跨省农村客运"金通工程"，为两地群众出行、来往交流提供便利。全域推进乡村运输"金通工程"，提档升级"四统一"标准，打造"美丽、幸福、平安、智慧"乡村运输新模式。射洪市、蓬溪县成功创建全省首批"金通工程"样板县（市）。2022年1月23日，遂宁市被交通运输部、财政部、农业农村部、国家乡村振兴局评为"'四好农村路'建设市域突出单位"。

城市建设。遂宁市始终秉持"生态优先、绿色发展"理念，走出了一条具有遂宁特色的绿色崛起之路，海绵城市从"全国试点"走向"全国示范"，先后获得20余张城市名片，城镇棚户区改造工作获国务院表彰，《遂宁市海绵城市建设管理条例》作为全国第三部、西部第一部海绵城市专项地方法规已正式实施。

遂宁市城市公园总数达到70个，中心城区建成区绿化覆盖率达到42.62%、绿地率37.8%，人均公园绿地面积15.72平方米。建设18个片区中心镇和10个片区副中心镇，已成功创建2个省级"百强中心镇"，命名8个市级"重点中心镇"，绿色城镇建设成效显著。全域推进海绵城市建设，全市海绵城市累计完工面积60.38平方千米，占城市建成区面积比例达37.75%；市中心城区海绵城市累计完工面积36.6平方千米，占城市建成区面积比例达40.89%，央视《聚焦先锋榜》栏目、《人民日报》头版头条对遂宁市海绵城市建设成果进行专题宣传报道，海绵城市建设形成示范样板。唐家渡电航下闸蓄水后，城区水域面积将达到30平方千米，加快打造全国知名的"西部水都"。遂州绿道累计长度达800千米，初步形成"两环两山两河"的主干网络。

实施城市更新行动，基本建成全市城市生活垃圾收转运体系。城市生活垃圾无害化处理率达100%，全市城镇污水和城乡垃圾处理设施实现全覆盖。加强城市饮用水源保护，建成城市饮用水备用水源工程，成为全省第一个拥有双饮用水源的城市。构建起"外江内河耦合，大小系统衔接，蓄截疏排联动，海绵示范引领"的排水防涝系统和"一江七河"的防洪体系。

坚持民生优先，厚植和谐遂宁土壤。完成棚户区改造、公共租赁住房建设、老旧小区改造、农村危房改造目标任务。城镇老旧小区改造、保障性租赁住房经验做法入选全国可复制政策机制清单。

城市管理坚持"以人民为中心"的发展思想，对照"城市管理应该像绣花一样精细"标准和"严格规范公正文明执法"要求，积极开展"城市治理精细化、城管执法规范化、数字城管智慧化、执法队伍高素质专业化"四大对标行动和城市管理领域专项整治，取得显著成效。2022年底，被人力资源社会保障部、住房城乡建设部联合表彰为"全国住房和城乡建设系统先进集体"。

主要产业

锂电产业加速突破。全市拥有锂电产业链企业60家（其中规模以上企业24家），初步形成了以射洪市、安居区、蓬溪县3个专业化园区为基础，以遂宁经开区和遂宁高新区为重点，其他地区因地制宜的"三园一区、全域配套"的集聚发展格局，构建了全生命周期产业链，被中国有色金属工业协会授予"锂业之都"称号，成功入列工业和信息化部中小企业特色产业集群和全省首批特色优势产业试点、战略性新兴产业集群。

能源化工产业转型发展。全市拥有能源化工规模以上企业78家，被列为全省重点发展的八大千亿绿色化工产业基地之一，核心园区安居化工园区、大英红旗化工园区、射洪锂电化工园区被认定为省级专业化工园区；积极融入川渝天然气千亿方产能基地建设，有序推进川能投储气调峰项目，加速布局天然气发电和天然气精细化工，全力构建"能源开采、储气调峰、就地转化"体系。

电子信息产业集聚成势。全市拥有电子信息企业近200家（其中规模以上企业87家），已形成集模具、引线框架、二三极管、PCB制造和芯片生产、集成电路封装测试、LED生产及电视、通信设备等为一体的关联性强、连接度高、相对完整的产业链条和电子元器件、电子电路、集成电路、半导体照明等相对完整的特色产业体系，初步建成西部电子电路、电子元器件、半导体照明三大制造中心。

绿色食品产业多点开花。全市拥有绿色食品规模以上企业85家，形成了以高金公司为龙头的预制菜产业、以美宁公司为龙头的罐头制造业、以沱牌舍得为龙头的白酒产业、以喜之郎为龙头的休闲食品产业，荣获"中国肉类罐头之都""中国白酒之乡"称号。

装备制造产业提档升级。全市拥有装备制造规模以上企业88家，在汽车及零部件制造、工程机械、节能环保装备、电线电缆及电工电器等领域形成多向发展态势，正着力打造成渝地区重要的装备制造产业基地。

智能家居产业特色明显。全市拥有智能家居规模以上企业110家，重点发展以智能家电、智能家纺、智能家具、智能门业等相关产业为主的产业集群，荣获"中国门都"称号，成为西部地区有名的智能家居产业集中区。

文旅品牌

中国观音故里旅游区。国家4A级旅游景区，景区内灵泉寺、广德寺为观音朝觐圣地，分别位于市河东新区和遂宁经开区。灵泉寺依山而建，山顶有一泉，色碧味甘，终年不溢不涸，故名"灵泉"。

广德寺是全国重点文物保护单位，始建于唐朝，曾受历代帝王11次敕封，被尊为"西来第一禅林"。寺内珍藏大量珍贵文物，宋明玉印、善济塔、九龙碑、圣旨坊、缅甸玉佛为五大镇寺之宝。

中国死海旅游度假区。国家4A级旅游景区，位于大英县，主要有室内漂浮、健康盐疗、水上休闲娱乐等体验项目。荣获首批"国家旅游名片""中

● 中国观音故里旅游区——灵泉寺景区（李四海 拍摄）

● 中国观音故里旅游区——广德寺景区（岳冰松 拍摄）

● 中国死海旅游度假区（岳冰松 拍摄）

● 子昂故里文化旅游区（岳冰松 拍摄）

国十大特色休闲基地""中国旅游文化创新示范景区"等多项荣誉证书。

子昂故里文化旅游区。国家4A级旅游景区，位于射洪市金华山，有古镇、古庙、古城墙、古树、古戏台的"五古文化"。开初唐一代诗风的著名诗人陈子昂少时读书台静置于此，为国家重点文物保护单位。金华山因"山贵重而华美"得名，有"天下无双景，人间第一山"的美誉。杜甫等著名诗人曾来此拜谒陈子昂，并留下诸多墨宝。

观音湖湿地公园旅游景区。国家4A级旅游景区，位于市河东新区，有生态湿地、爱情栈道、观光摩天轮、佛手塔、许愿钟、白象广场等文化景点50余处，是集绿色、生态、文化、经济、休闲为一体的滨水观光中心、绿色生态走廊。

高峰山景区。国家4A级旅游景区，位于蓬溪县文井镇。高峰山道观始建于初唐，重建于清末，极盛于民国，现存建筑群属清代至民国初年建筑，按先天八卦设计修建，5200多平方米的建筑有大小门400多道，故有"川北迷宫"之称。

海龙凯歌景区。国家4A级旅游景区，位于安居区常理镇海龙村。景区以海龙村优越的自然生态为本底，充分挖掘当地大办沼气经验受到各地广泛学习的历史，融合文、农、旅三大产业元素，打造共富之园、凯歌公社、幸福乡村三大组团，是一个地方特色鲜明、地域优势明显、规模效益突出的综合实践基地。

四川宋瓷博物馆。位于遂宁市河东新区，博物馆有馆藏文物10100件，其中国家一级文物31件、二级文物342件、三级文物1063件。主要展品为南宋末年瓷器窖藏，包括龙泉青瓷荷叶盖罐、龙耳簋式炉、景德镇青白瓷梅瓶等，其镇馆之宝"荷叶盖罐"被尊称三大国宝之一，为全球孤品。

还有中华侏罗纪探秘旅游区、世界荷花博览园、沱牌舍得文化旅游区、七彩明珠景区和龙凤古镇景区等国家4A级旅游景区。

风味美食

遂宁市商务局牵头组织市市场监督管理局、市文广旅游局等有关部门分别开展了以"香约遂宁·膳在蜀中"为主题的遂宁市"十大名菜"和"遂宁名宴"评选活动。先后于2018年、2019年分别评选出"半筋半牛肉""干烧鲶鱼头""遂州红苕圆

● 观音湖湿地公园旅游景区（钟敏 拍摄）

● 高峰山景区（岳冰松 拍摄）

● 遂宁市文化中心——四川宋瓷博物馆外景（岳冰松 拍摄）

子""青豆肥肠""荷花藕泥""灵芝白苕丸""高压回锅肉""裕宗椒盐肘子""青花椒黑鱼""特色红苕丸子"为遂宁"十大名菜"和"永正生态桃鸭宴""荷花宴""陶德砂锅宴""清真麦地纳全牛宴""遂州宴""涪江全鱼宴""观音素食宴""贤名宴""卓筒宴""蓬溪西湖鱼宴"为"遂宁十大名宴"。2021年,"青豆肥肠""遂州红苕圆子""灵芝白苕丸""半筋半牛肉""射洪手撕牛肉"被评为省级"天府名菜"。

发展定位

总体发展定位。坚定以习近平新时代中国特色社会主义思想为指导,认真贯彻四川省委"总牵引""总抓手""总思路",紧紧围绕"1336"总体工作思路,以"产城共兴、城乡共富、区域共进"为着力重点,奋力筑"三城"(筑绿色智造名城、生态公园名城、养心文旅名城)、兴"三都"(兴西部水都、东方气都、锂电之都)、加速打造"成渝之星",加快建设成渝中部现代化建设示范市和锂电之都。

城市发展定位。奋力推进"成渝之心"向"成渝之星"的战略位势之变,奋力推进"要素驱动"向"创新驱动"的发展动能之变,共建成渝地区具有重要影响力的科技创新中心和"产学研创"融合发展示范区。奋力推进"川中腹地"向"遂心福地"的气质格局之变,加快区域医学医疗中心、职业教育中心、文旅康体中心和陆港型国家物流枢纽"三中心一枢纽"建设,打造"近者悦、远者来、居者安"之城。

产业发展定位。推动第一产业夯基固本,突出全生态链布局、全产业链开发、全价值链提升。推动第二产业起势腾飞,努力培育生物医药、节能环保、先进材料三大新兴产业"三管齐下"。推动第三产业量质齐升,做优"大文旅"产业,做强"大物流"产业,做实"大数据"产业。

发展目标

"十四五"时期发展目标:全力实现"四高一升位""三缩小一优化"目标,即地区生产总值、一般公共预算收入、全社会固定资产投资、城乡居民人均可支配收入增速高于全省平均水平,经济总量提档升位;人均地区生产总值、财政收入占地区生产总值比重、常住人口城镇化率与全省平均水平差距持续缩小,经济结构更加优化。重点推动综合实力显著增强、财税收入显著提高、产业结构显著优化、经济活力显著增强、新兴动能显著增强、城市能级显著提升、生态环境显著改善、居民收入显著提高。

2035年远景目标:基本实现社会主义现代化,在成渝地区双城经济圈建设中实现中部崛起,建成成渝地区区域性中心城市,成为展示国家重大区域发展战略成果的重要窗口。遂潼一体化发展格局更加成熟,成为全国跨省新区建设典范。现代产业体系更加完善,基本建成具有世界影响力的锂电之都,成为成渝地区制造业区域中心、成渝"双核"配套中心,建成成渝中部现代化建设示范市。交通强市基本建成,国家物流枢纽功能充分发挥,成为联动成渝的重要门户枢纽。科技创新成为经济增长的主要动力,建成现代产业创新城、成渝地区创业之都。乡村振兴取得决定性进展,城乡形态和谐秀美,建成西部地区"两山"理论样板区、文化旅游康养胜地和中国休闲度假一线城市、更具韧性的高品质绿色宜居幸福之城。社会治理制度体系更加完善,建成区域医学医疗中心、职业教育中心和文旅康体中心。

(撰写:段继教 审稿:任惠兰 王勇 杨敏)

01 船山区

基本情况

遂宁市船山区位于四川盆地中部,介于东经105°03′~106°59′,北纬30°10′~31°10′之间。东邻南充,西连成都,南接重庆,北靠绵阳,是遂宁市的政治、经济、文化中心。区政府驻地位于嘉禾东路55号。2003年,经国务院批准设立县级行政区。全区辖区面积616平方千米(含托管区,下同),辖9镇1乡14个街道,124个居民委员会,123个村民委员会。截至2022年,船山区常住人口83.80万人。拥有"全国文明城市""国家卫生城市""中国优秀旅游城市"和"中国观音文化之乡"等10多张城市名片,有"慈善之都"的美誉。

船山自东晋置县1660多年来,历为郡、府、州、县、专署治所,素有"东川巨邑""川中重镇"之称。境内拥有中国唯一的宋瓷博物馆、龙凤古镇、世界荷花博览园、九莲洲城市生态湿地公园、永和家园、千年古刹灵泉寺、皇家禅林广德寺等一批国际国内知名的自然人文景观。灵性的山水、灿烂的文化、悠远的文明,孕育出了明代大学士席书、清代名相张鹏翮、近代著名翻译家敬隐渔等一批名贤雅士。

历史沿革

建置沿革。船山区历史悠久。夏商时期,全国划为九州,遂宁县境(指今遂宁市船山区、安居区和重庆市潼南县境)属梁州管辖。春秋初年,遂宁县境属蜀国管辖,秦统一后为蜀郡所辖。东汉末年(220年),置德阳县,治所在今船山城区内。蜀汉建兴二年(224年),分广汉郡四县置东广汉郡,今船山区属东广汉郡。西晋后期(约303年),李雄起义建立成汉国,置德阳郡,辖德阳县,郡、县治所仍在今船山城区内。南北朝至宋元时期,今船山区境先后隶属石山郡、小溪县、方义县、遂州、遂州总管府、遂州总督府、武信军节度使。明洪武九年(1376年),降遂宁州为遂宁县(治今船山区),隶属潼川州。清顺治十七年(1660年),复置遂宁县,治所仍设今船山区。民国二十四年(1935年)直至民国三十八年(1949年),今船山区境属四川省第十二行政督察区遂宁县。

新中国成立后,1950年1月,置遂宁县,今船山区境隶属川北区行署遂宁分区。1952年9月,撤销川北区行署,今船山区境隶属四川省遂宁专区。1958年10月,并遂宁专区入绵阳专区,遂宁县改隶属四川省绵阳专区。1985年2月,撤销绵阳地区,分设绵阳、广元、遂宁三个省辖市。同年5月，改遂宁县置遂宁市市中区。2003年12月18日，撤销遂宁市市中区，以原市中区的行政区域设立遂宁市船山区和安居区。

行政区划。2003年12月18日，船山区辖原市中区的9个街道（高升街、南津路、凯旋路、镇江寺、介福路、育才路、富源路、广德、嘉禾），7个镇（桂花、新桥、南强、复桥、仁里、永兴、河沙），5个乡（唐家、北固、西宁、保升、老池）。区政府驻北辰街。

2008年，船山区辖13个街道（广德、灵泉、慈音、九莲、龙坪、嘉禾、凯旋路、高升街、育才路、南津路、介福路、富源路、镇江寺），7个镇（南强、复桥、永兴、仁里、河沙、新桥、桂花），5个乡（北固、保升、唐家、老池、西宁）。

2010年12月，船山区南强镇更名为龙凤镇。

2019年，乡镇行政区划调整，船山区辖14个街道（广德、灵泉、慈音、九莲、南强、嘉禾、凯旋路、杨渡、西宁街道、育才路、南津路、介福路、富源路、镇江寺），9个镇（保升、桂花、永兴、河沙、仁里、龙凤、老池、新桥、北固），1个乡（唐家乡）。撤销复桥镇，将其所属行政区域划归龙凤镇管辖；撤销老池乡，设立老池镇，以原老池乡所属行政区域为老池镇的行政区域；撤销高升街街道，将原高升街街道所属行政区域划归镇江寺街道、凯旋路街道管辖。

重要资源

矿产资源。矿产资源可供开发利用的包括石油、天然气、盐卤、沙金、页岩、砂石等矿藏，其中盐卤资源集中分布在桂花等乡镇，石油资源主要分布在桂花镇等地，页岩矿资源主要分布在老池、龙凤等乡镇。

生物资源。生物资源主要有脊椎动物约237种，鱼类资源达89种。珍稀动物如鱼类中华鲟、胭脂鱼、岩原鲤、长吻鱼等，两栖动物中的大鲵，哺乳动物中的水獭；粮食作物以水稻、小麦、玉米、高粱、红苕为主；经济作物有棉花、油菜、花生、芝麻、甘蔗等。

旅游资源。船山佛教文化源远流长，脉贯古今，总领西南，境内有被称为皇家禅林的广德寺和观音故里的灵泉寺，有被称为"国之瑰宝"的宋瓷文物和"观音老家"龙凤古镇。船山区精心打造观音湖休闲旅游度假、永和家园和九莲洲城市生态湿地公园等一批现代生态旅游景区，争创天府旅游名县。深入挖掘"水·荷花·宋瓷"核心资源，文旅产业发展取得显著成效，先后成功创建全国休闲农业和乡村旅游示范区、全省旅游强区，龙凤镇被评为全省首批文化旅游特色小镇。

基础设施

地处成渝腹心，与成都、重庆等距128千米，是成渝之间重要黄金节点城市，90分钟经济圈覆盖成渝两大城市在内的37座城市，是四川重要次级综合交通枢纽，国家"一带一路"重要通道，全国物流重要节点城市。建成3向7线铁路和1环9射高速公路，国道318线穿境而过，渝成遂、遂成绵两个交通循环圈交汇于此，形成水陆相连、空地一体、便捷高效、内畅外达的现代立体交通运输体系。是四川第二大交通枢纽、四川通往东西南北的快速通道。

主要产业

工业。以电子信息、装备制造两大主导产业为引领，重点发展数字经济，大力发展锂电及配套、循环经济、服装、食品加工等多样化产业，构建"2+1+N"新型产业体系，打造具有区域竞争力的高端绿色产业集群，形成"一城三园"（龙凤新城、电子信息产业园、锂能产业园、循环经济产业园）的产业布局结构。已聚集利和科技、遂芯微、睿杰鑫电子、龙裕天凌、万业兴电子、汇鼎电子、健坤精密刀具、立业锂能、川能能源、文远生物等重点企业。截至2022年底，全区规模以上工业企业27家，累计实现产值25.17亿元，同比增长9.67%，累计实现规模以上企业工业增加值增速8.8%，全市并列第三；工业投资增长8.4%，工业技改投资增长22.7%；全年工业用电量达1.09亿千瓦时，同比增长2.4%。民营经济市场主体32405户，其中私营企业5393户、个体工商户27012户。民营经济增加值总量达283.05亿元，增速3%，民营经济增加值占地区生产总值的比重达到63.3%。2022年12月，成功入选四川省第二批新型智慧城市试点城市。

商贸服务业。发挥地处中心城区优势，坚定"筑牢服务业发展阵地"思路，以"两区（中央商务区、高新区船山园区）、两岛（圣平岛、圣莲岛）、一园（永和家园）"现代服务业产业布局和"4+3"产业体系培育为抓手，培育壮大商贸会展、医疗健康、教育体育、文化旅游产业，推动大文旅、大物流、大数据高质量发展，打造全市服务业发展引领核。大力发展商贸流通产业，构建中央商务区地标商圈潮购场景、圣莲岛文化创意漫游场景、九莲洲湿地公园体育健康脉动场景、龙凤古镇影视休闲度假场景、滨江路环线特色餐饮品鉴场景、万汇中心品质家居生活场景"六大消费场景"，2022年，全区实现服务业增加值77.19亿元，同比增加3.3%，社会消费品零售总额78.42亿元，增速3.2%，全年实现外贸进出口总额2.1亿元。推进圣莲岛世界荷花博览园、圣平岛花花世界项目建设和龙凤古镇提档升级，开发环观音湖水上主题旅游线路，打造永河园区城郊乡村旅游目的地，加快四川职业技术学院龙凤产教园区建设。2022年接待游客832.4万人次，同比增

● 建设中的遂宁高新技术产业船山园区
（遂宁高新技术产业船山园区　拍摄）

● 居然之家遂宁万汇商场（遂宁市船山区商务局　拍摄）

● 船山区"生猪+大豆"国家现代农业产业园
（遂宁市船山区农业农村局　拍摄）

长5.11%;实现旅游收入87.03亿元,同比增长5.1%。

农业。坚持以全面实施乡村振兴战略为统揽,紧紧围绕"精致高效农业、都市田园乡村"发展定位,以全域园区化建设为发展路径,优化"一带、三片、四园、多点"空间布局。立足协同发展建立以唐桂"生猪＋大豆＋柑橘"、永河仁"粮油＋白芷"、龙老"绿色优质蔬菜"为优势产业集中区的产业结构体系。统筹推进农村增靓、农业增效、农民增收等系列"三农"工作,大力发展精致农业、数字农业、智慧农业,聚力打造丘区乡村振兴示范区、都市农业新样板。近年来,荣获国家级出口食用农产品质量安全示范区(猪肉)、全国休闲农业和乡村旅游示范区、省级农业国际贸易高质量发展基地等10余项荣誉。

文旅品牌

九莲洲城市生态湿地公园。位于主城区滨江路北端,是遂宁主城区的惠民工程,整个湿地公园由九莲湿地、北段湿地、席吴二洲湿地、圣鹭岛四大部分组成,总面积约200万平方米。公园水网密布,岛屿众多,是一片"退耕还湿"的滨江湿地,按照人与自然和谐共生的思路,建立完善的湿地净化系统,连接整合绿色廊道。通过城市景观、湿地公园景观、景观小品、景观建(构)筑物的改造,结合"海绵城市"和"城市双修"建设理念,顺应自然山水肌理构建多层次的市域绿道体系,九莲洲湿地公园实现了水、岸、绿、景、城的有机融合。九莲洲城市生态湿地公园已成为市民休闲健身、体验自然、享受自然的最佳去处。

永和家园(现代农业产业园)。涵盖永兴镇、河沙镇2个乡镇,8个行政村,核心区规划面积27平方千米。园区打造乡村振兴示范样板,以"农文旅融合发展先行区、都市田园综合体"为总体定位,

● 九莲洲城市生态湿地公园一角(遂宁市船山区观音湖文化旅游产业园 提供)

● 永和家园凤凰湖（遂宁市船山区现代农业产业园　提供）

以粮油、经果、特色水产为主导，围绕318主题规划"三区、一环、八大组团"，大力发展乡村旅游、民宿康养、研学实践等产业，建设涵盖基础设施、新村建设、环境整治、民宿聚落、产业发展等系列重大项目。2022年，已签约课耕山居、秦汉马场、非遗传习所三家文旅项目，并引进稻虾轮作生态农

● 世界荷花博览园（遂宁市船山区观音湖文化旅游产业园　提供）

业示范基地、课耕山居古村落、青少年综合实践基地，投资500万元的非物质文化遗产研学传习中心和投资1600万元的秦汉马场已打造完成，开始营业。2023年春节期间，小懒猫亲子乐园吸引周边游客10余万人次，实现旅游综合收入1000余万元，获央视《时空观察》宣传报道。

世界荷花博览园（圣莲岛）。国家4A级旅游景区、国家级水利风景区，位于涪江中游圣莲岛，地处遂宁城市中心，总面积1.52平方千米，整岛环绕19.7平方千米的巨大水域，一条过江水下隧道连接东、西城区商务中心，具有独特的环境资源。全岛平均容积率为0.25，绿地率达60%以上，并以"房不过树"的生态环保理念严格控制建筑高度，兼具"城市之心"和"城市绿肺"功能。以"生态岛、文化岛、旅游岛"为发展定位，以"世界荷花博览园"为主题，依托荷花为媒、山水为根、观音文化为魂，规划分为生态展示区、旅游体验区、度假休闲区、度假酒店区、生活配套区、商业休闲区等文化旅游板块，着力打造山水生态城示范区、观音文化城体验区、现代花园城展示区，使之成为国内乃至国际具有吸引力、影响力的"让心灵度假"的观音文化旅游品牌。

风味美食

观音素麻花。龙凤古镇"妙济坊"观音麻花历史悠久，久负盛名。相传347年东晋大将桓温伐蜀，妙善公主为犒劳将士自创麻花，食之香、脆、酥、甜俱全，备受将士喜爱。后其做法流传于龙凤古镇徐氏家族，为了纪念妙善公主，将麻花取名为"观音素麻花"。

遂州豆腐皮。遂州豆腐皮油亮光泽，纹面细致，松软滑腻，柔绵有弹性，味香质软。五香味，色泽金黄，小磨麻油香气浓郁；麻辣味色泽红亮，麻辣爽口，回味悠长。代表四川人的性格，开朗豪爽，不拘一格，还有其独特的火暴脾气。

遂宁冯水饺。遂宁地方老字号名小吃店，获得"遂宁市知名商标""市民喜爱餐厅""营养健康美食店"系列荣誉称号。各种系列饺子，采用上等肉质，精挑细切，加入上乘拌料，经手工包成，皮滑、肉嫩、味好、绿色、健康、环保，符合广大群众的口味。

发展定位

立足"绿色低碳新高地、川渝合作桥头堡"发展定位，聚焦"222"（两个再造：再造一座新城、再造一个产业；两个倍增：地区生产总值倍增、固定资产投资总额倍增；两个翻番：一般公共预算收入翻两番、规模以上工业增加值翻两番）奋斗目标，坚持"工业强区、商旅兴区、农业稳区"发展战略，统筹推进经济、政治、文化、社会、生态文明和党的建设，全面建设社会主义现代化船山。

发展目标

船山区围绕"繁荣在主城"总体目标，聚焦建设绿色低碳新高地、川渝合作"桥头堡"发展定位，突出"产业富民、城乡便民、实事惠民、行政为民"工作要求，大力实施发展提质、城市提能、园区提级、乡村提档、环境提优、党建提效"六大攻坚行动"，强力推进立业锂能遂宁基地、临港产业园基础设施等十大重点支撑项目，着力实现项目建设、现代工业、文旅发展、乡村振兴、改革开放、基层治理"六大重大突破"，凝心聚力走好"换道超车"的产业发展之路、"涅槃重生"的城市更新之路、"和美共富"的乡村振兴之路、"奋发有为"的作风建设之路，在遂宁加快建设成渝中部现代化建设示范市和锂电之都中当先锋、打头阵、争一流。

（撰稿：胡晏玲 杨波 审稿：庞训强 梁健）

02 安居区

基本情况

遂宁市安居区位于四川盆地中部，介于东经105°40′~105°45′，北纬30°10′~30°35′之间，涪江中游以南，遂宁市东南部，东接船山区，北靠大英县，西邻资阳市乐至县，南联资阳市安岳县和重庆市潼南区，辖区面积1258.2平方千米。2003年，设立县级行政区，全区辖16个镇、2个街道、274个村、55个社区。先后荣获全省唯一国务院表彰的"全国河（湖）长制激励县"、全市唯一"全国大豆科技自强示范县"及"全省第一批近零碳排放园区试点""中国持续优化营商环境典范区""全省乡村振兴成效显著县"等殊荣。

北周建德四年（575年），设立安居郡和柔刚县。隋开皇十八年（598年），又以"安居乐业"寓意吉祥，改名安居县，"安居"命名至今，已有1400多年的历史。拥有"蜀中小九寨"平宁森林公园、国家级水利风景区莲花湖、国家4A级旅游景区七彩明珠等景区景点，建成凤凰栖中国凤凰文化主题公园、琼江生态湿地公园、凤舞琼花森林公园等城市公园，有灵广竹编、观音绣、石工号子等省级非遗保护项目，孕育了明代散曲家黄峨、抗美援朝"一级爆破英雄"伍先华、公安部一级英模"雪山卫士"谭东等英才俊杰。

历史沿革

建置沿革。 先秦时代安居县属蜀国地，秦代属蜀郡地，汉代属犍为郡资中县地，北周建德四年（575年）增置安居郡和柔刚县，隶属普州（治所在今安岳县岳阳镇），郡治柔刚县（治所在今安居区安居镇）。隋开皇三年（583年），撤安居郡。开皇十三年（593年），改柔刚县名安居县，隶属普州。隋大业三年（607年），州改郡，安居县隶属资阳郡。

行政区划。 2003年12月18日，撤销遂宁市市中区，以原遂宁市市中区的行政区域设立遂宁市船山区和安居区,安居区辖原遂宁市市中区的7个乡（聚贤、常理、大安、马家、莲花、观音、步云）和14个镇（安居、横山、会龙、东禅、分水、石洞、三家、玉丰、西眉、磨溪、拦江、保石、白马、中兴），区政府驻安居镇。2012年12月6日，设立柔刚街道办事处。2013年7月23日，设立凤凰街道办事处，区政府驻凤凰街道。2014年1月17日，撤销3个乡（聚贤乡、观音乡、常理乡），设立聚贤镇、观音镇、常理镇。2019年，乡镇行政区划调整，撤销观音镇、莲花乡、步云乡、马家乡及大安乡，将其所属行政区域分别划归横山镇、拦江镇、白马镇、西眉镇和

● 中石油遂宁天然气净化有限公司（遂宁市安居区发改局 提供）

三家镇管辖。安居区现辖 2 个街道（凤凰街道、柔刚街道）和 16 个镇（安居、横山、常理、白马、中兴、拦江、保石、东禅、分水、石洞、西眉、磨溪、三家、玉丰、聚贤、会龙）。

重要资源

森林资源。安居区林业用地面积 40.7 万亩，森林总面积 39801.51 公顷，其中国有林 120 亩、国家公益林 15.917 万亩、省级公益林 0.462 万亩，森林覆盖率 31.35%；全区共有木本植物 222 种，隶属于 76 科、164 属，其中属国家保护植物的有水杉、攀枝花苏铁、银杏、鹅掌楸、翠柏、红豆树等，还有百年以上的黄桷树等古树。

矿产资源。安居区天然气资源丰富，磨溪区块龙王庙组气藏探明储量达到 4403.83 亿立方米，技术可采储量 3082 亿立方米，远景储量达 10000 亿立方米，是迄今为止国内探明储量最大的单体海相碳酸盐岩整装气藏。安居区着力壮大天然气清洁能源产业集群，构建"能源开采、储气调峰、就地转化"综合利用体系，天然气开发利用取得明显成效。现有集气站 7 个，井站 168 口，油气管线 228 条、764 千米，输气处建设输气站 1 座，天然气净化厂 1 个，年处理天然气能力达到 100 亿立方米。

水资源。安居区境内大小溪流众多，有琼江等大小河流 37 条，莲花湖等中小型水库 89 座，河流总长度 438.2 千米，总集雨面积 1282.81 平方千米，属长江二级支流涪江水系。拥有山坪塘 3933 口，石河埝 560 节，蓄、引、提水能力达 1.44 亿立方米，有效灌溉面积达 41.2 万亩。

基础设施

交通设施。安居区地处成渝地区双城经济圈腹心，与成都、重庆等距 120 千米，与成渝万亿级城市及绵阳、南充等千亿级城市形成 90 分钟经济圈，是承接成渝产业转移、配套服务成渝的重要功能板块，是遂宁中心城区经济发展极核的重要组成部分。境内拥有遂渝、遂内、遂资 3 条高速公路，国道 318、247（S205）、246（S206）线贯穿全境，构建起了以"3 向 7 线"铁路综合枢纽、"两横一纵"高速路网、遂宁安居机场为核心的"铁公机"立体交通网络。

教育基础。有各级各类学校111所，其中公办学校73所、民办学校38所，高等院校2所。2022年，全区在编教职工4250名，拥有高级职称的教师达1098人，占比25.84%。

卫生健康。2019年，被列为全国首批紧密型县域医疗卫生共同体建设试点县（区），在全市率先推进紧密型县域医共体改革试点，组建以区人民医院为牵头单位，15个镇（中心）卫生院、2个社区卫生服务中心、3个区划调整后的非建制镇卫生院为成员单位的医共体，构建"1+15+3+2"医共体管理中心组织架构，建成六大中心、七个机构，逐步形成了"小病分院医、大病总院治"的就医格局。

主要产业

农业。始终突出农业农村优先发展，紧紧围绕"5+10"现代农业产业整体布局，成片成带成规模发展优质粮油、有机蔬菜、特色水果、生态水产、绿色畜禽等五大特色产业80余万亩，推动三家大米、遂宁红薯、遂宁莲藕、遂宁大豆等重点农业园区提档升级。三家大米园区成功创建省四星级园区、市五星级园区，遂宁红薯园区成功升级市五星级园区，遂宁大豆现代农业园、海龙凯歌粮油现代农业园区被评为市级园区；玉米大豆带状复合种植千亩示范区大豆亩产高达180.2千克，创全国玉米大豆带状复合种植高产纪录，获CCTV-17《中国三农报道》报道。全区认证"三品一标"达145个，总数位列全市第一。2022年，全区粮食播面达117.6万亩、产量40.1万吨，粮食播面、产量连续五年全市双第一；生猪存栏48.92万头、出栏92.71万头。成功创建中国美丽休闲乡村2个（常理镇海龙村和玉丰镇金鸡村）。

工业。坚持产业兴区、制造业强区，创新驱动引领"3+2"现代工业产业蓬勃发展，锂电及新材料产业产值超过230亿元，四川裕能建成全球最大的磷酸铁锂正极材料生产基地；四川江淮建成西南最大商用车

● 三家大米现代农业产业园区一角（遂宁市安居区三家镇人民政府 提供）

● 四川裕能（遂宁市安居区经开区 提供）

生产基地，汽车与装备制造产业产值达30亿元以上；遂潼天然气综合利用园安居园区加速推进，安居化工园区入选全省首批化工园区公示名录，中遂净化年处理天然气98.9亿方，处理量占全省常规天然气1/3，逐渐形成了锂电及新材料、汽车与装备制造、天然气清洁能源等现代工业产业集群化发展态势。2022年，规模以上工业企业72家，工业总产值达到322.26亿元，增加值增速14.3%，增速连续九年荣膺全市第一。

商贸服务业。抢抓成渝地区双城经济圈建设等重大战略机遇，大力推动安居步行街、滨河路等核心商圈建设，全区商贸流通市场主体达1.16万个，城区人气商气显著提升。建成城市商业综合体2个、特色步行街区4个、重点物流项目6个，城市发展动力不断增强。外贸备案企业达19家，外向型经济起步发展。成功创建省级电子商务产业发展示范县，构建"4+2"现代服务业产业体系，获评"2021年宜居宜业宜商典范区"称号。

重点文旅资源

七彩明珠景区。国家4A级旅游景区，位于安居区玉丰镇境内318国道旁，占地面积9428亩，是集自然风光、人文景观、乡愁体验为一体的生态文化旅游目的地，分为"诗景画廊、眉园叠翠、五彩花坞、桃源春晓、果香民居、黄峨古镇、鹭岛湿地"七个组团，14千米健康绿道贯穿景区。

黄峨古镇。古镇以明代著名女诗人、散曲家、被称为"曲中易安"的安居才女黄峨而得名，以黄峨文化及其生平事迹为主要创意源，以大地景观为背景，以串珠型院街组团为布局特色，以传统四川民居为建筑基调，集旅游休闲、研学体验、娱乐购

● 黄峨古镇（遂宁市安居区文化广播电视和旅游局 提供）

物等多项功能于一体。以"一院两馆两中心"呈现安居的黄峨文化、敢为人先精神、非遗文化和特色农旅产品。黄峨书院被四川省妇联授予全省首个"四川省家风家教实践基地"。

伍先华旧居。位于安居区东禅镇瓦窑沟村，是中国人民志愿军特等功获得者、"一级战斗英雄"伍先华生前居住的地方。故居按照旧址1∶1原貌重建，再现了伍先华烈士及其家人生活的场景，展示了伍先华烈士短暂而英勇的一生，配套建有莲花池、青石板广场、军事拓展基地、装备展示等，被命名为"遂宁市中共党史教育基地"。

西部古刹——毗卢寺。四川省文物保护单位，坐落于四川十大最美古村落——毗卢寺村。毗卢寺依华藏山而建，占地面积7500平方米，建筑面积5512平方米，至今仍可见宋代建筑布局风格，寺内设有大雄宝殿、十八罗汉殿、千手观音殿，寺后岩壁上有宋代摩崖造像及题记，其造像、造型栩栩如生，颇具美学艺术研究价值。曾在寺内修行的清心大师，法号住朝，外号"癫师爷"，是活佛济公的原型之一。

风味美食

非物质文化遗产美食

西眉油酥。俗名狼颈子砣砣，至今已有三百多年的历史。其形如蘑菇云，外皮酥脆芳香，不粘牙，不粘口，撕开类似藕孔眼，由底端直通顶端，非常独特，可摆盘下酒作为佐餐，可切成片炒回锅肉，也可氽汤煮肉，营养价值较高。

安居区大安舒牛肉。系百年老字号，五代祖传，其制作工艺复杂，需精选上等牛肉，剔尽筋膜，采用祖传秘方腌制，再加入各种上等佐料炒制、烘干，

● 伍先华故居（遂宁市安居区文化广播电视和旅游局 提供）

● 安居区大安舒牛肉（石英 提供）

经现代化科学工艺制作而成，无须添加任何人工色素及防腐剂，产品色泽鲜艳、肉质酥软、入口化渣、回味香浓、营养丰富。

特色美食

跑马滩砣砣鱼。据传，此菜系明末张献忠之"御厨"传下。采用柴火灶文火烹制，原材料选用三年以上且不下于五斤的野生花鲢鱼，配以本地老豆腐、自制坛子肉、老坛酸菜作辅料，历经"和、弦、勾、扑、射"五道工序，成菜味道丰富、入口即化、香辣回甜、油而不腻、鲜而不腥。2005年，申请了国家专利。

坛子肉。此菜历经四百余年传承发展，始成今日"坛子肉"。因其师法自然，味尽物性，平和中正，雅趣天成，江湖人称"君子餐"，意指餐如君子、君子所好也。具体做法为：将豇豆干、青菜干等各种干菜和猪肉，拌以五香、八角等植物香料，以一层干菜、一层烙制后的猪肉脯入土坛中，数月之后，成为风味独特、醇香可口、营养丰富的"坛子肉"。

生态桃鸭宴。是近五年研发形成的一系列的鸭肴菜品，包括冷菜、热菜、汤菜、小吃、主食等。其主菜鸭肉需选择农庄散养的麻鸭，用秘制调料腌制，再以桃枝熏制而成，成菜纤维细嫩、汁液浓郁、色泽红亮、独具异香，2019年获得"遂宁名宴"第一名。

发展定位

紧扣"打造成渝地区城乡融合发展新标杆和锂电之都引领区"新使命，加快建设"成渝之星"安居极核和湖光山色中的安逸安居。坚持以"打造产城共兴新引擎、城乡融合新标杆、区域共进新典范"为总着力点，主抓项目、大抓基层、重抓党建，强化产业支撑，突出集群引领，打造千亿园区，培育大企业、发展大产业、构建大集群，做强"三大百亿产业集群"，全面开启工业高质量发展新篇章。大力实施城市能级全面提升对标跨越行动，加快重点城镇建设，推动安逸安居影响力走在全市前列。优化"5+10"现代农业产业布局，实现规模化、集约化、现代化。以培育龙头、做强品牌为重点，擦亮"安居产"特色农产品安居标志农产品品牌，打造渝遂绵优质蔬菜生产带核心示范基地、川渝毗邻地区现代高效农业产业带。

发展目标

大力实施"1336发展战略"，即一个战略目标、三大百亿产业集群、三大特色高地、六大工程。紧紧围绕建设"成渝之星'安居极核'和湖光山色中的安逸安居"这一战略目标，做大做强锂电及新材料、汽车与装备制造、天然气清洁能源"三大百亿产业集群"，建设成渝营商环境新高地、西部休闲旅游必选地、全国乡村振兴样板地等"三大特色高地"，大力实施特色产业大跨越、公园城市大提质、乡村振兴大升级、全域开放大突破、民生幸福大升温、党建强基大引领等"六大工程"，做到一年初见效、二年取得突破、三年塑成优势。

（撰稿：黄波 唐芹 审稿：谭俊杰 许成程）

03 射洪市

基本情况

地理位置。 射洪市地处东经105°10′～105°39′，北纬30°40′～31°10′之间，位于遂宁北部，北抵绵阳，东接南充，距绵阳约90千米，车程120分钟，距遂宁中心城区约30千米，车程60分钟，距南充约116千米，车程90分钟。现辖21个镇、2个街道办事处，共282个行政村，68个社区，截至2022年，常住人口72.1万人，城镇人口44.34万人，辖区面积1496平方千米。

人文特点。 射洪人杰地灵，名家辈出。初唐高举诗歌改革大旗的先贤陈子昂被誉为"一代文宗"，"一代唐音起射洪"名扬千古；宋代高僧居简和尚名扬海内外，著述流传日本等国；明代廉吏直臣杨澄、杨最父子青史留名；清代理学大家杨甲人独树一帜。现代杰出人物层出不穷，军队卫生事业创始人贺诚功勋不朽；神舟一号飞船"七人专家组"成员之一赵宇棋与"风洞专家"女将军刘长秀在中国航天事业领域并驾齐驱；中国工程院院士李言荣在微电子领域成绩卓著；著名国画家孙竹篱、"军旅画家"敬庭尧等享誉艺坛。

经济优势。 近年来，射洪先后获评全国投资竞争力百强县、平安中国建设示范市、全国治理能力百强县、美丽中国深呼吸小城、"中国白酒之乡·射洪"、国家知识产权强县建设试点示范县、全国农业现代化示范区、中国香桂名市、全国未成年人保护示范县等19项国家级荣誉和四川省乡村运输金通工程样板县、四川城乡融合发展改革试点县、四川省服务业强县示范县、全省平安建设先进市、全省农经工作典型地区、省级全域旅游示范区等36项省级名片。相关数据显示，2022年射洪市入围2022年全国县域经济百强县，位列第98位。

历史沿革

射洪历史文化悠久，公元前201年汉高祖在此设郡。555年西魏恭帝置"射江"县，北周更名射洪并沿用至今，在此后1400多年的漫长岁月中，位于射洪北部的古城金华镇，一直是射洪的政治、经济、文化中心。1985年6月1日，遂宁市成立，原属绵阳地区的射洪县划归遂宁市管辖。2019年11月18日，射洪正式撤县建市。

20世纪初期，射洪中部的水陆码头太和镇凭借其特有的地理位置和经济优势逐步繁荣，城内商旅云集，江边桅樯林立，成为四川重要的物资集散地

●射洪市鸟瞰图（射洪市摄影家协会 提供）

之一。1913年、1931年、1943年，射洪有识之士三次提出变换县治，均因各项原因未能成功实施。至1950年1月4日，因射洪发展需要，经川北行署批准，射洪迁治行动毅然实施。1950年1月，数千筑堤大军夜以继日地修筑太和镇防洪大堤，使太和镇作为新的射洪县治更加稳固，至今，该城依然行使着它作为射洪政治、经济、文化中心的使命。

重要资源

水电资源。射洪市在88千米涪江段已建成水电站4座，总装机容量15.3万千瓦。其中，射洪城南、城北1千米范围内各有电站一座，保障着射洪电力能源供应。

文旅资源。市境盆地丘陵地貌，亚热带季风气候，年平均气温17.1℃，自然生态资源优良，全市森林覆盖率达36%。全市拥有文旅资源点1000余处，国家4A级旅游景区3个、2A级旅游景区1个、省级工业旅游示范基地1个、星级酒店3家（其中四星级1家）。2022年，入围全国县域旅游发展潜力百强榜。荣获全国最美乡村创建先进县、2016年度最具人文特色旅游目的地、全国文化先进县、四川省乡村旅游强县等多项殊荣，射洪文化旅游的知名度、美誉度正不断提升。

基础设施

1982年，经历上年特大洪灾的射洪县城开始重建和扩展。原有防洪土堤被增高加厚加长，筑成长4千米的钢筋混凝土大堤。1984年11月，射洪在县城与大榆镇之间开建第一座跨江大桥，随后，射洪以"工业强县"为发展战略，培育了沱牌、美丰、银华等三家上市公司，带动了射洪城市的快速发展。1992年，射洪县城首条北起虹桥路南至红专路，全长1040米、

主要产业

射洪坚持"工业强市"不动摇。重点发展食品饮料、锂电新材料、能源化工和机械电子四大主导产业，2022年实现产值515.5亿元，增长67%。拥有3家上市公司、138家规模以上企业、4.1万余户市场主体。截至2022年底，新增国家高新技术企业6家以上、瞪羚企业1家以上，创建省级优秀科研平台2个以上，入库科技型中小企业70家以上，新增规模

宽50米的大道建成，沿着这条"人民南路"两旁，高楼不断拔起，城市面积扩大超5倍。

随着经济的快速发展，射洪在大力推进全省丘陵地区经济发展示范县建设的同时，全面推进城镇化建设，主城区陆续建成三大森林公园、五大城市公园、七大休闲康养度假区，城市人居环境得到极大改善。

射洪市基础设施完善，现有公路总里程4672千米，S28遂德高速、G93绵遂高速、S2成巴高速、国道247线穿境而过，村道公路覆盖率100%；绵遂内城际铁路加快推进；4G通信网络全覆盖，城区5G网络覆盖率达到98.6%；七座大桥横跨涪江，交通便利。获评第四批"四好农村路"省级示范县，创成全省首批乡村运输"金通工程"样板县，百里农环线获评全省"十大最美农村路"。目前，射洪正在开展老旧小区改造，实施地下管网升级工程，城市面貌将得到极大提升。

● 打鼓滩水电站（射洪市摄影家协会 提供）

● 天齐锂业（射洪市摄影家协会 黄平 拍摄）

● 舍得泰安作坊（射洪市摄影家协会 黄平 拍摄）

● 端午节龙舟赛（射洪市摄影家协会 黄平 拍摄）

以上工业企业12家，规模以上工业增加值增长13.7%。加快推进锂电材料检验检测中心建设。产业集群发展格局已日趋成熟，射洪经开区在全省同类省级开发区综合评价考核中排名第3，获评全省首批"5+1"重点特色园区、全省绿色低碳优势产业重点园区；锂电高新产业园是西部地区锂电产业最完善的集中区，被认定为省级化工园区；四川沱牌绿色生态食品产业园规划面积达360平方千米。园区产业承接能力不断增强，工业强市发展之路不断拓展。

射洪市发挥传统产业优势，强力推进现代农业发展。以遂宁国家农业科技园区核心区建设为重点，建成以洋溪镇为重点的优质粮油核心示范基地，以沱牌、瞿河为主建成万亩酒粮产业基地，以天仙镇白马村、仁和镇为重点的无公害标准化优质高产榨菜基地。此外，射洪正在优化区域布局，实现水果产业由点状向块状、带状发展，逐步形成水果生产区域化、良种化、标准化和产销一体化的新格局。

文旅品牌

射洪市依托特有文旅资源，积极推进舍得生态酿酒文化旅游、陈子昂文化研学旅游、中华侏罗纪探秘与研学旅游、乡村生态旅游四大文旅品牌建设。

舍得生态酿酒文化旅游区。旅游区占地3.3平方千米，保有原生态自然环境，森林植被覆盖率高。区内由舍得艺术中心、泰安作坊、定制中心、312制曲园、陶坛贮酒库、文化主题酒店组成，拥有千年酒道和天下智慧的凝聚——舍得文化、国家非物质文化遗产——曲酒传统酿造技艺，中国食品文化遗产和中华老字号——泰安作坊，10万吨生态粮仓——绿色储粮基地，殿堂级制曲中心——312生态制曲中心等工业旅游资源，集工业生产、旅游观光、白酒科普、酒文化体验等多功能于一体，是工业观光、商务考察及休闲度假的极佳选择。

乡村生态旅游。射洪大力打造以七大农业园区为特色的"乡村旅游环线"，通过每年度举办"洋溪桃花节""龙泉踏青节""官升荷花节""复兴红叶节"等文旅活动，整体打造"诗画射洪、绿色射洪、幸福射洪、欢乐射洪"，并连续举办"陈子昂诗歌周"和龙舟文化旅游节、戏曲节、音乐节"三大艺术节"，增强文化品牌的辐射效应。

风味美食

射洪拥有沱牌舍得酒、清真牛肉、椒盐肘子、卤味鸵鸟肉、玉太香洋姜泡菜、金华黄辣丁、金华清见、子昂李烧腊、水西门彭饼子、龙凤甜橙等具

● 沱牌·陶坛贮酒库（射洪市摄影家协会 黄平 拍摄）

有本土特色的十大风味美食。

沱牌舍得酒。使用传承1300余年历史的《太禾曲经》非物质文化遗产酿造技艺，天然生态，六粮酿造，自然陈酿，香如兰，入口绵，自然甜，更舒爽，是"中国名酒"中的川酒"六朵金花"之一。

清真牛肉。国家级绿色企业麦地纳、麦加餐厅经过几代人创新发展，融入川菜和卤制工艺，以秘制卤汁及佐料研发出风味独特的"手撕牛肉"，选用带筋牛肉加砂锅鸡汤煨至耙糯的"坛子牛肉"，都是射洪闻名遐迩的特色菜品。

裕宗椒香脆皮肘子。此菜将川菜与粤菜等外来菜系融合，制作出"色彩金黄、外酥里嫩、肥而不腻、椒麻浓郁"的特色菜品，令不少省内外食客慕名而来，食后赞不绝口，是裕宗酒店的镇店之宝。

贵驼王·五香鸵鸟肉。以射洪本地引进、绿色养殖的优质鸵鸟肉为原料，佐以秘制卤汁制作，以高蛋白、高钙、高铁、高硒、低脂肪、低胆固醇、低热量为特色，是风味俱佳、绿色健康的美味食品。

玉太香洋姜泡菜。选用专业合作社绿色生态种植的优质洋姜，经家传秘法结合现代工艺泡制而成，

色泽微红，清脆爽口，是射洪饭桌独具地方风味的特备佐菜，目前已在全国各地销售。

金华黄辣丁。金华水煮黄辣丁，色泽红亮，香味扑鼻，黄辣丁肉质细嫩、味道鲜美，食疗作用极好，具有滋补作用和药用价值，是创始地金华镇引入射洪城的一道特色名菜。

金华清见。清见于每年4月开花，次年3月成熟，花果同树，挂果期长达12个月。清见含有丰富的维生素C、钙、磷、钾、β-胡萝卜素、柠檬酸等物质。2013年4月15日，农业部正式批准对"射洪金华清见"实施农产品地理标志登记保护。

子昂李烧腊。子昂李烧腊在原有风格和特殊技法的基础上，结合现代口味及消费需求加以深入研究，集众多卤制品优点兼容并蓄、融合创新，其香酥鸭外表焦黄，口感酥脆，微带韧性，回味无穷。

水西门彭饼子。解放下街水西门彭饼子，至今已有三十多年历史。该店五香鲜肉饼酥脆飘香，咸鲜可口，外脆内嫩，现烤现卖，深得射洪人民和外地游客的喜爱，远近闻名。

龙凤甜橙。龙凤甜橙是明星镇龙凤村甜橙种植示范区农副土特产品，有血橙、爱媛等多类品种，富含维生素C、维生素P、膳食纤维、钾元素、果胶等营养成分，味道较其他橙子口感更为香甜。

发展定位

以"对标竞进、创新担当，做强工业、美丽城乡，提速交通、扩大消费，建设八区、奋进百强"三十二字作为工作总体思路，打造作风改进表率区、锂电之都核心区、绿色智造支撑区、城市更新样板区、乡村振兴引领区、生态文明先行区、幸福民生精品区、品质党建示范区。

把经济发展作为"第一要务"，聚焦"大产业""大项目""大消费"谋发展，培塑现代化建设"新优势"。把科教创新作为"先导因素"，以现代教育、科技创新、人才建设的突破式发展，激活现代化建设"新引擎"。把改革开放作为"关键一招"，在更高起点、更高层次、更高目标上持续深化改革、完善对外通道、扩大开放合作，激发现代化建设"新动能"。把改善民生作为"根本目的"，使老百姓共享现代化建设"新成果"。把良好环境作为"优势品牌"，营造现代化建设"新生态"。

发展目标

到2035年，基本实现社会主义现代化。综合经济实力、创新发展能力将大幅跃升，经济总量突破千亿大关，建成现代化经济体系，基本实现新型工业化、信息化、城镇化和农业现代化。教育体育、医疗卫生等社会事业蓬勃发展，民生福祉持续提高，中等收入群体显著扩大，城乡区域发展差距显著缩小。生态文明建设达到新高度，美丽射洪建设目标基本实现。对外开放和区域合作实现新提升，参与区域合作和竞争新优势明显增强。平安射洪建设达到更高水平，基本实现治理体系和治理能力现代化。

射洪城市未来发展的总目标是建成成渝主轴创新智慧多元产业强市、绵遂协同区域战略支点、遂宁市重要生态保育功能区、"湖光山色"魅力公园城市。执行五大发展策略：一是生态重塑、绿色射洪——依托国土资源禀赋，构筑山水林田湖格局；二是空间重构、战略支点——融入成渝城市群，建成绵遂协同区战略支点；三是产业重整、创新创智——实施产业创新创智，优化产业结构布局；四是设施支撑、包容共享——完善设施体系支撑，提升城乡宜居品质；五是文化共兴、魅力家园——传承历史发扬文化，打造独特城乡魅力。

（撰稿：柯荣　审稿：管行　王凡）

04 蓬溪县

基本情况

蓬溪县地处四川盆地中部偏东、成渝经济圈腹心，地理坐标为东经105°03′~105°59′，北纬30°22′~30°56′之间。辖区面积1251平方千米，辖19个乡镇、1个街道，共262个行政村、60个社区、1623个村民小组，截至2022年，常住人口43.03万人。县政府驻普安街道政通街88号。

蓬溪历史悠久，文化特色鲜明，史称"梓东邹鲁、文献名邦"，养育了宋代名臣冯楫、明代武英殿大学士席书、清代名相张鹏翮、清代蜀中诗冠张问陶、当代敦煌专家段文杰等历史文化名人，素有"五史之乡""孝子故里""中国洞经音乐发祥地""古壁画艺术之乡""大乐之乡"等美誉，是中国革命老区、

● 蓬溪县城鸟瞰图（蓬溪县融媒体中心 提供）

中国书法之乡、中国门都、国家现代农业示范区。

历史沿革

蓬溪县始建于唐永淳元年（682年），时称唐兴县；唐天宝元年（742年），改唐兴县为蓬溪县至今，县名因治所临"蓬溪河"得名。

清代蓬溪县隶属四川布政使潼川府。

民国二年（1913年），蓬溪县划归川北道；民国三年（1914年），改属嘉陵道；民国二十四年（1935年），蓬溪隶属驻遂宁的四川省第十二行政督察区。

1949年12月10日，蓬溪解放。1950年1月5日，县人民政府成立，隶属于川北行署遂宁分区专员公署。1952年9月，遂宁分区改为遂宁专区，蓬溪隶属遂宁专区。1958年，遂宁专区撤销，蓬溪县划归绵阳专区。

1985年5月，遂宁市成立，蓬溪县隶属遂宁市。1986年，县辖13个区2个镇，区镇下设76个乡、5个乡级镇、9个乡级办事处。1992年，撤区并乡建镇，下设23个镇、14个乡。

1997年12月，划出8镇3乡3村建大英县。

2019年7月，乡镇行政区划调整，全县共设赤城、新会、文井、明月、槐花、常乐、天福、红江、大石、宝梵、吉祥、鸣凤、任隆、三凤、金桥、蓬南、群利17个镇和高升、荷叶2个乡以及普安街道1个街道。

重要资源

矿产资源。蓬溪县主要出露侏罗系砂岩、泥页岩及第四系砂石黏土，已知矿产有地热、天然卤水、砖瓦用页岩、矿泉水等4种，矿化点及其以上的矿产地共33处，查明资源储量的矿产地21处（均为砖瓦用页岩）。截至2022年，全县现有砖瓦企业9家，年开采量约20万吨。

森林资源。蓬溪县森林面积59.4万亩，林地保有量共51.66亩（其中生态公益林31万亩）；森林蓄积量260万立方米；森林覆盖率为31.66%（四

● 白鹤林水库（蓬溪县融媒体中心 提供）

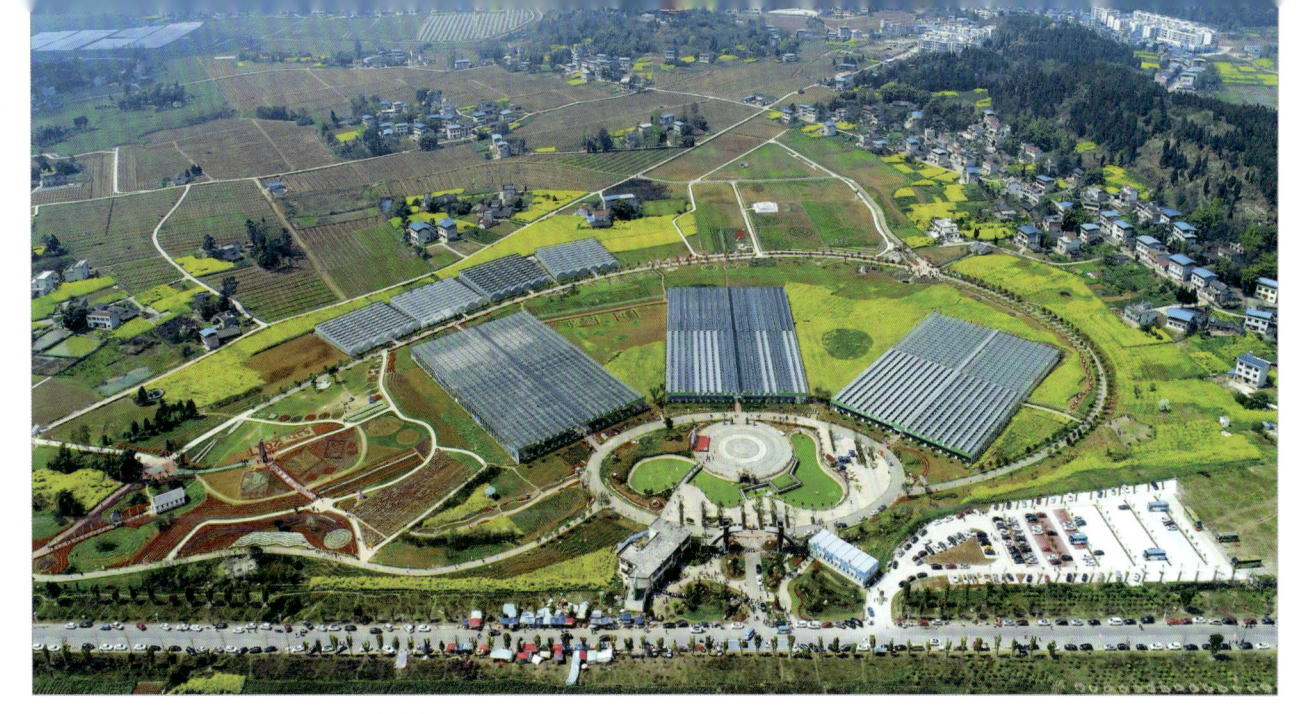

● 现代农业园区一角（蓬溪县融媒体中心 提供）

旁折合没有纳入计算）；全县有木本植物资源287种、古树424株（其中一级14株、二级48株、三级362株）。

文物资源。蓬溪县是四川省文物大县之一，辖区内文物众多、品类齐全、藏品丰富。有各类不可移动文物400余处，其中全国重点文物保护单位6处、省级文物保护单位3处、市级文物保护单位10处、县级文物保护单位47处；馆藏可移动文物1600余件，其中二级文物10余件、三级200余件、一般文物1200余件。

基础设施

蓬溪交通便利，与成都、重庆、绵阳、南充、广安等大、中城市毗邻，车程均在一个半小时内；成南高速、达成铁路、绵遂高速、遂西高速、遂广高速、318国道横贯全境，形成以达成铁路、成南高速和国道318线为主轴，省道为骨架，县乡路为网络，江河、水库航道水运为补充的现代交通格局。2022年9月，国家172项重大水利工程之一蓬船灌区工程白鹤林水库实现下闸蓄水、水到蓬溪。蓬溪市政建设成效明显，市民中心成为城市新地标，入选2022年系统化全域推进海绵城市建设省级示范城市。2022年底，全县城镇化率达48.32%，县城建成区面积达19.76平方千米；绿地面积788.15公顷，绿地率达39.88%；公园绿地面积211公顷，绿化覆盖率达42.35%。获评全国"百佳深呼吸小城"。

主要产业

农业。蓬溪是全国产粮大县、产油大县、生猪调出大县，全省现代农业产业强县、现代林业产业强县、现代畜牧业重点县，国家级双孢蘑菇标准化示范区、全国食用菌工厂化生产示范县。蓬溪食用菌现代农业园区成功创建省级四星级园区，入围国家农村产业融合发展示范园创建名单，建成全国最大的单体杏鲍菇、虫草花、黄色金针菇工厂化生产基地，全国农业创意金奖蓬溪麦秆画等非遗文化得到保护性开发传承。2022年，全县粮食总产实现32.53万吨，生猪出栏71.15万头，第一产业增加值为34.12亿元，同比增长4.9%；农村居民人均可支配收入为20493元，增速6.6%。

工业。蓬溪以省级经济开发区蓬溪经济开发区为平台，大力发展锂电新材料、智能家居、线缆线束、绿色食品饮料等特色优势产业，建成王力西部产业园、鑫和智能家居产业园等园中园，锂电特色产业园、潮汕产业园等园区初具规模，全力打造"锂电之都拓展区"和"中国门都"。2022年，全县规模以上工业企业实现营业收入157.8亿元，利润11.6亿元。

文旅贸易业。蓬溪深入挖掘深厚文化历史底蕴，以文化旅游为服务业核心，形成以文化旅游为主体、商贸物流为支撑、新兴业态为补充，社会、企业、个人共同参与的第三产业新格局。2022年，全县实现社会消费品零售总额55.72亿元，增速1.8%，服务业增加值78.54亿元，增速2.4%，一、二、三产业结构比为17.2∶43.3∶39.5。

文旅品牌

书法文化。蓬溪是中国书法之乡，"工诗文、善书画"之风历代传承，传统书法艺术十分繁荣。2000年以来，蓬溪县先后六次被文化部授予"中国书法之乡"称号，现有国家、省、市、县书协会员近万名，书法参与者10万余名。近年来，蓬溪县深入实施"十个一"中国书法城项目，建成书法牌坊30余座、芝溪"书法长河"主体景观带以及赤城公园、继勋公园、巴茅垭湿地公园、白塔公园等书法主题公园，建有书法展厅2500平方米、书法广场18000平方米、书法交流场所1000平方米、书法活动场地10000平方米，培育了县书法家协会、女子书法学会、青少年书法团体三个特色团队，成功举办"沈门蓬溪五人展""中国书法 蓬溪雅集"等大型书法活动。

红色文化。蓬溪是中国革命老区。1929年6月29日，在中共四川省委的领导下，川军第七混成旅代旅长、共产党员旷继勋率全旅4000余名官兵，在蓬溪大石镇广安村（牛角沟）发动武装起义，树起了"中国工农红军四川第一路"大旗，建立了西南第一个县级苏维埃政权——蓬溪县苏维埃政府。2010年9月，四川省人民政府认定蓬溪为革命老区县。旷继勋纪念馆先后被命名为四川省爱国主义教育基地、四川省国防教育基地、四川省烈士纪念建筑物重点保护单位和四川省党史教育基地。以旷继勋蓬溪起义为原型创作的大型红色情景剧《红飘带》两度登上央视。旷继勋纪念馆和蓬溪起义遗址成功纳入全省第二批红色旅游重点线路。

乡村旅游。蓬溪锚定"文旅融合知名县"建设目标，有效整合"六心"文化资源，高标准建设高峰山景区、中国·红海本草康养度假区、牛角沟"中国红军第一村"等景区景点，依托"环溪书院"积极开发研学之旅，打造"从百草园到三味书屋"主题旅游线路。依托"国家现代农业示范区"，培育了菜花节、郁金香节、桃花节、蓝莓采摘节、千叶佛莲节等系列乡村旅游节庆活动品牌。

名胜古迹：

南宋白塔鹫峰寺塔。第六批全国重点文物保护单位，位于蓬溪县赤城镇白塔街，建于南宋嘉泰四年（1204年），为方形十三级楼阁式塔，砖石结构，通

● 中国门都一角（蓬溪县融媒体中心 提供）

● "中国红军第一村"大石镇牛角沟村（蓬溪县融媒体中心 提供）

高36米，底层边长5.7米，分为塔基、塔身和塔刹三部分。历经800余年未有损坏，充分体现了中国传统建筑技术水平，是四川省乃至全国不可多得的地面古建筑之一，被收录进梁思成编撰的《中国建筑史》。

清代奎阁。第七批全国重点文物保护单位，原名鳌峙阁，位于蓬溪县赤城镇奎阁公园内，始建于清嘉庆六年（1801年），扩建于清咸丰五年（1855年），为八边形五重檐楼阁式塔，由塔基、塔身和塔顶三部分组成，通高25.53米。奎阁的建筑形制独特，雕刻装饰造型多样，具有丰富的历史信息和深厚的文化内涵。

禅宗秀迹宝梵寺。第六批全国重点文物保护单位，位于蓬溪县宝梵镇宝梵村，始建于北宋，称罗汉院。宋治平元年（1064年），宋英宗赵曙敕封为今名，是川中著名的佛教圣地。宝梵寺现建筑为明清遗存，总建筑面积1700余平方米，主体建筑大雄殿设计精巧，结构严谨，为明代中期建筑遗构。殿内壁画《西方境》作于明成化二年（1466年），是佛教徒用作供养朝觐的尊像画，面积104平方米，工笔重彩贴金画法，另有清代《西游记》天花木板彩画52.5平方米和1986年由定静寺迁入的《诸天朝贡》明代壁画25平方米。宝梵寺建筑题记年代完整、明确，建筑原始形制保存完好，明、清壁画精致，是古建筑、传统工艺美术研究的珍贵资料。

仙佛画卷慧严寺。第七批全国重点文物保护单位，原名"五鼓庙"，位于蓬溪县金桥镇过军坝村，现存大雄殿、左侧厢房等古建筑和大雄殿壁画。大雄殿建于明正统十二年（1447年），东西两壁现存壁画共五幅计17.4平方米，属供养朝觐的尊像画，总赋名《仙天朝贡》，绘有天王、龙神等仙佛人物22位，壁画技法为白地素描淡彩画法。慧严寺壁画是目前遂宁市范围仅存的少量古代壁画之一，保存完好，尤为珍贵。

风味美食

蓬溪西湖鱼宴。以赤城湖纯天然有机鱼为原料，主题突出、食材搭配合理、刀工精细、造型美观、味型多样，由"鱼头佛跳墙、吐丝鱼排、竹荪鱼滑、金薯圆子"等九道热菜和四道凉菜、随饭菜、小吃等组成，"色、香、味"俱佳，"形、意、养"兼备，2019年，被评为遂宁市十大名宴。

泉馨百家宴。以养生为宗旨,精选小西湖有机鱼、宝梵香猪肉、任隆粉条、文井乌骨鸡、富硒金薯等纯天然乡土食材，推出"红灯藏三珍""外婆仙鸭""香猪回锅肉""富硒口口脆""乌凤汤"等10余道养生菜品，生动诠释了食疗文化和养生文化内涵，具有鲜明地方特色和浓郁乡土风味。

唐糍粑。蓬溪地方传统名小吃。据传源于唐代，属宫中贡品。该小吃精选蓬溪特产吉星贡糯米为主料，沿用泡、蒸、舂等传统工艺制成绵软柔实的米粑，再辅以红糖、白糖、芝麻、黄豆、黄生等粉料，具有"金银满堂、回味悠长"的特点，补中益气，老少咸宜。

熨斗糕。始创于民国十六年（1927年），由蓬溪人夏其宣仿照甜熨斗糕，经改良并增加配料精制而成，在米浆中加入豆芽、豆瓣、肉粒、秘制调料等，用状如古代熨斗的特制铁烙碗作为烤制器具，成品外壳色黄偏棕红，皮酥脆，内嫩，深受大众喜爱。

江正品姜糕。创自清道光年间，系川派食疗养生糕点名作，敬献慈禧太后品尝后被封为"玉糕"，获得"有油不腻、有糖不伤、洁如脂玉、软似秋云"的评价。江正品姜糕遵古方、守古法、求古韵，以糯米、蜜糖、麻油、姜汁四物合制而成，具有祛湿调理、祛病健身等功效。2019年9月，江正品姜糕成功入选非物质文化遗产名录。

发展定位

蓬溪抢抓成渝地区双城经济圈建设重大机遇，紧扣"1337"工作思路，坚持"六化同步"，联动"一核一极"，加快建设国家乡村振兴示范县和"锂电之都"拓展区，打造革命老区、川中丘区、川渝毗邻地区现代化建设示范县，奋力开创蓬溪现代化建设新局面。

发展目标

加快建设川渝毗邻地区重要交通节点。积极对接国省"主动脉"，推进铁路、公路、水路等交通网络建设，力争到2025年建成"一高铁一航道三环七纵七横"——"一高铁"指成达万高铁。"一航道"指涪江航道。"三环"指以蓬溪县城城区及高铁站为中心，形成的环线公路构成一环；由遂西高速、G93绵遂高速、成南高速、潼蓬盐高速构成二环；由遂西高速、G93绵遂高速、遂广高速、潼蓬盐高速构成三环。"七纵"指吉祥射洪快速通道、G93绵遂高速、潼蓬盐高速、S413+遂蓬快速通道、G318+G350、南潼高速、金桥潼南沿江通道。"七横"指遂西高速、S414、成达万高铁、城南高速、达成铁路、S207、遂广高速。交通主骨架和县域内"3311交通圈"（30分钟县城到各乡镇，30分钟所有乡镇可以上高速，蓬溪1个小时到成都，1个小时到重庆）。

加快建设成渝发展主轴特色产业强县。做大做强锂电、智能家居（线缆线束）主导产业。到2025年，经开区金桥片区形成较成熟的锂电产业链，锂电产业营业收入达到300亿元以上，做实"锂电之都拓展区"。壮大绿色菌菜等特色优势产业，打造国家级绿色菌菜产业基地，打响"中国菌都"品牌。

加快建设成渝地区山水田园康养空间。充分利用县域生态本底，依托"一体两翼、一河六园"（"一体"是指县城水体与全县河湖库联通。"两翼"是指以墨砚湖农旅融合产业园构成的东翼，以"香溪谷—万峰山—赤城湖"生态文化长廊直至赤城湖景区构成的西翼。"一河"就是蓬溪的母亲河——芝溪河，贯穿县城。"六园"就是沿着芝溪河城区段的六个开放式公园）生态布局，结合医养、康养资源，勾画蓬山溪水宜居空间，建成"文旅融合知名县""生态宜居康养城"，打造成渝地区周末康养地。

（撰稿：谭玉清　漆全　审稿：蒋彦　胡志贤）

05 大英县

基本情况

大英县地处四川盆地中部、成渝经济区黄金分割点，东隔涪江与蓬溪县相望，西邻中江县和乐至县，南连船山区和安居区，北接三台县和射洪市，距遂宁中心城区32千米，距成都114千米，距重庆160千米，是成都、重庆、绵阳之间的重要节点城市。境内沪蓉、遂回高速公路互通互交，成（遂）渝高速铁路、达成铁路贯穿全境，具有突出的区位和交通优势。2020年末，全县辖9镇1街道10个乡级行政区，地理坐标介于东经105°15′～105°40′，北纬30°29′～30°44′之间，辖区面积701.05平方千米，截至2021年，常住人口38.1万人。大英自建县以来，生态、投资环境显著变化，经济跨越式发展，先后被认定为中国最具投资潜力中小城市百强县、中国承接产业转移最具优势县。已成功创建为省级文明城市、省级卫生县城、省级园林县城、天府旅游名县，全国文化先进县、绿化模范县、科普示范县，四川省首轮平安县、城乡环境综合治理环境优美示范县、乡村旅游强县等荣誉称号，以及联合国环境规划基金会授予的杰出绿色生态城市奖。

历史沿革

建置沿革。春秋战国时期，今大英县辖区隶属古蜀国。秦汉西晋时期，西部为广汉郡之郪县属地，东部为广汉郡之广汉县辖区。东晋永和十一年（355年），划涪江中游东西岸区广汉县地及郪江中下游左右岸区郪县地置巴兴县，治所灵鹫山，境域为巴兴县属地。西魏恭帝二年（555年），改巴兴县为长江县。治所未变，归属怀化郡。隋开皇三年（583年），怀化郡省，长江县属遂州。大业三年（607年），改州为郡，长江县属遂宁郡。唐武德元年（618年），改郡为州，领县不变。唐开元元年（713年），罢州置郡，属县仍旧。唐上元二年（761年），"因旧县不安，徙长江县治所于凤凰川"，为境域置县之始。此后历经唐、五代、北宋、南宋、元初共518年，长江县建置、治所未变。北宋乾德三年（965年），改州县制为路州县制，县境属梓州路。政和五年（1115年），升遂州为遂宁府，县境归属之。元(世祖)至元十九年(1282年)，长江县并入蓬溪县，隶属四川行中书省潼川府遂宁州。自此，经元、明、清、中华民国，到中华人民共和国成立后的1997年12月，调整蓬溪行政区划，建立大英县隶属遂宁市至今。

行政区划。1997年12月28日，划蓬溪县涪江以西地区建立大英县，隶属遂宁市。县政府驻地设在蓬莱镇，辖蓬莱、隆盛、回马、天保、河边、玉峰、象山、卓筒井、金元9镇及通仙、智水2乡。2019年，乡镇行政区划调整，通仙乡并入蓬莱镇，智水乡并入玉峰镇，2个社区管委会撤销，增设盐井街道，为今县城驻地。同年，进行村级建制调整改革，全县由299个行政村、32个社区调整为168个村、28个社区，村（社区）减少135个，调减率达40.8%。2021年末，县辖蓬莱、隆盛、回马、天保、河边、玉峰、象山、卓筒井、金元9镇和盐井1街道，168个行政村，社区优化至29个。

重要资源

矿产资源。大英境内矿产资源较为丰富，主要藏有盐卤、岩盐、石油、天然气等，另有丰厚的青石、红石、河沙、卵石等建筑材料。

生物资源。大英属亚热带常绿阔叶林区，有自然保护区3个，面积达300公顷。林木品种110种，包括"活化石"银杏、水杉等国家保护植物和古柏、榕树等珍稀树木。动物资源门类繁多，主要脊椎动物187种，鱼类资源96种，包括中华鲟、岩原鲤、大鲵等国家级保护动物。

旅游资源。大英名胜古迹众多，旅游资源独具特色。有第七批全国重点文物保护单位（卓筒井）、首批国家级非物质文化遗产（大英井盐深钻汲制技艺）；始建于隋大业十三年（617年），清康熙五十五年（1716年）、道光二十三年（1843年）再度重修扩建，至今保存完好的寂光寺；始建于晋代的明月寺（明代万历年重修，更名"贾公祠"）、贾岛衣冠冢遗址及流传千古的贾岛诗词碑林；建于明代，皇帝新敕"牛眠佳城""文襄公祠"的席书墓园及祠；明、清相继建成，对研究大英人口源流具有重要价值的郭子仪后裔墓群；清代典型建筑南华宫、罗都复庄园；清代频繁发生战事的郪口明水寨、五凤吉安寨、蓬莱铜鼓寨等众多遗址；林海浩瀚的高观山，绿水青山相依、水天一色的寸塘湖、天保湖，以及形若五凤朝阳的蓬莱公园等；还有省级旅游度假区中国死海旅游度假区，以及浪漫地中海、丝路奇幻城、宋井桃源等重大文旅项目。

基础设施

大英位于成渝一小时经济圈，交通条件十分优越。达成铁路贯穿大英全境，成渝环线与成南高速纵横相交，携大英而抱遂宁，G247、G350、S209、S401等国省干线均经过大英。县域内道路形成以县城为中心的放射状路网结构，初步形成"三环九射"县域大路网。坚持"文旅兴城"，将自然山水、历史人文、风土民俗、景区景点等特色元素融入城市规划建设肌理，随着旅游业的发展，大英的城区道路、住宅小区、游园绿地等不断改造提升，基础设施逐渐完善。

主要产业

工业。大英县按照全市"西部绿色油气融合发

● 盛马化工（大英县经济信息化和科学技术局 提供）

展样板区"定位和省市"工业挑大梁"要求，对标全市"3+3+3"现代工业体系，以壮大产业集群为主线，以加快重大项目建设为支撑，以强化龙头带动为引领，以培育产业集群为目标，全县工业实现高质量发展。先后获得中国承接产业转移最具优势县、四川省工业强县示范县等荣誉称号，首批通过全省化工园区认定，拥有遂宁市首家产值过百亿、西南地区唯一被国家保留的地方炼油企业盛马化工，探明天然气储量超万亿立方米，目前基本形成了以能源化工、装备制造为主导产业的产业发展体系。

农业。依托县现代农业园区建设，加强高标准农田建设，有序推进复耕复种，以保障粮食安全和生猪等重要农产品有效供给为核心，全力保障生猪等"菜篮子"产品供给；发展优质粮油、生猪两大主导产业；培育中药材、水果、蔬菜、干果、种养循环、休闲农业六个特色产业带，构建"1+2+5"现代农业园区发展新格局。

旅游业。立足"文旅兴城"发展思路，以中国死海旅游度假区为全域旅游支撑中心，打造中国死海、浪漫地中海、丝路奇幻城、卓筒井遗址公园四大核心景区，连片开发遂大快捷通道沿线乡村振兴示范带和蓬乐路沿线农文旅观光带，规划建设卓筒井镇、蓬莱镇特色文旅小镇和为干屏村、吊脚楼村、土门垭村等乡村旅游重点村，基本形成"一城四区两带多点"全域旅游发展新格局。

文旅品牌

卓筒井。卓筒井是以冲击式方法向地下开凿，以首尾相接的竹筒固井并隔绝淡水为特征的，适应四川盆地自然地理条件的代表性钻井与汲卤技术的实物遗存。它发明于北宋庆历年间，是人类首创的小口径钻井技术，被誉为"中国古代第五大发明""世

● 卓筒井老井井棚（大英县文化广播电视和旅游局　提供）

界近代石油钻井之父"，在人类文明的长河中具有"历史性、科学性、艺术性和唯一性"。

2006年6月，卓筒井井盐深钻汲制技艺被国务院公布为首批国家级非物质文化遗产；2013年3月，卓筒井被国务院公布为第七批全国重点文物保护单位；2021年12月，卓筒井被工业和信息化部公布为第五批国家工业遗产。

丝路奇幻城。省级重点文化旅游项目，由中恒山海文旅集团发起，联合多家国际旅游知名企业聚力打造国家5A+沉浸式文化互动景区。该项目以"普及丝路文化、发展丝路旅游"为宗旨，以"一步一世界、一次游千年"为主题，展现丝绸之路沿线著名旅游景点，是全国第一个同步拥有海、陆、空立体体验的"三天两夜游"沉浸式旅游综合度假区。

浪漫地中海。省级重点文化旅游项目，由七星能源投资集团投资建设，美国GC高科技公司总体规划设计，按照世界一流标准，着力打造成一个不分昼夜、不受季节和气候影响的高科技体验式国际文化旅游度假区和世界旅游目的地。该项目已被列入联合国环境规划基金会"杰出创意环保项目"、全国100个

● 丝路奇幻城（大英县文化广播电视和旅游局 提供）

● 浪漫地中海（大英县文化广播电视和旅游局 提供）

● 郪江湿地公园（大英县文化广播电视和旅游局 提供）

优选旅游项目、四川省重点项目和市县重点项目。

郪江湿地公园。始建于2012年，于2018年底全面竣工并对外开放。景区由体育公园片区和郪江新城片区两部分组成，分为运动娱乐区、民俗体验区、现代休闲区，涵盖体育馆、射击馆、体育中心广场、卓筒绿道、蓬莱制盐化工厂遗址、永逸商业综合体、和谐金融中心广场等重要景观。

隆盛镇"乐享土门"。大英县隆盛镇"乐享土门"依托遂大快捷通道大英段建立，连接遂宁主城区和大英县城区，为遂大融城发展示范区、省级中药材现代农业园区核心区。近年来，隆盛镇按照县委县政府统筹部署，根据"镇园结合、产村相融、一体发展"思路，辐射带动周边14个村发展特色道地中药材10000余亩，发展特色水果、优质蔬菜10900亩，同步发展"乐享土门"沿线六个村全季节乡游采摘等乡村旅游活动，建成特色乡村旅游"药香新村"。

卓筒井镇"宋井桃源"。"宋井桃源"项目位于大英县卓筒井镇为干屏村，以宋代"卓筒井"文化为底色，万亩甜桃产业核心区为支撑，2021年立项过规，2022年3月全面拉开建设，同年9月28日盛大开园。项目以"宋驿""宋村""宋节"三大组团复现宋风古韵，外引内育开发出27种业态，形成"吃、住、游、购、娱"一体，"阳春白雪""下里巴人"全层次覆盖的一条龙全链条保障服务，开园至今被各类新闻报道、网络推文、媒体视频推荐1200余次，承接中央及省市各级调研考察、论坛会议等活动100余次，接待游客100余万人次。

风味美食

唐氏河鲜鱼庄。位于大英县蓬莱镇太吉大道，是一家以河鲜鱼为主要原料的现代餐饮店。该鱼庄结合川渝两地"邮亭鲫鱼"的传统技法，并加以研习、创新，打造出包括"红烧甲鱼""酸汤乌鱼片""麻辣石板鱼"等在内的多种鱼类特色菜品。

九歌庭园生态火锅。位于3A级旅游景区东方

● 九歌庭园生态火锅（大英县文化广播电视和旅游局 提供）

生态博览园内，为沿湖而建的火锅庄园，包厢和大厅都位于水上，"凉亭式"的包厢，四面通透，湖岸夜景风光一览无余。

乡镇特色美食

卓筒井粉蒸肥肠。市级非物质文化遗产，新中国成立初期以左家粉蒸肥肠出名，沿用至今。

河边镇蒋老四搭搭面。纯手工面，既可作为主食，也可作为快餐。

天保镇苦荞糯米炖猪肚。糯米炖猪肚加上健脾开胃的苦荞，营养又养生。

蓬莱镇红林腊肉。将花椒、八角、桂皮等多种香料混合煸炒，碾成粉末，加入卓筒井深沉之盐卤，趁热力未散，均匀涂抹于猪肉上，再进行腌制。

金元镇红烧鸡。"无鸡不成宴，无鱼不成席"，中国人的餐桌上少不了这两样食材，不仅味道鲜美，寓意也很好，预示着大吉大利、顺顺利利。

隆盛镇一刀菜。又称"头刀菜"，是当地一道"重口味"名菜，深受本地人喜爱，不过却令外地人惊讶，因为它的原材料是乳猪的睾丸。在农村，小猪产下不足一月便须"去势"摘掉仔公猪的睾丸和仔母猪的卵巢，这是小猪们来到世间必受的第一刀，故称"头刀菜"。

象山镇象山母猪壳。即鳜鱼，也称野生小鳜鱼，"母猪壳"为当地俗称。"母猪壳"为冷水鱼，肉质细嫩丰满，肥厚鲜美，内部无胆，以少刺而著称，故为鱼种之上品。

玉峰镇小龙虾。玉峰镇位于大英县西北部，地处浅丘地带，地域广阔，这里的小龙虾肉质鲜嫩，蒜椒油是秘制武器，浇在小龙虾的身上，香味诱人。

发展定位

筑牢"成渝之星"支撑，聚力"大美大英"建设，在对标竞进中谱写全面建设社会主义现代化大英新篇章。

发展目标

未来五年，主要目标任务是：经济高质量发展实现新突破，财政收入稳步增长，科技对经济增长贡献率持续上升；改革开放不断深化，重点领域和关键环节改革取得重大成果，开放型经济发展取得新突破；新型工业化、信息化、城镇化、农业现代化同步发展，制造业逐步迈向中高端水平，数字经济等新产业新业态快速成长，城乡融合发展取得突破；基本公共服务均等化水平得到新提升，群众精神文化生活日益丰富，居民人均可支配收入显著增加，共同富裕迈出坚实步伐；生态文明建设取得新成效，绿色生产生活方式加快形成；社会主义民主法治更加健全，社会治理效能得到新提升，高水平平安大英建设不断深化。

到2035年，基本实现社会主义现代化。全县经济实力、科技实力和综合竞争力大幅跃升，人均地区生产总值、居民人均可支配收入迈上新台阶；创新能力不断增强，基本实现新型工业化、信息化、城镇化、农业现代化，城乡融合发展取得显著成效，对外开放达到新高度；社会治理体系更加健全，治理能力显著提升，基本建成法治大英；文化软实力和旅游吸引力显著增强，建成新时代文化强县、旅游强县；绿色生产生活方式广泛形成，生态环境持续改善；现代综合交通运输体系更趋完善，交通强县基本建成；群众生活品质持续改善，农村基本具备现代化生活条件，人的全面发展、全体人民共同富裕取得更为明显的实质性进展。到21世纪中叶，全面建成社会主义现代化强县。

（撰稿：岳盛梅 罗瑶 审稿：母才琪 胡世永）

内江市

基本情况

内江位于四川盆地东南部、沱江下游中段，位于东经104°15′~105°26′，北纬29°11′~30°02′。东连重庆，南邻泸州、自贡，西接眉山，北通资阳。东汉建县，曾称汉安、中江，隋文帝时改称内江，距今已有2000多年的历史。历史上以生产蔗糖、蜜饯闻名，素有"甜城"美名。现辖市中区、东兴区、隆昌市、资中县、威远县、内江经济技术开发区和内江高新技术产业开发区，辖区面积5384.8平方千米，辖70个镇、13个街道办事处，总人口402.8万。政府驻地内江市市中区玉溪街道新华路20号。

地形以丘陵为主，东南、西南面有低山环绕。海拔350~450米间的丘陵约占90%。地质构造属新华夏系沉降带的一部分，褶断规模小。地表由较平缓的紫色砂岩组成，经水侵蚀，多呈浑圆状和垄岗状浅丘；丘间沟谷狭长平直，从丘顶到沟谷多为梯形缓坡，构成层层台阶。台阶表层以泥土、粗砂土和红砂土、豆面泥土、黄泥土为主，这些土壤保水良好，抗旱力强，有利于农作物生长。俩母山海拔834米，是内江海拔最高点，也是流向沱江水系的清溪河和流向岷江水系的越溪河的分水岭。

属亚热带湿润季风气候。具有冬暖春早、夏热秋雨、四季分明、降雨量丰富、空气湿润、雨热同季、日照少、多云雾、少霜雪的特点。

内江自古文人荟萃，才俊辈出，尤以"内江十贤"为杰出代表。"内江十贤"即"一师二相三状元四大家"，一师即东周杰出的天文学家、音乐家、孔子之师苌弘；二相是南宋宰相赵雄、明朝礼部尚书兼文渊阁大学士赵贞吉；三状元为唐朝开元年间作《花萼楼赋》被唐玄宗赞为第一的范崇凯、有"小东坡"之称的南宋状元赵逵、开四川教育之先河的末代状元骆成骧；四大家即"南禅高僧"，昭觉寺开山祖师丈雪和尚，被誉为"五百年来第一人"的国画大师张大千，中国现代新闻史上的"新闻巨子"范长江，被孙中山授予"大将军"称号的喻培伦。

内江民俗文化丰富，有盘破门武术、牛灯舞、石坪山歌、火龙、云顶鬼市等民间风俗，有资中杖头木偶、烙画、夏布画绣、土陶、青石雕刻等传统民间工艺。

历史沿革

内江是历史上开发较早的巴蜀腹心之地。据1951年出土的"资阳人"头骨化石和其他一些石器、陶片及植物标本等文物证实，距今约3.5万年至4万年前，今内江所在沱江流域即有人类生息繁衍，并逐步形成原始部落群体。远古的内江为尧时资国封地，夏商时期为梁州之地，周朝为雍州之地，春秋战国时分属巴国、蜀国管辖，秦代为巴郡、蜀郡辖地。西汉建元六年（公元前135年），域内首次设置资中县。东汉永建年间，划出资中县以南地域设置汉安县。南北朝时期后魏废帝二年（553年），析武康郡之阳安县（今简阳市境内），首次设置资州。北周天和二年（567年），汉安县更名为中江县。隋开皇元年（581年），隋文帝避父讳（其父杨忠），阅览中江县地图，见县城江水环绕，遂将中江县更名为内江县。

后周武成二年（560年），资州治地由阳安县迁资阳县并置资中郡，保定年间于此置盘石县。隋开皇七年（587年），资州治地从资阳县迁至盘石县，州、郡、县同治今资中县重龙镇。元初，州、郡、县俱废；元至正二十二年（1362年），复置资州。明洪武四年（1371年），降资州为资县。清雍正五年（1727年），资县升为资州直隶州。

民国三年（1914年），撤销资州。民国二十四年（1935年），川政统一，四川实行督察区制。现内江市所辖县（市、区）除隆昌市外，均属四川省第二行政督察区（治地资中）。1949年12月5日至16日相继解放。

1949年12月21日，川南行署区资中行政督察专区建立，辖内江、资中、资阳、简阳、荣县、仁寿、井研、威远八县。1950年2月，改"资中行政督察专区"为"内江行政督察专区"，同时划出井研县，内江行政督察专区辖内江、威远、荣县、仁寿、简阳、资阳、资中等7县。1951年7月17日，设置内江市（县级市），以内江县城区及近郊为行政区域。内江专区辖1市、7县。1952年8月，内江专区隶属四川省。1958年，仁寿县划归乐山专区；遂宁专区所属安岳县、乐至县划入内江专区，至此，内江专区辖内江市和内江、资阳、简阳、荣县、资中、威远、安岳、乐至8县。1968年7月1日，内江专区更名为内江地区。1978年，荣县划归自贡市，隆昌县划入内江地区。内江地区辖内江市和内江、资阳、简阳、资中、威远、安岳、乐至、隆昌8县。

1985年2月，撤销内江地区和内江市，设立地级内江市和市中区。1989年11月，撤销内江县，设立内江市东兴区，内江市辖市中区、东兴区和资中、资阳、简阳、威远、隆昌、安岳、乐至7县。1998年2月26日，设立资阳地区，将原内江市管辖的资阳、简阳、安岳、乐至划归资阳地区管辖，调整后的内江市辖市中区、东兴区、资中县、隆昌县、威远县。1992年，设立内江经济技术开发区。2013年，托管市中区部分街道办事处。2014年5月，成立内江高新技术产业开发区。2018年，托管东兴区部分地区，实行计划单列管理。2017年，撤销隆昌县，设立县级隆昌市，内江市辖市中区、东兴区、隆昌市、资中县、威远县、内江经济技术开发区和内江高新技术产业开发区。2019年，实行乡镇区划调整，全市从107个镇、乡调整为70个镇，从14个街道调整为13个街道。

重要资源

植物资源。属亚热带常绿阔叶林带，气候温和，雨量充沛，适宜多种植物生长。树种类别有60个科、119个属、194个种。森林植被主要有针叶林、阔叶林、竹林、灌木林等。内江的气候和土壤宜于农作物生长，是四川省粮食和经济作物的集中产区之一。粮食作物水稻居第一，以栽培一季中稻为主，其次是玉米、红苕和小麦等。经济作物主要有油菜、花生、黄麻、甘蔗等。园艺作物品种繁多，以柑橘等最为丰富、产量高。

动物资源。家养动物有猪、牛、羊、兔、鸡、鸭、

鹅等，其中以鸡、鸭、鹅饲养最多；昆虫类有蜜蜂、蚕；鱼类有鲤、鲫和先后引进的草、青、鲢、鳙等30余个品种。全市荒山林较少，野生动物难于栖息繁殖，现有野生动物240多种，主要有麻雀、斑鸠、乌梢蛇、青蛙、黄鳝、泥鳅以及野猫、野鸡、野兔等。

矿产资源。能源矿产有煤、天然气、油页岩、石油、页岩气等；非金属与建材矿产有石灰岩、石砂岩、页岩、耐火黏土、铝土矿、大理石、河沙、砾石与陶瓷黏土等；金属矿产与稀散元素有铁、钾、金等以及盐矿、钾矿、煤层中共生的铝、镓、铷、锂等分散元素；化工矿产有盐矿和含钾水云母黏土矿等；水气矿产有矿泉水等。

基础设施

位于成都、重庆两大城市的中间地带，在成渝经济区"居中独厚、南北交汇、东连西接"，是区域间梯度传递、互动协调的重要枢纽和战略支撑点。随着成渝铁路客运专线提速、川南城际铁路运营，内江到成都、重庆，到天府国际机场，到川南各市的30分钟快速生活圈逐渐形成。内江与成渝"双核"的综合互动能力强，已融入成渝地区双城经济圈建设、西部陆海新通道建设和长江经济带发展等国家重大战略部署。

内江是交通运输部规划的国家公路运输主枢纽之一、四川省第二大交通枢纽和西南陆路交通的重要交汇点。新中国第一条铁路成渝铁路和全国第二条高速公路成渝高速公路贯境而过。境内已形成"五纵四横"铁路网布局（五纵——内昆铁路、隆黄铁路、资威铁路、归连铁路和连乐铁路、绵泸高铁；四横——成渝铁路、成渝高铁、成内自宜高铁、渝自雅铁路）。境内拥有G76厦蓉、G85银昆、G4215蓉遵、S41遂宜毕、S56内荣、S66隆汉、S4成宜昭、SK绕城高速路等高速公路；G247、G321、G348等普通国道；S210、S212、S213、S308、S309、S401、S426、S427等普通省道；全市已实现县县通高速，100%的乡镇和建制村通硬化路和通客车。

全市共有各级各类学校1063所，专任教师3.34万人。有体育场地7800个，国家高水平体育后备人才基地1个，业余体育学校6个。

全市有各级各类卫生机构160个，卫生机构床位数2.63万张，卫生技术人员1.48万人，人均预期寿命77.64岁。

全市有公共图书馆6个，文化馆6个，美术馆1个，博物馆3个，综合文化站120个，广播电视台4座。有全国重点文物保护单位7处，省级重点文物保护单位42处。

主要产业

先进材料产业。形成了以川威集团（成渝钒钛）为代表，发展钒合金、钒钛合金等优、特、新含钒、钛金属材料的钒钛和含钒新型材料体系；以威玻集团为代表，发展高性能特种玻璃纤维为核心的高性能复合材料体系；以中建材、劲腾环保、白塔集团等为代表，发展新型LOW-E玻璃、先进功能陶瓷和装配式建筑等产品的先进建筑材料体系；以羽玺先进材料、凤凰高新、恒恩新材料为代表，发展离型膜、保护膜及其他高分子功能膜、新型塑胶、无卤阻燃改性材料、新型复合管材的新型功能材料体系，先进材料产业体系不断发展完善。

装备制造产业。以汽车零部件制造业为主，涵盖轨道交通、智能装备、关键基础工艺和基础件等多个方面。其中，金鸿曲轴、天视车镜已成为全国"单打冠军"，山川精密焊管减震器跻身全国前三强，中铁建是目前全国唯一一家一次性通过高速铁路扣件

系统产品认证,也是四个产品国家行业标准起草单位,是国内最大的铁路工务器材生产企业,研发的客货混跑技术世界第一。目前,全市车用曲轴年产量占全国市场的21%以上,后视镜、车用弹簧、车架占西南市场的60%以上。

食品医药产业。食品饮料产业有规模以上企业49家,主要分布在肉类、酒类、饲料、果蔬加工、饮料茶叶、粮油加工、酿造调味品、食糖制品等八大行业。成功培育了隆昌旺旺、四川佳美食品、黄老五食品、金四方果业、华润雪花啤酒(内江)、万林冷食品、威宝食品、山古坊食品等食品企业。内江已形成中成药、中药饮片、化学原料药及制剂、生物制药、医疗器械、药用包装材料和中药种养殖业等七大门类。有生产批准文号的人用药品品种314个,纳入国家(省)基本药物品种94个,有生产批准文号的动物用药品种1667个。全市已发展天冬、丹参、黄精、半夏、白芷等34个具有一定规模的中药材种植基地30万亩,常年生产药(用)品百余种,产品种类和剂型较为丰富,在全省乃至成渝地区优势突出。

绿色能源产业。绿色能源产业主要包括发电产业、页岩气产业和氢能产业。发电产业方面,目前全市发电装机总量约105万千瓦,并持续发展燃气发电项目,内江白马2×475兆瓦燃气轮机创新发展示范项目已开工建设。页岩气产业方面,据勘测,全市页岩气埋深小于4500米的页岩气资源量约2.2万亿立方米,探明储量5477亿立方米,居全国第二位,年产量已突破50亿立方米,预计到"十四五"末产气量将达到65亿~85亿立方米。氢能产业方面,内江是"成渝氢走廊"的重要节点城市,已被纳入《四川省氢能产业发展规划》,并已经启动西部首条氢燃料电池重卡示范线。另外,内江冶金焦化副产氢量大,全市焦炉煤气产量达65万 m³/天,如果用于制氢,每天可产氢气3.3万立方米。

电子信息产业。内江是四川省首批两大电子信息产业配套基地之一,经过多年的快速发展,电子信息产业实现了"从单一产品到成链发展、从单个企业到产业集群、从低端产品到高端技术"的重大转变,形成了以笔记本外壳、半导体清洗服务、液晶显示模组、信息安全、集成电路封装测试、电子元器件为主的产业链条。全市现有明泰电子、长川科技、中显智能等规模以上电子信息企业20余家,已建成四川唯一的省级政务云异地灾备中心、全国第一个地级市国家北斗信息产业园、全国首个国家毫米波雷达综合应用试验城市,在全省率先建成"全光网城市",成为全国"信息惠民"试点城市,全国"宽带中国"示范城市。

现代农业产业。内江是国家商品粮生产基地、国家瘦肉猪商品生产基地、四川粮经作物主产区,是全国最大"内江黑猪"种群基地、最大无花果全产业链集中发展区、最大血橙生产基地和全省最大国家级稻渔综合种养示范区。拥有"中国黑猪(内江猪)之乡""中国血橙之乡""中国无花果之乡""中国鲶鱼之乡"四张金字招牌。目前,全市建成农业园区111个,共计81万亩,其中万亩以上园区27个,共计56万亩,纳入创建国家级现代农业产业园创建名单2个,认定省星级现代农业园区4个、市级18个、县级32个,成功创建国家农村产业融合发展示范园1个,纳入创建第三批国家农村产业融合发展示范园名单1个,内江国家农业科技园区被评为全国"优秀园区"。

现代服务业。内江新签约新加坡长润集团大宗物资西南区域结算总部等重大项目3个,全面建成保税物流中心(B型),成功获批内江新区蓉欧公用型保税仓库并正式启用,签约入驻中车资阳机车公司、易初莲花等两家企业,内江成为全省唯一一个

● 大千园旅游区（内江市文化广播电视和旅游局 提供）

保税物流中心（B型）软件硬件条件达到验收标准的城市。全市服务外包呈加快起势、发展提速、集聚发展的良好态势，服务外包企业总数达到33家。爱琴海购物公园、奥特莱斯购物广场等重点项目加快建设，吾悦广场、万晟汇、爱尚里等消费项目建成投运。国家级、省级电子商务示范县（市、区）达到7个。明确了"一港三园"的现代物流产业创新发展空间布局，物流产业集群和园区逐步形成。

文旅品牌

大千园旅游区。国家4A级旅游景区，位于内江市东兴区，与川南第一广场"大洲广场"隔江相望，

● 范长江文化旅游园区（内江市文化广播电视和旅游局 提供）

● 石牌坊旅游区（内江市文化广播电视和旅游局 提供）

占地280亩，是集文化、宗教、旅游、美食、休闲、文旅产业为一体的开放式主题园区。园区旅游资源丰富，设施完善，功能齐备，拥有张大千纪念馆、张大千美术馆、张大千故居、张大千博物馆及文化名人馆，荣获四川省文化产业示范基地、首届四川省（文旅类）名片、四川省特色文化旅游品牌企业、四川省对台文化交流示范基地、四川省青少年社会实践教育基地等称号。

● 黄鹤湖旅游区（内江市文化广播电视和旅游局 提供）

● 古宇湖旅游区（内江市文化广播电视和旅游局 提供）

范长江文化旅游园区。国家4A级旅游景区，位于内江市东兴区田家镇，为纪念新中国新闻学家、社会活动家范长江同志，结合新农村建设而新建的文农旅综合性园区，是全国爱国主义教育基地。以传承和弘扬长江精神为理念，突出长江新闻文化、川南民俗文化、田园农耕文化三大特色，由范长江生平事迹陈列馆、长江故里社会变迁馆、长江大课堂和长江现代农业园组成。

石牌坊旅游区。国家4A级旅游景区，位于内江市隆昌市城区，由南关古镇、北关景区和莲峰公园组成。隆昌石牌坊现存17座，距今已有五百余年历史，是集历史、文学、力学、建筑学、美学为一体的明清建筑精粹，素有"立体史书"之称，是国家重点文物保护单位，具有极高的科学艺术价值、社会教育价值和旅游观赏价值。

黄鹤湖旅游区。国家4A级旅游景区，位于内江市市中区永安镇，由2个游客中心、黄鹤湖国家级水利风景区、川南大草原、尚腾新村、永安现代农业园区等组成，有画家村、草原湿地、滨湖酒店、房车露营地、滑草场、跑马场、葡萄采摘园、国家级垂钓基地等景点，是集文化创意、旅游观光、休闲度假为一体的综合性旅游区。

世界无花果博览园旅游区。国家4A级旅游景区，

● 世界无花果博览园旅游区（内江市文化广播电视和旅游局　提供）

● 威远石板河旅游区（内江市文化广播电视和旅游局　提供）

● 罗泉古镇旅游景区（内江市文化广播电视和旅游局　提供）

位于内江市威远县向义镇四方新村，由游客中心、无花果走廊、采摘科普区、精品民宿区、戏水游乐区等构成，有四方湖、李时珍广场、无花果研究所、创客中心等景点，汇聚了以色列、美国、法国等国家无花果优质品种63个，集中展现了世界各地的无花果产品和文化风情。

古宇湖旅游区。国家4A级旅游景区，位于内江市隆昌市古湖街道古宇村，是国家水利风景名胜区、国家湿地公园、省级风景名胜区。湖区水域面积5.4平方千米，湖中岛屿和半岛众多，四周松林环绕、候鸟云集，素有"川南明珠""候鸟乐园"之称。每年秋冬时节，近10万只候鸟在此栖息，是四川境内极佳的冬季观鸟胜地。

威远石板河旅游区。国家4A级旅游

● 乐贤半岛旅游区（内江市文化广播电视和旅游局 提供）

景区，位于内江市威远县连界镇，地处"世界第七大旅游地质奇观"威远穹隆地貌核心区，河床经河水长年累月冲刷，底部平坦，河水清澈，全长7千米，有"中国最长石板河"之称。有碧水长滩、响滩子瀑布、水帘飞虹、水舞山涧、戏水战场等景点，是戏水踩水的乐园、避暑游玩的天堂。

乐贤半岛旅游区。国家4A级旅游景区，位于内江市市中区乐贤工业园区，坐落于美丽富饶的沱江之滨，以沿三元山脉展开的巴蜀古驿道为轴线，串联周边文化观光体验区、精品动植物观光区、主题游乐体验区、滨江湿地休闲区。由塔山特色小镇、三元塔、大千欢乐世界主题游乐园、乐贤半岛沱江右岸文化生态带等组成。

罗泉古镇旅游景区。国家4A级旅游景区，位于内江市资中县罗泉镇场镇，始建于三国时期，依溪而建，古朴幽深，似"蛟龙"，有"川中第一龙镇"之称，是国家级历史文化名镇和中国100个千年名镇之一，有全国唯一敬奉管仲的盐神庙等"九宫一寺八庙"，因辛亥革命保路运动中著名的"罗泉会议"而载入中国近代史。

风味美食

内江蜜饯。据《内江县志》介绍，蜜饯最早是由家庭主妇将各类瓜果、蔬菜、药材放进锅内，用制冰糖产生的冰水熬煮而成，民间称这类制成品为"煮货"。内江蜜饯自1676年起开始制作，原料有瓜果、蔬菜、药材等，具有"色泽透明、饱糖饱水、滋润化渣、味美香甜"的特点。到了清末时期，独特的蜜饯制品已是声名远扬。

制作蜜饯时先将原料剥皮去核、制坯、浸漂、软化，再放入沸水中去煮，减除涩味。最后将漂煮后的坯子放入糖汁中煮熬，进糖后即可起锅入缸储存。数日后，将坯子加热起飞丝，冷却后，裹上白糖即成。

内江蜜饯品种繁多，各具特色，先后获得过各种奖项。2005年2月，"内江蜜饯"传统制作技艺被列入内江市市级非物质文化遗产保护名录。2009年7月，被列入四川省省级非物质文化遗产保护名录。

罗泉豆腐。资中罗泉豆腐以其鲜美独特的口感和丰富的营养价值，成为远近闻名的美食。罗泉豆腐之所以好吃，最重要的就是当地的泉水。罗泉的达摩山和营盘山出矿泉，泉水清，内含多种对人体有益的矿物质和微量元素。用泉水制作的豆腐，状若凝脂，洁白如玉，具有细、白、嫩、绵四大特点，吃来细嫩爽滑、口舌生香。

罗泉豆腐宴席全用豆腐做菜，花色品种难以细数，煎、炒、炸、烩、烧、氽、蒸各种形式、风味各异。可烹调出如麻婆豆腐、烂肉豆腐、锅边豆腐、口袋豆腐、六面黄豆腐、三鲜豆腐、桂花豆腐、鱼香豆腐、凉拌豆腐、豆腐包子等几十个品种。罗泉人还将豆腐制成风味独特、便于携带的豆腐干、豆腐乳等作为地方旅游特产，早在明清时期就已成为巴蜀一绝。

大千干烧鱼。大千干烧鱼的做法是选用鲜活的鲤鱼，选肥三瘦七比例的猪肉，调料重用三椒一酱（花椒、胡椒、泡辣椒、豆瓣酱）。烹制时采取半煎半炸的做法，使鱼肉鲜嫩，色浅黄，成全鱼形美。制作时用大、中、小火慢慢烧，使鱼形体完整不烂，色泽红亮，而吐油时再收汁入味。

大千干烧鱼早在20世纪90年代就被四川省授予"四川名菜"的称号。2000年，被选入中国名菜谱，是大千风味菜肴中最受喜爱的风味菜品之一。

隆昌羊肉汤。隆昌羊肉汤汤色雪白浓郁，具有高蛋白、低脂肪、不膻不腥、味道鲜美、肉质细嫩、温胃御寒、营养价值高等特点。隆昌羊肉汤制作看似简单，实则非常考究，每家羊肉汤馆都有自己熬汤和调制蘸料的配方，因此每家羊肉汤馆都有其特有的味道。其制作方法一般是用大锅文火熬羊骨汤，熬一个小时左右除去汤面杂质，使羊骨汤变得纯白。将羊肉、羊杂另放一个锅内煮，熟后捞出切片备用。根据客人需要取出切好的羊肉、羊杂放入熬羊骨汤的大锅中煮热，捞起装碗再冲满羊骨汤，撒上葱花或香菜，配一个豆瓣酱蘸碟，端上桌来热气腾腾、香味扑鼻，令人食欲陡增。

隆昌红烧鸭。制作隆昌红烧鸭一般选用3斤左右的仔麻鸭或其他本地土鸭。鸭子宰杀洗净后剁成小块放入盆中，用生姜末、老抽、料酒、食盐等腌制，并将子姜、洋葱、泡辣椒、泡姜等切成丝或片，蒜拍碎切成细粒状待用。将油锅烧热后加入少量花椒，然后倒入腌制好的鸭肉，大火爆炒至颜色变深。起锅后，滤出热油，继续烧开锅内的油，加入子姜片，再陆续加入洋葱丝、蒜末、泡姜、泡辣椒翻炒均匀，使其产生香味。然后将爆炒后的鸭肉块倒入锅内，加入少量八角、老姜、桂皮及郫县豆瓣酱，继续翻炒。待鸭肉呈现金黄色时，加水没过鸭肉，并适当加一点干红椒、料酒、生抽等，之后用大火烹煮，在锅内翻滚几分钟后，改用中火吸汤汁，待汤汁吸收到一定程度时，将切成斜条状的青辣椒加入，再烹煮片刻即可装盘。

内江牛肉面。内江牛肉面面条细滑，牛肉香、麻辣味浓，是内江美食不可或缺的组成部分，素有"巴蜀小吃之首"的美誉。内江牛肉面好吃的原因，一是选用了被称为"水叶子面"的机制面，二是辣椒油炼得好，三是牛肉炖得好。

制作牛肉面，先将牛肉切成两厘米的方块，入油锅加姜、蒜爆炒后放入豆瓣酱炒香，加水烧约两个小时收汁备用。煮面时先在碗内放入花椒面、熟油辣椒、酱油、味精、韭黄、葱花，以及捣碎的姜蒜泥，适量加猪骨汤。锅中水烧开后，将面条放入锅内煮1分钟左右起锅，挑起放入大碗内，然后将烧好的牛肉浇在面上，撒上香菜即可。

板板桥油炸粑。内江市著名地方特色小吃，起源于清道光年间，距今约有180年历史。其制作过程是将糯米泡软蒸熟后，捏成拳头大小的团，然后将豆沙馅包进糯米饭团中压成饼状，投进滚烫的油锅中炸至金黄即可。油炸粑呈灯盏窝形、色泽黄亮、外酥内软、油而不腻，趁热吃口味尤佳，受到了南来北往食客的高度赞誉。2015年，板板桥油炸粑被列为内江市非物质文化遗产。

发展定位

根据《内江市国民经济和社会发展第十四个五年规划和2035年远景目标纲要》，内江在"十四五"时期，坚持稳中求进工作总基调，以推动高质量发展为主题，以深化供给侧结构性改革为主线，以改革创新为根本动力，以满足人民日益增长的美好生活需要为根本目的，立足新发展阶段，坚持新发展理念，全面融入新发展格局，深入落实"一干多支、五区协同""四向拓展、全域开放"战略部署，以成渝地区双城经济圈建设为引领，全力实施先进制造业强市战略，加快建设成渝发展主轴重要节点城市和成渝特大城市功能配套服务中心，统筹发展和安全，推进治理体系和治理能力现代化，实现经济行稳致远、社会安定和谐，为开启内江全面建设社会主义现代化新征程开好局、起好步。

发展目标

"十四五"内江经济社会发展主要目标：

经济发展迈上新台阶。 全市地区生产总值年均递增速度保持高于全省平均水平。产业结构进一步优化，制造业比重保持相对稳定。常住人口城镇化率年均提升幅度达到全省平均水平。县域经济发展水平整体上台阶。

改革开放开创新局面。 要素市场化配置改革取得实效，社会诚信体系不断健全，营商环境明显改善，市场主体活力不断增强。中国（四川）自由贸易试验区协同改革先行区建设取得突破，区域协作机制不断健全，加快形成立体全面开放新态势。

民生福祉实现新改善。 城乡居民可支配收入增速高于全市经济增速、高于全省平均水平。城乡基本公共服务均等化水平稳步提高，社会保障体系更加完善，社会托幼抚育体系和应对老龄化政策体系不断健全。

文明程度得到新提升。 公共文化服务体系进一步完善，文化事业全面发展，新时期内江城市精神和文化形象培塑取得实效。

生态建设迈出新步伐。 科学划定并落实城镇、农业和生态空间红线，深化重点领域污染治理，能源和水资源消耗、建设用地、碳排放总量得到有效控制，生态文明制度不断健全，绿色生产生活方式蔚然成风。

治理效能取得新突破。 人民民主不断扩大，各项事业全面纳入法治化轨道。治理体系和治理能力现代化加快推进，防范化解重大风险工作机制不断健全，发展安全保障更加有力。

（撰稿：甘德明　吴杰　审稿：张蔼　朱武雄）

01 市中区

基本情况

市中区位于四川盆地川中丘陵地带中南部，沱江中下游右岸，东经 104°04′~105°05′，北纬 29°25′~29°40′之间。一般海拔 320~350 米，平均海拔 339 米，城区平均海拔 324 米，是四川盆地低值区之一。地势总趋势是西北高、东南低，其高程自西北向东南呈起伏下降，为典型的切割形地形地貌特征。地貌单元可划分为河谷阶地、丘陵。

东、北部隔沱江与东兴区相望，南部与自贡市大安区相邻，西南部与威远县接壤，西北部与资中县毗邻。辖白马镇、史家镇、凌家镇、朝阳镇、永安镇、全安镇、龙门镇 7 个镇，城东街道、城西街道、玉溪街道、牌楼街道、乐贤街道 5 个街道办事处；84 个村、44 个社区；辖区面积约 333 平方千米。

2022 年末，据区公安分局统计，内江市市中区实际管理区域内户籍总人口 41.01 万人。内江市市中区政府坐落于内江市市中区人民路 79 号。

历史沿革

1949 年 12 月 6 日，内江县解放。12 月 21 日，川南行政公署资中区行政督察专员公署成立，内江县隶属资中区行政督察专员公署。

1950 年 2 月 1 日，资中区行政督察专员公署更名为川南行政公署内江区行政督察专员公署，内江县隶属内江区行政督察专员公署。

1951 年 7 月 17 日，设立内江市（内江专署辖区），以原内江县城区及东兴镇为内江市行政区域。9 月 25 日，内江市人民政府正式成立。

1952 年 9 月，内江市隶属四川省内江区专员公署。1968 年 7 月 1 日，内江市隶属内江地区。

1985 年 2 月 11 日，撤销内江地区，内江市升为地级市，并设立内江市市中区，以原内江市的行政区域为内江市市中区的行政区域。5 月 29 日，内江市（县级）第八届人民代表大会第三次会议决定，内江市人民政府更名为内江市市中区人民政府。6 月 1 日，中共内江市市中区委、内江市市中区人民政府正式挂牌办公，行使职权。至 2022 年底，内江市市中区建置无变化。

重要资源

矿产资源主要有盐矿、沙金、天然气和铁矿，但均因储量小而未开发。建筑材料有河沙、鹅卵石、石料、页岩等，河沙、鹅卵石储量分别达 2000 多万吨，主要用作普通建筑材料。石料质地较好，主要用于铁路、公路、房屋建筑。页岩多为棕紫色，质地纯净，容易粉碎，是机制砖、瓦的上等原料。

年平均地表水资源量为9980万立方米，年最大地表水资源量为25180万立方米。地下水资源量1710万立方米，可开采量1152万立方米。水能理论蕴藏量32596千瓦，可开发量20035千瓦。建有小型水力发电站6座，总装机7台，容量725千瓦，均分布在乌龙河上。

生物资源丰富。乔木、灌木树种有73科147属243种，草本花卉有28科32属46种。珍稀植物有一级保护树种水杉，二级保护树种杜仲、银杏，三级保护树种桢楠、红豆木、四川润楠等。农作物包括粮食作物、经济作物、蔬菜等。野生动物有20目37科74种。

基础设施

改革开放以来，市中区先后建设临江小区、城南新区等城市新区，甜城大道、石羊大道、滨江东路、松山南路等城市干道，沱江大桥、西林大桥、桐梓坝大桥、新坝大桥、花园滩大桥、邱家嘴立交桥等城市桥梁。2022年，公路总里程1309.67千米，其中，等级公路（含高级、一、二、三和四级公路）1298.23千米；沱江市中区段航道长约64千米。

2022年，共有各类学校99所，其中普通中学15所、小学24所、幼儿园56所、职业中学3所、特殊教育学校1所；有图书馆1个，乡镇综合文化站7个，街道文化中心5个，社区文化活动室44个；有区属医疗卫生机构377个，辖区内还有3所内江市卫健委直管的医疗卫生机构内江市第一人民医院、内江市中医医院和内江市第六人民医院临江分院。

2022年，共有水库17座，其中中型水库1座，小（Ⅰ）型水库3座，小（Ⅱ）型水库13座，总库容3404.44万立方。

主要产业

拥有国家高新技术企业16家、市级高新技术企业23家；中国驰名商标1个，四川著名商标、四川名牌产品共12个；科技企业孵化器累计入驻小微企业87家。形成以新装备产业为引领、新能源产业为重点、新材料产业为支撑、食品制造为驱动、大数据产业为补充的产业发展新格局。推进数字化基础设施建设、数字产业化、产业数字化和数字城市建设等工作。积极推进5G基站建设，至2022年末已建基站495个。

文旅品牌

汉安夏布绣。汉安夏布绣受内江浓厚书画氛围的影响，多以水墨国画为题材，是市中区的特色旅游商品。"风格不二，品位脱俗"既体现了古朴典雅的历史厚重，又符合自然清新的现代审美观，被誉为"中国第五大名绣"。

内江记忆书签。文旅品牌"邻里三千"系列地方特色产品之一，分为方形"烙画"书签和椭圆"内江记忆"书签，在"2019四川省旅游商品大赛"上荣获银奖。方形"烙画"书签选用上等黄杨、崖柏等木材，融入本地烙画、雕刻、彩绘等工艺。椭圆"内江记忆"书签，选用上等科檀、非洲酸枝、黑檀等木材，融入本地雕刻、扁平地标设计。

汉安烙烤画。纸烙画、纸烤画和纸烙烤画（三画统称"烙烤画"）是在继承传统木烙画基础上发展创新的三个烙画新品种，烙烤画源于烙画又有别于传统烙画。纸烤画原原本本保留了传统烙画的原始特性，在加温方式上进行了变革创新，改"烙"为"烤"。纸烤画融入了水的元素，使画面呈现出水痕

●汉安夏布绣（内江市市中区文化广播电视和旅游局 提供）

●内江记忆书签（内江市市中区文化广播电视和旅游局 提供）

● 汉安烙烤画（内江市市中区文化广播电视和旅游局 提供）

瘢剥、淋漓洒脱、奇幻多变的独特肌理效果。极富水墨画神韵，天然成趣，十分耐看，有极高的艺术价值和观赏价值。

风味美食

马氏酥枣兔。四川老字号"马氏酥枣兔"筛选优质壮老家兔，巧用数十种名贵川、藏中药和香料精心调制，其色泽如红枣鲜美，入口香脆化渣，食之香味持久，回味无穷，乃馈赠佳品。2001年，在中国国际农业博览会上荣获"名牌产品"称号。2011年，"马氏酥枣兔"传统手工技艺被列入"内江市第四批非物质文化遗产名录"。

"一品德"风干鸡。精选本地优质放养土鸡，用一品德特制的纯天然香料腌制，放置在露天风干架或风干大棚自然风干，再经过杀菌、质量检测、包装步骤制成。独特的祖传秘方和手工技艺，使得风干鸡的表面呈酱黄色，扑鼻的香味使人大增食欲，有着独特的风味，口感有劲，味道鲜美，深受老百姓喜爱。

"一品德"酱豆腐。以豆腐为原料，精选无公害大豆经过浸泡、磨浆、制坯、培菌、腌坯、配料、装坛发酵精制而成，配料选用中草药、天然香料等

● 马氏酥枣兔（内江市市中区文化广播电视和旅游局 提供）

● 非遗——黄氏吹糖人（内江市市中区文化馆 提供）

● 一品德酱豆腐（内江市市中区文化广播电视和旅游局 提供）

以其传统配方及酿制工艺加工而成。2011年，"一品德"风干鸡和酱豆腐制作技艺被列入"内江市第四批非物质文化遗产名录"。

黄氏吹糖人。省级非物质文化遗产，吹糖人以糖稀（饴糖）或白糖为主要原料，先将糖稀块或白糖用温火熔制成温软的糖块，后以口吹手捏为主，辅以模印，将尚有余温的糖块吹制成人物、动物、植物果实、儿童玩具模型等各种造型。色彩鲜艳、形象逼真、惟妙惟肖，具有很强的民俗色彩、丰富的文化内涵和极强的艺术观赏价值。

发展定位

以供给侧结构性改革为主线，全面深化改革开放，创新驱动发展，推动高质量发展，牢牢锁定"创新开放活力区、现代产业新城、滨水公园城市"发展定位，全面融入成渝城区双城经济圈建设。

发展目标

一个总体目标，即主动融入成渝地区双城经济圈建设，奋力开创城乡融合、产业融合发展新局面。

三大主攻方向，即区域协调发展示范区、开放型经济发行区、高品质宜居主城区建设。突出精准发力，以"三区建设"为主攻方向，以"三大主战场"为发力重点。

六项提升行动，即现代产业提升行动、基础设施提升行动、城市品质提升行动、生态环境提升行动、基层治理提升行动、公共服务提升行动。

（撰稿：宋艳华 审稿：李刚 王东）

02 东兴区

基本情况

东兴区位于四川盆地中南部、沱江中游东岸，地跨东经104°58′～105°25′，北纬29°26′～29°51′之间。东靠重庆市荣昌区，南连隆昌市、自贡市，西隔沱江比邻市中区，北抵资中县、安岳县。距成都153千米，东南距重庆146千米。辖区面积1180平方千米，地理上属川中丘陵地带，地势东北高、西南低，地貌以中丘中谷、浅丘宽谷为主，多数地带海拔300～400米。截至2022年底，全区年末户籍总人口81.16万人，其中，城镇人口21.18万人，农村人口59.98万人。区政府驻地东兴街道龙观街86号。

历史沿革

东兴区原名内江县，东汉置县，名汉安，北周称中江，隋改内江，迄今已有1900多年历史。民国初年，内江县先后属资州、下川南道、永宁道。1922年，直属四川省。1935年，属四川省第二行政督察区。1949年12月15日，内江全境解放，内江县属川南行政区资中行政专员公署。1951年7月，析出内江县城区及近郊置内江市，同属内江专区。1968年9月，内江专区改称内江地区。1985年6月，撤内江地区，建内江市，内江县属内江市。1989年11月，撤内江县，建内江市东兴区。截至2022年底，东兴区（不含高新区）辖3个街道、14个镇，设村（社区）277个，其中社区90个、村187个。

重要资源

东兴区地处四川盆地东南部，沱江中游，境内大小河流40余条，均系沱江水系。沱江干流东兴区境内约65千米，流域面积1131平方千米。第四沉积物和侏罗系砂岩沉积物的天然分布，为水稻、玉米、小麦等粮食作物的种植，甘蔗、花生、油菜等经济作物的栽培，梨、柑、橘、枇杷、桃等水果的生长提供了良田沃土。日照充分，是典型的亚热带湿润气候区。

矿产。东兴区属贫矿区，境内矿产品种少、储量不多。主要有天然气、盐矿、铁矿、沙金、砂石、页岩。天然气已开发利用，盐矿已停止开采，沙金储量减少，铁矿亦少。

天然气。1987年2月，原椑南乡境内龚家寺建造成第一口天然气井。1992年，原新店乡境内亦建成天然气井，日产气3400立方米。

建材。境内沱江岸边灰白色河沙和卵石是优质建材，原小河口、原中山等地均建有砂石生产基地；

● 东兴城区新貌（中共内江市东兴区委宣传部 提供）

● 东兴区汉安大道（中共内江市东兴区委宣传部 提供）

西南部沙溪庙组岩层具有厚度不等的青、灰色长石石英砂岩，也是很好的建材，尤以东观岩、般若寺所产为最佳；区境北部的高梁镇、杨家镇、永福镇等地的蓬莱组底部的紫红色长石砂页岩和细页岩，可开采作建材，主要用于烧制砖、瓦；原小河口镇、新江街道、郭北镇多开采页岩烧红砖。

水资源。区境属长江流域沱江水系，流域内共有河流41条，流域50平方千米以上河流9条，河流总长度约695千米，水域面积约39平方千米；流域内共有水库63座，其中中型水库3座，小（Ⅰ）型水库16座，小（Ⅱ）型水库44座；流域内有1立方米流量渠道4条。

植被。东兴区为丘陵地区，地形地貌为多山坡，少平谷。截至2022年底，全区森林面积2.53万公顷。

基础设施

道路交通基础建设完善。东连重庆，西接成都，南通自贡、宜宾、泸州，北达遂宁、南充，境内成渝、内宜、内遂高速公路以及成渝、隆泸、内昆铁路相连，国道321、省道426、过境高速公路横穿全境，毗邻成

● 西林大桥飞跨沱江两岸（内江市档案学会　官震　提供）

渝高铁内江北站和川南城际铁路内江北站，有"川中枢纽"之称。

截至2022年，公路通车总里程达3337.299千米，所有乡镇、村实现通公路。东兴区内河通航总里程244.55千米，水运码头4个。

东兴区现有公办建制学校83所，校舍总面积66.81万平方米，现有教职工4676人。东兴区现有医疗卫生机构787个，其中医院17个，基层医疗卫生机构763个，专业公共卫生机构7个。

主要产业

东兴区是以水稻、玉米、果蔬、中药材、商品猪、特色水产为主导产业的农业生产大区。全区农业人口74.6万，农村劳动力50.1万个，全区耕地面积91.64万亩。

农业生产方面。2022年，全区完成粮食播种面积103.66万亩，产量36.5万吨。大豆种植面积14.4万亩。蔬菜播种面积35.32万亩。2022年，第一产业增加值53.75亿元，同比增长4.4%；农村居民人均可支配收入20639元，同比增长5.6%。

畜牧生产方面。2022年，新建生猪规模养殖场陆续投产，猪存栏稳中有增。全年累计出栏生猪63.05万头，同比增长6.6%，增幅排名全市第一；期末生猪存栏32.88万头，其中能繁母猪存栏2.87万头；出栏肉牛0.65万头，同比增长3.6%；出栏肉羊12.97万只，同比增长2%；出栏家禽755.26万羽，同比增长0.3%。

渔业生产方面。大力发展特色水产，因地制宜推广稻渔综合种养、池塘内循环养殖等生态健康养殖模式。2022年，全年完成水产品产量3.15万吨，同比增长4.3%；渔业经济总产值11.6亿元，同比增长10.35%。

中医药产业方面。坚持育苗、种植、加工、交易、产品研发、品牌营销、康养旅游"七位一体"发展战略，不断擦亮"中国天冬之乡"金字招牌，积极培育产业发展新动能。目前建设天冬种植园区25个，种植天冬4.8万亩，与十余所科研院校建立合作关系，累计开发天冬产品40余款，申报四川省重点研发项目1项，发展全产业链企业2家。2022年，"内江天冬"荣获国家知识产权局地理标志证明商标，建成"天草润东"天冬品牌形象旗舰馆，四川省中医药科学院内江产业技术分院落户东兴区。打造以天冬为元素，集东兴老街、天冬讲堂、天冬主题馆、研学基地、天冬文创为一体的中医药特色文化街区，积极发展"康养文旅"，吸引中医理疗、中医药馆等中医业态企业入驻，开设天冬系列产品展示展销、天冬羊肉汤品鉴、中医馆专家义诊等"沉浸式"中医药文化体验馆，累计吸引游客3万人次。

工业方面。现有规模以上工业企业42家，其中国家级高新技术企业11家，规模以上工业增加值增长10%。

服务业方面。东兴区以汉安大道为轴线，大力建设电子商务、现代旅游、总部经济、服务外包等服务业集聚区，打造内江新的城市中心、商务中心。全力发展软件与信息技术服务外包产业，打造总面积5万余平方米的软件与服务外包产业园A、B、B1、C四个园区，已成功引进字节跳动、贝塔斯曼、大宇宙等服务外包企业23家，其中世界500强、行业百强8家，为服务外包企业提供席位7000余个。

旅游业方面。东兴区坚持政策引导，全区旅游产品品质不断提升，成功创建天府旅游名县候选县，荣获四川省乡村旅游示范区称号，大千美食节被评为"中国最佳旅游休闲美食节"；先后培育创建国家4A级旅游景区2个、国家3A级旅游景区2个、国家2A级景区1个、国家五星级绿色饭店1家、省级文旅融合示范项目1个、天府旅游名镇1个、省级乡村旅游重点村1个、省级旅游扶贫示范村1个、省级乡村旅游精品村寨1个、四川省研学旅行实践基地1个、省级天府旅游美食1道、四川特色旅游商品大赛银奖2个等文旅品牌。培育了内江富力万达嘉华酒店、内江宝中国际旅行社有限公司、四川大千文化产业发展有限公司等一批优秀文旅企业，东兴文旅产业竞争力进一步增强。同时，结合休闲农业、民俗风情，打造长江现代农业园区、小青龙河休闲绿道、高梁镇杨岭村荷花谷、甜城竹海、双才镇隆新苑休闲山庄、中山桃花园等一批具有代表性的乡村旅游景区（点），乡村旅游发展势头良好。成功举办"花开东兴"旅游季、长江田园各类采摘节、高梁杨岭村荷花节、双才隆新苑桃花节、甜城美食节等旅游节会活动，树立了东兴区乡村旅游品牌。2022年，全区完成文化旅游总投资约10.71亿元。

文旅品牌

东兴老街旅游景区。国家3A级旅游景区，位于东兴区城区，包括大佛寺、挂榜山、甜城湖、东兴老街等景点，集街、寺、山、

● 油菜种植基地（内江市档案学会 官震 提供）

● 中国天冬之乡（中共内江市东兴区委宣传部 提供）

湖文化于一体，构成了山水相依、街桥相连、街寺相融的城市新画卷。原建东兴老街、横街、三圣宫，属典型的清代建筑群，距今已有千年历史。2010年，东兴区按"修旧如旧、传承历史文化、重现原始风貌"的原则对东兴老街进行改造。改造后的东兴街全长250米，多数为三层仿古串架结构房屋，以低矮仿古建筑为主，以条形和四合院式布局，沿袭马头墙、盔顶结构、窗花户棂等清代建筑风格，保持老街原街巷尺度和院落功能，保留茶肆、酒馆、川剧座唱等传统商业形态，是目前内江城区唯一一条展现内江历史文化缩影的老街，被列为内江传承

历史文化、彰显人文特色的八大景点之一,最大限度地再现了东兴老街的原始生活形态。

小青龙河旅游景区。国家3A级旅游景区,位于东兴区高桥片区境内的小青龙河沿岸。项目一期工程从学院路附近至新江街道国光村石桥,共修建7.7千米骑行及步行道、8个驿站及卫生间、入口广场、地下管网、龙山揖翠大桥等主体工程及附属设施,将沿途葛仙胜迹、石笋参云、蘸坊晓月、龙山揖翠、桂湖澄碧、花萼春晖6个景观点有机融入绿道系统中,形成了集亲水、休闲、健身、观光于一体的景区。该景区绿道一期已于2016年12月底全面建成并投入使用,绿道二期也正在建设中。

陡坎瀑布。距离东兴城区约8千米。由于陡坎地处东兴街道办事处新华村六组、高桥街道办事处陡坎村五组、郭北镇、新江街道办事处红旗村等地的交汇处,流经这里的小青龙河被一道石坝拦住,河水漫过拦河堰,形成一道大瀑布直泻而下,轰鸣的水声在幽深的峡谷中回荡,陡坎之名由此而生,同时它也素有"小黄果树瀑布"的美称。

风味美食

丝丝香王凉粉。2013年被列为市级非物质文化遗产项目,属传统技艺类。王凉粉原料纯天然,加上上乘辣椒、油、花椒等配料,本味浓郁,辣而不糙,香而不腻。在传统手工艺的基础上,吸收总结川内众多小吃的调味精髓,独创出具有特色风味的王妈红椒香辣油和秘制调和酱,首创工艺独到的王妈花生凉粉,粉香浓郁,细嫩化渣,食后满口留香,回味无穷。

川糖果子。又名糖油果子,制作工艺十分精细,先将糯米和大米用清水泡7至8个小时,另换清水并加入米饭,用石磨磨成调浆粉,然后加入醪糟汁、小苏打揉和均匀,分成小节子搓成圆球形。锅内烧热,加入红糖熬炼成糖油,再放入糯米球,炸至膨胀并呈金红色时,捞出撒上芝麻即成,外酥内糯,香甜可口,是东兴区街头老少咸宜的甜点小吃。

发展定位

东兴区结合中央、省、市决策部署和东兴区实际,以坚持"服务大局、保持定力;城乡并进、共同富裕"为总抓手,坚持发展壮大中医药大健康、新材料制造、软件与信息技术服务外包三大百亿主导产业,打响"中国天冬之乡"品牌,全面建设"五区四地",奋力谱写中国式现代化东兴实践新篇章,加快建设经济兴盛、城市文明、乡村秀美、人民幸福的新东兴。

发展目标

东兴区经济实力、综合实力、城市竞争力整体提升,建成现代产业体系,产业强区与高质量发展相得益彰,经济总量和城乡居民人均可支配收入迈上新的大台阶。"以产聚才、以才兴业"的生动局面基本形成,"近悦远来"的人才发展环境更加优越,人才强区基本建成。科技创新成为经济增长的主要动力,科技强区取得重大进展。交通强区基本建成,对外开放新优势明显增强,更高水平的开放型经济新体制基本形成。文化强区建设成效显著,国民素质和社会文明程度达到新高度。治理体系和治理能力现代化基本实现,平安东兴建设达到更高水平。生态环境更加优美,经济繁荣、绿色生态、疏朗开放、灵秀博雅的滨水生态宜居地初步建成。社会事业发展水平显著提升,基本公共服务实现均等化,人民生活更加美好,人的全面发展、全体人民共同富裕取得更为明显的实质性进展。

(撰稿:李玲瑞 审稿:马忠明 刘莉)

03 隆昌市

基本情况

隆昌市位于四川省盆地中部偏南，跨东经105°02′~105°26′，北纬29°11′~29°32′。东靠重庆市荣昌区，南邻泸州市泸县，西接自贡市富顺县和大安区，北与内江市东兴区接壤，总面积794.41平方千米。2022年末，城市建成区面积26.2平方千米。市政府驻古湖街道大东街64号。

隆昌市辖11个镇、2个街道办事处和1个省级经济技术开发区；行政村164个、社区61个。2022年，人口总户数27.97万户，户籍人口74.5万人。

隆昌地貌属川东平行岭谷区华蓥山山脉向西南延伸的低山丘陵体系，地处濑溪河和大清流河的分水岭，地势平缓，除背斜低山外，呈北高南低的趋势。全市境内最高海拔为665.8米，最低海拔为290米。境内地貌有平坝、浅丘、高丘、低山四种类型。平坝面积495平方千米，占全市面积的62.34%。

历史沿革

隆昌置县前为隆桥驿。明嘉靖四十五年（1566年），四川省巡抚谭纶奏请割三州县交错地在隆桥驿置县，于夏历十二月获准。明隆庆元年（1567年），建立隆昌县。

隆昌县在明隆庆元年至清嘉庆六年（1567—1801年）属叙州府。清嘉庆七年（1802年），推行道制，隆昌县属川南永宁道叙州府。民国元年（1912年），废道制，隆昌县属叙州府。民国十七年（1928年），国民政府改组地方行政组织，以县为基本单位，隆昌县直隶四川省。民国二十四年（1935年），隆昌县属四川省第七行政督察区，至1949年无变化。

1949年12月5日，隆昌解放，隆昌县属泸县专区。1952年1月至1978年4月，隆昌县先后属隆昌专区、泸州专区、宜宾专区、宜宾地区和内江地区。1985年，内江地区改为内江市，隆昌县属内江市管辖。

2017年4月9日，撤销隆昌县，设立县级隆昌市；8月22日，隆昌市人民政府正式挂牌成立。隆昌市为四川省直辖，由内江市代管。

重要资源

矿产资源。隆昌位于新华夏系构造带四川沉降带中部，属川东褶皱带向西南延伸的尾部。出露地层均为沉积岩。发现的矿产资源有煤炭、天然气、石英砂矿、石灰石矿、砂岩矿、页岩矿、陶土、黏土矿等十几种矿产。煤炭保有资源储量（探明可采用量）为1000万吨，天然气蕴藏量60亿立方米，青石（砂岩）保有资源储量（探明可采用量）为150余万立方米，石英砂储量7500万吨，耐火泥、页岩、陶土等矿产资源也十分丰富。

水资源。隆昌系沱江水系，境内无大江大河，有4条长度在30千米左右的小溪流，即：隆昌河、龙市河、渔箭河和黄土桥河。地表水径流系数一般在0.258～0.341之间，多年年均降水量1053.6毫米，降水总量8.34亿立方米，形成地表径流2.85亿立方米，总蓄水量计3.36亿立方米，人均448立方米，亩均747立方米。隆昌共有各类中、小、微型水利工程5986处，其中：中型水库2座，小（Ⅰ）型水库8座，小（Ⅱ）型水库29座。

青石资源。隆昌青石其石质为硅质胶结的石英砂岩，块度大，硬度高，节理、解理不发育，质地细密、颜色纯正，抗风化力强，耐酸碱，无辐射。隆昌石牌坊群是隆昌青石高品质的最好见证，现存的17座古牌坊均为隆昌青石仿木结构营造，整坊高大雄伟、雕刻技艺精湛，是明清建筑精品代表作。

基础设施

交通运输。隆昌自古以来交通便利，有东大路（巴蜀古驿道）、泸县大道、隆叙路3条驿道经过县境。清康熙二十五年（1686年）的《隆昌县志》记述隆昌"以弹丸而居六路之冲"。2022年末，全市辖区内公路里程2655千米，其中：国道109千米、省道80千米、县道439千米、乡道836千米、村道1191千米。

城镇建设。2022年，城市建成区面积26.2平方千米。新建城市道路面积17.3万平方米，建成区人均道路面积21.1平方米；新增城市绿地面积

● 隆昌市城市一隅（隆昌市档案馆 提供）

15.53万平方米，建成区绿地率38.7%，人均公园绿地面积13.32平方米。全年供水量2302万吨，城区公共供水普及率98%，水质综合合格率100%。

文体事业。2022年，辖区内有全日制普通高等专科学校1所，其他各级各类学校211所。其中：普通中学28所，职业中学1所，特殊教育学校1所，小学50所，幼儿园131所。全市建有档案馆、图书馆、文化馆、科技馆、莲峰大剧院等文化设施，有综合文化站（分站）19个，剧场、影剧院1个，广播电视台1座，广播、电视覆盖率100%。

● 隆昌北站（隆昌市档案馆 提供）

● 古宇湖一角（隆昌市档案馆 提供）

● 川南幼儿师范高等专科学校（隆昌市档案馆 提供）

医疗卫生。2022年，隆昌市有医院13个，其中：综合医院8个、中医医院1个、专科医院3个，专科疾病防治院1个。基层医疗机构724个，其中：卫生院12个、社区服务中心2个、诊所107个、卫生所4个、村卫生室591个、门诊部2个、学校卫生室4个、医务室2个。卫生执法监督机构1个。卫生技术人员3599人，其中执业（助理）医师1408人，注册护士1704人。

主要产业

工业经济。2022年，有规模以上工业企业119家，工业增加值110.73亿元。工业入库税金3.12亿元，工业投资46.29亿元，技改投资34.78亿元。积极发展装备制造、食品饮料、玻陶、轻纺四大主导产业，持续加强企业培育，新增规模以上工业企业17家、国家级专精特新"小巨人"企业1家、省级"专精特新"企业3家。

现代农业。2022年，实现农林牧渔业总产值82.1亿元，比上年增长4.2%；第一产业增加值50.83亿元，粮食总产量32.4万吨；畜牧业总产值23.7亿元；水产养殖面积13624公顷，水产品产量3.9万吨。隆昌顺利通过国家现代农业产业园中期评估。隆昌市油茶现代林业园成功创建省级园区。

服务业。2022年，第三产业实现增加值173.31亿元，增长1.1%。加快发展商贸服务业，西南国际轻纺城、西区农超综合体建成投运，港盈·新街里项目完成一期主体建设。大力发展现代物流业，百世江龙物流园投入运营。深入推进电子商务发展，实现电商交易额97.8亿元。全市有石牌坊、古宇湖2个国家4A级旅游景区。隆昌成功创建为天府旅游名县。

文旅品牌

云顶寨。位于隆昌市云顶镇，距市区20千米，坐落在海拔530米的云顶山上。寨外的云顶场至今保留有"夜晚交易、天明人散"的"早市"风俗，被称为"云顶鬼市"。云顶寨是全国两大古寨之一。

云顶寨系川南大户郭氏家族聚族而居的大庄园式寨堡，始建于明永乐年间（1424年），距今已有600多年历史，是隆昌极具特色的旅游资源，在四川乃至西南都具有唯一性。云顶寨依山而建，寨周开6门，全寨呈龟形。寨墙高大雄伟，碉楼、炮台、兵棚、马房、仓库、武器库、蓄煤池等一应俱全。寨内54处庄园建筑形式、风格各不相同，但处处花木扶疏、楼阁重重、幽静雅致，各具特色，在全国实属罕见。

圣灯山。与古宇湖襟连而成的圣灯山上，建有纪念毛泽东、朱德、邓小平等党和国家领导人视察隆昌气矿炭黑车间的纪念馆。"毛泽东主席视察隆昌气矿纪念馆"建于1996年4月，总面积1.18万平方米，设一个主展厅，厅内设有展板25个，展柜8个。2003年，纪念馆成为四川省首批爱国主义教育基地。2019年12月，隆昌气矿圣灯山气田工业遗址被确定为"国家级工业遗址"。

云峰关森林公园。云峰关，地处隆昌城郊土地坎，始建于唐德宗贞元年间，源于唐德宗时期，剑南节度使韦皋因蜀境内汉人和僚人（古代生活在云贵一带的少数民族）矛盾冲突激烈，驱逐蜀境之僚人出川之后兴建而成。

1465年，云峰关隘口山上修建了一座塔，叫云峰塔，塔身用白石灰涂抹，故又俗称"白塔"。自从云峰塔建成，云峰关就成了踏青、登山、游玩的好地方。不少文人墨客、读书学子到这里游春赏景，吟诗作画；不少老百姓也忙里偷闲到这里来，登上云峰塔，一览隆昌美景。

风味美食

"九大碗"。隆昌是客家人的聚集地，"九大碗"是客家人招呼归客的传统佳肴，也被人们习惯称作坝坝宴、流水席、九斗碗、九个碗等。九大碗是隆昌传统特色菜肴之一，其特色注重的是蒸菜，原意是以蒸菜的九大菜而得名，分别为：软炸蒸肉、清蒸排骨、粉蒸牛肉、蒸甲鱼、蒸浑鸡、蒸浑鸭、蒸肘子、夹沙肉、咸烧白。同时，民间视"九"为吉数，有"九九长寿""九子登科""天长地久（九）"等说法，九大碗是广大民众宴饮形式的直接载体和宴饮风俗的高度体现。

豆花饭。四川省内一道地方特色小吃之一，是由一碗豆花、一碗米饭、一小碟蘸水而组成，豆花鲜嫩，蘸水香辣，清爽可口，开胃下饭，它的味道极其的鲜美，绵而不老、嫩而不溏、洁白如雪、清香悠长。窖水清热祛毒、醒酒解腻、回甜止渴。因其鲜嫩可口而流传广、影响大。

豆杆。豆杆历史悠久，具有独特工艺，选用饱满、光亮、无杂色的优质隆昌冬大豆为主要原料，其产品油润光亮、颜色浅黄、色泽一致、杆条均匀。烹饪后，味道酥脆香甜、鲜嫩软滑、质地细腻、豆香浓郁，入汤不化，韧性好、有嚼头，吸水膨胀后不糊，具有丰富的营养价值，被人们称为"素中之荤""常食不厌"的绿色健康食品。

红豆腐。隆昌渔箭镇的红豆腐因其嫩、细、香、麻辣味足的特点，成为方圆百里的美味佳肴。"渔箭豆腐"制作历史悠久，精选本地优质大豆，渔箭地下甘泉，石磨磨浆、卤水点制，所制豆腐细嫩、顺滑、鲜香、筋道，深受百姓青睐。以此加工的渔箭红豆腐，远销各地、享誉川渝。

发展定位

"十四五"时期，隆昌将坚持加快建设经济崛起、富裕富足、生态秀美的精致靓丽隆昌"一个总体目标"；突出建设川渝毗邻地区产业合作示范区、成渝地区高品质生活宜居地先行区"两大功能定位"；实施工业强基战略、乡村振兴战略、文旅商贸升级战略、城市提质战略"四大发展战略"；鲜明项目为先、落实为重、评价客观、公正用人"四个工作导向"；提出了建设产业之城、宜居之城、开放之城、活力之城、绿色之城、幸福之城、文明之城的"七大主攻方向"的"12447"总体发展思路。

发展目标

到 2025 年，实现以下目标：

综合实力明显提升，全市经济总量和质量效益明显提升，经济增速高于全省、内江市平均水平，地区生产总值迈入 400 亿元大关，财政收入增幅与经济发展相适应。

城市能级不断提高，城市基础设施更加完善，城市功能不断优化，建成区面积达 27.6 平方千米，常住人口城镇化率达 60% 以上。

全面呈现绿色画卷，以隆昌河流域为支撑的水系绿色生态廊道防护林体系基本建成，森林覆盖率达 30.3% 以上；$PM_{2.5}$ 控制到 35 微克／立方米以内；集中式饮用水水源地水质达标率保持在 100%。

生活品质逐步改善，城乡居民人均可支配收入分别达 5.4 万元、2.8 万元，城镇登记失业率保持在控制线以内；社会保障体系更加完善，基本公共服务实现均等化，社会民生发展主要指标居省市前列，人民全生命周期需求得到更高水平满足。

（撰稿：陈余光 张莉 审稿：林炬 胡元亮）

04 资中县

基本情况

资中县位于四川盆地中部，沱江中游，成渝线中段，地跨东经104°27′～105°07′，北纬29°34′～30°24′，东邻资阳市安岳县周礼镇、内江市东兴区双桥镇；南接内江市市中区全安、史家镇，威远县高石镇；西毗眉山市仁寿县禾加镇、北斗镇，威远县观英滩镇；北连资阳市雁江区、小院镇、丰裕镇、堪嘉镇。东西长64.49千米，南北宽52.13千米，地域面积1734.85平方千米。

资中地处荣威穹窿西北翼尾端斜层地带，为平缓倾斜岩层，岩层倾角2～5度，地震基本烈度为6度。受岩层影响，地势西南高，东及东北部低。境内最高点（新桥镇杉树坳）海拔739.8米，最低点（银山镇沱江水面）海拔298米，地貌类型主要为丘陵（坪状深丘、浅丘中谷、缓丘宽谷）。

资中属亚热带湿润季风气候，四季分明、气候温和、雨量充沛，春早、夏长、秋冬季短，夏无酷热、冬无严寒，无霜期长。春季平均84天，夏季平均118天，秋季平均76天，冬季平均87天。历年平均气温17.8℃，历年平均降雨量956.0毫米，历年平均相对湿度为79%，历年平均日照时数为1134.1小时。

2022年，全县22个镇共有301个村、65个社区、2822个村民小组、814个居民小组。全县户籍总人口119.47万人，其中城镇户籍人口25.31万人，农村户籍人口94.16万人。

2003年9月，县委、县政府办公地点由重龙镇水南上街145号迁至水南镇桂花街38号。

历史沿革

资中历史悠久，春秋时为巴国蜀地，战国时为蜀郡地。西汉建元六年（公元前135年），设置资中县（治所在今资阳市），属益州犍为郡。西魏废帝二年（553年），设资州，州治所在资阳。北周保定中，设置盘石县，县址在今资中县城北门外两路口一带。隋开皇七年（587年），资州治所由资阳迁至盘石县。唐懿宗时，资州辖盘石（今资中）、资阳、清溪、内江、月山、龙水、银山、丹山八县。明洪武四年（1371年），降资州为资县，属成都府。清雍正五年（1727年），升资县为资州直隶州，辖资阳、内江、井研、仁寿。民国三年（1914年），资州改为资中县。民国二十四年（1935年），资中属四川省第二行政督察区，专员公署设在资中（简称资中专区），辖资中、资阳、内江、荣县、仁寿、井研、威远、简阳八县。1949

年12月8日，资中解放，仍名资中县，属资中专区。1950年2月，资中专区更名内江专区，治所迁至内江。资中县先后隶属内江专区、内江地区和内江市。1992年7月，县撤销12个区、79个乡、19个镇（包括1个区级镇），调整为9个乡、24个镇。1996年，高楼撤乡改镇。2000年7月，撤销孟塘、陈家、配龙、狮子、走马和马鞍等6个乡，新建为6个镇。2015年12月，撤销板栗桠、龙山2个乡，新建为2个镇。2019年12月，撤销板栗桠镇、苏家湾镇、龙山镇、顺河场镇、甘露镇、兴隆街镇、配龙镇、金李井镇、骝马镇、宋家镇、走马镇分别划归为水南镇、重龙镇、太平镇、球溪镇、归德镇、新桥镇、发轮镇、鱼溪镇、双龙镇、双河镇、高楼镇管辖。

重要资源

土壤资源。有水稻土、紫色土、黄壤土和新老冲积土4个土类，14个土属（其中水稻土7个土属、紫色土3个、黄壤土2个、冲积土2个），全县2021年末实际耕地保有量74431.57公顷，划定基本农田保护面积66046.67公顷，土壤类型多样，养分充足，土层较厚，质地适中，适宜多种农作物及林草生长。

生物资源。2021年，资中县森林面积43557.1公顷，森林蓄积245.07万立方米，草地面积551.76公顷，草原综合植被盖度0.32%，森林覆盖率25.11%。树木品种37科58属96种，低山地带以松树、杉树、樟树、映山红和油茶等为主，丘陵地带以柏树、桉树、油桐、黄荆和马桑等为主；野生药材主要有五月艾、牛蒡等124种；野生花卉木本有梅、石榴、紫荆等37种，草本有春兰、菊花等40余种；野兽主要有猪獾、狐等17种，野禽主要有鹰、鹬、雉、白鹤等39种，鱼类主要有鲤鱼、鲶鱼等43种。

矿产资源。主要有煤，大部分属高碳层，发热量每千克在5800大卡以上，全县煤矿探明储量约47420万吨，已出让量约3521万吨。石灰石探明储量约27000万吨，已出让量约13499万吨。页岩气可开发面积约570平方千米，地质储量2832亿立方米。此外，卤水（制盐原料）、石英砂、天然气、地热水等也有一定储量。

水利资源。2022年，全县平均降水量1202.8毫米，折合降水总量208684万立方米。全县地表水资源量115837万立方米，地下水资源量6353万立方米。2022年末，全县共有水利工程7295处，其中：水库177座，包括中型水库2座，小（Ⅰ）型水库33座，小（Ⅱ）型水库142座，其他水利工程7118处。年末水利工程蓄水总量10158.6万立方米，其中：中型水库年末蓄水1910万立方米；小（Ⅰ）型水库年末蓄水3604.3万立方米；小（Ⅱ）型水库年末蓄水2190.3万立方米；其他水利工程年末蓄水2454万立方米。

基础设施

交通设施。交通路网全面升级。配合完成乐至经资中至犍为高速公路、成渝高速公路扩容勘察设计，资中至铜梁高速公路开工建设，资中至乐山高速公路启动征地拆迁，成自高铁（资中段）主体完工，完成投资41.6亿元。启动"四好农村路"省级示范县创建，板新路改造工程开工，新建农村道路141千米，实施生命安全防护工程26.6千米，维修破损道路25千米，整治危病桥6座、道路安全隐患306处。

城市设施。城市功能日益完善。划定"三区三线"，完成县级和7个乡镇级片区国土空间规划编制，成功申报全省城市更新试点县。和鸣大道西段等6条市政道路建成通车，建成区面积拓展至26.67平方千米。启动万金山体育公园建设，加快后西街等11个老旧小区改造，完成资州大道、苌弘路改造提升，综合整治新南街等5条背街小巷，建成城市公园、口袋公园4个，新增绿地16万平方米。垃圾填埋二厂投入运营，5个压缩中转站高效运转，垃圾无害化处理率100%。铺设截污干管6千米，改造燃气管网12千米，城市智慧停车系统投入运行，省级卫生县城通过复审。

乡村设施。美丽乡村加快建设。深入实施"三大革命"，完成17个行政村"千村示范工程"，改造无害化厕所1.55万户，301个行政村建立生活垃圾收转处置体系，卫生厕所普及率达92.1%，污水处理率达76.4%。整改"五清"问题2100个，畜禽粪污资源化利用率达95.84%，综合利用秸秆43.58万吨。推动文化下乡，完成11个镇级文化综合服务中心提档升级，4个村级文化服务中心优化升级，完成5个镇、村文化活动广场改造，大力实施"新时代乡风文明建设十大行动"，公民镇、双龙镇三柏村获评市级文明镇村，"美丽内江·宜居乡村"达标村达179个。

主要产业

农业。农业提质增效。2022年，全面推行"田长制"，新建高标准农田7万亩，根治撂荒地2.4万亩，恢复耕地1.4万亩，粮食总产量55.56万吨。资中血橙亮相亚洲果蔬产业博览会，建成标准化血橙种植基地6.5万亩，新建果豆套种示范片5.5万亩。2022年，建成市级生猪交易平台，新投产生猪规模养殖场5个，出栏生猪75.93万头。水产品年产值15.5亿元。新建标准化蔬菜种植基地4个，蔬菜总产量85万吨。新增农村新型经营主体178个，"三品一标"农产品14个，紫晨农业、佳禾农业等12家主体被授权使用"资中血橙"地理标志证明商标，资中农广校被评为全国高素质农民培育提质增效百佳校。

工业和建筑业。工业加快转型。设立2000万元工业发展资金，2022年技改投资同比增长35.8%，新培育规模以上工业企业21家。突出投资强度、亩均税收，严格入园标准，清退低效用地企业3家，收回闲置土地105亩，晨田机床等8家企业入驻孵化园。保障工业用地296亩，启动凤凰工业园28万平方米标准厂房建设，共同管业一期投产、二期开工，建材业产值达37.9亿元。滨水城乡血橙果酒项目落户资中，沙淇实业技改投产，川酒集团旗下三大品牌白酒在资中灌装生产，资中酒业重新启航。建筑业企业总部经济实现税收2686万元，新培育资质以上建筑企业3家，建筑业总产值42.33亿元，增长10.9%。

服务业。服务业聚焦发展。深入实施市场主体培育专项行动，培育市场主体4220家，新增规模以上服务业企业49家。出台促进消费恢复发展政策，统筹安排600万元举办资中首届消费节，打造"一带两区"夜间经济商圈。全省唯一县域供销为农综合服务体系试点项目落地资中，新发地仓储物流园主体竣工，建成内江首家线上区域特产馆，电商交易额达75亿元。被确定为全省首批县域商业建设行动示范县，被认定为川派餐饮创新发展先行区。中欧班列实现首发，资中站集装箱作业场改造工程即将完工，新增外贸企业2家，实现进出口额8000万元。古城核心区4A级景区加快推进，资中博物馆、游客接待中心启动建设，实施重龙山生态修复。叶脉画、罗泉豆腐制作技艺入选省非遗代表性项目，红莲村入选省级乡村旅游重点村。全年旅游接待931.5万人次，实现收入68亿元。

文旅品牌

文武庙。（资中文庙）全国重点文物保护单位，始建于宋雍熙年间，位于资中县大东街，总占地面积6787平方米，建筑面积2608平方米，坐北朝南，复四合院式布局，由万仞宫墙、洗墨池、华表、照壁、礼门、义路、灵星门、康熙《四书·大学》碑、明成化《御制重修文庙碑记》碑、乡贤祠、名宦祠、泮池、大成门、钟鼓楼、东庑、西庑、大成殿、崇圣祠等组成。文庙作为四川地区的孔庙建筑群，先后被收录于《中国名胜词典》《中国旅游名胜大辞典》《四川文物揽胜》等。

（资中武庙）全国重点文物保护单位，又称关帝庙，是古代供祀三国时关羽的庙宇。《资中志》载：始建于明嘉靖年间，清乾隆、同治时先后三次修葺。同治十一、二年（1872、1873年）正殿加高如文

● 资中文庙（资中县文化广播电视和旅游局 提供）

● 资中武庙（资中县文化广播电视和旅游局 提供）

● 盐神庙（资中县文化广播电视和旅游局 提供）

庙大成殿。主体建筑由外月池、照壁、七星门、朝贡殿、关圣殿、武星殿、三义祠、左右厢房、钟鼓楼、廊道、院坝、比武台组成。庙坐北向南，呈四合院式布局，现存建筑面积1608.8平方米，占地面积3731平方米，位于重龙山脚下，与资中文庙相距100余米。

盐神庙。 全国重点文物保护单位，位于资中县罗泉镇河东街。《盐法志》记载："资州罗泉井，古厂也，创于秦，沿两汉而晋而唐而宋而元明。"至清同治时，井数已达1200余眼。镇左右两山相峡，中贯珠溪河小溪，沿岸人烟稠密，井灶相连，历代盛产井盐，故称"罗泉井"。罗泉镇商业繁荣，清代设资州分州署，管理盐政。盐商们为了祈神，保佑盐业发达，方便集会，在清同治七年（1868年）筹资修建此庙。该庙坐东向西，呈四合院式布局，占地面积1275平方米，建筑面积1191平方米。由山门、戏台、耳楼、侧房、院坝、正殿等组成。庙宇高低错落，紧密协调，具有鲜明的宫庙特色。

重龙山。 位于资中县重龙镇，海拔400米，占地500亩，属于地文景观主类自然景观综合体亚类的山岳型景观基本类型，因"山势盘踞，隐若龙转"而得名。北坡平缓斜上，南面陡峭绝壁，摩崖石刻、名人题词、川南名刹永庆寺等名胜古迹遍布全山，是著名的省级风景名胜区。有始建于唐代的永庆寺等古殿宇及隋唐刻摩崖造像达172龛、1713尊，大都保存完好。造像旁还有许多自唐以来的名人题记题词。国画大师张大千所著资州八景之一的"重龙晓霭"便是出自此。

圣灵山地质公园。 位于资中县鱼溪镇世和村，

● 重龙山（资中县自然保护地服务中心 提供）

● 圣灵山地质公园（资中县自然保护地服务中心 提供）

● 白云山（资中县自然保护地服务中心 提供）

属于地文景观主类的地质与构造行迹亚类的岩石洞与岩穴的基本类型。园区面积 7 平方千米，属威远龙女寺穹窿状构造的北延部位。景区以圣灵山大溶洞为主体，圣灵山大溶洞号称亚洲最长的溶洞，共 43 千米，由主洞、10 余支洞、1 条暗河和若干小洞组成，现已向游客开放 5.8 千米。岩溶沉积物种类齐全，溶洞内景观众多，最著名的景点有迎宾塔林、贵妃池、山路十八弯、巨人脚印、东方巨龙、海底世界、佛祖、莫愁湖莫愁女、七仙姑下凡、牛郎织女、洞中塔林、圣灵火炬、孔子问乐、会唱歌的石头等 396 处。

白云山。位于四川省资中县西南部的荣威穹窿背斜西部尾翼尾端（九宫山尾部）斜层地带，属于地文景主类景观主类自然景观综合体亚类的山岳型景观。主要地貌有低山、浅丘、窄谷三种地貌类型。白云山，海拔 500 至 700 米，其中大山坪最高海拔为 739.8 米，为资中县最高点。有 108 个大小山峦，约 10 万亩成片森林，山连山，林连林，巍峨苍翠，人称"川中林海"。白云山为四川省级风景名胜区，主要由竹影泉香、云端观海、翠湖泛舟、潭边照影、深谷闻莺、一路松风、林海浮鲸、石径摩天等景点构成，山中有湿地松、火炬松、马尾松、山枇杷、山麻柳、水杉、油茶、楠木等 37 科、58 属、80 多个品种的树木。纵横数十里，一望无际，犹如绿色大海。

风味美食

资中冬尖。中国地理标志保护产品，由资中丰源食品有限公司生产，始创于 1687 年，"巴蜀四大名腌菜"之一，曾作为"贡品"进献朝廷。采用资中当地俗称的"枇杷叶"和"齐头黄"两种青菜尖为原料，经风干脱水后加入精盐腌制，自然发酵成熟。以其质地嫩脆、清香浓郁、滋味鲜美、回味绵长而闻名遐迩，深受广大消费者喜爱。

资中血橙。中国地理标志保护产品，种质为塔罗科血橙，19 世纪 80 年代末自意大利引进，经过 30 余年的本地化培育，已形成具有独特风味的本地特性，其品质已大大超越意大利血橙，因此正式定名为资中血橙。资中县的血橙种植面积占中国栽种面积的 60%、四川省栽种面积的 80%，是中国最大的血橙生产基地。

资中鲶鱼。中国地理标志保护产品，"资中鲶鱼"是川菜系中一道名声最为响亮的名菜之一，油光水滑，全身无鳞，肉多刺少，肉质细嫩鲜美，享誉世界。鲶鱼餐饮产业年产值超过十亿元。

发展定位

加快建设成渝主轴绿色产业强县、活力文化名城。

发展目标

坚定以习近平新时代中国特色社会主义思想和习近平总书记对四川工作系列重要指示精神为指导，坚定以中国式现代化引领和推动资中现代化建设，坚持稳中求进工作总基调，着力推动高质量发展，以成渝地区双城经济圈建设为总牵引，以"四化同步、产业协同、片区共兴、美乡优城、共同富裕"为总抓手，以"两大行动"为总揽，更好统筹发展和安全，更好统筹发展和民生，更好统筹工业化和城镇化，更好统筹县城和乡村，全面深化改革开放，大力提振市场信心，突出做好稳增长、稳就业、稳物价工作，有效防范化解重大风险，推动经济运行整体好转，实现质的有效提升和量的合理增长，确保新时代、新征程资中现代化建设开好局、起好步。

（撰稿：廖丹　张艺鲽　审稿：饶学斌　姚永忠）

05 威远县

基本情况

威远县位于四川盆地中南部，地势西北高、东南低。地跨东经104°16′~104°53′，北纬29°22′~29°47′。东邻内江市市中区，南连自贡市大安区和贡井区，西界自贡市荣县，北衔资中县，西北与眉山市仁寿县、乐山市井研县接壤。辖区面积1289平方千米，管辖14个镇，180个村民委员会、3021个村民小组；58个居民委员会。全县总人口为69.6万人，以汉族为主，有少数民族36个1808人，以彝族、苗族、土家族、藏族人数居多，县内信教群众主要信奉佛教、道教、天主教、基督教。威远县人民政府驻地严陵镇西街2号。

分低山和浅丘两类地貌，"威远穹窿"有902平方千米，涵盖了1亿多年地质历史，是中国最大的穹窿地质区，也是四川唯一一处三叠纪地质出露区域。其间分布着300余座方山台地、58条深沟峡谷、40多个湖泊、90余处古寨、63万亩森林。气候属亚热带暖湿季风气候分区，常年温湿多雾，冬暖春早，夏热秋凉；冬干春旱，夏秋多雨；冬无严寒，夏少酷热；无霜期长，日照较少，四季分明。威远县境内威远河为沱江一级支流，发源于俩母山麓，自西北流向东南，斜贯县境中部，纳新场河、龙会河、达木河三条较大支流，入自贡市釜溪河，全长131千米，县境流域面积838平方千米。

先后被评为中国西部百强县、国家卫生县城、第三批全国农村创业创新典型县、全国深化小型水库管理体制改革样板县，被纳入全国社会足球场地设施建设第二批重点推进城市、国家知识产权强县试点县。

历史沿革

威远古为梁州之域，周属蜀国，秦隶蜀郡，汉属犍为郡，东晋时为僚人聚居地。北周保定五年（565年），置盘石县，辖有威远境地。隋开皇三年（583年），置威远戍，取"威名远震"之义。开皇十一年（591年），改戍为县，为威远建县之始。唐贞观元年（627年），威远县析置为婆日、至如二县。县城所在地为婆日镇（今严陵镇），"婆城"之名由此而来。宋乾德五年（967年），和义县并入威远县。元初，废威远县。元统元年（1333年），复置威远县。明洪武四年（1371年），威远县并入荣德县，隶属于嘉定府。明洪武九年（1376年），复设威远县。清初仍沿明制，县属嘉定州。清康熙六年（1667年），威远县并入荣县。康熙十三年(1674年)，复设。康熙二十年(1681年)，再并入荣县。至雍正七年(1729年)，又复设威远县，属嘉定州。光绪三十四年(1908年)，威远县隶属于上川南道嘉定府。清宣统三年(1911年)，四川保路运动兴起。同年11月1日，保路同志军攻占威远,宣布威远独立,成立军政府。民国元年(1912年)废道制，由省辖府（州、厅），威远县仍属嘉定府，县军政府改名县公署。民国二年（1913年）恢复道制，威远县属上川南道，翌年改属建昌道（治所在今雅安市）。民国十七年（1928年）废道制，县直属四川省。民国二十四年（1935年），威远县隶属四川省第二行政督察区资中专员公署（治所在今资中县城），直到1949年12月9日威远解放。1950年2月1日,川南行署所辖资中专区更名为内江专区，1968年改为内江地区，1985年撤销内江地区改为地级内江市，威远县均属之。

重要资源

一是土地资源广阔。全县实有耕地面积55198.46公顷，其中水田面积21503.81公顷、旱地面积33694.65公顷、林地面积47444.22公顷。

二是植物资源具有多样性。林木种类37科58属1000余种，原生木本树木主要为马尾松、杉木、柏木、大头茶、樟等，其中国家一级古树1株、二级古树8株、三级古树97株。森林面积54048.58公顷（含四旁面积），森林覆盖率41.92%，森林蓄积量300.77万立方米。

三是矿产资源丰富。截至2022年，威远县矿产资源有石油、天然气、煤、煤层气、页岩气、石灰岩、页岩（煤系及非煤系）、砂岩、黏土、矿泉水、地热、岩盐等13种。

四是水资源利用率高。县境内有水利工程13157处，总蓄引提水能力22687万立方米，有效灌溉面积32220公顷，保证灌溉面积19900公顷。有水库62座，其中中型水库2座、小（Ⅰ）型水库13座、小（Ⅱ）型水库47座，总库容量17462.57万立方米；水电站6座；小型泵站354处；水闸15座；塘坝8648处，窖池3986处；堤防工程6段。

五是地方特产琳琅满目。威远县丘陵区是四川重要的粮油、蔬菜种植基地，大棚黄瓜、新店七星椒、旱子姜、威远大头菜、香葱、复立雪芽、无花果为久负盛名的地方特产。

基础设施

2022年，威远县稳步推进交通、环保、水利等基础设施建设，城乡面貌持续改善，人民生活水平逐步提高。

威远县有蓉遵高速公路（G4215）、内威荣高速公路（S56）、成宜高速公路、成自泸赤与乐自高速公路连接线，其中成自泸赤与乐自高速公路连接线威远路段预计2023年10月底建成通车。

威远县铁路以货运为主，有资威线（资中—坭河）、归连铁路（归德—连界）等铁路线。其中，归连铁路（归德—连界），是成都港的进港铁路。建设中的连乐铁路将威远与成昆铁路连接起来。2018年开工建设的蓉昆高铁成都经自贡至宜宾段在威远县高石镇境内设置威远站,届时威远将连入全国高铁网络。

统筹实施县城新区开发和城市更新，整治维修南大街、外西街等市政道路，改造完成老旧小区4个，城市绿化覆盖率36.8%。完成农村"厕所革命"整村推进示范村建设36个村、10267户，行政村生活污水有效治理率71.1%、生活垃圾有效处理率100%，被评为全国村庄清洁行动先进县。新建农村公路173千米，成功创建"四好农村路"省级示范县。开工建设县第二污水处理厂（二期），建成投运内江沱江流域水环境综合治理PPP项目22个，建设污水管网52.4千米，全县生活污水日处理能力提升至6.4万吨。城乡生活垃圾处理PPP项目6座垃圾压缩中转站全部建成运行。规模养殖场粪污处理设施配套率100%，畜禽粪污综合利用率99%。

主要产业

工业经济稳中有进。新培育规模以上工业企业9家、国家级专精特新"小巨人"企业1家，技术改造传统企业10家，规模工业增加值增长9.2%。川威集团位列中国企业500强第313位、四川企业100强第10位。页岩气勘探开发投产54个平台，年产气43亿立方米。启动页岩气综合利用循环经济园区规划建设，连界先进材料产业园区被纳入全省"5+1"重点特色园区培育发展三年行动计划。

现代服务业扩容增量。新培育限额以上商贸企业和规模以上服务业企业16家，实现网络零售额41.2亿元，增长30.1%；社会消费品零售总额121.6亿元，增长19.2%；服务业增加值增长9.6%。现代服务业集聚区启动运行，川南首个县级万达广场正式营业。入选天府旅游名县候选县，获评中国美丽休闲乡村1个。川南冶金建材物流港被列为中物联全国数字化仓库企业试点。

现代农业集聚成势。第一产业增加值增长5.6%，被评为第三批全国农村创业创新典型县。建设高标准农田5.7万亩，粮食产量35.2万吨，出栏生猪50.8万头。发展适度规模经营主体1136家，改造提升无花果种植园5800亩、中药材种植园5400亩、茶叶种植园2156亩，建成国家果菜茶有机肥替代化肥试点县项目核心示范区1万亩。新发展国家级重点龙头企业1家，新认证"三品一标"特色农产品24个，威远无花果获国家地理标志证明商标。

文旅品牌

威远古佛顶景区。2022年2月，被评为国家4A级旅游景区，位于威远县新场镇。景区以千年盐煤古道为核心，整合万亩林海、三叠峡湖、烟霞石室、峭壁流丹、古佛洪崖、祥龙盘山、藏金仙洞、石筑民居、宝光古刹、巨石矩阵等旅游资源，满足游客"赏花海、寻古道、品石乡、瞻山光"的

● 威远古佛顶景区（威远县新场镇 提供）

● 康桥·国际农旅小镇（缪体波 拍摄）

● 骑龙坳云雾（崔海斌 拍摄）

美好愿望，是盐煤古道文化体验的绝佳旅游目的地。

康桥·国际农旅小镇。位于内江市威远县界牌镇桥凼村，总面积4790亩，距威远县城10千米、内江市区56千米。景区立足"原乡村·云生活"原乡情感体验，致力于为游客提供环湖骑游、鲜果采摘、儿童游乐、运动休闲、烧烤露营、湖边垂钓、农事体验、科普教育、田园康养、特色餐饮住宿等体验项目，也是川南山水林田湖草的典型代表，具有较高的生态、观赏、游憩价值，是极具特色的农旅融合示范景区。

云雾骑龙坳。坐落在风景秀丽的长沙湖畔，海拔700余米。这里山峦起伏，沟壑纵横，溪谷内常年水汽充沛，四季可见云雾奇观。周边聚集几十家客栈，既有富有农家小院特色的标准间，也有来自广袤草原的蒙古包，卫生间、空调、Wi-Fi、24小时热水供应，设施一应俱全，屋后数十米便能观赏日落晚霞。

风味美食

七星椒。新店七星椒具有个小尾尖、色红皮薄、肉厚清香、辣味醇厚的特点，号称"中国第一香辣"。2001年8月，成为中国吉尼斯吃辣椒比赛唯一指定用椒。2007年，获国家质量监督检验检疫总局"地理标志产品保护"认证和"四川省特色旅游商品"称号。

黄老五花生酥。黄老五食品股份有限公司是四川省农业产业化重点龙头企业，成立于2008年，地处内江市威远县镇西镇，占地面积106亩。"黄老五"花生酥每一粒花生都经过严格筛选，生产承袭历代的手工工艺，产品色泽自然、甜而不腻、酥而化渣、老少皆宜。"黄老五"花生酥历经黄氏家族四代传承，其"黄老五花生酥"的手工生产技艺已进入非物质文化遗产名录。2018年，四川省农业厅将"黄老五"

● 黄老五花生酥（余远文　拍摄）

● "威宝"牌周萝卜（四川内江威宝食品有限公司　提供）

● 金四方无花果（四川金四方果业有限责任公司　提供）